ANNE BERTHELOT
Ancienne élève de l'École
Normale Supérieure
Agrégée de Lettres classiques
Docteur ès Lettres

FRANÇOIS CORNILLIAT
Ancien élève de l'École
Normale Supérieure
Agrégé de Lettres modernes

Collection dirigée par HENRI MITTERAND
Ancien élève de l'École Normale Supérieure
Agrégé de l'Université
Docteur ès Lettres
Professeur à la Sorbonne nouvelle

LITTÉRATURE

TEXTES ET DOCUMENTS

Introduction historique de JACQUES LE GOFF
Directeur d'études à l'École
des Hautes Études en Sciences sociales

MOYEN
AGE

XVIe siècle

nathan

La collection *Littérature* offre aux élèves des lycées, aux étudiants et aux professeurs un ensemble de textes abondant, sélectionné avec soin, et disposé dans l'ordre de l'histoire.

CARACTÉRISTIQUES GÉNÉRALES

Les textes

Chaque œuvre est située dans son temps et dans la carrière de son auteur. Tous les écrivains font l'objet d'une biographie. Plusieurs œuvres sont étudiées de leur début à leur fin, à l'aide d'une suite significative d'extraits. Tous les textes sont présentés avec précision, et sont accompagnés de consignes de travail, questions et suggestions qui préparent les élèves aux épreuves écrites et orales du baccalauréat : composition française, commentaire de texte, résumé, lecture méthodique, étude suivie, dossier de lectures.

La documentation et l'illustration

On trouvera *en tête de chaque chapitre* : une chronologie et une introduction littéraire ; *à la fin de chaque chapitre* : une synthèse regroupant l'essentiel de ce qu'il convient de savoir sur un courant littéraire, un thème d'inspiration, ou un problème de technique littéraire ; un ou plusieurs textes de littératures étrangères ; les points de vue de la critique moderne ; une brève bibliographie.

Dans chaque volume, huit dossiers hors-texte en couleurs permettent d'étudier le mouvement des arts. Des tableaux chronologiques, des cartes, des index des auteurs, des œuvres et des thèmes complètent l'ensemble de la documentation et facilitent l'emploi des ouvrages.

LITTÉRATURE MOYEN AGE/XVIe SIÈCLE

Le présent volume comprend 20 chapitres : 10 chapitres pour la littérature du Moyen Age, du XIIe au XVe siècle ; 10 chapitres pour la littérature du XVIe siècle, des grandes figures de l'humanisme aux poètes du monde baroque, en passant par Rabelais, Ronsard et Montaigne. Nous avons réuni ces deux périodes en un seul volume, pour faire apparaître la continuité qui unit toutes les époques de notre littérature depuis les origines du français, et pour éviter l'étrange coupure qui excluait autrefois du lycée l'étude de la littérature médiévale. La plupart des textes du Moyen Age sont ici transposés en français moderne (avec quelques échantillons du texte original), pour en faciliter l'accès.

Les principaux écrivains font l'objet d'un chapitre, ou d'une section de chapitre autonome : Chrétien de Troyes, Villon, Rabelais, Du Bellay, d'Aubigné, etc. D'autres chapitres regroupent des textes d'auteurs différents appartenant à un même genre et à une même inspiration : par exemple les thèmes légendaires dans le récit médiéval (matière antique, matière de France, matière de Bretagne).

L'ensemble, qui suit pour l'essentiel le déroulement historique, permet, à volonté, de suivre soit l'évolution d'un genre (par exemple le théâtre, des premiers jeux sacrés jusqu'à la naissance de la tragédie), soit celle d'un mode d'inspiration, tel que le « réalisme » ou le lyrisme, soit l'histoire des idées (à travers l'humanisme et la réforme), soit enfin l'histoire des formes littéraires, par exemple celle des poèmes à forme fixe, favoris du XVe et du XVIe siècle.

GÉNÉRIQUE DE L'OUVRAGE

Mise en œuvre et coordination éditoriale :
Bertrand DREYFUSS
Chronologie générale : Françoise TIPHINE
Coordination artistique : Léa VERDUN
Mise en page : FIAT LUX CRÉATION
Recherche iconographique : Monique DURGUERIAN

© Éditions Nathan, Paris 1988   ISBN 2-09-178855-4

De l'an mille à la Renaissance

par Jacques LE GOFF

1. LES DEUX PÉRIODES DE LA FRANCE MÉDIÉVALE

Les XIIe et XIIIe siècles sont une période de développement spectaculaire dans tous les domaines : économique, technologique, démographique, social, politique, religieux, artistique et culturel. Les XIVe et XVe siècles apparaissent comme une période de crise qui affecte tous ces aspects de la société. A chaque période, la France présente des traits accusés aussi bien dans l'essor que dans la dépression.

Presque toute la France du Nord (Flandre, Artois, Picardie, Ile-de-France, Normandie) est au premier rang de la croissance économique. La France devient le pays le plus peuplé de la chrétienté, la société des trois ordres (« ceux qui prient, ceux qui combattent, ceux qui travaillent ») y connaît son meilleur équilibre, la monarchie française devient la plus puissante et l'État centralisé, d'abord en retard sur l'Angleterre et la Papauté, y apparaît le premier en pleine force avec une quasi-capitale, Paris. La réforme religieuse y est particulièrement vivace, de Cluny à Cîteaux et, à un moindre degré, avec les Ordres Mendiants (Dominicains, Franciscains, Augustins, Carmes). L'art gothique se répand en France dans tout l'Occident. Le prestige linguistique et littéraire accompagne cette puissance d'ensemble : la littérature germanique se constitue en partie sur des traductions d'œuvres françaises du XIIe siècle et des Italiens écrivent ou dictent en français leurs œuvres.

En revanche, les calamités des XIVe et XVe siècles, la peste et la guerre (guerre de Cent Ans), frappent durement la France, les luttes sociales y sont aiguës (émeutes urbaines, jacquerie des paysans), les troubles monétaires y sont plus précoces et plus graves ; le Grand Schisme, après une période d'euphorie sous la papauté presque « française » d'Avignon, y est durement ressenti. Une grave crise dynastique de 1316 à 1328 (fin des Capétiens directs), une situation presque révolutionnaire après la défaite de Poitiers et la captivité du roi Jean II le Bon (1356), et surtout, à la fin du règne du roi fou Charles VI, la main-mise des Anglais sur la France, semblent compromettre la construction de l'État monarchique français. La France laisse à l'Italie le prestige du renouveau culturel et artistique de la Renaissance et de l'humanisme.

Un essor préparé de longue date

Il ne faut pourtant pas oublier que le grand essor des XIIe-XIIIe siècles est préparé au moins depuis le VIIIe siècle avec la monarchie carolingienne ; que la France naît des partages qui suivent la mort de Louis le Pieux dans des circonstances qui voient aussi l'apparition officielle de la langue française (serments de Strasbourg en 842) ; qu'elle existe définitivement avec l'avènement de la dynastie capétienne en 987 ; enfin, que le Xe siècle a déjà été en France une période d'incubation du grand essor d'après l'an mille.

Une crise de croissance

Inversement, on considère de plus en plus la crise des XIVe et XVe siècles comme une crise de croissance pendant laquelle une nouvelle société se met en place. Le développement d'un grand commerce maritime et de pratiques bancaires qui annoncent le capitalisme, l'essor de la société et de la culture urbaines, la diffusion de l'imprimerie, le renforcement définitif, même au milieu des crises, du pouvoir monarchique centralisateur avec la disparition des principautés, annoncent une nouvelle période que l'on appelle traditionnellement les Temps Modernes, bien que, surtout dans le domaine des mentalités et des croyances religieuses — malgré la Réforme — le Moyen Age se poursuive dans le XVIe siècle.

Le plurilinguisme

Du point de vue linguistique — et par suite littéraire — la France médiévale est plurilingue. Trois langues dominent : le latin, langue de la *Bible*, de la religion et des clercs, résultant de la coupure fondamentale entre clercs lettrés et laïcs, jusqu'au XIIIe siècle illettrés ; la langue d'oc, support d'un brillant essor littéraire et culturel aux XIIe et XIIIe siècles ; la langue d'oïl dont le triomphe est surtout dû à des raisons politiques : c'est la langue de la monarchie et de la cour, centres du pouvoir et du prestige culturels. A la division entre clercs et laïcs s'ajoute un autre contraste fondamental, celui du Nord et du Midi.

Sentiment patriotique et sentiment historique

Tout au cours du Moyen Age se développe en France, plus que dans n'importe quel autre pays de la chrétienté, un sentiment sinon « national », du moins « patriotique ». Dès la fin du XIIIe siècle, beaucoup de Français estiment qu'il est louable de « mourir pour la patrie », et cette patrie, c'est de moins en moins la « petite patrie » locale ou régionale, mais la grande patrie, la France : ce mouvement produira Jeanne d'Arc. Ce sentiment se développe autour de la monarchie, ressentie comme un État, symbolisé par la « couronne ». Il s'ancre dans l'histoire, inaugurant une tradition particulièrement vigoureuse dans la conscience collective des Français, la force du sentiment historique. Les strates successives qui constituent ce sentiment sont la légende des origines troyennes des Francs, le souvenir du baptême de Clovis, peu à peu assimilé à un sacre, l'institution de ce sacre (sous Pépin le Bref), devenu aux XIIe et XIIIe siècles la grande cérémonie instauratrice de Reims où le roi de France, oint avec l'huile miraculeuse de la Sainte Ampoule, reçoit le pouvoir thaumaturgique de guérir par toucher les malades des écrouelles. De là découle la « religion royale », religion des « fleurs de lys », le souvenir enfin de deux monarques re-fondateurs, Charlemagne et Saint Louis.

2. LE XIIe SIÈCLE : LE GRAND BOUILLONNEMENT

Le XIIe siècle est le temps de la grande effervescence conquérante et créatrice. Celle-ci se manifeste d'abord dans le monde rural. La terre est pendant tout le Moyen Age la base de l'économie et de la société, et la masse paysanne illettrée représente la grande majorité de la population. De nouvelles terres sont mises en cultures, tandis que les anciennes sont mieux cultivées, grâce à la charrue à roues, à la herse, au nouveau collier d'attelage, à la ferrure, et à l'emploi, à côté du bœuf, du cheval, meilleur animal de labour. Le moulin, dont les applications se multiplient, assure le premier équipement en machines.

Deux secteurs économiques atteignent un développement presque industriel : le bâtiment, où le bois recule devant la pierre ; le textile, fourni en laine par les grands domaines et mécanisé avec le nouveau métier à tisser à pédales horizontal. La libération progressive des serfs, l'octroi de privilèges économiques et politiques aux communautés rurales et urbaines, la protection accordée aux marchands par les rois et les princes territoriaux permettent l'afflux de main-d'œuvre dans les villes et la multiplication des marchés et des foires. Une situation géographique au contact du Nord et du Midi et l'action des comtes font des foires de Champagne le grand rendez-vous du commerce de la chrétienté.

Sous les rois Louis VI (1108-1137) et Louis VII (1137-1180), la monarchie française s'impose. Un des principaux artisans et théoriciens en est le moine bénédictin Suger, abbé de Saint-Denis de 1122 à 1151 et principal conseiller des rois de France, qui fait de son abbaye, déjà nécropole des rois, le principal foyer de production de l'idéologie monarchique, à proximité de Paris devenu siège principal des souverains, qui ont abandonné l'Orléanais.

Le bouillonnement créateur est particulièrement sensible dans le domaine intellectuel, où les écoles urbaines ravissent la première place aux écoles monastiques. Elles sont illustrées successivement par les écoles cathédrales de Laon, de Chartres et finalement de Paris, et par des maîtres comme Abélard (1079-1142), l'Anglais Jean de Salisbury, évêque de Chartres (mort en 1180), l'Italien Pierre Lombard, évêque de Paris (mort en 1160), et le chanoine parisien Pierre le Chantre (mort en 1197).

Le système féodal s'établit sur deux bases : la seigneurie rurale et le contrat vassalique d'un côté, l'idéal de réciprocité des services, défini au XIe siècle par l'évêque Fulbert de Chartres, de l'autre. L'esprit chevaleresque — entraîné dans les tournois — et

l'activité intellectuelle, justifiée par l'idée du transfert de la culture (*translatio studii*, d'Athènes à Rome puis à Paris) ne brillent nulle part plus fort qu'en France. La France est aussi le terrain par excellence où s'élabore le premier idéal laïque depuis l'Antiquité : la courtoisie, faite de prouesses guerrières, de galanterie (amour courtois) et de politesse des mœurs.

Enfin, la place des Français dans la grande aventure de la Croisade est telle que les chrétiens sont appelés Francs en Terre Sainte. Deux rois de France vont à la Croisade au XIIe siècle : Louis VII en 1147-1148, Philippe-Auguste en 1190-1191.

Une menace toutefois apparaît pour la monarchie et pour l'État français en gestation, entre le milieu du XIe et celui du XIIe siècle. En 1066, le duc de Normandie devient roi d'Angleterre, et le vassal normand est plus puissant que son seigneur, le roi de France. Cette puissance s'accroît par le mariage, en 1152, d'Aliénor d'Aquitaine, divorcée de Louis VII, avec Henri Plantagenêt, comte d'Anjou, qui devient roi d'Angleterre en 1154. Tout l'Ouest de la France, de Bordeaux à Rouen, lui appartient.

3. LE XIIIe SIÈCLE : APOGÉE ET CLÔTURE

La France du XIIIe siècle est à l'apogée de son essor. Essor de l'économie, où les progrès de la culture extensive se complètent par ceux de la culture intensive (lente diffusion de l'assolement triennal, progrès des rendements céréaliers), où des cultures plus lucratives (vigne, lin, chanvre ou pastel) se développent à côté des cultures céréalières, où les progrès du commerce conduisent Saint Louis à d'importantes mesures monétaires : frappe de gros d'argent et retour à la monnaie d'or (écu) abandonnée depuis Charlemagne. Essor des Ordres Mendiants qui, surtout par la prédication et les modèles de la pauvreté, évangélisent la nouvelle société. Essor des laïcs qui s'organisent dans les confréries et les métiers, s'alphabétisent et s'assurent de nouveaux pouvoirs par la richesse, le droit, la culture, et une dévotion spécifique. Essor des femmes, que couronnent le culte marial et la poussée de la sainteté féminine.

C'est le grand siècle du triomphe de la centralisation monarchique, rehaussée par les victoires de Philippe-Auguste (1180-1223) : reconquête de la Normandie (1204) et victoire de Bouvines (1214), et par le prestige religieux et moral de Louis IX (1226-1270), canonisé en 1297. Des structures régionales étendent l'administration centrale au domaine royal et aux principautés, dont les seigneurs imitent les institutions royales : ce sont les bailliages, appelés sénéchaussées dans le Midi. La centralisation est accentuée par les envois périodiques d'enquêteurs royaux chargés d'une double mission : faire respecter les décisions royales prises par ordonnances, corriger les abus des officiers du roi et conforter ainsi l'image d'une monarchie garante de justice et de paix.

Mais le XIIIe siècle est aussi le temps où les pouvoirs canalisent et encadrent le bouillonnement du XIIe siècle et y mettent de l'ordre. Le pouvoir monarchique rassure, assagit la société, mais fait régner un ordre qui, avec Saint Louis (ordonnance de 1254), a une coloration moralisante marquée.

L'Église et les Ordres Mendiants font peser sur les fidèles un contrôle de tous les instants, portant sur le corps comme sur l'âme, réglementant les paroles et les gestes. L'ordre gothique régit les monuments, tandis que les universités institutionnalisent le mouvement scolaire et scientifique. Les corporations surveillent la vie économique, avec le *Livre des métiers* du prévôt de Saint Louis, Étienne Boileau, en 1268, et un règlement de police. Des lois scripturaires répriment le luxe. Les processus d'exclusion des marginaux et des révoltés se précisent, se radicalisent. Quand les Juifs ne sont pas chassés, ils sont persécutés (port de la rouelle, ancêtre de l'étoile jaune, livres du Talmud brûlés). L'Inquisition se déchaîne contre les Cathares, et, dans le Midi, l'Église et la royauté écrasent les populations sous la double haine de l'orthodoxe à l'égard de l'hérétique et de l'homme du Nord à l'égard du méridional.

4. LE XIVᵉ SIÈCLE : LES CALAMITÉS

Un renversement de la conjoncture s'annonce dès les années 1260, à la fin du règne de Saint Louis : des grèves, des émeutes urbaines révèlent des difficultés économiques et des tensions sociales. Le règne de Philippe le Bel (1285-1314) est marqué par des procès sans précédent : contre les évêques de Pamiers et de Troyes, contre le pape Boniface VIII, contre les Templiers, dont les chefs sont exécutés quoiqu'innocents, et l'ordre supprimé. Après la mort de Philippe le Bel, des révoltes régionales éclatent, difficilement réprimées. Le roi, qui manque d'argent, ne parvient pas à établir un impôt régulier ; il recourt aux manipulations monétaires. Il fait reconnaître son indépendance aussi bien par rapport à la papauté qu'à l'Empire, mais les guerres de Flandre (celle-ci penche vers l'Angleterre, à qui la lie son industrie textile), et celles qui reprennent contre les Anglais prennent une allure dramatique quand s'y ajoute, en 1328, un problème dynastique.

Les trois fils de Philippe le Bel morts en quatorze ans sans laisser d'héritier mâle, le roi d'Angleterre, petit-fils de Philippe le Bel, revendique la couronne de France. Mais les grands du royaume le refusent, parce qu'étranger et descendant de son grand-père par une femme.

La querelle dynastique envenima le conflit franco-anglais qui, avec des périodes de trève, allait durer plus de Cent Ans, de 1337 à 1453. Il fut marqué par une série de désastres français : Crécy (1346), Poitiers (1356), Azincourt (1415). Après Poitiers, une grave crise politique, où la bourgeoisie parisienne, derrière le prévôt des marchands Étienne Marcel, joua un rôle de premier plan, faillit aboutir à une monarchie constitutionnelle. Mais la royauté, s'appuyant sur la majorité de la noblesse, fit échouer toute réforme politique profonde. Le règne du « sage » roi Charles V (1364-1380), qui fonda son pouvoir sur la double autorité du caractère sacré de la royauté et de l'aristotélisme politique, et qui établit des règles claires de succession au trône, en entérinant l'exclusion des femmes par l'argument historique de la loi salique des anciens Francs, ne fut qu'un bref répit. Sous le fou Charles VI, l'ambition sans scrupule des oncles, puis des cousins du roi, accrut la crise politique. Divisée en deux fractions, Armagnacs et Bourguignons, la France était se-

couée par une guerre civile larvée qui s'ajoutait à la guerre contre les Anglais et aux pillages et massacres des routiers, soldats perdus des grandes compagnies. Depuis 1348, la peste noire ajoutait ses ravages périodiques aux autres calamités. Les terres cultivées reculaient, des villages étaient désertés, les villes se resserraient à l'abri de murailles. Le Grand Schisme, de 1378 à 1417, ajoutait à ces troubles la confusion religieuse.

Pourtant, les bases de futurs progrès se mettaient en place. Les princes scandaleux étaient aussi de grands mécènes. La bourgeoisie s'affirmait. L'Université de Paris produisait de grands savants tels que Buridan et Nicole Oresme. Un premier humanisme naissait. Un grand corps de l'État s'affirmait : le Parlement. L'art et le sentiment religieux connaissaient des renouvellements où, à côté d'un certain « baroquisme gothique », se répandait le « réalisme », un nouveau regard sur la nature et sur l'individu qui s'affirmait dans le portrait.

5. LE XVᵉ SIÈCLE : DU FOND DE LA CRISE AU REDRESSEMENT

Le traité de Troyes (1420) qui livre la France aux Anglais et aux Bourguignons, le partage de la France entre un roi anglais et un roi de Bourges, fils douteux de Charles VI, semblent effacer les progrès accomplis dans les siècles précédents. Mais l'épopée de Jeanne d'Arc (1429-1431) donne un coup de fouet à la reconquête de Charles VII (1422-1461). Louis XI (1461-1483), malgré ses errements politiques, accompagne le mouvement de reprise démographique et économique favorisé par la fin de la guerre de Cent Ans. Après sa mort, l'échec des États Généraux de 1484 sanctionne l'avortement des assemblées représentatives dans une France qui s'éloigne définitivement du régime parlementaire anglais et prend le chemin de l'absolutisme royal. Mais l'établissement de parlements provinciaux est un relatif contrepoids à la centralisation de la monarchie.

Dans tous les domaines, l'impression est celle de forts contrastes entre la violence et le raffinement, les progrès de la raison et les éclats de l'affectivité, la sclérose de la scolastique et des vieilles mentalités médiévales toujours vivantes et la libération de l'humanisme et de la Renaissance, le succès de secteurs économiques de pointe comme la métallurgie et la soie, et la persistance de crises rurales et alimentaires qui amènent le retour périodique de la disette. C'est le temps si bien évoqué par le grand historien néerlandais Huizinga dans *L'Automne du Moyen Age* : « l'âpre saveur de la vie », « le rêve d'héroïsme et d'amour », « l'odeur mêlée du sang et des roses ».

Le XVIᵉ siècle français sera la continuation de ces contrastes. La monarchie achève d'enfermer la noblesse entre le courage des armes et la servitude de la cour. La France — à part Jacques Cartier — rate l'aventure réussie (par d'autres) des Grandes Découvertes et se lance dans l'aventure illusoire des guerres d'Italie. Elle se déchire encore plus que l'Empire dans les guerres de religion. Mais la Renaissance y est particulièrement brillante et Du Bellay peut chanter, sans nationalisme excessif, « France mère des arts, des armes et des lois ».

INTRODUCTION LITTÉRAIRE

De l'amour courtois à l'humanisme

par Anne BERTHELOT et François CORNILLIAT

1. LA LITTÉRATURE DU MOYEN ÂGE

Courtoisie, quête et savoir

Malgré l'existence, consacrée par la critique, de successives « renaissances » sous le règne de tel ou tel roi, il serait peut-être plus recommandé de parler tout simplement de naissance pour le Moyen Âge : avant le XIIᵉ siècle, la littérature en langue vulgaire, c'est-à-dire écrite dans la ou les langues qui deviendront le français, n'existe pratiquement pas. Les XIIᵉ et XIIIᵉ siècles correspondent à une période d'expansion, d'enthousiasme et d'expériences qui ne se retrouvera à aucun moment par la suite avec la même intensité : tout est à inventer. Le concept de *fin'amor* informe toute cette période, élaboré par les troubadours en contact avec la poésie arabe et acclimaté dans les milieux littéraires de la France d'oïl sous la forme plus aisément maniable de la courtoisie : il ne s'agit pas seulement d'un réservoir de thèmes et de motifs liés à la « matière de Bretagne », héritée des Celtes, mais d'un système de pensée qui régit toutes les facettes de la vie littéraire. Les romans, en vers puis en prose, explorent toute la gamme des situations amoureuses, élaborant une sorte de casuistique avant la lettre, tout en élaborant des concepts nouveaux, comme celui de l'aventure et de la quête, qui se retrouvera au cours des siècles suivants sous divers déguisements. Si la notion d'amour courtois est l'instrument herméneutique le plus fréquemment employé, l'ensemble de la littérature de cette époque a pour ambition la plus formidable entreprise de *mimésis* que l'on puisse concevoir : reproduire le livre du monde formé de la main de Dieu, dans une somme du savoir et de l'expérience humains.

Le triomphe de l'individualisme

Cet enthousiasme cependant n'a qu'un temps, et les calamités des XIVᵉ et XVᵉ siècles suscitent dans le champ littéraire un mouvement de repli : les vastes œuvres qui embrassaient d'un coup toute l'histoire ou toute la philosophie sont abandonnées au profit de textes plus attentifs aux mutations de l'homme en tant qu'individu. L'heure de gloire du roman est passée, et c'est le lyrisme qui reprend le dessus, non pas analogue à celui des troubadours et des trouvères, mais plus diversifié, plus inquiet, s'interrogeant non seulement sur la pertinence du modèle courtois, mais aussi sur les circonstances de la vie qui ne se rattachent pas à l'amour, et particulièrement sur l'expérience poétique.

Les œuvres des grands poètes de cette période trahissent l'angoisse et le déséquilibre d'un monde en pleine mutation, assistant à la faillite plus ou moins complète des valeurs de l'époque précédente, et s'interrogeant sur son avenir. Mais peut-être cette impression de désarroi est-elle augmentée pour nous par la connaissance que nous avons des événements contemporains.

2. GENRES ET FORMES MÉDIÉVAUX

La poésie lyrique

Le XIIᵉ siècle voit l'essor de la première poésie occidentale en langue vulgaire, digne héritière des recherches formelles et thématiques des poètes latins du Haut Moyen Âge. Les troubadours, en langue d'oc, et, près d'un siècle plus tard, les trouvères, en langue d'oïl, c'est-à-dire en « ancien français », créent un mode d'expression lyrique raffiné, correspondant à l'élaboration théorique de la *fin'amor*. Bien que la *canso* (chanson, pour les trouvères) soit indubitablement dominante, on assiste au développement d'un grand nombre de « genres » poétiques, à forme plus ou moins fixe. La poésie amoureuse, qui devient parfois poésie mariale, est de très loin la mieux représentée, avec toutefois la notable exception de **Rutebeuf**.

Dans le courant du XIVᵉ siècle, la poésie tend à se séparer de la musique, sous l'influence en particulier de **Guillaume de Machaut**, tout en privilégiant des genres nouveaux : le rondeau et, surtout, la ballade. Le premier atteint son apogée avec **Charles d'Orléans**, cependant que la ballade est pratiquée avec le même bonheur par tous les grands poètes des XIVe et XVe siècles. Le XVe siècle se termine sur l'apogée de la virtuosité formelle, où font merveille les « **Grands Rhétoriqueurs** » qui exploitent, bien avant la *Défense et Illustration...* toutes les ressources, tant lexicales que syntaxiques, de la langue française.

Le roman

Les deux premiers siècles du Moyen Âge « littéraire » voient la naissance et le triomphe du roman. Il est présent partout. Dans les chansons de geste, qui s'éloignent du modèle épique pour se conformer à une esthétique de l'« aventure », du rebondissement narratif. Dans la poésie, qui insère l'intemporalité de la chanson dans la trame narrative d'une « histoire d'amour ». Dans les romans et nouvelles proprement dits, enfin, qui organisent selon des modes divers l'immense héritage des « contes » oraux et des chefs-d'œuvre de l'Antiquité. L'analyse psychologique, l'importance des personnages féminins, la place consacrée à l'amour, tous ces éléments nouveaux qui font la différence par rapport aux chansons de geste antérieures, apparaissent progressivement dans la seconde moitié du XIIe siècle. Déjà la maturité du genre est atteinte avec les différentes versions du *Tristan*, et surtout avec **Chrétien de Troyes**. Une nouvelle étape est franchie au début du XIIIe siècle avec l'introduction conjointe de la prose comme véhicule formel et de la notion de quête, au sens spirituel du mot, comme ressort de l'action.

La « matière arthurienne » semble cependant s'épuiser à partir du XIVe siècle. Le goût du public se porte désormais davantage vers la « chronique », au sens médiéval fort peu historique du terme, et on transforme en chronique tout le matériau romanesque ou épique préexistant, grâce à la systématisation du « dérimage » des romans ou des chansons de geste.

Le théâtre

Les quatre siècles du Moyen Âge littéraire n'ont pratiquement pas connu le théâtre au sens moderne du mot. Les jeux liturgiques sortis de l'église, les miracles consacrés à tel ou tel saint et héritiers de pièces latines composées dans les monastères, ou issus de la piété populaire, ont d'emblée donné au théâtre médiéval une coloration religieuse, à laquelle n'échappe qu'un très petit nombre de « jeux » profanes, et qui se retrouve dans les immenses « Passions » des XIVe et XVe siècles. Ces œuvres, souvent anonymes, composées à l'occasion d'un spectacle particulier et mises par écrit plus tard (quand elles l'étaient !) ne se soucient pas des principes du théâtre tels que les définit Aristote. Il s'agit de réactualiser les épisodes centraux de l'Ancien et du Nouveau Testament, dans le cadre d'un spectacle total, qui peut durer plusieurs jours, et auquel participent non seulement des « acteurs » professionnels, mais l'ensemble d'une population. C'est sans doute pour satisfaire cette population profane que sont apparues, comme des « farcissures » dans les Passions, les premières farces. Le genre prend une extension considérable pendant le XVe siècle, et peut être compté parmi les ancêtres de la comédie.

3. LA LITTÉRATURE DU XVIe SIÈCLE

Humanisme et « littérature » antique

La Renaissance, commencée en Italie bien avant le XVIe siècle, se définit d'abord, dans les domaines liés à l'écriture, par l'« humanisme ». On appelle « humanisme » le mouvement de restauration des « bonnes lettres » de l'Antiquité grecque et latine : établissement du meilleur texte possible, commentaire (d'abord philologique), édition, traduction. Pour les humanistes des premières générations, il n'y a pas de différence fondamentale entre des ouvrages de médecine, d'astronomie, de poésie, d'architecture, de philosophie, de droit, d'histoire, voire de mathématiques, d'économie ou de cuisine. Certes, on distingue les disciplines : mais tous ces savoirs sont à puiser dans l'immense fonds des « lettres » antiques, assimilé à ce que nous appellerions une « culture », un ensemble organique que les « barbares » ont mis à mort et qu'il est possible, au prix d'un travail colossal, de faire renaître. Tout est texte.

L'Évangile comme texte

Idéalement, l'humanisme aboutit à mettre en contact direct, non une *somme*, mais une *masse* énorme de textes, non avec une *institution* (comme l'Église ou l'Université), mais avec une *conscience* individuelle de lecteur. Dans un domaine précis, celui du Livre sacré, la démarche intellectuelle de l'humanisme court-circuite le discours des institutions. L'humanisme n'explique pas la Réforme, mais il y a une évidente solidarité entre l'humanisme et l'« évangélisme », mouvement de retour aux valeurs de l'église primitive, à l'Écriture, à la Foi d'abord. La philologie de cabinet conduit le texte sacré, toutes barrières cessantes, à la fois dans l'intimité des consciences et sur la place publique.

Langue et traduction

La restauration des modèles anciens place l'utilisateur devant un choix : respect fasciné, ou consommation « sauvage ». Ou bien le texte est statufié : écrire, c'est le réécrire. C'est ce qui est arrivé à Cicéron : son œuvre est devenue une sorte de « langue », qu'écrivait, voire parlait, dans la Rome pontificale, une élite cicéronisante. Ou bien le texte s'engage dans une série d'aventures : traduction, imitation, plagiat, citation, collage, trahison. Il est toujours un modèle, mais dont l'autorité, loin de paralyser, libère. La traduction est au service du texte, mais aussi de la langue d'arrivée, « vulgaire », qui doit être enrichie.

4. GENRES ET FORMES DU XVIᵉ SIÈCLE

Poésie et imitation

Traduit ou non, le texte antique est à imiter. C'est-à-dire à piller. Les langues vulgaires ne s'enrichiront que sur les dépouilles des langues mortes : telle est l'idée fondamentale, où coexistent mysticisme platonicien et cynisme machiavélique. En France, cette duplicité féconde est surtout sensible en **poésie**, après 1549, avec **Ronsard** et ses amis de **La Pléiade**, dont la démarche est fondée sur un dogme, l'inspiration, et une pratique, l'imitation. On ne les avait pas attendus pour traduire, pour imiter. Un « Rhétoriqueur » comme **Lemaire de Belges** dès les années 1500, mêlait avec bonheur Virgile et Ovide. Le jeu subtil des épîtres de **Marot** avec l'usage « commun » du langage n'est pas non plus dépourvu de références antiques. Mais la Pléiade prétend adopter, tels quels, tous les genres notables de l'Antiquité, dont la tragédie, la comédie : le théâtre « humaniste » naît de ce même élan, avant de connaître une évolution propre. Enfin la Pléiade assimile, en même temps que les genres, la mythologie païenne. D'où une crise, latente, de la conscience chrétienne...

Récits

Le modèle antique ne saurait, bien sûr, peser aussi fort sur le destin de la prose narrative, qui subit des influences multiples. Le roman médiéval fait mieux que se survivre dans *Amadis de Gaule*, vaste compilation de thèmes courtois et merveilleux. Le genre court de la nouvelle connaît au XVIᵉ siècle un développement remarquable, soit au sein d'une architecture complexe de « devis », comme dans l'*Heptaméron*, soit pour lui-même. Dans cet ensemble de tendances, le cas de **Rabelais** reste singulier : pour l'envisager, il faut se porter au-delà de la logique des genres.

Au-delà des genres

L'imitation mélange ses multiples sources. Le texte antique explose : chaque mémoire lettrée progresse dans une jungle de citations possibles. Et il arrive justement que le texte se présente « explosé », fragmenté par avance, prêt à l'usage. Ainsi les *Adages*, d'**Érasme** : non pas une somme, mais une collection immense de citations grecques et latines, échappées de leur contexte... La grande contradiction de cette littérature imitée de l'Antiquité, est qu'elle prétend à la fois retrouver une forme idéale et faire face à la masse des formes réelles, des textes antiques effectifs. La forme court le risque de l'informe.

Les plus grands textes du XVIᵉ siècle français sont ceux qui prennent ce risque jusqu'au bout, et tirent un bénéfice de la conscience qu'ils en ont : **Rabelais, Montaigne**. Par eux, on voit que l'art littéraire français de la Renaissance n'est pas, n'a pas pu être un classicisme. La forme ne peut pas transcender le désordre, elle finit par assumer ce désordre même. La navigation des Pantagruélistes n'a pas plus de fin que l'écriture des *Essais*. Si différentes, les œuvres de Montaigne et de Rabelais échappent pareillement aux genres. L'un entasse les savoirs et l'autre les textes ; l'un raconte et l'autre commente. Dans les deux cas, l'écrivain se situe par rapport à une certaine monstruosité de son discours. Rabelais pour en rire encore mieux ; Montaigne pour l'évaluer, et finalement l'accepter comme sa propre parole, l'écriture de sa personne. Tel est l'horizon du savoir humaniste : d'un livre fait de tous les livres, un « je » est le sujet, et devient la matière.

Ire PARTIE

LE MOYEN ÂGE

Ire PARTIE : LE MOYEN AGE

ÉVÉNEMENTS POLITIQUES ET SOCIAUX		LITTÉRATURE ÉPIQUE	CHRONIQUE, HISTOIRE ET POLÉMIQUE*	
IXe	843 Partage de l'empire carolingien.		840 EGINHARD : *Vita Karoli*.	
	IXe Invasions normandes.		842 *Serments de Strasbourg* (en roman et en allemand).	
	909 Ordre de Cluny.			
	987 **Avènement de Hugues Capet.**			
XIe	1095- Ire Croisade → royaume 1099 franc de Jérusalem.	v. 1070 *Chanson de Roland*.		
	Ordres des Chartreux, de Cîteaux.			
	Affranchissement communal.	*Gormont et Isembart.*		
	1147 IIe Croisade.	*Chanson de Guillaume.*		
XIIe			1155 WACE : *Roman de Brut*.	
	1163 Les Cathares dénoncés comme hérétiques.	v. 1150 *Couronnement de Louis.* *Raoul de Cambrai.*	1160 WACE : *Roman de Rou*.	
	1180- **Règne de Philippe** 1223 **Auguste** (extension du domaine royal).	*Enfances Vivien.* *Garin le Lorrain.*	1170 BENOÎT DE SAINTE-MAURE : *Histoire des ducs de Normandie*.	
	1204 IVe Croisade (prise de Constantinople).			
	1209 Croisade contre les Albigeois.	v. 1200 BERTRAND DE BAR-SUR-AUBE : — *Aymeri de Narbonne.* — *Girart de Vienne.*		
	Ordres Mendiants : Franciscains et Dominicains.	*Huon de Bordeaux.*	1207- VILLEHARDOUIN : *Conquête* 1212 *de Constantinople*.	
XIIIe	1226- **Règne de Saint Louis** 1270 (renaissance monétaire).	v. 1250 *Charroi de Nîmes.*	v. 1216 ROBERT DE CLARI : *Conquête de Constantinople*.	
	1270 VIIIe Croisade.			
	1285- **Règne de Philippe le Bel** 1314 (renforcement de l'État monarchique).	v. 1275 *Berte aux grands pieds.*	v. 1260 RUTEBEUF : les *Dits*.	
	1291 Chute des dernières places chrétiennes d'Orient.			
	1337 *Guerre de Cent Ans* (les Valois succèdent aux Capétiens directs).	*Enfances Garin.* *Geste de Monglane.*		
	1348- Peste noire. 1358	v. 1355 *Le Chevalier au cygne.*	1272- JOINVILLE : *Histoire de* 1309 *Saint Louis*.	
XIVe	1358 Insurrection parisienne.			
	1360- **Règne de Charles V** 1380 (reconquête du royaume avec Du Guesclin).			
	1378- Grand Schisme 1417 d'Occident.			
	1380- **Règne de Charles VI.** 1422		1374- FROISSART : *Chroniques*. 1400	
	1407 Guerre civile entre Armagnacs et Bourguignons.		JEAN LE BEL : *Vrayes Croniques*.	
	1422- **Règne de Charles VII.** 1461		*Journal d'un bourgeois de Paris.*	
	1429- Épopée 1431 de Jeanne d'Arc.			
XVe				
	1453 Constantinople prise par les Turcs.	1458 DAVID AUBERT : *Conquêtes et chroniques de Charlemagne.*	1422 ALAIN CHARTIER* : *Quadrilogue invectif*.	
	1461- **Règne de Louis XI.** 1483			
	1475 Fin de la guerre de Cent Ans.		1489- COMMYNES : *Mémoires*. 1498	

POÉSIE COURTOISE•, PERSONNELLE* ET DIDACTIQUE	RÉCITS COURTOIS•, BURLESQUES ET SATIRIQUES	THÉÂTRE RELIGIEUX ET SATIRIQUE•
IXe		**IXe** Les *Tropes* (au milieu de textes religieux).
880 *Cantilène de sainte Eulalie* (langue d'oïl).	ALBÉRIC DE PISANÇON• : *Roman d'Alexandre.*	
XIe v. 1040 *Vie de saint Alexis* (langue d'oïl).		
XIIe	1150 *Roman de Thèbes•.*	1120 *Jeu de saint Nicolas.*
GUILLAUME IX, comte de Poitiers (langue d'oc)•. JAUFRÉ RUDEL (langue d'oc)•.	v. 1160 Premiers *Fabliaux* (vers). v. 1165 MARIE DE FRANCE• : *Lais.*	1160 *Jeu d'Adam.*
1193-1197 HÉLINAND DE FROIDMONT : *Vers de la Mort.* ARNAUD DANIEL (langue d'oc)•. BERNARD DE VENTADOUR (langue d'oc)•.	v. 1170 *Roman de Renart* (branches principales). v. 1170 BÉROUL et THOMAS : *Tristan•.* CHRÉTIEN DE TROYES•.	
	Le Lancelot - Graal•. *Aucassin et Nicolette•.*	
XIIIe 1202 JEAN BODEL* : *Congés.* THIBAUD DE CHAMPAGNE•.		v. 1200 JEAN BODEL : *Jeu de saint Nicolas.*
v. 1230 GUILLAUME DE LORRIS : *Roman de la Rose* (I).	*Tristan•* en prose.	
v. 1270 ADAM DE LA HALLE*. COLIN MUSET. RUTEBEUF*.	v. 1250 *La Châtelaine de Vergy•.* v. 1265 RUTEBEUF : *Renart le Bestourné.*	v. 1261 RUTEBEUF : *Miracle de Théophile.*
v. 1270 JEAN DE MEUN : *Roman de la Rose* (II).	1280 JACQUEMART GIELÉE : *Renart le Novel.*	ap. 1275 ADAM DE LA HALLE• : — *Jeu de la Feuillée.* — *Jeu de Robin et Marion.*
GUILLAUME DE MACHAUT•.		
XIVe	1310-1314 GERVAIS DU BUS : *Roman de Fauvel.*	
JEAN FROISSART•. EUSTACHE DESCHAMPS•. CHRISTINE DE PISAN•.	ap. 1325 *Renart le Contrefait.*	
ALAIN CHARTIER•. CHARLES D'ORLÉANS•.	v. 1340 Derniers *Fabliaux* (vers).	
	Les Quinze Joies de Mariage.	1410 *Passion du Palatinus.* 1420 *Passion d'Arras.* 1452 ARNOUL GRÉBAN : *Le Mystère de la Passion.*
		v. 1465 *Maître Pierre Pathelin•.*
XVe 1457 VILLON* : *Lais.* 1461 VILLON* : *Testament.*	1456 ANTOINE DE LA SALE : *Le Petit Jehan de Saintré.*	*Farce du cuvier•.*
1461-1464 MESCHINOT : *Les Lunettes des Princes.*	1466 *Les Cent Nouvelles nouvelles.*	
LEMAIRE DE BELGES.	*Roman de Jean de Paris.*	1486 JEAN MICHEL : *Passion.*

		TEXTES ÉTRANGERS	ARTS EN FRANCE ET À L'ÉTRANGER[•] SCIENCES ET TECHNIQUES
IXᵉ			Mosaïques, orfèvrerie et enluminures.
			v. 990 GUI D'AREZZO baptise les notes de la gamme.
			XIᵉ Apogée de l'art roman : Jumièges, Conques, Vézelay.
			Tapisserie de Bayeux. Sculptures et chapiteaux.
XIᵉ			**Xᵉ** Développement des moulins à eau. La charrue remplace l'araire. Attelage des animaux de trait amélioré : joug, collier d'épaule.
XIIᵉ	**1135**	GEOFFROY DE MONMOUTH : *Historia Regum Britanniae*.	**1150** Apogée de l'art gothique : construction des cathédrales de Noyon, Senlis, Paris ; puis de Chartres, Rouen.
	1180	*Saga d'Olaf*.	
	1190	*Niebelungenlieder*.	
			Industrie du papier. Moulins à vent.
			Extension de l'art gothique à l'Europe du Nord. Développement du vitrail et de la peinture.
XIIIᵉ	**1226**	FRANÇOIS D'ASSISE : *Cantique du Soleil*.	**1220** Album de VILLARD DE HONNECOURT.
	1266	ROGER BACON : *Œuvres*.	**1244** La Sainte Chapelle.
	v. 1293	DANTE : *Vita Nuova* (réd.).	CIMABUE[•]. - Fresques de GIOTTO[•].
	1298	MARCO POLO : *Le Livre des Merveilles*.	
			La roue à rayons cerclée de fer. La brouette. Le rouet. Les lunettes (bésicles). Le gouvernail d'étambot. La boussole.
XIVᵉ	**1307-1321**	DANTE : *La Divine Comédie*.	Musique : développement de la polyphonie *Bréviaire de Belleville*, de PUCELLE.
	1349	BOCCACE : *Le Décaméron*.	**v. 1370** *Tapisserie de l'Apocalypse*, à Angers.
	1352	PÉTRARQUE : *Les Triomphes*.	Premières gravures sur bois.
	1387	GEOFFREY CHAUCER : *Contes de Canterbury*.	**v. 1390** Sculptures de SLUTER[•] (Champmol).
XVᵉ			Hauts fourneaux : développement de la métallurgie du fer (1340).
	1482	MARSILE FICIN : *Théologie platonicienne*.	
	1492-1493	COLOMB : *Journal de bord*.	Peinture : ROUBLEV et *La Trinité*. Les frères LIMBOURG : *Très Riches Heures du duc de Berry*. DONATELLO[•]. MASACCIO[•]. FRA ANGELICO[•]. PIERO DELLA FRANCESCA[•]. UCCELLO[•]. MANTEGNA[•]. Les BELLINI[•]. VAN EYCK[•]. VAN DER WEYDEN[•]. MEMLING[•]. JEAN FOUQUET. JEAN CLOUET. Musique : JOSQUIN DES PRÉS (1440-v. 1530). Le gothique flamboyant. — Les tapisseries aux mille fleurs. Statues de VERROCCHIO[•]. Bustes de LAURANA[•]
			La caravelle. — La typographie (1455) avec GUTENBERG.

LA VOLONTÉ DE SAVOIR

VIE DE SAINT ALEXIS,
HÉLINAND DE FROIDMONT,
PIERRE DE BEAUVAIS,
RICHARD DE FOURNIVAL,
RAOUL DE HOUDENC,
GUILLAUME DE LORRIS,
JEAN DE MEUN,
GAUTIER DE COINCI,
WACE, VILLEHARDOUIN,
ROBERT DE CLARI, JOINVILLE

« *Littera gesta docet, quid*
credas allegoria
Moralis quid agas, quo
tendas anagogia. »
(« *La lettre enseigne les faits,*
l'allégorie ce qu'il faut croire, la
morale ce qu'il faut faire,
l'anagogie ce à quoi il faut
tendre. »)

Sean Connery, dans *Le Nom de la Rose*, film de Jean-Jacques Annaud, 1986,
d'après le livre d'Umberto Ecco.

Latin et langue vulgaire

1. De la méditation morale à l'effort encyclopédique

Dans une société régie sur le plan de l'imaginaire et de la culture par les clercs d'Église, il va de soi que la littérature est d'abord, avant tout, une littérature religieuse. Religion qui peut prendre plusieurs formes : la plus évidente, et la mieux représentée dans les premiers siècles du Moyen Age, est **la glose du texte sacré**, c'est-à-dire essentiellement de la *Bible*. Cette glose commence par être latine — elle le restera longtemps, concurremment avec de nouvelles formules — puis passe en « roman » : ainsi les « sermons » en langue vulgaire, tel celui que l'on appelle *Grand mal fist Adam...*, mettent à la portée d'un public vaste et peu cultivé les vérités les plus simples de la théologie.

Souvent de tels textes n'ont qu'une valeur de vulgarisation, et se réduisent à de simples paraphrases ; mais en d'autres cas, la **langue romane** commence à être employée pour traduire une réflexion personnelle sur la foi, alors que la méditation métaphysique, et bientôt les discussions théologiques restent en latin. Si la forme en est archaïque et réservée à une élite, la démarche en est radicalement moderne : peu à peu la philosophie naissante cesse d'être simple glose, commentaire prudent d'une vérité impossible à remettre en doute, pour devenir tentative indépendante d'appréhension du monde. **La naissance de la scolastique** déplace les perspectives dans lesquelles l'Occident vivait depuis les débuts du christianisme et permet au monde d'exister à côté de Dieu, en dehors de lui, en lui-même et pour lui-même. Cette révolution suscite un immense appétit de savoir, qui se traduit par l'effort sans cesse renouvelé des *Summae* et des *Miroirs* qui veulent tout dire sur tout, ou au moins sur un sujet donné : l'esprit encyclopédique (re-)naît au début du XIIIe siècle.

2. L'esprit allégorique

La mémoire médiévale repose sur un principe de classement rigoureux : toutes les sciences, de la théologie à la politique en passant par la morale et ce que de nos jours on appellerait botanique ou zoologie, doivent pour être assimilées passer par le crible d'une réduction en principes, plus aisément insérés dans une projection topologique du monde, et par conséquent plus facilement assimilables. Cette tendance, issue du symbolisme nourri par la philosophie chrétienne, donne bientôt naissance à l'allégorie, c'est-à-dire dans un premier temps à **l'apparition dans les textes littéraires et philosophiques de personnalisations de différentes notions abstraites**, qui agissent et parlent conformément au « caractère » que l'on peut attendre d'elles. Ce procédé n'est pas nouveau : les textes latins, comme le *De nuptiis Mercurii et Philologiae*, en avaient déjà fait largement usage ; en langue « vulgaire », son utilisation est d'abord timide et empreinte d'une certaine gaucherie : c'est le cas, par

L'Astronomie, statuette du XIIe siècle.
Autun, Musée Rolin.

exemple, dans des textes comme *Le Songe d'Enfer*, ou (à la suite du succès du premier, peut-être, et attribué sans certitude au même auteur) *La Voie du Paradis*, de **RAOUL DE HOUDENC** : reprenant la vieille structure du voyage dans l'Autre monde, motif d'origine celtique récupéré par la religion chrétienne, le narrateur rencontre successivement les vices ou les vertus qui jalonnent la route de l'Enfer ou du Paradis, et reproduit les discours très schématiques qui définissent leurs fonctions.

3. Hagiographie, chronique et histoire

La langue de la vérité, durant tout le haut Moyen Age et encore au XIIe siècle, **est le latin** : seule langue « internationale », qui assure la transmission d'un savoir mesurable, impossible à mettre en doute. La théologie et la philosophie, naturellement confondues jusqu'au XIIIe siècle où la seconde commence à se distinguer timidement de la première, continueront longtemps à s'écrire en latin, à l'exception de « traductions », c'est-à-dire souvent d'adaptations très libres, qui de manière plus ou moins consciente sont conçues comme **des ouvrages de vulgarisation, à l'usage d'un peuple de petits clercs peu instruits**, ou à celui de grands seigneurs résolument illettrés. Le problème s'est posé plus vite, et avec plus d'acuité en ce qui concernait les textes que l'on peut dire « historiques » : c'était justement ces seigneurs ignorants de la langue latine qui faisaient l'histoire, et qui s'y intéressaient — et dont il était d'ailleurs souhaitable qu'ils s'y intéressent afin de méditer sur les bons et mauvais exemples du passé. De même, à quoi sert d'écrire en latin des « Vies de saints » qui viennent s'ajouter à la masse impressionnante de textes liturgiques auxquels le peuple ne comprend rien ? Pourtant, ces saints, d'origine souvent douteuse, qui accomplissent toujours les mêmes miracles, sont les meilleurs avocats de la foi chrétienne dans l'esprit populaire.

1. De la méditation morale à l'effort encyclopédique

Hélinand de Froidmont *Vers de la Mort* (1193-1197)

Les Vers de la Mort, d'**Hélinand de Froidmont** *(v. 1160-1214) constituent un chef-d'œuvre unique en son temps. Le thème en est peu original, et sera maintes fois repris par la suite, au point de devenir à partir de la fin du XIIIe siècle un lieu commun de la littérature aussi bien que des arts plastiques : **la mort s'empare de tous les hommes, quelle que soit leur condition sociale**, quelles qu'aient été leurs vertus, ou leurs fautes ; il faut donc s'y préparer, et ne pas s'étourdir en négligeant les préceptes de la foi qui apprennent à « bien mourir ».*

*Hélinand, utilisant une strophe nouvelle qui deviendra le signe distinctif de cette sorte de poésie, s'adresse directement à la mort pour lui conseiller de se rappeler au bon souvenir de ses riches et nobles amis, et par conséquent de les inviter au repentir. Il en profite pour dresser au passage **une critique féroce des différents États du monde**. C'est l'œuvre d'un moine, d'autant plus sévère et intransigeant que son propre passé a dû, d'après les documents dont nous disposons, être assez « mondain ».*

« Mort fait à chacun sa droiture »[1]

Que vaut ce que fait tout le monde ?
La mort en une heure défait tout,
Qui ne s'amuse pas à refaire.
Que vaut tout ce qu'avarice amasse ?
5 La mort en une heure enlève tout,
Qui ne perd aucun jeu par tricherie.
La mort fait taire les plus bavards,
Fait pleurer et crier les plus réjouis ;
La mort fait chaque jour de beau temps mauvais ;
10 La mort fait valoir haire[2] et toile de sac
Autant que pourpre et robe fourrée de vair[3] ;
La mort contre tous gagne son procès.

Que vaut beauté, que vaut richesse,
Que vaut honneur ? que vaut noblesse,
15 Puisque la mort tout à son gré
Souffle sur nous pluie et sécheresse,

Puisqu'elle a tout en sa puissance,
Tout ce que l'on méprise et tout ce que l'on prise ?
Celui qui a mis de côté toute peur de la mort
20 C'est celui que la mort attaque le plus
Et vers qui elle se dirige en premier.
Corps bien nourri, chair bien délicate
Font de bois et de vers chemise :
Qui mieux se traite plus se blesse.
25 La mort prouve, et je n'en doute pas,
Qu'a aussi peu de valeur qu'un mot
Toute chose qui meurt et se dessèche.
La mort montre que tout n'est rien,
Ni ce que la gloutonnerie engloutit,
30 Ni ce que la luxure se permet.
La mort fait que le saint homme ne commet aucun
[péché

Pour que rien ne lui plaise,
Par quoi elle puisse avoir barre sur lui.
La mort met sur un pied d'égalité grange et crèche,
35 Vin et eau, saumon et seiche ;
La mort dit à tous les conforts « Fi ! ».

La mort est le filet qui tout attrape,
La mort est la main qui tout agrippe
Tout ce à quoi elle s'attache lui reste.
40 La mort fait à tous une chape d'isembrun[4]
Et une couverture de la simple terre.
La mort sert à tous sans distinction,
La mort dévoile tous les secrets,
La mort fait d'un homme libre un serf
45 La mort asservit roi et pape,
La mort rend à chacun ce qu'il mérite,
La mort rend au pauvre ce qu'il perd,
La mort enlève au riche tout ce qu'il saisit.

La mort rend à chacun sa justice,
50 La mort rend à tous ce qui leur revient de droit,
La mort pèse tout à son juste poids,
La mort venge chacun de ses outrages
La mort réduit l'orgueil en pourriture,
La mort fait faillir la guerre des rois,
55 La mort fait respecter décrets et lois,

La mort fait renoncer à l'usure et au profit,
La mort fait douce vie bien dure,
La mort donne aux soupes et aux pois
La saveur de la chair de baleine[5]
60 Dans les cloîtres où l'on craint la luxure.

La mort apaise ceux qui sont en querelle,
La mort ramène au calme ceux qui se distraient
La mort met fin à tous les combats,
La mort met en croix les faux croisés,
65 La mort fait droit à tous les tricheurs,
La mort termine tous les procès selon le droit
La mort sépare la rose de l'épine,
La paille du grain, le son de la farine,
Les vins purs des faux mélanges d'armoise[6] ;
70 La mort passe à travers voiles et courtines,
La mort seule sait et devine
Quelle est en toute justice la valeur de chacun.

HÉLINAND DE FROIDMONT, *Vers de la Mort*
(1193-1197), traduction d'Anne Berthelot

1. « *La mort rend à chacun sa justice.* » — 2. *Grossière chemise de crin portée à même la peau par esprit de mortification.* — 3. *Fourrure de petit-gris.* — 4. *Étoffe de couleur sombre.* — 5. *Mets très prisé.* — 6. *Plante aromatique, et liqueur fabriquée à partir des extraits de cette plante.*

*Dict. des trois morts
et des trois vifs,*
miniature du XVᵉ siècle.
Paris, B.N.

POUR LE COMMENTAIRE

1. Quel **thème** reprend Hélinand de Froidmont ? Recherche-t-il l'originalité en le traitant ?

2. Analysez la **structure de la strophe**.

3. Quelle est la valeur de **l'anaphore** « La mort » ? Dans quelle mesure la mort est-elle allégorisée ?

4. A quel registre appartiennent la plupart des actions attribuées à la mort ? Comment **Les métaphores** s'insèrent-elles dans les sentences morales ?

5. Quel est le **ton** du poème ? Quel effet produit-il ?

RECHERCHE

Rassemblez d'autres textes littéraires autour de ce thème.

Pierre de Beauvais *Bestiaire*
Richard de Fournival *Bestiaire d'Amour* (vers 1245)

Des systèmes d'interprétation du monde

Le monde est le livre de Dieu ; tout ce qui s'y trouve est par conséquent susceptible d'**interprétations symboliques**, qui prennent un sens dans l'ordre théologique ; ainsi le « premier » *Bestiaire*, celui de **Pierre de Beauvais** (début XIIe s.), qui est encore très proche de la source latine du *Physiologus*, et passe de la description à l'**interprétation religieuse**, parfois un peu surprenante pour un esprit moderne. Mais au cours des XIIe et XIIIe siècles, l'esprit profane gagne peu à peu du terrain : un autre système herméneutique remplace celui de Pierre de Beauvais, et **Richard de Fournival** (1201-v.

1260) reprend les mêmes animaux fantastiques et leurs étranges propriétés pour en donner **une lecture courtoise**, dans le cadre de la *fin'amor*.

Une nouvelle étape est franchie avec **Brunet Latin**, (vers 1230-1294) auteur italien qui écrit en français pour l'amour de la langue, et qui, tout en réutilisant les données traditionnelles, manifeste à leur égard un certain scepticisme, et choisit la voie de la véritable **encyclopédie** en compilant les « théories » de ses prédécesseurs et en s'efforçant de les intégrer à un cadre « scientifique ». C'est une évolution analogue que subissent les différents *lapidaires* qui, d'opuscules symboliques, deviennent des **traités à vocation didactique**.

*Nous donnons ici l'exemple de la **serre**, animal fabuleux dont les propriétés semblent être inventées tout exprès pour déclencher la lecture herméneutique ; le premier passage, extrait de l'œuvre de **Pierre de Beauvais**, constitue en quelque sorte le **degré zéro** à partir duquel la réflexion sur cet animal s'élabore, avec, comme on le verra dans le texte de **Richard de Fournival**, des résultats curieux. En effet, le rapport entre les péripéties d'un amour sans succès et les caractéristiques légendaires des animaux est difficile à établir. La serre est dans la vision courtoise de Richard la **figure du rival**, qui n'aime guère la Dame mais en est aimé.*

Les propriétés de la serre

Il existe dans la mer une bête qui est appelée serre, et qui a de très grandes ailes. Quand elle aperçoit un navire à la voilure déployée, elle se dresse, les ailes étendues, s'élance au-dessus de la mer, et commence à voler à sa poursuite, comme si elle voulait rivaliser avec lui pour le gagner de vitesse. Et c'est pour
5 mettre à l'épreuve sa rapidité qu'elle se mesure ainsi à lui. Et elle vole ainsi au côté du navire, en faisant la course avec lui, sur une distance de bien trente ou quarante stades[1] d'une seule traite. Mais quand le souffle lui manque, elle a honte d'être vaincue. Elle ne renonce pas à la lutte petit à petit, après avoir fait tous ses efforts pour essayer d'atteindre le navire : tout au contraire, aussitôt qu'elle
10 se rend compte qu'elle est dans la nécessité de renoncer à cause de sa grande fatigue, elle abaisse ses ailes et les replie, et se laisse alors aller d'un seul coup jusqu'au fond de la mer. Et les ondes de la mer l'emportent épuisée tout au fond, au lieu dont elle était partie.

La mer est le symbole de notre monde. Les navires représentent les justes qui
15 ont traversé sans danger, en toute confiance, les tourmentes et les tempêtes du monde, et qui ont vaincu les ondes mortelles, c'est-à-dire les puissances diaboliques de ce monde. La serre qui veut rivaliser de vitesse avec les navires représente ceux qui d'abord s'attachent aux bonnes œuvres, et qui ensuite en viennent à renoncer et sont vaincus par de multiples vices, à savoir la convoitise,
20 l'orgueil, l'ivresse, la luxure, et nombre d'autres vices qui les attirent en enfer comme les ondes de la mer attirent la serre vers le fond. Et ceux qui persévèrent dans leurs bonnes dispositions depuis le début jusqu'à leur fin, ceux-là seront sauvés. C'est cela que symbolise cette bête, qui est un poisson de mer fait à la ressemblance d'un animal créé sur terre.

1. Mesure de longueur de la Grèce ancienne (environ 180 m).

Pierre de Beauvais, *Bestiaire*,
publié et traduit par G. Bianciotto,
© éd. Stock Plus, 1980

Rhétorique des Bestiaires

Et donc il ne se tient pas à vous, mais il vous suit selon sa volonté, et non pas selon la vôtre, de la même manière que la serre suit le navire.

La serre est un animal marin extraordinairement grand, qui possède des ailes et des plumes d'une taille étonnante, grâce auxquelles elle s'élance au-dessus
5 de la mer plus vite qu'un grand aigle qui vole à la poursuite d'une grue, et ses plumes sont tranchantes comme des rasoirs. Et cette serre dont je vous parle se grise à tel point de sa vitesse que lorsqu'elle voit un navire fendre rapidement les flots, elle lutte avec le navire pour mettre à l'épreuve sa vitesse, et elle vole au côté du navire en rivalisant de vitesse avec lui, les ailes étendues, sur des
10 distances de bien quarante ou même cent lieues d'une seule traite. Mais quand le souffle lui manque, la serre a honte d'être vaincue : elle ne renonce pas alors à la lutte petit à petit, en faisant de son mieux pour chercher à rattraper le navire : mais au contraire, aussitôt qu'elle a été devancée si peu que ce soit par le navire, elle replie ses ailes et se laisse aller d'un seul coup jusqu'au fond de la mer.
15 Je dis que cet homme vous suit exactement de la même manière, aussi longtemps que le souffle ne lui manque pas. Car il accepterait bien d'accomplir votre volonté tant qu'elle ne serait pas contraire à la sienne : mais aussitôt qu'elle lui serait contraire, ce n'est pas seulement un peu de mauvais gré qu'il montrerait à votre égard pour supporter votre volonté ou pour se réconcilier avec vous : au
20 contraire, il vous abandonnerait d'un seul coup à l'occasion d'une colère. Et c'est pour cette raison que je dis que vous le tenez, et qu'il ne tient pas à vous. Mais encore que vous ne me teniez pas, il est bien manifeste que je me tiens à vous : en effet — pardonnez-moi — vous avez tant de fois provoqué ma colère que si j'avais dû, sur un coup de colère, me séparer de vous, c'est que je ne vous aurais
25 pas aimée d'un amour aussi démesuré que je le fais. Mais je vous porte un amour achevé, et je me tiens à vous, de telle sorte que si je vous avais perdue sans espoir, ainsi que je l'ai fait, à ce que je crois — si tant est qu'il soit possible de perdre ce que l'on n'a jamais possédé — je ne m'attacherais pas pour autant ailleurs, pas plus que la tourterelle ne change de mâle, elle qui est d'une nature
30 telle que lorsqu'elle a perdu son mâle, elle n'en prend jamais d'autre par la suite.

RICHARD DE FOURNIVAL, *Le Bestiaire d'Amour* (vers 1245),
traduction de G. Bianciotto,
© éd. Stock Plus, 1980

ÉTUDE COMPARÉE

1. Comparez la stricte **description** de la serre dans les deux textes ; montrez que l'un s'inspire directement de l'autre ; on peut en tirer une réflexion sur le sens de la « propriété littéraire » et de la notion de « plagiat » au cours du Moyen Age.

2. L'interprétation théologique de Pierre de Beauvais fonctionne-t-elle correctement ? Analysez la démarche du système interprétatif.

3. Comparez les deux interprétations. Vous paraissent-elles compatibles ? Quelle est celle qui vous paraît la plus adéquate aux données brutes de la description ?

4. La serre, animal fabuleux. Est-elle décrite en détail ? Sinon, pourquoi ? Contrairement à la licorne, par exemple, la serre n'a pas eu un succès très important : expliquez pourquoi à partir des textes.

RECHERCHE

A partir des textes sur les *Bestiaires*, créez vous-même un animal fabuleux, et suggérez plusieurs types d'interprétations (religieuse, érotique, etc.).

Jérome Bosch, *La Tentation de saint Antoine*, XVᵉ siècle, détail du volet droit du tryptique.
Lisbonne, Musée national.

2. L'esprit allégorique

Raoul de Houdenc *Songe d'Enfer* (vers 1224)

Raoul de Houdenc (vers 1170-vers 1230) est un poète actif dans le premier quart du XIIIe siècle ; devenu peut-être moine, après une vie mondaine de jongleur au service des grands, il est probablement l'auteur de deux romans, dont l'un au moins est largement imprégné des tendances allégoriques : Mérangis de Portlesguez et La Vengeance Raguidel. *Mais il est plus connu comme moraliste par les milieux intellectuels de l'époque. Nous donnons ici le début du* Songe d'Enfer, **récit en octosyllabes d'un voyage allégorique dans l'au-delà**.

La Cité de Convoitise

Bien que les songes soient pleins de fables, pourtant parfois un songe peut devenir vrai : je sais bien, à ce sujet, qu'il m'arriva qu'en songeant un songe, j'eus l'idée de devenir pèlerin. Je me préparai et me mis en route, tout droit vers la cité d'Enfer. Je marchai tant pendant le Carême et l'hiver que j'y vins tout droit. Mais je ne vous dirai rien de ceux que j'y ai connus, avant de vous avoir rendu compte de ce qui m'advint en chemin : ceux qui vont en quête d'enfer trouvent belle voie et plaisant chemin ; quand je partis de ma terre, pour ne pas allonger le conte, je m'en vins la première nuit à la Cité de Convoitise. En terre de Déloyauté se trouve la cité dont je vous parle, j'y vins un mercredi ; et je me logeai chez Envie ; nous eûmes bon hôtel et belle vie ; et sachez, sans tromperie, que c'est la Dame de la ville. Envie me logea bien : à l'hôtel avec nous mangea Tricherie, la sœur de Rapine ; et Avarice sa cousine l'accompagna, à ce qu'il me semble, pour me voir ensemble. Elles vinrent et manifestèrent grande joie de me voir en leur pays. Et aussitôt, sans hésiter, Avarice vint me demander de lui dire nouvelles des avares, et de lui apprendre leurs faits et gestes ; elle m'a demandé comment chacun de ses parents se comportait ; et je lui ai aussitôt conté un conte, qu'elle apprécia beaucoup, car je lui dis que les siens avaient chassé du pays Largesse ; et que ses gens s'étaient tant efforcés, que Largesse n'avait plus ni tour ni retraite ; et qu'elle ne savait où se réfugier pour souffrir leurs assauts. (Je dis qu') elle ne le pouvait plus endurer désormais : mais (qu') elle

était si mal en point, que chez les riches il n'y en avait plus. Je lui racontai cela : elle en eut grande joie. Et Tricherie en un mot me redemanda aussitôt de lui dire comment se comportaient les tricheurs, ceux qui étaient ses fidèles, si je savais lui en exposer la vérité : et moi, qui voulus lui répondre tout de suite, je lui dis un peu à son gré que Tricherie était en Poitou Justicière, Dame et Vicomtesse, et avait conformément à sa promesse fortifié en Poitou, comme nous le disons, un fier château de trahison, très haut, le plus remarquable du monde, dont le Poitou tout entier est enclos et encerclé par grand pouvoir : Tricherie, qui y met tous ses efforts, l'a tant garni de fausseté qu'on ne trouve dans ses habitants ni foi ni loyauté. Voilà ce que je répondis à Tricherie : mais que le tienne à vilenie qui voudra, je dis la vérité entière, n'en doutez nullement ; car je sais bien, à propos des Poitevins, et de ceux qui ont leurs mœurs, que Tricherie est Reine de leur royaume, à ce qu'il me semble, si bien qu'entre elle et eux ensemble, il y a les mêmes relations qu'entre conseil et parlement. Tricherie s'en réjouit beaucoup, et manifesta sa grande satisfaction, et puis me dit en riant : « J'ai nourri tous les Poitevins : ce n'est pas merveille, bel ami, s'ils se conforment à mes lois. » Notre veillée prit fin alors ; chacun s'en alla à son logement, et moi, je restai tout seul là avec mon hôtesse jusqu'au jour. Et le lendemain sans nul retard, je me levai de bon matin et pris congé.

RAOUL DE HOUDENC, *Songe d'Enfer*, vers 1 à 93 (≃ 1224), traduction en prose d'Anne Berthelot

---

POUR LE COMMENTAIRE

1. Le fonctionnement du système allégorique. Est-il extrêmement raffiné ? Analysez le rôle joué par la fiction du « chemin » avec ses différents « hôtels ».

2. Les différents vices rencontrés par le narrateur. A quel système idéologique appartiennent-ils ?

3. En quoi **le cadre « courtois »** convient-il bien à la présentation des vices ?

4. Le discours du narrateur. Montrez que c'est lui qui donne vie et épaisseur aux personnifications vides de

contenu. Comment se mêlent dans son discours la critique sociale à l'endroit de ses auditeurs, et l'invention moralisatrice ?

COMPOSITION FRANÇAISE

En respectant le cadre fourni par le texte, inventez d'autres épisodes du voyage du narrateur, et faites-lui rencontrer de nouveaux vices.

Guillaume de Lorris et Jean de Meun
Le Roman de la Rose (vers 1230 ; vers 1275)

« Le Songe », miniature du
Roman de la Rose, vers 1370.
Chantilly, Musée Condé.

L'usage que Raoul de Houdenc fait de l'allégorie reste timide et schématique ; il n'en va plus de même dans le chef-d'œuvre du XIIIe siècle, le Roman de la Rose, *de* **Guillaume de Lorris** *et* **Jean de Meun**. *Cette somme poétique de près de 22 000 vers — si on en considère l'ensemble — reprend pour leur donner leur parfaite ampleur tous les thèmes aussi bien de la courtoisie que de la philosophie du XIIe et du XIIIe siècle. Le cadre romanesque de l'œuvre, composée, comme beaucoup de romans, d'octosyllabes à rimes plates, s'efface assez rapidement pour laisser place à* **la démonstration allégorique**. *Les deux parties en sont très différentes.*

*** *Le Roman de la Rose*

Guillaume de Lorris, qui écrit aux alentours de 1230, met en place la fiction du songe autobiographique et décrit avec grâce les étapes initiales du parcours amoureux au milieu d'un « jardin d'Amour », *hortus deliciarum* peuplé de personnifications plus humaines que théoriques ; la mort, ou l'impossibilité de mener à bien la conquête de la Rose, c'est-à-dire de la Dame aimée, lui font laisser inachevé son roman, alors que l'Amant désespéré est séparé de la Rose par les murailles du château de Jalousie.

Jean de Meun, reprenant le roman dans les années 1275, au milieu de la querelle de l'Université (voir pp. 37-48-63) remplace la transparence de son prédécesseur par une insistance démonstrative parfois un peu lourde, et conduit l'Amant jusqu'à la cueillette de la Rose, en lui enlevant au passage ses illusions courtoises, et en leur substituant un appareil philosophique inspiré d'Alain de Lille, singulièrement plus réaliste que celui de Guillaume. Cette « philosophie naturelle » est exposée de long en large par des figures allégoriques nouvelles, comme Nature et Genius, ou même comme Faux-Semblant, représentation franchement polémique de l'hypocrisie des moines mendiants, qui se soucient plus de développer leur système que de conquérir l'amour de la Rose. Celle-ci est cueillie, finalement, mais les métaphores peu recommandables que Jean de Meun multiplie à cette occasion font un contraste frappant avec la délicatesse lyrique du « coup de foudre » du narrateur pour le bouton de Rose, tel que le décrit Guillaume de Lorris.

Guillaume de Lorris

Coup de foudre

Des roses y ot grant monciaus,
Aussi beles n'avoit sous ciaus ;
Boutons y ot petis et clos,
Et tex qui sont un poi plus gros ;
Si en y ot d'autre moison,
En tex leus y ot grant foison
Qui s'aprestoient d'espanir.
Et cil ne font pas a haïr :
Les roses ouvertes et lees
Sont en un jor toutes alees,
Et li bouton durent tuit frois
A tout le mains deux jors ou trois.
et cil bouton mout m'abelurent,
Onc en nul leu si biau ne furent.
Qui em porroit un accrochier,
Il le devroit avoit mout chier ;
Se chapel en peüsse avoir,
Je n'amasse tant nul avoir.
Entre ces boutons en eslui
Un si tres bel, qu'envers celui
Nus des autres riens ne prisé
Puisque je l'oi bien avisé ;
Car une color l'enlumine
Qui est si vermeille et si fine
Con Nature la pot plus faire.
De foilles y ot quatre paire,
Que Nature par grant mestire
I ot assises tire a tire ;
La coe est droite comme jons
Et par dessus siet li boutons
Si qu'il ne cline ne ne pent.
L'odor de lui entor s'espent ;
La soatume qui s'en ist
Toute la place replennist.
Quant je le senti si flairier,
Je n'oi talent de repairier,
Ains m'en apressai por lui prendre,
Se g'i osasse la main tendre ;
Mes chardons agus et poignant
M'en aloient mout esloignant ;
Espines tranchans et aguës,
Orties et ronces crochues
Ne me laissierent avant traire,
Que je m'en cremoie mal faire.

5
Il y avait une grande quantité de roses,
Si belles qu'il n'y en avait pas de pareilles sous le ciel ;
Il y avait des boutons petits
Et clos, et d'autres un peu plus gros ;
Il y en avait aussi d'autre dimension,
10
Dans certains endroits il y en avait à foison
Qui étaient près de s'épanouir.
Et ceux-là ne doivent pas être méprisés :
Les roses largement ouvertes
Sont en un seul jour fanées,
15
Et les boutons tout frais durent
Au moins deux jours ou trois.
Et ces boutons me plurent beaucoup,
Jamais il n'y en avait eu de si beaux nulle part.
Qui pourrait en obtenir un,
20
Devrait le tenir en grande affection ;
Si j'avais pu en avoir une couronne,
Je ne lui aurais rien préféré.
Parmi ces boutons, j'en choisis un
Si beau, qu'à côté de lui
25
Aucun des autres ne me parut digne d'intérêt
Après que je l'eus bien observé ;
Car la couleur qui le décore
Est la plus vermeille et la plus délicate
Que Nature ait pu créer.
30
Il y a quatre paires de feuilles
Que Nature avec une grande habileté
A placées côte à côte ;
La queue en est droite comme un jonc
Et le bouton est disposé au sommet
35
Si bien qu'il ne penche ni ne s'incline.
Son parfum se répand autour de lui ;
L'odeur suave qui en provient
Embaume toute la place.
Quand je sentis ce parfum,
40
Je n'eus pas envie de rester en arrière,
Mais je m'en approchai pour le prendre,
Si j'osais y porter la main ;
Mais des chardons aigus et piquants
Me repoussaient et m'en éloignaient ;
Des épines tranchantes et aiguës,
Des orties et des ronces crochues
Ne me laissèrent pas m'avancer,
Car je craignais de me blesser.

GUILLAUME DE LORRIS, *Le Roman de la Rose* (vers 1230),
traduction d'Anne Berthelot

Jean de Meun

A quoi mène l'allégorie

Quand j'eus fait tant d'efforts ici
Que je me fus approché du rosier,
Au point de pouvoir tendre à mon gré les mains
Pour prendre le bouton sur les rameaux,
5 Bel Accueil se mit à me prier pour Dieu
De n'y faire nul outrage ;
Et je lui promis solennellement,
Parce qu'il me priait en insistant,
Que je n'y ferais rien d'autre
10 Que sa volonté et la mienne.
    Par les rameaux je saisis le rosier,
Rameaux plus nobles que nul osier ;
Et quand je pus m'y tenir des deux mains,
Doucement et sans me précipiter
15 Je commençai à ébranler le bouton ;
J'aurais eu du mal à l'avoir sans le secouer.
J'en fis par nécessité
Trembler et s'agiter toutes les branches,
Sans déchirer aucun des rameaux,
20 Car je ne voulais en rien le blesser ;
Et pourtant, il me fallut de force
Entamer un peu l'écorce ;
Je ne savais comment obtenir autrement
Ce dont j'avais si grand désir.
25   A la fin, je veux bien vous le dire,
J'y répandis un peu de graine,
Quand j'eus ébranlé le bouton.
Ce fut quand je le tâtai à l'intérieur
Pour retourner en tous sens les feuillettes
30 Car je voulais tout explorer
Jusqu'au fond du bouton,
Comme il me semble qu'il est bon de faire.
Et je fis alors se mêler les graines
Si bien qu'elles se seraient démêlées avec peine
35 Et ainsi je fis s'élargir
Et s'étendre tout le tendre bouton et
Voici tout le mal que je lui fis.
Mais je peux bien garantir alors

Que le doux bouton, qui n'y pensait nul mal
40 Ne m'en sut aucunement mauvais gré,
Mais consentit et souffrit que je fasse
Tout ce qu'il sait devoir me plaire.
Et pourtant il me rappelle ma promesse,
Et dit que je lui fais du tort,
45 Et que je suis trop outrageux.
Mais il ne fait rien pour empêcher
Que je prenne, découvre et cueille
Le rosier et la rose, la fleur et la feuille.

JEAN DE MEUN, *Le Roman de la Rose* (vers 1275),
traduction d'Anne Berthelot

Jérome Bosch, *Le Jardin des délices*, XVᵉ siècle.
détail du volet droit du tryptique.
Madrid, Musée du Prado.

ÉTUDE COMPARÉE

1. Le portrait de la Rose par Guillaume de Lorris. Distinguez-en les différentes parties et montrez la progression.

2. L'usage de la métaphore chez Jean de Meun. De quelle esthétique témoigne-t-il ?

3. Le « porte-parole » de la Rose, qui encourage l'amant et s'efforce de lui faciliter la tâche, est **le jeune homme Bel Accueil** : quels problèmes pose ce dédoublement au moment du passage à l'acte ?

4. Analysez **la structure syntaxique et le vocabulaire des deux passages** : de quelle évolution portent-ils la marque ?

5. La narration à la première personne. Essayez d'analyser les problèmes qui se posent du fait du remplacement d'un poète par un autre dans le cours d'un texte qui se veut autobiographique.

RECHERCHE

L'art de la continuation

Étudiez-le à travers diverses œuvres : MARIVAUX : *La Vie de Marianne*, 1731-1741. — BALZAC : *Melmoth réconcilié*, 1835. — Michel TOURNIER : *Vendredi ou les Limbes du Pacifique*, 1967, par rapport au *Robinson*, de Daniel DE FOE, 1719.

*Parmi les nombreuses personnifications qu'introduit **Jean de Meun**, se trouve « Ami », brièvement mentionné par Guillaume de Lorris, qui entreprend en un très long discours de guérir l'Amant de sa naïveté : son discours cynique fait cependant sa part à un Age d'Or, où tous les êtres humains s'« entramaient » en bonne loyauté, où ni la propriété, ni le pouvoir royal n'existaient.*

Jean de Meun

Naissance de l'inégalité

Mais les premiers hommes, dont je vous parle,
Ne savaient pas ce que c'est que travailler.
Ils trouvaient en leur terre tout
Ce qui leur semblait bon à rechercher.
5 Ils étaient riches également
Et ils s'entraimaient loyalement.
[Ainsi vivaient paisiblement,
Car ils s'aimaient de manière naturelle]
Les braves gens de bonnes mœurs.
10 Alors l'amour ne passait pas par le pouvoir,
L'un ne demandait rien à l'autre,
Quand Barat¹ vint, lance baissée,
Et avec lui Péché et Mauvaise Aventure,
Qui ne se souciait pas de Satisfaction.
15 Orgueil qui dédaigne l'égalité,
Vint aussi, à grand appareil,
Ainsi que Convoitise et Avarice,
Envie et tous les autres vices,
Et ils firent sortir Pauvreté
20 De l'Enfer où elle avait tant été
Que personne ne savait rien d'elle ;
Jamais elle n'avait vécu sur la terre.
Hélas ! quand elle y vint si tôt,
Car ce fut une bien nuisible arrivée !
25 Pauvreté, qui n'a point de foyer,
Amena Larrecin son fils. [...]

*(Suivent encore quelques personnifications,
responsables des changements qui vont se produire)*

Aussitôt ces méchants tourmenteurs,
Échauffés et forcenés,
A force de deuil, de courroux et d'envie,
30 En voyant les gens mener telle vie,
Se répandirent par toute la terre,
Semant discordes, querelles et guerres,
Médisances, rancunes et haines,
Par colère et par irritation ;
35 Et parce qu'ils attachaient de la valeur à l'or,
Ils firent écorcher la terre
Et lui tirèrent des entrailles
Ses anciens secrets,
Métaux et pierres précieuses,
40 Dont les gens devinrent envieux,
Car Avarice et Convoitise
Ont installé dans le cœur des hommes
Le grand désir d'acquérir des biens.
L'une acquiert, l'autre entasse,
45 Et jamais la pauvre malheureuse
N'en dépensera rien à aucun jour de sa vie,

1. Ruse, tromperie, fourberie (le terme médiéval est masculin).

Mais elle les procurera pour les garder à
Ses héritiers ou ses exécuteurs testamentaires,
S'il ne lui arrive pas malheur à leur propos.
50 Et si elle en est damnée,
Je ne crois pas qu'aucun d'eux la plaigne ;
Mais si elle a amassé du bien, qu'on le prenne[2].

2. Vers peu clair, qui n'est pas dans tous les manuscrits.

Dès que le monde fut par cette maisonnée
Mis à mal et mené à sa fin,
55 (Les gens) laissèrent leur premier mode de vie,
Ils ne cessèrent plus ensuite de mal faire,
Et ils devinrent faux et tricheurs.
Ils s'attachèrent alors aux propriétés
Ils partagèrent la terre même,
60 Et pour la partager ils y mirent des bornes.
Et quand ils y mettaient des bornes,
Souvent ils se combattaient
Et se dérobaient autant qu'ils pouvaient ;
Les plus forts eurent les plus grands parcelles
65 Et quand ils s'en allaient à leurs affaires,
Les paresseux qui restaient en arrière
Entraient en leurs cavernes
Et leur volaient ce qu'ils avaient mis de côté.

Il fallut alors que l'on s'accorde à choisir
70 Quelqu'un qui garde les logis
Et qui prenne les malfaiteurs,
Et qui en fasse droit à ceux qui se plaignaient,
Sans que personne l'ose contredire.
Ils s'assemblèrent pour le choisir.
75 Et ils élirent parmi eux un grand vilain,

3. Traduction suggérée par Daniel Poirion.

Le plus fourbe[3] qu'ils purent trouver,
Le plus solide et le plus grand,
Et ils en firent leur prince et seigneur.
Il jura qu'il protégerait leur droit,
80 Et qu'il défendrait leurs demeures,
A condition que chacun lui donne pour sa part
Des biens qui lui permettent de vivre.
Ils se sont mis d'accord là-dessus,
Conformément à ce qu'il eut dit et décidé.
85 Il remplit longtemps cet office.

JEAN DE MEUN, *Le Roman de la Rose*,
vers 9517 à 9542 et 9561 à 9619,
traduction d'Anne Berthelot

POUR LE COMMENTAIRE

1. Quel est le **rôle des personnifications allégoriques** ? Selon quelles lois se développent-elles ?

2. L'idéologie de l'Age d'Or prend-elle en compte d'éventuelles nécessités économiques ?

3. Indiquez **les étapes de la dégradation** introduite par Barat et sa compagnie. Comment l'élection d'un roi, qui apparaît comme un remède, devient-elle une calamité plus grande encore ?

4. Quel peut être l'effet produit par une telle théorie à la fin du XIIIᵉ siècle (à la fin du règne de Saint Louis) ?

GROUPEMENT THÉMATIQUE

Le mythe de l'Age d'Or, d'Hésiode à Michel Tournier

HÉSIODE : *Les Travaux et les Jours*, VIIᵉ s. av. J.-C. — Thomas MORE : *L'Utopie*, 1516. — Daniel DE FOE : *Robinson Crusoé*, 1719. — Jean-Jacques ROUSSEAU : *Discours sur l'origine de l'inégalité*, 1754. — VOLTAIRE : *L'Ingénu*, 1767. — BOUGAINVILLE : *Voyage autour du monde*, 1771-1772. — BERNARDIN DE SAINT-PIERRE : *Paul et Virginie*, 1787. — CHATEAUBRIAND : *Atala*, 1801. — Jules VERNE : *L'Ile mystérieuse*, 1874. — Michel TOURNIER : *Vendredi ou les Limbes du Pacifique*, 1967.

L'Apocalypse de saint Sever, miniature d'Étienne Garsia, milieu du XIe siècle, pour le commentaire sur l'« Apocalypse », de Beatus de Liebana. Paris, B.N.

L'allégorie

1. Essai de définition

Rien de plus difficile que de définir simplement l'allégorie médiévale : il n'est pas possible en effet de la réduire à quelques « trucs » employés par les auteurs, mais il faut au contraire la percevoir comme un mode de pensée total, englobant les domaines les plus variés. Le trait le plus évident de l'allégorie est cependant la **personnification** : des notions abstraites, des sentiments, des qualités sont représentés comme des personnages indépendants ; et on en arrive parfois à des situations curieuses, où *une* personne est écartelée entre plusieurs personnages, qui incarnent chacun l'une de ses caractéristiques : ainsi Bel Accueil est-il un aspect de la Dame aimée, dans le *Roman de la Rose*, au même titre que la Rose elle-même, ou que, à l'opposé, le vilain Danger...

2. Allégorie, narration et représentation

Le processus d'allégorisation peut se poursuivre à l'infini, car à son tour chaque personnification se subdivise conformément à ses sentiments. Le danger est alors la mise à plat des caractères : Jeunesse est jeune, et rien d'autre ; son rôle est nécessairement très limité. Aussi l'idéal de l'allégorie est-il en fait le mur qui entoure le jardin de Déduit dans le *Roman de la Rose* : le lecteur est confronté à une galerie de portraits, immobilisés dans leur attitude propre. Rien de moins narratif, rien de moins romanesque à la limite qu'une telle conception de la littérature. En revanche, l'enlumineur y trouve son bonheur : il lui suffit de suivre scrupuleusement les indications du texte pour réaliser ses miniatures, et il peut même au besoin « en rajouter », en

surchargeant les personnifications de *symboles* ou d'insignes de leur nature. **L'allégorie est une forme du « commentaire » médiéval**, qui ne laisse pas au lecteur le loisir d'imaginer ou d'interpréter seul ; elle-même peut être à son tour commentée, « glosée », surinterprétée.

3. Un mode de pensée

Le mode de représentation se rattache d'une certaine manière à la philosophie réaliste : en considérant que les notions abstraites, telles que l'« humanité » ou l'« équité », existent en elles-mêmes, indépendamment de tout homme ou de tout cheval, celle-ci ouvre la porte à **une représentation indépendante des « essences »**, pour employer un vocabulaire platonicien. Il est naturel que cela se fasse par le biais de la personnification ou de la localisation : les procédés mnémotechniques recommandés par les traités de « rhétorique » latine conseillent d'associer une idée à un lieu, et de dérouler le fil d'un discours en s'imaginant passer d'une pièce à l'autre d'un palais ; cette technique est récupérée par le mode de pensée allégorique, et chaque lieu devient l'incarnation d'une qualité, par exemple dans les œuvres de **Raoul de Houdenc**. D'une certaine manière, Fauvel n'est pas le produit le plus achevé de l'allégorie : il en est la négation, car au lieu de faire éclater les *qualités* humaines en autant de *personnages*, il les rassemble en une « somme » symbolique. La grande époque de l'allégorie, ce sont les XIIe et XIIIe siècles, où le monde conserve sa cohérence, et où chaque chose a son (ou ses) sens, bien délimité. L'allégorie s'accommode mal du flou ou de la confusion.

3. Hagiographie, chronique et histoire

L'hagiographie

La théologie et la philosophie, naturellement confondues jusqu'au XIIIe siècle, où la seconde commence à se distinguer timidement de la première, continuent longtemps à s'écrire en latin, à l'exception de « traductions », c'est-à-dire souvent d'adaptations très libres, qui sont conçues comme des ouvrages de vulgarisation, à l'usage d'un peuple de clercs peu instruits, ou à celui de grands seigneurs résolument illettrés. Le problème s'est posé avec plus d'acuité pour les textes « historiques » : c'étaient justement ces seigneurs ignorants de la langue latine qui faisaient l'histoire, ou qui s'y intéressaient.

Les premiers textes en langue vulgaire sont des récits hagiographiques, c'est-à-dire des récits de vie exemplaires : c'est la *Cantilène de sainte Eulalie*, ou, un peu plus tard, dans le courant du XIe siècle, la *Vie de saint Alexis*, dont la forme se rapproche de celle des premières chansons de geste, que ce poème a sans doute précédées.

La langue en est encore très archaïque, organisée en strophes trop courtes pour être de véritables laisses, mais assonancées.

La littérature hagiographique ne disparaît pas au cours des XIIe et XIIIe siècles, bien au contraire : on ne se lasse pas de refaire des poèmes sur les mêmes saints, et les plus grands écrivains médiévaux ne dédaignent pas d'exercer leur talent dans la « **Vie de saint** » : c'est le cas de **RUTEBEUF**, avec la *Vie de sainte Marie l'Égyptienne*.

Mais, parallèlement, se développe un genre analogue, celui du **Miracle**, qui décrit en quelques pages, et le plus souvent en octosyllabes (le vers du *roman*, ce qui a son importance pour l'étude de ce type de textes), l'intervention d'un saint dans l'existence d'un de ses fidèles. Ces *Miracles* sont souvent regroupés en « collections », et les plus importantes sont celles des *Miracles de la Vierge*, que les chapitres des églises dédiées à sainte Marie conservent pieusement.

Le poète-chanoine **GAUTIER DE COINCI** (1177-1236) met son talent littéraire et son goût pour la rhétorique au service de toute cette matière mariale, qu'il intègre à une œuvre entièrement orientée vers la dévotion à la Vierge.

Vie de saint Alexis (milieu du XIe siècle)

*** *Vie de saint Alexis*

L'histoire est celle du noble romain Alexis, qui, pour mieux servir Dieu, quitte sa femme et la maison de son père le soir de ses noces, mendie pendant de longues années, revient méconnaissable chez ses parents, où il se loge sous l'escalier, comme un chien, et se nourrit des rebuts de la table seigneuriale jusqu'à sa mort : alors seulement, un message céleste ordonne au pape de retrouver et d'honorer le « saint homme » par qui la cité peut être sauvée du péril qui la menace. Les parents et la femme de saint Alexis se lamentent sur l'abandon et l'ignorance dans lesquels il les a laissés pendant si longtemps. Le poème se termine sur l'affirmation du bonheur céleste du saint, qu'il fait partager à ses « amis charnels », c'est-à-dire en priorité à ses parents, mais aussi à ceux pour qui il prie en tant qu'« adjutorie », avocat ou intercesseur : c'est là la morale édifiante de ce très court (625 décasyllabes) poème : l'intercession des saints procure le salut à ceux qui ne sauraient — bien évidemment — atteindre à la sainteté.

Vie et mort d'un saint homme

Voici quelques strophes de la déploration funèbre de l'épouse du saint, ainsi que la fin moralisante du poème.

XCV

Sire Alexis, je t'ai regretté durant tant de jours,
Et j'ai tant pleuré de larmes pour ton corps,
Et j'ai tant de fois regardé au loin en te cherchant,
Pour voir si tu revenais réconforter ton épouse,
5   Sans volonté de trahison jamais ni sans lassitude !

XCVI

Cher ami, ta belle jeunesse !
Cela me peine qu'elle pourrisse en terre.
Hélas ! Noble seigneur, comme je peux me dire malheureuse !
J'attendais de bonnes nouvelles de toi,
10   Mais voilà que je les reçois si dures et si cruelles !

XCVII

Belle bouche, beau visage, belle silhouette,
Comme j'ai vu changée votre belle apparence !
Je vous ai plus aimé qu'aucune créature !
J'ai ressenti aujourd'hui une si grande douleur !
15 Il aurait mieux valu pour moi, ami, que je sois morte.

XCVIII

Si j'avais su que tu étais là sous l'escalier,
Où tu es resté longtemps malade,
Le monde entier n'aurait pu me détourner
D'aller avec toi habiter :
20 Si j'en avais eu le loisir, je t'aurais bien gardé.

XCIX

Désormais je suis veuve, sire, dist la vierge,
Jamais je n'aurai de joie, car ce ne peut être,
Et je n'aurai jamais sur cette terre d'époux charnel.
Je servirai Dieu, le roi qui gouverne tout :
25 Il ne me faillira pas, s'il voit que je le sers. »

[...]

CXXII

Saint Alexis est au ciel sans aucun doute,
Avec Dieu, en compagnie des anges,
Avec la vierge dont il se tint tellement à l'écart ;
Désormais il l'a avec lui, leurs âmes sont ensemble :
30 Je ne sais vous dire combien leur joie est grande.

CXXIII

Comme ce saint homme, Dieu, en cette vie mortelle,
A subi de bonnes épreuves et a servi bonnement !
Car désormais son âme est remplie de gloire :
Il a ce qu'il veut, il n'y a rien à en dire ;
35 Et par-dessus tout il voit Dieu lui-même.

CXXIV

Malheureux ! Misérables ! Comme nous sommes éprouvés !
Car nous voyons en cela que nous sommes insensés.
Nous sommes si aveuglés par nos péchés
Qu'ils nous font oublier la vraie vie :
40 Notre flamme devait être rallumée par l'exemple de ce saint homme.

CXXV

Gardons, seigneur, ce saint homme en mémoire,
Prions-le de nous libérer de tous maux :
Qu'en ce monde il nous procure paix et joie,
Et en l'autre la gloire plus durable
45 Dans le Verbe lui-même : récitons à ce propos un *Pater noster*.

Vie de saint Alexis,
traduction d'Anne Berthelot

POUR LE COMMENTAIRE

1. En quoi, dans le premier extrait, les lamentations de l'épouse délaissée préfigurent-elles par leur style les **lieux communs de la courtoisie** ?

2. Monde profane, monde céleste. Comment s'articulent-ils ? Sont-ils ressentis comme incompatibles par les personnages ? Par l'auteur-moraliste ?

3. Le ton du sermon moral. Analysez la réflexion de l'auteur, et la manière dont il adapte la légende à son propos moral.

4. Écriture et oralité. Un texte de ce genre vous paraît-il être essentiellement destiné à la lecture ? Relevez les signes qui parlent en faveur d'une récitation du poème.

Gautier de Coinci *Miracles de Nostre-Dame* (vers 1220-1230)

Le Miracle *que nous donnons ici, intégralement, est l'un des plus courts, mais on y retrouve les étapes obligées du récit : la référence à l'autorité, l'exposition d'une situation qui place le personnage principal sous le patronage direct de la Vierge, la menace qui pèse sur ce personnage, **l'intervention de Marie, ici sous la forme d'une vision**, le repentir du « méchant » et le retour à la situation initiale, avec pour finir une* cauda *typique de **Gautier de Coinci**, variation virtuose sur le motif du chant — et de l'enchantement — essentiel dans le texte. Bien que le texte soit rédigé en octosyllabes, nous présentons une traduction en prose, qui correspond peut-être mieux, pour un lecteur moderne, à l'esprit du texte.*

D'un prêtre qui chantait toujours une seule messe

Je trouve dans mes sources un miracle à propos d'un prêtre qui honora beaucoup toute sa vie la puissante dame de gloire qui est nommée la Vierge Marie. Mais je peux bien vous dire, à son sujet, qu'il
5 ne savait pas chanter ni lire en langue romane, et ne connaissait aucune charte ni aucune lettre, qu'elle soit longue ou brève. Une messe, et une seule, il connaissait, celle qui commence par *Salve sancta parens*, qu'il avait apprise dans son enfance et par
10 habitude. Jamais, que ce soit pendant le Carême ou en « Charnage », pour la Pentecôte ou pour Noël, il n'aurait chanté autre chose. C'était chaque jour le plus qu'il pouvait faire, pour les vivants comme pour les morts. Cette messe-là, seulement, il la chantait
15 tous les jours avec dévotion en mémoire et en souvenir de la douce dame de gloire. Il fut accusé auprès de l'évêque. L'évêque dit qu'on aurait dû, en bonne justice, le jeter en un feu et le battre et le corriger comme un ours, car il ne savait ni plus ni
20 moins qu'un ours, et pourtant consacrait entre ses mains le Seigneur tout-puissant qui créa toutes choses. Le chapelain cria merci, mais il ne put l'obtenir. Il n'avait pas de conseillers, ni de bien, il n'avait rien à promettre. L'évêque aussitôt le fit
25 chasser de sa paroisse et de sa cure. Il proclame bien haut que s'il ne quitte son diocèse — il en fait le serment — il lui fera arracher la peau des doigts et raser la tonsure, car il ne doit pas chanter à l'autel. Un tel prêtre, dit-il, ne doit pas chanter la messe, si
30 ce n'est sur des tréteaux dans un marché. Il le fit jeter hors de sa cour. Si celle d'où jaillit toute pitité n'avait pas eu pitié du chapelain, il se serait trouvé dans une situation bien périlleuse. Elle en eut pitié, cela se vit clairement, car elle apparut la nuit même à l'évêque.
35 Aux alentours de minuit elle se présenta devant lui

et lui dit avec une grande colère : « Sache bien cela : si au matin, bien tôt, tu ne rappelles pas mon chapelain et si tu ne lui rends pas sa place et son honneur, ton âme s'en ira de toi dans le déshonneur
40 avant trente jours, et elle s'en ira aux douleurs de l'enfer. » L'évêque en fut complètement terrifié. Sans retard il fit rappeler le chapelain. Quand il le vit, il tomba à ses genoux et lui dit d'avoir, pour l'amour de Dieu, merci de lui ; s'il lui a causé du tort et fait
45 du mal, il est prêt à s'en racheter comme il lui conviendra, et (quant au chapelain), il peut à nouveau faire son service, comme il en avait l'habitude ; puisque la mère de Dieu le veut, il ne doit pas la désavouer. Le prêtre eut la paix, conforme à ses
50 vœux. Il pardonna sa colère à l'évêque. Durant toute sa vie, il fut entièrement maître de lui et de ce qu'il possédait. Il fait bon servir, jour et nuit, celle qui est la rose des roses. Celui qu'elle veut aider, personne ne peut lui nuire. Qui a en soi sens et savoir peut
55 comprendre par ce miracle que celui qui sert la douce mère de Dieu ne perd pas sa peine. Sachez bien avec certitude, que celui qui la sert bien et sans tromperie, il a tant de chance que toujours il la trouve secourable, dans la vie et dans la mort. Elle
60 n'oublia pas son prêtre, quand l'évêque l'attaqua, mais elle le secourut tout de suite. Le bon prêtre chanta sa messe pour son bonheur. Dans tous les chants qui la concernent il y a tant de douceur qu'il est trop agréable de chanter à son sujet. Le diable
65 ne peut enchanter ceux qui volontiers en chantent. Ses chants sont si doux et plaisants que celui qui les chante de bon cœur endort et enchante le diable.

GAUTIER DE COINCI,
Miracles de Nostre-Dame (vers 1220-1230),
traduction d'Anne Berthelot

L'historiographie

Si l'**hagiographie** et les formes qui s'en approchent gardent un grand succès pendant les XIIᵉ et XIIIᵉ siècles, et même par la suite, l'**historiographie** tend de plus en plus à se dégager de ses contraintes. Dans le courant du XIIᵉ siècle, elle cesse d'être exclusivement écrite en latin ; elle reste bien sûr l'œuvre de clercs, nourris de modèles antiques, et en général commandités par un riche seigneur, plus préoccupé de propagande que d'impartialité. En outre elle est dotée d'une tendance déconcertante pour un esprit moderne à remonter systématiquement à l'origine des temps (Genèse d'une part, Guerre de Troie et voyage d'Enée vers l'Italie, puis de « Brut » ou Brutus vers la Bretagne à laquelle il donne son nom, d'autre part).

Majesté de sainte Foy, XIᵉ siècle, statue-reliquaire du trésor de l'abbaye de Conques (Aveyron).

Wace *Le Roman de Brut* (1155 ?)

Le Brut, *œuvre de* **Wace**, *probablement achevée en 1155, qui reprend et élargit l'*Historia regum Britanniae, *de Geoffrey de Monmouth, est* **à l'origine de tous les romans arthuriens ultérieurs**, *par la place qu'il donne au jusqu'alors fort peu célèbre roi Arthur, à sa cour, et à la fameuse Table Ronde (entièrement de son invention, celle-là, semble-t-il). Mais on ne saurait lui accorder de nos jours la moindre valeur historique. Nous donnons ici un extrait du passage concernant un certain roi Leïr, dont Shakespeare s'est souvenu en écrivant* King Lear…

Le retour du père prodigue

Les deux filles aînées du roi, après l'avoir assuré de leur amour, ont reçu en partage avant sa mort chacune la moitié de son royaume ; très vite elles cessent d'honorer le malheureux roi, qui fait retour sur lui-même et comprend la vérité de ce que lui avait dit sa plus jeune fille Cordeïlle. Il se décide à tenter sa chance auprès de celle-ci, que le roi de France a épousée pour sa seule beauté et sa renommée.

Leïr se lamenta longtemps
Et médita longuement ;
Puis il vint aux vaisseaux, il s'embarqua pour la France,
Il arriva à un port au pays de Caux.
5 Il a tant demandé la reine
Qu'assez vite on la lui a indiquée.
Il s'arrêta hors de la cité,
De manière à ce qu'aucun homme et aucune femme ne le connaissent.
Il envoya un écuyer
10 Qui annonça à la reine
Que son père venait auprès d'elle
Et la requérait dans le besoin ;
Il lui a tout raconté depuis le début
Comment ses filles l'ont chassé.
15 Cordeïlle agit en bonne fille,
Elle prit un grand trésor qu'elle possédait,
Le donna tout entier à l'écuyer
Et lui a conseillé
De le porter à son père Leïr
20 De sa part, et de le réconforter grâce à ses richesses.
Qu'il aille avec le trésor, secrètement,
A une bonne ville ou à une cité,

Qu'il se fasse bien préparer,
Nourrir, vêtir, laver, baigner.
25 Qu'il se procure des vêtements royaux
Et séjourne à grand honneur ;
Qu'il retienne à son service
Quarante chevaliers qui l'accompagnent ;
Ensuite qu'il fasse savoir au roi
30 Qu'il vient voir sa fille.
Quand l'écuyer eut reçu le trésor
Et entendu le conseil,
Il porta à son seigneur des nouvelles
Qui lui furent belles et bonnes.
35 Ils s'en allèrent à une autre cité,
Ils y prirent un logement, s'arrangèrent convenablement.
Quand Leïr se fut bien reposé,
Baigné, vêtu et préparé,
Et qu'il eut rassemblé une belle suite,
40 Bien vêtue et bien arrangée,
Il fit savoir au roi qu'il venait chez lui
Et voulait voir sa fille.
Le roi lui-même, noblement,
Et la reine, avec grande joie,
45 Allèrent à sa rencontre très loin
Et l'honorèrent de bon cœur.
Le roi qui ne l'avait jamais vu
L'a très bien reçu.
Il fit savoir par tout son royaume
50 Et commanda à tous ses hommes
Que tous devaient servir son beau-père
Et agir selon son commandement ;
Il n'avait qu'à dire ce qu'il voulait,
Et aussitôt il fallait que tout ce qu'il disait soit fait,
55 Tant qu'il ne lui aurait pas rendu son royaume
Et rétabli son honneur.
Aganippus[1] agit de manière courtoise :
Il fit assembler tous ses Français ;
Par leur conseil et avec leur aide
60 Il prépara une grande flotte.
Il l'envoya avec son beau-père
En Bretagne, et lui donna
Cordeïlle, pour qu'elle soit avec lui,
Elle qui devait avoir le royaume après lui,
65 S'il pouvait le délivrer,
Et l'enlever des mains de ses gendres.
Ils ont bientôt passé la mer
Et délivré tout le territoire.
Ils l'enlevèrent aux gendres félons
70 Et le mirent entre les mains de Leïr tout entier.
Après cela Leïr vécut trois ans
Et il tint le royaume en paix pendant ce temps,
Et il rendit à ses amis
Ce qu'ils avaient perdu.
75 Au bout de trois ans il mourut ;
Cordeïlle l'ensevelit
A Leïcestre, où le corps se trouvait,
Dans la grotte du temple de Janus.

1. Le roi de France.

WACE, *Le Roman de Brut*, vers 1973 à 2050 (1155 ?),
traduction d'Anne Berthelot

HISTOIRE ET ROMAN

1. La portée morale du texte : Est-elle originale ? En quoi s'accorde-t-elle avec l'esprit des sermons chrétiens ?

2. Dans quelle mesure les personnages sont-ils des **personnages romanesques** ? Quelle est l'**idéologie** dominante dans le texte ?

3. Le retour à l'histoire des dates et des événements : comment se fait la jonction entre le roman et la chronique ?

EXPOSÉ

Lisez *King Lear*, de Shakespeare. Comparez les deux versions, celle du dramaturge et celle de Wace. Comment s'expliquent les changements ?

Geoffroi de Villehardouin, Robert de Clari
Conquête de Constantinople
(vers 1212 ; vers 1216)

De manière très naturelle, les **événements d'Orient** suscitent de nombreux textes historiques, racontant telle ou telle croisade, ou plus modestement les hauts faits de tel prince, de telle famille régnante, pour la gloire des royaumes francs et celle de Dieu (*Gesta Dei per Francos*, comme Guibert de Nogent ose intituler sa chronique ! Les prouesses de Dieu par l'intermédiaire des Francs...). Une proportion considérable de ces textes est encore en latin. Mais avec la quatrième croisade, détournée sur Constantinople et pouvant difficilement prétendre n'avoir eu que la vertueuse intention de délivrer les lieux saints, apparaît **une historiographie** sinon moderne, du moins **révolutionnaire** : elle traite de faits pratiquement **contemporains**, auxquels ont participé ses auteurs ; elle le fait **en langue romane**, afin d'être accessible à un plus grand nombre ; elle est, par nécessité, partisane et partiale, mais en même temps radicalement originale, puisqu'elle ne ressent pas le besoin de remonter indéfiniment à la création du monde avant de relater la période intéressante ; elle substitue en fait à une histoire de la longue durée une étude détaillée d'un moment historique arbitrairement considéré comme important et remarquable.

Il se trouve, par un hasard significatif, que nous disposons de deux *Conquête de Constantinople* :

— Celle de **Geoffroi de Villehardouin** (vers 1150-1230), « mareschal de Roménie et de Champagne », comme il s'intitule lui-même, conseiller des chefs de la quatrième croisade. De par sa fonction, Villehardouin est particulièrement au courant des difficultés diplomatiques qui amenèrent le détournement vers Constantinople, sous le fallacieux prétexte de remettre sur le trône impérial l'héritier légitime chassé par un cruel usurpateur, puis la prise de la ville, les Byzantins n'ayant pas marqué l'enthousiasme prévu à changer d'empereur et à en remercier les croisés par des dons suffisant à payer le soutien maritime très intéressé des Vénitiens.

— Celle de **Robert de Clari** (fin XIIᵉ-début XIIIᵉ siècle), petit seigneur infiniment moins important qui, loin de percevoir l'ampleur et la signification des événements, les vit au jour le jour et les rapporte avec parfois un certain étonnement.

Ces deux visions en contrepoint forment un dyptique précieux, non seulement du point de vue de la connaissance historique, mais aussi d'un point de vue strictement littéraire : à la même époque — le tout début du XIIIᵉ siècle —, un très petit seigneur comme Robert de Clari écrivait en roman l'« aventure » à laquelle il avait participé, tandis qu'un grand seigneur comme Villehardouin posait et résolvait à sa façon le problème du récit autobiographique et de la relation apologétique de l'histoire, sans avoir beaucoup de recul par rapport aux faits envisagés.

Geoffroi de Villehardouin

L'assaut final

Nous donnons ici les deux versions du même épisode essentiel, c'est-à-dire **la prise de Constantinople par les croisés**, *après la rupture avec le malheureux empereur qui ne peut suffire aux besoins de l'armée « innombrable ». L'armée franque vient d'essuyer un premier échec en tentant de prendre les tours de défense par mer ; le conseil des barons s'est réuni et a mis au point de nouveaux plans. Voici tout d'abord le texte de* **Villehardouin**.

1. *Villehardouin a expliqué plus haut que le conseil a décidé d'attacher avec des câbles les nefs deux par deux, car une première attaque avec des nefs isolées a échoué.*

L'assaut dura longuement dans ces conditions, jusqu'à ce que Notre Seigneur fasse lever en faveur des croisés un vent que l'on appelle Borée, qui jeta les nefs et les navires contre la rive plus qu'auparavant ; et deux nefs qui étaient liées ensemble[1], dont l'une s'appelait la *Pèlerine* et l'autre le *Paradis*, s'approchèrent de la tour, l'une d'une part et l'autre de l'autre, selon que Dieu et le vent les menèrent, si bien que l'échelle de la *Pèlerine* se joignit à la tour. Et aussitôt un Vénitien et un chevalier de France qui s'appelait André Durboise entrèrent dans la tour, et d'autres gens commencèrent à entrer après eux. Et ceux de la tour, mis en déroute, s'en allèrent.

2. Sorte de vaisseaux permettant le transport des chevaux.

3. Grosses barques.

10 Quand les chevaliers qui étaient dans les huissiers[2] virent cela, ils descendirent à terre et dressèrent des échelles contre le plat du mur, et montèrent de force à son sommet ; et ils conquirent à peu près quatre tours. Et ils commencèrent à sauter hors des nefs et des huissiers et des galées[3] à qui mieux mieux, à qui serait le premier. Et ils brisèrent environ trois portes et entrèrent à l'intérieur ; et
15 ils commencèrent à faire sortir les chevaux des huissiers ; les chevaliers se mirent à chevaucher et se dirigèrent droit vers le camp de l'empereur Murzuphle. Et celui-ci avait rangé ses corps de bataille devant ses tentes ; et quand ils virent venir les chevaliers à cheval, ils furent mis en déroute et l'empereur s'en alla

4. Demeure officielle de l'empereur.

fuyant à travers les rues jusqu'au château de Bouche-de-Lion[4].
20 Alors vous auriez pu voir abattre des Grecs, et conquérir chevaux et palefrois, mules et mulets, et bien d'autre butin. Il y eut là tant de morts et de blessés qu'on n'en pouvait trouver ni fin ni mesure. Une grande partie des nobles de Grèce

5. Quartier de Constantinople.

s'esquivèrent vers la porte de Blacherne[5].
Et il était déjà tard, et ceux de l'armée (des croisés) étaient lassés de la bataille
25 et du massacre. Ils commencèrent à s'assembler sur une grande place qui était à l'intérieur de Constantinople ; et ils décidèrent de camper près des murs et des tours qu'ils avaient conquises : car ils ne croyaient pas pouvoir vaincre la ville fût-ce en un mois, avec ses églises et ses palais fortifiés, et le peuple qui était dedans. Ainsi comme ils l'eurent décidé, ainsi le firent-ils.

GEOFFROI DE VILLEHARDOUIN, *Conquête de Constantinople* (vers 1212),
traduction d'Anne Berthelot

Assaut de Constantinople par les Croisés.
Gravure d'après le manuscrit
de la Bibl. de l'Arsenal.

*Voici maintenant la version de **Robert de Clari**, moins informé que Villehardouin des événements qui se déroulent en haut lieu, mais souvent plus précis et plus vivant dans ses descriptions.*

Robert de Clari

A l'abordage !

Ils lancèrent tant d'assauts que la nef de l'évêque de Soissons, par un miracle de Dieu, heurta une de ces tours, en suivant le mouvement de la mer, qui n'est jamais en repos ; et sur le pont de cette nef il y avait un Vénitien et deux chevaliers armés. Dès que la nef eut heurté cette tour, le Vénitien se lance en avant et en s'aidant des pieds et des mains en fait tant qu'il entre à l'intérieur. Et les sergents[1] qui étaient à cet étage — il y avait des Angles[2], des Danois et des Grecs — regardent dans cette direction, et le voient, et lui courent sus avec des haches et des épées, et le mettent en pièces. Quand la mer reporta la nef en avant, elle heurta à nouveau la tour ; et quand elle la heurta, l'un des deux chevaliers n'hésita pas (il avait pour nom André de Dureboise), il s'aida des pieds et des mains pour pénétrer dans cette ouverture, et fit tant qu'il se trouva à genoux à l'intérieur. Et quand il fut à genoux à l'intérieur, les autres lui coururent sus avec des haches et des épées et le frappèrent durement ; mais il était armé grâce à Dieu, et ils ne le blessèrent pas, car Dieu le gardait, qui ne voulait pas accepter qu'ils durent davantage, ni que celui-ci y meure. Mais il voulait au contraire, à cause de leur trahison

25 et du meurtre commis par Murzuphle, et à cause de leur déloyauté, que la cité soit prise et que tous soient mis à honte, si bien que le chevalier prit pied dans la tour ; et quand il y eut pris pied, il tira son épée. Quand ceux-ci le virent, ils furent si troublés 30 et ils eurent si grand peur qu'ils s'enfuirent à l'étage inférieur. Quand les défenseurs de l'autre étage virent que ceux d'en haut s'enfuyaient, ils désertèrent aussi cet étage, et n'osèrent jamais y demeurer ; et l'autre chevalier y entra, et après lui beau- 35 coup de monde.

Et quand ils furent à l'intérieur, ils prennent beaucoup de bonnes cordes, et lient solidement cette nef à la tour, et quand ils ont fait cela, beaucoup de monde y entre. Et quand la mer reportait la nef en 40 arrière, la tour était si ébranlée qu'on avait l'impression que la nef allait la jeter bas, si bien que par force, et par crainte, il fallut délier la nef.

ROBERT DE CLARI, *Conquête de Constantinople*
(vers 1216), traduction d'Anne Berthelot

1. Hommes d'armes qui ne sont pas chevaliers. — 2. Peuple germanique qui avait envahi la Grande-Bretagne au Ve siècle.

*Nous nous arrêtons ici, car **Robert de Clari**, très bavard, consacre encore plusieurs pages à l'épisode des tours, sans parler d'une « aventure » originale, arrivée à un certain Aleaume de Clari, qu'il a évidemment plus de raison de relater que Villehardouin. Nous avons essayé dans la mesure du possible de conserver le rythme très répétitif du texte médiéval, et particulièrement les changements de temps d'une phrase à l'autre ; malheureusement, la correction de la traduction, voire sa compréhension, ne permettent pas de reproduire ces changements à l'intérieur d'une même phrase.*

ÉTUDE COMPARÉE

1. Comparez les deux textes : quelle est leur **différence essentielle ?**

2. En quoi le récit de Villehardouin est-il **un récit « politique »** ? Quels sont les éléments sur lesquels il attire l'attention du lecteur ? Au détriment de quels autres éléments ?

3. La prouesse individuelle. Montrez comment, par le rôle qu'il réserve à André de Dureboise, Robert de Clari reproduit les schémas littéraires de la chanson de geste ou du roman de chevalerie (voir pp. 78 à 106).

AU-DELÀ DU TEXTE

Exposé

En quoi la conception moderne de l'histoire, et de l'historiographie, vous paraît-elle s'écarter de la conception qu'en a le Moyen Age ?

COMPOSITION FRANÇAISE

A partir des textes ci-dessus, et d'autres documents plus contemporains, posez le problème de la **vérité historique.** Est-il possible de faire un récit véridique ? Sinon, pourquoi ?

Les croisades

1. Au nom du Christ...

A la fin du XIe siècle se déclenche un phénomène d'une ampleur exceptionnelle : la croisade. Au nom du Christ, l'Occident part en guerre contre l'Islam, les « Sarrasins » qui occupent Jérusalem et les lieux saints. Pendant deux siècles, les expéditions vers l'Orient vont se succéder, avec des fortunes diverses, et des motivations politiques et économiques autant que religieuses.

2. Guerre et pèlerinage

A côté des armées de chevaliers, dans l'ensemble bien organisées, et sous la conduite de chefs célèbres et efficaces (**GODEFROI DE BOUILLON**, pour ne citer que lui), il y en a d'autres, composées de simples paysans, de pauvres, de « bourgeois » ou de « clercs vagants », brûlant du même désir d'aller libérer le tombeau du Christ, et de gagner ainsi leur salut. Car très vite, dans l'imaginaire des croisés les plus humbles, **la Jérusalem céleste** se confond avec **la Jérusalem terrestre, la conquête guerrière** avec **le pèlerinage**. Ces « armées » n'atteignent que rarement leur but, elles sont décimées en chemin par les épidémies, les naufrages, ou l'armée des princes dont elles traversent le territoire.

3. Une adaptation difficile

De moins en moins nombreux au fur et à mesure que l'enthousiasme diminue, les croisés réussissent quand même à fonder ce que l'on appelle **les royaumes chrétiens : Jérusalem, Antioche, Edesse** et **Tripoli**. Pas pour longtemps : Jérusalem est prise par les héros de la première croisade en 1099 ; mais dès 1144, avec la chute d'Edesse, il faut reconquérir, secourir tel ou tel prince chrétien chassé de « son » domaine. L'adaptation se fait mal, ou trop bien : aux yeux des anciens croisés installés dans le mode de vie oriental, les nouveaux arrivants paraissent des barbares incapables du moindre raffinement ; et aux yeux des fanatiques chevaliers du Christ, les combattants installés semblent de dangereux mécréants qui pactisent avec les Sarrasins...

Sans désemparer pourtant, les papes appellent à la croisade ; **SAINT BERNARD** lui-même, une des figures spirituelles les plus importantes de cette époque, prêche la deuxième croisade à Vézelay en 1147.

4. Des combats aux négociations : une ouverture sur l'Islam

Lorsque **SAINT LOUIS**, en 1239, puis encore en 1268, proclame les septième et huitième croisades, il fait figure de saint, certes, mais aussi de fou. Ses barons refusent de l'accompagner dans la seconde de ses entreprises insensées. L'idée que l'on se fait des Sarrasins a changé. L'heure serait plutôt aux négociations, comme celles d'un Frédéric II (sixième croisade), qui prétend racheter son excommunication et tenir son engagement de « se croiser » en obtenant du sultan, par la voie diplomatique, la cession des lieux saints (Jérusalem, Bethléem et Nazareth)... Peut-être est-ce là l'effet le plus durable, et en un sens, le plus positif des croisades : elles ont permis à la chrétienté de faire connaissance avec l'« Autre monde » qu'est l'Islam. Les Sarrasins deviennent des hommes comme les autres. Certains sont même si « courtois » qu'on ne peut les imaginer damnés, et que les romanciers s'acharnent à leur inventer un « lignage » chrétien, et à les convertir sur leur lit de mort : cela produit le personnage de Palamède dans le *Tristan* en prose, ou le *Roman de Saladin*.

1096-1099	Première croisade (Robert de Normandie, Godefroi de Bouillon, Raymond IV de Toulouse...) : prise d'Antioche et de Jérusalem ; création du royaume franc de Jérusalem.
1147-1149	Deuxième croisade (Conrad III de Hohenstaufen, Louis VII de France), prêchée à Vézelay par saint Bernard : défaites de Dorylée et d'Attalia, expéditions malheureuses contre Damas et Ascalon.
1187	Prise de Jérusalem par le sultan Saladin.
1189-1192	Troisième croisade (Frédéric Ier Barberousse, Richard Cœur de Lion, Philippe-Auguste) : prise de Saint-Jean-d'Acre.
1202-1204	Quatrième croisade (appel du pape Innocent III à la noblesse d'Europe) : détournée de son but initial (l'Égypte) elle aboutit à la prise de Constantinople et à la constitution de l'Empire latin.
1217-1221	Cinquième croisade : commandée par Jean de Brienne, roi de Jérusalem, elle échoua en Égypte.
1228-1229	Sixième croisade (Frédéric II de Hohenstaufen, excommunié) : obtention, par négociation avec le sultan, de Jérusalem, Bethléem, Nazareth.
1244	Prise de Jérusalem — définitive — par les musulmans.
1248	Septième croisade (Saint Louis) : battu et fait prisonnier, le roi de France est libéré contre rançon.
1270	Huitième croisade (Saint Louis) : mort du roi à Tunis.
1291	Saint-Jean-d'Acre est reprise par les musulmans. Les chrétiens évacuent Tyr, Beyrouth, Sidon.

Joinville *Histoire de Saint Louis* (vers 1272-1309)

Après la révolution que constituent pour l'historiographie les deux Conquête de Constantinople, *le genre historique en langue vulgaire continue à proliférer, sans produire toutefois de textes marquants. Au tournant du* XIII*e et du* XIV*e siècle apparaît l'œuvre ambiguë de* **Joinville**, *l'*Histoire de Saint Louis *: il ne s'agit pas d'histoire au sens où nous l'entendons, et la* **biographie** *tend encore à se confondre avec l'***hagiographie** *; tel était d'ailleurs le vœu de la femme de Philippe le Bel, qui commanda à l'ancien compagnon de croisade du saint roi un livre édifiant sur « les saintes paroles et les bons faits » de Louis IX.*

Bien sûr, en témoignant de la « sainteté » du roi en toutes circonstances — Joinville a été longuement entendu au procès de canonisation du roi — l'ami se fait aussi **chroniqueur**, *et décrit avec beaucoup de vivacité et, ce qui est plus rare, une certaine dose d'humour, les événements de la septième croisade. Mais il va de soi qu'écrivant son livre dans les années 1300-1310, à propos de faits qui se sont produits aux alentours de 1250, il accentue* **l'aspect anecdotique et « sentimental »** *de son récit au détriment d'une information rigoureuse.*

Sauvé par un Sarrasin

On trouvera ici, non pas les complexes négociations diplomatiques qui régissent les relations entre Chrétiens et « Sarrasins » ou qui permettent finalement le rachat et la libération des prisonniers de la bataille de la Mansourah, au nombre desquels le roi lui-même, mais **un épisode des aventures personnelles de Joinville**, *au moment où lui-même et ceux qui sont sous ses ordres sont faits prisonniers lors d'un semblant de bataille navale, ou plutôt fluviale.*

Les Grandes Chroniques de France,
miniature de *La vie de Saint Louis.* Paris, B.N.

Peu de temps après nous vîmes arriver quatre galées[1] du soudan[2], ce qui représentait un effectif d'au moins mille hommes. Alors j'appelai mes chevaliers et mes gens, et je leur demandai ce qu'ils
5 voulaient que nous fassions : nous rendre à ceux qui étaient à terre, ou nous rendre aux galées du soudan. Nous fûmes tous d'accord pour dire que nous préférions nous rendre aux galées du soudan, parce qu'ils nous garderaient tous ensemble, plutôt que
10 nous rendre à ceux qui étaient à terre, parce qu'ils nous éparpilleraient et nous vendraient aux Bédouins. Alors un intendant à moi, qui était né à Doulevens dit : « Seigneur, je ne suis pas d'accord avec cette décision ». Je lui demandai quel était son
15 avis, et il me dit : « Je suis d'avis que nous nous laissions tous tuer ; ainsi nous irons tous au paradis. » Mais nous ne nous rangeâmes pas à son avis.

Quand je vis qu'il nous fallait être pris, je pris mon écrin et mes joyaux et je les jetai dans le fleuve, et
20 mes reliques avec. Alors un de mes marins me dit : « Seigneur, si vous ne me laissez pas dire que vous êtes un cousin du roi, on vous occira, et nous avec. » Et je dis que je voulais bien qu'il dise ce qu'il voudrait. Quand les gens de la première galée, qui
25 venait vers nous pour heurter notre vaisseau par le travers, entendirent cela, ils jetèrent l'ancre près de notre vaisseau.

Alors Dieu m'envoya un Sarrasin qui était originaire de la terre de l'empereur, vêtu de braies de
30 toile écrue ; et il vint en nageant à travers le fleuve jusqu'à notre vaisseau, et me prit entre ses bras[3], et

me dit : « Seigneur, vous êtes perdu, si vous ne vous préoccupez pas de votre salut ; car il vous faut sauter de votre vaisseau par l'avant qui surplombe cette
35 galée ; et si vous sautez, ils ne vous regarderont pas ; car ils se soucient de gagner votre vaisseau. Ils me jetèrent une corde depuis la galée ; et je sautai sur le beaupré (?)[4] comme Dieu le voulut. Et sachez que je chancelai tellement que, s'il n'avait pas sauté
40 après moi pour me soutenir, je serais tombé à l'eau.

Ils me mirent dans la galée, où il y avait bien deux cent quatre-vingts de leurs hommes, et il me tint toujours entre ses bras. Et puis ils me portèrent à terre et beaucoup se jetèrent sur moi pour me
45 couper la gorge ; car celui qui m'aurait occis aurait cru y avoir de l'honneur. Et ce Sarrasin me tenait toujours entre ses bras, et criait : « Cousin du roi ! ». De cette façon ils me portèrent deux fois à terre, et une fois à genoux ; et alors je sentis le couteau sur
50 ma gorge. Dans ce tourment, Dieu me sauva avec l'aide du Sarrasin, qui me conduisit jusqu'au château, où les chevaliers sarrasins se trouvaient.

Le Krak des chevaliers,
forteresse croisée de Syrie.

Quand j'arrivai parmi eux, ils m'enlevèrent mon haubert ; et parce qu'ils avaient pitié de moi, ils
55 m'enveloppèrent d'une étoffe d'écarlate fourrée de vair, que ma dame ma mère m'avait donnée ; et un autre m'apporta une courroie blanche, et j'en ceignis ma couverture, dans laquelle j'avais taillé une ouverture, et que j'avais revêtue ; et un autre encore
60 m'apporta un chaperon, que je mis sur ma tête. Et alors, je commençai à trembler de tous mes membres pour la peur que j'avais, et aussi à cause de la maladie. Et je demandai à boire, et on m'apporta un pot d'eau, et aussitôt que je le portai à ma bouche
65 pour avaler l'eau, elle rejaillit dehors par mes nari-

nes. Quand je vis cela, j'envoyai chercher mes gens, et je leur dis que j'étais mort, car j'avais un abcès à la gorge, et ils me demandèrent comment je le savais ; et je leur montrai, et quand ils virent que
70 l'eau me ressortait par la gorge et par les narines, ils se mirent à pleurer. Quand les chevaliers sarrasins qui étaient là virent mes gens pleurer, ils demandèrent au Sarrasin qui nous avait sauvés pourquoi ils pleuraient ; et il répondit qu'il m'avait entendu dire
75 que j'avais un abcès à la gorge, dont je ne pouvais réchapper. Et alors un des chevaliers sarrasins dit à celui qui nous avait protégés de nous réconforter ; car il me donnerait tel remède à boire que je serais guéri en deux jours ; et ainsi fit-il.

JOINVILLE, *Histoire de Saint Louis* (vers 1272-1309),
traduction d'Anne Berthelot

1. Grosses barques. — 2. Sultan. — 3. Joinville est malade, comme le montre la suite du texte. — 4. « Estoc » ; difficile à interpréter.

POUR LE COMMENTAIRE

1. Faites **le plan** du passage ; montrez qu'il constitue un tout autonome.

2. L'aventure. Comment est-elle ressentie par Joinville ? Quel est le ton du récit ?

3. Les Sarrasins. Montrez que la **structure chevaleresque** est prédominante. Quelle est la supériorité indéniable des Sarrasins sur les Francs, que ceux-ci leur reconnaissent sans hésitation ?

4. L'esprit de croisade. En retrouve-t-on trace ici ? De quelle sorte de guerre semble-t-il s'agir ?

5. Quelle image Joinville donne-t-il de lui-même ? S'efforce-t-il de s'embellir ?

6. L'humour dans le texte. Pensez-vous que Joinville soit absolument sérieux en racontant ses aventures ? Quels sont les passages qui manifestent un certain humour ? Comment celui-ci s'intègre-t-il au reste du récit ?

EXPOSÉ

« Comment fait-on un saint ? » A partir du cas de Saint Louis et de celui de Jeanne d'Arc (et d'autres, si vous en connaissez), étudiez le processus de canonisation.

Pour vos essais et vos exposés

Étienne GILSON : *La philosophie au Moyen Age*, éd. Payot, 2 vol., 1976.
Georges DUBY : *Saint-Bernard - L'art cistercien*, éd. Flammarion (Champs), 1979.
Daniel POIRION : *Le Roman de la Rose*, éd. Hatier (Connaissance des Lettres), 1973-1984.
Jacques LE GOFF : *Les Intellectuels au Moyen Age*, éd. du Seuil (Points), 1985.

Le mouvement des idées aux XIIe et XIIIe siècles

1. Influence de l'Antiquité

Le système éducatif du Moyen Age doit beaucoup à l'Antiquité latine. Le savoir a certes été dispersé, voire perdu ; au VIe ou au VIIe siècle des évêques se lamentent de l'ignorance, non pas de leurs ouailles, mais des prêtres chargés de les instruire ; malgré le redressement laïque de la « Renaissance carolingienne » la culture est essentiellement transmise par les monastères, et par les écoles monastiques qui se multiplient aux XIe et XIIe siècles. L'éducation est alors fondée sur **le système des Arts Libéraux, c'est-à-dire les « sciences »** au sens moderne du terme, qui rassemblent toutes les connaissances de l'homme, à l'exception de la théologie, dont elles constituent une sorte de propédeutique. Les sept arts sont rangés en deux séries : le *trivium* et le *quadrivium* ; le premier comprend la grammaire, la rhétorique et la dialectique, le second est composé de l'arithmétique, la géométrie, la musique et l'astronomie.

Le *trivium* est particulièrement important car il permet d'accéder à l'étude de la seule science vraiment digne de ce nom, c'est-à-dire la théologie ; en effet, les textes sacrés, Bible ou Pères de l'Église, ne sont connus qu'en traductions latines (à de très rares exceptions près), et **une bonne connaissance de la langue latine** est indispensable à qui veut s'en imprégner. Or, la grammaire n'est rien d'autre que l'apprentissage du latin. Le problème qui se pose alors est celui de savoir si les œuvres, évidemment profanes, sur lesquelles s'exercent les *studentes* ont le droit d'être étudiées pour elles-mêmes, ou doivent être ravalées au rang d'exemples pour les règles de grammaire, moralement méprisables. Cependant, le nombre des manuscrits recopiés dans les monastères, grâce auxquels beaucoup d'œuvres de l'Antiquité ont été conservées, prouve que la littérature profane rassemblait au moins tacitement la majorité des suffrages.

Cicéron, Quintilien (surtout à la fin du XIIe siècle), Horace, étaient des auteurs dont la pensée médiévale ne pouvait se passer. Ovide, dont les poèmes ne s'accordaient guère avec la morale chrétienne, constituait cependant un réservoir presque inépuisable de mythes, et l'apparition de la *fin'amor* ne fit que lui donner une importance plus grande. Particulièrement exemplaire fut le cas de Virgile : reconnu comme le plus grand des poètes, il fut d'abord tant bien que mal christianisé (l'une de ses *Églogues* étant interprétée comme l'annonce de la venue du Christ...), puis une véritable légende se créa autour de lui, lui attribuant les qualités d'un grand magicien. L'attitude de Dante dans la *Divine Comédie* est tout à fait représentative de la tendance du Moyen Age : il ne peut pas, bien sûr, placer les bons écrivains antiques parmi les saints du Paradis, mais il ne se résout pas à les vouer à l'Enfer, quitte à créer pour eux un « état » spécial. Et c'est Virgile qui guide le poète pendant la plus grande partie de son voyage.

Au cours du XIIe siècle, la liste des *auctores*, c'est-à-dire des écrivains latins dignes de servir de modèles et d'autorités, s'allongea considérablement.

2. L'essor de la philosophie

Mais parallèlement la philosophie s'enrichit aussi : au début du XIIIe siècle apparurent les nouvelles traductions d'Aristote, transmises par l'intermédiaire des textes arabes.

Déjà le XIIe siècle avait assisté à l'effort d'un Alain de Lille pour assouplir les cadres de la théologie, en introduisant en particulier le personnage et l'idée de Nature (*De Planctu Naturae*, 1150) comme intermédiaire entre Dieu et le monde : c'était une ébauche de la théorie des « deux vérités », selon la foi et selon la raison, que de nombreux penseurs à partir du XIIIe siècle et au-delà allaient pratiquer afin de **se dégager des contraintes de la théologie**, perçue jusqu'alors comme la seule vérité. L'apparition de nouveaux textes philosophiques, le bouillonnement intellectuel qui se développe pendant le XIIe siècle, non plus dans les écoles relativement isolées des monastères, mais dans celles des chapitres des villes, permettent la mise au point de nouveaux outils de pensée et la redéfinition de ce que l'on appelle logique ou dialectique.

Le personnage le plus célèbre et le plus significatif de cette évolution est **ABÉLARD** (1079-1142). Il s'illustra tout d'abord dans l'un des grands débats philosophiques du Moyen Age, **la querelle des Universaux**, en opposant aux *réalistes* (partisans de l'existence *réelle* des concepts abstraits) une position *nominaliste* (réduisant ces concepts à des *noms*). Passionné par la dialectique plus que par la théologie, il fut aussi le créateur du *sic et non*, c'est-à-dire du système d'argumentation par contradiction dialectique des différents éléments mis en présence. Une telle attitude, révolutionnaire, lui valut d'être taxé d'hérésie et d'être poursuivi par la vindicte d'un **SAINT BERNARD DE CLAIRVAUX**, le créateur de l'ordre cistercien, esprit mystique et quelque peu fanatique, qui, bien que lui-même totalement imprégné de culture antique et littéraire, en niait la valeur et prônait le dépouillement intégral de l'homme occupé seulement de Dieu.

3. Naissance des universités

Le mouvement qui avait transféré au XIIe siècle les « écoles » les plus importantes des monastères aux chapitres des églises urbaines se poursuit au XIIIe siècle et donne naissance aux Universités ; celle de Paris est très vite l'une des plus importantes ; maîtres et étudiants y affluent de tous les pays d'Europe, se rassemblant par quartiers qui constituent des « collèges ». Les anciennes querelles théoriques y sont traitées avec énergie : ainsi le conflit entre les maîtres séculiers et les représentants des nouveaux ordres, mendiants ou prêcheurs, et la séparation entre, d'une part la grammaire (au sens médiéval : études littéraires et philosophie) et, d'autre part, la théologie. Le champion des Arts Libéraux et des Lettres, **GUILLAUME DE SAINT-AMOUR**, est finalement exilé, la victoire des Prêcheurs consacrée ; des universités comme celle d'Orléans ou de Chartres deviennent à leur tour le centre des études littéraires, tandis qu'à Paris triomphe la philosophie que l'on appelle **scolastique**, dont le plus grand représentant est **SAINT THOMAS D'AQUIN**. Sa *Summa theologica* témoigne de la tendance de l'époque à créer des « Miroirs du Monde » exhaustifs, qui prennent en compte tous les aspects de l'activité humaine ou divine. Cet esprit encyclopédique consacre d'une certaine manière le recul des « Arts Libéraux » en tant que véhicules exclusifs de la connaissance, et va de pair avec la multiplication des grands romans cycliques ou avec la cyclisation des chansons de geste : là aussi, il s'agit de donner une somme, autant que possible fondée en raison.

Erwin Panofsky *Architecture gothique et pensée scolastique*

Scolastique et art gothique

Pendant la phase « concentrée » de ce développement extraordinairement synchrone, c'est-à-dire dans la période qui va de 1130-1140 environ à 1270 environ, on peut observer, me semble-t-il, une connexion entre l'art gothique et la scolastique qui est plus concrète qu'un simple « parallélisme » et plus générale cependant que ces « influences » individuelles (et aussi très importantes) que les conseillers érudits exercent sur les peintres, les sculpteurs ou les architectes. Par opposition à un simple parallélisme, cette connexion est une authentique relation de cause à effet ; par opposition à une influence individuelle, cette relation de cause à effet s'instaure par diffusion plutôt que par contact direct. Elle s'instaure en effet par la diffusion de ce que l'on peut nommer, faute d'un meilleur mot, une habitude mentale — en ramenant ce cliché usé à son sens scolastique le plus précis de « principe qui règle l'acte », *principium importans ordinem ad actum* [1].

S'il est souvent difficile, sinon impossible, d'isoler une force formatrice d'habitudes *(habit-forming force)* entre plusieurs autres et d'imaginer les canaux de transmission, la période qui va de 1130-1140 environ jusqu'à 1270 environ et la zone de « cent cinquante kilomètres autour de Paris » constituent une exception. Dans cette aire restreinte la scolastique possédait un monopole de l'éducation : en gros, la formation intellectuelle était passée des écoles monastiques à des institutions urbaines plutôt que rurales, cosmopolites plutôt que régionales et, pour ainsi dire, à demi-ecclésiastiques seulement, c'est-à-dire aux écoles cathédrales, aux universités et aux *studia* des nouveaux ordres mendiants (presque tous apparus au XIIIe siècle), dont les membres jouaient un rôle de plus en plus grand au sein des universités elles-mêmes. Et, à mesure que le mouvement scolastique, préparé par l'enseignement des bénédictins et lancé par Lanfranc et Anselme du Bec, se développait et s'épanouissait grâce aux dominicains et aux franciscains, le style gothique, préparé dans les monastères bénédictins et lancé par Suger de Saint-Denis, atteignait son apogée dans les grandes églises urbaines. Il est significatif que, pendant la période romane, les grands noms de l'histoire de l'architecture soient ceux des abbayes bénédictines, pendant la période classique du gothique ceux des cathédrales et dans la période tardive ceux des églises paroissiales.

Il est très peu probable que les bâtisseurs des édifices gothiques aient lu Gilbert de la Porrée ou Thomas d'Aquin dans le texte original. Mais ils étaient exposés à la doctrine scolastique de mille autres façons, indépendamment du fait que leur activité les mettait automatiquement en contact avec ceux qui concevaient les programmes liturgiques et iconographiques. Ils étaient allés à l'école ; ils avaient entendu des sermons ; ils avaient pu assister aux *disputationes de quolibet* qui, traitant de toutes les questions du moment, étaient devenues des événements sociaux très semblables à nos opéras, nos concerts ou nos lectures publiques ; et ils avaient pu entretenir des contacts fructueux avec les lettrés en mainte autre occasion. Du fait que les sciences naturelles, les humanités ou même les mathématiques n'avaient pas encore élaboré leur méthode et leur terminologie spécifiques et ésotériques, la totalité du savoir humain restait accessible à l'esprit normal et non spécialisé ; en outre — et c'est peut-être le plus important — le système social était en train de s'orienter vers un professionnalisme urbain qui, du fait qu'il ne s'était pas encore sclérosé dans le système rigide des guildes et des *Bauhütten*, fournissait un terrain de rencontre où le clerc et le laïc, le poète et le juriste, le lettré et l'artisan pouvaient entrer en contact sur un pied de quasi-égalité.

Erwin PANOFSKY, *Architecture gothique et pensée scolastique*,
© éd. de Minuit, 1978

1. *Thomas d'Aquin, Summa Theologiae, I-II, 49, 3.*

LA NAISSANCE DE LA POÉSIE

GUILLAUME DE POITIERS, BERNARD DE VENTADOUR, THIBAUT DE CHAMPAGNE, RUTEBEUF, LA CHANSON DE TOILE

« *Ab la dolçor del tans novel*
Foillon li bosc, e li aucel
Chanton cascus en lor lati
Segon lo vers del novel chan. »
Guillaume de Poitiers,
« A la douceur du temps nouveau... »

Alain Cuny et Arletty dans *Les Visiteurs du soir,*
film de Marcel Carné, 1941.

Langue d'oc et langue d'oïl : des troubadours aux trouvères

1. La floraison des troubadours

Quelles sont les origines de la poésie des troubadours ? Qu'elle s'inspire de celle des Arabes, avec lesquels les régions méridionales, et à plus forte raison l'Espagne, ont entretenu des relations parfois plus culturelles et enrichissantes, que simplement guerrières, ou des rites préchrétiens instaurant une certaine liberté de la femme à certaines époques de l'année, cette poésie crée apparemment de toutes pièces, à la fin du XIe siècle et dans la première moitié du XIIe siècle, une nouvelle conception de l'amour, et réussit à l'intégrer au système des valeurs chevaleresques, féodales, qui laissaient jusqu'alors peu de place à autre chose qu'aux vertus guerrières.

2. L'amour courtois

L'« amour courtois » reprend la **structure de base du système féodal**, mais place la dame dans la situation du « seigneur » — comme le soulignent les « senhal », désignations secrètes à l'usage du seul poète, qui masculinisent la dame, et l'appellent parfois, tout simplement, « mi dons », c'est-à-dire « mon seigneur. » L'amant, nécessairement de rang inférieur à celle qu'il aime, est soumis à toutes ses volontés, et n'attend de « guerredon »[1] qu'à proportion de ses mérites, particulièrement de la prouesse qu'il pratique au nom de son amour. Cette dévotion à la dame pourra facilement prendre **une orientation mystique**, et deviendra à partir de la fin du XIIe siècle dévotion à la Vierge Marie, seule Dame digne d'amour.

L'amant *est* le poète : il s'établit une équivalence promise à un bel avenir entre aimer et chanter. Tenu à distance de sa dame par les circonstances et les « jaloux », les « losengiers », le poète confie ses sentiments à sa « chanson » : c'est la forme canonique de la poésie des troubadours, composée en général de quatre **strophes** ou « **coblas** », et d'une « **tornada** » moitié moins longue qu'une cobla, qui correspond en langue d'oïl à l'« **envoi** », où le message s'adresse explicitement au destinataire.

3. La veine satirique

Cependant, la *canso* n'est pas la seule forme pratiquée par les troubadours, non plus que l'amour leur seul sujet. Parallèlement au courant courtois et à l'exaltation de la *fin'amor*, on rencontre une veine satirique, moraliste et politique, très violente, qui s'exprime le plus souvent dans les *sirventès*, de structure analogue à celle des cansos, dans les *planhs*, c'est-à-dire les déplorations sur la mort d'un personnage honoré, qui deviennent prétexte à une féroce *laudatio temporis acti*, ou dans les *joc-partis*, pièces à deux voix dans lesquelles deux poètes défendent chacun, en général de façon ironique, deux points de vue opposés.

Très vite, l'ensemble de la poésie des troubadours évolue vers **un formalisme conscient et raffiné**, où le sentiment personnel compte moins que la réutilisation virtuose de motifs et d'éléments formels comme autant de citations : c'est un des aspects de la tendance à l'intertextualité médiévale. L'obscurité, la formulation énigmatique sont parfois systématiquement recherchées, dans le cas de ce que l'on appelle le *trobar clus*[2], c'est-à-dire poésie obscure, hermétique, par opposition au *trobar leu* ou *plan*, expression simple et naturelle, et au *trobar ric*, où abondent les figures de langue donnant une impression de richesse.

4. La *translatio* lyrique

Aliénor d'Aquitaine, petite-fille du premier troubadour et toute imprégnée des théories courtoises, épouse en premières noces Louis VII, roi de France, avant de devenir reine d'Angleterre aux côtés de Henri II Plantagenêt ; avec elle, **c'est toute la culture des pays de « langue d'oc » qui envahit les régions du nord de la Loire**, et plus particulièrement l'éthique courtoise et la théorie de la *fin' amor*, qui se sont élaborées pendant deux générations et ont donné naissance à toute une littérature, ou plus exactement à toute une poésie, dont les plus brillants représentants accompagnent Aliénor dans son exil nordique.

Les cours du royaume de France ou de celui d'Angleterre accueillent avec enthousiasme ces formes nouvelles, qu'elles s'empressent d'adapter à un contexte socio-culturel évidemment différent, mais en quête d'une formulation propre, qui jusque là lui fait défaut. Les filles d'Aliénor, Aélis de Blois et Marie de Champagne, la protectrice de Chrétien de Troyes, continuent l'œuvre de leur mère, en devenant les soutiens essentiels de la courtoisie et des poètes courtois, même si la langue d'oïl tend assez vite à privilégier la forme romanesque. Dans l'ensemble, **la fin'amor adaptée au goût des cours du Nord devient plus chevaleresque**, l'amour étant perçu comme source de la prouesse, qu'à proprement parler courtois : la soumission de l'amant à la dame en position de souveraineté devient davantage une figure de rhétorique qu'une « réalité », fût-elle littéraire. Cependant, le schéma courtois reste au moins jusqu'à la moitié du XIIIe siècle le seul universellement reconnu, dans le domaine littéraire du moins.

---

1. *Récompense.* — 2. *Le mot* trobar *correspond en langue d'oïl à* « trouver » *; trouver, c'est composer. Voir le latin* tropare.

1071-1127	Guillaume de Poitiers	**1er quart XIIIe s.**		Chansons de toile
1130	Jaufré Rudel			
1136	Marcabru	**v. 1232**	Thibaut de Champagne	
1150	Bernard de Ventadour	**1255**	Rutebeuf :	*Poèmes sur l'Université*
1175	Bertran de Born	**1261**	Rutebeuf :	*Renart le Bestourné*
1177	Arnaut Daniel			
v. 1182	Gace Brûlé	**1262**	Rutebeuf :	*Le Miracle de Théophile*

Le dialogue du trouvère et de la demoiselle sous l'arbre d'amour,
miniature du XIIIe siècle extraite des *Minnesinger.*
Bibl. d'Heidelberg.

1. La floraison des troubadours

Guillaume de Poitiers (1071-1127)

*C'est l'inventeur... ou en tout cas le premier grand troubadour, chronologiquement, dont l'œuvre nous ait été en partie conservée. Œuvre paradoxale, en ce qu'elle fonde pour près de deux siècles un mode d'expression littéraire, mais en même temps échappe aux catégories qu'elle contribue à créer : **Guillaume de Poitiers**, neuvième duc d'Aquitaine, est un grand seigneur, parmi les plus puissants de son époque, et il lui serait difficile de feindre de se consumer d'amour pour une dame plus noble que lui, aux volontés de laquelle il serait entièrement soumis.*

*D'ailleurs l'amour unique ne semble pas être la préoccupation essentielle du poète, dans l'œuvre duquel coexistent deux veines très différentes, celle de **la courtoisie naissante**, et celle d'**un réalisme grossier**, voire franchement obscène. Après tout, comme le dit la* Vida de Guillaume, *l'un de ces textes en prose qui prétendent donner la biographie d'un auteur en s'appuyant en fait sur son œuvre, il fut « uns dels majors cortés del monde e dels majors trichadors de domnas » (« un des hommes les plus courtois du monde, et des plus habiles à tromper les femmes »).*

Le texte présenté ici appartient à la première catégorie, et en est l'un des représentants les plus célèbres ; la forme cependant n'en est pas encore classique, et on ne peut guère distinguer la tornada *des* coblas.

« A la douceur de la saison nouvelle... »

A la douceur de la saison nouvelle,
Feuillent les bois, et les oiseaux
Chantent, chacun dans son latin
Sur le rythme d'un chant nouveau ;
5 Il est donc juste qu'on ouvre son cœur
A ce que l'on désire le plus.

De là-bas où est toute ma joie,
Ne vois venir ni messager ni lettre scellée,
C'est pourquoi mon cœur ne dort ni ne rit.
10 Et je n'ose faire un pas en avant,
Jusqu'à ce que je sache si notre réconciliation
Est telle que je la désire.

Il en est de notre amour comme de la
Branche d'aubépine
15 Qui sur l'arbre tremble
La nuit, exposée à la pluie et au gel,
Jusqu'au lendemain, où le soleil s'épand
Sur ses feuilles vertes et ses rameaux.

Encore me souvient du matin
20 Où nous mîmes fin à la guerre,
Et où elle me donna un don si grand,
Son amour et son anneau :
Que Dieu me laisse vivre assez
Pour que j'aie un jour mes mains sous son manteau !

25 Car je n'ai souci des propos étrangers
Qui voudraient m'éloigner de mon « Beau-Voisin »,
Car je sais ce qu'il en est
Des paroles et des brefs discours que l'on répand ;
Mais nous en avons la pièce et le couteau.

GUILLAUME DE POITIERS,
traduction d'Anne Berthelot

POUR LE COMMENTAIRE

1. La théorie de la « fin'amor ». Dans quelle mesure est-elle sensible dans cette pièce ? Quels sont les éléments qui vous paraissent manquer ? (voir p. 45)

2. Lyrisme et récit. Analysez la manière dont les fragments narratifs s'intègrent à la trame lyrique. Quel est, à partir de ces fragments, le « roman » de cette chanson ?

3. Repérez les différentes **formules consacrées** qui apparaissent dans cette chanson ; recherchez-en d'autres exemples dans la poésie occitane.

4. « Beau-Voisin » est le « senhal » (la désignation secrète) de la dame : quelles en sont les caractéristiques ?

5. Repérez et analysez les sentences morales qui émaillent la *canso*.

6. Si vous en avez l'occasion, lisez des pièces « anti-courtoises » de Guillaume de Poitiers ; sont-elles radicalement différentes de celle-ci ? Montrez en quoi les deux versants de l'expression poétique peuvent correspondre à **une seule idéologie**.

RECHERCHE

Du poète à la figure de légende

Analysez le processus qui fait d'un troubadour dont l'identité n'est pas tout à fait assurée un personnage d'envergure légendaire, dont la vie est reconstruite à l'égal de celle d'un héros de roman ou d'épopée.

Bernard de Ventadour
(deuxième moitié du XIIᵉ siècle)

Peut-être le plus célèbre troubadour ; **Bernard de Ventadour** est en tout cas celui qui nous paraît le plus « original », et qui semble laisser dans ses vers la place à ses sentiments personnels, ce qui est rare chez ses confrères. Contemporain d'Aliénor d'Aquitaine, descendante de Guillaume IX de Poitiers et protectrice des arts, il la rejoignit en Angleterre après avoir dû quitter le château de Ventadour où il avait été instruit dans l'art de la poésie par son seigneur, Ebles II le « Chanteur » (c'est du moins ce que dit sa *Vida*). Fils d'une servante et d'un domestique, il incarne, par contraste avec Guillaume IX, l'indifférenciation sociale des troubadours, aussi bien grands (ou petits) seigneurs que pauvres « valets » (jeunes gens nobles au service d'un seigneur).

La canso *reproduite ici est l'une des plus connues de* **Bernard de Ventadour** *; on a voulu y voir un texte à clés, ou en tout cas une pièce symbolique, sans qu'il soit possible de rien affirmer avec certitude.*

Enluminure de la *Vida*,
de Bernard de Ventadour.
Paris, B.N.

« *Qan vei la lauseta mover* »

« *Quand je vois l'alouette mouvoir* »

Quand je vois l'alouette mouvoir
De joie ses ailes dans un rayon (de soleil),
Si bien qu'elle s'oublie et se laisse choir
A cause de la douceur qui l'envahit,
5 Las, j'ai si grande envie de ceux
Que je vois joyeux,
Je m'émerveille que sur le champ
Mon cœur ne fonde en moi de désir.

Hé ! Las ! Je croyais tant savoir
10 D'amour, et j'en sais si peu !
Car je ne peux m'empêcher d'aimer
Celle dont je n'aurai jamais aucun profit.
Elle m'a pris mon cœur, et elle m'a pris à moi,
Et elle avec moi et tout le monde ;
15 Et en prenant tout, elle ne me laisse rien
Sauf désir et cœur brûlant.

Je n'ai plus eu de pouvoir sur moi,
Et je ne fus plus à moi dès l'heure
Qu'elle me laissa regarder en ses yeux
20 En un miroir qui me plaît beaucoup.
Miroir, depuis que je me suis miré en toi,
Les soupirs profonds m'ont tué.
Et je me perdis comme se perdit
Le beau Narcisse en la fontaine.

25 Je désespère de toutes les dames,
Et jamais je ne m'y fierai ;
Autant j'avais l'habitude de les défendre,
Autant je les attaquerai :
Quand je vois qu'aucune ne m'en tient gré
30 Auprès de celle qui me détruit et me tue,
Je les crains toutes et m'en défie
Car je sais bien qu'elles sont toutes pareilles.

Anc non aguí de mi poder
Ni no fui meus deslòr en çai,
Que'm laissèt en sos òlhs vezer
En un miralh que mout mi piai.
Miralhs, pòs me mirèi en te,
M'an mòrt li sospir de preon,
Qu'aissí'm perdèi com perdèt se
Lo bèlhs Narcisus en la fon.

De las dòmnas mi dezesper,
Jamais en lor no'm fiarai,
Qu'aissí com las sòlh captener,
Enaissí las descaptenrai :
Pos vei que nulha pro no'm te
Ab lèis que'm destrui e'm cofón,
Totas las dopt e las mescré,
Car sai que atretals se son.

*D'aissò's fai ben femna parer
Ma dòmna, per qu'eu l'o retrai,
Que vòl çò qu'òm no deu voler,
E çò qu'òm li deveda fai.
Cazutz sui en mala mercé
Et ai ben fait com fòls en pon,
E no sai perqué m'esdevé,
Mas quar tròp pogèi contra mon.*

*Mercés es perduda per ver,
Et eu nen o saubí ancmai,
Car cil que plus en degr' aver
Non a ges, et on la querrai ?
A ! quan mal sembla, qui la ve,
Que aquest caitin deziron,
Que ja ses lèis non aurà bo,
Laisse morir, que no l'aón.*

En cela ma Dame se montre bien
Femme, ce que je lui reproche,
35 Car elle ne veut ce qu'on doit vouloir
Et ce qu'on lui défend, elle le fait.
Je suis tombé en male merci,
Et j'ai agi comme le fou sur le pont ;
Et je sais bien pour quoi cela m'est arrivé :
40 Car j'ai voulu m'attaquer à une pente trop rude.

Merci est perdue, pour vrai,
Et je ne le savais pas jusqu'alors,
Car celle qui devrait le plus en avoir
N'en a point ; où donc la chercherai-je ?
45 Ah ! Comme elle semble mal, à qui la voit,
Capable de laisser mourir, sans jamais l'aider,
Ce pauvre plein de désir,
Qui jamais sans elle n'aura de bien !

Puisqu'auprès de mon seigneur n'ont de valeur
50 Ni prières ni merci ni les droits que j'ai
Et puisqu'il ne lui plaît pas que je l'aime,
Je ne le lui dirai jamais plus.
C'est ici que je me sépare d'amour et que j'y renonce :
Elle[1] m'a voulu mort et mort je lui réponds,
55 Et je m'en vais, puisqu'elle ne me retient,
Malheureux que je suis, exilé, je ne sais où.

Tristan, vous n'aurez plus rien de moi,
Car je m'en vais, malheureux, je ne sais où :
Je renonce à chanter, je renie le chant,
60 Et je me cache loin d'amour et de joie.

BERNARD DE VENTADOUR, *Quand je vois l'alouette mouvoir*,
traduction d'Anne Berthelot

---

1. Amor *est féminin aussi en occitan.*

POUR LE COMMENTAIRE

1. Les thèmes ou motifs courtois

Repérez-les. En quoi peut-on dire que la poésie courtoise est avant tout une rhétorique ?

2. L'enchaînement des différentes strophes

Montrez les changements de tonalité de l'une à l'autre.

3. La structure de la strophe

Étudiez en particulier les reprises de termes, les parallélismes, et la *tornada*.

4. Amour courtois, intertextualité, poésie

Comment s'allient ces trois éléments dans la *canso* de Bernard de Ventadour ?

5. Poésie formaliste et poésie personnelle

En vous aidant au besoin des analyses de Paul Zumthor sur le « grand chant courtois » (*Essai de poétique médiévale*, éd. Seuil, coll. « Poétique », 1972), essayez de faire la part de ces deux éléments dans le texte ; une telle distinction vous paraît-elle pertinente ?

EXPOSÉ

L'image des troubadours, ou comment se crée un mythe.

Joueur de psalterion, enluminure d'un manuscrit du XIIe siècle. Paris, B.N.

Fin'amor et courtoisie

1. La dame « suzerain »

Ce que l'on appelle *fin'amor*, c'est-à-dire amour parfaite et délicate, le mot étant féminin en ancien français, constitue le noyau d'un ensemble plus vaste qui est la courtoisie. Sans doute cette conception de l'amour est-elle très largement inspirée du système des troubadours. Le présupposé de la *fin'amor* et de l'amour courtois, c'est qu'ils placent tous deux **l'amant en position d'infériorité par rapport à la dame**, la *domna* des troubadours ; **celle-ci devient le suzerain de celui qui l'aime** : il est entièrement soumis à ses désirs, à ses vœux, et à ses exigences. Peu importe son rang social et celui de sa dame : un grand seigneur devient le vassal soumis d'une « bourgeoise » ou d'une dame de petite noblesse dès l'instant qu'il la « requiert d'amour ». En théorie du moins, cela permet aux troubadours ou trouvères d'humble origine d'avoir autant de chances auprès de leur dame que les nobles et puissants barons. On s'est maintes fois étonné de la diversité sociologique des troubadours (de **GUILLAUME IX DE POITIERS** à **BERNARD DE VENTADOUR**, fils d'une servante...).

2. L'amour source de prouesses...

Il va de soi qu'un amant aussi soumis ne peut rien exiger de sa dame ; tout au plus peut-il essayer de gagner ses faveurs, en pratiquant au mieux les activités spécifiques de son état : l'amour courtois est source de prouesses pour un chevalier, comme le démontre l'exemple de Lancelot, que seul, chez **CHRÉTIEN DE TROYES,** son amour pour la reine semble faire sortir du rang des autres chevaliers arthuriens. Pour un poète, elle est **source de poésie**, c'est du moins ce qu'affirment les troubadours, bien éloignés du modèle chevaleresque, mais peut-être plus proches de la réalité quotidienne.

3. ... et de contraintes

La « valeur » de l'amant est nécessairement accrue dès l'instant qu'il aime. Et dans ces conditions, la dame est amenée tôt ou tard à reconnaître les mérites de celui qui lui est soumis,... et à le payer de retour. La prouesse ou ses succédanés semblent souvent fonctionner comme des instruments de chantage : **aucune part n'est laissée à l'arbitraire des sentiments**. On aime qui mérite d'être aimé ; on n'aime personne d'autre, et on est presque forcé d'aimer qui fait partie de cette catégorie. L'apparente initiative qui est laissée à la dame dans le système courtois disparaît ainsi sous la contrainte de la réciprocité.

L'espoir d'être aimé constitue le premier stade de l'*enamoratio* courtoise ; après cela interviennent d'autres étapes, qui, du regard au « surplus », c'est-à-dire au don physique intégral, passent par le baiser, et cette mise à l'épreuve que certains textes occitans appellent *asag*, et dont il n'est pas certain qu'elle ait jamais été pratiquée : l'amant aurait été admis dans le lit de sa dame, à condition de ne pas chercher à aller plus loin et de se contenter de la tenir dans ses bras. Cependant, les avis sont très partagés : l'amour courtois, la *fin'amor*, peuvent-ils être charnels *(amor mixtus)*, ou doivent-ils rester chastes *(amor purus)* ?

4. L'adultère obligatoire

L'*amor mixtus*, par définition en quelque sorte, ne peut s'adresser qu'à une femme mariée. Autre loi de la *fin' amor* : elle est fondée sur l'adultère, ce qui devrait suffire à la mettre en marge de la morale chrétienne ; en fait, pendant un siècle les deux cohabiteront apparemment sans trop de peine. L'amour des jeunes filles est très peu envisagé, et l'amour entre conjoints est absolument proscrit : en effet, le véritable amour repose sur le désir, beaucoup plus que sur sa satisfaction ; comme le mari a des droits sur sa femme, il ne saurait l'aimer comme un amant doit aimer sa dame.

5. La formalisation du jeu amoureux

C'est du moins ce qu'affirment les jugements des « **Cours d'Amour** ». Il s'agit là d'un point délicat de l'histoire de l'amour courtois ; selon **ANDRÉ LE CHAPELAIN** (qui doit son nom à sa fonction à la cour de Marie de Champagne), les dames nobles et éminemment « courtoises », auraient organisé des « cours judiciaires », au cours desquelles les amants en désaccord auraient exposé leurs litiges en s'en remettant à l'arbitraire de ces dames. Le livre d'André le Chapelain contient un certain nombre de ces jugements, qui définissent avec précision les moindres nuances du code courtois, au point d'éliminer toute spontanéité.

A partir de ce moment, le principe de l'amour courtois devient, de manière plus vague et plus générale, simple « courtoisie » : c'est-à-dire un **code social**, fondé sur la délicatesse et le respect, au moins extérieur, du plus faible, c'est-à-dire de la dame, et se mêlant au système des valeurs plus proprement chevaleresques pour constituer l'idéologie dominante de la chevalerie.

6. Expansion et déclin

Il est certain que l'entourage d'Aliénor d'Aquitaine, et Aliénor elle-même, ont joué un grand rôle dans la définition et l'expansion de la *fin'amor* et de la courtoisie. Petite-fille de Guillaume IX, le premier des troubadours, chantée elle-même par Bernard de Ventadour, Aliénor d'Aquitaine a acclimaté l'éthique courtoise à la cour des Plantagenêts, en proie à des préoccupations culturelles plus affinées que celles de la cour de France à la même époque. Ses filles ont fait de même, chacune à sa cour : Marie de Champagne, en tant que commanditaire, d'après ce que nous dit Chrétien de Troyes, du *Chevalier à la charrette*, est pour nous le symbole de la « Dame » courtoise.

L'idéologie courtoise, et, dans une certaine mesure, l'amour courtois, très modifié par rapport à l'idée que s'en faisaient les troubadours, s'est propagée pendant une bonne part du XIII⁰ siècle ; de la poésie lyrique, elle est passée à la littérature romanesque, où elle a remporté un considérable succès.

Vers la fin du XIII⁰ siècle, elle se heurte à la morale chrétienne, à laquelle elle s'avère finalement inassimilable ; les « derniers troubadours », au lieu de prier une dame profane, s'adressent à la seule véritable Dame, la Vierge Marie ; *la Queste del Saint Graal* sanctionne l'échec de Lancelot, le « parfait amant », devant les secrets du Graal : les deux mystiques, celle de Dieu et celle de l'amour humain, sont incompatibles.

2. La *translatio* lyrique

Thibaut de Champagne (1ʳᵉ moitié du XIIIᵉ siècle - 1253)

Thibaut de Champagne *représente sans doute le pendant en langue d'oïl de Guillaume de Poitiers : comme lui grand seigneur, il chante, de manière plus systématique, **sa douleur d'aimer et sa soumission pleine et entière à sa dame**. Comme pour la plupart des troubadours, et quelques-uns des « **trouvères** » (le même mot, dans les deux langues, vient de la racine* tropare, trouver, composer*), il s'est créé autour de lui une légende que les faits historiques dont nous disposons par ailleurs rendent hautement improbable : Thibaut de Champagne aurait honoré comme sa dame Blanche de Castille, régente de France pendant la minorité de Saint Louis, contre laquelle il ne cessa de se rebeller, en vassal très conscient de ses intérêts politiques, sinon des vertus de la soumission courtoise.*

*Le texte que nous donnons ici est sans doute le plus connu de Thibaut. Il est intéressant non seulement par la perfection de la forme, mais aussi par l'utilisation de **la symbolique du bestiaire**, détournée de sa fréquente interprétation chrétienne.*

La jeune femme à la licorne, XVIᵉ siècle, détail d'une tapisserie dite des « Bords de Loire ».
Paris, Musée de Cluny.

« *Je suis pareil à la licorne...* »

Je suis pareil à la licorne
Dont le regard est fasciné
Quand elle va regardant la jeune fille.
Elle est si heureuse de ce qui la tourmente,
5 Qu'elle tombe pâmée en son giron ;
Alors on la tue par trahison.
Et moi, de la même façon m'ont tué
Amour et ma dame en vérité.
Ils ont mon cœur, je n'en peux rien ravoir.

10 Dame, quand je fus devant vous
Et que je vous vis pour la première fois,
Mon cœur était si tressaillant
Qu'il resta quand je m'en fus.
Alors il fut emmené sans rançon
15 En prison dans la douce geôle
Dont les piliers sont de désir,
Et les portes en sont de beau regard
Et les chaînes de bon espoir.

De la geôle Amour a la clé
20 Et il y a mis aussi trois portiers :
Le premier a pour nom Beau Semblant,
Et puis il en donne le pouvoir à Beauté ;
Il a mis Refus devant la porte,
Un sale traître, puant et sans noblesse,
25 Qui est très mauvais et très scélérat.
Ces trois-là sont rapides et pleins d'audace :
Ils s'emparent bientôt d'un homme.

Qui pourrait endurer les tourments
Et les assauts de ces geôliers ?
30 Jamais Roland ni Olivier
N'ont vaincu en de si rudes batailles
Ils vainquirent en combattant,
Mais ceux-là on les vainc en se faisant humble,

Patience en est le porte-étendard ;
35 En cette bataille dont je vous parle,
Il n'y a de secours qu'en pitié.

Dame, je ne crains désormais rien tant
Que de faillir à vous aimer.
J'ai tant appris à souffrir
40 Que je suis vôtre tout entier ;
Et même si cela vous déplaisait fort,
Je ne peux y renoncer pour rien
Sans en garder le souvenir,
Et sans que mon cœur ne reste toujours
45 En la prison, et moi auprès de lui.

THIBAUT DE CHAMPAGNE,
traduction d'Anne Berthelot

Monument funéraire du cœur de Thibaut V, comte de Champagne, XIIIe siècle. Provins, Chapelle de l'hôpital général.

POUR LE COMMENTAIRE

Naissance de l'allégorie

1. La prison d'amour. Étudiez-en la construction. Comparez-la avec le château de Jalousie dans le *Roman de la Rose*, de Guillaume de Lorris.

2. Retracez l'évolution qui mène de la **métaphore** à la **personnification** allégorique.

3. Analysez la valeur de ces **personnifications** (Amour, Beau Semblant, Refus, etc.) ; comparez-les si possible à celles de Guillaume de Lorris ; intéressez-vous particulièrement au personnage de « Dangier ».

4. Quel est l'effet produit par l'insertion du **mode de pensée allégorique** dans la « Chanson » d'amour ? En quoi celle-ci est-elle modifiée ?

RECHERCHE

La licorne

Dossier thématique. Rassemblez divers documents iconographiques, poétiques, littéraires, qui témoignent de la richesse symbolique de cet animal fabuleux et de l'importance qu'il a eue dans l'imaginaire médiéval.

LES TROUVÈRES, SEIGNEURS OU « JONGLEURS »

Si **Thibaut de Champagne** est sans doute le plus grand « trouvère » de la première moitié du XIIIe siècle, celui qui a su au mieux unir les thèmes et les motifs empruntés aux troubadours avec une inspiration originale, il n'est pas le seul. La même variété sociologique que parmi les poètes de langue d'oc se retrouve dans le domaine d'oïl : à côté des grands seigneurs, ou des châtelains moins riches et moins célèbres, on rencontre aussi des « jongleurs », des poètes parfois itinérants, dont le confort dépend de la générosité d'un mécène, et dont la poésie ne reflète pas seulement les motifs habituels de l'**amour**, de la **souffrance** rachetée par le « chant », ou de la **foi chrétienne** sublimée dans la chanson de croisade, et d'ailleurs indissolublement mêlée aux thèmes précédents, mais aussi les **difficultés plus matérielles d'une existence errante et instable**.

Sans aller jusqu'aux Goliards, dont la poésie latine tourne indéfectiblement autour de la peu sainte Trinité du vin, des filles et des dés, c'est le cas de **Colin Muset**, qui décrit les hauts et les bas de sa fortune et invective un patron trop peu généreux. C'est aussi en partie le cas de **Rutebeuf**, sans doute le plus grand poète de la deuxième moitié du XIIIe siècle.

3. Rutebeuf
(deuxième moitié du XIIIe siècle)

Et Rustebués en un conte a
Mise la chose et la rima.
Or dist il que, s'en la rime a
Chosë ou il ait se bien non,
Que vous regardez a son non.
Rudes est et rudement oevre :
Li rudes hom fait la rude oevre.
Se rudes est, rudes est bués :
Rudes est, s'a non Rudebués.
Rustebués oevre rudement,
Sovent en se rudece ment.

Et Rutebeuf a mis la chose
En conte et la rima.
Il dit maintenant que, si dans les vers
Il y a des passages qui ne sont pas bons,
5 Le lecteur se réfère à son nom.
Il est rude et il œuvre rudement :
L'homme rude fait une œuvre rude.
Or s'il est rude, le bœuf l'est aussi :
Il est rude, c'est pourquoi il s'appelle Rudebœuf.
10 Rutebeuf œuvre rudement,
Souvent dans sa rudesse dit des choses fausses.

RUTEBEUF,
Le Sacristain et la Femme au chevalier, vers 750 à 760,
traduction d'Anne Berthelot

Ce passage, avec beaucoup d'autres épars dans son œuvre, constitue la signature de **Rutebeuf**, et résume aussi à peu près ce que nous savons de lui. Sans doute, pour n'avoir qu'un surnom, était-il d'une origine assez humble : tout au long de sa carrière littéraire (qui s'étend d'après les textes que nous pouvons dater avec précision de 1248 à 1272, et peut-être un peu plus tard), **il dépend de la générosité de patrons**, travaille souvent sur commande et traverse des phases alternées de relative aisance et de franche pauvreté. Cette dépendance financière, si elle est à l'origine de quelques œuvres écrites « sur commande », comme par exemple la *Vie de sainte Helysabel*, n'empêche pas le poète d'être aussi un **polémiste**, qui prend parti avec une rare vigueur dans les luttes de son temps, et en particulier est l'un des plus ardents défenseurs de Guillaume de Saint-Amour et des maîtres séculiers dans la querelle qui les oppose aux frères Prêcheurs à propos des chaires universitaires aux environs de 1250 ; choix politique qui n'arrangea sans doute pas ses affaires, compte tenu de la victoire finale des Prêcheurs soutenus par le pape et par le dévôt Saint Louis (auquel Rutebeuf en fait l'amer reproche).

L'œuvre de Rutebeuf

L'impression essentielle que laisse l'œuvre de Rutebeuf est celle d'une **grande variété** ; il est préférable de ne pas faire une confiance aveugle aux **textes dit « autobiographiques »**, qui, tout en donnant peut-être quelques renseignements réels sur la vie de leur auteur, sont avant tout l'orchestration du **thème de la pauvreté et du malheur** du « jongleur », traité avec une grande force poétique, mais pas forcément avec une sincérité qui irait à l'encontre des conceptions littéraires de cette époque. Pour le reste, on rencontre des **textes satiriques**, décrivant conformément à la mode du temps les « états du monde » et en faisant une critique féroce, des **œuvres hagiographiques** comme la *Vie de sainte Helysabel* citée plus haut et surtout le *Miracle de Théophile* dont Rutebeuf donne la version la plus achevée et la plus profonde à nos yeux, des **poèmes d'actualité** comme la *Nouvelle Complainte d'Outremer*, appel d'ailleurs sans illusion à une nouvelle croisade, ou tous les poèmes ayant trait à la querelle de l'Université, et des textes inclassables, mais dont la valeur n'est pas moins grande, comme le *Dit de l'Herberie*, monologue de jongleur imitant le charlatan qui vend ses herbes. La langue de Rutebeuf, très personnelle et très riche, pose souvent de graves problèmes à la traduction, et sa syntaxe témoigne d'une étonnante complexité de pensée.

Enluminure d'un manuscrit de Rutebeuf, XIIIe siècle.
Paris, B.N.

La Complainte Rutebeuf (1261-1262 ?)

Avec les deux Griesches, celle d'Été et celle d'Hiver, qui prennent le prétexte de ce jeu de dés, théoriquement interdit par l'Église, comme symbole de la dissipation du poète, et comme source en quelque sorte légitime de ses malheurs, qu'il a « bien mérités », la Complainte Rutebeuf est sans doute le texte le plus connu du poète. Une chanson en a été tirée, dont l'orientation mélancolique, « romantique », ne correspond pas vraiment au sens originel, plus cru ou plus pragmatique : **Rutebeuf ne regrette pas tant l'« amitié » en tant que sentiment** qui aide à vivre, **que l'aide financière de ses « amis »**, c'est-à-dire, dans une plus ou moins large mesure, **ses protecteurs**, auxquels il fait appel à la fin de la pièce.

Le thème du mariage malheureux, déjà évoqué dans Le Mariage Rutebeuf, est un lieu commun littéraire (voir les regrets d'Adam de la Halle dans Le Jeu de la Feuillée à propos de sa femme Maroie), et l'énumération des calamités qui s'abattent sur le poète ne sont sans doute pas à prendre comme autant de témoignages strictement biographiques. Le texte daterait des années 1261-1262. Nous en donnons ici la deuxième moitié, dont l'inspiration lyrique a plus de portée que la description ponctuelle des malheurs du « pauvre Rutebeuf ».

« Que sont mes amis devenus ? »

Nul homme n'a jamais été si troublé
 Que je le suis, en vérité,
Car jamais je n'ai eu moins d'argent.
Mon hôte veut en avoir,
5 Pour payer son logement,
Et j'en ai presque tout enlevé le contenu,
Au point que je m'en vais tout nu
 Contre les rigueurs de l'hiver.
Ces mots me sont durs et pénibles,
10 Et ma chanson est bien changée maintenant
 Par rapport au passé ;
Peu s'en faut que je ne devienne fou en y pensant.
Il ne faut pas tanner dans du tan,
 Car le réveil
15 Me tanne bien assez quand je m'éveille ;
Et je ne sais, que je dorme ou veille,
 Ou que je réfléchisse,

Frères de Limbourg, « Février »,
dans le calendrier des
*Très Riches Heures du
duc de Berry*, xvᵉ siècle.
Chantilly, Musée Condé.

Quel part je penrai mon despens
Par quoi puisse passer le tens :
    Tel siecle ai gié
Mi gage sont tuit engagié,
Et de chiés moi desmanagié,
    Car j'ai geü
Trois mois que nului n'ai veü.
Ma fame ra enfant eü,
    C'un mois entier
Me ra geü sor le chantier.
Je me gisoie endementier
    En l'autre lit,
Ou j'avoie pou de delit.
Onques mes mains ne m'abelit
    Gesir que lors,
Quar j'en sui de mon avoir fors
Et s'en sui mehaigniez du cors
    Jusqu'au fenir.
Li mal ne sevent seul venir ;
Tout ce m'estoit a avenir,
    S'est avenu.
Que sont mi ami devenu
Que j'avoie si pres tenu
    Et tant amé ?
Je cuit qu'il sont trop cler semé ;
Il ne furent pas bien femé,
    Si sont failli.
Itel ami m'ont mal bailli,
C'onques, tant com Diex m'assailli
    En maint costé,
N'en vi un seul en mon osté.
Je cuit li vens les a osté,
    L'amor est morte :
Ce sont ami que vens enporte,
Et il ventoit devant ma porte
    Ses enporta,
C'onques nus ne m'en conforta
Ne du sien riens ne m'aporta.

Où je pourrai trouver de quoi vivre
Pour survivre quelque temps :
20   Telle est la vie que je mène.
J'ai mis en gage tout ce que je pouvais,
Et j'ai tout déménagé hors de chez moi,
    Car j'ai été couché malade
Trois mois sans voir personne.
25 Et ma femme a eu un enfant,
    Si bien que pendant un mois
Elle a été à deux doigts de la mort.
Je gisais pendant ce temps
    Dans l'autre lit,
30 Où j'avais peu de plaisir.
Jamais le fait d'être couché
Ne me plut moins qu'alors,
Car à cause de cela j'ai été dépouillé de mon avoir
Et je suis physiquement infirme
35   Jusqu'à ma mort.
Les maux ne savent pas venir seuls ;
Tout ce qui devait m'advenir,
    Est maintenant du passé.
Que sont mes amis devenus
40 Que j'avais tant cultivés,
    Et tant aimés ?
Je crois qu'ils se sont éparpillés ;
Ils n'avaient pas été bien attachés,
    Et ainsi ils ont failli.
45 De tels amis m'ont mis en mauvaise situation,
Car jamais, aussi longtemps que Dieu me mit à l'épreuve
    De bien des manières,
Je n'en vis un seul à mes côtés.
Je crois que le vent les a emportés,
50   L'amitié est morte :
Ce sont amis que le vent emporte,
Et il ventait devant ma porte,
    Ainsi le vent les emporta,
Car jamais aucun ne me réconforta
55 Ni ne m'apporta rien de ce qui lui appartenait.
    Ceci m'apprend
Que celui qui a des biens, doit les prendre pour lui ;
Mais celui-ci se repent trop tard
    Qui a trop dépensé
60 Pour se faire des amis,
Car il ne les trouve pas sincères, même à moitié[1],
    Pour lui venir en aide.
Je cesserai donc de courir la fortune,
Et je m'appliquerai à me tirer d'affaire
65   Si je le peux.
Il me faut aller trouver mes bons seigneurs
Qui sont courtois et débonnaires
    Et qui m'ont fait vivre.
Mes autres amis sont tous des pourris :
70 Je les envoie à maître Orri[2]
    Et je les lui laisse.
On doit bien y renoncer
Et laisser telles gens à l'abandon,
    Sans les réclamer,
75 Car il n'y a en eux rien à aimer
Que l'on doive juger digne d'amour.
    Or je prie Celui

1. Jeu de mots sur
« entier » qui veut dire
sincère.

2. Sans doute
détenteur de l'office des
vidanges à Paris, dont le
nom est passé en
proverbe ; autant dire
« je les jette aux
égouts ».

Qui fit trois parties de lui-même,
Qui ne sait refuser personne
80 Qui se réclame de lui,
Qui l'adore et le clame son seigneur,
Et qui soumet à la tentation ceux qu'il aime,
 Car il m'y a soumis,
Qu'il me donne bonne santé,
85 Pour que je fasse sa volonté,
 De bon cœur sans m'esquiver.
A monseigneur qui est fils de roi
J'envoie ma complainte et mon dit,
 Car j'en ai bien besoin,
90 Car il m'est venu en aide très volontiers :
C'est le bon comte de Poitiers
 Et de Toulouse ;
Il saura bien ce que désire
Celui qui se lamente ainsi.
95 (Ici finit la complainte de Rutebeuf).

RUTEBEUF, *La Complainte Rutebeuf*, vers 72 à 165 (1261-1262 ?),
traduction d'Anne Berthelot

Visite à un malade,
miniature du XIVᵉ siècle.
Paris, B.N.

LECTURE MÉTHODIQUE

1. Quels sont les **motifs** qui apparaissent avant celui des amis ? Comment s'organisent-ils ? En quoi sont-ils dotés d'une valeur générale qui excède le cas particulier de Rutebeuf ?

2. Comment **la métaphore du vent** qui emporte la semence se greffe-t-elle sur celui des amis infidèles ? Quel est le **ton** du passage ?

3. Analysez sur le plan de **l'habileté rhétorique** le double recours à Dieu et au comte de Poitiers. La mention de ce dernier manque dans certains manuscrits : quelle peut en être la raison ? Comment se mêlent dans cette pièce la forme de la « requête » et celle de la « chanson » confiée dans l'« envoi » à un destinataire souvent factice ?

4. Étudiez la **structure poétique** du texte ; en quoi est-elle adaptée à une mise en musique ?

COMPOSITION FRANÇAISE

Poésie personnelle et poésie formelle

Qu'est-ce qui les distingue l'une de l'autre ? Comment s'expliquent les confusions fréquentes entre les deux genres ?

Renart le Bestourné (1261)

Le parti pris par Rutebeuf dans la **querelle de l'Université** *ne répond pas seulement à des choix intellectuels de sa part : le principal reproche qu'un « jongleur » comme lui peut faire aux frères Prêcheurs, en train de devenir de plus en plus influents, est qu'ils font régner partout où ils s'installent une apparence d'austérité, en contradiction avec les richesses qu'ils amassent pour leur propre compte, et très préjudiciable pour les pauvres chanteurs qui n'ont d'autres revenus que la générosité des grands.*

Un détail est à l'origine du texte appelé Renart le Bestourné *: en 1261, le roi de France Louis IX, influencé par les frères Mineurs, inquiets des alarmantes nouvelles menaçant la chrétienté, et peut-être poussé par un simple souci d'économie, décidait de manger désormais à portes fermées, au lieu d'accueillir comme auparavant tous ceux qui se présentaient à l'heure des repas. Une telle décision allait contre l'une des vertus cardinales de la courtoisie : la largesse ; elle allait aussi contre les intérêts de Rutebeuf, qui manifeste son indignation dans une violente satire, déplorant le mauvais état du royaume en reprenant la fiction de Renart (voir p. 115) de manière violemment satirique.* **La personne royale**, *assimilée conformément aux « Branches » les plus polémiques du* Roman de Renart *au lion Noble,* **est directement attaquée**, *et accusée pour le moins d'être le jouet de « mauvais conseillers ». Ce motif très fréquent dans la littérature médiévale, s'applique particulièrement aux frères Prêcheurs, lesquels accroissaient leur influence en se faisant une spécialité de « diriger les consciences », pour parler de manière anachronique.*

Le monde à l'envers

Miniature de *Renart le Nouvel*, XIVᵉ siècle.
Paris, B.N.

Renart est mort : Renart est vivant !
Renart est puant, Renart est infâme :
  Et Renart règne !

Renart a acquis grande puissance dans le royaume :
5 Il y chevauche à bride abattue
    Au galop.

On devait le pendre,
A ce que j'avais entendu dire,
  Mais ce n'était pas le cas en vérité :

10 Vous vous en rendrez compte bientôt.
Il est le maître de tout ce que possède
  Mon seigneur Noble,

Des labours et des vignobles.
Renart dans Constantinople[1] a
15 Bien fait ses affaires ;

Dans les maisons ni dans les caves
Il ne laissa deux navets
  A l'empereur,

Mais il le réduisit à l'état de pauvre pécheur
20 Peu s'en fallut qu'il n'en fasse un pêcheur
    De haute mer[2].

Et certes on ne doit pas bien aimer Renart
Car en lui il n'y a qu'amertume[3] :
  C'est sa règle.

25 Renart a une grande parenté :
Nous en avons beaucoup de même nature que lui
  Dans cette terre.

Renart pourra déclencher de tels combats
Que le pays en aura beaucoup
30   A endurer.

Mon seigneur Noble le lion
Croit que son salut
  Viendra de Renart.

1. *Le royaume de Noble dans le* Roman de Renart *; désigne la France.* — 2. *Dont la vie était particulièrement pénible aux yeux du lecteur médiéval.* — 3. *Jeu de mots essentiel sur* amer = aimer *et* amer = amer ; *voir* Tristan...

Ce n'est pas le cas, certes, (qu'il lui souvienne de Dieu !)
35 Mais je crains qu'il ne lui en advienne
   Dommage et honte.

Si Noble savait à quel point on en est
Et les discours que l'on tient
   Par la ville,

40 Dame Raimborc, dame Poufille,
Qui se rassemblent pour parler de lui,
   Ici dix, là vingt,

Et on dit[4] que jamais cela ne se produisit
Et que jamais un cœur noble ne se soucia
45   D'inventer une telle règle du jeu !

Il aurait bien dû se souvenir de Darius,
Que les siens firent mettre à mort,
   A cause de son avarice.

Quand j'entends parler d'un vice si laid,
50 Par ma foi, tout mon cœur se hérisse
   De douleur et de colère

Si violemment que je ne sais que dire ;
Car je vois le royaume en empire[5]
   Complètement.

55 Quelle opinion pouvez-vous émettre,
Quand mon seigneur Noble tient à l'écart
   Toutes ses bêtes,

De façon à ce qu'elles ne puissent mettre leur tête,
Aux bons jours de fête,
60   En sa maison,

Et il n'en a d'autre raison,
Que sa crainte que la vie
   Ne devienne chère ?

Mais qu'il ne passe pas cette année
65 Et qu'il n'établisse jamais de loi,
   Celui qui eut cette idée !

Car il entreprit une trop vilaine action.
Ronel le chien s'efforça de l'obtenir,
   En compagnie de Renart.

70 Noble ne connaît pas les ruses et les perfidies,
Pas plus qu'un âne de Senart
   Qui porte des bûches :

Il ne sait pas quel est son fardeau.
Pour ce motif, il agit mal, celui qui lui conseille
75 Autre chose que le bien.

RUTEBEUF, *Renart le Bestourné*, vers 1 à 75 (1261),
traduction d'Anne Berthelot

Miniature du *Roman de Renart*, XIIIe siècle.
Paris, B.N.

---

4. *Anacoluthe difficile à rendre.* — 5. *Jeu de mots intraduisible sur* empire *et* empirer = *devenir pire.*

POUR LE COMMENTAIRE

1. La fiction du roman animalier. Dans quelle mesure Rutebeuf se soucie-t-il de la poursuivre au-delà des premiers vers ? Montrez que Renart acquiert dans ce texte une autre stature, qui fait de lui une **figure allégorique**. Comparez avec le cheval Fauvel (Félonie Avarice Vanité Vilenie Envie Luxure, p. 156).

2. Satire et poésie personnelle. Comment la personne du narrateur intervient-elle dans le texte ? Étudiez le rôle des « badauds » dont il feint de rapporter les discours.

3. Quelle **conception du pouvoir royal** vous paraît intervenir dans cette pièce ? Quel rôle est confié au poète dans une telle optique ? Analysez le motif des « mauvais conseillers ». Comment fonctionne la référence à l'Antiquité ?

4. Quelle vous semble être **la portée d'une telle satire** ? Par rapport aux textes du *Roman de Renart* que vous connaissez, trouvez-vous que Rutebeuf va plus loin, ou se montre plus prudent ?

RECHERCHE

Dossier iconographique

Rassemblez des représentations d'animaux humanisés (depuis les fables de l'Antiquité jusqu'à celles de LA FONTAINE).

Le Miracle de Théophile (1262)

Bas-relief du tympan de l'église abbatiale de Souillac (Lot).

La « Vie de saint » est un genre littéraire surabondamment représenté au Moyen Age, et il n'y a rien d'étonnant à ce que Rutebeuf l'ait pratiqué : ses fonctions de jongleur auprès de riches mécènes justifient un certain nombre de productions « sur commande », qui ne nous paraissent pas s'intégrer à ses préoccupations personnelles, si tant est que nous puissions les connaître.

A première vue Le Miracle de Théophile *fait partie de ces textes de commande, et il reprend un « miracle de Notre-Dame », de Gautier de Coinci (voir p. 28) très connu et souvent « mis en écrit ». L'histoire de ce clerc, passé de la richesse à la pauvreté et à l'abandon, et qui décide de vendre son âme au diable pour se venger, mais ne se résout pas à oublier la Vierge pour laquelle il a toujours eu une dévotion particulière, peut pourtant être lue, (sinon avoir été écrite) comme une **allégorie du destin de Rutebeuf** lui-même : sa prise de position en faveur de Guillaume de Saint-Amour, ses opinions très tranchées, sont sans doute responsables d'un certain discrédit du poète, et d'une partie de ses difficultés matérielles. Mais Rutebeuf n'a pas bénéficié de la fin édifiante du « miracle », où la Vierge arrache* in articulo mortis *le pacte compromettant (image des « écrits » du jongleur ?) en raison d'une invocation tardive de son clerc.*

*Il est permis de s'interroger sur le rôle que jouait pour un tel texte la « **représentation** », puisque nous nous trouvons en face d'une des premières pièces de théâtre non liturgiques de la littérature médiévale. Nous donnons ici un passage situé au début du texte, qui montre Théophile sur le point de « sauter le pas », et le « magicien » Saladin invoquant le diable dans une langue bizarre...*

Le pacte diabolique

Alors Théophile se sépare de Saladin et réfléchit que c'est chose importante que de renier Dieu ; et il dit :

« Ah ! Malheureux, que pourrai-je devenir ? Je dois bien perdre le sens, quand je dois en arriver là. Que ferai-je, pauvre de moi ? Si je renie saint Nicolas, et saint Jean et saint Thomas, et Notre-Dame, que deviendra ma pauvre âme ? Elle sera brûlée dans la flamme du noir enfer. C'est là qu'il lui faudra rester ; ce sera une habitation tout à fait horrible, c'est bien vrai. Dans cette flamme éternelle, il n'y a pas de gens aimables, mais au contraire, ils sont méchants, car ce sont des diables : c'est leur nature ; et leur demeure est si obscure qu'on ne verra jamais le soleil y briller, mais c'est un puits rempli d'ordures. C'est là que j'irai. Mon sort aura bien changé, quand, à cause de ce que j'aurai mangé, Dieu m'aura ainsi chassé de sa maison ; et il aura bien raison. Jamais homme ne fut si perplexe que moi, en vérité... Mais il dit qu'il me fera récupérer ma richesse et mes biens. Personne n'en saura jamais rien : je le ferai. Dieu m'a fait du mal : je lui en ferai, jamais de ma vie je ne le servirai. Je suis décidé à lui nuire : je serai riche, alors que je suis pauvre ; s'il me hait, je lui rendrai bien : qu'il prenne ses dispositions contre moi, et mette en branle sa bataille : Il a en sa main le ciel et la terre : je l'en tiens pour quitte, si Saladin me donne tout ce qu'il m'a promis. »

30 *Ici Saladin parle au diable et dit :*

« Un chrétien est venu me trouver, et je me suis chargé de son affaire ; car tu n'es pas mon ennemi... Entends-tu, Satan ? Il viendra demain, si tu l'attends. Je lui ai promis quatre fois ce qu'il a perdu : 35 tiens cette promesse, car il a été très honnête homme : aussi le don à faire est-il d'autant plus riche. Livre-lui tes richesses sans compter... Ne m'entends-tu pas ? Je te ferai venir plus vite que ça, je crois ; et tu vas venir dès ce soir, car ton retard 40 m'ennuie alors que je t'attends. »

Ici Saladin conjure le diable :

« Bagahi laca bachahé
Lamac cahi achabahé
Karrelyos
45 Lamac lamec bachalyos
Cabahagi sabalyos
Baryolas
Lagozatha cabyolas
Samahac et famyolas
50 Harrahya. »

Alors arrive le diable qui est conjuré, et il dit :

« Tu as bien dit ce qu'il faut : celui qui t'a enseigné n'a rien oublié ; tu me contrains fortement. »

RUTEBEUF, *Œuvres complètes*, par E. Faral et J. Bastin, t. II, *Le Miracle de Théophile* (1262), vers 101 à 171 Fondation Singer-Polignac, éd. A. et J. Picard, 1977

La Légende de Théophile, miniature du Psautier d'Ingeburg de Danemark, vers 1210. Chantilly, Musée Condé.

POUR LE COMMENTAIRE

1. Récit et théâtre. Quel rôle jouent les gloses narratives qui émaillent le texte ? En quoi marquent-elles une différence entre le texte dramatique comme nous avons l'habitude de le concevoir, et le miracle médiéval ?

2. Le surnaturel. Comment est-il présenté ? De quel univers vient Saladin ? Étudiez son nom, la langue dont il fait usage... Par rapport au texte de Gautier de Coinci (voir p. 28), comment le merveilleux est-il exploité chez Rutebeuf ? A-t-il la même tonalité ?

3. Le pacte avec le diable. Il s'agit d'un motif récurrent dans la littérature et la pensée occidentales ; suivez-en la trace de Théophile à Faust, et tentez l'analyse des différentes versions qui en existent.

RECHERCHE

Les langages étranges : leur formation, leur inspiration, leur fonction

Du « charabia » à la « langue imaginaire » : quelles sont les diverses étapes du procédé ?

4. La chanson de toile

*La **chanson de toile**, ou « chanson d'histoire » dont le nom provient soit de l'activité principale de ses personnages féminins, soit de celle à laquelle les femmes se livraient en la chantant, est sans doute issue des formes les plus anciennes du lyrisme médiéval ; elle semble appartenir exclusivement au domaine du Nord, et représenter une tradition totalement indépendante de celle des troubadours. Elle dépeint sur un **mode narratif** elliptique les **éléments constituants de la courtoisie d'un point de vue féminin**. L'apparente simplicité de sa forme et des·sentiments qu'elle décrit, souvent attribuée à une origine populaire, repose en fait sur un art très conscient et très maîtrisé.*

« Belle Yolande... »

Belle Yolande, dans une chambre tranquille
Déplie des étoffes sur ses genoux.
Elle coud un fil d'or, l'autre de soie.
Sa mauvaise mère lui fait des reproches.
5   — Je vous en fais reproche, belle Yolande.

Belle Yolande, je vous fais des reproches :
Vous êtes ma fille, je dois le faire.
   — Ma mère, à quel sujet ?
   — Je vais vous le dire, par ma foi.
10   — Je vous en fais reproche, belle Yolande.

   — Mère, que me reprochez-vous ?
Est-ce de coudre ou de couper,
Ou de filer, ou de broder,
Ou est-ce de trop dormir ?
15   — Je vous en fais reproche, belle Yolande.

Ni de coudre ni de couper,
Ni de filer, ni de broder,
Ni de trop dormir ;
Mais vous parlez trop au chevalier.
20   — Je vous en fais reproche, belle Yolande.

Vous parlez trop au comte Mahi,
Cela déplaît à votre mari.
Il en est très chagriné, je vous l'affirme.
Ne le faites plus, je vous en prie.
25   — Je vous en fais reproche, belle Yolande.

   — Si mon mari l'avait juré,
Lui et toute sa parenté,
Même si cela lui déplaît,
Je ne renoncerai pas à aimer.
30   — Fais à ton gré, belle Yolande.

Chanson de toile,
traduction d'Anne Berthelot

POUR LE COMMENTAIRE

1. Quels **détails** indiquent d'emblée que la chanson prend le parti de Yolande ? Comment la situation se précise-t-elle peu à peu ?

2. Qu'est-ce qui contribue à maintenir un certain « **suspense** » ?

3. En quoi la situation est-elle **classique** ?

4. Que marque la réaction finale de Yolande ? N'éclaire-t-elle pas d'un jour nouveau son apparente docilité ?

5. Quelle est la **fonction du refrain** ? Quel est l'effet produit par la variante finale ?

RECHERCHE

De nombreuses chansons populaires ou folkloriques descendent en droite ligne des chansons de toile. Retrouvez la trace de quelques-unes.

Femme filant la laine avec ses servantes, XIVᵉ siècle. Rouen, Bibl. municipale.

Carmina Burana

*La poésie des troubadours et celle des trouvères ont leur **homologue allemand** dans les œuvres de ceux qu'on appelle les Minnesänger, les « chanteurs de l'Amour » (l'Amour, féminin en allemand, est « Frau Minne », Dame Amour). Le texte que nous donnons ici n'appartient pas cependant à cette catégorie de poèmes très raffinés et développant une conception presque mystique de l'Amour.*

Il appartient au recueil des Carmina Burana, ***chansons d'inspiration beaucoup plus libre et plus familière,*** *écrites par des « clercs vagants », moines le plus souvent en rupture de monastère, qui mêlent, comme ici, à leur propre langue des fragments du latin d'Église qu'ils ont pratiqué en d'autres circonstances. Ce **rapport irrévérencieux avec la liturgie** se retrouve dans les airs de musique empruntés aux hymnes et aux cantiques. « J'étais une enfant... » présente l'originalité de raconter l'histoire canonique des* Carmina Burana *— séduction d'une jeune fille que l'on abandonne ensuite — selon le point de vue de la victime.*

« J'étais une enfant belle et bonne... »

J'étais une enfant belle et bonne
quand vierge encore j'étais en fleur
tout le monde me louangeait
je plaisais à tous
5 Hou et oh ! Maudit le tilleul qui pousse
au long du chemin !

Un jour je voulais aller à travers prés
cueillir des fleurs
alors un voyou voulut
10 m'y déflorer

Il me prit par ma blanche main,
mais pas sans bonnes manières,
il me conduisit au long du pré,
frauduleusement.

15 Il me prit par mon habit blanc,
sans bonnes manières,
il me traîna par la main
très violemment

Il dit « Femme, allons-y
20 l'endroit est retiré ! »
ce chemin, qu'il soit honni !
j'ai pleuré sur tout ça.

Voici un beau tilleul
non loin du chemin :
25 j'y ai laissé ma harpe,
mon psaltérion et ma lyre

Comme il arrivait au tilleul
il dit « Asseyons-nous » —
l'amour le pressait fortement —
30 « faisons un jeu »

Il saisit mon corps blanc,
non sans crainte,
et dit « je te rends femme,
douce est ta bouche ».

35 Il souleva ma chemisette
et quand mon corps fut dénudé,
il entra soudain dans mon petit château,
poignard dressé.

Il prit le cuistot et l'arc :
40 la chasse a été bonne !
Le même m'a ensuite trompée.
Voilà la fin de l'histoire.

Carmina Burana,
Texte et traduction du Clemencic Consort,
© Harmonia Mundi, France, HM 335

Scène galante, valve d'une boîte à miroir,
XIVe siècle.
Paris, Musée de Cluny.

Paul Zumthor *Essai de poétique médiévale*

Le grand chant courtois

Chant, référence à l'énonciation seule, discours personnel, caractère général clair et constant en ce qui concerne les autres critères : même compte tenu d'un très petit nombre de cas marginaux ou aberrants, nous avons là un ensemble poétique d'une homogénéité bien rare dans l'histoire des littératures. A une époque où cet art conservait encore un souvenir de sa vitalité première, Dante définit la *cantio* comme la réalisation parfaite de la poésie, fusion de tous les éléments de la musique et du langage *in unum et idem*, analogie profonde et pertinente (par *gravitas* et *discretio*) de l'ordre providentiel, émergeant de la parole humaine (par *sensus* et *constructio*) telle que seule une longue étude et une discipline morale lui permettent de se consommer.

Les poètes que le langage d'alors désigna du nom de *trouvères* nous ont donné la première poésie « lyrique » qui apparaisse à l'horizon de la langue française : mode de dire entièrement et exclusivement référé à un *je* qui, pour n'avoir souvent d'autre existence que grammaticale, n'en fixe pas moins le plan des modalités du discours, hors de toute narration. Cet art atteint sa plénitude dans la « chanson », forme complexe, obéissant à des règles subtiles héritées des troubadours aquitains, mais comme épurée chez les Français par une imagination encore mieux contrôlée ou plus abstraite, une volonté d'expression plus ascétique. La chanson, à son tour, la plus typique est celle que l'on pourrait, à premier examen, nommer la « chanson d'amour » : mettons, celle que marquent plusieurs indices formels constants, dont l'usage de ce mot même d'*amour*.

Les « chansons d'amour » (qui forment, et de beaucoup, la plus grande partie du corpus) présentent, d'occurrence en occurrence, des combinaisons innombrables à la surface, mais provenant d'une structure profonde presque immuable. Diverses méthodes sont utilisables, et ont été employées, pour tenter de définir cette structure : celle-ci, par là même qu'elle est « profonde », échappe à l'observation directe et ne peut être décrite qu'inductivement, non du reste sans risque d'ambiguïté. Le fait capital, en effet, mais aussi le moins saisissable, c'est le caractère musical de la chanson. Verbe et mélodie procèdent d'un élan unique, s'engendrent réciproquement en un rapport si étroit que toute analyse devrait porter simultanément sur l'un et l'autre. Par malheur, trop peu de textes nous sont parvenus accompagnés de leur mélodie, et le déchiffrement de celle-ci pose des problèmes beaucoup plus ardus encore que l'établissement de ceux-là. Force nous est donc, sauf dans quelques cas exceptionnels, de concentrer nos observations sur la face linguistique de la chanson, dans l'espoir d'y repérer les traces en creux de ce qui fut un dessein initial dans son harmonie.

Paul ZUMTHOR, *Essai de poétique médiévale*,
coll. « Poétique », © éd. du Seuil, 1972, pp. 189-190

Pour vos essais et vos exposés

Alfred JEANROY : *La Poésie lyrique des troubadours*, éd. Didier, 1934.
Roger DRAGONETTI : *La Technique poétique des trouvères dans la Chanson courtoise*, éd. De Tempel, Bruges, 1960.
Moshé LAZAR : *Amour courtois et Fin'Amors*, éd. Klincksieck, 1964.
Henri-Irénée MARROU : *Troubadours et trouvères au Moyen Age*, éd. du Seuil, 1971.

Paul ZUMTHOR : *Essai de poétique médiévale*, éd. du Seuil, 1972.
Michel ZINK : *Les Chansons de Toile*, éd. Champion, 1977.
René NELLI : *Les Troubadours*, éd. Desclée, 1979.
Théodore GÉROLD : *La Musique au Moyen Age*, éd. Champion, Genève, 1983.
Jacques ROUBAUD : *La Fleur inverse*, éd. Ramsay, 1986.
Jean-Charles HUCHET : *L'Amour discourtois*, éd. Privat, 1987.

LES FORMES DRAMATIQUES : DU SACRÉ AU PROFANE

JEAN BODEL, ADAM DE LA HALLE

« Car canques vous
nous verrés faire
Sera essamples sans
douter
Del miracle
representer
Ensi con je devisé
l'ai. »

Jean Bodel,
Prologue du *Jeu de
Saint-Nicolas*

Représentation d'un mystère au Moyen Age, peinture anonyme du XVᵉ siècle.

Le théâtre aux XIIe et XIIIe siècles

1. Le jeu liturgique

La liturgie de la messe est naturellement en latin, ce qui signifie qu'une majorité des fidèles ne la comprend pas. Malgré la bonne volonté de ce public *illitteratus*, il devient nécessaire de mettre à sa portée les « événements » marquants de la liturgie. La première apparition de la langue vulgaire a lieu dans les « séquences » chantées : quelques mots en « roman » glosent le texte latin, et, un peu plus tard, les paroles prononcées par les personnages de l'Ancien ou du Nouveau Testament le sont en langue romane : c'est là **la première ébauche de théâtre**. Peu à peu, les langues vulgaires gagnent du terrain, et la place réservée à ces épisodes bilingues s'accroît.

Un « Miracle médiéval » par une troupe de la Sorbonne.

On assiste à de véritables tentatives de mise en scène, où les différents desservants des offices se partagent les « rôles » de l'histoire sainte. Ils le font avec tant de zèle que les autorités ecclésiastiques s'en inquiètent, et que le cadre normal de la liturgie ne parvient plus à contenir leurs saynètes de plus en plus élaborées. Celles-ci sont alors refoulées hors de l'église, d'abord jusqu'au porche, puis plus catégoriquement dans la rue, s'intégrant aux grandes manifestations spectaculaires que sont, par exemple, les processions. On assiste à l'apparition du « **théâtre en rond** », structure souple partagée en plusieurs « mansions », c'est-à-dire plusieurs lieux, dotés d'une pancarte explicative pour plus de sûreté : l'Enfer, le Paradis, le Monde, etc.

Les personnages peuvent être des figures de la *Bible* (depuis les caractères encore schématiques du *Jeu d'Adam* tiré de la « Genèse » jusqu'aux immenses *Passions* de la fin du Moyen Age ou des représentations allégoriques ; le « jeu » liturgique, ou « **mystère** », devient alors « **moralité** ».

Les premiers jeux liturgiques se développent autour des scènes de la Résurrection, avec un dialogue entre les Saintes Femmes visitant le sépulcre et l'Ange ; la liturgie de Noël, comme il était naturel, suscita ensuite de nombreux jeux, auxquels pou-

vaient s'intégrer des scènes d'esprit profane (celles qui mettaient en cause les bergers avant l'Adoration, par exemple). A la longue on en arrive à prendre en compte **l'histoire sainte dans son ensemble**, depuis la création du monde jusqu'à la Passion du Christ et sa Résurrection.

2. La pépinière arrageoise

Mais le théâtre constitue un mode d'expression nouveau, dont les possibilités sont pressenties aussi bien par les écrivains profanes que par les glossateurs des textes liturgiques. A côté des *jeux*, on voit apparaître **des textes d'inspiration plus mondaine**. Souvent, d'ailleurs, les parades des « jongleurs » constituent à elles seules des pièces de théâtre en miniature, exigeant de celui qui les « représente » d'excellentes qualités d'acteur et de metteur en scène (un bon exemple en est le *Dit de l'Herberie*, de Rutebeuf). Une part de la critique pense même que les *chansons de geste* étaient proposées à un public populaire sous une forme à demi théâtrale, certains jongleurs mimant les événements récités par une sorte de « lecteur ».

Même dans la liturgie chrétienne, on trouve des passages qui font intervenir **des personnages non nobles, non divins, proches de la vie quotidienne du spectateur moyen** : la mise en scène comique de ces personnages et de leurs (més)aventures devient une partie obligée des jeux liturgiques, qui détend le spectateur, par rapport aux passages plus « soutenus », et tend à acquérir son indépendance. Parallèlement au grand cycle liturgique de la Création et de la Passion, de nombreux *jeux* se créent à partir des « vies » de saints plus ou moins populaires, objets d'une grande dévotion, mais dont l'efficacité miraculeuse repose sur des effets assez grossiers : le meilleur exemple en est saint Nicolas, en particulier dans le *Jeu* portant son nom, écrit par l'un des plus célèbres représentants du milieu d'Arras de la fin du XIIe et du début du XIIIe siècle : **JEAN BODEL**. Un degré supplémentaire est franchi avec **ADAM DE LA HALLE**, autre arrageois important, dont le *Jeu de la feuillée* et le *Jeu de Robin et Marion* constituent les premières pièces de théâtre entièrement profanes de la littérature médiévale.

v. 1150	*Jeu d'Adam*
v. 1200	JEAN BODEL : *Jeu de saint Nicolas* *Les Saisnes*
v. 1200	*Passion* des Jongleurs
v. 1202	JEAN BODEL : *Congés*
1276-1277	ADAM DE LA HALLE : *Jeu de la feuillée, Congés*
v. 1284	ADAM DE LA HALLE : *Jeu de Robin et Marion*

1. Jean Bodel (fin XIIe s. - 1210 ?)

Jean Bodel fut un jongleur de profession, conscient, de ce fait, de la nécessité de mêler les recettes du comique populaire et du merveilleux à grand spectacle aux genres dits « sérieux ». Il fut sans doute engagé pour une partie de sa carrière par l'échevinat d'Arras, qui à la fin du XIIe siècle possédait une « bourgeoisie » analogue à celle des « communes » flamandes, née de la prospérité économique de la région, et très désireuse de rehausser son prestige en commanditant un certain nombre d'œuvres poétiques d'un ton nouveau. Jean Bodel fut un auteur prolifique, qui toucha à tous les genres, depuis la chanson de geste (*Les Saisnes*, restée inachevée), jusqu'à la poésie lyrique, en particulier les fameux *Congés*, datés de 1202, qu'il écrivit à l'adresse de ses concitoyens au moment où, atteint de la lèpre, il dut quitter la ville pour se retirer dans une léproserie avant de mourir vers 1210.

Jeu de saint Nicolas (vers 1200)

Le Jeu de saint Nicolas *est certes un* Miracle *traditionnel, mais la légende grecque du* X^e *siècle dont il s'inspire est énergiquement « modernisée » par* **Jean Bodel**, *qui semble décrire ses contemporains plutôt que d'hypothétiques « larrons » orientaux.* **L'humour iconoclaste du texte** *est par ailleurs justifié par l'identité même de saint Nicolas, patron (très honoré...) des naïfs, des étourdis, et par conséquent des étudiants.*

Un saint efficace

Dans le passage suivant, le saint, qui veille sur les intérêts d'un brave homme mis à l'épreuve par un roi païen en raison de sa foi superstitieuse dans les mérites d'une statue du saint, apparaît à trois voleurs qui se sont emparés du trésor placé sous la protection de cette effigie, et leur intime, sous peine des pires châtiments, l'ordre de rapporter leur butin ; ce qu'ils se décident à faire, à regret...

(Saint Nicolas, les voleurs endormis)

SAINT NICOLAS. — Malfaiteurs, ennemis de Dieu, levez-vous. Vous avez trop dormi. Vous êtes pendus sans nul espoir de salut : c'est pour votre malheur que vous avez volé le trésor, et l'aubergiste a eu tort de le recéler.

PINCEDÉ. — Qu'est-ce que c'est ? Qui nous a éveillés ? Dieu ! Comme je
5 dormais bien !

SAINT NICOLAS. — Fils de putain, vous êtes tous morts, le gibet est déjà tout prêt ; car vous avez perdu la vie, si vous ne suivez pas mon conseil.

PINCEDÉ. — Prud'homme qui nous a effrayés, qui es-tu, qui nous fais une telle peur ?

10 SAINT NICOLAS. — Jeune homme, je suis Saint Nicolas, qui remet sur la bonne route les égarés. Retournez sur vos pas, remportez le trésor du roi !

Vous avez commis un très grand crime, quand vous avez osé vous embarquer dans cette affaire. L'image qui était posée dessus aurait bien dû protéger le trésor. Faites bien attention de la replacer comme elle était. Remettez le trésor
15 à sa place, si vous tenez à la vie, et posez l'image dessus. Je m'en vais sans plus tarder.

(Les voleurs)

PINCEDÉ. — *Per signum sancte crucifix !* Cliquet, que vous en semble ? Et vous, Rasoir, qu'en dites-vous ?

RASOIR. — Par ma foi, il me semble que le prud'homme dit la vérité, à ma
20 grande tristesse.

CLIQUET. — Et moi j'en ressens une grande douleur, mais je n'ai jamais tant redouté personne.

(Les voleurs, l'aubergiste, Caignet son valet)

L'AUBERGISTE. — Messieurs, je n'ai rien à voir là-dedans, si vous avez fait une bêtise. Débarrassez-moi le plancher, car je ne me soucie pas de ce genre de
25 bénéfice.

PINCEDÉ. — Aubergiste, vous avez été complice, puisqu'on en vient à dire la vérité ; vous devez prendre part au gain, et au péché en même temps.

L'AUBERGISTE. — Dehors, fils de putain, gloutons ! Voulez-vous donc faire retomber le blâme sur moi ? Caignet, va vite leur faire payer leur dû, et puis
30 flanque-les hors de mon auberge.

CAIGNET. — Allons, Cliquet ! Il n'y a rien d'autre à faire, débarrassez-vous de cette cape ! Jamais ne vivra sans trouble ni tracas un homme qui reçoit des gens comme vous.

CLIQUET. — Combien de deniers dois-je ?

35 CAIGNET. — Dix-sept ; cinq pour le vin, et douze qu'on vous a prêtés. Où sont Pincedé et Rasoir ? Laisse ta cape pour le tout.

CLIQUET. — Caignet, tu es bien dur avec nous.

CAIGNET. — Pourquoi ? N'ai-je pas compté juste ? Et encore, je suis bien bon d'accepter ta cape en gage.

40 CLIQUET. — Pour prendre des gages et fausser la mesure, tu n'as pas ton pareil jusqu'au bout du monde.

CAIGNET. — Maintenant vous pouvez aller au diable.

JEAN BODEL, *Jeu de saint Nicolas*, vers 1274 à 1333 (≃ 1200),
traduction d'Anne Berthelot

Villard de Honnecourt,
Les joueurs de dés.
Paris, B.N.

POUR LE COMMENTAIRE

1. Le personnage de saint Nicolas

Comment apparaît-il ? Son attitude est-elle conforme à sa dignité de saint ? Analysez l'évolution qui permet de passer du ton du *Jeu d'Adam* à celui de ce passage.

2. Les larrons

Sont-ils conscients de l'enjeu ? Montrez qu'ils ne tirent aucune leçon morale de portée générale de l'intervention du saint.

3. La forme théâtrale

Efforcez-vous d'élaborer une **mise en scène** de ce passage : comment peut-on, en particulier, articuler l'élément surnaturel (intervention et discours énergique de saint Nicolas) avec les éléments de comique grossier, presque farcesque ?

COMPOSITION FRANÇAISE

Analysez les éléments qui font du *Jeu de saint Nicolas* une œuvre de transition.

Montrez comment cette œuvre se situe à mi-chemin entre l'esthétique du « Miracle » liturgique et la farce totalement profane.

Le cloître

1. Le clergé : une force spirituelle et temporelle

Parmi les trois ordres qui divisent la société médiévale (au moins au XIIe et au XIIIe siècle), le plus important (du point de vue de ceux qui en font partie, en tout cas, et ce sont aussi ceux qui écrivent l'histoire) et le plus spécifique est celui des **oratores**. Peu de civilisations ont consacré une si forte proportion de leurs forces à la « prière », conçue comme la forme pure de la religion. Le clergé médiéval, avec ses deux branches, est une réalité fondamentale de l'époque. Dès le temps des invasions barbares, **les structures urbaines qui résistent le font autour de la hiérarchie ecclésiastique** : paroisse et prêtre, évêché et évêque, qui cumule souvent les fonctions de chef spirituel et de seigneur temporel. Cette organisation reste essentielle tout au long du Moyen Age, renforcée par le développement du canonicat lors de l'essor urbain du XIIe siècle. L'église, et à plus forte raison la cathédrale, sont le centre de la vie associative.

Cependant, plus nombreux encore sont les membres du clergé dit *régulier*, c'est-à-dire soumis à une règle, et vivant en communauté sous la direction d'un abbé : les **moines**, et, dans une moindre mesure, car les couvents de femmes sont plus rares, surtout au début, les **moniales**. Le Moyen Age chrétien est la grande époque du **monachisme**, de même que les premiers siècles de notre ère avaient été en Orient la grande époque de l'érémitisme.

2. Les bénédictins

A l'origine, une règle : celle de **SAINT BENOIT**, le « fondateur » de **l'ordre des bénédictins**. Son développement fulgurant aboutit à la puissance de **Cluny**, abbaye mère de l'ordre, qui bénéficie de directeurs d'exception avec des personnalités aussi différentes que saint Odilon ou Hugues le Vénérable. Mais les bénédictins, les « moines noirs », « s'embourgeoisent » ; entièrement consacrés à l'*opus Dei*, c'est-à-dire à chanter les louanges du Seigneur, lors des huit offices de la journée (et de la nuit, car les matines ont lieu avant le lever du jour), ils dépendent d'autrui pour assurer leur subsistance et deviennent de très riches propriétaires, bien loin de l'idéal de pauvreté évangélique. Parmi les moines, des différences sensibles apparaissent : peu de comparaison possible, peu d'intérêts communs entre un **frère « convers »**, issu de la classe paysanne, illettré, employé aux gros travaux (culture des champs de l'abbaye, soins du bétail) et le **prieur**, issu de la noblesse féodale, *litteratus*, qui se consacre à la sauvegarde du savoir en copiant les manuscrits, ou s'adonne aux controverses théologiques, ou simplement vit confortablement pour pouvoir bien chanter (en « chants grégoriens ») les offices ; sans parler des **abbés**, souvent membres d'importantes familles de seigneurs, qui ne renoncent pas aux devoirs du « lignage » parce qu'ils sont entrés dans le cloître.

3. Les cisterciens

A maintes reprises, ont lieu des tentatives de réforme : un moine, choqué par la richesse de l'ordre, part fonder ailleurs, d'abord seul, puis avec quelques frères qu'il a convaincus, une nouvelle abbaye, régie par une nouvelle

Jean Fouquet, *saint Bernard de Clairvaux enseignant dans un couvent.*
Chantilly, Musée Condé.

règle (de nombreux « ordres » se créent ainsi pendant le XIIIe siècle) ou par la même règle ramenée à sa pureté initiale. C'est ainsi que commence l'aventure de **Cîteaux**, fragile branche de l'ordre bénédictin qui connaît un succès foudroyant dans la seconde moitié du XIIe siècle et la première moitié du XIIIe siècle, grâce à la personnalité remarquable de **SAINT BERNARD DE CLAIRVAUX**, tard venu à la vie monastique, convertisseur fanatique, orateur extraordinaire, organisateur hors de pair, connu entre autres pour ses démêlés avec **ABÉLARD**. En soixante ans, Cîteaux compte environ cent soixante abbayes filles.

4. Les ordres mendiants

Cependant, l'esprit nouveau introduit par Cîteaux ne suffit pas à satisfaire le désir d'absolu et les tendances évangéliques d'une proportion toujours croissante de la population. C'est au XIIIe siècle que ces aspirations trouvent à se réaliser par l'intermédiaire d'ordres nouveaux : la réforme cette fois est radicale. **FRANÇOIS D'ASSISE** fonde d'abord l'ordre des franciscains (et « sainte » Claire celui des Clarisses), qui se veut un **ordre « mendiant »**, dont les membres font vœu de pauvreté, et ne possèdent rien. Le « poverino » d'Assise est très vite canonisé, et le succès de son ordre n'a d'égal que celui de **SAINT DOMINIQUE**, fondateur de l'**Inquisition**. Mais cette réussite même est à l'origine d'un reniement progressif des idéaux primitifs des deux ordres. Les « mendiants » deviennent à leur tour des moines riches et influents, et surtout se mêlent de jouer un rôle important dans la vie intellectuelle, plus précisément dans les Universités qui se créent dans le courant du XIIIe siècle. Cela provoque des conflits entre le clergé séculier, seul habilité dans les premiers temps à enseigner dans les Universités, et les moines mendiants qui réclament — et obtiennent — des chaires pour leurs ordres : le plus célèbre de ces conflits est celui qui oppose **GUILLAUME DE SAINT-AMOUR** aux « mendiants » dans le cadre de l'Université de Paris, la future Sorbonne, et qui se solde par son exil à Orléans, au grand dam de ses partisans, entre autres Rutebeuf, ennemi farouche des moines mendiants.

Congés (1202)

Jean Bodel est atteint de la lèpre aux environs de 1202, d'après les indications chronologiques que l'on peut retirer de ses Congés, et il doit donc, bon gré mal gré, se retirer du monde. Avant de le faire, il « prend congé » de ses amis et relations, aussi bien de ses collègues jongleurs ou trouvères que des bons bourgeois d'Arras qui ont pu lui tenir lieu de mécènes. **Il les remercie de ce qu'ils ont fait pour lui, et déplore le sort qui lui est échu.** Une coïncidence cruelle fait que l'une des strophes de ces Congés s'adresse à un certain Baudoin Fastoul, presque homonyme de Baude Fastoul, autre poète arrageois qui, quelques années plus tard, reprendra le modèle de Jean Bodel et écrira lui aussi ses Congés, dans les mêmes circonstances.

Même dans un texte aussi tragique que celui-ci, Jean Bodel reste un jongleur, prêt à jouer avec les mots, et à manifester un esprit passablement irrévérencieux, que rappellera plus tard Villon dans le Testament.

Adieu au monde

I

Pitiez, ou ma matere puise,
M'ensaigne k'en ce me deduise
Que je sor ma matere die.
N'est drois que mon sens amenuise
Pour nul mal qui le cors destruise,
Dont Diex a fait sa commandie.
Puis qu'il m'a joué de bondie,
Sans barat et sans truandie
Est drois que je a chascun ruise
Tel don que nus ne m'escondie,
Congié, ains c'on me contredie,
Car des or criem que ne lor nuise.

Détresse, dans laquelle je puise mon sujet
M'enseigne de prendre plaisir
A parler de mon cas.
Il n'est pas juste que mon sens diminue
5 Sous prétexte que le mal détruit mon corps,
Sur lequel Dieu agit selon sa volonté.
Puisqu'il m'a joué un tour,
Sans tromperie et sans ruse
Il est juste que je demande à chacun
10 Un don que personne ne me refusera,
C'est-à-dire congé, avant qu'on ne me maudisse,
Car désormais je crains de nuire aux gens.

II

Congié demant tout premerain
A celui qui plus m'est a main
Et dont je miex loer me doi :
Jehan Boschet, a Dieu remain !
Plorant recor et soir et main
Les biens que j'ai trouvez en toi.
Se je plor souvent en requoi,
Assez y a raison pour quoi,
Auques ennuit et plus demain.
Neporquant, se je ne vous voi,
Purement mon cuer vous envoi :
Tant a en moi remés de sain.

Je demande en premier lieu congé
A celui qui est le plus à ma portée
15 Et dont je dois le plus me louer :
C'est Jean Boschet, qu'il reste avec Dieu !
En pleurant je me rappelle soir et matin
Les biens que j'ai trouvés en toi.
Si je pleure souvent en cachette,
20 J'ai bien des motifs pour cela,
J'en ai assez aujourd'hui, et j'en aurais plus demain.
Cependant, si je ne vous vois,
Je vous envoie simplement mon cœur :
C'est tout ce qui reste de sain en moi.

[....]

V

Congié demant a cuer mari
A ceaus qui soef m'ont norri
Et a Bauduïn Zoutemont :
Ainc ne le trouvai esmari ;
Le cuer a en bonté flori,
Qui de bien faire le semont.
Diex croisse s'onneur et amont !
Amer se fait a tout le mont.
A l'ame li soit il meri
En la joie dou ciel lamont,
Et tous ceaus qui tant soufert m'ont
Moitié sain et moitié porri !

25 Je demande congé d'un cœur chagrin
A ceux qui m'ont avec bonté entretenu
Et à Baudoin Zoutemont :
Jamais je ne le trouvai d'humeur chagrine ;
Son cœur est tout épanoui de bonté,
30 Qui le pousse à bien faire.
Que Dieu accroisse et augmente sa part d'honneur !
Il se fait aimer de tout le monde
Que ses bienfaits soient comptés à son âme
Là-haut dans la joie du paradis,
35 (A lui) et à tous ceux qui m'ont supporté
A moitié sain et à moitié pourri !

XX

Raoul Ravuin, noble maire,
On peut bien désormais faire des aumônes
En ma faveur, à moi qui suis de votre confrérie.
40 Je n'ai plus rien à faire dans le monde,
Il convient au contraire que je m'en retire ;
Et cependant, quand j'y étais,
Je trouvais partout des gens qui me choyaient comme père et mère.
Il est juste que je le paye maintenant.
45 Mais entièrement doit me plaire et me convenir
Une vie dure et amère pour le corps
Afin de rendre l'âme nette et pure :
Le corps doit être rénové.

[...]

XLI

Seigneur, avant que je m'en aille,
50 Je vous prie en finissant,
Pour l'amour de Dieu et de la sainte Nativité,
De faire entre vous une collecte
Pour m'aider à achever cette bataille
Dont chacun doit éprouver de la pitié :
55 Vous m'auriez mis en une bonne situation
Si vous m'aviez installé à Miaulens.
Je ne connais pas d'autre maison qui me convienne mieux,
Il y a longtemps que l'endroit me plaît,
Car on y trouve des gens charitables :
60 J'y serais bien nourri.

JEAN BODEL, *Congés* (1202),
traduction d'Anne Berthelot

POUR LE COMMENTAIRE

1. Comment les lieux communs de la poésie (expression proverbiale, réflexion sur le « sens » du poème, adresse au dédicataire) sont-ils adaptés à l'esprit du *Congé* et à **la réalité de la maladie** du poète ?

2. Quels semblent être **les rapports de Jean Bodel avec les différents dédicataires** des strophes citées ? Peut-on percevoir dans le texte l'expression d'une véritable amitié ? Quoi qu'en dise le poète, ces *Congés* sont-ils véritablement désintéressés ?

3. Comment **la maladie** est-elle perçue au fil du poème ? Jean Bodel insiste-t-il sur sa déchéance physique ? La laisse-t-il oublier ? En quoi l'allusion au fait qu'il est déjà gravement atteint constitue-t-elle un hommage à ses concitoyens ?

4. Quelle est **l'importance de la foi chrétienne** dans les strophes citées ? Quel rôle joue la lèpre dans cette optique ?

EXPOSÉ

Les « marginaux »

Comment le Moyen Age traite-t-il ses « marginaux » ? A quel moment se dessine une évolution ? Vous pouvez vous fonder sur le livre de Michel FOUCAULT, *Histoire de la folie à l'âge classique*, éd. Gallimard, 1961.

LA LÈPRE

La lèpre est l'une des grandes calamités du Moyen Age : spectaculaire, puisqu'elle « pourrit » le corps et le met tout vif dans l'état que représenteront un siècle plus tard les « transis » sculptés sur les tombeaux, elle est en général considérée comme un châtiment envoyé par Dieu en punition de graves péchés, qui de ce fait n'auront plus à être expiés dans l'autre monde. Bien que la notion de contagion soit peu répandue au Moyen Age, et que d'ailleurs la forme de lèpre la plus fréquente qui s'y rencontre ne soit pas contagieuse, **les lépreux sont impitoyablement rejetés hors de la société**, et achèvent leur vie soit confinés dans des léproseries, qui sont de véritables prisons, soit isolés dans des cabanes dont ils ne sortent que pour mendier leur pain, avec la crécelle de bois qui prévient les gens sains de leur approche. Il va de soi qu'un grand seigneur atteint de lèpre n'encourt pas les mêmes mesures d'exclusion : Baudoin IV, roi de Jérusalem de 1184 à 1194, monté sur le trône à quatorze ans alors qu'il est déjà lépreux, n'en règne pas moins pratiquement jusqu'à sa mort, et a la réputation d'un preux chevalier.

2. Adam de la Halle (seconde moitié du XIIIᵉ siècle)

Adam de la Halle appartient lui aussi à l'« école » arrageoise ; l'identification entre **Adam de la Halle** et **Adam le Bossu** semble maintenant acquise, mais on n'a pas d'autres renseignements sur son existence que ceux que ses œuvres semblent fournir, et il est toujours hasardeux de s'appuyer sur un texte médiéval en espérant en tirer des indications autobiographiques. Plus tardif que Jean Bodel, il semble avoir écrit dans la seconde moitié du XIIIᵉ siècle. Lui aussi a rédigé des *Congés*, mais dans des circonstances moins tragiques que ses prédécesseurs : il veut simplement prendre congé de ses concitoyens, et de sa femme, pour aller poursuivre à Paris ses études interrompues par un mariage précoce ; et il compte sur la générosité de ceux à qui il s'adresse pour vivre dans la capitale.

Jeu de la feuillée (1276-1277)

*** Jeu de la feuillée
Ce thème du congé est repris dans l'œuvre la plus célèbre d'Adam de la Halle, le *Jeu de la feuillée*, dont le ton est toutefois beaucoup plus grinçant que celui des *Congés*. Cette œuvre a une importance particulière, car elle constitue la première « pièce de théâtre » d'inspiration entièrement **profane**. Plusieurs intrigues s'y mêlent : d'une part les mésaventures d'Adam, qui veut s'en aller à Paris, et que sa famille et ses concitoyens encouragent volontiers sans vouloir toutefois lui donner un sou ; d'autre part le motif féerique du repas des fées, invitées sous la « feuillée » par des chrétiens qui n'ont pas totalement oublié les mystères païens ; enfin les divagations — en apparence — d'un « dervé », un fou, qui pratique peut-être la véritable sagesse : cette figure aura une brillante fortune littéraire dans les siècles suivants. Le style du *Jeu* est vif et familier, et met en cause nominalement la plupart des personnages importants de la ville d'Arras : il s'agit là d'un théâtre vivant, ancré dans la réalité.

Sauve qui peut !

*Le passage suivant commence par un double portrait de Maroie, la femme d'**Adam de la Halle** : elle lui a paru belle, elle est en fait fort laide : mieux vaut pour Adam arrêter les frais avant qu'il ne soit vraiment trop tard ; après ce brillant exercice de rhétorique, **qui se conforme aux « lois » du portrait dans les romans de l'époque**, Adam annonce son intention, et les « voisins » s'amusent de l'avarice de son père, qui ne veut pas lui donner d'argent.*

ADAM. — Amour enrobe tant les gens, et renchérit sur chaque charme de la femme et le fait paraître si grand qu'on croirait bien d'une truande qu'elle soit une reine. Ses cheveux semblaient briller d'or,
5 abondants, bouclés et souples ; maintenant ils sont rares, noirs et raides. Tout me semble changé en elle. Elle avait un front de belles proportions, blanc, lisse, large, et vaste ; je le vois maintenant plein de rides et fuyant. Elle semblait avoir des sourcils
10 arqués, fins, dessinant une jolie ligne de poils bruns tracés au pinceau pour embellir le regard ; je les vois maintenant clairsemés et ébouriffés comme s'ils voulaient s'envoler dans l'air. Ses yeux noirs me semblaient vairs, point trop humides, bien fendus,
15 accueillants, très grands sous les paupières bien dessinées, avec les deux clôtures jumelles des cils ; ils s'ouvraient et se fermaient à son gré sur des regards naïfs et amoureux. Et puis descendait entre eux l'arête du nez beau et droit, qui donnait à son
20 visage forme et harmonie ; il était parfaitement porportionné, et frémissait de gaieté. De chaque côté se trouvait une joue blanche, qui se creusait de deux fossettes quand elle riait ; elles étaient un peu colorées de vermeil qui transparaissait sous la
25 guimpe. Dieu même n'aurait pu venir à bien de faire un visage pareil au sien, à ce qu'il me semblait alors. [...] Plus je m'enflammai pour son amour, et moins je fus maître de moi, si bien que je ne fus satisfait qu'après avoir fait d'un maître [ès arts] un seigneur
30 [= un mari]. Ainsi, bonnes gens, ai-je été pris par amour, qui m'a bien attrapé ; car elle n'avait pas les traits si beaux qu'Amour me les fit paraître. Et Désir me les fit goûter, à la grande saveur de Vauchelles[1]. Aussi il est bien que je me reconnaisse avant que ma
35 femme soit enceinte, et que la chose me coûte davantage, car j'en ai apaisé ma faim.

RIQUIER AURIS[2]. — Maître, si vous me la laissiez, elle serait bien à mon goût.

ADAM. — Je veux bien vous croire. Je prie Dieu
40 qu'il ne m'arrive pas malheur à ce sujet : je n'ai pas besoin de soucis supplémentaires ; mais je veux réparer ma perte, et pour apprendre, je cours à Paris.

MAÎTRE HENRI[3]. — Ah ! Beau doux fils, que je te plains, d'avoir attendu si longtemps ici, et perdu tant
45 de temps à cause d'une femme ! Maintenant agis sagement, et va-t'en !

Le marché d'Arras, panneau décoratif de la fin du XVe siècle.
Musée d'Arras.

GUILLOT LE PETIT[2]. — Alors donnez-lui de l'argent ; on ne vit pas pour rien à Paris.

MAÎTRE HENRI. — Hélas ! Pauvre de moi ! Où le prendrais-je ? Il ne me reste que vingt-neuf livres.

HANE LE MERCIER[2]. — Par le cul de Dieu, êtes-vous ivre ?

MAÎTRE HENRI. — Non. Je n'ai pas bu de vin de toute la journée ; j'ai tout mis en baril. Honni soit qui me donna ce conseil !

ADAM. — Quoi ? Quoi ? Quoi ? Quoi ? Avec ça je suis bien sûr d'être « écolier » !

MAÎTRE HENRI. — Beau fils, vous êtes fort et leste, vous vous aiderez vous-même. Je suis un vieil homme, tousseux, infirme, enrhumé, et affaibli.

ADAM DE LA HALLE, *Jeu de la feuillée*,
vers 82 à 117 et 161 à 169 (1276-1277),
traduction d'Anne Berthelot

---

1. Vauchelles serait le nom de l'abbaye où Adam de la Halle aurait été élève... et aurait acquis de l'appétit en ce qui concerne les charmes féminins. — 2. Différents voisins. — 3. Le père d'Adam.

LECTURE MÉTHODIQUE

1. Le portrait de Maroie. Est-il parodique ? Quelle conception de la beauté se dégage de cette série d'oppositions ?

2. Le caractère d'Adam. D'après ces passages, essayez de le cerner. Pensez-vous que l'auteur ait voulu « flatter » son portrait ?

3. Les relations entre Adam et son père. Comment les définir ? Les arguments de Maître Henri vous paraissent-ils être de bonne foi ?

4. Les différents voisins. Quel rôle jouent-ils ? Quelle conception de la vie traduit leur présence ?

5. Recensez les divers **motifs de plaisanterie** dans ce passage.

DÉBAT

Pensez-vous que le rire soit une constante de l'appréciation humaine, ou croyez-vous au contraire que notre perception d'une pièce comique médiévale, par exemple, n'a plus rien à voir avec celle du public de l'époque ?

Jeu de Robin et Marion (vers 1284)

*** *Jeu de Robin et Marion*

Ce *Jeu* est très différent du *Jeu de la feuillée* ; c'est en fait la « mise en théâtre » d'un genre lyrique mineur très à la mode au XIIIᵉ siècle, la **pastourelle**, qui raconte la rencontre d'un chevalier et d'une bergère, les propositions amoureuses du chevalier et les réactions de la bergère. Dans certains cas celle-ci est consentante ; le plus souvent, comme chez Adam de la Halle, elle refuse avec plus ou moins d'adresse le chevalier, au nom de l'amour qu'elle porte à un berger. L'originalité du *Jeu de Robin et Marion* consiste dans le fait que des **passages parlés** sont mêlés à des **chansons**, et sans doute, aussi, à des **morceaux musicaux** joués par les « bergers ». Les chansons répètent par un effet de « **polyphonie** » ce que racontent les dialogues.

Une bergère pas si naïve...

MARION *(chante en tressant une couronne)*

> Robin m'aime, Robin m'a ;
> Robin m'a demandée, il m'aura.
> Robin m'a acheté une robe
> D'écarlate bonne et belle,
> 5   Un jupon et une ceinture.
> A leur i va[1] !
> Robin m'aime, Robin m'a ;
> Robin m'a demandée, il m'aura.

1. Refrain dont on ignore le sens, s'il en avait un.

LE CHEVALIER *(à cheval, tenant sur le poing un faucon chaperonné)*

> Je revenais du tournoi,
> 10   Et je rencontrai toute seule Marote[2] au joli corps.

2. Comme Marion, diminutif de Marie.

MARION

> Hé ! Robin, si tu m'aimes,
> Par amour, aime-moi bien.

LE CHEVALIER

Bergère, Dieu vous donne une bonne journée !

MARION

Dieu vous garde, seigneur !

LE CHEVALIER

15   Pour l'amour de moi, douce jeune fille, expliquez-moi pourquoi vous chantez si souvent et si volontiers cette chanson :
> Hé ! Robin, si tu m'aimes,
> Par amour, aime-moi bien.

MARION

Beau seigneur, j'ai bien raison de le faire ; car j'aime Robin, et lui moi, et il m'a 20 bien montré qu'il me tenait en affection : il m'a donné cette musette, cette houlette, et ce couteau.
[...]

LE CHEVALIER

Dites-moi donc, douce bergère, aimeriez-vous un chevalier ?

MARION

Beau seigneur, tenez-vous à l'écart. Je ne sais pas ce que sont les chevaliers. De tous les hommes du monde, je n'aimerai que Robin. Il vient chaque jour soir et 25 matin, par habitude, me rendre visite, et il m'apporte de son fromage. J'en ai encore dans mon corsage, ainsi qu'un gros morceau de pain qu'il m'apporta pour le déjeuner.

LE CHEVALIER

Dites-moi, douce bergère : voudriez-vous venir avec moi, à cheval sur ce beau palefroi, vous distraire dans ce bosquet ?

MARION

30 Hé ! là ! Seigneur, enlevez votre cheval : il s'en est fallu de peu qu'il ne me blesse. Celui de Robin ne regimbe pas, quand je l'accompagne auprès de sa charrue.

LE CHEVALIER

Bergère, devenez mon amie, et faites ce dont je vous prie.

MARION

Seigneur, écartez-vous de moi. Il ne convient pas que vous soyez là ; il s'en faut de peu que votre cheval ne me heurte. Comment vous appelle-t-on ?

LE CHEVALIER

35 Aubert.

MARION

Vous perdez votre peine, seigneur Aubert :
Je n'aimerai personne d'autre que Robert.

LE CHEVALIER

Non, bergère ?

MARION

Non, par ma foi.

LE CHEVALIER

40 Croiriez-vous moins valoir en m'acceptant, pour rejeter si énergiquement ma prière ? Je suis chevalier, et vous bergère.

MARION

Je ne vous aimerai pas pour autant.
Je suis une petite bergère, mais j'ai
un bel ami, gracieux et gai.

LE CHEVALIER

45 Bergère, Dieu vous en donne de la joie. Puisqu'il en est ainsi, j'irai mon chemin. Aujourd'hui je ne vous adresserai plus la parole.
(Il s'en va en chantant.)
Trairire deluriau deluriau delurele,
Trairire deluriau deluriau delurot.
Ce matin je chevauchai à l'orée d'un bois,
50 Je rencontrai une gentille bergère, aucun roi n'avait jamais vu si belle.
Hé ! Trairire deluriau deluriau delurele,
Trairire deluriau deluriau delurot.

ADAM DE LA HALLE, *Jeu de Robin et Marion*, premier tableau (vers 1284),
traduction d'Anne Berthelot

POUR LE COMMENTAIRE

1. Comment apparaît **le chevalier** ? Semble-t-il très empressé ?

2. Le personnage de Marion. Quel est son caractère ? Comment exploite-t-elle habilement sa qualité de « bergère » ? Éprouve-t-elle un sentiment d'infériorité à l'égard du chevalier ? Est-elle inquiète ? Dans quelle mesure joue-t-elle la comédie de la naïveté ?

3. Quel est **le rôle des passages chantés** ? Ne soulignent-ils pas l'aspect « jeu » de la scène ? Pensez-vous qu'il s'agisse de chansons préexistantes ? Sinon, montrez qu'elles rattachent l'aventure du chevalier Aubert et de la « bergeronnette » Marion à toute la tradition des « pastourelles ». Les refrains dépourvus de sens sont très développés : quelle en est l'importance ?

4. Imaginez une **mise en scène** du passage. Quelles en sont les principales difficultés ?

EXPOSÉ

Le statut des femmes au Moyen Age dans la littérature et dans la réalité.

Henri Rey-Flaud
Pour une dramaturgie du Moyen Age

Le théâtre en rond

L'édifice théâtral n'est pas l'œuvre d'un architecte, ni même d'un professionnel du théâtre ou du bâtiment. On a dressé des échafauds de bric et de broc. On les a disposés en cercle, sans suivre de plan rationnel, ni même de schéma porté par une longue tradition : on a mis les échafauds en rond parce que c'est la figure géométrique instinctive qu'adoptent les badauds autour d'un bonimenteur, des lutteurs de foire, ou du prédicateur itinérant. On ferme la boucle autour de l'aire de jeu centrale, délimitant ainsi avec son propre corps indéfiniment répété, le seul espace que le regard concentré de la collectivité investit du même intérêt et où la vie vient se réfugier le temps de la représentation. Ainsi jadis l'augure romain délimitait-il un carré dans le ciel avec son bâton, dans lequel venait s'écrire et se circonscrire la volonté du destin. La société moderne offre, par d'autres spectacles que le théâtre, la formation de ce cercle magique. Dans la nuit des cabarets, un trou de lumière, assiégé par le réseau serré des tables et intensément investi par le regard de la collectivité, condense ainsi la sexualité du groupe soudée dans un seul désir interdit. C'est au fond du même trou de lumière qu'apparaît le « ring » (« anneau ») à l'intérieur duquel les catcheurs vont jouer le combat manichéen des forces du bien et du mal. Aussi a-t-on pu voir dans le strip-tease et le combat de catch les formes contemporaines de la représentation mythique vécue au Moyen Age dans le foyer de la fête. Mais l'enjeu du théâtre médiéval est infiniment plus riche.

« Se mettre en rond autour », c'est aussi « tourner le dos à », c'est recréer un espace vital, dans lequel pour la première fois a palpité la vie. [...] Voilà pourquoi il est si important que chacun soit partie prenante dans l'élaboration de cet espace vital. Il n'est pas question de confier la construction de la charpente à une équipe de professionnels à laquelle succéderaient les peintres et les décorateurs. Certes, on le voit, ici et là, la lourde infrastructure de poutres et de traverses est confiée à des ouvriers spécialisés. Mais ce n'est que le gros œuvre qui est ainsi solidement bâti. [...] Aussitôt après, le maire attribue les échafauds à tous ceux qui, d'une façon ou d'une autre, vont collaborer à la représentation, pour que chaque pièce de la charpente porte la marque de ceux qui vont vivre le drame collectif dans ses bâtis de bois. C'est dans le désordre, l'improvisation, l'absence totale de coordination que chacun décore à sa guise et selon ses moyens son « stand ». Qu'importe ces désaccords dans la décoration des tribunes ? Ne sont-elles pas l'image de ces discordes qui secouent sans cesse le corps social tout entier ? Nos théâtres modernes sont uniformément capitonnés de rouge et d'or comme des cercueils de luxe, pompeux et dérisoires. Le théâtre du Moyen Age confond au contraire pêle-mêle les draps bariolés sortis des coffres et des armoires, les étoffes précieuses empruntées aux sacristies, les courtines prises à la grande salle des échevins et les bannières qui serviront d'autres fois aux magnifiques processions des corporations. Le public au Moyen Age ne vient pas assister à une représentation théâtrale ; il ne prend pas un billet pour rester assis, tandis que se joue une action élaborée pour lui et sans lui. La représentation est une fête à laquelle chacun participe.

Henri REY-FLAUD, *Pour une dramaturgie du Moyen Age*, © éd. P.U.F., 1980

Pour vos essais et vos exposés

Gustave COHEN : *Histoire de la mise en scène dans le théâtre religieux français du Moyen Age*, Paris, 1926.

Jean FRAPPIER : *Le Théâtre profane en France au Moyen Age*, Paris, 1965.
Elie KÖNIGSON : *L'Espace théâtral médiéval*, éd. du C.N.R.S., 1976.
Henri REY-FLAUD : *Pour une dramaturgie du Moyen Age*, P.U.F., 1980.

LE RÉCIT : THÈMES LÉGENDAIRES

LA MATIÈRE ANTIQUE :
ROMAN DE THÈBES, ENEAS, ROMAN D'ÉRACLE

LA MATIÈRE DE FRANCE ET LA CHANSON DE GESTE :
CHANSON DE ROLAND, HUON DE BORDEAUX, CYCLE DE GUILLAUME D'ORANGE

LA MATIÈRE DE BRETAGNE :
BÉROUL, THOMAS, MARIE DE FRANCE, CHRÉTIEN DE TROYES, LA MORT LE ROI ARTU, PERLESVAUS

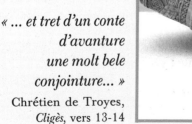

« ... et tret d'un conte d'avanture une molt bele conjointure... »
Chrétien de Troyes,
Cligès, vers 13-14

Olifant dit de « Charlemagne », IXᵉ siècle.

Un genre nouveau : le roman

1. Naissance du « roman »

La langue vulgaire est d'abord utilisée pour des textes de nature hagiographique ou « historique ». Mais la fiction s'empare rapidement de ce nouveau mode d'expression, au point que **le nom d'un « nouveau » genre littéraire, le « roman », n'est autre que celui de cette langue non latine.** « Mettre en romanz » c'est, dans un premier temps, « translater », c'est-à-dire traduire du latin en langue vulgaire. Encore faut-il tenir compte de la conception médiévale de la traduction, qui est beaucoup plus proche de ce qu'on appelle adaptation et mise au goût du jour.

Le savoir, estiment les écrivains de la deuxième moitié du XIIe siècle, est passé de Grèce à Rome, puis de Rome en France : c'est la *translatio studii* ; et d'espérer que cet arrêt de la science à Paris, ou de façon plus générale en Occident, est définitif. Mais si ce transfert apporte à la littérature un trésor de thèmes et de motifs, les « modernes » ont eux aussi des choses à dire, des récits à raconter, tout à fait dignes d'être mis en roman, ou en « **geste** », en **épopée**.

2. Les « trois » matières

L'esprit médiéval, qui aime les classifications, distingue d'abord **trois « matières » narratives** : la **matière antique**, produit direct de la *translatio*, qui reprend à son compte les grandes œuvres de l'Antiquité, et situe dans un Orient mythique les aventures de ses héros ; la **matière de France**, qui relate les hauts faits de Charlemagne, de ses pairs et chevaliers : ce sont les **chansons de geste** ; la **matière de Bretagne**, enfin, qui s'inspire du fonds considérable de légendes et de contes transmis oralement par les populations celtiques.

3. La veine réaliste

Plus tard, ces catégories s'avèrent insuffisantes : on voit apparaître, par exemple, **les fabliaux**, contes à rire qui reflètent une société bien différente de celle des romans arthuriens. Une nouvelle distinction apparaît (du moins dans l'esprit des critiques : est-elle perçue comme telle par les lecteurs médiévaux ?) entre **roman courtois** et **roman non courtois, dit « réaliste »**.

Par ailleurs, la soif encyclopédique qui se manifeste dans les « sommes » didactiques ou religieuses du XIIIe siècle se manifeste aussi dans les textes narratifs en langue vulgaire : à partir d'œuvres uniques et parfaites, achevées ou non, se crée un réseau de cycles, de suites, de continuations, qui s'épanouit pendant près de deux siècles, avant de se tarir, victime de l'épuisement des légendes.

La matière antique

1110	ALBÉRIC : *Alexandre*
1155	Début du cycle des *Sept Sages de Rome*
v. 1155	*Roman de Thèbes*
v. 1156	*Eneas*
1160	*Roman de Troie*
1170-1180	*Roman d'Alexandre,* en alexandrins
1177	GAUTIER D'ARRAS : *Roman d'Éracle*
v. 1225	*Roman de Troie*, en prose

La matière de France et la chanson de geste

v. 1080	*Chanson de Roland*
1088	*Gormont et Isembart, Chanson de Guillaume*
1137	*Le Couronnement de Louis*
1138	*Le Charroi de Nîmes, La Prise d'Orange*
1181	*Chanson de Jérusalem*
v. 1220	*Chanson de la croisade albigeoise* (1re partie)
v. 1250	*Huon de Bordeaux*
1272	ADENET LE ROI : *Berte au grand pied*

La matière de Bretagne

v. 1180	MARIE DE FRANCE : *Lais*
v. 1165	CHRÉTIEN DE TROYES : *Érec et Énide*
1172	THOMAS : *Tristan*
1176	CHRÉTIEN DE TROYES : *Cligès*
1179	CHRÉTIEN DE TROYES : *Le Chevalier à la charrette*
1180	CHRÉTIEN DE TROYES : *Le Chevalier au lion*
1181	BÉROUL : *Tristan* CHRÉTIEN DE TROYES : *Le Conte du Graal*
v. 1210	*Perlesvaus*
v. 1225	*Continuations* du *Conte du Graal*
1220-1230	*Lancelot*
v. 1230	*La Mort le roi Artu*
v. 1235	*Tristan* en prose

1. La matière antique

1. Prestige de l'Antiquité

Le Moyen Age ignore Homère ou les tragiques grecs dans la langue originelle ; mais il dispose de **traductions latines** (l'*Ilias Latina*, par exemple), qui sont souvent des adaptations assez libres. Par ailleurs, la figure d'un poète comme Virgile est magnifiée au XIIᵉ siècle, en même temps qu'on s'efforce de la christianiser (voir la *IVᵉ Églogue*, interprétée comme une annonce de la venue du Christ). D'autre part, les grands mythes grecs intéressent toujours les clercs nourris de littérature et de mythologie antiques. Désireux de se conformer au mouvement de la *translatio studii* (voir pp. 72, 76), ces clercs s'attachent d'abord à faire revivre l'histoire, et plus encore, la légende d'Alexandre le Grand.

2. Le premier « roman » français

Après les œuvres latines, les **œuvres en langue vernaculaire** se multiplient ; l'une d'elles est écrite en vers de douze pieds, qui en retirent désormais le nom d'« alexandrins ». Puis apparaît le premier « roman », composé d'octosyllabes à rimes plates : il s'agit du **Roman de Thèbes**, qui date sans doute des années 1155-1160. Ce premier roman français s'inspire de la *Thébaïde*, de Stace, et relate, en l'arrangeant librement, le combat meurtrier des fils d'Œdipe. Ensuite viendront l'**Eneas**, « translation » de l'*Énéide*, de Virgile, et le *Roman de Troie*, qui remonte décidément aux origines légendaires de la civilisation romaine et occidentale, c'est-à-dire à la guerre de Troie.

3. Du héros antique au « preux chevalier »

Au début, le genre romanesque cherche encore sa spécificité. La violence des modèles transparaît dans *Thèbes*, malgré la « modernisation » du cadre dans lequel se déroulent les événements. En effet la notion d'anachronisme est inconnue du Moyen Age, et les fils d'Œdipe ainsi que leurs alliés se comportent comme de bons chevaliers du XIIᵉ siècle ; des chevaliers peu courtois encore, cependant. L'amour et la courtoisie, la vision « psychologique » des sentiments, la richesse des descriptions de lieux et de personnes, apparaissent peu à peu : *Troie* est plus « courtois » que l'*Eneas* qui lui-même l'est davantage que *Thèbes*, encore assez « primitif ».

Roman de Thèbes (vers 1155-1160)

Du Roman de Thèbes, *nous donnons le Prologue, où l'auteur, bien sûr anonyme, expose les raisons qui le poussent à « mettre en roman » cette « aventure ».*

Prologue

Qui est sage ne doit pas le dissimuler,
Mais doit faire paraître son sens, afin
Que lorsqu'il aura quitté ce monde
On se souvienne toujours de lui.
Si le seigneur Homère et le seigneur Platon
Et Virgile et Cicéron
Avaient dissimulé leur sagesse,
On n'en aurait jamais plus parlé.
Pour cette raison je ne veux pas taire ma science,
Ni étouffer ma sagesse,
Mais je me complais à raconter
Des choses dignes d'être gardées en mémoire.
Que se taisent maintenant à ce sujet
Tous ceux qui ne sont pas clercs ou chevaliers,
Car ils sont aussi capables d'écouter
Que des ânes de harper.
Je ne vais pas parler de pelletiers,
Ni de bouchers ni de vilains,
Mais je parlerai de deux frères,
Et je raconterai leur geste.
L'un s'appela Ethyoclès
Et l'autre eut nom Pollynicès ;
Le roi Eduppus les engendra
Dans la reine Jocasta.

25 Il les eut de sa mère, tout à fait à tort,
Après avoir tué son père le roi.
A cause du péché dans lequel ils furent créés
Ils furent félons et plein de folie ;
Ils détruisirent Thèbes, leur cité,
30 Et mirent à mal tout leur royaume ;
Leurs voisins en furent mis à mal
Et eux aussi, tous les deux, pour finir.

Roman de Thèbes, vers 1 à 32 (≃ 1155-1160),
traduction d'Anne Berthelot

POUR LE COMMENTAIRE

1. Quels sont les **grands auteurs** auxquels se compare l'écrivain ? Quelle raison donne-t-il pour avoir entrepris une œuvre littéraire ? Que pensez-vous de cette raison ? Serait-elle pertinente pour un écrivain moderne ?

2. Quelle est l'**idée contenue** dans les vers 13 à 18 ? Quelle conception de la littérature révèle-t-elle ?

3. **L'histoire d'Œdipe.** A quoi se ramène-t-elle ? Tous les éléments importants sont-ils présents ?

4. Qu'est-ce qui manifeste l'existence d'une **morale « chrétienne »** derrière le texte ?

Eneas (vers 1156)

*L'auteur de l'*Eneas, *tout en s'inspirant de Virgile, a consacré une grande part de son œuvre à deux personnages qui lui ont paru tout à fait dignes d'intérêt : Didon, d'une part (et en cela il est d'accord avec sa source), Lavine, c'est-à-dire Lavinia, d'autre part ; et c'est là sa plus grande originalité.*
   Les amours d'Eneas et de la reine de Carthage *sont jugées sévèrement, mais la naissance de l'amour chez la jeune Lavine est décrite avec complaisance et sympathie : de son mariage avec Eneas naîtra la ville de Rome. La femme et la terre sont associées : Eneas conquiert l'Italie sur Turnus, le fiancé de Lavine, et consacre sa victoire en épousant celle-ci.*

La mort de Didon au départ d'Énée,
miniature de *L'Énéide, de Virgile, 1469.*
Dijon, Bibl. municipale.

Un aveu laborieux

***
   Dans la scène suivante, la reine, mère de Lavine, s'aperçoit que celle-ci est amoureuse, en la voyant « teinte et nercie » après une nuit d'angoisse. Elle croit que sa fille aime, ainsi qu'elle le lui avait vivement conseillé, le roi Turnus, puis soupçonne qu'il s'agit d'un autre. Mais il lui faut littéralement tirer chaque syllabe de la bouche de Lavine « honteuse ».

   — [...] Je sais bien que tu t'es mise à aimer.
   — Il faut encore que vous me le prouviez.
   — Je n'ai pas besoin d'autre preuve ;
   je le vois bien clairement.
5   — Dites-vous cela à cause des douleurs que j'endure ?
   Ressent-on de telles angoisses en aimant ?
   — Oui, et d'autres encore, plus fortes.
   — Je ne sais de quoi vous me parlez,
   Mais je ressens un grand mal et une grande douleur.
10   — Te soucies-tu d'aucun homme ?
   — Non, certes, sauf d'un ; les autres, je m'en moque,
   Mais il me déplaît beaucoup que celui-ci soit loin de moi.
   — Que voudrais-tu de lui, à ton avis ?
   — Que nous soyons ensemble toujours ;
15   Cela me peine beaucoup de ne pas le voir
   Et de ne pas l'entendre me parler ;
   Puisque je ne le vois pas, j'en souffre.
   — Ma foi, tu l'aimes d'amour.
   — Comment, aime-t-on donc ainsi ?

20   — Oui. — Alors je sais bien, vraiment,
      Que j'aime comme il convient, mais je ne savais
      Pas ce matin ce que j'avais.
      Dame, j'aime, je ne le puis nier,
      Vous devez bien me donner des conseils.
25   — C'est ce que je ferai, pourvu que tu m'en croies ;
      Puisque ton cœur est à ce point touché,
      Tu dois me dire en faveur de qui.
      — Je n'ose pas, dame, car je crois
      Que vous m'en saurez très mauvais gré ;
30   Vous me l'avez déconseillé,
      Vous m'avez vivement mise en garde contre cet amour ;
      Je m'en suis d'autant plus préoccupée :
      Amour n'a pas besoin de réprimandes ;
      Si je vous nommais mon ami,
35   Je craindrais que cela ne vous ennuyât.
      — Je ne crois pas que nul qui ait aimé
      Veuille réprimander aucun amant.
      — J'aime, je ne puis le nier plus longtemps.
      — Ce n'est donc pas Turnus ton ami ?
40   — Non, dame, je vous le garantis.
      — Et qui donc ? — Il a nom E... »
      Puis elle soupira, et dit encore : « ne... »,
      Puis après un temps elle prononça : « as... »,
      Elle le dit tout bas en tremblant.
45   La reine réfléchit
      Et rassembla les syllabes.
      « Tu me dis « E » puis « ne » et « as » ;
      Ces lettres sonnent comme Eneas.
      — C'est vrai, dame, c'est lui.
50   — Ainsi Turnus ne t'aura pas ? — Non, ›
      Je ne l'aurai jamais pour seigneur,
      Mais c'est à celui-ci que j'octroie mon amour. »

Eneas, vers 8513 à 8564 (≃ 1156),
traduction d'Anne Berthelot

***

La reine éclate alors en imprécations, accusant Eneas de « sodomie », le pire péché contre la nature au Moyen Age, et affirmant à sa fille qu'il ne l'aimera jamais ; mais Lavine, rendue ingénieuse par l'amour, envoie un message autour d'une flèche au Troyen, qui est également enflammé d'amour. Les intérêts de la courtoisie rejoignent ceux de l'ambition politique et territoriale.

POUR LE COMMENTAIRE

1. Quelle **conception de l'amour** apparaît dans ce passage ?

2. La naïveté de Lavine est-elle sincère, ou partiellement feinte ? Qu'est-ce qui le prouve dans la suite du texte ?

3. Pourquoi la reine se montre-t-elle si **patiente** ? A quoi lui sert son « expérience » de l'amour ?

4. Que pensez-vous du **procédé employé** par Lavine pour nommer son ami ? Quel effet produit-il ?

EXPOSÉ

La fortune des mythes antiques

L'Antiquité constitue un réservoir de « belles histoires » que l'on met au goût du jour. Choisissez des exemples précis.

SORTILÈGES DE L'ORIENT

Après la trilogie de *Thèbes*, *Eneas* et *Troie*, le rythme des grandes « traductions » se ralentit ; mais **la fascination de l'Orient** reste entière, orientée pourtant vers des mirages plus contemporains : l'Empire romain d'Orient, c'est-à-dire Byzance, et les sultans sarrasins, qui ne sont plus seulement des païens qu'il faut trucider, mais des héros raffinés, héritiers d'une civilisation et d'un art qu'envient les chrétiens. « Saladin », le responsable des pires défaites des croisés en Terre sainte est peu à peu magnifié dans les chansons ou romans qui font des croisades un objet de littérature. Par respect pour sa grande valeur guerrière on le prétend fils d'une chrétienne, captive dans les harems du sultan, on lui attribue de multiples aventures à la mode des chevaliers errants, et on le fait se convertir sur son lit de mort ! L'Orient fait toujours recette, même si ce n'est plus le même...

Gautier d'Arras *Roman d'Éracle* (1177)

Gautier d'Arras, *auteur dans les dernières années du XIIᵉ siècle du roman d'Ille et Galeron, et surtout d'Éracle, reprend à son compte le mythe de la* translatio studii, *de Rome à Constantinople cette fois, et l'espoir de la rechristianisation des lieux saints. Il met en scène en effet dans ce dernier roman le futur empereur Éracle, c'est-à-dire Héraclius,* **qui reprend la Vraie Croix du Christ aux infidèles** *et la rapporte à Jérusalem. L'enfance et la naissance même d'Éracle sont placées sous le signe du prodige, ici réinterprété comme une série de miracles chrétiens, bien qu'il soit d'origine tout à fait païenne.*

Un enfant prédestiné

***

Dans le texte suivant, le jeune Éracle, conçu par grâce spéciale de Dieu chez des parents stériles, mais nobles et pieux, est mis en possession du pouvoir exceptionnel qui le fera remarquer par l'empereur de Constantinople.

La dame qui son fil conçut	La dame qui conçut son fils
l'ot droit au jor c'avoir le dut	Le mit au monde le jour où elle le devait
et saciés c'a tel eure l'ot	Et sachez qu'elle l'eut à une heure telle
c'onques nuls hom fors Diu nel sot,	Que sauf Dieu aucun homme ne le sut,
et fu li plus tres biele riens	5 Et l'enfant fut la plus belle chose
c'onques veïst hom terrïens,	Qu'eut jamais vue un homme sur cette terre.
si l'apielerent Diudonné	Ils l'appelèrent Dieudonné
por ce qu'issi l'ot Dius donné ;	Parce que Dieu l'avait ainsi donné ;
puis fu nommés el baptestire	Par la suite il fut baptisé
Eracles, ensi l'oï dire.	10 Éracle, c'est ce que j'ai entendu dire.
Au tierç jor qu'il fu baptisiés	Le troisième jour après son baptême
li vint uns briés trestous ploiés ;	Il lui vint une lettre bien fermée ;
Dius nostre Sire li tramist	Dieu notre Seigneur la lui transmit
par le saint angle qui le mist	Par l'intermédiaire du saint ange qui la mit
sor le berçuel u il gisoit.	15 Sur le berceau où l'enfant était couché.
Li letre par defors disoit	L'extérieur de la lettre disait
c'on mesist cel enfant a letre	Qu'on fasse apprendre ses lettres à l'enfant
quant eure et tans seroit del metre.	Quand il en serait lieu et temps.
Encor ot defors autre cose :	Mais il y avait encore autre chose :
que la dame ne fust tant ose	20 Que la dame ne soit pas si hardie
que desploier laissast le brief,	Qu'elle fasse ouvrir la lettre,
mais, sor les deus ius de son cief,	Mais, sous peine d'y perdre ses deux yeux,
fust bien gardés et en sauf mis	Qu'elle la garde bien et à l'abri
tant que l'enfes fust si apris	Jusqu'à ce que l'enfant soit si instruit
qu'il le peüst espondre et lire,	25 Qu'il puisse la lire et la comprendre,
et lors li baillast on se cire.	Et qu'alors on lui donne à lire son message.
La dame saut sus de son lit,	La dame saute de son lit,
les letres prent et si en list	Prend la lettre et en lit
tant seulement que lire en doit,	Seulement ce qu'elle doit en lire,
çou est çou que defors pendoit ;	30 C'est-à-dire ce qui était visible à l'extérieur ;
le brief estoie maintenant ;	Elle met tout de suite le message de côté ;
or voit que Dius a cier l'enfant.	Elle voit bien que Dieu aime l'enfant.
Norir le fait molt ricement ;	Elle le fait élever très richement ;
quant il a cinc ans plainemont,	Quand il a cinq ans révolus,
mis est as letres li petis,	35 On met le petit à l'apprentissage des lettres
mais ainc ne fu teuz aprentis,	Mais il n'y eut jamais un tel apprenti,
son maistre au cief de l'an aprent ;	C'est lui qui au bout d'un an enseigne son maître.
ne se fait laidengier ne batre.	Et il ne se fait jamais gronder ni battre.
Li mere quel voit tant sené	La mère qui le voit si sage
l'a devant un autel mené,	40 Le mène devant un autel,
le brief lui tent, cil le desploie	Et lui tend la lettre ; il la déplie
et si le list s'en a tel joie	Et la lit ; il en a une telle joie
que nus ne puet grignor avoir,	Que personne ne pourrait en avoir une plus grande

car Dius li a fait assavoir
qu'il ert de femes connissieres
et canque valt cevaus ne pieres
savra, tels sera se merite,
par Diu et par saint Esperite.
Quant il ot tout le brief leü
de kief en kief et porveü,
toutes les pieres connissoit
de quel vertu cascune estoit ;
de femes savoit ensement
toute la vie et l'errement,
et quels cascune estoit el point
(qu'il le veoit n'en doutoit point),
et des cevaus resavoit il
li quels valoit mius entre mil.

Car Dieu lui fait savoir
45 Qu'il sera connaisseur de femmes
Et qu'il saura tout ce que valent chevaux
Et pierres, tel sera son mérite,
Par Dieu et par le saint Esprit.
Quand il eut fini de lire la lettre
50 De bout en bout et d'y réfléchir,
Il connaissait toutes les pierres ;
La vertu de chacune d'entre elles ;
De même il savait la vie et la conduite
De toutes les femmes,
55 Et quel était l'état de chacune à l'instant
(Dès qu'il la voyait il n'avait aucun doute),
Et pour les chevaux il savait aussi
Lequel entre mille avait le plus de valeur.

GAUTIER D'ARRAS, *Roman d'Éracle*, vers 219 à 278
(1177), traduction d'Anne Berthelot

G. Stefano dal Ponte, *Entrée d'Héraclius à Jérusalem*, 1317.
Paris, Musée du Louvre.

POUR LE COMMENTAIRE

1. La lettre

Relevez les différentes occurrences du mot dans le texte en ancien français ; à quelles nuances de sens correspondent-elles ? En quoi cette lettre est-elle importante ? Quelle vous semble être, à partir de cet exemple, la place réservée à l'écrit dans l'esprit médiéval ?

2. La prédestination

Qu'est-ce qui signale les qualités exceptionnelles de l'enfant ? Quelle est l'idée développée dans les vers 35 à 40 ? Quelle est la **valeur symbolique** des dons que reçoit Éracle ? Comparez-les avec ceux d'Auberon (voir p. 84).

3. Le temps du récit

Combien d'années s'écoulent dans le cours des 60 vers du texte ? Quels indices signalent qu'il ne s'agit encore que d'un **prologue** ? Quel rôle est imparti à la mère d'Éracle ?

COMPOSITION FRANÇAISE

« Conte » et « roman »

Qu'est-ce qui différencie les deux genres ? Comment passe-t-on de l'un à l'autre ? Lequel préférez-vous ? Pourquoi ?

2. La matière de France et la chanson de geste

1. La forme

La chanson de geste se présente comme un texte en vers, partagé en un certain nombre de « strophes » que l'on appelle **laisses**, et qui constituent la plus petite unité narrative du récit. Ces laisses peuvent être de longueur inégale, dans une même chanson de geste ; au fur et à mesure de l'évolution du genre, qui se rapproche du roman, elles sont de plus en plus longues, et leur découpage paraît artificiel. Plusieurs laisses peuvent traiter le même épisode, repris sous un angle différent (voir p. 79, *Le son du cor* de Roland) : une telle structure correspond sans doute à la diffusion orale des chansons.

Le vers le plus employé dans la chanson de geste est probablement le **décasyllabe**, mais d'autres peuvent être utilisés. Il n'y a pas de rimes dans ces vers, mais ce que l'on appelle l'**assonance** : le dernier son vocalique de chaque vers d'une laisse est toujours le même, mais les consonnes qui l'entourent sont libres.

La longueur des chansons de geste est également très variable ; la *Chanson de Roland*, considérée comme le modèle du genre, compte 4 002 vers.

2. Le contenu

La chanson de geste est une épopée : comme son nom l'indique, elle est **récitation (ou « chanson »)** **des hauts faits**, du latin *gesta*, des héros que sont les chevaliers. **Épopée chrétienne**, elle se consacre aux prouesses des chevaliers chrétiens qui combattent les Sarrasins. L'essentiel de la chanson de geste consiste en récits de combats surhumains, et en descriptions fabuleuses des combattants.

a. Le cycle de Charlemagne

Les chansons de geste se regroupent en trois ensembles, que l'on appelle « **cycles** ». Le premier constitué, et le plus ancien, dont fait partie la *Chanson de Roland*, est le « **cycle de Charlemagne** », ou « cycle de l'Empereur » : entouré des « pairs » de France, et de ses vaillants « barons », Charlemagne est le personnage central de ces chansons, qui retracent sa carrière et ses luttes contre les Sarrasins.

b. Le cycle de Garin de Monglane

Le second cycle est la « **geste de Garin de Monglane** » : le personnage principal en est Guillaume au Court Nez (ou au Courbe Nez), l'un des fils de Garin, que l'on suit depuis ses « Enfances », c'est-à-dire ses premières actions de chevalier, jusqu'à sa retraite dans un couvent et sa fin édifiante (*Moniage Guillaume*). Tous les membres de sa famille ont droit à leur chanson, la figure la plus émouvante restant celle de Vivien dans *Les Alyscamps*. Ce cycle témoigne d'un **affaiblissement du mythe impérial** ; la puissance de Guillaume est encore au service de l'héritier de Charlemagne (*Le Couronnement de Louis*), mais elle ne se fonde plus sur une protection que celui-ci est bien incapable de procurer à ses barons.

c. Le cycle des Barons révoltés

L'étape ultérieure met en cause le pouvoir et la justice de l'Empereur : celui-ci y apparaît parfois sous des traits assez sombres, alors que les « héros », qui se soulèvent contre son autorité et s'engagent contre son gré dans d'interminables conflits féodaux, s'attirent souvent la sympathie du public (par exemple dans la série des chansons qui concernent les « Quatre Fils Aymon »). C'est le « **cycle des Barons révoltés** », dont le représentant le plus ancien est *Gormont et Isembart*, histoire d'un chevalier chrétien renégat qui combat au côté des Sarrasins. Ces chansons n'ont pas d'autre rapport entre elles que le motif de la rébellion contre l'ordre et le pouvoir établis, contrairement à celles des deux premiers cycles. La chronique, en latin ou en langue vulgaire, et le roman supplantent à partir du XIIIᵉ siècle la chanson de geste, plus « primitive » et plus rude, mieux assortie à une idéologie féodale en déclin. Les textes qui continuent à s'appeler chanson de geste ressemblent de plus en plus à des romans d'aventures (*Huon de Bordeaux*).

3. La diffusion

Comme pour la plupart des textes médiévaux, on ignore à peu près tout des auteurs des chansons de geste. **Les jongleurs** sont en tout cas les « diffuseurs » des chansons de geste, qu'ils « représentent » aussi bien sur des tréteaux de fortune dans les villes et les bourgs que, de manière plus rentable, sur les routes de pèlerinage, ou à la cour des grands seigneurs féodaux, en général illettrés et amateurs de ces textes indépendants de la littérature des « clercs ». Sans doute les jongleurs (*joculatores*), qui sont d'abord des saltimbanques, travaillent-ils en troupes : un **narrateur-chanteur** produit le récit, cependant que d'autres **miment** les événements décrits. Ils se servent ensuite de textes écrits, recopiés sur des « manuscrits de jongleur » infiniment moins riches et moins décorés que ceux des seigneurs courtois. Cependant, **de nombreux signes subsistent dans toutes les chansons de leur origine orale** et de leur récitation devant un public qui n'était pas toujours très attentif : moyens mnémotechniques pour retrouver le texte (les variations sur un thème que constituent les laisses en sont peut-être un exemple), appels au silence adressés en termes parfois énergiques au public, et peut-être cette énigmatique exclamation de *AOI*, qu'on retrouve dans plusieurs textes sans savoir quel en est le sens ou la valeur.

Chanson de Roland (vers 1070)

*C'est la plus connue de toutes les chansons de geste que nous possédons ; c'est aussi la plus ancienne : le manuscrit d'Oxford, sur lequel se basent la plupart des éditions, date de 1070. Une telle datation fait de l'œuvre le plus ancien témoignage d'une littérature en langue vulgaire : on s'est posé d'innombrables questions sur l'apparition de ce chef-d'œuvre : est-il l'œuvre d'un seul auteur, par exemple l'énigmatique « **Turoldus** » mentionné au dernier vers (« Ci falt la geste que Turoldus declinet »...) ? Est-il au contraire le produit d'un atelier de « **scriptores** » **monastiques**, désireux d'accroître la célébrité de leur couvent placé sur la route des pèlerinages à Saint-Jacques de Compostelle ? Est-il apparu d'un seul coup, ou a-t-il été précédé par des « chansons » plus courtes, rassemblées par un jongleur de génie ? etc.*

*** *Chanson de Roland*

La *Chanson de Roland* s'inspire de faits historiques qu'elle magnifie considérablement ; elle est construite selon deux mouvements : trahison de Ganelon, beau-père jaloux du « preux » Roland, attaque de l'arrière-garde de l'armée franque par les Sarrasins, défense héroïque de Roland, d'Olivier, de l'archevêque Turpin et de leurs compagnons, qui meurent jusqu'au dernier ; puis retour, trop tardif, de Charlemagne rappelé par le son du cor de Roland, victoire sur les païens qui venge la mort des héros, et jugement du traître Ganelon.

Le son du cor

***

Dans le premier épisode que nous publions, Roland s'est enfin décidé à « sonner l'olifant » qui fera revenir Charlemagne : la bataille est désespérée ; Olivier le « sage » avait déjà demandé à son compagnon de rappeler les Francs. De crainte de passer pour lâche, Roland avait refusé ; lorsqu'il est prêt à le faire, Olivier le raille en déclarant qu'il n'est plus temps et que Roland est responsable de la mort de ses compagnons. L'archevêque Turpin, fort vaillant chevalier autant qu'homme de Dieu, les réconcilie, et Roland sonne de toute sa force.

CXXXIII

Rollant ad mis l'olifan a sa buche,
Empeint le ben, par grant vertut le sunet.
Halt sunt li pui e la voiz est mult lunge,
Granz XXX liwes l'oïrent il respundre.
Karles l'oït e ses cumpaignes tutes.
Ço dist li reis : « Bataille funt nostre hume ! »
E Guenelun li respundit encuntre :
« S'altre le desist, ja semblast grant
                              [mençunge ! » AOI

Li quens Rollant, par peine e par ahans,
Par grant dulor sunet sun olifan.
Par mi la buche en salt fors li cler sancs.
De sun cervel le temple en est rumpant.
Del corn qu'il tient l'oïe en est mult grant ;
Karles l'entent, ki est as porz passant.
Naimes li duc l'oïd, si l'escultent li Franc.
Ce dist li reis : « Jo oi le corn Rollant !
Unc nel sunast, se ne fust cumbatant. »

Roland a mis l'olifant à sa bouche,
Il le tient solidement, il le sonne avec grande force.
Les monts sont hauts et la voix est très longue,
A plus de trente lieues ils l'entendirent résonner.
5 Charles l'entend et toute sa compagnie.
Le roi dit : « Nos hommes combattent ! »
Et Ganelon lui répondit au contraire :
« Si un autre le disait, cela semblerait grand mensonge. »
                              [AOI[1].

CXXXIV

Le comte Roland, avec peine et effort,
10 En grande douleur sonne son olifant.
Le sang clair lui en jaillit de la bouche.
La tempe de son cerveau en est rompue.
La portée du son qu'il corne est très grande ;
Charles l'entend, qui est sur le point de passer les ports.
15 Naimes le duc l'entend, et les Francs l'écoutent.
Le roi dit : « J'entends le cor de Roland !
Jamais il n'en aurait sonné, s'il n'avait été occupé à
Ganelon répond : « Pas trace de bataille !   [combattre. »
Vous êtes déjà vieux, votre barbe est blanche et fleurie ;
20 De telles paroles vous font ressembler à un enfant.
Vous connaissez bien le grand orgueil de Roland ;
C'est merveille que Dieu le supporte si longtemps.
Il a déjà pris Noples sans votre commandement ;
Les Sarrasins de l'intérieur firent une sortie,
25 Ils combattirent contre Roland le bon vassal,
Avec l'eau des rivières ensuite il lava le sang
                              [sur les prés ;

Chanson de Roland,
miniature du XVᵉ siècle
(détail). Paris, B.N.

Il le fit pour que cela ne se voie pas.
Pour un malheureux lièvre il va cornant tout le jour,
Maintenant il s'amuse devant ses pairs.
30 Sous le ciel il n'y a personne qui oserait lui proposer le combat.
Chevauchez donc ! Pourquoi vous arrêtez-vous ?
La Terre Majeure² est bien loin devant vous. » AOI.

CXXXV

Le comte Roland a la bouche sanglante.
La tempe de son cerveau est rompue.
35 Il sonne l'olifant avec peine et douleur.
Charles l'entend et ses Francs l'entendent.
Le roi dit : « Ce cor a longue haleine ! »
Le duc Naimes répond : « C'est un baron qui se peine de souffler !
Il y a une bataille, à mon avis.
40 Celui-ci l'a trahi, qui vous conseille l'indifférence.
Armez-vous, et criez votre enseigne,
Et secourez votre noble maisnie³ :
Vous entendez bien que Roland se désole ! »

CXXXVI

L'empereur a fait sonner ses cors.
45 Les Francs descendent, et ils s'arment
De hauberts et de heaumes et d'épées dorées.
Ils ont de beaux boucliers et des épieux grands et forts,
Et des gonfanons⁴ blancs et vermeils et bleus.
Tous les barons de l'armée montent sur leurs destriers.
50 Ils pressent leurs chevaux aussi longtemps que durent les ports⁵,
Il n'y en a aucun qui ne dise à l'autre :
« Si nous voyions Roland avant qu'il ne fût mort,
Ensemble avec lui nous donnerions de grands coups. »
De cela, qui s'en soucie ? Car ils ont trop tardé.

Chanson de Roland, laisses CXXXIII à CXXXVI (vers 1070),
traduction d'Anne Berthelot

---

1. *Exclamation de sens énigmatique, que l'on retrouve dans plusieurs textes, dont elle révèle l'origine orale.* — 2. *La terre des aïeux.* — 3. *Votre noble parenté.* — 4. *Étendards de combats faits de plusieurs bandelettes de couleurs différentes.* — 5. *Port, dans les Pyrénées, signifie le passage.*

LECTURE MÉTHODIQUE

1. Comment **l'effort démesuré de Roland** est-il rendu sensible ? Dans quelle mesure l'éloignement géographique est-il perceptible ?

2. Le portrait de Ganelon. Que révèlent ses deux interventions ? En quoi son argumentation est-elle habile (dans la laisse CXXXIV) ?

3. Quel **rôle** joue le duc Naimes ? Charlemagne est-il désireux de se laisser convaincre ? Comment s'expliquent ses réticences ?

4. Étudiez le **changement de ton** de la laisse CXXXVI. Comment le texte rend-il sensible la vanité de ce retour tardif ?

5. Le style épique. Qu'apporte de nouveau chacune des laisses CXXXIII à CXXXV ? Quelle est la fonction de cette répétition ? Quelles vous paraissent être **les caractéristiques les plus marquantes du style de l'épopée** ?

Bataille de Roncevaux, miniature du XIIIᵉ siècle.
Paris, Bibl. sainte Geneviève.

Un rêve menaçant

***

Charlemagne et l'armée franque arrivent trop tard : Roland, dernier survivant de la bataille, a rendu son âme à l'ange Gabriel venu la chercher. Il ne reste plus à Charlemagne qu'à porter le deuil de ses chevaliers, et surtout de son neveu, puis à les venger en poursuivant et en taillant en pièces l'armée sarrasine. Il passe la nuit sur le champ de bataille, épuisé et triste, et Dieu lui envoie un songe symbolique, qui préfigure le combat du lendemain.

Vision de Charlemagne, miniature des *Grandes Chroniques de France*, XIVᵉ siècle. Paris, B.N.

1. Relevez les termes qui indiquent **la souffrance de Charlemagne**. Quelles nuances désignent-ils ?

2. Comment **les relations privilégiées de l'empereur avec Dieu** apparaissent-elles ? Ce rôle de la religion vous paraît-il conforme à l'esprit du christianisme ?

3. Quelle est **l'importance du symbolisme animal** ? Comment la vision de Charlemagne démarque-t-elle un véritable combat ?

4. Quelles sont les **deux phases de la bataille** que l'empereur voit en rêve ? Quel rôle doit-il jouer ? Quelles sont ses responsabilités par rapport à ses barons ? En quoi le rêve est-il un rappel douloureux de ce que Charlemagne n'a pas su faire à l'égard de Roland ?

5. Comment se mêlent la description du camp des Francs et les événements violents du songe ?

6. Relevez dans le texte **les procédés rhétoriques qui relèvent du style épique**.

COMPOSITION FRANÇAISE

Quelles sont les caractéristiques du style épique ? Comment s'expliquer la disparition progressive du genre, en particulier dans la littérature française ? (Voir l'échec de la *Franciade*, de Ronsard, au XVIᵉ s., p. 383.)

CLXXXIV

La nuit est claire et brillante la lune.
Charles est couché mais il a de la peine pour Roland,
Et il souffre beaucoup à propos d'Olivier,
Des douze pairs et de l'armée des Francs,
5 En Roncevaux il les a laissés morts sanglants ;
Il ne peut s'empêcher d'en pleurer et de se lamenter sur eux
Et il prie Dieu qu'il soit garant de leurs âmes.
Le roi est las, car la peine est très grande.
Il est endormi, il n'en peut plus.
10 Par tous les prés, les Francs dorment.
Il n'y a aucun cheval qui puisse rester debout ;
Celui qui veut de l'herbe, il la prend couché.
Il a beaucoup appris, celui qui a connu l'effort.

CLXXXV

Charles dort comme un homme tourmenté.
15 Dieu lui a envoyé saint Gabriel :
Il confie l'empereur à sa garde.
L'ange reste toute la nuit à son chevet.
Par une vision il lui a annoncé
Une bataille qui sera livrée contre lui.
20 Il lui en montre des signes très graves.
Charles regarde en haut vers le ciel,
Voit les tonnerres et les vents et les gels
Et les orages, les tempêtes merveilleuses,
Et les feux et les flammes qui y sont préparés :
25 Soudainement ils tombent sur toute son armée.
Les lances de frêne et de pommier s'enflamment,
Ainsi que les écus jusqu'aux boucles d'or pur,
Les hampes des épieux tranchants se brisent,
Les hauberts et les heaumes d'acier se fendent ;
30 Il voit ses chevaliers en proie à une grande douleur.
Puis des ours et des léopards les veulent dévorer,
Et des serpents, des guivres, des dragons et des diables ;
Il y a des griffons, plus de trente mille :
Il n'y en a aucun qui n'assaille les Français.
35 Et les Français crient : « Charlemagne, aidez-nous. »
Le roi en a douleur et pitié ;
Il veut y aller, mais il en est empêché :
Depuis un bois un grand lion vient sur lui,
Il est très orgueilleux, farouche et terrible,
40 Il attaque et recherche Charlemagne lui-même ;
Tous deux se prennent à bras-le-corps pour lutter,
Mais le roi ne sait lequel triomphe ni lequel tombe.
L'empereur ne s'est pas éveillé.

Chanson de Roland, laisses CLXXXIV et CLXXXV,
traduction d'Anne Berthelot

La Prise d'Orange (1138)

*** *La Prise d'Orange*

L'héritier de Charlemagne, le malheureux Louis, n'est pas à la hauteur des prouesses de son père : il s'avère incapable de défendre ses terres contre les Sarrasins, de protéger les veuves et les orphelins, comme il est de son devoir de le faire, et même, ce qui est peut-être encore plus grave, de choisir de bons conseillers : il court ainsi le risque de s'aliéner la sympathie de ses plus puissants barons, comme Guillaume au Court Nez, autour duquel se construit à partir du XIIᵉ siècle tout un cycle de chansons de geste. Écœuré par la faiblesse du roi qu'il a pourtant juré de soutenir et de défendre (voir le *Couronnement de Louis*), Guillaume arrache à celui-ci l'autorisation de se tailler un fief à son goût sur les territoires qui sont entre les mains des Sarrasins. Par la ruse il s'empare d'abord de Nîmes (voir *Le Charroi de Nîmes*) puis, dans *La Prise d'Orange*, tourne son attention vers cette ville, et vers la belle reine sarrasine Orable, dont il est tombé amoureux « de loin », sur la foi d'un rapport de prisonnier évadé.

Un combat inégal

***

Conformément à ses habitudes, Guillaume, avec deux compagnons, s'est introduit déguisé en Sarrasin dans la ville d'Orange, et a feint d'apporter des messages au roi Arragon, beau-fils d'Orable, dans l'espoir de pouvoir voir la reine. Malheureusement un Sarrasin en visite reconnaît Guillaume, et tout le monde se jette sur les intrus.

XXV

1. Ancien prisonnier de Guillaume qui vient de le reconnaître.	Quand Arragon entendit l'Esclavon[1] Dire qu'il connaissait les trois compagnons, Il se dresse sur ses pieds, et s'adresse à eux en ces termes : « Sire Guillaume, on sait bien votre nom.

5 C'est pour votre malheur, par Mahomet, que vous avez franchi le Rhône !
   Vous serez tous mis à mort avec de grandes souffrances,
   Vos os et vos cendres seront répandus au vent ;
   Je n'accepterais pas en rançon assez d'or pour remplir ce donjon,
   Pour vous éviter d'être mis à mort, brûlés et réduits en cendres. »
10 Guillaume l'entend, son teint devient noir comme le charbon ;
   Certes il voudrait bien être à Reims ou à Laon.

2. L'un des compagnons de Guillaume, et son neveu.

   Guielin[2] voit qu'ils ne pourront se dissimuler ;
   Il se tord les mains et s'arrache les cheveux.
   « Dieu, dit Guillaume, dont le nom est très saint,
15 Père glorieux, qui créas Lazare
   Et qui t'es incarné dans la Vierge,
   Qui sauvas Jonas dans le ventre du poisson
   Et Daniel dans la fosse au lion,
   Qui pardonnas à la Madeleine,

3. « Pré Noiron », le Pré ou le Parc de Néron, c'est-à-dire Rome.

20 Qui amenas saint Pierre à Rome[3]
   Et convertis saint Paul son compagnon,
   Qui à cette époque était un homme très cruel,
   Mais il fut ensuite au nombre des fidèles disciples,
   Et suivit les mêmes règles de vie qu'eux,
25 Au nom de la vérité de tout cela, et de la foi que nous avons,
   Défendez-nous de mort et d'emprisonnement,
   Faites que ces Sarrasins félons ne nous tuent pas. »
   Il avait un bâton de pèlerin, long et épais et lourd ;
   A deux mains il le lève vers le ciel
30 Et en frappe Salatré la canaille,
   Sur la tête, d'un coup si violent
   Que la cervelle jaillit partout.

4. Enseigne de Charlemagne.

   « Montjoie[4] ! », s'écrie-t-il, en avant, barons, frappez ! »

XXVI

Guillaume a bouleversé tout le palais,
35 Devant le roi il a tué le païen.
Le comte Guillaume a avisé un tronc d'arbre
Qui avait été apporté pour faire du feu ;
Il se précipite dans cette direction en hâte,
Il le prend à pleines mains, il le lève vers le ciel ;
40 Il va frapper Baitaime le violent,
Sur la tête, d'un coup si fort du tronc
Qu'il lui fait jaillir la cervelle du crâne ;
Devant le roi il l'a abattu mort.
Et Gillebert[5] à son tour alla frapper Quarré
45 Il lui a enfoncé son bâton dans le ventre,
Si bien qu'il en est ressorti un gros morceau par-derrière ;
Il le laisse mort devant lui sur le carreau.
« Montjoie ! s'écrie-t-il, en avant, barons !
Puisqu'il est ainsi que nous sommes condamnés à mort,
50 Vendons chèrement nos vies aussi longtemps que nous pourrons résister ! »
Arragon l'entend, il croit perdre le sens dans sa fureur,
Il s'écrie à voix haute : « Barons, prenez-les !
Par Mahomet, ils vont être mis à mal
Et balancés dans le Rhône
55 Ou bien brûlés et leurs cendres jetées au vent. »
Guielin dit : « Barons, gardez vos distances !
Car, au nom de l'apôtre qu'on prie à Rome,
(Je jure) qu'avant que vous ne m'attrapiez vous le paierez cher. »
Dans sa colère il secoue son bâton d'un air menaçant ;
60 Le comte Guillaume frappe avec son tronc d'arbre,
Et Gillebert avec son bâton ferré.
Les nobles barons y donnent de grands coups ;
Ils ont tué à cette occasion quatorze Turcs[6]
Et ont tant effrayé tous les autres
65 Qu'ils les ont chassés rapidement hors des portes ;
Ils vont fermer et verrouiller les verrous,
Avec de grandes chaînes ils ont levé le pont-levis.
Que Dieu, qui fut crucifié, pense à les secourir,
Car désormais Guillaume est bien mal logé,
70 Et avec lui Gillebert et le courageux Guielin,
Dans Gloriette[7] où ils sont enfermés ;
Et les Sarrasins, les infâmes, fous de colère,
Les assiègent aussitôt sans perdre de temps.

La Prise d'Orange, laisses XXV et XXVI (1138),
traduction d'Anne Berthelot

5. L'autre compagnon de Guillaume.

6. Autre terme pour Sarrasins.

7. La tour d'Orange, où loge entre autres la belle Orable.

POUR LE COMMENTAIRE

1. Les deux laisses sont-elles redondantes comme dans la *Chanson de Roland* (voir p. 79) ?

2. Que dénote le **credo de Guillaume** dans la laisse XXV ? Quels sont les éléments privilégiés de la religion chrétienne ? Comment la religion des Sarrasins apparaît-elle ? Vous semble-t-elle reposer sur une connaissance réelle des « ennemis de la foi » ?

3. Les compagnons de Guillaume sont-ils individualisés ? Comment ? Parmi les païens, y a-t-il des figures marquantes ?

4. Analysez **les éléments de dialogue** ; les différents personnages s'écoutent-ils vraiment ? Dans quelle mesure ces menaces et imprécations sont-elles purement rituelles ?

5. Comment **la situation périlleuse de Guillaume** et de ses compagnons est-elle présentée ? Quelle est la fonction du narrateur ?

RECHERCHE

La réalité de l'invasion sarrasine

a. Cherchez, dans les villes du Midi de la France, des témoignages de la présence sarrasine.
b. Roncevaux : du « fait divers » à la légende.

Huon de Bordeaux (vers 1250)

*Dans le courant du XIIᵉ siècle, la chanson de geste est détrônée par un nouveau genre, qui est le roman. Cependant, **le modèle épique survit**, donnant naissance à de nombreuses chansons complémentaires qui achèvent les cycles déjà existants ou s'ouvrent sur des réalités presque contemporaines, comme les croisades. Mais si le cadre formel reste à peu près le même (bien que le vers rimé remplace souvent le système des laisses assonancées), **le contenu se modifie** : la multiplicité des aventures « **merveilleuses** », empreintes de surnaturel et d'exotisme, remplace la représentation magnifiée des combats contre les Sarrasins. Le « pair de Charlemagne » ressemble de plus en plus à un « chevalier errant ».*

*** *Huon de Bordeaux*

Ce récit est un bon exemple de cette évolution : il commence comme une chanson de geste classique, dans un cadre carolingien ; mais le héros, Huon, est amené à tuer par méprise le fils, d'ailleurs incapable et antipathique, de Charlemagne, et l'empereur, bien loin de se montrer magnanime, veut punir sévèrement le jeune homme ; ses conseillers le convainquent d'accepter comme châtiment une sorte de curieux pèlerinage en Orient, dans une Terre sainte livrée aux Sarrasins. Il ne s'agit pas simplement de « prendre la croix », mode d'expiation commode et répandu au XIIIᵉ siècle, mais de réussir un certain nombre d'épreuves en partie burlesques (rapporter par exemple deux molaires d'un redoutable géant païen...), au cours desquelles l'empereur espère bien que Huon périra.

Un baptême fabuleux

*Partant à l'aventure muni de quelques conseils parentaux, Huon traverse une forêt magique et y fait la rencontre du « petit roi de Féerie », Auberon, **personnage promis à un grand avenir littéraire**. Il se présente avec toutes les caractéristiques d'un personnage de contes de fées.*

« Tu ne sais pas quel homme tu as rencontré ;
Tu le sauras, avant que guère de temps ne se soit écoulé.
Jules César m'a élevé et choyé ;
Morgue la Fée, qui eut tant de beauté,
5 Fut ma mère, aussi vrai que Dieu puisse faire mon salut.
Ces deux-là m'ont conçu et engendré ;
Ils n'eurent pas d'autre héritier dans toute leur vie.
A ma naissance ils menèrent grande joie :
Ils invitèrent tous les seigneurs du royaume,
10 Des fées vinrent aussi visiter ma mère.
Il y en eut une qui ne fut pas servie à son gré ;
Elle me donna le don que vous pouvez bien voir,
Que je serais un petit nain bossu.
Et c'est ce que je suis, j'en ai grande douleur au cœur.
15 Je n'ai pas grandi depuis que j'ai passé trois ans.
Quand elle vit qu'elle m'avait ainsi traité,
Elle voulut ensuite améliorer ma situation par sa parole ;
Elle me donna alors le don que vous allez entendre,
Que je serais le plus bel homme incarné
20 Qui fut jamais après notre Seigneur.
Je suis donc tel que vous me voyez,
Aussi beau que le soleil en été.
Et la seconde fée me donna un don encore meilleur :
Je connais le cœur et les pensées des hommes,
25 Et je peux dire comment il a agi,
Et, en outre, quel péché mortel il a commis.
La troisième fée me donna mieux encore,
Pour me faire du bien et me rendre plus puissant ;
Elle me donna le don que vous allez entendre :
30 Il n'y a ni marche ni pays ni royaume
Jusqu'à l'Arbre Sec et aussi loin qu'on peut aller,
Que, si je veux au nom de Dieu souhaiter y être,
Je ne m'y trouve conformément à mon désir,
Aussitôt que je l'ai souhaité,

35 Et avec autant de gens que je veux bien le demander.
Et quand je veux construire un palais
Avec de nombreuses chambres et de nombreux piliers élevés,
Je l'ai aussitôt, maudits soyez-vous si vous ne me croyez pas,
Et j'ai aussitôt le repas que je veux bien décrire,
40 Et la boisson que je demande.
Et je fus certes né exactement à Monmur ;
C'est loin d'ici, je vous le dis en vérité,
On peut bien compter qu'il y a quatre cents lieues.
J'y vais et j'en viens en moins de temps
45 Qu'il n'en faut à un cheval pour parcourir un arpent. » [...]

Auberon dit : « Huon, écoutez-moi.
Je n'ai pas encore, par Dieu, tout raconté
A propos de ce que m'ont donné les fées.
La quatrième fée agit de manière tout à fait louable,
50 Elle me donna le don que voici :
Il n'existe pas d'oiseau, de bête ni de sanglier,
Si sauvage et si plein de cruauté qu'il soit,
Qui, si je le veux toucher de ma main,
Ne vienne à moi volontiers de son plein gré.
55 Et avec cela elle me donna encore autre chose :
Je sais tous les secrets du paradis
Et j'entends les anges chanter là-haut dans le ciel,
Et je ne vieillirai jamais pendant ma vie,
Et à la fin, quand je voudrai mourir,
60 Mon siège est préparé auprès de Dieu. »

Huon de Bordeaux, vers 3511 à 3555 et 3569 à 3583 (≃ 1250),
traduction d'Anne Berthelot

J. N. Paton, *La querelle d'Obéron et de Titania.* Edimbourg, National Gallery of Scotland.

POUR LE COMMENTAIRE

1. Quelles sont les différences les plus frappantes entre ce texte et les autres extraits de chansons de geste ?

2. Par rapport au conte de « La Belle au bois dormant », de Perrault, quels sont les **éléments divergents** dans la distribution des dons par les fées ?

3. Rassemblez les **différents dons** qui ont été accordés à Auberon. En quoi pourront-ils être utiles à Huon par la suite ?

4. Quelle garantie fournit le dernier don ? Est-il **conforme à l'orthodoxie chrétienne** ? Quels sont les traits qui suggèrent une origine païenne d'Auberon ?

EXPOSÉ

Documentez-vous sur la fortune littéraire et musicale du personnage d'Auberon, en vous référant notamment aux œuvres suivantes : le *Jeu de saint Nicolas*, de JEAN BODEL (voir p. 61), *La Reine des fées*, d'Edmund SPENCER, *Le Songe d'une nuit d'été*, de SHAKESPEARE, *Oberon*, opéra de Karl-Maria von WEBER.

Résumez en particulier les thèmes de ces deux dernières œuvres, en insistant sur le personnage d'Auberon (ou Obéron, selon une autre orthographe).

Nibelungenlied, Chanson des Nibelungen (XIIIᵉ siècle)

*Cette épopée « allemande » du XIIIᵉ siècle reprend sans doute des légendes germaniques beaucoup plus anciennes, qui relatent **la vengeance de Kriemhild, épouse de Siegfried, sur ses propres frères**, responsables de la mort de son mari. Le poème, tel qu'il nous est parvenu, contient des traits de courtoisie qui indiquent que la littérature française des chansons de geste, voire des romans, a pu avoir une certaine influence sur une « matière » germanique beaucoup plus « sauvage » à l'origine. Le canevas de l'histoire a été repris par Wagner dans sa* Tétralogie.
Voici la scène de la mort de Siegfried, tué par trahison de l'infâme Hagen, sur les ordres du roi Gunther.

Mort d'un héros

978. Les vertus courtoises de Sigfrid étaient très grandes. Il posa à terre son écu, près de l'endroit où coulait la source. Si grande que fût sa soif, le héros ne voulut pourtant pas boire avant que le roi ne l'eût fait. Gunther l'en récompensa bien mal.

5 979. La source était fraîche, pure et bonne. Gunther se baissa vers l'eau ; lorsqu'il eut fini de boire, il se releva. Le vaillant Sigfrid aurait volontiers fait comme lui.

980. Mais il paya la rançon de sa courtoisie. L'arc et l'épée de Sigfrid, Hagen les éloigna de lui. Puis d'un bond il revint vers l'épieu. Il chercha des yeux le signe 10 marqué sur le vêtement du preux.

981. Tandis que messire Sigfrid buvait, penché au-dessus de la source, Hagen enfonça l'épieu à travers la croix si violemment que, s'échappant de la blessure, le sang jaillit du cœur de Sigfrid jusque sur le vêtement de Hagen. Jamais héros ne pourra commettre si grande vilenie.

15 982. Il lui laissa alors l'épieu fiché dans le cœur. Jamais encore en ce monde Hagen n'avait couru si désespérément pour s'enfuir devant un homme. Quand messire Sigfrid se rendit compte de sa grave blessure,

983. Fou de rage, il se redressa d'un bond et s'éloigna de la source : entre ses deux épaules était plantée la longue hampe de l'épieu. Le prince pensait trouver 20 à portée de sa main son arc ou son épée. S'il en avait été ainsi, Hagen eût été payé comme il le méritait.

984. Mais, ne trouvant pas son épée, le héros cruellement blessé n'avait rien d'autre à sa disposition que son écu : il le ramassa vivement sur le bord de la source et courut sus à Hagen. Le vassal du roi Gunther ne put pas lui échapper.

25 985. Bien que blessé à mort, Sigfrid assena un coup si vigoureux que maintes pierreries, arrachées de son bouclier, s'envolèrent en tourbillonnant ; l'écu fut entièrement fracassé. L'hôte très noble de Gunther eût bien voulu pouvoir se venger.

986. Trébuchant sous le choc, Hagen s'était effondré. Le coup avait été si 30 violent que l'île en résonna toute. Si Sigfrid avait eu son épée en main, c'eût été la mort de Hagen. Le blessé était en grand courroux ; il en avait bien sujet en vérité.

987. Son visage avait perdu toute couleur ; Sigfrid ne pouvait plus se tenir debout. Les forces de son corps devaient fatalement l'abandonner : il portait sur son teint blême le signe de la mort. Par la suite il fut longuement pleuré par de belles dames.

988. L'époux de Kriemhild s'effondra alors parmi les fleurs ; on vit le sang s'écouler à flots de sa blessure. Et — cédant à sa grande détresse — il se mit à maudire ceux qui avaient perfidement comploté sa mort.

989. Mortellement blessé, il dit : « Hommes méchants et couards, à quoi bon vous avoir tant servis, puisque maintenant vous me frappez à mort ? J'ai toujours été fidèle envers vous ; et voilà ma récompense ! Vous avez, hélas ! mal agi envers votre parentage.

990. « Quelque nombreux que soient dans l'avenir vos descendants, ils en porteront la honte. Vous avez trop cruellement assouvi votre colère sur moi. Pour votre déshonneur, vous ne serez plus confondus avec de loyaux guerriers. »

Chanson des Nibelungen, publiée et
traduite par M. Colleville et E. Tonnelat,
© éd. Aubier-Montaigne, 1958

Ryder, *Siegfried dans les chutes du Rhin*, 1881. Washington, National Gallery of Art.

3. La matière de Bretagne

1. Les origines

A côté du fonds grec et romain, les écrivains médiévaux disposent d'**un fonds d'origine celtique**, qui leur procure aussi bien des formes littéraires inédites qu'un foisonnement de motifs et de légendes. **La matière de Bretagne** est transmise par les « conteurs » bretons, et opère dans la conscience médiévale, sinon dans les faits, le passage d'une littérature orale à une littérature écrite. Ses produits les plus achevés sont **le cycle arthurien**, et, s'y mêlant étroitement mais de manière toujours énigmatique, tout ce qui concerne le **Graal**.

Elle s'inspire sans doute du vieux fonds de légendes celtiques et irlandaises, dont il nous reste quelques témoignages écrits. Mais il ne faut pas oublier que les relations entre les deux littératures ont été à double sens, et que bon nombre de textes « celtiques » sont plus tardifs, au moins dans la forme que nous leur connaissons, que les romans français. C'est le cas, tout particulièrement, de la majeure partie des *Mabinogion*. Dans ces conditions, quelle est la source, quel est l'imitateur ?

2. Thèmes et symboles

L'un des thèmes les plus riches que la matière de Bretagne emprunte à l'imaginaire celtique est celui de **l'Autre Monde** : le monde du *sidh*, c'est-à-dire du tertre funéraire, dans lequel se sont réfugiés, à l'arrivée en « Bretagne » — la Grande, mais aussi la Petite — des « chevaliers » (déjà !) descendants d'Énée ou même d'Alexandre. La population antérieure était composée de créatures surnaturelles, fées médiévales ou « petit peuple » vivant encore dans le folklore anglo-saxon.

Monde, aussi bien, des **Îles Merveilleuses**, Inys Wytryn, l'Île de Verre, Avallon, dont le nom signifie à l'origine Île des Pommes : c'est là que vivent les déesses ; c'est là qu'elles reçoivent les mortels assez fortunés pour parvenir jusqu'à elles ; c'est là peut-être le but véritable des saints navigateurs qui, comme Brendan, s'embarquent en quête du Paradis — céleste, ou terrestre, dans lequel, comme chacun sait, pousse un pommier. C'est là en définitive que Morgue la Fée, enfin réconciliée, emmène à la fin des aventures son frère **le roi Arthur**, pour le guérir de ses blessures. « Et les Bretons attendent encore son retour », dit Wace, l'un des initiateurs de la légende arthurienne, avec scepticisme. Qu'importe, en tout cas, si la christianisation du roman breton fera revenir la barge magique du pays de l'éternelle jeunesse avec à son bord le cadavre du roi, qui est enseveli en terre d'Église...

Il n'y a pas d'étanchéité entre le monde « normal », celui des chevaliers, et l'Autre : auprès des fontaines, dans la forêt où ils *errent* en quête d'aventures, à côté des tombeaux, se rencontrent des **créatures fabuleuses** : chevaliers magiques, tout de vert vêtus sur un cheval vert (c'est la couleur de l'Au-delà ; ils ne deviendront noirs que plus tard, une fois confondus avec des diables), fées-amantes, cruelles ou bienveillantes, semblables à Morgue ou à Mélusine, créatures fabuleuses capables de se métamorphoser en oiseau ou en biche, dont le produit le plus achevé est la « Bête Glatissante », hybride portant dans son ventre les *brachets* (chiens de chasse) qui la pourchassent de leurs aboiements, et finissent par la mettre en pièces.

3. Tentatives d'interprétation

Les noms des personnages du cycle arthurien (ou tristanesque ; d'ailleurs les deux ne tardent pas à se confondre) sont presque tous **d'origine celtique**. On a même tenté des rapprochements hasardeux entre les chevaliers de la Table ronde (motif d'origine irlandaise, peut-être) et les divinités des Tuatha te Danann (« Tribus de la déesse Dana », dernière couche de peuplement en Irlande selon les légendes). Sans aller jusqu'à identifier Lancelot du Lac et le dieu Lug Samildanach, dieu du feu, dieu aux multiples dons — et aux multiples ruses —, on peut trouver des ressemblances structurelles entre les deux séries de récits.

C'est particulièrement frappant en ce qui concerne les *geasa* (singulier *geis*) irlandaises, et le motif du don contraignant, du don en blanc. Les **prototypes irlandais** de *Tristan* font état d'une *geis*, c'est-à-dire d'une parole « tabou », à forte valeur magique, lancée par la jeune femme contre le héros, et qui le contraint à l'enlever et à trahir son seigneur. Le harpeur d'Irlande qui vient à la cour de Marc exercer son art demande en récompense un « don en blanc », et le moment venu, réclame Yseult que le roi ne peut lui refuser.

Mais **le problème le plus intéressant et le plus insoluble des romans bretons est celui du Graal**. Sans doute est-il d'origine celtique, lui aussi : on l'a interprété comme un *avatar* du chaudron magique, attribut, entre autres, du « héros » — presque un dieu, à dire vrai, et de surcroît un géant — Brân Bendigeit, c'est-à-dire Brân le Béni. Chaudron corne d'abondance, puisqu'avec son contenu on peut nourrir toute une armée ; mais, mieux que cela, chaudron de résurrection : au soir d'une bataille, on y jette les guerriers morts et ils en ressortent tout vifs et prêts à combattre... mais muets : de l'autre côté de la mort, on ne parle pas !

Cependant, l'incertitude dans laquelle l'art de Chrétien de Troyes et l'inachèvement du *Conte du Graal* laissent le lecteur quant à la nature exacte de cet ustensile a permis à d'autres influences de s'exercer sur lui : influence orientale, particulièrement, qui a autorisé des lectures gnostiques ou alchimiques, aussi bien que chrétiennes « orthodoxes ». Rien ne permet de lever l'ambiguïté. En fait, le représentant le plus connu de la matière de Bretagne reste le plus mystérieux, et est peut-être le moins « breton » de tous.

Béroul, Thomas : deux versions de *Tristan*

Tristan et Yseult

La première « légende » qui vient de « Bretagne », c'est-à-dire des Celtes, est celle de Tristan et Yseult. Si, dans la suite des œuvres, les amants de Cornouaille en viennent à faire partie du monde arthurien, ils sont d'abord totalement indépendants. Il n'est pas possible de parler d'un « roman de Tristan » : paradoxalement, si l'on pense au succès de la légende, il ne reste en ancien français aucun « Tristan » complet, avant le roman en prose de la deuxième moitié du XIIIe siècle, qui modifie beaucoup les données initiales. Pour reconstituer le fil des épisodes, il faut se référer à des « traductions »

Madeleine Sologne et Jean Marais, dans *L'Éternel retour*, film de Jean Delannoy, 1942.

médiévales, allemande comme celle de Gottfried von Strassburg, ou « norroise » comme celle de Frère Robert. En français subsistent deux textes tronqués, en vers, celui de **Béroul**, et celui de **Thomas**, et deux brefs fragments, que l'on appelle les *Folies* d'Oxford et de Berne parce qu'ils relatent des épisodes où Tristan se déguise en fou pour rendre visite à Yseult après son exil en Petite Bretagne (la Bretagne actuelle, par opposition à la Grande-Bretagne, c'est-à-dire l'Angleterre, aussi appelée « royaume de Logres »).

Le *Tristan*, de Béroul et celui de Thomas

Le *Tristan*, de Béroul, ou plutôt ce qui en reste, se situe au début des amours de Tristan et de la reine, alors que les amants vivent à la cour du roi Marc et cherchent à déjouer sa jalousie. Il est considéré comme plus proche d'une hypothétique version primitive, plus « sauvage », moins « courtois » que le *Tristan*, de Thomas d'Angleterre, dont on ignore tout, si ce n'est qu'il dédie son livre à « tous les amants courtois », et qu'il traite avec subtilité les questions insolubles de casuistique amoureuse posées par le mariage de Tristan avec Yseult aux Blanches Mains. La différence entre les deux auteurs est bien marquée par l'emploi qu'ils font du **philtre** : chez Béroul, son effet est réduit à trois ans, et à ce moment les amants, qui vivent en sauvages dans la forêt de Morrois, sont heureux de chercher une réconciliation et de rentrer à la cour (où d'ailleurs, sans que Béroul daigne l'expliquer, leur amour semble renaître de plus belle…) ; pour Thomas, il s'agit avant tout d'un **symbole**, qui lie à jamais Tristan et Yseult.

Après un résumé sommaire de la légende, nous donnons d'abord un épisode, situé chez Béroul, des démêlés des amants avec le roi de Cornouaille, Marc, puis la fin du poème de Thomas.

*** *Tristan*

Tristan est le neveu, et seul héritier, du roi Marc. Après avoir libéré la Cornouaille du tribut qu'elle devait à l'Irlande en tuant le géant Morholt, Tristan, atteint d'une blessure empoisonnée, gagne *incognito* l'Irlande, où se trouvent les deux seules femmes qui peuvent le soigner : la reine et sa fille, respectivement sœur et nièce du Morholt, toutes deux appelées Yseult. A son retour, les barons, jaloux de lui, veulent contraindre Marc à se marier et envoient le héros demander pour son oncle la main de la fille du roi d'Irlande : ils croient ainsi le condamner à mort. Tristan triomphe du dragon qui dévastait la contrée et des intrigues du sénéchal félon désireux d'épouser Yseult, et, bien que reconnu, obtient la main de la jeune fille pour son oncle.

Au cours du voyage de retour, les deux jeunes gens boivent « par erreur » le philtre destiné à unir Marc et Yseult dans un amour inextinguible. Brangien, la servante coupable, se sacrifie à l'arrivée pour que le roi Marc ignore ce qui s'est produit pendant la traversée, et elle reste la complice des amants pendant toute la suite du récit. Les barons, toujours jaloux, et le nain astronome, Frocin, découvrent les amours de Tristan et Yseult et s'efforcent d'en convaincre le roi incrédule : Tristan et Yseult échappent à plusieurs pièges, au besoin en se justifiant par de faux serments, mais Tristan est finalement banni de Cornouaille. « Mercenaire » du duc de Petite Bretagne, il ne tarde pas à en épouser la fille, Yseult aux Blanches Mains, « pour la beauté et pour le *nom* ». Mais il rend de fréquentes visites à Yseult la Blonde, sous différents déguisements. Finalement blessé par une arme empoisonnée, il ne peut être guéri que par Yseult la Blonde ; il l'envoie chercher, mais Yseult aux Blanches Mains, par jalousie, lui affirme que celle-ci ne vient pas. Tristan meurt désespéré ; Yseult, retardée par une tempête, arrive trop tard et meurt de douleur sur le corps de son amant.

Béroul *Tristan* (vers 1181)

Une évasion spectaculaire

***
Les amants ont été pris en flagrant délit : Marc cette fois n'hésite plus, et décide de les envoyer au bûcher tous les deux.

[Marc] ordonne d'allumer le feu, et d'amener son neveu : il veut le brûler en premier. Ils vont le chercher : le roi l'attend. Alors ils l'amènent les mains liées. Par Dieu ! ils agissent très vilainement !
5 Il pleure beaucoup mais cela ne lui sert à rien : ils le traînent dehors honteusement. Yseult pleure : peu s'en faut qu'elle ne devienne folle. « Tristan, fait-elle, quel dommage que vous soyez ainsi lié honteusement ! Peu importe qui me tue, si vous étiez sauf, ce
10 serait une grande joie, bel ami ! Et la vengeance en serait bien prise. » Écoutez, seigneurs, comme Dieu est plein de pitié. Il ne veut pas la mort du pécheur. Il a accueilli les cris et les larmes des pauvres gens pour ceux qu'on menait au supplice. Sur le chemin
15 qu'ils suivent, il y a une chapelle sur une éminence : elle est construite sur un rocher, au-dessus de la mer, vers le nord. La partie qu'on appelle le chœur a ses fondations sur la corniche ; au-delà il n'y a rien sauf la falaise. Cette montagne était pleine de ro-
20 chers. Si un écureuil avait sauté de là, il serait mort : jamais il n'aurait pu en réchapper. Dans l'abside il y avait une verrière pourpre qu'avait faite un saint homme. Tristan s'adresse à ceux qui l'emmènent : « Seigneurs, voyez ici une chapelle. Pour Dieu, lais-
25 sez-moi y entrer. Je suis près de mourir. Je prierai Dieu d'avoir pitié de moi, car j'ai commis de grands crimes envers lui. Seigneurs, il n'y a que cette entrée, et je vois que chacun d'entre vous tient son épée. Vous le savez bien : je ne peux sortir. Il me faut
30 revenir en passant près de vous, et quand j'aurai prié Dieu, alors je reviendrai à vous. » L'un d'eux dit alors à son compagnon : « Nous pouvons bien le laisser aller. » Ils le détachent, il entre à l'intérieur. Tristan n'agit pas lentement. Derrière l'autel il vient à la
35 fenêtre. Par l'ouverture il saute dehors. Il préfère sauter plutôt que son corps ne soit brûlé devant une telle assemblée. Seigneurs, à mi-hauteur de la falaise il y avait une grande pierre large. Tristan y saute légèrement. Le vent le porte en s'engouffrant dans
40 ses vêtements, et l'empêche de tomber brutalement. Les habitants de Cornouaille appellent encore cette pierre le Saut Tristan. La chapelle est pleine de monde : Tristan saute. Le sable est meuble : il tombe à genoux sur la grève. Ceux-là l'attendent devant
45 l'église, mais c'est pour rien : Tristan s'en va. Dieu lui a accordé une grande miséricorde ! Il s'enfuit en toute hâte le long du rivage. Il entend bien le feu qui flambe : il n'a cure de retourner en arrière. Il ne peut pas courir plus vite qu'il ne le fait.

50 Écoutez maintenant les aventures de Gouvernal : son épée ceinte, il est sorti à cheval de la ville. Il sait bien que, s'il était reconnu, le roi le brûlerait à la place de son seigneur. Il s'en va fuyant par peur. Tristan fut bien reconnaissant à son maître de ne pas
55 avoir laissé son épée, mais de l'avoir prise là où elle se trouvait. Avec la sienne il l'apportait. Tristan aperçut son maître, il l'appela : il le reconnut bien. Et il vint avec joie. En le voyant il témoigne beaucoup de bonheur. « Maître, Dieu m'a accordé miséri-
60 corde. Je me suis échappé, et me voici. Hélas ! malheureux, misérable que je suis ! Qu'est-ce que cela me fait ? Puisque je n'ai pas Yseult, rien n'a de valeur pour moi. Pauvre de moi ! Le saut que je viens de faire ! Pourquoi ne me suis-je pas tué ? Je me suis
65 échappé ! Yseult, on te brûle ! Certes, je me suis échappé pour rien. On la brûle pour moi : je mourrai pour elle ! »

Béroul, *Tristan*, vers 869 à 962 (≃ 1181),
traduction en prose d'Anne Berthelot

POUR LE COMMENTAIRE

1. L'amour réciproque de Tristan et Yseult. Comment apparaît-il dans ce passage ?

2. La colère de Marc. Comment se marque-t-elle ? Pourquoi en veut-il davantage à Tristan ?

3. L'arrière-plan religieux. A partir de ce texte, analysez l'attitude qui est attribuée à Dieu vis-à-vis des amants adultères.

4. La scène du saut. Quelles sont ses qualités dramatiques ? Y a-t-il « suspense » au sens moderne du terme ?

5. L'attitude de Gouvernal. Quels liens l'unissent à Tristan ? Quelle fonction occupe-t-il auprès du héros ?

6. Les commentaires du narrateur. Quelle est leur valeur ? Quels rapports *Tristan* entretient-il avec la poésie orale ?

EXPOSÉ

Lisez Denis de ROUGEMONT, *L'Amour et l'Occident*, coll. « 10/18 », 1979. Êtes-vous d'accord avec les conclusions de l'auteur ?

Thomas *Tristan* (vers 1172)

« Tristan mourut pour son amour »

***

Tristan, atteint d'une blessure empoisonnée, attend désespérément la venue d'Yseult qui seule peut le sauver ; mais la reine est retardée, d'abord par une tempête, puis par un calme plat : Dieu se tourne enfin contre les amants. Yseult aux Blanches Mains, jalouse, annonce à son mari que la voile du navire est noire : Yseult ne vient pas...

Alors Tristan éprouve une grande douleur, jamais il n'y en eut, et jamais il n'y en aura de plus grande ; il se tourne vers la paroi, et dit alors : « Dieu sauve Yseult et moi ! Quand vous ne voulez pas venir à moi, il me faut mourir pour votre amour. Je ne peux plus retenir ma vie. Je meurs pour vous, Yseult, belle amie. Vous n'avez pas pitié de ma souffrance, mais vous éprouverez de la douleur de ma mort. C'est pour moi, amie, un grand réconfort, de penser que vous pleurerez ma mort. » Il dit trois fois « Amie Yseult », à la quatrième il rendit l'esprit.

Alors pleurent dans toute la maison les chevaliers, les compagnons. Ils se lamentent fort, leur peine est grande. Les chevaliers et les sergents s'avancent et le soulèvent hors de son lit, puis ils le couchent sur un samit[1] et le couvrent d'une étoffe de soie brodée. Le vent sur la mer s'est levé, et gonfle la voile : il fait venir la nef à terre. Yseult est sortie de la nef, elle entend grandes plaintes dans les rues, les cloches qui sonnent dans les églises et chapelles ; elle demande aux gens les nouvelles, pour quoi ils sonnent tant, et sur qui ils pleurent. Un vieil homme lui répond : « Belle dame, que Dieu m'aide, nous subissons ici une grande douleur, telle que personne n'en eut jamais de si grande. Tristan, le preux, le noble, est mort : il était le réconfort de tous les habitants du royaume. Il était généreux à l'égard des malheureux, il venait en aide à ceux qui souffraient. Il vient de mourir dans son lit d'une plaie qu'il avait. Jamais si grand malheur n'a frappé cette région. » Dès qu'Yseult entend la nouvelle, elle ne peut dire un mot tant elle souffre. Elle est si désespérée de sa mort qu'elle va dans la rue, ses vêtements en désordre, passant devant les maisons et les palais. Les Bretons n'ont jamais vu femme si belle qu'elle : on s'étonne par la cité, se demandant d'où elle vient et qui elle est. Yseult va droit où elle voit le corps ; elle se tourne vers l'Orient, elle prie humblement pour lui : « Ami Tristan, quand je vous vois mort, je ne dois plus vivre par raison. Vous êtes mort pour mon amour, et je meurs, ami, de tendresse, puisque je n'ai pu venir à temps et vous guérir de votre mal. Ami, ami, à cause de votre mort je n'éprouverai jamais de réconfort de quoi que ce soit, je ne ressentirai jamais de joie, de gaieté, de plaisir d'aucune sorte. Maudit soit cet orage, qui me fit tant demeurer en mer, si bien que je ne pus venir à vous ! Si j'étais

arrivée à temps, je vous aurais rendu la vie, ami, et je vous aurais parlé doucement de l'amour qui a été entre nous ; j'aurais plaint ma destinée, notre joie, nos réjouissances, la peine et la grande douleur, que nous avons connue dans notre amour, et je vous aurais rappelé tout cela, et je vous aurais pris dans mes bras et embrassé. Si je n'ai pu mourir avec vous, mourons au moins ensemble ! Quand je n'ai pu venir à temps, et que je n'ai pas su votre malaventure, et que je suis venue pour vous trouver mort, c'est le même breuvage qui me réconfortera. Vous avez perdu la vie pour moi, et j'agirai en vraie amie : je veux mourir aussi pour vous. » Elle l'enlace, s'étend près de lui, embrasse sa bouche et son visage, et elle le serre étroitement contre elle ; elle s'est étendue corps contre corps, bouche contre bouche, elle rend l'esprit à l'instant, et meurt à son côté ainsi, pour la douleur qu'elle éprouve à cause de son ami. Tristan mourut pour son amour, Yseult, parce qu'elle ne put venir à temps. Tristan mourut pour son amour, et la belle Yseult de tendresse.

THOMAS, *Tristan*, vers 1757 à 1815 ($\simeq$ 1172), traduction en prose d'Anne Berthelot

---

1. *Sorte de satin formé d'une chaîne de soie et d'une trame de fil.*

POUR LE COMMENTAIRE

1. Symétrie et réciprocité. Relevez tous les vers qui insistent sur la réciprocité de l'amour entre Tristan et Yseult.

2. Le deuil public. Quelles en sont les manifestations ? Quelle image donnent-elles de Tristan ?

3. Comment apparaît **Yseult** pour les gens de la cité ? Quelle est l'importance dramatique du récit que lui fait « l'ancien » ?

GROUPEMENT THÉMATIQUE

L'amour fou

SHAKESPEARE : *Roméo et Juliette*, 1597. — RACINE : *Phèdre*, 1677. — Mme DE LA FAYETTE : *La Princesse de Clèves*, 1678. — Jean-Jacques ROUSSEAU : *Julie ou La Nouvelle Héloïse*, 1761. — Victor HUGO : *Ruy Blas*, 1838. — STENDHAL : *La Chartreuse de Parme*, 1839. — ALAIN-FOURNIER : *Le Grand Meaulnes*, 1913. — Raymond RADIGUET : *Le Diable au corps*, 1923. — André BRETON : *Nadja*, 1928. — Louis ARAGON : *Le Fou d'Elsa*, 1963.

Marie de France (seconde moitié du XIIe siècle)

Marie de France est le premier écrivain femme de la littérature en langue vulgaire. On ignore à peu près tout ce qui la concerne ; les seules informations dont on dispose à son sujet sont fournies par l'un de ses vers : « Marie ai nom, si sui de France », d'où on a tiré le nom qu'on lui donne d'habitude. De nombreuses hypothèses ont été élaborées à son sujet, l'identifiant à divers personnages historiques connus par ailleurs, mais aucune n'est probante.

Elle a écrit pendant la seconde moitié du XIIe siècle, et son œuvre principale est un recueil de *Lais*, c'est-à-dire de textes courts en vers (le plus long comprend 1 184 octosyllabes), traitant de sujets souvent inspirés de « contes bretons ». Il est probable, par ailleurs, qu'elle est l'auteur d'un *Espurgatoire Saint Patrice*, récit d'un voyage visionnaire dans l'au-delà à demi chrétien, à demi celtique, et d'un *Ysopet*, recueil de traductions (à la mode médiévale !) de fables antiques (attribuées toutes à Ésope, d'où le titre des recueils de ce genre).

Lai du Chèvrefeuille

La « matière de Tristan » n'a pas suscité l'intérêt des seuls Béroul et Thomas ; tous les écrivains de la fin du XIIe siècle en sont imprégnés, et en subissent l'influence, que ce soit pour magnifier la légende des amants adultères, ou pour la rejeter en cherchant une autre solution (c'est le cas de Chrétien de Troyes). Et tous affirment avoir « conté de Tristan » à un moment ou à un autre de leur carrière. Il est souvent bien difficile de vérifier la vérité de ces assertions : l'absence d'un texte peut signifier qu'il n'a jamais été écrit, ou que les manuscrits qui le contenaient ont été perdus. **Marie de France** *en tout cas a bien écrit un texte qui s'apparente aux romans de Tristan : c'est le* Lai du Chèvrefeuille, **qui transpose sur le plan symbolique l'union des amants.**

« Ni vous sans moi, ni moi sans vous »

Malgré les difficultés d'interprétation de certains vers, nous avons choisi de donner ce lai de **Marie de France** *car, en raison de sa brièveté, il peut être présenté en entier, et rassemble d'ailleurs tous les éléments fondamentaux du genre.*

Asez me plest e bien le voil,	Il me plaît assez, et je veux bien,
Del lai qu'hum nume Chievrefoil,	A propos du lai qu'on nomme Chèvrefeuille,
Que la verité vus en cunt	Vous en dire la vérité,
Pur quei fu fez, coment e dunt.	Pour quoi il fut fait, comment, et en quelles circonstances.
Plusur le m'unt cunté e dit 5	Plusieurs m'en ont conté et dit,
E jeo l'ai trové en escrit	Et je l'ai trouvé dans des textes écrits,
De Tristram e de la reïne,	De ce qui concerne Tristan et la reine,
De lur amur ki tant fu fine,	De leur amour qui fut si parfait,
Dunt il eurent meinte dolur,	Dont ils souffrirent maintes douleurs,
Puis en mururent en un jur. 10	Puis en moururent en un seul jour.
Li reis Marks esteit curuciez,	Le roi Marc était courroucé,
Vers Tristram sun nevu iriez ;	Et en colère contre son neveu Tristan ;
De sa tere le cungea	Il le chassa de sa terre.
Pur la reïne qu'il ama.	A cause de la reine qu'il aimait.
En sa cuntree en est alez, 15	Il alla en son pays,
En Suhtwales u il fu nez.	En Southwales où il était né.
Un an demurat tut entier,	Il y resta un an tout entier,
Ne pot ariere repeirier ;	Sans pouvoir revenir en arrière ;
Mes puis se mist en abandun	Mais ensuite il prit le risque
De mort e de destructïun. 20	De mourir et d'être mis à mort.
	Ne vous étonnez nullement,
	Car celui qui aime loyalement
	Est très dolent et mélancolique
	Quand il n'a ce qu'il veut.

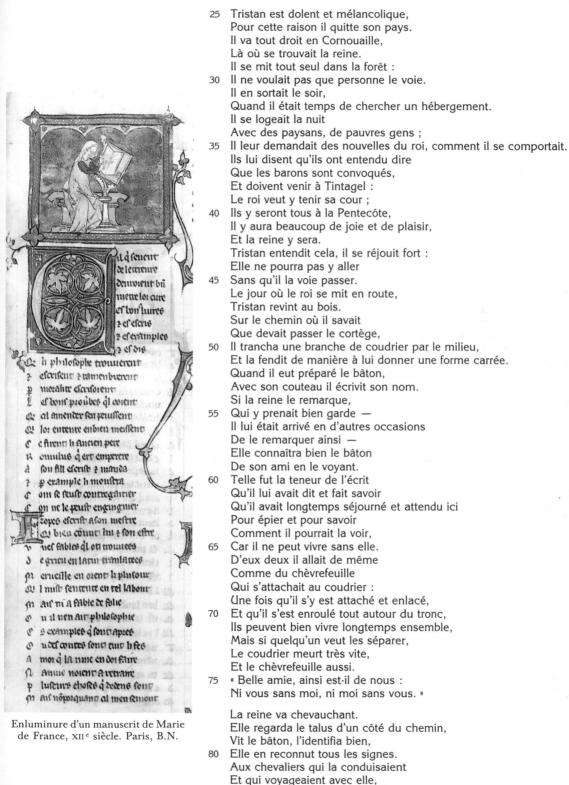

Enluminure d'un manuscrit de Marie de France, XIIᵉ siècle. Paris, B.N.

25 Tristan est dolent et mélancolique,
Pour cette raison il quitte son pays.
Il va tout droit en Cornouaille,
Là où se trouvait la reine.
Il se mit tout seul dans la forêt :
30 Il ne voulait pas que personne le voie.
Il en sortait le soir,
Quand il était temps de chercher un hébergement.
Il se logeait la nuit
Avec des paysans, de pauvres gens ;
35 Il leur demandait des nouvelles du roi, comment il se comportait.
Ils lui disent qu'ils ont entendu dire
Que les barons sont convoqués,
Et doivent venir à Tintagel :
Le roi veut y tenir sa cour ;
40 Ils y seront tous à la Pentecôte,
Il y aura beaucoup de joie et de plaisir,
Et la reine y sera.
Tristan entendit cela, il se réjouit fort :
Elle ne pourra pas y aller
45 Sans qu'il la voie passer.
Le jour où le roi se mit en route,
Tristan revint au bois.
Sur le chemin où il savait
Que devait passer le cortège,
50 Il trancha une branche de coudrier par le milieu,
Et la fendit de manière à lui donner une forme carrée.
Quand il eut préparé le bâton,
Avec son couteau il écrivit son nom.
Si la reine le remarque,
55 Qui y prenait bien garde —
Il lui était arrivé en d'autres occasions
De le remarquer ainsi —
Elle connaîtra bien le bâton
De son ami en le voyant.
60 Telle fut la teneur de l'écrit
Qu'il lui avait dit et fait savoir
Qu'il avait longtemps séjourné et attendu ici
Pour épier et pour savoir
Comment il pourrait la voir,
65 Car il ne peut vivre sans elle.
D'eux deux il allait de même
Comme du chèvrefeuille
Qui s'attachait au coudrier :
Une fois qu'il s'y est attaché et enlacé,
70 Et qu'il s'est enroulé tout autour du tronc,
Ils peuvent bien vivre longtemps ensemble,
Mais si quelqu'un veut les séparer,
Le coudrier meurt très vite,
Et le chèvrefeuille aussi.
75 « Belle amie, ainsi est-il de nous :
Ni vous sans moi, ni moi sans vous. »

La reine va chevauchant.
Elle regarda le talus d'un côté du chemin,
Vit le bâton, l'identifia bien,
80 Elle en reconnut tous les signes.
Aux chevaliers qui la conduisaient
Et qui voyageaient avec elle,
Elle ordonna de s'arrêter :
« Elle veut descendre et prendre du repos. »

Cil unt fait sun commandement.
Ele s'en vet luinz de sa gent ;
Sa meschine apelat a sei,
Brenguein, ki mut ot bone fei.
Del chemin un poi s'esluina,
Dedenz le bois celui trova
Que plus amot que rien vivant :
Entre eus meinent joie mut grant.
A li parlat tut a leisir
E ele li dit sun pleisir ;
Puis li mustra cumfaitement
Del rei avrat acordement...

Mort de Tristan et Yseult, miniature du *Roman de Tristan*,
xvᵉ siècle. Chantilly, Musée Condé.

85 Ceux-ci ont obéi à son ordre.
    Elle s'éloigne à l'écart de sa troupe.
    Elle appela avec elle sa suivante,
    Brangien, qui était très loyale.
    Elle s'éloigna un peu du chemin,
90 Dans le bois elle trouva celui
    Qu'elle aimait plus qu'aucun être vivant :
    Ils se font fête tous les deux.
    Il parla avec elle à son gré,
    Et elle lui dit ce qu'elle voulait ;
95 Puis elle lui montra comment
    Il pourra se réconcilier avec le roi,
    Et lui dit qu'il avait été très affligé
    De l'avoir ainsi banni :
    Il l'avait fait à cause de délations.
100 Alors elle s'en va, elle laisse son ami.
    Mais quand vint le temps de se séparer,
    Ils commencèrent alors à pleurer.
    Tristan s'en retourna en Galles
    Jusqu'à ce que son oncle le fasse appeler.
105 Pour la joie qu'il ressentit
    A voir son amie,
    Et pour ce qu'il avait écrit,
    Comme la reine le dit,
    Pour garder en mémoire ces paroles,
110 Tristan, qui savait bien jouer de la harpe,
    En avait fait un lai nouveau ;
    Je le nommerai en peu de mots :
    Les Anglais l'appellent Gotelef,
    Les Français le nomment Chèvrefeuille.
115 Je vous ai dit la vérité
    Du lai que j'ai ici conté.

MARIE DE FRANCE, Les *Lais* (2ᵉ moitié du XIIᵉ siècle),
traduction d'Anne Berthelot

POUR LE COMMENTAIRE

1. Quels sont les **éléments de récit** qui subsistent dans le texte ? Comment le lai utilise-t-il le canevas bien connu de **la légende de Tristan et Yseult** ? Reconstituez l'épisode dans un style narratif « non courtois ».

2. Quels rôles respectifs jouent Tristan et Yseult ? Comment est présenté Tristan ? Quels sont les détails qui soulignent **la force de l'amour** ? Quel jugement implicite porte l'auteur sur cet amour ?

3. Quelle est **la valeur du symbole** ? En quoi s'applique-t-il bien au cas des amants de Cornouailles ? Relevez les différentes étapes dans la constitution du message.

4. Les temps du récit. Quel effet produisent les changements de temps fréquents ?

5. Comment **la création du *Lai*** est-elle expliquée ? Quel rapport s'établit entre Tristan et Marie de France ? Quelles relations un tel texte suggère-t-il entre la poésie et la « fin'amor » ?

DÉBAT

L'écriture féminine

On a beaucoup écrit sur le style « indéniablement féminin » de MARIE. Qu'en pensez-vous ? Y a-t-il un sexe de l'écriture ? (Voir aussi CHRISTINE DE PISAN, pp. 178 à 182.)

Chrétien de Troyes (vers 1135-1185)

Chrétien de Troyes est, à juste titre, considéré comme le premier « romancier » médiéval, et le plus grand. Comme c'est le cas pour la plupart des écrivains du XIIe et du XIIIe siècle, on ne sait presque rien à son sujet. Il était au service de la cour de Champagne, et plus particulièrement de la comtesse Marie, sur l'ordre de laquelle il affirme avoir écrit *Le Chevalier à la charrette* ; à la fin de sa carrière, il semble avoir changé de protecteur, puisque *Le Conte du Graal* est dédié au comte Philippe de Flandres.

La carrière de Chrétien de Troyes se répartit sur une quinzaine d'années, de 1170 à 1185 environ. Selon ses propres termes, il reprend les schémas de « contes bretons », pour en tirer en « roman » (c'est-à-dire en langue romane...) une « molt bele conjointure » : derrière le sens évident des aventures se dessine une signification plus profonde. Impressionné comme tous les poètes contemporains par le mythe de Tristan, apparu sur la scène littéraire dans la première moitié du XIIe siècle, Chrétien s'est efforcé dans l'essentiel de son œuvre de résoudre **l'antinomie entre l'amour courtois**, adultère par principe et par nécessité, **et la morale chrétienne**, évidemment désapprobatrice à l'égard d'un tel code.

v. 1165	*Érec et Énide*
1176	*Cligès*
1179	*Lancelot ou le Chevalier à la charrette*
1180	*Yvain ou le Chevalier au lion*
1181	*Perceval ou le Conte du Graal*

Fabrice Luchini,
André Dussolier,
Marie-Christine Barrault
et Marc Eyraud
dans *Perceval le Gallois*,
film d'Éric Rohmer, 1978.

*** *Érec et Énide* (vers 1165)

Érec et Énide, le premier roman de Chrétien, commence à peu près là où s'achève le roman courtois normal : au mariage du chevalier avec l'amie qu'il a conquise par sa prouesse. Les aventures d'Érec et de sa dame culminent dans l'épisode de la « Joie de la Cour », dans lequel Érec libère un chevalier de la promesse ambiguë faite à son amie : au lieu de se tenir à l'écart de la cour arthurienne en provoquant et tuant les chevaliers errants, Maboagrain, désormais intégré à l'univers courtois, sera un des plus beaux fleurons de la société idéale que Chrétien dépeint sous les traits de l'univers arthurien.

*** *Cligès* (1176)

De manière plus explicite encore, *Cligès* est un « anti-Tristan ». L'héroïne, Fénice, épouse de l'empereur de Constantinople qui a usurpé le trône de son neveu Cligès, est amoureuse de celui-ci. Mais elle refuse de suivre l'exemple d'Yseult et de « partager » son corps entre son mari et son ami : « qui ait le cuer, si ait le cors », dit-elle, et elle a recours aux philtres d'une magicienne pour échapper à l'empereur, avant de se faire passer pour morte et de retrouver son ami dans une sorte de palais féerique et souterrain, où ils vivent heureux jusqu'à la mort de l'usurpateur.

Le Chevalier à la charrette (1179)

*** *Le Chevalier à la charrette*

Le Chevalier à la charrette est sans doute rédigé en même temps que *Le Chevalier au lion*. Chrétien ne l'a pas achevé, et c'est un continuateur qui a repris l'histoire pour la mener à bonne fin. On interprète cette attitude comme la marque de la répugnance de l'écrivain à l'égard d'un sujet qui lui aurait été imposé du dehors, par la comtesse de Champagne, et qui est la plus parfaite illustration de la *fin'amor* adultère à laquelle il cherchait une alternative depuis son premier roman.

Le Chevalier à la charrette est en effet le premier texte qui mette en scène Lancelot du Lac et fasse de lui l'amant de la reine Guenièvre, soumis aux moindres caprices de sa dame, qu'il délivre par sa prouesse de la captivité dans laquelle l'avait emmenée un chevalier de l'Autre-Monde, Méléagant de Gorre. Chrétien s'arrête peu après avoir réuni pour une nuit, la première et peut-être la seule dans son projet, les deux amants courtois. Le continuateur se chargera de régler le contentieux guerrier entre Lancelot et Méléagant, à grands renforts de duels et d'« assemblées ».

Extase amoureuse

***

Lancelot, en quête de la reine, a accepté de monter sur la charrette d'ignominie, après avoir toutefois hésité une seconde, ce que Guenièvre lui reprochera amèrement par la suite. Dans la suite de ses pérégrinations, il arrive auprès d'une fontaine où la reine s'est reposée sous la garde de son ravisseur ; il trouve un peigne chargé de cheveux d'or. Apprenant d'une jeune fille qui veut récupérer le peigne qu'il s'agit des cheveux de la reine, il manque de s'évanouir de « joie ».

Dans la suite de la littérature arthurienne, Lancelot sera coutumier de ce genre d'extases, chaque fois qu'il sera en présence de la reine, et même dans les circonstances les plus inopportunes : ainsi, il sera souvent mis — pour peu de temps ! — en difficulté par un adversaire lors d'un combat, simplement pour avoir croisé le regard de la reine spectatrice.

Et lui, qui veut bien qu'elle ait le peigne,
Le lui donne, et en retire les cheveux,
Si doucement qu'il n'en rompt aucun.
Jamais yeux humains ne verront
5 Honorer à ce point aucune chose,
Car il commence à les adorer,
Et les touche bien cent mille fois,
Et les porte à ses yeux, à sa bouche,
A son front, et à son visage ;
10 Il n'est aucune joie qu'il ne manifeste ;
Il en est très heureux, il en est très riche ;
En son sein, près de son cœur, il les range
Entre sa chemise et sa chair.
Il ne prendrait pas en échange un char
15 Rempli d'émeraudes et d'escarboucles ;
Il ne croyait pas que le chancre
Ou quelque autre mal pût le prendre ;
Il dédaigne le dimargareton[1]
Et la pleuriche[2] et la thériaque[3],

20 Et même saint Martin et saint Jacques :
Car il a tant confiance en ces cheveux
Qu'il n'a pas besoin de leur aide ;
Mais de quel prix étaient les cheveux ?
On me tiendra pour un menteur et un
25 Fou, si j'en dis la vérité :
Si la foire du Lendi battait son plein,
Et si les marchandises y abondaient,
Le chevalier ne voudrait pas les posséder
Toutes, c'est la vérité,
30 Et ne pas avoir trouvé les cheveux.
Et, si vous me demandez la vérité à ce sujet,
De l'or cent mille fois affiné,
Et refondu autant de fois,
Aurait paru plus obscur que ne l'est la nuit
35 Par rapport au plus beau jour d'été
Qu'il y ait eu cette année,
Pour celui qui aurait vu l'or et les cheveux
En les mettant côte à côte.

CHRÉTIEN DE TROYES, *Le Chevalier à la charrette*,
vers 1457 à 1494 (1179),
traduction d'Anne Berthelot

---

1. 2. 3. Préparations pharmaceutiques du Moyen Age.

LECTURE MÉTHODIQUE

1. Comment Lancelot traite-t-il les **cheveux** ? A quoi semble-t-il les assimiler ? En quoi cela est-il proche du sacrilège ?

2. Relevez les termes qui exaltent la **valeur et la beauté des cheveux**.

3. Quel rôle jouent **les interventions de l'auteur** ?

4. Y a-t-il dans ce passage un **portrait psychologique** de Lancelot ? Peut-on dire que ces 38 vers font avancer le récit ? Quelle est cependant leur importance ?

GROUPEMENT THÉMATIQUE

La chevelure, thème féminin et aquatique

PÉTRARQUE : *Canzoniere*. — RONSARD, XVIᵉ s. — TRISTAN L'HERMITE, poète baroque du XVIIᵉ s. — Edgar POE : *Poèmes*, « Pour Annie ». — BAUDELAIRE : *Les Fleurs du mal*, « Le Serpent qui danse », « A une mendiante rousse », « Allégorie », « La Chevelure ». — VERLAINE : « Parallèlement ». — RIMBAUD : *Poésies*, « Ophélie ». — MALLARMÉ : « Chevelure », « Hérodiade ». — APOLLINAIRE : *Alcools*, « Rhénanes ». — ARAGON : *Le Fou d'Elsa*, « Elsa au Miroir ».

Le temps des châteaux forts

Château de Gisors (1096-1097).

Une ancienne ville forte : Fougères (XIIᵉ-XIVᵉ siècles).

Architecture militaire

A l'origine, le château fort — expression pléonastique, car pour le Moyen Age un château est par définition un lieu fortifié — se réduit à un donjon, c'est-à-dire une tour de bois, placé au sommet d'une « motte », petite éminence de terrain naturelle ou artificielle. Celui qui contrôle le donjon contrôle toute la région environnante et est à même d'assurer la protection de la population. Un tournant fondamental de l'évolution du château féodal est le passage du bois à la pierre pour la construction du donjon. Celui-ci s'avère bientôt insuffisant pour accueillir la « maisnie » du châtelain. Il est alors redoublé par une enceinte, elle-même renforcée de tours secondaires aux angles. A l'intérieur de l'espace ainsi délimité peuvent se construire d'autres bâtiments à usage non militaire. Le procédé est appliqué à des ensembles urbains, dans le cas des villes fortifiées qui assurent leur propre protection sans dépendre directement d'un châtelain. Le XIIIᵉ siècle constitue la grande époque des châteaux forts ; on aboutit à des citadelles impressionnantes, capables de soutenir plusieurs années de siège, d'abriter des milliers d'hommes, et de contrôler militairement toute une région, comme celles que construisent, en Terre Sainte, les Croisés. Pendant longtemps le château est envisagé d'un point de vue strictement utilitaire et reste d'aspect passablement rébarbatif. Ce n'est qu'au XVᵉ siècle que le château s'ouvre sur le monde et devient un lieu de plaisance.

Le Krak des chevaliers, en Syrie (XIᵉ-XIIᵉ siècles).

La guerre au Moyen Age

« *Tapisserie* » *de la reine Mathilde*, XIe siècle.
Bayeux, Musée de l'Évêché.

La tapisserie de Bayeux

Il ne s'agit pas d'une tapisserie, mais d'une broderie effectuée sur une bande de toile de plus de soixante-dix mètres de long sur cinquante centimètres de large. Elle comporte cinquante-huit scènes illustrant la conquête de l'Angleterre par les Normands. Les différents sujets, combats, animaux, scènes de genre sont brodés en huit couleurs, un peu comme une bande dessinée avant la lettre. Bien que la réalisation en ait été attribuée à la reine Mathilde, épouse de Guillaume le Conquérant, il est très probable qu'elle est due en fait à des artisans anglais de Cantorbéry.

L'art de la guerre

Le seigneur féodal doit à son suzerain « auxilium et consilium », c'est-à-dire soutien diplomatique et soutien militaire : en cas de besoin il doit fournir un certain nombre de soldats susceptibles de composer l'« ost » du suzerain. Les seuls combattants qui méritent ce titre à l'époque féodale sont ceux qui possèdent un cheval : les « chevaliers ». Le cheval coûte cher et constitue un investissement considérable.

Aux XIIe-XIIIe siècles, les principes qui régissent les batailles rangées se résument en fait à une série de duels entre chevaliers. Les « sergents », gens d'armes non montés, sont réduits à un rôle subalterne.

A partir du XIVe siècle la stratégie évolue, ainsi que l'armement : le rôle dévolu aux « piétons » chargés, à ce que l'on prétend, de se glisser sous le ventre des chevaux et de les éventrer avec un grand coutelas, devient plus important. De même, les corps d'archers, d'arbalétriers, et plus tard d'arquebusiers, se développent. On en vient à apprécier davantage les soldats à pied, armés légèrement, relativement mobiles, que les chevaliers qui manquent de souplesse et d'esprit de corps. C'est ainsi qu'on aboutit au désastre de Crécy (1346), où les chevaliers français, équipés à l'ancienne mode, se font décimer par l'armée anglaise, composée en grande partie de soldats rompus aux nouvelles techniques de combat.

Bataille de Crécy, miniature des *Chroniques*, de FROISSART, XVe siècle. Paris, B.N.

Prise d'Antioche par les Croisés, miniature de SÉBASTIEN MARMEROT pour *Les Passages Outremer*, XVe siècle. Paris, B.N.

Chevaliers en tournoi

Le combat a lieu en deux étapes : d'abord la joute, où deux chevaliers montés, tout armés, s'élancent l'un contre l'autre en essayant de se désarçonner à coups de lance. « Un bon jouteur n'est pas nécessairement considéré comme un bon chevalier : la chance joue un grand rôle lors des joutes... » ; puis le combat à l'épée, qui a lieu à pied après la chute de l'un des protagonistes. Spectacle impressionnant : les chevaliers, handicapés par de lourdes armures qui se perfectionnent au cours des siècles (le cuir est peu à peu remplacé par le métal), armés d'épées si lourdes qu'il faut les manier à deux mains, combattent pendant des heures, souvent sans parvenir à un autre résultat que de s'assommer mutuellement.

Repas au château, miniature de l'*Histoire de Olivier de Castille et de Arthur d'Algarba*, XVᵉ siècle. Paris, B.N.

Un tournoi, miniature de 1468-1470. Paris, Bibl. de l'Arsenal.

Le monde paysan

Scène de labour, miniature du *Gouvernement des Princes*, de GILLES DE ROME, XVe siècle. Paris, B.N.

Cultiver au Moyen Age

« *Le perfectionnement des instruments de labour, araire et charrue, a joué un rôle essentiel dans le progrès des rendements agricoles qu'on constate entre le IXe et le XIIIe siècle.*

Une chose est certaine : la charrue ne remplace pas l'araire, elle s'y ajoute. Et de nombreuses régions de l'Europe du Nord conservent les deux instruments dans des emplois différents. L'araire ne commencera à disparaître qu'au XIXe siècle, avec le développement des nouveaux instruments de pseudo-labour — cultivateurs, appareils à disques. La charrue, perfectionnée, spécialisée, adaptée à de nouveaux modes de traction, fabriquée de plus en plus en série, restera fondamentalement inchangée. La houe et la bêche étaient utilisées pour le jardinage, mais aussi pour le travail des champs, en complément de l'araire. L'araire, en effet, ameublit la terre sans la retourner, et il était nécessaire de procéder de temps à autre à un défoncement profond à la bêche. Ces outils étaient souvent en bois, même à la fin du Moyen Age, et seul le tranchant était renforcé par une ferrure. »

ÉLIZABETH ZADORA-RIO,
dans *Archéologie du monde rural*

Novembre, miniature des FRÈRES DE LIMBOURG pour le calendrier des *Très Riches Heures du duc de Berry*, XVe siècle. Chantilly, Musée Condé.

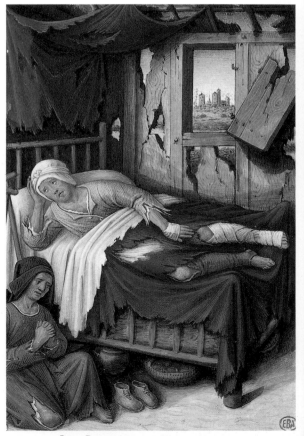

JEAN BOURDICHON, « La pauvreté »,
Les Quatre états de la société, XVe siècle.
Paris, École des Beaux-Arts.

L'art roman

Au tournant du millénaire, « la terre se couvrit tout entière d'un blanc manteau, d'églises », pour reprendre la formule de Raoul Glaber. Après les siècles « obscurs » du Haut Moyen Age, l'art roman faisait son apparition : il était caractérisé non pas comme son successeur l'art gothique par l'audace de ses formes architecturales, mais par la richesse du décor peint et sculpté qui proliférait sur toutes les surfaces disponibles de l'église. Sur les chapiteaux, les pendentifs, les archivoltes, les tympans surtout, sont représentés non seulement des personnages inspirés de l'Orient et de l'Antiquité gréco-latine, mais des scènes empruntées à l'Ancien ou au Nouveau Testament, voire de véritables récits en images : l'Église romane est une « Bible de pierre », qui se substitue pour la majorité illettrée de la population aux enseignements des textes liturgiques. Au nombre des motifs les plus fréquemment traités par la sculpture romane figure le Jugement Dernier : Dieu y apparaît comme le Dieu sévère et tout-puissant de l'Ancien Testament, qui récompense les Élus et punit les méchants, ce qui nous vaut de magnifiques représentations de l'Enfer. La religion des XI et XII* siècles est encore une religion de la crainte et du châtiment.*

Saint-Nectaire, église romane du XII* siècle,
dans le style auvergnat.

Cloître de l'abbaye cistercienne de Sénanque, début du XIII* siècle (Vaucluse).

Le tympan d'Autun

1. La figure du Christ : quelles sont ses principales caractéristiques ? A quelle esthétique se rattache-t-elle ? Le Christ vous paraît-il proche de l'humanité, ou semble-t-il plutôt un juge inflexible ?
2. La résurrection des morts : quelle impression veut produire l'artiste ? Cède-t-il à l'attrait du spectaculaire ? Comment distingue-t-on les damnés des élus ? Qu'est-ce qui l'emporte dans ce Jugement Dernier : la représentation satirique des « États du monde », ou celle de l'homme dans sa nudité originelle ?
3. La décoration des archivoltes : sur quelle symbolique se base-t-elle ? Cette utilisation du Zodiaque est-elle compatible avec le système de valeurs chrétien ? Comment les deux éléments sont-ils associés ?

Portail et tympan de la cathédrale
Saint-Lazare d'Autun, XIIᵉ siècle.

Fresques de la Chapelle des moines de Berzé, XIIᵉ siècle
(Saône-et-Loire). Œuvre des ateliers clunisiens.

Nef de Saint-Philibert-de-Tournus, XIᵉ siècle
(Bourgogne).

L'art gothique

L'idée fondamentale qui préside au développement de l'art qu'on appelle « gothique » — à l'origine il s'agit de l'« opus francigenum », parce que ses premières manifestations ont lieu en Ile-de-France —, c'est la volonté de faire pénétrer la lumière dans l'église ; c'est le principe auquel s'attache l'abbé de Saint-Denis, Suger, tout imprégné de la théologie de la lumière du pseudo-Denys l'Aréopagite. Désormais l'église se fait transparente, et en même temps s'élance vers le ciel, au lieu de se blottir contre la terre : c'est l'âge des cathédrales, dans les flancs desquelles s'ouvrent rosaces et hautes fenêtres ornées de vitraux. Par l'intermédiaire de ces vitraux, qu'ils soient à dominante bleue comme à Chartres ou rouge comme à Bourges, la lumière la plus chatoyante inonde l'église. En revanche, la sculpture exubérante des églises romanes tend à disparaître : les personnages pittoresques qui animaient les chapiteaux sont remplacés par un décor floral plus dépouillé. Mais parallèlement la statuaire proprement dite prend son essor, cependant que l'évolution de la théologie conduit les chrétiens à une vision plus humaine de la divinité : Dieu apparaît au XIIIe siècle sous les traits du Christ souffrant et les représentations émouvantes de la Vierge et des saints se multiplient.

Façade occidentale de la cathédrale d'Amiens,
XIIIe siècle.

Cathédrale de Chartres, début du XIIIe siècle.

Rosace de la cathédrale de Chartres, XIIIe siècle.

Corporation des potiers, vitrail de la cathédrale Saint-Étienne de Bourges, XIIIe-XIVe siècles.

L'art du vitrail

L'art du vitrail est connu dès l'Antiquité, et largement employé dans les églises byzantines. Cependant, il connaît son apogée avec la naissance de l'esprit gothique qui multiplie les ouvertures dans les parois de l'église. Si les grandes rosaces sont ornées de vitraux non figuratifs, purs prismes de couleurs éclatantes, les vitraux des fenêtres, dans les bas-côtés ou surtout dans l'abside, représentent, comme le faisaient quelques décennies plus tôt les sculptures des chapiteaux dans la nef romane, tous les épisodes de l'Histoire Sainte. A côté des vitraux entièrement consacrés à un seul personnage ou du moins à une seule scène, qui sont assez rares avant les XIVe et XVe siècles, on rencontre de nombreux récits par médaillons juxtaposés et superposés, dont la signification était immédiatement perceptible même pour les fidèles illettrés. Les vitraux d'ailleurs ne comportent pas seulement des représentations de scènes religieuses : une tradition s'établit avec les premières cathédrales, selon laquelle chaque corporation, c'est-à-dire chaque corps de métier, commandite un vitrail. Pour commémorer cette participation financière à l'édification du lieu saint, un médaillon représente souvent des membres de la corporation en train de pratiquer leur métier : maçons, potiers, etc.

La statuaire gothique

Bien que la grande époque de la sculpture gothique soit le XIIe siècle, toutes les œuvres des deux siècles suivants ne portent pas la trace d'une décadence de cet art.
Cette Vierge, sculptée dans un bloc de chêne de 150 cm, sans doute produite aux alentours de 1330-1350 en région picarde, rassemble de manière équilibrée des éléments typiquement gothiques (déhanchement de la Vierge très élancée, souplesse du drapé pour le manteau et le voile...) et des éléments plus anciens (attitude de l'enfant Christ assez hiératique, sévérité des expressions des personnages...)

Vierge à l'enfant à la colombe, vers 1330-1350,
statue en bois peint (Picardie).

Le Chevalier au lion (1180)

*** Le Chevalier au lion

Le Chevalier au lion est la plus belle réussite de Chrétien de Troyes. Le roman raconte les aventures du jeune Yvain, chevalier d'Arthur qui réussit à conquérir un fief et une dame, Laudine, la Dame de la Fontaine, mais craint de devenir « recreant » (c'est-à-dire de ne plus pratiquer les vertus chevaleresques). Il obtient de sa dame l'autorisation d'être pendant un an chevalier errant, de tournoi en bataille. Il oublie le terme fixé par Laudine et celle-ci le chasse cruellement. Yvain devient fou, s'enfonce dans la forêt, pareil à une bête sauvage.

Il retrouve peu à peu la raison grâce aux soins d'un ermite, et gravit de nouveau toutes les étapes de la perfection chevaleresque et courtoise, avec le lion qu'il a arraché à la mort et qui s'est attaché à lui comme celui d'Androclès. La victoire d'Yvain sur lui-même et sur les autres est sanctionnée sur le plan guerrier par son combat (« match nul ») avec Gauvain, modèle des chevaliers, et sur le plan courtois par sa réconciliation avec sa dame, par l'intermédiaire de la servante de celle-ci, qu'il a l'occasion de sauver du bûcher.

La fontaine merveilleuse

***

A la cour du roi Arthur, un jour de Pentecôte, un chevalier, Calogrenant, raconte l'aventure qui lui est arrivée peu de temps auparavant, pour sa grande honte. Il chevauchait au hasard comme tout bon chevalier errant, quand il rencontra un vilain qui lui décrivit une surprenante merveille : une fontaine « magique » où se produisaient maints prodiges. Curieux, Calogrenant n'eut de cesse d'être venu à la fontaine, qu'il trouva conforme à la description du vilain.

Il était plus de tierce,
Et on devait être près de midi
Quand je vis l'arbre et la fontaine.
En ce qui concerne l'arbre, je sais bien,
[pour tout dire,
Que c'était le plus beau pin
Qui poussa jamais sur la terre.
Je ne crois pas qu'il aurait jamais pu tant pleuvoir
Qu'une goutte d'eau le transperçât,
Mais toute la pluie coulait par-dessus.
Je vis pendre à l'arbre le bassin,
Fait de l'or le plus fin qui fût à vendre
A n'importe quelle foire en aucune circonstance.
En ce qui concerne la fontaine, vous pouvez bien
[croire
Qu'elle bouillait comme de l'eau chaude[1].
Le perron était fait d'une émeraude
Creusée comme une outre,
Et il y a quatre rubis en dessous,
Plus flamboyants et plus vermeils
Que n'est au matin le soleil
Quand il apparaît à l'Orient ;
Jamais, que je sache,
Je ne vous dirai consciemment un mot
[de mensonge.
Il me plut de voir la merveille
De la tempête et de l'orage[2],
Ce pourquoi je ne me considère pas comme sage
Car je m'en serais volontiers repenti,
Si j'avais pu, tout de suite
Après avoir arrosé d'eau grâce au bassin
Le perron creusé.

30 Mais j'en versai trop, je le crains ;
Car je vis alors le ciel si troublé
Que de plus de quatorze directions
Les éclairs venaient me frapper les yeux ;
Et les nuages déversaient
35 Ensemble de la pluie, de la neige et de la grêle.
Le temps fut si mauvais et pénible
Que je crus cent fois mourir
A cause de la foudre qui tombait autour de moi,
Et des arbres qui étaient abattus.
40 Sachez que je fus très mal à l'aise
Jusqu'à ce que le temps se soit apaisé.
Mais Dieu me rassura bientôt,
Car ce temps ne dura guère
Et tous les vents se reposèrent :
45 Dès l'instant où cela plut à Dieu, ils n'osèrent
[souffler.
Et quand je vis l'air clair et pur,
Je fus tout réconforté par la joie que j'éprouvai ;
Car la joie, si on la ressent jamais,
Fait bientôt oublier de grandes peines.
50 A peine le temps fut il revenu au beau
Que je vis sur le pin assemblés
Tant d'oiseaux, si quelqu'un veut le croire,
Qu'on ne voyait ni branche ni feuille
Qui ne fût toute couverte d'oiseaux ;
55 Et l'arbre en était plus beau ;
Les oiseaux chantaient doucement,
Si bien que leurs voix s'harmonisaient ;
Et chacun chantait des chants divers ;
Car jamais je n'entendis chanter à l'un
60 Ce que l'autre chantait.

Je fus réjoui de leur joie ;
Et j'écoutai jusqu'à ce qu'ils eussent
Chanté leur messe complètement ;
Car jamais je n'avais entendu une musique si pleine
[d'allégresse,
65 Et je ne crois pas que jamais homme en entendra
[autant,

S'il ne va pas écouter celle-ci,
Qui me plut et me charma tant
Que j'aurais dû me considérer comme un fou.
Je restai là assez longtemps, tant que j'entendis
[venir

70 Des chevaliers — ce fut ce qui me sembla,
Je crus bien qu'ils étaient dix,
Tant un seul chevalier qui venait
Faisait de bruit et de vacarme.

CHRÉTIEN DE TROYES, *Le Chevalier au lion*,
vers 410 à 482 (1180),
traduction d'Anne Berthelot

---

1. *Mais le vilain a précisé qu'elle était cependant « froide comme marbre ». — 2. Il a expliqué qu'une tempête se déclenchait chaque fois qu'on versait un peu d'eau sur le perron de la fontaine.*

« Un chevalier prête allégeance »,
scène d'*Excalibur*,
film de John Boorman, 1981.

***

Le chevalier est le seigneur de la Fontaine, et il défie maintenant Calogrenant. Celui-ci est abattu de son cheval et rentre penaud à la cour d'Arthur. Après l'avoir écouté, le jeune Yvain n'a qu'une idée : tenter lui aussi l'épreuve de la fontaine merveilleuse. Tout se passe comme pour Calogrenant, mais Yvain, excellent chevalier, blesse grièvement le seigneur de la Fontaine, qui s'enfuit vers son château. Yvain, en le poursuivant, est fait prisonnier, et ne doit son salut qu'à l'aide de Lunette, suivante de la Dame de la Fontaine, qui lui donne un anneau d'invisibilité. Le seigneur meurt de ses blessures, et Lunette convainc la Dame d'épouser à la place le « meilleur », c'est-à-dire Yvain.

LECTURE MÉTHODIQUE

1. Quels sont **les éléments merveilleux** de la description de la fontaine ? Vers quel registre orientent-ils la lecture ?

2. Relevez **les « interventions » personnelles du narrateur** : que visent-elles à démontrer ? Quel effet produisent-elles ?

3. La tempête. Quelles en sont les manifestations ? Que révèlent-elles de la mentalité médiévale ?

4. Quel est l'effet produit par **l'apparition des oiseaux** ? Où se croit le narrateur ?

5. Quelle **conception de l'harmonie** se dégage du texte ?

6. Comment **l'arrivée du chevalier** est-elle préparée ? Comment Calogrenant s'arrange-t-il pour se justifier dès le début de son échec à venir ?

Le Conte du Graal (1181)

Après Le Chevalier au lion, *qui représente le point d'achèvement le plus parfait de la chevalerie courtoise mais profane,* **Chrétien de Troyes** *semble passer sur un autre plan, imprégné de* **spiritualité**, *voire de* **mystique**. *« Semble », car les critiques qui depuis de longues années se penchent sur son dernier roman,* Le Conte du Graal, *souvent appelé à tort, du nom du héros de la première partie, « Perceval le Gallois », ne sont pas sûrs de l'interprétation qu'il convient de lui donner.*

Le Conte du Graal *est resté inachevé, lui aussi, et à la fin du XII e siècle et au début du XIII e, quatre continuateurs se sont efforcés de donner une fin aux aventures des deux héros : ils n'y sont arrivés qu'au bout de quelques 60 000 vers, alors que le texte de Chrétien en compte à peine 10 000.*

En fait, **l'identité du « Graal »**, *mystérieux objet que voit passer dans un cortège compliqué le jeune Perceval,* **est loin d'être claire** ; *il peut s'agir d'un objet celtique, chaudron de Brân le Béni ou corne d'abondance à la mode irlandaise, ou bien, d'un objet chrétien doté d'une énigmatique valeur liturgique. La plupart des continuateurs en vers, ainsi que l'ensemble des romans en prose du XIII e siècle qui reprendront le thème du Graal,* **le christianiseront entièrement**, *au point d'en faire le « Saint Graal », coupe dans laquelle Joseph d'Arimathie recueillit le sang de Jésus-Christ...*

*** *Le Conte du Graal*

Dans *Le Chevalier à la charrette*, deux personnages occupaient ensemble le devant de la scène, puisque Gauvain, le neveu du roi Arthur, partait lui aussi avec Lancelot en quête de la reine. Dans *Le Conte du Graal*, il y a également deux héros, mais leurs aventures ne sont pas soumises au procédé de l'entrelacement, c'est-à-dire alternées dans un même cadre chronologique. Il y a d'abord une partie Perceval, qui relate les étapes du parcours initiatique courtois et chevaleresque du jeune homme, « nice » (naïf) et « fol », élevé par sa mère dans l'ignorance de la chevalerie, mais qui s'avère pourtant l'un des meilleurs chevaliers du monde, délivre le château de la belle Blanchefleur de ses assiégeants et rencontre sans oser poser les bonnes questions le mystérieux Roi-Pêcheur, régnant sur le château du Graal.

Après une brève réunion à la cour d'Arthur, où une « messagère » vient insulter les chevaliers qui n'ont pas accompli leur tâche, Perceval repart en quête du Graal, et Gauvain, accusé (à tort, dit-il) de « félonie », part se justifier à la cour du roi dont il aurait tué le père ; c'est lui que le roman accompagne désormais au long de ses aventures, qui le conduisent finalement au château des reines, où il ne peut être reçu qu'après avoir triomphé des épreuves du « Lit de la Merveille », et où il s'aperçoit qu'il est apparemment prisonnier de trois femmes — sa grand-mère, sa mère et une sœur qu'il n'a jamais connue — mortes depuis longtemps : il est enfermé dans l'Autre-Monde.

Et Chrétien s'arrête au moment où Gauvain fait parvenir à son oncle Arthur un message pour lui annoncer son duel imminent avec un chevalier énigmatique appelé (le) Guiromelant... Est-ce la mort qui a interrompu Chrétien ? Ou l'incapacité qu'il éprouvait de réunir les deux fils hétérogènes de son récit ? Ou le mystère insoluble du Graal ? En tout cas, avec ce roman apparaît l'un des mythes les plus féconds de la littérature médiévale.

Les angoisses de Blanchefleur

***

Au hasard de ses pérégrinations, Perceval, devenu chevalier, est hébergé un soir au château de Beaurepaire ; il le trouve dans la plus grande pauvreté, et est accueilli courtoisement par la damoiselle du Château, Blanchefleur, qui lui dissimule d'abord ses soucis. Tous deux vont dormir.

Elle se tourne et retourne, elle s'agite beaucoup;
Elle a revêtu par-dessus sa chemise
Un manteau de soie teint d'écarlate,
Et s'est mise en aventure,
Comme une femme hardie et courageuse ;
Mais ce n'est pas dans une intention futile,
Mais elle pense qu'elle ira trouver
Son hôte et lui dira
Une partie de ce qu'elle a en tête.
Alors elle est sortie de son lit
Et elle a quitté sa chambre,
Si effrayée que tous ses membres
Tremblent, et qu'elle est couverte de sueur.
En pleurant elle est sortie de sa chambre,
Et vient au lit où il dort,

Et elle se plaint et soupire profondément,
Et elle s'incline et s'agenouille devant lui,
Et elle pleure tant qu'elle lui mouille
Le visage de ses larmes.
20 Elle n'a pas l'audace d'en faire plus.
Elle a tant pleuré que celui-ci s'éveille,
Et il est très surpris et s'étonne
De sentir son visage mouillé ;
Et il voit celle-ci agenouillée
25 Devant son lit, qui le tient
Par le cou étroitement embrassé.
Et il agit si courtoisement
Qu'il la prit dans ses bras
Tout de suite et l'attira vers lui,
30 Et lui dit : « Belle, que désirez-vous ?

Pourquoi êtes-vous venue ici ?
— Ha ! Noble chevalier, pitié !
Pour l'amour de Dieu et de son fils je vous prie
Que vous ne me considériez pas plus mal
35 Parce que je suis ainsi venue ici.
Sous prétexte que je suis presque nue,
Je n'ai jamais eu nulle folie en tête,
Ni rien de mauvais ou de malhonnête,
Car il n'y a au monde rien qui vive
40 Qui soit si malheureux et si désolé
Que je ne le sois davantage.
Rien de ce que je possède ne me fait plaisir
Et jamais je n'ai été un jour entier sans douleur ;
Comme je suis malheureuse !
45 Et je ne verrai jamais d'autre nuit
Que celle de maintenant,
Ni d'autre jour que celui de demain,
Mais je me tuerai de ma main.
Des trois cent dix chevaliers
50 Qui protégeaient ce château,
Il n'en reste ici que cinquante ;
Car le reste,
Un chevalier très mauvais,
Engingeron, le sénéchal
55 De Clamadieu des Illes, l'a emmené
Et tué ou emprisonné.
De ceux qui sont mis en prison
J'ai autant de peine que des morts,
Car je sais bien qu'ils mourront
60 Et ne pourront jamais en sortir.
Tant de prud'hommes sont morts pour moi,
Il est bien juste que je me désole.
Tout un hiver et un été,
Engingeron a assiégé le château
65 Sans s'en aller,
Et pendant tout ce temps, sa force a augmenté.
Et la nôtre a diminué,
Et nous avons épuisé nos vivres,
Si bien qu'il n'en reste pas assez ici
70 Pour faire bien dîner un seul homme ;
Nous sommes désormais dans une situation impossible,
Si bien que demain, si Dieu n'intervient,

Le château lui sera rendu,
Car il ne peut plus être défendu,
75 Et moi avec, malheureuse que je suis !
Mais certes, avant qu'il ne m'emmène vivante,
Je me tuerai, il m'aura morte ; [...]
Voilà ce que j'avais à vous dire ;
Je vais repartir maintenant,
80 Et vous laisser vous reposer. »
Maintenant le chevalier aura l'occasion
De s'illustrer, s'il l'ose,
Car celle-ci n'est pas venue
Pleurer sur son visage pour autre chose,
85 Quoi qu'elle en dise,
Que pour lui insuffler le désir
D'entreprendre la bataille,
S'il l'ose,
Pour elle, et pour défendre sa terre.
90 Et il lui dit : « Chère amie,
Faites cette nuit bon visage.
Réconfortez-vous, ne pleurez plus,
Installez-vous près de moi ici,
Et ôtez les larmes de vos yeux.
95 Dieu, s'il lui plaît, vous donnera meilleur sort
Demain que ce que vous m'avez dit.
Installez-vous à côté de moi dans ce lit,
Qui est bien assez large pour nous deux ;
Vous ne me laisserez pas maintenant. »
100 Et elle dit : « Si cela vous plaisait,
Je le ferais ainsi. » Et il l'embrassait
Et la tenait dans ses bras,
Il l'a installée sous la couverture,
Tout doucement, bien à son aise ;
105 Et celle-ci le laisse l'embrasser,
Et je ne crois pas que cela l'ennuie.
Ainsi restèrent-ils couchés toute la nuit,
Côte à côte, bouche contre bouche,
Jusqu'au matin, quand le jour approche.

CHRÉTIEN DE TROYES, *Le Conte du Graal*,
vers 1950 à 2027 et 2035 à 2066 (1181),
traduction d'Anne Berthelot

***

Naturellement, au matin Perceval combat contre le sénéchal félon, et remporte la victoire. Le lendemain, Clamadieu des Illes lui-même se présente au château, où, entre-temps, des vivres sont arrivées par voie de mer. Il est vaincu par Perceval et Blanchefleur est délivrée. Elle offre alors son amour à son sauveur, qui part sous prétexte d'aller voir comment va sa mère.

COMMENTAIRE COMPOSÉ

1. Le discours de Blanchefleur. Quels artifices rhétoriques utilise-t-il ? Perceval, en bon chevalier errant, peut-il manquer d'être sensible à de tels arguments ? Quel est le degré de sincérité de la jeune fille ?

2. L'auteur et ses personnages. Comment Blanchefleur et Perceval sont-ils présentés ? Comment se traduit la « niceté » (naïveté) de Perceval ? Sur quel ton Chrétien commente-t-il les événements ? N'y a-t-il pas un certain humour dans ce texte ?

3. Les conventions de l'amour courtois. Relevez les éléments qui appartiennent au modèle idyllique des « deux enfants qui s'aiment ». Comparez la scène avec celle de la mort de Tristan et Yseult (voir p. 91) : comment un même schéma est-il réemployé et change-t-il de sens ?

Le cortège du Graal

***

Après avoir quitté Blanchefleur, Perceval chevauche toute la journée en solitaire dans la forêt ; il rencontre un étrange personnage, couché dans une barque, qui pêche dans la rivière et lui indique le chemin d'un château pour se loger pendant la nuit. Dans le château, découvert non sans mal, Perceval retrouve le Pêcheur, qui est aussi le Roi « méhaignié », c'est-à-dire blessé ; incapable de se distraire en chassant comme tout chevalier de noble naissance, il s'adonne à la pêche, occupation nettement moins aristocratique. Juste avant le dîner, une épée est apportée au Roi-Pêcheur de la part de sa nièce : il l'offre tout de suite à Perceval, en affirmant qu' « elle lui fut destinée » de toute éternité. Ils se préparent à dîner en « parlant de choses et d'autres ».

Chevalier en prière devant le saint Graal, miniature du XIVᵉ siècle. Paris, B.N.

Un jeune homme sortit d'une chambre
Qui tenait une lance blanche
Empoignée par le milieu,
Et il passa entre le feu
Et ceux qui étaient assis sur la couche.
Et tous ceux qui étaient présents voyaient
La lance blanche et le fer blanc,
Et une goutte de sang sortait
Du fer de la lance à son sommet
Et cette goutte vermeille coulait
Jusqu'à la main du jeune homme.
Le jeune homme (Perceval), qui était
Arrivé cette nuit, voit cette merveille,
Mais il s'est retenu de demander
Comment cette chose se produisait
Car il se souvenait des recommandations
De celui qui l'avait fait chevalier,
Qui lui enseigna et apprit
De se garder de trop parler.
Et il craint, s'il le demande,
Qu'on ne le considère comme une vilenie ;
Pour cette raison il ne le demanda pas.
Alors vinrent deux autres jeunes hommes,
Qui tenaient en leurs mains des chandeliers
D'or fin, niellés et ouvragés.
Les jeunes gens étaient très beaux,
Ceux qui apportaient les chandeliers.
Dans chaque chandelier brûlaient
Dix chandelles au moins.
Une demoiselle qui venait avec les jeunes

Gens, belle et noble et bien vêtue,
Tenait entre ses deux mains un graal.
Quand elle fut entrée dans la pièce
Avec le Graal qu'elle tenait,
35 Une si grande clarté y vint
Que les chandelles perdirent
Autant leur éclat que les étoiles
Perdent le leur quand le soleil ou la lune se lève.
Après celle-ci, il en vint une autre
40 Qui tenait un tailloir d'argent.
Le graal, qui allait devant,
Était d'or fin et pur ;
Il y avait dans le graal
Des pierres précieuses de toutes sortes,
45 Parmi les plus riches et les plus appréciées
Qui soient en terre ou en mer ;
Celles du graal sans aucun doute
Surpassaient toutes les autres pierres.
Tout comme la lance était passée,
50 Ces objets passèrent devant la couche
Et entrèrent d'une chambre dans une autre.
Et le jeune homme les vit passer,
Et il n'osa pas demander
A propos du graal à qui on en servait,
55 Car sans cesse il avait présente à l'esprit
La parole du sage prud'homme.
Et je crains qu'il n'en ait dommage,
Parce que j'ai entendu dire
Qu'on peut aussi bien trop se taire
60 Que trop parler également.

***

Le cortège mystérieux repasse à plusieurs reprises devant Perceval, qui s'obstine à se taire ; il a l'intention de poser des questions le lendemain, mais à son réveil, plus personne ne se trouve dans le château. Après quelques autres aventures, le chevalier décide de repartir en quête du Graal. Éloigné de Dieu et presque fou, il erre pendant sept ans et arrive enfin chez un ermite le jour du vendredi saint. C'est là qu'il obtient quelques renseignements sur le spectacle auquel il a assisté. Le lecteur n'en sait pas plus que lui, et les « continuateurs » de Chrétien de Troyes se sont efforcés d'interpréter de toutes les manières possibles le mystère du Graal et de la Lance qui saigne.

Pechie(z) la langue te trencha,	Péché te trancha la langue,
Quant le fer qui onc n'estancha	Quand tu vis devant toi saigner
De sainier devant toi veïs,	Le fer qui ne fut jamais étanché,
Ne la raison n'en enqueïs.	Et n'en demandes pas la cause.
Et quant del graal ne seüs	5 Et quand tu ne cherches pas à savoir
Cui l'en en sert, fol sens eüs.	A propos du graal qui on en sert, tu fus bien fou.
Cil qui l'en en sert est mes frere,	Celui que l'on en sert est mon frère,
Ma suer et soe fu ta mere ;	Ta mère fut ma sœur et la sienne ;
Et del riche Pescheor croi	Et en ce qui concerne le Roi-Pêcheur,
Qu'il est fix a icelui roi	10 Crois bien qu'il est le fils de ce roi[1]
Qu'en cel gr(a)al servir se fait.	Qui se fait servir de ce graal.
Mais ne quidiez pas que il ait	Mais ne croyez pas qu'il ait
Lus ne lamproie ne salmon ;	Du brochet, de la lamproie ou du saumon ;
D'une sole oiste le sert on,	On le sert d'une seule hostie,
Que l'en en cel graal li porte ;	15 Que l'on lui porte dans ce graal ;
Sa vie sostient et conforte,	Elle soutient et réconforte sa vie,
Tant sainte chose est li graals.	Tant le graal est une chose sainte.
Et il, qui est esperitax	Et lui, qui est tout spirituel,
Qu'a se vie plus ne covient	Au point que pour vivre il n'a pas besoin de plus
Fors l'oiste qui el graal vient,	20 Que l'hostie qui vient dans le graal,
Douze ans i a esté issi	A été douze ans ainsi,
Que for(s) de la chambre n'issi	Sans sortir de la chambre
Ou le graal veïs entrer.	Où tu vis entrer le graal.
Or te weil enjoindre et doner	Maintenant je vais te donner et t'ordonner
Penitance de ton pechié.	La pénitence de ton péché.

1. Ce qui fait du Roi-Pêcheur le cousin de Perceval,
dans l'œuvre de Chrétien.

CHRÉTIEN DE TROYES, *Le Conte du Graal*,
vers 3191 à 3251 et 6409 à 6433,
traduction d'Anne Berthelot

***

Perceval accepte avec des larmes de contrition cette pénitence ; puis il disparaît du roman, pour n'y plus revenir jusqu'à la fin de ce qu'a écrit Chrétien.

POUR LE COMMENTAIRE

1. Quels sont **les éléments mystérieux** du cortège du Graal ? Comment sont-ils présentés par Chrétien ?

2. En quoi la **description du Graal** coïncide-t-elle avec le système d'interprétation de l'oncle ermite ? Tout est-il cohérent dans cette interprétation ?

3. Quelle est l'importance de la **répétition** dans le premier passage ? Quel rôle jouent **les commentaires et interventions du narrateur** ?

4. Comparez cette scène avec la visite nocturne de Blanchefleur à Perceval : les réactions et l'attitude du héros sont-elles très différentes dans les deux cas ?

5. La beauté et la lumière. Relevez tous les termes qui témoignent de l'importance de ces notions.

COMPOSITION FRANÇAISE

Commentez et discutez l'affirmation suivante, à partir des extraits précédents : « On admire [en Chrétien de Troyes] les vertus du classicisme, le goût, la clarté, l'équilibre, l'exquise propriété des termes et l'art de la litote, mais il se plaît aussi aux jeux de la préciosité, prend son divertissement dans les inventions d'une fantaisie chatoyante ou dans une peinture comique des personnages ou dans les ressources de l'ironie, de l'humour, voire de la mystification, et ne s'en élève pas moins, à la faveur de certaines ambiguïtés, jusqu'au symbole poétique. »

(Jean FRAPPIER, *Amour courtois et Table ronde*)

GROUPEMENT THÉMATIQUE

La quête

APOLLONIOS DE RHODES : *Les Argonautiques*, IIIᵉ siècle av. J.-C. — VIRGILE : *L'Énéide*, 19 av. J.-C. — RABELAIS : *Tiers* et *Quart Livre* (v. 1548). — GOETHE : *Les Années de voyage de Wilhelm Meister*, 1821-1829. — BALZAC : *La Recherche de l'Absolu*, 1834. — MELVILLE : *Moby Dick*, 1851. — STEVENSON : *L'Ile au Trésor*, 1883. — Julien GRACQ : *Le Rivage des Syrtes*, 1951.

Le roman en prose (XIIIe siècle)

A l'aube du XIIIe siècle, le roman arthurien cesse d'être rédigé en octosyllabes à rimes plates : **la prose fait son apparition**, considérée comme le véhicule de la vérité d'une « histoire » nécessairement vraie. Les romans de Chrétien de Troyes ont lancé, ou au moins développé, la mode des aventures chevaleresques ayant pour cadre la cour d'Arthur. Le héros peu connu jusqu'alors du *Chevalier à la charrette* devient le protagoniste de l'immense roman de *Lancelot* (plus de 3 000 pages).

Mais le Graal a frappé vivement les imaginations. Après les « Continuations » en vers de l'œuvre de Chrétien de Troyes, tout un cycle romanesque s'organise autour de deux pôles : l'un sacré, c'est le Graal, calice de la Cène transporté en Occident par Joseph d'Arimathie, l'autre profane, c'est l'amour adultère de Lancelot et de la reine Guenièvre. Le *Lancelot* en constitue le volet central, précédé d'une *Estoire del saint Graal* et d'un *Merlin* qui raconte les aventures miraculeuses de l'enchanteur « fils du diable », et suivi de *La Queste del saint Graal*, tout empreinte de rigueur cistercienne, et qui voit l'assomption définitive du Graal et la mort du parfait chevalier Galaad, fils de Lancelot. Dans *La Mort le roi Artu* s'achève le monde arthurien, en une sorte de « crépuscule des dieux » émouvant.

◀ Nigel Terry, le roi Arthur dans *Excalibur*, film de John Boorman, 1981.

La Mort le roi Artu (vers 1230)

*** *La Mort le roi Artu*

C'est dans ce roman, l'un des plus beaux exemples de prose médiévale avec le *Perlesvaus*, que s'achèvent les aventures du monde arthurien : l'ère de gloire et de prospérité qui a commencé sous l'égide de Merlin avec le couronnement du roi Arthur touche à son terme. Les compagnons de la Table Ronde, qui ont survécu au départ du Graal, tâchent de se distraire en courant les tournois, ou en renouant avec leurs anciennes amours : c'est le cas de Lancelot et de Guenièvre. Mais les frères de Gauvain, qui ont toujours été jaloux de Lancelot, le dénoncent à Arthur. Guenièvre va être brûlée vive, quand Lancelot la délivre, tuant hélas ! pour ce faire l'un des frères de Gauvain : désormais celui-ci nourrira une haine inexpiable à l'endroit de son ancien compagnon.

Après le retour de la reine auprès d'Arthur, grâce à l'entremise du pape, c'est Gauvain qui pousse son oncle à aller en Petite-Bretagne faire la guerre à Lancelot retourné dans son royaume. Il y est blessé à mort dans un duel avec son ex-ami, et Arthur apprend que Mordret, son soi-disant neveu (en fait son fils incestueux), à qui il a confié le royaume et la reine en son absence, s'est révolté contre lui. Il retourne en hâte en Grande-Bretagne, sans se réconcilier officiellement avec Lancelot comme le lui recommande Gauvain sur son lit de mort. Il subit de lourdes pertes en débarquant : les chevaliers qui ont franchi sans dommage plus d'un demi-siècle d'aventures romanesques meurent sans raison et sans gloire sous les coups de l'usurpateur.

Dans une dernière bataille qui oppose les derniers héros de la Table Ronde aux barons félons qui ont suivi Mordret, celui-ci et Arthur s'entretuent. Arthur quitte le champ de bataille, blessé mortellement, avec Girflet son écuyer.

La mort d'Arthur

Alors le roi appelle Girflet et lui dit : « Allez à ce tertre, où vous trouverez un lac et jetez-y mon épée, car je ne veux pas qu'elle reste en ce royaume, pour que les mauvais héritiers qui y demeureront n'en-
5 trent pas en sa possession. — Sire, fait-il, j'obéirai à votre commandement, mais j'aimerais bien mieux, si vous le vouliez, que vous me la donniez. — Je ne le ferai pas, dit le roi, car elle ne serait pas bien employée en vous. Alors Girflet monta sur le tertre,
10 et quand il fut près du lac, il tira l'épée du fourreau et se mit à la regarder. Et elle lui parut si bonne et si belle qu'il pensa que ce serait grand dommage de la jeter en ce lac, comme le roi l'avait commandé, car ainsi elle serait perdue ; mieux vaut qu'il y jette
15 la sienne et dise au roi qu'il lui a obéi ; alors il détache son épée et la jette dans le lac, et il repose l'autre dans l'herbe ; alors il revient auprès du roi, et lui dit : « Sire, j'ai fait votre commandement car j'ai jeté votre épée dans le lac. — Et qu'as-tu vu ?
20 demande le roi. — Sire, je n'ai rien vu, qui ne soit bon. — Ha ! fait le roi, tu me tourmentes ; retourne là-bas, et jette-la, car tu ne l'as pas encore fait. » Et Girflet retourne au lac et tire tout de suite l'épée du fourreau, et commence à se lamenter sur elle très
25 fort, et dit que ce serait trop dommage de la perdre ainsi ; et il pense alors qu'il va jeter le fourreau et gardera l'épée, car elle pourrait bien encore servir à lui ou à un autre ; ainsi il prend le fourreau et le jette rapidement dans le lac, puis il reprend l'épée et la
30 dépose sous un arbre, et revient en hâte au roi et lui dit : « Sire, j'ai fait votre commandement. — Et qu'as-tu vu ? fait le roi. — Sire, je n'ai rien vu que je n'aurais pas dû voir. — Ha ! dit le roi, tu ne l'as pas encore jetée ; pourquoi me tourmentes-tu tant ?
35 Va, jette-la, tu sauras ainsi ce qui se passera, car elle ne sera pas perdue sans un grand prodige. » Quand Girflet voit qu'il faut qu'il obéisse, il revient là où était l'épée, il la prend et commence à la regarder avec chagrin et à se lamenter sur elle, et il dit : « Bonne
40 et belle épée, quel dommage que vous ne tombiez pas entre les mains d'un homme de valeur ! » Alors il la lance dans le lac, le plus loin qu'il peut ; et à l'instant où elle s'approcha de la surface de l'eau, il vit une main qui sortit du lac, et apparut jusqu'au
45 coude, mais il ne vit rien du corps auquel appartenait la main ; et la main prit l'épée par la poignée, et se mit à l'agiter trois ou quatre fois vers le haut.

Quand Girflet eut vu cela bien clairement, la main rentra dans l'eau avec l'épée, et il attendit sur place
50 un grand moment pour savoir si elle ferait une autre apparition ; et quand il vit qu'il perdait son temps pour rien, il quitta le lac et vint auprès du roi ; et il lui dit qu'il avait jeté l'épée dans le lac et il lui raconta ce qu'il avait vu. « Par Dieu, fait le roi, je pensais bien
55 que ma fin était toute proche. » Alors il s'absorbe dans ses pensées, et dans cette réflexion les larmes lui montent aux yeux. Et quand il a passé un grand

« Un chevalier en armes », dans *Excalibur*.

moment à cette réflexion, il dit à Girflet : « Il faut que vous partiez d'ici et que vous vous sépariez de moi,
60 si bien que vous ne me verrez plus jamais de votre vivant. — A de telles conditions, dit Girflet, je ne me séparerai de vous à aucun prix. — Vous le ferez, dit le roi, ou vous encourrez ma haine mortelle. — Sire, fait Girflet, comment cela pourrait-il être, que je vous
65 laisse ici tout seul et que je m'en aille ? Et en plus vous me dites que je ne vous reverrai jamais ! — Il faut, dit le roi, que vous fassiez ce que je vous dis. Allez-vous en vite d'ici, car il n'est pas question de vous attarder ; et je vous en prie au nom de l'amour
70 qui a été entre vous et moi. » Quand Girflet entend qu'il l'en prie si doucement, il répond : « Sire, je ferai ce que vous me commandez, tout en étant plus triste que personne ne l'a jamais été ; mais, s'il vous plaît, dites-moi au moins si vous croyez que je vous re-
75 verrai jamais. — Non, dit le roi, soyez-en sûr. — Et où avez-vous l'intention d'aller, beau seigneur ? — Cela, je ne vous le dirai pas, dit le roi. » Et quand Girflet voit qu'il ne pourra rien faire de plus, il monte à cheval et se sépare du roi ; et, tout de suite après
80 son départ, une pluie se mit à tomber, très violente et merveilleuse, qui l'accompagna jusqu'à un tertre éloigné du roi d'une bonne demi-lieue ; et quand Girflet fut arrivé au tertre, il s'arrêta sous un arbre pour attendre que la pluie soit passée et commença
85 à regarder du côté où il avait laissé le roi ; alors il vit venir sur la mer une nef qui était remplie de dames ;

et quand la nef toucha la rive là où était le roi, elles s'approchèrent du bord ; et la plus importante parmi elles tenait Morgue, la sœur du roi Arthur, par la main, et elle commença à appeler le roi, pour qu'il entre en la nef ; et le roi, dès qu'il vit Morgue sa sœur, se leva en toute hâte du sol où il était assis, et il entra dans la nef avec ses armes, en tirant son cheval après lui. Quand Girflet, qui était au tertre, eut regardé tout cela, il revint en arrière de toute la vitesse de son cheval, et arriva enfin à la rive ; et quand il fut arrivé, il vit le roi Arthur au milieu des dames, et il reconnut bien Morgue la fée, car il l'avait vue maintes fois ; et la nef en peu de temps s'éloigna de la rive de plus de huit portées d'arbalète ; et quand Girflet vit qu'il avait ainsi perdu le roi, il mit pied à terre sur la rive, et manifesta la plus grande douleur du monde ; et il resta là tout le jour et toute la nuit sans boire ni manger, et il ne l'avait pas fait non plus le jour précédent.

La Mort le roi Artu (vers 1230),
traduction d'Anne Berthelot

COMMENTAIRE COMPOSÉ

1. La peinture des caractères

Comment apparaissent les deux personnages ? Que dénotent les hésitations de Girflet à jeter l'épée dans le lac ? Quel est l'état d'esprit d'Arthur ? De quel sentiment témoigne le désespoir de Girflet ?

2. Le « conte de fées »

Quelle est la structure du passage ? Quels sont les motifs de contes qui y affleurent ? Comment sont-ils intégrés à un roman ? A partir de ce passage, ébauchez la distinction entre récit long et conte merveilleux.

3. Le contenu de la merveille

Distinguez les différents éléments. En quoi se rattachent-ils à l'ensemble du cycle arthurien ? Aux vieilles légendes celtiques ? Le texte insiste-t-il sur l'aspect prodigieux, ou semble-t-il banaliser la « merveille » ?

RECHERCHE

L'Au-delà breton ; le merveilleux arthurien et le folklore contemporain : leurs points communs, leurs différences.

Perlesvaus (vers 1210)

La date de ce roman est très controversée, puisque certains prétendent qu'il s'agit d'un des premiers textes en prose (écrit aux environs de 1210), et que d'autres en placent la rédaction après le cycle du Lancelot-Graal *(1260-1270). C'est en tout cas l'**un des plus beaux textes de prose médiévale, qui a trait à la matière du Graal** mais la **traite de manière très originale**, en mêlant les scènes d'une grande sauvagerie (supplices, anthropophagie) et les analyses les plus raffinées.*

Le chevalier au Dragon

*Le très court passage suivant montre un combat entre Perlesvaus, héros éponyme du roman, qui occupe la place de Perceval dans le roman de Chrétien, mais **fonctionne de manière très différente**, et un mystérieux chevalier maléfique, dont le bouclier porte une tête de dragon vivante qui crache du feu : signe de l'origine diabolique du chevalier, bien sûr...*

(Perlesvaus) voit le Chevalier au Dragon à cheval. Il le regarde en s'émerveillant de sa taille ; car jamais il n'a vu un homme aussi grand et large. Il voit l'écu à son cou, qui était très grand, noir et hideux. Il voit au milieu la tête du dragon, qui jette feu et flamme avec grande ardeur, si laids et si horribles que tout le
5 champ de bataille en est empuanti. [...] Après avoir reçu ce coup, Perlesvaus le poursuit et le frappe si énergiquement qu'il lui coupe le poing avec son épée. Le chevalier jette un grand cri, et la reine et ceux du palais en l'entendant sont très joyeux. Le chevalier ne manifeste pas qu'il est encore conquis, mais il se lance à toute allure contre Perlesvaus, et relance la flamme de son écu ; mais cela ne
10 lui sert à rien, car il ne peut lui faire de mal. Perlesvaus voit la tête du dragon grande, large et horrible. Il la vise avec son épée, et lui enfonce celle-ci dans la gorge aussi droit qu'il le peut. Et la tête du dragon jette un si grand cri que tout le champ et la forêt en retentissent jusqu'à deux lieues gauloises. La tête du dragon se tourne vers son seigneur en grande colère, elle le brûle et le réduit en
15 cendres, puis la tête du dragon s'en va tout comme la foudre.

Perlesvaus (vers 1210),
traduction d'Anne Berthelot

Les Mabinogion

*Il s'agit d'un groupe de **textes courts gallois**, qui présentent des ressemblances frappantes avec le contenu folklorique ou mythique des romans arthuriens et courtois français. On a longtemps considéré comme allant de soi l'ancienneté des Mabinogion, ou plus exactement des différentes branches du Mabinogi, considérées comme la **mise en écrit d'une très antique tradition orale**.*

Dans cet ordre d'idées, le mabinogi de Peredur ab Evrawc passait pour la source du Conte du Graal de Chrétien. En fait, bien que certains passages du Mabinogi soient sans doute très anciens, on croit aujourd'hui qu'ils se sont plutôt inspirés des textes français, en n'en comprenant pas toujours le sens.

Le texte ci-dessous est extrait du Mabinogi de Kulhwch et Olwen, le plus intéressant et peut-être celui qui remonte à la période la plus archaïque. Il s'agit essentiellement de la conquête d'Olwen par Kulhwch, qui a droit à l'aide et à la protection d'Arthur, et sait les obtenir bon gré mal gré grâce au jeu des « dons contraignants » et des « geasa » qui pèsent sur lui et sur le roi.

Une arrivée fracassante

***

Le roi Arthur et sa cour sont à table ; un jeune homme se présente, mais le portier lui refuse l'entrée. L'hôte inattendu menace alors de pousser « trois cris tels qu'il n'y en aura jamais eu de plus mortels... » dans le royaume. Le portier va informer le roi de la présence de ce visiteur.

Glewlwyt se rendit à la salle : « Y a-t-il du nouveau à la porte ? » dit Arthur. — Les deux tiers de ma vie sont passés ainsi que les deux tiers de la tienne. J'ai
5 été à Kaer Se et Asse, à Sach et Salach, à Lotor et Fotor ; j'ai été à la grande Inde et à la petite ; j'étais à la bataille des deux Ynyr quand les douze otages furent amenés de Llychlyn (de Scandinavie) ; j'ai été en Europe (Egrop), en Afrique, dans les îles de la Corse (Corsica), à Kaer Brythwch, Brythach et Ner-
10 thach ; j'étais là lorsque tu tuas la famille de Cleis fils de Merin ; lorsque tu tuas Mil Du, fils de Ducum ; j'étais avec toi quand tu conquis la Grèce en Orient ; j'ai été à Kaer Oeth et Anoeht ; j'ai été à Kaer Nevenhyr : nous avons vu là neuf rois puissants, de
15 beaux hommes : eh bien ! je n'ai jamais vu personne d'aussi noble que celui qui est à la porte d'entrée en ce moment ! — Si tu es venu au pas, dit Arthur, retourne en courant. Que tous ceux qui voient la lumière, qui ouvrent les yeux et les ferment, soient
20 ses esclaves ; que les uns le servent avec des cornes montées en or, que les autres lui présentent des tranches de viandes cuites et poivrées, en attendant que sa nourriture et sa boisson soient prêtes. C'est pitié de laisser sous la pluie et le vent un homme
25 comme celui dont tu parles. — Par la main de mon ami, s'écria Kei[1], si on suivait mon conseil, on ne violerait pas les lois de la cour pour lui. — Tu es dans le faux, cher Kei, dit Arthur ; nous sommes des hommes de marque à proportion qu'on a recours à
30 nous ; plus grande sera notre générosité, plus gran- des seront notre noblesse, notre gloire et notre considération. »

Glewlwyt se rendit à l'entrée et ouvrit la porte au jeune homme. Quoique tout le monde descendît à
35 l'entrée sur le montoir de pierre, Kulhwch, lui, ne mit pas pied à terre et entra à cheval. « Salut ! s'écria-t-il,

Le roi Arthur et les chevaliers de la Table Ronde,
miniature du XIIe siècle.
Paris, B.N.

chef suprême de cette île ; salut aussi bien en haut qu'en bas de cette maison, à ta suite, à tes capitaines ; que chacun reçoive ce salut aussi complet que je l'ai adressé à toi-même. Puissent ta prospérité, ta gloire et ta considération être au comble par toute cette île. — Salut aussi à toi, dit Arthur ; assieds-toi entre deux de mes guerriers ; on t'offrira les distractions de la musique et tu seras traité comme un prince royal, futur héritier d'un trône, tant que tu seras ici. Quand je partagerai mes dons entre mes hôtes et les gens de loin, c'est par ta main que je commencerai, dans cette cour. — Je ne suis pas venu ici, dit le jeune homme, pour gaspiller nourriture et boisson. Si j'obtiens le présent que je désire, je saurai le reconnaître et le célébrer ; sinon, je porterai ton déshonneur aussi loin qu'est allée ta renommée, aux quatre extrémités du monde. — Puisque tu ne veux pas séjourner ici, dit alors Arthur, tu auras le présent qu'indiqueront ta tête et ta langue, aussi loin que sèche le vent, que mouille la pluie, que tourne le soleil, qu'étreint la mer, que s'étend la terre, à l'exception de mon navire et de mon manteau, de Kaledvwlch[2], mon épée, de Rongomyant, ma lance ; de Gwyncb Gwrthucher, mon bouclier ; de Karnwenhan, mon couteau, et de Gwenhwyvar[3], ma femme ; j'en prends Dieu à témoin, je te le donnerai avec plaisir. Indique ce que tu voudras. — Je veux que tu mettes

65 en ordre ma chevelure. — Je le ferai. » Arthur prit un peigne d'or, des ciseaux aux anneaux d'argent, et lui peigna la tête. Il lui demanda ensuite qui il était : « Je sens que mon cœur s'épanouit vis-à-vis de toi ; je sais que tu es de mon sang : dis-moi qui
70 tu es. — Je suis Kulhwch, répondit le jeune homme, le fils de Kilydd, fils du prince Kelyddon, par Goleuddydd, ma mère, fille du prince Anllawdd. — C'est donc vrai, tu es mon cousin. Indique tout ce que tu voudras et tu l'auras ; tout ce qu'indiqueront
75 ta tête et ta langue. — Sur la justice de Dieu et les droits de ton royaume ? — Je te le donnerai volontiers. »

« Je demande que tu me fasses avoir Olwen, la fille d'Yspaddaden, le chef des géants, et je la réclamerai
80 aussi à tes guerriers. » Voici ceux à qui il réclama son présent : Kei ; Bedwyr ; Greidawl Galltovydd ; Gwythyr, fils de Greidawl ; Greit, fils d'Éri ; Kynddelic Kyvarwydd ; Tathal Tywyll Goleu ; Maelwys, fils de Baeddan[4].

Les Mabinogion, in *L'Arbre double*,
traduction de J. Lot,
© éd. Presses d'aujourd'hui, 1979

---

1. Le sénéchal Keu des romans français. — 2. Excalibur. — 3. La reine Guenièvre (Gwenhwyvar veut dire « Blanc Fantôme »). — 4. « Noble Porc », fils de « Sanglier » (sans aucune valeur négative).

***

Kulhwch énumère alors trois pages de noms gallois qui passent en revue tous les chevaliers de la cour d'Arthur. Celui-ci temporise, mais sous peine de perdre son honneur, il doit finalement s'engager dans cette aventure ; pour obtenir la jeune fille, il faut s'opposer au géant Yspaddaden Penkawr (« Tête-de-Chardon »), qui réclame comme prix pour la cession de sa fille un certain nombre d'objets magiques. Lorsque ceux-ci sont tous rassemblés, il se laisse tuer, et Kulhwch possède Olwen.

GROUPEMENT THÉMATIQUE

Survie du Graal et de la chevalerie

ARIOSTE : *Roland Furieux*, 1532. — CERVANTES : *Don Quichotte*, 1605-1615. — TENNYSON : *The Idylls of the King*, 1859-1885. — WAGNER : *Parsifal*, 1877-1882. — Jean COCTEAU : *Les Chevaliers de la Table Ronde*, 1937. —

Julien GRACQ : *Le Roi Pêcheur*, 1948. — J.-R. TOLKIEN : *Le Seigneur des Anneaux*, 1972-1973. — T.-H. WHITE : *Rex quondam rexque futurus*, 1973. — John STEINBECK : *Le Roi Arthur et ses preux chevaliers*, 1976. — Jacques ROUBAUD : *Graal-Fiction*, 1978. — ROUBAUD-DELAY : *Graal-Théâtre*, 1981. — M. ZIMMER-BRADLEY : *Les Dames du Lac*, 1985.

Pour vos essais et vos exposés

Jean RYCHNER : *La Chanson de Geste, Essai sur l'art épique des jongleurs*, éd. Droz, 1955.
Erich AUERBACH : *Mimésis*, éd. Gallimard, 1968.
Jean FRAPPIER : *Amour courtois et Table ronde*, éd. Droz, 1973.
Paul ZUMTHOR : *Langue, Texte, Énigme*, éd. Le Seuil, 1975.

Joël GRISWARD : *Archéologie de l'épopée médiévale*, éd. Payot, 1981.
Alexandre LEUPIN : *Le Graal et la Littérature*, éd. L'Age d'Homme, 1982.
Charles MELA : *Blanchefleur et le Saint Homme, ou la semblance des reliques*, éd. Le Seuil, 1979. — *La Reine et le Graal*, ibidem, 1984.
Jean-Charles HUCHET : *Le Roman médiéval*, P.U.F., 1985.
Michel ZINK : *La Subjectivité littéraire*, P.U.F., 1985.
Daniel POIRION : *Résurgences*, P.U.F., 1986.

Charles Mela
La Reine et le Graal

Le roman et le mythe

Mais le problème posé par l'écrit littéraire est de savoir à quel titre y intervient le mythe. Celui-ci est, en effet, mis en œuvre par une écriture romanesque qui offre moins un sens à déchiffrer qu'elle n'adresse plutôt une question au sens lui-même. La littérature, c'est devenu un lieu commun, ne se réduit pas à la fonction d'un message, même s'il s'y laisse lire. Elle a moins la charge de véhiculer un sens que de manifester par un certain usage de la lettre que le sens, justement, ne va pas de soi et porte en lui sa propre obscurité. Elle serait l'effort, partiellement illusoire, pour que le sens ne soit pas aveugle à lui-même. La critique, dans notre conception, devrait moins se poser la question *du* sens que montrer comment, répétons-le, question est faite *au* sens et que là gît, pour l'écrivain, en dépit ou à cause de ses conceptions morales propres, son obsession véritable. La littérature se définit simplement comme un écrit préoccupé de sa lettre, et par elle !

En quoi le mythe lui sert-il ? Il semble que lui soit confiée la clef du récit, mais pour qu'elle échappe à ce dernier. La scène du Graal, dans le roman de Chrétien, ménage la capture en miroir du récit qui s'y reflète. Les moments décisifs d'un parcours s'y représentent. Les éléments constitutifs du mythe précédemment analysé se sont, en effet, insérés dans le roman par leur propre métaphore et le récit s'est ainsi déployé comme la dimension imaginaire du mythe. La stérilité qui résulte de l'insuffisance du héros donne lieu au motif de la Terre *Gaste*, dont la fonction est d'appeler celui-ci à la conscience, de le prévenir sur la voie de son égarement ; l'abus sexuel, que réfléchit inversement l'horreur de la blessure, se dissimule dans l'ombre de certains objets, la Lance notamment, à l'éclat fascinateur, dont l'étrange pouvoir excède le sens « courtois », c'est-à-dire le bon usage chevaleresque ; le défaut de parole, enfin, autorise une caractérisation d'apparence psychologique : le héros niais, multipliant les questions inopportunes et les gestes maladroits. S'il avait su lire, le héros, parvenu au château du Roi Pêcheur, eût déchiffré ces signes, mais il est connu qu'un miroir ne révèle jamais rien ; il renvoie seulement à l'observateur l'énigme de la scène qui s'y contemple. La relation spéculaire significative entre le récit romanesque et l'épisode mythique désigne avec clarté les éléments en jeu, mais ne livre juste-ment pas tout le sens, ou plutôt laisse, dans le sens, quelque chose à désirer. Plus la scène du Graal se noue étroitement par tout un réseau de relations aux aventures de Perceval, plus s'épaissit le mystère de la tragédie familiale et de la figure paternelle. L'infirmité du père, sa mort, due au deuil de ses fils, se soustraient à la prise du récit, mais font pourtant peser une dette sur le héros sans qu'il le soupçonne ni surtout que rien l'avoue : son seul péché et sa seule conscience concernent sa mère. Au moment où le roman prend un sens qui ordonne l'ensemble des aventures, ce qui lui impose sa loi résiste au récit, fait difficulté à son sens. Le héros doit apprendre à reconnaître comme sa vérité propre l'espace d'un manque, mais l'appel à la conscience est venu de ce que le savoir s'est refusé. La formulation négative de la vérité dans la scène mythique (en tant que celle-ci réfléchit les données dont le roman lui a emprunté la métaphore) n'en a d'aucune façon rendu raison. Mais c'est en quoi l'échec de Perceval, funeste sur le plan de l'histoire, ouvre en revanche au récit la voie libératrice d'un questionnement. Car le sens du roman se bâtit sur ce que le recours au mythe, comme récit masqué et jeu d'ombres, y dénonce de faille ; il vient, en effet, dans le prolongement de la parole pieuse de la mère et de l'oncle ermite, se substituer et suppléer à ce qui s'indiquait, à travers les effets de miroir du château du Graal, comme la place vide du père. Mais, en tirant ainsi parti du mythe comme d'un révélateur de l'image latente qui lui échappe, le roman, à la différence de son héros, pose, en dépit de tout, la question par laquelle écrire se distingue de croire. L'écrivain n'a de cesse qu'il n'ait, par ses jeux de figure, dessiné les points de résistance au sens qu'il imprime à sa matière. Autre définition de la « conjoncture » ! En posant la question du sens, Perceval se fût arraché à la fascination de l'arme qui se représente à travers l'horreur de la mutilation sexuelle ; mais cette hypothèse est, par le roman, condamnée à s'énoncer à l'irréel : qu'il en ait été empêché, en effet, donne au récit sa chance d'enchaîner à son tour sur ce qui le fait exister et l'autorise à faire question au sens qu'il va s'acharner à construire à partir de cet échec.

LE RÉCIT : RÉALISME ET COURTOISIE

JEAN RENART,

LA CHÂTELAINE DE VERGI, LE ROMAN DE RENART, LES FABLIAUX

« Jadis avint c'uns chevaliers preuz et cortois et beax parliers et saiges et bien entechiez... »

Des tresces, fabliau

Un amoureux est attaché par sa dame, miniature allemande du XIVe siècle. Heidelberg, Bibl. Universitaire.

Le « réalisme »

1. La décadence de la chanson de geste

Dès le début du XIIIᵉ siècle, la chanson de geste apparaît comme un genre archaïque : c'est le roman qui a le vent en poupe. Mais quel roman ? La **trilogie des romans antiques**, bien qu'elle ait connu, si l'on en juge par les manuscrits conservés, un certain succès, **ne correspond plus vraiment au milieu culturel dans lequel peuvent se recruter les lecteurs** — ou plutôt les auditeurs — d'un texte littéraire. La veine antique, ou sa variante byzantine, ne connaît qu'une exploitation très discrète au cours du XIIIᵉ siècle. En revanche, la matière de France est à l'honneur. Les romans arthuriens se multiplient, qu'il s'agisse des grands cycles en prose ou de tardifs textes en vers. Mais **le monde qu'ils décrivent est totalement utopique** : le roman « chevaleresque » est fondé sur un système social qui entre en décadence dès le XIIᵉ siècle. Le principe même de la littérature arthurienne la condamne à être hors du monde, sans prise directe sur l'actualité ; plus dangereux encore : l'idéologie courtoise, la théorie de la *fin'amor*, tendent à être assimilées au substrat romanesque arthurien, au lieu de trouver leur place dans l'univers réel.

2. De la nouvelle au roman courtois

C'est en réaction contre ce péril qu'apparaissent les romans courtois non arthuriens, ainsi qu'un « genre » nouveau, qui est l'ancêtre de la nouvelle : une situation courtoise donnée ne justifie pas de très longs développements. Souvent, il s'agit seulement d'illustrer un « cas » possible dans le système de la *fin'amor*, ou encore de décrire une situation exemplaire. La « nouvelle » courtoise tient le milieu entre le poème (la chanson d'amour), et le véritable roman. Tous les éléments superflus en sont éliminés. **On privilégie l'expression nuancée des sentiments** (dialogues et monologues intérieurs) **dans un cadre romanesque minimal** — voir *La Châtelaine de Vergi* — et la délicatesse de l'analyse — voir le *Lai de l'ombre*, petit chef-d'œuvre attribué à Jean Renart, où tout l'art consiste dans la subtilité de la pointe finale.

Cependant, il existe aussi des **romans courtois d'une taille plus conséquente**. Ils ont tendance à étoffer leur matière un peu mince par tout le matériau le plus « romanesque » que l'on peut trouver : enlèvements, coïncidences, retrouvailles inespérées, etc. Mais tout cela est supposé avoir lieu dans le monde réel, et contemporain : les références à des personnages historiques repérables se multiplient, par exemple à l'occasion des tournois, qui comprennent de véritables listes des participants. Ce genre est pratiqué avec succès par Jean Renart, auquel on attribue trois romans emprunts de « réalisme courtois », et une « nouvelle », le *Lai de l'ombre*.

En contrepoint à l'invariable noblesse des personnages et des situations décrites par le roman, il est normal que se dessine une réaction qui prenne en compte des éléments moins nobles : au lieu de l'amour courtois, la sexualité débridée et l'obscénité des fabliaux.

Valve de boîte à miroir, XIVᵉ siècle.
Paris, Musée du Louvre.

v. 1170	Premières « branches » du *Roman de Renart*	**Iᵉʳ tiers du XIIIᵉ s.**	*Courtois d'Arras*
1170	*Richeut* (fabliau)	**v. 1250**	*La Châtelaine de Vergi*
1202	Jean Renart : *Lai de l'ombre*	**1290**	Jacquemart Gelée : *Renart le Nouvel*
Iʳᵉ moitié du XIIIᵉ s.	Jean Renart : *Le Roman de la Rose* ou *de Guillaume de Dole*	**1340**	Jean de Condé : *Fabliaux*

1. Le roman

Jean Renart (1re moitié du XIIIe siècle)
Le Roman de Guillaume de Dole

Cet écrivain peut être considéré comme un héritier de Chrétien de Troyes, pour le ton courtois de ses ouvrages, mais est complètement original en ce qui concerne le cadre dans lequel il place ses œuvres.

Le *Lai de l'ombre* est un modèle de délicatesse courtoise, et l'ancêtre du genre qu'on appellera « nouvelle ». Un chevalier, repoussé par une dame qu'il aime de « fin'amor », jette l'anneau qu'il voulait lui offrir en gage d'amour dans un puits où elle se reflète ; « c'est, dit-il, la personne que j'aime le mieux au monde après vous. » Touchée par une telle finesse, la dame accorde son amour à son prétendant.

Galeran de Bretagne, l'un des romans que l'on attribue sans garantie à Jean Renart, reprend et développe l'un des *Lais* non féeriques de Marie de France, celui de *Fresne*. Les œuvres les plus importantes du poète restent *L'Escoufle*, rocambolesque histoire de deux jeunes gens séparés par un « épervier » qui vole une bague, et réunis grâce à une série d'heureuses coïncidences, et le *Roman de la Rose*, que l'on appelle aussi *Roman de Guillaume de Dole*, pour le distinguer de l'autre *Roman de la Rose*, de Guillaume de Lorris et Jean de Meun (voir pp. 20-24), dont la première partie doit être à peu près contemporaine du roman de Jean Renart.

*** **Le Roman de la Rose** ou **de Guillaume de Dole**

L'empereur Conrad mène la vie qui convient à un véritable chevalier ; il se prend d'affection pour un de ses jeunes nobles, assez pauvre, nommé Guillaume de Dole ; découvrant que celui-ci a une sœur d'une merveilleuse beauté, l'empereur en tombe amoureux sans la voir (c'est *l'amor de lonh* ébauchée par Jaufré Rudel) et décide de l'épouser. Le sénéchal, furieux et jaloux de l'ascension fulgurante du frère et de la sœur, décide d'empêcher le mariage ; il se rend à Dole, fait bavarder la mère de la « belle Lienor », et apprend que celle-ci a un grain de beauté en forme de rose sur la cuisse.

A son retour, le sénéchal prétend avoir été l'amant de la jeune fille et prouve ses dires en révélant l'existence de la rose. L'empereur renonce évidemment à son projet, et Guillaume fou de rage veut aller tuer sur le champ sa sœur. Celle-ci décide alors de se justifier en montant un piège ingénieux à l'adresse du sénéchal : elle s'arrange pour lui faire parvenir certains objets au nom de sa « dame », puis l'accuse devant l'empereur de l'avoir violée, sans révéler sa véritable identité ; les objets sont découverts sur le sénéchal, les preuves sont accablantes ; mais comme le sénéchal est noble, l'empereur lui accorde le droit de se justifier s'il peut par le jugement de Dieu.

Renversement de situation

Puis n'i ot onques point d'arrest ;
li juïses fu lués tot prest
au moustier mon segnor saint Pierre,
qui ert coverz de fuelle d'ierre.
Tuit i vienent, prince et demaine,
et li seneschaus q'en amaine ;
et la pucele vint ovoeqes,
par le conseil des arcevesqes,
por veoir la bone droiture.
A grant honte, por sa ceinture,
fu li seneschaus esgardez.
Lués droit qu'il fu laienz entrez
en l'eve qui estoit segniee,
lués droit, plus tost q'une coigniee,
s'en vet au fons trestoz li cors,
si que la bele Lïenors
vit qu'il fu sauz, et tuit li autre
qui furent d'une part et d'autre
entor la cuve atropelé.
Li clerc en ont mout Deu loé
en lor chanz et en sains soner.

Après cela on ne tarde pas :
Le jugement de Dieu fut tout prêt
A l'église de monseigneur Saint Pierre,
Qui était couvert de feuilles de lierre.
5 Tous y viennent, le prince et sa suite,
Et le sénéchal qu'on amène ;
Et la pucelle vint avec eux,
Sur le conseil des archevêques,
Pour voir la justification.
10 Le sénéchal était considéré
Avec reproche, à cause de la ceinture.
Dès l'instant qu'il fut entré
Dans l'eau qui avait été bénite,
A l'instant même, plus vite qu'une cognée,
15 Le corps s'en va tout au fond
Si bien que la belle Lienor
Vit qu'il était tiré d'affaire, et les autres
Aussi le virent qui de part et d'autre
De la cuve s'étaient attroupés.
20 Les clercs en louent grandement Dieu
Dans leurs chants et en sonnant les cloches.

A grant joie fu remenez
devant l'empereor arriere,
qui s'en est d'estrange meniere
esjoïz, et trestuit li autre.
La pucele, triez un triez autre,
si est ou palés revenue.
Mout est bien la chose avenue
si com el l'avoit proposee.
El ne s'est nes point reposee,
ainz vet devant l'empereor
qui est liez de la grant honor
que Dex a au seneschal fete.
A ce que chascuns se rehete,
sachiez, ne pensoit ele point,
mes a la dolor qui la point
au cuer por l'amor son biau frere.
« Damoisele, fet l'emperere,
or est li seneschaus delivres.

Le sénéchal fut remmené joyeusement
Devant l'empereur,
Qui s'en réjouit beaucoup
25   Ainsi que tous les autres.
La pucelle, sur le champ,
Est revenue au palais.
Tout s'est bien déroulé
Comme elle l'avait prévu.
30   Elle n'a point pris de repos,
Mais elle va devant l'empereur
Qui est joyeux du grand honneur
Que Dieu a fait au sénéchal.
Sachez bien qu'elle ne pensait pas
35   Au soulagement que chacun éprouve,
Mais à la douleur qui tourmente son cœur
Pour l'amour de son beau frère.
« Demoiselle, fait l'empereur,
Le sénéchal est désormais délivré de l'accusation.

40   — Celui dont les clercs chantent la gloire dans les livres,
Fait la douce, la bonne jeune fille,
Sait bien faire telles courtoisies
Et aider ceux qui veulent le bien.
Priez maintenant vos gens qu'ils m'écoutent.
45   Pour Dieu, sire, écoutez le fin mot de l'histoire :
Je suis la jeune fille à la rose,
La sœur de monseigneur Guillaume,
Dont la prouesse m'avait conquis
L'honneur de votre royaume. »
50   En disant cela elle éprouva une grande détresse,
Au point que les larmes coulent sur son visage.
« Et celui-ci, puisse-t-il être sous mes yeux
Mis en pièces par de mauvaises armes,
Fit une visite au manoir et s'arrangea
55   Pour tromper ma bonne mère,
Qui lui dit toute l'histoire
De la rose que j'ai sur la cuisse.
Beau seigneur Dieu, aussi vrai que j'espère
Pouvoir en cette heure obtenir gain de cause,
60   Personne ne le savait à ce moment
Sauf mon frère et ma mère et moi.
[...] Si l'honneur et la seigneurie
De ce royaume me sont destinés,
A moi, pauvre malheureuse que je suis,
65   Quand je ne l'ai pas mérité,
Pour quelle raison les perdrais-je ?
De cela je demande justice à la cour. »
Alors l'empereur lui dit très vite :
« Est-ce vous, mon cœur, mon amie ? »
70   Et elle dit : « N'en doutez pas,
Je suis bien la belle Lienor. »
Il saute sur ses pieds, sous les yeux de tous,
Et la prend dans ses bras ;
Plus de cent fois il lui baise
75   Les beaux yeux, le visage et le front. »

JEAN RENART, *Le Roman de la Rose* ou *de Guillaume de Dole*,
vers 4999-5054 et 5088-5101, traduction d'Anne Berthelot

1. Sur quel **« tour de passe-passe » juridique** repose la ruse de Lienor ?

2. Comment le **jugement de Dieu** est-il présenté ?

3. Quel **rôle joue la foule** dans ce passage ?

4. Que révèle le **discours de Lienor** de son caractère ?

5. **La fin heureuse**. Est-elle parfaitement satisfaisante ?

***

Le mariage est célébré en grande pompe à l'instant, et le sénéchal est envoyé en pèlerinage à Jérusalem.

2. La nouvelle courtoise

La Châtelaine de Vergi (vers 1250)

*Le cadre exotique du roman arthurien ou byzantin est parfois perçu comme un carcan inutile. La mise en scène de l'amour courtois se contente d'un décor plus modeste, ancré dans la réalité du temps, où n'interviennent qu'un petit nombre de personnages : **les figures obligées de l'amant et de la dame**, celle, pratiquement inévitable du médisant ou « lozengier », qui fait le malheur des « fins amants ». L'exemple le plus achevé de cette nouvelle forme littéraire, qui donnera plus tard naissance à la « nouvelle », est sans conteste La Châtelaine de Vergi, texte anonyme en octosyllabes du milieu du XIIIe siècle environ.*

*** La Châtelaine de Vergi

Un « chevalier de Bourgogne » aime une jeune femme appelée dans le texte la châtelaine de Vergi. La condition de cet amour est que le secret, élément indispensable de toute courtoisie, soit respecté. Il l'est pendant longtemps : pour se voir, les deux amants utilisent un système ingénieux, qui leur évite d'introduire des tiers dans leur amour : quand la voie est libre pour l'amant, sa dame envoie un petit chien, un « chienet », jouer dans le verger. La duchesse, épouse du seigneur que sert le chevalier, tombe amoureuse de celui-ci et s'offre à lui. Il la repousse avec indignation ; c'est le motif très reconnaissable de la femme de Putiphar. Ulcérée, la duchesse l'accuse auprès de son mari d'avoir voulu la « honnir ». Le duc a du mal à la croire ; il réclame au chevalier une explication. Le seul moyen pour le malheureux amant de se justifier est de dire qui il aime, et comment il voit sa dame ; sinon il sera banni. Désespéré, le chevalier finit par révéler la vérité.

De parfaits amants

« Ah, seigneur, pitié ! », dit-il. « Je ne sais ce que je pourrais dire, ni ce que je deviendrais ; mais j'aimerais mieux mourir que de perdre ce que je perdrais si je vous avais dit la vérité. Car si elle savait que je l'avais révélé à qui que ce soit... ! »

Alors le duc dit :

« Je vous promets sur mon corps et sur mon âme, et sur l'amour et sur la fidélité que je vous dois comme votre seigneur que jamais de ma vie il n'en sera dit mot à âme qui vive, et que je n'en montrerai pas le moindre signe. »

Et l'autre lui répond en pleurant :

« Seigneur, voici ce que j'ai à dire. J'aime votre nièce de Vergy, et elle m'aime aussi : on ne peut s'aimer davantage. »

« Dites-moi donc, » dit le duc, « puisque vous voulez que cela reste secret, n'y a-t-il personne qui soit au courant, à part vous deux ? »

Et le chevalier lui répond :

« Non, personne au monde. »

« Mais », dit le duc, « cela ne s'est jamais vu ! Comment faites-vous donc, et comment connaissez-vous l'heure et le lieu où vous devez vous rencontrez ? »

« Ma foi, seigneur, » dit-il, « d'une façon bien adroite que je vous dirai, sans rien vous taire, puisque vous êtes déjà au courant de notre amour. »

Alors il lui a raconté toutes ses allées et venues, et la promesse faite au début, et le manège du petit chien. Le duc dit alors :

« Je vous prie de m'accorder qu'à votre prochain rendez-vous je puisse vous accompagner, et y aller avec vous, car je veux savoir sans délai si les choses se passent comme vous le dites. Ma nièce n'en saura rien. »

Les amants, valve de boîte à miroir, XIVe siècle. Paris, Musée du Louvre.

« Seigneur », dit-il, « je le veux bien, pourvu que cela ne vous déplaise pas. Sachez que j'irai ce soir-même. »

Et le duc déclare qu'il ira et que cela ne l'ennuiera
40 pas, mais qu'au contraire ce sera pour lui un plaisir et une distraction. Ensemble ils conviennent de l'endroit où ils se retrouveront à pied, aussitôt la nuit tombée, car la nièce du duc habitait bien près de là.

Ils s'y dirigent, et arrivent au parc. Le duc n'y est
45 pas depuis longtemps quand il voit venir le petit chien de sa nièce au bout du jardin, où il trouve le chevalier qui l'accueille avec joie. Aussitôt le chevalier se met en route, et laisse le duc.

Ce dernier le suit pour arriver le plus près possible
50 de la chambre ; là, il s'arrête et ne bouge plus (il s'était caché derrière un arbre bien touffu et bien large comme derrière un bouclier), et il fait de son mieux pour se cacher.

De là, il voit le chevalier aller vers la chambre, et
55 il en voit sortir sa nièce pour aller à la rencontre du chevalier, sur la pelouse devant la chambre ; et il voit et entend le joyeux accueil qu'elle lui fait en le saluant de la voix et du geste. Aussitôt qu'elle l'aper-çoit elle s'élance hors de la chambre et l'accole de
60 ses beaux bras, et avant même d'engager la conver-sation elle lui donne plus de cent baisers.

Et lui, à son tour, l'embrasse et l'accole en lui disant :

« Ma dame, mon amie, mon cœur, ma passion,
65 mon espoir et tout ce qui m'est cher, sachez que j'ai vraiment envie d'être près de vous comme je le suis

70 en ce moment, car je ne vous ai pas vue depuis longtemps. »

Et elle répond :

« Mon doux seigneur, mon doux ami, mon doux amour, depuis votre départ je n'ai passé jour ni heure que l'attente ne m'ennuyât ! Mais maintenant je ne me plains de rien, car j'ai auprès de moi ce que je veux, et vous êtes en bonne santé et de bonne
75 humeur : soyez donc le bienvenu ! »

Et lui dit :

« Je suis heureux de vous retrouver. »

Le duc — il était tout près de la chambre — a entendu tout ce qui se disait à l'entrée du chevalier,
80 et il a reconnu si bien sa nièce, à sa voix et à son attitude, qu'il n'a plus le moindre doute, et il consi-dère que la duchesse a menti en ce qu'elle lui a dit. Et cela lui plaît beaucoup : maintenant il voit bien que le chevalier n'a aucunement commis la faute
85 dont il l'a soupçonné.

Ainsi il est resté là, toute la nuit, tandis que la dame et le chevalier passaient la nuit dans la chambre, couchés sans dormir dans le même lit, où ils goûtaient une joie et un plaisir si grands qu'il n'est
90 pas sage de le raconter ou d'en entendre parler, à moins de s'attendre soi-même à avoir, en récom-pense de ses souffrances, cette joie qu'Amour donne aux parfaits amants.

La Châtelaine de Vergi, vers 321 à 438 (≃ 1250),
publié et traduit par René Stuip,
Coll. « 10/18 » (Bibliothèque médiévale),
© U.G.E. 1985

***

Le duc, parfaitement convaincu, fait savoir à la duchesse qu'il a accusé à tort le chevalier. Plus furieuse que jamais, la duchesse veut savoir quelle femme lui a été préférée. Faisant alterner les larmes et les promesses, elle obtient de son époux qu'il lui révèle le secret. Elle décide alors de se venger de la Châtelaine, et, lors de la première fête qui se présente, lui parle de son ami. La Châtelaine nie. « Vous avez bien dressé le petit chien », dit alors la duchesse. Désespérée par ce qui, à ses yeux, ne peut qu'être une trahison de son amant, la Châtelaine se lamente longuement, puis tombe morte. Son ami qui la cherche apprend la vérité par une « meschine », une servante qui a tout entendu. Il tire son épée et se suicide sur le corps de sa dame. Le duc, informé par la même jeune fille, ramasse cette épée, marche droit à la duchesse qui danse avec insouciance, et lui tranche la tête. Puis il part en pèlerinage pour expier son crime et sa faute.

LECTURE MÉTHODIQUE

1. Les degrés de l'aveu

Que dénotent les hésitations du chevalier ? Pourquoi le duc n'est-il pas convaincu par la confession de l'identité de la femme aimée ? A quoi sert l'ellipse de la narration à propos du « chienet » ?

2. La scène de transition

Comment se justifie la présence du duc ? Son attitude est-elle conforme au code de la courtoisie ? Et celle du chevalier ? Comment se réconcilient les deux obligations du chevalier, envers son seigneur et envers sa Dame ?

3. La rencontre amoureuse

Quelles en sont les étapes ? Le dialogue des amants est-il original ? Quel rôle joue le commentaire en « voix off » du narrateur ? Comment l'épisode lyrique est-il inscrit dans la trame du récit dramatique ? En quoi cette scène entre le chevalier et la Châtelaine est-elle un modèle du genre ?

EXPOSÉ

Lisez les autres versions de cette nouvelle (même édi-tion). Quelles sont les différences ? Que dénote cette évolution ?

Comparez *La Châtelaine de Vergi* avec les « nouvelles » de la IVe journée du *Décaméron*, de BOCCACE (1350-1355).

3. La satire

Le Roman de Renart (fin du XIIᵉ siècle)

Ce que nous connaissons sous le nom de *Roman de Renart* n'a pas été écrit en une seule fois, ni par un seul écrivain. Les différentes « branches », c'est-à-dire les différentes séries d'aventures, témoignent d'intentions très variées, allant de la critique bon enfant à la satire assassine précisément orientée. L'idée de **décrire un monde animal régi par les mêmes règles et les mêmes passions que le monde humain** est empruntée aux fabulistes, mais elle est traitée avec beaucoup plus d'ampleur dans *Le Roman de Renart*. Les personnages qu'elle met en scène ont connu une immense et immédiate célébrité, à commencer par **Renart le goupil**, dont le nom propre est devenu nom commun. Les peintures, sculptures et autres reproductions de scènes inspirées du *Roman* témoignent de son succès. Rutebeuf lui-même, à la fin du XIIIᵉ siècle, reprend ces motifs dans son poème de *Renart le Bestourné*, décrivant sous les traits de Renart les moines mendiants hypocrites qui, selon lui, mettent le royaume en coupe réglée.

Les premières « branches » du roman ont été écrites dans le dernier quart du XIIᵉ siècle. C'est à cette époque qu'on trouve les passages les plus célèbres, et peut-être les moins agressivement critiques par rapport à l'ordre du monde : le texte littéraire n'est pas encore perçu comme directement contestataire. Au début du XIIIᵉ siècle, les attaques contre la religion et ses représentants, contre le pouvoir royal, se multiplient.

*** *Renart et les anguilles*

Le premier épisode que nous donnons ici est parmi les plus connus : c'est l'hiver, les animaux sont affamés et cherchent tristement leur pitance, tout humanisés qu'ils sont. Renart réussit à dérober à des moines des anguilles qu'il rapporte triomphalement à Malpertuis, son « château », pour sa « femme » Hermeline et leurs deux fils Percehaie et Malebranche. Le loup Ysengrin vient à passer, le ventre vide. Renart, toujours désireux de lui jouer un bon tour, prétend qu'il a obtenu ces anguilles parce qu'il est devenu bénédictin, et que ces anguilles-là mangent tout ce qui est poisson pendant le Carême. Ysengrin se sent aussitôt une irrésistible vocation religieuse ; Renart accepte de le faire moine, mais en profite pour lui infliger un certain nombre de vexations mineures : il le « tonsure » généreusement, par exemple. Puis il l'emmène à la pêche aux anguilles...

« *Celui qui convoite tout perd tout* »

C'était un peu avant Noël, à l'époque où on sale les jambons. Le ciel était clair et plein d'étoiles, et le vivier où devait pêcher Ysengrin était gelé au point qu'on pouvait marcher dessus, à l'exception d'un trou qu'y avaient fait des vilains pour mener boire leurs troupeaux chaque soir. Ils y avaient laissé un seau. Renart vint par là tout joyeux, et regarda son compère : « Seigneur, lui dit-il, approchez-vous. Voici ce qui nous procure beaucoup de poissons, l'outil avec lequel nous pêchons les anguilles et les barbues, et d'autres poissons bons et beaux. » Ysengrin répond : « Frère Renart, prenez-le et attachez-le bien à ma queue ! » Renart le prend et noue sa queue autour au mieux qu'il peut. « Frère, dit-il, il faut que vous vous teniez bien tranquille pour faire venir les poissons. » Alors il s'installe près d'un buisson, le museau entre ses pattes, pour voir ce que l'autre fera. Et Ysengrin est sur la glace. Le seau est enfoncé dans le trou, rempli de belle manière de glaçons. L'eau commence à geler et à enfermer le seau qui est noué à la queue. Le loup croit bien pouvoir se relever et tirer le seau à lui. Il s'y essaie de toutes les manières, il ne sait quoi faire, il s'inquiète. Il commence à appeler Renart, étant donné qu'il ne peut plus se dissimuler, car l'aube est déjà toute proche. Renart a levé la tête ; il regarde autour de lui, il ouvre les yeux. « Frère, dit-il, arrêtez-vous là ! Allons-nous en, beau doux ami ! Nous avons pris assez de poissons. » Et Ysengrin lui crie : « Renart, il y en a trop. J'en ai tant pris que je ne sais quoi faire. » Et Renart commença à rire, et lui a dit ouvertement : « Celui qui convoite tout perd tout. »

La nuit s'achève, l'aube est là, le soleil du matin se lève. Les chemins étaient tout blancs de neige. Et messire Constant des Granges, un vavasseur bien à son aise, qui logeait sur la rive de l'étang, était levé, ainsi que sa maisonnée, qui était pleine de joie et de gaieté. Il a pris un cor, appelle ses chiens et com-

mande qu'on selle son cheval ; il crie et excite sa
40 maisonnée. Et Renart l'entend, il s'enfuit, si loin qu'il
se réfugie dans sa tanière. Et Ysengrin reste dans
une mauvaise situation ; il fait de gros efforts et tire
et retire encore : peu s'en faut qu'il ne déchire sa
peau. S'il veut partir d'ici, il faut qu'il laisse la queue
45 sur place.

Pendant qu'Ysengrin fait des efforts pour se libérer, voilà un serviteur qui arrive au pas de course,
tenant deux lévriers en laisse. Il voit Ysengrin (il se
dirigeait vers lui) sur la glace, tout gelé, avec sa tête
50 pelée[1]. Il le regarde et puis s'écrie : « Ha ! Ha ! Le
loup ! A l'aide ! A l'aide ! » En l'entendant, les chasseurs sortirent de la maison par une barrière avec
tous les chiens. Voilà Ysengrin en mauvaise posture,
car sire Constant vient à la suite, à grande allure sur
55 son cheval, en criant : « A terre ! Laissez, laissez
donc les chiens aller ! » Les rabatteurs détachent les
chiens et ceux-ci se mettent sur la piste du loup. Et
Ysengrin se hérisse fort. Les chasseurs encouragent
les chiens, et les poussent énergiquement. Et Ysen-
60 grin se défend bien, il les mord à belles dents : que
peut-il faire de mieux ? Il préférerait nettement avoir
la paix. Sire Constant a tiré l'épée, il s'approche de
lui pour le frapper. Il descend sur place et vient au
loup sur la glace. Il l'attaque par derrière ; il veut le
65 frapper, mais il l'a manqué. Le coup est tombé en
travers, et sire Constant est tombé à la renverse, si
durement que sa tête saigne. Il se relève avec peine.
Plein de colère il va l'attaquer. Écoutez maintenant
le récit d'un fier combat.

70 Il crut le frapper sur la tête, mais le coup dévie, et
l'épée descend sur la queue ; elle l'a coupée à ras du
derrière ; elle n'a pas manqué son coup, et Ysengrin
qui l'a senti se dégage d'un saut de côté, puis s'en
va en mordant l'un après l'autre les chiens qui lui
75 courent aux fesses. Mais la queue reste en gage, ce
dont il est très dolent et très affligé ; peu s'en faut
que son cœur n'éclate de douleur. Il ne peut rien
faire de plus, il s'enfuit jusqu'à ce qu'il arrive à un
tertre. Les chiens le mordent souvent, et il se défend
80 bien. Une fois au sommet du tertre, les chiens sont
las et recrus. Ysengrin ne tarde pas, il s'enfuit ; il se
repère, et file dans le bois à grande allure. Il rentre
chez lui et il dit et jure qu'il se vengera de Renart, et
ne l'aimera jamais.

Le Roman de Renart (fin du XIIᵉ siècle),
traduction d'Anne Berthelot

1. *Allusion à sa « tonsure ».*

« Renart empereur », miniature
du *Roman de Renart*,
XIVᵉ siècle. Paris, B.N.

POUR LE COMMENTAIRE

1. Comment le **décor** est-il planté ?

2. En quoi, dans la première partie, **le comportement
des deux animaux** est-il « humanisé » ? Qu'est-ce qui
change dans la seconde partie ?

3. Comment sont **présentés** Renart et Ysengrin ? Auquel des deux va la sympathie du lecteur ?

4. Sur quel type d'**effets comiques** repose la scène ?
En quoi la fin est-elle traditionnelle ?

5. Repérez dans le récit du « combat » entre sire
Constant et Ysengrin les éléments qui en font **une parodie
des duels d'épopée**.

*** *Renart teinturier et jongleur*

Tombé par erreur dans une cuve de peinture, Renart en ressort d'une belle couleur jaune. Il est ravi de ce déguisement, qui va lui permettre d'échapper à ses ennemis, nombreux comme d'habitude, et peut-être de leur jouer en même temps quelques mauvais tours. C'est à ce moment qu'il rencontre Ysengrin : il joue alors le rôle du jongleur étranger qui se cherche un mécène. La traduction qui suit est, hélas !, impuissante à rendre les jeux de mots et les effets de dialecte dont se sert Renart dans la version originale.

Ysengrin protecteur des arts

Il se regarde beaucoup, et s'admire ; de joie il se met à rire. Hors du chemin, près d'une haie, où il attendait l'aventure, car il avait faim à démesure, il voit Ysengrin : il en est très troublé, car le loup est très grand et très fort. « Hélas, dit Renart, je suis mort, car Ysengrin est fort et gras, et moi je suis maigre et fatigué à cause de la faim, dont je souffre beaucoup. Je ne crois pas qu'il me reconnaisse ; mais à mon langage, je le sais bien, il m'identifiera tout de suite. J'irai à lui, quel qu'en soit le résultat, et j'apprendrai des nouvelles de la Cour. » Alors il décide en son cœur de changer son langage. Ysengrin regarde de ce côté, et voit venir à lui Renart. Il lève la patte, et fait le signe de croix plus de cent fois, à ce que je crois, avant d'arriver à lui ; il est à deux doigts de s'enfuir tant il a peur. Ensuite, il s'arrête, et dit qu'il n'a jamais vu une telle bête : elle doit venir d'un pays étranger. Voici Renart qui le salue : « God help you, beau sire, dit-il. Moi pas savoir parler ton langue. — Et Dieu vous sauve, beau doux ami. D'où êtes-vous ? de quel pays ? Vous n'êtes pas né en France, ni dans une contrée que nous connaissions. — No, mon seigneur, mais en Bretagne. Moi avoir perdu tout mon gain, et avoir cherché partout mon compagnon. Moi pas avoir su trouver quelqu'un qui me renseigne. Tout le France et tout l'Angleterre, j'ai cherché pour trouver mon compagnon. Moi être demeuré tant à ce pays que je connaître tout le France. Maintenant, vouloir retourner, moi pas savoir où le chercher. Mais avant moi aller à Paris, pour avoir tout appris Français. — Et connaissez-vous un métier ? — Ya, j'être très bon jongleur ; mais être hier dérobé et battu et mon vielle à moi être enlevé. Si moi avoir un vielle, moi faire bon rotrouenge, et un beau lai et une belle chanson pour toi qui sembler prud'homme. Pas avoir mangé deux jours entiers, maintenant mangera volontiers. — Comment t'appelles-tu ? dit Ysengrin. — Moi avoir nom Galopin. Et vous comment, sire beau prud'homme ? — Frère, on m'appelle Ysengrin. — Et foutes-vous né en cette pays ? — Oui, j'y ai vécu longtemps. — Et vous connaître du roi nouvelles ? — Pour quoi ? tu n'as pas de vielle. — Moi servir très volontiers à tout le monde mon répertoire. Je savoir bon lais bretons, de Merlin, de Noton, du roi Arthur et de Tristan, du chèvrefeuille, de saint Brendan. — Et sais-tu le lai de Dame Iseut ? — Ya, Ya, moi absolument savoir tout. » Ysengrin dit : « Tu es très vaillant, et tu sais beaucoup de choses, je crois. Mais, par la foi que tu dois au roi Arthur, as-tu vu, Dieu te garde, un sale rouquin de mauvaise race, un médisant, un traître qui n'a jamais aimé personne, qui trompe tout le monde et passe son temps à tendre des pièges ? [...] Si je pouvais mettre la main dessus, il lui faudrait bientôt mourir ; le roi m'a autorisé à le tuer, il me l'a même commandé. »

Le concert, chapiteau de l'abbaye
St Georges de Boscherville, XIIe siècle.
Rouen, Musée départemental.

***

Renart écoute complaisamment les insultes qui lui sont destinées. Ysengrin, charmé par son interlocuteur, l'invite à venir exercer ses talents à la cour du roi Noble ; mais Renart n'a pas d'instrument... Qu'à cela ne tienne : Ysengrin sait où se trouve une vielle ; il suffit d'aller l'« emprunter » ! Ils arrivent à la ferme et étudient les lieux : les humains dorment, un gros chien sommeille tout près de la cheminée, mais il fait si sombre qu'Ysengrin ne le voit pas.

« Frère, fait-il à Galopin, attends-moi ici, j'irai voir comment je peux l'avoir. — Toi me laisser tout seul ? dit Renart. — Comment ? es-tu donc si couard ? — Couard ? non certes, mais j'ai peur que
5 par là passe quelqu'un : si moi tout seul, il m'emporterait, pour cette raison moi être tout troublé. » Ysengrin l'entend et en rit, son cœur s'attendrit ; et il lui dit : « Au nom de l'amour de Dieu, je n'ai jamais vu un jongleur hardi, pas plus qu'un prêtre coura-
10 geux ou qu'une femme sage. [...] Mais assieds-toi ici par terre, et j'irai chercher la vielle. » Il vient tout droit à la fenêtre, en personne qui connaissait bien les êtres. Elle était maintenue ouverte par un bâton, on avait oublié de la fermer pour la nuit. Ysengrin y
15 monte, par la fenêtre il saute à l'intérieur. Il va tout droit là où la vielle pend, il la décroche, la tend à son compagnon, et celui-ci la met à son cou. Renart réfléchit à ce qu'il fera, à la manière dont il le trompera... « Que jamais je n'ai de bonheur, dit
20 Renart, si je ne le trompe, quoi qu'il arrive ! » Il vient à la fenêtre tout droit, vers le petit bâton qui la retient. Il tire sur le bâton et elle se ferme, et elle enferme Ysengrin à l'intérieur. Il crut qu'elle s'était fermée toute seule. Alors il a grand peur pour sa
25 peau. Au bruit qu'il fit en sautant pour atteindre la fenêtre, le vilain qui était endormi a sauté sur ses pieds tout ahuri ; il crie à sa femme et à ses enfants :

« Debout ! Il y a des voleurs ici. »
Quand Ysengrin voit qu'il se lève et qu'il veut
30 rallumer le feu, il recule un petit peu, il l'attrape par les fesses. Le vilain pousse un cri ; le mâtin l'entend tout de suite : il prend Ysengrin par les couilles, et mord et tire, et secoue dans tous les sens, il arrache tout ce qu'il prend. Et Ysengrin tient bon les fesses
35 du vilain, mais cela ne lui vaut rien, car sa douleur s'accroît, car le chien tient toujours ses couilles. Ils se sont tant battus ici qu'ils ont châtré Ysengrin. Le vilain appelle ses voisins, et ses parents et ses cousins : « Aidez-nous, pour l'amour du Dieu cé-
40 leste ! Il y a des diables par ici. » Quand Ysengrin voit la porte ouverte, et les vilains, félons et mauvais, qui accourent parmi les rues avec des cognées et des massues, il saute de toutes ses forces. Il heurte si fort le vilain qu'il l'abat dans une mare de fumier. Il
45 s'enfuit à toutes pattes. Il ne sait pas où chercher son compagnon. Il s'enfuit à cause des vilains, et ceux-ci lui courent après en criant. Ils trouvent le vilain dans sa boue, si grande et profonde qu'il s'en faut de peu qu'il ne s'y noyât. Ils l'en sortent à grand'peine, et sa
50 plaie ne fut pas saine avant un mois.

Le Roman de Renart,
vers 2325 à 2416 et 2508 à 2596,
traduction d'Anne Berthelot

***

Ysengrin rentre chez lui en piteux état ; il est fort mal accueilli par sa femme, la louve Hersant, qui veut à tout prix qu'il accomplisse son devoir conjugal, ce qu'il est bien en peine de faire ; en découvrant la vérité, Hersant se lamente, renie ce mari inutilisable, et n'en sera que plus facile à prendre pour Renart...

LECTURE MÉTHODIQUE

1. Quelle est **la portée satirique** du déguisement de Renart en jongleur ? De quelle littérature se moque tout particulièrement l'auteur ? En quoi le langage fautif de Renart contribue-t-il à la satire ? De quelle nature sont les sous-entendus du discours de Renart ? Ysengrin en est-il conscient ?

2. Comment Renart s'y prend-il pour manœuvrer Ysengrin ? A quels traits de caractère du loup fait-il successivement appel ? En quoi les insultes d'Ysengrin à Renart « absent » sont-elles comiques ? En quoi son attitude protectrice à l'égard de la couardise du jongleur l'est-elle ?

3. Quel rôle joue Renart dans la scène de bataille finale ? Ysengrin a-t-il besoin d'aide pour se mettre dans

des situations invraisemblables ? Quels sont les points communs de cette scène avec celle de la « pêche à la queue » ? En quoi la blessure d'Ysengrin est-elle beaucoup plus grave cette fois ? Quelle est l'attitude de l'auteur vis-à-vis de ses personnages humains ? Y a-t-il des figures sympathiques dans tout ce passage ?

Pour vos essais et vos exposés

Robert BOSSUAT : *Le Roman de Renart*, éd. Hatier, 1967.
Joseph BÉDIER : *Les Fabliaux*, Paris, 1925.
Per NYKROG : *Les Fabliaux*, Copenhague, 1957.

4. Les fabliaux (XIIIᵉ - XIVᵉ siècles)

Il est bien difficile de définir le « fabliau » comme genre : c'est un texte en général caractérisé par sa **brièveté**, sa **grossièreté**, et sa volonté de produire un **effet comique**. Un certain nombre de personnages se retrouvent fréquemment dans les « fabliaux » : le prêtre ou le moine paillard, l'entremetteuse, le paysan madré qui triomphe du chevalier ou du prêtre stupide, ou au contraire, le « vilain » qui se fait posséder par le monde entier, la jeune et jolie femme qui n'a qu'une idée en tête : rejoindre son ami derrière le dos de son (vieux) mari, etc.

En raison de la grossièreté, voire de l'obscénité de la plupart des fabliaux, dont l'idéologie semble totalement **incompatible avec l'idéologie courtoise et chevaleresque** qui domine dans les romans ou dans les chansons de geste, on a voulu faire de cette forme littéraire un produit de la bourgeoisie montante, qui chercherait à se poser en s'opposant à la noblesse, et renverserait le système de valeurs de celle-ci. En fait, le traitement réservé aux chevaliers et aux nobles dames dans les fabliaux est en général modéré, et il semble bien que la victime du mauvais tour qui s'y joue soit le plus souvent le vilain ou le bourgeois. Le fabliau est probablement destiné au même public que les autres formes littéraires de l'époque, qui est susceptible d'apprécier un changement de ton et de savourer **les plaisirs de la parodie et de la satire**.

Le fabliau est cependant **un « genre » tardif** ; les premiers en langue vulgaire (précédés par un certain nombre de textes latins s'inspirant souvent des comédies de Plaute) datent du début du XIIIᵉ siècle, et le genre est florissant pendant tout ce siècle et une partie du suivant. Il tend alors à être remplacé par la farce, qui relève de la même mentalité.

La Bourgeoise d'Orléans

Bien que ce texte soit un peu long, il nous a paru intéressant de le donner en entier, afin d'offrir une idée complète de ce que peut être un fabliau. Nous ne suggérons pas d'approches critiques, laissant aux élèves le plaisir brut de la lecture.

Le marchand de viande salée, miniature du XIVᵉ siècle. Paris, B.N.

Vous plaît-il d'entendre l'aventure très courtoise d'une dame bourgeoise ? Elle naquit et grandit à Orléans et son seigneur était d'Amiens, riche et prospère outre mesure. Il savait tous les tours et
5 détours du commerce et de l'usure. Tout ce qu'il tenait dans le poing était très richement tenu.

Quatre clercs, étudiants normands, étaient venus de Normandie, portant sur l'épaule leurs sacs avec leurs livres et leurs vêtements. Les clercs furent gros
10 et gras, bien chantants, aimant le plaisir et bien prisés dans la rue où ils logeaient.

Il y en eut un, très apprécié, qui chantait beaucoup chez le bourgeois et qui était considéré pour cela comme extrêmement courtois. En vérité, sa com-
15 pagnie plaisait beaucoup à la bourgeoise dont je vous ai parlé plus haut. Tout ce qu'il lui dit parvint à plaire. Le clerc allait et venait si souvent que le bourgeois s'avisa, d'après les apparences et les discours, qu'il attirerait sa femme à son école s'il
20 pouvait en venir à la voir seule.

A la maison, le bourgeois avait sa nièce qu'il avait chez lui depuis longtemps. Il l'appelle à part et lui promet une robe si elle espionne le clerc et lui rapporte la vérité. Elle y consent.
25 Le clerc, de son côté, a tant supplié que la bourgeoise a suivi sa voie. Et la jeune fille voit tout, écoute et entend comment ils ont bâti leur plan. Elle vint sur-le-champ trouver le bourgeois et lui raconta leur projet, qu'ils ont dit que la dame enverrait
30 chercher le clerc quand le bourgeois n'y serait point, quand il serait parti faire ses achats en dehors de la ville. A ce moment le clerc viendrait, sans hésiter, frapper droit à la porte qu'elle lui avait montrée, qui

donnait sur le jardin où il faisait beau et doux. La
35 bourgeoise l'assura qu'elle serait là à l'attendre.

Le bourgeois écoute ces paroles et se prend d'un
mauvais rire quand il entend qu'à la tombée de la
nuit le clerc viendra sans délai.

Aussitôt qu'il peut, il vient trouver la dame.
40 — Dame, fait-il, je suis marchand. Il me faut aller
à mes affaires. Gardez le logis, ma douce amie amande,
comme doit faire une honnête femme, car je ne sais
rien de mon retour.

— Sire, fait-elle, de bon cœur.
45 Lui, prépare ses charretiers et dit que pour prendre de l'avance sur sa journée il ira se loger à trois
lieues de la ville.

La dame ne s'aperçut pas de la ruse. Elle fit vite
savoir la chose au clerc.
50 Celui qui s'imagine la tromper s'en est revenu
sans plus attendre. Il abrita ses charretiers très près
de là et leur a dit à voix basse qu'il lui faut aller
devant, qu'il veut parler avec un homme riche. Ils
consentent, eux qui ne soupçonnent pas le retour
55 qu'il médite. Et lui s'en va vers la maison. Il s'attarda
jusqu'à vêpres et quand il vit la nuit tomber, et que
celle-ci fut au jour mêlée, il vint droit au verger, en
secret, frapper à la porte qu'il savait. Il y heurta un
petit coup. Celle qui ignorait la ruse, vint à la porte
60 et puis l'ouvrit. Elle l'accueillit entre ses bras, celui
qu'elle crut être son ami. Mais son attente est déçue.
Elle salue son mari rapidement et lui dit très doucement.

— Ami, soyez le bienvenu.
65 Et lui s'est retenu de parler fort et lui rend son salut
tout bas. Sur-le-champ la dame emmène son mari
par un couloir et tout droit vers sa chambre. Quand
elle ne voit pas pourquoi il ne dit mot, lui qui fit tant
de démonstrations d'amour, mais tient son visage
70 baissé, elle se penche un peu et regarde par-dessous
le chaperon. Elle soupçonne une trahison et voit très
bien et comprend. C'est son mari qui la trompe !
Quand de cela elle se rend compte, elle s'avise de
le tromper à son tour. Les femmes ont l'esprit très
75 aigu. Elles ont trompé bien des hommes et celle-ci
trompera son vilain.

Elle lui fera passer un mauvais moment et lui
jouera un vilain tour.

— Ami, dit-elle, il m'est doux de vous tenir et
80 vous avoir là. Je vous donnerai de mes biens dont
vous pourrez tirer vos gages si vous cachez bien
cette affaire. Vous viendrez avec moi en cachette. Je
vous mettrai secrètement dans un cageot de pierre
dont j'ai la clef. Là vous m'attendrez, en silence,
85 jusqu'à ce que nos gens aient mangé. Et quand ils
seront tous couchés, alors je vous mettrai dans mon
lit. Personne ne saura jamais le secret.

— Dame, dit-il, vous avez bien dit.
Dieu ! Comme celui-ci se doute peu de ce que sa
90 femme lui propose ! Car lui pensait une chose et elle
pensait tout autre. Aujourd'hui, il sera mal logé, car
quand sa dame l'eut enfermé dans le cageot dont il
ne pouvait sortir, elle retourna à la porte du verger.

Elle prit son ami, qu'elle y trouva et l'étreint et le
95 serre et l'embrasse. Maintenant le second se trouve
beaucoup mieux que le premier.

Une fois le verger traversé, ils sont venus droit à
la chambre où les draps furent étendus. La dame y
mena son ami et l'a mis sous les courtines. Et il s'est
100 tout de suite mis au jeu que l'amour lui ordonne, car
il n'eût pas apprécié tout autre jeu plus qu'une
amande, et elle ne lui en aurait pas su gré non plus.
Quand ils ont assez pris leur plaisir, se sont étreints
et embrassés...
105 — Ami, fait-elle, maintenant écoutez-moi. At-
tendez-moi ici un peu et j'irai faire souper nos gens.

— Dame, je suis à vos ordres.
Elle s'en va allègrement. Elle entre dans la salle
où elle a distrait ses gens comme elle pouvait.
110 Quand le repas fut prêt, ils mangèrent et burent
beaucoup et quand ils eurent tout mangé, avant
qu'ils ne fussent dispersés, la dame a appelé sa
suite. Elle parle gracieusement aux deux neveux du
seigneur. Et beaucoup d'autres sont de ses gens. Il
115 y avait un grand Breton qui portait l'eau dans la
maison, et jusqu'à trois femmes de chambre et la
nièce du bourgeois et deux garçons et un ribaud.

— Seigneurs, fait-elle, que Dieu me sauve, entendez mes paroles. Vous avez souvent vu venir,
120 dans cette maison un clerc qui ne me laisse pas en
paix. Il m'a longtemps sollicitée. Je l'ai longtemps
refusé. Quand je vis que je ne pouvais échapper, je
lui ai accordé, à la fin, que je ferais tout ce qu'il
voudrait quand mon seigneur serait parti au loin
125 chercher sa marchandise. Alors, il est parti, que
Dieu le conduise ! Ce faux clerc, qui m'a tant priée,
qui m'a tant invitée à la folie, il a bien su que mon
seigneur est sorti de la ville. Il s'est précipité ici cette
nuit et je l'ai enfermé là-haut dans ce cageot. Je vous
130 donnerai une bonne mesure du meilleur vin que
nous ayons pourvu que je sois bien vengée. Allez
là-haut avec de bons bâtons. Battez-le-moi couché
et debout et donnez-lui tant de coups qu'il ne s'intéresse plus jamais à une honnête femme qui ait la
135 moindre vertu.

Quand ses gens entendent ce qu'ils doivent faire,
ils se lèvent sur-le-champ. L'un prend un bâton, un
autre une massue, le troisième un pilon, car il ne
restait rien d'autre. Et la dame leur confie la clef.
140 Je le tiendrais pour un bon comptable, celui qui
aurait pu marquer tous les coups. On ne souffre pas
qu'il en sorte, mais on l'attaque en haut, dans le
cageot.

— Par Dieu, cleriâtre ! Vous êtes sans défense.
145 Maintenant nous aurons discipliné !
L'un l'a jeté à l'autre et il l'a saisi par le chaperon.
On lui serre la gorge de sorte qu'il ne peut sortir un
mot. Ils se mettent à lui donner des coups. Ils ne se
privent point de le battre, comme s'il leur eût donné
150 cent pièces d'argent. Très fièrement les deux neveux
cognent dru sur l'oncle. D'abord en bas, puis en
haut, et la dame crie fort :

— Or, bonnes gens, allez ! Frappez bien cette

Le contrat de mariage, miniature du XVᵉ siècle.
Paris, Bibl. de l'Arsenal.

fois, ce faux clerc, ce renié qui m'a sollicitée dans sa folie ! Que plus jamais il ne soit assez hardi pour ravir à une dame son honneur. Mais prenez bien garde, ne le tuez pas. Quand vous en aurez fait assez, lancez-le, donc, dehors au vent. Qu'il ne revienne point ici !

Le bourgeois voit bien qu'il est blessé et il entend les paroles de sa femme qui se fait venger du clerc. Cela le réconforte. Il n'ose pas dire un seul mot. Il souffrit plutôt tout ce qui leur plut, et ceux-là firent leur volonté.

Quand ils se sont lassés de frapper, la bourgeoise leur crie :

— Alors, c'est assez, mes nobles gens. Je ne veux point qu'il meure. Il pourrait bien nous nuire à tous.

Quand ils ont entendu leur dame, ils le prennent sans hésiter. Chacun d'eux le saisit bien. Ils le traînent dehors comme un chien et l'ont jeté sur un tas de fumier. Puis ils sont revenus et ont bien fermé les portes. Puis ils burent à volonté et du blanc et de l'Auxerrois, comme si chacun fût un roi. Et la dame, de son côté, eut pâtés et vin et une blanche nappe de lin et une grosse chandelle de cire. Elle tint compagnie à son ami.

Quand ses gens furent couchés, leur soif étanchée, celui qui gisait dans le fumier, qu'ils ont gravement tourmenté, se traîna, le mieux qu'il put, là où il avait laissé son équipage. Quand ses gens le virent ainsi battu, ils s'en étonnèrent beaucoup. Ils lui demandent comment il va.

— Mal, fait-il. J'ai été en grand péril, mais je ne puis vous en dire plus. Mettez-moi dans ma charrette et ramenez-moi à mon logis dès que le jour sera paru. Maintenant ne m'en demandez pas plus.

190

195

200

205

210

215

Ils passent la nuit jusqu'au jour et puis apprêtent leurs affaires. Ils l'ont chargé sur la charrette et ont fait route vers leurs logis.

Quand à la bourgeoise, elle quitte son ami à contrecœur. Quand elle vit s'éclairer le jour, elle le mit dehors par le verger et le pria de revenir quand elle l'enverrait chercher et il dit « très volontiers ». Alors, le clerc partit et la bourgeoise retourne droit à sa chambre où elle se couche.

Et voilà le bourgeois sur sa couche, lui qui a abandonné son cœur à ses douleurs. Mais de sentir sa femme si loyale, de ne lui savoir aucune faute, le réconforte beaucoup. Et il pense que s'il peut guérir, il voudra vraiment la chérir pour toujours.

Il s'en va droit à son logis et sa femme le reçoit gracieusement. Elle lui prépare un bain avec de bonnes herbes et aussitôt soigna ses blessures. Elle lui demanda comment cela lui arriva.

— Dame, dit-il, il me fallut passer par un étroit péril où je me fis casser les os.

Les gens de la maison lui racontèrent l'histoire du clerc et comment ils l'attrapèrent et ce que la dame lui servit.

Par ma tête, elle se défendit comme une dame courtoise et sage. Après, il ne la soupçonna de rien le reste de sa vie.

    Ainsi la bourgeoise déçut
    Celui qui la tromper voulut.

    Il brassa lui-même ce qu'il but.

« La Bourgeoise d'Orléans », dans *Contes pour rire ?*
Fabliaux des XIIIᵉ *et* XIVᵉ *siècles,*
publié et traduit par Nera Scott,
coll. « 10/18 », © U.G.E., 1977

CARTE DES DIALECTES GALLO-ROMANS DANS LA FRANCE MÉDIÉVALE

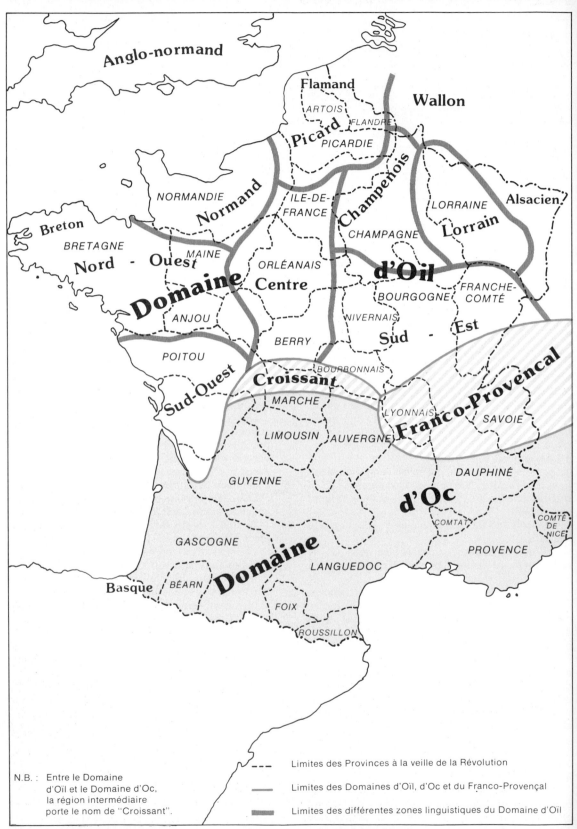

N.B. : Entre le Domaine
d'Oïl et le Domaine d'Oc,
la région intermédiaire
porte le nom de "Croissant".

- - - - Limites des Provinces à la veille de la Révolution

―――― Limites des Domaines d'Oïl, d'Oc et du Franco-Provençal

▬▬▬ Limites des différentes zones linguistiques du Domaine d'Oïl

D'APRÈS PIERRE FOUCHÉ, *PHONÉTIQUE HISTORIQUE DU FRANÇAIS*, PARIS, ÉD. KLINCKSIECK, 1952.

MUTATIONS DU ROMAN ET NAISSANCE DE L'HISTOIRE

ROMAN DE PERCEFOREST, *JEAN D'ARRAS, ANTOINE DE LA SALE, RENÉ D'ANJOU, FROISSART, PHILIPPE DE COMMYNES, MALORY, MARCO POLO*

« Car il convenoit selon la matiere qu'elles fussent coulourees d'armes et d'amours... »

Prologue du *Roman de Perceforest*

Van Driesten, *Le banquet du faisan*, XVᵉ siècle (détail), épisode de la vie de Philippe le Bon, duc de Bourgogne.

L'évolution des genres littéraires aux XIVᵉ et XVᵉ siècles

1. L'automne du roman

L'invention romanesque semble marquer un temps d'arrêt au tournant du XIVᵉ siècle. On continue à goûter les grandes œuvres du siècle précédent, comme en témoigne le grand nombre de manuscrits du XIVᵉ et du XVᵉ siècle du *Lancelot* ou du *Tristan* en prose. Mais la veine arthurienne s'épuise, et il faut près d'un demi-siècle pour que des motifs nouveaux apparaissent. L'allégorie, qui tend à envahir tous les domaines littéraires, pénètre aussi le roman, cependant que celui-ci devient le « document » fondateur d'un lignage, les lettres de noblesse d'une famille qui a besoin d'un arrière-plan mythique pour asseoir ses prétentions politiques.

D'autre part, **l'esprit critique** et **l'inquiétude narcissique** de « l'automne du Moyen Age » s'exercent également sur le roman : les modèles courtois et chevaleresques sont remis en cause, la **parodie** apparaît. Le **roman didactique**, hérité d'ailleurs des « moralistes » du XIIᵉ siècle, et le **roman satirique** prennent leur essor. Mais les grands noms du Moyen Age finissant ne sont qu'accessoirement des noms de romanciers : les poètes sont les représentants privilégiés de l'esprit du temps.

2. Histoire et épopée

En revanche, **la tradition historique se maintient au long du XIVᵉ siècle**. La **chronique** est à la mode : tous les grands centres politiques, cours, ou villes, tendent à avoir, comme aux siècles précédents les abbayes, leurs chroniqueurs. La notion de **vérité historique** fait son apparition d'une manière détournée : on est désormais conscient du fait qu'un même épisode peut être présenté sous des angles très différents. En conséquence, l'identité de l'historien se modifie également : il ne s'agit plus de moines, attachés à l'abbaye dont ils relatent l'évolution, ni de seigneurs, grands ou petits, comme Villehardouin et Clari, qui racontent des événements dont ils ont été les témoins ou auxquels ils ont participé. On rencontre maintenant des **écrivains de métier**, au service de tel ou tel protecteur.

Les hauts faits du passé intéressent également le lecteur, en général sous un prétexte moral : « On veut apprendre, par les exemples nécessairement glorieux des ancêtres, à se bien conduire. » Il s'agit aussi de présenter la vie de Charlemagne et de ses barons comme une **chronique contemporaine**. On recourt alors à la technique du **dérimage** :

romans en vers et chansons en laisses sont transposés en prose, sans que la structure du texte soit modifiée. La littérature des siècles passés sert de matière première pour la rédaction de « sommes » historiques.

C'est avec **Jean Froissart** que la **chronique** acquiert vraiment ses lettres de noblesse. Les événements historiques ne se réduisent plus à une succession de faits d'armes ni à l'opposition entre bons chrétiens et mauvais Sarrasins. L'importance des discussions et « conseils » politiques est bien mise en valeur. Cependant la politique, pour Froissart, reste encore une affaire de seigneurs et de « héros » chevaleresques. Il accorde plus d'attention aux fêtes, aux tournois, aux combats spectaculaires qu'à l'émergence de nouvelles techniques, de nouvelles mentalités, voire de nouvelles classes sociales.

3. La nouvelle histoire

Mais si agréable, si instructive qu'elle soit, la chronique a ses limites : les relations diplomatiques et guerrières entre « nations » — la notion même est nouvelle — ou entre souverains deviennent plus complexes ; il n'est plus possible d'en rendre compte par un récit linéaire, plus attaché aux morceaux de bravoure qu'aux sous-entendus politiques. A l'heure où la chevalerie est morte, où Louis XI l'emporte sur Charles le Téméraire, que l'on peut considérer comme le dernier grand seigneur chevaleresque, un nouveau genre d'histoire fait naturellement son apparition. L'œuvre de **Philippe de Commynes** ne s'appelle plus « chronique ». Le choix du terme de « **mémoires** » est ambigu, car il suggère au lecteur moderne une prépondérance de celui qui parle comme « matière » de son livre ; il n'en est rien. **Commynes écrit le premier livre d'Histoire, avec une majuscule, de l'âge moderne.** Au lieu de s'attarder sur les épisodes spectaculaires, il privilégie les analyses ; il échappe aux contraintes de la chronologie en s'attachant à l'étude des événements antérieurs, en replaçant dans un cadre plus général des anecdotes apparemment innocentes. Ce travail de mise en perspective et de réflexion sur la matière historique correspond — et ce n'est pas un hasard — à l'apparition d'un « nouveau » modèle de prince, en la personne de Louis XI, alors que le Téméraire, premier patron de Commynes, incarne plutôt les valeurs du passé qui désormais n'ont plus cours.

1298-1305	Marco Polo : *Devisement du Monde*		**1443**	Antoine de La Sale : *La Salade*
1317	*Roman de Perceforest*		**1451**	Antoine de La Sale : *La Salle*
			1456	Antoine de La Sale : *Jehan de Saintré*
v. 1374-1400	Froissart : *Chroniques* (histoire)		**1457**	René d'Anjou : *Le Livre du Cœur d'Amour épris*
1384	Froissart : *Méliador*			
1394	Jean d'Arras : *Mélusine*		**1489-1498**	Commynes : *Mémoires* (histoire)

1. Formes romanesques

Les romans-fleuves

Trois mille, quatre mille, six mille pages : c'est la taille ordinaire des romans de la fin du XIIIᵉ ou du XIVᵉ siècle. Cela suffit à expliquer qu'ils ne soient pas édités de nos jours : la somme d'efforts requise serait, dit-on, disproportionnée au résultat. Il est vrai que le lecteur moderne n'est pas enclin à apprécier la répétition monotone des tournois et des « aventures » au sens arthurien du terme. Certains compilateurs ne se soucient pas de faire œuvre originale : ils se contentent de mettre bout à bout des romans du même genre, en effaçant les divergences trop visibles. D'autres s'efforcent de créer du nouveau à partir de l'ancien : ils construisent des **romans immenses** autour d'un personnage mineur qui apparaît dans le cours du *Lancelot-Graal*, ou bien ils racontent les aventures des pères des héros habituels...

Roman de Perceforest (1317)

Le Roman de Perceforest *va plus loin : il remonte à l'Antiquité, et explique* **comment Alexandre, naufragé en Grande-Bretagne, se trouve être l'ancêtre direct du roi Arthur,** *et le fondateur de la Table Ronde, ici simple « gadget » inventé pour améliorer le niveau de la chevalerie bretonne. Un douzième seulement de ce roman (c'est-à-dire 580 pages environ...) est édité : on y voit l'arrivée d'Alexandre, son choix, pour gouverner la Bretagne et l'Écosse, de deux bons chevaliers de sa suite, dont il a vaincu les pères en Orient, et leur lutte avec le lignage du mauvais chevalier et magicien Darnant, qui règne sur la forêt « Darnantes » remplie d'enchantements.*

C'est dans cette forêt que le roi Perceforêt découvre le temple du « Dieu inconnu » : il est difficile de faire d'un Grec du temps d'Alexandre un vrai chrétien, mais on peut toujours supposer qu'il était monothéiste et tout disposé à adopter la vraie foi.

Prière universelle

***

Perceforêt est parvenu au temple du Dieu inconnu, et s'est pris à ses pièges. Il est douloureusement cloué au sol par plusieurs lances qui l'ont frappé à chaque fois qu'il invoquait le nom d'un dieu païen ; c'est alors qu'il entend quelqu'un — il s'agit de l'ermite troyen qui a fondé le temple — réciter une « oraison », en vers dans le texte.

Quand il se sentit en telle situation il eut peur de mourir, car il n'avait membre qu'il pût mouvoir, ni langue dont il pût appeler au secours ; il pensa alors qu'il ne crierait plus merci aux dieux, car ils lui étaient hostiles, et il attendrait la pitié d'il ne savait qui.

Pendant que Perceforêt se trouvait dans cet état où il n'attendait que la mort, il entendit passer sur le pavement une personne dotée de gros souliers, d'après le bruit qu'ils faisaient ; mais il décida de se taire car il ne savait pas quand il parlait s'il disait ce qui convenait, et d'ailleurs il n'était pas bien à même de s'exprimer selon son désir. Il commença à prêter l'oreille pour voir s'il entendrait quelqu'un. Il entendit que l'on tirait les rideaux, mais il ne voyait toujours aucune lumière. Et il entendit alors, un petit peu après, quelqu'un qui récitait une prière très dévotement. Et son cœur lui dit que la prière était telle :

20 Dieu tout puissant d'aspect inconnu,
Qui as formé toute chose connue,
Donne-nous l'intelligence de te reconnaître.
Par ignorance la foi en toi qui est mal connue
Reste muette en ce désert,
Et pourtant elle ne fait que croître chaque jour.
25 Il serait bien nécessaire, et tu l'as promis,
Qu'une ondée de ta grâce pleuve par-dessus
Qui fasse croître notre intelligence.
Le peuple observe une loi indue ;
Ils ont plusieurs dieux, ce qui est mécréance.
30 Dieu, fais-leur reconnaître leurs erreurs
    Et ne tarde pas. [...]
Race humaine, ne soyez pas si folle
Que nous adorions désormais
Des idoles d'or ou peintes sur du bois.
35 Mars, Jupiter n'ont pouvoir ni force,
Vénus non plus, par foi, ne compte plus.

Le Roman d'Alexandre, miniature du XVᵉ siècle (détail). Chantilly, Musée Condé.

Des gens sont morts à son service, en guise de
[récompense.
N'y croyez plus, renoncez à tous.
Dieu qui a tout créé emporte la victoire ;
40 Rangeons-nous à ses côtés, c'est une bonne
[opération,
Car il nous voit par une petite fenêtre (?),
Là où il est assis sur sa chaire élevée,
Dans sa gloire remplie des vrais biens,
    Où se trouve notre maison.

45   Quand Perceforêt eut entendu la voix du pru-
d'homme et la prière qu'il avait faite, si dévotement
que les soupirs qu'il poussait du fond de son cœur
en la récitant amenèrent des larmes aux yeux de
Perceforêt, celui-ci se dit dans son cœur qu'il savait
50 bien pourquoi cette mésaventure lui était arrivée, et

qu'il l'avait bien méritée. Et il lui semblait même que
Dieu le tout puissant lui avait fait une grande grâce
en ne le battant pas davantage. Et il pensa en son
cœur, lui qui ne pouvait parler, que jamais il n'adore-
55 rait plusieurs dieux, car il était bien convaincu que
c'était de là que venait sa mésaventure. Alors il
commença à se repentir grandement de ce qu'il
avait fait si longtemps. Et il se dit qu'il était bien
heureux d'être sorti de sa fausse croyance grâce à
60 la prière du prud'homme qu'il avait entendue. Alors
il dit dévotement :
    « Ha, Dieu sans pareil, Dieu qui régnez sur toute
créature, ayez pitié de moi ! »

Roman de Perceforest, lignes 12 572 à 12 601 et
12 655 à 12 685 (1317),
traduction d'Anne Berthelot

Jean d'Arras *Le Livre de Mélusine* (1392)

*A la fin du XIVᵉ siècle, **Jean de Berry**, mécène influent, rassemble autour de lui des artistes et des écrivains de toutes sortes. Il est l'un des premiers « collectionneurs » qui rassemblent avec passion les œuvres d'art du passé, et celles du présent commémorant ou expliquant les grands événements d'autrefois.*

*** Le Livre de Mélusine

Le Livre de Mélusine, de **Jean d'Arras**, prétend faire le récit « véridique » de la grandeur et des causes de la décadence de la famille de Lusignan, qui a connu son heure de gloire au XIIIᵉ siècle dans les territoires d'Orient (à Chypre en particulier), mais qui s'est effondrée avec une inquiétante rapidité : seule une intervention surnaturelle peut justifier une ascension si fulgurante, et une chute si brutale. L'origine du lignage est donc nécessairement mythique : l'ancêtre, Raimondin, est un simple écuyer qui doit sa fortune, et par conséquent sa noblesse, à l'amour d'une fée, Mélusine. Les temps chevaleresques sont bien loin : la valeur d'un seigneur est proportionnelle au nombre de ses châteaux, et non à ses succès aux tournois. La réussite de Raimondin et de ses onze fils est avant tout une réussite matérielle et sociale : tout ce qu'entreprend la dame-fée est couronné de succès, les fils qui partent aux croisades trouvent sur leur chemin des jeunes filles héritières de royaumes « déshérités », qu'ils épousent et qui les font rois. Mais cette prospérité a son revers surnaturel : chaque samedi Mélusine se transforme en « serpente » de la taille aux pieds, et tous les enfants qu'elle met au monde présentent un défaut physique qui témoigne de leur étrangeté fondamentale.

Mélusine a épousé Raimondin en exigeant de lui la promesse de ne pas chercher à la voir le samedi. Raimondin tient cette promesse pendant des années, puis rendu curieux par les insinuations malveillantes de son frère, il épie sa dame un samedi et la voit, sous sa forme de serpente, se baignant dans un cuveau. Il se repent aussitôt de son indiscrétion, et ne fait part à personne de ce qu'il a découvert. Mais par la suite, l'un de ses fils, Geoffroy « à la grande dent », tue son frère qui veut se faire moine. Dans sa fureur, Raimondin accuse sa femme d'être responsable de ce malheur : « Ha ! Très faulce serpente... » s'écrie-t-il : la vérité ainsi révélée, Mélusine doit disparaître à jamais. Nous donnons ici une partie de ses lamentations lors de la scène touchante des adieux, ainsi que son départ spectaculaire.

Des adieux déchirants

Bois gravé d'une édition du *Livre de Mélusine* en 1517. Paris, Bibl. des Arts décoratifs.

— Ah ! Raymond, le jour où je t'ai vu pour la première fois a été pour moi jour de malheur ! Hélas ! c'est pour mon malheur que j'ai vu ta grâce, ton allure, ton beau visage, c'est pour mon malheur que j'ai désiré ta beauté, puisque tu m'as si ignoblement trahie ! Bien que tu aies manqué à ta

promesse, je t'avais pardonné, au fond de mon cœur, d'avoir cherché à me voir, sans même t'en parler, parce que tu ne l'avais révélé à personne ; et
10 Dieu te l'aurait pardonné, parce que tu en aurais fait pénitence en ce monde. Hélas ! mon ami, maintenant notre amour s'est changé en haine, notre tendresse en cruauté, nos plaisirs et nos joies, en larmes et en pleurs, notre bonheur, en grande infortune
15 et dure calamité. Hélas ! mon ami, si tu ne m'avais pas trahie, j'étais sauvée de mes peines et de mes tourments, j'aurais vécu le cours naturel de la vie, comme une femme normale, je serais morte normalement, avec tous les sacrements de l'Église, j'aurais
20 été ensevelie en l'église de Notre-Dame de Lusignan et on aurait célébré comme il se doit des messes de commémoration pour moi. Mais maintenant tu m'as replongée dans la sombre pénitence que j'avais longtemps connue, à cause de ma faute. Et cette
25 pénitence, je devrai maintenant la supporter jusqu'au jour du Jugement, parce que tu m'as trahie. Je prie Dieu qu'il veuille te pardonner.

Et elle montrait tant de chagrin qu'il n'est au monde de cœur si endurci que sa vue n'aurait
30 attendri.

Raymond, en la voyant, était lui-même si malheureux qu'il ne voyait plus, n'entendait plus, ne comprenait plus, et était profondément bouleversé. [...]

(Mélusine fait part de ses dernières volontés à son mari, puis saute sur l'appui de la fenêtre. Toute la cour se lamente avec Raimondin.)

35 Alors, poussant une plainte douloureuse et un terrible soupir, elle s'élança dans les airs, s'éloigna de la fenêtre, traversa le verger et se transforma en une énorme serpente, longue de près de cinq mètres. Apprenez que le rebord de la fenêtre par laquelle elle passa y est toujours, et que la trace de 40 son pied s'y trouve gravée.

Il fallait voir le chagrin de toute la noblesse. Les dames et les demoiselles qui avaient été à son service, et Raymond plus que tout autre, laissaient éclater une extraordinaire douleur, un amer chagrin. 45 Ils se précipitèrent tous aux fenêtres pour voir quel chemin elle prendrait. Alors la dame, sous sa forme de serpente, comme je viens de le dire, fit trois fois le tour de la forteresse, et chaque fois qu'elle passait devant la fenêtre elle lançait un cri si étrange et si 50 douloureux que tous en pleuraient de compassion. On sentait bien que c'était contre son gré, contrainte et forcée, qu'elle s'en allait. Puis elle prit la direction de Lusignan, dans un tel bruissement, un tel tapage,

55 qu'il semblait, partout où elle passait, que c'était la foudre et la tempête qui allaient s'abattre.

Mélusine s'en allait, comme je vous l'ai dit, sous sa forme de serpente, vers Lusignan, volant dans les airs, pas trop haut, si bien que les habitants du pays 60 la virent bien et l'entendirent mieux encore, car elle manifestait tant de douleur et faisait un tel tapage que c'était horrible à entendre et à voir. Les habitants du pays en étaient frappés de stupeur. Et elle s'en alla ainsi jusqu'à Lusignan, elle en fit trois fois le tour, poussant des cris déchirants, et se lamentant 65 avec une voix de femme ; les habitants de la forteresse et ceux de la ville étaient fort intrigués et ne savaient que penser ; ils voyaient la forme d'une serpente, et pourtant c'était la voix d'une femme qui en sortait.

Jean d'Arras, *Le Livre de Mélusine* (1392),
traduction de M. Perret
coll. « Le Moyen Age », © éd. Stock-Plus, 1979

Frères de Limbourg,
*Les Très Riches Heures
du duc de Berry* (détail).
Chantilly, Musée Condé.

LECTURE MÉTHODIQUE

1. Quelle est la cause essentielle du désespoir de Mélusine ? Quel était l'enjeu de son **mariage chrétien** avec Raimondin ?

2. Comment s'exprime cependant son amour pour Raimondin ? Celui de Raimondin pour elle ? Comment **la douleur** se manifeste-t-elle ?

3. Relevez les termes qui prouvent qu'on passe d'un vocabulaire de la douleur à un **vocabulaire du prodige**.

4. Comment « la merveille » est-elle présentée ? A quelle nécessité correspondent les **interventions de l'auteur** à la première personne ?

5. Pourquoi la **serpente** se dirige-t-elle vers Lusignan ? Pourquoi les murs du château tremblent-ils à son arrivée ?

6. Comment la **scène est-elle élargie** à un « public » plus vaste ? Quelle est la réaction du peuple non prévenu devant le prodige inexplicable ? Comment tous les éléments du texte parviennent-ils à donner l'impression d'une catastrophe ?

EXPOSÉ

A travers différents contes de fées ou textes médiévaux que vous pouvez connaître, essayez de retrouver deux types de fées-amantes : fée « morganatique », cruelle et mortelle, fée « mélusinienne », bénéfique et finalement victime.

GROUPEMENT THÉMATIQUE

La métamorphose

Ovide : *Les Métamorphoses*, 13 apr. J.-C. — Apulée : *L'Ane d'or*, 160 apr. J.-C. — Graindor de Douai : *Le Chevalier au cygne*, début du XIIIᵉ siècle. — Mme Leprince de Beaumont : *La Belle et la Bête*, 1758. — Grimm : *Contes*, 1812-1822. — Andersen : *La Petite Sirène*, 1835. — Gogol : *Le Nez*, 1835. — Wagner : *Lohengrin*, 1845-1847. — Gérard de Nerval : *Les Filles du feu*, 1854. — Kafka : *La Métamorphose*, 1915. — Giraudoux : *Ondine*, 1939.

Le roman didactique et satirique

1. Didactisme

« Prodesse et delectare », plaire et être utile : la vieille devise d'Horace, plus que jamais, est valable en ce qui concerne les romans et nouvelles du XIVᵉ et du XVᵉ siècle : il faut instruire le lecteur, sans l'ennuyer pour autant. Une telle consigne est particulièrement valable lorsque, comme **ANTOINE DE LA SALE**, on est le « gouverneur » d'un jeune prince. Mais s'agit-il encore de romans ? On voit apparaître des **formes hybrides**, longs manuscrits présentant tantôt des **poèmes**, tantôt des **récits de voyage**, tantôt des **traités moraux**, tantôt enfin des **textes apparemment romanesques**, héritiers des *Sommes* ou *Miroirs du monde* qui ont fleuri au XIIIᵉ siècle. Antoine de La Sale en est le spécialiste avec d'immenses ouvrages comme *La Salle*, ou *La Salade*, dont les titres jouent sur le nom de l'auteur.

2. Moralisme

D'autres romans existent cependant, plus proches du modèle classique ; mais **ils ne reprennent en apparence les thèmes et motifs chevaleresques et courtois que pour les subvertir**, et donner finalement une leçon de morale au lecteur qui s'est laissé séduire.

La satire n'a plus besoin du masque de l'univers animal, comme c'était le cas pour le *Roman de Renart* ; elle est plus directe et, tout en restant dans l'ensemble discrète et souriante, elle se fait l'écho des idéologies nouvelles qui apparaissent à la fin du Moyen Age : ainsi, *Jehan de Paris*, sous prétexte d'une leçon de morale assez simpliste, fait l'éloge des Français et proclame bien haut les (nombreux) défauts des Anglais : réaction « nationaliste » jusqu'alors inédite...

Antoine de La Sale *Jehan de Saintré* (1456)

Antoine de La Sale (1385-1460 ?) entre dès l'âge de quatorze ans au service des ducs d'Anjou, en tant que page ; il y restera pendant quarante-huit ans, servant trois ducs, et participant à toutes leurs expéditions politiques, particulièrement en Italie, d'où il rapporte certains éléments de la matière de ses futures « compilations ». A partir de 1434 il est au service du « roi René » d'Anjou, et est le « gouverneur » de son fils ; il semble jouer un rôle non négligeable à la cour d'Anjou, elle-même très importante dans les intrigues et alliances politiques du temps. En 1448, sans que l'on sache pourquoi, il passe au service du comte de Saint-Pol, plus proche de la cour bourguignonne. Il consacre alors la plus grande partie de son temps à ses activités littéraires ; après *La Salade* destinée à son « élève » d'Anjou (1445), il rédige dans les années 1448-1456 *La Salle*, le roman de *Jehan de Saintré*, puis le *Réconfort à Madame de Fresnes* et une « lettre sur les tournois » à son protecteur. On n'a plus de trace de lui à partir de 1460.

*Jehan de Saintré peut être classé dans cette nouvelle catégorie des romans satiriques et comiques ; il constitue **une parodie des romans de chevalerie** et démontre ironiquement que la courtoisie ne fait plus recette. Les principes de la fin'amor sont habilement subvertis : la domination théorique de la domna toute-puissante est remplacée par le pouvoir de fait qu'exerce la « Dame des Belles Cousines » sur le « petit » Jehan de Saintré, jeune page qu'elle sélectionne pour son plaisir et élève de manière très courtoise.*

*** Jehan de Saintré

Sur les ordres de sa « dame », Jehan devenu adulte accomplit plusieurs « emprises » chevaleresques, comme celles auxquelles se délectent les cours princières de l'époque. Croyant bien faire, il en entreprend une de son propre chef, qui le tiendra éloigné de la cour pendant plus d'un an. La Dame des Belles Cousines en est fort marrie, et ne lui accorde son congé qu'à contrecœur. Pendant les premiers mois d'absence de Jehan, elle dépérit et s'attriste du spectacle joyeux offert par la cour. Elle se retire donc dans ses terres, où elle ne tarde pas à rencontrer l'abbé de l'abbaye voisine. L'abbé n'est pas un chevalier, et n'a rien de courtois ; mais c'est un bon vivant, aussi amateur d'amour que de bonne chère. La Dame et l'abbé s'« éprennent » l'un de l'autre à la première visite et en quelques jours accèdent à des relations moins platoniques. (Il est amusant de voir le vocabulaire de « l'enamoration » courtoise réemployé dans une situation où les désirs des personnages sont nettement moins éthérés que ceux des héros chevaleresques habituels.)

Les avantages de la confession

Madame dit à ses femmes que pour obtenir pardon mieux et plus dignement elle voulait se confesser au seigneur Abbé, qui était prélat et lui semblait de grande dévotion. Alors dame Jehanne
5 lui dit : « Madame, ce serait très bien, et en ce qui me concerne, je le fus hier. » Alors Madame fait monter à cheval le petit Perrin, son page, et fit dire au seigneur Abbé qu'il vienne immédiatement la trouver.
10 Le seigneur Abbé fit diligence et obéit en hâte à Madame ; alors Madame, après avoir fait la révérence[1] devant toutes ses femmes, lui dit publiquement : « Abbé, pour gagner plus dignement votre absolution, nous sommes disposées à nous confes-
15 ser à un prêtre. — Ha ! Ma dame, dit le seigneur Abbé, vous êtes bien du côté de Dieu ; et, ma dame, qui est votre confesseur, que je puisse lui donner quelque puissance, s'il en a besoin ? »
Alors Madame dit : « Il n'y en a ici aucun qui soit
20 plus digne ni plus suffisant que vous. — Ha ! Ma dame, c'est donc à cause de la crosse, car pour le reste je suis le plus ignorant de tous. »
A ces paroles Madame entra dans sa chambre privée, bien tendue et tapissée, où il y avait un très
25 bon feu. Et le seigneur Abbé la suit très dévotement, puis la porte fut fermée, et pendant deux heures le seigneur Abbé la confessa très doucement, en jouant sans vilenie, et elle se fit contrite et repentante de ses bienfaits et de ses loyales amours, en
30 tout bien et en tout honneur. Et au moment de leur séparation, Madame alla à son coffret à bijoux et y

prit un très beau rubis balais[2], de belle taille, monté sur or, qu'elle lui mit au doigt, en disant : « Mon
35 cœur, ma seule pensée et mon vrai désir, je vous retiens et vous épouse de cet anneau comme mon seul et unique ami. »
Alors le seigneur Abbé la remercia aussi humblement qu'il put, puis se souvint d'un proverbe courant qui dit : « Celui qui sert, et ne va pas jusqu'au bout
40 de son service perd son salaire » ; alors il donna l'absolution à Madame et par charité chrétienne l'embrassa très doucement et prit congé d'elle ; et en passant dans la chambre il dit sagement aux dames et aux demoiselles : « Jusqu'à ce qu'elle
45 appelle, que personne n'entre ici. Mes sœurs et mes amies, je vous recommande à Dieu jusqu'à la prochaine fois. »
Madame, pour retrouver ses couleurs qu'elle avait perdues à cause des pénitences, demeura seule
50 quelque temps. Ses dames et ses demoiselles et toutes ses gens attendaient pour suivre la messe ; l'horloge finit par sonner onze heures, et alors Madame appela Jehanecte et se vêtit très simplement, et pour mieux couvrir son visage elle se fit
55 mettre son grand voile ; et dans cette tenue, simple et discrète, les yeux et le visage baissés, elle sortit de sa chambre, et alla à la messe dévotement, puis dîna, et ainsi se passa ce jour.

ANTOINE DE LA SALE, *Jehan de Saintré* (1456),
traduction d'Anne Berthelot

1. *Due à un prélat.* — 2. *De couleur rouge violacé.*

* * *

Jehan de Saintré revient à la cour et est déçu de ne pas y trouver son amie ; il vient la voir chez elle, et est battu à la lutte par l'Abbé (la lutte est un sport grossier, digne seulement d'un roturier). Humilié et ulcéré par la trahison de sa dame, il prépare une habile vengeance : il donne une leçon de chevalerie à l'Abbé et prend en gage la ceinture de la Dame aux Belles Cousines. Puis il raconte toute l'aventure à la cour sans citer de noms. La Dame lui reproche le « vol » de la ceinture, et Jehan la lui rend publiquement, la perdant d'honneur et de réputation.

COMMENTAIRE COMPOSÉ

1. Le contrepoint de la courtoisie

a. Quels sont les éléments repris de la situation courtoise et chevaleresque ? En quoi l'Abbé apparaît-il comme un personnage non courtois ?
b. Quels sont les indices d'une idéologie « bourgeoise » dans le texte ?

2. Satire et religion

a. Y a-t-il dans ce texte une véritable satire de la religion ? Comment la métaphore de la confession est-elle filée tout au long du passage ? Les personnages d'une part, le lecteur de l'autre, en sont-ils dupes ?

b. En quoi le choix de la Dame des Belles Cousines est-il critiquable ? Quelles sont les qualités de l'abbé, à en juger par l'ambiguïté des formules du second paragraphe ?

3. Une nouvelle esthétique de la description

a. Comparez ce texte avec un extrait de roman arthurien du XIIIᵉ siècle : quelle est la différence la plus frappante ? Quel est l'effet produit par l'accumulation de détails ? Quel rôle jouent les « demoiselles » de la Dame aux Belles Cousines ?
b. Dégagez les aspects théâtraux de ce texte.

Le triomphe de l'allégorie : dits et récits

Le Roman de la Rose connaît au XIVᵉ siècle un succès considérable, qui culmine dans ce que l'on a appelé la « Querelle du *Roman de la Rose* », au tournant du siècle : les « féministes » qui défendent les femmes contre la misogynie allègre de Jean de Meun (comme Christine de Pisan) s'y trouvent alliés avec les défenseurs de la foi et de la religion, comme Gerson, indignés par l'esprit « libertin » (pour employer un terme anachronique) du même Jean de Meun, contre les « philosophes » qui admirent les idées de l'auteur et s'efforcent, au nom de la différence qu'il y a entre les opinions d'un personnage et celles de l'écrivain, de le laver du soupçon d'hérésie.

L'allégorie, qui est toujours restée un mode d'expression privilégié au Moyen Age, en reçoit un nouvel essor. Tous les auteurs du XIVᵉ et du XVᵉ siècle l'ont employée à un moment ou à un autre dans leurs œuvres, à l'exception peut-être de François Villon. Certains, comme Charles d'Orléans, l'utilisent dans des textes exclusivement lyriques, où le noyau narratif est extrêmement réduit ; mais d'autres, comme Christine de Pisan, Froissart, **RENÉ D'ANJOU**, s'en servent fréquemment dans des textes à vocation narrative et didactique. Le principe en est toujours le même : **les qualités ou les défauts de l'être humain sont personnifiés et élevés à la dignité de créatures autonomes**, qui tiennent un discours en accord avec leur nature, et sont particulièrement aptes à « moraliser » et à enseigner.

Miniature du *Roman de la Rose*, XIVᵉ siècle.
Paris, B.N.

René d'Anjou *Le Livre du Cuer d'Amour espris* (1457)

Le « Roi René » (1409-1480), roi sans couronne du royaume de Naples, a connu une existence passablement mouvementée. Fils cadet du duc d'Anjou, il n'est pas destiné à jouer un rôle politique d'importance ; son mariage, les intrigues de sa mère, et la mort de son frère aîné le mettent à moins de trente ans en possession de trois duchés, et de l'hypothétique royaume de Sicile, qui lui est contesté puis enlevé après une expédition manquée par Alphonse d'Aragon. Il conserve le titre cependant, et pendant le règne de Charles VII, son beau-frère, il exerce une influence considérable à la cour. Grand mécène, il est lui-même peintre et poète ; l'essentiel de son activité politique se situe dans les années qui suivent la mort de sa première épouse et son remariage avec Jeanne de Laval, entre 1453 et 1460.

Ses deux œuvres les plus importantes sont deux textes allégoriques, mêlés de prose et de vers : *Le Mortifiement de Vaine Plaisance*, et *Le Livre du Cuer d'Amour espris*. Le règne de Louis XI coïncida avec le déclin de son influence : le nouveau roi n'aimait pas les grands seigneurs trop puissants. Après la confiscation de ses duchés, René d'Anjou se retira à Aix-en-Provence où il passa les dernières années de sa vie.

*** *Le Livre du Cuer d'Amour espris*

Reprenant le cadre du songe, comme dans *Le Roman de la Rose* et de nombreux autres textes, *Le Livre du Cuer d'Amour espris* raconte les aventures d'un jeune homme, le Cœur du narrateur, qui une nuit part en quête de Douce Mercy, allégorie de la bienveillance de la Dame aimée. Il rencontre de nombreuses embûches, et s'allie finalement avec Amour pour une grande bataille au cours de laquelle Douce Mercy retombe entre les mains de « Dangier », le pire ennemi de l'amour.

Le Château de Plaisance

*Dans ce passage apparaît clairement **le mécanisme de l'allégorie**, d'abord décrite dans le texte en prose, puis « glosée », interprétée obligeamment dans le poème en vers. Le miroir de diamant reprend en le modifiant habilement l'image de la fontaine de Narcissse, élément central du* Roman de la Rose, *de Guillaume de Lorris.*

Ainsi parle l'acteur en continuant sa matière et dit :

Or dit ly contes que quant le Cueur, Desir et Largesse eurent esté une piece raviz[1] pour la resplendisseur[2] du beau chastel comme dit est, ilz revindrent a eulx, et quant la veue leur fut bien revenue, ilz commencerent a monter
5 *contremont le roc par la vaine[3] qui estoit de dyamans, qui moult leur fist grant paine car il y en avoit de si esgutz qu'ilz leur perçoient leurs soulliers et les piedz. [...] Si leverent les testes tous trois incontinant[4], car plus ne se pouoient tenir de regarder la tresgrant beaulté du beau chastel et regarderent le portal qu'ilz n'avoient encores veu, qui bel et riche estoit, et virent dessus la porte deux*
10 *grandes ymaiges[5] d'ambre jaulne, aornees d'or d'alquimye fait de la quinte escence[6], et de pierres precieuses moult richement entaillees et eslevees, qui tenoient ung mirouer d'une table de dyamant grande et large environ trois piedz de toutes escarreures[7], la ou on se pouoit mirer des la premiere barriere du chastel. Et avoient les deux ymaiges leurs noms escripz desoubz leurs piedz, et*
15 *estoit l'un appellé Fantaisie et l'autre Ymaginacion, lesquelles deux avoit devisé le bastiment[8] dudit chastel comme maistresses d'euvres. Et si avoit grosses lectres entaillees sur leurs testes qui disoient ainsi :*
Tel estoit la façon du beau chastel et les vers qui dessus le portal estoient escripz disoient ainsi :

20 *S'en[9] ce mirouër nul se mire*
Qui ne soit voir[10] loyal amant
Le dieu d'Amours si lui fait dire
Qu'il s'en repentira briefment[11] ;
Car ceulx la avront dueil et ire
25 *Qui en amours font faulcement,*
Et verra l'en[12] entièrement
Leur barat[13] la et leurs faulx tours,
Leur tricherie evidenment.
Or s'en garde qui avra paours[14] !

RENÉ D'ANJOU, *Le Livre du Cuer d'Amour espris* (1457),
publié par S. Wharton, coll. « 10/18 », © U.G.E., 1980

---

1. Ébahis, en proie à l'extase. — 2. La splendeur. — 3. Sentier. — 4. Aussitôt. — 5. Images, statues. — 6. Or d'alchimie fait à partir de la quintessence : les buts de l'alchimie, loin d'être aussi matérialistes qu'on a tendance à le croire, visaient à l'amélioration de l'individu moral symbolisée par l'épuration des métaux. — 7. Côtés d'un carré. — 8. Fait les plans. — 9. Si en. — 10. Vrai. — 11. Bientôt. — 12. L'on verra. — 13. Leurs tromperies. — 14. Peur.

LECTURE MÉTHODIQUE

1. Comment les **détails réalistes** font-ils contrepoids à l'abstraction de l'allégorie ?

2. Quel est le **domaine symbolique** auquel il est fait référence en permanence dans ce passage ? Commentez ce choix.

3. Quelle est la **signification du choix** de Fantaisie et Imagination comme architectes et gardiennes du Château de Plaisance ?

4. Quelle est la **fonction des annonces-têtes de chapitre** ? Qui est supposé les prononcer ? Quels sont les domaines respectifs de « l'acteur » et du « Conte » ?

5. Quelle est la **valeur informative du dizain** inscrit sur le portail ? Quel effet produit le changement de forme à l'intérieur de l'œuvre ?

6. Étudiez la **forme du dizain**. Se rattache-t-il à un type poétique précis ?

EXPOSÉ

Le **miroir** à travers les textes littéraires.

Sir Thomas Malory *Le Morte d'Arthur* (1360)

1. Distractions de prisonniers

En 1360, sir **THOMAS MALORY**, chevalier anglais, est enfermé dans une geôle royale. Comme Marco Polo avant lui (selon la légende, du moins !), comme Lancelot du Lac lui-même dans le *Lancelot*, lors de sa captivité chez Morgue, il passe le temps en faisant œuvre de créateur. Marco Polo a dicté le récit de ses aventures orientales au compilateur Rusticien de Pise, qui se trouvait partager sa prison, Lancelot a peint sur les murs de la chambre où il était enfermé les épisodes centraux de ses amours avec Guenièvre. Thomas Malory réalise la **synthèse définitive** — car c'est la fin du XIVᵉ siècle, et il n'y aura plus après lui de recréation de cette envergure de la légende arthurienne — **de tous les romans, en vers et surtout en prose, qui ont traité de la matière de Bretagne**. Tout est rassemblé dans son roman, curieusement, et mélancoliquement, appelé *Le Morte d'Arthur*. Il n'est pas possible d'échapper à la catastrophe finale qui anéantit l'univers arthu-rien, mais pour la dernière fois, un écrivain s'est donné le plaisir de faire revivre les « *Arturi regis ambages pulcherrime* », selon l'expression de Dante.

2. Survivances

Il n'est que justice que le monde arthurien ait brillé de ses derniers feux dans le pays où il avait pris naissance. D'ailleurs, beaucoup plus que la littérature française moderne, qui a oublié l'« ancien français », et ignore jusqu'à l'existence des grands cycles en prose, la littérature britannique a conservé la mémoire du roi Arthur et des Chevaliers de la Table Ronde. Shakespeare en est certes imprégné, ainsi que Chaucer. Mais plus près de nous, au XIXᵉ siècle, Tennyson a pu écrire les *Idylles* qui rejouent les plus belles scènes de la « matière de Bretagne ». Au XXᵉ siècle même, la veine arthurienne reste vivante, comme en témoigne le livre de T.H. White, à l'origine destiné aux enfants, *Once and Future King*.

***

Cette scène fait pendant à l'extrait, p. 104, de *La Mort le roi Artu* : Arthur, qui vient de combattre le roi Pellinor et n'a dû son salut qu'aux sorts de Merlin, a perdu l'épée reçue à son couronnement. Il va entrer en possession d'Excalibur.

Un univers de prodiges

Et pendant qu'ils chevauchaient, Arthur dit : « Je n'ai pas d'épée. — Aucun problème, dit Merlin, il y a par ici une épée qui sera à vous, si je peux. » Ainsi, ils chevauchèrent jusqu'à un lac, qui était large et beau, et au milieu du lac Arthur aperçut un bras vêtu de soie blanche, qui tenait une belle épée dans sa main.
5 « Voyez ! dit Merlin, voici l'épée dont j'ai parlé. » A ce moment, ils virent une demoiselle qui s'approchait en suivant la rive du lac. « De quelle demoiselle s'agit-il ? demanda Arthur. — C'est la demoiselle du Lac, dit Merlin ; et à l'intérieur du lac il y a un rocher, et là se trouve un lieu aussi beau qu'aucun qui soit sur cette terre, de surcroît richement arrangé ; et cette demoiselle va venir
10 vers vous à l'instant ; parlez-lui avec courtoisie de manière à ce qu'elle vous donne cette épée. » A l'instant la demoiselle vint tout droit à Arthur, et le salua, et lui elle. « Demoiselle, fit Arthur, quelle épée est-ce là, que ce bras soutient au-dessus de l'eau ? Je souhaiterais qu'elle fût à moi, car je n'ai pas d'épée. — Sire Arthur, roi, dit la demoiselle, cette épée est à moi, et si vous promettez de
15 me donner un don quand je vous le demanderai, vous l'aurez. — Par ma foi, dit Arthur, je vous donnerai le don que vous me demanderez, quel qu'il soit. — Bien, dit la demoiselle ; embarquez-vous à bord de cette barque, et ramez vous-même jusqu'à l'épée, et prenez-la ainsi que son fourreau, et je vous demanderai mon don quand j'en verrai l'occasion. » Ainsi Arthur et Merlin mirent pied à terre et
20 attachèrent leurs chevaux à deux arbres, et ainsi ils montèrent à bord de la barque, et lorsqu'ils vinrent à l'épée que la main tenait, sire Arthur la prit par le baudrier, et l'emporta avec lui, et le bras et la main disparurent sous l'eau, et ainsi ils vinrent à la terre ferme et s'éloignèrent en chevauchant. [...] Alors sire Arthur regarda l'épée, et l'apprécia beaucoup. « Que préférez-vous, dit Merlin, l'épée ou
25 le fourreau ? — J'aime mieux l'épée, dit Arthur. — Vous êtes bien peu sage, dit Merlin, car le fourreau a dix fois plus de valeur que l'épée ; car aussi longtemps que vous porterez le fourreau sur vous, vous ne perdrez jamais de sang, si blessé que vous puissiez être ; pour cette raison, gardez toujours le fourreau avec vous. »

Sir THOMAS MALORY, *Le Morte d'Arthur* (1360), traduction d'Anne Berthelot

2. Histoire et épopée

Jean Froissart *Chroniques* (vers 1374-1400)

Jean Froissart (vers 1333-1400) est né à Valenciennes. Au service des princes, il est élevé dans une atmosphère courtoise qui l'incite à pratiquer, comme beaucoup de ses contemporains, la poésie. Après un voyage en Angleterre, auprès de la reine Philippa de Hainaut, où il fait ses premières armes d'historiographe, il entreprend son grand œuvre, c'est-à-dire la chronique des guerres de l'Europe de 1327 à 1400. Pour ce faire, il utilise les ouvrages de ses prédécesseurs, ses propres souvenirs, les témoignages qu'il peut rassembler. Il voyage beaucoup, pour amasser ce que nous appellerions de la documentation pittoresque ; il va en particulier à la cour de Gaston Phébus, comte de Foix, qu'il décrit avec brio.

Mais il est aussi romancier et poète ; il est l'auteur en particulier du dernier grand roman arthurien, *Meliador* ; il produit aussi des textes allégoriques et moralisants, sur les thèmes quelque peu dépassés de la courtoisie : citons *Le Joli Buisson de Jonece*, ou *L'Espinette amoureuse*.

Il fait un nouveau voyage en Angleterre en 1395 ; par la suite, on ne sait plus rien de lui ; il meurt sans doute aux environs de 1400, à Chimay.

Nous donnons d'abord la page d'ouverture du Livre IV des Chroniques, *qui permet de se faire une idée de la manière dont* **Jean Froissart** *concevait son œuvre.*

Prologue

  A la requête, contemplation et plaisance de très haut et noble prince, mon très cher seigneur et maître Guy de Châtillon, comte de Blois, sire d'Avesnes, de Chimay, de Beaumont, de Sconnehove et de la Gode ; je, Jean Froissart, presbytérien et chapelain à mon très cher seigneur dessus nommé, et pour le
5 *temps de lors trésorier et chanoine de Chimay et de Lille en Flandres, me suis de nouvel réveillé et entré dedans ma forge, pour ouvrir et forger en la haute et noble matière de laquelle du temps passé je me suis ensoigné*[1]*, laquelle traite et propose les faits et les avenues des guerres de France et d'Angleterre et de tous leurs conjoints et leurs adhérens, si comme il appert clairement et pleine-*
10 *ment par les traités qui sont clos jusques au jour de la présente date de mon réveil.*

  Or considérez entre vous qui le lisez, ou le lirez, ou avez lu, ou orrez[2] *lire, comment je puis avoir sçu ni rassemblé tant de faits desquels je traite et propose en tant de parties. Et pour vous informer de la vérité, je commençai jeune, dès*
15 *l'âge de vingt ans ; et si suis venu au monde avec les faits et les avenues ; et si y ai toujours pris grand'plaisance plus que à autre chose ; et si m'a Dieu donné tant de grâces que je ai été bien de toutes les parties, et des hostels des rois, et par espécial*[3] *de l'hostel du roi Édouard d'Angleterre et de la noble roine sa femme madame Philippe de Haynaut, roine d'Angleterre, dame d'Irlande et*
20 *d'Aquitaine, à laquelle en ma jeunesse je fus clerc ; et la servois de beaux dittiés*[4] *et traités amoureux : et, pour l'amour du service de la noble et vaillant dame à qui j'étois, tous autres seigneurs, rois, ducs, comtes, barons et chevaliers, de quelque nation qu'ils fussent, me aimoient, oyoient et voyoient volontiers et me faisoient grand profit. Ainsi, au titre de la bonne dame et à ses coûtages*[5] *et aux*
25 *coûtages des hauts seigneurs, en mon temps, je cherchai la plus grand'partie de la chrétienté, voire qui à chercher fait ; et partout où je venois, je faisois enquête*[6]

1. Instruit.

2. Entendrez.

3. En particulier.

4. Dits, poèmes.

5. Dépenses.

6. M'enquérais.

7. *Confiance.*

aux anciens chevaliers et écuyers qui avoient été en faits d'armes, et qui proprement en savoient parler, et aussi à aucuns hérauts de crédence [7] pour vérifier et justifier toutes matières. Ainsi ai-je rassemblé la haute et noble histoire
30 *et matière, et le gentil comte de Blois dessus nommé y a rendu grand'peine ; et tant comme je vivrai, par la grâce de Dieu, je la continuerai ; car comme plus*

8. *Travaille.*

9. *Je fais ce qui me convient et j'y prends plaisir.*

y suis et plus y laboure [8], et plus me plaît ; car ainsi comme le gentil chevalier et écuyer qui aime les armes, et en persévérant et continuant il s'y nourrit parfait, ainsi, en labourant et ouvrant sur cette matière je m'habilite et délite [9].

Jean FROISSART, *Chroniques* (vers 1374-1400),
« Prologue », éd. Pauphilet-Pognion,
dans *Historiens et Chroniqueurs du Moyen Age*,
La Pléiade, © éd. Gallimard, 1972

Jean le Bon fonde l'Ordre de l'étoile, miniature du XIVᵉ siècle. Paris, B.N.

POUR LE COMMENTAIRE

1. Quelle est la **situation sociale et professionnelle de Froissart** ? Quelle est l'importance des précisions « biographiques » qu'il donne ?

2. De quelle **métaphore** Froissart use-t-il pour désigner son travail ? Quel en est le sens ?

3. A qui s'adresse l'ouvrage ? Quelles sont **les intentions** de Froissart ? En quoi des considérations purement **esthétiques** et **romanesques** se mêlent-elles aux considérations **historiques** ?

4. Quel est le modèle littéraire des *Chroniques* ? Comment Froissart réactive-t-il, et résout-il, la dichotomie entre

le clerc et le chevalier ? D'après ce texte, quelle vous semble être l'**idéologie dominante** à cette époque ?

COMPOSITION FRANÇAISE

Histoire et littérature

A quelles conditions un texte historique devient-il un texte littéraire ? Montrez en quoi l'attitude de l'historien et celle du critique littéraire vis-à-vis d'un même texte sont à la fois différentes et complémentaires.

Un spectacle mémorable

*Le passage suivant est intéressant non seulement parce qu'il est représentatif de l'art de **Froissart** et de sa conception de la chronique, mais parce qu'il décrit une **forme de spectacle** qui connaît un important développement au cours du XIVᵉ siècle. Il s'agit de **l'entrée royale**, ici celle d'Isabeau de Bavière, toute jeune reine de France et épouse du roi Charles VI, à Paris.*

*Ces entrées constituaient en elles-mêmes, compte tenu de la splendeur des costumes et de la belle ordonnance des cortèges, des spectacles tout à fait remarquables. Mais les villes rivalisaient d'ingéniosité pour offrir aux hauts personnages qu'elles accueillaient les « attractions » les plus raffinées et les plus compliquées : **tableaux vivants, représentations allégoriques, mimes et chorales** avaient lieu sur des estrades et des scènes improvisées, couvertes de fleurs, de feuillages et d'étoffes précieuses.*

Ces fêtes pouvaient durer plusieurs jours, et avaient une singulière propension à achever de ruiner un trésor que la guerre de Cent Ans, alors en cours, malmenait fort à elle seule... La popularité d'Isabeau de Bavière, exceptionnelle au début de son règne, ne tarda pas à décliner, remplacée par un parfum de scandale dû entre autres à ce genre de goûts dispendieux.

Je pris garde à me souvenir de tout, puis je m'appliquai à écrire et enregistrer tout ce que je vis et entendis dire qu'il s'était produit, en vérité, à la fête de l'entrée et venue à Paris de la reine Isabeau
5 de France, dont voici l'ordonnance :
Le dimanche vingt Août, en l'an de Grâce 1389, il y avait tant de monde dans Paris et au-dehors que c'était prodigieux à voir ; et ce dimanche, à l'heure de relevée[1], se rassemblèrent en la ville de Saint-
10 Denis les hautes et nobles dames de France qui devaient accompagner la reine, et les seigneurs qui devaient escorter les litières de la reine et des dames. Et il y avait douze cents bourgeois de Paris, tous à cheval et sur le pied de guerre, rangés de part
15 et d'autre du chemin, parés et vêtus tous de la même manière de robes de drap de soie vert et vermeil. Et la reine Jeanne, avec sa fille la duchesse d'Orléans, entra la première à Paris, une heure après none[2], dans une litière couverte, avec une riche escorte de
20 seigneurs. Et elles passèrent dans la grande rue de Saint-Denis, et vinrent au palais ; et là les attendait le roi. Et pour ce jour, ces deux dames n'allèrent pas plus loin.
Alors la reine de France et les autres dames se
25 mirent en chemin : il y avait là la duchesse de Berry, la duchesse de Bourgogne, la duchesse de Touraine, la duchesse de Bar, la comtesse de Nevers, la dame de Coucy, et toutes les dames et les demoiselles, en bon ordre ; et leurs litières étaient toutes si
30 bien et si richement décorées que rien n'y manquait. Mais la duchesse de Touraine n'avait pas de litière, pour la différencier des autres ; elle chevauchait sur un très beau palefroi très richement paré, qui marchait l'amble[3] tout doucement. Et les chevaux qui
35 tiraient les litières, ainsi que les seigneurs de l'escorte, avançaient aussi au pas. [...]
A la première porte de Saint-Denis, avant qu'on entre à Paris, porte qu'on appelle de la Bastide, il y avait un ciel tout étoilé, et dans ce ciel de jeunes
40 enfants vêtus et arrangés comme des anges, qui chantaient très doucement et mélodieusement. Et avec tout cela, il y avait une représentation de Notre-Dame, qui tenait un petit enfant, qui jouait tout seul avec un moulinet fait d'une grosse noix ;
45 le ciel était de belle hauteur, et armorié très richement aux armes de France et de Bavière, avec un soleil resplendissant et jetant ses rayons. Ce soleil d'or rayonnant était la devise du roi et concernait aussi la fête des joutes. La reine de France et les
50 dames, passant entre ces décors et sous la porte, virent tout cela très volontiers ; tous les gens qui passèrent par là en firent autant.
Après cela, la reine de France et les dames vinrent tout doucement devant la fontaine de la rue Saint-
55 Denis, qui était toute recouverte et parée d'un drap d'azur fin, peint et semé de fleurs de lys d'or ; et les piliers qui entouraient la fontaine étaient armoriés aux armes de plusieurs seigneurs nobles et influents du royaume de France ; et cette fontaine donnait par
60 toutes ses bouches du vin claret et du vin pimenté excellents, à grands ruisseaux. Et il y avait là, autour de la fontaine, des jeunes filles très richement parées, avec sur leurs têtes des chapeaux d'or bons et riches, qui chantaient très mélodieusement. C'était
65 une chose bien douce et bien agréable à entendre ! Et elles tenaient en leurs mains des hanaps[4] et des coupes d'or, et elles offraient et donnaient à boire à tous ceux qui voulaient boire. Et en passant devant elles, la reine de France s'arrêta et les regarda avec
70 plaisir et admira leur ordonnance ; et ainsi firent toutes les autres dames et demoiselles, et tous ceux et celles qui les virent ensuite.
Après, à l'entrée de l'église de la Trinité, sur la rue, il y avait un échafaudage, et sur l'échafaudage un
75 château, et tout le long de l'échafaudage était représenté en bon ordre le pas[5] du roi Saladin, avec de nombreux personnages, les chrétiens d'un côté et les Sarrasins de l'autre. Et là se trouvaient, joués par des acteurs, tous les seigneurs importants qui jadis
80 avaient été au pas de Saladin, avec leurs armoiries, et des armes semblables à celles que l'on portait à cette époque. Un petit peu à l'écart se trouvait un acteur représentant le roi de France, et avec lui les douze pairs de France, en armes avec leurs armoi-

ries. Et quand la litière de la reine de France se fut avancée devant l'échafaudage où se trouvaient re-présentées ces scènes, le roi Richard se sépara de ses compagnons et vint au roi de France, et lui demanda la permission d'aller assaillir les Sarrasins, et le roi la lui donna. Avec cette permission, le roi Richard retourna à ses douze compagnons, et ils se mirent en ordre, et allèrent aussitôt assaillir le roi Saladin et ses Sarrasins ; et là il y eut pour la distraction du public une grande bataille, qui dura assez longtemps ; et tout cela fut regardé avec grand plaisir.

Puis ils passèrent outre et vinrent à la seconde porte de Saint-Denis ; et là il y avait un château bien construit, comme à la première place, et un ciel clair tout étoilé, et une représentation de Dieu assis en majesté, le Père, le Fils et le Saint Esprit ; et là, dans ce ciel, de jeunes enfants de chœur déguisés en anges chantaient très doucement, ce que l'on regar-dait et écoutait très volontiers. Et au moment où la reine passait dans sa litière sous la porte, la porte du paradis s'ouvrit et deux anges sortirent et descen-dirent ; ils tenaient entre leurs mains une très riche couronne d'or garnie de pierres précieuses, et ils la posèrent et l'installèrent avec délicatesse sur la tête de la reine, en chantant ces vers :

> Dame enclose de fleurs de lys,
> Vous êtes reine de Paris,
> De France et de tout le pays.
> Nous nous en retournons en paradis.

[...] Au pied de ce château, qui occupait beaucoup de place, il y avait une garenne et de nombreux arbres et buissons feuillus, avec à l'intérieur une grande foison de lièvres, de lapins et d'oisillons qui en sortaient en volant, et qui y rentraient pour se mettre à l'abri de la foule qu'ils redoutaient. De ce

125

130

bois, du côté où les dames venaient, sortit un grand cerf blanc vers le lit de justice. D'autre part en sortirent aussi un lion et un aigle très bien faits, qui s'approchèrent avec férocité du cerf et du lit de justice. Alors, environ douze jeunes filles sortirent à leur tour du bois, richement parées de chapeaux d'or, tenant des épées nues en leurs mains, et elles se placèrent entre le cerf et l'aigle et le lion, en manifestant qu'elles voulaient garder le cerf et le lit de justice.

Jean FROISSART, *Chroniques*,
traduction d'Anne Berthelot

1. Temps à partir duquel on s'est « relevé » de la sieste (après-midi). — 2. « Neuvième heure » : vers quinze heures. — 3. En levant en même temps les deux jambes du même côté. — 4. Grands vases à boire en métal. — 5. Combat mythique où se serait illustré le non moins mythique Saladin.

POUR LE COMMENTAIRE

1. En quoi consiste **la fête** de l'« entrée » royale ? La personne de la reine et son cortège sont-ils les éléments les plus intéressants du spectacle ?

2. Quelles sont **les différentes catégories de spec-tacles** qui sont présentées au peuple ? De quelle idéologie relèvent-elles ?

3. Tous les sens sont-ils satisfaits dans cette fête ? Lesquels sont privilégiés ?

4. Quels sont les éléments qui relèvent de l'**allégorie** ? Quels sont ceux qui se rapprochent davantage d'une conception moderne du **théâtre** ?

5. Quelle est **la position du chroniqueur** par rapport à ce qu'il décrit ? Intervient-il à un moment quelconque ? A-t-il été témoin de tout ce qu'il raconte ? Était-il possible d'être témoin de l'ensemble de cette fête ?

Entrée de Charles VII à Toulouse, miniature du XVᵉ siècle. Toulouse, Archives municipales.

Philippe de Commynes *Mémoires* (1489-1498)

Philippe de Commynes (1447-1511) est né en Flandres où il était par sa naissance destiné à se ranger parmi les amis du duc de Bourgogne. Après avoir pris du service auprès du duc Philippe le Bon, il est attaché dès 1464 à Charles le Téméraire, alors comte de Charolais. C'est donc comme conseiller bourguignon qu'il participe aux premiers conflits entre le duc et Louis XI. Il fait la connaissance de celui-ci plus amplement lors des entrevues de Péronne, et passe peu après à son service, s'enfuyant de l'entourage du duc en 1472. Sa sagesse et son sens de la diplomatie s'accordaient mieux sans aucun doute avec la subtilité politique du roi qu'avec l'audace désordonnée du Téméraire. Cependant, l'un des motifs inavoués de la rédaction des *Mémoires* est peut-être le désir de justifier par les faits le choix que lui-même a effectué en trahissant son premier maître.

Doté de la seigneurie d'Argenton par Louis XI, en compensation des terres qui lui ont été, évidemment, confisquées par le duc de Bourgogne, il est jusqu'à la mort du roi un de ses plus proches conseillers. Cette faveur même lui vaut quelque temps de disgrâce au début du règne de Charles VIII (Il aurait même été enfermé dans une des célèbres cages de fer du défunt roi !). Après sa réconciliation avec Charles VIII, il l'accompagne en Italie et est ambassadeur à Venise : ces événements sont partiellement rapportés dans la deuxième partie de ses *Mémoires*. Il meurt en 1511.

Philippe de Commynes *décrit ce qu'il connaît bien. Il a assisté aux événements, participé à beaucoup d'entre eux. Il est avant tout un témoin objectif, qui dépasse le point de vue partisan — et courtisan — pour devenir juge et moraliste. Les* Mémoires *contiennent non seulement des « documents » précieux pour l'historien moderne, mais aussi* **une réflexion sur l'homme**, *sévère et pessimiste dans l'ensemble, comparable à celle d'un Machiavel.*

Prologue

Commynes *expose son dessein dans le « Prologue » des* Mémoires *: il est intéressant de noter la* **volonté d'impartialité** *d'un homme qui se veut juge et non partisan, et aussi les précautions oratoires qu'il prend vis-à-vis de son dédicataire en ce qui concerne les passages les plus critiques de son œuvre.*

Philippe de Commynes présente ses Mémoires *à Louis XI,* frontispice de l'École de Rouen, début du XVIᵉ siècle. Nantes, Musée Dobrée.

Monseigneur l'archevêque de Vienne, pour satisfaire à la requête qu'il vous a plu me faire de vous
écrire, et mettre par mémoire ce que j'ai su et connu
des faits du feu roi Louis onzième, à qui Dieu fasse
5   pardon, notre maître et bienfaiteur, et prince digne
de très excellente mémoire, je l'ai fait le plus près de
la vérité que j'ai pu et su avoir la souvenance.

Du temps de sa jeunesse ne saurais parler, sinon
pour ce que je lui en ai ouï parler et dire : mais depuis
10 le temps que je vins en son service, jusques à l'heure
de son trépas, où j'étais présent, ai fait plus continuelle résidence avec lui, que nul autre de l'état à
quoi je le servais, qui pour le moins ai toujours été
des chambellans, ou occupé en ses grandes affaires.
15 En lui et en tous autres princes, que j'ai connus ou
servis, ai connu du bien et du mal : car ils sont
hommes comme nous. A Dieu seul appartient la
perfection. Mais, quand en un prince la vertu et
bonnes conditions précèdent les vices, il est digne
20 de grande louange : vu que tels personnages sont
plus enclins en choses volontaires qu'autres hommes, tant pour la nourriture et petit chastoi[1] qu'ils
ont eu en leur jeunesse, que pour ce que venant en

l'âge d'homme, la plupart des gens tâchent à leur complaire, et à leurs complexions et conditions.

Et pour ce que je ne voudrais point mentir, se pourrait faire qu'en quelque endroit de cet écrit se pourrait trouver quelque chose qui du tout ne serait pas à sa louange ; mais j'ai espérance que ceux qui liront considéreront les raisons dessus dites. Et tant osai-je bien dire de lui, à son los[2], qu'il ne me semble pas que jamais j'aie connu nul prince, où il y eut moins de vices qu'en lui, à regarder le tout. Si ai-je eu autant connaissance des grands princes, et autant de communication avec eux, que nul homme, qui ait été en France de mon temps, tant de ceux qui ont régné en ce royaume, que en Bretagne, et en ces parties de Flandres, Allemagne, Angleterre, Espagne, Portugal, et Italie, tant seigneurs spirituels que temporels, que de plusieurs autres dont je n'ai eu la vue, mais connaissance par communication de leurs ambassades, par lettres, et par leurs instructions par quoi on peut assez avoir d'information de leurs natures et conditions. Toutefois je ne prétends en rien, en le louant en cet endroit, diminuer l'honneur et bonne renommée des autres ; mais vous envoie ce dont promptement m'est souvenu, espérant que vous le demandez pour le mettre en quelque œuvre, que vous avez intention de faire en langue latine, dont vous êtes bien usité. Par laquelle œuvre se pourra connaître la grandeur du prince dont vous parlerai, et aussi de votre entendement.

Philippe de COMMYNES, *Mémoires*, « Prologue »
(1489-1498), traduction d'Anne Berthelot

---

1. *Réprimande.* — 2. *A sa louange.*

POUR LE COMMENTAIRE

1. Quel est **le projet explicite de Commynes** ? Quels sont ses rapports avec son commanditaire ? A-t-il l'intention de faire une œuvre indépendante ? Quelle hiérarchie Commynes établit-il entre le récit en langue française et l'« œuvre en langue latine » ? Se soucie-t-il de sa propre réputation en tant qu'écrivain ?

2. Quel jugement Commynes porte-t-il sur Louis XI ? Qu'y a-t-il de nouveau dans cette attitude ? Quelles sont les réserves de Commynes concernant sa « chronique » ?

3. Quelle **différence** y a-t-il entre **le style** de Commynes et celui de Froissart ? Commynes se soucie-t-il exclusivement de raconter des faits ?

En quoi fait-il **œuvre de moraliste** aussi bien que d'**historien** ? A quelle conception de l'histoire cette attitude remonte-t-elle ? Quel est le rapport de Commynes avec la vérité ?

4. En quoi ce prologue constitue-t-il aussi **une apologie de Commynes** ? Comment apparaît-il au cours de ce texte ? De quelle qualité Commynes tient-il par-dessus tout à faire preuve ?

DÉBAT

Les rapports de l'histoire et du politique.

L'entrevue de Péronne

Dans les extraits suivants (les coupes sont, hélas ! rendues nécessaires par la longueur du texte d'ensemble et par les digressions « théoriques »), **Commynes** *expose sa vision de l'épisode de Péronne, non sans un certain malaise, car il était encore à ce moment — en 1468 — au service du duc de Bourgogne, et se préparait sans doute à passer à celui du roi de France... L'histoire n'est plus une succession de beaux faits d'armes plus ou moins chevaleresques, mais se compose de négociations secrètes, de débats d'intérêts, d'alliances et de contre-alliances entre* **les puissants qui sont parfois pris à leur propre « machiavélisme » avant la lettre***.*

Vous avez entendu par quelle manière avait été conclu que le roi viendrait à Péronne. Ainsi le fit : et n'amena nulle garde ; mais voulut venir de tous points, à la garde et sûreté dudit duc, et voulut que monseigneur des Cordes lui vînt au-devant avec les archers dudit duc (à qui il était pour lors) pour le conduire. Ainsi fut fait. Peu de gens vinrent avec lui : toutefois il y vint de grands personnages, comme le duc de Bourbon, son frère le cardinal, le comte de Saint-Pol, connétable de France, qui en rien ne s'était mêlé de cette vue[1], mais lui en déplaisait : car pour lors le cœur lui était crû, et ne se trouvait pas humble envers ledit duc, comme autrefois ; et pour cette cause n'y avait nulle amour entre les deux. Aussi y vint le cardinal Ballue, le gouverneur de Roussillon, et plusieurs autres. Comme le roi approcha de la ville de Péronne, ledit duc lui alla au-devant, bien fort accompagné, et le mena en la ville : et le logea chez le receveur (qui avait belle maison et près du château), car le logis dudit château ne valait rien, et y en avait peu.

La guerre entre deux grands princes est bien aisée à commencer, mais très mal aisée à apaiser, pour les choses qui y adviennent, et qui en dépendent. Car maintes diligences se font, de chacun côté, pour grever son ennemi, qui si soudainement ne se peuvent rappeler : comme il se vit par ces deux princes, qui avaient entrepris cette vue si soudain, sans avertir leurs gens qui étaient au loin : lesquels de tous les deux côtés accomplissaient les charges que leurs maîtres leur avaient baillées. [...]

Il se trouve que le duc de Bretagne avait mandé à son armée de venir à Péronne : un certain nombre de grands seigneurs, avec leurs troupes, campent dans la plaine environnante.

Tôt fut le roi averti de l'arrivée de tous ces gens dessus nommés, et des habillements en quoi étaient arrivés : si entra en grande peur, et envoya prier au duc de Bourgogne qu'il pût loger au château ; et que
5 tous ceux-là qui étaient venus, étaient ses malveillants. Ledit duc en fut très joyeux : et lui fit faire son logis, et l'assura fort de n'avoir nul doute[2].

Guerre entre le duc de Bourgogne et les Liégeois, miniature du XVIᵉ siècle. Nantes, Musée Dobrée.

Chapitre VI : Digression sur l'avantage que les bonnes lettres, et principalement les histoires, font aux princes et grands seigneurs

C'est grande folie à un prince de soi soumettre à la puissance d'un autre, par espécial quand ils sont
10 en guerre, où ils ont été en tous endroits, et est grand avantage aux princes d'avoir vu des histoires en leur jeunesse, auxquelles se voient largement de telles assemblées, et de grandes fraudes, grosses tromperies et parjurements, qu'aucuns des anciens ont fait
15 les uns vers les autres, et pris et tués ceux qui en telles sûretés s'étaient fiés. Il n'est pas dit que tous en aient usé ; mais l'exemple d'un est assez pour en faire sages plusieurs, et leur donner vouloir de se garder ; et est, ce me semble (à ce que j'ai vu
20 plusieurs fois par l'expérience de ce monde, où j'ai été autour des princes l'espace de dix-huit ans ou plus, ayant claire connaissance des plus grandes et secrètes matières qui se soient traitées en ce royaume de France et seigneuries voisines), l'un des
25 grands moyens de rendre un homme sage, d'avoir lu les histoires anciennes, et apprendre à se conduire et garder, et entreprendre sagement par icelles et par les exemples de nos prédécesseurs. Car notre vie est si brève, qu'elle ne suffit à avoir de
30 tant de choses expérience. [...]

Commynes *continue ses réflexions en y joignant* **un développement sur la nécessité pour un prince de ne pas être ignorant,** *sous peine d'être à la merci de ses « clercs qui lui racontent n'importe quoi ».*
Au chapitre VII, il revient aux événements de Péronne ; l'affaire se complique, car le roi de France avait entrepris une alliance avec les Liégeois, ennemis du duc de Bourgogne. Quand celui-ci l'apprend, il est convaincu que le roi est venu à Péronne pour le tromper ; comme il le tient en son pouvoir dans le château, il en fait fermer les portes, et le garde de fait prisonnier.
Commynes s'interrompt le temps d'un nouveau chapitre pour déplorer les rencontres entre princes : « Grande folie est à deux grands princes, qui sont comme égaux en puissance, de s'entrevoir, sinon qu'ils fussent en grande jeunesse, qui est le temps qu'ils n'ont autres pensées qu'à leurs plaisirs » ! Il donne plusieurs exemples de ces rencontres qui ont mal tourné. Puis, dans le chapitre IX, **il revient à l'affaire de Péronne.**

Le premier jour ce fut tout effroi et murmure par la ville. Le second jour ledit duc fut un peu refroidi. Il tint conseil la plupart du jour et partie de la nuit. Le roi faisait parler à tous ceux qu'il pouvait penser
5 qui lui pourraient aider, et ne faillait pas à promettre, et ordonna distribuer quinze mille écus d'or ; mais celui qui en eut la charge en retint une partie, et s'en acquitta mal, comme le roi sut depuis. Le roi craignait fort ceux qui autrefois l'avaient servi, qui ja se
10 disaient au duc de Normandie son frère. A ce conseil dont j'ai parlé, y eut plusieurs opinions : la plupart louèrent et furent d'avis que la sûreté qu'avait le roi lui fût gardée, vu qu'il accordait assez la paix en la forme qu'elle avait été couchée par écrit. Autres
15 voulaient sa prise rudement, sans cérémonie. Aucuns autres disaient qu'à la diligence on fît venir

monseigneur de Normandie son frère, et qu'on fît une paix bien avantageuse pour tous les princes de France. Et semblait bien à ceux qui faisaient cette
20 ouverture, que si elle s'accordait, le roi serait restraint ; et qu'on lui baillerait gardes ; et qu'un si grand seigneur pris ne se délivre jamais ou à peine, quand on lui a fait une si grande offense. Et on vit les choses si près, que je vis un homme housé[3] et
25 prêt à partir, qui ja avait plusieurs lettres adressantes à monseigneur de Normandie étant en Bretagne, et n'attendait que les lettres du duc ; toutefois ceci fut rompu. Le roi fit faire des ouvertures, et offrit de bailler en otage ledit duc de Bourbon, et le cardinal
30 son frère, le connétable, et plusieurs autres, et qu'après la paix conclue il pût retourner jusqu'à Compiègne ; et qu'incontinent il ferait que les Lié-

geois répareraient tout, ou se déclarerait contre eux. Ceux que le roi nommait pour être otages s'offrirent fort, au moins en public. Je ne sais s'ils disaient ainsi à part ; je me doute que non, et à la vérité, je crois qu'il les y eût laissés, et qu'il ne fût pas revenu.

Cette nuit, qui fut la tierce, ledit duc ne se dépouilla onques. Seulement se coucha par deux ou trois fois sur son lit, et puis se promenait ; car telle était sa façon quand il était troublé. Je couchai cette nuit-là en sa chambre, et me promenai avec lui par plusieurs fois. Sur le matin se trouva en plus grande colère que jamais, en usant de menaces, et prêt à exécuter grande chose ; toutefois il se réduisit en sorte que, si le roi jurait la paix et voulait aller avec lui à Liège, pour lui aider à se venger, et monseigneur de Liège, qui était son prochain parent, il se contenterait ; et soudainement partit pour aller en la chambre du roi, et lui porter ces paroles. Le roi eut quelque ami qui l'en avertit, l'assurant de n'avoir nul mal, s'il accordait ces deux points ; mais s'il faisait le contraire, il se mettrait en si grand péril, que nul plus grand ne lui pourrait advenir.

Comme le duc arriva en sa présence, la voix lui tremblait, tant il était ému, et prêt de se courroucer. Il fit humble contenance de corps ; mais sa geste et parole était âpre, demandant au roi s'il ne voulait pas tenir le traité de paix, qui avait été écrit et accordé, et si ainsi le voulait jurer ; et le roi lui répondit qu'oui. [...] Après lui demanda ledit duc s'il ne voulait point venir avec lui à Liège, pour aider à revancher la trahison que les Liégeois lui avaient faite, à cause de lui et de sa venue ; et aussi lui dit la prochaineté du lignage, qui était entre le roi et l'évêque de Liège ; car il était de la maison de Bourbon. A cette parole, le roi lui répondit : qu'après que la paix serait jurée (ce qu'il désirait fort), il était content d'aller avec lui à Liège, et d'y mener des gens, en si petit ou si grand nombre que bon lui semblerait. Ces paroles réjouirent fort le duc ; et incontinent fut apporté ledit traité

Le roi prend conseil, miniature du XVᵉ siècle. Paris, B.N.

75 de paix, et fut tirée des coffres du roi la vraie croix, que saint Charlemagne portait, qui s'appelle la croix de Victoire ; et jurèrent la paix ; et tantôt furent sonnées les cloches par la ville, et tout le monde fut fort réjoui. Autrefois a plu au roi me faire cet honneur de dire, que j'avais bien servi à cette pacification. [...]

Philippe de COMMYNES, *Mémoires*, dans *Historiens et Chroniqueurs du Moyen Age*, publié par A. Pauphilet, La Pléiade, © éd. Gallimard, 1972. Orthographe modernisée

1. *Entrevue.* — 2. *Crainte.* — 3. *Botté.*

POUR LE COMMENTAIRE

1. Comment **les rapports de force** entre les personnages principaux sont-ils introduits dans le texte ? Montrez que chaque notation prend son importance dans la suite du récit ?

2. Les digressions
a. Comment sont-elles insérées dans la narration ? Comment peut-on les justifier ? Quel effet produisent-elles ?
b. Quelles conclusions Commynes tire-t-il de son récit ? Quelle sorte de morale se dégage des digressions ? En quoi illustre-t-elle tout un mouvement de pensée contemporain, qui se prolongera au seizième siècle ?

3. Le dénouement
a. Qu'est-ce qui a remplacé les combats chevaleresques ? Comment le duc et le roi sont-ils caractérisés ? Montrez que le choix des détails descriptifs révèle la différence profonde entre les deux hommes.
b. Qui est le vainqueur de cette confrontation ? Comment Commynes semble-t-il envisager les relations ultérieures des deux princes ?

4. Quelle est **la part de l'interprétation** dans le récit ? Quel jugement porte Commynes sur ces personnages ? Lequel présente-t-il sous le jour le plus favorable ? Se fait-il des illusions sur la valeur morale de ses personnages ?

5. Commynes dans son livre
a. Est-il présent ? Cherche-t-il à éluder les difficultés posées par son changement de camp ? Le rôle qu'il joue paraît-il important ?
b. Dans quelle mesure peut-on dire qu'il s'agit en effet d'une histoire objective et impartiale ? Le récit est-il cependant dépourvu de tout narcissisme d'auteur ?

D'UN TEXTE A L'AUTRE

MACHIAVEL, *Le Prince* (1532), éd. Garnier-Flammarion ; CASTIGLIONE, *Le Courtisan (Il Cortegiano)* (1528), éd. Lebovici, 1987.

La tendance encyclopédiste qui domine la plus grande partie du XIIIᵉ siècle disparaît ou du moins s'affaiblit dans les deux derniers siècles du Moyen Age. Mais cela ne veut pas dire que les écrivains de l'époque cessent de se préoccuper du monde qui les entoure. Au contraire, ils le considèrent en lui-même, et non plus en le soumettant au préalable à la grille d'un système philosophique préexistant.

Dans *Le Paradis de la reine Sibylle*, d'**ANTOINE DE LA SALE**, les éléments légendaires sont encore nombreux : d'ailleurs le propos entier du livre est de décrire des phénomènes surnaturels, en attestant de leur vérité. Mais si la description du monde que l'on y trouve est encore conforme dans ses grandes lignes au modèle biblique, **MARCO POLO**, dans son *Livre des Merveilles* (1298), raconte ce qu'il a vu, et les légendes qu'il rapporte sont celles des pays qu'il a traversés, ce qui renouvelle le point de vue. Le récit de ses voyages jusqu'en Chine a connu un immense succès, et il en existe deux versions, l'une en italien, l'autre en français, dictée par le voyageur lui-même à Rusticien de Pise, compilateur célèbre de romans arthuriens en prose, pendant que tous les deux se trouvaient dans la même prison. C'est du moins ce qu'affirme la tradition, un peu trop belle pour être vraie. Mais il est exact en tout cas que Rusticien de Pise, comme avant lui Bruno Latin, considérait le français comme la seule véritable langue littéraire.

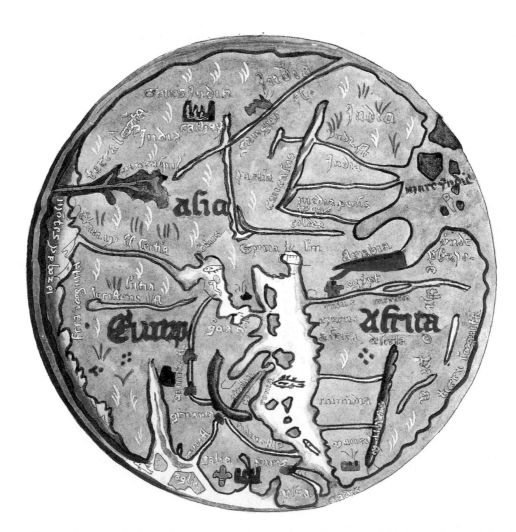

Guillaume Fillastre, *Mappemonde de 1417*, d'après les cartes de Pomponius Mela (Iᵉʳ siècle apr. J.-C.), miniature de la Bibliothèque de Reims. Paris, B.N.

Antoine de La Sale *Le Paradis de la reine Sibylle*

Géographie de l'au-delà

Dans le cadre d'une excursion aux îles Lipari, où se rencontrent des prodiges diaboliques analogues à ceux qui ont été signalés dans la première partie du livre à propos de la reine Sibylle, sorte d'enchanteresse qui vit dans un souterrain profond et s'efforce de retenir auprès d'elle les jeunes hommes qui lui rendent visite, leur faisant ainsi perdre leur âme, **Antoine de La Sale***, qui ne perd pas de vue sa fonction de précepteur, fournit d'abord* **une description sommaire du monde** *tel que son époque le connaît. Tout naturellement intégrés à ce tableau se trouvent les lieux renommés pour contenir le paradis ou pour être des portes de l'Enfer.*

Maintenant, nous allons parler du Paradis terrestre, qui est la tête du corps formé par toute la terre, après avoir parlé des trois parties du monde. Ce Paradis est situé dans les contrées de l'Orient, c'est-à-dire tout au bout et à l'extrémité de l'Asie ; il est d'une hauteur extrême, comme rempli des quatre éléments des sept planètes et des douze signes, qui règnent tous en lui dans leur meilleure harmonie. C'est dans ce Paradis que furent créés et formés nos premiers parents, Adam et Ève, de la main de notre vrai Dieu, notre Créateur. Mais dès qu'ils succombèrent au péché de désobéissance, ils furent sur-le-champ chassés de ce Paradis que Dieu avait consacré. Dans ce Paradis vivent Énoch et Élie, et ils y vivront jusqu'à la destruction de l'Antéchrist. C'est là que se trouve l'arbre de vie, et de son pied sortent quatre ruisseaux ; l'un s'appelle le Pison, l'autre le Guion, le troisième le Tigre et le quatrième l'Euphrate ; ils coulent tous les quatre dans les veines du corps formé par la terre, c'est-à-dire dans la mer et hors de la mer, et font jaillir de grandes sources sur la terre en diverses régions. C'est de là que viennent le plus grand fleuve de l'Asie, le Tanaïs[1] ; le plus grand de l'Europe, le très grand fleuve appelé Norveyan (?) ; et le plus grand de l'Afrique, appelé le Nil ; tous les trois partent des quatre ruisseaux du Paradis. Personne ne peut entrer ni monter dans ce Paradis, à cause des montagnes escarpées qui l'entourent tout entier, sauf à l'entrée. Il y a tant de sortes de dragons, de serpents, de coquecigrues[2] et d'autres bêtes venimeuses très

35

40

45

50

55

féroces qui vivent là, dans ces très hautes montagnes, que les bêtes de ces montagnes ont une nature très proche de l'élément du feu ; c'est là ce qui explique leur férocité et leur ardeur, comme l'a voulu Dieu qui en a décidé ainsi. Selon les savants, tandis que le Paradis terrestre est la tête de la terre en raison de son extrême hauteur, les Enfers se trouvent au fin fond du corps formé par la terre, là où aboutissent toutes les ordures et toutes les puanteurs des quatre éléments. C'est là qu'habitent les ennemis de Dieu, qui ont été condamnés à cause de leur orgueil à vivre au fond de l'Enfer, pour tourmenter les malheureuses âmes qui, à cause de leurs péchés, connaissent sans rémission ni fin la malédiction et le tourment de ces peines très cruelles, *per omnia saecula saeculorum.* Et nous découvrons qu'aux extrémités du corps de la terre apparaissent des soupiraux du puits de l'Enfer : en Europe, ou plus précisément en Hibernie[3], apparaît un puits du Purgatoire, comme nous l'avons déjà dit. De même, en Italie, dans les mers du royaume de Sicile et dans le duché de Calabre, il y a deux îles, Stromboli et Vulcano[4], où jaillissent de profonds abîmes des flammes et des feux infernaux, qui montent si haut que chacun peut les voir.

ANTOINE DE LA SALE, *Le Paradis de la reine Sibylle*,
dans *Le Moyen Age*, présenté et traduit
par F. Mora-Lebrun, © éd. Stock, 1983

1. *Assimilé au Don.* — 2. *Volatile imaginaire, hybride de coq et de reptile.* — 3. *Irlande.* — 4. *Vulcain.*

POUR LE COMMENTAIRE

1. La **géographie** est-elle conçue comme une science indépendante ?

2. Comment **la théorie des quatre éléments** est-elle perceptible dans ce texte ?

3. De quel **sentiment** témoigne la localisation du paradis terrestre « à l'extrémité de l'Asie » ? Pourquoi, en revanche, les « soupiraux » de l'Enfer sont-ils dans des contrées mieux connues et plus accessibles ?

4. Quelles sont les limites de la **description des animaux fabuleux** qui sont supposés vivre dans les régions décrites ?

5. Quel est le rôle du **développement moralisant sur l'Enfer** ? Vous paraît-il à sa place ? Que traduit-il ?

EXPOSÉS

1. L'image du monde au moment de la découverte des Amériques, à travers les cartes des XIVe et XVe siècles.

2. Compte rendu du livre de Christophe COLOMB, *La Découverte de l'Amérique*, éd. La Découverte.

Marco Polo *Le Livre des Merveilles* (1298)

*Avant d'arriver au royaume du Grand Khan, **Marco Polo** (1254-1324) a traversé bien des régions peu connues, ou, plus exactement, sur lesquelles l'Occident chrétien avait des idées très curieuses. Sans avoir les qualités d'observateur ou de diplomate d'un Guillaume de Rubrouck (« ambassadeur » de Saint Louis chez les Mongols quelques années plus tôt), Marco Polo se montre curieux de tout, et rapporte toute une brassée de détails parfois fantaisistes. Nous donnons ci-dessous le passage qui concerne le Vieux de la Montagne, personnage presque légendaire en Occident.*

Le Vieux de la Montagne et ses adeptes, illustration du Maitre de Boucicaut pour *Le Livre des Merveilles.* Paris, B.N.

Aladin et les Assassins

Mulecte est une contrée où, d'après ce qu'on dit, demeurait anciennement certain très méchant prince qu'on appelait le Vieux de la Montagne. En quel pays demeuraient des hérétiques selon la loi
5 sarrazine. Car ce nom de Mulecte veut dire « un endroit où demeurent des hérétiques » dans la langue des Sarrazins. De par l'endroit sont appelés les hommes Mulehetici, c'est-à-dire hérétiques de leur loi, comme les Patarini parmi les Chrétiens. Et
10 maintenant, vous conterai toute son affaire, selon ce que je, Messire Marco Polo, ai ouï conter à plusieurs hommes.

Le Vieux était appelé en leur langage Alaodin, et, avec tout le peuple qu'il commandait, était un fidèle
15 de la loi de Mahomet. Si rêvait-il d'une méchanceté inouïe, assavoir comment il tournerait de ses hommes en audacieux meurtriers ou spadassins, de ceux qu'on nomme communément assassins, par le courage desquels il pourrait tuer qui il voudrait et
20 être craint de tous. Il habitait une très noble vallée entre deux très hautes montagnes ; il y avait fait faire le plus vaste et superbe jardin qui jamais fut vu. Il y a abondance de toutes les bonnes plantes, fleurs et

fruits du monde, et des arbres qu'il a pu trouver. Il
25 fit faire les plus belles maisons et les plus beaux palais qui oncques fussent vus, car ils étaient tout dorés et décorés de toutes les belles choses du monde, et les tentures étaient toutes de soie. Il leur avait fait faire maintes charmantes fontaines, répon-
30 dant aux diverses façades des palais, et toutes avaient dedans de petites conduites, où courait, en l'une vin, en d'autres lait, en d'autres miel et en d'autres l'eau la plus claire. Là habitaient les dames et damoiselles les plus belles du monde, lesquelles
35 savaient très bien sonner de tous instruments, chanter mélodieusement, danser autour de ces fontaines mieux que toutes autres femmes, et par-dessus tout, bien instruites à faire aux hommes toutes caresses et privautés imaginables. Leur rôle était d'offrir tous
40 délices et plaisirs aux jeunes hommes qu'on mettait là. Il y avait multitude de nippes, literie et victuailles, et de toutes choses désirables. De nulle vilaine chose ne devait être parlé, et point n'était permis de passer le temps autrement qu'à jeux, amours et
45 ébats. Ainsi ces damoiselles magnifiquement parées de soie et d'or allaient s'ébattant à toute heure

dans les jardins et les palais ; car les femmes qui les servaient demeuraient enfermées et oncques n'étaient vues en plein air.

Le Vieux donnait à entendre à ses hommes que ce jardin était le Paradis ; il l'avait fait en telle manière qu'en son temps Mahomet fit entendre aux Sarrazins qu'iraient en Paradis ceux qui feraient sa volonté ; ils y trouveraient tous les délices et plaisirs du monde, autant de belles femmes qu'ils souhaiteraient pour leurs ébattements, et ces beaux jardins pleins de rivières de vin, de lait, de miel et d'eau, courant séparément à pleins bords. C'est pourquoi les Sarrazins de ce pays croyaient fermement que ce jardin fût le Paradis. Quant au Vieux, il voulait leur donner à entendre qu'il était un prophète et pouvait faire entrer qui il voulait au Paradis.

Et en ce jardin n'entrait nul homme, fors seulement ceux de méchante vie dont il voulait faire ses satellites et assassins. Au seuil de la vallée, et à l'entrée de ce jardin, il avait un château si fort et imprenable, qu'il n'avait peur de personne au monde ; on y pouvait entrer par un chemin secret ; et il était très diligemment gardé ; par d'autres endroits point n'était possible d'entrer dans le jardin, mais seulement par là. Le Vieux tenait près de lui, en sa cour, tous les fils des habitants de ces montagnes, entre douze ans et vingt, ceux du moins qui semblaient vouloir être hommes d'armes, et être preux et braves, et qui bien savaient par ouï-dire, selon Mahomet leur bien malencontreux prophète, que le Paradis était bâti de telle manière que je vous ai conté ; ils le croyaient en Sarrazins. Et que vous

80 en dirai-je ? Quelquefois le Vieux, quand il souhaitait supprimer un seigneur qui faisait guerre ou qui était son ennemi, il faisait mettre quelques-uns de ces jeunes gens dans ce Paradis, par quatre, ou dix, ou vingt ensemble, juste comme il voulait. Car il leur faisait donner breuvage à boire, par l'effet de quoi ils 85 tombaient endormis aussitôt. Ils dormaient alors trois jours et trois nuits, et pendant leur sommeil, il les faisait prendre et porter en ce jardin ; c'est là, s'éveillant, qu'ils s'apercevaient qu'ils étaient.

Marco POLO, *Le Livre des Merveilles*
ou le *Devisement du Monde* (1298),
présenté et traduit par L. Hambis,
© éd. La Découverte, 1982

Illustration du *Livre des Merveilles*, Paris, B.N.

***

Le Vieux fait sortir du jardin, après les avoir endormis, ceux qu'il veut envoyer assassiner ses ennemis. Pour revenir au « Paradis », ceux-ci sont prêts à tout, et ne redoutent pas la mort.

POUR LE COMMENTAIRE

1. Quels sont **les éléments géographiques, historiques** ou **sociologiques**, qui vous paraissent véritables ?

2. Comment passe-t-on de ces données de base à un **récit « merveilleux »** ?

3. Qu'y a-t-il de **fantastique**, de « merveilleux », au sens médiéval du terme, dans ce texte ?

4. Sur quels **aspects du « paradis »** imaginé par le Vieux de la Montagne Marco Polo insiste-t-il ?

5. Comment Marco Polo est-il **présent dans son récit** ? Sur quoi insiste-t-il avant tout ? En quoi cette attitude

est-elle conforme à la **conception de l'écriture médiévale** ?

6. Quel **jugement** Marco Polo porte-t-il sur le système qu'il décrit ?
De quelle **morale** s'autorise-t-il pour formuler sa condamnation ?

7. Que **traduisent les titres** que l'on a coutume de donner au récit de Marco Polo *(Livre des voyages de messire Marco Polo, Livre des Merveilles, Devisement ou Description du monde)* ?

Pour vos essais et vos exposés

Georges DOUTREMONT : *Les Mises en prose des épopées et des romans chevaleresques du XIVe au XVe siècle*, Bruxelles, 1939.
Cedric E. PICKFORD : *L'Évolution du roman arthurien en prose*, éd. Nizet, 1960.

Jean DUFOURNET : *La Destruction des mythes dans les Mémoires de Philippe de Commynes*, éd. Droz, 1966.
Bernard GUENÉE : *Histoire et culture historique dans l'Occident médiéval*, éd. Aubier, 1980.
Jacques LE GOFF : *La Naissance du Purgatoire*, éd. Gallimard, 1981.

Robert Fossier *Le Moyen Age*

La déroute des symboles

Dans de nombreux domaines on a en effet l'impression d'une prise de conscience plus grande de l'indispensable distinction du temporel et du spirituel, des affaires du monde et des réalités d'En-haut. C'était le cas, nous l'avons vu, dans la culture savante où la théologie tendait à se séparer nettement de la philosophie, de la physique et du droit. C'était également le cas en politique, où la souveraineté des États, l'indépendance des princes à l'égard de la papauté s'affirmaient un peu partout en Occident. On peut aussi considérer que les progrès spectaculaires alors accomplis, spécialement dans les grandes villes italiennes, par les techniques marchandes et financières, étaient, entre autres, une preuve du recul des suspicions longtemps entretenues par l'Église contre ce genre d'activités, invariablement assimilées à certaines formes de péché ; désormais, au contraire, elles trouvaient dans leur seule efficacité comptable et l'évidence de leur utilité sociale la justification de leur développement autonome. L'évolution du goût artistique et littéraire, nous y reviendrons, témoignait aussi, sans nul doute, de l'apparition de registres d'inspiration spécifiquement profane. On pourrait donner encore bien des exemples. Bref, les indices se multiplient d'une conscience plus aiguë de la réalité concrète de la création, de la singularité irréductible de chacun de ses composants, de sa résistance parfois pesante, de ses charmes aussi.

Quant à l'autre versant de cette prise de conscience, on le trouve évidemment dans les tendances déjà mentionnées à l'approfondissement de la vie religieuse individuelle et au dépassement du simple conformisme social au profit d'une adhésion vécue au message révélé et à des pratiques précises de sanctification personnelle.

On peut donc parler, si on veut, de désacralisation ou, comme Huizinga, de « déclin de la pensée symbolique », en ce sens que l'univers sensible a en effet cessé d'être perçu comme une forêt de symboles au sein de laquelle l'âme avait pour unique vocation de remonter, par l'amour et l'illumination, le mouvement mystérieux qui fait qu'en quelque manière le signifiant participe du signifié, le « signe » de la « chose » qu'il représente. Cette forme de platonisme ou, si on préfère, de « réalisme », si typique du haut Moyen Age et spécialement de la spiritualité monastique, ne correspondait plus du tout aux mentalités communes des XIVe et XVe siècles, beaucoup plus soucieuses, nous l'avons vu, de pratique empirique, de perception concrète et singulière, de connaissance immédiate.

Cela dit, s'ils ont eu plus claire conscience que nature et surnature constituaient deux ordres de réalités distincts, ayant chacun sa consistance propre, les hommes de ce temps n'en ont pas pour autant abouti — si tant est que cela soit concevable — à une séparation radicale des deux registres. De l'un à l'autre au contraire, glissements et contaminations sont restés la règle. Désacralisation ne signifie donc pas ici, bien souvent, laïcisation véritable mais seulement affadissement et vulgarisation des symbolismes anciens, prolifération baroque voire anarchique des signes, approche maladroite et réductrice du mystère, confusion des valeurs.

Nous retrouvons là, on le voit, la notion de crise. Car c'est bien en ce sens seulement qu'on peut, nous semble-t-il, l'utiliser dans le domaine de l'histoire des mentalités. Non pas comme le simple écho, dans l'esprit et les comportements des contemporains, des soubresauts de la démographie et de l'économie mais comme l'expression d'une tension interne, résultant elle-même de l'éclatement d'une vision du monde jusque-là relativement unifiée.

Robert FOSSIER, *Le Moyen Age*,
© éd. Armand Colin, 1983

LE SPECTACLE : DU MYSTÈRE À LA FARCE

JEUX PROFANES ET LITURGIQUES
RONDEAU POUR LA SAINT-VALENTIN,
PASSION DU PALATINUS, EVERYMAN

LA SUBVERSION COMIQUE
ROMAN DE FAUVEL, SOTIES ET FATRASIES,
FARCE DU CUVIER, FARCE DE MAÎTRE PATHELIN,
CONTES DE CANTERBURY

*« Quoy dea ! chascun me
paie de lobes... »*
Farce de Maître Pathelin

Représentation d'une farce, gravure de L. de Male pour un *Recueil de chants religieux et profanes*. Cambrai, Bibl. municipale.

1. Jeux profanes et liturgiques

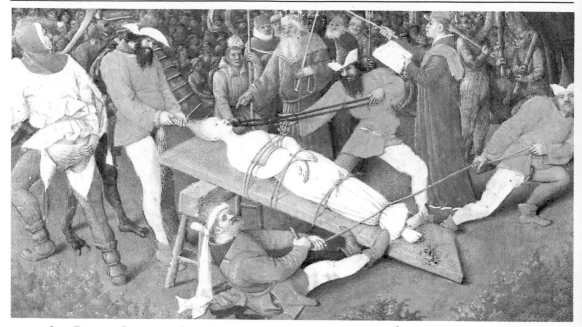

Jean Fouquet, *Le martyre de sainte Apolline* (détail), dans *Les Heures d'Étienne Chevalier*, 1450-1480. Chantilly, Musée Condé.

1. Le spectacle profane

Le monde devient théâtre : **toutes les activités humaines sont désormais saisies comme un spectacle permanent**, qu'une mise en scène habile peut améliorer. Spectacle, l'ordre de la cour, dont tous les membres sont vêtus par le prince de la même livrée assortie à son humeur, ou à la saison ; spectacle, les « défilés » des cortèges royaux ou princiers, les « entrées » royales dont nous avons déjà rencontré un exemple (voir Froissart, p. 136) ; spectacle encore, doté d'une mise en scène raffinée, les tournois maintenant réglés comme des exercices de ballets, ou les « emprises » à la mode arthurienne ; spectacle toujours, ou au moins goût du spectaculaire, la multiplication des « ordres » chevaleresques dont les hauts faits se mesurent essentiellement en termes d'assemblées factices et hautes en couleur, ou même le développement de l'héraldique, des blasons et des devises, qui mettent en « figure » les sentiments et les vertus. A partir du XIVᵉ siècle commence **le règne de l'image**, qui prolifère bien sûr dans la littérature, mais qui trouve aussi un champ d'expression privilégié dans les arts dits « décoratifs ».

2. Mystères et passions

Le spectacle profane n'est pas le seul, cependant, à connaître une extraordinaire extension. Les « misteres » prennent la place des jeux liturgiques, dans l'ensemble rattachés à un seul passage des Saintes Écritures. Il s'agit désormais de **représenter l'histoire entière de la chute et du salut de l'homme** ; on monte d'immenses machines, qui durent plusieurs jours et nécessitent l'intervention de centaines de figurants. Il va de soi que les épisodes les plus poignants et les plus intéressants de l'Histoire Sainte sont ceux de **la Passion du Christ** ; il nous reste en effet plusieurs *Passions*, qui commencent en général avec l'entrée du Christ à Jérusalem, et s'achèvent au dimanche de Pâques, avec la découverte de la Résurrection par les Saintes Femmes.

Toute la communauté participait à ce genre de « représentations » : ainsi les forgerons, concernés par la fabrication des clous qui fixent le Christ sur la Croix, avaient droit à des petites scènes bouffonnes à l'intérieur de la scène liturgique. Ces farces, aux deux sens du terme, apaisaient la tension provoquée par le déroulement des épisodes tragiques de la mise en croix, et les rendaient en même temps plus immédiatement accessibles, plus « contemporains » en quelque sorte aux spectateurs et aux acteurs, qui étaient parfois les mêmes personnes.

v. 1410	*Passion du Palatinus*
1420	*Passion d'Arras*
1452	Arnoul GRÉBAN : *Passion*
1455	Jean Le PRIEUR : *Le Roi Advenir*
1471	*Mystère de la Passion d'Autun*
1500	*Mystère de la Passion de Paris*

Le spectacle profane

1. Fêtes

Les fêtes, qui peuvent se prolonger pendant plusieurs jours, demandent une organisation considérable, et entraînent des dépenses qui le sont tout autant. Elles requièrent les services non seulement d'acteurs « professionnels », mais des artisans de presque tous les corps de métier, chargés de construire les décors, et de la population civile en général, employée à la « figuration » : c'est dans ses rangs que sont recrutés les enfants déguisés en anges de l'« entrée » décrite par Froissart, alors que les combattants de la bataille historique sont peut-être des chevaliers de petite noblesse ou des soldats. De cette manière, **la fête devient véritablement une affaire commune**, à laquelle l'ensemble de la société participe.

2. Les « Puys » poétiques

Parallèlement à ces grands spectacles où la place de la poésie est relativement mince (l'activité discursive aussi, d'ailleurs), se multiplient les fêtes plus aristocratiques, quoiqu'elles soient parfois organisées par des municipalités bourgeoises, sous le nom de « Puys », qui reposent sur **le principe du concours de poésies**. Un thème est donné aux candidats, parfois un refrain pour un rondeau ou une ballade, et ils doivent composer la pièce pour le jour prévu. Certaines de ces fêtes se rattachent à des **célébrations religieuses** (fêtes de la Vierge, par exemple, où les poètes sont appelés à rédiger des « serventois », c'est-à-dire des chansons en l'honneur de la mère de Dieu). Mais il existe **tout un réseau de fêtes profanes** que l'aristocratie ne manque pas de célébrer : le premier mai, par exemple, ou, de manière encore plus significative, le jour de la Saint-Valentin, où chacun choisit sa dame (ou son ami) pour l'année ; jeu courtois plus que révélation de sentiments réels, cette fête occupe une place non négligeable dans la littérature du XIVe et surtout du XVe siècle.

Rondeau pour la Saint-Valentin

*Ce thème est cher en particulier à Charles d'Orléans et aux poètes qui l'entourent, comme en témoigne ce rondeau attribué à « **Monseigneur de Torcy** », qui se trouve dans un manuscrit rassemblant des poèmes écrits par des amis ou relations du duc d'Orléans.*

Danse des pastouraux (détail) dans *Les Heures de Charles d'Angoulême*, miniature du XVe siècle.
Paris, B.N.

N'ai je pas été bien parti
A ce jour de Saint-Valentin,
Lequel chacun, soir ou matin,
Guette pour prendre son parti ?

5 En partant me fut departi
Des dames le choix pour butin :
N'ai je pas [été bien parti
A ce jour de Saint-Valentin]

Entier je l'eus, non pas parti,
10 Nul contre moi n'en prit hutin[1] ;
Aussi, foi que dois saint Martin,
Incontinent je m'en partis :

N'ai je pas [été bien parti
A ce jour de Saint-Valentin]

Rondeau pour la Saint-Valentin,
Nouvelle collection de poésies
lyriques et courtoises du XVe siècle,
présentée par Barbara Inglis,
© éd. Champion, 1985
Orthographe modernisée

1. *Querelle.*

Passion du Palatinus (vers 1410)

Ce que l'on appelle Passion du Palatinus, *du nom du manuscrit dans laquelle elle nous a été transmise, est un bon exemple de ces **œuvres spectaculaires, dans lesquelles renaît le théâtre**. Il ne s'agit pas d'un manuscrit de luxe, au contraire : sans doute servait-il aux jongleurs, aux « tumbeors » qui devaient apprendre leurs rôles. De toute façon les règles de la composition littéraire ne sont pas toujours respectées dans les* Passions *: peu de textes appartenaient moins à leur auteur, sans doute, que ceux-ci, destinés à une **célébration populaire des mystères de la foi**.*

Il semblerait que l'on puisse dater la Passion du Palatinus *de la première moitié du XVᵉ siècle ; c'est en tout cas la plus ancienne* Passion *que l'on ait conservée. La mode de ce genre se poursuivra durant tout le XVᵉ siècle et encore au début du XVIᵉ siècle.*

Fausse joie

Un des épisodes auxquels le Moyen Age s'attache le plus dans l'histoire de la Passion, c'est celui de la Descente dans les Limbes, ou, de manière plus catégorique, en Enfer. Qu'a fait le Christ du vendredi au dimanche ? Il est allé libérer toutes les âmes qui depuis la chute d'Adam étaient entre les mains du Diable.

*Dans le passage suivant, nous assistons à une intéressante division des rôles : **Satan se réjouit de sa victoire**, cependant qu'Enfer, personnifié, est beaucoup plus réservé.*

SATAN

Sus, diables, tous ensemble !
Que chacun dise ce qui lui semble
Ouvertement, sans rien cacher,
Du traître de Galilée
5   Qui se faisait appeler Christ,
Fils de Dieu, comme ceux-là l'ont écrit
Qui le considéraient comme leur seigneur.
Son honneur a duré bien peu de temps,
Non plus que sa puissance et son pouvoir.
10 Voyez-le mort vilainement,
Crucifié entre deux voleurs,
Par les mains et par les pieds,
Plus vilainement qu'aucun autre criminel.
Il serait un bon enchanteur, vraiment,
15 Si maintenant il venait nous assaillir.
Ha ! diable ! C'est pour notre bonheur que
Nous avons vu être engendré et naître
Judas Iscariote, notre ami,
Qui l'a vendu à nos gens.
20 Trente pièces d'argent blanc,
Voilà le prix qu'il réclama, et il avait bien raison.
C'est moi qui organisai la trahison,
Et la ruse et la tromperie.
Jamais une si belle fourberie
25 Ne fut faite par diable ou démon.
Maintenant le fripon est attrapé,
Il est mort et tué par ma faute.
De sa tête, de ses mains et de ses bras,
Je lui ai fait jaillir le sang à flots.
30 Je l'ai fait jaillir, et dans la souffrance,
Le sang. Il est fort, il se redresse ;
Il n'en a pas le pouvoir, nous ne le craignons pas,
Le fripon est mort, il ne voit plus rien,
Jamais il ne nous fera d'ennuis.
35 Il ne nous reste qu'à faire fête,

A manifester notre joie, notre satisfaction et notre
[hilarité,
De bon cœur et de bonne humeur,
Nous tous, la compagnie infernale.
Que personne ne soit assez hardi pour s'y refuser !
40 Allons ! Réjouissons-nous tous,
Puisque nous avons tué et mis à mort
L'infâme traître, le médisant,
Qui croyait se venger de nous.

LES DIABLES

Réjouissons-nous donc tous !

ENFER

45 Qu'est-ce, diables ? C'est de l'ivresse,
Ou de l'orgueil, ou de la folie !
Compagnon, comme tu as fait une autre prise
Que celle que tu croyais, et qui pourrait bien te
[retomber sur la tête !

SATAN

Et s'il essayait de me faire plaie ou bosse,
50 L'amende en serait bientôt prise !
Moi, qui attise le feu d'enfer
Par luxure et par convoitise,
Je connais bien la manière des traîtres.

ENFER

Compagnon, quelle méprise !
55 Et je te dis maintenant sans mensonge
Que c'est un homme de grande noblesse.
A cause de lui nous serons déshérités,
Et les prisonniers seront acquittés,
Que nous avons en prison depuis longtemps.
60 Le fripon plein d'iniquité
Viendra sur nous, en vérité,
Libre et délivré de la mort.
On verra bien alors quelle sera notre défense,

Jérome Bosch, « L'Enfer », médaillon d'angle des *Sept Péchés capitaux*. Madrid, Musée du Prado.

Quels seront notre pouvoir et notre intelligence,
Pour éviter que nous ne soyons volés par lui.
J'ai une telle peur quand je pense à lui
Que tout mon corps et tout mon sang
Me tremblent de lâcheté, au point que
Je ne peux plus tenir sur mes pieds.

SATAN

Ote-toi de là, fripon ! J'ai grande envie
Et grand désir de te frapper.
Je te ferai sortir les yeux de la tête !
Fils de pute, je te défie.
Nous ne verrons jamais se produire
Qu'enfer perde sa puissance
Aussi longtemps que nous maintiendrons
Orgueil, ruse et tricherie.
Va-t'en, fripon ! Pas de panique,
Vrais diables, commençons !

ENFER

80 Les rois, les comtes et les princes,
Les papes et les légats,
Les cardinaux et les prélats,
Les moines noirs, les jacobins,
Les cordeliers, les faux devins,
85 Les avocats, les baratineurs,
Les voleurs, les usuriers,
Les clercs et les laïcs par tout le monde
Qui sont dedans le feu d'enfer,
Qu'ils soient à mon commandement !
90 Écoutez donc, diables, comment
Nous avons follement agi.
J'ai bien entendu dire et j'ai bien compris
Que ce fripon que je vois pendre là
Viendra contre nous nous attaquer,
95 Bientôt, dans votre enfer.

Il n'y viendra pas armé de fer,
De haubert, ni d'épée d'acier,
Et pourtant il voudra briser entièrement
Nos portes et nos forteresses.
100 Il y a longtemps qu'il s'en est vanté.
Par sa force et son arrogance
Il ira triomphant à travers votre enfer.
Et ni nos troupes ni nos efforts
Ne pourront s'opposer à lui.
105 Il nous volera tout en une fois.
Nous ne pouvons faire la paix avec lui.
Dites, diables, que ferons-nous ?
Nous enfuirons-nous, ou attendrons-nous,
Ou irons-nous sauver nos vies, chacun dans son
[coin ?
110 Que chacun donne son avis !

SATAN

Fils de pute, plus noir que chouette,
Arrêtez votre baratin !
Vous jouez à la belle oie[1].
Vous ne savez rien, par rapport à moi !
115 Je ferai la nique à Jésus-Christ,
Si je le vois venir ici.
Je lui jetterai tant de fiente et de boue
Que je le ferai tenir tranquille,
Sans aucun doute, par ma foi,
120 S'il est assez hardi pour venir ici !

ENFER

Puisse la passion s'emparer de toi !
Tu ne sais rien faire sauf souffler,
Gonfler et enfler tes joues.
Seigneur, ne le croyez pas.
125 Il vaut mieux pour nous perdre

Vingt ou trente de nos prisonniers
Plutôt que de combattre contre lui.
Tournez-vous, regardez par là !
Voici venir le soldat,
130 Plus blanc que fleur de lys.
Je ne sais comment il est ressuscité.
Il porte notre mort dans sa main,
C'est-à-dire la croix où il fut mis à tort.
J'ai si peur quand je le regarde
135 Que j'ai l'impression que tout mon corps brûle
Du feu d'enfer, et c'est bien ce qu'il fait.
Fuyons tous en exil.

SATAN

Que soit frappé de male mort
Celui qui tournera les talons
140 Avant qu'il ne s'approche de nous,
Car il est possible qu'il se retire.

ENFER

Je vois bien que vous êtes fou !
Sauvons-nous hors d'ici !

SATAN

Fils de pute, vous êtes trop faiblard.
145 Je resterai en mon office.
Je soufflerai tant le feu d'enfer
Avec ma forge et mes soufflets,
Que si Jésus-Christ veut dire un mot,
Je lui brûlerai les cheveux sur le crâne.
150 Qu'il vienne, s'il croit réussir !

Passion du Palatinus (vers 1410),
traduction d'Anne Berthelot

_____

1. A l'imbécile.

COMMENTAIRE COMPOSÉ

1. Le contenu « théologique »

a. En quoi le point de vue adopté est-il original ? Quelle est l'utilité du « résumé » produit par Satan au début de la scène ?
b. Quel est l'effet produit par son agressivité et ses insultes à l'égard du Christ ? Quels sont les symboles et les métaphores désignant le Christ, que reprend Enfer ?

2. La méchanceté infernale

a. Enfer est-il plus sympathique que Satan ? Sur quoi est fondée la puissance de Satan ?
b. Quels sont les liens qui unissent les démons ? Sont-ils très différents des hommes ?
c. Comment se justifie la grossièreté du langage de Satan ?

3. Dramaturgie

a. De quelle nécessité est né le dédoublement du diable en deux personnages : Satan et Enfer ? Comment les longues tirades sont-elles rendues vivantes ?

b. A quels « effets spéciaux » pouvait-on avoir recours pour représenter l'enfer de manière impressionnante ?

RECHERCHE

Comparez la conception de Satan telle qu'elle apparaît dans ce texte à celle des Romantiques (HUGO, *La Fin de Satan*, VIGNY, etc.) et à celle du héros du *Paradis perd* , de MILTON.

GROUPEMENT THÉMATIQUE

Le diable et ses avatars

CAZOTTE : *Le Diable amoureux*, 1772. — LEWIS : *Le Moine*, 1796. — POTOCKI : *Le Manuscrit trouvé à Saragosse*, 1805. — GOETHE : *Faust*, 1808-1832. — HOFFMANN : *Les Élixirs du diable*, 1816. — Frédéric SOULIÉ : *Les Mémoires du diable*, 1837-1838. — STEVENSON : *Dr. Jekyll and Mr. Hyde*, 1885. — J.-K. HUYSMANS : *Là-bas*, 1891. — Michel de GHELDERODE : *La Mort du Dr. Faust*, 1928. — Ira LEVIN : *Un bébé pour Rosemary*, 1967.

Les moralités : *Everyman* (fin du XVe siècle)

*A côté des immenses mystères, dont la représentation pouvait durer plusieurs jours et coïncidait avec les grandes fêtes de l'année liturgique, apparaissent aux alentours du XVe siècle **des pièces beaucoup plus courtes, qui reprennent la tradition de l'exemplum**, brève anecdote morale et moralisatrice illustrant un principe de vie chrétienne, employée par les prêcheurs dans le cours de leurs sermons afin de ranimer une attention parfois défaillante. Ce que l'on peut appeler « moralités » constitue un genre assez vaste, de forme imprécise, mais qui utilise en général des figures allégoriques simples (l'Homme, la Mort, le Bien, la Connaissance, etc.). De cette manière **les vérités de la foi et de la morale sont présentées sous une forme simple et vivante**, le plus souvent comme une saynète susceptible de théâtralisation.*

Nous donnons ci-dessous un extrait du chef-d'œuvre anglais du genre, Everyman, c'est-à-dire « Monsieur-Tout-le-Monde » ; il s'agit d'une allégorie de la destinée humaine, qui tire sa force de son schématisme idéologique même. Sans doute cette « moral play » date-t-elle de la fin du XVe siècle.

Vanitas vanitatum

*« Tout-le-Monde » s'est laissé convaincre, à l'approche de sa mort, de **confesser ses péchés** et de se repentir d'un cœur sincère ; il a reçu l'extrême-onction et se dirige maintenant vers sa tombe, en compagnie de toutes les « valeurs » auxquelles il a tenu durant sa vie.*

TOUT-LE-MONDE

Hélas ! je suis si faible que je ne peux tenir debout ;
Mes membres cèdent sous moi.
Amis, inutile de nous retourner vers cette contrée,
Même pour tout l'or du monde ;
Car dans cette cave je dois ramper
Et me tourner vers la terre, et là, dormir.

BEAUTÉ

Quoi, dans cette tombe ? Hélas !

TOUT-LE-MONDE

Oui, c'est là que tu te consumeras, plus ou moins.

BEAUTÉ

Eh ! quoi, je devrais me flétrir ici ?

TOUT-LE-MONDE

Oui, par ma foi, et ne plus jamais apparaître.
En ce monde nous ne vivrons plus,
Mais au ciel devant le Seigneur Très Haut.

BEAUTÉ

Je t'abandonne cela ; adieu, par saint Jean !
Je me dépêche, je suis déjà partie.

TOUT-LE-MONDE

Quoi, Beauté, faibliras-tu ?

BEAUTÉ

Silence ! Je suis sourde ; je ne regarde pas derrière
                [moi,
Même si tu veux me donner tout l'or qui est dans ton
                [coffre.

(Beauté sort.)

TOUT-LE-MONDE

Hélas ! A qui puis-je faire confiance ?
Beauté s'en va en hâte et m'abandonne ;
Elle avait promis de vivre et mourir avec moi.

FORCE

Tout-le-Monde, moi aussi je vais te renier et
               [t'abandonner ;
Le jeu que tu joues ne me plaît pas du tout.

TOUT-LE-MONDE

Quoi, alors, allez-vous tous m'abandonner ?
Douce Force, reste encore un petit peu.

FORCE

25 Non, seigneur, par le bâton de la grâce.
Je vais m'écarter de toi en hâte,
Même si tu pleures à te faire éclater le cœur.

TOUT-LE-MONDE

« Je serai toujours avec toi », disais-tu.

FORCE

Oui, je t'ai accompagné assez loin.
30 Tu es assez vieux, à ce que je crois,
Pour entamer ton pèlerinage tout seul.
Je me repens d'être venue jusqu'ici.

TOUT-LE-MONDE

Force, je suis bien à blâmer de te mécontenter ;
Pourtant une promesse est une dette, tu ne le nieras
               [pas.

FORCE

35 Par ma foi, je ne m'en soucie pas.
Tu n'es qu'un fou de te plaindre ;
Tu perds ta salive et tu dépenses de l'éloquence en
               [vain.
Va donc te jeter dans la terre !

(Force sort.) [...]

CINQ SENS

Tout-le-Monde, je prends congé de toi ;
40 Je vais suivre les autres, car c'est ici que je te laisse.

TOUT-LE-MONDE

Hélas, maintenant je peux pleurer et me lamenter,
Car je te croyais le meilleur de mes amis.

CINQ SENS

Je ne te tiendrai pas compagnie plus longtemps.
Maintenant adieu, car c'est la fin.

(Cinq Sens sort.)

TOUT-LE-MONDE

45 O Jésus ! A l'aide ! Tous m'ont abandonné.

BONNES ACTIONS

Non, Tout-le-Monde ; je resterai à tes côtés.
Je ne t'abandonnerai pas en vérité ;
Tu trouveras en moi un bon ami dans le besoin.

TOUT-LE-MONDE

Grand'merci, Bonnes Actions ! Maintenant je vois
[mes vrais amis.
50 Ils m'ont abandonné, tous.
Je les aimais mieux que je ne faisais mes seules
[Bonnes Actions.
Connaissance, m'abandonneras-tu aussi ?

CONNAISSANCE

Oui, Tout-le-Monde, quand tu iras à la Mort.
Mais pas encore, quel que soit le danger.

TOUT-LE-MONDE

55 Grand'merci, Connaissance, de tout mon cœur.

CONNAISSANCE

Il n'y a pas de quoi ; mais je ne partirai pas d'ici
Avant de voir ce que tu deviens.

TOUT-LE-MONDE

Je crois, hélas ! que je dois partir,
Pour faire mes comptes et payer mes dettes,
60 Car je vois que mon temps est presque entièrement
[consumé.
Prenez par exemple, vous qui entendez ou voyez
[cela :
Voyez comme ceux que j'ai le mieux aimés m'ont
[abandonné,
Tous, sauf mes Bonnes Actions qui restent à mon
[côté.

BONNES ACTIONS

Tout chose terrestre n'est que vanité :
65 Beauté, Force, [...] abandonnent l'homme,
Amis et parents insensés, qui parlaient bien,
Tous se sont enfuis, sauf Bonnes Actions,
[et c'est moi.

TOUT-LE-MONDE

Aie pitié de moi, Seigneur Tout-Puissant ;
Et tiens-toi à mon côté, ô toi mère et vierge,
[sainte Marie.

BONNES ACTIONS

70 N'aie pas peur ; je parlerai pour toi.

TOUT-LE-MONDE

Voici que je crie merci à Dieu.

BONNES ACTIONS

Abrégez notre fin, et diminuez notre douleur.
Allons, pour ne jamais revenir.

TOUT-LE-MONDE

Entre tes mains, Seigneur, je remets mon esprit ;
75 Reçois-le, Seigneur, pour qu'il ne soit pas perdu. [...]

CONNAISSANCE

Maintenant il a subi ce que tous nous endurerons ;
Les Bonnes Actions vont tout assurer.
Maintenant, il est venu à sa fin ;
Je crois que j'entends chanter les anges
80 Qui font grande joie et jouent une belle mélodie,
Là, où l'esprit de Tout-le-Monde sera accueilli.

Everyman (fin du XVᵉ siècle),
traduction d'Anne Berthelot

La cité de Dieu de saint Augustin, XVᵉ siècle.
Paris, Bibl. sainte Geneviève.

GROUPEMENT THÉMATIQUE

Le Diable et l'Enfer

RUTEBEUF : *Le Miracle de Théophile*, 2ᵉ moitié du XIIᵉ siècle.
— DANTE : *La Divine Comédie*, 1307-1312. — MARLOWE :
Doctor Faustus, 1601. — MILTON : *Le Paradis perdu*, 1667.
— LESAGE : *Le Diable boiteux*, 1707. — CAZOTTE : *Le
Diable amoureux*, 1772. — GOETHE : *Faust*, 1808-1832. —
MATURIN : *Melmoth ou l'Homme errant*, 1820. — Alfred DE
VIGNY : *Éloa*, 1824. — BARBEY D'AUREVILLY : *L'Ensorcelée*,
1854. — Victor HUGO : *La Fin de Satan*, 1886. — Anatole
FRANCE : *La Révolte des Anges*, 1914. — Jean-Paul SAR-
TRE : *Huis Clos*, 1945. — Thomas MANN : *Le Docteur
Faustus*, 1947.

Pour vos essais et vos exposés

Henri REY-FLAUD : *Le Cercle magique. Essai sur le théâtre en
rond à la fin du Moyen Age*, Paris, 1973.

2. La subversion comique

1. Roman satirique et subversion sociale

A mi-chemin entre le roman et le texte didactique, se multiplient au cours du XIIIe siècle ce que l'on appelle les « États du monde » : ce sont **des revues des différentes conditions de l'homme dans la société**. A l'origine le schéma, très simple, reprend la tripartition indo-européenne (prêtres, guerriers, producteurs) analysée par Georges Dumézil ; mais la société devient de plus en plus complexe, des catégories nouvelles apparaissent, et les textes se font les messagers du malaise qu'en ressentent les clercs, qui s'épuisent à classer le monde selon des structures immuables. De ce fait les États du monde tendent à tourner à la satire. Parallèlement d'ailleurs, la mode des textes allégoriques est toujours aussi grande.

2. La farce

Bien des **fabliaux** comportent déjà des éléments de mise en scène ; les jongleurs qui les récitaient sur les « tréteaux » dressés en place publique devaient avoir recours à toutes les ressources du mime pour donner plus de vie à leurs textes. On peut imaginer aussi des narrateurs se chargeant d'assurer la lecture du récit, pendant que des acteurs interprétaient les différents rôles. D'autre part, on l'a vu, il y a dans les « **mystères** » qui se développent au cours du XIVe et du XVe siècle des scènes comiques, ajoutées au texte liturgique afin de donner à certains corps de métier le succès théâtral que leur participation aux tâches matérielles mérite.

A partir de ces deux traditions, vont se développer **les farces** : petits textes d'abord, puis véritables pièces de théâtre ancêtres des comédies modernes. Leur nom vient du bas-latin *farsa*, et du verbe *farcir* : bourrer, remplir les interstices. Rien de sérieux dans la farce, aucune volonté d'édification du lecteur ; **il s'agit simplement de faire rire le public**, qui n'est pas très élaboré. On retrouve d'ailleurs dans les farces un certain nombre de thèmes empruntés aux fabliaux, en particulier la misogynie et le goût des calembours obscènes.

v. 1310	GERVAIS DU BUS : *Roman de Fauvel* (1re partie)	**v. 1465**	*Farce de Maître Pathelin*
1314	GERVAIS DU BUS : *Roman de Fauvel* (2e partie)	**1466**	*Les Cent Nouvelles Nouvelles*
		1468	*Le Franc Archer de Bagnolet*

Roman de Fauvel, miniature du XIVe siècle. Paris, B.N.

Gervais du Bus *Roman de Fauvel* (vers 1310)

*La conjonction entre les deux tendances **satirique** et **allégorique** aboutit au XIVe siècle au Roman de Fauvel : le cheval Fauvel, incarnation d'un certain nombre de vices (son nom rassemble les initiales de Flatterie, Avarice, Vilenie, Variété, Envie, Lâcheté) est le maître du monde : toutes les classes de la société s'empressent pour le « torcher » ; son mariage avec Fortune l'inconstante illustre la décadence du monde, la corruption de tous les états, la disparition de l'ordre instauré par Dieu.*

*L'auteur des premier livres, **Gervais du Bus**, est un clerc qui se fait un plaisir de **dire ses quatre vérités à chacune des catégories sociales qu'il passe en revue**. A un rythme endiablé, il dépeint la bassesse de leurs différents représentants, toujours prêts à s'humilier devant le cheval « fauve » et diabolique dans l'espoir d'obtenir quelque privilège. Le portrait de Fauvel lui-même est féroce, et le type de comique de ce texte est empreint de dérision et d'amertume plus que de gaieté libératrice.*

Nous donnons le début du texte, c'est-à-dire la présentation générale des adorateurs de Fauvel.

Vision allégorique

A propos de Fauvel, que je vois tant torcher
Doucement, sans qu'on l'écorche,
Je suis entré en mélancolie,
Parce que c'est une bête si polie[1].
5 Souvent le voient en peinture
Certains qui ne savent s'il représente
Moquerie, sens ou folie.
Et pour cela, sans amphibologie[2],
Je dirai clairement à propos d'une telle bête
10 Ce qui peut me passer par la tête.
Fauvel ne couche plus dans une étable,
Il a une maison plus honorable :
Il veut avoir une mangeoire élevée,
Et un ratelier noble.
15 Il s'est logé dans la salle
Pour mieux manifester sa puissance ;
Et pourtant, grâce à sa science
Dans les chambres on le révère fort,
Et souvent dans les garde-robes
20 Il fait assembler sa suite[3]
Qui si soigneusement le frotte
Qu'il ne peut rester de crotte en lui.
Fortune, qui s'oppose à Raison,
Le fait seigneur de sa maison :
25 Elle met grand'peine à l'exalter,
Et le mène au palais royal ;
Elle ne cesse de le faire honorer.
Autour de Fauvel il y a si grande foule
De gens de toutes nations
30 Et de toutes conditions
Que c'est une très grande merveille :
Il n'y en a aucun qui ne s'occupe pas
De torcher Fauvel doucement.
C'est un trop grand rassemblement :
35 Vous pourriez y voir rois, ducs et contes,
Assemblés pour torcher Fauvel,
Tous les seigneurs temporels et les princes
Y viennent de toutes les provinces,
Ainsi que les chevaliers grands et petits,
40 Qui sont bien propres à torcher.

Sachez-le, il n'y a ni roi ni comte
Qui ait honte de torcher Fauvel.
Vicomtes, prévôts et baillis
Ne manquent pas de bien torcher ;
45 Bourgeois de bourgs et de cités
Torchent avec grande finesse,
Et vilains de vile campagne
Sont autour de Fauvel pour le nourrir.
Puis au consistoire public
50 S'en va Fauvel, bête authentique,
Et quand le pape voit une telle bête,
Sachez qu'il lui fait grande fête,
Et les cardinaux l'honorent beaucoup
Et accourent pour le torcher.
55 Vice-chanceliers, notaires,
Huissiers, référendaires
Mettent peine à s'appliquer
Pour torcher Fauvel bien comme il faut.
Les prélats n'épargnent pas leurs peines
60 Pour torcher ce noble cheval.

GERVAIS DU BUS, *Roman de Fauvel* (vers 1310),
traduction d'Anne Berthelot

1. *Au sens propre, et au sens figuré.* — 2. *Parole à double sens.* — 3. *« Couvent » dans le texte ; cela constitue une attaque contre les moines, entre autres choses.*

LECTURE MÉTHODIQUE

1. Quelle est la fonction des dix premiers vers ? Quelle **conception de l'allégorie** révèlent-ils ?

2. Quels sont les éléments qui signalent **l'ascension fulgurante de Fauvel** ?

3. Comment apparaît **le personnage de Fortune**, qui jouera un grand rôle dans la suite du *Roman* ?

4. Quelles sont **les différentes catégories sociales** qui s'empressent autour du cheval Fauvel ?

5. Quel est **l'effet produit** par les nombreuses petites énumérations de deux ou trois termes ?

6. Les vices qu'incarne Fauvel sont-ils précisés ? Quelle est **la portée de l'allégorie** dans ces conditions ?

Soties et fatrasies

Le monde est à l'envers, comme le dit un nouveau poème de Renart, *Renart le Contrefait*, d'inspiration encore plus sombre et plus satirique que les branches les plus pessimistes du XIIIᵉ siècle. Les lois ne sont plus respectées, l'ordre, divin ou humain, s'en va à vau-l'eau, les gens ne savent plus rester à leur place, la roue de Fortune tourne impitoyablement au point de donner le vertige à ceux qui se retrouvent inlassablement précipités des honneurs à la déchéance. Dans un tel univers, le langage lui-même, miroir de la société et des états d'âme de ses membres, se déconstruit. Puisque le monde est absurde, puisque la raison n'existe pas, **la poésie elle aussi sera absurde**. On voit fleurir les « **sottes chansons** » et les **fatrasies** : poèmes sans queue ni tête, qui ne se soucient pas, au contraire, de faire sens ; poèmes qui prennent le contre-pied de ce qui est juste, normal, raisonnable. Certes, il en avait déjà existé quelques-uns, chez les troubadours, par exemple chez Arnaut Daniel écrivant :

> « Je suis Arnaut qui sème le vent,
> je chasse le lièvre à l'aide du bœuf
> et nage contre la marée. »

Mais ce n'était alors qu'un moyen d'exprimer la puissance de l'amour, ou les extrémités regrettables auxquelles il portait le poète. Maintenant, cette tendance devient systématique.

Variations sur un thème

*Un procédé nouveau marque bien comment **le délire verbal envahit peu à peu tout l'espace de la parole** : il s'agit d'insérer entre deux vers d'un poème connu une série de vers supplémentaires incohérents et absurdes, qui ne se relient que par l'artifice de la rime et du mètre au distique initial. En voici un exemple, attribué à **Watriquet de Couvin**, ménestrel au service du comte de Blois au début du XIVᵉ siècle, qui l'aurait récité devant le roi de France : ainsi, cette étrange forme de poésie pouvait séduire les grands du royaume !*

1. *Loquet.*
2. *L'argent.*
3. *Loup.*

> *Doucement me reconforte*
> Une chate a moitié morte
> Qui chante touz les jeudis
> Une alleluye si forte
> 5   Que le clichés[1] de nos porte
> Dist que siens est li lendis[2],
> S'en fu uns leus[3] si hardis
> Qu'il ala, maugré sa sorte,
> Tuer Dieu en paradis,
> 10 Et dist : « Compains, je t'apporte
> *Celle qui mon cuer a pris. »*

dans Daniel POIRION, *Moyen Age, Littérature française*, t. 2,
© éd. Arthaud, 1971

(Les vers en italique sont ceux du poème d'origine.)

FOLIE ET RAISON

A la même époque, les fêtes dites « des Fous » ont plus de succès que jamais. Pendant quelques jours, c'est **le monde à l'envers** : les puissants deviennent misérables, les misérables deviennent puissants, les maîtres rejoignent les bancs de l'école cependant que le pire étudiant que l'on peut trouver devient le roi de la fête. Les femmes, soumises à l'homme, prennent momentanément le pouvoir aussi, et c'est peut-être ce qui explique la prééminence de « Mère Sotte », reine de toutes ces manifestations de défoulement collectif, qui s'empressent de faire tourner la roue de Fortune « pour rire » avant qu'elle ne tourne pour de bon. Le langage en délire accompagne ces fêtes pendant lesquelles tout, ou presque, peut être dit ou fait. Il ne faut pas oublier le rôle singulier des « Fous » du roi, autorisés à dire n'importe quoi, et considérés souvent comme détenteurs de la véritable sagesse. Le « dervé » médiéval, celui qui apparaît dans le *Jeu de la feuillée*, par exemple, est parfois une victime malheureuse qui fait le malheur de son entourage. Mais le « fol », ou le « sot », est bien souvent un personnage tout différent, digne d'un respect paradoxal, et plus malin que bien d'autres. Cette conception durera à la cour de France jusqu'au règne d'Henri III au moins.

Farce du cuvier (milieu du XVe siècle)

Comme toutes les farces qui nous sont parvenues, celle du « cuvier » est assez tardive (environ la moitié du XVe siècle). Ce genre continue sa carrière, en effet, jusqu'au milieu du XVIe siècle : une raison de plus pour ne pas établir arbitrairement de barrière entre un prétendu « Moyen Age » plus ou moins barbare, et la « Renaissance », aube d'une littérature entièrement nouvelle...

La Farce du cuvier *est considérée comme* **une habile variation sur le thème de la « femme qui porte la culotte »**, *au grand dépit de son mari, ravi de trouver une occasion de se venger et de reprendre le dessus.*

*** Farce du cuvier

Le malheureux Jaquinot est affligé non seulement d'une femme acariâtre, mais d'une belle-mère qui prend toujours le parti de sa fille. On le somme de faire tout et n'importe quoi, à n'importe quelle heure du jour et de la nuit. Finalement, il accepte de mettre par écrit la liste des tâches qui lui sont assignées, afin de n'en pas oublier.

L'homme à tout faire

LA FEMME. — Il faut faire au gré de sa femme, c'est cela, si on vous le commande.

JAQUINOT. — Ah ! saint Jean, elle me commande vraiment trop d'affaires !

5 LA MÈRE. — Pour que vous vous souveniez mieux du fait, il faut que vous vous fassiez un rôlet et que vous mettiez sur un feuillet tout ce qu'elle vous ordonnera.

JAQUINOT. — Qu'à cela ne tienne, je m'en vais 10 commencer à écrire.

LA FEMME. — Eh bien ! écrivez de façon qu'on puisse vous lire.

Marquez que vous m'obéirez et que vous ne désobéirez jamais à faire ma volonté.

15 JAQUINOT. — Le corps bieu ! Je n'en ferai rien : je ne marquerai que des choses raisonnables.

LA FEMME. — Eh bien ! mettez là, sans plus de discussion, pour éviter de me fatiguer, qu'il faudra que vous vous leviez toujours le premier pour faire 20 la besogne.

JAQUINOT. — Par Notre-Dame de Boulogne, je m'oppose à cet article. Me lever le premier ! pour quelle raison ?

LA FEMME. — Pour chauffer ma chemise au feu.

25 JAQUINOT. — Me dites-vous que c'est la mode ?

LA FEMME. — C'est la mode, et aussi la façon. Il faut que vous appreniez la leçon.

LA MÈRE. — Écrivez !

LA FEMME. — Marquez, Jaquinot !

30 JAQUINOT. — J'en suis encore au premier mot. Vous me pressez tellement que c'est merveille.

LA MÈRE. — La nuit, si l'enfant se réveille, comme il fait très souvent, il faudra que vous preniez le soin de vous lever pour le bercer, le promener, le porter, 35 l'apprêter, à travers la chambre, même si c'est minuit.

Les violences de jaloux, miniature du *Roman de la Rose*. Paris, Bibl. sainte Geneviève.

JAQUINOT. — Avec tout cela, il n'y a apparence que je puisse prendre au lit du plaisir.

LA FEMME. — Écrivez !

40 JAQUINOT. — Par ma conscience, mon rôlet est tout rempli jusqu'à la marge ! Mais que voulez-vous que j'écrive ?

LA FEMME. — Marquez, ou vous serez frotté !

JAQUINOT. — Ce sera pour l'autre côté.

45 LA MÈRE. — Ensuite, Jaquinot, il vous faut pétrir et faire cuire le pain, faire la lessive...

LA FEMME. — Passer la farine par le bluteau, laver le linge et le décrasser à grande eau...

LA MÈRE. — Aller, venir, trotter, courir, se donner de la peine comme Lucifer...

LA FEMME. — Faire le pain, chauffer le four...

LA MÈRE. — Mener la mouture au moulin.

LA FEMME. — Faire le lit, de très bonne heure le matin, sous peine d'être bien battu...

LA MÈRE. — Et puis mettre le pot au feu et tenir la cuisine propre.

JAQUINOT. — S'il faut que je mette tout cela, il faudra le dire mot après mot.

LA MÈRE. — Eh bien ! écrivez donc, Jaquinot : Pétrir le pain...

LA FEMME. — Le faire cuire...

LA MÈRE. — Faire la lessive...

LA FEMME. — Passer la farine par le bluteau.

LA MÈRE. — Laver...

LA FEMME. — Et cuire...

JAQUINOT. — Laver quoi ?

LA MÈRE. — Les pots et les plats.

JAQUINOT. — Attendez, n'allez pas trop vite... *(écrivant)* Les pots, les plats...

LA FEMME. — Et les assiettes.

JAQUINOT. — Eh ! par le sang bieu, moi qui n'ai pas de mémoire, je ne saurais retenir tout cela.

LA FEMME. — Écrivez-le pour vous en souvenir, comprenez-vous ? Car je le veux.

JAQUINOT. — Bien laver les...

LA FEMME. — Les langes bréneux de notre enfant à la rivière.

JAQUINOT. — Je renie Dieu ! la matière ni les mots ne sont honnêtes.

LA FEMME. — Écrivez-le, allez, sotte bête ! avez-vous honte de cela ?

JAQUINOT. — Par le corps bieu, je n'en ferai rien et vous mentirez, puisque je jure que je ne le ferai pas !

85 LA FEMME. — Il faut que je vous fasse injure, je vous battrai plus que plâtre.

JAQUINOT. — Hélas ! Je ne veux plus discuter là-dessus, je vais l'écrire, n'en parlez plus.

LA FEMME. — Il ne reste, pour le surplus, qu'à mettre le ménage en ordre. Pour le moment présent, 90 vous allez m'aider à tordre la lessive auprès du cuvier. Ça y est-il ?

JAQUINOT. — Ça y est, holà !

LA FEMME. — Et puis faire aussi... la chose par-ci par-là.

95 JAQUINOT. — Vous en aurez une poignée en quinze jours ou un mois.

LA FEMME. — Non, mais cinq à six fois tous les jours. C'est le minimum d'après moi.

JAQUINOT. — Il n'en sera rien, par le sauveur, cinq 100 ou six fois ! Vertu saint Georges ! Cinq ou six fois ! Ni deux ni trois. Par le corps bieu, il n'en sera rien !

LA FEMME. — Malheur à ce vilain ! Ce lâche paillard n'est bon à rien.

JAQUINOT. — Corbieu ! Je suis bien stupide de me 105 laisser ainsi durement mener. Il n'y a aujourd'hui aucun homme au monde qui puisse ici prendre du repos. Pour quelle raison ? Car jour et nuit il faut que je me rappelle ma leçon.

LA MÈRE. — Ce sera écrit, puisque cela me plaît. 110 Dépéchez-vous et signez-le.

JAQUINOT. — Le voilà signé ; tenez, prenez-le ! Faites bien attention à ne pas le perdre. Dussé-je être pendu, dès cet instant, j'ai décidé, que je ne ferai pas autre chose que ce qui est dans mon rôlet.

115 LA MÈRE. — *(à la fille)* Gardez-le bien, tel qu'il est.

Farce du cuvier,
texte anonyme du xvᵉ siècle,
présenté et traduit par C.-A. Chevallier,
dans *Théâtre comique du Moyen Age,*
coll. « 10/18 », © U.G.E., 1982

***

Enchantée d'être en possession du rôlet, la femme commence à nettoyer les draps avec l'aide de Jaquinot. Malencontreusement, elle tombe dans la cuve remplie d'eau. Sur le point de se noyer, elle ordonne à son mari de la tirer de là, puis en vient aux supplications. Mais Jaquinot se contente de vérifier sur son rôlet, et affirme qu'il n'y est pas inscrit « sortir sa femme du cuvier ». Il persiste dans sa mauvaise volonté, répétant « ce n'est pas sur mon rôlet », jusqu'au moment où la femme promet qu'il sera désormais le maître chez lui et qu'elle se comportera en tout comme une bonne et obéissante servante, « ainsi qu'il est normal ».

POUR LE COMMENTAIRE

1. Quel rôle joue **la mère de l'épouse** dans les relations du couple ? Quels sentiments manifeste-t-elle à l'égard de Jaquinot ? De sa fille ?

2. Quel est **le caractère de Jaquinot** ? A quoi servent ses timides réticences ?

3. Pour **quelle raison accepte-t-il** le principe du « rôlet » ? Pensez-vous qu'il ait déjà l'idée de retourner la situation à son avantage comme il le fera à la fin de la farce ?

4. Quelle est **la valeur du texte écrit**, d'après cette scène ? Quels effets comiques l'auteur a-t-il tirés de la lenteur et de la maladresse de Jaquinot ?

5. A quoi **correspondent les tâches** qui sont prescrites à Jaquinot ? Dans quel rôle risquent-elles de l'enfermer ?

6. Quelle est l'**importance des revendications sexuelles** de l'épouse ? A quelle angoisse omniprésente dans les textes médiévaux correspondent-elles ?

7. D'où vient **le comique de la scène** ? Y a-t-il une véritable argumentation ? Quel est le seul argument qu'utilise la femme ?

8. Quelle est l'**idéologie** de ce texte ? Pensez-vous qu'il manifeste des tendances « féministes » réelles ?

Farce de Maître Pathelin (vers 1465)

La Farce de Maître Pathelin *est le chef-d'œuvre de la farce médiévale. Beaucoup plus longue que toutes les autres (elle compte 1 470 vers, alors que la majorité n'excède pas quatre ou cinq cents), elle a acquis très tôt une grande célébrité, et n'a pas été jugée indigne d'une comparaison avec les pièces de Molière.*

Plus qu'une simple farce, il s'agirait d'une **comédie de mœurs et de caractères**, *habile à nouer les fils de deux intrigues apparemment hétérogènes, et dépourvue du schématisme et de la vulgarité que l'on retrouve trop souvent dans les autres farces. L'avocat Pathelin a été élevé, comme plus tard George Dandin, au rang de « type » humain.*

La pièce, anonyme, bien sûr, date des environs de 1465, sans qu'il soit possible de préciser davantage. Elle reste un phénomène unique, d'autant plus que le théâtre comique du XVIe siècle marque dans l'ensemble une régression par rapport à elle, plus que l'établissement d'une tradition.

*** **Farce de Maître Pathelin**

L'avocat Pathelin n'a plus de causes depuis longtemps : très pauvre, il se fait attaquer avec violence par sa compagne Guillemette. Pour l'apaiser, il lui promet de se procurer du drap *gratis*. Il se rend chez un marchand, endort sa méfiance à force de belles paroles, et s'en revient chez lui avec six aunes de drap. Il a invité le marchand à venir se faire payer à domicile, en lui promettant un bon repas à cette occasion. Il faut lui jouer la comédie. Pathelin explique son plan à Guillemette, qui s'avère une complice à la hauteur : l'avocat va faire semblant d'être malade, à l'article de la mort, et de n'avoir pas bougé de son lit depuis des semaines ; le marchand ne saura plus que penser !

Une maladie soudaine

GUILLEMETTE. — *(au drapier resté sur le seuil de la porte)* Hélas ! Venez le voir, beau seigneur : il est si gravement malade.

LE DRAPIER. — *(entrant)* Est-il malade pour de vrai
5 depuis que tout à l'heure il est revenu de la foire ?

GUILLEMETTE. — De la foire ?

LE DRAPIER. — Oui, vraiment, par saint Jean : je crois qu'il y est allé.

(à Pathelin) Il me faut l'argent du drap que je vous
10 ai donné à crédit, maître Pierre.

PATHELIN. — *(feignant de reconnaître son médecin dans le drapier)*

Ah ! maître Jean, plus dur que pierre, j'ai chié deux petites crottes, noires, rondes comme des
15 pelotes. Prendrai-je un autre clystère ?

LE DRAPIER. — Eh ! Que sais-je ? Qu'est-ce que j'en ai à faire ? Il me faut neuf francs ou six écus !

PATHELIN. — Ces trois morceaux noirs et pointus comme un bec, les appelez-vous des pilules ? Ils
20 m'ont esquinté les mâchoires.

Pour l'amour de Dieu, ne m'en faites plus prendre ! Ah ! il n'y a rien de plus amer ! Ils m'ont tout fait rendre.

LE DRAPIER. — Non, pas tout : par l'âme de mon
25 père, mes neuf francs ne sont point rendus !

GUILLEMETTE. — Qu'ils soient pendus par le cou les gens de son espèce qui sont si fâcheux ! Allez-vous

en, au nom des diables, puisque cela ne peut être au nom de Dieu !

30 LE DRAPIER. — Par ce Dieu qui me fit naître j'aurai mon drap ou mes neuf francs, sinon je ne m'arrête pas !

PATHELIN. — Et mon urine, ne vous dit-elle point que je suis mourant ? Hélas ! pour l'amour de Dieu,
35 dans quelque état que je reste, que je ne passe point le pas !

GUILLEMETTE. — *(au drapier)* Allez-vous en ! Eh ! n'avez-vous pas honte de lui casser la tête ?

LE DRAPIER. — Que le Seigneur Dieu en ait mau-
40 vaise fête ! Six aunes de drap, tout de suite ! Dites, est-ce chose convenable, par votre foi, que je les perde ?

PATHELIN. — Si vous pouviez ramollir ma merde, maître Jean ? Elle est si dure que je ne sais
45 comment je tiens le coup quand elle sort du fondement.

LE DRAPIER. — Il me faut neuf francs tout rond, que, bon gré saint Pierre de Rome...

GUILLEMETTE. — Hélas ! Comme vous torturez cet
50 homme ! Comment pouvez-vous être si brutal ? Vous voyez clairement qu'il croit que vous êtes médecin. Hélas ! le pauvre chrétien a assez de malchance. Il y a onze semaines, sans relâche, qu'il est resté là, le pauvre homme ! [...]

***
Non sans mal, Guillemette réussit à mettre dehors le drapier à demi convaincu. Les deux complices se congratulent et se réjouissent du succès de leur ruse. Mais le drapier a réfléchi, et il revient à la charge. Il entend alors le rire de Guillemette.

LE DRAPIER. — Il a mon drap, ou je renie bieu ! et il s'est joué de moi avec ce jeu. *(arrivant à la maison de Pathelin)*
Holà ! où vous êtes-vous cachée ?

GUILLEMETTE. — *(bas)* Par mon serment, il m'a entendue ! Il semble qu'il doive enrager.

PATHELIN. — *(bas)* Je ferai semblant de délirer. Allez lui ouvrir.

GUILLEMETTE. — *(ouvrant la porte)* Comme vous criez !

LE DRAPIER. — Que Dieu en ait bon gré ! Vous riez ! Allons, mon argent !

GUILLEMETTE. — Sainte Marie ! De quoi croyez-vous que je rie ? Il n'y a personne qui ait aussi peu envie de s'amuser. Il s'en va ! Jamais vous n'avez entendu une telle tempête, ni une telle frénésie. Il est encore en train de délirer : il rêve, il chante, et il baragouine tant de langages et il s'agite ! Il ne vivra pas une demi-heure. Par mon âme, je ris et je pleure tout à la fois.

LE DRAPIER. — Je ne sais ce que vous entendez par rire ou par pleurer. A vous parler bref, il faut que je sois payé.

GUILLEMETTE. — De quoi ? Êtes-vous fou ? Recommencez-vous votre folie ?

LE DRAPIER. — Je n'ai pas pour habitude qu'on me paye de telles paroles, quand je vends mon drap. Voulez-vous me faire prendre les vessies pour des lanternes ?

PATHELIN. — *(délirant en argot)* Allons ! Vite ! La reine des guitares, qu'on la fasse sur-le-champ venir à moi. Je sais bien qu'elle est accouchée de vingt-quatre guitareaux, enfants de l'abbé d'Yverneaux. Il me faut être son compère.

GUILLEMETTE. — Hélas ! pensez à Dieu le père, mon ami, non pas aux guitares.

LE DRAPIER. — Eh ! Quels diseurs de balivernes que ces gens-là. Allons, vite ! que je sois payé, en or ou en monnaie, de mon drap que vous avez pris !

GUILLEMETTE. — Eh ! diable ! Vous vous êtes mépris déjà une fois. Est-ce que ce n'est pas suffisant ?

LE DRAPIER. — Savez-vous ce qu'il en est, belle amie ? Que Dieu m'aide. Je ne sais de quelle méprise vous voulez parler... Mais quoi ? « Il faut rendre ou pendre ». Quel tort vous fais-je si je viens ici pour réclamer ce qui m'appartient ? Parce que, bon gré saint Pierre de Rome...

GUILLEMETTE. — Hélas ! Comme vous torturez cet homme ! Je vois bien à votre visage, certes, que vous n'êtes pas sensé. Par la malheureuse pécheresse que je suis, si j'avais de l'aide, je vous attacherais. Vous êtes devenu tout à fait fou !

LE DRAPIER. — Hélas ! J'enrage de ne pas avoir mon argent.

Le drapier, bois gravé pour la *Farce de Maître Pathelin.* Paris, B.N.

55 GUILLEMETTE. — Ah ! Quelle naïveté ! Signez-vous ! Benedicite ! Faites le signe de la croix !

LE DRAPIER. — Eh bien, je renie Dieu si de l'année je donne du drap à crédit !
(Pathelin s'agite dans son lit)
60 Quel malade !

PATHELIN. — *(délirant en limousin)*
Mère de Dieu, la coronade,
Par ma fye, y m'en vuol anar
Or regni biou ! oultre la mar !
65 Ventre de Diou ! Z'en dis gigogne !
(montrant du doigt le drapier)
Çastuy ça rible et res ne done,
Ne carrilaine ! fuy ta none !
(en bon français)
70 Que de l'argent il ne me sonne !
Avez compris, beau cousin ?

GUILLEMETTE. — *(au drapier)* Il avait un oncle limousin, qui était le frère de sa belle tante. C'est pour cette raison, je crois bien, qu'il jargonne en limousin.

75 LE DRAPIER. — Diable ! Il s'en est allé en tapinois avec mon drap sous son aisselle.

PATHELIN. — *(délirant en picard)*

Venez ens, doulce damiselle
Et que veult ceste crapaudaille ?
80 Allez en arrière, merdaille !
Sa ! tost ! je vueil devenir prestre
Or sa ! que le dyable y puist estre,
En chelle vielle prestrerie !
Et fault il que le prestre rie
85 Quand il dëust chanter sa messe ?
GUILLEMETTE. — Hélas ! Hélas ! L'heure s'approche
où il faut qu'il reçoive son dernier sacrement.
LE DRAPIER. — Mais comment se fait-il qu'il parle
couramment picard ? D'où vient une telle sottise ?
90 GUILLEMETTE. — Sa mère était originaire de Picar-
die. C'est pour cela qu'il le parle maintenant.
PATHELIN. — (au drapier) D'où viens-tu, face de
clown ?
(délirant en flamand)
95 Vuacarme, liefe gode man ;
Etlbelic beq igluhe golan,
Henrien, Henrien, conselapen,
Ych salgneb nede que maignen
Grile grile, scohehonden,
100 Zilop zilop en mon que bouden,
Disticien unen desen versen,
Mat groet festal ou truit denhersen,
En vuacte vuile, comme trie !
Cha ! a dringuer ! je vous en prie,
105 Quoy act seurigot yaue,
Et qu'on m'y mette un peu d'eau !
Vuste vuile, à cause du frimas.
Faites venir sire Thomas tout de suite, qui me
confessera.
110 LE DRAPIER. — Qu'est ceci ? Il ne cessera pas
aujourd'hui de parler divers langages ? Il n'aurait
qu'à me donner un gage ou mon argent : je m'en
irais.
GUILLEMETTE. — Par les angoisses de Dieu, mal-
115 heureuse que je suis ! Vous êtes un homme bien

bizarre. Que voulez-vous ? Je ne sais comment il se
fait que vous soyez si fort obstiné.
PATHELIN. — (délirant en normand)
Or cha ! Renouart au tiné !
120 Bé dea, que ma couille est pelouse !
El semble une cate pelouse,
On a une mousque a miel
Bé ! parlez a moy, Gabriel
(il remue comme en proie à une douleur aiguë)
125 Les play's Dieu ! Qu'esse qui s'ataque
A men cul ! Esse ou une vaque,
Une mousque, ou ung escarbot ?
Bé déa ! j'é le mau saint Garbot !
Suis-je des foyreux de Baieux ?
130 Jehan du Quemin sera joyeulz,
Mais qu'il sache que je le sée
Bée ! Par saint Miquiel, je berée
Voulentiers a luy une fés !
LE DRAPIER. — Comment peut-il supporter le far-
135 deau de tant parler ?
(Pathelin semble en proie à des convulsions)
Ah ! Il devient fou !
GUILLEMETTE. — Celui qui fit son instruction à
l'école était normand : aussi arrive-t-il qu'il s'en
140 souvienne à son heure dernière.
(Pathelin râle)
Il s'en va.
LE DRAPIER. — Ah ! sainte Marie ! Voici la plus
étrange rêverie où je me suis jamais mis ! Jamais je
145 n'aurais pu imaginer qu'il n'était pas allé aujourd'hui
à la foire.
GUILLEMETTE. — Vous l'avez cru ?
LE DRAPIER. — Saint Jacques, oui vraiment ! Mais
j'aperçois bien le contraire.

Farce de Maître Pathelin (vers 1465),
publié par C.-A. Chevallier,
dans *Théâtre comique du Moyen Age*,
coll. « 10/18 », © U.G.E., 1982

POUR LE COMMENTAIRE

1. En quoi les deux temps de la scène sont-ils **complémentaires** ?

2. Le personnage du drapier évolue-t-il ? Suscite-t-il
la sympathie du spectateur ?

3. La « méprise » du drapier est-elle vraisemblable ?
Quel est le ressort principal du comique de ce passage ?

4. Pathelin est un comédien consommé. Quels
degrés parcourt-il dans l'art du jeu théâtral ? En quoi la
mise en condition préalable du drapier par Guillemette
est-elle indispensable ? Quel est, des deux, le rôle le plus
difficile à jouer ?

5. La satire de la médecine est promise à un bel
avenir. Sous quel aspect se présente-t-elle ici ? A-t-elle une
grande portée ? Est-ce flatteur pour le drapier d'être
confondu avec le médecin ?

6. Les « langages divers ». Est-ce la première fois
qu'un tel procédé est employé ? Quel est l'effet produit ?

Dégagez le attaques qu'ils contiennent à l'adresse du
drapier. Quelle est en particulier la fonction des allusions
obscènes ?

7. Essai de mise en scène. Quelles sont les caractéristiques des acteurs de farce ? En quoi diffèrent-ils des
acteurs de comédie ? Comparez-les par exemple avec les
« masques » italiens de la Commedia dell'arte.

GROUPEMENT THÉMATIQUE

Médecine et médecins

RABELAIS : *Pantagruel*, 1532 ; *Le Tiers Livre*, 1546. —
MOLIÈRE : *Le Médecin volant*, 1658 ; *La Jalousie du Bar-
bouillé*, 1660 ; *Le Médecin malgré lui*, 1666 ; *Le Malade
imaginaire*, 1673. — PROUST : *Du côté de chez Swann*,
1913 (personnage de Cottard). — Jules ROMAINS : *Knock
ou le triomphe de la médecine*, 1923.

Juste retour des choses

***

Contrairement à ce que laissent supposer les dernières répliques du passage cité plus haut, le drapier n'est pas encore tout à fait convaincu. Mais il finit par abandonner la place, perplexe. Un nouveau personnage entre alors en scène : c'est le berger du drapier, accusé par celui-ci de lui avoir volé de nombreux moutons, et de les avoir mangés (ce qui est parfaitement exact). Assigné en justice par son patron courroucé, il cherche un avocat. Pathelin accepte la cause d'enthousiasme, et donne ses instructions à son client : qu'à chaque question du tribunal, il réponde simplement « Bee ! » comme s'il se prenait pour un mouton. Lui, Pathelin, va plaider la folie et l'« irresponsabilité ».

Tout se passe comme prévu : le berger, excellent comédien, ne se laisse pas démonter par les attaques du drapier, et assourdit le tribunal de « bee » répétés. L'affaire se corse lorsque le malheureux drapier reconnaît en l'avocat son client qu'il a laissé à l'agonie. Il s'embrouille alors dans ses accusations, passant des moutons volés aux aunes de drap dérobées, et irrite sérieusement le juge, qui finit par croire, aidé en cela par les commentaires de Pathelin, que c'est le drapier qui est fou. Le procès terminé, Pathelin reste maître du terrain et demande à Thibaut l'Agnelet, le berger, de le payer généreusement...

A la différence de l'extrait précédent, celui-ci est donné dans la langue de l'époque.

PATHELIN
(au berger)

Dy, Aignelet.

LE BERGIER

Bee !

PATHELIN

Vien çà, vien,
Ta besongne est elle bien faicte ?

LE BERGIER

Bee !

PATHELIN

Ta partie s'est retraicte ;
Ne dy plus « bee » ; il n'y a force.
5 *Luy ay je baillé belle estorse¹ ?*
T'ay je point conseillé a point ?

LE BERGIER

Bee !

PATHELIN

Hé dea² ! on ne t'orra³ point ;
Parle hardiment ; ne te chaille⁴.

LE BERGIER

Bee !

PATHELIN

Il est temps que je m'en aille :
10 *Paye moi !*

LE BERGIER

Bee !

PATHELIN

A dire veoir,
Tu as tresbien fait ton devoir,
Et aussi bonne contenance.
Ce qui luy a baillé l'avance⁵,
C'est que tu t'es tenu de rire.

LE BERGIER

15 *Bee !*

PATHELIN

Quel « bee » ? Ne le fault plus dire.
Paye moy bien et doulcement !

LE BERGIER

Bee !

PATHELIN

Quel « bee » ? Parle saigement
Et me paye ; si m'en yray.

LE BERGIER

Bee !

PATHELIN

Scez tu quoy ? je te diray :
20 *Je te pry, sans plus m'abaier⁶,*
Que tu penses de moy payer.
Je ne vueil plus de ta bairie⁷.
Paye tost !

LE BERGIER

Bee !

PATHELIN

Esse moc'rie⁸ ?
Esse quant que⁹ tu en feras ?
25 *Par mon serment, tu me pairas,*
Entens tu ? se tu ne t'en voles¹⁰.
Sa ! argent !

LE BERGIER

Bee !

PATHELIN

Tu te rigolles¹¹ !
Comment ? N'en auray je aultre chose ?

LE BERGIER

Bee !

PATHELIN

Tu fais le rimeur en prose¹² !
30 *Et a qui vends tu tes coquilles¹³ ?*
Scez tu qu'il est¹⁴ ? Ne me babilles¹⁵
Meshuy¹⁶ de ton « bee », et me paye !

Le juge, bois gravé pour la *Farce de Maître Pathelin*.
Paris, B.N.

LE BERGIER

Bee !

PATHELIN

N'en auray je aultre monnoye ?
A qui te cuides tu jouer ?
35 Je me devoie tant louer
De toy ! or fais que je m'en loe.

LE BERGIER

Bee !

PATHELIN

Me fais tu mengier de l'oe[17] ?
(à part)
Maugré bieu ! ay je tant vescu
Qu'ung bergier, ung mouton vestu,
40 Ung villain paillart me rigolle[18] ?

LE BERGIER

Bee !

PATHELIN

N'en auray je aultre parolle ?
Se tu le fais pour toy esbatre[19],
Dy le, ne m'en fays plus debatre[20].
Vien t'en soupper à ma maison.

LE BERGIER

45 Bee !

PATHELIN

Par Saint Jehan, tu as raison :
Les oisons mainnent les oes paistres[21] !
(à part)
Or cuidoye estre sur tous maistre[22],
Des trompeurs d'icy et d'ailleurs,
Des forts coureux et des bailleurs
50 De parolles[23] en payëment,
A rendre au jour du jugement :
Et ung bergier des champs me passe[24] !
(au berger)

Par Saint Jacques ! se je trouvasse
Ung sergent[25], je te fisse[26] prendre !

LE BERGIER

55 Bee !

PATHELIN

Heu, « bee » ! L'en me puisse pendre
Se je ne vois faire venir
Ung bon sergent ! Mesadvenir[27]
Luy puisse il s'il ne t'enprisonne !

LE BERGIER

(s'enfuyant)
60 S'il me treuve[28] je lui pardonne !

Farce de Maître Pathelin,
publié par C.-A. Chevallier,
dans Théâtre comique du Moyen Age,
coll. « 10/18 », © U.G.E., 1982

POUR LE COMMENTAIRE

1. Quelle « morale » peut-on dégager de cette scène ?
A quel proverbe moderne correspond celui du texte, « les
oisons mainnent les oes paistre » ?

2. Une telle fin est-elle prévisible ? Qu'a-t-elle de
paradoxalement satisfaisant ?

3. Les personnages en présence sont-ils sympathiques ? Lequel l'est davantage ?

4. Pathelin comprend-il rapidement le tour qu'a
décidé de lui jouer le berger ? Est-il normal qu'il tarde si
longtemps ? Quel effet produit cette lenteur ? Quelle est la
position du public ?

5. Pathelin est-il réellement furieux quand il comprend le jeu du berger ? A-t-il réalisé une perte considérable
dans cette affaire ?

6. Quel est **l'effet produit par la dernière réplique**
du berger ? Semble-t-il particulièrement inquiet des menaces de Pathelin ?

7. D'après les passages cités, **sur quels principes
repose la farce médiévale** ? Vous paraît-elle être un
« genre » doté d'une grande portée morale, ou au contraire,
un pur exercice de style visant à la distraction de son
public ?

EXPOSÉ

Farce et comédie

Quels éléments de la farce survivront dans les comédies
de MOLIÈRE, en particulier dans les premières ? Quelles
seront, au contraire, les différences essentielles qui sépare-
ront les deux genres ? Voir *Littérature*, XVIIe siècle, pp. 284
à 290.

Geoffrey Chaucer
Contes de Canterbury (éd. posthume 1526)

Les Contes de Canterbury, *de* **Geoffrey Chaucer**, *écrits à partir de 1386, ne furent publiés qu'en 1526. Ils regroupent un certain nombre de récits dans le cadre mis à la mode par le* Décaméron, *de Boccace, c'est-à-dire la rencontre de plusieurs narrateurs relatant chacun à leur tour leur histoire. Le passage suivant, emprunté au « Conte de Meunier », met en scène le trio classique des fabliaux et des farces : un vieux mari stupide et naïf, une très jeune et séduisante épouse, et un jeune clerc, beau parleur, qui entreprend de séduire la jeune femme. Nicolas, le clerc, feint le désespoir, et il en avoue la raison au mari, qui est charpentier.*

Un conte à dormir debout

— Maintenant, John, croyez-moi, dit Nicolas : j'ai découvert, grâce à ma science astrologique, en regardant la Lune quand elle était pleine, que lundi prochain, au quart de la nuit, à peu près, la pluie va tomber à torrents, si violemment que ce sera deux fois pire qu'au temps du déluge de Noé. Ce monde, dit-il, en une heure, pas plus, sera entièrement noyé, tellement l'inondation sera horrible, et l'humanité périra, ainsi que toutes les créatures vivantes.

— Helas ! s'exclama le charpentier. Hélas, ma femme ! Ma petite Alison ! Va-t-elle se noyer ?

Et dans son chagrin, peu s'en fallut qu'il ne tombât par terre.

— N'y a-t-il pas de remède à cela ? ajouta-t-il.

— Dieu soit remercié, dit Nicolas, il y en a un, à condition que vous fassiez exactement ce que je vous dirai, et que vous ne commenciez pas à penser à autre chose. Le vieux Salomon a dit, vous le trouverez dans ses vers, « Celui qui accepte un conseil ne subit jamais une mauvaise destinée », et si vous acceptez un bon conseil, conformément à ce qu'il dit, je réussirai sans mât ni voile à la sauver, et vous et moi avec. N'avez-vous pas entendu parler de la manière dont Noé fut sauvé, quand Dieu l'avertit, ainsi que ses fils et ses filles, que le monde entier allait disparaître sous les eaux ?

— Si, dit le charpentier, il y a longtemps.

— Et n'avez-vous pas entendu parler du mal que Noé eut, à essayer de faire monter à bord de l'arche sa femme, qui ne voulait pas venir ? Il aurait bien préféré, je pense, avec ce mauvais temps sur le point d'exploser, qu'elle ait un vaisseau pour elle toute seule. Maintenant qu'allons-nous faire ? Nous ne pouvons pas repousser l'événement ; c'est pour bientôt, comme je l'ai dit. Cela réclame une action rapide, inutile de prêcher ou de chercher des délais.

Je veux que, maintenant, tout de suite, vous alliez chercher en hâte un baquet profond ou un pétrin pour chacun de nous, et faites attention qu'ils soient assez grands, pour que nous puissions flotter confortablement, comme dans une barque. Et chargez-les d'assez de victuailles pour survivre pendant un jour — nous avons besoin de peu de choses. La pluie s'arrêtera et l'eau baissera à neuf heures le jour suivant. Robin, et Jill, les serviteurs, ne doivent rien savoir de cela, les pauvres ; ces deux-là, je ne peux pas les sauver. Ne me demandez pas pourquoi ; et même si vous le demandez, je ne peux pas vous découvrir les pensées secrètes de Dieu. Vous devriez être satisfait, de recevoir une faveur aussi considérable que celle de Noé ; et si vous n'êtes pas content, vous devez être fou ! Et je sauverai votre femme, vous n'avez pas besoin de vous faire de souci à ce sujet. Allez-y maintenant, et vite !

Et quand vous aurez trouvé les baquets, un pour elle, et un pour vous et un pour moi, suspendez-les sous le toit, près du chaume, pour que personne ne puisse voir ce que nous mijotons. Si vous faites tout ce que je vous dis, si vous n'oubliez pas les provisions, et une hache aussi, pour couper les cordes afin que nous puissions flotter au moment où l'inondation commencera, et si vous abattez le pignon, c'est la dernière chose que j'avais à vous dire, celui qui se trouve juste au-dessus de l'étable, du côté du jardin, de manière à ce que nous puissions nous dégager sans délai, dès que la pluie torrentielle aura cessé, vous flotterez aussi joyeusement, à ce que je crois, que n'importe quelle cane blanche comme un lys derrière son canard. Et je vous appellerai : « Hey, Alison, Hey, John ! Réjouissez-vous ! L'inondation aura bientôt disparu. » Et vous me répondrez : « Hello, maître Nicolas ! Bonjour ! Je vous vois clairement. C'est l'aube ! » Nous serons les maîtres du monde pour tout le reste de notre vie, comme Noé et sa femme.

Geoffrey CHAUCER, *Contes de Canterbury* (éd. posthume 1526), traduction d'Anne Berthelot

***

Le charpentier avale sans broncher cette histoire rocambolesque. Nicolas précise que dans les baquets, il faudra prier, et que les deux époux doivent rester chastes jusqu'au moment du départ. Une fois qu'ils se sont installés dans leurs baquets, le charpentier s'endort bien vite ; et Alison et Nicolas se rejoignent et passent une nuit agréable ensemble.

Jean-Pierre Bordier *Le Jeu dramatique*

Le dernier mot de la farce

Les effets comiques les plus sûrs d'une farce tiennent à un dosage de répétition et de surprise : c'est la variété des trois tours successifs joués à la même victime *(Cauteleux, Barat et le Vilain)*, les résultats contraires de deux ruses semblables *(Le Pâté et la Tarte)*, le retournement inespéré de la situation *(Cuvier)* qui font rire. On a plaisir à voir l'astuce l'emporter sur la force, ou le faux niais prendre le dessus sur le demi-malin. Quant aux thèmes, ce sont ceux de tous les textes satiriques, et le public les attend : « mauvaistié des femmes », sottise des vilains, concupiscence des clers et des nonnes. Les titres comme *Farce nouvelle et fort joyeuse de...* suggèrent que le rire ne comporte pas d'arrière-pensée. Peu tournée vers l'actualité, la farce n'a pas eu à souffrir de la censure au même titre que la sottie : elle a d'ailleurs survécu jusqu'à la fin du XVᵉ siècle. Au théâtre, l'histoire de sœur Fessue ne tire pas à conséquence ; racontée par Rabelais, elle devient agressive par le commentaire qu'en tire Pantagruel *(Tiers Livre*, chap. XX).

Cela doit nous mettre en garde contre la tentation de prêter au genre une portée idéologique trop précise ou un réalisme trop ambitieux. Quand elle est exprimée *ex abrupto* par un acteur qui salue avant de sortir, la morale ne dépasse pas la sagesse des proverbes : « Qui femme a, noise a » *(Pauvre Jouhan)*. Il n'y a pas de réalisme au sens où la farce offrirait une « tranche de vie » : la présence du petit peuple, ses activités et ses soucis quotidiens relèvent moins de la volonté d'imiter le réel que d'un parti pris pour un registre d'expression littéraire humble et familier. Le langage de la farce est peut-être moins populaire que fabriqué pour paraître tel. Si réalisme il y a, il tient, comme dans le *Roman de Renart* ou les fabliaux, à la mise entre parenthèses de tout idéal : la religion est ramenée à des jurons ou à des gestes automatiques, l'éthique est purement et simplement suspendue, l'homme réduit sans nuances à un égoïsme radical. Dépourvu de bons sentiments, et même de sentiments tout court, incapable de bonnes actions, sinon par sottise, il ne répond qu'aux instincts les plus élémentaires de sa nature : la faim, la peur, l'appétit sexuel et le désir de régenter son petit monde. Qu'il soit défini par son métier, sa situation familiale ou son rang social, il revendique les avantages de son statut mais refuse de remplir le rôle qu'on attend de lui. Par définition le marchand est malhonnête, la femme infidèle, le prêtre paillard... La farce ne peint pas les hommes (ni les femmes) comme ils sont, mais comme on ne veut pas qu'ils soient. Elle ne laisse deviner que par contraste un point de vue citadin, laïc, et conservateur. Dans le mariage, pour éviter les désordres, le mari doit dominer, mais la femme être satisfaite. Il n'est pas question de suivre les prédicateurs radicaux dans leur condamnation du plaisir. Dans les rapports sociaux, le ridicule frappe les ambitions déplacées des vilains, des femmes qui veulent passer leurs grades universitaires, mais aussi la suffisance des riches. Les gueux sur qui pèse la force recourent à la ruse pour conquérir l'humble nécessaire et s'ils n'en retirent bien souvent que des coups, du moins prennent-ils sur le terrain de l'intelligence une revanche symbolique. Le rire affranchit un moment le public de la crainte que peuvent inspirer ces déclassés et de celle, plus grande encore, de les rejoindre.

Jean-Pierre BORDIER, *Le Jeu dramatique*,
dans Daniel POIRION, *Précis de littérature française du Moyen Age*,
© éd. P.U.F., 1982

Pour vos essais et vos exposés

Raymond LEBÈGUE : *Le Théâtre comique en France de Pathelin à Mélite*, éd. Hatier, 1972.

Jean-Claude AUBAILLY : *Le Théâtre médiéval profane et comique*, éd. Larousse, 1976.

Thérèse BALLET-LYNN : *Recherches sur l'ambiguïté et la satire au Moyen Age*, éd. Nizet, 1977.

L'ESSOR DE LA POÉSIE AU XIVe SIÈCLE

LA POÉSIE DIDACTIQUE ET MORALE
ALAIN CHARTIER, EUSTACHE DESCHAMPS

LE LYRISME
GUILLAUME DE MACHAUT, CHRISTINE DE PISAN

« Demenez dueil, plourez, car c'est bien drois, La mort Machaut, le noble rhetorique. »
Eustache Deschamps,
« Armes, Amours, Dames, Chevalerie... »

Roue de fortune, miniature du XVe siècle. Paris, B.N.

1. La poésie didactique et morale

1. La fin du « trobar »

La poésie lyrique des troubadours est entrée en décadence dès le début du XIIIe siècle, et a presque totalement disparu ensuite. Celle des trouvères de langue d'oïl se raréfie, en partie à cause de **l'épuisement de l'idéologie courtoise**, de moins en moins adaptée aux réalités politiques et économiques. Cependant, le XIVe et le XVe siècle voient naître et se développer de nouveaux genres de poésie, correspondant à différents types d'inspiration.

2. La naissance du « dit »

Dans un premier temps, le lyrisme pur perd du terrain, au profit d'une **poésie didactique**, dans la lignée du *Roman de la Rose*, de Jean de Meun, par exemple. Ces œuvres, qui veulent avant tout instruire leur lecteur ou leur auditeur, renoncent souvent à la tentation encyclopédique qui dominait le XIIIe siècle, et se contentent de résoudre « au coup par coup », pour ainsi dire, les multiples **problèmes moraux que suscitent les difficultés politiques de l'époque**. L'analyse des nuances psychologiques n'est plus forcément primordiale, mais souvent l'écriture rend compte des phénomènes qui lui sont extérieurs et auxquels les auteurs se trouvent confrontés sans avoir toujours les moyens de les comprendre. L'un des genres nouveaux qui ont le plus de succès est alors le « **dit** », ou « **ditié** » : composé d'octosyllabes en rimes plates, il aborde aussi bien les problèmes posés par le recul de l'idéologie courtoise que des sujets d'intérêt plus général.

Van der Weyden, *Portrait de femme* (détail). Londres, National Gallery.

Alain Chartier (vers 1385-1433)

L'angoisse devant les malheurs du temps

Alain Chartier, secrétaire du dauphin, le futur Charles VII, aux heures les plus sombres de la guerre de Cent Ans, est un bon représentant des nouvelles tendances de la poésie. Il est l'auteur à la fois du Quadrilogue invectif (1422), débat en prose entre quatre figures allégoriques, la France, le Peuple, le Chevalier et le Clergé, qui décrit et cherche un remède aux malheurs du pays, et de La Belle Dame sans mercy, poème qui prétend retranscrire un débat en octosyllabes entre un amant et sa dame, insensible à tous ses arguments : un tel texte témoigne de l'angoisse des contemporains devant l'évolution d'un monde qu'ils ne pouvaient contrôler, et auquel ils ne savaient pas s'adapter.

La Belle Dame sans mercy (1424)

La Dame cruelle met le doigt sur la faille de toute relation courtoise, selon laquelle il faut deux partenaires acceptant les mêmes règles. Elle-même, considérant qu'elle n'est pas concernée par les plaintes de l'Amant, nie faire preuve de cruauté : elle ne lui a rien demandé, **l'amour qu'il affirme éprouver ne fait peser sur elle aucune contrainte**, aucune obligation de réciprocité. Le désespoir et le pessimisme sont les seules attitudes de celui qui veut se conformer au code désuet de la courtoisie : la Dame du narrateur est morte, l'Amant dont il relate les mésaventures se laisse mourir d'amour.

Une dame indifférente

LA DAME

Beau seigneur, cet état d'esprit insensé
Ne vous laissera-t-il jamais ?
Ne penserez-vous pas à donner
La paix à votre cœur par une autre méthode ?

L'AMANT

Personne ne pourrait lui donner la paix
Sauf vous qui lui avez déclaré la guerre
Quand vos yeux écrivirent la lettre
Par laquelle vous me défiiez,
Et quand vous envoyâtes Doux Regard
Comme hérault de ce défi,
Par l'intermédiaire duquel vous m'avez promis
En me défiant bonne assurance.

LA DAME

Il a grand'faim de vivre en deuil
Et fait bien mauvaise garde de son cœur,
Celui qui, contre un simple regard d'un œil,
Ne garde pas sa joie et sa paix.
Si moi ou une autre vous regarde,
Les yeux sont faits pour regarder !
Je n'y prends pas spécialement garde :
Qui en ressent du mal, qu'il s'en garde.

L'AMANT

Si quelqu'un blesse autrui par aventure
Par la faute de celui qu'il blesse,
Quoiqu'en vérité il n'y puisse rien,
Il en ressent pourtant de la peine et de la tristesse.
Et, puisque ce n'est pas Fortune ou Rudesse
Qui m'a fait ce dommage,
Mais votre très belle jeunesse,
Pourquoi le dédaignez-vous ?

LA DAME

30 Je n'ai jamais eu contre vous
Ni dédain ni antipathie, et je n'en veux pas avoir,
Non plus que trop grand amour, ou trop grande haine
Et je ne veux pas connaître vos sentiments profonds.
Si illusion vous fait percevoir
35 Que peu de chose peut vous plaire,
Et que vous vous vouliez tromper,
Je ne veux pas, pour autant, le faire !

L'AMANT

Quel que soit celui qui m'a infligé mon mal,
Illusion ne m'a pas trompé,
Mais Amour m'a si bien chassé
40 Que je suis tombé en vos lacs.
Et puisqu'il m'est ainsi échu
D'être réduit à merci entre vos mains,
Si je suis mal tombé[1],
Celui qui meurt plus tôt en languit moins.

LA DAME

45 Si gracieuse maladie
Ne met guère de gens à mort,
Mais cela fait bien de le dire,
Pour obtenir plus vite un réconfort.
Tel se plaint et se lamente fort
50 Qui ne souffre pas les douleurs les plus âpres.
Et si Amour est si pénible, à tout prendre,
Mieux vaut qu'un seul en souffre, plutôt que deux !

L'AMANT

Hélà ! Ma dame, il vaut bien mieux,
Pour agir courtoisement et avec bonté,
55 Faire d'un malheureux deux heureux,
Plutôt que détruire entièrement le malheureux...

Loyset Liedet, *Dialogue de Maulgis et Orlande*, XVᵉ siècle. Paris, Bibl. de l'Arsenal.

Je n'ai d'autre désir ni d'autre préoccupation
Que de vous plaire par mon service,
Pour échanger, sans commettre de faute,
60 Deux plaisirs contre un inconfort.

LA DAME

D'amour je ne veux ni courroux ni confort,
Ni grand espoir ni grand désir,
Et je ne tire pas plaisir de vos maux,
Ni ne me soucie de votre plaisir.
65 Choisisse qui voudra choisir !
Je suis libre et libre je veux être,
Sans me dessaisir de mon cœur
Pour en faire maître un autre.

L'AMANT

Amour, qui répartit joie et douleur,
70 Mit les dames hors de servage
Et leur attribua pour leur part
Le pouvoir et la libre seigneurie.
Ceux qui servent n'y ont d'autre avantage

Que leurs efforts ;
75 Et à qui fait une fois hommage
Bien cher coûte le rachat[2].

LA DAME

Les dames ne sont pas si naïves,
Si stupides ni si folles,
Que pour quelques plaisantes bourdes
80 Confites en belles paroles,
Où vous autres êtes passés maîtres
Pour leur faire croire des merveilles,
Elles changent si vite leurs opinions :
A beau parleur, oreilles closes[3] !

Alain CHARTIER, *La Belle Dame sans mercy* (1424),
traduction d'Anne Berthelot

1. *Jeux de mots sur* choir, échoir, « mescheoir » (= arriver malheur). — 2. *Emploi des termes du vocabulaire féodal.* — 3. *Chaque strophe se clôt sur un proverbe ou au moins un énoncé d'allure proverbiale.*

LECTURE MÉTHODIQUE

1. Qu'est-ce qui **indique d'emblée** qu'il ne s'agit pas de la première conversation des personnages sur ce thème ?

2. Quels sont **les arguments** successivement proposés par l'Amant ?

3. Quel est **le ton** du personnage masculin ?

4. Quelles sont les **réponses de la Dame** ? Sur quel plan se place-t-elle ? Peut-il y avoir une communication valable entre deux personnages si différents ?

5. Quel est **le style de la Dame** ? En quoi est-il différent du « grand style » qui correspond d'habitude au débat courtois ? Que traduisent ces différences ?

6. Avec quel personnage vous sentez-vous en accord ? La « Belle Dame » vous paraît-elle effectivement « sans mercy » ?

7. En quoi Alain Chartier produit-il **un résumé** et **une mise à jour de tous les débats sur l'amour courtois** de son époque ?

Eustache Deschamps (vers 1346-1406)

Carpe diem

*Le cas d'**Eustache Deschamps** est légèrement différent. Fonctionnaire royal, lui aussi, il est d'un tempé-rament plus optimiste ; conscient, comme Chartier, de la décadence de l'idéologie courtoise, il y renonce sans trop de chagrin et entreprend de lui substituer **une philosophie du carpe diem**, dont le ton familier s'accorde à merveille avec les anecdotes réalistes et souvent comiques qu'il introduit dans ses pièces. Sa forme préférée est **la ballade**, dont il contribue, comme Guillaume de Machaut son maître, à accroître la popularité.*

*Comme beaucoup de ses contemporains, il ne se soucie pas seulement d'être poète et de « chanter », mais de savoir comment on peut chanter, c'est-à-dire écrire. L'équivalence toute simple des troubadours et des trouvères, « j'aime / je chante », ne fonctionne plus. De même que les derniers troubadours rédigent des traités de grammaire qui sont aussi des arts poétiques, de même Eustache Deschamps rédige **l'un des premiers et des plus importants « traités de poétique »** de l'Occident chrétien : l'Art de Dittier.*

Poésies (1368)

*La ballade suivante témoigne de la veine réaliste qui est souvent celle d'**Eustache Deschamps**. Il en est de même du rondeau* Adieu à Bruxelles, *dont le thème mélancolique, souvent repris par les poètes lyriques, comme Charles d'Orléans, est ici traité avec une légèreté de bon vivant.*

« Si un homme doit être roi de Laideur... »

Si un homme doit être roi de Laideur,
Pour avoir plus de laideur qu'on n'en pourrait trouver,
Je dois l'être à bon droit et à juste titre,
Car j'ai le groin comme une hure de sanglier,
5   Et je ressemble assez aux singes ;
     J'ai de grandes dents et un nez camus,
Les cheveux noirs[1], j'ai de la barbe
Sur les joues et mes yeux regardent de travers.
De front et de corps je suis velu :
10 Avant tous les autres je dois être roi des Laids.

J'ai depuis longtemps un aspect trop étrange.
On peut me dépeindre comme un More :
Je suis bariolé et formé sans proportions,
Court, rond et gras, je ne me peux embrasser[2].
15 On doit bien me couronner comme roi ;
     Je suis courbé et bossu,
Mince par en-bas et gros par en-haut ;
Il n'y a pas de roi ainsi formé au palais.
Et avec ces arguments je décide et conclus :
20 Avant tous les autres je dois être roi des Laids.

Il faut dorénavant que toute créature
Que l'on pourra voir et prouver
Être laide de fait et par sa nature,
Fasse partie de ma cour et me doive
25 Quelque service, et si elle veut s'en courroucer,
Elle me sera d'autant plus assujettie ;

1. Ce n'est pas précisément une qualité au Moyen Âge, où l'idéal de beauté est la blondeur.

2. « Tellement je suis gros ».

On vous installera tous comme mes gens,
Et on vous retiendra (dans ma suite), hideux à jamais ;
Par moi le royaume sera soutenu :
30 Avant tous les autres je dois être roi des Laids.

ENVOI

Princes, aucun homme ne se compare à moi ;
Souverain, j'engage mes serviteurs,
Je distribue tous les états religieux et laïcs :
Avant tous les autres je dois être roi des Laids.

Eustache DESCHAMPS, *Poésies* (1368),
traduction d'Anne Berthelot

POUR LE COMMENTAIRE

1. En quoi **le thème** de cette ballade est-il fondamentalement **original** ? Comment se présentent en général les poètes s'ils donnent d'eux-mêmes un portrait physique ?

2. Quelles **conséquences** entraîne sur le plan moral cette revendication d'un « prix de laideur » ? Quels liens la courtoisie, par exemple, suppose-t-elle entre l'aspect physique et les qualités spirituelles ?

3. Quels sont les **éléments de la description** sur lesquels insiste le poète ? En quoi prennent-ils le contrepied systématique d'un idéal de beauté dit « courtois » ?

4. Quel est le second motif qui vient soutenir celui de la laideur ?

5. Qu'est-ce qui indique que le « roi des Laids » traite « de puissance à puissance » avec les seigneurs de ce monde ? Quel procédé, dans l'envoi, accentue cette impression ?

6. Quelle « **philosophie** » se dégage de cette ballade ? Un tel texte aurait-il pu être écrit un siècle plus tôt ? Qu'est-ce que cela indique à propos du travail sur les genres littéraires ?

Adieu à Bruxelles

1. *Liesse et tous plaisirs. Le poème est publié ici dans sa langue originelle.*

2. *Je me recommande.*

3. *Agréables.*

Adieu beauté, leesse et tous deliz [1],
Chanter, dancer et tous esbatemens ;
Cent mille foys a vous me recommans [2].

Brusselle adieu, ou les bains sont jolys [3],
5 Les estuves, les fillettes plaisans ;
Adieu beauté, leesse et tous deliz,
Chanter, dancer et tous esbatemens.

4. *Lits moelleux.*

5. *Lapins.*

Belles chambres, vins de Rhin et molz liz [4],
Connins [5], plouviers et capons et fesans,
10 Compaignie douce et courtoises gens ;
Adieu beauté, leesse et tous deliz.

Eustache DESCHAMPS, *Adieu à Bruxelles* (rondeau),
publié par le Marquis de Queux de St-Hilaire, dans *Œuvres complètes*,
éd. Firmin-Didot, 1884

RECHERCHE

L'esthétique du rondeau

Comparez la vogue du rondeau à celle que connaîtra plus tard le sonnet.

2. Le lyrisme

1. Émergence du lyrisme au XIVe siècle

Contrairement à la littérature occitane, qui est presque entièrement poésie, la littérature de langue d'oïl, au XIIe et surtout au XIIIe siècle, est avant tout narrative. Ce qui importe, c'est le récit, sous toutes ses formes, et la poésie « pure » n'apparaît que rarement, subordonnée en général au mouvement de l'histoire ou aux intentions idéologiques du texte. Les choses changent avec le XIVe siècle, grâce à un **GUILLAUME DE MACHAUT**, capable de maîtriser la confusion des formes poétiques de son époque, et de les dégager de leurs liens originels avec la musique. Dès l'instant où Machaut peut instaurer dans ses œuvres une distinction entre « ballade notée », et ballade non notée, c'est-à-dire non chantée, non accompagnée par un air de musique sur lequel elle *doit* être chantée, la voie est ouverte à l'émergence d'un lyrisme authentique.

La poésie peut encore être didactique, ou satirique ; l'allégorie qui envahit les textes du XIVe siècle et tend à les figer ne disparaît pas du jour au lendemain. **CHRISTINE DE PISAN** emploie encore souvent le biais d'une fiction romanesque pour abriter ses pièces lyriques (voir par exemple les *Cent Ballades d'amant et de dame*). Mais **le lyrisme a acquis droit de cité**, et cette nouvelle tendance se manifestera de manière éclatante, au XVe siècle, avec les œuvres de Charles d'Orléans et de François Villon, si différentes qu'elles soient.

2. Fausses confidences

Il ne faut pas toutefois appliquer les catégories du XIXe siècle à la poésie de la fin du Moyen Age. Ni chez Charles d'Orléans, ni chez Villon, à plus forte raison, on ne rencontre de « confidences » au sens moderne du terme. Comme le rappelle avec insistance Paul Zumthor, **le « je » poétique n'est pas le « je » du poète**. Si le « Livre » de Charles d'Orléans, qui rassemble dans une certaine mesure ses « œuvres complètes », et dont le plan a été conçu par le poète lui-même suit le cours d'une vie agitée, il est avant tout la marque de la distance qui s'instaure entre la vie et l'œuvre, de la transmutation esthétique d'événements banals en poèmes parfaits. Il en va de même pour Villon dont les plus beaux textes défient heureusement l'enthousiasme biographique des commentateurs, et restent des œuvres indépendantes, closes sur elles-mêmes.

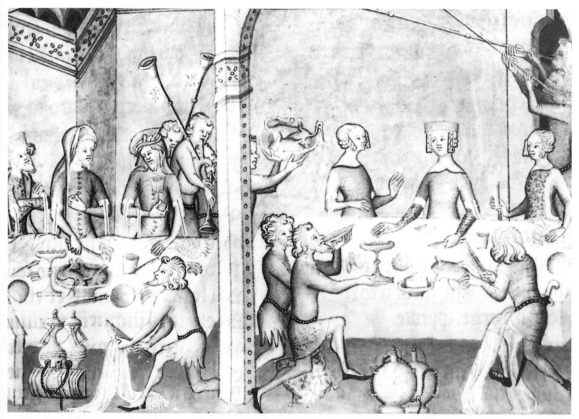

Guillaume de Machaut, *Musiciens pendant un festin*, miniature du XIVe siècle. Paris, B.N.

Guillaume de Machaut (vers 1300-1377)

1. Un génie aux multiples facettes

Il s'agit sans conteste de l'un des plus grands poètes du Moyen Age. Comme beaucoup d'écrivains à cette époque, il était clerc et au service d'un grand seigneur : en l'occurrence Jean de Luxembourg, roi de Bohême. Un certain nombre de ses pièces, d'inspiration polémique ou didactique, traitent des sujets qui passionnaient la Cour. Mais il fut aussi chanoine de Reims, où il vécut de sa nomination en 1340 à sa mort en 1377, et il disposa de ce fait d'une certaine indépendance.

Poète, il fut également musicien, créant à la fois des formes poétiques nouvelles, ou raffinant celles qui existaient déjà, et des rythmes musicaux. On garde de lui des ensembles « notés », c'est-à-dire accompagnés de portées musicales, qui sont d'une inestimable valeur pour la connaissance de la poésie et de la musique du XIV\ :sup siècle.

2. Une influence considérable

De son vivant même il était considéré comme le chef de file des poètes contemporains, et son influence se poursuivit dans les générations suivantes (chez Eustache Deschamps, par exemple, dont le génie paraît pourtant *a priori* bien différent). C'est lui qui donna leur aspect définitif à ce que l'on appelle les genres à forme fixe, ballades, rondeaux, virelais, qui prennent leur essor à son époque et dont le succès se prolonge tout au long du XV\ :sup siècle.

3. « Dits » et « Jugements »

1346	*Jugement du Roi de Bohême* Début du *Jugement du Roi de Navarre*
1357	*Le Confort d'ami*
1360	*La Fontaine amoureuse*
1362- 1365	*Le Voir-Dit* (Dit Véridique)

En matière de littérature, sa plus importante innovation est celle du « dit » : texte hybride où se mêlent un récit qui se prétend autobiographique (mais ne l'est que dans une mesure assez réduite), des réflexions d'ordre général sur le monde et l'écriture, et des pièces lyriques, illustrations ou commentaires des autres éléments.

Machaut n'est pas seulement un poète de l'amour et de ce que l'on pourrait maintenant appeler la subjectivité. Poète de cour, il lui arrive d'aborder les problèmes de son époque à l'intention de l'un ou l'autre de ses protecteurs. C'est le cas dans les deux *Jugements*, celui du roi de Bohême et celui du roi de Navarre (description de la calamité suprême, la Peste, qui rivalise avec celle de Lucrèce dans le *De natura rerum*).

Scène de l'Apocalypse, début du XIII\ :sup siècle. Cambrai, Musée municipal.

Le Voir-Dit (1362-1365)

Le plus important, et le plus célèbre, des « Dits » de **Guillaume de Machaut** *est* Le Voir-Dit, *le dit « véridique », le dit sincère et véritable. Il prend prétexte de la rencontre amoureuse du poète vieillissant avec une très jeune admiratrice, Péronne, pour exposer* **un art poétique** *et* **un art d'aimer**, *les deux notions étant indissolubles dans la littérature médiévale.*

Le récit-cadre, qui s'adresse non seulement à la dame, par définition au courant de l'entreprise, mais aussi à un public extérieur, est en octosyllabes à rimes plates : l'ancienne forme du roman en vers, qui perd du terrain au XIVᵉ siècle. Les pièces lyriques, attribuées tantôt au poète tantôt à Péronne, sont de formes très variées. On rencontre aussi un certain nombre de lettres de l'un ou l'autre des « acteurs » de cette histoire, sortes d'instantanés des épisodes marquants de l'aventure.

« Le Dit Véridique »

Le premier extrait, situé tout au début du poème, contient l'exposition par Machaut de ses intentions poétiques, une sorte de manifeste qui montre l'auteur très conscient de l'originalité de son œuvre.

Et si quelqu'un me reproche,
Ou se tienne pour mal payé,
Que je mette ici nos écritures,
Aussi bien les douces que les amères,
Que l'on doit appeler épîtres
(C'est leur vrai nom et leur vrai titre),
Voilà ce que je réponds à tous :
Que c'est sur le doux commandement
De ma dame qui m'y invite ;
J'ai donc bien raison de m'y appliquer,
Et de faire son doux plaisir,
Pour l'amour de son doux visage.
Je ne sais qui en parlera,
Mais, pour autant, il n'en sera pas autrement,
Mais tout sera conforme aux ordonnances
De celles en qui gît mon espérance.
Et si certaines choses sont dites
Deux fois en ce livre, ou écrites,

20 Mes seigneurs, n'en soyez pas étonnés,
Car celle sur qui l'Amour veille,
Veut que je mette en ce Dit Véridique
Tout ce que pour elle j'ai fait et dit,
Et tout ce qu'elle a fait pour moi,
Sans rien dissimuler de ce qui s'y rapporte.
25 Dit Véridique je veux qu'on appelle
Ce traité que je fais pour elle,
Car je n'y mentirai en rien.
Je vous parlerai des autres morceaux :
Si vous les cherchez avec soin
30 Vous les trouverez sans faille,
Avec les pièces notées
Et les ballades non chantées
A propos desquelles j'ai eu de nombreuses idées
Que tout le monde ne connaît pas.

GUILLAUME DE MACHAUT, *Le Voir-Dit* (1362-1365),
traduction d'Anne Berthelot

POUR LE COMMENTAIRE

1. Quel est **le projet littéraire** annoncé ici ? Qu'a-t-il de nouveau, vis-à-vis de la poésie amoureuse traditionnelle ? Vis-à-vis, d'autre part, de la poésie « didactique » ?

2. Quelle place est réservée au public dans ce texte ? Quelles **relations s'instaurent entre l'auteur et son lecteur** ? En quoi ces relations justifient-elles l'« édition » d'une poésie strictement privée et personnelle ?

3. Quels sont **les différents genres littéraires** mentionnés par le poète dans ce texte ? Comment situe-t-il son œuvre par rapport à eux ?

4. Quelles sont **les différentes nuances de l'expression « Voir-Dit »** ? Machaut joue-t-il consciemment sur les mots ?

5. Poésie « non notée » et poésie « notée » (chantée). Comment s'effectue la distinction entre ces deux catégories (voir la Synthèse littéraire : « Les formes nou-

velles au XIVᵉ et au XVᵉ siècle », p. 183) ? Quels sont les changements dans l'ordre poétique qu'impose la séparation croissante entre musique et poésie ? Une telle évolution était-elle inévitable ?

EXPOSÉ

Poésie et chanson

1. Dans quelle mesure assiste-t-on, aujourd'hui, à un retour vers l'union de ces deux arts ? Donnez des exemples précis.

2. D'ADAM DE LA HALLE à GUILLAUME DE MACHAUT :
a. Écoutez quelques-unes de leurs œuvres.
b. Faites des recherches sur les formes musicales médiévales et sur la polyphonie.

Le baiser

Dans le passage suivant, en apparence purement narratif, **Guillaume de Machaut** fait un usage délicat des figures allégoriques, et constitue l'**une des plus charmantes scènes de baiser de toute la littérature « courtoise »**. Les « amants » se sont retrouvés pour quelques jours, et vont « s'esbanoier » dans un jardin, haut lieu de la courtoisie.

> Là, maintes paroles déismes
> Que je ne vueil pas raconter,
> Car trop long seroit à conter ;
> Mais sur mon giron s'enclina
> 5 La belle, qui douceur fine a.
> Et quant elle y fu enclinée,
> Ma joie fu renouvelée.
> Je ne say pas s'elle y dormi,
> Mais un po¹ sommilla sur mi.
> 10 Mes² secretaires qui fu là
> Se mist en estant³, et ala
> Cueillir une verde fueillette,
> Et la mist dessus sa bouchette :
> Et me dist : « Baisiés cette fueille. »
> 15 Adont Amours, vueille ou ne vueille,
> Me fist en riant abaissier
> Pour cete fueillette baisier
> Mais je n'i osoie touchier,
> Comment que⁴ l'éusse moult chier.
> 20 Lors Desirs le me commandoit,
> Qu'à nulle riens⁵ plus ne tendoit ;
> Et disoit que je me hastaisse,
> Et que la fueillette baisasse :
> Mais cils tira la fueille à li,
> 25 Dont j'eus le viaire⁶ pali ;
> Car un petit sui⁷ paoureus
> Par force du mal amoureus.
> Nonpourquant⁸ à sa douce bouche
> Fis lors une amoureuse touche ;
> 30 Car je y touchay un petiot,
> Certes, onques plus fait n'i ot⁹ :
> Mais un petit m'en repenti,
> Pour ce que quant elle senti
> Mon outrage et mon hardement¹⁰,
> 35 Elle me dist moult doucement :

> « Amis, moult estes outrageus ;
> « Ne savés-vous nuls autres jeus ? »
> Mais la belle prist à sourire
> De sa tres-belle bouche, au dire ;
> 40 Et ce me fist ymaginer,
> Et certainement esperer
> Que ce pas ne li desplaisoit,
> Pour ce qu'elle ainsi se taisoit.
> Toutevoies, je m'avisay,
> 45 Et tant la chieri et prisay
> Que je li dis : « Ma chiere dame,
> « S'il y a chose où il ait blame,
> « Ne se je vous ay riens meffait,
> « Pour Dieu, corrigiés le meffait,
> 50 « Et de fin cuer le vous amende.
> « Ma bele, or recevés l'amende ;
> « Car fine amour le me fist faire,
> « Par conseil de mon secretaire ;
> « Et grans desirs m'i contraignoit,
> 55 « Qu'à ce en riens ne se faingnoit¹¹.
> « Et certes tant le desiroie
> « Que astenir ne m'en pooie¹² : »
> Si qu'ainsi m'escusay sans fable.
> Et elle l'ot si agréable,
> 60 Qu'onques-puis¹³ nul mot ne m'en dit,
> En fait, en penser ou en dit,
> Par quoy en riens je percéusse
> Qu'en sa bonne grace ne fusse.

GUILLAUME DE MACHAUT, *Le Voir-Dit*, vers 2254 à 2315,
publié par P. Paris, éd. Firmin-Didot, 1875

1. Un peu. — 2. Mon. — 3. Se leva. — 4. Bien que. — 5. Aucune chose. — 6. Visage. — 7. Fus. — 8. Cependant. — 9. Il n'en fut pas fait davantage. — 10. Audace. — 11. Qui ne faisait pas semblant. — 12. Ne m'en pouvais abstenir. — 13. Jamais ensuite.

Le Songe du verger (détail). Londres, British Museum.

POUR LE COMMENTAIRE

1. En quoi la situation dans laquelle se trouvent les personnages est-elle représentative des traditions de **l'amour courtois** ?

2. Quelles sont **les personnifications allégoriques** qui entrent en jeu ? Sont-elles originales ? Comment sont-elles utilisées ? Comparez au besoin avec les textes extraits du *Roman de la Rose* (voir pp. 20 à 24) : l'esthétique est-elle la même dans les deux textes ?

3. Quelle **image** le texte donne-t-il de la jeune fille ? Par rapport à l'attitude de soumission absolue de l'amant à sa dame, qu'est-ce qui témoigne d'une certaine évolution ?

4. Quel est **le ton du passage** ? Quelle est la différence entre ce texte et une pièce lyrique commémorant le même événement ?

Pièces lyriques

Pièces de circonstance ou morceaux plus personnels, **Guillaume de Machaut** *produit aussi un grand nombre de* **rondeaux** *et de* **ballades** *: ce sont les formes à la mode, ou plutôt qui commencent à l'être, en partie grâce à lui. La ballade suivante fait appel à l'ancienne tradition des Bestiaires, tout en utilisant avec discrétion le système allégorique des personnifications correspondant aux sentiments de la dame.*

« Dans le cœur de ma dame... »

Dans le cœur de ma dame demeure une vipère
Qui bouche de sa queue son oreille
Pour ne pas entendre ma douloureuse plainte :
C'est cela, sans plus, son soin et ma préoccupation de chaque jour.
5 Et dans sa bouche ne dort pas
Le scorpion qui mord mon cœur à mort ;
Elle a dans son doux regard un basilic.
Ces trois-là m'ont tué, et elle, que Dieu la garde.

Quand en pleurant je la prie de m'aimer,
10 Dédain ne peut supporter qu'elle veuille m'entendre,
Et si elle fait confiance à son cœur, quand il se plaint,
Dans sa bouche Refus ne sommeille pas,
Mais il me perce le cœur avec trop de force ;
Et son regard rit et a grande joie,
15 Quand il voit mon cœur qui fond et frit et brûle.
Ces trois-là m'ont tué, et elle, que Dieu la garde.

Amour, tu sais qu'elle m'a fait maint mal
Et que je suis sien pour toujours, que je le veuille ou non.
Mais quand tu fuis, et que Loyauté s'esquive
20 Et que Pitié ne se soucie pas de l'éveiller,
Je ne vois d'autre réconfort à cette situation
Que de mourir bientôt ; car en grande peine
Dédain, Refus, regard qui me déchire le cœur,
Ces trois-là m'ont tué, et elle, que Dieu la garde.

GUILLAUME DE MACHAUT, *Ballade* CCIV,
traduction d'Anne Berthelot

COMMENTAIRE COMPOSÉ

1. La structure ternaire

A quels différents niveaux se manifeste-t-elle ? Est-ce la seule que l'on puisse dégager du poème ? Quel déséquilibre suscite-t-elle ?

2. Les métaphores animales et l'usage de l'allégorie

a. Quelles différences y a-t-il entre ces deux registres ? Quelles sont leurs ressemblances ?
b. Les deux trios d'opposants sont-ils symétriques ?
c. A quel savoir fait référence l'usage des créatures fabuleuses de la première strophe ?

3. L'évolution de l'idéologie

a. Quelles sont les mutations que l'idéologie courtoise a subies depuis le XIIᵉ siècle d'après ce texte ? Quelle évolution encourt la notion même d'amour ?
b. Comment cette évolution transparaît-elle dans le passage de la « chanson » à la « ballade » ?

Amour conduisant Doux penser *vers Guillaume de Machaut,* miniature du XIVᵉ siècle. Paris, B.N.

Christine de Pisan (vers 1364-1431)

La première femme écrivain française

Avec Marie de France, dont on ne sait rien ou presque, **CHRISTINE DE PISAN** est la première femme écrivain française, considérée d'ailleurs de ce fait avec sévérité par les critiques du XIXe siècle. Grâce à ses propres œuvres, on connaît assez bien les étapes de son existence passablement mouvementée.

Fille d'un astrologue vénitien venu à la cour de France dans la deuxième moitié du XIVe siècle, épouse plus tard d'un gentilhomme, Étienne de Castel, secrétaire du roi Charles V, elle se trouve en 1389 veuve avec trois enfants, à l'âge de vingt-cinq ans. Il lui faut « gagner sa vie », et se faire homme par le métier, autant qu'elle pouvait souhaiter l'être par son goût pour les études.

Une femme poète originale

A la cour de Charles VI et d'Isabeau de Bavière, Christine multiplie les ouvrages didactiques, en prose ou en vers, aussi bien que les textes lyriques. Sa pensée politique n'est pas d'une extrême originalité, telle qu'elle apparaît par exemple dans le *Livre du corps de Policie* ; mais il faut tenir compte de la situation de Christine à la Cour, dépendant de la bonne volonté de ses commanditaires. Sa poésie lyrique doit son ton très personnel à l'utilisation adroite, directement ou en contrepoint, du thème de la « solitude » qui est celle de l'auteur depuis la mort de son mari.

Dans une optique différente de celle de Guillaume de Machaut, le *Livre de mutacion de Fortune* correspond à un projet littéraire tout aussi révolutionnaire, qui témoigne aussi de l'importance du motif de l'inconstance de Fortune à la fin du Moyen Age. L'usage qu'elle fait des figures allégoriques, allié à la virtuosité du style et aux recherches formelles, font de Christine de Pisan l'un des auteurs les plus importants de cette période.

Dans les douze dernières années de sa vie, retirée dans un couvent, elle n'écrit plus, à l'exception des *Lamentations sur les maux de la guerre civile*, où elle appelle à l'aide les femmes contre la lutte fratricide entre Armagnacs et Bourguignons, et du *Dictié de la Pucelle*, en l'honneur de Jeanne d'Arc, qui prouve l'intérêt qu'elle continue de porter à l'actualité, surtout quand celle-ci passe par une médiation féminine : après tout, la participation de Christine à ce que l'on appelle « la Querelle du Roman de la Rose », dans laquelle elle défend l'honneur des femmes, peut être considérée comme le premier manifeste féministe de l'histoire littéraire.

Christine de Pisan,
Don de livre. Paris, B.N.

1394	Début des *Cent Ballades d'amant et de dame*	1405	*Livre des faits et bonnes mœurs du roi Charles* *Épître à Eustache Deschamps*
1396	Début des *Rondeaux*	1405	*Cité des dames* *Advision Cristine*
1399	*Épître au dieu d'amours*	1408	*Livre du corps de Policie*
1400	*Épître d'Othéa*	1410	*Livre des faits d'armes et de chevalerie*
1402	*Chemin de longue estude*	1420	*Lamentations sur les maux de la guerre civile*
1403	*Livre de mutacion de Fortune*	1429	*Dictié en l'honneur de la Pucelle*

Cent Ballades d'amant et de dame (1394-1410)

*Recueil de cent poèmes, comme il en existe un certain nombre (**Christine de Pisan** elle-même en a écrit plusieurs), les* Cent Ballades d'amant et de dame *présentent l'originalité de raconter en ballades **l'histoire typique d'un amour qui finit mal.***

*De poème en poème, les deux personnages entretiennent un **dialogue conforme aux lois de la fin'amor**. L'amant prie d'abord la dame qui esquive et refuse d'accorder son amour, de crainte d'être trahie ; les protestations de fidélité de l'amant finissent toutefois par la convaincre : au milieu du recueil se trouvent les ballades de « l'amour heureux », partagé, marqué par des échanges de poèmes correspondant aux rites sociaux (Saint-Valentin, etc.). Mais l'amant s'éloigne de la dame, comme celle-ci l'avait prédit, et la centième ballade, où la dame déplore la félonie de son amant, est suivie par un* Lai mortel *: elle a aimé au point d'en mourir, et les craintes qu'elle manifestait au début du recueil se sont réalisées.*

A l'époque où commence à se répandre le mythe de la « Belle Dame sans Merci » créé par Alain Chartier, les Cent Ballades *présentent de manière inédite le **point de vue de la dame dans une relation censément « courtoise »**. Le texte suivant est extrait du début du recueil, alors que la dame résiste encore aux sollicitations pressantes de l'amant.*

Ballade XII

« Si j'étais certaine que l'on m'aime »

LA DAME

Si j'étais certaine que l'on m'aime
Sans requérir ou penser vilenie,
Et qu'à l'amant, le fait, sans plus, qu'on l'appelle
Très doux ami, paraisse suffisant, je ne nie pas
5   Que ce serait
Une vie plaisante qu'une vie d'amour, et qu'elle devrait
Plaire à toute dame, si parfaite soit-elle.
Mais je crains qu'Amour ne soit tout différent.

Et il serait juste qu'on blâme la dame
10 Qui ne voudrait pas avoir d'ami,
Bon et loyal, qui l'appelle sa dame,
Dès lors qu'elle ne serait pas dépouillée de son honneur,
     Et qu'elle saurait
Qu'il aurait toujours à son égard une telle loyauté,
15 Elle serait complètement folle de refuser,
Mais je crains qu'Amour ne soit tout différent.

Pour cette raison, de peur qu'on m'en diffame,
Ou que je sois trompée par de faux semblants,
Je n'oserais, quoique l'on m'y invite fermement,
20 Aimer personne, quel que soit celui qui s'en soucie ;
     Mais, je sais que s'il était
Un homme tel qu'il se satisfasse d'être reçu en grâce,
Il aurait mon amour sans que l'honneur en souffre,
Mais je crains qu'Amour ne soit tout différent.

25 Prince, on me dit que j'en serais réconfortée,
Mais je crains qu'Amour ne soit tout différent.

CHRISTINE DE PISAN, *Cent Ballades d'amant et de dame*, Ballade XII,
traduction d'Anne Berthelot

Ballade XCIV

Comme son numéro l'indique, cette ballade se place à la fin du roman des Cent Ballades, *au moment où la dame ne peut plus nourrir de doutes sur la déloyauté de l'Amant.*

« *Qui son chien veut tuer...* »

LA DAME

Qui son chien veult tuer lui met la rage

1. Dessus.   *Assus[1], dist on, ainsi me veulz tu faire*

2. Cœur, intention.   *Faulx desloyal, qui dis que mon corage[2]*

3. Aimer.   *Se veult de toy, pour aultre amer[3], retraire[4].*

4. Retirer, détourner.   5   *Mais tu scez bien, certes, tout le contraire*

    Et qu'en mon cuer n'a grain de tricherie.

5. Tu as beau te taire.   *Mais cë es tu mauvais, tu t'as biau[5] taire,*

6. Trompeur.   *Qui deceveur[6] es plain de menterie.*

7. Expression, attitude.   *Car onc en moy, n'en semblant[7] n'en langaige,*

    10   *Tu n'apperceuz chose qui fust contraire*

    A loyaulté, ce n'est pas mon usage.

8. Écarter.   *Tu n'en fais pas doubte, mais pour moy traire[8]*

9. Rapporter.   *En sus de toy, tu veulz telz mots retraire[9]*

    Pour mieulx couvrir ta faulse tromperie,

    15   *Mais ne suis pas si comme toy faulsaire,*

    Qui deceveur es plain de menterie.

    Ha ! mirez vous, dames, en mon dommage,

10. Attirer.   *Pour Dieu mercy, ne vous laissiez attraire[10]*

    Par homme nul, tous sont de faulx plumage.

    20   *En ce cas sy, si fuiez leur affaire.*

    Au commencier font bien le debonnaire

11. A la fin.   *Mais au derrain[11] c'est toute mocquerie.*

12. Tourmenter.   *Ce fais tu, Dieu d'Amours, pour cuers detraire[12],*

    Qui deceveur es plain de menterie.

    25   *Mais or me dy, Amours, s'il me doit plaire*

    Que pour amer je doye estre perie,

13. Preuve, démonstration.   *Cë es tu dont, j'en voy bien l'exemplaire[13],*

    Qui deceveur es plain de menterie.

CHRISTINE DE PISAN, *Cent Ballades d'amant et de dame*, Ballade XCIV, publié par J. Cerquiglini, coll. « 10/18 », © U.G.E., 1982

ÉTUDE COMPARÉE

1. Christine de Pisan et la « fin'amor »

a. Quels éléments essentiels de la doctrine de la « fin'amor » se rencontrent dans les deux textes ?

b. Quelles modifications subissent-ils de l'un à l'autre ?

c. Qu'est-ce qui distingue fondamentalement cette poésie du lyrisme courtois des XIIᵉ et XIIᵉ siècles ? (Qui chante ?)

2. Différences entre les deux ballades

a. Vous essaierez de montrer la différence de ton, en étudiant notamment le rôle des deux refrains : comment s'intègrent-ils à la dialectique du poème où ils se trouvent ?

b. A quels publics s'adressent les deux textes ?

c. Qu'est-ce qui distingue les deux « envois » ? A qui s'adresse celui de la première ? Pourquoi ? Qui le prince remplace-t-il ?

Dans la seconde ballade, pourquoi la dame s'adresse-t-elle directement à Amour ? Sur quel ton ?

3. Féminisme ou désillusion ?

a. Dans la première ballade, la dame vous paraît-elle sur le point de se laisser convaincre ? Dégagez les différentes étapes sa rhétorique, en comparant sa position à celle de la Belle Dame sans Mercy ?

b. Quel sentiment nouveau apparaît dans la troisième strophe de la deuxième ballade ? En quoi peut-on parler à ce propos d'un « féminisme » de Christine de Pisan ?

EXPOSÉ

La « Querelle du *Roman de la Rose* »

Retracez-en les grands moments à partir du livre d'Éric HICKS, *Le Débat sur le Roman de la Rose*, éd. Champion, 1977.

Livre du corps de Policie (1408)

Le Livre du corps de Policie *correspond à un domaine tout à fait différent ; il s'agit en fait d'un* **traité d'éducation**, *comme on les voit fleurir lors du XIVᵉ et du XVᵉ siècle. C'est ce que l'on appelle un « livre des manières », un de ces ouvrages qui décrivent les devoirs de chaque fonction, chaque « état » de la société.* **Christine de Pisan** *s'adresse bien sûr aux enfants nobles, « aux princes de sang royal » ; plus précisément, elle écrit à l'intention du Dauphin de France, et de son protecteur le duc de Bourgogne.*

Il est possible de chercher dans ce texte les allusions, nécessairement nombreuses, aux événements contemporains, et au conflit entre les Armagnacs et les Bourguignons. Mais on y trouve surtout, **en prose** *(langage mieux adapté que les vers à la volonté didactique, aux sujets « sérieux »), le* **portrait d'un prince idéal**, *dans une société idéale où chacun se conforme à sa vocation naturelle.*

Heureux les étudiants

Dans le passage suivant, **Christine de Pisan** *vient d'annoncer qu'elle va parler des « troys estas » de « la communauté du peuple », c'est-à-dire « le clergie, les bourgois et marchans, et puis le commun comme gens de mestier et laboureurs », commence par l'état de clergie, « pour ce qu'[il] est entre les aultres hault noble et digne d'onneur ». Plus précisément, elle* **s'adresse directement aux « étudiants » de l'Université**, *ceux qui ont le* **bonheur de pratiquer l'étude**, *satisfaction suprême du point de vue de Christine, et seul moyen d'atteindre à la perfection morale et intellectuelle.*

Maître et élèves, bois gravé de 1490.
Paris, B.N.

Oh ! Race qui a fait le bon choix, race heureuse, c'est à vous que je parle, disciples de l'étude de sagesse, qui par la grâce de Dieu et par bonne fortune, ou par nature, vous êtes appliqués à vous
5 mettre en quête de noblesse de l'étoile claire et radieuse, c'est-à-dire la science, emparez-vous diligemment de ce trésor, buvez de cette claire et pure fontaine, emplissez-vous de cette plaisante nourriture qui vous peut tant valoir et élever. Car qu'y a-t-il
10 de plus digne, pour l'homme, que la science et l'élévation du savoir ? Certes toi qui la désires et t'y emploies, tu as élu une vie glorieuse. Car par ce moyen tu peux pénétrer les choses, choisir la vertu et éviter le vice, dans la mesure où elle te recom-
15 mande l'une et te défend l'autre. Et il n'y a rien de plus parfait que de connaître et pénétrer clairement la vérité des choses, ce que procure la science. Et il n'y a, sans faute, aucun trésor des biens de fortune que celui qui connaît la saveur de la grande science
20 voudrait gagner au risque de perdre la moindre goutte des reliques de sapience. Et véritablement, j'ose affirmer, quoi que nul en dise, qu'il n'est trésor comparable à celui de l'entendement. C'est pourquoi, vous, champions de sapience, ne refusez nulle
25 peine pour l'acquérir. Car si vous l'avez et si vous en usez bien, vous êtes nobles, vous êtes riches, vous êtes tout parfaits. Et de cette idée sont pleines toutes les doctrines des philosophes qui enseignent et apprennent la voie par laquelle on vient par sapience
30 au trésor de pure et parfaite maîtrise. Et il avait déjà bien ressenti et véritablement désiré le goût de sapience, le très sage philosophe Cléante qui avait pour elle tel amour que, comme il était si pauvre qu'il n'avait de quoi vivre ni se procurer des livres, il tirait
35 toute la nuit l'eau nécessaire à l'usage des étudiants[1], afin de gagner sa vie de cette manière, et de

consacrer la journée à l'étude et aux leçons de Crisipus, qui fut un très sérieux philosophe, afin d'être rempli de sa science ; et par cette application
40 qu'il continua longuement, il devint un homme très remarquable ; et certes il fut digne de grande louange, autant pour la constance de son labeur que pour la science qu'il acquit. Et c'est pourquoi Sénèque dit dans une épître que Cléante, par la peine
45 qu'il prit, se donna les moyens d'en venir à la perfection de la science. A propos de l'amour de la science et de l'empressement et ardeur à l'acquérir pour les grands biens qui en viennent à celui qui l'a acquise, nous parlerons un petit peu d'autres philo-
50 sophes pour aiguiser l'appétit de ceux qui se soucient d'apprendre. Platon le philosophe aima tant la science que par son empressement à l'acquérir, il fut rempli de sapience et très savant. Ce Platon fut maître d'Aristote, et vécut au temps de Socrate le
55 philosophe. Et il crut tant en sagesse que, en raison de la noblesse, de son intelligence il fut considéré comme le plus sage des hommes mortels. Et il prouva bien qu'il aimait la science, car il allait partout en quête de livres et de bonnes théories,
60 même en Italie, si bien que Valère dit de l'empressement et du désir de savoir qu'il mettait à rassembler les livres en tous lieux que la science fut par lui étendue et répandue dans tout le monde. Cet homme très sage mourut à l'âge de quatre-vingt-un
65 ans. Et à sa mort apparut bien l'amour qu'il portait toujours à toute espèce de livres, car on trouva

auprès de lui les livres d'une femme poète qui avait nom Sapho, qui écrivait des vers d'amour joyeux et gracieux ; c'est ce que dit Horace. Et il les avait lus
70 dans l'intention de prendre du plaisir à ses plaisantes paroles.

CHRISTINE DE PISAN,
Livre du corps de Policie (1408),
traduction d'Anne Berthelot

---

1. Dans le texte original, « escholiers » ; ceux qui suivent les cours de la « schola », école ou université.

POUR LE COMMENTAIRE

1. Dégagez les **différents mouvements** de ce texte. De quel genre littéraire relève cet extrait ?

2. Sur **quel ton** Christine s'adresse-t-elle aux clercs ? Qu'est-ce qui justifie son enthousiasme dithyrambique ?

3. Quelle **conception de la science** Christine a-t-elle ? A quoi correspond le mot *sapience* ? Quel est le but visé par les étudiants ?
Christine sépare-t-elle la morale de la science proprement dite ?

4. Quel rôle jouent **les exemples** développés par Christine ? A quel domaine sont-ils empruntés ? Quels en sont les héros ? Pour quelle raison ? Comment passe-t-on d'une anecdote édifiante à une présentation plus complète d'un « philosophe » ?

5. Dans quelle mesure ce texte ressortit-il à ce qu'on appellera plus tard « **l'humanisme** » ? Quelle conception Christine a-t-elle de l'histoire ? De la poésie ?

Christine de Pisan présente
l'*Épitre d'Othéa* à Louis, duc
d'Orléans, vers 1400.
Paris, B.N.

Les formes nouvelles au XIVᵉ et au XVᵉ siècle

1. Une nouveauté relative

Il convient de remarquer d'abord que la plupart des formes poétiques qualifiées de « nouvelles » au XIVᵉ siècle existaient déjà à l'époque précédente. Mais elles étaient moins utilisées, et cantonnées, comme par exemple le rondeau, dans la catégorie des musiques à danser, dont les relations avec la poésie sont assez lointaines. C'est **GUILLAUME DE MACHAUT** qui a contribué à l'émergence de ce genre de poèmes et à leur succès foudroyant ; c'est lui surtout qui leur a donné des règles rigoureuses.

2. La ballade

La forme la plus répandue, qui connaîtra un succès durable pendant deux siècles, est la ballade. Dans une large mesure, elle remplace la chanson des « trouvères » du XIIIᵉ siècle, à laquelle elle emprunte un certain nombre de caractéristiques. La ballade doit son nom au verbe latin *ballare*, et désigne les chansons à danser. Guillaume de Machaut lui donne une « **forme fixe** », qui présente néanmoins un certain nombre de variations.

Il s'agit d'un poème de **trois à cinq strophes**, de longueur variable (le maximum pour une strophe, sauf exception, est de douze vers), le plus souvent suivies d'un **envoi** moitié moins long que chaque strophe. Le nombre de pieds est également variable, tous les mètres étant représentés, avec une prédominance pour le décasyllabe. En règle générale, chaque strophe se termine par **un refrain d'un vers**. L'insertion logique de ce refrain dans la trame du texte est de plus en plus soignée au fil des années. **Les mêmes rimes sont reprises dans toutes les strophes et dans le même ordre.**

Il arrive que le cinquième vers de chaque strophe soit raccourci par rapport aux autres, introduisant ainsi une dissymétrie qui rappelle la nature originelle de la ballade, celle de « poème noté », c'est-à-dire accompagné de musique, et chanté. Les modèles de strophe les plus fréquents sont les **dizains** sur quatre rimes et les **huitains** sur trois rimes (ababbcbc).

Voici quelques exemples de strophes de ballades qui ont été conçues dans une intention spécialement didactique par **EUSTACHE DESCHAMPS** dans son *Art de Dictier*.

Balade de VIII vers couppez

Je hez mes jours et ma vie dolente,
Et si maudis l'eure que je fu nez,
Et a la mort humblement me presente
Pour les tourmens dont je suy fortunez.
*   Je hez ma concepcion*
Et si maudi ma constellacion
Ou Fortune me fist naistre premier,
Quant je me voy de touz maulx prisonnier.

Balade equivoque, retrograde et leonine

Et sont les plus fors balades qui se puissent faire, car il couvient que la derreniere sillabe de chascun ver soit reprinse au commencement du ver ensuient, en autre signification et en autre sens que la fin du ver precedent... Et pour ce sont telz mos appellez equivoques et retrogrades...

3. Le rondeau

Le rondeau est une forme plus nouvelle et plus originale que la ballade. Bien que des poètes comme Guillaume de Machaut et **EUSTACHE DESCHAMPS** s'en servent déjà dès le XIVᵉ siècle, l'apogée du rondeau a lieu à l'époque de **CHARLES D'ORLÉANS**, qui l'emploie très fréquemment. Le trait essentiel du rondeau est sa **brièveté**, et l'**importance du refrain**, qui revient à deux reprises, une fois au cours du poème sous une forme abrégée, et une nouvelle fois à la fin sous sa forme entière.

Le modèle le plus fréquent du rondeau simple est basé sur une **structure à huit vers sur deux rimes** : ABaA-abAB. Il est fréquent que le deuxième vers du refrain ne soit pas repris à la fin, ce qui ramène le problème à sept vers. A l'époque de Guillaume de Machaut, la taille du rondeau peut cependant être beaucoup plus considérable, puisque le refrain peut, théoriquement du moins, compter huit vers. Plus tard apparaît le double rondeau, composé de deux pièces simples juxtaposées.

Peut-être du fait de la paresse des scribes de manuscrits, qui ne prenaient pas la peine de noter le refrain dans son intégralité à la fin du poème, est apparu ce que l'on appelle le rondeau « à rentrement », qui se clôture seulement par les premiers mots du refrain. Il va de soi que ces mots doivent pouvoir s'intégrer syntaxiquement aux vers précédents, ce qui donne lieu à des recherches poétiques supplémentaires. Mais le rondeau à rentrement reste une forme discutée, dont on n'est pas sûr qu'elle ait existé aussi souvent que les manuscrits paraissent le suggérer avant le XVIᵉ siècle, où elle est attestée sans aucun doute, par exemple chez **MAROT** (voir p. 299).

4. Le virelai

Le virelai est une forme assez délicate à analyser. On l'appelle aussi **chanson balladée**. Chez Guillaume de Machaut, elle est en général composée d'une strophe-refrain en tête, reprise entièrement à la fin, et partiellement ou en entier après chacune des trois autres strophes. Ce genre, **difficile à maîtriser**, entra assez tôt en décadence, et fut confondu avec le rondeau double.

Plus que sa structure strophique, ce qui fait son intérêt est sa versification, avec un enchevêtrement de vers de différents pieds. Mais au cours de son évolution, le virelai perd cette spécificité, et aussi sa troisième strophe, ce qui lui donne une construction symétrique refrain-strophe-refrain-strophe-refrain.

5. Autres formes

D'autres formes commencent leur carrière au XIVᵉ siècle. Certaines sont d'ailleurs empruntées à la lyrique de langue d'oc. L'une des plus intéressantes est le **chant royal**, que pratiqueront avec succès les Grands Rhétoriqueurs (voir p. 294). Mais le trait le plus important de ce renouvellement du lyrisme, c'est que l'**on passe résolument d'une poésie faite pour être chantée** — comme en témoignent les manuscrits de chansons du XIIIᵉ siècle, où les poèmes sont accompagnés de musique —, **à une poésie que l'on récite ou même que l'on lit**. Et l'artisan de cette scission entre musique et poésie se trouve, paradoxalement, être Guillaume de Machaut, à la fois poète et musicien.

Jacqueline Cerquiglini *Guillaume de Machaut et l'écriture au XIVe siècle*

Le rude et le subtil

La théorie de l'écriture que construit Guillaume de Machaut est fondée sur une tension. Deux termes en fixent les pôles, caractérisant l'écriture qui se met en place et son sujet : *rude, subtil*. Paradoxalement, ces termes antonymiques ne s'opposent pas dans leurs implications sociales. Tous deux renvoient au même personnage, le clerc, dont ils cernent l'ambiguïté. Tous deux le désignent dans son opposition au chevalier. Mais alors que *rude*, qualification ordinaire du vilain, de la terre, de la matière, souligne chez le clerc l'aspect besogneux, mercenaire de son travail, *subtil* met l'accent sur son intelligence rusée, sa *mètis*. Le clerc, comme Vulcain, offre une image double. Rude dans son aspect physique, borgne ou boiteux, il crée subtilement.

De ce travail et de cette intelligence combinés naît un art qui est le propre du clerc : l'écriture. Il garde la marque de ce double engendrement. Dans son rapport à l'antiquité tout d'abord. Cette présence signe un savoir acquis, un labeur, c'est le pôle du *rude*, mais signale aussi une relecture, une progression, un réemploi, une herméneutique, c'est le pôle du *subtil*. On est loin de ce que l'on a pensé parfois utilisation anecdotique ou décorative. Dans sa technique ensuite. L'écriture du clerc est calculée. Elle laisse au chevalier le chant, art noble, aristocratique, art du direct, et invente l'art du détour. Écriture tissée et non cri, qui prend le nombre au piège de ses filets, qui chiffre les sens et les entrelacs. Il y a consubstantialité de l'anagramme et de cette écriture, l'anagramme « engin soutil » comme le désignent les textes médiévaux. Dans ses buts enfin. L'écriture du clerc est confrontée au problème de la représentation. Elle mesure le pouvoir de l'art, qui s'ancre dans un geste de la main, rude, et dont l'ambition pourtant est de rivaliser avec la vie. Comme la peinture, la sculpture, l'architecture, l'alchimie enfin, l'écriture se doit d'être subtile.

Nous sommes avec Guillaume de Machaut à une croisée des chemins et l'on saisit les raisons de l'ambiguïté radicale de la poésie. Carrefour de deux esthétiques : esthétique du direct, du chant, de l'amour, qui est celle du grand chant courtois et que le poète souhaite maintenir ; esthétique de l'indirect, de la vérité faillée, de l'union des contraires, de l'écriture oblique qui invente et qui est celle de sa position cléricale. Polyphème et Ulysse. Toutefois au sein même de l'écriture que le clerc imagine, une double polarisation se fait jour. L'accent peut être mis sur la subtilité. On va alors vers un art difficile, voire orné, qui fait jouer à plein toutes les ressources de l'intelligence, art de la rhétorique, mais qui est peut-être menteur. L'accent peut se déplacer sur l'axe de la rudesse. L'art se veut alors simple, voire gauche, mais vrai ou du moins authentique. C'est la revendication de la redite chez Guillaume de Machaut, défaut que condamne la rhétorique et que le poète épargne au prince de *La Fonteinne amoureuse*, mais dans lequel il voit, en ce qui concerne son expérience dans le *Voir Dit*, le signe même du véridique. Pétrarque lui aussi prône l'écriture rude comme marque de vérité. L'attitude s'accompagne d'une réhabilitation de la nature sauvage, du monde paysan et champêtre (mimé ?) qui se développe à l'époque. La ville et la *guille* font peur. Le jeu littéraire dans sa tension du *rude* et du *subtil* est en place pour plusieurs siècles.

Écrire en français est une conquête cléricale. Tel Esculape dont elle partage la naissance sans mère, l'écriture pour Guillaume de Machaut est médecin, remède à l'instabilité de Désir et de Fortune. Telle Minerve, qui connaît une même naissance, elle est intelligence. Tel Dieu, elle conjoint les extrêmes, centre d'une roue dont la circonférence est le texte ou la littérature.

Jacqueline CERQUIGLINI, « *Un engin si soutil* »,
Guillaume de Machaut et l'écriture au XIVe siècle, © éd. Champion, 1985

XIVe-XVe siècles

9

LA POÉSIE LYRIQUE AU XVe SIÈCLE

CHARLES D'ORLÉANS, FRANÇOIS VILLON, MICHAUT TAILLEVENT, PIERRE CHASTELLAIN

« Escollier de Merencolie,
A l'estude je suis venu,
Lettres de mondaine clergie
Espelant a tout ung festu,
Et moult fort m'y treuve
esperdu. »
Charles d'Orléans,
Ballades

L'Offrande du cœur, tapisserie d'Arras du XVe siècle.
Paris, Musée de Cluny.

1. Charles d'Orléans (1394-1465)

Jeunesse

Contrairement à celle de Villon, dont nous ne savons pratiquement rien, la vie mouvementée du « Prince-poète » qu'est **Charles d'Orléans** nous est bien connue. Fils du duc Louis d'Orléans et de Valentine Visconti, né en 1394, il se trouve projeté sur le devant de la scène politique dès l'âge de 13 ans, après l'assassinat de son père en 1407. Pendant plusieurs années, il joue le jeu des diverses intrigues politiques du moment ; il se marie deux fois, la seconde à Bonne d'Armagnac, à qui sont peut-être dédiés un certain nombre des premiers poèmes du jeune duc.

Captivité

L'intrusion des Anglais dans les affaires de France culmine, si l'on peut dire, avec la bataille d'Azincourt : Charles d'Orléans est fait prisonnier. Il va rester en Angleterre de 1415 à 1441. Les poèmes d'amour qu'il écrit sont dédiés à des inconnues, sans qu'il soit possible de déterminer s'il s'agit de passions réelles, pour sa femme Bonne, qui meurt en France durant la captivité de son époux, ou pour Alice Chaucer, épouse de son gardien le comte de Suffolk, ou d'exercices purement « gratuits », le rodant à l'emploi de la rhétorique amoureuse et de la géographie allégorique.

Intrigues et « Nonchaloir »

Charles d'Orléans et Marie de Clèves, tapisserie de Bruxelles, 1460. Paris, Bibl. des Arts décoratifs.

Libéré grâce à l'intervention du duc de Bourgogne, dont il épouse la nièce, la très jeune Marie de Clèves, il regagne son duché. Pendant les premières années qui suivent sa libération, il cherche à réconcilier la France et l'Angleterre, ou à reconquérir l'héritage italien de sa mère, sans grand succès dans les deux cas. A près de soixante ans, il renonce à ces luttes et à ces querelles et, installé le plus souvent à Blois, il se livre au « Nonchaloir », c'est-à-dire à une sérénité mêlée de mélancolie, qui refuse de se laisser troubler par le bruit du monde. C'est alors qu'il instaure des concours poétiques, comme celui de la Ballade *Je meurs de soif auprès de la fontaine, incipit* sur lequel chacun des familiers de la Cour écrit son propre poème. Il meurt en 1465, en laissant trois enfants, dont un fils qui sera le roi Louis XII.

Du prince au poète

Charles d'Orléans se veut et se sait poète. Loin de négliger cette part, d'ailleurs considérable, de son activité, il en vient à lui accorder de plus en plus d'importance. Ses poèmes sont rassemblés dans des manuscrits dont il surveille la composition, que parfois même il écrit de sa main. Avec ses œuvres, on y trouve celles de ses familiers qui ont traité les mêmes sujets, les différentes versions d'un même poème, et leur ordre reproduit souvent la chronologie de la rédaction.

Manuscrit de Charles d'Orléans. Paris, B.N.

La majeure partie de l'œuvre de **Charles d'Orléans** est composée de **ballades** et de **rondeaux** : pièces brèves, correspondant à un état d'âme fugitif ou à une circonstance concrète de la vie. De poème en poème s'établit **toute une topographie allégorique**, dans laquelle se meuvent d'innombrables personnifications, traduisant toutes les nuances de sentiment du poète et tous les hasards de l'existence sous une forme abstraite.

Ballade LXIII   « *En la forest d'Ennuyeuse Tristesse...* »

Cette ballade, sur le thème de laquelle a eu lieu une sorte de concours entre les habitués de la Cour de Blois, traite par le biais d'une allégorie discrète **le motif de l'égarement**, physique et moral, fréquent chez Charles d'Orléans.

	En la forest d'Ennuyeuse Tristesse,
1. Seul.	Un jour m'avint qu'a par moy[1] cheminoye,
	Si rencontray l'Amoureuse Deesse
	Qui m'appella, demandant ou j'aloye.
5	Je respondy que, par Fortune, estoye
2. Depuis longtemps.	Mis en exil en ce bois, long temps a[2]
3. Je me pouvais.	Et qu'a bon droit appeler me povoye[3]
4. Sait.	L'omme esgaré qui ne scet[4] ou il va.
5. Humilité.	En sousriant, par sa tresgrant humblesse[5],
10	Me respondy : « Amy, se je savoye
	Pourquoy tu es mis en ceste destresse,
6. Autant que je pourrais.	A mon povair[6] voulentiers t'ayderoye ;
7. Sur la voie.	Car, ja pieça, je mis ton cueur en voye[7]
	De tout plaisir, ne sçay qui l'en osta ;
15	Or me desplaist qu'a present je te voye
	L'omme esgaré qui ne scet ou il va.
	— Helas ! dis-je, souverainne Princesse,
	Mon fait savés, pourquoy le vous diroye ?
	C'est par la Mort qui fait a tous rudesse,
8. Enlevé.	20 Qui m'a tollu[8] celle qui tant amoye,
	En qui estoit tout l'espoir que j'avoye,
	Qui me guidoit, si bien m'acompaigna
	En son vivant, que point ne me trouvoye
	L'omme esgaré qui ne scet ou il va.
	25 « Aveugle suy, ne sçay ou aler doye ;
	De mon baston, affin que ne forvoye,
	Je vois tastant mon chemin ça et la ;
	C'est grant pitié qu'il couvient que je soye
	L'omme esgaré qui ne scet ou il va ! »

CHARLES D'ORLÉANS, *Œuvres poétiques*,
publié par Pierre Champion,
© éd. Champion, 1971-1982

COMMENTAIRE COMPOSÉ

1. Le thème de cette ballade

a. Quel est-il ? En quoi est-il traité de manière originale ? Comment se rattache-t-il à la **problématique courtoise** ?
b. Quelle est la **fonction de l'amour** tel qu'il est conçu par le poète ?

2. Le cadre allégorique

a. A qui correspondent les **dénominations** d'« Ennuyeuse Tristesse », de « Fortune », d'« Amoureuse Déesse », etc. ? Quel effet produisent-elles ? En quoi diffèrent-elles de l'emploi classique de l'allégorie (voir par exemple le *Roman de la Rose*, pp. 20 à 24) ?

b. Comparez aussi le **traitement de l'allégorie** dans cette ballade à celui qu'en fait René d'Anjou dans le *Livre du Cuer d'Amour espris*, p. 131.

3. Les métaphores de l'errance, de l'aveuglement

a. Comment s'articulent-elles ? Quel est l'effet du refrain ? Quelle est la valeur du « je » qui parle ?
b. En quoi l'autobiographie rejoint-elle le **symbolisme de l'amour courtois** ?
c. Pourquoi ces **métaphores** sont-elles particulièrement efficaces ?

Ballade XCVIII

« En tirant d'Orleans à Blois »

Descendre un fleuve en bateau est un passe-temps aristocratique qui devient, pour le poète mélancolique, **l'image de la destinée humaine,** *incertaine et livrée aux fluctuations du vent, nouvel avatar de Fortune. Encore quelques années, et l'homme s'embarquera sur la* Stultifera Navis, *la* Nef des Fous...

En tirant d'Orleans a Blois,
L'autre jour par eaue venoye.
Si rencontray, par plusieurs foiz,
Vaisseaux, ainsi que je passoye,
5 Qui singloient leur droicte voye
Et aloient legierement,
Pour ce qu'eurent, comme veoye,
A plaisir et a gré le vent.

  Mon cueur, Penser et moy, nous troys,
10 Les regardasmes a grand joye,
Et dit mon cueur a basse vois :
« Voulentiers en ce point¹ feroye,
De Confort la voille tendroye,
Se je cuidoye² seurement
15 Avoir, ainsi que je vouldroye,
A plaisir et a gré le vent.

  « Mais je treuve le plus des mois,
L'eaue de Fortune si quoye³,
Quant ou⁴ bateau du Monde vois,
20 Que, s'avirons d'Espoir n'avoye,
Souvent en chemin demouroye,
En trop grant ennuy longuement ;
Pour neant en vain actendroye
A plaisir et a gré le vent ! »

25 Les nefz dont cy devant parloye
Montoient, et je descendoye
Contre les vagues de Tourment ;
Quant il lui plaira, Dieu m'envoye
A plaisir et a gré le vent.

1. La même chose ?

2. Croyais.

3. Tranquille.
4. Au.

CHARLES D'ORLÉANS, *Œuvres poétiques,*
publié par Pierre Champion,
© éd. Champion, 1971-1982

LECTURE MÉTHODIQUE

1. Quelle est l'**anecdote** fondatrice de la ballade ?

2. Comment passe-t-on d'un épisode « réaliste » à une **vision allégorique** ?

3. Quelle est la **métaphore** qui est filée tout au long de la ballade ? Vous paraît-elle originale ?

4. Quel est l'**effet produit** par la scission du personnage du poète en trois instances (vers 9) ? A quoi correspondent chacun de ces « personnages » ?

5. Précisez le sens du **refrain**. Est-il absolument le même dans chaque strophe ?

6. A quoi **correspondent les majuscules** de « Fortune », « Monde », et « Espoir » ? Ces notions sont-elles sur le même pied que « Cœur » et « Penser » ?

7. Comment se construit l'**image allégorique** ? Comparez le point de départ de la première strophe et le point d'arrivée de l'envoi.

8. Quelle est la **tonalité générale** du poème ? De quel sentiment témoigne l'envoi ?

9. Ce poème vous paraît-il « **sincère** », au sens moderne du terme ? Pourquoi ?

RECHERCHE

Le « voyage » au fil de l'eau

Recherchez d'autres œuvres (littéraires ou non) qui exploitent cette métaphore, et efforcez-vous d'en dégager la (les) signification(s) symbolique(s) (rapports avec le temps, l'amour-passion, la folie, la mort...).

Ballade CXX

« Je n'ai plus soif... »

*La ballade suivante se rattache au plus célèbre des « concours de Blois », mais en subvertit, **dans le sens d'une plus grande mélancolie,** l'incipit obligé : « Je meurs de soif auprès de la fontaine... »*

Je n'ai plus soif, tarie est la fontaine ;
Je suis bien échauffé, mais sans le feu amoureux ;
Je vois bien clair, mais il n'en faut pas moins que l'on me guide ;
Folie et sens me gouvernent tous les deux ;
5   Je m'éveille ensommeillé en Nonchaloir[1] ;
C'est de ma part un état mêlé,
Ni bien, ni mal, au gré du hasard.

Je gagne et je perds, m'escomptant à la semaine ;
Rires, Jeux, Plaisirs, je n'en tiens pas compte ;
10 Espoir et Deuil me mettent hors d'haleine ;
Chance, en me flattant, m'est pourtant trop rigoureuse ;
D'où vient que je rie et me désole ?
Est-ce par sagesse, ou par folie bien prouvée ?
Ni bien, ni mal, au gré du hasard.

15 Je suis récompensé d'un cadeau malheureux ;
En combattant, je me rends courageux ;
Joie et Souci m'ont mis en leur pouvoir ;
Tout déconfit, je me tiens au rang des preux ;
Qui saurait dénouer pour moi tous ces nœuds ?
20 Il y faudrait une tête d'acier, bien armée,
Ni bien, ni mal, au gré du hasard.

Vieillesse me fait jouer à de tels jeux,
Perdre et gagner, tout sous son influence ;
J'ai joué cette année en pure perte[2],
25 Ni bien, ni mal, au gré du hasard.

CHARLES D'ORLÉANS, *Œuvres poétiques,*
traduction d'Anne Berthelot

1. *Intraduisible.*

2. *La « faille » est aussi un jeu réel ; jeu de mots difficile à rendre.*

POUR LE COMMENTAIRE

1. Par rapport aux autres ballades du « concours de Blois », qu'indique la **modification du premier vers** ?

2. Quel est **le sentiment qui domine** dans ce poème ? En quoi est-il plus accentué que dans les autres textes cités ?

3. Quel principe est à l'origine de **la construction de cette ballade** ? En quoi Charles d'Orléans fait-il preuve d'originalité ?

4. A quel registre apparaissent **les différentes personnifications** ? Le jeu allégorique est-il poussé très loin ?

5. Quelles sont **les différentes métaphores** qui apparaissent dans cette ballade ? Laquelle est la plus développée ? Quel effet produit-elle ?

6. Quel sentiment trahit **le refrain** ? S'agit-il d'un motif récurrent dans l'œuvre de Charles d'Orléans ?

7. Essayez de définir la notion de **Nonchaloir** d'après la Lecture moderne de Daniel Poirion, « Le Clair Obscur intérieur », voir p. 202.

AU-DELÀ DU TEXTE

Composition française

Commentez et discutez cette opinion :

« [La] poésie [de Charles d'Orléans] est (donc) véritablement une aventure intellectuelle, dont nous pouvons suivre l'itinéraire final d'après l'ordre naturel des ballades et l'orchestration des rondeaux. Les thèmes imaginés, empruntés, ou répétés prennent alors tout leur sens dans la perspective de cette vie qu'ils sont chargés d'exprimer. »

Daniel POIRION, *Le Poète et le Prince*

Rondeau

« Dedens mon Livre de Pensee... »

*La brièveté du rondeau semble convenir de mieux en mieux à un poète que l'on imagine tenté par le silence poétique, comme il l'est par le « Nonchaloir » politique. Celui-ci constitue la forme la plus condensée d'**un art d'écrire qui passe par la souffrance et l'effort.***

> Dedens mon Livre de Pensee,
> J'ay trouvé escripvant mon cueur
> La vraye histoire de douleur,
> De larmes toute enlumince,
>
> 5   En deffassant[1] la tresamee
> Ymage de plaisant doulceur,
> Dedens [mon Livre de Pensee.]
>
>   Helas ! ou l'a mon cueur trouvee ?
> Lez grossez gouttez de sueur
> 10 Lui saillent, de peinne et labeur
> Qu'il y prent, et nuit et journee,
> Dedens [mon Livre de Pensee !]

1. Effaçant.

CHARLES D'ORLÉANS, *Œuvres poétiques*,
publié par Pierre Champion,
© éd. Champion, 1971-1982

Frères de Limbourg, « Avril »,
dans le calendrier des
*Très Riches Heures du
duc de Berry* (détail).
Chantilly, Musée Condé.

POUR LE COMMENTAIRE

1. Quel est **le ton du poème** ? En quoi se rapproche-t-il de celui des ballades ? En quoi en diffère-t-il ?

2. Quel effet produit **la structure du rondeau**, et sa brièveté ?

3. Décrivez le **fonctionnement du refrain**. Cherchez des exemples où ce fonctionnement est différent.

4. Quel usage Charles d'Orléans fait-il du **système allégorique** dans ce rondeau ? A quoi tient cette discrétion ?

5. Quelle est la métaphore sur laquelle repose ce poème ? Analysez-en les différentes étapes. En quoi est-elle particulièrement bien adaptée au cas de Charles d'Orléans ?

6. Quel est l'effet produit par la **familiarité de la dernière strophe** ? Quelles relations entre le « je » et son cœur sont suggérées par là ?

7. Pourquoi n'y a-t-il pas de **majuscule** à *cœur* dans ce texte ? Que signifient celles de « Livre de Pensée ? »

Rondeau   *« Alez vous ant... »*

*Le thème de ce rondeau n'est pas plus gai que celui du précédent, mais le ton en est très différent, le poète s'efforçant de **chasser les figures allégoriques** des sentiments auxquels il semble d'ailleurs se complaire.*

1. *Croyez.*
2. *Vous ne le ferez pas.*
3. *Maîtrise, puissance.*

4. *Reviendrez.*

     Alez vous ant, allez, alés,
     Soussy, Soing et Merencolie,
     Me cuidez[1] vous, toute ma vie,
     Gouverner, comme fait avés ?
5   Je vous prometz que non ferés[2],
     Raison aura sur vous maistrie[3].
     Alez [vous ant, allez, alés,
     Soussy, Soing et Merencolie !]

     Se jamais plus vous retournés
10   Avecques vostre compaignie,
     Je pri a Dieu qu'il vous maudie,
     Et ce par qui vous revendrés[4] :
     Alez [vous ant, allez, alés,
     Soussy, Soing et Merencolie !]

CHARLES D'ORLÉANS, *Œuvres poétiques*,
publié par Pierre Champion,
© éd. Champion, 1971-1982

POUR LE COMMENTAIRE

1. Quel est l'effet produit par l'**entrée en matière rapide** du poème ?

2. Quel est le **ton** du poème ? Quel effet produit-il sur le lecteur ?

3. Que désignent de manière précise **les trois notions** de « Soussy, Soing et Merencolie » ? Pourquoi sont-elles nécessairement trois ?

4. Quel est l'**ennemi désigné** de ces notions ? Son rôle est-il dépourvu d'ambiguïté ?

5. Quelle **évolution dans les sentiments** de l'auteur marque le rondeau ? Est-il confiant dans son succès (et celui de Raison) contre ses trois attaquants ?

6. S'agit-il d'un **poème d'amour** ? A quoi peut-il aussi bien s'appliquer ?

7. Quelle est l'**importance**, quantitative aussi bien que qualitative, du **refrain** ? Que pouvez-vous en conclure sur le genre du rondeau ? Cette pièce vous paraît-elle susceptible d'être mise en musique ?

Rondeau   *« Le temps a laissié son manteau... »*

*Pour mémoire, nous donnons l'un des plus célèbres rondeaux de **Charles d'Orléans**, l'un des « premiers poèmes de la littérature française » telle qu'on l'enseigne depuis le XIX e siècle.*

1. *Selon les conseils de M. Poirion, nous substituons cette leçon à celle choisie par Pierre Champion, « luyant » ; le « rai » est le rayon de soleil.*

     Le temps a laissié son manteau
     De vent, de froidure et de pluye,
     Et s'est vestu de brouderie,
     De soleil rayant[1], cler et beau.
5   Il n'y a beste, ne oyseau,
     Qu'en son jargon ne chante ou crie :
     Le temps [a laissié son manteau !]

     Rivière, fontaine et ruisseau
     Portent, en livree jolie,
10   Gouttes d'argent d'orfavrerie,
     Chascun s'abille de nouveau :
     Le temps [a laissié son manteau.]

CHARLES D'ORLÉANS, *Œuvres poétiques*

2. François Villon (vers 1431-après 1463)

François Villon,
bois gravé du XVIᵉ siècle.
Paris, B.N.

Fiction autobiographique

Contrairement à la vie de Charles d'Orléans qui est assez bien connue, du fait de l'appartenance du prince aux milieux dirigeants de son époque, l'existence de **François Villon** reste très obscure. Au point que l'on a pu se demander, comme c'est souvent le cas pour les écrivains géniaux dont on ne sait rien, s'il avait réellement existé, s'il y avait eu un seul François Villon à qui on puisse attribuer tous les poèmes rassemblés sous ce nom, et, de surcroît, toutes les aventures et mésaventures dont ces poèmes semblent faire le récit.

Car en ce qui concerne Villon on se heurte au même problème qu'en ce qui concerne Rutebeuf : devant la disette de renseignements biographiques historiquement vérifiables, on fait confiance aux textes, en omettant de se souvenir que l'« autobiographie », même par allusions, est un genre fort peu usité au Moyen Age. En outre, les indications fournies par Villon dans ses poèmes sont en général obscures, allusives, et ne permettent guère de se faire une idée précise des événements auxquels elles se réfèrent.

François de Montcorbier, François des Loges et François Villon sont-ils une seule et même personne ? C'est probable, mais cela ne permet pas de tirer des conclusions très précises sur la vie du poète.

Rixes et exils

Plus ou moins arbitrairement, on pense qu'il est né aux alentours de 1431, et qu'il a été reçu bachelier en 1449. Dans les quinze années qui suivent, il participe à toutes les bagarres estudiantines qui ont lieu dans le cadre de l'Université de Paris, et se trouve condamné à plusieurs reprises pour des délits d'une gravité variable, allant jusqu'au meurtre d'un prêtre au cours d'une rixe. Il lui arrive d'être exilé, ou bien de quitter Paris de son plein gré, jugeant sans doute la capitale trop « chaude » pour lui. Au cours de l'un de ces voyages, il passe par Blois, où il est accueilli à la cour du duc Charles d'Orléans. C'est à ce moment qu'il participe au « Concours de Blois », ou qu'il écrit quelques pièces en l'honneur de Marie d'Orléans, fille à peine née du duc.

Ses deux œuvres principales, le *Lais* et le *Testament*, correspondent peut-être à ces départs momentanés loin de la scène publique. On affirme aussi que la pièce la plus célèbre de Villon, celle que l'on appelle la *Ballade des Pendus*, a été écrite alors que le poète condamné à mort s'attendait à être pendu, à moins que son appel ne fût accepté. Il le fut, finalement, mais Villon se vit condamner à dix ans d'exil hors de Paris. Et en 1463, en exécution de la sentence, il disparaît, sans qu'aucun document ultérieur fasse mention de lui.

Villon le révolté ?

Sans aller jusqu'à faire de lui un membre d'une société plus ou moins secrète et passablement criminelle, dite des Coquillards, on peut voir en Villon **l'héritier des Goliards et des clercs vagants**, dont la poésie se dresse contre le système établi, les lois, les autorités, et les traite de manière pour le moins irrévérencieuse. C'est aussi un poète « populaire » (avec toutes les réserves que l'on peut faire sur l'emploi d'un tel terme), dans la mesure où il ne décrit pas les nuances raffinées de l'amour courtois, mais règle ses comptes, dans un style vivant et parfois grossier, avec les personnages ou les types humains auxquels il s'est trouvé confronté.

Miniatures et peintures religieuses

Étienne Garsia,
Satan et les locustes,
miniature de
*L'Apocalypse de
saint-Sever*, milieu du
XIe siècle.

Giotto (vers 1266 - vers 1337)

Élève de Cimabue, Giotto peut être considéré comme le premier peintre de la « Renaissance » italienne. Il renouvelle la peinture « a fresco » en y introduisant un traitement tout particulier de l'espace et des figures humaines. Après avoir fait ses premières armes à Rome, il est le maître d'œuvre de la basilique supérieure d'Assise où un ensemble de fresques monumental représente la Légende de saint François ; quelques scènes sont entièrement de la main de Giotto. Son chef-d'œuvre est la décoration de la chapelle Scrovegni à Padoue, qui comporte toutes les scènes essentielles de l'Histoire Sainte. Extrêmement apprécié par ses contemporains, Giotto a de très nombreux continuateurs, qui affadissent sans parvenir à la noblesse et à l'équilibre de ses compositions. Son influence sur l'évolution de la peinture du Trecento est considérable ; Léonard de Vinci se réclamera encore de lui.

Giotto, *Adoration des mages*, fresque de la chapelle des Scrovegni à Padoue, vers 1310.

Le Couronnement de la Vierge, triptyque du MAITRE DE MOULINS, vers 1498.

Jean Fouquet (vers 1420 - vers 1477)

Originaire de Tours, ce peintre et miniaturiste se forme dans les ateliers parisiens. Un séjour de trois années en Italie lui fait, entre autres, découvrir l'art de la perspective d'Alberti. On note chez lui une grande attention portée au réel, un caractère sculptural des formes, une bonne organisation des masses et un souci, bien médiéval, de subordination du détail à l'ensemble. Ayant travaillé pour Charles VII et Étienne Chevalier (Les Heures d'Étienne Chevalier), il devint le peintre officiel de Louis XI. Fidèle observateur de son époque (Les Grandes Chroniques de France), il fut aussi un portraitiste et un paysagiste remarquable.

JEAN FOUQUET, *Descente de croix* dans *Les Heures d'Étienne Chevalier.* Chantilly, Musée Condé.

ENGUERRAND QUARTON,
Le Couronnement de la Vierge, 1453.
Villeneuve-les-Avignon, Musée de l'Hospice.

⌐ ÉTUDE DE TABLEAU ────────

Descente de Croix

1. L'art du peintre : quels sont les éléments qui attirent l'attention sur le groupe central ? Les mouvements des personnages sont-ils « naturels » ? Comment s'équilibrent les différents groupes ? Comparez les couleurs de ce tableau avec celles d'autres miniatures. La palette est-elle très différente ? Comment Jean Fouquet l'exploite-t-il ?
Comment la couleur locale (pour une scène se passant à Jérusalem) est-elle rendue ? Le paysage est-il un paysage oriental ? Quel rôle joue-t-il par rapport à la scène liturgique ?
En quoi ce tableau se rapproche-t-il de la peinture monumentale ?

2. L'interprétation de l'œuvre : identifiez les participants à cette scène. Fouquet a-t-il choisi un mode de représentation réaliste ou symbolique ?

X

Enluminures et miniatures

L'art de l'enluminure

La notion de décoration d'un manuscrit, au moyen de ce que le Moyen Age appelle « enluminure » (c'est-à-dire l'introduction d'éléments colorés sur la page de texte pour l'illustrer et rehausser la valeur du document) apparaît très tôt : les premiers manuscrits décorés datent du Ve siècle après Jésus-Christ. L'art du miniaturiste connaît un développement considérable dans l'Empire byzantin, moindre en Occident, sauf dans des régions privilégiées comme l'Irlande où fleurit la mode des « pages-tapis » à décor géométrique et des animaux fantastiques empruntés au bestiaire celtique.

Du IXe au XIe siècle, la « Renaissance carolingienne », puis ottonienne, se traduit par un retour au style antique. Au XIIIe siècle, l'enluminure connaît un nouvel essor, en particulier en France sous le règne de Saint Louis : elle se caractérise par la finesse des traits, la délicatesse du dessin, l'attention extrême portée aux figures humaines, et non plus aux « grotesques », la virtuosité avec laquelle le peintre exploite une palette réduite. Toutes ces qualités se retrouvent dans les œuvres du XIVe siècle, qui voit apparaître les premières enluminures « signées », c'est-à-dire revendiquées par un artiste (Jean Pucelle, par exemple) ou par un atelier. Cette tendance s'accentue au XVe siècle pendant lequel travaillent les grands noms de la miniature, des frères Limbourg à Bourdichon en passant par Jean Colombe et par Fouquet. L'exemple de ce dernier est particulièrement intéressant puisqu'il s'agit aussi du plus grand peintre de sa génération : l'art de l'enlumineur rejoint celui du peintre. Les « miniatures » sont en effet de véritables tableaux aux dimensions réduites. Tout est relatif d'ailleurs : on appelle enluminure aussi bien les scènes minuscules qui trouvent place à l'intérieur d'une majuscule en tête de paragraphe que les illustrations pleine page qui délimitent les grandes divisions d'un manuscrit.

Sacre de Charles V et de Jeanne de Bourbon, miniature des *Grandes Chroniques de France*, vers 1375.

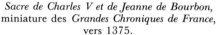

Copiste écrivant sur des tablettes, enluminure du *Graduel de Nevers*, vers 1060.

Août, miniature des FRÈRES DE LIMBOURG pour le calendrier des *Très Riches Heures du duc de Berry*, XVe siècle. Chantilly, Musée Condé.

L'art du portrait

Le portrait est un art très bien maîtrisé et abondamment pratiqué dans l'Antiquité, et en particulier à Rome. Cependant, s'il en subsiste quelques traces dans la sculpture funéraire des premiers siècles de l'ère chrétienne, il subit une longue éclipse pendant la majeure partie du Moyen Age. On ne représente les grands seigneurs, les rois, les empereurs, que sous une forme idéalisée, jusques et y compris pour les gisants des tombeaux. Quant à la peinture, elle est presque entièrement religieuse et se soucie peu de conserver le souvenir de visages trop humains. On possède peut-être quelques portraits datant du XIIIᵉ siècle ; mais il s'agit alors de représenter Saint Louis, plus « saint » que roi aux yeux des artistes de l'époque. Les premiers vrais portraits, identifiables avec certitude, et dépourvus de toute arrière-pensée religieuse, apparaissent au XIVᵉ siècle : ce sont ceux de Jean Le Bon, pour la peinture, et de Charles V pour la statuaire. A partir de là, l'art du portrait connaît un développement spectaculaire, en particulier au XVᵉ siècle avec les grands peintres flamands : Van Eyck et Van der Weyden...

JEAN FOUQUET, *Guillaume Jouvenel des Ursins*. Paris, Musée du Louvre.

ÉTUDE DE TABLEAU

Les Époux Arnolfini

1. Étudiez la lumière : comment le tableau est-il éclairé ? Quel rôle joue la fenêtre ? Comment les masses colorées sont-elles réparties ?
2. L'art de la perspective : sur quel axe le tableau est-il construit ? Quels sont les détails qui guident le regard jusqu'au point focal ? Quel est ce point ?
3. Message et symbolique : à quel registre (religieux ou profane) ce tableau appartient-il ?
Quel est le statut social des personnages représentés ? De quel mode de vie ce tableau fait-il l'apologie ?

JAN VAN EYCK, *Les Époux Arnolfini*, 1434. Londres, National Gallery.

La ville médiévale

L'expansion urbaine aux XIᵉ-XIIᵉ siècles

« *Il ne s'agit pas d'une ruée vers les villes, comme au XIXᵉ siècle, d'un phénomène allogène, trouvant en lui-même son principe et sa fin, aspirant à soi la vie, facteur de grossissement démesuré de la ville, d'une désertification du plat pays, de clivage entre deux populations. Nous sommes au contraire en présence d'un développement homogène de la région, d'un épanouissement, d'une urbanisation de la campagne, fruit d'une surabondance de vie ; le progrès de l'ensemble résultant d'un échange mutuel, d'une compénétration des qualités et des facultés. [...] La ville est pénétrée de campagne, par ses habitants, de proche ascendance paysanne ; par son paysage. Elle vit en symbiose étroite avec la campagne. [...] Ainsi à Paris, l'enceinte de Philippe Auguste renferme des jardins et des vignes. Le nom des abbayes qui l'entourent en dit le caractère agreste : Saint-Germain-des-Prés, Saint-Martin-des-Champs. L'actuel quartier du Marais, jusqu'au XVIᵉ siècle, est couvert de jardins, mis en valeur par des "maraîchers".* »

RAYMOND DELATOUCHE,
Le Moyen Age pour quoi faire ?

Construction d'une maison, miniature du *Livre des Prouffits champêtres*, de P. DE CRESCENS, XVᵉ siècle. Paris, Bibl. de l'Arsenal.

Construction d'une église, miniature du *Psautier de Cantorbéry*, début du XIIIᵉ siècle. Paris, B.N.

La rue médiévale

Les rouliers sur la Seine, miniature du moine Yves pour les *Chroniques de la vie de saint Denis,* XIVᵉ siècle. Paris, B.N.

Intérieur d'un cabaret en Italie, fresque du château d'Issogne (Val d'Aoste), XVᵉ siècle.

« Le chevalier Gauvain regarde la ville entière, peuplée de gens nombreux et beaux, et les tables des changeurs d'or et d'argent, toutes couvertes de monnaies. Il voit les places et les rues qui sont toutes pleines d'ouvriers faisant tous les métiers possibles. Ceux-là font des heaumes et ceux-là des hauberts. [...] Les uns font des draps et les autres les tissent, [...] d'autres fondent l'or et l'argent. On aurait pu dire et croire qu'en cette ville c'était toujours foire, tant elle regorgeait de richesses, de cire, de poivre et d'épices et de fourrures bigarrées ou de petit-gris et de toutes marchandises. »

CHRÉTIEN DE TROYES,
Le Chevalier à la charrette

Rue et marchands au Moyen Age, miniature du *Livre du Gouvernement des Princes,* fin du XVᵉ siècle. Paris, Bibl. de l'Arsenal.

Hommes et femmes au travail

L'écrivain au Moyen Age

On ne sait rien, en vérité, des conditions de rédaction d'une œuvre médiévale : l'auteur écrivait-il lui-même son texte sur un manuscrit, recopié par la suite, au fur et à mesure des commandes, par un ou plusieurs scribes ? Ou bien, lui-même illettré (pourquoi pas ?), dictait-il son œuvre à l'un de ces scribes ? Quoi qu'il en soit, dans la mesure où nous n'avons pas la chance de disposer d'un manuscrit autographe de... Chrétien de Troyes, par exemple, nous sommes amenés à considérer les scribes comme des personnages importants, qui participent à l'élaboration du texte dans sa mouvance.

Ce sont d'abord des moines, travaillant dans les « scriptoria » des monastères et recopiant surtout des textes religieux ou édifiants, et le plus souvent en latin. Leur travail est considéré comme l'un des aspects de l'« Opus Dei » ; de nombreuses enluminures représentent le couple canonique du scribe, penché sur son écritoire, et du prophète, ou du saint, qui lui dicte son message. Le scribe, semblent dire ces images, n'est qu'un artisan, et des plus humbles. Mais les grands seigneurs désireux d'enrichir leur bibliothèque ne tardent pas à s'assurer les services, beaucoup plus profanes, d'un ou plusieurs scribes. Plus tard encore, la copie de manuscrits devient une industrie comme une autre ; des ateliers de scribes s'ouvrent dans les villes universitaires : leur premier travail est de copier et de diffuser les cours des professeurs... Dans ces conditions, plusieurs scribes peuvent participer à la confection d'un seul manuscrit, sans que ce système de relais nuise à l'efficacité économique de l'entreprise.

Cependant, parallèlement, on commence à s'intéresser davantage au personnage de l'écrivain, au sens moderne du terme. On se plaît à les représenter au frontispice de leur œuvre en train de la rédiger (parfois on peut même lire le titre sur la page du manuscrit qu'ils composent), ou encore en train d'offrir à leur protecteur le manuscrit achevé. De fait, quelques manuscrits du XIVe siècle prouvent qu'à cette époque l'auteur met lui-même « en esprit » ses productions : ainsi du manuscrit autographe de Charles d'Orléans.

Guillaume de Machaut écrivant les Nouveaux dits amoureux, *miniature du XVe siècle.*
Paris, B.N.

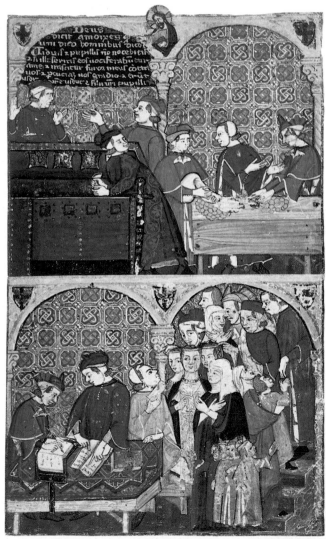

Banquiers italiens, miniature du XIVe siècle.
Londres, British Library.

L'étal de la fruitière, fresque du château d'Issogne (Val d'Aoste), XVᵉ siècle.

La corporation des cordonniers de Paris

Quiconque veut être cordonnier à Paris doit acheter le métier au roi.
Nul cordonnier de Paris ne peut faire le métier comme maître s'il n'est accepté par les maîtres qui gardent le métier de par le roi.
Nul cordonnier de Paris ne peut ni ne doit œuvrer après que les chandelles soient allumées si ce n'est sur une commande destinée au roi ou à la reine...
Quiconque est cordonnier à Paris, maître, valet ou apprenti, ne peut ni ne doit vendre les vieux ouvrages avec les neufs...

ÉTIENNE BOILEAU, *Le Livre des métiers* (1268)

La complainte des tisseuses de soie

> *Toujours drap de soie tisserons*
> *Et n'en serons pas mieux vêtues,*
> *Et toujours serons pauvres et nues*
> *Et toujours faim et soif aurons.*
> *Jamais tant gagner ne saurons*
> *Que mieux en ayons à manger.*
> *Du pain avons à partager*
> *Au matin peu et au soir moins...*
> *Et nous sommes en grande misère,*
> *Mais s'enrichit de nos salaires*
> *Celui pour qui nous travaillons.*
> *Des nuits grande partie veillons*
> *Et tout le jour pour y gagner.*
> *On nous menace de rouer*
> *Nos membres, quand nous reposons ;*
> *Aussi reposer nous n'osons.*

CHRÉTIEN DE TROYES, *Le Chevalier au lion*

JEAN BOURDICHON, « Le travail »,
Les Quatre états de la société, XVᵉ siècle.
Paris, École des Beaux-Arts.

Corporation des vendeurs de poissons,
tableau du XVᵉ siècle. Venise, Musée Correr.

Le Testament

François Villon, *qui dans la première strophe du* Lais *se déclare « escollier », estime qu'il est temps pour lui de mettre ses affaires en ordre et de* **faire ses adieux au monde**, *en distribuant sinon ses biens (il n'en a guère !), du moins ses messages à ses diverses relations. C'est en quelque sorte le principe des* Congés, *mais plus violemment satirique. Un certain nombre de « legs » ne sont autres que des ballades, dédiées à tel ou tel destinataire auquel en veut Villon.*

Ballade des Femmes de Paris

Parmi ces ballades, se trouve la Ballade des Femmes de Paris. **Ambiguë, comme elles le sont toutes**, *elle se rapproche, sur le mode mineur, des ballades de la Belle Heaumière et de la Grosse Margot, qui s'adressent à, ou font parler les prostituées dont* **Villon** *prétend avoir fait son habituel commerce amoureux.*

Bois gravé pour *Le Testament*.
Paris, B.N.

1. « Beau parleur », au féminin !	*Quoy qu'on tient belles langagieres* [1] *Florentines, Veniciennes,* *Assez pour estre messagieres,* *Et mesmement* [2] *les ancïennes ;*
2. Particulièrement.	
3. « Qu'elles » sous-entendu.	5 *Mais* [3]*, soient Lombardes, Rommaines,* *Genevoises, a mes perilz,* *Pimontoises, Savoisiennes,* *Il n'est bon bec que de Paris.*
4. Chaires (à l'Université).	*De tres beau parler tiennent chaieres* [4]*,* 10 *Ce dit on, les Neapolitaines,* *Et sont tres bonnes caquetieres* *Allemandes et Pruciennes ;* *Soient Grecques, Egipciennes,* *De Hongrie ou d'autre pays,* 15 *Espaignolles ou Cathelennes,* *Il n'est bon bec que de Paris.*
	Brettes, Suysses, n'y sçavent guieres, *Gasconnes, n'aussi Toulousaines :* *De Petit Pont deux harengieres*
5. Les vaincront par leurs discours.	20 *Les concluront* [5] *et les Lorraines,* *Engloises et Calaisiennes,*
6. Mentionné.	*(Ay je beaucoup de lieux compris* [6] *?)* *Picardes de Valenciennes ;* *Il n'est bon bec que de Paris.*
	25 *Prince, aux dames Parisiennes* *De beau parler donnez le pris ;*
	Quoy qu'on die d'Italiennes, *Il n'est bon bec que de Paris.*

François VILLON, *Le Testament*,
publié par A. Longnon,
© éd. Champion, 1976

POUR LE COMMENTAIRE

1. Quel est le **sens du refrain** ? Quels en sont les sous-entendus ?

2. Sur **quel principe est construite** cette ballade ? Citez d'autres exemples.

3. Quelles sont les différentes **séries de rivales** que Villon oppose aux Femmes de Paris ?

4. Que **marque la parenthèse** du vers 22 ? En quoi Villon est-il impliqué dans ce poème ?

5. Quelles variations Villon effectue-t-il sur le **thème du « caquetage »** ?

6. Quelle est la **portée de cette ballade** ? Comment s'intègre-t-elle à l'ensemble du *Testament* ?

Supplice des hérétiques,
miniature de Jean Fouquet pour
les *Chroniques de saint Denis,*
XIVᵉ siècle. Paris, B.N.

En pendant à cette ballade narquoise et parodique, voici l'un des textes les plus célèbres de **Villon**, *particulièrement apprécié par la critique romantique.*

Ballade des Dames du Temps Jadis

> Dictes moy ou, n'en quel pays,
> Est Flora la belle Rommaine,
> Archipiades, ne Thaïs,
> Qui fut sa cousine germaine,
> 5 Echo parlant quant bruyt on maine
> Dessus riviere ou sus estan,
> Qui beaulté ot trop plus qu'humaine.
> Mais ou sont les neiges d'antan ?
>
> Ou est la tres sage Helloïs,
> 10 Pour qui chastré fut et puis moyne
> Pierre Esbaillart a Saint Denis ?
> Pour son amour ot ceste essoyne.
> Semblablement, ou est la royne
> Qui commanda que Buridan
> 15 Fust geté en ung sac en Saine ?
> Mais ou sont les neiges d'antan ?
>
> La royne Blanche comme lis
> Qui chantoit a voix de seraine,
> Berte au grant pié, Bietris, Alis,
> 20 Haremburgis qui tint le Maine,
> Et Jehanne la bonne Lorraine
> Qu'Englois brulerent a Rouan ;
> Ou sont ilz, ou, Vierge souvraine ?
> Mais ou sont les neiges d'antan ?
>
> 25 Prince, n'enquerez de sepmaine
> Ou elles sont, ne de cest an,
> Qu'a ce reffrain ne vous remaine :
> Mais ou sont les neiges d'antan ?

François VILLON, *Le Testament,*
publié par A. Longnon, © éd. Champion, 1976

Poésies diverses

Ballade de Bon Conseil

Hommes faillis, privés de raison,
Dénaturés et frappés d'inconscience,
Qui avez perdu le sens, êtes remplis de déraison,
Fous abusés, pleins d'idées fausses,
5 Qui agissez contre votre naissance,
Vous soumettant à la détestable mort
Par lâcheté. Hélas ! pourquoi l'horrible
Conduite qui vous mène à la honte ne vous inspire-t-elle pas de remords ?
Vous voyez comment maints jeunes hommes sont morts
10 Pour avoir attaqué autrui et pris son bien.

Que chacun en soi voie sa faute ;
Ne nous vengeons pas, supportons en patience ;
Nous savons que ce monde est une prison
Pour les vertueux affranchis d'impatience ;
15 Aussi battre, rosser n'est pas preuve de sagesse
Ni ravir, voler, piller, tuer injustement.
Il ne se soucie pas de Dieu et se détourne de la vérité
Celui qui se livre en sa jeunesse à de telles actions,
Et, à la fin, il se tord les mains de douleur
20 Pour avoir attaqué autrui et pris son bien.

Tricher, flatter, rire en dupant,
Faire des quêtes, mentir, affirmer sans bonne foi,
Mystifier, tromper, préparer du poison,
Vivre dans le péché, dormir en se défiant
25 De son prochain sans avoir [nulle] confiance,
Quelle est la valeur de cela ?
Aussi je conclus : vers le bien faisons effort,
Reprenons courage, trouvons en Dieu réconfort ;
Nous n'avons pas un jour de la semaine assuré ;
30 Nos parents reçoivent le contrecoup des maux que nous encourons
Pour avoir attaqué autrui et pris son bien.

Vivons en paix, exterminons la discorde :
Jeunes et vieux, soyons tous en accord :
La loi [de Dieu] le veut, l'apôtre le rappelle
35 A bon droit dans l'*Épître aux Romains* ;
Il nous faut un rang, une situation ou un soutien.
Notons ces points : ne renonçons pas au vrai port
Pour avoir attaqué autrui et pris son bien.

François VILLON, *Poésies diverses*,
traduction d'Anne Berthelot

ÉTUDE SUIVIE

1. Quel est le **ton de l'exhortation** sur laquelle s'ouvre cette ballade ?

2. La description des **destinataires** de la ballade dans la première strophe est-elle réaliste, ou bien correspond-elle un modèle rhétorique ?

3. Comment est **construite** la ballade dans son ensemble ?

4. Quel **portrait du « mauvais garçon »** se dessine au fil des strophes ? Le poète semble-t-il parler d'expérience ?

5. Quel est l'**horizon moral et religieux du texte** ?

6. Quelles sont les **aspirations du poète**, telles qu'elles apparaissent dans l'envoi ?

7. Quelles sont les **caractéristiques** remarquables de l'**envoi** ? Que marque cette façon de signer un texte ?

« Je meurs de seuf¹... »

*Cette ballade constitue la contribution de **François Villon**, alors de passage à la cour de Charles d'Orléans, au « Concours de Blois » ; il s'agissait de **rimer sur un motif obligé** donné par le premier vers. Bien que le thème ne fût pas vraiment familier de Villon, il a réussi un excellent exercice, qui se rapproche du modèle des « Ballades en Proverbe », entièrement composées de formules toutes faites.*

Je meurs de seuf auprès de la fontaine,
Chault comme feu, et tremble dent a dent² ;
En mon païs suis en terre loingtaine ;
Lez³ ung brasier frissonne tout ardent ;
5 Nu comme ung ver, vestu en president,
Je ris en pleurs et attens sans espoir ;
Confort reprens en triste desespoir ;
Je m'esjouïs et n'ay plaisir aucun ;
Puissant je suis sans force et sans povoir,
10 Bien recueully, debouté de chascun⁴.

Rien ne m'est seur⁵ que la chose incertaine ;
Obscur, fors⁶ ce qui est tout évident ;
Doubte ne fais, fors en chose certaine ;
Science tiens⁷ a soudain accident ;
15 Je gaigne tout et demeure perdant ;
Au point du jour dis : « Dieu vous doint bon soir ! »
Gisant envers⁸, j'ay grant paour de cheoir ;
J'ay bien de quoy et si n'en ay pas ung ;
Eschoitte⁹ attens et d'omme ne suis hoir¹⁰,
20 Bien recueully, debouté de chascun.

De riens n'ay soing, si mectz toute ma paine
D'acquerir biens et n'y suis pretendent ;

Qui mieulx me dit, c'est cil qui plus m'attaine¹¹,
Et qui plus vray, lors plus me va bourdent¹² ;
25 Mon amy est, qui me fait entendent
D'ung cigne blanc que c'est ung corbeau noir ;
Et qui me nuyst, croy qu'il m'ayde a povoir¹³ ;
Bourde, verté, au jour d'uy m'est tout un ;
Je retiens tout¹⁴, rien ne sçay concepvoir,
30 Bien recueully, debouté de chascun.

Prince clement, or vous plaise sçavoir
Que j'entens moult et n'ay sens ne sçavoir :
Parcial¹⁵ suis, a toutes loys commun¹⁶.
Que sais je plus ? Quoy ? Les gaiges ravoir¹⁷,
35 Bien recueully, debouté de chascun.

François VILLON, *Poésies diverses*,
publié par A. Longnon, © éd. Champion, 1976

1. Soif. — 2. Claque des dents. — 3. Près, à côté. — 4. Bien accueilli, repoussé par chacun. — 5. Sûr. — 6. Sauf. — 7. Considère. — 8. Renversé. — 9. Héritage. — 10. Je ne suis héritier de personne. — 11. Attaque. — 12. Trompant. — 13. Autant qu'il peut. — 14. Comprends. — 15. Homme d'un parti. — 16. D'accord avec tout le monde. — 17. Récupérer mes gages.

POUR LE COMMENTAIRE

1. Quels sont **les grands thèmes** qui se succèdent dans cette ballade ?

2. Relevez les vers qui constituent des **formules toutes faites**. En quoi sont-elles toutefois bien adaptées au thème et à la matière du texte ?

3. En quoi la **structure du refrain** est-elle significative de l'ensemble de la ballade ?

4. En quoi **la figure du poète-mauvais garçon**, largement exploitée dans d'autres pièces de Villon, est-elle présente ici ?

5. Qu'est-ce qui **distingue ce poème** de celui de Charles d'Orléans (voir p. 189) ? Comment le genre de la ballade est-il infléchi en direction d'une certaine **familiarité** ?

6. Cette pièce vous semble-t-elle correspondre à une **inspiration sincère**, ou bien n'être qu'un **exercice d'école**, fait sur commande ?

2. Comparez, en vous appuyant sur les textes présentés ici, CHARLES D'ORLÉANS et VILLON. Partagent-ils la même esthétique ?

3. Faites le même exercice pour RUTEBEUF et VILLON. Qu'est-ce qui a changé en deux siècles ? Comment fonctionne désormais la poésie « à clés » ?

La vertu et les vices, (détail), miniature de Maître François pour La Cité de Dieu, de saint Augustin. Paris, B.N.

EXPOSÉS

1. VILLON, symbole du Moyen Age : cette assimilation entre un homme et une période vous semble-t-elle pertinente ? En quoi tend-elle à reconduire des idées toutes faites sur le Moyen Age ?

L'Épitaphe Villon

Le texte suivant, enfin, est l'un des plus connus de **Villon**. *On a voulu à toute force le rattacher à sa biographie mouvementée et y voir l'***expression d'une émotion sincère**. *Bien qu'il soit plus connu sous le titre de* Ballade des Pendus, *nous lui restituons ici son titre authentique, d'après les manuscrits.*

Freres humains qui après nous vivez,
N'ayez les cuers contre nous endurcis,

1. Si.
Car, se[1] pitié de nous povres avez,

2. Pitié.
Dieu en aura plus tost de vous mercis[2].
5 Vous nous voiez cy attachez cinq, six :

3. Quant à.
Quant de[3] la chair, que trop avons nourrie,

4. Depuis un certain temps.
Elle est pieça[4] devorée et pourrie,
Et nous, les os, devenons cendre et pouldre.
De nostre mal personne ne s'en rie ;
10 Mais priez Dieu que tous nous vueille absouldre !

Se freres vous clamons, pas n'en devez
Avoir desdaing, quoy que fusmes occis
Par justice. Toutesfois, vous sçavez
Que tous hommes n'ont pas bons sens rassis ;

5. Trépassés.
15 Excusez nous, puis que sommes transsis[5],
Envers le fils de la Vierge Marie,.
Que sa grace ne soit pour nous tarie,
Nous preservant de l'infernale fouldre.

6. Que personne ne nous insulte.
Nous sommes mors, ame ne nous harie[6] ;
20 Mais priez Dieu que tous nous vueille absouldre !

7. Lessivés.
La pluye nous a debuez[7] et lavez,
Et le soleil dessechiez et noircis ;

8. Creusés.
Pies, corbeaulx, nous ont les yeux cavez[8],
Et arrachié la barbe et les sourcis.
25 Jamais nul temps nous ne sommes assis ;
Puis ça, puis la, comme le vent varie,

9. Balance.
A son plaisir sans cesser nous charie[9],
Plus becquetez d'oiseaulx que dez a couldre.
Ne soiez donc de nostre confrairie ;
30 Mais priez Dieu que tous nous vueille absouldre !

10. Maîtrise.
Prince Jhesus, qui sur tous a maistrie[10],
11. Sur nous.
Garde qu'Enfer n'ait de nous[11] seigneurie :
12. Compter, être en compte.
A luy n'ayons que faire ne que souldre[12].
Hommes, icy n'a point de mocquerie ;
35 Mais priez Dieu que tous nous vueille absouldre !

Épitaphe de François Villon, bois gravé du XVIe siècle. Paris, B.N.

François VILLON, *Poésies diverses,* publié par A. Longnon, © éd. Champion, 1976

POUR LE COMMENTAIRE

1. Par quels moyens le poète instaure-t-il une **solidarité entre les pendus et leurs « frères humains »** ? Qui parle en fait dans ce poème ? A qui ? Avec quelle **argumentation** ? Est-elle attendue ? Qu'est-ce qui fait l'**originalité** du ton du poème ?

2. a. Quelle est la **troisième instance** présente dans la ballade ? Joue-t-elle un rôle important ? Le **refrain** vous paraît-il n'être qu'une formule conventionelle, ou a-t-il une résonance plus profonde ?
b. Qu'indique la formule de l'**envoi**, « Prince Jhesus » ? Comment la vie dans l'au-delà est-elle perçue ?

3. La description physique des pendus

a. Y a-t-il de nombreux détails ? Quel effet produisent-ils ? Repérez les éléments métaphoriques pittoresques, ou qui peuvent susciter le rire.

b. Que représentent les tourments que les éléments imposent aux pendus ? Quel est le rôle de ce châtiment terrestre ? Est-il un préalable à un autre châtiment dans l'au-delà ? Comparez à ce point de vue cette ballade avec le congé de JEAN BODEL.

3. Michaut Taillevent et Pierre Chastellain

Le Passe Temps et *Le Temps perdu*

Pour en finir avec le « lyrisme », nous donnons ici deux extraits de poètes infiniment moins connus que Villon, qui sont à peu près ses contemporains : il s'agit de **Michaut Taillevent** *et de* **Pierre Chastellain** *(à ne pas confondre avec Georges Chastellain, chroniqueur à la Cour de Bourgogne avant Jean Molinet ; voir p. 207). Le premier, qui lui aussi évolue dans la sphère bourguignonne, a écrit un long poème que l'on dit autobiographique, intitulé* Le Passe Temps *et qui se situe aussi bien dans la lignée des* Griesches, *de Rutebeuf que du* Testament, *de Villon. Le poète y déplore* **le passage trop rapide du temps,** *et l'arrivée de la vieillesse.*

En réponse à ce texte mélancolique, Pierre Chastellain écrit successivement Le Temps perdu, *qui reprend les thèmes de Michaut en s'adressant directement à lui, et le* Temps recouvré, *qui, avant Proust, réussit* **le miracle du souvenir et de l'apaisement.**

« Passe, passe le temps »

XI

Ainsi, lorsque j'étais en jeunesse
Sans manier règle ni compas
Et que je hâtais le temps par mes années
Sans y faire attention,
5 Vieillesse m'attendait au passage
Où elle avait tendu son embuscade :
Qui sort de joie trébuche dans la douleur.

XII

Et là, je perdis tout appétit
De chanter, car dame Vieillesse
10 Brisa alors tous les appâts
De ma joie et de ma liesse
Si bien qu'il me faudra laisser
L'art de faire des poèmes et des rimes :
Après le rire, les larmes.

XIII

15 Dans mon jeune temps, je fus contraint
De faire des virelais de fleurs :
Maintenant, je suis contraint
De faire des ballades de pleurs
Et complaintes à propos de mes folies,
20 Du temps qui m'était imparti que j'ai gâché en vain :
Telle plume, tel écrivain.

XIV

Florissant dans l'étude
J'apprenais jadis à faire des poèmes
Dont sortaient maintes fleurs
25 Auxquelles j'empruntais mes motifs ;
Désormais je noie presque mon cœur en pleurs.
Ainsi ma situation est changeante :
Les chapeaux[1] ne sont pas toujours verts.

1. « *Couronnes tressées* ».

XV

A l'école des amours nobles
30 J'ai usé tous mes beaux jours sereins
Mais les ruisseaux et les fontaines
De ma joie sont tous taris
Et les fossés[2] remplis de terre,
Où je puisais l'amour :
35 Sur un arbre doux pousse un fruit plein d'amertume.

2. « Fossés » ou
« puits » ?

XVI

Ainsi Vieillesse, hâtée par mes années,
M'a enlevé et arraché
Toute ma joie et mon plaisir,
Et elle a détruit le havre et le port
40 Où tout le gracieux chargement
De mon doux plaisir arrivait :
Qui vit longtemps, voit changer les rires en peines.

XVII

Vieillesse alors a rompu le mât
De ma nef, je le vois trop bien,
45 D'où venait ce que j'épargnais et amassais
Pour moi de joie et de bien ;
Et je ne sais combien de temps
Encore et d'âge il me reste à durer :
Celui qui vit longtemps doit tout supporter.

XVIII

50 J'étais paré de joie
Au temps où je fréquentais Jeunesse
Mais le temps s'est ainsi retourné :
Je pleure ce que je chantais
Car alors je ne faisais pas l'expérience
55 Du gué profond de Vieillesse :
Les regrets accroissent les peines.

XIX

Hélas ! Si j'avais eu connaissance
De ce que j'ai trouvé depuis
Ou de ce que je connais maintenant sans
60 L'avoir éprouvé alors,
Jamais je n'aurais été ainsi surpris et pris sur le fait
Ainsi dépouillé de joie :
Il vit mal, celui qui n'a pas pris assez de précautions.

XX

Je serais dans une bonne situation si j'avais eu assez de sens pour cela,
65 Quand j'étais aux mains de jeunesse,
Car le temps passe, je le sens bien,
A toute heure, soir et matin ;
Mais je ne croyais pas avoir jamais moins
Du bien dont mon cœur est privé :
70 Le drap s'use comme il a été tissé.

Michaut Taillevent, *Le Passe Temps*,
traduction d'Anne Berthelot

Mychault, Mychault, quel vent te mène ?

En contemplant mon temps passé
Et le « Passe Temps » de Michaut,
J'ai mesuré mon temps perdu
Dont à présent je me soucie grandement.
5 Car je ne me suis pas trouvé
A demi chaud par les grands froids,
Mais toujours froid quand dure le froid.

Il t'a pris envie de te plaindre
De pauvreté et de vieillesse :
10 Ce qu'un vieillard laisse après sa mort
Le fait-il revenir à la vie ?
Puisqu'il est question de plaintes, je l'envie :
Je suis — et je m'en plains à bon droit —
Vieux et en extrême pauvreté !

15 Comprends bien, cela fait déjà deux,
Mais ensuite, souvent me nourrit Regret
Du temps perdu, dont je suis fort chagrin,
Car ce mal pour lequel je soupire,
Pourrait-on en subir un pire ?
20 Suis-je tout seul, dis-moi ce qui t'en semble,
Quand j'ai ensemble ces trois hôtes ?

Pauvreté qui brûle comme paille
Me contraint à faire bien des sauts malgré ma fatigue,
Vieillesse, la paillarde traîtresse,
25 Me crie par ailleurs : A l'assaut !
Et Temps perdu, ce qu'il assaille,
Il le détruit. Pour résumer en un mot,
On tire tant que tout casse.

L'homme ne peut vivre deux fois :
30 Dieu nous a fait tous d'une farine.
Réfléchis bien toutefois :
Veux-tu vivre plus vieux que le roi ?
La mort en dérange plusieurs,
Mais qui se voit doté d'un grand nombre d'années ?
35 Il dort volontiers, celui qui a grand sommeil.

Pierre CHASTELLAIN, *Le Temps perdu*,
traduction d'Anne Berthelot

ÉTUDE COMPARÉE

1. Quel **rapport** entretiennent ces deux textes ? Quelle est la position de Chastellain ?

2. Comment est **construit** le texte de Michaut ? Que pouvez-vous remarquer à propos du dernier vers de chaque strophe ?

3. Dans quelle mesure retrouve-t-on les mêmes **jeux sur les mots et les mêmes effets** chez Chastellain ? Comparez ces **recherches formelles** avec celles des Grands Rhétoriqueurs (voir p. 294).

4. Quelle est la raison essentielle de la **mélancolie** de Michaut ? A travers quelles métaphores l'exprime-t-il ?

5. Quels sont **les trois ennemis** de Chastellain ?

6. Quel est l'aboutissement de la **réflexion sur le temps** chez chacun des deux poètes ? Quel est celui des deux qui vous paraît le plus « résigné » ?

7. Chastellain et Michaut regrettent-ils les mêmes choses ? Quelle est la **différence essentielle** entre eux ?

8. Que pensez-vous des **titres** de ces recueils ?

Dante *Vita Nova* (vers 1283-1293)

Dans ce recueil de vingt pièces lyriques insérées dans un commentaire en prose, **Dante***, reconstruisant sur le mode symbolique l'histoire de son amour pour Béatrice (la « Très-Gentille »), exprime le mystère agissant d'une âme de bien, source d'exaltation et de dépassement.*

« Si noble et si chaste... »

Cette Très-Gentille dont il a été parlé jusqu'ici vint en telle grâce auprès des gens, que lorsqu'elle passait dans la rue on courait pour la voir, ce qui me procurait une merveilleuse joie. Et quand elle se trouvait près de quelqu'un, une telle humilité gagnait le cœur de celui-ci qu'il n'osait ni lever les yeux ni répondre
5 à son salut. Et de cela, plusieurs, pour l'avoir éprouvé, pourraient me rendre témoignage devant ceux qui ne le croiraient pas. Elle, cependant, couronnée et revêtue de modestie s'en allait sans montrer nulle vanité de ce qu'elle voyait et entendait. Beaucoup disaient, après qu'elle était passée : « Celle-ci n'est pas une femme mais plutôt un des plus beaux anges du ciel. » Et d'autres : « Celle-ci est
10 une merveille ; que loué soit le Seigneur qui sait œuvrer si merveilleusement ! » Moi, je dis qu'elle se montrait si noble et de tant de plaisantes grâces remplie que ceux qui la regardaient ressentaient en eux-mêmes une douceur si pure et si suave qu'ils étaient incapables de l'exprimer ; nul ne pouvait la regarder sans être aussitôt contraint de soupirer. Ces choses et de plus admirables encore
15 procédaient d'elle par l'effet de sa vertu. Aussi, pensant à cela et voulant reprendre le style de sa louange, je me proposai de dire des paroles en lesquelles je donnerais à entendre ses merveilleuses et excellentes opérations afin que non seulement ceux qui pouvaient la voir de leurs yeux mais aussi les autres pussent connaître d'elle ce que les paroles en peuvent faire entendre. Alors je fis ce
20 sonnet qui commence : *Si noble...*

[SONNET XV]

Si noble et si chaste apparaît
ma dame lorsqu'elle salue
que toute langue en tremblant devient muette
et que les yeux n'osent la regarder.
25 　　Elle va, s'entendant louer,
bénignement d'humilité vêtue,
et on dirait chose venue
du ciel sur terre pour miracle montrer.
　　Tant de plaisantes grâces elle offre à qui l'admire
30 qu'elle infuse au cœur, par les yeux, une douceur
que nul ne peut connaître s'il ne l'a goûtée.
　　De son visage semble s'envoler
un esprit suave plein d'amour
qui va disant au cœur : soupire.

35 Ce sonnet est si facile à entendre à cause de ce que j'en ai dit plus haut, qu'il n'a besoin d'aucune division.

DANTE, *Vita Nova* (vers 1283-1293),
traduction de L. P. Guigues, © éd. Gallimard, 1974

Daniel Poirion *Le Poète et le Prince*

Le clair-obscur intérieur : mélancolie et nonchaloir

A la fin du XIVe siècle, la poésie courtoise, jusqu'alors tendue vers la joie dans l'élan mystique de l'espérance, se laisse plus souvent envahir par la douleur et le désespoir. L'effort volontaire et collectif d'initiation à une vie meilleure semble s'être brisé devant l'obstacle d'insurmontables souffrances. Le mouvement d'élévation, qui animait le poème courtois, fait place à une méditation où s'exprime passivement ce que plus tard on appellera un *état d'âme*. L'inspiration ne traduit plus la libre ambition, mais le lourd destin du poète.

La présence et le poids de ce destin peuvent n'être que la conséquence d'une analyse plus attentive de la nature humaine. Nous retrouvons dans cette tristesse lyrique le reflet d'un malheur qui guette tous les êtres humains : la haine, la séparation, le malentendu, la mort sont notre lot commun. Il y a donc une vérité éternelle de la souffrance qui suffirait à justifier les poèmes qui l'expriment. Mais la courtoisie ne nous a pas habitués à un tel « romantisme » de la douleur. Nous croyons constater ici une métamorphose de la conscience poétique, dont il nous faut bien chercher la raison dans la situation même des poètes. Le pessimisme de ces œuvres ne vient-il pas d'une véritable crise de la société courtoise, correspondant aux tragiques épreuves qu'elle traverse durant la guerre de Cent Ans ? Le retour à une sentimentalité langoureuse, passée de mode depuis les vieilles *chansons de toile* où la femme se plaignait de son abandon, le succès d'un thème désespéré comme celui de la Belle Dame sans Mercy, dans un pays qui a su édulcorer même le mythe de Tristan, sont autant de symptômes d'un malaise qui atteint toute l'idéologie courtoise. Une mauvaise conscience accable désormais les amants et leur fait attribuer au regard féminin qui les juge une sévérité peut-être méritée.

Il ne faut sans doute pas exagérer l'influence d'une conjoncture historique dont seuls les critiques modernes croient retrouver la logique pessimiste. La pensée des hommes cherche toujours à dépasser le malheur, et la poésie courtoise, ici encore, voudra interpréter à la lumière d'une réflexion plus calme les vicissitudes de l'histoire et de la vie. Il reste vrai, néanmoins, que depuis la crise du règne de Charles VI les idées les plus sombres hantent les consciences. Le lyrisme, grâce à son pouvoir d'évocation, fait ressurgir d'antiques terreurs endormies dans la mémoire des hommes. Impressionnée par tous les signes de l'infortune, l'imagination poétique, comme celle des autres formes d'art, semble nous inviter à méditer sur les symboles d'une humanité douloureuse. Ainsi la pensée courtoise semble finir par retrouver, dans son domaine, le visage torturé que tant d'œuvres médiévales proposent à notre méditation.

Daniel POIRION, *Le Poète et le Prince*, 1965,
© éd. Slatkine, 1978

Pour vos essais et vos exposés

Italo SICILIANO : *Villon et les Thèmes poétiques du Moyen Age*, éd. A. Colin, 1934.
Jeanne MOULIN : *Christine de Pisan*, éd. Seghers, 1962.

Daniel POIRION : *Le Poète et le Prince*, éd. P.U.F., 1965 ; éd. Slatkine, 1978.
Pierre LE GENTIL : *Villon*, éd. Hatier, 1974.
Paul ZUMTHOR : *Le Masque et la Lumière*, éd. du Seuil, 1978.
Jacqueline CERQUIGLINI : *Un engin si soutil*, éd. Champion-Slatkine, 1985.

XIVe-XVe siècles

10

LA GRANDE RHÉTORIQUE

JEAN MESCHINOT, JEAN MOLINET

« Musez icy, musars, musez, Songnards usez et reffusez... »
Jean Marot,
Le vray disant advocate des Dames

Le Concert, tapissèrie du début du XVIe siècle. Coll. particulière.

La fête du langage

1. Raffinements formels

On a longtemps considéré qu'entre François Villon, dernier des poètes « moyenâgeux », et Clément Marot, premier poète de la Renaissance, s'étendait un grand vide d'environ un demi-siècle. C'est que la littérature, et plus particulièrement la poésie, qui fleurissent à cette époque, ne correspondaient pas à la conception que le XIXᵉ siècle se faisait de la littérature et de la poésie. Plus de lyrisme, du moins en apparence ; pas de sincérité, pas de confidences personnelles. Au contraire, **des pièces extrêmement raffinées** sur le plan formel, des recherches très élaborées au niveau de la syntaxe, des jeux de mots, des rimes travaillées à l'infini, tout cela mis au service d'un contenu qui semble banal, et répétitif : louange du prince, du protecteur, éventuellement des saints ou de la Vierge.

2. Le triomphe du « paraître »

Pourtant, ceux que l'on a baptisés improprement **les Grands Rhétoriqueurs** sont les témoins d'une époque qui découvre avant tout l'instrument admirable que peut être sa langue. La Grande Rhétorique est **une fête du langage**, peut-être conçu comme refuge et vraie valeur en un temps où la réalité politique et économique n'est guère plus alléchante que durant la guerre de Cent Ans. Le Grand Rhétoriqueur est avant tout un homme conscient de sa valeur en tant que « professionnel ». Il n'est plus clerc, comme la plupart de ses prédécesseurs, et l'horizon de la religion n'apparaît qu'accessoirement dans son œuvre. Sa spécialité, c'est **le poème de circonstance**. Nul n'est plus que lui à même de percevoir la vanité des thèmes qui lui sont imposés. La notion de « senefiance » inaugurée par Chrétien de Troyes n'a plus cours à ses yeux. En revanche, son intérêt pour les recherches formelles, la virtuosité technique, s'accroît en même temps qu'il redécouvre les traités de rhétorique latine et les ressources de l'art oratoire.

Le poème devient un **champ d'expériences sur le langage**, et le bon poète est celui qui maîtrise parfaitement son métier. D'où d'incontestables réussites et, aussi, des textes-gageures, à peu près incompréhensibles, et dans lesquels le sens est réduit au degré zéro. La Grande Rhétorique est le triomphe du « paraître » : d'ailleurs, ses premiers représentants sont des « ministres » de la Cour de Bourgogne, adepte des fêtes et du « grand spectacle ».

Armoirie de la Toison d'or,
XVᵉ *siècle.*
Musée de Saint-Omer.

1. Jean Meschinot (1420-1491)

Le premier, chronologiquement, des Rhétoriqueurs, est **Jean Meschinot**, écuyer et « poète de cour » au service des ducs de Bretagne. Sa situation est caractéristique de celle de la plupart des poètes de sa génération : « ministres », c'est-à-dire serviteurs d'une cour, ils en sont presque obligatoirement les thuriféraires, sous peine de se retrouver sans protecteur, réduits à la misère ou du moins à la médiocrité où Meschinot lui-même passera une partie de sa vie, pendant le règne de François II de Bretagne qui le tient en semi-disgrâce. Son traitement des thèmes politiques, dans son œuvre principale en particulier, *Les Lunettes des Princes*, révèle le pessimisme de l'époque aussi bien que le sien.

Les Lunettes des Princes (1461-1464)

Dame Raison apparaît au poète harcelé par Désespoir et sa troupe, et lui fait présent de « lunettes perfectionnées » pour regarder le monde. En voici la description :

> « Qu'elles furent tant nouvellement et si doulcement composées que toutesfois que bon luy sembloit elle les mettoit et divisoit en quatre parties, dont le nom d'une des verrines estoit Prudence escript en lettres d'or et l'aultre nommée Justice en escripture vermeille ; l'os ou yvière, en quoi elles estoyent enchassées, se nommoit Force, et le clou qui les entretenoit et joingnoit ensemble Tempérance... »

Chacune de ces quatre vertus cardinales tient alors un discours en vers au poète. Les Lunettes, sur le modèle de beaucoup d'œuvres de l'époque sont **mêlées de prose et de vers** *; la prose assure la trame minimale du récit, les vers, en général exercices de virtuosité faisant appel à toutes les ressources de la métrique, transmettent le message politique proprement dit.*

« Il faut mourir... »

Venons en désormais à la fin,
Et vois par ce vers la fin :
Ton cœur ne sera-t-il pas dolent
Quand tu franchiras le pas de la mort,
5 Qui est plus horrible qu'aucune autre chose ?
Te réjouis-tu bien à présent ? Cours donc,
Car elle ne t'en tiendra pas quitte
Lorsqu'elle tendra ses filets contre toi.
Quand tu naquis à ce monde,
10 Tu n'as rencontré rien d'aussi sûr
Que la mort, qui viendra tout d'un coup,
Et il faudra que tu l'endures.
Quand sera morte ta charogne
Puante, cherche qui oindra ta chair
15 De quelque liqueur odorante :
Personne ne voudra car le cœur
Ne peut supporter
Telle odeur, ni s'y accoutumer.
Après, tu iras au jugement :
20 Crois-tu que tu mentiras au Juge
Qui sait tout ? Ne t'y attends pas.
En ce temps sa rigueur aiguillonne :
Il n'y aura plus de miséricorde.
Plus encore, misère y file

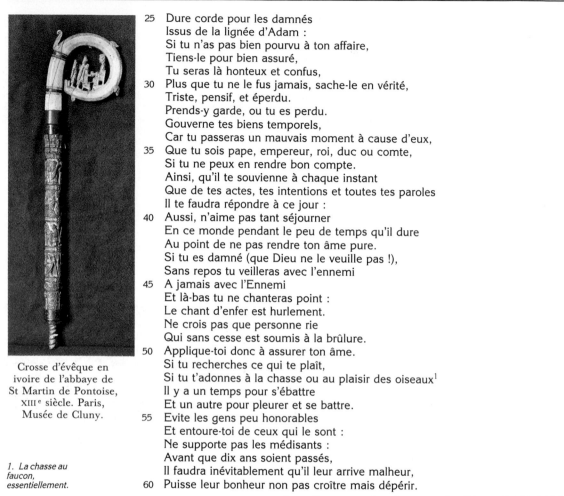

Crosse d'évêque en ivoire de l'abbaye de St Martin de Pontoise, XIIIᵉ siècle. Paris, Musée de Cluny.

1. *La chasse au faucon, essentiellement.*

25 Dure corde pour les damnés
Issus de la lignée d'Adam :
Si tu n'as pas bien pourvu à ton affaire,
Tiens-le pour bien assuré,
Tu seras là honteux et confus,
30 Plus que tu ne le fus jamais, sache-le en vérité,
Triste, pensif, et éperdu.
Prends-y garde, ou tu es perdu.
Gouverne tes biens temporels,
Car tu passeras un mauvais moment à cause d'eux,
35 Que tu sois pape, empereur, roi, duc ou comte,
Si tu ne peux en rendre bon compte.
Ainsi, qu'il te souvienne à chaque instant
Que de tes actes, tes intentions et toutes tes paroles
Il te faudra répondre à ce jour :
40 Aussi, n'aime pas tant séjourner
En ce monde pendant le peu de temps qu'il dure
Au point de ne pas rendre ton âme pure.
Si tu es damné (que Dieu ne le veuille pas !),
Sans repos tu veilleras avec l'ennemi
45 A jamais avec l'Ennemi
Et là-bas tu ne chanteras point :
Le chant d'enfer est hurlement.
Ne crois pas que personne rie
Qui sans cesse est soumis à la brûlure.
50 Applique-toi donc à assurer ton âme.
Si tu recherches ce qui te plaît,
Si tu t'adonnes à la chasse ou au plaisir des oiseaux[1]
Il y a un temps pour s'ébattre
Et un autre pour pleurer et se battre.
55 Evite les gens peu honorables
Et entoure-toi de ceux qui le sont :
Ne supporte pas les médisants :
Avant que dix ans soient passés,
Il faudra inévitablement qu'il leur arrive malheur,
60 Puisse leur bonheur non pas croître mais dépérir.

Jean MESCHINOT, *Les Lunettes des Princes* (1461-1464),
traduction d'Anne Berthelot

POUR LE COMMENTAIRE —————

1. Quel est le **thème central** développé dans ce passage ?

2. Quelles sont les **différentes étapes** que le poème passe en revue ?

3. Quel rôle y joue la **conception chrétienne de l'au-delà** ? Quels sont les principes chrétiens qui sont mis en application dans ce texte ? Quels sont au contraire ceux qui en sont remarquablement absents ?

4. A qui s'adresse plus particulièrement cette **mise en garde** ?

5. Comment la **morale courtoise** est-elle partiellement réemployée dans une **optique chrétienne** ?

6. La **sagesse préconisée** par ces vers est-elle seulement un art de bien mourir, ou bien constitue-t-elle aussi un art de vivre dans le monde ?

Écu d'or de Saint Louis.
Paris, B.N.

2. Jean Molinet (1435-1507)

Après avoir cherché en vain un protecteur pendant de nombreuses années, **Jean Molinet** entre finalement à la Cour de Bourgogne, comme « Indiciaire », c'est-à-dire chroniqueur officiel de cette cour, qui est très soucieuse de contrôler la diffusion publique de sa propre histoire. Après la mort du Téméraire, il passera au service de sa fille Marie, épouse du futur empereur Maximilien. Ses œuvres poétiques nombreuses constituent un contre-point à ses œuvres historiographiques et témoignent de l'**importance de la veine politique pour la poésie de l'époque**. Il est considéré par ses contemporains comme l'un des plus grands poètes, et ses œuvres seront fréquemment rééditées jusqu'à la moitié du XVIᵉ siècle, heureuse fortune partagée par peu d'auteurs « médiévaux ».

Le Chappelet des Dames

Le passage suivant, extrait du Chappelet des Dames, *est en quelque sorte l'**ancêtre des « blasons »** qui se multiplieront au XVIᵉ siècle. Il s'agit, pour **Jean Molinet**, de passer en revue toutes les fleurs, dotées de significations allégoriques, qui font partie de la guirlande dont peuvent se parer les dames. Nous y retrouvons le mélange de prose et de vers déjà signalé à propos de Meschinot.*

Miniature d'un Livre d'Heures
du XVᵉ siècle. Paris, B.N.

La Rose encore

Le nom de la troisième fleur commence par R, c'est la rose vermeille, embrasée de charité, qui en raison de son extrême beauté et de sa valeur est à bon droit nommée la reine des fleurs, la gloire de la terre, la louange des eaux et l'honneur de l'air, à laquelle plusieurs choses dignes, célestes, précieuses et
5   valables sont justement comparées. De même que le gouverneur suprême, pour orner la construction céleste, ordonna le soleil au milieu des cinq planètes, pour rendre à chacun sa lumière très éclatante, Vertu, princesse de ce clos, veut pareillement asseoir entre quatre fleurons de son chapelet la rose très suave et resplendissante, afin qu'elle répande son odeur de tous côtés, afin de ranimer
10   les esprits des autres fleurs. La rose est le vrai réconfort du cerveau, la beauté du visage, la clarté de l'œil, l'appétit de la langue, le plaisir du nez, la douceur de la main, le désir du cœur, la santé de la poitrine et le secours de l'estomac, et il n'y a rien de plus revigorant pour la constitution humaine, en médecine, que ce soit sous forme d'eaux, d'huiles, de sirops, de conserves, d'élixirs, de dragées,
15   d'emplâtres ou de cataplasmes, que la rose très parfumée, d'où procède une

Vertu appelée Recommencement de grande joie, dont plusieurs dames, dont le nom commence par la même lettre, ont eu pleine jouissance ; à commencer par Madame Sainte Rose de Viterbe, dont l'âme bienheureuse fleurit depuis de longues années devant Dieu au glorieux verger des saintes vierges, et dont le
20 corps est encore entier, et répand, sans vile corruption, son odeur merveilleuse dans le monde, si bien que les ceintures mises en contact avec le sanctuaire donnent aux femmes enceintes proches de leur accouchement un Recommencement de grande joie. Rebecca, la très sage, fut la rose tout éperdue qui, de sa semence bénie, produisit en une fois deux nobles boutons, Esaü et Jacob et
25 donna recommencement de joie à son mari Isaac, le très saint patriarche. Rachel de même fut la petite rose colorée d'une beauté incomparable que Jacob aima pour son bel accueil et il fut tout embaumé de son odeur pendant sept ans ; finalement il la cueillit sans obstacle et elle lui porta fruit de grande valeur, qui lui fut dérobé et vendu trente deniers, ce fut Joseph, l'interprète des songes ;
30 ensuite Rachel mit au monde Benjamin, qui multiplia grandement sa semence, et alors Jacob retrouva sa joie. Raab rendit l'espoir aux enfants d'Israël lors de la prise de Jéricho et Ruth planta la racine de royale origine de la tribu de Juda. Ainsi donc, plusieurs dames se sont efforcées de suivre et d'imiter la vertu de la rose ; même les oiseaux de ce verger, sachant qu'elle est reine des fleurs,
35 chantent mélodieusement et la servent avec cette prière dont les mots commencent par R :

Royal raincel, reverente roÿne,
Rose rendant riche resjoïssance,
Redifie reparable ruyne,
Romps rancune, ramaine recreance,
Riant rubis, rouge resplendissance,
Reboutte roit, rihoteuse rudesse ;
Rutillant rays, robuste recouvrance,
Restraings rigueur, resuscite radesse.

Rameau royal révérente reine,
Rose qui procure riche réjouissance,
Reconstruis les ruines réparables,
40 Romps la rancune, procure un répit,
Riant rubis, splendeur rouge,
Chasse la rudesse âpre et querelleuse ;
Rayon rutilant, robuste délivrance,
Restreins la rigueur, ressuscite la vigueur.

Jean MOLINET, *Le Chappelet des Dames*,
traduction d'Anne Berthelot

LECTURE MÉTHODIQUE

1. Quelles sont **les différentes vertus** qui sont attribuées à la rose ?

2. Parmi les qualités de la rose, lesquelles sont en quelque sorte « scientifiques » et vérifiables, lesquelles relèvent du **symbolisme** ?

3. Quelle est **l'importance des références bibliques** ? Comment, à partir de la « notice encyclopédique » de la rose, l'auteur en vient-il à donner une leçon d'exégèse biblique ? Quel effet produit ce mélange du profane et du sacré ?

4. Quel souvenir littéraire transparaît dans les dernières lignes en prose ? Que signifie le fait que ce soient les oiseaux qui composent le poème à la louange de la Rose ? Quelle **conception du rôle de l'écrivain et du poète** apparaît dans ces lignes ?

5. Quel est le **ton du « poème en r »** ? A quelle figure centrale fait-il référence ?

6. En quoi ce poème est-il un **pur exercice de virtuosité** ? En quoi au contraire résume-t-il parfaitement la page de prose qui précède ?

COMPOSITION FRANÇAISE

Composez, à la manière de Jean MOLINET, quelques strophes à la louange d'une fleur en essayant d'employer les différents types de rimes décrits p. 209.

Bas-relief en ivoire du XIVᵉ siècle.
Paris, Musée de Cluny.

La « grande rhétorique » : triomphe de la poésie formelle

1. Essai de définition

Ceux qu'une erreur du XIXᵉ siècle a appelés les « Grands Rhétoriqueurs » n'auraient peut-être pas refusé cette dénomination ; de leur point de vue, la poésie relève de la « seconde rhétorique », bien que les termes et les notions que recouvre cette expression soient assez flottants dans les « traités » théoriques de l'époque — plus nombreux nettement qu'à l'époque antérieure où les auteurs écrivant en langue vulgaire refusaient *ipso facto* l'aide et les « trucs » de métier apportés par les *artes poeticae* ou les *artes dictaminis* des « rhéteurs » latins.

L'idée de « seconde rhétorique » rassemble différents éléments : il s'agit de **poésie, en langue vulgaire** (ou à la rigueur en langues mêlées, avec quelques bribes de latin), et d'une **poésie faisant appel de manière systématique aux « figures »**, aux tropes. Bien que le préjugé selon lequel les « Grands Rhétoriqueurs » ne se soucient pas d'exprimer des émotions ou de développer des thèmes originaux soit pour une large part inexact, il est vrai que ces deux générations de poètes accordent une importance particulière à **la forme** de leurs œuvres, à tous les niveaux.

2. Les formes poétiques

Les genres poétiques à proprement parler ne changent pas beaucoup : on retrouve des **ballades**, simples ou doubles, et des **rondeaux** ou des **rondeaux-virelais** au XVᵉ siècle. Beaucoup plus fréquent que par le passé se rencontre toutefois **le prosimètre**, qui permet le discours allégorique, et l'invective, modes poétiques fort appréciés des « Rhétoriqueurs » : en entremêlant des passages en prose qui fournissent la glose de leur pensée et des strophes qui la concentrent sous une forme figurée, ils ont l'impression d'user au mieux des ressources de la langue dans ses différents registres.

Parmi les formes poétiques héritées des générations précédentes, le **chant-royal** prend un essor considérable : sa structure se fixe sur cinq strophes de schéma identique, suivies d'un envoi adressé de manière réelle ou fictive au « Prince » chargé de décerner la récompense pour laquelle rivalisent, du moins à l'origine, ces poèmes. Les strophes, toujours longues, ont le plus souvent onze vers, en général des décasyllabes (l'envoi en compte cinq). Le système de rimes est le même dans toutes les strophes, selon le schéma *ababccddede*. Contrairement à beaucoup de formes privilégiées par la génération précédente, le chant-royal n'est pas un poème à refrain.

3. Les jeux sur la rime

Conformément à ce qu'écrit **Baudet Herenc** dans son *Doctrinal de seconde rhétorique*, de nombreux autres genres sont à la disposition des poètes ; mais les raffinements des Rhétoriqueurs ont surtout porté sur les **jeux et figures de mots**, et en particulier de **rimes**. Nous donnons ici la description de quelques-unes des plus spectaculaires :
— **Rime dite « léonine »** : c'est la rime que l'on appelle **riche**, c'est-à-dire qui concerne au moins les deux derniers sons du vers, et davantage si possible. Baudet Herenc, et ses collègues théoriciens, dans leurs traités, proposent des séries alphabétiques de rimes en tous genres ; par exemple, comme rime léonine : « construira, destruira, bruyra, reluira, deduira », etc.
— **Rime dite « couronnée »** : c'est le cas des vers où la

rime est **redoublée**, la dernière syllabe de l'avant-dernier mot étant reprise pour former un mot nouveau : par exemple : « sans remors mortz », « ou a mes amys mys »... (dans *L'art et science de rhétorique*, traité anonyme).
— **Rimes dites « ecquivocquées » ou « par ecquivocques »** : « Terme de ecquivocque est quant une seule diction ou voix signiffie diverses choses, comme ceste diction nuit signiffie « porter dommage » et « privation de jour ».
Voici l'exemple en situation :
> « Tel de bouche dit : "Bonne nuit"
> De qui la langue fort me nuit. »

(Jean Molinet, *L'Art de Rhétorique*).
Ces « équivoques » peuvent être extrêmement approximatives...
— **Rimes dites « batelées »** : il s'agit d'un double système de rimes, **à l'hémistiche**, et normalement à la fin du vers. Les premières rimes peuvent rimer avec les secondes, ou entre elles, ou les deux ; les opinions des théoriciens à ce sujet divergent.
— **Rime dite « rétrograde »** : elle consiste dans la reprise au début du vers suivant de la ou des syllabes finales du vers précédent. Par exemple :
> « Trop durement mon cueur souspire,
> Pire mal sent que desconfort ;
> Confort le fait... »

(Jean Molinet, *op. cit.*)
On l'appelle aussi rime « enchaînée ».
— **Rime dite « serpentine »** : lorsque chaque syllabe d'un vers rime avec la syllabe correspondante du vers suivant.
Le comble de l'art est bien évidemment de combiner plusieurs de ces modèles dans le même poème. Pour ajouter du piment à l'entreprise, on peut avoir recours aux techniques lettristes, aux entrelacements linguistiques, ou bien transformer un poème en une sorte de « mots croisés » qui peuvent se lire dans tous les sens en conservant un semblant de signification. Dans ces conditions, la poésie des « Grands Rhétoriqueurs » rejoint paradoxalement le genre des « fatrasies » qui ont fleuri surtout au XIVᵉ et au début du XVᵉ siècle.
Pour terminer, nous présentons sans commentaire la description d'un genre mineur de poésie, produit par **Jean Molinet** dans son *Art de Rhétorique* :

> « La riqueracque
>
> La riqueracque est a maniere d'une longue chanson faite par coupplès de six et de sept sillabes la ligne ; et chascun coupplet a deux diverses croisies : la premiere ligne et la tierce de sillabes imparfaittes, la seconde et la quatrieme de parfaittes ; et pareillement la seconde croisie, mais distinctes et differentes en termination ; et doit tenir ceste mode de sillabes en tous ses couplès, affin qu'elle soit convenable. Au chant de ceste taille couloura messire George Chastellain ses Croniques abregies.
>
> *Exemple*
>
> Vous orrez chose estrange
> D'un follastre bien fait,
> Qui se disoit estre ange,
> Mais quant ce vint au fait
> Qu'il voult monter en gloire,
> Volant comme un plouvier,
> Il mist trop bas son loire,
> Si cheut en un vivier.

Jacques Le Goff
Pour un autre Moyen Age

Travail et systèmes de valeurs

Par-delà ces rapports malgré tout extérieurs entre l'univers religieux et le monde matériel, il faut se rappeler que toute prise de conscience au Moyen Age se fait par et à travers la religion — au niveau de la spiritualité. On pourrait presque définir une mentalité médiévale par l'impossibilité à s'exprimer en dehors de références religieuses — et ceci, comme l'a admirablement montré Lucien Febvre, jusqu'au cœur religieux du XVIe siècle. Quand une corporation de métier se fait représenter, et pour ce exhibe les instruments de son activité professionnelle, c'est en en faisant les attributs d'un saint, en les intégrant à une légende hagiographique, et ceci tout naturellement, parce que la prise de conscience des hommes de la corporation s'opère par une médiation religieuse. Il n'y a de prise de conscience d'une situation, individuelle ou collective, y compris une situation professionnelle, qu'à travers une participation, et, au Moyen Age, cette participation ne peut être qu'une participation à un univers religieux, plus précisément à l'univers que leur propose ou leur impose l'Église. Mais l'univers de l'Église n'est-il pas précisément exclusif du métier ?

Notons d'abord que lorsqu'il y a eu, dans l'Occident médiéval, au moins avant le XIVe siècle, révolte contre l'Église et contre son univers mental et spirituel, ces révoltes ont presque toujours pris une allure en quelque sorte hyperreligieuse, c'est-à-dire une forme de religiosité mystique dont un des principaux aspects a été d'exclure toute intégration de la vie matérielle — et partant professionnelle — à l'univers religieux. Presque toutes ces révoltes se sont traduites en hérésies et ces hérésies ont presque toutes été à caractère manichéen, dualiste. Or, la vie matérielle y était rangée dans l'univers du mal. Le travail, tel que l'accomplissaient et par suite le concevaient les hérétiques avait pour résultat de servir l'ordre établi ou soutenu par l'Église et se trouvait donc condamné comme une sorte d'asservissement, voire de complicité avec un état de choses exécré. Que les hérésies médiévales aient eu une base, plus encore une origine sociale, ne me semble pas douteux, encore que la physionomie et la structure sociale des mouvements hérétiques soit complexe. Des groupes sociaux se sont jetés dans l'hérésie parce qu'ils étaient mécontents de leur situation économique et sociale : nobles envieux de la propriété ecclésiastique, marchands irrités de ne pas avoir dans la hiérarchie sociale une place correspondant à leur puissance économique, travailleurs des campagnes — serfs ou salariés — ou des villes — tisserands ou foulons — dressés contre un système auquel l'Église semblait donner son appui. Mais au niveau de la prise de conscience, il y a eu condamnation sans appel des différentes formes du travail. Chez les Cathares par exemple, le travail est toléré pour les croyants qui continuent à mener dans le siècle une existence entachée de mal, mais il est absolument interdit aux parfaits. Il est d'ailleurs vraisemblable que cette impuissance des hérésies médiévales entre le IXe et le XIVe siècle à définir une spiritualité et une éthique du travail a été une des causes déterminantes de leur échec. L'inverse sera une des raisons du succès, à l'époque contemporaine, des divers socialismes, et d'abord du marxisme.

Jacques LE GOFF,
Pour un autre Moyen Age,
« Bibliothèque des Idées », © éd. Gallimard, 1977

IIe PARTIE

LE XVIe SIÈCLE

IIe PARTIE : LE XVIe SIÈCLE

ÉVÉNEMENTS POLITIQUES ET SOCIAUX		SCIENCES ET TECHNIQUES	LA LITTÉRATURE D'IDÉES EN FRANCE	
1494	1494-1559	*Guerres d'Italie.*	1497-1500	Voyage de VASCO DE GAMA.		
	1498-1515	**Règne de Louis XII.**	1482-1512	Travaux scientifiques de LÉONARD DE VINCI.		
	1509-1547	Henri VIII, roi d'Angleterre.	av. 1500	L'arquebuse.	1508	BUDÉ : *Annotations aux Pandectes.*
	1512-1517	Concile du Latran.			1509-1513	LEMAIRE DE BELGES : *Illustrations de Gaule et singularités de Troie.*
1515	1515	Marignan.	1519	Conquête du Mexique par CORTEZ.	1515	BUDÉ : *De asse...*
	1515-1547	**Règne de François Ier.**	1519-1522	MAGELLAN fait le 1er tour du monde.		
	1520	*Guerres contre Charles Quint* (l'Italie devient le champ de bataille avec les Habsbourg).	v.1525	Le mousquet. La montre mécanique (all.).		
	1529	Collège de France.				
			1530	BAUER *(De re metallica).*		
			1532	Conquête du Pérou par PIZARRE.	1532	RABELAIS : *Pantagruel.*
1534	1534	Affaire des Placards : début des persécutions contre les Protestants. Début de la Réforme en Angleterre.	1534	1er voyage de CARTIER au Canada. Travaux mathématiques de CARDAN. — FERRARI. — TARTAGLIA. — BOMBELLI.	1534-1535	RABELAIS : *Gargantua.*
					1537	DES PÉRIERS ? : *Cymbalum Mundi.*
	1539	Emploi obligatoire du français dans les actes de justice.	1537-1540	Œuvres de PARACELSE.	1541	CALVIN : *Institution de la religion chrétienne* (en français).
	1541-1564	Calvin à Genève.	1538	1re carte du monde de MERCATOR.	1542-1559	AMYOT : *Vies des hommes illustres* (traduction).
	1547-1559	**Règne de Henri II.**	1543	COPERNIC et l'héliocentrisme *(Des révolutions des orbes terrestres).* VÉSALE *(La Fabrique du corps humain).*	1546	RABELAIS : *Tiers Livre.*
	1556	Philippe II, roi d'Espagne.			1549	DU BELLAY : *Défense et Illustration de la langue française.*
	1559	Traité de Cateau-Cambrésis.	1552	PARÉ, chirurgien de Henri II.	1552	RABELAIS : *Quart Livre.*
	1559-1560	**Règne de François II.**	v.1560	COLOMBO, et la physiologie circulatoire. Classification des animaux (genres et familles) par GESSNER.	1560-1621	PASQUIER : *Recherches de la France.*
1560	1560	Conjuration d'Amboise.	v.1564	Le crayon (angl.).	1564	RABELAIS : *Cinquième Livre.*
	1560-1574	**Règne de Charles IX.**	1568	Carte du monde à l'usage des navigateurs de MERCATOR.	1566	ESTIENNE : *Apologie pour Hérodote.*
	1562	*Guerres de religion.*	v.1572	Observations de TYCHO BRAHÉ.	1570	MONLUC : *Commentaires* (début de la réd. ; éd. 1592).
	1572	Saint-Barthélemy.	1580	PALISSY et la paléogéographie.	1574	LA BOÉTIE : *Contr'un.*
	1574-1589	**Règne de Henri III.**	1583	GALILÉE découvre les lois du pendule.	1576	BODIN : *La République.*
	1582	Réforme du calendrier par Grégoire XIII.	1584	BRUNO *(De l'infini de l'Univers et des Mondes).*	1580	MONTAIGNE : *Essais* (I, II).
	1589-1610	**Règne de Henri IV.**	v.1590	JANSEN imagine le microscope.	1585	DU VAIR : *De la philosophie morale des stoïques.*
	1593	Entrée d'Henri IV à Paris.	1591	Recherches mathématiques de VIÈTE.	1588	MONTAIGNE : *Essais* (I, II, III).
			1596	*Prodomus*, de KEPLER.	1592	MONTAIGNE : *Essais* (éd. de Bordeaux).
					1594	*La Satire Ménippée.*
1598	1598	Édit de Nantes (en faveur des Protestants).			1595	MONTAIGNE : *Essais* (éd. posth.).

LA POÉSIE EN FRANCE	LES GENRES NARRATIFS EN FRANCE	LE THÉÂTRE EN FRANCE
1477-1492 MOLINET : *Art de Rhétorique.*	**1495** *Jean de Paris* (roman anonyme).	
1479-1480 COQUILLART : *Droits nouveaux.*		
1493 LA MARCHE : *Triomphe des dames.*		
1511 LEMAIRE DE BELGES : *Épîtres de l'amant vert.*		
		1511 GRINGOIRE : *Le Jeu du Prince des Sots...*
1526-1542 MAROT : *L'Enfer* (réd.).		
1531 MARGUERITE DE NAVARRE : *Miroir de l'âme pécheresse.*		
1532 MAROT : *Adolescence Clémentine.*	**1532** RABELAIS : *Pantagruel.*	
	1534-1535 RABELAIS : *Gargantua.*	
	1537 DES PÉRIERS ? : *Cymbalum Mundi.*	
	1538 HÉLISENNE DE CRENNE : *Les Angoisses douloureuses qui procèdent d'amours.*	
1541-1543 MAROT : *Psaumes.*	**1546** RABELAIS : *Tiers Livre.*	**1540** BUCHANAN : *Baptistes. Jephtes* (latin).
1544 SCÈVE : *Délie...*	**1547** DU FAIL : *Propos rustiques et facétieux.*	
1549 DU BELLAY : *L'Olive.*	**1540-1558** MARGUERITE DE NAVARRE : *L'Heptaméron.*	**1550** BÈZE : *Abraham sacrifiant.*
1550 RONSARD : *Odes.*	**1552** RABELAIS : *Quart Livre.*	**1549-1550** MARGUERITE DE NAVARRE : *Pièces mystiques.*
1552 BAÏF : *Amours de Méline.*		**1553** JODELLE : *Cléopâtre captive.*
1552-1553 RONSARD : *Amours de Cassandre.*	**1558** DES PÉRIERS : *Nouvelles Récréations et joyeux devis.*	**1553** MURET : *Julius Caesar* (édition en latin).
1555 LABÉ : *Élégies et sonnets.*		
1555 RONSARD : *Continuation des amours.*		
1555-1556 RONSARD : *Hymnes.*		
1558 DU BELLAY : *Antiquités de Rome. — Les Regrets.*		**1561** GRÉVIN : *La Trésorière. Les Ébahis* (édition).
1562 RONSARD : *Discours.*	**1564** RABELAIS : *Cinquième Livre.*	**1562** LA TAILLE : *Les Corrivaux.*
1572 RONSARD : *La Franciade.*		
1573 DESPORTES : *Premières Œuvres.*	**1572** YVER : *Le Printemps.*	
1576 BELLEAU : *Amours.*		**1579** Premières comédies de LARIVEY.
1577 D'AUBIGNÉ commence *Les Tragiques.*		
1578 DU BARTAS : *La Semaine...* RONSARD : *Sonnets pour Hélène.*	**1583** POISSENOT : *L'Été.*	**1582** GARNIER : *Bradamante* (édition).
	1584 BOUCHET : *Les Serées* (I).	
	1585 CHOLIÈRES : *Après-Dînées.* DU FAIL : *Contes... d'Eutrapel.*	**1583** GARNIER : *Les Juives* (édition).
1583 DESPORTES : *Dernières Amours.*	**1585-1598** MONTREUX : *Les Bergeries de Juliette.*	**1584** TURNÈBE : *Les Contents* (posth.).
1587 MALHERBE : *Les Larmes de saint Pierre.*	**1597-1598** BOUCHET : *Les Serées* (II et III).	
1588 SPONDE : *Essai de quelques poèmes chrétiens.*	**1598** PRÉVOST : *Les Amours de la belle Du Luc.*	**1596** MONTCHRESTIEN : *La Carthaginoise...* (édition).
1596 MALHERBE : *Odes* (réd.).		

LES ARTS EN FRANCE ET À L'ÉTRANGER•	TEXTES ÉTRANGERS
Œuvres de Piero Di Cosimo et Carpaccio Dürer• : *Autoportrait à 22 ans*. **1495** Château d'Amboise.	**1499** Érasme : *Adages*. Rojas : *La Célestine* (édition).
v. 1500 Dernières œuvres de Botticelli **1500** Bosch• : *La Tentation de saint Antoine*. **1503-1507** Vinci• : *La Joconde*. **1506** Bramante• commence la basilique Saint-Pierre. **1512** Raphaël• : *Jules II*. **1513-1521** Château de Chenonceaux. **1515-1523** Château de Blois (aile François Ier). Musique : Josquin des Prés. **1519** Début du château de Chambord. **1521** Holbein• : *Le Christ mort*. **1528** Château d'Azay-le-Rideau. **v. 1530** Le Corrège• : *Jupiter et Io*. **1531** Michel-Ange• : *Le Tombeau des Médicis*. Musique : Janequin.	**1506** Vinci : *Traité de la peinture*. **1508** Lobeira : *Amadis de Gaule*. **1509-1511** Érasme : *Éloge de la folie*. **1513** Machiavel : *Le Prince*. **1516** More : *L'Utopie*. L'Arioste : *Le Roland furieux*. **1517** Les 95 thèses de Luther. **1520** L'Arioste : *Le Nécromancien*. **1525** L'Arétin : *La Courtisane*. **1528** Castiglione : *Le Courtisan*.
1534 Michel-Ange• : *Le Jugement dernier*. Portraits de J. Clouet. Portraits de Cranach l'Ancien•.	**1536** L'Aretin : *Ragionamenti*.
1541 Le Louvre de Lescot.	**1548** Loyola : *Exercices spirituels*.
1545 Cellini• : *Persée*. **1547** Michel-Ange• et la coupole de Saint-Pierre de Rome.	**1550** Vasari : *Vies des plus excellents peintres*. **1554** Bandello : *Nouvelles*. **1559** Herrera : *Poésies*. Montemayor : *Diane*.
v. 1550 Sculptures de Goujon. Le Primatice•, à Fontainebleau. **v. 1550** Château de Valençay.	
1558 Bruegel• : *La Chute d'Icare*. Véronèse• : *Le Couronnement d'Esther*. Portraits de F. Clouet.	
1560-1580 Palissy et les émaux. **1562** Véronèse• : *Les Noces de Cana*. Motets de Lassus•. **1564-1567** Delorme et les Tuileries. **1567-1601** Palestrina• : *Messes*.	**1562** Sainte Thérèse : *Le Livre de ma vie*. **1567** Le Tasse : *Rime*. **1568** Tansillo : *Les Larmes de saint Pierre*. **1572** Camoens : *Les Lusiades*. **1580** Le Tasse : *La Jérusalem délivrée*.
1573 Arcimboldo• : *Les Saisons*. Sculptures de Pilon•.	
1586 Le Greco• : *L'Enterrement du comte d'Orgaz*. Musique vocales de Monteverdi•.	**1588** Marlowe : *La Tragique Histoire du docteur Faustus*. **1592** Shakespeare : *Richard III*. **1597** Bacon : *Essais*. **1598** Lope de Vega : *Arcadia*.

Mondes nouveaux

Savant vérifiant des mesures, gravure de Stradanus, XVIe siècle. Paris, B.N.

1. Le Nouveau Monde

Les mondes nouveaux de la Renaissance, ce n'est pas seulement le Nouveau Monde. On pense d'abord, évidemment, à la **découverte du continent américain** par Christophe Colomb, qui cherchait pour le compte de l'Espagne une route de l'ouest vers les Indes et leurs épices. Les quatre voyages du Génois (de 1492 à 1504) reconnurent les actuelles Caraïbes, la côte de l'Amérique centrale, l'embouchure de l'Orénoque. Sans doute inconscient de la nature exacte de sa découverte, Colomb cherchait **un passage vers l'ouest**, un accès aux « Indes » proprement dites. Après lui, lorsqu'on eut reconnu qu'il s'agissait d'un nouveau continent, la route des Indes et de la Chine resta l'obsession des navigateurs, de Magellan (qui découvrira en 1520, à l'extrême sud du continent, le fameux passage) à Jaques Cartier (qui le cherche dans l'estuaire du Saint-Laurent). Mais le Nouveau Monde devait bientôt, après une conquête rapide et **l'annihilation des cultures « précolombiennes »**, offrir à ses vainqueurs, Espagnols surtout, des ressources inespérées. Les Portugais, quant à eux, avaient d'abord profité de l'ouverture, par Bartolomeu Dias (1488) et Vasco de Gama (1497-1498), d'une autre route des Indes, par le sud, **en contournant l'Afrique**. La route terrestre des épices perd alors de son importance ; les Portugais prennent le contrôle d'une partie du commerce arabe, puis chinois, en Inde et en Extrême-Orient ; **la carte économique du monde s'en trouve redessinée**. Dans les « grandes découvertes » s'étaient mêlés le besoin très concret de nouveaux horizons économiques et l'obsession dynamique de la « curiosité » : désormais le désir de reconnaître, de connaître, l'emporte sur la crainte. Mais le choc produit par la rencontre d'un monde et d'une culture « autres » mettra longtemps à se faire sentir. Il n'empêche : c'est au XVIe siècle, au moment même où l'Europe commence de s'**emparer du monde par la violence**, qu'elle fait une première expérience de **relativité**.

2. Un univers éclaté

Mais si le monde de la Renaissance est nouveau, c'est d'abord du point de vue **astronomique**. Dès le XVe siècle, le philosophe allemand Nicolas de Cues (1401-1464) avait imaginé **un monde infini**, dépourvu de centre, faisant ainsi exploser le cosmos fermé, hiérarchisé, d'Aristote et de Ptolémée. Le travail de Copernic (1473-1543) est différent : il place le Soleil au centre du **mouvement circulaire régulier de toutes les planètes**, Terre comprise. Connus et respectés, ses calculs n'en sont pas moins contestés. Tycho Brahé (1546-1601), mêlant le monde de Copernic et celui de Ptolémée, fait tourner le Soleil et les planètes autour de la Terre.

Giordano Bruno (1548-1600) reprend l'idée d'un univers infini, où l'homme et la Terre ne représentent plus rien. **Ses visions panthéistes** lui vaudront l'hostilité de l'Église, qui désormais s'oppose aux idées nouvelles : Bruno finit sur le bûcher. Galilée (1564-1642) aura des ennuis moins graves. Mais, en plein XVIIᵉ siècle, le nouveau cosmos n'est pas encore unanimement admis. A la Renaissance, c'est davantage une idée dans l'air, séduisante et vertigineuse, un argument philosophique vite dangereux, qu'une connaissance acceptée.

3. Microcosme

Monde nouveau que l'homme lui-même, considéré intrinsèquement, expliqué analogiquement : selon une vieille idée, il est le **microcosme**, petit monde, qui ressemble au **macrocosme**, le grand monde. Cette ressemblance devient une manière de poser l'**éminente dignité de l'homme** dans l'univers, en même temps qu'elle fournit un principe, un axe à l'analyse, à la description, qui se fait de plus en plus précise et concrète. Sous l'œil du médecin et de l'artiste se mettent en place **les proportions et les rouages du corps humain**, réalité physique vérifiant un idéal mathématique.

L'œil du peintre ou du médecin : le monde est nouveau en ce qu'il est vu d'un œil **particulier**. Ainsi de la **perspective** en peinture, qui met en rapport un espace infini avec le point de vue particulier d'un observateur. L'infini et un regard se répondent. C'est ainsi que l'homme se voit.

Cette **métamorphose de l'homme sous son propre regard** est un phénomène culturel qui prend, ailleurs qu'en Italie, et par exemple en France, un accent spécifique, du fait du décalage : l'Italie est un modèle, le miroir où l'on va apprendre à se voir, tel François Iᵉʳ commandant, à distance, son portrait au Titien. Les guerres d'Italie sont aussi cette quête de la nouveauté, d'un langage visuel ou sonore qui permette de se redéfinir. Il faut passer par l'autre, par un autre monde pour changer le sien.

4. Antiquité, barbarie

Ce qui est vrai de l'Italie l'est encore davantage de l'Antiquité. On a le sentiment que du temps a passé : l'histoire s'est écoulée, on ne vit plus dans le même monde que les Anciens, on parle une autre langue ; cette **notion très forte de discontinuité** permet de considérer la civilisation antique comme un tout, fruit cohérent d'une époque révolue, organisme disparu que l'on peut comprendre, connaître. Il faut se faire une image exacte du monde antique pour se faire, *mutadis mutandis*, par imitation, une image exacte de soi-même. Nulle nostalgie, mais un effort de compréhension totale : c'est cette entreprise encyclopédique que l'on désignera plus tard du nom d'**humanisme**.

Coupable d'avoir travaillé sans se gêner sur le matériau légué par l'Antiquité, de l'avoir modifié avec une liberté fondée sur le sentiment d'appartenir au même monde, le Moyen Age, qualifié de barbare, fit les frais de l'opération. Là où un juriste médiéval commente un texte de droit romain pour le transformer, l'adapter, le moderniser, un juriste humaniste cherche d'abord à **rétablir le texte original dans sa pureté** (c'est le commentaire philologique, et non plus idéologique).

L'humanisme n'est rien d'autre que cette volonté de **nettoyer le miroir**, de ranger dans une bibliothèque individuelle les livres grecs et latins enfin restitués, débarrassés des erreurs et des gloses qui les souillaient, et imprimés pour être lus partout et par chacun.

5. L'Évangile, la Réforme

Et d'abord le livre, l'Écriture : c'est le texte primordial qu'il faut rendre à son énergie originelle. Édition, traduction, impression : la *Bible*, traduite et imprimée, circule et permet à chacun de se déterminer, en toute conscience. Monde nouveau que la lecture, dans ces conditions : dialogue d'un homme et d'une page. L'**évangélisme**, cette attitude intellectuelle commune à tous les courants qui visent à réformer le christianisme, est la promotion d'une **relation individuelle**, personnelle, **de l'homme à Dieu** par le moyen privilégié qu'est la lecture, l'absorption individuelle de cette Parole : l'Évangile.

Dieu est-il absent de ces mondes nouveaux que l'homme forge à sa mesure, et de ses propres mains ? Le paradoxe est le suivant : l'homme est *en même temps* exalté et diminué. C'est une même époque qui montre l'homme capable et libre d'explorer, de conquérir, de s'enrichir, et qui le décrète radicalement indigne et pécheur devant Dieu, incapable de gagner son salut. Toutes les consciences du siècle vont avoir à choisir ; les réponses vont d'un athéisme rationaliste presque avoué, qui place l'immortalité sur la terre et dans la mémoire historique, à la théologie de la grâce de LUTHER et de CALVIN : rien de ce que l'homme peut faire ne pouvant lui gagner son salut, c'est Dieu qui le sauve, gratuitement. Pour Calvin, le travail humain, et l'art lui-même, ne font pas un mérite à l'homme ; mais ils manifestent la grâce de Dieu et sanctifient sa Création : ainsi se trouvent conciliées l'indignité de l'homme et son aptitude à produire, à connaître. C'est ainsi que le protestantisme sera, en Allemagne, en France (avec les églises calvinistes), en Angleterre, l'un des moteurs de la croissance économique.

Le monde nouveau est ainsi fait de volontés individuelles qui s'activent, se combinent ou se heurtent ; qui s'expriment dans le cadre de collectivités elles-mêmes ressenties comme particulières : nations, états, langues, coutumes. Autant de *perspectives*. Le centre est fonction du regard. La question est de savoir s'il faut maintenir, au-delà de tous ces regards divers, le regard unique et rassurant de Dieu.

FIGURES DE L'HUMANISME

MACHIAVEL, MORE, ÉRASME, DOLET, LEFÈVRE D'ÉTAPLES, CALVIN
CYMBALUM MUNDI

« J'ai vu récemment le monde entier figuré sur un panneau de toile, et là, je me suis rendu compte des infimes proportions de la partie de l'univers qui confesse purement et sincèrement la religion chrétienne. »

Érasme,
Colloques, « L'Ichtyophagie »

Érasme, gravure d'Albrecht Dürer, 1526. Paris, B.N.

Une culture européenne

Mais la sèche pensée alors reviendra verte...
François Ier

Si l'on a rassemblé ici quelques textes d'auteurs italiens, hollandais, anglais, français, s'exprimant en latin ou dans leur langue vulgaire, c'est moins pour permettre la comparaison avec des « littératures étrangères » que pour souligner **le caractère européen de l'humanisme** et, plus généralement, de la culture politique, esthétique, scientifique et religieuse, en ces premières décennies du XVIᵉ siècle.

1. Les « bonnes Lettres »

Par « humanisme » on entend, strictement, **le mouvement intellectuel de retour aux Lettres antiques** : découverte, établissement, impression, traduction des textes, telles sont les tâches de l'humaniste, à la fois philologue, philosophe, théologien, historien, juriste, critique d'art, etc. Car les « bonnes Lettres » sont bien plus que ce que nous appelons « littérature ». Les mêmes règles, la même passion commandent l'accès à **tous** les textes, juridiques ou médicaux aussi bien que poétiques. C'est **toute la culture antique** que l'on prétend servir, pour s'en servir, avec la conscience grandissante de la relativité des temps historiques.

2. Le savoir, le réel et la langue

Si la méthode des grands philologues (**ÉRASME**, **GUILLAUME BUDÉ**, **THOMAS MORE**...) est stricte, **ses applications sont donc illimitées**. Tite-Live pour **MACHIAVEL**, Lucien pour Thomas More ou Érasme, Cicéron pour tous, ne sont pas de froids modèles, ou l'objet d'investigations purement érudites : on y trouve des clés pour l'analyse politique, pour la politique elle-même, pour toutes les dimensions de **la connaissance** *et* de **l'action**.

Car ce savoir, constitué dans l'approche empirique des textes, se veut **concret**, et se sait **relatif**, loin des spéculations de la haute philosophie médiévale. La fréquentation des modèles antiques pose immédiatement **la question des langues humaines** : rapport des langues diverses avec le message qu'elles véhiculent, rapports historiques et pratiques des langues entre elles, traduction et imitation des textes, autant de problèmes passionnément discutés en Italie et ailleurs, chez un Érasme, un **ÉTIENNE DOLET**, ou, plus tard, un **DU BELLAY**.

3. Le savoir et la foi

Et c'est tout naturellement que la connaissance humaniste, pragmatique et fragmentée, nourrit **une critique de la connaissance humaine**. Habiles rhéteurs, maîtres du discours, les humanistes nous proposent un message souvent ambigu, conscient de ses limites et de sa part de folie, inquiet de son destin et de son salut.

On touche ici au point crucial : le retour aux Lettres antiques s'accompagne d'**un retour au texte biblique**, hébreu et grec, qu'il faut lui aussi établir et traduire, corriger et diffuser. Chez un Érasme ou un **LEFÈVRE D'ÉTAPLES**, il n'y a aucune différence entre **la science philologique** et le souci proprement religieux de **rénover la foi au contact d'un texte pur**, présenté dans **une langue accessible**. L'humanisme est compagnon de **l'évangélisme**, qui veut réformer l'Église **par la foi d'abord**, sinon par la foi seule. Et la Réforme proprement dite, qui rompt avec l'Église de Rome et développe ses propres dogmes, reste liée au programme intellectuel de l'humanisme : c'est ainsi que Luther fonde, en traduisant la *Bible*, la littérature allemande moderne, et que **CALVIN** métamorphose la prose française.

Une école, bois doré du début du XVIᵉ siècle.
Paris, Musée de Cluny.

1. L'animal social

Machiavel *Le Prince* (1513)

Machiavel (1469-1527)

Nicolas Machiavel,
gravure du XVIe siècle.
Paris, B.N.

Une carrière de second ordre

Né à Florence, d'une petite famille noble, **Niccolo Machiavelli** joue un rôle politique après la chute de Savonarole (1498), comme secrétaire à la chancellerie des Affaires étrangères de la République florentine. Il remplit de nombreuses missions auprès du roi de France, de l'Empereur, des cités italiennes. A Rome, il a affaire à César Borgia, le fils du pape Alexandre VI, qui cherche à se constituer un État aux dépens des possessions de l'Église. César sera l'un des modèles du *Prince*.

La retraite

En 1512, après la défaite des Florentins devant les troupes papales, les Médicis, soutenus par les Espagnols, rentrent à Florence. Machiavel est arrêté, torturé, contraint de se retirer dans sa propriété des environs de Florence. C'est là qu'il compose *Le Prince* et les *Discours sur la première décade de Tite-Live*. *Le Prince* est dédié à Laurent de Médicis, le petit-fils du Magnifique. Machiavel parvient à rentrer en grâce vers 1520. Il bénéficie de la faveur du cardinal Jules de Médicis, qui devient le pape Clément VII en 1523. Mais en 1527, Rome est mise à sac par les troupes de Charles Quint, et Florence à son tour subit la loi de l'Empereur, qui en fait un duché héréditaire. C'est dans un état de semi-disgrâce que Machiavel meurt, la même année.

Le Prince, sans doute l'écrit politique qui a eu le plus d'influence au XVIe et au XVIIe siècle, peut être lu de différentes manières. S'agit-il d'une œuvre de circonstance, soutenant le pouvoir du Médicis et un réalisme politique dégagé de toute vaine morale, au service de l'unification italienne ? Sans doute. Mais la doctrine politique du Prince *ne saurait se réduire à ce qu'on appelle le machiavélisme, l'absence de scrupules et l'opinion que la fin justifie les moyens.* **Machiavel** *s'efforce de* **penser la politique en elle-même**, *en faisant abstraction des critères de type métaphysique ou moral qui empêchent l'interprétation correcte des processus.*

L'œuvre est un essai de description du meilleur monarque possible au regard, non pas d'impératifs éternels et transcendants, mais de **nécessités historiques** *que la raison est capable de percevoir. Les qualités du Prince sont relatives à sa situation, et son propre intérêt, comme celui de l'État, ne saurait aller absolument contre l'intérêt du peuple (étant admis que c'est son intérêt que l'homme suit en toutes choses).*

Les vices permis au Prince

Reste maintenant à voir quelles doivent être les manières et façons du Prince envers ses sujets et ses amis. Et comme je sais bien que plusieurs autres ont écrit de la même manière, je crains que, si moi-même j'en écris, je sois estimé présomptueux si je m'éloigne, surtout en traitant cet article, de l'opinion des
5 autres. Mais étant mon intention d'écrire choses profitables à ceux qui les entendront, il m'a semblé plus convenable de suivre la vérité effective de la chose que son imagination[1]. Plusieurs se sont imaginé des Républiques et des Principautés qui ne furent jamais vues ni connues pour vraies. Mais il y a si loin de la sorte qu'on vit à celle selon laquelle on devrait vivre, que celui qui laissera ce qui
10 se fait pour cela qui se devrait faire, il apprend plutôt à se perdre qu'à se conserver ; car qui veut faire entièrement profession d'homme de bien, il ne peut éviter sa perte parmi tant d'autres qui ne sont pas bons. Aussi est-il nécessaire au Prince qui se veut conserver, qu'il apprenne à pouvoir n'être pas bon, et d'en user ou n'user pas selon la nécessité.

1. *Sa représentation imaginaire.*

15   Laissant donc à part les choses qu'on a imaginées pour un Prince, et dis-
courant de celles qui sont vraies, je dis que tous les hommes, quand on en parle,
et principalement les Princes, pour être ceux-ci en plus haut degré, on leur
attribue une de ces qualités qui apportent ou blâme ou louange. C'est-à-dire que
quelqu'un sera tenu pour libéral, un autre pour ladre, [...] quelqu'un sera estimé
20   donneur, quelqu'un rapace ; quelqu'autre cruel, quelqu'autre pitoyable ; l'un
trompeur, l'autre homme de parole ; l'un efféminé et lâche, l'autre hardi et
courageux ; l'un affable, l'autre orgueilleux ; l'un paillard, l'autre chaste ; l'un
rond, l'autre rusé ; l'un opiniâtre, l'autre accommodant ; l'un grave, l'autre léger ;
l'un religieux, l'autre incrédule ; et pareillement des autres. Je sais bien que
25   chacun confessera que ce serait chose très louable qu'un Prince se trouvât ayant
de toutes les susdites qualités celles qui sont tenues pour bonnes ; mais, comme
elles ne se peuvent toutes avoir, ni entièrement observer, à cause que la condition
humaine ne le permet pas, il lui est nécessaire d'être assez sage pour qu'il sache
éviter l'infamie de ces vices qui lui seraient cause de perdre ses États ; et de ceux
30   qui ne les lui feraient point perdre, qu'il s'en garde, s'il lui est possible ; mais s'il
ne lui est pas possible, il peut avec moindre souci les laisser aller. Et *etiam* ² qu'il
ne se soucie pas d'encourir le blâme de ces vices sans lesquels il ne peut
aisément conserver ses États ; car, tout bien considéré, il trouvera quelque chose
qui semble être vertu, et en la suivant ce serait la ruine ; et quelque autre qui
35   semble être vice, mais en la suivant, il obtient aise et sécurité.

2. *Surtout (en latin dans le texte).*

MACHIAVEL, *Le Prince*, chap. XV (1513),
traduction de Jacques Gohory (1571)
revue par E. Barincou, La Pléiade, © éd. Gallimard

POUR LE COMMENTAIRE

1. Comment et sur quelles bases Machiavel autorise-t-il son propre discours ? Est-il conscient du **caractère provocant** de ses propos ? A quelles républiques idéales fait-il allusion ?

2. Comment le **raisonnement** progresse-t-il ? Quel rôle joue l'énumération des vices et des vertus ? Sur quel terrain le lecteur se trouve-t-il placé à la fin du texte ?

3. Êtes-vous d'accord avec Machiavel ?

BALDASSARE CASTIGLIONE

Né près de Mantoue en 1478, formé par des humanistes milanais, **Baldassare Castiglione** fut successivement au service des Gonzague de Mantoue, puis des Montefeltre d'Urbino. Ambassadeur en France (1507), puis à Rome, il se lia avec Raphaël, qui fit de lui un célèbre portrait, et avec nombre de lettrés qu'il mettra en scène dans son livre. Après la mort de sa femme (1520), Castiglione entre dans la carrière ecclésiastique. Le pape Clément VII l'envoie en Espagne, auprès de l'Empereur Charles Quint, auquel le nouveau nonce ne tarde pas à vouer une grande admiration. Convaincu des bonnes intentions de l'Empereur, Castiglione est douloureusement frappé par la guerre qui aboutit, en 1527, au sac de Rome par les troupes espagnoles. Dégoûté, il se retire à Tolède, où il meurt en 1529.

Le Courtisan (Il Cortegiano) fut composé autour de 1510, mais publié en 1528 seulement, chez Alde, le grand imprimeur vénitien (qui édita, notamment, les *Adages*, d'Érasme). En quatre livres, cette œuvre s'efforce de définir l'idéal de la vie de Cour et de produire le type achevé du courtisan. La démarche est résolument idéalisante et s'oppose, sur des points, à celle que Machiavel avait appliquée au Prince.

◄ Giorgione, *César Borgia*. Musée de Bergame.

LITTÉRATURES ÉTRANGÈRES

Thomas More *L'Utopie* (1516)

Né à Londres de famille noble, **Thomas More** (1478-1535) étudie à Oxford, notamment le droit. Homme de loi, il est l'ami du grand humaniste anglais John Colet, et d'Érasme. Il se lie également avec le futur Henri VIII, féru d'idées nouvelles. Lorsque ce dernier monte sur le trône en 1509, il entraîne Thomas More dans une carrière politique prestigieuse, qui mène l'humaniste à la chancellerie du royaume en 1529. Parallèlement, Thomas More poursuit une importante activité littéraire, traduisant les *Dialogues*, de Lucien, rédigeant des enquêtes historiques sur les souverains anglais, ou encore des traités de philosophie morale. Comme tous les humanistes, il entretient une correspondance considérable.

Partisan d'une réforme religieuse, Thomas More avait, comme Érasme, le vif sentiment de l'unité de la foi et de l'indivisibilité de l'Église. Il refusa de reconnaître le divorce d'Henri VIII et de lui prêter serment comme au chef de l'Église anglicane. Cela lui valut d'être emprisonné, puis décapité en 1535.

*L'œuvre majeure de **Thomas More**, en tout cas la plus célèbre, est* L'Utopie, **description d'une société idéale**, *de type « communiste », fondée sur l'amour du travail, le partage des biens, le refus de la violence et la tolérance religieuse. Le succès de ce livre fut énorme. En même temps qu'il assignait à l'homme, au plan individuel comme au plan collectif, la recherche d'une « volupté » naturelle conforme aux enseignements de la morale chrétienne, le livre fournissait **les instruments d'une critique radicale de la société féodale**, mais aussi de l'arbitraire royal, et proposait une légitimation de l'activité économique fondée sur le principe de l'échange des richesses utiles et le refus de la monnaie.*

*Les Utopiens vivent selon la nature, une nature toute pénétrée de la raisonnable volonté divine. Ils recherchent le plaisir, la douceur de vivre, par la modération des désirs instinctifs et des passions individuelles. **Cet épicurisme chrétien** pose en principe la nécessité d'aimer autrui comme soi-même : enseignement proche de celui d'Érasme, et porté comme lui par la haine de toute violence. Les Utopiens ignorent la chasse, ils confient l'abattage des animaux à une caste de bouchers, la guerre à des mercenaires. La peine de mort est rarement prononcée : le châtiment courant est l'esclavage, de durée variable. Les enfants des esclaves sont libres.*

De l'or pour les esclaves

1. *Argent.*
2. *Occasion.*

3. *Au-delà de ce que vaut sa nature.*

4. *Subjonctif de passer.*

5. *À découvert.*
6. *Comme.*

7. *Cachés.*

8. *Trompant.*

9. *Récipients.*
10. *Subjonctif de falloir.*

11. *A payer leurs mercenaires, en cas de guerre.*

[...] Lesdits Utopiens n'usent aucunement de pécune[1], mais la gardent, à la fortune[2] qui peut advenir, laquelle possible adviendra ; aussi il se peut faire que jamais n'adviendra. Et cependant ils tiennent autant de compte d'or et d'argent de quoi se fait ladite pécune, que nul ne l'estime non plus que sa nature le
5 mérite[3]. Et qui est celui qui ne pense bien que l'or ne soit moins précieux que le fer, quant à leur usage, duquel les hommes ne se peuvent passer, non plus que de feu, et d'eau ? Nature n'a point donné d'usage à l'or, de quoi nous ne nous passissions[4] bien, si ce n'était la folie des hommes qui l'a mis en prix pour sa rareté ; et au contraire ladite nature, comme pitoyable et douce mère a mis à
10 l'essor[5] à la vue de tous les choses qui nous étaient bonnes et propices, ainsi que[6] l'air, l'eau et la terre même ; d'autre part elle a séparé et mis loin de nous les choses vaines, et qui ne servent de rien comme l'or et l'argent, dont les mines en sont au creux de la terre.

Or si ces métaux chez les Utopiens étaient mussés[7] dans quelque tour, le prince
15 et le sénat pourraient être soupçonnés du peuple (qui de folie est assez inventif) de vouloir abuser par quelque tromperie dudit or et argent, et l'appliquer à leur profit particulier, en décevant[8] ledit peuple. Si pareillement de ces dits métaux on faisait en bel ouvrage d'orfèvrerie flacons et autres vaisseaux[9] semblables, puis s'il advenait qu'il les fausît[10] refondre pour faire de la pécune à soudoyer leurs
20 gendarmes[11], lesdits Utopiens considèrent que si une fois avaient pris leur plaisir en cette dite orfèvrerie, à grand peine souffriraient-ils qu'on leur ôtât l'usage ;

VTOPIAE INSVLAE FIGVRA

L'Ile d'Utopie, gravure de la première édition, en 1516, de l'œuvre de Thomas More. Londres, Guildhall Library.

12. *Parent à.*
13. *Verre.*
14. *Dans les.*

et afin qu'ils obvient à[12] ces choses, ils ont trouvé cette manière de faire [...] : ledit peuple boit et mange en vaisseau de terre et voirre[13], qui sont très beaux et ne sont de grand prix ; et ès[14] salles communes et maisons privées aussi, leurs
25 pots à uriner et autres vaisseaux qui servent à choses immondes sont d'or et d'argent ; pareillement les chaînes, et gros fers, de quoi sont détenus et liés leurs criminels qu'ils appellent serfs, sont de cette même matière ; finalement tous ceux qui ont commis cas de crime et infamie, portent anneaux d'or en leurs oreilles et en leurs doigts, en leurs cous carcans d'or, et couronnes autour de
30 leurs têtes ; ainsi sont-ils soigneux sur toutes fins, que l'or et l'argent entre eux soit en dépris et contemnement[15].

15. *Dédain et mépris.*

Certes les autres nations aimeraient quasi autant qu'on leur tirât les entrailles du corps, que de leur ôter leur or et leur argent : mais si les Utopiens avaient perdu tout ce qu'ils en ont, ils n'en penseraient pas être plus pauvres d'un
35 double[16]. Ils amassent et cueillent des perles au long des rivages de la mer, en aucuns[17] rochers des diamants et rubis, lesquels ce néanmoins ne cherchent ; mais quand ils les trouvent d'aventure, les polissent et accoutrent[18], et de cela en ornent leurs petits enfants, lesquels s'éjouissent et glorifient de telles bagues en leurs premiers ans ; mais quand ils sont un peu grands, et qu'ils aperçoivent
40 qu'il n'y a que les petits enfants qui usent de telle folie, sans l'admonestement de père et de mère, mais de leur propre honte, les jetant au loin, ainsi que ceux de notre pays quand sont devenus en âge de connaissance ne tiennent plus compte de noix, de petites bagues, et petits images[19], qu'on appelle poupées.

16. *Petite monnaie.*
17. *Certains.*
18. *Taillent.*

19. *Figurines.*

Thomas MORE, *De la description de l'île d'Utopie*, Second livre (1516), traduction de Jean Le Blond (1550). Orthographe modernisée

LECTURE MÉTHODIQUE

1. Suivez le développement du **paradoxe**. Quel en est le point de départ ? Par quelle succession d'idées en arrive-t-on au spectacle des esclaves enchaînés d'or, et des enfants parés de perles ?

2. Dégagez les **principes**, les **valeurs** qui sous-tendent ce système. Qu'aperçoit-on, par ce biais, de la politique, de la morale, de la philosophie utopiennes ?

3. L'Utopie aurait pu être une société qui ignore absolument les métaux précieux. Pourquoi Thomas More choisit-il, au contraire, l'**image d'un monde renversé** ?

2. La question de la langue

Érasme *Le Cicéronien* (1528)

Érasme, d'après Holbein.
Paris, B.N.

Érasme (1469-1536)

Formation

Érasme est né à Rotterdam. C'est un enfant naturel. Il changera son nom, Geert Geertsz, pour celui, gréco-latin, de Desiderius (Désiré, Didier) Erasmios (Aimé). Il fait ses études à Utrecht. Orphelin à 14 ans, il est placé par ses tuteurs au séminaire, puis entre au couvent près de Gouda. Il lit les humanistes, notamment le grand latiniste italien Lorenzo Valla. Il obtient une bourse d'études, et se rend à Paris, au Collège de Montaigu (où séjournera également Calvin).

Premières œuvres

En 1497, il est en Angleterre, où il apprend le grec à Oxford. De retour en France, il enseigne et édite un traité de Valla, le *De officiis* de Cicéron. En 1506, il est en Italie, à Bologne, à Rome où il obtient la dispense de ses vœux monastiques, à Venise où il publie les *Adages*, collection de formules et de citations grecques et latines expliquées et commentées d'un point de vue philologique, historique et culturel.

La maturité

Érasme se rend ensuite en Angleterre, auprès d'Henri VIII et de Thomas More, auquel il dédie l'*Éloge de la Folie (Encomium Moriae)*, médité pendant le voyage et rédigé en une semaine à son arrivée (1509). En 1516, à Bâle, chez l'éditeur Froben, paraît son édition du *Nouveau Testament*, d'après le texte grec : le texte officiel en latin, celui de la *Vulgate*, est ainsi ramené à sa source, offert à une comparaison publique. Le succès est énorme ; il y aura plus de 200 éditions au XVIe siècle. Érasme est désormais le premier humaniste européen.

En 1519 paraissent les *Colloques*, dialogues familiers où sont débattus tous les problèmes du temps, avec humour et sous une forme quasi théâtrale.

Les grandes querelles

C'est de 1519 à 1521 que Luther est définitivement condamné, par l'Université de Louvain, par une bulle papale et par la Sorbonne. On presse Érasme, favorable à l'évangélisme, mais soucieux de fidélité à l'Église et de l'unité de celle-ci, d'intervenir dans un conflit qui s'aggrave. En 1524, l'humaniste hollandais publie l'*Essai sur le libre arbitre*, où il défend l'idée d'une liberté (relative) de l'homme, lui permettant de choisir son salut ou sa perte. Luther réplique l'année suivante, par le *Traité du serf arbitre*.

Les dernières années d'Érasme sont assombries par la crise idéologique et spirituelle qui frappe l'ensemble de ses idéaux. Et c'est en « intellectuel », libre de ses choix et de ses attaches, qu'il meurt à Bâle en 1536.

1500	Première édition des *Adages*, à Paris	**1524**	*De libero arbitrio* (Essai sur le libre arbitre)
1509	Composition de l'*Éloge de la Folie* (publié en 1511 à Paris)	**1526**	*Institutio christiani matrimonii* (Institution du mariage chrétien)
1514	Éditions et traductions à Bâle, chez Froben		Grande édition des *Colloques* chez Froben
1516	*Institutio principis christiani* (Institution du prince chrétien)	**1527**	*Ciceronianus*
	Nouveau Testament d'après le texte grec	**1534**	*La Concorde de l'Église*
1520	Première traduction française de l'*Éloge de la Folie*	**1535**	*Sur la pureté de l'Église du Christ*, commentaire du Psaume 14

L'imitation : la querelle du cicéronianisme

1. Quel latin ?

Publié en 1528, *Le Cicéronien* est le plus long des « colloques » d'ÉRASME. Ce dialogue s'inscrit dans ce qu'on appelle la « **querelle du cicéronianisme** », qui oppose des latinistes italiens, et plus précisément romains, férus d'un latin d'apparat strictement classique, calqué sur celui de Cicéron, à des gens comme Érasme, qui ont opté pour le latin contre leur langue maternelle (en l'espèce, le néerlandais), mais prétendent pratiquer un latin vivant, riche des apports de toute la latinité, notamment chrétienne.

2. Foi et langue

Ce n'est pas un Italien qu'Érasme a dans l'esprit lorsqu'il imagine le personnage de **Nosopon** (« le malade »), atteint de la redoutable maladie du cicéronianisme. Érasme pense à Christophe de Longueil, humaniste brabançon qui, avant de mourir à trente-deux ans (en 1522), s'était imposé à Rome par la perfection de son style. Pour Érasme, **il est abusif de réduire une langue au style d'un seul auteur**, et de traiter ce style comme s'il s'agissait d'une langue : c'est pétrifier celle-ci comme celui-là.

Mais surtout, **le cicéronianisme conduit au paganisme**, dans la mesure où les cicéroniens, pour désigner des réalités chrétiennes impensables pour Cicéron, ont recours à des périphrases, à des approximations : comment dire la foi, dès lors que *fides*, chez Cicéron, ne veut pas dire foi ? La langue païenne, en quelque sorte, se venge de l'intention de lui faire signifier le christianisme : les petites astuces des cicéroniens les égarent, ils restent prisonniers du culte de la langue et de l'univers auquel cette langue, dans un style spécifique, s'est trouvée historiquement reliée. Les cicéroniens parlent donc en païens... et doublement : ils parlent la langue d'un païen et c'est elle qu'ils adorent.

3. L'imitation vivante

Érasme leur oppose une pratique de l'imitation fondée sur **la conscience du relativisme historique**, de la différence des styles, des cultures. Imitation libre, qui puise ici et là, chez Cicéron et ailleurs, de quoi nourrir une inspiration originale. Ainsi peut-on guérir du cicéronianisme, par le *Logos*, langage vivant dans le discours, conjoint à la pensée, langage propre à celui qui l'emploie.

Les travaux d'Hercule du Cicéronien

Buléphore (« porte-conseil ») et Hypologue (« qui parle en second ») ont entrepris de guérir Nosopon de sa maladie. Ils commencent par flatter sa manie, avec une ironie dont le malheureux ne s'aperçoit pas.

NOSOPON. — Voilà déjà sept années complètes que je ne touche plus à aucun livre qui ne soit de Cicéron, m'abstenant de tous les autres avec le même scrupule religieux que celui avec lequel les Cathares s'abstiennent de toute viande.

5 BULÉPHORE. — Et pourquoi donc ?

NOSOPON. — Pour qu'aucun élément d'un autre style, issu d'on ne sait où, ne vienne se mêler au style cicéronien et n'entache sa pureté. C'est pourquoi, afin de ne plus risquer de pécher par imprudence, quels que soient les ouvrages des autres auteurs, je les ai éloignés de ma vue et renfermés dans des coffres : bref

10 il n'y a plus de place dans ma bibliothèque que pour le seul Cicéron.

BULÉPHORE. — Oh ! que j'ai été négligent de ne jamais avoir vénéré Cicéron avec un zèle aussi scrupuleux !

NOSOPON. — Non seulement dans la chapelle de ma maison et dans ma bibliothèque, mais au-dessus de toutes les portes j'ai fait placer un beau portrait

15 de mon maître, entouré d'un cadre incrusté de pierres précieuses, afin qu'il ne soit jamais absent de ma vue. Aussi aucune autre image que celle de Cicéron ne me traverse-t-elle l'esprit pendant mon sommeil.

BULÉPHORE. — Cela ne m'étonne pas.

HYPOLOGUE. — Moi je lui ai fait place dans mon calendrier, parmi les apôtres.

20   BULÉPHORE. — Cela ne me choque pas. Ne va-t-on pas jusqu'à l'appeler parfois le dieu de l'éloquence ?

NOSOPON. — A force de feuilleter et de refeuilleter ses écrits avec l'assiduité que j'y mets, je pourrais vous le réciter presque entièrement.

BULÉPHORE. — Parle-nous donc de ton travail.

25   NOSOPON. — J'en viendrai donc maintenant à l'imitation.

BULÉPHORE. — Combien de temps as-tu mis à t'y préparer ?

NOSOPON. — Autant de temps que pour la lecture.

BULÉPHORE. — C'est peu pour une chose aussi ardue. Plaise au ciel que l'honneur d'un titre aussi brillant[1] me soit accordé, même à soixante-dix ans !

30   NOSOPON. — Mais écoute le reste. Je ne me suis pas contenté de tout ce travail. Dans tous les livres de cet homme divin, il n'y a pas de moindre mot que je n'aie inscrit dans un lexique alphabétique.

BULÉPHORE. — Ce doit être un volume énorme ?

NOSOPON. — Deux portefaix robustes le porteraient à peine sur leur dos et ils 35 seraient chargés comme des bêtes de somme.

BULÉPHORE. — Peuh ! J'en ai vu à Paris qui les faisaient porter par un éléphant !

NOSOPON. — Mais j'ai aussi rédigé un second volume, plus important que le premier, où j'ai noté, selon l'ordre alphabétique, tous les tours de phrase propres à Marcus Tullius[2].

40   BULÉPHORE. — A présent, je me sens tout honteux de mon oisiveté antérieure.

NOSOPON. — Enfin j'y ai ajouté un troisième ouvrage.

BULÉPHORE. — Quoi ! Il y en a encore un troisième ?

NOSOPON. — On ne pouvait pas faire à moins. Dans ce dernier j'ai rassemblé toutes les mesures avec lesquelles Cicéron commence ou achève ses tirades, ses 45 discussions, ses périodes, ensuite les cadences métriques sur lesquelles il règle son style, puis les divers préceptes qu'il emploie pour exprimer le rythme. Ainsi le moindre détail ne risque pas de m'échapper.

ÉRASME, *Le Cicéronien* (1528),
traduction de P. Mesnard, © éd. Vrin, 1970

1. *Le titre de Cicéronien ; l'enquête ultérieure prouvera que pratiquement personne ne le mérite, en dehors de Longueil, le modèle de Nosopon. Mais il est mort !*

2. *Cicéron (Marcus Tullius Cicero).*

Nosopon ajoute qu'il doit tenir compte de tous les sens d'un même mot, citer pour chaque emploi le contexte, enfin n'utiliser les mots qui se déclinent ou se conjuguent qu'aux seules flexions attestées chez Cicéron. Il lui faut, dans ces conditions, plusieurs nuits pour écrire trois lignes...

◄ Bruegel le-Vieux, *La Tour de Babel.*
Vienne, Kunsthistorisches Museum.

RÉFLEXION GÉNÉRALE

A côté de l'aspect burlesque que lui donne ÉRASME, la folie de Nosopon vous semble-t-elle entièrement dépourvue de valeur ? Quel intérêt, quel charme pourrait-on lui trouver ? Nosopon raisonne-t-il en fonction des mêmes critères, des mêmes valeurs qu'Érasme ?

DÉBAT

L'imitation

Vous pourrez élaborer une réflexion plus générale sur le problème de l'imitation, en vous appuyant notamment sur la nouvelle de Jorge-Luis BORGES, « Pierre Ménard, auteur du Quichotte », dans *Fictions.*

Étienne Dolet   *La manière de bien traduire d'une langue en autre* (1540)

Né à Orléans, **Étienne Dolet** (1509-1546) se forme avant tout aux études latines. Il séjourne à Padoue, où il s'initie à la pensée rationaliste de Pomponazzi (qui avait, dans son traité *De l'immortalité de l'âme*, montré l'impossibilité de fonder celle-ci en raison). A Toulouse, Dolet a des ennuis avec les autorités ; de même à Lyon, où il s'installe en 1533 et se fait imprimeur. Il édite les classiques latins, ses propres écrits, les œuvres de Marot (plus, de manière illicite, *L'Enfer*), le *Gargantua*, de Rabelais, d'autres ouvrages dangereux (notamment la *Bible* française, les *Psaumes*, de Marot...). Mal vu de ses confrères, qui le dénoncent à l'Inquisition, Dolet multiplie les imprudences, va de prison en prison, de procès en procès. On l'accuse d'être un libre-penseur et sans doute, en effet, a-t-il été assez loin dans ce sens. Son aventure se termine en 1546, place Maubert à Paris, sur le bûcher.

En 1535, **Étienne Dolet** s'était rendu célèbre en publiant un Dialogus de Imitatione ciceroniana (« Sur l'imitation de Cicéron »), violente réplique au Cicéronien d'Érasme et défense du cicéronianisme ; ce sont ensuite (1538) des Commentarii linguae latinae. Le cicéronianisme de Dolet va de pair avec une défense décidée de la langue vulgaire, du parler commun qu'il faut enrichir avec méthode et prudence. Il conçoit le projet d'une somme de rhétorique et de poétique, qu'il intitulerait l'Orateur français. Il n'a le temps d'en composer que trois fragments : La Manière de bien traduire, un traité sur les accents, un autre sur la ponctuation.

La Manière de bien traduire d'une langue en autre *est* **un bref exposé des cinq règles que doit suivre tout bon traducteur**. *Dolet y résume une doctrine fondée sur le sentiment du « naturel » propre à chaque langue. La première règle est de comprendre « le sens et matière » de l'auteur que l'on traduit, la deuxième de connaître parfaitement les deux langues, chacune ayant « ses propriétés, locutions, subtilités et véhémences ».*

Le tout faict par Estienne Dolet natif d'Orleans.

AD AMVSSIM DOLO,

SCABRA, ET IMPOLITA   ATQVE PERPOLITO.

A Lyon, chés Dolet mesme.

Frontispice de *La manière de bien traduire...* écrit et publié par Étienne Dolet, à Lyon, en 1540.

Les mots et les nombres

Le tiers point est, qu'en traduisant il ne se faut pas asservir jusque là, que l'on rende mot pour mot. Et si aucun[1] le fait, cela lui procède de pauvreté et défaut d'esprit. Car s'il a les qualités dessusdites
5 (lesquelles il est besoin être en un bon traducteur), sans avoir égard à l'ordre des mots il s'arrêtera aux sentences[2], et fera en sorte que l'intention de l'auteur sera exprimée, gardant curieusement[3] sa propriété de l'une et l'autre langue[4]. Et par ainsi c'est
10 superstition trop grande (dirai-je bêterie, ou ignorance ?) de commencer sa traduction au commencement de la clausule[5] : mais si, l'ordre des mots perverti, tu exprimes l'intention de celui que tu traduis, aucun ne t'en peut reprendre. Je ne veux
15 taire ici la folie d'aucuns traducteurs, lesquels au lieu de liberté se soumettent à servitude. C'est assavoir, qu'ils sont si sots qu'ils s'efforcent de rendre ligne pour ligne, ou vers pour vers. Par laquelle erreur ils dépravent souvent le sens de l'auteur qu'ils tradui-
20 sent, et n'expriment la grâce et perfection[6] de l'une et l'autre langue. Tu te garderas diligemment de ce vice, qui ne démontre autre chose que l'ignorance du traducteur.

La quatrième règle que je veux bailler en cet endroit, est plus à observer en langues non réduites en art[7], qu'autres. J'appelle langues non réduites en art certain et reçu : comme est la française, l'italienne, l'espagnole, celle d'Allemagne, d'Angleterre, et autres vulgaires. S'il advient oncques que tu traduises quelque Livre latin en icelles (mêmement[8] en la française), il te faut garder d'usurper mots trop approchants du latin, et peu usités par le passé ; mais contente-toi du commun, sans innover aucunes dictions[9] follement, et par curiosité[10] répréhensible. Ce que si aucuns font, ne les ensuis en cela : car leur arrogance ne vaut rien, et n'est tolérable entre les gens savants[11]. Pour cela n'entends pas que je dise que le traducteur s'abstienne totalement de mots qui sont hors de l'usage commun : car on sait bien que la langue grecque ou latine est trop plus riche en dictions que la française. Ce qui nous contraint souvent d'user de mots peu fréquentés. Mais cela se doit faire à l'extrême nécessité. Je sais bien en outre qu'aucuns pourraient dire que la plupart des dictions de la langue française est dérivée de la latine, et que si nos Prédécesseurs ont eu l'autorité de les mettre en usage, les modernes et postérieurs en peuvent autant faire. Tout cela se peut débattre entre babillants : mais le meilleur est de suivre le commun langage. [...]

Venons maintenant à la cinquième règle que doit observer un bon traducteur, laquelle est de si grande vertu que sans elle toute composition est lourde, et mal plaisante. Mais qu'est-ce qu'elle contient ? Rien autre chose, que l'observation des nombres oratoires[12] : c'est assavoir une liaison et assemblement des dictions avec telle douceur, que non seulement l'âme s'en contente, mais aussi les oreilles en sont toutes ravies, et ne se fâchent jamais d'une telle harmonie de langage. [...] Et derechef avertirai le traducteur d'y prendre garde : car sans l'observation des nombres on ne peut être émerveillable[13] en quelque composition que ce soit ; et sans iceux les sentences ne peuvent être graves, et avoir leur poids requis, et légitime. Car penses-tu que ce soit assez d'avoir la diction propre et élégante, sans une bonne copulation de mots ? Je t'avise que c'est autant que d'un monceau de diverses pierres précieuses mal ordonnées, lesquelles ne peuvent avoir leur lustre, à cause d'une collocation[14] impertinente. Ou c'est autant que de divers instruments musicaux mal conduits par les joueurs ignorants de l'art, et peu connaissant les tons et mesures de la musique. En somme c'est peu de la splendeur des mots, si l'ordre et la collocation d'iceux n'est telle qu'il appartient.

Étienne DOLET, *La Manière de bien traduire...* (1540)
Orthographe modernisée

1. *Quelqu'un.* — 2. *Idées, significations.* — 3. *Soigneusement.* — 4. *C'est-à-dire qu'elle sera exactement exprimée dans l'une et l'autre langues.* — 5. *Phrase, en tant qu'unité ordonnée du point de vue syntaxique et rythmique.* — 6. *Perfection.* — 7. *Non cultivées, c'est-à-dire à la fois enrichies et ordonnées.* — 8. *Surtout.* — 9. *Expressions, mots.* — 10. *Zèle scientifique.* — 11. *Cette position de Dolet sur les néologismes est beaucoup plus prudente que celle de la Défense, de Du Bellay (voir page 333), ouvrage « arrogant » s'il en est ; il est vrai que la Défense a précisément pour objet de susciter un langage (poétique) éloigné du vulgaire... Le néologisme est l'une des armes de cette étrangeté.* — 12. *Rythmes, cadences qui gouvernent l'organisation des phrases.* — 13. *Merveilleux, excellent.* — 14. *Disposition.*

POUR LE COMMENTAIRE

1. Résumez en peu de mots **les trois règles** énoncées par le texte.

2. Qu'est-ce qu'**une langue**, pour Étienne Dolet ? A quels traits se montre-t-il particulièrement sensible ?

AU-DELÀ DU TEXTE

Composition française

« Le travail de traduire, mené avec le souci d'une certaine approximation de la forme, nous fait en quelque manière chercher à mettre nos pas sur les vestiges de ceux de l'auteur ; et non point façonner un texte à partir d'un autre ; mais de celui-ci, remonter à l'époque virtuelle de sa formation, à la phase où l'état de l'esprit est celui d'un orchestre dont les instruments s'éveillent, s'appellent les uns les autres, et se demandent leur accord avant de former leur concert. C'est de ce vivant état imaginaire qu'il faudrait redescendre, vers sa résolution en œuvre de langage autre que l'originel. »

Vous commenterez et discuterez cette impression de Paul VALÉRY (*Variations sur les Bucoliques*, précédant sa traduction en vers des *Bucoliques*, de VIRGILE) en utilisant d'autres sources, comme le texte de DOLET, qui présente des traits communs avec celui de Valéry. Une étude comparée pourra d'ailleurs servir de préalable à ce travail.

GUILLAUME BUDÉ

Le plus grand humaniste français est né à Paris en 1467. Il est l'un des meilleurs hellénistes de son temps et l'instaurateur des études grecques en France. Il édite, commente, traduit, notamment Plutarque (en latin). Le grec est pour lui la première, la plus riche, la plus « copieuse » des langues ; une langue-mère pour le latin, et maintenant pour le français.

En 1508, Budé publie les *Annotations sur les Pandectes*. Les Pandectes sont la somme des textes du droit romain ; Budé cherche à établir le texte le plus exact possible, en supprimant notamment toutes les gloses médiévales. En 1514, paraît le *De Asse* (« De l'as »), traité sur les monnaies et mesures anciennes. Budé compose encore de multiples ouvrages où la philologie débouche sur la philosophie morale et politique. Il publie des *Commentaires sur la langue grecque* (1529) et correspond, en grec et en latin, avec tout ce que l'Europe compte de lettrés, notamment avec Érasme.

Son rôle politique fut également important. Secrétaire de Louis XII, ambassadeur à Rome, secrétaire de François Ier, c'est sous la haute protection de ce dernier qu'il fonde, en 1530, le Collège des Lecteurs royaux, qui deviendra le Collège de France. Les langues anciennes, hébreu, grec, latin, y tiennent le premier rang. Budé fonde également la Bibliothèque de Fontainebleau, premier avatar de la Bibliothèque nationale...

Il meurt en 1540, à Paris.

3. Folie et connaissance

LITTÉRATURES ÉTRANGÈRES

Érasme *Éloge de la Folie* (1509)

1. Un simple divertissement

Composé « à cheval », en juillet 1509, rédigé en quelques jours à Londres, chez Thomas More, l'*Éloge de la Folie* a rencontré un succès prodigieux. Cet *Encomium Moriae* (tel est son titre latin ; il s'agit en fait de grec latinisé ; tout le texte de l'*Éloge* joue, comme un fou, avec les deux langues), ce divertissement fut un triomphe, quelque peu sulfureux : les théologiens, notamment, s'offusquèrent.

2. Prosopopée de la Folie

C'est la Folie qui parle. Déesse, fille de Plutus (la Richesse) et de la Jeunesse, elle est très différente de la Mère Sotte des fêtes médiévales. Elle prononce son propre éloge, au mépris de toutes les règles rhétoriques de la pudeur. L'*Éloge* se présente comme une *declamatio*, un de ces exercices oratoires que l'on pratiquait dans les écoles, d'autant plus formateurs qu'ils s'appliquaient à des objets impossibles, l'avarice, le crime, etc. Puissance de la rhétorique... l'exercice tourne vite au jeu, un jeu ambigu : de tels « éloges » sont-ils, ou non, ironiques ? Chez Érasme, **l'ambiguïté** redouble. Si c'est la Folie qui parle, son discours est lui-même suspect de folie. De fait, il s'autorise tous les débordements, syllogismes aberrants, conclusions expéditives, exemples tirés par les cheveux, etc.

3. Sagesse et folie

Le texte manifeste deux intentions en partie contradictoires : d'une part, la satire des fous, grammairiens, théologiens, poètes, grands de ce monde, etc ; la Folie note elle-même, avec humour, qu'à critiquer ces fous elle se dénigre au lieu de se louer ! Mais — seconde intention, plus profonde que la première — **c'est en fait l'humanité entière qui est déclarée folle**. Comment reprocher à certains ce qu'on impute à tout le monde ?

La satire vise alors cette sorte de folie qui se prend pour une sagesse : l'adversaire devient le philosophe stoïcien, qui prétend parvenir à la sagesse pure, ou le théologien scolastique, qui prétend expliquer l'inconnaissable. L'humanité est folle, et c'est encore être fou, mais plus gravement, que de vouloir s'exempter de cette condition en comptant sur ses propres forces.

Le discours de la Folie indique la subtilité de la position érasmienne : conscient de sa folie, qui devient une dimension essentielle de sa raison, l'homme peut accéder à cette sagesse qui consiste à s'ouvrir à **la folie suprême**, celle du Christ : sagesse absolue, qui ne saurait être que folie aux yeux de l'homme...

Des Fous et des lettres

(La Folie s'attaque ici aux moines prédicateurs.)

A l'image des poètes, ils commencent par une invocation. Puis ils entament un exorde[1] approprié au sujet. Par exemple, s'il est question de la charité, ils décrivent avec soin le Nil qui traverse l'Égypte ;
5 pour expliquer le mystère de la croix, ils remontent avec à-propos à Bel, le dragon de Babylone ; pour traiter du jeûne, ils débutent par les douze signes du zodiaque et pour discourir sur la Foi ils préludent par de longues considérations sur la quadrature du
10 cercle.

J'ai moi-même entendu naguère un de ces fous étonnants (excusez-moi, je voulais dire un orateur particulièrement distingué) prêcher sur le mystère de la Sainte Trinité devant un brillant auditoire. Pour
15 étaler une érudition peu commune et charmer les oreilles des théologiens, il s'engagea en effet dans une voie toute nouvelle. Partant de l'alphabet, il énuméra les lettres, les syllabes, les diverses parties du discours, pour arriver à l'accord du sujet avec le
20 verbe, de l'adjectif avec le substantif. Tout le monde était stupéfait et déjà quelques auditeurs répétaient tout bas le mot d'Horace : *Où donc mènent ces fadaises ?*[2] quand l'orateur entama sa conclusion, à savoir que les éléments de la grammaire reprodui-
25 sent si exactement le symbolisme de la Trinité qu'une figure géométrique ne saurait représenter ce mystère avec plus de clarté. Ce théologien sublime s'était donné pendant huit mois tant de mal à composer ce sermon, qu'il y a perdu la vue : la finesse
30 de son esprit ayant sans doute absorbé toute la lumière de ses yeux. Au reste, il ne regrette pas d'être devenu plus aveugle qu'une taupe et trouve que c'est là un bien mince sacrifice en face d'une telle gloire !

35 J'en ai connu un autre, âgé de quatre-vingts ans et si grand théologien qu'on l'aurait pris pour un second Scot[3]. Ayant à expliquer le mystère du nom de Jésus, il démontra avec une sagacité admirable que toutes les qualités du Sauveur étaient représen-

tées par les lettres de ce nom. Comme la terminaison ne connaît, selon le cas, que trois désinences différentes, il faut manifestement voir dans ce fait le symbole de la Trinité. La première forme, Jesus, se termine par un s, la seconde, Jesum, par un m, et la troisième, Jesu, par un u, ce qui exprime un mystère ineffable. Jésus n'est-il pas en effet le commencement *(Summum)*, le milieu *(Medium)* et la fin *(Ultimum)* ? Restait à exposer un mystère encore plus profond qui s'apparentait, cette fois, aux mathématiques. En effet, il fallait diviser, avec l'orateur, le nom de Jésus en deux parties égales, de manière à isoler la lettre s qui reste entre les deux moitiés. Or cette lettre est celle que les Hébreux nomment syn, ce qui dans la langue écossaise, signifie *péché.* L'orateur en conclut que, de toute évidence, Jésus devait venir effacer les péchés du monde ! Un exorde aussi neuf laissa l'auditoire ébahi à un tel point que les théologiens présents faillirent s'en trouver pétrifiés comme Niobé[4]. Pour ma part, je faillis faire comme ce Priape en bois de figuier qui eut l'infortune d'assister aux rites nocturnes de Canidie et de

Sagana, ces deux sorcières[5]. Et assurément il y avait bien de quoi rire ! Jamais Démosthène chez les Grecs ou Cicéron chez les Latins n'auraient pu
65 concevoir tel début, eux qui tenaient pour vicieux tout exorde étranger au sujet. C'est une règle que les porchers eux-mêmes ont apprise de la nature. Mais nos savants veulent faire de ce qu'ils appellent leur préambule un chef-d'œuvre de rhétorique et croient
70 y être parvenus lorsqu'il n'y a pas le moindre rapport avec le sujet et que l'auditeur émerveillé se demande tout bas : « Comment va-t-il s'en sortir ? »[6].

> ÉRASME, *Éloge de la Folie*, chap. LIV (1509),
> traduction de P. Mesnard, © éd. Vrin, 1970

1. Première partie du discours ; selon la rhétorique classique, l'exorde précède la proposition, qui pose l'objet du discours. — 2. Horace, Satires, II, 7, 21. — 3. Duns Scot, le Docteur Subtil, philosophe et théologien écossais du XIIIᵉ s. — 4. Niobé, pétrifiée devant le massacre de ses sept fils et de ses sept filles par Apollon et Diane. — 5. Épisode tiré d'une satire d'Horace (I, 8) : une statue de Priape en bois de figuier, servant d'épouvantail, « éclate » effectivement à ce spectacle, par sa partie postérieure. — 6. Citation de Virgile (Bucoliques, III, 19).

Nef des fous, gravure flamande du XVIᵉ siècle.
Paris, B.N.

POUR LE COMMENTAIRE

1. C'est **la Folie** qui parle : s'en aperçoit-on ? Y a-t-il dans le texte des détails qui l'indiquent ? Ce discours satirique est-il encore un éloge de la folie ? Justifiez votre réponse.

2. Le rire. Comment la Folie s'y prend-elle pour **faire rire** son public ? Détaillez la technique de l'évocation de ces orateurs ridicules.

3. Que leur reproche-t-on, fondamentalement ? Dégagez les **modèles et les valeurs** qui président à cette dénonciation, et montrez qu'en Érasme, c'est à la fois le rhéteur, l'artiste, le chrétien qui est choqué par de telles pratiques.

Que peut-on en conclure quant à **sa conception de la culture et de la foi** ?

Cymbalum Mundi (1537)

En 1537 paraissait à Paris un petit volume intitulé Cymbalum Mundi, *sans nom d'auteur, simplement dédié par « Thomas du Clenier » (anagramme d'« incrédule ») à son ami « Pierre Tryocan » (« croyant »). Le livre fut aussitôt poursuivi, à l'initiative du roi, semble-t-il. Catholiques et protestants fustigèrent son « impiété ». Les exemplaires furent saisis et brûlés, après que le Parlement l'eut condamné.*

Une tradition qui remonte à Henri Estienne (1566) attribue le Cymbalum Mundi *à **Bonaventure des Périers** (voir p. 284). L'ouvrage émanerait donc du milieu évangélique, voire de l'entourage immédiat de Marguerite de Navarre. Mais cette hypothèse est contestée, et l'on se demande si, à l'inverse, le livre n'est pas un pamphlet d'origine sorbonicole, visant précisément les évangéliques et les réformés. Une troisième supposition ferait du* Cymbalum *l'œuvre d'un quasi-athée, **renvoyant dos à dos toutes les formes de croyance et de connaissance**. Rien ne permet mieux de constater l'ambiguïté des positions antagonistes en cette période d'effervescence intellectuelle et de crise métaphysique et morale. Les adversaires échangent des arguments souvent très proches, voire identiques, se taxant mutuellement d'orgueil, se prêtant la détestable volonté de connaître Dieu.*

*Ces **quatre dialogues comiques**, dans la tradition de Lucien, réduisent à néant les prétentions de l'homme à la connaissance. C'est d'abord le langage qui est visé, instrument de l'illusion, source de toute vanité. Le titre, « La Cymbale du monde », renvoie à la première épître de saint Paul aux Corinthiens : « Quand je parlerais les langues des hommes et des anges, si je n'ai pas la charité, je ne suis plus qu'airain qui sonne ou cymbale qui retentit. » Les philosophes, les alchimistes qui cherchent dans le sable les bribes de la pierre philosophale jadis émiettée par Mercure (dieu des voleurs et des trompeurs), tous ces faux savants sont en fait épris de leur gloire.*

La vertu des mots

(Le dénommé Trigabus — « triple moqueur » — décrit à Mercure « nos veaux de philosophes ».)

TRIGABUS. — Sambieu[1] ! je voudrais que tu eusses vu un peu le déduit[2], comme ils s'entrebattent par terre, et comment ils ôtent des mains l'un de l'autre les mies d'arène[3] qu'ils trouvent, comme ils rechignent[4] entre eux, quand ils viennent à confronter ce qu'ils en ont trouvé. L'un se vante qu'il en a plus que son com-
5 pagnon ; l'autre lui dit que ce n'est pas de la vraie. L'un veut enseigner comme c'est qu'il en faut trouver, et si[5] n'en peut pas recouvrer lui-même. L'autre lui répond qu'il le sait aussi bien et mieux que lui. L'un dit que pour en trouver des pièces, il se faut vêtir de rouge et vert. L'autre dit qu'il vaudrait mieux être vêtu de jaune et bleu. L'un est d'opinion qu'il ne faut manger que six fois le jour avec
10 certaine diète. L'autre tient que le dormir avec les femmes n'y est pas bon. L'un dit qu'il faut avoir de la chandelle, et fût-ce en plein midi. L'autre dit du contraire. Ils crient, ils se démènent, ils s'injurient, et Dieu sait les beaux procès criminels qui en sourdent, tellement qu'il n'y a cour, rue, temple, fontaine, four, moulin, place, cabaret, ni bordeau, que tout ne soit plein de leurs paroles, caquets,
15 disputes, factions et envies. Et si en y a aucuns[6] d'entre eux qui sont si outrecuidés et opiniâtres que, pour la grande persuasion qu'ils ont que l'arène par eux choisie est de la vraie pierre philosophale, promettent rendre raison et juger de tout, des cieux, des champs Élysiens, de vice, de vertu, de vie, de mort, de paix, de guerre, du passé, de l'avenir, de toutes choses et plusieurs autres,
20 tellement qu'il n'y a rien en ce monde, de quoi il ne faille qu'ils ne tiennent leurs propos, voire jusques aux petits chiens des garces des Druides[7], et jusques aux poupées de leurs petits enfants. Il est bien vrai qu'il y en a quelques-uns (ainsi que j'ai ouï dire), lesquels on estime en avoir trouvé des pièces ; mais icelles[8] n'ont eu aucune vertu ni propriété, sinon qu'ils en ont transformé des hommes
25 en cigales, qui ne font autre chose que caqueter jusqu'à la mort, d'autres en perroquets injurieux, non entendant ce qu'ils jargonnent, et d'autres en ânes

1. Sang Dieu.
2. Plaisir.
3. Miettes de sable (les philosophes cherchent les débris de la pierre philosophale).
4. S'injurient.
5. Pourtant.
6. Certains.
7. Des prêtres.
8. Celles-ci.

Jérome Bosch, *L'Escamoteur*,
Saint-Germain-en-Laye,
Musée municipal.

9. *Jamais.*

10. *Vraiment ?*

11. *Vrai !*

12. *Le corps de Dieu.*

13. *Reconnaissent.*

14. *Attributs de Mercure : caducée, sandales ailées, chapeau ailé.*

15. *Ce que.*

16. *Protée, divinité marine, douée d'un pouvoir infini de métamorphose.*

17. *Faiseur de tours, escamoteur.*

18. *D'où.*

19. *Marmonner.*

propres à porter gros faix et opiniâtres à endurer force coups de bâtons. Bref, c'est le plus beau passe-temps et la plus joyeuse risée, de considérer leur façon de faire, que l'on vit oncques[9] et dont l'on ouit jamais parler.

30 MERCURE. — A bon escient[10] ?

TRIGABUS. — Voire[11], par le corbieu[12] ! Et si tu ne m'en veux croire, viens-t-en, je te mènerai au théâtre, où tu verras le mystère et en riras tout ton beau saoul.

MERCURE. — C'est très bien dit, allons-y. Mais j'ai grand peur qu'ils me connaissent[13].

35 TRIGABUS. — Ote ta verge, tes talaires et ton chapeau[14] ; ils ne te connaîtront jamais ainsi.

MERCURE. — Non, non ; je ferai bien mieux : je m'en vais changer mon visage en autre forme. Or me regarde bien au visage, pour voir que[15] je deviendrai.

TRIGABUS. — Vertubieu ! qu'est ceci ? Quel Proteus[16] ou maître Gonin[17] tu es ?
40 Comment tu as tantôt eu changé de visage ? Où tu étais un beau jeune gars, tu t'es fait devenir un vieillard tout gris. Ha ! j'entends bien maintenant dont[18] cela procède : c'est par la vertu des mots que je t'ai vu cependant mormonner[19] entre tes lèvres. Mais par le corbieu ! si faut-il que tu m'en montres la science, ou tu ne seras pas mon ami ; je paierai tout ce que tu voudras. S'il advient que je sache
45 une fois cela, et que je prenne tel visage que je voudrai, je ferai tant que l'on parlera de moi. Or je ne t'abandonnerai jamais, que tu ne le m'aies enseigné. Je te supplie, Mercure, mon ami, apprends-moi les paroles qu'il faut dire, afin que je tienne cela de toi.

Cymbalum Mundi, Dialogue II (1537)
Orthographe modernisée

POUR LE COMMENTAIRE

1. Qu'est-ce qui caractérise, aux yeux de Trigabus, la « **cymbale du monde** » ? Sur quoi porte, exactement, sa critique ? Sur la manière de chercher, ou sur la recherche elle-même ? Comparez avec le texte de l'*Éloge de la Folie* (voir p. 228).

2. Bien entendu, Trigabus n'aura pas la recette qu'il désire si fort entendre. Quelle **portée** donner à cette conclusion de la scène ? N'y a-t-il que les philosophes qui soient disqualifiés ?

GROUPEMENT THÉMATIQUE

Le thème de la parole

En vous reportant à d'autres textes (ÉRASME, voir pp. 224 et 228 ; RABELAIS, voir pp. 260 et 272 ; DU BELLAY, voir p. 333 ; VERVILLE, voir p. 425 ; MONTAIGNE, voir pp. 440 et 445, etc.), essayez de décrire la problématique du langage humain au XVIᵉ siècle.

4. De l'évangélisme à la Réforme

Lefèvre d'Étaples *Épîtres et Évangiles* (1525)

Jacques Lefèvre d'Étaples (*Fabri*, en latin), né vers 1450, acquiert une formation d'humaniste à Paris, puis en Italie. Il enseigne dans la capitale la philosophie. Sa méthode rompt avec les habitudes scolastiques. Il se consacre à l'édition critique des Pères de l'Église (notamment saint Basile), commente le Nouveau Testament (les *Évangiles* et les *Épîtres* de Paul).

A partir de 1520, il est à Meaux, vicaire de l'évêque Briçonnet, qui sera le directeur de conscience de Marguerite de Navarre. Lefèvre et Briçonnet animent le cénacle de Meaux, important foyer de rayonnement du « fabrisme », évangélisme de tendance mystique, privilégiant l'amour, la relation personnelle avec Dieu.

Taxé de luthéranisme par la Sorbonne, soumis à des tensions internes, le groupe se disloque en 1525, et Lefèvre se réfugie à Strasbourg. Il sera ensuite précepteur des enfants royaux (François Ier n'a pas encore pris parti contre l'évangélisme ; il y est même plutôt favorable). Sa dernière étape sera Nérac, auprès de Marguerite de Navarre. C'est là qu'il meurt en 1536, alors qu'achève de s'effondrer l'espoir qui avait été le sien et celui d'Érasme : promouvoir une réforme pacifique et unitaire de l'Église.

Il faut régénérer la foi par l'Écriture. La Bible est traduite, pour être plus proche des fidèles ; elle est prêchée : l'Écriture est une Parole, et son commentaire doit simplement l'éclairer, en prolonger le pouvoir de conviction. Le travail sur les textes, d'édition, d'exégèse, de traduction, devrait aller de pair, aux yeux de **Lefèvre d'Étaples**, *avec une réforme profonde de l'Église, et notamment une meilleure formation du clergé : l'Écriture est trop souvent prêchée par des ignorants.*

C'est dans cet esprit que Lefèvre et son groupe publient, en 1525, des Épîtres et Évangiles *pour les 52 dimanches de l'an, à l'usage des fidèles et des prêtres : les textes de la messe sont cités dans la traduction de Lefèvre, et sobrement commentés dans un souci de précision et de ferveur.*

Onzième dimanche après la Pentecôte

Évangile selon saint Luc, chap. XVIII.

Et dit cette parabole à aucuns qui se confiaient en eux-mêmes comme justes et contemnaient[1] tous autres, disant : « Deux hommes montaient au temple pour faire oraison, l'un pharisien[2] et l'autre publi-
5 cain[3]. Le pharisien étant droit[4], priait en soi-même ces choses : « Dieu, je te rends grâces que je ne suis point comme les autres hommes ravisseurs[5], injustes, adultères, comme aussi cestui publican. Je jeûne deux fois la semaine, je donne dîmes de toutes
10 choses que je possède. » Et le publican étant droit de loin, ne voulait point lever les yeux vers le ciel, mais frappait sa poitrine, disant : « Dieu, sois propice à moi pécheur. » Je vous dis, cestui descendit justifié[6] en sa maison plus que l'autre, car un chacun qui
15 s'exalte sera humilié, et qui s'humilie sera exalté. »

Exhortation

Pour être exaucé de Dieu quand nous le prions, il n'y a rien qui plus fasse à nous ouïr et exaucer qu'en humilité fiance[7] et espérance en sa bonté et miséri-
20 corde par notre seigneur Jésus-Christ. L'esprit du prophète nous enseigne si bien la manière de faire oraison, lequel si nous ensuivons, ne pouvons errer,

quand il dit : *Miserere mei Deus, miserere mei, quoniam in te confidit anima mea* (*Psaume* LVI, 2),
25 c'est-à-dire : « Aie merci de moi, mon Dieu, aie merci de moi, car mon âme a fiance en toi. » Il n'allègue point pour être exaucé ses œuvres, ses mérites, ne[8] ses bienfaits, mais pour tout il dit : Aie pitié de moi, car mon âme a fiance en toi. Ainsi fait-il en plusieurs
30 autres passages comme : « Seigneur Dieu, j'ai eu espérance en toi, je ne serai point confondu éternellement. » (*Ps.* XXX, 1). Comme s'il disait : la meilleure chose que je te pourrais alléguer pour être exaucé, et ce qui te plaît le plus, c'est du tout[9] se fier
35 en toi.

Nous le voyons assez par l'exemple en l'évangile du jourd'hui, faisant mention d'un pharisien et d'un publican. Le pharisien se fiait en ses œuvres, en ses jeûnes, en ses dîmes, en ses mérites. Il disait : « Mon
40 Dieu je te remercie, je ne suis point comme les autres, larron, injuste, adultère, et encore comme ce publican ; je jeûne deux fois la semaine, je paye bien mes dîmes. Et le publican se défiant de soi-même, se confiant en la bonté et miséricorde de
45 Dieu, en grande humilité et révérence, de loin frappait et accusait sa coulpe, et n'osant lever les yeux

Véronèse, *Le Repas chez Lévi*. Venise, Musée de l'Académie.

en haut disait : Mon Dieu, sois propice à moi pécheur. Et notre seigneur nous dit maintenant ce qu'il advint à l'un et à l'autre, c'est que l'un, c'est à savoir le publicain, s'en retourna plus justifié que l'autre. Car tous ceux qui s'exalteront (dit notre seigneur), tous ceux qui se glorifieront en eux-mêmes, ils seront humiliés et confus. Et ceux qui s'humilieront et réputeront[10] rien, et à Dieu tout, ils seront exaltés et glorifiés.

O qu'il y a grande différence entre le jugement de Dieu et le jugement des hommes, car sans doute ce pharisien eût été le miroir et exemplaire de toute bonté, de toute sanctité et perfection devant tout le monde, et ce publicain d'un chacun détesté et rejeté, mais devant Dieu est advenu tout autrement. Non pas que ce fût mal de mercier[11] Dieu, de bien payer ses dîmes, de jeûner bien souvent, de n'être point adultère, rapteur, menteur, trompeur, larron, etc. Mais toutes ces œuvres, qui semblaient être si belles au dehors, ont été empoisonnées d'un orgueil secret, gisant et caché au cœur, selon lequel Dieu fait son jugement, et du contraire[12] tout le mal du publicain a été ôté, éteint et effacé parce que devant Dieu il s'est en foi et confidence[13] profondément humilié, soi reconnaissant pécheur, ainsi que de vrai il était, car devant Dieu nul vivant ne sera point justifié[14] ; la cause donc de la ruine et perdition de ce saint pharisien a été qu'il ne s'est point connu et confessé pécheur, mais s'est estimé juste, ayant confiance en ces mérites, vertus et opérations, laquelle chose devant Dieu est exécrable abomination. Ayons donc toute notre espérance en Dieu, humilions-nous à Dieu. Attribuons tout à Dieu, à sa bonté et miséricorde, ne nous glorifions en rien, et nous serons exaucés de Dieu, à le louer et glorifier perpétuellement. Amen.

LEFÈVRE D'ÉTAPLES, *Épîtres et Évangiles* (1525)
Orthographe modernisée

1. Méprisaient. — 2. Juif pieux, fermement attaché à la loi mosaïque. — 3. Collecteur d'impôts, lié à l'occupant romain. — 4. Debout. — 5. Voleurs. — 6. « Celui est justifié qui n'est point estimé comme pécheur, mais comme juste... qui est réputé juste devant le jugement de Dieu » (Calvin). — 7. Foi. — 8. Ni. — 9. Complètement. — 10. Se compteront pour rien. — 11. Remercier. — 12. Au contraire. — 13. Confiance. — 14. Nul ne peut apparaître juste au regard de Dieu (citation du Psaume 142) ; donc il faut se reconnaître injustifiable pour être justifié.

POUR LE COMMENTAIRE

Montrez comment le commentaire est ici utilisé en vue de l'**exhortation**. Distinguez les articulations décisives.

EXPOSÉ

En élargissant votre réflexion aux textes d'ÉRASME (voir pp. 224, 228) et de CALVIN (voir pp. 236-239), montrez l'importance décisive de cette parabole pour l'**évangélisme**. Montrez aussi qu'elle se prête à des interprétations plus ou moins radicales. Peut-on la tirer dans le sens de la **prédestination** (voir p. 239) ?

Érasme *Essai sur le libre arbitre* (1524)

*Dans l'*Essai sur le libre arbitre *(De libero arbitrio),* **Érasme** *s'attache à défendre une position orthodoxe, du juste milieu, entre le déterminisme absolu auquel tend Luther, et le « pélagianisme » (du nom de Pélage, moine du IVᵉ siècle que combattit saint Augustin), selon lequel l'homme n'a pas été vraiment dégradé par le péché originel et n'a donc pas vraiment besoin de la grâce divine pour agir bien et gagner son salut (c'est le « pharisaïsme » des œuvres, dénoncé par Lefèvre : voir p. 232). Érasme maintient que* **la grâce est indispensable** *pour relever l'homme de son péché ; mais, distinguant différents types de grâce, qui interviennent à divers moments de la vie et de toute action humaine,* **il préserve un libre arbitre** *: l'homme peut choisir, son mérite a un sens aux yeux de Dieu, ses actions finies ne disparaissent pas devant l'action infinie du Créateur.*

Luther répondit à Érasme par un Traité du serf arbitre, *qui soutient l'absolue liberté de Dieu, sa souveraineté totale, cependant que l'homme, tombé dans le péché, croît et se multiplie dans le péché (voir Calvin, p. 236). La grâce de Dieu, seule, pourra le tirer de là, et rien d'humain ne peut motiver ni expliquer cette grâce.*

Choisis donc la vie...

Lucas Cranach, *Martin Luther.*
Musée de Nuremberg.

Dieu avait donc, dans le Paradis, proposé à nos premiers parents de choisir entre la vie et la mort : « Si vous obéissez à mon commandement vous vivrez, sinon vous mourrez ; évitez le mal et choisissez ce qui est bien. » De la même manière, dans *la Genèse*, chapitre 4, versets 6 et 7, Dieu parle ainsi à Caïn :
5 « Pourquoi te fâches-tu et pourquoi ton visage est-il contristé ? Si tu fais le bien, ne seras-tu pas récompensé et si tu fais le mal, le péché ne sera-t-il pas aussitôt à ta porte ? Mais ton désir te demeurera soumis et tu le maîtriseras. » Il propose donc une récompense si Caïn choisit le bien et il propose un châtiment si Caïn choisit la route opposée. Et il montre que les mouvements de la concupiscence
10 peuvent être vaincus et ne nous conduisent pas nécessairement au péché.

Dans le même sens on peut citer l'avertissement du Seigneur à Moïse : « J'ai placé devant toi le chemin de la vie et celui de la mort. Choisis ce qui est bien et marche de ce côté ! » Peut-on parler plus clairement ? Dieu montre où est le bien et où est le mal, il montre leur loyer respectif, la vie et la mort, et´il laisse
15 l'homme libre de choisir. Il serait ridicule de dire à quelqu'un « Choisis ! » s'il ne lui était pas loisible de pencher dans un sens ou dans l'autre ; c'est comme si l'on amenait quelqu'un à un carrefour en lui disant : « Vous voyez ces deux routes, prenez celle que vous voudrez ! » et s'il n'y en avait qu'une libre. Le *Deutéronome* ajoute, chapitre 30 (15-19) : « Considère qu'aujourd'hui j'ai placé sous ton regard
20 ici la vie et le bien, et à l'opposé la mort et le mal, afin que tu aimes le Seigneur ton Dieu, que tu suives ses voies, que tu gardes ses commandements, son culte et sa loi, et qu'ainsi tu vives et que dans la terre où tu entreras et que tu possèderas, il te multiplie et te comble de bénédictions ! Mais si ton cœur se détourne de moi, si tu ne veux pas m'entendre et si, séduit par l'erreur, tu en viens
25 à adorer et à servir d'autres dieux, je te prédis aujourd'hui que tu périras et que tu ne tarderas pas à mourir sur cette terre que tu t'apprêtes à conquérir en franchissant le Jourdain. Je prends aujourd'hui à témoins le ciel et la terre que je vous ai proposé la vie et la mort, la bénédiction et la malédiction. Choisis donc la vie afin de vivre toi et ta postérité. »
30 On retrouve encore ici ce terme de proposer, ce terme de choisir, ce terme de repousser qui auraient été employés mal à propos si la volonté de l'homme n'était pas libre pour le bien, mais seulement pour le mal. Dans le cas contraire, l'homme se trouverait dans la situation d'un patient, attaché de manière à ne pouvoir étendre que le bras gauche et à qui on dirait : « Tiens ! tu as à ta droite
35 le meilleur des vins, tu as du poison à ta gauche : choisis à ton gré : tu n'as qu'à étendre la main ! »

ÉRASME, *Essai sur le libre arbitre*, II (1524),
traduction de P. Mesnard, © éd. Vrin, 1970

POUR LE COMMENTAIRE

1. Caractérisez, d'après ce texte, la **méthode** d'Érasme, en examinant quel usage il fait de l'Écriture.

2. Montrez, d'après ce texte, l'importance de la **philologie**, au sens strict, dans la démarche intellectuelle de l'humanisme chrétien.

Jean Calvin
Institution de la religion chrétienne (1536)

Jean Calvin (1509-1564)

Calvin, par C. Vischer.
Paris, B.N.

L'Institution...

Fils d'un avoué, **Jean Calvin** est né à Noyon. Promis à une carrière ecclésiastique, il étudie à Paris, fréquente des humanistes, dont Guillaume Budé. Il abandonne bientôt la théologie pour le droit et s'intéresse à la littérature antique. Sa première publication est une édition commentée du *De clementia*, de Sénèque. Il affiche ses opinions évangéliques et résigne ses bénéfices ecclésiastiques. A Nérac, chez Marguerite de Navarre, il rencontre Lefèvre d'Étaples. Il se rallie bientôt à la Réforme. L'affaire des Placards (1534) fait de lui, comme de tant d'autres, un proscrit.

Calvin s'installe alors à Bâle où il publie, en 1536, l'*Institutio christianae religionis*, exposé systématique de la doctrine de la Réforme, qu'il traduit bientôt lui-même en français. Constamment augmentée et remaniée, de 1540 à 1560, l'*Institution de la religion chrétienne* devient une véritable somme doctrinale, sans cesser d'être l'œuvre d'un homme qu'habite le souci de donner à ses idées le tour le plus aigu, la forme la plus convaincante.

Genève

Après un séjour à Ferrare, chez Renée de France, Calvin se rend à Genève à l'invitation de Guillaume Farel, chef des Réformés de la ville. Organisant l'Église nouvelle, les deux hommes se heurtent au Conseil de la ville, et doivent partir (1538). Calvin se fixe dès lors à Strasbourg, auprès du réformateur Bucer. C'est là que paraît la première traduction de l'*Institution*. Calvin entre en contact avec la Réforme allemande. Il se marie en 1540.

Genève le rappelle l'année suivante. Il fait adopter les *Ordonnances ecclésiastiques* qui organisent l'église genevoise sur la base d'une autonomie juridique. Calvin combat sans relâche tous les déviationnistes, notamment les « Nicodémites » (réformés qui tiennent leur foi secrète) et les « Libertins spirituels » (individualistes mystiques, opposés à toute organisation ecclésiale). Le médecin espagnol Michel Servet, qui avait attaqué dans ses ouvrages le dogme de la Trinité, et l'Église romaine aussi bien que la Réforme, est arrêté lors d'un passage à Genève, jugé, condamné au bûcher et brûlé (1553). Les Églises réformées d'obédience calviniste se multiplient en France.

Ne cessant de fournir un travail écrasant, Calvin a multiplié les publications (*Commentaires* de l'*Ancien* et du *Nouveau Testament, Traité des Reliques, Traité des scandales, De la prédestination*, etc.) ; des centaines de sermons, des milliers de lettres s'ajoutent à cette œuvre immense, en français et en latin. Malade depuis longtemps, il meurt en 1564.

1532	Édition du *De clementia*, de Sénèque	**1544**	*Excuse à Messieurs les Nicodémites*
1536	*Institutio christianae religionis*, à Bâle	**1545**	*Contre la secte phantastique des Libertins*
1537	*Instruction et confession de foi* soumise à Genève		*Commentaires* bibliques
1539	*Psaumes et Cantiques*	**1550**	*Traité des scandales*
	Commentaires (en latin) sur l'*Épître aux Romains*		
1541	*Institution de la religion chrétienne* (traduction française)	**1552**	*De la prédestination éternelle*
	Petit traité de la sainte Cène	**1559**	Édition définitive de l'*Institution*
	Ordonnances ecclésiastiques	**1560-**	*Sermons, Leçons...*
1542	*Catéchisme de l'Église de Genève*	**1564**	

JICHAEL SERVET...... ....ANVS DE ARAGONIA.

Supplice de Michel Servet, à Genève, en 1553. Paris, B.N.

*** *Institution de la religion chrétienne*, Livre II

Après un Livre I consacré à Dieu créateur et à son œuvre, le monde, toujours gouverné par sa Providence (y compris l'homme dans sa méchanceté : Dieu peut se servir des méchants, par exemple de Judas, sans consentir à leur méchanceté : c'est leur volonté qui est coupable), le Livre II traite de Dieu rédempteur en Jésus-Christ. Calvin décrit la nature corrompue de l'homme après la Chute, qui le dépouille de tout libre arbitre. Dieu donne au monde son Fils, qui fait office de médiateur, ayant deux natures réunies en une seule personne. Le Christ apparaît comme une preuve de la prédestination : il ne donne rien à l'homme qui ne procède de la grâce souveraine de Dieu. Si le Christ est ce qu'il est, ce ne saurait être en vertu d'un quelconque mérite : son mérite est le signe de la grâce qui l'a envoyé. Il doit en être de même pour le chrétien : c'est ce que développera le Livre III.

L'homme serf de péché

1. *Désirs éveillés par les biens sensibles.*

2. *De plus.*

3. *Faire dans le sens du bien.*

4. *Libre.*

5. *La Loi de Dieu, délivrée à Moïse sur le Sinaï.*

(Saint Augustin) confesse que la volonté de l'homme n'est pas libre sans l'Esprit de Dieu, vu qu'elle est sujette à ses concupiscences[1], lesquelles la tiennent vaincue et liée. Item[2], qu'après que la volonté a été vaincue par le vice auquel elle est tombée, notre nature a perdu sa liberté. Item, que l'homme en
5   usant mal du franc-arbitre l'a perdu, et s'est perdu soi-même. Item, que le franc-arbitre est en captivité, et qu'il ne peut rien à bien faire[3]. Item, qu'il ne sera point franc[4], jusques à ce que la grâce de Dieu l'ait affranchi. Item, que la justice de Dieu ne s'accomplit pas quand la Loi[5] commande et que l'homme besogne comme de sa force, mais quand l'Esprit aide, et que la volonté de l'homme, non

6. Libérée par Dieu.

7. Calvin fait référence à de multiples écrits de saint Augustin ; d'abord Contre les Pélagiens, *maintenant les* Homélies.

8. De l'Esprit et de la Lettre, 30, 52.

9. Accablé.

10 pas libre de soi, mais étant délivrée de Dieu[6], obéit. En un autre passage[7] il rend la raison de tout cela, disant que l'homme avait bien reçu en sa création grande vertu du franc-arbitre, mais qu'il l'a perdu par le péché. Par quoi en un autre lieu derechef[8], après avoir montré que le franc-arbitre est établi en la grâce de Dieu, il reprend âprement ceux qui se l'attribuent sans la grâce : « Comment, dit-il, ces
15 malheureux se sont-ils enorgueillis du franc-arbitre, devant qu'être affranchis ; ou de leur force, s'ils sont déjà affranchis ? Ils ne considèrent point qu'en ce mot de franc-arbitre est signifiée une liberté. Or où est l'esprit du Seigneur, là est la liberté (*2 Cor.* 3, 17). Si donc ils sont serfs de péché, comment se vantent-ils d'avoir franc-arbitre ? Car celui qui est vaincu est sujet à celui qui l'a vaincu. S'ils
20 sont déjà délivrés, pourquoi se vantent-ils comme de leur œuvre propre ? Sont-ils tellement libres qu'ils ne veuillent point être serviteurs de celui qui dit : Sans moi vous ne pouvez rien (*Jean* 15, 5) ? » [...]

Je suis contraint de répéter [...] que celui a très bien profité en la connaissance de soi-même, lequel par l'intelligence de sa calamité, pauvreté, nudité et ignomi-
25 nie, est abattu et étonné[9]. Car il n'y a nul danger que l'homme s'abaisse trop fort, moyennant qu'il entende qu'il lui faut recouvrer en Dieu ce qui lui défaut en soi-même. Au contraire il ne se peut attribuer un seul grain de bien outre mesure, qu'il ne se ruine de vaine confiance, qu'il ne soit coupable de sacrilège en ce qu'il usurpe la gloire de Dieu.

CALVIN, *Institution de la religion chrétienne*, Livre II, chap. 2, 8-10 (texte de 1560). Orthographe modernisée

LECTURE MÉTHODIQUE

1. Comment, dans ce texte, Calvin utilise-t-il saint Augustin ? Est-ce là s'abriter derrière l'autorité consacrée du Père de l'Église ? Étudiez **les procédés d'expression** qui donnent le maximum de force à cette allégation massive du discours d'autrui.

2. La citation littérale du *De spiritu et littera* : quel rôle joue-t-elle dans le discours de Calvin ? Dégagez **le raisonnement** de saint Augustin et montrez le rôle qu'y jouent les citations de saint Paul et de l'*Évangile* selon saint Jean.

3. Ce que Calvin est « contraint de répéter » : **dégagez le paradoxe** contenu dans la première proposition. Pourquoi y aurait-il danger que l'homme s'abaisse trop fort ? Qu'est-ce qui supprime ce danger ? Au nom de quoi, finalement, le libre arbitre est-il refusé à l'homme ?

RECHERCHE

A la lumière de ce texte, et en vous documentant par ailleurs, résumez la pensée de CALVIN sur le **libre arbitre**, et demandez-vous si (et à quelles conditions) cette manière de rabaisser l'homme ne lui confère pas, paradoxalement, une force nouvelle et des moyens accrus d'agir en ce monde. Élargissez votre réflexion sur les problèmes de la liberté et de la grâce en vous reportant au texte d'ÉRASME (voir p. 234), à ceux de PASCAL (voir LITTÉRATURE, XVIIᵉ SIÈCLE, p. 146), et, plus généralement, en vous documentant sur saint Augustin et l'augustinisme.

Adam et Ève au jardin d'Eden (détail), bois gravé de 1492. Paris, Bibl. de la Faculté de Médecine.

Le mérite vient de la grâce

1. *Récompense.*

2. *Les partisans du libre arbitre.*

3. *Il n'y a plus de mérites, si les œuvres ne procèdent pas de la vertu de l'homme : exact, dit Calvin, assumant telle quelle l'objection.*

4. *Lettres, 52.*

5. *Commentaires sur les Psaumes, 31, 2, 7.*

6. *Ibid., 70, 2, 5.*

7. *Saint Paul.*

8. *Parce que.*
9. *Donc.*

10. *Étant donné que.*

Combien de fois est répétée cette sentence en saint Augustin, que Dieu ne couronne point nos mérites en nous, mais ses dons ? et que le loyer[1] qui nous vient n'est pas ainsi appelé pource qu'il soit dû à nos mérites, mais pource qu'il est rétribué aux grâces qui nous avaient été auparavant conférées ? C'est bien regarder à eux[2] d'entendre que les mérites n'ont plus de lieu, sinon que les bonnes œuvres procèdent de la propre vertu de l'homme[3]. Mais de trouver cela tant étrange, c'est une moquerie. Car saint Augustin ne doute point d'enseigner pour un article certain ce qu'ils trouvent tant hors de raison, comme quand il dit : « Quels sont les mérites de tous hommes ? Quand Jésus-Christ vient non point avec un loyer qui fût dû, mais avec sa grâce gratuite, il les trouve tous pécheurs, lui seul franc de péchés, et en affranchissant les autres[4]. » Item : « Si ce qui t'est dû t'est rendu, tu dois être puni ; mais qu'est-ce qui se fait ? Dieu ne te rend point la peine qui t'était due, mais il te donne la grâce qui ne t'appartenait point. Si tu te veux exclure de la grâce de Dieu, vante-toi de tes mérites[5]. » Item : « Tu n'es rien de toi, les péchés sont tiens, les mérites sont à Dieu. Tu dois être puni, et quand Dieu te rendra le loyer de vie, il couronnera ses dons, non pas tes mérites[6]. » A ce même propos il enseigne ailleurs que la grâce ne vient point du mérite, mais le mérite vient de la grâce. Et tantôt après il conclut que Dieu précède tous mérites par ses dons, afin que ses autres mérites suivent, et que du tout il donne gratuitement ce qu'il donne, pource qu'il ne trouve nulle cause de sauver. Mais c'est chose superflue d'en faire plus long récit, vu que ses livres sont pleins de telles sentences. Toutefois encore l'Apôtre[7] les délivrera de cette folle fantaisie, s'ils veulent écouter de quel principe il déduit notre béatitude, et la gloire éternelle nous attendons. « Ceux que Dieu a élus, dit-il, il les a appelés : ceux qu'il a appelés, il les a justifiés ; ceux qu'il a justifiés, il les a glorifiés » (*Rom.* 8, 30). Pourquoi donc sont couronnés les fidèles ? Certes, selon l'Apôtre, d'autant que[8] par la miséricorde du Seigneur, et non par leur industrie, ils ont été élus, appelés et justifiés. Pourtant[9] que cette folle crainte soit ôtée, qu'il n'y aura plus nul mérite si le franc-arbitre n'est soutenu. Car c'est une moquerie de fuir ce à quoi l'Écriture nous mène. « Si tu as reçu toutes choses, dit saint Paul, pourquoi te glorifies-tu comme si tu ne les avais point reçues ? » (I *Cor.* 4, 7). Nous voyons qu'il ôte toute vertu au libéral arbitre, afin de détruire tous mérites. Néanmoins selon que[10] Dieu est riche et libéral à bien faire, et que sa libéralité ne s'épuise jamais, il rémunère les grâces qu'il nous a conférées, comme si c'étaient vertus venant de nous, pource qu'en nous les donnant, il les a faites nôtres.

CALVIN, *Institution de la religion chrétienne*, Livre II, chap. 5, 2

LE CALVINISME

Le calvinisme se distingue du luthéranisme par un souci plus insistant de **cohérence doctrinale** et de **construction théologique**, qui va de pair avec la volonté d'organiser une église forte dotée de structures juridiques, pédagogiques, etc. **Luther** privilégie davantage l'**élan individuel** et tient un discours où l'inspiration joue un grand rôle.

Calvin poursuit la critique luthérienne de l'appareil temporel de l'Église et de toutes les pratiques qui « matérialisent » la religion, qui mélangent le spirituel et le corporel, qui ramènent Dieu à l'homme (la **messe**, le **trafic des indulgences**, tout ce qui fait croire à l'homme qu'il peut acheter son salut). Comme Luther, Calvin place au centre de la vie chrétienne l'**Écriture**, que chaque fidèle doit connaître intimement. Comme Luther, il remonte à saint Paul et à saint Augustin pour établir que **l'homme, de lui-même, ne peut en aucune manière échapper à la condition dégradée**, privée de tout libre arbitre, qui est la sienne depuis le péché originel ; il est donc impossible de se sauver par ses actes, par des œuvres conformes à la Loi. La justice divine ne peut que constater que l'homme est injuste, et si elle le sauve, c'est en vertu d'une miséricorde absolument gratuite. L'homme est ainsi justifié, non par les œuvres, mais par la grâce divine, au moyen de la foi seule.

Calvin radicalise la pensée de Luther en posant la nécessité de la **prédestination**, et l'impossibilité, pour l'homme, de résister à la grâce : les œuvres justes sont le signe, et non plus le moyen, d'un salut prévu par Dieu de toute éternité. Le fidèle est prédestiné, et c'est en vertu de la grâce divine, reçue dans sa foi, qu'il agit bien. Ce renversement donne à l'activité humaine une nouvelle légitimité, non comme mérite du salut, mais comme signe de Dieu et moyen de manifester sa présence. Le calvinisme rayonnera ainsi en donnant à ses fidèles, en même temps que la tranquillité intérieure, la **soif d'entreprendre**, pour **montrer Dieu à l'œuvre dans sa créature**.

***

Le Livre III de l'*Institution* est le livre de la foi. Nous ne pouvons que trembler si nous cherchons à nous sauver par nos œuvres : seule la foi donne la paix de l'âme. Elle n'est pas un mérite, elle ne nous acquiert rien : « Elle reçoit de Christ ce qui nous défaut » (chap. XIII). Critiquant au passage l'usage catholique de la pénitence et des indulgences qui permettraient d'acheter le salut, Calvin exhorte le chrétien à « souffrir la croix », à renoncer à lui-même suivant l'exemple du Christ, à s'ouvrir au mystère de la miséricorde. Poursuivant l'idée d'une justification absolument gratuite, le réformateur montre la nécessité de la prédestination. Le fidèle se sait gratuitement réputé juste car « enté au corps de Christ ». « Dieu nous justifie par le moyen de Jésus-Christ, il ne nous absout point en tant que nous soyons innocents, mais c'est en nous tenant gratuitement pour justes, nous réputant justes en Christ, combien que nous ne le soyons pas en nous-mêmes »... (chap. XI). Mais cette grâce qui, seule, justifie, ne tombe visiblement pas sur tous... ce dont les arrogants s'indignent.

Défense de la prédestination

La grâce n'a de sens que comme un pur don de Dieu, *elle ne peut tomber que sur ceux que Dieu a élus selon son bon plaisir :* **Calvin** *pose ainsi la* **nécessité de la prédestination**, *« conseil (décision) éternel de Dieu, par lequel il a déterminé ce qu'il voulait faire d'un chacun homme ». Une telle conception soulève, entre autres, des objections d'ordre moral (pourquoi faire le bien, si Dieu a déjà tout déterminé ?), que Calvin va réfuter d'une manière radicale.*

Les adversaires de la vérité usent encore d'une autre calomnie pour renverser la prédestination : c'est que, quand elle est établie, toute sollicitude et cure de bien vivre[1] est abattue. Car qui sera celui, disent-ils, lequel oyant que la mort ou la vie lui est déjà décrétée par le conseil immuable de Dieu, n'ait incontinent cette pensée en l'entendement, qu'il ne peut chaloir comment il vive[2], vu que la prédestination de Dieu ne peut être empêchée n'avancée[3] par ses œuvres ? Ainsi chacun s'abandonnera et se laissera transporter désordonnément partout où sa cupidité le mènera. Cette allégation n'est point du tout fausse, car il y a d'aucuns pourceaux qui souillent la prédestination de Dieu de tels blasphèmes, et sous cette couverture se moquent de toutes admonitions et remontrances : Dieu sait bien ce qu'il a délibéré de faire une fois de nous. S'il a déterminé de nous sauver, il nous conduira à salut en son temps ; s'il a déterminé de nous damner, nous nous tourmenterions en vain pour nous sauver. Mais l'Écriture, en remontrant combien nous devons en plus grande révérence et crainte penser de ce mystère, instruit les enfants de Dieu à un sens bien divers[4], et condamne la méchante audace et rage de telle manière de gens ; car elle ne nous parle pas de la prédestination pour nous faire enfler de témérité, ou pour nous inciter à éplucher par une hardiesse illicite les secrets inaccessibles de Dieu ; mais plutôt à ce qu'en humilité et modestie nous apprenions de craindre son jugement et magnifier sa miséricorde. Pourtant[5] tous fidèles tendront à ce but. Le grondement de ces pourceaux est bien rabattu par saint Paul. Ils disent qu'ils ne se soucient de vivre dissolument, à cause que s'ils sont du nombre des élus leurs vices ne les empêcheront point de parvenir à salut ; mais au contraire saint Paul enseigne que la fin de notre élection est, à ce que nous menions vie sainte et irréprehensible (*Ephés.* 1, 4). Si le but de notre élection est de saintement vivre, elle nous doit plutôt pousser et stimuler à méditer sainteté, qu'à chercher couverture de nonchalance. Car combien ces deux choses sont-elles différentes : ne se soucier de bien faire, pource que l'élection suffit à salut ; et que l'homme est élu, afin de s'adonner à bien faire ? Comment donc endurerons-nous ces blasphèmes, lesquels renversent si méchamment tout l'ordre de la prédestination ? Quant est de l'autre partie, à savoir qu'ils disent que celui qui est réprouvé de Dieu perdrait sa peine en s'appliquant à vivre purement et en innocence, en cela ils sont convaincus de mensonge impudent. Car dont[6] procéderait telle étude[7], sinon de l'élection de Dieu ? vu que tous ceux qui sont du nombre des réprouvés, comme ils sont instruments faits à opprobre, ne cessent de provoquer l'ire de Dieu par crimes infinis, et confirmer par signes évidents le jugement de Dieu qui est décrété contre eux, tant s'en faut[8] qu'ils y résistent en vain.

CALVIN, *Institution de la religion chrétienne*, Livre III, chap. 23, 12

1. *Tout soin et tout souci de vivre selon le bien.* — 2. *Que sa manière de vivre ne peut avoir d'importance.* — 3. *Ni avancée.* — 4. *Différent.* — 5. *C'est pourquoi.* — 6. *D'où.* — 7. *Cette application.* — 8. *Bien loin : l'idée est que les méchants ne sont pas méchants « par défaut », du fait de l'échec de leur résistance au dessein de Dieu, mais « par excès », ne cessant de confirmer ce dessein ; toute application à bien vivre est le signe de l'élection : l'objection est donc nulle.*

POUR LE COMMENTAIRE

1. En quoi la **réponse** de Calvin est-elle **radicale** ? Vous satisfait-elle ?

2. Montrez que la certitude de la prédestination est ici **le contraire d'un fatalisme**. Quel effet produit-elle sur la conscience du fidèle ? En quoi le problème de l'orgueil, de la « témérité », est-il alors d'une importance capitale ?

Claude-Gilbert Dubois
L'Imaginaire de la Renaissance

Reproductions

Pour vos essais et vos exposés

LEFÈVRE D'ÉTAPLES, *Épîtres et Évangiles*, publiés par BE-DOUELLE-GIACONE, éd. Brill, 1976.

Jean CALVIN, *Institution de la religion chrétienne*, publié par J. D. BENOIT, éd. Vrin, 1963.

Lucien FEBVRE : *Le Problème de l'incroyance religieuse au XVIᵉ siècle. La religion de Rabelais*, 1942, rééd. 1984 dans Le Livre de Poche, coll. « Tel ».

Émile-G. LÉONARD : *Histoire générale du protestantisme*, t. 1, P.U.F., 1961.

Jean-Claude MARGOLIN : *Érasme par lui-même*, éd. du Seuil, 1965.

Jean DELUMEAU : *La Civilisation de la Renaissance*, éd. Arthaud, 1967.

Daniel MÉNAGER : *La Vie littéraire au XVIᵉ siècle*, éd. Bordas, 1968.

Yves GIRAUD, Marc-René JUNG : *La Renaissance I, 1480-1548*, éd. Arthaud, 1972.

Jean-Claude MARGOLIN : *L'Humanisme en Europe au temps de la Renaissance*, P.U.F., coll. « Que Sais-je ? », 1981.

Ernst CASSIRER : *Individu et Cosmos dans la philosophie de la Renaissance*, éd. de Minuit, 1983.

Claude-Gilbert DUBOIS : *L'Imaginaire de la Renaissance*, P.U.F., 1985.

Un instrument particulier de reproduction nous importe ici : il s'agit du miroir, qui va connaître vers le milieu du siècle une véritable révolution technique. C'est vers cette date qu'à Venise est inventé le miroir moderne, obtenu par compression d'une couche de mercure entre une plaque de verre et une plaque protectrice de métal. Jusqu'alors le miroir convexe ou le miroir métallique ne pouvait, pour raisons techniques, excéder la dimension d'un visage : c'est à cet usage qu'il avait été à l'origine conçu. C'est pourquoi il se chargeait de connotations psychologiques : il était l'attribut de la Prudence ou de la Vanité allégorisées. L'extension de la surface réfléchissante permet la constitution de panneaux de glaces, qui reflètent les scènes d'intérieur et, en face d'une ouverture, le monde extérieur. Il est possible, par un moyen strictement optique, de reproduire le monde entier. Par ailleurs l'usage du cristal, verre parfaitement pur et plan, accentue la fidélité de l'image qui était déformée dans les miroirs sphériques, ou floue dans les miroirs de métal. Le développement de la projection optique sur écran qui intrigue la plupart des grands créateurs (en particulier Dürer) permet une restitution rigoureuse de la perception oculaire par la fidélité aux lois de la perspective : ces études permettent de récuser le système symbolique de représentation, en fonction d'une convention, au profit d'une figuration qui répond, par la fidélité aux règles de la perception oculaire, à la norme de naturel.

La découverte de l'imprimerie — qui vient des milieux de fondeurs, et non des ateliers de copistes — consiste en fait dans l'application de l'*ars combinatória* de caractères graphiques en nombre limité, en vue de l'obtention d'un nombre quasiment illimité de textes : la composition exprime la possibilité de séries quasiment infinies à partir de modèles restreints en nombre. L'impression (avec le développement des moyens de presse et l'amélioration de qualité de l'encre et du papier) permet de reproduire en un nombre d'exemplaires considérable, relativement à l'époque, le document original. Cette double invention accélère la production des copies et permet la sortie d'ouvrages qui peuvent rivaliser par la qualité avec les manuscrits, en atteignant une diffusion que ceux-ci, pour des raisons techniques évidentes, n'ont jamais pu atteindre. Le mécanisme de reproduction, de multiplication et de diffusion est désormais au cœur de l'œuvre écrite : comment n'influerait-il pas sur sa forme, son contenu et sa fonction ? Un sonnet de Pétrarque pourra ainsi battre dans tous les cœurs à la fois, et le *Courtisan* être lu simultanément dans toutes les cours de Toscane, de France et de Navarre. Il y a dans ce phénomène de simultanéité et d'ubiquité un pouvoir miraculeux de maîtriser le temps et l'espace : doté d'ubiquité, vainqueur de l'éphémère, compagnon de foules, le livre peut permettre à son auteur de dire qu'il atteint par là une postérité analogue à celle des héros, et en quelque sorte d'accéder à l'éternité. Une modeste modification technique permet la constitution de ces mégalomanies prométhéennes que mettront en vers les poètes de la Pléiade.

Claude-Gilbert DUBOIS, *L'Imaginaire de la Renaissance,*
© P.U.F., 1985

RABELAIS
(≃ 1494-1553)

*« Comme le corps
plus est pesant mort
que vif, aussi est
l'homme jeun plus
terrestre et pesant que
quand il a bu et
repu. »*
Rabelais,
Le *Quart Livre*, LXVI

François Rabelais, médaille de R. Joly.
La Monnaie de Paris.

François Rabelais (≃ 1494-1553)

François Rabelais,
gravure du XVIᵉ siècle.
Paris, B.N.

La formation

François Rabelais est né, peut-être en 1494, à La Devinière, près de Chinon. Il est le fils d'un avocat. On ne sait à peu près rien de sa jeunesse. Vers 1520, il est moine, franciscain, à Fontenay-le-Comte, en Vendée où il apprend le grec et correspond avec Guillaume Budé. Les études grecques sont mal vues par la Sorbonne : on lui confisque ses livres. Rabelais change d'ordre. Devenu bénédictin en l'abbaye de Maillezais, secrétaire de Geoffroy d'Estissac, son abbé, il voyage en Poitou, étudie le droit, puis abandonne finalement la vie monastique. Désormais prêtre séculier (sans autorisation), sans doute voyage-t-il ; on le retrouve à l'université de Montpellier, où il obtient un diplôme de médecine. Il commence par enseigner : en bon humaniste, conjuguant philologie et médecine, il commente les textes d'Hippocrate et de Galien.

Les premières publications

Rabelais exerce ensuite à l'hôpital de Lyon. Dans cette ville-phare des idées nouvelles, il correspond avec Érasme et édite divers textes de droit et de médecine, notamment les *Aphorismes*, d'Hippocrate (1532). C'est la même année que paraissent, à Lyon toujours, sous l'anagramme-pseudonyme d'Alcofrybas Nasier, *Les Horribles et Épouvantables Faits et Prouesses du très renommé Pantagruel*.

Rome et la protection de Jean du Bellay

Devenu le médecin de l'évêque-diplomate Jean du Bellay, ecclésiastique ami des humanistes, il accompagne ce dernier à Rome. Le succès de *Pantagruel* est vif, mais l'ouvrage s'attire les foudres de la Sorbonne. Condamnation, toutefois, n'est pas interdiction. En 1534, Rabelais récidive, avec *Gargantua*. Nouveau voyage en Italie après l'affaire des Placards. Le pape régularise sa situation de prêtre. Reçu docteur en médecine, toujours à Montpellier, Rabelais continue d'exercer à Lyon, puis passe au service de Guillaume du Bellay, frère de Jean, gouverneur du Piémont que François Iᵉʳ vient d'annexer ; ce grand seigneur, qui restera pour lui un modèle de bon gouvernement, meurt en 1543, la même année que Geoffroy d'Estissac. En 1546, paraît le *Tiers Livre*, signé Rabelais. Nouvelle condamnation par la Sorbonne, qui tente d'obtenir une interdiction. Rabelais s'enfuit à Metz (ville d'Empire), puis retourne à Rome. Le *Quart Livre* paraît en partie en 1548, en entier en 1552. Redevenu médecin de Jean du Bellay (retiré à Saint-Maur), Rabelais obtient deux cures (qu'il confie, suivant l'usage, à des vicaires, se contentant d'en percevoir le revenu). Il meurt en 1553, à Paris. En 1562 paraît *L'Île sonnante*, reprise en 1564 dans l'ensemble du *Cinquième Livre*. Cet ouvrage posthume n'est probablement qu'en partie de la main de Rabelais.

1532	Éditions d'Hippocrate et de Galien *Pantagruel* (à Lyon)	**1546**	*Tiers Livre*, à Paris
1533	*Pantagruéline Pronostication*	**1548**	*Quart Livre*, publication des onze premiers chapitres, à Lyon
1534	*Gargantua*	**1552**	*Quart Livre*, publication intégrale, à Paris
1542	*Gargantua* et *Pantagruel*, édition définitive, à Lyon	**1562**	*L'Île sonnante*
1544	*Grande et Vraie Pronostication nouvelle pour l'an 1544*	**1564**	*Cinquième Livre*

1. *Gargantua* (1534)

« Rire est le propre de l'homme »

Le personnage de Gargantua vient du folklore, d'une tradition orale passée à l'écrit dans les *Chroniques de Gargantua*, ensemble de récits à la fois épiques et comiques, diffusés par colportage ou dans les foires, narrant l'histoire d'un bon géant au service du roi Arthur. Dans *Pantagruel* (1532), **RABELAIS** se référait à cette « littérature populaire », donnant en quelque sorte une suite aux *Chroniques* en même temps qu'un fils à Gargantua (voir p. 252). Lorsque, deux ans plus tard, l'auteur revient à l'histoire du père, c'est pour en faire vraiment son personnage. Le legs des *Chroniques* est moins visible que dans *Pantagruel*. Gargantua nouvelle manière est plus marqué que son fils par l'**idéologie humaniste**. Les intentions de Rabelais se sont précisées. Pour assurer la cohérence de l'ensemble, l'écrivain devra retravailler *Pantagruel*, premier livre écrit, devenu tome second du récit. Mais la différence demeure sensible, et *Gargantua* reste un livre plus achevé que *Pantagruel*.

1. L'éducation

Le thème de l'éducation, notamment, y est beaucoup développé. Il permet de mettre en scène l'opposition de la « barbarie » médiévale et de la pédagogie humaniste. Capable de tout apprendre et de tout pratiquer, le **géant devient un symbole possible de l'homme de la Renaissance**, corps et âme unis dans la soif de savoir et de créer, de comprendre et de croire. Transformé, cultivé, le corps du géant perd beaucoup de ses aspects folkloriques. Le thème du corps reste fondamental, mais

Gargantua et ses parents,
gravure sur bois de 1537. Paris, B.N.

il s'agit moins du corps d'un géant que, simplement, du corps humain, envisagé dans toutes ses fonctions naturelles, et à différents âges. La petite enfance est traitée avec une force comique inégalée, mais en des termes qui ne doivent presque plus rien aux données primitives, mythiques, du gigantisme : l'enfant Gargantua est beaucoup moins sauvage ou monstrueux que ne l'était l'enfant Pantagruel. Ces chapitres de la petite enfance permettent la mise en perspective du débat qui suit au sujet de l'éducation. Au centre de ce débat, le corps, la dignité de ses besoins et de ses désirs, de son appétit et de sa sexualité.

2. La guerre

L'épisode de la guerre permet encore une démonstration idéologique efficace (en accord, probablement, avec les objectifs de la propagande royale). A Picrochole, qui rêve tout éveillé de soumettre le monde à la violence et à l'arbitraire de sa tyrannie, le récit oppose le modèle de bon gouvernement incarné par Grandgousier et son fils Gargantua, qui pensent que le temps n'est plus aux conquêtes, et que **la victoire obtenue grâce au bon droit**, au courage et à l'intelligence tactique, doit déboucher sur le pardon des vaincus, pour mieux assurer la concorde future.

3. Le triomphe du langage

Mais le livre rabelaisien est habité d'une force qui excède la portée d'un tel « message ». Le génie linguistique de l'auteur y connaît un développement triomphal — entre autres, dans les chapitres de l'enfance — qui pousse le texte bien au-delà de ce qu'exigerait la clarté de la démonstration idéologique. Le récit est assorti d'un prologue et de deux « énigmes » qui posent joyeusement **le problème du sens de toute création verbale**. La seconde de ces énigmes, celle que l'on trouve « ès fondements » de l'abbaye de Thélème, signifie-t-elle « le maintien de vérité divine » (version de Gargantua), ou bien le jeu de paume (version de frère Jean) ? On n'a jamais fini de s'interroger, non plus que de faire grande chère ; et sans doute faut-il revenir, toujours, à cette recommandation initiale :

> Amis lecteurs, qui ce livre lisez,
> Dépouillez-vous de toute affection[1],
> Et, le lisant, ne vous scandalisez :
> Il ne contient mal ne[2] infection.
> Vrai est qu'ici peu de perfection
> Vous apprendrez, sinon en cas de[3] rire;
> Autre argument ne peut mon cœur élire,
> Voyant le deuil qui vous mine et consomme[4] :
> Mieux est de ris[5] que de larmes écrire,
> Pour ce que rire est le propre de l'homme.

---

1. *Passion.* — 2. *Ni.* — 3. *En matière de.* — 4. *Consume.* — 5. *Rire.*

Comment instruire un géant

*** **Gargantua**

Gargantua est né « en façon bien étrange » : par l'oreille de sa mère Gargamelle, suite à une indigestion de tripes, ce qu'on ne saurait mettre en doute, car « un homme de bien, un homme de bon sens, croit toujours ce qu'on lui dit et qu'il trouve par écrit »... Il naît en bramant « A boire ! », et son père Grandgousier s'exclame : « Que grand tu as ! » (le gosier) ; d'où son nom. Il passe sa petite enfance à « manger, boire et dormir », et s'illustre en découvrant le plus excellent moyen de se torcher le cul : d'un oison bien duveté. Confié à des « sophistes » (la première édition disait « théologiens » et « Sorbonagres »), maîtres Thubal Holoferne et Jobelin Bridé, il apprend à écrire en gothique et ingurgite tous les manuels et traités de l'éducation médiévale. Voici le résultat d'un tel apprentissage.

Gravure de Gustave Doré pour *Gargantua*, en 1854. Paris, Bibl. des Arts décoratifs.

Il s'éveillait entre huit et neuf heures, fût jour ou non ; ainsi l'avaient ordonné ses régents antiques, alléguant ce que dit David : *Vanum est vobis ante lucem surgere*[1].

5 Puis se gambayait, penadait et paillardait[2] parmi le lit quelque temps pour mieux ébaudir ses esprits animaux[3] ; et s'habillait selon la saison, mais volontiers portait-il une grande et longue robe de grosse frise[4] fourrée de renards ; après se peignait du peigne d'Almain[5], c'était des quatre doigts et le pouce, car ses précepteurs disaient que soi autrement peigner, laver et nettoyer était perdre temps en ce monde.

10 Puis fientait, pissait, rendait sa gorge, rotait, pétait, bâillait, crachait, toussait, sanglotait, éternuait et se morvait en archidiacre[6], et déjeunait pour abattre la rosée et mauvais air : belles tripes frites, belles charbonnades[7], beaux jambons, belles cabirotades[8] et force soupes de prime[9]. [...]

Après avoir bien à point déjeuné, allait à l'église, et lui portait-on dedans un grand panier un gros bréviaire empantouflé[10], pesant, tant en graisse qu'en fermoirs et parchemin, peu plus peu moins, onze quintaux six livres. Là oyait vingt et six ou trente messes. Cependant venait son diseur d'heures en place, empaletoqué comme une duppe[11], et très bien antidoté[12] son haleine à force sirop vignolat[13] ; avec icelui marmonnait toutes ces kyrielles, et tant curieuse- 20 ment[14] les épluchait qu'il n'en tombait un seul grain en terre.

Au partir de l'église, on lui amenait sur une traîne à bœufs[15] un farat[16] de patenôtres de Saint-Claude[17], aussi grosses chacune qu'est le moule d'un bonnet[18] ; et, se promenant par les cloîtres, galeries ou jardin, en disait plus que seize ermites.

25 Puis étudiait quelque méchante demi-heure, les yeux assis dessus son livre ; mais (comme dit le comique[19]) son âme était en la cuisine.

Pissant donc plein urinal, s'asseyait à table, et parce qu'il était naturellement flegmatique[20], commençait son repas par quelques douzaines de jambons, de langues de bœuf fumées, de boutargues[21], d'andouilles, et tels autres avant- 30 coureurs de vin.

Cependant quatre de ses gens lui jetaient en la bouche, l'un après l'autre, continûment, moutarde à pleines palerées[22]. Puis buvait un horrifique trait de vin blanc pour lui soulager les rognons. Après, mangeait selon la saison, viandes[23] à son appétit, et lors cessait de manger quand le ventre lui tirait.

35 A boire n'avait point fin ni canon[24], car il disait que les mètes[25] et bornes de boire étaient quand, la personne buvant, le liège de ses pantoufles enflait en haut d'un demi-pied.

Rabelais, *Gargantua* (1542), chap. XXI
Orthographe modernisée

1. « Il est vain de vous lever avant le jour » ; citation du psaume 126 ; mais le texte biblique ajoutait : « si Iahvé ne garde pas la ville ». — 2. Gambadait, bondissait, se vautrait. — 3. Selon l'ancienne physiologie, agents de la perception et du mouvement, petits corps très mobiles contenus dans les nerfs et le cerveau. — 4. Grosse laine frisée. — 5. Jacques Almain, théologien du début du XVIᵉ siècle, type de l'ancien maître détesté de Rabelais. — 6. D'abondance. — 7. Grillades. — 8. Idem, mais de viande de chevreau. — 9. Morceaux de pain trempés, que les moines mangeaient à prime

(6 heures). — 10. Enveloppé d'un sac (lit. d'une pantoufle). — 11. Son aumônier, emmitouflé dans son paletot comme une huppe. — 12. Purifié à l'aide d'un antidote. — 13. Vin. — 14. Avec soin. — 15. Char à bœufs. — 16. Un tas. — 17. Chapelets de Saint-Claude (ville du Jura). — 18. La tête d'un bonnet. — 19. Térence, Eunuque, IV, 8. — 20. Lymphatique ; le flegme ou lymphe était l'une des quatre humeurs commandant le tempérament. — 21. Œufs de mulet confits. — 22. Pelletées. — 23. Aliments, en général. — 24. Règle. — 25. Limites (du latin meta).

***

Suit une liste de deux cent dix-neuf jeux auxquels joue Gargantua... L'éducation du géant est ensuite confiée à Ponocratès (à peu près : « le bourreau de travail »), maître moderne ; et tout change.

1. Page (latinisme).
2. Domaine proche de Chinon.
3. « Lecteur » (tiré du grec).
4. Lecture.

S'éveillait donc Gargantua environ quatre heures du matin. Cependant qu'on le frottait, lui était lue quelque pagine[1] de la divine Écriture hautement et clairement, avec prononciation compétente à la matière, et à ce était commis un jeune page, natif de Basché[2], nommé Anagnostes[3]. Selon le propos et argument
5 de cette leçon[4] souventes fois s'adonnait à révérer, adorer, prier et supplier le bon Dieu, duquel la lecture montrait la majesté et jugements merveilleux.

Puis allait ès lieux secrets faire excrétion des digestions naturelles. Là son précepteur répétait ce qui avait été lu, lui exposant les points plus obscurs et difficiles.

5. Et en quels signes.

10 Eux retournant, considéraient l'état du ciel : si tel était comme l'avaient noté au soir précédent, et quels signes[5] entrait le soleil, aussi la lune, pour icelle journée.

6. Peigné, coiffé.

Ce fait, était habillé, peigné, testonné[6], accoutré et parfumé, durant lequel temps on lui répétait les leçons du jour d'avant. Lui-même les disait par cœur,
15 et y fondait quelques cas pratiques et concernant l'état humain, lesquels ils étendaient aucunes fois jusque deux ou trois heures, mais ordinairement cessaient lorsqu'il était du tout habillé.

Puis par trois bonnes heures lui était faite lecture.

7. Sortaient.
8. Se divertissaient en faisant du sport.
9. Jeu de paume ; vient du Grand Bracque, *jeu de paume sis place de l'Estrapade, à Paris.*
10. Jeu de balle à trois joueurs placés en triangle.

Ce fait, issaient hors[7], toujours conférant des propos de la lecture, et se
20 déportaient[8] ès Bracque[9] ou ès prés, et jouaient à la balle, à la paume, à la pile trigone[10], galantement s'exerçant les corps comme ils avaient les âmes auparavant exercé.

Tout leur jeu n'était qu'en liberté, car ils laissaient la partie quand leur plaisait et cessaient ordinairement lorsque suaient parmi le corps, ou étaient autrement
25 las. Adonc étaient très bien essuyés et frottés, changeaient de chemise et, doucement se promenant, allaient voir si le dîner était prêt. Là attendant, récitaient clairement et éloquemment quelques sentences retenues de la leçon.

Cependant, Monsieur l'Appétit venait, et par bonne opportunité s'asseyaient à table.

Détail d'une gravure de Doré pour *Gargantua.* Paris, Bibl. des Arts décoratifs.

11. *Il s'agit des romans de chevalerie.*
12. *Effet.*
13. *Athénée, grammairien grec (IIe-IIIe s. ap. J.-C.) ; Dioscoride, médecin grec (Ier s. ap. J.-C.) ; Julius Pollux, grammairien grec, contemporain d'Athénée ; Galien, médecin grec (IIe s. ap. J.-C.) ; Porphyre, philosophe néoplatonicien (IIIe s. ap. J.-C.) ; Oppien, poète didactique grec (IIIe s. ap. J.-C.) ; Polybe, médecin du Ve s. av. J.-C., gendre d'Hippocrate ; Héliodore, sans doute un chirurgien romain ; Aelien, naturaliste grec (IIIe s. ap. J.-C.).*
14. *Pâte de coings.*
15. *Tronc de lentisque.*

30   Au commencement du repas était lue quelque histoire plaisante des anciennes prouesses[11], jusqu'à ce qu'il eût pris son vin.

   Lors (si bon semblait) on continuait la lecture, ou commençaient à deviser joyeusement ensemble, parlant, pour les premiers mois, de la vertu, propriété, efficace[12] et nature de tout ce qui leur était servi à table : du pain, du vin, de l'eau, 35 du sel, des viandes, poissons, fruits, herbes, racines, et de l'apprêt d'icelles. Ce que faisant, apprit en peu de temps tous les passages à ce compétents en Pline, Athénée, Dioscoride, Julius Pollux, Galien, Porphyre, Oppien, Polybe, Héliodore, Aristote, Aelien[13] et autres. Iceux propos tenus, faisaient souvent, pour plus être assurés, apporter les livres susdits à table. Et si bien et entièrement retint en sa 40 mémoire les choses dites, que pour lors n'était médecin qui en sût à la moitié tant comme il faisait.

   Après, devisaient des leçons lues au matin, et parachevant leur repas par quelque confection de cotoniat[14], se curait les dents avec un trou de lentisque[15], se lavait les mains et les yeux de belle eau fraîche, et rendaient grâce à Dieu par 45 quelques beaux cantiques faits à la louange de la munificence et bénignité divine. Ce fait, on apportait des cartes, non pour jouer, mais pour y apprendre mille petites gentillesses et inventions nouvelles, lesquelles toutes issaient d'arithmétique.

RABELAIS, *Gargantua*, chap. XXIII
Orthographe modernisée

***

   Mathématiques, musique, « art de chevalerie », chasse, natation, course à pied, escalade, sports de combat ; et, s'il pleut, peinture et sculpture, visite des divers métiers, artisans et boutiquiers, audition des procès et « concions » (discours) des « prêcheurs évangéliques » : « ainsi fut gouverné Gargantua ».

ÉTUDE COMPARÉE

  1. Les deux programmes. Comparez-les en considérant surtout trois éléments : le corps, l'étude, la religion. Montrez que l'éducation nouvelle les relie étroitement. Sur quelle conception de l'homme s'appuie-t-elle ?

  2. Le gigantisme. Le nouveau Gargantua est-il encore un géant ? Cherchez dans le second texte, ou éventuellement dans le chapitre complet, les traces de son gigan-tisme. Inversement, montrez que le gigantisme constitue un élément essentiel du premier texte, et une clé de son comique.

  3. Le problème religieux. Dégagez ce qui oppose les deux pratiques. Tentez de définir la conception de la foi illustrée dans le second texte.

La stratégie selon Picrochole

***

   A la suite d'une bagarre à propos de « fouaces » (galettes poitevines), le roi de Lerné, Picrochole (étymologiquement « bile amère »), déclenche une guerre contre son voisin Grandgousier (dont Rabelais, multipliant les références à des lieux réels, situe le royaume en Chinonais). Grandgousier rappelle son fils de Paris, tout en faisant l'impossible pour préserver la paix. Mais Picrochole est la proie de sa colère, et de conseillers (Menuail, Spadassin, Merdaille) qui lui décrivent ses futures conquêtes comme s'il y était. Une moitié de l'armée doit vaincre Grandgousier, puis s'emparer de l'Europe du Nord et de l'Est ; l'autre a déjà conquis l'Espagne...

   Vous passerez par l'étroit de Sibylle[1], et là érigerez deux colonnes plus magnifiques que celles d'Hercule à perpétuelle mémoire de votre nom, et sera nommé celui[2] détroit la mer Picrocholine. Passée la mer Picrocholine, voici Barberousse[3], qui se rend votre esclave...

5   — Je, dit Picrochole, le prendrai à merci[4].

   — Voire[5], dirent-ils, pourvu qu'il se fasse baptiser. Et oppugnerez[6] les royaumes de Tunic, de Hippes, Argière, Bone, Corone[7], hardiment toute Barbarie[8]. Passant outre, retiendrez en votre main Majorque, Minorque, Sardaigne, Corsi-

Picrochole, gravure
de Robida pour *Gargantua*.
Paris, Bibl. des Arts
décoratifs.

que[9] et autres îles de la mer Ligustique[10] et Baléare. Côtoyant à gauche[11],
10 dominerez toute la Gaule Narbonnique, Provence et Allobroges[12], Gênes, Florence, Lucques, et à Dieu seas Rome[13] ! Le pauvre Monsieur du Pape meurt déjà
de peur.

— Par ma foi, dit Picrochole, je ne lui baiserai jà[14] sa pantoufle.

— Prise Italie[15], voilà Naples, Calabre, Apoulle[16] et Sicile toutes à sac, et
15 Malte avec. Je voudrais bien que les plaisants chevaliers[17], jadis Rhodiens, vous
résistassent, pour voir de leur urine !

— J'irais, dit Picrochole, volontiers à Lorette[18].

— Rien, rien, dirent-ils ; ce sera au retour. De là prendrons Candie, Chypre,
Rhodes et les îles Cyclades, et donnerons sus[19] la Morée. Nous la tenons. Saint
20 Treignan[20], Dieu garde Jérusalem, car le Soudan[21] n'est pas comparable à votre
puissance !

— Je, dit-il, ferai donc bâtir le Temple de Salomon.

— Non, dirent-ils, encore, attendez un peu. Ne soyez jamais tant soudain à
vos entreprises. Savez-vous que disait Octavien Auguste ? *Festina lente*[22]. Il vous
25 convient premièrement avoir l'Asie Mineure, Carie, Lycie, Pamphile, Célicie,
Lydie, Phrygie, Mysie[23], Béthune[24], Charazie, Satalie, Samagarie, Castamena,
Luga, Savasta[25], jusques à Euphrate.

— Verrons-nous, dit Picrochole, Babylone et le mont Sinaï ?

— Il n'est, dirent-ils, jà besoin pour cette heure. N'est-ce pas assez tracassé[26]
30 d'avoir transfrété[27] la mer Hircane[28], chevauché les deux Arménies et les trois
Arabies ?

— Par ma foi, dit-il, nous sommes affolés[29] ! Ha, pauvres gens !

— Quoi ? dirent-ils.

— Que boirons-nous par ces déserts ? Car Julien Auguste[30] et tout son oust[31]
35 y moururent de soif, comme l'on dit.

— Nous, dirent-ils, avons déjà donné ordre à tout. Par la mer Syriace[32] vous
avez neuf mille quatorze grandes naufs[33], chargées des meilleurs vins du monde ;
elles arrivèrent à Japhes[34]. Là se sont trouvés vingt et deux cent mille[35] chameaux
et seize cents éléphants, lesquels aurez pris à une chasse environ[36] Sigeilmès[37],
40 lorsqu'entrâtes en Libye, et d'abondant[38] eûtes toute la caravane de la Mecha[39].
Ne vous fournirent-ils de vin à suffisance ?

— Voire[40] ! Mais, dit-il, nous ne bûmes point frais.

RABELAIS, *Gargantua*, chap. XXXIII
Orthographe modernisée

---

1. *Le détroit de Séville (de Gibraltar).* — 2. *Ce.* — 3. *Khayr al-Din,
célèbre corsaire d'Alger.* — 4. *Je lui ferai grâce.* — 5. *Oui, d'accord.* — 6. *Attaquerez (latinisme).* — 7. *Tunis, Hippone, Alger,
Bizerte, Cyrène.* — 8. *Afrique du Nord.* — 9. *Sardaigne, Corse.* —
10. *Golfe de Gênes.* — 11. *Tournant du côté gauche.* — 12. *Peuple gaulois des bords de l'Isère.* — 13. *Adieu (sois) Rome !
(expression gasconne).* — 14. *Ne... jà : ne jamais.* — 15. *L'Italie
une fois prise (latinisme).* — 16. *Pouille.* — 17. *L'ordre des chevaliers de Malte, autrefois de Rhodes.* — 18. *Notre-Dame de Lorette, célèbre lieu de pèlerinage, près d'Ancône.* — 19. *Sur.* —

20. *Déformation de saint Ringan, juron militaire écossais.* —
21. *Sultan d'Égypte.* — 22. *« Hâte-toi lentement » : mot rapporté
par Suétone dans sa Vie d'Auguste.* — 23. *Noms antiques de
diverses régions d'Asie Mineure.* — 24. *Bithynie.* — 25. *Villes
d'Asie Mineure.* — 26. *S'être assez agité.* — 27. *Traversé.* —
28. *Caspienne.* — 29. *Fous.* — 30. *L'empereur Julien (l'Apostat).*
— 31. *Son ost, son armée.* — 32. *Syriaque, de Syrie.* — 33. *Navires.* — 34. *Jaffa.* — 35. *Compte par centaines de mille (on s'arrête
aujourd'hui à dix-neuf).* — 36. *Près de.* — 37. *Ville de Libye.* —
38. *En outre.* — 39. *La Mecque.* — 40. *Vrai.*

LECTURE MÉTHODIQUE

Ce texte ne consiste pas en une simple énumération de
lieux. Le comique de ces « châteaux en Espagne » dépend
de l'ampleur et du rythme de leur évocation. Vous examinerez donc, dans le détail du texte (à l'échelle du groupe de
mots), **les procédés qui structurent ce délire et en
renouvellent le comique**, en distinguant :

1. Le rythme et la sonorité des énumérations proprement dites ; leur répartition dans le texte.

2. Les allusions plus précises à certains lieux (colonnes
d'Hercule, Rome, Rhodes) ; analysez le rôle de chacune.

3. Le rôle général du dialogue (des interruptions de
Picrochole) et le comique particulier de certaines répliques
(allusion à Lorette, à Auguste).

4. Le cri de Picrochole, à propos de la soif, et ce qui
s'ensuit : délire de chiffres et dérapage du système temporel. Analysez soigneusement ce dernier phénomène et
commentez enfin, plus particulièrement, les derniers mots
de Picrochole.

Pourquoi cette évocation de la soif et du vin accélère-t-elle l'illusion picrocholine ?

L'anatomie selon Frère Jean

***

Grandgousier confie à son fils la conduite des opérations. Vainqueurs, les géants se montreront magnanimes, refusant d'asservir la nation vaincue. Cet idéal pacifique n'exclut nullement que l'on mette à se battre la plus extrême et la plus joyeuse violence. Le modèle de ces vertus guerrières est le moine Jean des Entommeures (« hachis », en dialecte angevin), plein de mépris pour la sottise, la couardise, l'oisiveté de ses frères, défenseur héroïque de son abbaye de Seuillé (et surtout de la vigne d'icelle !). Voici un autre exploit de Frère Jean, devenu compagnon d'armes de Gargantua, et présentement prisonnier.

1. Il s'agit d'un parti d'ennemis.
2. Énormément.
3. Attitude.

4. Raisonnait.

5. Épée ; le moine la porte sous son froc.
6. Frappa.
7. Veines et artères de la gorge.
8. Luette.
9. Glandes thyroïdes.
10. Moelle épinière.

11. Jeu de mots avec « prieur ».
12. Fesses.

13. Rançonnez-vous.

Le moyne, les voyant ainsi départir en desordre[1], conjectura qu'ils allaient charger sus Gargantua et ses gens et se contristoit merveilleusement[2] de ce qu'il ne les povoit secourir. Puis advisa la contenance[3] de ses deux archiers de garde, lesquelz eussent voluntiers couru après la troupe pour y butiner quelque chose,
5 et tousjours regardoient vers la vallée en laquelle ilz descendoient. D'advantaige syllogisoit[4], disant :
« Ces gens icy sont bien mal exercez en faictz d'armes, car oncques ne me ont demandé ma foy et ne me ont ousté mon braquemart[5]. »
Soudain après, tyra son dict braquemart et en ferut[6] l'archier qui le tenoit à
10 dextre, luy coupant entierement les venes jugulaires et arteres sphagitides[7] du col, avecques le guarguareon[8], jusques ès deux adenes[9], et retirant le coup, luy entreouvrit la mouelle spinale[10] entre la seconde et tierce vertebre : là tomba l'archier tout mort. Et le moyne, detournant son cheval à gauche, courut sus l'aultre, lequel voyant son compaignon mort et le moyne adventaigé sus soy,
15 cryoit à haulte voix :
« Ha, Monsieur le Priour, je me rendz ! Monsieur le Priour, mon bon amy, Monsieur le Priour ! »
Et le moyne cryoit de mesmes :
« Monsieur le Posteriour[11], mon amy, Monsieur le Posteriour, vous aurez sus
20 vos posteres[12] !
— Ha ! (disoit l'archier) Monsieur le Priour, mon mignon, Monsieur le Priour, que Dieu vous face abbé !
— Par l'habit (disoit le moyne) que je porte, je vous feray ici cardinal. Rensonnez-vous[13] les gens de religion ? Vous aurez un chapeau rouge à ceste
25 heure de ma main. »

Frère Jean, gravure de Robida pour *Gargantua*. Paris, Bibl. des Arts décoratifs.

14. *Équivoque obscène entre « frappeur » et « fouteur ».*

Et l'archier cryoit :
« Monsieur le Priour, Monsieur le Priour, Monsieur l'abbé futeur[14], Monsieur le Cardinal, Monsieur le tout ! Ha ! ha ! hés ! non, Monsieur le Priour, mon bon petit Seigneur le Priour, je me rends à vous ! »

30 — Et je te rends (dist le moyne) à tous les diables. »

15. *Boîte crânienne.*
16. *Os temporaux.*
17. *Os pariétaux.*
18. *Suture des os pariétaux.*
19. *Os frontal.*
20. *Il s'agit du bonnet des docteurs de l'Université.*

Lors d'un coup luy tranchit la teste, luy coupant le test[15] sur les os petreux[16] et enlevant les deux os bregmatis[17] et la commissure sagittale[18] avecques grande partie de l'os coronal[19], ce que faisant luy tranchit les deux meninges et ouvrit

35 profondement les deux posterieurs ventricules du cerveau ; et demoura le craine pendent sus les espaules à la peau du pericrane par derriere, en forme d'un bonnet doctoral, noir par dessus, rouge par dedans[20]. Ainsi tomba roidde mort en terre.

RABELAIS, *Gargantua*, chap. XLIV

POUR LE COMMENTAIRE

1. Le comique médical

a. Quel est l'effet produit par les termes techniques ? La violence de l'action s'en trouve-t-elle renforcée ou atténuée ?

b. Comment l'auteur souligne-t-il l'effet de contraste entre le registre guerrier et le registre anatomique ?

2. Le dialogue

a. Faites l'analyse détaillée des procédés mis en œuvre. Quelle est la technique utilisée par le spirituel Frère Jean ? Montrez qu'il est aussi habile à manier le discours que l'épée.

b. Montrez que le dialogue renforce le dynamisme de la scène.

3. Le « bonnet doctoral »

Qu'est-ce qui fait la force de cette image ? Montrez comment le texte la prépare. Est-elle cependant attendue ?

GROUPEMENT THÉMATIQUE

Le combat singulier dans le récit épique

Cherchez-en des exemples dans l'*Iliade*, dans l'*Énéide*, dans les chansons de geste (combats « sérieux » ou bien teintés de comique, tels ceux de Rainouard dans le cycle de Guillaume d'Orange).
Comparez **structures et procédés**.

Séjour d'honneur

***

La victoire obtenue, ses artisans sont récompensés. Frère Jean se voit proposer une abbaye, mais, refusant de gouverner autrui, il obtient d'en fonder une d'un genre « contraire à toutes autres », sur le site de Thélème (mot signifiant « désir », « vouloir »), « jouxte la rivière de Loire ». Abbaye sans murailles, dont la devise est « Fais ce que voudras », « parce que gens libères, bien nés, bien instruits, conversant en compagnies honnêtes, ont par nature un instinct et aiguillon qui toujours les pousse à faits vertueux et retire de vice ». Hommes et dames y vivent « selon leur vouloir et franc arbitre », jusqu'au mariage fondé en amitié mutuelle qui ne manquera pas de les unir. Voici le décor de cette vie idéale.

1. *Cour intérieure.*

2. *Calcédoine.*

3. *A l'antique (en plein cintre).*
4. *Dignes d'être vues (latinisme).*

5. *Tour du Nord, porte du Midi ; le bâtiment est hexagonal ; à chaque angle, une grosse tour ronde.*
6. *Piscines.*
7. *Triple gradin.*
8. *Près de.*

9. *Tour Glacée.*
10. *Toutes dispositions (étant) en quinconce.*
11. *A l'état sauvage.*

Au milieu de la basse-cour[1] était une fontaine magnifique de bel albâtre ; au-dessus, les trois Grâces avec cornes d'abondance, et jetaient l'eau par les mamelles, bouche, oreilles, yeux et autres ouvertures du corps.

Le dedans du logis sur ladite basse-cour était sur gros piliers de cassidoine[2]

5 et porphyre, à beaux arcs d'antique[3], au-dedans desquels étaient belles galeries, longues et amples, ornées de peintures et cornes de cerfs, licornes, rhinocéros, hippopotames, dents d'éléphants et autres choses spectables[4].

Le logis des dames comprenait depuis la tour Artice jusqu'à la porte Mesembrine[5]. Les hommes occupaient le reste. Devant ledit logis des dames, afin

10 qu'elles eussent l'ébattement, entre les deux premières tours, au-dehors, étaient les lices, l'hippodrome, le théâtre, et natatoires[6], avec les bains mirifiques à triple solier[7], bien garnis de tous assortiments, et foison d'eau de myrte.

Jouxte[8] la rivière était le beau jardin de plaisance ; au milieu d'icelui, le beau labyrinthe. Entre les deux autres tours étaient les jeux de paume et de grosse

15 balle. Du côté de la tour Cryère[9] était le verger, plein de tous arbres fruitiers, toutes ordonnées en ordre quinconce[10]. Au bout était le grand parc, foisonnant en toute sauvagine[11].

12. *Cuisines.*
13. *Tour de l'Ouest.*
14. *Fauconniers.*
15. *Modèles.*

16. *Pavement.*
17. *Cristal.*
18. *De tels miroirs
étaient fort rares.*
19. *Coiffeurs.*

20. *Eau de rose, eau de
fleur d'oranger, eau de
myrte.*

Entre les tierces tours étaient les buts pour l'arquebuse, l'arc et l'arbalète ; les offices[12] hors la tour Hespérie[13], à simple étage ; l'écurie au-delà des offices ;
20 la fauconnerie au-devant d'icelles, gouvernée par astursiers[14] bien experts en l'art, et était annuellement fournie par les Candiens, Vénitiens et Sarmates de toutes sortes d'oiseaux parangons[15] : aigles, gerfauts, autours, sacres, laniers, faucons, éperviers, émerillons et autres, tant bien faits et domestiqués que, partant du château pour s'ébattre aux champs, prenaient tout ce que rencontraient. La
25 vénerie était un peu plus loin, tirant vers le parc.

Toutes les salles, chambres et cabinets étaient tapissés en diverses sortes, selon les saisons de l'année. Tout le pavé[16] était couvert de drap vert. Les lits étaient de broderie. En chacune arrière-chambre était un miroir de cristallin[17], enchâssé en or fin, autour garni de perles, et était de telle grandeur qu'il pouvait
30 véritablement représenter toute la personne[18]. A l'issue des salles du logis des dames, étaient les parfumeurs et testonneurs[19], par les mains desquels passaient les hommes, quand ils visitaient les dames. Iceux fournissaient par chacun matin les chambres des dames d'eau rose, d'eau de naphe et d'eau d'ange[20], et à chacune la précieuse cassolette, vaporante de toutes drogues aromatiques.

RABELAIS, *Gargantua*, chap. LV
Orthographe modernisée

La fontaine de Thélème, gravure sur bois de 1537. Paris, B.N.

POUR LE COMMENTAIRE

1. La technique de la description. Par où commencer ? Par où terminer ? Quels éléments choisir et comment les organiser ? Examinez comment le texte répond à ces questions.

2. L'organisation de ce monde idéal. Qu'apprenons-nous des règles qu'il observe, des valeurs auxquelles il se soumet ? Relevez ce qui vous paraît le plus instructif à cet égard.

3. La richesse de Thélème est le contraire de la pauvreté monastique : développez cette opposition. En quoi consiste exactement la richesse de Thélème ?

DISCUSSION

(Après lecture intégrale, si possible, de *Gargantua*).

Que vient faire l'épisode de Thélème dans l'univers de Rabelais, dans celui de Gargantua et de Frère Jean ?

S'agit-il, pour vous, d'une simple parenthèse, ou bien percevez-vous une cohérence profonde ?

ÉTUDE COMPARÉE

Comparez ce passage à la description qui ouvre la *Légende de saint Julien l'Hospitalier*, de FLAUBERT. Relevez-vous des procédés communs à ces deux textes ? L'enjeu des descriptions est-il le même ?

GROUPEMENT THÉMATIQUE

La cité idéale

Thomas MORE : *L'Utopie*, 1516. — Tommaso CAMPANELLA : *La Cité du soleil*, 1623. — Charles FOURIER : *Théorie des quatre mouvements*. — Jules VERNE : *Les Cinq Cents Millions de la bégum*, 1879.

2. *Pantagruel* (1532)

Carnaval et Renaissance

1. Écriture, réécriture

Premier livre de l'œuvre rabelaisienne (voir p. 242), *Pantagruel* a été enrichi par la suite, après que RABELAIS eut écrit *Gargantua*. Mais l'**auteur n'a pas recherché à tout prix la cohérence**, et *Pantagruel*, texte composite, reste une sorte de libre (très libre) improvisation sur la trame fournie par les *Chroniques de Gargantua*. Les liens de Rabelais avec la « littérature populaire » (mais cette notion n'a pas grand sens au XVIᵉ siècle) se vérifient encore dans ses almanachs parodiques : ainsi, en 1533, la *Pantagruéline Pronostication* : « Cette année, plusieurs moutons, bœufs, pourceaux, oisons, poulets et canards mourront, et ne sera si cruelle mortalité entre les singes et dromadaires... »

2. Le corps géant

Gargantua, le géant du folklore, est donc doté d'un fils, dont le nom vient d'un petit diable des Mystères, qui verse du sel dans la bouche des ivrognes. Pantagruel conservera cette faculté de punir par la soif. Rabelais reprend ici la trame narrative des *Chroniques* (naissance, enfance, voyages, exploits guerriers) ; **il utilise en l'amplifiant le comique du corps monstrueux**, dans le registre de l'alimentaire surtout (nourriture, excréments). Exagération du corps naturel, le corps du géant est une figure de Carnaval, où ce qui est normalement rabaissé devient l'essentiel. Rabelais approfondira ce processus de revalorisation en faisant du géant une **figure de l'homme nouveau**, en qui l'âme et le corps ne s'ignorent plus.

3. La satire

Au schéma traditionnel des aventures de géants, Rabelais ajoute des motifs satiriques qui dirigent le rire contre les représentants de la « barbarie » médiévale, écoliers et professeurs, juristes et théologiens. La satire utilise, là encore, **les procédés du Carnaval** : le haut devient le bas, les tenants de l'ordre ancien sont rabaissés, réduits à l'état de pantins obscènes, dont le corps et le langage sont également grotesques. Un personnage, **Panurge**, excelle à ce sport destructeur. Lui n'est pas un géant : ce sont les tours qu'il imagine qui sont gigantesques. Des dizaines d'accessoires, entre autres sa magnifique braguette, lui permettent de piéger spectaculairement les autres. Les défenseurs sclérosés de l'Université, de l'Église, de la société « gothique » sont ainsi renvoyés à la paillardise qu'ils dissimulaient sous les oripeaux du savoir et du pouvoir.

4. Un texte composite

Mais l'intention satirique, l'idéologie moderniste ne suffisent pas à « tenir » un texte divers, qui s'offre le **plaisir de l'incohérence**. On passe sans transition d'un lieu à l'autre, d'Utopie en France, du

Les Songes drolatiques de Pantagruel, 1565. Paris, B.N.

comique de l'épopée gigantale à celui de la satire. Tantôt le gigantisme de Pantagruel joue un rôle capital, tantôt il n'en est pas fait mention, comme si l'auteur « oubliait » que son héros est un géant. Entre Pantagruel-géant et Pantagruel-humaniste, entre le Carnaval et la Renaissance, la synthèse se fait mal. Du reste, à plusieurs reprises, la science du héros se trouve prise en défaut ; et c'est Panurge, qui n'est ni un géant, ni un humaniste, qui ne cherche aucune vérité, mais seulement à faire « quinaud » l'adversaire, Panurge, voleur, menteur et tricheur, qui vient à son secours.

5. Humanisme et dérision

Cette ambiguïté fonde l'esthétique rabelaisienne. **La dérision** dont Panurge est le symbole n'épargne aucun savoir, aucun pouvoir, aucun langage humain. Dans l'univers de Panurge, des leurres affrontent d'autres leurres, et c'est le plus fascinant qui l'emportera. Dans l'univers humaniste de Pantagruel, il s'agirait plutôt de **distinguer la culture vivante de la culture morte**, le langage vivant, porteur d'une réalité, d'une vérité, du langage mort, purement formel, monstrueusement artificiel, des rites liturgiques et des disputes universitaires. Rabelais, humaniste, est sensible à cette opposition, mais Rabelais, écrivain, se laisse émerveiller par ce qu'il dénonce, par le langage mort autant que par le langage vivant. C'est en fait tout le langage qui lui paraît merveilleusement ambigu, mort-vivant dont la richesse inépuisable peut servir à dire la richesse du monde ou bien se laisser fasciner par elle-même, dans le vide : c'est la poésie des jargons et des charabias. La jubilation de Rabelais dépasse la colère de Pantagruel devant de telles aberrations. Son métier d'écrivain, c'est **l'exigence d'aimer tout le langage**, et de nous le faire aimer, comme Pantagruel aime Panurge : inexplicablement.

Le dilemme de Gargantua

*** *Pantagruel*

Pantagruel naît alors qu'une terrible sécheresse ravage « tout le pays d'Afrique », où se situe, semble-t-il, l'Utopie[1], royaume de Gargantua son père. De là son nom, qui veut dire « tout altéré » selon l'étymologie fantaisiste fournie par Rabelais. Mais Badebec, sa mère, meurt à sa naissance.

1. Le nom vient de Thomas More (voir le chapitre précédent).

2. Logiques.

3. « Selon le mode et la figure » ; syllogisme emprunté à la scolastique.

4. Résoudre.

5. Prise au piège.

6. Avant.

7. Surface de terre demandant un « setier » (156 litres) de semence.

8. Malveillante.

9. Enlever.

10. Du meilleur vin (s'adresse à un valet).

11. Mets.

12. Morceaux de pain qu'on trempe dans la soupe.

13. Du latin : « Souviens-toi » ; prières des morts.

14. Juron qu'affectionnait François Iᵉʳ.

15. « Permets-moi de jurer » ; formule d'excuse.

16. Si ce n'est mieux.

17. Celui qui reste.

Quand Pantagruel fut né, qui fut bien ébahi et perplexe ? Ce fut Gargantua, son père. Car, voyant d'un côté sa femme Badebec morte, et de l'autre son fils Pantagruel né, tant beau et tant grand, ne savait que dire ni que faire, et le doute qui troublait son entendement était à savoir s'il devait pleurer pour le deuil de sa
5 femme ou rire pour la joie de son fils. D'un côté et d'autre il avait arguments sophistiques[2] qui le suffoquaient, car il les faisait très bien *in modo et figura*[3] ; mais il ne les pouvait soudre[4], et par ce moyen demeurait empêtré comme la souris empeigée[5] ou un milan pris au lacet.

« Pleurerai-je ? disait-il. Oui, car pourquoi ? Ma tant bonne femme est morte,
10 qui était la plus ceci, la plus cela, qui fût au monde. Jamais je ne la verrai, jamais je n'en recouvrerai une telle ; ce m'est une perte inestimable ! O mon Dieu, que t'avais-je fait pour ainsi me punir ? Que n'envoyas-tu la mort à moi premier[6] qu'à elle ? Car vivre sans elle ne m'est que languir. Ha, Badebec, ma mignonne, m'amie, mon petit con (toutefois elle en avait bien trois arpents et deux sexte-
15 rées[7]), ma tendrette, ma braguette, ma savate, ma pantoufle, jamais je ne te verrai ! Ha, pauvre Pantagruel, tu as perdu ta bonne mère, ta douce nourrice, ta dame très aimée ! Ha, fausse mort, tant tu m'es malivole[8], tant tu m'es outra-geuse, de me tollir[9] celle à laquelle immortalité appartenait de droit ! »

Et, ce disant, pleurait comme une vache ; mais tout soudain riait comme un
20 veau, quand Pantagruel lui venait en mémoire.

« Ho, mon petit fils, disait-il, mon couillon, mon peton, que tu es joli, et tant je suis tenu à Dieu de ce qu'il m'a donné un si beau fils, tant joyeux, tant riant, tant joli ! Ho, ho, ho, ho ! que je suis aise ! Buvons, ho ! laissons toute mélan-colie ! Apporte du meilleur[10], rince les verres, boute[11] la nappe, chasse ces
25 chiens, souffle ce feu, allume la chandelle, ferme cette porte, taille ces soupes[12], envoie ces pauvres, baille-leur ce qu'ils demandent ! Tiens ma robe, que je me mette en pourpoint pour mieux festoyer les commères. »

Ce disant, ouït la litanie et les *Mementos*[13] des prêtres qui portaient sa femme en terre, dont laissa son bon propos, et tout soudain fut ravi ailleurs, disant :
30 « Seigneur Dieu, faut-il que je me contriste encore ? Cela me fâche ; je ne suis plus jeune, je deviens vieux, le temps est dangereux, je pourrais prendre quelque fièvre ; me voilà affolé. Foi de gentilhomme[14], il vaut mieux pleurer moins, et boire davantage ! Ma femme est morte, et bien, par Dieu ! *(da jurandi)*[15] je ne la ressusciterai pas par mes pleurs : elle est bien, elle est en paradis pour le
35 moins, si mieux n'est[16] ; elle prie Dieu pour nous, elle est bien heureuse, elle ne se soucie plus de nos misères et calamités. Autant nous en pend à l'œil, Dieu garde le demeurant[17] ! Il me faut penser d'en trouver une autre. »

RABELAIS, *Pantagruel*, chap. III (éd. de 1542)
Orthographe modernisée

POUR LE COMMENTAIRE

1. Quel est le sens de l'allusion aux « **arguments so-phistiques** », formés « *in modo et figura* » ? Pourquoi Rabelais ne se contente-t-il pas de jouer sur le comique du contraste en opposant simplement le rire aux larmes ?

2. La symétrie des deux premiers discours, celui du deuil et celui de la joie (sens des mots, syntaxe, sonorités). Y a-t-il seulement **symétrie**, ou **progression** ? Relevez dans tout le texte les éléments qui préparent la conclusion. Cette conclusion est-elle procurée par un simple raisonne-ment ? Qu'est-ce qui permet à Gargantua de résoudre son dilemme ?

3. Quel est **le procédé syntaxique dominant** dans ce texte ? Quel est l'effet produit ?

4. Les extrêmes. Montrez comment les discours du géant associent le « haut » et le « bas » (par exemple le religieux et l'obscène) : y a-t-il seulement contraste entre les extrêmes ? Que suggère ce mélange quant à **la philoso-phie du géant** ?

L'écolier limousin

***

Le jeune géant, après une enfance gloutonne (ainsi, nourrisson, boit-il à chaque repas le lait de quatre mille six cents vaches), fait pour s'instruire le tour des universités françaises (on passe d'Utopie en France sans avertissement). Près d'Orléans, il rencontre un « écolier » (étudiant) qui vient de Paris et parle un curieux langage. Pantagruel s'indigne.

« Que diable de langage est ceci ? Par Dieu, tu es quelque hérétique.

— Seignor, non, dit l'écolier, car libentissiment[1], dès ce qu'il illucesce quelque minutule lesche de jour, je démigre en quelqu'un de ces tant bien architectés moutiers[2], et là m'irrorant de belle eau lustrale, grignote d'un transon[3]

5 de quelque missique précation de nos sacrificules, et, submirmillant mes précules horaires, élue et absterge mon anime de ses inquinaments nocturnes[4]. [...]

— Et bren, bren[5] ! dit Pantagruel. Qu'est-ce que veut dire ce fol ? Je crois qu'il nous forge ici quelque langage diabolique et qu'il nous charme comme enchanteur. »

10 A quoi dit un de ses gens :

« Seigneur, sans doute ce galant veut contrefaire la langue des Parisiens, mais il ne fait qu'écorcher le latin, et cuide ainsi pindariser[6], et lui semble bien qu'il est quelque grand orateur en français, parce qu'il dédaigne l'usance[7] commun de parler. »

15 A quoi dit Pantagruel :

« Est-il vrai ? »

L'écolier répondit :

« Signor missaire, mon génie n'est point apte nate[8] à ce que dit ce flagitiose nébulon pour escorier la cuticule de notre vernacule gallique ; mais viceverse-

20 ment je gnave[9] opère, et par veles et rames je m'énite de le loupléter de la redundance latinicome[10].

— Par Dieu, dit Pantagruel, je vous apprendrai à parler ! Mais devant réponds-moi : dont[11] es-tu ? »

A quoi dit l'écolier :

25 « L'origine primève de mes aves et ataves fut indigène des régions Lémoviques, où requiesce le corpore de l'agiotate[12] saint Martial.

— J'entends bien, dit Pantagruel ; tu es Limousin pour tout potage, et tu veux ici contrefaire le Parisien. Or viens çà, que je te donne un tour de pigne[13] ! »

Lors le prit à la gorge, lui disant :

30 « Tu écorches le latin ; par saint Jean, je te ferai écorcher le renard[14], car je t'écorcherai tout vif. »

Lors commença le pauvre Limousin à dire :

« Vée dicou, gentilastre ! Ho ! saint Marsaut adjouda mi ! Hau, hau, laissas à quau, au nom de Dious, et ne me touquas grou[15] ! »

35 A quoi dit Pantagruel :

« A cette heure parles-tu naturellement. »

Et ainsi le laissa, car le pauvre Limousin conchiait toutes ses chausses, qui étaient faites à queue de merlu[16] et non à plein fond ; dont dit Pantagruel :

« Saint Alipentin[17], quelle civette[18] ! Au diable soit le mâcherabe[19], tant il

40 pue ! »

RABELAIS, *Pantagruel*, chap. VI
Orthographe modernisée

Notes

1. Très volontiers (adverbe).
2. Monastères.
3. Morceau, tranche.
4. L'écolier vient de décrire ses débauches nocturnes, et pense que c'est cela qui a mis Pantagruel en colère, alors que le géant n'a rien compris.
5. Merde.
6. Pense ainsi « imiter Pindare » (grand poète grec), c'est-à-dire : parler aussi bien que les Anciens ; le verbe est péjoratif.
7. Usage.
8. Par nature (adverbe).
9. Avec zèle (adverbe).
10. L'abondance latine (littéralement : l'abondance à la chevelure latine).
11. D'où.
12. Très saint.
13. Peigne.
14. Vomir (expression proverbiale).
15. « Eh, je dis, gentilhomme ! Ho ! saint Martial, aide-moi ! Ho, ho, laisse-moi, au nom de Dieu ; et ne me touche pas ! » (patois limousin).
16. Fendues par derrière.
17. Saint imaginaire.
18. Musc, parfum.
19. Mangeur de raves.

ANALYSE LEXICALE ET STYLISTIQUE

1. Lisez ce texte en vous aidant seulement des notes. Que comprenez-vous des discours de l'écolier ? Qu'est-ce qui, en eux, relève du français ? Quelle technique l'écolier utilise-t-il pour enrichir son langage ?

2. Armez-vous d'**un dictionnaire latin-français**. Vous y retrouverez, à la désinence près, les mots de l'écolier. Traduisez l'ensemble.

3. Le parler « naturel » de l'écolier. Est-il davantage compréhensible ? Qu'est-ce qui, cependant, le distingue de son jargon de latiniste ? Quelle conception du langage traduisent les réactions de Pantagruel ? Reportez-vous, dans le chapitre précédent, à « La question de la langue ».

4. Le plaisir de la lecture. L'effet du texte se limite-t-il à la satire d'un langage prétentieux et obscur ? Que conclure quant à l'art de l'écrivain Rabelais ?

Message humaniste

***

A Paris, Pantagruel visite la bibliothèque de l'abbaye Saint-Victor (le récit donne une liste de cent quarante titres burlesques, parodiant les titres des traités médiévaux). Il étudie fort bien, lorsqu'il reçoit une lettre de son père.

Très cher fils,

1. *Créateur (mot tiré du grec).*
2. *Doté et orné.*
3. *Cours.*

Entre les dons, grâces et prérogatives desquelles le souverain plasmateur[1] Dieu tout puissant a endouairé et aorné[2] l'humaine nature à son commencement, celle-ci me semble singulière et excellente, par laquelle elle peut en état mortel acquérir espèce d'immortalité et, en décours[3] de vie transitoire, perpétuer son

5   nom et sa semence : ce qui est fait par lignée issue de nous en mariage légitime.

4. *Rendu.*
5. *Ôté.*
6. *Auxquels.*
7. *Forme (créée).*

Dont nous est aucunement instauré[4] ce qui nous fut tollu[5] par le péché de nos premiers parents, èsquels[6] fut dit que, parce qu'ils n'avaient été obéissants au commandement de Dieu le créateur, ils mourraient et par mort serait réduite à néant cette tant magnifique plasmature[7] en laquelle avait été l'homme créé. Mais

10   par ce moyen de propagation séminale demeure ès enfants ce qui était de perdu ès parents, et ès neveux ce qui dépérissait ès enfants ; et ainsi successivement jusques à l'heure du jugement final, quand Jésus-Christ aura rendu à Dieu le père son royaume pacifique hors tout danger et contamination de péché : car alors cesseront toutes générations et corruptions, et seront les éléments hors de leurs

8. *Consommée.*
9. *Fin d'un cycle temporel.*
10. *Chenue.*

15   transmutations continues, vu que la paix tant désirée sera consumée[8] et parfaite et que toutes choses seront réduites à leur fin et période[9].

Non donc sans juste et équitable cause je rends grâces à Dieu, mon conservateur, de ce qu'il m'a donné pouvoir voir mon antiquité chanue[10] refleurir en ta jeunesse ; car, quand par le plaisir de lui, qui tout régit et modère, mon âme

11. *Mais.*

20   laissera cette habitation humaine, je ne me réputerai totalement mourir, ains[11] passer d'un lieu en autre, attendu que en toi et par toi je demeure en mon image visible en ce monde, vivant, voyant et conversant entre gens d'honneur et mes

12. *J'en avais l'habitude.*
13. *Fréquentation ; de même,* converser *: fréquenter.*
14. *Opprobre, déshonneur.*
15. *Je prendrais.*

amis comme je soulais[12], laquelle mienne conversation[13] a été, moyennant l'aide et grâce divine, non sans péché, je le confesse, (car nous péchons tous et

25   continuellement requérons à Dieu qu'il efface nos péchés), mais sans reproche[14].

Par quoi, ainsi comme en toi demeure l'image de mon corps, si pareillement ne reluisaient les mœurs de l'âme, l'on ne te jugerait être garde et trésor de l'immortalité de notre nom, et le plaisir que prendrais[15] ce voyant serait petit, considérant que la moindre partie de moi, qui est le corps, demeurerait, et que

30   la meilleure, qui est l'âme et par laquelle demeure notre nom en bénédiction entre les hommes, serait dégénérante et abâtardie ; ce que je ne dis par défiance

16. *Déjà.*
17. *Prouvée.*

que j'aie de ta vertu, laquelle m'a été jà[16] par ci devant éprouvée[17], mais pour plus fort t'encourager à profiter de bien en mieux. Et ce que présentement t'écris n'est tant afin qu'en ce train vertueux tu vives, que d'ainsi vivre et avoir vécu tu te

35   réjouisses et te rafraîchisses en courage pareil pour l'avenir.

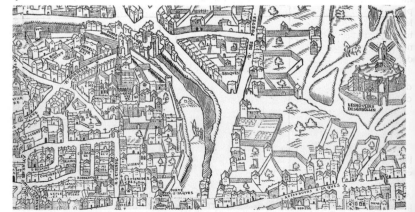

La Montagne Sainte-Geneviève, quartier des collèges humanistes, et les Gobelins, relevé du plan de Paris de 1552. Paris, Musée Carnavalet.

18. Honnêteté et
prud'homie *désignent
une sagesse commune
à l'individu et à la
société, une noblesse
du comportement
social.*
19. *Voir les « arts
libéraux », arts de
l'intellect, exercés par
des gens « honestes ».*
20. *Que tu en aies au
moins la volonté.*
21. *Effort.*
22. *Relatif à la société.*
23. *Ni.*
24. *À présent.*
25. *Abondance.*
26. *Le mot signifie non
pas « littérature » mais
« science », tout le savoir
des hommes transmis
par l'écriture.*
27. *Difficilement.*
28. *Élèves des classes
élémentaires.*
29. *Moi qui.*

A laquelle entreprise parfaire et consommer, il te peut assez souvenir comment je n'ai rien épargné ; mais ainsi t'y ai-je secouru comme si je n'eusse autre trésor en ce monde que de te voir une fois en ma vie absolu et parfait, tant en vertu, honnêteté et prud'homie[18], comme en tout savoir libéral[19] et honnête, et tel te
40 laisser après ma mort comme un miroir représentant la personne de moi ton père et, sinon tant excellent et tel de fait comme je te souhaite, certes bien tel en désir[20].

Mais encore que mon feu père, de bonne mémoire, Grandgousier, eût adonné tout son étude[21] à ce que je profitasse en toute perfection et savoir politique[22],
45 et que mon labeur et étude correspondît très bien, voire encore outrepassât son désir, toutefois, comme tu peux bien entendre, le temps n'était tant idoine ne[23] commode ès lettres comme est de présent[24], et n'avais copie[25] de tels précepteurs comme tu as eu.

Le temps était encore ténébreux et sentant l'infélicité et la calamité des Goths,
50 qui avaient mis à destruction toute bonne littérature[26], mais, par la bonté divine, la lumière et dignité a été de mon âge rendue ès lettres, et y vois tel amendement que de présent à difficulté[27] serais-je reçu en la première classe des petits grimauds[28], qui[29] en mon âge viril étais (non à tort) réputé le plus savant dudit siècle.

RABELAIS, *Pantagruel*, chap. VIII
Orthographe modernisée

* * *

Et Gargantua définit un programme d'études encyclopédique : grec, latin, hébreu, arabe, histoire, arts libéraux (arithmétique, géométrie, astronomie, musique), droit civil, histoire naturelle, médecine et anatomie, sans compter la lecture des Saintes Lettres : « Somme, que je voie un abîme de science ». Reste à ne pas oublier que « science sans conscience n'est que ruine de l'âme »...

POUR LE COMMENTAIRE

1. La notion d'immortalité. Comment la notion chrétienne d'immortalité de l'âme et, de manière latente, celle de résurrection des corps, se trouvent-elles ici déplacées ? Quelle conception de l'homme et de son rapport à Dieu tout cela révèle-t-il ?

2. Montrez comment se nouent les notions, qui pourraient se contredire, de **miroir** (le fils à l'image du père) et de **progrès** (le fils dépassant le père).

ÉTUDE COMPARÉE

1. Comparez ce texte avec les discours du « dilemme de Gargantua » (voir p. 252). Tentez de cerner **un maximum d'oppositions : syntaxe** (dégagez quelques tournures typiques de la lettre, étudiez les effets de rythme produits par l'agencement des propositions), **lexique** (relevez notamment les substantifs abstraits, les doublets de termes redondants ou antithétiques). Qu'est-ce qui, dans la nature et le contexte de ces discours, justifie une telle différence ?

2. Y a-t-il cependant quelque chose de commun à ces deux discours ? En quoi révèlent-ils, tout de même, une certaine **continuité dans la pensée** de Gargantua ?

D'UN TEXTE A L'AUTRE

Le style **élevé** de cette lettre, le style **bas** de ce qui l'environne : qu'est-ce qui peut pousser un écrivain à des écarts stylistiques aussi extrêmes ?

Comparez ce texte à la lettre du père de Ferdinand dans *Mort à crédit*, de CÉLINE : montrez comment son style rend le père ridicule. Est-ce le même cas ici ? L'opposition de deux styles suffit-elle à disqualifier l'un des deux ?

Cours dans une université au XVIᵉ siècle, miniature du *Recueil des Chants royaux*, 1519. Paris, B.N.

Portrait de Panurge

***

Devenu aussi savant qu'on peut l'être, Pantagruel rencontre Panurge, qui le séduit à première vue, et plus encore en usant de treize langues différentes, dont trois imaginaires. Ils décident de former un couple d'amis légendaires, à l'instar d'Énée et d'Achate. Si Panurge représente un idéal d'« honesteté et preudhommie », on en jugera par ce qui suit.

1. Recourbé.
2. Condensation des expressions « fin à dorer » (fin comme l'or qui sert à dorer) et « fin comme une dague de plomb » ; par ailleurs, à l'époque, on ne sait pas dorer le plomb.
3. Refrain d'une chanson d'étudiant ; le vers est ambigu : la maladie en question est à la fois le manque d'argent, et un mal qui, faute d'argent pour le soigner, est « douleur non pareille » : la syphilis.
4. Chapardeur.
5. Église située sur la « Montagne » du même nom.
6. Célèbre collège (établissement universitaire), fondé en 1304, tout proche de la précédente.
7. Dans la descente.
8. Deus det nobis suam pacem (Dieu nous donne la paix), grâces rendues après le repas.
9. Ergotisme, maladie provoquée par l'ingestion de seigle ergoté (souvent mortelle).
10. Bacheliers ; l'édition originale ajoutait : « et théologiens ».
11. Chaperon à revers.
12. Feurre : paille.
13. Tarte à la crème ; également bourbier typique du Bourbonnais.
14. Résine exotique, d'odeur infecte.
15. Idem.
16. Extrait de glandes de castor.
17. Mélangea.
18. Pus d'ulcères.
19. Lépreux.
20. Goutteux.

Panurge était de stature moyenne, ni trop grand, ni trop petit, et avait le nez un peu aquilin, fait à manche de rasoir[1] ; et pour lors était de l'âge de trente et cinq ans ou environ, fin à dorer comme une dague de plomb[2], bien galant homme de sa personne, sinon qu'il était quelque peu paillard, et sujet de nature
5 à une maladie qu'on appelait en ce temps-là

Faute d'argent, c'est douleur non pareille[3]

— toutefois, il avait soixante et trois manières d'en trouver toujours à son besoin, dont la plus honorable et la plus commune était par façon de larcin furtivement fait, — malfaisant, pipeur, buveur, batteur de pavés, ribleur[4] s'il en était à Paris ;
10 au demeurant, le meilleur fils du monde ; et toujours machinait quelque chose contre les sergents et contre le guet.

A l'une fois il assemblait trois ou quatre bons rustres, les faisait boire comme templiers sur le soir ; après, les menait au-dessous de Sainte-Geneviève[5], ou auprès du collège de Navarre[6], et, à l'heure que le guet montait par là (ce qu'il
15 connaissait en mettant son épée sur le pavé, et l'oreille auprès, et lorsqu'il oyait son épée branler, c'était signe infaillible que le guet était près) ; à l'heure donc, lui et ses compagnons prenaient un tombereau et lui baillaient le branle, le ruant de grande force contre l'avalée[7], et ainsi mettaient tout le pauvre guet par terre comme porcs ; puis fúyaient de l'autre côté, car, en moins de deux jours, il sut
20 toutes les rues, ruelles et traverses de Paris, comme son *Deus det*[8].

A l'autre fois faisait, en quelque belle place par où ledit guet devait passer, une traînée de poudre de canon, et, à l'heure que passait, mettait le feu dedans et puis prenait son passe-temps à voir la bonne grâce qu'ils avaient en fuyant, pensant que le feu Saint-Antoine[9] les tînt aux jambes.
25 Et, au regard des pauvres maîtres ès arts[10], il les persécutait sur tous les autres. Quand il rencontrait quelqu'un d'entre eux par la rue, jamais ne faillait de leur faire quelque mal : maintenant leur mettant un étron dedans leurs chaperons au bourrelet[11], maintenant leur attachant de petites queues de renard ou des oreilles de lièvres par derrière, ou quelque autre mal.
30 Un jour que l'on avait assigné à iceux se trouver en la rue du Feurre[12], il fit une tarte bourbonnaise[13], composée de force d'ail, de *galbanum*[14], d'*assa fetida*[15], de *castoreum*[16], d'étrons tout chauds, et la détrempit[17] en sanie de bosses chancreuses[18], et de fort bon matin en graissa et oignit tout le pavé, en sorte que le diable n'y eût pas duré. Et tous ces bonnes gens rendaient là leurs gorges
35 devant tout le monde comme s'ils eussent écorché le renard : et en mourut dix ou douze de peste, quatorze en furent ladres[19], dix-huit en furent pouacres[20], et plus de vingt et sept en eurent la vérole ; mais il ne s'en souciait mie, et portait ordinairement un fouet sous sa robe, duquel il fouettait sans rémission les pages qu'il trouvait portant du vin à leurs maîtres, pour les avancer d'aller.

RABELAIS, *Pantagruel*, chap. XVI
Orthographe modernisée

POUR LE COMMENTAIRE

1. Le portrait. Comment est-il composé ? Rabelais s'attarde-t-il sur le physique de son personnage ? Et sur le moral ?

2. Le comique du texte. Se limite-t-il à celui des situations ? Comment Rabelais s'y prend-il pour enrichir les données que lui fournit le répertoire des plaisanteries d'étudiants ?

3. Panurge est-il un **personnage réaliste** ? Appuyez votre jugement sur une lecture du chapitre entier dans une édition complète de *Pantagruel*.

RECHERCHES

1. Enquêtez sur les « **sources** » de Panurge : *Renart*, poésie des Goliards, farces, œuvres de François VILLON...

2. Recherchez, dans la littérature française et étrangère, des **personnages qui rappellent Panurge**.

3. Examinez l'**usage de ce texte** dans *La Vie mode d'emploi*, de Georges PEREC (chap. XIV).

3. Le *Tiers Livre* (1546)

Rabelais offrant le Tiers Livre, *gravure de 1547. Paris, B.N.*

« Toujours apprendre, fût-ce d'un sot... »

1. Énigmes rhétoriques

Douze ans après *Gargantua* paraît le *Tiers Livre*, qui reprend le fil des aventures de Pantagruel, de Panurge et de leurs compagnons, auxquels sont venus s'ajouter, par un tour de passe-passe chronologique, ceux de Gargantua, notamment Frère Jean.

Le *Tiers Livre* est très différent des deux précédents. La geste gigantale disparaît ; **peu d'action, beaucoup de discours**, dialogués ou non. Le livre commence par l'éloge des dettes, prononcé par Panurge, qui y verse tous les trésors d'une rhétorique que Pantagruel condamne ; il s'achève par l'éloge, assumé cette fois par le narrateur, du « pantagruélion », plante énigmatique hissée par le discours à la hauteur d'un mythe.

2. Quête de la certitude

Entre ces deux morceaux d'éloquence ambiguë, une quête, celle de Panurge qui, las des combats et se sentant vieillir, décide de se marier, mais veut d'abord savoir s'il sera cocu. **Le *Tiers Livre* a sa place dans le débat sur la femme** qui prolonge à la Renaissance celui de la période précédente. Mais le problème de la nature et de la vertu des femmes n'y est traité qu'en réponse à l'angoisse de Panurge : la question centrale est de savoir si Panurge a raison de rechercher des garanties, pronostics divinatoires ou analyses scientifiques. Pantagruel pense « qu'en l'entreprise de mariage, chacun doit être arbitre de ses propres pensées et de soi-même conseil prendre ». Mais Panurge multiplie les consultations auprès des représentants de divers savoirs : prophétique, poétique, médical, théologique, philosophique ou juridique ; auprès, enfin, du fou Triboulet. La plupart des réponses lui promettent le cocuage, ainsi que l'atteste, chaque fois, l'interprétation de Pantagruel. Mais Panurge s'ingénie à comprendre au rebours, déployant contre l'évidence une éloquence prodigieuse. Rabelais nous rend témoins de ces prodiges, et si la morale de Pantagruel est claire, celle du texte l'est beaucoup moins, qui se délecte et nous délecte des rêveries et frénésies panurgéennes, où nous sommes tentés de trouver une vérité.

3. Triomphe de l'ambiguïté

Chef-d'œuvre de rhétorique apparemment dressé contre la rhétorique, le *Tiers Livre* est le plus ambigu des « romans » rabelaisiens, à l'instar de son héros, Panurge, devenu couard, bigot, superstitieux : l'image même de ce qui, au premier livre, déchaînait sa joyeuse insolence. N'est-il pas travesti en moine ? Piégé par tous ses partenaires et par ses propres frayeurs, livré corps et âme à la *philautie* (amour de soi), ce vice honni des humanistes érasmiens, il n'en demeure pas moins **le maître du discours, provoquant le fantastique défilé de tous les savoirs**, et les tournant à sa façon, sans que se démente un instant l'amitié que lui voue le bon Pantagruel. Le géant (qui n'en est plus un : le *Tiers Livre* ne fait aucune allusion à sa taille), dont la position est fixée dès le départ, souscrit cependant à l'esprit de cette quête ou de cet inventaire : « Que nuit savoir toujours et toujours apprendre, fût-ce d'un sot, d'un pot, d'une guedoufle, d'une moufle, d'une pantoufle ? »

Horreur d'un monde sans dettes

*** *Tiers Livre*

Pantagruel a donné à Panurge la châtellenie de Salmigondin, qui rapporte par an 6789106789 royaux (monnaie d'or), « non compris l'incertain revenu des hannetons et caquerolles (escargots) ». Panurge dilapide en quatorze jours le revenu de trois ans, « achetant cher, vendant à bon marché, et mangeant son blé en herbe ». Aux douces remontrances de Pantagruel, il oppose un éloge de la prodigalité, qui réunit les quatre vertus cardinales, Prudence, Justice, Force et Tempérance, puis un éloge des dettes, qui font de lui le créateur de « beaux et bons créditeurs ». Sa démonstration s'enfle encore.

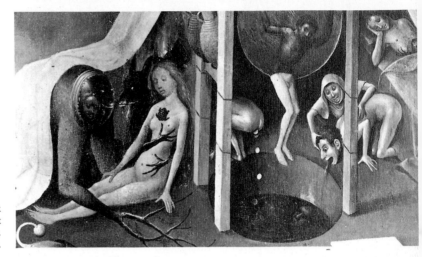

Jérome Bosch, « Latrine aux pièces d'or », détail du volet droit du *Jardin des délices.* Madrid, Musée du Prado.

Qu'ainsi soit, représentez-vous en esprit serein l'idée et forme de quelque monde [...] on quel[1] ne soit débiteur ni créditeur aucun : un monde sans dettes. Là entre les astres ne sera cours régulier quiconque. Tous seront en désarroi. Jupiter, ne s'estimant débiteur à Saturne, le dépossédera de sa sphère et avec
5   sa chaîne homérique[2] suspendra toutes les intelligences, Dieux, Cieux, Démons, Génies, Héros, Diables[3], Terre, Mer, tous éléments. Saturne se ralliera avec Mars, et mettront tout ce monde en perturbation. Mercure ne voudra soi asservir aux autres, plus ne sera leur Camille, comme en langue étrusque était nommé[4] : car il ne leur est en rien débiteur. Vénus ne sera vénérée, car elle n'aura rien prêté.
10   La Lune restera sanglante et ténébreuse : à quel propos lui départirait le Soleil sa lumière ? Il n'y était en rien tenu. Le Soleil ne luira sur leur terre, les Astres n'y feront influence bonne : car la terre désistait[5] leur prêter nourrissement par vapeurs et exhalations, desquelles disait Heraclitus[6], prouvaient les stoïciens, Cicéron[7] maintenait être les étoiles alimentées. Entre les éléments ne sera
15   symbolisation, alternation ni transmutation[8] aucune : car l'un ne se réputera obligé à l'autre : il ne lui avait rien prêté. De terre ne sera faite eau ; l'eau en air ne sera transmuée ; de l'air ne sera fait feu ; le feu n'échauffera la terre[9]. La terre rien ne produira que monstres, Titans, Aloïdes, Géants[10] ; il n'y pluira pluie, n'y luira lumière, n'y ventera vent, n'y sera été ni automne. Lucifer se déliera et,
20   sortant du profond enfer avec les Furies, les Poines[11] et Diables cornus, voudra déniger[12] des cieux tous les dieux tant des majeurs comme des mineurs peuples.
De cestui monde rien ne prêtant ne sera qu'une chiennerie, qu'une brigue plus anormale que celle du recteur de Paris[13], qu'une diablerie plus confuse que celle des jeux de Doué[14]. Entre les humains l'un ne sauvera l'autre ; il aura beau crier :
25   « A l'aide ! au feu ! à l'eau ! au meurtre ! », personne n'ira à secours. Pourquoi ? Il n'avait rien prêté, on ne lui devait rien. Personne n'a intérêt en sa conflagration[15], en son naufrage, en sa ruine, en sa mort. Aussi bien ne prêtait-il rien. Aussi bien n'eût-il par après rien prêté.
Bref de cestui monde seront bannies Foi, Espérance, Charité[16], car les
30   hommes sont nés pour l'aide et secours des hommes. En lieu d'elles succéderont Défiance, Mépris, Rancune, avec la cohorte de tous maux, toutes malédictions et toutes misères. Vous penserez proprement que là eût Pandora versé sa

bouteille[17]. Les hommes seront loups ès hommes[18] ; loups garous et lutins[19] comme furent Lycaon, Bellérophon, Nabuchodonosor[20] ; brigands, assassi-
35 neurs, empoisonneurs, malfaisants, malpensants, malveillants, haine portant un chacun contre tous, comme Ismaël, comme Métabus[21], comme Timon Athénien qui pour cette cause fut surnommé *misanthropos* [22]. Si que chose plus facile en nature serait nourrir en l'air les poissons, paître les cerfs au fond de l'Océan, que supporter cette truandaille de monde qui rien ne prête. Par ma foi, je les hais bien.
40 Et si au patron de ce fâcheux et chagrin monde rien ne prêtant, vous figurez l'autre petit monde, qui est l'homme[23], vous y trouverez un terrible tintamarre. La tête ne voudra prêter la vue de ses œils pour guider les pieds et les mains. Les pieds ne la daigneront porter. Les mains cesseront travailler pour elles. Le cœur se fâchera de tant se mouvoir pour les pouls des membres et ne leur prêtera
45 plus. Le poumon ne lui fera prêt de ses soufflets. Le foie ne lui envoiera sang pour son entretien. La vessie ne voudra être débitrice aux rognons : l'urine sera supprimée. Le cerveau, considérant ce train dénaturé, se mettra en rêverie et ne baillera sentiment aux nerfs, ni mouvement aux muscles. Somme, en ce monde dérayé[24], rien ne prêtant, rien n'empruntant, vous voirez une conspiration plus
50 pernicieuse que n'a figuré Ésope en son apologue[25]. Et périra sans doute ; non périra seulement, mais bientôt périra, fût-ce Aesculapius[26] même. Et ira soudain le corps en putréfaction ; l'âme tout indignée prendra course à tous les diables, après mon argent[27].

RABELAIS, *Tiers Livre*, chap. III (édition de 1552)
Orthographe modernisée

1. Où. — 2. Voir Iliade, XV, 18 : de cette chaîne d'or impossible à briser, Zeus peut suspendre, au milieu du ciel, qui suscite sa colère, par exemple son épouse, Héra. — 3. Panurge descend la hiérarchie des êtres et des éléments. Démons (du grec daimôn) — Voir Ronsard, voir p. 376 — et génies (du latin genius) sont des êtres invisibles, intermédiaires entre les dieux et les hommes ; leur rôle peut être néfaste ou protecteur. Les Héros sont ici les âmes désin- carnées des hommes, également à demi célestes. Les Diables sont les créatures du monde d'en-dessous, de l'Enfer. — 4. Mercure est le messager des dieux. — 5. Refusait de. — 6. Philosophe préso- cratique (VIᵉ s.), selon qui le monde consiste en un mouvement incessant (« tout coule »). — 7. Cicéron, De natura deorum (De la nature des dieux). — 8. Symbolisation, accord de deux éléments qui ont une qualité commune ; par exemple l'eau et la terre ont en commun la froideur ; alternation, échange entre deux éléments des qualités qu'ils n'ont pas en commun ; la transmutation est le chan- gement, affectant chaque élément, qui résulte de l'alternation. — 9. Le système des quatre éléments qui constituent l'univers (l'eau, l'air, la terre, le feu) remonte à l'origine de la philosophie grecque. — 10. Fils de la Terre (Gaia), Titans et Géants furent les adversaires successifs de Zeus, tentant d'escalader le ciel pour le détrôner ; les

Aloïdes sont deux géants, fils de Poséidon, qu'animait la même ambition. — 11. Poïnè était en fait l'une des Furies. — 12. Délo- ger. — 13. L'élection du recteur donnait lieu à toutes sortes de manœuvres. — 14. Commune du Chinonais ; on y représentait des Mystères (« Diableries »). — 15. A ce qu'il brûle. — 16. Les trois vertus théologales (touchant les relations de l'homme avec Dieu). — 17. Chez Hésiode (Les Travaux et les Jours), la « boîte » de Pandore est en fait une jarre. — 18. Expression proverbiale : c'est aussi un adage d'Érasme (« homo homini lupus »). — 19. Lutins, démons nocturnes et méchants. — 20. Lycaon fut transformé en loup par Jupiter, Nabuchodonosor en bête monstrueuse par Dieu ; quant à Bellérophon, on se demande ce qu'il fait là. — 21. Ismaël, fils d'Abraham, selon la Genèse, et Métabus, fils de Sisyphe, selon l'Énéide, sont des errants, sans feu ni lieu. — 22. Timon d'Athè- nes, le type même du misanthrope. — 23. L'homme, microcosme, est le miroir du monde, macrocosme ; idée chère aux platoniciens de la Renaissance. — 24. Déréglé. — 25. L'apologue des mem- bres et de l'estomac. — 26. Esculape, fils d'Apollon, dieu médecin, mourut foudroyé par Jupiter. — 27. L'argent avec lequel j'aurai payé mes dettes.

***

Panurge fait ensuite, symétriquement, le tableau du monde régi par les dettes, tout d'harmonie. Mais Pantagruel n'est pas convaincu. Selon lui, il ne faut pas emprunter, mais travailler et gagner. Surtout, citant saint Paul, il déclare : « Rien à personne ne devez, fors amour et dilection mutuelle ». C'est là une conception de la charité plus orthodoxe que celle de Panurge !

ANALYSE RHÉTORIQUE

Pour une analyse de type *rhétorique* (envisageant un texte sous l'angle de l'effet qu'il cherche à produire, de *ce pour quoi* il est fait).

1. Qu'est-ce que Panurge cherche à démontrer ?

2. Pourquoi commence-t-il par le tableau du monde sans dettes ? Comment appeler ce procédé ?

3. Distinguez les domaines qu'il aborde successive- ment. Leur ordre a-t-il une importance ?

4. Panurge se préoccupe-t-il de prouver que les relations entre astres, entre éléments, etc., sont bien des relations de débiteur à créancier ? Donnez ce postulat dans sa forme la plus générale. Sur quoi repose-t-il ? Qu'est-ce qui le rend admissible, séduisant même, alors qu'il n'est pas démontré ?

5. Montrez comment Panurge, cependant, ne cesse de le réaffirmer et de surveiller la cohérence de son discours.

6. Mais si ce discours ne démontre pas, que fait-il ? Quelle technique met-il en œuvre pour convaincre ? A quelles facultés de l'auditeur fait-il appel ? Tentez de relever et de classer tous les procédés qui rendent le discours vivant et capable de faire impression (mais quelle impres- sion, selon vous : l'horreur ? le rire ? le rêve ?).

7. Pantagruel trouve ce discours tout à fait plaisant, mais n'est pas convaincu. Et vous ? Trouvez-vous la thèse de Panurge défendable ? Séduisante parce que défendable ? Ou séduisante dans la mesure même où elle n'est pas défendable ? Réfléchissez alors aux rapports de la rhéto- rique — de l'art du discours —, et de l'imaginaire.

Derniers vers, derniers mots d'un poète

***

Pantagruel délivre Panurge de ses dettes, à la grande angoisse de celui-ci, qui entre bientôt en métamorphose : il échange sa magnifique braguette contre une toge de bure ; c'est signe qu'il veut se marier. Il prend d'abord conseil de Pantagruel, puis de vers d'Homère et de Virgile pris au hasard, de ses propres songes, de la vieille sibylle de Panzoust, du muet Nazdecabre, dont les gestes doivent permettre d'éviter les « équivoques et obscurités des mots ». Panurge, promis une fois de plus au cocuage, lève le poing pour frapper le muet. « Si les signes vous fâchent, ô quant (combien) vous fâcheront les choses signifiées ! » conclut Pantagruel, qui envoie alors Panurge consulter le vieux poète Raminagrobis, à l'article de la mort.

Sur l'heure fut par eux[1] chemin pris et, arrivant au logis poétique, trouvèrent le bon vieillard en agonie avec maintien joyeux, face ouverte et regard lumineux.

Panurge, le saluant, lui mit au doigt médical[2] de la main gauche, en pur don, un anneau d'or en la palle[3] duquel était un saphir oriental, beau et ample ; puis,
5 à l'imitation de Socrate[4], lui offrit un beau coq blanc, lequel, incontinent[5] posé sur son lit, la tête levée, en grande allégresse, secoua son pennage, puis chanta en bien haut ton. Cela fait, Panurge requit courtoisement dire et exposer son jugement sur le doute du mariage prétendu.

Le bon vieillard commanda lui être apporté encre, plume et papier. Le tout fut
10 promptement livré. Adonc écrivit ce que s'ensuit :

Prenez-la, ne la prenez pas.
Si vous la prenez, c'est bien fait ;
Si ne la prenez en effet,
Ce sera œuvré par compas.
15 Galopez, mais allez le pas ;
Reculez, entrez-y de fait ;
Prenez-la, ne...

Jeûnez, prenez double repas,
Défaites ce qu'était refait,
Refaites ce qu'était défait,
Souhaitez-lui vie et trépas,
Prenez-la, ne...[6]

Puis leur bailla en main et leur dit :

« Allez, enfants, en la garde du grand Dieu des cieux, et plus de cestui affaire
20 ni d'autre que soit ne m'inquiétez. J'ai ce jourd'hui, qui est le dernier et de mai et de moi, hors ma maison à grande fatigue et difficulté chassé un tas de vilaines, immondes et pestilentes bêtes[7], noires, garres[8], fauves, blanches, cendrées, grivolées[9], lesquelles laisser ne me voulaient à mon aise mourir et, par fraudulantes pointures[10], gruppements harpyaques[11], importunités frelonniques, toutes
25 forgées en l'officine de ne sais quelle insatiabilité, m'évoquaient[12] du doux pensement auquel j'acquiesçais[13], contemplant et voyant, et jà touchant et goûtant le bien et félicité que le bon Dieu a préparé à ses fidèles et élus en l'autre vie et état d'immortalité. Déclinez de leur voie[14], ne soyez à elles semblables, plus ne me molestez et me laissez en silence, je vous supplie ! »
30 Issant de la chambre de Raminagrobis, Panurge comme tout effrayé dit :

« Je crois, par la vertu Dieu, qu'il est hérétique, ou je me donne au diable. Il médit des bons Pères mendiants Cordeliers et Jacobins, qui sont les deux hémisphères de la christianité, et par la gyrognomonique circumbilivagination[15] desquels, comme par deux filopendoles coelivages[16], tout l'antonomatique
35 matagrabolisme[17] de l'Église romaine, soi sentant emburelucoquée[18] d'aucun baragouinage d'erreur ou d'hérésie, homocentricalement[19] se trémousse. Mais que, tous les diables ! lui ont fait les pauvres diables de Capucins et Minimes ? Ne sont-ils assez méhaignés[20], les pauvres diables ? Ne sont-ils assez enfumés et perfumés de misère et calamité, les pauvres haires[21], extraits d'ichtyopha-
40 gie[22] ? Est-il, frère Jean, par ta foi, en état de salvation[23] ? Il s'en va, par Dieu, damné comme une serpe[24] à trente mille hottées de diables ! Médire de ces bons et vaillants piliers[25] d'église ! Appelez-vous cela fureur poétique[26] ? Je ne m'en peux contenter : il pêche vilainement, il blasphème contre la religion. J'en suis fort scandalisé.
45 — Je, dit frère Jean, ne m'en soucie d'un bouton. Ils médisent de tout le monde : si tout le monde médit d'eux, je n'y prétends aucun intérêt. Voyons ce qu'il a écrit. »

RABELAIS, *Tiers Livre*, chap. XXI-XXII. Orthographe modernisée

---

1. *Panurge, Épistémon, Frère Jean.*

2. *Annulaire.*

3. *Chaton.*

4. *Dernières paroles de Socrate : « Nous devons un coq à Esculape ».*

5. *Aussitôt.*

6. *Rondeau du poète Guillaume Cretin ; mais c'est Rabelais qui ajoute « ne... » au refrain.*

7. *Moines de divers ordres ; à moins que, comme le prétendra Épistémon, le poète ne parle « absolument et proprement des puces, punaises... ».*

8. *Bigarrées.*

9. *Grivelées.*

10. *Piqûres perfides.*

11. *Agrippements de harpies.*

12. *Me tiraient.*

13. *Où je trouvais repos.*

14. *Écartez-vous.*

15. *La circonvolution tournant comme l'aiguille du cadran solaire.*

16. *Contrepoids venant du ciel.*

17. *Vaine imagination antonomastique (l'antonomase est une sorte de périphrase).*

18. *Troublée du cerveau.*

19. *Autour d'un même cercle.*

20. *Affligés.*

21. *Porteurs de haire, pénitents ; d'où misérables ; Rabelais écrit également hères.*

22. *Mangeurs de poisson (allusion au rite du jeûne).*

23. *En état d'être sauvé.*

24. *Serpent.*

25. *Jeu de mots courant entre piliers et pilleurs.*

26. *Allusion à la théorie platonicienne de l'inspiration, cf. p. 313.*

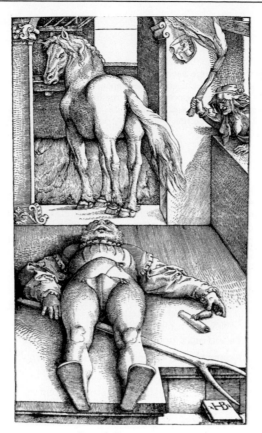

Le palefrenier ensorcelé,
gravure de Hans Baldung. Paris, B.N.

***

Panurge s'indigne que le poète n'ait répondu « que par disjonctives », puis envisage de retourner « l'admonester de son salut ». Il y renonce par crainte des diables qui doivent se disputer l'âme du vieillard. Suit un exposé de « diabolologie » :

... « Je confesse que les diables vraiment ne peuvent par coups d'épée mourir ; mais je maintiens qu'ils peuvent pâtir solution de continuité [...]. Et crient comme diables à ce sentiment de solution, laquelle leur est douloureuse en diable »...
Voici quel sera (chapitre XXIX) le verdict de Pantagruel :

« Encore n'ai-je vu réponse qui plus me plaise. Il veut dire sommairement qu'en l'entreprise de mariage chacun doit être arbitre de ses propres pensées et de soi-même conseil prendre. Telle a toujours été mon opinion et autant vous en dis la première fois que m'en parlâtes. Mais vous en moquiez tacitement, il m'en souvient, et connais que philautie et amour de soi vous déçoit. »

POUR LE COMMENTAIRE

1. Relevez dans le texte tout ce qui suggère **la dignité du poète** et de **l'activité poétique**. Pourquoi est-elle renforcée par la mort imminente ? Répondez à votre idée, puis reportez-vous, si possible, à l'exposé de Pantagruel sur la mort des poètes et sur celle du « preux chevalier Guillaume du Bellay » (début du chapitre XXI).

2. Rétablissez le **rondeau** initial, avec le **refrain** « Prenez-la. » Comparez avec la version de Rabelais. Quel rôle joue le refrain dans la version initiale ? Et dans la nouvelle version ?

3. Faut-il **prendre ce poème au sérieux** ? Que pensez-vous de la lecture qu'en fait Pantagruel ? Reportez-vous éventuellement au chapitre IX, où Panurge prend conseil de Pantagruel, qui répond alternativement : « Mariez-vous

donc » et « Point donc ne vous mariez ». Est-ce le même phénomène ?

4. « De mai et de moi » : quel est l'**effet produit** par ce jeu de mots (Songez que « may » et « moy » rimaient au XVIe siècle). Même question pour celui de Pantagruel : « amour de soi vous déçoit (vous trompe) ».

5. Dites en quoi s'opposent **la religion** de Raminagrobis et celle apparemment professée par Panurge. Que révèle le langage de Panurge ? Relevez dans son discours un mot qui produit un **effet d'ironie** (volontaire ou involontaire). Analysez d'autre part son emploi du mot *diable*, dans le texte et dans la citation « diabolologique » donnée ensuite.

Dans le puits de la vérité

***

Panurge consulte toujours, notamment Frère Jean, qui lui promet le cocuage, car « quand les neiges sont ès montagnes, je dis la tête et le menton, il n'y a pas grand chaleur par les vallées de la braguette ». Pantagruel réunit alors une sorte de conseil scientifique, composé du théologien Hippothadée, du médecin platonicien Rondibilis, théoricien de l'imperfection physiologique de la femme, du juge Bridoye, qui juge par le sort des dés, et du philosophe pyrrhonien (sceptique) Trouillogan, qui, à la question « Panurge doit-il se marier ou non ? » répond « Tous les deux » puis « Ni l'un ni l'autre ». Panurge s'acharne.

1. *L'image est due en fait à Démocrite.*	PANURGE. — [...] Je crois que je suis descendu en puits ténébreux, en lequel disait Heraclitus être Vérité cachée[1]. Je ne vois goutte, je n'entends rien, je sens
2. *N'empochez (ou n'avalez) rien.*	mes sens tout hébétés et doute grandement que je sois charmé. Je parlerai
3. *Changeons de jeu.*	d'autre style. Notre féal, ne bougez. N'emboursez rien[2]. Muons de chance[3], et
4. *Les membres des phrases disjonctives (avec* ou *).*	5 parlons sans disjonctives. Ces membres mal joints[4] vous fâchent, à ce que je vois. Or çà, de par Dieu, me dois-je marier ?

PANURGE. — [...] Je crois que je suis descendu en puits ténébreux, en lequel disait Heraclitus être Vérité cachée[1]. Je ne vois goutte, je n'entends rien, je sens mes sens tout hébétés et doute grandement que je sois charmé. Je parlerai d'autre style. Notre féal, ne bougez. N'emboursez rien[2]. Muons de chance[3], et 5 parlons sans disjonctives. Ces membres mal joints[4] vous fâchent, à ce que je vois. Or çà, de par Dieu, me dois-je marier ?

TROUILLOGAN. — Il y a de l'apparence.

PANURGE. — Et si je ne me marie point ?

TROUILLOGAN. — Je n'y vois inconvénient aucun.

10 PANURGE. — Vous n'y en voyez point ?

TROUILLOGAN. — Nul, ou la vue me déçoit[5].

PANURGE. — J'en trouve plus de cinq cents.

TROUILLOGAN. — Comptez-les.

PANURGE. — Je dis improprement parlant[6] et prenant nombre certain pour 15 incertain, déterminé pour indéterminé : c'est-à-dire beaucoup.

TROUILLOGAN. — J'écoute.

PANURGE. — Je ne peux me passer de femme, de par tous les diables !

TROUILLOGAN. — Ôtez ces vilaines bêtes[7].

PANURGE. — De par Dieu, soit ! Car mes Salmigondinoys disent coucher seul 20 ou sans femme être vie brutale, et telle la disait Dido en ses lamentations[8].

TROUILLOGAN. — A votre commandement.

PANURGE. — Pe lé quau Dé[9] ! j'en suis bien. Donc me marierai-je ?

TROUILLOGAN. — Par aventure[10].

PANURGE. — M'en trouverai-je bien ?

25 TROUILLOGAN. — Selon la rencontre.

PANURGE. — Aussi si je rencontre bien, comme j'espère, serai-je heureux ?

TROUILLOGAN. — Assez.

PANURGE. — Tournons à contre poil. Et si je rencontre mal ?

TROUILLOGAN. — Je m'en excuse.

30 PANURGE. — Mais conseillez-moi, de grâce : que dois-je faire ?

TROUILLOGAN. — Ce que voudrez.

PANURGE. — Tarabin tarabas[11].

TROUILLOGAN. — N'invoquez rien, je vous prie.

PANURGE. — Au nom de Dieu, soit ! Je ne veux sinon ce que me conseillerez. 35 Que m'en conseillez-vous ?

TROUILLOGAN. — Rien.

PANURGE. — Me marierai-je ?

TROUILLOGAN. — Je n'y étais pas.

PANURGE. — Je ne me marierai donc point ?

5. *Me trompe.*

6. *Je ne parle pas au sens propre.*

7. *Les diables.*

8. *Énéide, IV, v. 550.*

9. *Par le corps Dieu (poitevin).*

10. *Éventuellement.*

11. *Et patati et patata ; Trouillogan prend ces mots pour une formule d'invocation (diabolique).*

40   TROUILLOGAN. — Je n'en peux mais.

PANURGE. — Si je ne suis marié, je ne serai jamais cocu.

TROUILLOGAN. — J'y pensais.

PANURGE. — Mettons le cas que je sois marié.

TROUILLOGAN. — Où le mettrons-nous ?

45   PANURGE. — Je dis, prenez le cas que marié je sois.

TROUILLOGAN. — Je suis d'ailleurs empêché[12].

PANURGE. — Merde en mon nez ! Dea[13] ! Si j'osasse jurer quelque petit coup en cape, cela me soulagerait d'autant ! Or bien, patience ! Et donc, si je suis marié, je serai cocu ?

50   TROUILLOGAN. — On le dirait.

PANURGE. — Si ma femme est prude et chaste, je ne serai jamais cocu ?

TROUILLOGAN. — Vous me semblez parler correct.

PANURGE. — Écoutez.

TROUILLOGAN. — Tant que voudrez.

55   PANURGE. — Sera-t-elle prude et chaste ? Reste seulement ce point.

TROUILLOGAN. — J'en doute.

PANURGE. — Vous ne la vîtes jamais ?

TROUILLOGAN. — Que je sache.

PANURGE. — Pourquoi donc doutez-vous d'une chose que ne connaissez ?

60   TROUILLOGAN. — Pour cause.

PANURGE. — Et si vous la connaissiez ?

TROUILLOGAN. — Encore plus.

PANURGE. — Page, mon mignon, tiens ici mon bonnet : je te le donne, sauve les lunettes et va en la basse-cour jurer une petite demi-heure pour moi. Je jurerai

65   pour toi quand tu voudras. Mais qui me fera cocu ?

TROUILLOGAN. — Quelqu'un.

PANURGE. — Par le ventre bœuf de bois[14], je vous frotterai bien, monsieur le quelqu'un !

TROUILLOGAN. — Vous le dites.

70   PANURGE. — Le diantre[15], celui qui n'a point de blanc en l'œil, m'emporte donc ensemble, si je ne boucle ma femme à la bergamasque[16] quand je partirai hors mon sérail.

TROUILLOGAN. — Discourez mieux.

PANURGE. — C'est bien chien chié chanté[17] pour les discours. Faisons quelque

75   résolution.

TROUILLOGAN. — Je n'y contredis.

PANURGE. — Attendez. Puisque de cestui endroit ne peux sang de vous tirer, je vous saignerai d'autre veine. Êtes-vous marié ou non ?

TROUILLOGAN. — Ni l'un ni l'autre, et tous les deux ensemble.

80   PANURGE. — Dieu nous soit en aide ! Je sue, par la mort bœuf ! d'ahan, et sens ma digestion interrompue. Toutes mes phrènes[18], métaphrènes[19] et diaphragmes sont suspendus et tendus pour incornifistibuler[20] en la gibecière de mon entendement ce que dites et répondez.

TROUILLOGAN. — Je ne m'en empêche[21].

85   PANURGE. — Trut avant[22] ! Notre féal, êtes-vous marié ?

TROUILLOGAN. — Il me l'est avis.

PANURGE. — Vous l'aviez été une autre foys ?

TROUILLOGAN. — Possible est.

---

12. On pourrait traduire par « j'ai les mains pleines » : Trouillogan continue de prendre au pied de la lettre les expressions de Panurge.

13. Interjection.

14. Ventre Dieu (euphémisme).

15. Le diable.

16. Avec une ceinture de chasteté ; c'est à Bergame, dit-on, qu'on les inventa.

17. Expression populaire : c'est bien dit.

18. Diaphragmes.

19. Partie du thorax.

20. Terme forgé, filtrer comme à travers un cornet.

21. Je ne m'en embarrasse pas.

22. Hue dia !

PANURGE. — Vous en trouvâtes-vous bien la première fois ?

90   TROUILLOGAN. — Il n'est pas impossible.

PANURGE. — A cette seconde fois, comment vous en trouvez-vous ?

TROUILLOGAN. — Comme porte mon sort fatal.

PANURGE. — Mais quoi, à bon escient, vous en trouvez-vous bien ?

TROUILLOGAN. — Il est vraisemblable.

95   PANURGE. — Or çà, de par Dieu, j'aimerais, par le fardeau de saint Christofle, autant entreprendre tirer un pet d'un âne mort que de vous une résolution. Si vous aurai-je à ce coup. Notre féal, faisons honte au Diable d'enfer, confessons vérité. Fûtes-vous jamais cocu ? Je dis vous qui êtes ici, je ne dis pas vous qui êtes là-bas au jeu de paume.

100   TROUILLOGAN. — Non, s'il n'était prédestiné.

PANURGE. — Par la chair, je renie ! Par le sang, je renague[23] ! Par le corps, je renonce ! Il m'échappe.

23. Je renie (languedocien).

RABELAIS, *Tiers Livre*, chap. XXXVI
Orthographe modernisée

Qui est fou ?

***

« Puisque, par les réponses des sages, n'êtes à plein satisfait, conseillez-vous à quelque fol » : tel est l'ultime avis de Pantagruel, qui pense que pour être sage selon Dieu, « sage et praesage par aspiration divine et apte à recevoir bénéfice de divination », il faut « s'oublier soi-même, issir hors de soi-même, vider ses sens de toute terrienne affection, purger son esprit de toute humaine sollicitude et mettre tout en nonchaloir. Ce que vulgairement est imputé à folie. » On décide donc de consulter le célèbre fou Triboulet (le bouffon de Louis XII et de François Ier).

Panurge, à sa venue, lui donna une vessie de porc bien enflée et résonante à cause des pois qui dedans étaient ; plus une épée de bois bien dorée ; plus une petite gibecière faite d'une coque de tortue ; plus une bouteille clissée[1] pleine de vin breton, et un quarteron de pommes blandureau[2].

1. Enveloppée d'osier.
2. Variété de pommes très appréciée.
3. Chou pommé.

5   « Comment, dit Carpalim, est-il fol comme un chou à pommes[3] ? »

Triboulet ceignit l'épée et la gibecière, prit la vessie en main, mangea part des pommes, but tout le vin. Panurge le regardait curieusement et dit :

« Encore ne vis-je oncques fol, et pourtant en ai vu pour plus de dix mille francs, qui ne bût volontiers et à longs traits. »

4. Puis.

10   Depuis[4] lui exposa son affaire en paroles rhétoriques et élégantes.

Avant qu'il eût achevé, Triboulet lui bailla un grand coup de poing entre les deux épaules, lui rendit en main la bouteille, le nasardait[5] avec la vessie de porc, et pour toute réponse, lui dit, branlant bien fort la tête :

5. Tapait sur le nez.

6. Près de Châteauroux ; on y fabriquait des cornemuses.

« Par Dieu, Dieu, fol enragé, gare moine ! Cornemuse de Buzançay[6] ! »

15   Ces paroles achevées, s'écarta de la compagnie et jouait de la vessie, se délectant au mélodieux son des pois. Depuis, ne fut possible tirer de lui mot quelconque. Et, le voulant Panurge davantage interroger, Triboulet tira son épée de bois et l'en voulut férir.

Et voici l'interprétation de Pantagruel :

20   « Il dit que vous êtes fol. Et quel fol ? Fol enragé, qui sur vos vieux jours voulez en mariage vous lier et asservir. Il vous dit : « Gare moine ! » Sur mon honneur, que par quelque moine vous serez fait cocu. J'en engage mon honneur, chose plus grande ne saurais, fussé-je dominateur unique et pacifique en Europe, Afrique et Asie.

7. Fou-sage ; le mot vient de Lucien ; Érasme l'a repris dans l'Éloge de la Folie.

25   Notez combien je défère à notre morosophe[7] Triboulet. Les autres oracles et réponses vous ont résolu pacifiquement cocu, mais n'avaient encore apertement exprimé par qui serait votre femme adultère et vous cocu. Ce noble Triboulet le dit. Et sera le cocuage infâme et grandement scandaleux. Faudra-t-il que votre lit conjugal soit incesté et contaminé par moinerie ?

30   Dit en outre que serez la cornemuse de Buzançay, c'est-à-dire bien corné,
cornard et cornu. Et ainsi comme il, voulant au roi Louis douzième demander
pour un sien frère le contrerolle[8] du sel à Buzançay, demanda une cornemuse,
vous pareillement, cuidant quelque femme de bien et d'honneur épouser,
épouserez une femme vide de prudence, pleine de vent d'outrecuidance, criarde
35 et mal plaisante, comme une cornemuse.

Notez outre que de la vessie il vous nasardait, et vous donna un coup de poing
sur l'échine : cela présageait que d'elle serez battu, nasardé et dérobé, comme
dérobé aviez la vessie de porc aux petits enfants de Vaubreton[9].

— Au rebours[10], répondit Panurge. Non que je me veuille impudentement
40 exempter du territoire de folie. J'en tiens et en suis, je le confesse. Tout le monde
est fol. En Lorraine Fou est près Tou[11], par bonne discrétion. Tout est fol.
Salomon dit qu'infini est des fous le nombre[12]. A infinité rien ne peut déchoir,
rien ne peut être adjoint, comme prouve Aristote. Et fol enragé serais si, fol étant,
fol ne me réputais. C'est ce qui pareillement fait le nombre des maniaques et
45 enragés infini. Avicenne[13] dit que de manie infinies sont les espèces.

Mais le reste de ses dits et gestes fait pour moi. Il dit à ma femme : gare moine !
C'est un moineau qu'elle aura en délices, comme avait la Lesbie de Catulle[14],
lequel volera pour mouches et y passera son temps, autant joyeusement que fit
oncques Domitien le croquemouche[15].

50 Plus dit qu'elle sera villatique[16] et plaisante comme une belle cornemuse de
Saulieu[17] ou de Buzançay. Le véridique Triboulet bien a connu mon naturel et
mes internes affections. Car je vous affie que plus me plaisent les gaies berge-
rottes échevelées, èsquelles le cul sent le serpolet, que les dames des grandes
cours avec leurs riches atours et odorants parfums de maujoint[18]. Plus me plaît
55 le son de la rustique cornemuse que les fredonnements des lucs[19], rebecs[20] et
violons auliques[21].

Il m'a donné un coup de poing sur ma bonne femme d'échine ? Pour l'amour
de Dieu soit, et en déduction de tant moins des peines de Purgatoire ! Il ne le
faisait pas mal. Il pensait frapper quelque page. Il est fol de bien ; innocent, je
60 vous affie[22] ; et pèche qui de lui mal pense. Je lui pardonne de bien bon cœur.

Il me nasardait : ce seront petites folâtries entre ma femme et moi, comme
advient à tous nouveaux mariés. »

RABELAIS, *Tiers Livre*, chap. XLV-XLVI
Orthographe modernisée

8. *Contrôle.*

9. *Village près de Chinon.*
10. *Au contraire.*

11. *Fou est un village près de Toul.*
12. *Ecclésiaste, I, 15.*

13. *Médecin et philosophe d'origine iranienne, du Xe siècle.*
14. *Le poète latin Catulle a consacré un célèbre poème au moineau de sa maîtresse Lesbie.*
15. *D'après Suétone, l'empereur Domitien aimait passer une heure par jour à ne rien faire, sinon gober les mouches.*
16. *Villageoise.*
17. *Ville de Bourgogne.*
18. *Jeu de mots avec benjoin, par plaisanterie obscène (mal joint).*
19. *Luths.*
20. *Instrument à cordes et archet.*
21. *De cour.*
22. *Assure.*

Triboulet, le bouffon,
dessin de Jean Clouet,
vers 1530. Paris, B.N.

LECTURE MÉTHODIQUE

1. Comment la **folie de Triboulet** est-elle caractéri-
sée ? Montrez ce qui, dans cette scène, l'oppose à Panurge.

2. L'interprétation de Pantagruel. Que s'efforce-
t-elle d'établir ? Quel caractère Pantagruel donne-t-il à son
commentaire ? Pourquoi ? Qu'indique ici le titre de Morosophe réservé à Triboulet ? Commentez l'interprétation du
« moine » et celle de la « cornemuse ».

3. L'interprétation de Panurge. Montrez ce qui la
différencie de celle de Pantagruel. Quel procédé Panurge
utilise-t-il tout d'abord ? Pourquoi ? Commentez le détail de
ses jugements en les comparant à ceux de Pantagruel.

Rabelais donne-t-il à son lecteur le moyen de décider
quelle est l'interprétation la plus pertinente ?

4. Le *Quart Livre* (1552)

Le voyage sans fin

1. Péripéties

En 1548 paraissent à Lyon onze chapitres du *Quart Livre des faicts et dicts heroïques du bon Pantagruel*. La version complète n'est publiée qu'en janvier 1552. La Sorbonne, une fois encore, condamne l'ouvrage, et le dénonce au Parlement, lequel renvoie l'affaire devant le Conseil privé, où siège notamment le cardinal Odet de Chastillon, protecteur de **RABELAIS** et dédicataire du livre... La vente est autorisée. Rabelais bénéficie toujours du soutien du roi et des grands prélats humanistes et gallicans. Le *Quart Livre*, il est vrai, en attaquant le pape et l'Église romaine comme il le fait dans l'épisode des Papimanes, devait plaire à Henri II. Dans les années 1550-1552, le roi est en effet en lutte ouverte avec le pape Jules III, qui favorise les intérêts de Charles Quint, et avec le Concile de Trente, qui s'en prend aux finances des églises nationales...

2. Le voyage

Exploitant l'actualité politico-religieuse, le *Quart Livre* utilise aussi celle des **grandes découvertes**, qui ont revivifié le vieux thème épique de la navigation. Le voyage de Pantagruel vers le Nord-Ouest se souvient de ceux de Jacques Cartier (qui en a publié le récit en 1545), de même que le retour du jeune géant en Utopie, dans le *Pantagruel*, empruntait l'itinéraire de Vasco de Gama. Mais la Dive Bouteille n'est pas l'Amérique, et la navigation du *Quart Livre* ne se soucie pas de géographie. Conduits par leur guide Xénomane (« qui adore l'étranger »), tributaires du bon vouloir de la mer et du vent, **nos héros vont d'île imaginaire en île imaginaire**.

3. Des îles symboliques

Chaque île est un monde, un monde clos doté d'attributs particuliers, régi par des usages spécifiques et bizarres ; **chaque île est le théâtre d'une manie**, d'un type d'activité humaine présenté à l'état pur et poussé jusqu'au délire. Le récit use donc du procédé allégorique qui consiste à personnifier une faculté ou une activité (ainsi Quaresmeprenant qui, en son île de Tapinois, représente les adeptes du Carême — mortification recommandée par le Concile de Trente — ; ou encore messer Gaster (« ventre »), qui symbolise l'universel appétit humain). La transposition peut être immédiate, et la satire transparente : ainsi, les Chicanous (huissiers) gagnent leur vie en se faisant rouer de coups ; le procédé se limite à présenter une corporation sous la forme d'une société entière, et à systématiser un argument de farce. La signification des différentes îles est encore éclairée par leur organisation en couples antithétiques : Quaresmeprenant est l'ennemi des Andouilles qui vivent sur l'île Farouche ; l'île des Papefigues, hérétiques qui ont « fait la figue »

Monstres marins, gravure illustrant un ouvrage, *De Prodigiis*, de 1557.

(geste obscène) au portrait du pape, vient d'être ravagée par les Papimanes voisins, qui vénèrent ce portrait et le livre des saintes Décrétales (lois médiévales qui précisaient les pouvoirs temporels et spirituels de l'église)...

4. Comment interpréter ?

D'autres îles encore — par exemple celle de Ruach (« vent » en hébreu), dont les habitants ne vivent que de vent — échappent à une signification de cet ordre. Au reste, dans tous les cas, **la satire est débordée par les mondes qu'elle permet de créer**. Ces mondes sont des œuvres de langage. Ils peuvent naître d'un jeu de mots. On trouve dans le *Quart Livre* les plus colossales des énumérations rabelaisiennes : celle, par exemple, des parties du corps monstrueux de Quaresmeprenant nous emmène bien loin de l'intention satirique initiale, au-delà de toute représentation stable (fût-ce celle d'un monstre à la Jérôme Bosch) ; le langage fait s'entrechoquer les objets les plus divers, et leur interdit de s'organiser.

5. Une quête inachevée

Quand le livre s'arrête soudain, la quête est loin d'être achevée. Il n'est plus guère question du mariage de Panurge. C'est avec Frère Jean qu'il forme un couple ! En face du moine plus actif que jamais, il est celui qui parle, le couard en qui la peur s'élève au rang de principe poétique : elle démultiplie les pouvoirs de la parole. Pantagruel est, quant à lui, accueillant aux mondes qu'il aborde. Sa fonction d'encadrement idéologique est moins stricte que dans le *Tiers Livre*. Sa sagesse est intacte, mais elle semble adhérer plus nettement à **ce parcours sans fin ni frein d'un univers en état d'ambiguïté perpétuelle**, oscillant comiquement entre le bien et le mal, le plein et le vide, les mots et les choses, le sens et le non-sens.

Les moutons de Panurge

*** **Quart Livre**

Pantagruel et ses amis sont partis sur une flotte de douze « naufs » consulter l'oracle de la Dive Bouteille. Ils doivent d'abord passer en Lanternois, « prendre quelque docte et utile Lanterne » qui les guidera. Voici qu'ils croisent « une navire marchande » qui en revient. Panurge se prend de querelle avec un marchand de moutons, Dindenault, qui, le voyant sans braguette, l'a supposé cocu. Pantagruel les réconcilie ; Panurge alors négocie longuement l'achat d'un mouton, le plus beau, le plus grand. Dindenault finit par céder.

1. C'est toujours Alcofrybas, le narrateur, qui parle.

Soubdain, je[1] ne sçay comment, le cas feut subit, je ne eus loisir le consydérer, Panurge, sans aultre chose dire, jette en pleine mer son mouton criant et bellant. Tous les aultres moutons, crians et bellans en pareille intonation, commencèrent soy jecter et saulter en mer après, à la file. La foule estoit à qui premier y saulteroit
5 après leur compaignon. Possible n'estoit les en guarder, comme vous sçavez du mouton le naturel, tousjours suyvre le premier, quelque part qu'il aille. Aussi le dict Aristoteles, *lib. IX, de Histo. animal.*[2] estre le plus sot et inepte animant[3] du monde.

2. Histoire des Animaux, traité d'Aristote.
3. Être animé.

Le marchant, tout effrayé de ce que davant ses yeulx périr voyoit et noyer ses
10 moutons, s'efforçoit les empescher et retenir tout de son povoir. Mais c'estoit en vain. Tous à la file saultoient dedans la mer et périssoient. Finablement, il en print un grand et fort par la toison sus le tillac de la nauf, cuydant ainsi le retenir et saulver le reste aussi conséquemment. Le mouton feut si puissant qu'il emporta en mer avecques soy le marchant, et feut noyé en pareille forme que les moutons
15 de Polyphemus, le borgne Cyclope, emportèrent hors la caverne Ulyxes et ses compaignons[4]. Autant en feirent les aultres bergiers et moutonniers, les prenens uns par les cornes, aultres par les jambes, aultres par la toison. Lesquelz tous feurent pareillement en mer portéz et noyéz miserablement.

4. Célèbre épisode de l'Odyssée, chant IX.

Gravure de G. Doré pour le *Quart Livre*. Paris, Bibl. des Arts décoratifs.

5. Foyer portatif, utilisé pour la cuisine à bord.
6. Échapper à.
7. Célèbres prédicateurs franciscains de la fin du XVe s.
8. Les lieux (communs) ou topoi (terme d'Aristote) sont les procédés généraux qui permettent de construire un raisonnement probant, ou de le réfuter. Le sens péjoratif de l'expression « lieux communs » dérive de ce sens premier.
9. Cénotaphe (latinisme).
10. Souhaitant (latinisme).
11. Pays de rêve, décrit au Cinquième Livre (chap. XXX), où les arbres sont « de damas et velours figuré », et les bêtes et oiseaux de « tapisserie ».
12. Personnage du livre biblique du même nom ; Jonas, pour avoir désobéi à Dieu, fait naufrage, et passe trois jours dans un poisson avant d'être recraché sur le rivage.
13. Aucune (latinisme).
14. Berger, personnage de la farce de Pathelin.
15. Berger non identifié.

Panurge, à cousté du fougon[5], tenent un aviron en main, non pour ayder aux
20 moutonniers, mais pour les enguarder de grimper sus la nauf et évader[6] le naufraige, les preschoit éloquentement, comme si feust un petit frère Olivier Maillard ou un second frère Jan Bourgeoys[7] ; leurs remonstrant par lieux de rhéthoricque[8] les misères de ce monde, le bien et l'heur de l'aultre vie, affermant plus heureux estre les trespasséz que les vivans en ceste vallée de misère, et à
25 chascun d'eulx promettant ériger un beau cénotaphe et sépulchre honoraire[9] au plus hault du mont Cenis, à son retour de Lanternoys ; leurs optant[10] ce néant-moins, en cas que vivre encores entre les humains ne leurs faschast et noyer ainsi ne leur vînt à propous, bonne adventure et rencontre de quelque baleine laquelle au tiers jour subséquent les rendist sains et saulves en quelque pays de satin[11],
30 à l'exemple de Jonas[12].

La nauf vuidée du marchant et des moutons :

« Reste-il icy (dist Panurge) ulle[13] âme moutonnière ? Où sont ceulx de Thibault l'Aignelet[14] ? et ceulx de Regnauld Belin[15], qui dorment quand les aultres paissent ? Je n'y sçay rien. C'est un tour de vieille guerre. Que t'en semble, frère
35 Jan ?

16. *On avait coutume.*
17. *Soldats.*
18. *Beaucoup.*
19. *Cérisoles, village piémontais ; le comte d'Enghien y remporta une victoire sur les Impériaux en 1544 ; les « Gruyers » sont des mercenaires suisses de Gruyères.*
20. *Il s'agit de l'argent que Panurge a versé à Dindenault en échange de son mouton.*
21. *Trivialement : c'est bien parlé !*
22. *« A moi la vengeance » (Épître aux Romains, XII, 19) ; c'est Dieu qui est cité ; l'idée est que l'homme ne doit pas se venger lui-même.*

— Tout bien de vous (respondit frère Jan). Je n'ay rien trouvé maulvais, sinon qu'il me semble que, ainsi comme jadis on souloyt[16] en guerre, au jour de bataille ou assault, promettre aux soubdars[17] double paye pour celluy jour : s'ilz guaingnoient la bataille, l'on avoit prou[18] de quoy payer ; s'ilz la perdoient, c'eust esté
40 honte la demander, comme feirent les fuyars Gruyers après la bataille de Serizolles[19] ; aussi qu'enfin vous doibviez le payement réserver, l'argent vous demourast en bourse[20].

— C'est (dist Panurge) bien chié[21] pour l'argent ! Vertus Dieu, j'ay eu du passetemps pour plus de cinquante mille francs. Retirons-nous, le vent est
45 propice. Frère Jan, escoutte icy. Jamais homme ne me feist plaisir sans récompense, ou recongnoissance pour le moins. Je ne suys point ingrat et ne le feuz, ne seray. Jamais homme ne me feist desplaisir sans repentance, ou en ce monde, ou en l'aultre. Je ne suis poinct fat jusques là.

— Tu (dist frère Jan) te damnes comme un vieil diable. Il est escript : *Mihi*
50 *vindictam*[22], etc. Matière de bréviaire. »

RABELAIS, *Quart Livre*, chap. VIII (texte de 1552)

LECTURE MÉTHODIQUE

1. Le comique de cette scène. Caractérisez-le en en relevant les procédés (construction du texte, agencement des épisodes, digressions et commentaires), et en essayant d'en dégager le ressort principal : qu'est-ce qui rend comique cette sauvagerie de Panurge ?

2. Quelle **fonction** attribuez-vous à la petite discussion qui suit ? S'agit-il vraiment d'opposer à Panurge la morale évangélique ?

Qu'est-ce qui rend importante **la question de l'argent** ?

« Zalas ! Où sont nos boulingues ? »

***

La navigation se poursuit, faisant étape, entre autres, dans l'île de Procuration, où vivent les « Chiquanous » (huissiers), qui gagnent leur vie à être battus par ceux qu'ils citent à comparaître ; puis on passe les îles de Tohu et Bohu, où vient de mourir le géant Bringuenarilles, pour avoir mangé force poêles, poêlons, chaudrons, marmites, faute de moulins à vent, sa nourriture habituelle… On croise de tout sur la mer, notamment des moines qui vont au concile « grabeler (éplucher) les articles de la foi contre les nouveaux hérétiques »… Mais voici qu'un « tyrannique grain » se prépare.

Soudain la mer commença s'enfler et tumultuer du bas abîme ; les fortes vagues battre les flancs de nos vaisseaux ; le maistral[1], accompagné d'un cole[2] effréné, de noires gruppades[3], de terribles sions[4], de mortelles bourrasques, siffler à travers nos antennes ; le ciel tonner du haut, foudroyer, éclairer, pleuvoir,
5 grêler ; l'air perdre sa transparence, devenir opaque, ténébreux et obscurci, si qu'autre lumière ne nous apparaissait que des foudres, éclairs et infractions[5] des flambantes nuées ; les catégides, thielles, lélapes et prestères[6] enflamber tout autour de nous par les psoloentes, arges, élicies[7] et autres éjaculations éthérées ; nos aspects[8] tous être dissipés et perturbés ; les horrifiques typhons suspendre
10 les montueuses vagues du courant. Croyez que ce nous semblait être l'antique Chaos, en lequel étaient feu, air, mer, terre, tous les éléments en réfractaire[9] confusion.

Panurge, ayant du contenu de son estomac bien repu les poissons scatophages[10], restait accroupi sur le tillac, tout affligé, tout méhaigné[11] et à demi mort ;
15 invoqua tous les benoîts saints et saintes à son aide, puis s'écria en grand effroi, disant :

« Majordome[12], hau, mon ami, mon père, mon oncle, produisez un peu de salé : nous ne boirons tantôt[13] que trop, à ce que je vois ! A petit manger bien boire, sera désormais ma devise. Plût à Dieu et à la benoîte, digne et sacrée
20 Vierge, que maintenant, je dis tout à cette heure, je fusse en terre ferme bien à mon aise !

O que trois et quatre fois heureux sont ceux qui plantent choux ! O Parques, que ne me filâtes-vous pour planteur de choux[14] ! O que petit est le nombre de

25 ceux à qui Jupiter a telle faveur porté qu'il les a destinés à planter choux ! Car ils ont toujours en terre un pied, l'autre n'en est pas loin. Dispute de félicité et bien souverain[15] qui voudra ; mais quiconque plante choux est présentement par mon décret déclaré bienheureux, à trop meilleure raison[16] que Pyrrhon[17], étant en pareil danger que nous sommes et voyant un pourceau près le rivage qui mangeait de l'orge épandu, le déclara bien heureux en deux qualités, savoir est
30 qu'il avait orge à foison et d'abondant[18] était en terre.

Ha ! pour manoir déifique et seigneurial, il n'est que le plancher des vaches ! Cette vague nous emportera, Dieu servateur ! O mes amis, un peu de vinaigre ! Je tressue[19] de grand ahan. Zalas[20] ! les vettes[21] sont rompues, le prodenou[22] est en pièces, les cosses[23] éclatent, l'arbre du haut de la gatte[24] plonge en mer, la
35 carine[25] est au soleil, nos gumènes[26] sont presque tous roupts[27]. Zalas, zalas ! où sont nos boulingues[28] ? Tout est frelore bigoth[29] ! Notre trinquet[30] est à vau l'eau. Zalas ! à qui appartiendra ce bris[31] ? Amis, portez-moi ici darrière une de ces rambades[32] ! Enfants, votre landrivel[33] est tombé. Hélas ! n'abandonnez l'orgeau[34], n'aussi le tirados[35]. J'ouïs l'agneuillot[36] frémir. Est-il cassé ? Pour
40 Dieu, sauvons la brague[37], du fernel[38] ne vous souciez ! Bebebe bous bous bous ! Voyez à la calamite[39] de votre boussole, de grâce, maître Astrophile[40], dont nous vient ce fortunal[41]. Par ma foi, j'ai belle paour ! Boubou, boubous, bous ! C'est fait de moy ! Je me conchie de mâle rage de paour. Boubou, boubou ! Otto to to to to ti ! Bou bou bou, ou ou ou bou bou bous bous ! Je naye[42], je naye ! Je
45 meurs ! Bonnes gens, je naye ! »

RABELAIS, *Quart Livre*, chap. XVIII
Orthographe modernisée

La tempête,
gravure de Th. de Bry.
Paris, B.N.

***

La grande terreur de Panurge ne fait que commencer. Pendant que les autres s'activent avec l'énergie du désespoir, lui continue de gémir et de crier. Mais, sitôt la tempête terminée, il fera « le bon compagnon »...

L'état de Quaresmeprenant

***

Après une escale en l'île des Macraeons (« vieillards »), sanctuaire de ruines antiques où vieillissent et meurent les « Démons et Héros », c'est-à-dire les êtres situés à mi-chemin des hommes et des dieux, l'expédition passe l'île de Tapinois, repère de Quaresmeprenant (Carême Prenant) ; « avaleur de pois gris », « foisonnant en pardons » et « fouetteur de petits enfants », le triste Quaresmeprenant est en guerre perpétuelle avec ses voisines, les Andouilles de l'île Farouche. Il n'est pas question d'aborder chez lui, mais Xénomane en fournit une description « quant aux parties internes », puis externes. A ces deux listes délirantes vient s'ajouter celle-ci.

Cas admirable en nature (dit Xénomane continuant) est voir et entendre l'état de Quaresmeprenant.

S'il crachait, c'étaient panerées de chardonnette[1].

S'il mouchait, c'étaient anguillettes salées.

5   S'il pleurait, c'étaient canards à la dodine.

S'il tremblait, c'étaient grands pâtés de lièvre.

S'il suait, c'étaient moulues[2] au beurre frais.

S'il rotait, c'étaient huîtres en écale[3].

S'il éternuait, c'étaient pleins barils de moutarde.

10   S'il toussait, c'étaient boîtes de coudignac[4].

S'il sanglotait, c'étaient denrées[5] de cresson.

S'il bâillait, c'étaient potées de pois pilés.

S'il soupirait, c'étaient langues de bœuf fumées.

S'il sublait, c'étaient hottées de singes verts[6].

15   S'il ronflait, c'étaient jadaux de fèves frèses[7].

S'il rechinait[8], c'étaient pieds de porc au sou[9].

S'il parlait, c'était gros bureau[10] d'Auvergne, tant s'en fallait que fût soie cramoisie, de laquelle voulait Parisatis être les paroles tissues de ceux qui parlaient à son fils Cyrus, roi des Perses[11].

Arcimboldo, *L'Amiral*
Mouzay, coll. Taffenbeck.

20   S'il soufflait, c'étaient troncs pour les indulgences.
      S'il guignait des œils, c'étaient gaufres et obélies[12].
      S'il grondait, c'étaient chats de Mars[13].
      S'il dodelinait de la tête, c'étaient charrettes ferrées.
      S'il faisait la moue, c'étaient bâtons rompus.
25   S'il marmonnait, c'étaient jeux de la basoche[14].
      S'il trépignait, c'étaient répits et quinquenelles[15].
      S'il reculait, c'étaient coquecigrues de mer[16].
      S'il bavait, c'étaient fours à ban[17].
      S'il était enroué, c'étaient entrées de Moresques[18].
30   S'il pétait, c'étaient houseaux[19] de vache brune.
      S'il vênait[20], c'étaient bottines de cordouan[21].
      S'il se grattait, c'étaient ordonnances nouvelles.
      S'il chantait, c'étaient pois en gousse.
      S'il fientait, c'étaient potirons et morilles.
35   S'il buffait[22], c'étaient choux à l'huile, *alias* caules amb'olif[23].
      S'il discourait, c'étaient neiges d'antan.
      S'il se souciait, c'étaient des rés[24] et des tondus.
      Si rien donnait, autant en avait le brodeur[25].
      S'il songeait, c'étaient vits volants et rampants contre une muraille.
40   S'il rêvait, c'étaient papiers rentiers[26].

      Cas étrange : travaillait rien ne faisant, rien ne faisait travaillant. Corybantiait[27] dormant, dormait corybantiant, les œils ouverts comme font les lièvres de Champagne, craignant quelque camisade[28] d'Andouilles, ses antiques enne-mies. Riait en mordant, mordait en riant. Rien ne mangeait jeûnant, jeûnait rien
45   ne mangeant. Grignotait par soupçon, buvait par imagination. Se baignait dessus les hauts clochers, se séchait dedans les étangs et rivières. Pêchait en l'air et y prenait écrevisses décumanes[29]. Chassait on[30] profond de la mer, et y trouvait ibices[31], stamboucs[32] et chamois. De toutes corneilles prises en tapinois ordinai-rement pochait les œils[33]. Rien ne craignait que son ombre et le cri des gras
50   chevreaux. Battait certains jours le pavé. Se jouait ès cordes des ceints[34]. De son poing faisait un maillet[35]. Écrivait sus parchemin velu, avec son gros galimard[36], pronostications et almanachs.

      — Voilà le galant (dit frère Jean). C'est mon homme. C'est celui que je cherche. Je vais lui mander un cartel[37].
55   — Voilà (dit Pantagruel) une étrange et monstrueuse membrure d'homme, si homme le dois nommer.

RABELAIS, *Quart Livre*, chap. XXXII
Orthographe modernisée

1. Artichaut. — 2. Morues. — 3. En écaille. — 4. Pâte de coing. — 5. Quantité valant un denier. — 6. Singes imaginaires. — 7. Jattes de fèves pilées. — 8. Rechignait, grinçait des dents. — 9. Saindoux. — 10. Bure. — 11. Cette anecdote concernant Cyrus le Jeune et sa mère Parysatis est rapportée par Plutarque, puis Érasme. — 12. Sortes de gâteaux. — 13. Chat né en mars, agressif. — 14. Communauté de clercs de justice. — 15. La quinquenelle est un répit de cinq ans accordé aux débiteurs. — 16. Volatiles imaginaires ; dans Gargantua, Picrochole est censé récupérer son royaume à la venue des coquecigrues. — 17. Fours à péage. — 18. Danses mauresques. — 19. Longues bottes. — 20. Vessait (pet silencieux). — 21. Cuir de Cordoue. —

22. Soufflait. — 23. En languedocien. — 24. Rasés. — 25. Bro-deur, déformation de bourdeur (menteur) : « autant pour le brodeur », se disait quand quelqu'un mentait. — 26. Registres de rentes. — 27. Dormait les yeux ouverts, à la manière des Corybantes, commis à la garde de Jupiter enfant. — 28. Attaque soudaine. — 29. De grande taille. — 30. Au. — 31. Bouquetins. — 32. Idem. — 33. Aveugler les corneilles, adage s'appliquant à ceux qui obscur-cissent l'esprit des plus perspicaces. — 34. Jeu de mots entre ceints et saints (corps des saints, c'est-à-dire leurs reliques). — 35. Proverbe ; faire de son poing un maillet, c'est être fou. — 36. Plumier. — 37. Défi.

POUR LE COMMENTAIRE

1. L'accumulation initiale. Que manifeste-t-elle quant à la « personne » de Quaresmeprenant ? Qu'est-ce qui, d'une manière générale, caractérise le personnage ?

2. Relevez, dans l'accumulation, **ce qui vous paraît cohérent** avec la critique du Carême et de toutes les pratiques de répression de soi, comme relevant d'une **anti-nature**. L'énumération vous semble-t-elle se confor-

mer à cette seule intention satirique ? A quelle loi obéit-elle ? Quel est l'effet produit ?

3. Étendez cette analyse aux énoncés qui suivent, en distinguant **les divers procédés** utilisés.

4. Finalement, que pensez-vous de Quaresmeprenant et de sa monstruosité ? Le texte vous paraît-il autoriser **plusieurs jugements** ?

Les paroles gelées

***

   Débarqués sur l'île Farouche, nos héros doivent livrer bataille aux Andouilles, qui ont confondu Pantagruel et Quaresmeprenant. Mais le malentendu est dissipé grâce à l'intervention providentielle du dieu tutélaire des Andouilles, Mardi-gras, sous
la forme d'un pourceau ailé qui jette de la moutarde, substance révérée par les Andouilles à l'égal du sang du Graal. Puis,
c'est l'île de Ruach (vent, en hébreu), peuplée de buveurs et mangeurs de vent ; l'île des Papefigues, suivie de celle des
Papimanes, où l'on adore, sous la direction de l'évêque Homenaz (grand costaud pas très malin, en languedocien), l'image
sacrée du pape et le livre des Saintes Décrétales. Et voici qu'en haute mer, l'air retentit soudain de « voix et sons d'hommes,
de femmes, d'enfants, de chevaux ». Panurge meurt de peur, Pantagruel médite.

   « J'ai lu qu'un philosophe nommé Pétron[1] était en cette opinion que fussent
plusieurs mondes soi touchant les uns les autres en figure triangulaire équila-
térale, en la patte[2] et au centre desquels disait être le manoir de Vérité et l'habiter
les Paroles, les Idées, les Exemplaires et protraits[3] de toutes choses passées et
5 futures ; autour d'icelles être le Siècle[4]. Et en certaines années, par longs
intervalles, part d'icelles tomber sur les humains comme catarrhes et comme
tomba la rosée sur la toison de Gédéon[5] ; part là rester réservée pour l'avenir,
jusques à la consommation du Siècle.
   Me souvient aussi qu'Aristote maintient les paroles d'Homère être voltigeantes,
10 volantes, mouvantes et par conséquent animées[6].
   Davantage Antiphane[7] disait la doctrine de Platon ès paroles être semblable[8],
lesquelles en quelque contrée, en temps du fort hiver, lorsque sont proférées,
gèlent et glacent à la froideur de l'air, et ne sont ouïes. Semblablement ce que
Platon enseignait aux jeunes enfants à peine être d'iceux entendu lorsqu'étaient
15 vieux devenus.
   Ores serait à philosopher et rechercher si, forte fortune[9], ici serait l'endroit en
lequel telles paroles dégèlent. Nous serions bien ébahis si c'étaient les tête et lyre
d'Orpheus[10]. Car, après que les femmes thraces eurent Orpheus mis en pièces,
elles jetèrent sa tête et sa lyre dedans le fleuve Hebrus ; icelles par ce fleuve
20 descendirent en la mer Pontique jusques en l'île de Lesbos toujours ensemble
sur mer nageantes. Et de la tête continuellement sortait un chant lugubre,
comme lamentant la mort d'Orpheus ; la lyre, à l'impulsion des vents mouvants,
les cordes accordait harmonieusement avec le chant. Regardons si les voirons[11]
ci autour. »
25   Le pilote fit réponse :
   « Seigneur, de rien ne vous effrayez ! Ici est le confin de la mer glaciale, sur
laquelle fut, au commencement de l'hiver dernier passé, grosse et félonne
bataille entre les Arismapiens et les Néphélibates[12]. Lors gelèrent en l'air les
paroles et cris des hommes et femmes, les chaplis[13] des masses, les hurtis[14] des
30 harnois, des bardes[15], les hennissements des chevaux et tout autre effroi[16] de
combat. A cette heure, la rigueur de l'hiver passée, advenant la sérénité et
tempérie du bon temps, elles fondent et sont ouïes.
   — Par Dieu ! (dit Panurge) je l'en crois ! Mais en pourrions-nous voir quelqu'une ? Me souvient avoir lu que, l'orée de la montagne en laquelle Moïse reçut
35 la loi des Juifs, le peuple voyait les voix sensiblement[17].
   — Tenez, tenez ! (dit Pantagruel) voyez-en ci qui encore ne sont dégelées. »
   Lors nous jeta sur le tillac pleines mains de paroles gelées, et semblaient
dragées, perlées de diverses couleurs. Nous y vîmes des mots de gueule, des
mots de sinople, des mots d'azur, des mots de sable[18], des mots dorés[19].
40 Lesquels, être[20] quelque peu échauffés entre nos mains, fondaient comme
neiges, et les oyions[21] réellement, mais ne les entendions[22], car c'était langage
barbare. Excepté un assez grosset, lequel ayant frère Jean échauffé entre ses
mains, fit un son tel que font les châtaignes jetées en la braise sans être
entommées[23] lorsque s'éclatant, et nous fit tous de peur tressaillir.
45   « C'était (dit frère Jean) un coup de faucon[24] en son temps. »
   Panurge requit Pantagruel lui en donner encore. Pantagruel lui répondit que
donner paroles était acte des amoureux.

« Vendez-m'en donc ! disait Panurge.

— C'est acte d'avocats (répondit Pantagruel), vendre paroles. Je vous ven-
50 drais plutôt silence et plus chèrement, ainsi que quelquefois la vendit Démosthène, moyennant son argentangine[25]. »

Ce nonobstant, il en jeta sur le tillac trois ou quatre poignées. Et y vis des
paroles bien piquantes, des paroles sanglantes (lesquelles le pilote nous disait
quelquefois retourner au lieu duquel étaient proférées, mais c'était la gorge
55 coupée), des paroles horrifiques et autres assez mal plaisantes à voir. Lesquelles
ensemblement fondues, ouïmes : hin, hin, hin, hin, his, tique, torche, lorgne,
brededin, brededac, frr, frrr, frrr, bou, bou, bou, bou, bou, bou, bou, bou, traccc,
trac, trr, trr, trr, trrr, trrrrrr, on, on, on, on, ouououon, goth, magoth et ne sais
quels autres mots barbares ; et disait que c'étaient vocables du hourt[26] et
60 hennissement des chevaux à l'heure qu'on choque[27]. Puis en ouïmes d'autres
grosses, et rendaient son en dégelant, les unes comme de tambours et fifres, les
autres comme de clairons et trompettes. Croyez que nous y eûmes du passe-
temps beaucoup. Je voulais quelques mots de gueule[28] mettre en réserve dedans
de l'huile, comme l'on garde la neige et la glace, et entre du feurre[29] bien net.
65 Mais Pantagruel ne le voulut, disant être folie faire réserve de ce dont jamais l'on
n'a faute et que toujours on a en main, comme sont mots de gueule entre tous
bons et joyeux Pantagruélistes.

RABELAIS, *Quart Livre*, chap. LV-LVI
Orthographe modernisée

POUR LE COMMENTAIRE

1. Les hypothèses de Pantagruel

a. Quelle valeur ont-elles ? S'agit-il d'un étalage d'érudition gratuite ?
b. Pourquoi ajouter, à l'hypothèse des paroles gelées qui va s'avérer la bonne, ce rappel de la légende d'Orphée ?

2. Les interventions de Pantagruel

Quel sens ont-elles ? Pourquoi l'entrée en scène du narrateur est-elle importante ? Que penser, alors, des remarques finales du géant sur le pantagruélisme ?

3. Le thème des paroles gelées

Vous paraît-il pouvoir symboliser l'art littéraire (si oui, en quoi) ?

1. Philosophe pythagoricien, pour qui l'univers était composé de 186 mondes, disposés selon un triangle équilatéral. C'est Plutarque qui en parle. — 2. Au pied. — 3. Portraits ; les Exemplaires, comme les Idées platoniciennes, sont des modèles, des formes existant en soi, éternelles et immuables, de chaque chose et de chaque notion. — 4. Le monde. — 5. Voir Juges, VI, 36 : Gédéon demande un signe à Yahvé : qu'une toison de laine étendue par terre à l'aube soit seule détrempée de rosée, tout le reste du sol demeurant sec. — 6. « Paroles ailées » est d'ailleurs une expression homérique. — 7. Auteur d'un recueil d'anecdotes, mentionné par Plutarque. — 8. « ... (disait) que la doctrine de Platon est semblable aux paroles... » Castiglione, dans Le Courtisan, avait déjà utilisé ce thème des paroles gelées. — 9. Par hasard. — 10. Orphée, mis en pièces par les Bacchantes de Thrace parce que, tout au deuil d'Eurydice, il refusait leur compagnie. — 11. Verrons. — 12. Les Arismapiens, peuple scythe mentionné par Hérodote ; les Néphélibates, qui « marchent sur les nuages », peuple imaginé par Rabelais. — 13. Chocs. — 14. Heurts. — 15. Armures de cheval. — 16. Vacarme. — 17. Voir Exode, XX, 18 ; le peuple « voit », plutôt que les paroles mêmes du Décalogue, le tonnerre et le feu, et la montagne fumer. — 18. Termes d'héraldique : mots rouges, verts, bleus, noirs. — 19. En latin, aurea dicta : c'est ainsi que Lucrèce qualifie les paroles d'Épicure ; plus généralement, les « vers dorés », étaient des maximes d'origine pythagoricienne. — 20. Lorsqu'ils étaient... — 21. Entendions. — 22. Comprenions. — 23. Entamées. — 24. Pièce d'artillerie. — 25. Littéralement, « mal de gorge d'argent » ; Démosthène, payé par les Milésiens pour ne pas prendre la parole, avait simulé une angine ; le mot vient des Adages, d'Érasme. — 26. Choc. — 27. Au moment où les armées se touchent. — 28. Mots rouges, mais aussi mots de bouche. — 29. Paille.

Revers d'une médaille commémorative de l'œuvre de Rabelais.

***

L'île suivante est « admirables entre toutes autres » : c'est le Manoir de « messer Gaster » (« ventre »), « premier maistre ès arts de ce monde », qui fut créé sans oreilles et ne parle que par signes, « mais à ses signes tout le monde obéit. » Hommes et animaux travaillent pour lui, mais c'est lui qui, en retour, leur apprend tout ce qu'ils savent. A la cour de Gaster on trouve deux abominables sortes de gens, les Engastrimythes (« ventriloques »), « divinateurs » charlatans, et les Gastrolâtres, adorateurs du Ventre, qui prennent le « noble maître des Arts » pour un dieu. Mais, à côté de ces perversions, Gaster est le principe et le symbole de l'industrie humaine, dont Rabelais reprend le joyeux éloge, comme il l'avait fait à propos du Pantagruélion.

Les derniers chapitres consistent en pantagruéline conversation, cependant que l'on vogue encore, de Chaneph (île des Hypocrites) à Ganabin (île des Voleurs). Sur cette dernière, il y a une fontaine, nouvelle source des Muses, que Pantagruel salue d'une salve d'artillerie. Sous l'effet du bruit et des griffes du chat Rodilard, qu'il prend pour un diable, Panurge « se conchie par male peur ». Mais ce que d'autres appellent « foire, bren, crottes, merde », lui le nomme « safran d'Hibernie »... Il n'y a pas de safran en Hibernie...

5. Le *Cinquième Livre* (1564)

La fin du voyage ?

1. Un ouvrage apocryphe ?

Neuf ans après la mort de **Rabelais** paraît *L'Ile Sonnante*, soit seize chapitres de nouvelles aventures de Pantagruel, qui seront repris (avec des modifications) dans un *Cinquième Livre* complet, publié en 1564. Le tout est présenté comme étant de la main de Rabelais. Depuis, la critique, perplexe, oscille entre plusieurs hypothèses. Les uns pensent qu'il s'agit de brouillons ; d'épisodes dans un état de préparation très inégal, recomposés par l'éditeur ; d'autres considèrent que le *Cinquième Livre* n'est, de bout en bout, que l'œuvre d'un plagiaire, ou d'un groupe de plagiaires, désireux d'utiliser la geste rabelaisienne à des fins de propagande protestante.

2. Critique du catholicisme

Le *Cinquième Livre* est en effet d'un anti-papisme virulent. L'île Sonnante n'est plus, comme celle des Papimanes, un repaire d'adorateurs du pape : c'est

« Justice, injustice... », gravure de Le Rouille, 1520.
Paris, B.N.

Rome même, dépeinte comme une île peuplée d'oiseaux en cage, Clergaux, Prêtregaux, Monegaux, Évêquegaux, Cardingaux, qui s'engendrent les uns des autres « sans copulation charnelle, comme se fait entre les abeilles »... Les Cardingaux produisent un Papegau (perroquet) unique, qui, au dire de Panurge, « semble une duppe » (huppe)...

3. Critique de la justice

Le livre s'attaque aussi à la justice, avec l'île du Guichet, où vivent les Chats fourrés, sous la férule de leur archiduc Grippeminault. Les Chats fourrés (les juges) ont « les griffes tant longues, fortes et acérées, que rien ne leur échappe »... Quant à Grippeminault, « les mains avait pleines de sang, les griffes comme d'une harpie, le museau à bec de corbin, les dents d'un sanglier quatrannier, les yeux d'une gueule d'enfer »...

4. D'autres rencontres...

Les navigateurs auront encore affaire à des abstracteurs de quinte essence, alchimistes et astrologues, à la reine Quinte Essence elle-même, en son royaume d'Entéléchie (Perfection), qui guérit toutes les maladies humaines ; en l'île des Eclots (galoches), ils assisteront aux saints offices de moines chanteurs, les frères Fredons, gros mangeurs pour qui la charité consiste à s'entrechatouiller, ou à s'entretirer les vers du nez...

Après le pays de Satin, où le narrateur rencontre toutes sortes d'animaux fantastiques, voici enfin le Lanternois : nos héros y trouveront une noble Lanterne pour les conduire à l'oracle de la Bouteille.

5. Que dit l'oracle ?

La quête devait-elle se terminer ? On pouvait en douter à la « fin » du *Quart Livre*. La compagnie pantagruéliste semblait se satisfaire parfaitement de son errance, manière d'équilibre fondé sur les logiques opposées, tempérées d'humour et d'amour, des divers personnages. Le pantagruélisme n'est pas une philosophie abstraite, ni même une doctrine morale déterminée : il tient aux relations que Pantagruel cultive, dans sa sagesse et en dépit de sa sagesse, avec Panurge et les autres. Cette amitié improbable place la réalité, et tout ce qu'on peut savoir d'elle, en état de **constante métamorphose**. Les univers de chacun des compagnons ne cessent de rebondir les uns sur les autres.

Alors, que dit l'oracle ? « Soyez vous-mêmes interprètes de votre entreprise ». Ce n'est pas dire que l'entreprise est une énigme à déchiffrer. C'est dire que l'interprétation fait partie de l'entreprise (et vice versa). La fin ne nous ramène pas au commencement : simplement au voyage lui-même.

Joyeuse glose

***

Panurge, « capitonné » d'un « beau et blanc béguin », « engantelé » de deux braguettes, ceint de trois cornemuses, est conduit par la noble Pontife Bacbuc (bouteille, en hébreu) dans une chapelle ronde.

1. *Au milieu de la chapelle.*
2. *Variété de gypse, très blanche.*
3. *Mosaïque, incrustation.*
4. *Le bord ; il est plus « patent », ouvert, que ne l'exigerait un ovale pur.*
5. *Danses bachiques.*
6. *Sièges.*
7. *Chant de vendanges.*

Au milieu d'icelle[1] était une fontaine de fin albâtre[2] en figure heptagone, à ouvrage et infoliature[3] singulière, pleine d'eau tant claire que pouvait être un élément en sa simplicité, dedans laquelle était à demi posée la sacrée Bouteille, toute revêtue de pur cristallin en forme ovale, excepté que le limbe[4] était quelque
5 peu patent plus qu'icelle forme ne porterait.

Là fit Bacbuc, la noble Pontife, agenouiller Panurge et baiser la marge de la fontaine, puis le fit lever et autour danser trois inthibons ou thibons[5]. Cela fait, lui commanda s'asseoir entre deux selles[6] là pourparées, le cul à terre. Puis déploya un livre rituel et, lui soufflant en l'oreille gauche, le fit chanter une
10 épilénie[7], comme s'ensuit :

O
Bouteille
Pleine toute
De mystères,
15   D'une oreille
Je t'écoute :
Ne diffère
Et le mot profère
Auquel pend mon cœur !
20   En la tant divine liqueur,
Qui est dedans tes flancs reclose,

8. *Qui.*

Bacchus, que[8] fut d'Inde vainqueur,
Tient toute vérité enclose.
Vin tant divin, loin de toi est forclose
25   Toute mensonge et toute tromperie,
En joie soit l'âme de Noé close,

9. *Cadeau.*

Lequel de toi nous fit la tempérie[9].
Sonne le beau mot, je t'en prie,
Qui me doit ôter de misère.
30   Ainsi ne se perde une goutte
De toi, soit blanche, ou soit vermeille,
O Bouteille
Pleine toute
De mystères !

10. *Saint Pierre de Bourgueil, abbaye bénédictine.*
11. *Fête où défilent en procession les « bâtons », les étendards des confréries.*
12. *A genoux.*
13. *Sortait.*
14. *Fils d'Apollon, qui enseigna aux hommes l'art d'élever les abeilles (Virgile, Géorgiques, IV, 548).*
15. *Trait d'arbalète.*
16. *« Bois » en allemand.*

35   Cette chanson parachevée, Bacbuc jeta je ne sais quoi dedans la fontaine et
soudain commença l'eau bouillir comme fait la grande marmite de Bourgueil[10]
quand y est fête à bâtons[11]. Panurge écoutait d'une oreille en silence, Bacbuc
se tenait près de lui à genouillons[12], quand de la sacrée Bouteille issait[13] un bruit
tel que font les abeilles naissantes de la chair d'un jeune taureau, occis et
40 accoutré selon l'art et l'invention d'Aristeus[14], ou tel que fait un garrot[15] détendant
l'arbalète, ou en été une forte pluie soudainement tombant. Lors fut ouï ce mot :
TRINCH[16].

« Elle est (s'écria Panurge), par la vertu Dieu ! rompue, ou fêlée que je ne
mente : ainsi parlent les bouteilles cristallines de nos pays, quand elles près du
45 feu éclatent. »

Lors Bacbuc se leva et prit Panurge sous le bras doucettement, lui disant :

« Ami, rendez grâces aux cieux, la raison vous y oblige : vous avez promptement eu le mot de la dive Bouteille. Je dis le mot plus joyeux, plus divin, plus

certain, qu'encore j'aie d'elle entendu depuis le temps qu'ici je ministre à son très
50 sacré oracle. Levez-vous, allons au chapitre en la glose[17] duquel est le beau mot interprété.

17. *Commentaire.*

— Allons (dit Panurge) de par Dieu ! J'en suis aussi sage qu'antan. Éclairez[18]
où est ce livre. Trouvez où est ce chapitre. Voyons cette joyeuse glose. »

18. *Expliquez.*

Bacbuc jetant ne sais quoi dedans le timbre[19], dont soudain fut l'ébullition de
55 l'eau restreinte, mena Panurge en le temple majeur[20], en lieu central auquel était
la vivifique fontaine. Là, tirant un gros livre d'argent en forme d'un demi muid
ou d'un *Quart de Sentences*[21], le puisa[22] dedans la fontaine, et lui dit :

19. *Cuve.*
20. *Principal.*

21. *Quatrième livre des
Sentences de Pierre
Lombard (XIIᵉ s.).*
22. *Le remplit.*

« Les philosophes, prêcheurs et docteurs de votre monde vous paissent de
belles paroles par les oreilles ; ici nous réellement incorporons nos préceptions
60 par la bouche. Pour tant je ne vous dis : *Lisez ce chapitre, voyez ceste glose* ;
je vous dis : *Videz, tâtez*[23] *ce chapitre, avalez cette belle glose.* Jadis un antique
Prophète de la nation judaïque[24] mangea un livre et fut clerc jusques aux dents ;
présentement vous en boirez un et serez clerc jusques au foie. Tenez, ouvrez les
mandibules. »

23. *Dégustez
(Voir* tastevin).
24. *Ezéchiel (III, 3).*

65 Panurge ayant la gueule baye[25], Bacbuc prit le livre d'argent et pensions que
fût véritablement un livre, à cause de sa forme qui était comme un bréviaire ;
mais c'était un vénéré, vrai et naturel flacon, plein de vin Phalerne[26], lequel elle
fit tout avaler à Panurge.

25. *Ouverte.*

26. *Vin de Falerne,
célèbre cru de
l'Antiquité latine.*

« Voici (dit Panurge) un notable chapitre et glose fort authentique : est-ce tout
70 ce que veut prétendre le mot de la Bouteille trismégiste[27] ? J'en suis bien,
vraiment.

27. *Trois fois grande.*

— Rien plus (répondit Bacbuc) : car *Trinch* est un mot panomphée[28], célébré
et entendu de toutes nations, et nous signifie : *Buvez.* Vous dites en votre monde
que *sac* est vocable commun de toutes langues et à bon droit et justement de
75 toutes nations entendu, car, comme est l'apologue d'Ésope[29], tous humains
naissent un sac au col, souffreteux par nature et mendiant l'un de l'autre : roi sous
le ciel tant puissant n'est qui passer se puisse d'autrui ; pauvre n'est tant arrogant
qui passer se puisse du riche, voire fût-ce Hippias le philosophe, qui faisait tout[30].
Encore moins se passe-t-on de boire qu'on ne fait de sac. Et ici maintenons que
80 non rire, ains boire est le propre de l'homme : je ne dis boire simplement et
absolument, car aussi bien boivent les bêtes ; je dis boire vin bon et frais. Notez,
amis, que de vin divin on devient, et n'y a argument tant sûr, ni art de divination
moins fallace[31]. Vos Académiques[32] l'affirment, rendant l'étymologie de vin, et
disent en Grec οἶνος être comme *vis*, force, puissance pour ce qu'il emplit l'âme
85 de toute vérité, tout savoir et toute philosophie. Si avez noté ce qu'est en lettres
ioniques écrit dessus la porte du temple[33], vous avez pu entendre qu'en vin est
vérité cachée. La dive Bouteille vous y envoie, soyez vous-mêmes interprètes de
votre entreprise.

28. *Qui rend tous les
oracles (épithète de
Zeus).*

29. *Selon cette fable,
l'homme porte un
bissac ; dans le sac de
devant, les vices
d'autrui, dans celui de
derrière, les siens, qu'il
ne voit pas.*
30. *Dans l'*Hippias
mineur, *de Platon,
Hippias se vante de
savoir tout faire.*
31. *Trompeur.*
32. *Philosophes de
l'école platonicienne.*
33. *En oino aletheia : in
vino veritas.*

— Possible n'est (dit Pantagruel) mieux dire que fait ceste vénérable pontife.
90 Autant vous en dis-je, lorsqu'au commencement m'en parlâtes. *Trinch* donc !

RABELAIS, *Cinquième Livre*, chap. XLIII-XLV (texte de 1564)
Orthographe modernisée

POUR LE COMMENTAIRE

1. L'art de la **description** et de la **suggestion** sensible.
Relevez tout ce qui, dans ce texte, s'adresse aux sens du
lecteur, et montrez, notamment, comment sont marquées
les qualités substantielles du vin bon et frais.

2. Comment l'auteur organise-t-il cet **éloge du vin** ?
Analysez le rôle joué par le thème du **sacré**, et par celui du
savoir (les deux se rejoignant dans le motif du livre). La
scène se réduit-elle à une **parodie** ?

3. Le vin est-il un **symbole** ? De quoi ? Contient-il une
« vérité cachée » ? Reportez-vous si possible au Prologue de
Gargantua. S'agit-il de trouver, au-delà du plaisir du vin,
une signification plus sérieuse ? Montrez comment, dans
l'un et l'autre textes, le thème du vin permet de bousculer
ces distinctions reçues.

4. Quel **sens**, à cet égard, accorder aux derniers mots
de Bacbuc ? Et à ceux de Pantagruel ?

« *Pour entonner une gaie chanson* », gravure de 1550. Paris, B.N.

TRAVAUX D'ENSEMBLE SUR L'ŒUVRE DE RABELAIS

1. Compositions françaises

1. « Rire est le propre de l'homme »...

En partant surtout de votre expérience de lecteur, et par comparaison avec d'autres auteurs comiques, vous caractériserez le rire selon RABELAIS, à la fois rire des personnages et rire du lecteur.

2. Commentez et discutez ce jugement de MANUEL DE DIÉGUEZ (*Rabelais*, éd. du Seuil) :

« Déjà, devant l'écriture, il est seul du premier coup ; ayant touché la langue française de sa baguette magique, il en fait surgir un univers propre, c'est-à-dire un style, quelque chose qui suggère, qui agit par-delà le conscient, en un mot une dimension mythologique de la parole. Les *Chroniques*, lui offrant le support d'un « scénario », ont réduit, au départ, cette solitude devant la mythologie particulière que doit créer un écrivain, et qui tient à son style : tous ces géants et leurs prodiges ont bien préparé l'explosion intérieure qui fera d'un humaniste respectueux, mais secrètement torrentiel, un géant du langage. »

2. Recherches thématiques

En vous basant sur les extraits proposés, ou en élargissant l'enquête au texte complet, faites le point sur les thèmes suivants (en les recoupant le cas échéant) :

    a. le gigantisme ;
    b. le corps et ses fonctions ;
    c. la parole et ses fonctions ;
    d. la violence ;
    e. la beauté ;
    f. l'amitié ;
    g. la connaissance.

3. Recherches stylistiques

Dites, exemples à l'appui, quels procédés vous paraissent les plus typiques de la technique verbale de RABELAIS. Comparez-le à n'importe quel autre écrivain cité dans ce volume. Qu'est-ce qui rend son écriture absolument unique ?

Faites-vous un florilège de phrases de RABELAIS (qui vous fassent rire, de préférence).

Mikhaïl Bakhtine
L'Œuvre de François Rabelais

Vers le bas

Le puissant mouvement vers le bas, vers les profondeurs de la terre et du corps humain, pénètre tout le monde rabelaisien de bout en bout. Toutes ces images, tous les principaux épisodes, toutes les métaphores et comparaisons sont saisis par ce mouvement. Tout l'univers rabelaisien, dans son ensemble comme dans chacun de ses détails, est axé vers les enfers, corporels et terrestres. Nous avons déjà expliqué que le projet initial envisageait que le centre de toute l'œuvre devait être la recherche des enfers et la descente de Pantagruel (c'est-à-dire le sujet de Dante traité sur le mode comique). Nous sommes obligés à présent de reconnaître que, bien que le livre ait été écrit en une vingtaine d'années, et encore avec d'importants intervalles, Rabelais ne s'est pas écarté de son dessein primitif, et qu'en réalité il l'a presque réalisé. Si bien que son mouvement vers le bas, vers les enfers, prend son départ avec le projet romanesque et descend dans chaque détail de l'œuvre.

L'orientation vers le bas est propre à toutes les formes de la liesse populaire et du réalisme grotesque. En bas, à l'envers, le devant-derrière : tel est le mouvement qui marque toutes ces formes. Elles se précipitent toutes vers le bas, se retournent et se placent sur la tête, mettant le haut à la place du bas, le derrière à celle du devant, aussi bien sur le plan de l'espace réel que sur celui de la métaphore.

L'orientation vers le bas est propre aux bagarres, mêlées et coups : ceux-ci renversent, jettent à terre, foulent aux pieds. Ils ensevelissent. Dans le même temps, ils sont fondus : ils sèchent et récoltent (rappelons les « nopces à mitaines » du seigneur de Basché, la transformation de la bataille en moisson ou banquet, etc.).

Comme nous l'avons vu, les imprécations et grossièretés sont elles aussi caractérisées par cette orientation ; elles creusent à leur tour une tombe, qui est corporelle et fondée.

Le détrônement carnavalesque accompagné de coups et d'injures est de même un rabaissement et un ensevelissement. Chez le bouffon, tous les attributs royaux sont renversés, intervertis, le haut mis à la place du bas : le bouffon est le roi du « monde à l'envers ».

Le rabaissement est enfin le principe artistique essentiel du réalisme grotesque : toutes les choses sacrées et élevées y sont réinterprétées sur le plan matériel et corporel. Nous avons parlé de la balançoire grotesque qui fond le ciel et la terre dans son vertigineux mouvement ; toutefois l'accent y est mis moins sur l'ascension que sur la chute, c'est le ciel qui descend dans la terre et non l'inverse.

Tous ces rabaissements n'ont pas un caractère relatif ou de morale abstraite, ils sont au contraire topographiques, concrets et perceptibles ; ils tendent vers un centre inconditionnel et positif, vers le principe de la terre et du corps qui absorbent et donnent le jour. Tout ce qui est achevé, quasi éternel, limité et périmé se précipite dans le « bas » terrestre et corporel pour y mourir et renaître.

Ces mouvements vers le bas éparpillés dans les formes et images de la liesse populaire et du réalisme grotesque se trouvent à nouveau réunis par Rabelais, interprétés de manière nouvelle, fondus en un mouvement unique, axé vers le fond de la terre et du corps, qui recèlent les richesses immenses et les nouveautés dont les philosophes anciens n'ont pas parlé.

Mikhaïl BAKHTINE, *L'Œuvre de François Rabelais*,
© éd. Gallimard, 1970

Pour vos essais et vos exposés

Œuvres complètes, de RABE-LAIS, publiées par G. DEMER-SON, éd. du Seuil.

Manuel de DIÉGUEZ : *Rabelais par lui-même*, éd. du Seuil, 1960.
Michel BEAUJOUR : *Le Jeu de Rabelais*, éd. de L'Herne, 1968.
Jean PARIS : *Rabelais au futur*, éd. du Seuil, 1970.
François RIGOLOT : *Les Langages de Rabelais*, éd. Droz, 1972.
Erich AUERBACH : *Mimesis*, ch. 11, éd. Gallimard, 1973.
Jean LARMAT : *Rabelais*, éd. Ha-tier, 1973.
Mikhaïl BAKHTINE : *L'Œuvre de François Rabelais*, éd. Galli-mard, 1970, rééd., 1982.
Verdun-L. SAULNIER : *Rabelais*, éd. S.E.D.E.S., 1982.
Guy DEMERSON : *Rabelais*, éd. Balland, 1985.

VOIES ET VOIX DU RÉCIT

HERBERAY DES ESSARTS, HÉLISENNE DE CRENNE, BONAVENTURE DES PÉRIERS, MARGUERITE DE NAVARRE

« Si nous n'avons quelque occupation plaisante et vertueuse, nous sommes en danger de demeurer malades. »

Marguerite de Navarre,
L'*Heptaméron*, Prologue

Carpaccio, *Le Triomphe de saint Georges* (détail).
Venise, San Giorgio dei Schiavoni.

Art de raconter, art de conférer

1. Roman et nouvelle

A l'ombre du géant Rabelais, la littérature narrative du XVIe siècle est trop riche pour que ce bref chapitre (même complété dans la seconde partie) puisse lui rendre justice. Tout au plus peut-on dégager quelques traits qui distinguent ces récits de tout ce qui suivra.

Le phénomène *Amadis* suffit à montrer que le **roman de chevalerie et son matériel merveilleux** continuent de régner, au XVIe siècle, sur les consciences. Le genre monopolise à peu près le domaine du récit long — l'exception rabelaisienne n'en est que plus voyante —, et les efforts de Maurice Scève (traducteur de *Flamete*) ou d'HÉLISENNE DE CRENNE attestent qu'il n'est pas facile de construire sur d'autres bases une prose romanesque de longue haleine. C'est donc le **récit court** qui est amené à s'imposer, et à faire bénéficier de sa propre évolution l'ensemble de la littérature narrative. Trait caractéristique, le merveilleux, si vigoureusement associé au roman, demeure à l'écart de cette production, vouée dès l'origine au « **réalisme** ». De sorte que ce siècle écrit très peu de contes (même si, selon toute vraisemblance, il en circulait oralement), préférant la « nouvelle ».

2. Récit et discours

La « **nouvelle** », telle que l'illustre vers 1466 le recueil bourguignon des *Cent Nouvelles Nouvelles* (le titre sera repris au XVIe siècle par Philippe de Vigneulles), est proche à bien des égards du fabliau médiéval et de sa thématique satirique, touchant notamment les femmes et le clergé. Ces thèmes continuent d'émailler des recueils comme l'*Heptaméron* (1559), de MARGUERITE DE NAVARRE, où ils voisinent sans problème avec une inspiration toute différente. Après 1559 se développe le goût (sanglant) pour « l'histoire tragique ».

Mais l'essentiel n'est pas dans le choix de tel ou tel sujet précis, mais dans un « **protocole narratif** » qui inscrit le récit dans un échange de paroles, un commerce social, une **conversation**. L'art de raconter est d'abord un « art de conférer ». Le rôle du récit bref est d'être échangé, commenté, comparé, multiplié par des narrateurs-auditeurs qui constituent un relais entre les lecteurs que nous sommes et les histoires qui nous sont racontées. Le modèle le plus prestigieux et le plus fonctionnel est bien sûr le *Décaméron* (1353), de Boccace, qui consacre le nombre cent comme « nombre d'or » de la littérature narrative. Cent nouvelles, insérées dans un récit-cadre, émises par des narrateurs identifiables : c'est à la fois le plaisir de l'abondance et celui de l'ordre.

3. Liberté

Tout au long du siècle, d'autres auteurs italiens viendront compléter la leçon de Boccace : des *Facéties* (1438-1452) du Pogge aux *Nouvelles* (1554), de Bandello, en passant par les *Nuits*, de Straparole, s'enrichit et s'assouplit la technique de cette « littérature de la vie sociale » (G. A. Pérouse). Chez BONAVENTURE DES PÉRIERS, le genre oscille entre son pôle narratif — la nouvelle —, et son pôle « discursif », la conversation, ne produisant, à la limite, plus de récit suivi : il y a simple échange de « devis », charriant des bribes narratives (anecdotes, bons mots...). Le discours reflète alors **le milieu des devisants** : cette peinture prétend toujours à la vérité, même lorsque le clerc fait deviser le « peuple ». Et il n'est pas facile de dégager le matériau proprement populaire de son « interprétation » humaniste. Il semble cependant que ces textes aient conservé assez longtemps un contact avec un public plus large que celui des « lettrés ». Mais ils accueillent aussi un arsenal de formes très codées, le grand jeu de l'imitation. C'est la mobilité, la liberté du discours qui font le prix d'une littérature où le récit est toujours prétexte à « bigarrures ».

1353	BOCCACE : *Décaméron*	**1559**	Marguerite de NAVARRE : *L'Heptaméron*, publication posthume Pierre BOAISTUAU : *Histoires tragiques*
1466	*Cent Nouvelles Nouvelles*, recueil anonyme bourguignon		
1538	Hélisenne de CRENNE : *Les Angoisses douloureuses qui procèdent d'amours*	**1559-1583**	François de BELLEFOREST : *Histoires tragiques* (6 vol.)
1540	Nicolas HERBERAY DES ESSARTS : *Amadis de Gaule*	**1560**	Barthélemy ANEAU : *Alector, histoire fabuleuse*
1547	Noël du FAIL : *Propos rustiques*		
1554	BANDELLO : *Nouvelles*	**1572**	Jacques YVER : *Le Printemps*
1558	BONAVENTURE DES PÉRIERS : *Nouvelles Récréations et joyeux devis*	**1583**	Bénigne POISSENOT : *L'Été*
		1585	Noël du FAIL : *Contes et discours d'Eutrapel*

1. Du roman aux « devis »

Nicolas Herberay des Essarts
Amadis de Gaule (1540)

Roman de chevalerie espagnol publié au début du siècle, Amadis de Gaule *fut traduit en français par* **Nicolas Herberay des Essarts** *(mort en 1552). Traduit, ou plutôt adapté, dirait-on aujourd'hui. Herberay remanie son modèle à sa guise, s'inspirant lui-même de la tradition narrative du Moyen Age français. Toute nourrie des grandes compilations romanesques qui se succèdent depuis le XIIIᵉ siècle (et dont on ne cesse d'imprimer les ultimes versions), cette œuvre connut un succès considérable.*

L'idéal courtois s'y survit sous une forme abâtardie, le scénario de l'aventure merveilleuse s'y répète jusqu'à l'épuisement, pour la fascination du public de la Renaissance. Amadis — l'Amadis espagnol — est l'un des romans qui intoxiquent Don Quichotte. Le Chevalier à la Triste Figure préfère ce héros en tous points positif à la douteuse folie du Roland, de l'Arioste (ce qui ne manque pas de sel). Chevalier parfait, Amadis résume, jusqu'au stéréotype, les qualités de ses prédécesseurs, surtout Lancelot.

*** *Amadis de Gaule*

Fruit d'amours provisoirement illégales, mais fils du roi de Gaule, l'enfant Amadis est confié à la mer, dans un « coffret » qui contient aussi l'anneau et l'épée de son père. Cette aventure lui vaut le surnom de « damoisel de la Mer ». Recueilli, élevé en gentilhomme, armé chevalier, il apprendra bientôt le secret de sa naissance. Le monde retentira du bruit de ses exploits (et de ceux de son frère Galaor), mais aussi des soupirs qu'il adresse à la belle Oriane, fille du roi d'Écosse. Le roman développe une rhétorique amoureuse qui se souvient du Tristan *en prose et annonce* L'Astrée*. Les amants font assaut de discours, par lettres ou de vive voix. Une médisance vaudra au chevalier la douloureuse fureur d'Oriane ; il fera pénitence, dissimulé sous le nom de Beau-Ténébreux.*

Amadis est sous la protection d'une mystérieuse magicienne, Urgande la « Desconnue », qui rappelle la Dame du Lac. Même si, dans Amadis*, le merveilleux n'a plus la cohérence organique qui était la sienne dans le roman médiéval, une figure comme celle d'Urgande montre que le personnage de la fée mère et / ou amante, qui précède et qui double, marginalement, la dame aimée, n'a pas perdu toute sa puissance.*

Dans l'épisode qui suit, Amadis, « enchanté » au cours d'un combat avec le félon Arcalaus, va être délivré par des émissaires de la magicienne.

Un livre brûle pour Amadis

La damoiselle Grindaloia qu'Amadis avait mise hors de prison se lamentait si pitoyablement pour lui que c'était pitié, et disait à la femme d'Arcalaus, et à celles de sa compagnie : « Hélas, mesdames, ne voyez-vous pas la grande beauté de ce gentilhomme, lequel en si jeune âge fut l'un des meilleurs chevaliers du
5 monde ? Malencontre aient ceux qui par enchantement savent porter tel dommage à prud'hommes[1]. O seigneur Dieu, comment les pouvez-vous si longuement souffrir ? » Mais la femme d'Arcalaus (qui d'autant que son mari était enclin à vice et cruauté, était vertueuse et pitoyable, et avait grand ennui en son âme des maux qu'il faisait, si que[2] continuellement en ses prières suppliait Dieu de
10 l'amender) consolait la damoiselle le mieux qu'elle pouvait. Et ainsi qu'[3]elles étaient devisant vont entrer par la porte du palais deux autres damoiselles, portant chacune d'elles en leurs mains grande quantité de chandelles allumées qu'elles attachèrent aux cantons[4] de la chambre, où Amadis gisait en la présence de la femme d'Arcalaus et autres, lesquelles ne s'eussent pu pour l'heure
15 mouvoir en aucune manière du lieu où celles qui portaient les chandelles les avaient trouvées. Lors l'une des damoiselles nouvellement arrivées tira (d'un coffret qu'elle portait sous le bras) un livre, auquel elle commença à lire, et quelquefois[5] une voix lui répondit : et continuant la lecture dedans la chambre,

1. Hommes de bien.

2. De sorte que.
3. Comme.

4. Coins.

5. Une fois.

Amadis de Gaule, gravure de
l'édition de 1547. Paris, B.N.

6. *Brûler.*

7. *Dans un état de
malaise.*

8. *Je suis stupéfait de
vivre.*

9. *Meurent.*

20   plusieurs autres voix lui répondaient, et semblait certainement qu'elles fussent
plus de cent. Puis s'apparut un autre livre voltilant parmi la chambre comme si
le vent l'eût porté, lequel se vint rendre aux pieds de la damoiselle lisante qui le
prit, et le mit en quatre parts, puis le fit ardre[6] aux quatre coins de la chambre
où les chandelles brûlaient. Ce fait, retourna vers Amadis qu'elle souleva par la
main dextre, lui disant : « Seigneur Amadis, levez-vous, vous avez trop longue-
25   ment dormi à malaise[7] ». Aussitôt s'éveilla Amadis, et en sursaut se prit à crier :
« O Jésus, hélas, où suis-je, je m'ébahis comme je vis[8].

    — Certes, répondit la damoiselle, tel personnage que vous ne doit ainsi
mourir, plutôt permette Dieu que par votre main fussent[9] ceux qui mieux le
méritent. » Adonc les deux damoiselles étrangères, sans autre propos, reprirent
30   le chemin qu'elles étaient venues, et demeura Amadis fort étonné de cette
surprise, cherchant Arcalaus.

Nicolas HERBERAY DES ESSARTS, *Amadis de Gaule*,
Livre I, chap. XX. Orthographe modernisée

POUR LE COMMENTAIRE

1. Recherche stylistique

Quel est selon vous l'**objectif** de ces longues phrases qui
entassent subordinations et coordinations ?

Caractérisez la **technique de narration et de description** mise en œuvre par ce texte.

2. L'idéologie du roman

Relevez et commentez les indications du texte sur le **rôle
du héros**, et de la chevalerie en général.

3. Le symbole du livre

Analysez le **rôle du livre** dans cette scène ; quelles
significations lui accordez-vous ?

Hélisenne de Crenne *Les Angoisses douloureuses qui procèdent d'amours* (1538)

Marguerite de Briet, sous le pseudonyme d'**Hélisenne de Crenne** (Hélisenne est le nom de la mère d'Amadis), écrivit avec *Les Angoisses douloureuses...* un roman qui associe à l'héritage chevaleresque et courtois les données « réalistes » de la nouvelle italienne. Son œuvre, en tout cas, participe de la défense de l'honneur féminin et de « l'honnête amour », de tendance platonisante, que l'on cultivait dans l'entourage de Marguerite de Navarre. Mais l'amour illégal, pour être assumé sur le plan de l'idéal et dans le refus de tout commerce des corps, n'en est pas moins tragiquement vécu, jusqu'à la mort qui seule l'accomplit.

Interruptions

***

Hélisenne et Guénélic se rencontrent parfois pour un « colloque » amoureux. Le mari d'Hélisenne, qui la brutalise au moindre soupçon, risque à tout moment de surprendre la conversation.

1. Une fois, à un moment donné.
2. Extrême.
3. Crainte (latinisme, typique du style d'Hélisenne).

Ainsi que je lui disais telles ou semblables paroles, quelquefois[1] il interrompit mon propos, et disait qu'il était en merveilleuse[2] crainte de mon mari. A quoi je lui fis réponse, et lui dis : « Je vous prie de vous désister de telle timeur[3] que je vous certifie être sans occasion, car il n'a doute ni suspicion de moi. Et si je

5 pensais que sa pensée fût occupée à telles fantaisies, je suis celle qui ne pourrait espérer de vivre, par ce que je suis certaine, et le sais par longue expérience, qu'il m'aime plus que jamais homme aima femme. Par quoi vous devez croire que j'aurais bien cause de me contrister, car qui ardentement sait aimer, cruellement sait haïr. Je m'émerveille[4] grandement dont vous procède une telle crainte : vous

4. Je me demande (avec étonnement).
5. Ingénieuse.

10 êtes contraire à tous autres amoureux, lesquels par artificielle[5] subtilité trouvent moyen d'avoir familiarité au mari de leur amie, connaissant que par cela ils peuvent avoir souvent sûre occasion de parler et deviser à elles privément et en public. »

Après que j'eus dit telles paroles sans différer, il me fit telles réponses et dit

15 ainsi : « Madame, je suis certain et je vois manifestement que monsieur votre mari est atteint d'une grande et passionnée fâcherie pour avoir suspicion de la chose où je prétends. »

Ainsi comme il disait ces paroles, il aperçut mon mari et me le montra, ce dont je fus si perturbée, que je ne savais quelle contenance tenir. Et lors tout ainsi que

6. Rappeler, ramener.
7. En faits, en actions.
8. Si douloureuse.
9. Que je perdais le souvenir de...
10. Douleur.
11. Je ne partis.
12. Polyxène, sacrifiée après la prise de Troie sur le tombeau d'Achille.

20 les ondes de la mer agitées d'un vent, je recommençai à mouvoir et à trembler de toutes parts, et fus long temps sans parler, jusques à ce que la crainte de perdre mon ami vînt en ma mémoire, qui me fit oublier toutes autres choses, et eut cette puissance de révoquer[6] les forces en mon cœur angoisseux et débile qui toutes dehors étaient dispersées. Et en le regardant, je connaissais que de

25 semblable passion il était atteint, et pour le rassurer lui disais qu'il ne se souciât de rien, et qu'il n'y avait danger ni péril pour n'être chose étrange de parler et deviser, lui affirmant que j'étais certaine qu'il ne se voudrait enquérir des propos que nous avions eus ensemble, par ce qu'il m'estimait être chaste et pudique, non seulement aux effets[7], mais en paroles et en devis. Mais combien que je lui

30 sus dire et affirmer, je ne le pus persuader de le croire. Et en sa tendre et jeune vertu n'eut tant de vigueur, qu'il pût prononcer aucuns mots ; mais en jetant soupirs en grande affluence se départit, et je demeurai merveilleusement irritée, craignant que par pusillanimité mon ami n'imposât fin à sa poursuite.

Cette pensée m'était si très grière[8], que j'étais immémorative[9] de la peine que

35 je pourrais souffrir à l'occasion que mon mari m'avait aperçue, lequel s'était parti, ne pouvant souffrir l'impétueuse rage qui le détenait. Et ce voyant, une de mes damoiselles m'en avertit. Par quoi je compris que de grand travail[10] il était oppressé, dont pour la souvenance ma douleur commença à augmenter en sorte qu'en moindre crainte ne me départis[11] pour retourner à la maison, pensant

40 souffrir comme la fille du Roi Priam[12], quand de son corps sur le sépulcre d'Achille fut fait sacrifice.

HÉLISENNE de CRENNE, *Les Angoisses douloureuses...*, XVIII (1538)
Orthographe modernisée

RECHERCHE

Recherchez des scènes équivalentes dans *La Princesse de Clèves* (voir LITTÉRATURE, XVIIᵉ SIÈCLE, pp. 400-411) : scènes de discours et de surprise, scènes où la conscience, y compris dans l'effort qu'elle fait pour s'analyser, va d'illusion en illusion, ou plutôt d'une passion à une autre.

Bonaventure des Périers *Nouvelles Récréations et Joyeux Devis* (éd. posthume, 1558)

On connaît très mal la vie de **Bonaventure des Périers** (1510 ?-1544 ?). Né en Bourgogne au début du siècle, il eut une formation d'humaniste. Il collabore à la traduction de la *Bible* par Olivétan, qui l'appelle son « loyal frère et bon ami ». L'ouvrage paraît en 1535, et des Périers travaille ensuite avec Étienne Dolet, qui prépare ses *Commentarii linguae latinae*. En 1536, ce militant de l'avant-garde intellectuelle entre au service de Marguerite de Navarre, en qualité de valet de chambre. Il publie des poèmes, défend Marot contre Sagon. En 1544 paraît un *Recueil des Œuvres de feu Bonaventure des Périers* : voilà une preuve de sa mort. Un texte d'Henri Estienne, de 1566, raconte que des Périers s'est suicidé en se jetant sur son épée : histoire douteuse. Douteuse encore, l'attribution à des Périers, par ce même Estienne, du *Cymbalum Mundi* (voir p. 230) : le débat dure encore.

C'est à titre posthume, en 1558, que paraissent les Nouvelles Récréations et Joyeux Devis. *Le livre de* **Bonaventure des Périers** *sera réédité sous une forme augmentée en 1568.*

Les Nouvelles Récréations *sont* **un recueil de quatre-vingt-dix nouvelles** *(à l'origine), de longueur très variable : parfois, il s'agit à peine d'un récit, plutôt d'un bref « devis » du conteur sur un bon mot ou sur l'esquisse, aussitôt négligée, d'une anecdote plaisante ; parfois, au contraire, le récit se développe, caractérisant décors (telle ou telle province de France, le Poitou notamment) et personnages (la plupart des types sociaux sont représentés). L'unité de cet ensemble délibérément disparate est assurée par* **l'humour du narrateur**. *Brefs commentaires, passages du coq à l'âne, pieds de nez au lecteur, forment cet art de la désinvolture, qui joue avec les apparences du récit oral, fait devant des amis pour les désennuyer.*

Le livre emprunte à la tradition populaire de différentes provinces, aux fabliaux, et surtout aux Italiens : Boccace, bien sûr, les Facéties *du Pogge, et les* Nuits, *de Straparole.*

« Lutte des classes »

Nouvelle XLI

Du gentilhomme qui criait la nuit après ses oiseaux, et du charretier qui fouettait ses chevaux.

Il y a une manière de gens qui ont des humeurs colériques ou mélancoliques, ou flegmatiques[1] (il faut bien que ce soit l'une de ces trois, car l'humeur sanguine est toujours bonne, ce dit-on), dont la
5 fumée monte au cerveau, qui les rend fantastiques[2], lunatiques[3], erratiques[4], fanatiques[5], schismatiques[6], et tous les atiques qu'on saurait dire, auxquels on ne trouve remède, pour purgation qu'on leur puisse donner. Pource, ayant désir de secourir
10 ces pauvres gens, et de faire plaisir à leurs femmes, parents, amis, bienfaiteurs, et tous ceux et celles qu'il appartient, j'enseignerai ici par un bref exemple advenu, comment ils feront quand ils auront quelqu'un ainsi mal traité, principalement des rêveries
15 nocturnes : car c'est un grand inconvénient de ne reposer ni jour ni nuit.

Il y avait un gentilhomme au pays de Provence, homme de bon âge et assez riche et de récréation[7], entre autres il aimait fort la chasse, et y prenait si
20 grand plaisir le jour, que la nuit il se levait en dormant ; il se prenait à crier ni plus ni moins que le jour, dont il était fort déplaisant[8], et ses amis

aussi : car il ne laissait reposer personne qui fût en la maison où il couchait, et réveillait souvent ses
25 voisins, tant il criait haut et longtemps après ses oiseaux. Autrement il était de bonne sorte et était fort connu, tant à cause de sa gentillesse[9] que pour cette imperfection qu'il avait ainsi fâcheuse, pour laquelle tout le monde l'appelait l'oiseleur.
30 Un jour, en suivant ses oiseaux, il se trouva en un lieu écarté où la nuit le surprit, qu'il ne savait où se retirer, fors[10] qu'il tourna et vira tant par les bois et montagnes, qu'il vint arriver tout tard en une maison qui était bien sur le grand chemin toute seule, là où
35 l'hôte logeait quelquefois les gens de pied qui étaient en la nuit, parce qu'il n'y avait point d'autre logis qui fût près. Quand il arriva, l'hôte était couché ; lequel il fit lever, lui priant de lui donner le couvert pour cette nuit, pource qu'il faisait froid et
40 mauvais temps. L'hôte le laisse entrer, et met son cheval à l'étable aux vaches, et lui montre un lit au sau[11], car il n'y avait point de chambre haute.

Or il y avait là-dedans un charretier voiturier, qui venait de la foire de Pèzenas, lequel était couché en
45 un autre lit tout auprès ; lequel s'éveilla à la venue de ce gentilhomme, dont il lui fâcha fort, car il était las, et n'y avait guère qu'il commençait à dormir ; et puis telles gens de leur nature ne sont gracieux que

Bruegel le Vieux, *La Pie sur le gibet* (détail). Musée de Darmstadt.

bien à point. Au réveil ainsi soudain, il dit à ce gentilhomme : « Qui diable vous amène si tard ? » Ce gentilhomme, étant seul et en lieu inconnu, parlait le plus doucement qu'il pouvait : « Mon ami, dit-il, je me suis ici traîné en suivant un de mes oiseaux ; endurez que je demeure ici à couvert, attendant qu'il soit jour. » Ce charretier s'éveilla un peu mieux, et en regardant le gentilhomme, vint à le reconnaître : car il l'avait assez vu de fois à Aix-en-Provence, et avait souvent ouï dire quel coucheur c'était. Le gentilhomme ne le connaissait point ; mais en se déshabillant lui dit : « Mon ami, je vous prie, ne vous fâchez point de moi pour une nuit ; j'ai une coutume de crier la nuit après mes oiseaux, car j'aime la chasse, et m'est avis toute la nuit que je suis après.

— O ! ho ! dit le charretier en jurant ; par le corbieu ! il m'en prend ainsi comme à vous, car il me semble que toute la nuit je suis à toucher[12] mes chevaux, et ne m'en puis garder.

— Bien, dit le gentilhomme, une nuit est bien tôt passée ; nous nous supporterons l'un l'autre. »

Il se couche ; mais il ne fut guère avant en son premier somme qu'il ne se levât tout grand, et commença à crier par la place : « Volà, volà, volà[13] ! » Et à ce cri mon charretier s'éveille, qui vous prend son fouet, qu'il avait auprès de lui, et le vous mène à tort et à travers, la part[14] où il sentait mon gentilhomme, en disant : « Dya, dya, hauois, hau dya ! » Il vous cingle le pauvre gentilhomme, il ne faut pas demander comment : lequel se réveilla de belle heure aux coups de fouet, et changea bien de langage : car, au lieu de crier volà, il commença à crier à l'aide et au meurtre ; mais le charretier fouettait toujours, jusques à tant que le pauvre gentilhomme fut contraint de se jeter sous la table sans dire plus mot, en attendant que le charretier eût passé sa fureur : lequel, quand il vit que le gentilhomme s'était sauvé, se remit au lit et fit semblant de ronfler.

L'hôte se lève, qui allume le feu, et trouve ce gentilhomme mussé[15] sous le banc, qui était si petit qu'on l'eût mis dans une bourse d'un double[16] ; et avait les jambes toutes frangées[17], et sa personne

affolée des coups de fouet, lesquels certainement firent grand miracle, car oncques puis ne lui advint de crier en dormant, dont s'ébahirent depuis ceux qui le connaissaient ; mais il leur conta ce qui lui était advenu. Jamais homme ne fut plus tenu à autre que le gentilhomme au charretier, de l'avoir ainsi guéri d'un tel mal comme celui-là, comme on dit qu'autrefois ont été guéris les malades de Saint Jean[18].

Et aux chevaux rétifs, on dit qu'il ne faut que leur pendre un chat à la queue, qui les égratignera tant par derrière qu'il faudra qu'ils aillent, de par Dieu ou de par l'autre[19] ; et perdront la rétiveté, en le continuant trois cent soixante et dix-sept fois et demie et la moitié d'un tiers : car dix-sept sols et un onzain, et vingt et cinq sols moins un treizain[20], combien valent-ils ?

BONAVENTURE DES PÉRIERS, *Nouvelles Récréations et Joyeux Devis*, Nouvelle XLI (1558)
Orthographe modernisée

1. *La physiologie des humeurs classait les tempéraments humains selon celle des quatre humeurs (le sang, le flegme — c'est-à-dire la lymphe —, la bile, et la bile noire ou mélancolie) qui était censée dominer l'organisme considéré.* — 2. *Sujets à se laisser emporter par leurs représentations mentales.* — 3. *Soumis à l'influence de la Lune, qui dérange l'esprit.* — 4. *Instables.* — 5. *Sujets à l'exaltation, à se croire inspirés.* — 6. *Ce dernier terme est pure plaisanterie.* — 7. *De loisir.* — 8. *Fâché.* — 9. *Noblesse de naissance et de cœur.* — 10. *Sinon.* — 11. *Au sol, au rez-de-chaussée.* — 12. *Toucher du fouet.* — 13. *Cris de fauconnerie.* — 14. *A l'endroit où.* — 15. *Caché.* — 16. *Monnaie valant deux deniers.* — 17. *Lacérées.* — 18. *Les épileptiques.* — 19. *Le diable.* — 20. *Onzain, treizain, petites monnaies.*

POUR LE COMMENTAIRE

1. L'encadrement du récit. Quelle fonction attribuez-vous au discours introductif ? Et à la « conclusion » ?

2. La dynamique du récit. Comment la scène du fouet est-elle préparée ? Comment se développe-t-elle avec un maximum d'efficacité ?

3. Et quel en est le **ressort** profond ? Montrez comment le texte exploite l'**opposition du haut et du bas**.

2. Marguerite de Navarre : miroirs de la vérité

Marguerite de Navarre (1492-1549)

Une princesse humaniste

Marguerite de Navarre,
par François Clouet.
Chantilly, Musée Condé.

Marguerite d'Angoulême, née en 1492, est la fille de Charles d'Orléans, comte d'Angoulême (cousin de Louis XII), et de Louise de Savoie. Sœur aînée du futur roi François Iᵉʳ, elle lui voue une affection et une admiration extrêmes. Elle reçoit une excellente éducation (notamment linguistique : latin, italien, espagnol). On la marie en 1509 au duc d'Alençon, qui n'a aucune de ses qualités intellectuelles et morales.

Après la montée de son frère sur le trône (1515), elle joue un grand rôle à la cour, en compagnie de sa mère (qui mourra en 1531). Rôle politique de conseillère, rôle culturel aussi. Elle rencontre Lefèvre d'Etaples, lit Luther, correspond avec l'évêque de Meaux, Guillaume Briçonnet, apôtre de l'oraison spirituelle, qui jette l'âme hors du corps et l'ouvre à l'amour de Dieu. L'évangélisme de Marguerite d'Angoulême, également pénétré de l'influence néoplatonicienne, tend à un mysticisme fait pour lui valoir l'hostilité de la Sorbonne, comme d'ailleurs la méfiance des Réformés (notamment de Calvin).

Elle protège Marot — dont elle obtient, en 1526, la libération — , Mellin de Saint-Gelais, Peletier du Mans, Étienne Dolet, Bonaventure des Périers, des poètes, des théologiens humanistes, toutes sortes d'esprits hardis ou insolents, qui lui doivent la liberté d'expression et parfois le salut. Elle joue un rôle capital (voir p. 314) dans l'essor de la poésie humaniste.

Tourments et miroirs

Après le désastre de Pavie, en 1525 (son mari, l'un des responsables de la défaite, meurt peu après), elle se rend à Madrid pour négocier la libération de son frère. En 1527, elle se remarie avec Henri d'Albret, roi de Navarre, dont elle aura une fille, Jeanne (la mère du futur Henri IV). Elle a bientôt à souffrir des infidélités de ce nouvel époux. En 1531, elle publie le *Miroir de l'âme pécheresse*, où s'exprime tout son mysticisme, en même temps qu'un sentiment aigu de l'insuffisance de la condition humaine. L'ouvrage est condamné par la Sorbonne.

En 1534, c'est l'affaire des Placards, qui inaugure la réaction du roi et de la cour contre le mouvement religieux. Marguerite se retire à Nérac (elle y recevra Calvin), où elle compose des poésies (un recueil, les *Marguerites de la Marguerite des princesses*, paraîtra en 1547), des comédies (voir p. 390), et l'*Heptaméron*, qui sera publié, sous sa forme définitive, en 1559. Après la mort de François Iᵉʳ, en 1547, qui la plonge dans une détresse profonde, Marguerite ne joue plus aucun rôle politique. Elle compose encore des poèmes *(La Navire, Les Prisons)*, et meurt à Odos de Bigorre en 1549.

1521-1524	Correspondance avec Guillaume Briçonnet	**1547**	*Marguerites de la Marguerite des princesses* (recueil de ses œuvres poétiques) *La Navire ; Les Prisons*
1525	*Dialogue en forme de vision nocturne*		
1526	*L'Oraison de l'âme fidèle*	**1548**	*La Comédie de Mont-de-Marsan*
1531	*Miroir de l'âme pécheresse* *Le Malade* (Comédie)	**1558**	Publication par Pierre Boaistuau de l'*Histoire des amants fortunés*, version tronquée et arrangée de l'*Heptaméron*
1540	Marguerite de Navarre commence à écrire ce qui deviendra l'*Heptaméron*		
1541	*La Coche*	**1559**	Claude Gruget publie l'*Heptaméron* sous sa forme définitive

L'*Heptaméron* (1559)

1. De Boccace à Marguerite de Navarre

L'*Heptaméron* est à la fois l'héritier du *Décaméron*, de Boccace (que **MARGUERITE DE NAVARRE** fit traduire) et de la tradition française des recueils de nouvelles, elle-même toute pénétrée d'influence italienne. De Boccace, Marguerite de Navarre retient la formule de composition par inclusion de récits dans le récit. Ce n'est plus la peste de Florence, c'est la crue du gave béarnais qui retient confinées dans un même lieu dix personnes de qualité ; elles vont charmer leur ennui en se racontant des histoires, à raison de dix nouvelles par jour pendant dix jours... Mais la mort empêcha Marguerite d'aller au-delà de la soixante-douzième nouvelle, et c'est pourquoi son œuvre reçut d'un éditeur tardif le nom d'*Heptaméron* (du grec *hepta*, sept, et *hemera*, jour). Les conteurs ont promis de ne raconter que des histoires « vraies » ; un même éclairage véridique est jeté sur des sujets qui vont du **fabliau** (tromperie de femmes, paillardise de moines...) à **l'épisode « historique »** (histoire de Lorenzaccio) en passant par un **thème romanesque**, comme celui de *La Châtelaine de Vergi*.

2. Moralisation

Mais surtout, chaque nouvelle est suivie d'un **commentaire**, mené par l'ensemble de la compagnie. Il ne s'agit pas de juger le conteur, mais d'une discussion de fond, sur l'amour dans le mariage et hors du mariage, sur les droits des femmes, sur l'orientation morale et spirituelle que chacun doit donner à sa vie. Les conteurs deviennent ainsi des **« devisants » que leurs opinions engagent et définissent**. On les a identifiés : la pieuse Oisille serait Louise de Savoie, le misogyne Hircan, Henri d'Albret, auquel s'oppose Parlamente, son épouse, qui cherche à concilier « parfait amour » et amour conjugal : peut-être la reine de Navarre elle-même.

3. Plaisir du débat

Ainsi la nouvelle ne peut se lire sans la discussion qui l'éclaire et parfois la transforme. Ce n'est plus seulement le plaisir du conte, c'est aussi celui du commentaire : ingrédients d'un « passetemps » qui peut être « commun à tous ». Le lecteur de l'*Heptaméron* est emporté dans une vaste conversation dont l'enjeu reste ouvert.

Le commentaire est pluriel : les devisants s'entendent bien mais ne s'accordent pas. Le point de vue « réaliste », souvent cynique, d'Hircan ou de Saffredent (le capitaine Jean Carbon de Montpezat), s'oppose au point de vue idéaliste de Dagoucin (Nicolas Dangu, abbé de Saint-Savin, près de Tarbes), ou au moralisme chrétien de Parlamente. Le contenu de la nouvelle subit ainsi le feu d'une critique contradictoire. On est loin d'un respect fasciné pour le récit. La « vérité » supposée des histoires autorise **l'examen idéologique, sociologique, psychologique**. Souvent les personnages racontent des aventures survenues à leurs proches, à des gens qu'ils connaissent. C'est un même monde qui se raconte et se commente. Cela n'exclut pas certains effets d'exotisme ou de décalage.

Marguerite de Navarre présente La Coche *à la duchesse d'Étampes.*
Chantilly, Musée Condé.

Pire que la mort ?

*Nous présentons ici, exceptionnellement, une **nouvelle complète** et l'ensemble des propos qui l'encadrent. Elle est extraite de la Quatrième Journée, où l'on discute de « la vertueuse patience des Dames pour gagner leurs maris ; et de la prudence dont ont usé les hommes envers les femmes pour conserver l'honneur de leurs maisons et lignage ». Geburon, le précédent conteur, vient de « donner sa voix » à Oisille.*

Puis que je suis en mon rang, dit Oisille, je vous en raconterai une bonne, pour ce qu'elle est advenue de mon temps et que celui même qui l'a vue me l'a contée. Je suis sûre que vous n'ignorez point que
5 la fin de tous nos malheurs est la mort, mais, mettant fin à notre malheur, elle se peut nommer notre félicité et sûr repos. Le malheur donc de l'homme, c'est désirer la mort et ne la pouvoir avoir ; par quoi la plus grande punition que l'on puisse donner à un
10 malfaiteur n'est pas la mort, mais c'est de donner un tourment continuel si grand, qu'il la fait désirer, et si petit, qu'il ne la peut avancer, ainsi qu'un mari bailla à sa femme, comme vous orrez[1].

TRENTE-DEUXIÈME NOUVELLE

Le Roi Charles, huitième de ce nom, envoya en
15 Allemagne un gentilhomme, nommé Bernage, sieur de Sivray, près d'Amboise, lequel pour faire bonne diligence n'épargnait jour ni nuit pour avancer son chemin, en sorte que, un soir, bien tard, arriva en un château d'un gentilhomme, où il demanda logis : ce
20 qu'à grand peine put avoir. Toutefois, quand le gentilhomme entendit qu'il était serviteur d'un tel Roi, s'en alla au devant de lui, et le pria de ne se mal contenter[2] de la rudesse de ses gens, car à cause de quelques parents de sa femme qui lui voulaient mal,
25 il était contraint tenir ainsi la maison fermée. Aussi, ledit Bernage lui dit l'occasion de sa légation : en quoi le gentilhomme s'offrit de faire tout service à lui possible au Roi son maître, et le mena dedans sa maison, où il le logea et festoya[3] honorablement[4].
30 Il était heure de souper ; le gentilhomme le mena en une belle salle tendue de belle tapisserie. Et, ainsi que la viande[5] fut apportée sur la table, vit sortir de derrière la tapisserie une femme, la plus belle qu'il était possible de regarder, mais elle avait sa tête
35 toute tondue, le demeurant du corps habillé de noir à l'allemande. Après que ledit seigneur eut lavé[6] avec le seigneur de Bernage, l'on porta l'eau à cette dame, qui lava et s'alla seoir au bout de la table, sans parler à nullui[7], ni nul à elle. Le seigneur de Bernage
40 la regarda bien fort, et lui sembla une des plus belles dames qu'il avait jamais vues, sinon qu'elle avait le visage bien pâle et la contenance bien triste. Après qu'elle eut mangé un peu, elle demanda à boire, ce que lui apporta un serviteur de léans[8] dedans un
45 émerveillable[9] vaisseau[10], car c'était la tête d'un mort, dont les œils étaient bouchés d'argent : et ainsi but deux ou trois fois. La damoiselle, après qu'elle eut soupé et fait laver les mains, fit une révérence au seigneur de la maison et s'en retourna
50 derrière la tapisserie, sans parler à personne. Ber-

nage fut tant ébahi de voir chose si étrange, qu'il en devint tout triste et pensif. Le gentilhomme, qui s'en aperçut, lui dit :
« Je vois bien que vous vous étonnez de ce que
55 vous avez vu en cette table ; mais, vu l'honnêteté que je trouve en vous, je ne vous veux celer que c'est[11], afin que vous ne pensiez qu'il y ait en moi telle cruauté sans grande occasion[12]. Cette dame que vous avez vue est ma femme, laquelle j'ai plus
60 aimée que jamais homme pourrait aimer femme, tant que[13], pour l'épouser, j'oubliai toute crainte, en sorte que je l'amenai ici dedans malgré ses parents. Elle aussi me montrait tant de signes d'amour, que j'eusse hasardé dix mille vies pour la mettre céans
65 à son aise et à la mienne ; où nous avons vécu un temps à tel repos et contentement, que je me tenais le plus heureux gentilhomme de la chrétienté.
Mais, en un voyage que je fis, où mon honneur me contraignit d'aller, elle oublia tant son honneur, sa
70 conscience et l'amour qu'elle avait en moi, qu'elle fut amoureuse d'un jeune gentilhomme que j'avais nourri céans ; dont, à mon retour, je me cuidai apercevoir[14]. Si est-ce que[15] l'amour que je lui portais était si grand, que je ne me pouvais défier d'elle
75 jusques à la fin que l'expérience me creva les œils, et vis ce que je craignais plus que la mort. Par quoi, l'amour que je lui portais fut convertie en fureur et désespoir, en telle sorte que je la guettai de si près, qu'un jour, feignant aller dehors, me cachai en la
80 chambre où maintenant elle demeure, où, bientôt après mon partement[16], elle se retira et y fit venir ce jeune gentilhomme, lequel je vis entrer avec la privauté qui n'appartenait qu'à moi avoir à elle. Mais, quand je vis qu'il voulait monter sur le lit auprès
85 d'elle, je saillis[17] dehors et le pris entre ses bras, où je le tuai.
Et, pour ce que le crime de ma femme me sembla si grand qu'une telle mort n'était suffisante pour la punir, je lui ordonnai une peine que je pense qu'elle
90 a plus désagréable que la mort : c'est de l'enfermer en ladite chambre où elle se retirait pour prendre ses plus grandes délices et en la compagnie de celui qu'elle aimait trop mieux[18] que moi ; auquel lieu je lui ai mis dans une armoire tous les os de son ami,
95 tendus comme chose précieuse en un cabinet. Et, afin qu'elle n'en oublie la mémoire, en buvant et mangeant, lui fais servir à table, au lieu de coupe, la tête de ce méchant ; et là, tout devant moi, afin qu'elle voie vivant celui qu'elle a fait son mortel
100 ennemi par sa faute, et mort pour l'amour d'elle celui duquel elle avait préféré l'amitié à la mienne. Et ainsi elle voit à dîner et à souper les deux choses qui plus

lui doivent déplaire : l'ennemi vivant et l'ami mort, et tout, par son péché. Au demeurant, je la traite comme moi-même, sinon qu'elle va tondue, car l'arraiement[19] des cheveux n'appartient à l'adultère, ni le voile à l'impudique. Par quoi s'en va rasée, montrant qu'elle a perdu l'honneur de la virginité et pudicité. S'il vous plaît de prendre la peine de la voir, je vous y mènerai. »

Ce que fit volontiers Bernage : lesquels descendirent à bas et trouvèrent qu'elle était en une très belle chambre, assise toute seule devant un feu. Le gentilhomme tira un rideau qui était devant une grande armoire, où il vit pendus tous les os d'un homme mort. Bernage avait grande envie de parler à la dame, mais, de peur du mari, il n'osa. Le gentilhomme, qui s'en aperçut, lui dit : « S'il vous plaît lui dire quelque chose, vous verrez quelle grâce et parole elle a. » Bernage lui dit à l'heure[20] : « Madame, votre patience est égale au tourment. Je vous tiens la plus malheureuse femme du monde. » La dame, ayant la larme à l'œil, avec une grâce tant humble qu'il n'était possible de plus, lui dit :

125 « Monsieur, je confesse ma faute être si grande, que tous les maux que le seigneur de céans (lequel je ne suis digne de nommer mon mari) me saurait faire ne me sont rien au prix du regret que j'ai de l'avoir offensé. » En disant cela, se prit fort à pleurer. Le 130 gentilhomme tira Bernage par le bras et l'emmena.

Le lendemain matin, s'en partit pour aller faire la charge que le Roi lui avait donnée. Toutefois, disant adieu au gentilhomme, ne se put tenir de lui dire : « Monsieur, l'amour que je vous porte et l'honneur et 135 privauté que vous m'avez faite en votre maison, me contraignent à vous dire qu'il me semble, vu la grande repentance de votre pauvre femme, que vous lui devez user de miséricorde ; et aussi, vous êtes jeune, et n'avez nuls enfants ; et serait grand dom- 140 mage de perdre une si belle maison que la vôtre, et que ceux qui ne vous aiment peut-être point en fussent héritiers. »

Le gentilhomme, qui avait délibéré[21] de ne parler jamais à sa femme, pensa longuement aux propos 145 que lui tint le seigneur de Bernage ; et enfin connut qu'il disait vérité, et lui promit que, si elle persévérait

Portrait d'un jeune homme, gravure de Lucas de Leyde.
Paris, Musée du Petit-Palais.

en cette humilité, il en aurait quelquefois[22] pitié. Ainsi s'en alla Bernage faire sa charge. Et quand il fut retourné devant le Roi son maître, lui fit tout au
150 long le conte que le prince trouva tel comme il disait ; et, en autres choses, ayant parlé de la beauté de la dame, envoya son peintre, nommé Jehan de Paris[23], pour lui rapporter cette dame au vif[24]. Ce qu'il fit après le consentement de son mari, lequel,
155 après longue pénitence, pour le désir qu'il avait d'avoir enfants et pour la pitié qu'il eut de sa femme, qui en si grande humilité recevait cette pénitence, il la reprit avec soi, et en eut depuis beaucoup de beaux enfants.
160 « Mes dames, si toutes celles à qui pareil cas est advenu buvaient en tels vaisseaux, j'aurais grand peur que beaucoup de coupes dorées seraient converties en têtes de mort. Dieu nous en veuille garder, car si sa bonté ne nous retient, il n'y a aucun
165 d'entre nous qui ne puisse faire pis ; mais, ayant confiance en lui, il gardera celles qui confessent ne se pouvoir par elles-mêmes garder ; et celles qui se confient en leurs forces sont en grand danger d'être tentées jusques à confesser leur infirmité[25]. Et en est
170 vu plusieurs qui ont trébuché en tel cas, dont l'honneur sauvait celles que l'on estimait les moins vertueuses ; et dit le vieil proverbe : *Ce que Dieu garde est bien gardé.*

— Je trouve, dit Parlamente, cette punition au-
175 tant raisonnable qu'il est possible ; car tout ainsi que l'offense est pire que la mort, aussi est la punition pire que la mort. »

Dit Ennasuite[26] : « Je ne suis pas de votre opinion, car j'aimerais mieux toute ma vie voir les os de tous
180 mes serviteurs en mon cabinet, que de mourir pour eux, vu qu'il n'y a méfait qui ne se puisse amender ; mais, après la mort, n'y a point d'amendement.

— Comment sauriez-vous amender la honte ? dit Longarine[27], car vous savez que, quelque chose que
185 puisse faire une femme après un tel méfait, ne saurait réparer son honneur.

— Je vous prie, dit Ennasuite, dites-moi si la Madeleine n'a pas plus d'honneur entre les hommes maintenant, que sa sœur qui était vierge ?

190 — Je vous confesse, dit Longarine, qu'elle est louée entre nous de la grande amour qu'elle a portée à Jésus-Christ, et de sa grande pénitence ; mais si lui demeure le nom de *Pécheresse.*

— Je ne me soucie, dit Ennasuite, quel nom les
195 hommes me donnent, mais que Dieu me pardonne et mon mari aussi. Il n'y a rien pourquoi je voulsisse[28] mourir.

— Si cette damoiselle aimait son mari comme elle devait, dit Dagoucin, je m'ébahis comme elle ne
200 mourait de deuil, en regardant les os de celui à qui, par son péché, elle avait donné la mort.

— Cependant, Dagoucin, dit Simontault[29], êtes-vous encore à savoir[30] que les femmes n'ont amour ni regret ?

205 — Je suis encore à le savoir, dit Dagoucin, car n'ai jamais osé tenter leur amour, de peur d'en trouver moins que j'en désire.

— Vous vivez donc de foi et d'espérance, dit Nomerfide[31], comme le pluvier, du vent ? Vous êtes
210 bien aisé à nourrir !

— Je me contente, dit-il, de l'amour que je sens en moi et de l'espoir qu'il y a[32] au cœur des dames, mais si je le savais, comme je l'espère, j'aurais si extrême contentement que je ne le saurais porter
215 sans mourir.

— Gardez-vous bien de la peste, dit Geburon[33], car de cette maladie-là, je vous en assure[34]. Mais je voudrais savoir à qui madame Oisille donnera sa voix.

220 — Je la donne, dit-elle, à Simontault, lequel je sais bien qu'il n'épargnera personne.

— Autant vaut, dit-il, que vous mettiez à sus[35] que je suis un peu médisant ? Si ne lairrai-je[36] à vous montrer que ceux que l'on disait médisants ont dit
225 vérité. Je crois, mes dames, que vous n'êtes pas si sottes que de croire en toutes les Nouvelles que l'on vous vient conter, quelque apparence qu'elles puissent avoir de sainteté, si la preuve n'y est si grande qu'elle ne puisse être remise en doute. »

Marguerite de NAVARRE, *Heptaméron*, Quatrième journée (1559). Orthographe modernisée

---

1. Entendrez. — 2. Mécontenter. — 3. Lui fit fête. — 4. Avec honneur. — 5. Nourriture. — 6. Se fut lavé les mains. — 7. Personne. — 8. Du lieu (de cet endroit-là). — 9. Merveilleux. — 10. Récipient. — 11. Ce que c'est. — 12. Motif. — 13. Au point que. — 14. Je crus m'apercevoir. — 15. Pourtant. — 16. Départ. — 17. Bondis. — 18. Bien mieux. — 19. Arrangement. — 20. Alors. — 21. Décidé. — 22. Un jour. — 23. Jean Perréal (mort en 1530), peintre de la Cour, décorateur, architecte, poète : type de l'artiste humaniste au début du XVIᵉ s. — 24. D'après nature, en donnant l'illusion de la nature vivante. — 25. Faiblesse. — 26. Anne de Vivonne, dame d'honneur de Marguerite. — 27. Anne de La Fayette, dame de Longray. Longarine vient de perdre son mari, tué par des brigands au début du récit. — 28. Voulusse. — 29. François de Bourdeilles (à la ville, mari d'Anne de Vivonne, et père de Brantôme). Simontault est « très affectionné serviteur » de

Parlamente, ce qui ne l'empêche pas de critiquer les dames « sans merci » : ou bien c'est pure hypocrisie, ou bien c'est manque de charité de leur part (56ᵉ nouvelle)... — 30. A apprendre. — 31. Françoise de Fimarcon. Nomerfide, la plus jeune de la compagnie, défend le plaisir et la gloire de l'amour dans le mariage, y compris contre l'ordre social (40ᵉ nouvelle). — 32. Que cet amour existe (aussi) au cœur des dames. — 33. Le seigneur de Burye, lieutenant général du roi en Guyenne. Se veut conciliant. Il admet que les femmes « qui ont plus d'amour ont plus de vertu, mais celles qui en ont moins, se voulant feindre vertueuses, le dissimulent » (40ᵉ nouvelle). — 34. Vous n'avez rien à craindre de cette maladie-là (le « contentement » de Dagoucin). — 35. Que vous m'imputiez. — 36. Pourtant, je ne manquerai pas de vous montrer...

Gravure de Bernard Salomon pour *La Coche*, de Marguerite de Navarre. Paris, B.N.

LECTURE MÉTHODIQUE

Le récit

1. Faites **un plan** de la nouvelle proprement dite.

2. Qu'est-ce qui fait **l'efficacité de la structure** « scène (récit)-explication de la scène (récit dans le récit) » ? Quel est le risque encouru par ce type de procédé narratif ? Ce texte y échappe-t-il, à votre avis ?

3. Montrez comment s'effectue la transition entre le récit du gentilhomme et la scène suivante. Cette scène rappelle-t-elle la première ? Que comporte-t-elle de nouveau ?

4. Le personnage de Bernage : qu'est-ce qui rend son avis recevable par le gentilhomme ? S'agit-il, d'autre part, d'un avis purement abstrait ? Quel sens revêt la rencontre de Bernage et de la Dame ?

5. Quelle est **la valeur-clé** qui réunit les trois personnages ? Que pensez-vous de l'attitude de la Dame ?

La discussion

1. L'introduction et la conclusion d'Oisille : leur contenu est-il le même ? Peut-on échanger leurs places ?

2. Où commence la discussion ? La conclusion d'Oisille en fait-elle partie ? A-t-elle, cependant, de l'importance pour ce qui suit ?

3. La progression du commentaire. Distinguez-en les phases principales (argumentation, distribution des personnages). Comment passe-t-on d'une phase à l'autre ?

4. Quel type de lecture les devisants font-ils de la nouvelle ? S'agit-il d'une exégèse, d'une explication de texte ? Parlent-ils, pour autant, de tout autre chose ? Quel usage font-ils de certains éléments de l'histoire ?

AU-DELÀ DU TEXTE

Exposés

1. Reportez-vous à la *Quatrième Journée* (consacrée aux histoires d'amour à dénouement tragique) du *Décaméron*, de BOCCACE, et notamment à la neuvième nouvelle (histoire du « Cœur mangé »). Voyez-vous une relation entre cet univers et l'histoire de Bernage ? Que deviennent, chez MARGUERITE DE NAVARRE, le tragique et le macabre ?

2. Plus largement, imaginez ce que donnerait cette histoire (dénouement, signification), traitée par d'autres types de récit, comme :
a. le conte merveilleux ;
b. le roman médiéval (pensez à la « scène du Graal », cf. p. 101) ;
c. le conte ou la nouvelle fantastique de l'époque romantique (pensez à HOFFMANN, à POE, à VILLIERS DE L'ISLE-ADAM, à BARBEY D'AUREVILLY).

COMPOSITION FRANÇAISE

Dans un passage fameux de sa *Poétique* (ch. 4), ARISTOTE constate chez l'homme une « tendance à trouver du plaisir aux représentations ». C'est ainsi que « nous avons plaisir à regarder les images les plus soignées des choses dont la vue nous est pénible dans la réalité, par exemple les formes d'animaux ignobles ou de cadavres ». C'est pourquoi la tragédie « en représentant la pitié et la frayeur », provoque chez le spectateur « une épuration *(katharsis)* de ce genre d'émotions » (Aristote, *Poétique*, ch. 4 et 6, trad. R. Dupont-Roc et J. Lallot, Seuil).

En vous appuyant sur des exemples d'histoire tragique dans la littérature narrative (roman, nouvelle, conte), mais aussi dans la presse à sensations, vous vous interrogerez sur le plaisir ou l'intérêt que le lecteur peut y trouver.

Cervantès *Don Quichotte* (1604-1616)

Miguel de Cervantès *(1547-1616) conçut* Don Quichotte *(le premier livre parut en 1604, le second en 1616) comme la critique burlesque des romans de chevalerie et, au premier chef, d'Amadis (voir p. 281). Don Quichotte se veut un nouvel Amadis, il voit en Dulcinée une Oriane, en Sancho Pança un Gandalin (l'écuyer d'Amadis) ; et c'est Urgande la Desconnue en personne qui ouvre le roman, par un poème-dédicace !*
Mais Don Quichotte *est bien autre chose qu'une simple parodie. Toute la réflexion esthétique du XVIe siècle espagnol, touchant le roman, la poésie, l'art en général, aboutit à cette* **machine romanesque unique en son genre.** *La folie de Don Quichotte crée un monde, et tout le roman fait la navette entre ce monde et le « réel », lui-même indéfiniment réfracté dans les consciences et les discours des personnages. Le monde de Sancho est-il plus réel que celui de son maître ? Peut-être. Mais ce qui existe vraiment, c'est le dialogue des deux héros, conflit perpétuel et perpétuel accommodement de logiques qui s'explorent et s'approfondissent l'une l'autre.*

Être ou ne pas être enchanté

Don Quichotte a été mis en cage par un curé et un barbier qui veulent le ramener chez lui pour le soigner. Il juge que cette situation ne saurait être que le fruit d'un enchantement. Sancho s'efforce de le détromper.

1. Sancho s'apprête à demander à son maître s'il éprouve présentement, un besoin naturel. A la réponse affirmative de Don Quichotte, Sancho triomphe : voilà la preuve qu'il n'est pas enchanté !

Cependant, Sancho[1], voyant qu'il pouvait parler à son maître sans en être empêché par la continuelle assistance du curé et du barbier, qu'il tenait pour suspects, s'approcha de la cage où était son maître, et lui dit : « Monsieur, pour la décharge de ma conscience, je vous veux dire ce qui se passe touchant votre
5 enchantement ; c'est que ces deux hommes qui viennent avec nous ainsi masqués sont le curé et le barbier de notre village, et je m'imagine qu'ils ont fait ce projet de vous mener de cette façon par l'envie qu'ils vous portent de ce que vous les surpassiez à faire des faits héroïques. Supposé donc cette vérité, il s'ensuit que vous n'êtes pas enchanté mais engeôlé comme un sot : pour preuve
10 de quoi je vous veux demander une chose, et si vous me répondez, comme je crois que vous le ferez, vous toucherez cette fourberie du bout du doigt, et vous verrez que vous n'êtes pas enchanté, mais que vous avez seulement l'esprit renversé sens dessus dessous. — Demande ce que tu voudras, mon fils Sancho, répondit don Quichotte, car je satisferai et répondrai à tout ce qu'il te plaira ; et,
15 quant à ce que tu dis que ceux-là qui viennent avec nous sont le curé et le barbier, nos compatriotes et amis, il se pourra bien faire qu'il semble que ce soient eux-mêmes ; mais que ce soient eux réellement et de fait, ne le crois en aucune façon. Ce qu'il faut que tu croies et que tu entendes, c'est que, s'ils leur ressemblent comme tu dis, cela doit être que ceux qui m'ont enchanté auront
20 pris cette apparence et ressemblance : il est facile aux enchanteurs de prendre telle figure que bon leur semble, et ils auront pris celles de nos amis, afin de te donner sujet de penser ce que tu penses, et te mettre en un tel labyrinthe d'incertitudes qu'il ne te serait pas possible d'en sortir, encore que tu eusses le fil de Thésée ; bien plus, ils l'auront fait pour me troubler l'entendement et
25 empêcher que je ne puisse juger d'où me vient ce dommage ; que si d'une part tu me dis que le barbier et le curé de notre village me font compagnie, et si d'autre côté je me vois encagé, sachant cela de moi, qu'il n'y a forces humaines, pourvu qu'elles ne soient point surnaturelles, qui suffisent à me mettre en cette cage, que veux-tu que je dise ou que je pense, sinon que la manière de mon enchante-
30 ment excède tout ce que j'ai lu dans les histoires qui traitent de chevaliers errants qui ont été enchantés ? Aussi peux-tu mettre ton esprit en repos touchant la croyance que tu as que ce soient ceux que tu dis : ce sont eux autant que je suis Turc. »

CERVANTÈS, *Don Quichotte*, I, chap. XLVIII (1604),
traduction de C. Oudin (1614), revue par J. Cassou,
© éd. Gallimard

Pour vos essais et vos exposés

Conteurs français du XVIe siècle, publié par Pierre JOURDA, « La Pléiade », éd. Gallimard, 1971.

Henri COULET : *Le Roman jusqu'à la Révolution*, éd. A. Colin, 1967.
Lucien FÈBVRE : *Autour de l'Heptaméron*, éd. Gallimard, rééd. 1971.
Nicole CAZAURAN : *L'Heptaméron de Marguerite de Navarre*, éd. S.E.D.E.S., 1976.
Gabriel-A. PÉROUSE : *Nouvelles françaises du XVIe siècle*, éd. Droz, 1977.
Lionello SOZZI et al. : *La Nouvelle française à la Renaissance*, éd. Slatkine, 1981.
Luce GUILLERM et al. : *Le Miroir des femmes*, t. 2, Presses Universitaires de Lille, 1983.

LA RENAISSANCE DES POÈTES

GUILLAUME CRETIN, LEMAIRE DE BELGES, MAROT, MARGUERITE DE NAVARRE, MAURICE SCÈVE, LOUISE LABÉ, PERNETTE DU GUILLET

« Tu as (pour te rendre amusée)
Ma jeunesse en papier ici.
Quant à ma jeunesse abusée,
Une autre que toi l'a usée :
Contente-toi de cette-ci. »
Marot,
Adolescence clémentine,
dédicace « à une Dame »

Jules Romain, *La Danse des Muses avec Apollon.*
Florence, Palais Pitti.

1. L'héritage des Grands Rhétoriqueurs

1. Continuité

Des écrivains de ce qu'il est convenu d'appeler la « Grande Rhétorique » (voir pp. 203 à 209), aux poètes qui s'illustrent sous François Ier, la continuité doit être soulignée.

La famille Marot en est le meilleur symbole : de Jean, le père (vers 1450 - vers 1526), secrétaire d'Anne de Bretagne, historiographe de Louis XII, à Clément, le fils, c'est tout naturellement que passe le métier poétique, avec le goût d'une certaine élégance de cour et celui de la virtuosité métrique et rythmique.

Mais, à l'inverse, il ne faut pas méconnaître l'évolution dont CLÉMENT MAROT est l'agent, sélectionnant, renouvelant les formes. L'édifice de la Grande Rhétorique disparaît peu à peu. Il reposait sur l'association militante de la prose et de la poésie, dans un même culte de l'ornement verbal. Les Grands Rhétoriqueurs mariaient dans leurs livres, au sein de formes hybrides (les « prosimètres »), les richesses de la prose et celles du vers, pour la gloire de l'historiographie oratoire, allégorisante, moralisante, qui couronne leur projet esthétique.

2. Évolution

Progressivement, la poésie renonce à ses « outrances » formelles, tout en ressentant plus nettement sa spécificité. Son univers cesse de se confondre avec celui de l'histoire officielle ou de la grande éloquence d'apparat. Sous **l'influence italienne**, elle s'éloigne de ces genres, bientôt jugés « prosaïques », pour renouer avec d'autres traditions, celle de **l'expression familière** (sinon personnelle), celle du **lyrisme amoureux**.

Deux « rhétoriqueurs » de la dernière génération marquent bien les contradictions de cet état transitoire. De l'œuvre du premier, GUILLAUME CRETIN, la poésie amoureuse est presque totalement absente. Ce ne sont qu'invectives politiques, chants royaux en l'honneur de la Vierge, déplorations sur la mort de personnages officiels. Le second, JEAN LEMAIRE DE BELGES, produit une œuvre très diverse qui, tout en maintenant les objectifs de l'esthétique dominante, s'ouvre à l'expression subjective des sentiments et s'adonne sans réserve au culte de l'image : chez Lemaire, la poésie produit des visions qui échappent au contrôle du discours allégorique.

Guillaume Cretin
Épistre à Honorat de la Jaille (vers 1510)

Guillaume Cretin (vers 1460-1525) fut trésorier de la Sainte-Chapelle de Vincennes, puis chanoine de celle de Paris et aumônier ordinaire du roi François Ier. Son œuvre poétique, qui lui valut d'être unanimement célébré comme un maître (notamment par Jean Lemaire, son élève, et par Clément Marot), est tout entière « de circonstance ». Cretin est l'un des plus grands virtuoses de la « rime équivoquée », portant sur plusieurs mots.

Un exemple de rime équivoquée

Frere et amy du pecore[1] champestre,
Qui riens ne voit fors bestes en champ paistre,
Que penses tu cueillir de ses escriptz ?
Je fays regretz trop plus de seze[2], et crys
5 Pleins de douleurs, que[3] assez ne puis attaindre
A ce hault mont où acteur puist à taindre[4]
Sur blanc papier motz dorez et proverbes,
C'est Helicon[5], où la dame esprouve herbes
Qu'on dit et tient muse de hault scavoir ;
10 Toucher n'y puis sans guide ou haulce[6] avoir,
Mais toy qui as science et main agille,
Debvras choisir, pour tenir mesnage, isle
Que tu pourras tost trouver preparée
D'arbres et fleurs, et de verd pré parée ;
15 Sur ce printemps les oysillons des champs

Gazoulleront armonieux deschantz,
Le cours des eaux si doulx son sonnera
Que ton ouye estre soubsonnera
Sortye au champ helizée, et ravye ;
20 Se[7] ton œil quiert delis et erre à vye[8],
Là verras champs prendre nouveaulx habitz
Vers, rouges, blancs, jaulnes, de bleu à bis[9],
L'herbe poindra, florettes sortiront,
Odeurs suafves à heureux sort iront,
25 Tant trouveras bonnes commoditez ;
Et lorz que auras là beaucoup motz dictez,
Quelque petit verset traversera[10]
Jusques à moy quant à travers seras[11],
Puis j'escripray, puis respondras encores,
30 Aise en serons plus au bout d'ung an que ores[12].

Guillaume CRETIN, *Épistre à Honorat de la Jaille*, vers 77-106 ($\simeq$ 1510)

---

1. *Bête, animal domestique ; le poète parle de lui-même (il vient d'évoquer sa « rustique et lourde plume »).* — 2. *Bien plus de seze.* — 3. *Élision, voir v. 26 et 30.* — 4. *Puisse peindre.* — 5. *Montagne de Béotie, séjour des Muses.* — 6. *Moyen de se hisser.* — 7. *Si.* — 8. *Recherche le plaisir et va vers la vie.* — 9. *Du bleu au*

gris. — 10. *Voyagera.* — 11. *Lorsque tu auras terminé.* — 12. *Maintenant.*

Lisez lentement, en faisant attention à bien distribuer les syllabes. Respectez bien les élisions.

Jean Lemaire
Épîtres de l'Amant vert (1511)

Jean Lemaire (1473-vers 1515)

Jean Lemaire, né à Bavai, dans le Hainaut, s'appellera plus tard « **de Belges** », en référence à la fondation supposée de sa ville natale par le mythique roi gaulois Belgius. Il fait ses études à Valenciennes, auprès de Jean Molinet. Tonsuré, il devient clerc de finances du duc de Bourbon. Guillaume Cretin l'encourage à écrire. Trois décès sont l'occasion de ses premières publications : *Le Temple d'Honneur et de Vertu* pour le duc de Bourbon (mort en octobre 1503), *La Plainte du Désiré* pour le comte de Ligny (deux mois plus tard), *La Couronne margaritique*, consacrée à Philibert de Savoie (mort en 1504), et surtout à sa veuve, Marguerite d'Autriche, fille de Maximilien.

C'est à cette nouvelle protectrice qu'il adresse les *Épîtres de l'Amant vert*, où il rompt avec le style oratoire des allégories officielles. Il est indiciaire (chroniqueur) de Bourgogne, mais l'actualité politique l'intéresse moins que l'histoire ancienne. Il travaille à une grande œuvre en prose, les *Illustrations de Gaule et Singularités de Troie*, ample fresque mythique qui remonte au Déluge pour trouver l'origine de la nation gauloise, puis française. Le premier livre paraît en 1511, les deux suivants en 1512. Lemaire se rapproche de la cour de France et, en 1512, devient l'indiciaire d'Anne de Bretagne. Il compose encore la *Concorde des deux langages*, nouveau prosimètre où il tâche d'« illustrer » le français face à l'italien. On perd la trace de Jean Lemaire après 1515.

Église de Brou, *Tombeau de Philibert le Beau, duc de Savoie* (détail), par Bertault.

1503	*Le Temple d'Honneur et de Vertu*	**1509**	*La Légende des Vénitiens*, texte de propagande anti-vénitienne au profit de Louis XII *La Concorde du genre humain* (pour célébrer le traité de Cambrai)
1504	*La Plainte du Désiré*		
1505	*La Couronne margaritique* *Première Épître de l'Amant vert*	**1511**	*La Concorde des deux langages* *Épîtres de l'Amant vert* *Illustrations de Gaule et Singularités de Troie*, premier livre
1506	*Regrets de la dame infortunée sur le trépas de son très cher frère* (Marguerite d'Autriche, qui devient tutrice de son neveu, le futur Charles Quint)	**1512**	*Illustrations de Gaule et Singularités de Troie*, deuxième et troisième livres

Le vert et le noir

Le perroquet de Marguerite d'Autriche mourut dévoré par un chien. **Jean Lemaire** *supposa que l'oiseau, vouant à sa maîtresse un amour sans espoir, s'était suicidé, après lui avoir adressé une épître en vers.* **Ce genre de l'épître amoureuse est hérité d'Ovide,** *dont les* Héroïdes, *fausses lettres d'amour en vers, échangées par des personnages légendaires (par exemple, Didon à Énée, Pâris à Hélène...), sont à la mode en ce début du* XVIᵉ *siècle. L'humour et la délicatesse de Jean Lemaire font des* Épîtres de l'Amant vert *un chef-d'œuvre.*

Certes, tu es (diray je ce dur mot ?)
(Mais pourquoy non, quand nul que toy ne m'ot[1] ?)
Tu es cruelle, ou au moins trop severe,
Veu que ton œil, qui en dueil persevere,
5 N'ayme couleur, sy non noire et obscure,
Et n'a de vert ne de gayeté cure.
Or pleust aux dieux que mon corpz assez beau
Fust transformé, pour ceste heure, en corbeau,
Et mon colier[2] vermeil et purpurin
10 Fust aussi brun que ung More ou Barbarin !
Lors te plairoye[3], et ma triste laideur
Me vauldroit mieulx que ma belle verdeur.
Lors me seroit mon dommaige et ma perte
Tournée en gaing et recouvrance aperte[4].
15 Viengne quelque ung, qui de noir attrament[5]
Taigne mon corpz et mon acoustrement !
Mais se[6] impossible estoit que ma vesture
Peust recepvoir nulle noire taincture,
Las ! viengne aucun, au moins, qui à ton œil
20 Face apparoir de vert que ce soit dueil[7] !
Mon cueur se deult[8], combien que d'un vert gay
Soit mon habit, comme d'un papegay[9].
Et fault il doncq, se ne m'est delivrée
De par Nature une noire livrée,
25 Que haÿ soye[10], et que frustré me voye
De ton regart, qui prend or[11] autre voye ?
O dur regret, qui me vient courir sus !
Seray je doncq ung autre Narcissus,
Ou Ypolite[12], ausquelz leur beauté propre,
30 Par grand meschief[13], causa mort et opprobre ?
Je voy que ouÿ[14], et que mon propre chant
M'est ung couteau mortellement trenchant.
Las ! se je parle et ciffle[15] et me degoise,
Et qu'en chantant je maine doulce noise[16],
35 Ce n'est pour moy, mais pour toy resjouÿr.
Je me tairay, s'on ne me veult ouÿr,
Ains[17] qu'on me laisse en lieu solitaire,
A moy moleste[18] et à nul salutaire,
Las ! je voy bien que trop me nuyt mon plet[19],
40 Veu que plaisir et joye te desplet[20].
Si seray dit[21] (quand trop je m'esvertue)
Le pellican, qui de son bec se tue[22].
Bien peu s'en fault que celui ne maudie
Qui me donna tel grace et melodie
45 Par trop m'apprendre et dictiers[23] et chansons,
Dont autresfois tu aymois les doulx sons ;

Et me baisois, et disois : « Mon amy. »
Si cuidoie[24]estre ung dieu plus que à demy.
Et bien souvent de ta bouche gentille
50 M'estoit donné repas noble et fertile[25].
Que diray je d'aultres grandz privaultéz,
Par quoy j'ay veu tes parfaictes beautéz,
Et ton gent corpz, plus poly que fine ambre,
Trop plus que nul autre varlet de chambre,
55 Nu, demy nu, sans atour et sans guimple,
Demy vestu en belle cotte simple,
Tresser ton chief[26], tant cler et tant doré,
Par tout le monde aymé et honnouré ?
Quel autre amant, quel autre serviteur
60 Surpassa oncq ce hault bien et cest heur[27] ?
Quel autre aussi eut oncq en fantasie[28]
Plus grand raison d'entrer en jalousie,
Quand maintes fois, pour mon cueur affoller,
Tes deux mariz[29] je t'ay veu accoller[30] ?
65 Car tu scéz bien que ung amant gracïeux
De sa dame est jaloux et soucïeux.

Jean LEMAIRE DE BELGES, *Épîtres de l'Amant vert,*
Première épître, vers 59-124 (1511)

---

1. M'entend. — 2. Plumage au cou. — 3. Je te plairais. — 4. Dédommagement patent. — 5. Encre. — 6. Si. — 7. Fasse que le vert semble couleur de deuil. — 8. S'afflige. — 9. Perroquet. — 10. Que je sois haï. — 11. Maintenant. — 12. Narcisse, amoureux de sa propre image, reflétée dans l'eau ; Hippolyte, aimé de Phèdre, sa belle-mère. — 13. Malheur. — 14. Oui. — 15. Siffle. — 16. Bruit. — 17. Mais. — 18. Cruel. — 19. Discours. — 20. Te déplaît. — 21. Ainsi on m'appellera. — 22. Voir p. 18. — 23. Poèmes. — 24. Ainsi je croyais. — 25. Copieux. — 26. Chevelure. — 27. Bonheur. — 28. Dans l'imagination. — 29. Jean de Castille, infant d'Espagne, mort en 1497 ; puis Philibert le Beau, duc de Savoie, mort en 1504 ; ce second deuil fut atroce pour Marguerite. — 30. Embrasser.

POUR LE COMMENTAIRE

1. Trois motifs. Montrez tout le parti que tire le poète de l'identité de son narrateur, en étudiant le motif de la couleur, celui du chant, celui, enfin, des « privautés » permises à un animal familier.

2. Poésie de cour. Quel est le rôle du vers 2 ? Montrez comment l'épître cultive cette esthétique de la familiarité, de la communication privée. Que peut-on en déduire quant au statut de la poésie à la cour d'une très grande dame au début du XVIᵉ siècle ?

Illustrations de Gaule et Singularités de Troie (1511-1512)

*Dans ce chapitre consacré à la poésie, voici un texte en prose. C'est que vers et prose participent, pour un rhétoriqueur comme **Lemaire**, d'une esthétique de l'écriture qui se voudrait une. Cependant, en composant son grand ouvrage,* Les Illustrations de Gaule et Singularités de Troie, *l'auteur prétendait faire œuvre d'historien. Compilant diverses traditions légendaires, il fait **le récit des origines de la nation française**. Négligeant Rome, il veut montrer que l'entité gauloise remonte à la descendance directe de Noé, et qu'elle est à l'origine de la fondation de Troie. C'est de Troie que descendent, d'autre part, les Francs, issus de Francus, fils d'Hector (voir p. 383). De sorte qu'au moment des grandes invasions, on se retrouve entre cousins...*

Au livre I, Lemaire, qui s'apprête à raconter la guerre de Troie en corrigeant Homère selon ce qui est pour lui la « vérité historiale », s'attache surtout au personnage de Pâris (l'enfance au milieu des bergers, le jugement, et le retour à Troie). C'est l'occasion pour lui d'abandonner le style sévère de la chronique pour renouer avec ce qu'on appelle à l'époque le style « floride » (du latin floridus, *« fleuri »).*

Portrait d'Œnone

Œnone est une nymphe dont Pâris tombe amoureux et qu'il épouse. Plus tard, il la trahira au profit d'Hélène.

Lors Pâris planté debout sans sonner mot, notait son singulier accoutrement, non commun au vulgaire, mais bien séant à la forme non pareille. Car en son beau chef elle ne portait or ni gemmes, mais seulement, pour la préserver du hâle, un chapeau de branches de laurier, qui est un arbrisseau dédié à Phébus
5 dont les feuilles obtiennent toujours florissante verdeur. Sa belle face sans fard et sans teinture autre que naturelle, modeste et gracieuse de blancheur sans blandices[1], prétendait[2] autorité non austère, et révérence lointaine de rusticité[3]. La nudité de ses beaux bras bien pleins et bien formés, non enveloppés de lin ni de soie, fors seulement d'un crêpe clair et délié, faisait foi du reste de sa
10 vénuste corpulence[4]. Laquelle n'était absconse[5] du regard de Pâris, sinon par l'interpos d'une houppelande ténue et déliée, telle que les Nymphes et Fées ont accoutumé de porter. C'est à savoir de fine cotonine[6] tissue à diverses figures de flourettes et d'oiselets, froncée et labourée par haut et sur les lisières, à lettres d'or, ceinte d'une riche ceinture purpurine entrelacée à nœuds d'amour, et
15 retroussée par dessous les mamelettes dont elle montrait la forme ronde et distincte. Les ondes multicolores de cet habillement flottaient jusques en terre. Et le regard d'icelui[7] était de variable plaisance, semblable à la superficialité d'un ruisselet argentin entrechangeant la gaie verdeur et florissance de ses rives avec l'azurée beauté du ciel, laquelle y est joyeusement réverbérée. Au bas de ce
20 vêtement non pareil, pendaient franges vermeillettes avec petits tintinables et cymbalettes, harmonieusement sonnant quand elle marchait. La forme de ses petits pieds était ornée de jolis escarpins tissus mignonnement de joncs palustres[8]. Et en l'une de ses mains mignonnes et délicates, portait un petit panier d'osier tout plein de divers fruitages[9].

Jean Lemaire de Belges, *Illustrations de Gaule et Singularités de Troie*, Livre I, chap. XXIV (1511)
Orthographe modernisée

1. *Charmes trompeurs, séduction affectée.*
2. *Montrait.*
3. *Éloignée.*
4. *De son beau corps.*
5. *Cachée*
6. *Toile à chaîne de coton et trame de chanvre.*
7. *L'aspect de ce vêtement.*
8. *Joncs de marais.*
9. *Fruits (collectif).*

ANALYSE STYLISTIQUE

Essayez de caractériser **le style de ce passage**, en faisant notamment attention à la construction et à l'enchaînement des phrases, et au choix des mots. Sur ce dernier point, examinez la distribution des termes concrets et abstraits. Quel est, à votre avis, l'effet recherché ?

ÉTUDE COMPARÉE

Littérature et peinture

Comparez cette description et le *Printemps*, de Botticelli, page XXII des hors-textes. Ces deux œuvres relèvent-elles, à votre avis, de la même esthétique ?

Clément Marot (1496-1544)

L'élève des Rhétoriqueurs

Clément Marot, par Dumoustier. Léningrad, Musée de l'Ermitage.

Fils du rhétoriqueur Jean Marot, qui chanta en vers et en prose les campagnes italiennes de Louis XII et François Ier, **Clément Marot** naît à Cahors en 1496. Son éducation est négligée ; il ignore le grec et sait à peine le latin. « Monté » à Paris, il tente de se pousser à la Cour et compose, en l'honneur de François Ier, qui vient de monter sur le trône, un *Temple de Cupido* tout nourri des leçons des rhétoriqueurs, notamment de Jean Lemaire. C'est ce que révèle aussi l'humoristique *Petite épître au Roi* :
> En m'esbatant, je fay rondeaulx en rithme,
> Et en rimant, bien souvent je m'enrime... (m'enrhume)

En 1518, Marot devient valet de chambre de Marguerite d'Angoulême (la future reine de Navarre). Poète de cour, il multiplie les pièces de circonstance, où, imitant les Italiens, il réinvente l'art d'être bref, rapide, familier, allusif.

Les épreuves

En 1526, pour avoir mangé du lard en carême, il est jeté en prison, au Châtelet. Son ami Lyon (Léon) Jamet l'en sort (Marot lui a envoyé une épître sur la fable du lion et du rat). Le poète se venge en composant *L'Enfer*. Quelques mois plus tard, il retourne en prison, pour avoir aidé un prisonnier à s'échapper. C'est au roi, maintenant, qu'il adresse une épître ; le roi le délivre et fait de lui son valet de chambre (Marot retrouve ainsi la charge de son père). En 1532, Marot publie l'ensemble de ses œuvres, sous le titre de *Adolescence clémentine*.

En 1534, après l'affaire des Placards, Marot, suspect de sympathies évangéliques, s'enfuit, d'abord à Nérac, auprès de Marguerite de Navarre, puis en Italie, à la cour de la duchesse Renée de Ferrare, fille de Louis XII, acquise aux idées réformées. Marot compose des épîtres où il pleure son exil et supplie qu'on lui permette de rentrer. En 1536, en butte à l'hostilité du duc de Ferrare, Ercole d'Este, il se réfugie à Venise, puis obtient son retour, moyennant une abjuration. La Cour retrouve son Marot. Il lui faut d'abord réduire au silence l'infâme Sagon, envieux petit poète qui le diffamait en son absence. La plupart de ses confrères, qui l'imitent à qui mieux mieux, lui font au contraire un triomphe. Mais le poète poursuit la grande œuvre entreprise à Ferrare, la traduction des *Psaumes*.

En 1538, Dolet, à Lyon, édite ses *Œuvres*, puis, en 1542, *L'Enfer*, resté jusque-là manuscrit. Les *Psaumes* paraissent, la Sorbonne condamne, et Marot s'enfuit à Genève.

Mais il ne s'entend pas avec Calvin. Une ultime errance le conduit à Chambéry, puis à Turin, où il meurt en 1544.

1512	Traduction de la première *Bucolique*, de Virgile	**1533**	Édition des *Œuvres*, de François Villon
1514	*Le Temple de Cupido*	**1534**	Suite de l' *Adolescence clémentine*
1526	Marot écrit *L'Enfer* Édition du *Roman de la Rose*	**1536**	*Blason du Beau Tétin* Composition des épîtres de l'exil
		1538	Parution des *Œuvres*, de Clément Marot, à Lyon
1527	*Déploration de Florimond Robertet* *Épître au roi pour le délivrer de prison*	**1541**	Publication des *Psaumes*
		1542	Publication de *L'Enfer*
1532	*Épître au roi pour avoir été dérobé* *Adolescence clémentine*	**1544**	Parution des *Œuvres* de Marot, à Lyon

De nouvelles formes poétiques

CLÉMENT MAROT a joué un rôle capital dans le domaine des **formes poétiques**. Le triomphalisme de la Pléiade a pu faire oublier que c'est avec Marot que s'effectue le passage des formes « médiévales » comme le rondeau, la ballade et le chant royal, aux formes « modernes », imitées de l'antique, comme l'épigramme, l'épître, l'élégie, ou de l'italien, tel le **sonnet**, dont Marot peut être considéré, avec Mellin de Saint-Gelais, comme l'introducteur en France.

Marot pratique tous les genres, les anciens comme les nouveaux. La Pléiade condamnera cet éclectisme. Ainsi, parmi les formes brèves, manie-t-il avec un égal bonheur le **rondeau** et l'**épigramme**. Cette dernière est plus apte à amener la « pointe », le trait du dernier vers, alors que dans le rondeau, par définition, la fin répète le commence-ment. Mais toute l'évolution du rondeau, au XVIᵉ siècle, visait à briser la monotonie du refrain, et à donner un caractère inattendu et spirituel à la reprise, au dernier vers, des premiers mots. L'épigramme parachève cette évolution, sous l'influence d'auteurs latins, et du « strambotto » italien (poème bref s'achevant sur une pointe).

On entre ainsi dans un univers poétique plus « linéaire », à la syntaxe moins prévisible et plus simple à la fois. Marot élabore un **vers d'apparence simple et facile**, qui « rase » la prose de la lettre ou du billet. Le XVIIᵉ siècle s'en souviendra lorsque la poésie mondaine, pratiquant le rondeau et l'épigramme, aura remis à l'honneur cette manière de jouer avec le « naturel » du discours quotidien de l'honnête homme.

Rondeau

D'un lieu de plaisance

1. Comparer.

2. Redondance (Ilion est un autre nom de Troie).

Plus beau que fort ce lieu je puis juger,
Par quoi le veux non pas comparager[1]
A Ilion, non à Troie la grande[2],
Mais bien au val tapissé de Lavande
5 Où s'endormit Pâris, jeune berger.

En ce beau lieu Diane vient loger ;
Ne veuillez donc sur lui faute songer,
Car il est tel comme elle le demande,
        Plus beau que fort.

10 Maints ennemis le viennent assiéger.
Dont le plus rude est le Serin léger,
L'autre le Geai, la Passe et la Calande[3].
Ainsi la Dame (à qui me recommande)
S'ébat à voir la guerre en son Verger
15   Plus beau que fort.

3. Le moineau et l'alouette.

Clément MAROT, *Rondeau*, XXXVI,
Adolescence clémentine
Orthographe modernisée

Épigrammes

Du lieutenant criminel de Paris, et de Semblançay

1. Gilles Maillart, lieutenant criminel de la prévôté de Paris.
2. Trésorier général du royaume, accusé de malversations par François Iᵉʳ, fut pendu à Montfaucon en août 1527. Les contemporains le jugeaient innocent.
3. Croyait.

Lors que Maillart[1], Juge d'enfer, menoit
A Montfaulcon Samblançay[2] l'ame rendre
A vostre advis lequel des deux tenoit
Meilleur maintien ? Pour le vous faire entendre,
5 Maillart sembloit homme qui mort va prendre
Et Samblançay fut si ferme vieillart
Que l'on cuidoit[3] (pour vray) qu'il menast pendre
A Montfaulcon le Lieutenant Maillart.

Clément MAROT, *Épigrammes*

POUR LE COMMENTAIRE DU RONDEAU

1. Le rôle de la première personne. Comment le *je* du poète s'efface-t-il de la scène ? Dans quel but ? Qu'est-ce qui, à cet égard, distingue le premier quintil de la fin du poème ?

2. Le rôle du « rentrement » (premiers mots du premier vers, deux fois repris). Comment fonctionne, dans tout le poème, l'opposition du beau et du fort ? Que lui apporte l'allusion à la guerre de Troie ? Comment est-elle transfor-mée, aux derniers vers ?

3. La technique du vers. Quels effets rythmiques et sonores vous paraissent particulièrement remarquables ? A quel titre ?

D'Anne qui lui jeta de la neige

*Marot, l'un des initiateurs du pétrarquisme français, n'a pas écrit de « canzoniere ». Sa production amoureuse est, comme le reste de son œuvre, éclectique et désordonnée. Plusieurs pièces s'adressent à une « Anne » en qui on s'est plu à reconnaître Anne d'Alençon, nièce du premier mari de Marguerite de Navarre. Amour poétique, librement conforme aux **codes hérités de la courtoisie** (Marot est un lecteur assidu du Roman de la Rose, dont il donnera même une édition en 1526), de la **poésie latine** (Ovide surtout), de Pétrarque, et enfin de « l'honnête amour » cultivé dans l'entourage de Marguerite. Marot entrelace et renouvelle les conventions.*

	Anne par jeu me jeta de la Neige
1. Croyais.	Que je cuidais¹ froide certainement² ;
2. Évidemment, à coup sûr.	Mais c'était feu, l'expérience en ai-je,
	Car embrasé je fus soudainement.
	5 Puisque le feu loge secrètement
	Dedans la Neige, où trouverai-je place
3. Brûler.	Pour n'ardre³ point ? Anne, ta seule grâce
	Éteindre peut le feu que je sens bien,
	Non point par Eau, par Neige ni par Glace
4. En sentant.	10 Mais par sentir⁴ un feu pareil au mien.

Clément MAROT, *Épigrammes*
Orthographe modernisée

LECTURE MÉTHODIQUE

1. L'antithèse pétrarquiste du feu et du froid est devenue **un cliché de la poésie amoureuse**, presque aussi banal que la métaphore simple du feu pour l'amour. Comment Marot s'y prend-il pour renouveler ces images traditionnelles ? Quel est, à cet égard, le vers le plus important ? Pourquoi ?

2. La situation d'énonciation. Comment évolue-t-elle ? Distinguez trois étapes dans le discours du *je*, ou plutôt trois types de discours. Comparez notamment les deux occurrences du nom *Anne*. Quel est l'effet produit ?

3. La « solution » exposée au dernier vers. Comment est-elle, syntaxiquement, reliée à ce qui précède ? Et du point de vue du sens ? En quoi est-elle inattendue, en dépit de sa banalité ?

A Anne

Cette épigramme fut sans doute écrite quelques années plus tard.

	Puis que les Vers que pour toi je compose
1. Anne se serait vu reprocher par sa famille la liberté qu'elle laissait au poète de lui adresser des vers.	T'ont fait tancer¹, Anne, ma Sœur, m'Amie,
	C'est bien raison que ma Main se repose.
	Ce que je fais ; ma Plume est endormie ;
	5 Encre, Papier, la Main pâle et blêmie
	Reposent tous par ton commandement ;
2. Ne peut pas.	Mais mon Esprit reposer ne peut mie²,
	Tant tu me l'as travaillé grandement.
	Pardonne donc à mes Vers le tourment
	10 Qu'ils t'ont donné, et (ainsi que je pense)
	Ils te feront vivre éternellement ;
3. Compensation.	Demandes-tu plus belle récompense³ ?

Clément MAROT, *Épigrammes*
Orthographe modernisée

Marot et la chanson

Le XVIe siècle est la grande époque de la chanson française. Par « chanson », il faut entendre plus largement, **une poésie qui se met en musique et se chante**. Il peut s'agir de formes fixes traditionnelles (rondeaux et virelais), ou modernes (dizains, sonnets, strophes libres) ; il peut s'agir de textes anonymes, du répertoire populaire, ou d'œuvres d'écrivains connus traitées à leur guise par les musiciens. L'inspiration peut être simple ou savante, **autour d'un thème dominant : l'amour**. C'est une musique qui s'écoute ou qui se danse.

La tendance générale, au XVIe siècle, est d'en simplifier la composition, afin de rendre compréhensibles les paroles : à la polyphonie, qui émiette les syllabes entre plusieurs lignes mélodiques, succède **l'homophonie** qui fait progresser ensemble, par accords, les différentes voix.

MAROT, dans la première partie de sa carrière (avant 1527 surtout), a écrit un grand nombre de « chansons », dont beaucoup seront mises en musique immédiatement, avec un succès considérable. La « chanson » est chez lui une **poésie lyrique d'inspiration simple**, imitant volontiers le style des chansons populaires. Du point de vue formel, la chanson marotique est de structure variable, mais le plus souvent strophique. Les strophes utilisent un mètre unique (isométrie) ou variable (hétérométrie). Elles sont plutôt brèves, font se succéder les mêmes rimes, mais ce n'est plus obligatoire comme dans la ballade : on trouve aussi des chansons où chaque strophe a ses rimes propres. Enfin, les chansons de Marot sont, en majorité, dépourvues de refrain. Mais souvent, elles s'amusent encore aux jeux des Grands Rhétoriqueurs.

Ivresse du vers

Voici un exemple : la rime « batelée » (revenant à l'hémistiche du vers suivant) appuie ici le propos bachique.

> Changeons propos, c'est trop chanté d'amours ;
> Ce sont clamours ; chantons de la serpette ;
> Tous Vignerons ont à elle recours,
> C'est leur secours pour tailler la Vignette.
> 5 O Serpillette, o la Serpillonnette[1],
> La Vignollette est par toy mise sus[2],
> Dont les bons Vins tous les ans sont yssus.
>
> Le Dieu Vulcain, forgeron des haults Dieux,
> Forgea aux Cieulx la Serpe bien taillante
> 10 De fin acier trempé en bon vin vieulx,
> Pour tailler mieulx et estre plus vaillante ;
> Bacchus la vante et dit qu'elle est seante,
> Et convenante à Noé[3], le bonshom,
> Pour en tailler la Vigne en la saison.
>
> 15 Bacchus alors Chapeau de treille avoit,
> Et arrivoit pour benistre[4] la Vigne ;
> Avec Flascons Silenus[5] le suivoit,
> Lequel beuvoit aussi droict qu'une ligne ;
> Puis il trépigne et se faict une bigne[6] ;
> 20 Comme une Guigne estoit rouge son nez,
> Beaucoup de gens de sa race sont nez[7].

Clément MAROT, *Chanson XXXII* (publiée,
avec la musique de Claudin de Sermisy, en 1528),
Adolescence clémentine

1. Au cinquième vers de chaque strophe, la rime est doublement batelée (il y a une rime interne au vers).

2. Établie.

3. Allusion à l'ivresse de Noé (Genèse, IX, 20-27).

4. Bénir.

5. Silène, compagnon de Bacchus, vieillard obèse constamment ivre.

6. Bosse.

7. Cette dernière rime est équivoquée.

COMPOSITION FRANÇAISE

La chanson comme genre poétique

Selon vous, la musique ajoute-t-elle, ou non, quelque chose à la poésie ? Vous justifierez votre opinion en vous appuyant aussi bien sur des exemples littéraires historiques (par exemple, la *canso* des troubadours, ou la chanson française du XVIe siècle) que sur tel ou tel aspect de la chanson contemporaine (en réfléchissant par exemple sur les situations respectives de la chanson et de la poésie dans la culture actuelle).

La captivité du roi en Espagne après la défaite de Pavie en 1525 fut l'occasion, pour la Sorbonne et le Parlement, d'une première poussée de fièvre répressive à l'encontre des « hérétiques », évangéliques et réformateurs. C'est ainsi que, pour avoir mangé du lard en Carême, infraction provocatrice, **MAROT** fut emprisonné au Châtelet (février-mars 1526). Cette brève expérience inspire au poète une **satire allégorique** : le Châtelet sera l'Enfer, dont les faubourgs sont le « vieil manoir » du palais de justice.

Marot compose librement sa satire, alternant la **critique précise** des mœurs judiciaires, le **tableau monstrueux** par énumération, la **défense personnelle** : devant le juge « Rhadamante » (le lieutenant Maillart), Marot tire argument de son prénom (« Car tu es rude et mon nom est Clément »), de son nom (qui rappelle *Maro*, le surnom de Virgile), de sa qualité de poète, ami des Muses, natif du Quercy, serviteur du roi, disciple du Christ, et valet de Marguerite...

La Tentation de saint Antoine,
gravure de Martin Schongauer,
XVIe siècle. Paris, B.N.

L'Enfer (1542)

*La satire utilise donc une **écriture composite**, procédant par morceaux de bravoure successifs. Voici un développement allégorique sur les procès.*

Une manière de serpents

Mais puis que tant de curiosité
Te meut à voir la somptuosité
De nos manoirs, ce que tu ne vis oncques
Te ferai voir. Or saches, Ami[1], doncques,
5   Qu'en cestui parc où ton regard épands
Une manière il y a de Serpents,
Qui de petits viennent[2] grands et félons,
Non point volants, mais traînants et bien longs ;
Et ne sont pas pourtant Couleuvres froides,
10   Ni verts Lézards, ni Dragons forts et roides ;
Et ne sont pas Cocodrilles infects,
Ni Scorpions tortus et contrefaits ;
Ce ne sont pas Vipéreaux furieux,
Ni Basilics tuant les gens des yeux ;
15   Ce ne sont pas mortifères Aspics,
Mais ce sont bien Serpents qui valent pis.

1. C'est un gros « ministre d'Enfer » qui s'adresse à Marot.

2. Deviennent.

Ce sont Serpents enflés, envenimés,
Mordants, maudits, ardents et animés,
Jetant un feu qu'à peine on peut éteindre,
20 Et en piquant dangereux à l'atteindre[3].
Car qui en est piqué ou offensé
En fin devient chétif ou insensé ;
C'est la nature au Serpent, plein d'excès,
Qui par son nom est appelé Procès.
25 Tel est son nom, qui est de mort une ombre ;
Regarde un peu, en voilà un grand nombre
De gros, de grands, de moyens et de grêles,
Plus malfaisants que tempêtes ne grêles.
Celui qui jette ainsi feu à planté[4]
30 Veut enflammer quelque grand'parenté ;
Celui qui tire ainsi hors sa languette
Détruira bref[5] quelqu'un, s'il ne s'en guette[6] ;
Celui qui siffle et a les dents si drues
Mordra quelqu'un qui en courra les rues ;
35 Et ce froid-là, qui lentement se traîne,
Par son venin a bien su mettre haine
Entre la mère et les mauvais enfants,
Car Serpents froids sont les plus échauffants.
Et de tous ceux qui en ce parc habitent,
40 Les nouveaux nés qui s'enflent et dépitent[7]
Sont plus sujets à engendrer ici
Que les plus vieux. Voire et qu'il soit ainsi[8],
Ce vieil Serpent sera tantôt crevé,
Combien qu'il ait maint lignage grevé.
45 Et cestui là plus antique qu'un Roc,
Pour reposer, s'est pendu à un croc[9].
Mais ce petit, plus mordant qu'une Louve,
Dix grands Serpents dessous sa panse couve ;
Dessous sa panse il en couve dix grands,
50 Qui quelque jour seront plus dénigrants[10]
Honneurs et biens que cil[11] qui les couva ;
Et pour un seul qui meurt ou qui s'en va
En viennent sept. Dont ne faut t'étonner,
Car, pour du cas la preuve te donner,
55 Tu dois savoir qu'issues sont ces bêtes
Du grand Serpent Hydra[12] qui eut sept têtes,
Contre lequel Hercule combattait,
Et quand de lui une tête abattait,
Pour une morte en revenait sept vives.

Clément MAROT, *L'Enfer*, vers 123-181 (1542)
Orthographe modernisée

3. A toucher.

4. D'abondance.

5. Vite.
6. S'il n'y prend garde.

7. Font les arrogants, les méprisants.

8. Preuve qu'il en est vraiment ainsi.

9. L'expression « pendre un procès au croc » signifiait l'ajourner.

10. Dénigreront (le participe met l'accent sur le fait que l'action caractérise l'état du sujet).
11. Celui.

12. L'Hydre de Lerne.

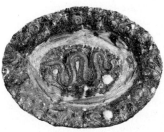

Plat en émail
de Bernard Palissy.
Paris, Musée du Petit-Palais.

POUR LE COMMENTAIRE

1. La métaphore

Comment est-elle filée ? Montrez que Marot, tout en amplifiant la vision concrète du comparant (les serpents) s'efforce de rester cohérent et de maintenir le lien avec le comparé (les procès).

2. Qu'est-ce qui fait l'**efficacité** de cette image ?

Le jeu de l'épître

« L'épître française n'est autre chose qu'une **lettre missive mise en vers** » : ainsi s'exprimera, en 1548, dans l'*Art poétique*, Thomas Sébillet. L'épître est une lettre, ou plutôt elle joue à être une lettre ; les vers sont là, qui la distinguent de la prose épistolaire, et pourtant c'est le style de cette prose que l'épître copie. Chez Lemaire, le charme naissait avec le jeu sur l'identité du soi-disant épistolier : ce peut être un dieu, un héros ou... un perroquet. Chez **Clément Marot**, c'est Marot. Pas de masque d'emprunt, ou plutôt, Marot est son meilleur masque : l'épître joue avec la personnalité de son auteur, qui se donne le rôle d'un correspondant familier.

Les épîtres sont par excellence le genre de « l'élégant badinage » vanté par Boileau. Elles relèvent d'une poétique que la Pléiade condamnera : écrites dans ce style qu'on appelait « bas » (c'est-à-dire simple d'apparence, se refusant aux grandes comparaisons, aux hyperboles, à moins de les tempérer par l'humour ou l'ironie), elles prennent l'accent de la satire ou celui du lyrisme, elles acceptent le récit aussi bien que l'éloge ou la plainte. Ce qui les caractérise, c'est la **franchise de l'attaque** (on est tout de suite dans le vif d'un sujet d'ailleurs très divers), et la **liberté d'allure** d'un discours à bâtons rompus. Mais le meilleur ressort de l'épître est encore un **jeu avec la forme épistolaire**. Cet art du subtil décalage permet, derrière le leurre de l'écriture ordinaire, de marquer le discret privilège de l'écriture poétique.

Épître XI (1527) : *Au Roi, pour le délivrer de prison*

*Victime, en octobre 1527, d'un deuxième emprisonnement, **Marot** adressa cette épître très célèbre à François Ier ; le roi répondit par une lettre ordonnant la libération du poète.*

L'art de « chanter sa partie »

1. *Il y a quinze jours.*

2. *Saint-Merri est une église proche du Châtelet. Jeu de mots avec « marri », triste, désolé. L'expression « être de Saint Pris » voulait dire « être en prison ».*
3. *Je vous dirai donc.*

4. *Reprit (cf. « venir à la rescousse »).*

5. *Ou-i, deux syllabes.*

6. *Un peu.*

```
        Roi des François, plein de toutes bontés,
        Quinze jours a¹ (je les ai bien comptés),
        Et dès demain seront justement seize,
        Que je fus fait Confrère au Diocèse
   5    De saint Marri, en l'Église saint Pris² ;
        Si vous dirai³ comment je fus surpris,
        Et me déplaît qu'il faut que je le die.
        Trois grands Pendards vinrent à l'étourdie,
        En ce Palais, me dire en désarroi :
  10    Nous vous faisons Prisonnier par le Roi.
        Incontinent, qui fut bien étonné ?
        Ce fut Marot, plus que s'il eût tonné.
        Puis m'ont montré un Parchemin écrit,
        Où n'y avait seul mot de Jésus-Christ ;
  15    Il ne parlait tout que de plaiderie,
        De Conseillers et d'emprisonnerie.
        Vous souvient-il (ce me dirent ils lors)
        Que vous étiez l'autre jour là dehors,
        Qu'on recourut⁴ un certain Prisonnier
  20    Entre nos mains ? Et moi de le nier,
        Car soyez sûr, si j'eusse dit oui⁵,
        Que le plus sourd d'entre eux m'eût bien ouï.
        Et d'autre part, j'eusse publiquement
        Été menteur. Car pourquoi et comment
  25    Eussé-je pu un autre recourir,
        Quand je n'ai su moi-même secourir ?
        Pour faire court, je ne sus tant prêcher
        Que ces Paillards me voulsissent lâcher.
        Sur mes deux bras ils ont la main posée,
  30    Et m'ont mené ainsi qu'une Épousée ;
        Non pas ainsi, mais plus roide un petit⁶.
        Et toutefois j'ai plus grand appétit
```

De pardonner à leur folle fureur
Qu'à celle-là de mon beau Procureur[7].
35 Que male Mort les deux Jambes lui casse !
Il a bien pris de moi une Bécasse,
Une Perdrix, et un Levraut aussi ;
Et toutefois je suis encor ici.
Encor je crois, si j'en envoyais plus,
40 Qu'il le prendrait, car ils ont tant de glus
Dedans leurs mains, ces faiseurs de pipée[8],
Que toute chose où touchent est grippée[9].
Mais pour venir au point de ma sortie :
Tant doucement j'ai chanté ma partie[10],
45 Que nous avons bien accordé ensemble,
Si que[11] n'ai plus affaire, ce me semble,
Sinon à vous[12]. La partie est bien forte ;
Mais le droit point où je me réconforte :
Vous n'entendez Procès non plus que moi ;
50 Ne plaidons point ; ce n'est que tout émoi[13].
Je vous en crois si je vous ai méfait.
Encor posé le cas que l'eusse fait,
Au pis aller n'écherrait[14] qu'une Amende.
Prenez le cas que je la vous demande ;
55 Je prends le cas que vous me la donnez ;
Et si Plaideurs[15] furent onc étonnés
Mieux que ceux-ci, je veux qu'on me délivre,
Et que soudain en ma place on les livre.
Si vous supplie (Sire) mander par Lettre
60 Qu'en liberté vos gens me veuillent mettre ;
Et si j'en sors, j'espère qu'à grand peine
M'y reverront, si on ne m'y ramène.
Très humblement requérant votre grâce
De pardonner à ma trop grande audace
65 D'avoir empris[16] ce sot Écrit vous faire ;
Et m'excusez si pour le mien affaire
Je ne suis point vers vous allé parler :
Je n'ai pas eu le loisir[17] d'y aller.

Clément MAROT, *Épître* XI, vers 1-68 (1527)
Orthographe modernisée.

7. *L'avocat de Marot ; il était d'usage (voir vers suivants) de faire des cadeaux à son avocat.*

8. *La « pipée », c'est la tromperie ; c'est aussi la chasse à la glu, où l'on prend les oiseaux en imitant leur cri.*
9. *Agrippée, saisie.*
10. *Les mots partie et accordé ont un sens à la fois juridique et musical.*
11. *De sorte que.*
12. *S'étant accordé avec ses adversaires directs (les sergents), Marot n'a plus affaire, en fait de « partie » adverse, qu'à l'autorité royale.*
13. *Souci.*
14. *Ne tomberait.*

15. *La magistrature en général.*

16. *Entrepris.*

17. *Permission.*

Gravure de l'*Épître au Roi*, 1527.
Paris, B.N.

POUR LE COMMENTAIRE

1. Analyse du récit

Comment le récit de Marot est-il organisé ? Comment s'insère-t-il dans le discours au roi ? Dans quel but ? Commentez particulièrement, de ce point de vue, les vers 6-7, 11-12, 20-26.

2. La satire

Étudiez-en les arguments, les procédés. Est-elle purement gratuite ? En quoi la charge de Marot contre les plaideurs peut-elle modifier sa position vis-à-vis du roi ? Dégagez l'importance et l'humour particulier des vers 46-58.

3. L'humour

Plus généralement, considérez la situation respective de l'auteur de la « lettre » et de son destinataire, et la nature des relations que le texte leur suppose ou leur propose : caractérisez ainsi l'humour de ce « sot écrit ».

Épître XXV (1532) : Au Roi, pour avoir été dérobé

*Le 1ᵉʳ janvier 1532, **Marot**, victime d'un vol et relevant d'une longue maladie (la peste : la France connut une épidémie durant l'année 1531), présenta au roi cette épître, qui lui valut cent écus d'or.*

« La maulvaise Fortune »

On dit bien vray, la maulvaise Fortune
Ne vient jamais, qu'elle n'en apporte une
Ou deux ou trois avecques elle (Sire).
Vostre cueur noble en sçauroit bien que dire[1] ;
5   Et moy, chetif, qui ne suis Roy ne rien,
L'ay esprouvé. Et vous compteray[2] bien,
Si vous voulez, comment vint la besongne.
    J'avois ung jour ung Valet de Gascongne,
Gourmant, Yvroigne, et asseuré Menteur,
10   Pipeur[3], Larron, Jureur, Blasphemateur,
Sentant la Hart[4] de cent pas à la ronde,
Au demeurant, le meilleur filz du Monde,
Prisé, loué, fort estimé des Filles
Par les Bourdeaux[5], et beau Joueur de Quilles.
15   Ce venerable Hillot[6] fut adverty
De quelcque argent que m'aviez departy,
Et que ma Bourse avoit grosse apostume[7] ;
Si se leva plustost que de coustume,
Et me va prendre en tapinoys icelle,
20   Puis la vous mist tresbien soubz son Esselle
Argent et tout (cela se doit entendre).
Et ne croy point que ce fust pour la rendre,
Car oncques puis[8] n'en ay ouy parler.
    Brief, le Villain ne s'en voulut aller
25   Pour si petit ; mais encore il me happe
Saye[9] et Bonnet, Chausses, Pourpoinct et Cappe ;
De mes Habitz (en effect) il pilla
Tous les plus beaux, et puis s'en habilla
Si justement, qu'à le veoir ainsi estre,
30   Vous l'eussiez prins (en plein jour) pour son Maistre.
    Finalement, de ma Chambre il s'en va
Droit à l'Estable, où deux Chevaulx trouva ;
Laisse le pire, et sur le meilleur monte,
Picque et s'en va. Pour abreger le compte,
35   Soiez certain qu'au partir dudict lieu
N'oublya rien, fors à me dire Adieu.
    Ainsi s'en va, chastoilleux de la gorge[10],
Ledict Valet, monté comme ung sainct George,
Et vous laissa Monsieur dormir son saoul,
40   Qui au resveil n'eust sceu finer d'un soul[11].
Ce Monsieur là (Sire) c'estoit moymesme,
Qui, sans mentir, fuz au Matin bien blesme,
Quand je me vy sans honneste vesture,
Et fort fasché de perdre ma monture ;
45   Mais de l'argent que vous m'aviez donné,
Je ne fuz point de le perdre estonné ;
Car vostre argent (tresdebonnaire Prince)
Sans point de faulte est subject à la pince[12].

1. Allusion à la défaite et à la captivité de François Iᵉʳ.
2. Conterai (orthographe indifférenciée).
3. Trompeur.
4. La corde.
5. Dans les bordels.
6. Garçon, en gascon.
7. Enflure.
8. Jamais depuis.
9. Casaque.
10. Craignant (la corde) pour sa gorge...
11. S'acquitter d'un sou.
12. Au vol.

Bien tost apres ceste fortune là,
50   Une aultre pire encores se mesla
De m'assaillir, et chascun jour me[13] assault,
Me menassant de me donner le sault,
Et de ce sault m'envoyer à l'envers
Rymer soubz terre et y faire des Vers.
55   C'est une lourde et longue maladie
De troys bons moys, qui m'a toute eslourdie
La pauvre teste, et ne veult terminer,
Ains[14] me contrainct d'apprendre à cheminer,
Tant affoibly m'a d'estrange maniere ;
60   Et si m'a faict la cuisse heronniere,
L'estomac sec, le Ventre plat et vague[15] ;
Quand tout est dit, aussi maulvaise bague[16]
(Ou peu s'en fault) que femme de Paris,
Saulve[17] l'honneur d'elles et leurs Maris.
65   Que diray plus ? Au miserable corps
(Dont je vous parle) il n'est demouré fors[18]
Le pauvre esprit, qui lamente et souspire,
Et en pleurant tasche à vous faire rire.

Clément MAROT, *Épître* XXV, vers 1-68 (1532)

13. *M'assaille ;*
attention à l'élision.

14. *Mais.*

15. *Vide.*

16. *Frappé d'incapacité*
sexuelle (une « bague »
est une femme experte ;
l'allusion misogyne qui
suit est traditionnelle et
parfaitement réversible,
les « femmes de Paris »
étant dites, selon les
cas, bonnes ou
mauvaises « bagues »).
17. *Sauf.*
18. *Il n'est demeuré*
que.

Soldat pillard,
gravure du XVIe siècle.
Paris, B.N.

ANALYSE STYLISTIQUE

1. Les procédés comiques. Tentez de les définir et de les classer. Que pensez-vous des vers 65-68 ?

2. Reportez-vous au texte intégral de l'épître. Comment Marot s'y prend-il pour **présenter sa requête** ? Comment définiriez-vous ce procédé ?

3. Structure du vers. Faites l'étude systématique des relations du vers et de la phrase dans ce texte.

Comment Marot utilise-t-il le décalage entre la structure syntaxique et la structure rythmique ?

Épître XLI (1536) :

A Mademoiselle Renée de Parthenay, partant de Ferrare pour aller en France

*Voici l'une des épîtres de l'exil. A la différence de celles que **Marot** envoie à la cour de France, ou à la reine de Navarre, cette épître s'adresse à quelqu'un de proche, mais qui va partir, ou plutôt rentrer.*

« *Ne partez pas encore...* »

Ha, Parthenay, ne partez pas encore ;
Tardez un peu ; je vous avertis qu'ores[1]
Les Alpes sont plus pleines de froidures
Qu'à l'autre fois[2], et à passer plus dures.
5 Parmi ces monts sont les bêtes cruelles
Et les soudards plus cruels cent fois qu'elles.
Là le verglas, là les neiges abondent,
Et tellement les torrents s'y débondent
Qu'il n'y a cœur, à les voir dévaler,
10 Qui ne s'effraie. Où voulez-vous aller ?
Notre avis est que ne devez partir,
Ains votre mère exprès en divertir[3] ;
Ou la laisser traverser monts et vaux,
Car mieux que vous sait porter les travaux[4].
15 Si la suivez, chacun en se truffant[5]
Dira de vous : mais voyez cet enfant
Qui veut courir encore après sa mère.
D'autres diront : la grande angoisse amère
D'ardent désir qu'elle a qu'on la marie
20 Lui fait vouloir qu'en France on la charrie[6].
Ainsi diront les gens, si délogez[7].
Mais au rebours, si d'ici ne bougez,
Chacun dira : c'est bien la moins fâcheuse,
La moins ingrate et la plus vertueuse
25 Qu'on vit jamais. Ha, noble Damoiselle,
Oncques vivant, tant fût de mauvais zèle[8],
Sur vous ne sut un seul blâme penser.
Voudriez[9] vous bien y faire commencer ?
   Comment ceci ? Vous faites vos apprêts,
30 On trousse tout, vos coffres sont jà prêts ?
C'est fait, c'est fait, nos persuasions
En votre endroit ne sont qu'illusions.
Nos pleurs sont vains, de ce Marot la Muse
N'a plus de force, et pour néant s'amuse
35 A vous prier, jointes mains, à genoux.
Par quoi adieu vous disons, malgré nous ;
Adieu beauté qui tous les jours s'habille
Du mieux séant accoutrement de fille,
C'est à savoir de douce grâce et bonne ;
40 Adieu qui mieux s'en coiffe que personne !
Adieu esprit d'intelligence vive,
Adieu le cœur plein de bonté naïve[10],
Qui au ruisseau des sciences se baigne,

Albrecht Dürer, *Femme au chapeau.* Berlin.

Adieu le cœur qui tous les autres gaigne[11] !
45 Fille partez[12], femme vous trouverons
Quand d'aventure en France arriverons.
Mais du mari l'amour pourtant ne fasse
Que celle-là que vous portez s'efface.

Clément MAROT, *Épître* XLI, vers 21-68 (1536)
Orthographe modernisée

1. *Maintenant.* — 2. *Allusion à un précédent voyage (peut-être la venue de France à Ferrare).* — 3. *Faire renoncer votre mère à ce projet. La mère de Renée de Parthenay était Mme de Soubise, dame d'honneur et amie de Renée de France, éloignée par l'hostilité du duc d'Este. Marot lui dédia également une épître.* — 4. *Entreprises pénibles.* — 5. *Se moquant.* — 6. *Transporte.* — 7. *Si vous partez d'ici.* — 8. *Quelles que fussent ses mauvaises intentions.* — 9. *Vou-driez : deux syllabes.* — 10. *Naturelle.* — 11. *Gagne.* — 12. *Vous partez (indicatif).*

CLÉMENT MAROT fit œuvre de traducteur : on compte, parmi ses « versions » — selon le mot de l'époque — , la première *Bucolique*, de Virgile, deux livres des *Métamorphoses*, d'Ovide, des sonnets de Pétrarque et des colloques d'Érasme ; mais surtout, une cinquantaine des *Psaumes* de l'Ancien Testament.

Rentré en France après abjuration, il publie trente *Psaumes de David* en 1541. Dix-neuf autres suivront en 1543. Privilège royal, mais condamnation de la Sorbonne... Lorsque Marot s'enfuit de nouveau, en 1542, c'est pour se réfugier à Genève. Son séjour sera bref. Mais le Psautier, dont Théodore de Bèze poursuivra la traduction, va devenir pour les Réformés **un grand livre de foi et de combat**. Mis en musique, les *Psaumes*, de Marot entrent dans la liturgie protestante.

Du point de vue poétique, les *Psaumes* sont également une œuvre capitale. Marot crée ou adapte **de multiples modèles de strophes**, imposant des formes simples qu'il tire de la poésie populaire médiévale (comme le quatrain à rimes croisées). Quatrains, sixains, dizains, isométriques ou hétérométriques, croisant ou embrassant les rimes, alternant rimes féminines et masculines, selon l'exigence musicale que la Pléiade systématisera, toutes ces créations ou re-créations de Marot constituent l'armature d'**un lyrisme neuf d'accent élevé**, de style « haut ». Ronsard, dans ses *Odes*, s'en prétendra l'inventeur, mais à tort.

Psaumes (1541-1543)

Douzième Psaume

*** *Argument* [1]

Il[2] parle contre les flatteurs de la cour de Saül qui par flatteries, dissimulations et arrogances étaient molestes[3] à chacun, et prie Dieu y donner ordre. Psaume pour tout peuple vexé[4] de gouverneurs de princes.

Donne secours, Seigneur, il en est heure ;
Car d'hommes droits sommes tout dénués.
Entre les fils des hommes ne demeure
Un qui ait foi, tant sont diminués.

Au temps qui court, vanité, menteries
L'un dit à l'autre, et impertinemment
Aux lèvres n'a l'homme que flatteries
Et disant l'un, son cœur parle autrement.

Dieu veuille donc ces lèvres blandissantes[5]
Tout à travers pour jamais inciser,
Pareillement ces langues arrogantes
Qui bravement[6] ne font que deviser.

Qui mêmement[7] entre eux ce propos tiennent :
Nous serons grands par nos langues sur tous ;
A nous de droit nos lèvres appartiennent ;
Flattons, mentons ; qui est maître sur nous ?

Pour l'affligé, pour les petits qui crient
(Dit le Seigneur) ores me lèverai ;
Loin les mettrai des langues qui varient,
20 Et de leurs lacs chacun d'eux sauverai.

Certes, de Dieu la parole se treuve[8]
Parole nette, et très pure est sa voix ;
Ce n'est qu'argent affiné à l'épreuve,
Argent au feu épuré par sept fois.

25 Toi donc, Seigneur, ta promesse et tes hommes
Garde et maintiens par ta gratuité[9],
Et de ces gens dont tant molestés sommes
Délivre-nous à perpétuité.

Car les malins à grands troupes cheminent
30 Deçà, delà, tout est plein d'inhumains ;
Lorsque d'iceux[10] les plus méchants dominent,
Et qu'élevés sont entre les humains.

Clément MAROT, *Psaumes*, XII (1541-1543)
Orthographe modernisée

1. *Dans les éditions de 1541 et 1543, les* Psaumes *sont précédés d'arguments, qui ne sont peut-être pas de Marot.* — *2. Le roi David (futur roi en l'occurrence), auteur supposé des* Psaumes *que traduit*

Marot. — *3. Cruels.* — *4. Tourmenté (par abus de pouvoir).* — *5. Qui flattent.* — *6. Orgueilleusement.* — *7. Surtout.* — *8. Se trouve.* — *9. Grâce.* — *10. Ceux-ci.*

POUR LE COMMENTAIRE

1. Quelle pouvait être la **portée subversive** d'un tel texte ?

2. Le thème de la parole mauvaise. Quelles en sont les composantes ?

3. Dégagez l'importance et la particularité de **la sixième strophe** (vers 21-24).

ANALYSE STYLISTIQUE

Caractérisez **le style** de ce psaume, et dégagez les éléments d'ordre métrique, rythmique, syntaxique, sémantique, qui vous semblent concourir à l'élaborer.

Tentez enfin de l'**opposer**, le plus systématiquement possible, à celui de l'épître.

3. Débats de morale et d'amour

1. Formes et débats

Les questions qu'agitent les devisants de l'*Heptaméron* sont également au cœur du travail poétique. **L'amour est le sujet de multiples débats**, comme au temps du *Roman de la Rose*. Les enjeux sont comparables, idéalisme (d'inspiration platonicienne) contre « réalisme » satirique, féminisme contre misogynie. On discute des articles de morale sexuelle, conjugale, sociale.

La poésie est un instrument polémique : on le voit lors de la « Querelle des Amies », engagée par un disciple de Marot, Bertrand de la Borderie, qui donne la parole à une fictive « amie de cour » cynique, intéressée, habile à tirer parti des illusions et contradictions masculines. A son tour **Antoine Héroët** fait parler sa *Parfaite Amie*, dans un sens beaucoup plus idéaliste. Il y a là plus qu'un procédé d'exposition. Le poème n'est pas un traité, purement didactique : il met en scène un « je », un personnage impliqué par le sujet. La frontière n'est pas étanche entre cette **poésie sur l'amour** et la **poésie amoureuse** qui, par elle-même, est capable de modifier l'idéologie.

Une trouvaille formelle comme le **blason du corps féminin** véhicule un système de représentation qui va muter de lui-même : on passe ainsi du blason au **contre-blason**, de la célébration de la femme à sa destruction. C'est le même problème que rencontrent **Pernette du Guillet** (voir p. 321) et **Louise Labé** (voir p. 324) lorsqu'elles s'approprient le code de la poésie amoureuse masculine. Ce code n'est pas automatiquement réversible : des changements s'ensuivent du fait qu'une femme est l'auteur, et non plus seulement l'objet du discours amoureux. Chez **Marguerite de Navarre** (voir p. 314), l'amour humain s'efforce de changer pour accueillir le véritable amour, qui a sa source en Dieu.

L'art et l'amour sont ainsi liés. Les questions adressées à l'un s'adressent aussi à l'autre. Discours du désir, la poésie cherche à le définir, et à se définir en même temps.

2. Le blason

Le blason est un court poème écrit à la louange d'un objet quelconque, dont on célèbre les vertus singulières.

C'est Marot, en son exil ferrarais, qui écrivit le premier blason du corps féminin, le *Blason du Beau Tétin*. Une sorte de concours fut lancé, un recueil imprimé. La palme revint à **Maurice Scève**, pour le *Blason du Sourcil*. Le succès du genre fut foudroyant, et les rééditions se succédèrent, chaque fois augmentées. Au total une quarantaine de blasons, plus une vingtaine de « contre-blasons » : là encore, Marot montrait l'exemple avec son *Laid Tétin*.

Il s'agit de poèmes de longueur variable, octo- ou décasyllabiques, à rimes plates : la forme est donc très souple. Le modèle rhétorique retenu est celui de

l'**apostrophe** : on s'adresse à la partie du corps considérée, on l'invoque de manière répétitive et lancinante, pour faire la liste de ses qualités : la structure de ces poèmes est, le plus souvent, purement énumérative, qu'il s'agisse d'une célébration lyrique ou d'un dénigrement satirique.

Lancé par Marot dans le style mignard de la sensualité légère, intellectualisé chez Héroët ou Scève, le blason devient très vite « **réaliste** » : on célèbre ainsi les organes réputés les moins nobles, avec un luxe de détails. De cette « célébration » à la satire, il n'y a qu'un pas ; la limite du blason et du contre-blason est difficile à définir. De toute manière, c'est le discours idéaliste qui est visé.

Le Parmesan, *La Vierge au long cou*.
Florence, Musée des Offices.

3. Abondance

Positivement ou négativement, se révèle l'une des tendances profondes du lyrisme amoureux au XVIe siècle : la poésie s'attache à un objet et, par une incantation qui est aussi un jeu, s'efforce de « tout » en dire. Il ne s'agit pas d'être « exact » au sens où voudrait l'être un poète moderne comme Francis Ponge, mais de produire un discours riche, abondant, indéfini ; plus l'objet est restreint, plus le discours paraît copieux et ingénieux.

Maurice Scève *Blason du Sourcil* (1536)

« Sourcil, non pas sourcil... »

1. *Bien fait.*
2. *Jais.*
3. *Disposé en saillie.*

4. *Lâches.*

5. *Se fronce.*
6. *Colère.*

7. *Arcs.*

8. *Allusion aux différents « cieux » distingués par la cosmologie antique et médiévale, notamment la sphère des étoiles fixes, la dernière.*
9. *Portrait, figure.*
10. *Attire, soumet.*
11. *Souffrante.*

Sourcil tractif[1] en voûte fléchissant
Trop plus qu'ébène, ou jayet[2] noircissant.
Haut forjeté[3] pour ombrager les yeux,
Quand ils font signe, ou de mort, ou de mieux.
5 Sourcil qui rend peureux les plus hardis,
Et courageux les plus accouardis[4].
Sourcil qui fait l'air clair obscur soudain,
Quand il froncit[5] par ire[6], ou par dédain,
Et puis le rend serein, clair et joyeux
10 Quand il est doux, plaisant et gracieux.
Sourcil qui chasse et provoque les nues
Selon que sont ses archées[7] tenues.
Sourcil assis au lieu haut pour enseigne
Par qui le cœur son vouloir nous enseigne,
15 Nous découvrant sa profonde pensée,
Ou soit de paix, ou de guerre offensée.
Sourcil, non pas sourcil, mais un sous-ciel
Qui est le dixième et superficiel[8],
Où l'on peut voir deux étoiles ardentes,
20 Lesquelles sont de son arc dépendantes,
Étincelant plus souvent et plus clair
Qu'en été chaud un bien soudain éclair.
Sourcil qui fait mon espoir prospérer,
Et tout à coup me fait désespérer.
25 Sourcil sur qui amour prit le pourtrait[9]
Et le patron de son arc, qui attrait[10]
Hommes et Dieux à son obéissance,
Par triste mort ou douce jouissance.
O sourcil brun, sous tes noires ténèbres,
30 J'ensevelis en désirs trop funèbres
Ma liberté et ma dolente[11] vie,
Qui doucement par toi me fut ravie.

Maurice Scève, *Blason du Sourcil* (1536)
Orthographe modernisée

POUR LE COMMENTAIRE

1. Structure du texte. Étudiez le rôle joué par les apostrophes, jusqu'à l'invocation finale. Dégagez le modèle syntaxique dominant. Quel effet produit-il ?
  Comment varie-t-il ?

2. Quels sont les rapports de l'objet choisi :
— avec la **personne entière** de la femme aimée ?
— avec le **Monde**, qui est ici le théâtre de l'amour ?
— avec l'**amour** même, tel que le poète l'éprouve ?

Antoine Héroët *La Parfaite Amie* (1542)

C'est en 1542 que parut La Parfaite Amie, *d'**Antoine Héroët**, futur évêque de Digne (vers 1492 - vers 1568), poète de l'entourage de Marguerite de Navarre, ami de Marot et de Saint-Gelais.*

*Le poème est rigoureusement composé, en trois livres. La parfaite amie décrit son amour pour un homme qui n'est pas son mari. Le premier livre est consacré à **distinguer cet amour de toutes les passions fausses**. A noter que, platonicien, il n'est pas « platonique » au sens vulgaire du terme. Mais c'est **l'union des âmes** qui compte, union prédestinée fondée sur la reconnaissance réciproque d'une félicité antérieure. L'union des corps peut intervenir, mais elle est secondaire ; elle n'est pas un déshonneur, mais les âmes n'en ont pas conscience.*

*Le second livre met **l'amour à l'épreuve de la mort** : la dame imagine la disparition de l'amant, scandale pour ce désir de symétrie parfaite que symbolise l'échange des âmes, ou des cœurs.*

*Mais le troisième livre parvient à décrire **un bonheur en ce monde**, promesse de l'accomplissement futur : la mort ne saurait être que simultanée, l'amour étant fondé sur la ressemblance et signifiant un accord profond.*

*Ce platonisme **critique l'amour-tourment** et son code dominant à l'époque, le pétrarquisme, qui postule l'asymétrie, la différence irrémédiable : la douleur, preuve d'authenticité pour les pétrarquistes, a quelque chose de mensonger pour les platoniciens, car elle méconnaît la nature véritable de l'amour. Pour Héroët, le pétrarquisme n'est qu'une variante de l'amour courtisan.*

Qui perd gagne

Or semble amour, à qui voudra, péché,
Puisque le Ciel du mien s'est empêché[1] :
Non seulement de lui je me contente :
Mais d'avantage aux dames je me vante,
5 Que si divin fut son commencement,
Entretenu je l'ai divinement.
  Premièrement quant à sa nourriture,
Je l'ai reçu d'une pensée[2] pure,
Insatiable à mon ami pensant,
10 Tant, si souvent, et de cœur si pressant,
Qu'on eût pensé, que bientôt ma pensée
De trop penser devait être lassée.
  Mais quand j'avais un pensement passé,
Je l'oubliais pour être repensé[3] :
15 Ainsi de lui plus que de moi pensive,
En moi j'étais trop plus morte que vive,
Et ruminais[4] en lui non autrement,
Qu'en me rendant mutuel pensement,
Comme[5] nos cœurs à mourir incités
20 Se soient l'un l'autre entreressuscités :
Comme le mien aimant au sien aimé
Ait sans changer sa forme transformé.
  Celles de vous le trouverez étrange,
Qui n'entendez encore cet échange.

25 O changement désirable, et permis,
Non pas celui dont vous changez d'amis,
Qui ne rapporte aux changeurs que la honte,
D'être une fable, et populaire conte.
O changement utile et précieux,
30 Quand le bon cœur, d'un vouloir gracieux,
En se donnant n'est de rien étonné[6],
Que voir celui, qui le prend, redonné !
O changement, où nul ne se déçoit[7],
Faisant présent moindre, qu'il ne reçoit !
35 O cœurs heureux ! ô félicité d'eux !
Quand pour un seul on en recouvre deux !
O beau mourir[8], pour en celui revivre,
La mort duquel[9] double vie[10] délivre !
O gain de perte en mon cœur éprouvé !
40 Qui de se bien perdre s'est mieux trouvé
Qu'il ne faisait devant[11] qu'il fût perdu.
O changement plus tôt fait qu'entendu[12] !
Il n'est besoin te déclarer à celles
Qui ont juré amitiés immortelles,
45 Qui à mes dits sans répondre consentent,
Et en leur âme une écriture sentent
Encore mieux que la mienne gravée.

Antoine HÉROËT, *La Parfaite Amie*, Livre I, vers 110-156
(1542), dans *Opuscules d'amour*
Orthographe modernisée

---

1. Occupé. — 2. Trois syllabes. — 3. Pour qu'il soit... — 4. Ruminer : repasser dans son esprit ; chacun des deux amants trouve sa vie dans la pensée de l'autre. — 5. Comme, à valeur causale, + subjonctif : latinisme (sur le modèle du cum latin). — 6. Ébranlé.

— 7. N'est trompé. — 8. Il s'agit de la mort symbolique que constitue le passage du cœur chez l'autre. — 9. (En celui) dont la mort... — 10. Deux syllabes. — 11. Avant. — 12. Conçu, appréhendé par la pensée.

LECTURE MÉTHODIQUE

1. Dans la première partie du texte (vers 1-22), quelle idée s'agit-il de faire passer ? En quoi peut-elle surprendre ? A quoi visent les **répétitions** des vers 8 à 18 ?

2. Pourquoi **le thème du changement** est-il important, et efficace ? Qu'est-ce qui fait la valeur du dernier argument (vers 42-47) ? Y reconnaissez-vous un procédé rhétorique ?

Le platonisme à la Renaissance

1. Le *Banquet*, de Platon

Toute la Renaissance française (et singulièrement l'œuvre des poètes) a subi l'influence de la doctrine platonicienne du philosophe florentin **MARSILE FICIN** (1433-1499), l'un des plus grands humanistes italiens, traducteur et commentateur des dialogues de **PLATON**, ainsi que des *Ennéades*, de **PLOTIN**.

Son *Commentaire* le plus célèbre est celui qui porte sur *Le Banquet*, dialogue de Platon consacré à l'amour, où sont successivement exposées les doctrines des convives en la matière, sous la forme d'un discours en l'honneur du dieu Amour. Parmi divers intervenants, on trouve le poète comique **ARISTOPHANE**, qui raconte le mythe selon lequel les hommes étaient, à l'origine, doubles : chaque être était composé soit de deux hommes, soit de deux femmes, soit d'un homme et d'une femme (androgynes). Par punition, Zeus les sépara, et depuis, chacun cherche sa moitié manquante, soit du même sexe, soit du sexe opposé. **SO-CRATE** prend enfin la parole, pour exposer ce que lui a

Apollon au chevreuil. Musée de Ferrare.

appris une femme de Mantinée, Diotime. **L'amour est désir du beau et du bon** (car le bon et le beau sont indissociables). Toujours en quête de ce qui est beau et bon, et conscient de ce qui lui manque, l'Amour, intermédiaire entre les savants et les ignorants, est **philosophe**. Désir de la possession perpétuelle du bien, désir de l'immortalité, l'amour cherche à se satisfaire par la génération, soit d'enfants, soit de vertus.

L'homme recherche donc un beau corps qui recèle une belle âme, pour y engendrer le bien (il faut préférer ces « enfants » tout spirituels que sont les lois, ou les grandes œuvres poétiques). Mais, conclut Diotime, l'amant doit remonter d'un seul beau corps à la beauté de tous les corps, de la beauté de l'âme à celle des sciences, de manière à avoir la vue la plus vaste de la beauté. **Une gradation régulière** conduit l'amant à **la contemplation de la beauté éternelle**, surnaturelle, le beau en soi. Survient enfin Alcibiade, ivre, qui ne fait pas l'éloge de l'Amour, mais celui de Socrate.

2. Le « Banquet » de Ficin

Le *Commentaire* de Ficin se présente comme **un dialogue** sur le dialogue, suite de discours échangés entre des gentilshommes florentins. Mais ce second « Banquet » n'a pas la diversité du premier. C'est une **doctrine unique**, le platonisme de Ficin, qui s'y exprime. **L'amour est désir**

de Beauté. La Beauté naît de la correspondance des lignes et des couleurs (beauté des corps), des sons (beauté des voix), des vertus (beauté des âmes). La vue, l'ouïe et l'entendement suffisent donc à l'amour : Ficin élimine d'emblée les autres sens ; il ne s'intéresse pas à l'amour « vulgaire », sorte de maladie des corps. Le mouvement d'élévation ne commence donc pas chez Ficin au même niveau que chez Platon. **La Beauté est mesure**, et l'Amour est désir de mesure. De la beauté du corps à celle de l'âme, il y a une relation d'image à modèle, et c'est naturellement que nous passons de l'une à l'autre.

3. De la beauté du corps à la Beauté de Dieu

Là où Platon met le « beau en soi », Ficin met Dieu, source de toute Beauté, qui rayonne à travers l'intelligence divine (niveau des Idées), la raison des âmes, jusqu'à la matière des corps. L'homme, dans l'amour, peut remonter cette chaîne, et contempler dans la beauté humaine l'image et la voie de la Beauté de Dieu. C'est Dieu qui nous incite à aimer la Beauté, et cet amour nous ramène à lui dans un « ravissement » mystique : mouvement circulaire que Ficin emprunte, non à Platon, mais à **PLOTIN** et aux **néo-platoniciens**.

L'amant peut donc passer de la beauté du corps de l'ami à celle de l'âme, de celle de l'âme, qui consiste en vertus particulières, à celle de « l'Ange », intelligence divine, connaissance des Idées. Banquet au ciel des Idées, qui prélude lui-même au face-à-face avec la Beauté de Dieu, principe d'unicité, au-delà des multiples formes matérielles, des multiples vertus, des multiples Idées. Amour infini...

4. La doctrine des « quatre fureurs »

La doctrine plus générale des « quatre fureurs », abondamment utilisée par les théoriciens et poètes français, est exposée par Ficin dans son *Commentaire* ; c'est une description du voyage de l'âme humaine du multiple vers l'Un. La « fureur » est divine ; c'est l'affection par laquelle Dieu enlève l'âme à sa condition déchue, basse et diverse, pour l'élever progressivement jusqu'à Lui. Laissons ici parler le plus exact des adeptes français du ficinisme, le poète **PON-TUS DE TYARD** (voir p. 348), dans le *Solitaire premier*.

> [...] En quatre sortes (poursuivis-je) peut l'homme être épris de divine fureur. La première est par la fureur poétique procédant du don des Muses. La seconde est par l'intelligence des mystères et secrets des religions, sous Bacchus. La troisième par ravissement de prophétie, vaticination ou divination, sous Apollon ; et la quatrième par la violence de l'amoureuse affection sous Amour et Vénus. [...]

Il y a une hiérarchie des quatre fureurs, et un enchaînement irrésistible de l'une à l'autre. La poésie a pour fonction, étant toute d'harmonie, d'apaiser les dissonances de l'âme dans sa condition humaine. Mais il est clair que la fureur poétique conduit à la fureur la plus haute, l'Amour.

Chez les poètes de la Renaissance française, le platonisme est très souvent impur. La fureur poétique, notamment, tend à prendre une importance disproportionnée... Elle nourrit des discours amoureux qui doivent souvent plus à **PÉTRARQUE** qu'à Platon, en dépit de quelques exceptions notables, comme **HÉROËT** ou **TYARD**, ou le **DU BELLAY** des *XIII Sonnets de l'honnête amour*.

Marguerite de Navarre *La Navire* (1547)

*L'évangélisme de Marguerite est une **fusion originale de platonisme et de christianisme**, dont sa poésie constitue l'expression la plus pure, au-delà des « devis » de l'*Heptaméron *(voir p. 287). L'amour en est la question centrale, amour de Dieu, amour du Christ pour la créature, amour de la créature pour son Créateur et son Sauveur, amour encore des âmes humaines entre elles, confrontées à la mort et au péché.*

*« Miroir de l'âme pécheresse », **la poésie est analyse, dialogue, prière** : elle est le discours de cet **amour en quête de rédemption**. Prisonnière du corps, affrontée à la chair, l'âme se souvient de son Sauveur et cherche à le rejoindre, à disparaître en Lui : elle est à la fois l'Épouse, la Sœur, la Fille, déchue et consciente de sa déchéance, comme du salut possible.*

*S'efforçant à la perfection, l'amour humain n'échappera pas au conflit de ses valeurs et de l'exigence chrétienne. Les textes les plus pathétiques disent cette lutte : ainsi, *La Navire *est le procès de l'amour que Marguerite éprouvait pour le roi son frère.*

*** La Navire

Le manuscrit de ce poème ne fut découvert qu'en 1896, avec d'autres pièces inédites de la reine de Navarre. On l'appela *La Navire*, d'après son premier mot (voir ci-après). Le poème fut sans doute écrit dans l'été qui suivit la mort du roi (mars 1547), donc sous le coup d'une douleur extrême. Malade elle-même, Marguerite n'avait pu assister à la mort de son frère.

Le texte est un âpre dialogue entre la reine en deuil et la voix du défunt qui s'efforce de la détourner de l'amour humain — ici l'amour fraternel — pour se consacrer à la « parfaite amour » dont Jésus donne l'exemple. La narratrice ne se laisse pas faire, refusant de céder à l'espoir et mêlant à ses tristes discours le panégyrique des vertus terrestres du roi.

Le poème est composé en « rime tiercée », la *terza rima* des Italiens, adoptée déjà par Lemaire de Belges.

« *Quitte ton corps...* »

« Navire loing du vray port assablée[1],
Feuille agitée de l'impetueux vent,
Ame qui est de douleur accablée,

Tire toy hors de ton corps non sçavant,
5 Monte à l'espoir, laisse ta vielle masse,
Sans regarder derriere viens avant.

Quant seras tu de ton fol pleurer lasse ?
Quant auras tu mis fin à ton souspir ?
Quant lairras[2] tu ta triste et pasle face ?

10 Quant donra[3] Foy tresve à ton vain desir
Et quant fera ton œil torner en hault
La Charité où est le vray plaisir ?

O aveuglée, à qui du tout[4] default
Ce qui à tous est le plus necessaire,
15 T'arreste tu à ce qui rien ne vault ?

Ta complaisance complaist à l'Adversaire[5],
Qui tirer hors te veult de cueur et d'œil
La loy de Dieu par son vray commissaire[6].

Or, cesse donc ung peu l'extreme dueil
20 Que pour moy faictz, et en moy t'esjouis
Que vray amour faict saillir du cercueil. »

Que[7] je devins, quant ceste voix j'ouys,
Je ne le sçay, car soubdain de mon corps
Furent mes sens d'estonnement fouys[8] !

25 O quelle voix ! qui par sus[9] tous accordz
Me fut plaisante, douce et très agreable,
Qui des vivans sembloit et non des mors.

Lors combatoit ma douleur importable[10]
Contre la joye et contre la doulceur
30 Que m'apportoit ceste voix amyable.

Encores dict : « O ma mignonne seur,
Entendz la voix qui te veult destorner
D'un perilleux estat en ung très seur[11].

Je ne te puis jamais abandonner :
35 Ainsi le veult le Dieu de charité,
Qui en nos cueurs voulut amour donner.

Laisse mensonge et ensuis[12] verité,
Quicte ton corps, et lors, spirituelle,
Pourras sçavoir plus que n'as merité. »

40 Et tout ainsi que le desireux zele
Faict à l'oiseau, pour ses petitz reveoir,
Haulcer de terre au ciel la legiere aelle,

Mon ame fit à l'heure[13] son debvoir
D'abandonner sa terrestre memoire
Pour se adonner à ce divin sçavoir :

« Es tu celluy par qui l'eau trouble et noire,
Sans nul espoir, il y a quatre moys,
Parfaicte amour de larmes m'a faict boire ?

Es tu celluy que plus que moy j'aimois,
Et aymeray et ayme si très fort
Que Amour, enfans, nous lya d'un cymois[14] ?

Et ses liens prindrent[15] tousjours renfort,
Tant que[16] la corde en chesne fort fut faicte,
Tousjours croissant et plus fort que la mort.

55 Es tu celuy en qui joye parfaicte
Trouvee avois, sy remply de vertu
Que mort debvoit differer la deffaicte ?

Helas ! trop tost pour nous t'a abbatu,
Trop tost, trop tost t'a osté de mes yeulx,
60 Et si[17] n'as pas contre elle combatu !

Es tu celuy où je trouvois mon mieulx ? »
Ainsi luy dis d'une esplorée voix ;
Il respondict d'une venant des cieulx :

« Ton frere suis, lequel plus tu ne vois,
65 Ny ne verras, que par l'estroicte porte[18]
Ne vienne à moy, car la passer tu doibtz. »

Marguerite de Navarre, *La Navire*, vers 1-66 (1547)

---

1. Enlisée. On trouve navire aux deux genres ; le masculin s'impo-sera au XVIIᵉ s. — 2. Laisseras. — 3. Donnera (deux exemples de futur syncopé). — 4. Complètement. — 5. Satan. — 6. Le « commissaire » du démon serait ici la « complaisance » de Margue-rite. — 7. Ce que. — 8. Mis en fuite. — 9. Par-dessus. —

10. Insupportable. — 11. Sûr. — 12. Suis. — 13. Aussitôt. — 14. Ruban servant à attacher les enfants au berceau. — 15. Prirent. — 16. Si bien que. — 17. Pourtant. — 18. Souvenir de l'Évan-gile : cf. Matthieu, VII, 13-14.

POUR LE COMMENTAIRE

1. La technique du dialogue et du récit. Quel effet cherche-t-on à produire en ce début du poème ? Pourquoi ? Montrez, à cet égard, l'importance des trois premiers vers. Quel est le rôle des passages narratifs ?

2. Étudiez, plus précisément, le rapport entre **la struc-ture syntaxique** et la structure de la *terza rima*. Quelle valeur, notamment, attribuez-vous au chevauchement du discours direct, aux vers 60-61 ?

3. Le pathétique. En quoi la douleur de Marguerite n'est-elle pas accordée au message que la voix cherche à transmettre ? Que pensez-vous, à cet égard, des vers 40-45 ?

4. Comparez avec cette opinion de Parlamente dans l'*Heptaméron* (XIXᵉ nouvelle) :

« *Jamais homme n'aimera parfaitement Dieu, qu'il n'ait parfaitement aimé quelque créature en ce monde* » [...] « *J'appelle parfaits amants ceux qui cherchent en ce qu'ils aiment quelque perfection, soit beauté, bonté ou bonne grâce ; toujours tendant à la vertu, et qui ont le cœur si haut et si honnête qu'ils ne veulent, pour mourir, mettre leur fin aux choses basses que l'honneur et la conscience réprou-vent ; car l'âme, qui n'est créée que pour retourner à son souverain bien, ne fait, tant qu'elle est dedans ce corps, que désirer d'y parvenir.* »

Martin Schongauer,
Jésus et Marie-Madeleine,
XVᵉ siècle (détail).
Colmar,
Musée Unterlinden.

4. Les poètes lyonnais : Scève, Pernette du Guillet, Labé

Maurice Scève (1500 ? - vers 1562)

Avignon

La vie de **Maurice Scève** est mal connue. Il naît à Lyon, sans doute entre 1500 et 1505, d'une riche famille bourgeoise. Il reçoit une solide formation intellectuelle. Peut-être devient-il docteur en droit. Vers 1530, il est en Avignon, attaché au vicaire de l'archevêque. En 1533, il croit découvrir le tombeau de Laure, la dame que Pétrarque avait aimée et chantée dans son *Canzoniere*, morte en Avignon lors de la peste de 1348. Cette trouvaille lui vaut la célébrité, et les félicitations du roi François Ier, lui-même grand amateur de poésie pétrarquiste.

Maurice Scève,
gravure du XVIe siècle.
Paris, B.N.

Les premières œuvres

De retour à Lyon, Scève publie en 1535 sa première œuvre, *La Déplorable Fin de Flamete*, traduction d'un roman espagnol inspiré d'une nouvelle de Boccace. L'année suivante, le poète participe au concours de blasons lancé par Marot sous le haut patronage de la duchesse de Ferrare. C'est son blason du *Sourcil* (voir p. 311) qui remporte la palme. Scève compose encore *La Larme, Le Front, La Gorge, Le Soupir*. C'est un poète déjà renommé qui, la même année, donne une églogue, *Arion*, et quelques épigrammes latines et françaises au *Recueil de vers* publié par Étienne Dolet pour la mort du dauphin François.

Pernette du Guillet

Mais 1536 semble surtout être l'année de la rencontre avec Pernette du Guillet, en qui on s'accorde à reconnaître Délie. Pernette, dans ses vers, fait allusion à Scève, mais la réciproque n'est pas vraie. Née vers 1520, Pernette devait épouser en 1538 un sieur du Guillet, et mourir en 1545. La liaison fut, semble-t-il, platonique. *Délie, objet de plus haute vertu* paraît en 1544. Les *Rymes*, de Pernette du Guillet seront rassemblées et publiées l'année suivante, après la mort de leur auteur.

Le maître des poètes lyonnais

Désormais admiré comme le maître des poètes lyonnais, Scève entrecoupe sa vie publique de longues retraites à la campagne. Il compose la *Saulsaye*, églogue de la vie solitaire, nourrie de cette inspiration champêtre et méditative. En 1548, il organise l'Entrée de Henri II à Lyon. La fin de sa vie est mystérieuse. Il participe encore à la vie intellectuelle et poétique, donnant par exemple un sonnet d'hommage à Louise Labé (1555). Il élabore son grand poème cosmologique, *Microcosme*, achevé sans doute en 1559, publié en 1562, peut-être après la mort de Scève, dont on ignore la date exacte.

Blason de la ville de Lyon.
Paris, B.N.

1535	*La Déplorable Fin de Flamete*, roman traduit de Juan de Flores	**1544**	*Délie, objet de plus haute vertu*
1536	Blasons *Arion*, églogue	**1547**	*Saulsaye*, églogue
1538	*Le Petit Œuvre d'amour*	**1562**	*Microcosme*

Maurice Scève
Délie, objet de plus haute vertu (1544)

1. Poèmes et emblèmes

Délie est un recueil de **449 dizains décasyllabiques**. Comme les autres œuvres de **MAURICE SCÈVE**, le livre a paru sans nom d'auteur, arborant seulement, au début et à la fin, la devise « Souffrir non souffrir ». Le recueil comporte également cinquante emblèmes, qui répartissent les dizains par séries de neuf (en réservant les cinq premiers et les trois derniers). On appelle emblème une gravure accompagnée d'une devise et d'un commentaire en vers ou en prose qui dégage le sens de l'image proposée. Très en vogue à la Renaissance, les emblèmes sont rassemblés en recueils d'inspiration moralisante : le plus célèbre est celui de l'humaniste italien Alciat (*Emblemata*, 1531). Mais **Scève détourne l'emblème de cet usage** en l'insérant dans un livre de vers d'amour. On ne sait trop quelle était son intention, ni même si les emblèmes jouent un rôle essentiel dans la composition du recueil. Mais chacun d'entre eux est en étroit rapport avec le dizain qui le suit (le dernier vers reprend la devise, en la modifiant).

Les emblèmes contribuent à faire de *Délie* un livre mystérieux. L'écriture du poète est **délibérément obscure**.

2. Un « canzoniere » français

Il s'agit d'enfermer le discours amoureux dans le cadre serré de dix décasyllabes. Scève rompt avec la souplesse de l'épigramme marotique, et avec la variété formelle de son modèle principal, le *Canzoniere*, de Pétrarque, où alternaient chansons, ballades, sonnets et madrigaux. *Délie* est en effet le premier « canzoniere » français, ensemble de poèmes témoignant d'**un amour douloureux** voué à une seule femme, désignée par un nom à valeur symbolique : ainsi, chez Pétrarque, Laure rappelle Daphné transformée en laurier, et le laurier même, devenu l'arbre d'Apollon et symbolisant l'activité poétique ; chez Scève, « Délie » fait allusion à la déesse de Délos, Artémis (Diane), qui règne au ciel (sous l'espèce de la Lune), sur terre (vierge chasseresse et cruelle), aux enfers : bénéfique ou maléfique, elle est **inaccessible**.

3. L'hermétisme de Scève

On a vu aussi dans « Délie » **l'anagramme de « l'Idée »**, ce qui nous renvoie au platonisme dont l'amour scévien est également nourri. Le recueil combine les influences. De la jalousie charnelle à la résignation, du désespoir à la foi la plus éthérée, le poète **mêle les styles et les registres d'inspiration**.

Densité du poème, variété du propos : le lecteur est pris à un double piège. A l'échelle du dizain, celui de l'**obscurité syntaxique**, d'autant plus frappante que Scève accumule les subordinations causales et consécutives, créant une apparence de rationalité. A l'échelle du recueil, celui d'une **fragmentation** qui égare. Toutefois, au-delà de la mort figurée par l'ultime emblème, les derniers dizains marquent une évolution positive en réaffirmant la **double vocation d'immortalité de l'amour et de la parole poétique**. L'hermétisme de Scève résulte d'une volonté de capter, de conquérir, d'éterniser par la parole ce qui pourtant lui échappe ou la menace, le désir même.

Le Jardin d'amour, tapisserie d'Angers,
XVIᵉ siècle.

Maurice Scève *Délie...*

« En sa beauté gît ma mort et ma vie »

1. Souci.

2. Ébranla, étourdit
(sens très fort).

3. Image pétrarquiste
traditionnelle : les
yeux de la Dame
lancent des flèches
(analogie avec
Cupidon).

Libre vivais en l'Avril de mon âge,
De cure[1] exempt sous celle adolescence,
Où l'œil, encor non expert de dommage,
Se vit surpris de la douce présence
5 Qui par sa haute, et divine excellence
M'étonna[2] l'Ame, et le sens tellement,
Que de ses yeux l'archer[3] tout bellement
Ma liberté lui a toute asservie ;
Et dès ce jour continuellement
10 En sa beauté gît ma mort et ma vie.

Maurice SCÈVE, *Délie...* (1544), dizain 6
Orthographe modernisée

Pétrarque *Canzoniere*

*Voici, à titre de comparaison, le sonnet III de **Pétrarque**, sonnet de la rencontre et de la séduction.*

« Quand je fus pris d'amour »

1. En pleurant son
créateur (il s'agit du
Vendredi saint).

2. En sûreté.
3. Mon malheur.
4. La douleur des
chrétiens en ce jour
anniversaire de la
Passion.
5. Prit.
6. Rusé, faux.
7. Menant.
8. (il, amour) a.

C'estoit le jour, que le Soleil perdit
Pour la pitié de son facteur[1] clarté,
Quand je fus pris d'amour, et la beaulté
De vos yeulx, Dame, à son joug me rendit.

5 Ne me sembloit temps qu'amour pretendit
A me frapper : dont j'allois en seurté[2],
Hors de ma garde, et dont ma malheurté[3]
Au commun dueil[4] print[5] sa source et credit.

Le cault[6] amour lors me trouva sans armes,
10 La voye aussi des yeulx au cœur duisante[7],
Qui par ce coup sont faictz ruisseaulx de larmes.

Dont peu d'honneur ha[8] du faict, s'il s'en vante,
Surprendre ainsi mon ame desarmée,
Et n'oser l'arc monstrer à vous armée.

PÉTRARQUE, *Canzoniere*, Sonnet III (ou II),
traduction de Vasquin Philieul (1555)

ÉTUDE COMPARÉE

Le dizain de Scève et **le sonnet** de Pétrarque. Quels points communs relevez-vous ? Qu'est-ce qui manque, cependant, chez Scève ? Comment interpréter cet « oubli » ?

POUR LE COMMENTAIRE

1. Recherchez l'emblème du poème de Scève, dans l'édition de la *Délie* (collection Poésie/Gallimard), et étudiez sa relation avec le dizain.

2. La technique de Scève. Dégagez les procédés qui rendent son discours abstrait, plus abstrait notamment que celui de Pétrarque, à partir d'un premier vers qui, tout au contraire, peut faire penser au ton léger d'une épigramme de Marot.

3. Pour autant, le dizain est-il impersonnel ? Relevez **les effets de contraste** qui dirigent l'attention sur la première personne.

« *Celle tu fus, es, et seras...* »

Comme Hecaté[1] tu me feras errer
Et vif et mort cent ans parmi les Ombres ;
Comme Diane au Ciel me resserrer[2],
D'où descendis en ces mortels encombres[3] ;
5 Comme régnante aux infernales ombres
Amoindriras ou accroîtras mes peines.
  Mais comme Lune infuse dans mes veines
Celle tu fus, es, et seras DÉLIE,
Qu'Amour a joint à mes pensées[4] vaines
10 Si fort que Mort jamais ne l'en délie[5].

Maurice SCÈVE, *Délie...*, dizain 22
Orthographe modernisée

1. La « triple Hécate », déesse qui envoie les spectres et autres visions nocturnes (c'est le sens des « Ombres » du deuxième vers, à distinguer des ombres des morts aux enfers, évoquées au cinquième vers), a été assimilée à Diane, qui a hérité de son triple règne, au ciel, sur terre et aux enfers. Mais Scève traite à sa manière le schéma des trois fonctions. — 2. M'enfermer. — 3. Misères. — 4. Ne pas oublier de compter l'e muet pour une syllabe. — 5. Subjonctif.

LECTURE MÉTHODIQUE

1. La construction du dizain. Comparez notamment avec le sonnet de Jodelle, p. 355. Dégagez la structure du poème de Scève, en montrant comment le quatrain final (distingué par un alinéa) s'ajoute à la série des trois identités précédentes, et rompt la symétrie de cette « triple figure » bien connue.

2. a. Qu'est-ce qui rapproche les trois premiers avatars de la dame ? Sa position par rapport à l'amant est-elle modifiée dans le quatrain ?
b. Justifiez le *mais* du septième vers.
c. Quel est l'effet produit par la formule du vers 8 ? En quoi ce nouveau nom s'oppose-t-il aux précédents ?

3. Relevez les procédés, syntaxiques et phoniques, qui font selon vous la beauté et la force expressive de ces vers.

« *Seul avec moy...* »

Seul avec moy, elle avec sa partie[1] ;
Moy en ma peine, elle en sa molle couche.
Couvert d'ennuy[2] je me voultre[3] en l'Ortie,
Et elle nue entre ses bras se couche.
5 Hà (luy indigne) il la tient, il la touche,
Elle le souffre ; et, comme moins robuste,
Viole[4] amour par ce lyen injuste
Que droict humain, et non divin, a fait.
O saincte loy à tous, fors[5] à moy juste,
10 Tu me punys pour elle avoir meffaict[6].

Maurice SCÈVE, *Délie...*, dizain 161

1. Son mari. — 2. Tourment, torture (sens très fort). — 3. Je me vautre. — 4. Elle trahit l'amour. — 5. Sauf. — 6. De ce qu'elle a mal agi.

POUR LE COMMENTAIRE

1. Distinguez **les trois mouvements** de ce dizain ; relevez les procédés qui concourent à l'expression du sentiment.

2. Jalousie et amour divin. Comment se marient, paradoxalement, ces deux thèmes ? En quoi consiste, selon l'amant, la « faute » de Délie ?

« *Jusqu'à leur Mer...* »

A si haut bien de tant sainte amitié
Facilement te devrait inciter,
Sinon devoir ou honnête pitié,
A tout le moins mon loyal persister[1],
5 Pour uniment et ensemble assister[2]
Là-sus[3] en paix en notre éternel trône.
  N'aperçois-tu de l'Occident le Rhône
Se détourner, et vers Midi courir,
Pour seulement se conjoindre à sa Saône
10 Jusqu'à leur Mer, où tous deux vont mourir ?

Maurice SCÈVE, *Délie...*, dizain 346
Orthographe modernisée

1. Sujet du verbe devrait. — 2. Siéger. — 3. Là-haut.

LECTURE MÉTHODIQUE

1. Un exemple de dizain argumentatif. Il s'agit de convaincre Délie. Quel est le but de la démonstration ?

2. L'union des amants. Quelle image les vers 5 et 6 en donnent-ils ?

3. L'image de la Mer. Comment l'interprétez-vous ? Et pourquoi insister, au dernier mot, sur **la mort** ?

« *Cet Ange en forme humaine* »

Apercevant[1] cet Ange en forme humaine,
Qui aux plus forts ravit le dur courage
Pour le porter au gracieux domaine
Du Paradis terrestre en son visage,
5   Ses beaux yeux clairs par leur privé usage[2]
Me dorent tout de leurs rais épandus.
    Et quand les miens j'ai vers les siens tendus,
Je me récrée au mal où je m'ennuie[3],
Comme bourgeons au Soleil étendus,
10 Qui se refont aux gouttes de la pluie.

Maurice SCÈVE, *Délie...*, dizain 409
Orthographe modernisée

1. Quand j'aperçois... — 2. Manière d'être familière et confiante. —
3. Dont je suis tourmenté (sens fort).

POUR LE COMMENTAIRE

1. La construction du sizain. Quel est l'effet produit par l'antéposition du groupe participe (dont le sujet n'est pas celui de la principale, tournure courante au XVIᵉ siècle) ? Comparez ce qui est dit des deux protagonistes. Quel usage le dizain fait-il de la première personne ?

2. La comparaison des vers 9-10. Comment la comprenez-vous ? Qu'apporte-t-elle de nouveau, d'inattendu et, à la limite, de paradoxal ?

« *Larmes et feu...* »

Si tu t'enquiers pourquoi sur mon tombeau
L'on aurait mis deux éléments contraires,
Comme tu vois être le feu et l'eau,
Entre éléments les deux plus adversaires,
5   Je t'avertis, qu'ils sont très nécessaires
Pour te montrer par signes évidents,
Que si[1] en moi ont été résidents
Larmes et feu, bataille âprement rude,
Qu'après ma mort encore ci dedans
10 Je pleure et ars[2] pour ton ingratitude.

Maurice SCÈVE, *Délie...*, dizain 447
Orthographe modernisée

1. « Que si... qu'après » : le que est simplement répété : il s'agit de la même complétive, avec une surbordonnée introduite par si (opposition) à l'intérieur.

2. Je brûle.

POUR LE COMMENTAIRE

Quel traitement Scève réserve-t-il ici à **l'antithèse pétrarquiste du feu et des larmes** ? Montrez comment le procédé la renouvelle et lui rend, au dernier vers, toute son énergie.

RECHERCHES

1. En vous aidant de dictionnaires, d'encyclopédies, d'anthologies (comme *La Couronne et la Lyre*, de Marguerite YOURCENAR, pour la poésie grecque antique), en feuilletant MAROT, DU BELLAY, RONSARD, enquêtez sur le genre de **l'épitaphe poétique**.

Quelles en sont les caractéristiques, les figures favorites ? Comment expliquez-vous la fortune littéraire de ces simulacres d'inscriptions funéraires ? Revenez ensuite au dizain 447 : vous paraît-il conforme aux lois du genre ?

2. Dans sa *Réplique à Louis Meigret* (1551), le poète Guillaume des AUTELS (1529-1581) oppose la poésie de Clément MAROT à celle de Maurice SCÈVE. Chez Marot prime le « Génie naturel », « imitant quasi la coutume de parler : une propriété, pureté et netteté de langage, non pleine mais ornée de gracieuses plutôt que de hautaines figures... ». Du côté de Scève, au contraire, ce sont « imaginations et appréhensions ingénieuses, inventions divines, propres et poétiques descriptions, hautesse de style, gravité de sentences, magnificence de mots innovés et translatés... ».

Vous réfléchirez à cette opposition en comparant les textes de Marot et de Scève. Pouvez-vous opposer de la sorte d'autres poètes de votre connaissance ? Et, plus généralement, deux conceptions de la poésie ? Ou bien cette opposition vous paraît-elle forcée ?

Voyages et explorations

Départ de Lisbonne, illustration d'un récit de voyage par Théodore de Bry, 1562.
Paris, Musée de la Marine.

Colomb, pour le compte de l'Espagne, cherche l'Asie vers l'ouest : il trouve ce qui s'appellera l'Amérique (1492) mais non, malgré quatre voyages, le passage maritime vers les Indes et leurs épices, que découvre à l'est, en contournant l'Afrique, Vasco de Gama pour le compte du Portugal (1498). En 1520, à l'extrémité du nouveau continent, Magellan trouve le passage vers le Pacifique : que la terre soit ronde, offre d'abord une nouvelle « route des épices » vers les Moluques... En Amérique du Nord c'est encore, outre de l'or, une route vers l'ouest que cherche Cartier dans l'estuaire du Saint-Laurent (1535)... Qu'est-ce que le voyage de découverte au XVIᵉ siècle ? La poursuite périlleuse, et impitoyable, d'un but économique, ou l'errance ébahie d'une inlassable curiosité ? La destruction ou la contemplation de l'autre, de l'étranger ?

Il y a loin, de l'avidité des grandes découvertes (et des conquêtes sanglantes qui les suivent), à l'esprit d'un Montaigne :
« Moi, qui le plus souvent voyage pour mon plaisir, ne me guide pas si mal. S'il fait laid à droite, je prends à gauche ; si je me trouve mal propre à monter à cheval, je m'arrête. (...) Ai-je laissé quelque chose à voir derrière moi ? J'y retourne ; c'est toujours mon chemin. Je ne trace aucune ligne certaine, ni droite ni courbe. (...) La diversité des façons d'une nation à une autre ne me touche que par le plaisir de la variété. Chaque usage a sa raison. (...) On dit bien vrai qu'un honnête homme c'est un homme mêlé. »

Essais III, IX, « De la vanité »

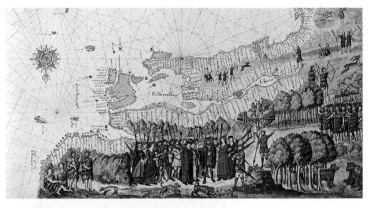

Débarquement de Jacques Cartier au Canada, détail de la carte de Vallard, 1546.
Californie, Huntington Library.

Amerigo Vespucci mesurant à l'astrolabe la Croix du Sud, gravure de Théodore de Bry.
Paris, B.N.

Le renouveau de la cartographie

Portulan catalan de 1480. Modène, Bibl. d'Este.

Le XVIe siècle réalise la synthèse de la cartographie empirique et des projections scientifiques. A cette époque abondent les portulans (relevés, en projection plate, de tous les ports et accidents des côtes, avec des lignes indiquant les caps à suivre). Les découvreurs relèvent ainsi les contours des terres nouvelles (qui figurent dès 1500 sur la carte du monde établie par un compagnon de Colomb, De la Cosa).

Peu à peu, on abandonne les portulans au profit des projections des savants. Divers systèmes sont utilisés. Les mappemondes offrent une représentation plane du monde en deux hémisphères accolés (en utilisant l'équateur comme plan de projection, on rend illisible la zone équatoriale). En 1569, le Flamand Mercator publie une grande carte du monde à l'usage des navigateurs, avec une nouvelle projection, par développement cylindrique le long de l'équateur (cette fois, ce sont les pôles qui souffrent de déformation). C'est un autre Flamand, Ortelius, qui donne avec son Theatrum Orbis Terrarum (1570), le premier atlas mondial.

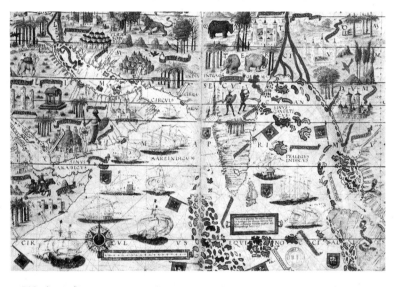

« L'Océan indien », carte extraite de l'*Atlas portugais* dit *Atlas Miller*, exécutée par Lopo Homen vers 1519.
Paris, B.N.

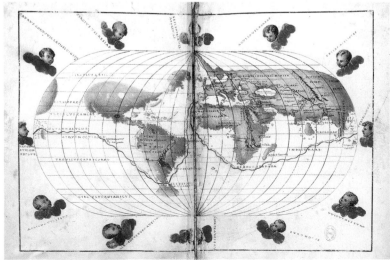

« Magellan et le premier tour du monde », itinéraire tracé sur la *Mappemonde de Battista Agnese*, 1543.
Paris, B.N.

La renaissance des sciences et des techniques

CARPACCIO, *Vision de saint Augustin*. Venise, Musée de l'Académie.

— ÉTUDE DE TABLEAU —

Vision de saint Augustin

1. Justifiez le titre de ce tableau. Comment saint Augustin est-il représenté ?
2. Comment le peintre voit-il son costume, son mobilier, son cabinet ? Quels objets remarquez-vous ? Classez-les en catégories. Que peut-on en conclure sur les activités du personnage, et sur les valeurs qui sont les siennes ?
3. Comment ce tableau évite-t-il le fouillis, le détail sans intérêt ? Qu'est-ce qui donne à chacun de ces objets une sorte de nécessité ? Examinez attentivement la construction de la perspective : épouse-t-elle exactement l'architecture du cabinet ? Situez le « point de fuite ».

Les grandes découvertes ont été permises par les progrès techniques des bateaux et des instruments de navigation. Dans tous les domaines, les XVᵉ et XVIᵉ siècles opèrent des progrès majeurs, liés aux succès d'une discipline fondamentale, la mécanique (bielles, engrenages...) : architecture et urbanisme (voûtes sans clé ni contreforts, forteresses à bastions, canaux, tunnels...) ; industrie textile (mécanisation du filage et du tissage) ; horlogerie (montres) ; hydraulique, mines et métallurgie ; papeterie. L'artillerie, invention « diabolique », connaît un grand essor et joue un rôle décisif dans la conquête des terres nouvelles.

Invention « divine », l'imprimerie (presse et caractères mobiles de métal, mis au point par Gutenberg à Mayence en 1455) permet une diffusion sans précédent de la culture, révolutionnant l'approche du savoir et de la foi.

Le bouleversement astronomique fut lent et complexe. Le Polonais Copernic (1543) fait tourner toutes les planètes, Terre comprise, autour du Soleil, d'un mouvement circulaire uniforme. Le Danois Tycho Brahé (1598) concilie ce nouveau ciel avec celui de Ptolémée : si les planètes gravitent autour du Soleil, celui-ci tourne autour de la Terre. Mais surtout, Brahé révolutionne l'observation astronomique. Le calcul ne se conçoit plus sans l'expérience continue.

La presse à imprimer, miniature du *Recueil des Chants royaux*, début du XVIᵉ siècle. Paris, B.N.

Tycho Brahé dans son observatoire, gravure du XVIᵉ siècle. Paris, Bibl. des Arts décoratifs.

Médecine et chirurgie au XVIᵉ siècle

PASAROCCI, *Leçon d'anatomie en Italie.* Paris, Musée du Louvre.

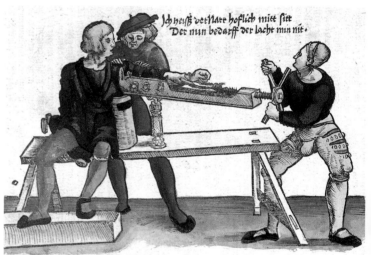

Appareil d'extension pour les fractures du bras, gravure de J. WECHTLIN, 1540. Philadelphie, Museum of Art.

Ambroise Paré au chevet du roi Henri II, bois gravé peint du XVIᵉ siècle. Coll. particulière.

Ambroise Paré (1509-1590)

Apprenti chez un barbier-chirurgien, aide à l'Hôtel-Dieu, maître-chirurgien dans diverses armées, puis chirurgien ordinaire du roi (1552), Ambroise Paré renouvelle de nombreuses techniques, dont la ligature des artères après amputation (qui remplace la cautérisation au fer rouge ou à l'huile bouillante). Il invente une méthode pour soigner les plaies faites par les « bâtons à feu ». Autodidacte ignorant le latin et le grec, Paré entend faire de la chirurgie, technique annexe de la médecine, un art à part entière. Cela lui vaut la haine de la Faculté. Le « père de la chirurgie moderne » est aussi l'auteur du traité Des monstres et prodiges *(1573), inventaire typique du goût de la Renaissance pour la variété infinie des formes naturelles (légendaires ou non), décrites selon un principe d'universelle analogie.*

Images de la nature

Léonard de Vinci (1452-1519)

La peinture ne fut qu'une des nombreuses activités de Vinci qui déploya ses multiples talents de sculpteur, d'architecte et d'ingénieur auprès des princes italiens puis du roi de France, François Ier. Élève de Verrocchio, l'artiste s'affirma dès 1490, dans son Traité de la peinture, *comme un théoricien de l'art pictural : invention de la composition pyramidante et de l'usage du* sfumato *qui affirme les contours, noie le dessin dans l'air humide et vaporeux et permet de relier intimement le personnage au paysage qui l'entoure (Joconde, Sainte-Anne). Son traitement des paysages allie la précision du détail au flou des lointains où l'élément liquide occupe une place primordiale (Vierge aux rochers). Vinci renouvela également l'art du portrait en imposant à ses toiles une puissante présence physique de ses personnages.*

LÉONARD DE VINCI, *L'Annonciation*, vers 1472. Florence, Musée des Offices.

Giorgione (vers 1477-1510)

Giorgio da Castelfranco, dit Giorgione, fut l'élève de Giovanni Bellini et le maître du Titien. Son œuvre brève eut une influence déterminante sur la peinture vénitienne, attentive depuis les années 1470 (à l'aide d'un nouveau matériau, d'origine flamande, la peinture à l'huile) aux variations de la couleur dans la lumière (peinture tonale). Très peu de tableaux sont attribués de façon certaine à Giorgione, et sa figure est en partie légendaire. Il atténue la précision des contours (sfumato, différent de celui que pratique Léonard de Vinci) et traduit des effets de lumière à la fois intenses et subtils, qui donnent à sa peinture un grand pouvoir de suggestion.

GIORGIONE, *La Tempête*, vers 1500. Venise, Musée de l'Académie.

ÉTUDE DE TABLEAU

La Tempête

1. Analysez ce tableau en suivant les différents plans. Comment les personnages sont-ils placés dans le paysage ? Quels sont leurs rapports, du point de vue plastique (situation, couleurs, attitudes) ?
2. Les personnages. Caractérisez-les et dites en quoi ils s'opposent, se complètent, se ressemblent ?
3. Les éléments du décor. Quelle valeur ont les ruines ? Qu'est-ce qui dirige le regard vers le fond du paysage ? Quel rôle joue le ciel dans cette composition ? Étudiez l'effet de lumière de ce ciel sur l'ensemble de la scène.

Albrecht Dürer (1471-1528)

Graveur, peintre, ingénieur, Albrecht Dürer est le plus grand artiste de la Renaissance allemande. Héritier de l'art gothique dans ses gravures sur bois anguleuses et tourmentées, initiateur de nouvelles techniques dans la gravure sur cuivre (eau-forte), qui atteint avec lui une puissance et un raffinement sans précédent, observateur fasciné de la nature dans ses aquarelles de plantes et d'animaux (telle La Touffe d'herbe, *1503), ce luthérien presque mystique a subi très tôt l'influence de l'art italien (nombreux voyages dans la Péninsule). Ses gravures et sa peinture (autoportraits, nus, scènes religieuses monumentales, aux couleurs très denses) montrent un souci croissant des proportions classiques dans le traitement des corps et de l'architecture. Paru après sa mort, son* Traité des proportions du corps humain *deviendra un bréviaire des artistes aux XVIe et XVIIe siècles.*

ALBRECHT DÜRER, *La Touffe d'herbe*, 1503. Vienne, Albertina Museum.

Sandro Botticelli (1445-1510)

*Originaire de Florence, Botticelli fut très en faveur à la cour des Médicis où il fréquenta l'élite intellectuelle et artistique de son temps. Son style, influencé par Filippo Lippi et Verrocchio, est marqué par « des enlacements fluides qui enchaînent rythmiquement les uns aux autres les centres multiples de composition où paysages et architectures servent plus de décor que d'espace à des figures sans épaisseur ». Célèbre pour ses sujets allégoriques inspirés de l'antique (*Le Printemps ; La Naissance de Vénus*), l'artiste illustra également nombre de thèmes issus de l'Ancien et du Nouveau Testament (*Scène de la vie de Moïse, Judith, L'Adoration des Mages, La Crucifixion*).*

SANDRO BOTTICELLI, *Le Printemps*, 1478. Florence, Musée des Offices.

ROELAND SAWERY, *Orphée charmant les animaux*, fin du XVIe siècle. Paris, Musée du Louvre.

L'art du portrait

Le Titien (vers 1489-1576)

Tiziano Vecelli, dit le Titien, domine la peinture vénitienne du XVIᵉ siècle. Virtuose de la peinture « tonale » dans des couleurs chaudes baignées d'une lumière dorée, aussi heureux dans la grande peinture religieuse (Martyre de saint Laurent, Mise au Tombeau...) que dans les thèmes sensuels et païens (L'Amour sacré et l'Amour profane, diverses Vénus, Danaë...), c'est un maître de la composition, puissante et variée, vigoureuse et harmonieuse.

Ses portraits complètent l'équilibre des visages par le faste des vêtements d'apparat, traités en couleurs somptueuses et changeantes. Mais Titien pratique aussi le portrait sobre, détachant de graves figures sur le noir profond du costume.

LE TITIEN,
Éléonore de Gonzague, duchesse d'Urbin, vers 1536.
Florence, Musée des Offices.

RAPHAËL, *Balthazar Castiglione*, 1516.
Paris, Musée du Louvre.

Raphaël (1483-1520)

Raffaello Sanzio dit Raphaël, né à Urbino, actif à Sienne, à Florence, enfin et surtout à Rome, mort à 37 ans environné d'une gloire universelle, est par excellence le maître « classique » de la Renaissance italienne, en peinture comme en architecture. Il adopte l'ordonnance régulière de l'architecture antique pour créer des palais tout de sobriété et d'équilibre. Sa peinture, qui rassemble et transcende de multiples influences (le Pérugin son maître, Léonard de Vinci, Michel-Ange), offre aussi bien la grâce de ses portraits (toujours rigoureusement composés) que les scènes monumentales, tantôt sereines, tantôt dramatiques, des Stanse « Chambres » du pape Jules II au palais du Vatican (Le Parnasse, L'École d'Athènes...).

François Clouet (vers 1510-1572)

Fils de Jean Clouet, le portraitiste favori de François Iᵉʳ, il hérite de son père le surnom de « Janet » et la technique du portrait dessiné à la pierre noire ou à la sanguine. Ces études en vue de tableaux sont devenues un art à part entière, très en faveur à la cour. Catherine de Médicis collectionne les dessins de Clouet, qui compose aussi de grands portraits en pied (Charles IX). L'artiste peint également, sur le thème de Diane, des nus précieux, ironiques et glacés, qui seront fort à la mode à la cour des derniers Valois.

FRANÇOIS CLOUET, *Élisabeth d'Autriche*, vers 1570.
Paris, Musée du Louvre.

L'« École de Fontainebleau »

Cette appellation ne désigne pas le style « Clouet », mais l'œuvre des artistes maniéristes italiens installés depuis 1530, à l'appel de François 1er, au château de Fontainebleau : d'abord le Florentin Rosso (1495-1540), puis le Primatice (1504-1570), qui fut également architecte (il remplace Philibert de l'Orme sur le chantier bellifontain), et Niccolo dell'Abate (vers 1509-1571). Chargés de projets monumentaux (décoration de grandes galeries), ces peintres imposent la manière qui prévaut en Italie centrale (Florence et Rome) après la disparition des grands peintres « classiques » (Raphaël, Michel-Ange). Le « maniérisme » est un art issu de l'imitation de ces grands modèles, art complexe, allusif, intellectualisé, enclin à la déformation des perspectives, à l'étirement des formes, à la dureté des couleurs. Le Rosso, maniériste extrémiste et mystérieux, crée la « Galerie de François 1er » ; le Primatice et dell'Abate, au style plus aimable, réalisent la « Galerie d'Ulysse », aujourd'hui disparue : nous ne la connaissons que par des dessins.

NICCOLO DELL' ABATE, *Le Sommeil de Vénus*. Quimper, Musée des Beaux-Arts.

ROSSO, *Vénus à la fontaine*, fresque de la Galerie François 1er du château de Fontainebleau.

Pernette du Guillet *Rymes* (1545)

Mieux que Diane

*Ce texte appartient au genre de **l'élégie amoureuse**, poème à rimes plates de longueur variable et de forme parfois épistolaire, s'adressant ou non à l'être aimé, et suivant librement le fil des sentiments du* je.

Pernette du Guillet *propose ici une sorte de **monologue intérieur** (l'amant, qui n'est pas nommé, n'y apparaît qu'à la troisième personne), qui élabore — premier mouvement — un **fantasme amoureux**, pour le détruire ensuite — second mouvement — au nom de la **vocation poétique de l'aimé** (sans doute, dans la réalité, le poète Maurice Scève).*

Combien de fois ai-je en moi souhaité
Me rencontrer sur la chaleur d'été
Tout au plus près de la claire fontaine,
1. *Celui.*   Où mon désir avec cil[1] se pourmène
2. *Exerce.*   5 Qui exercite[2] en sa philosophie
Son gent esprit, duquel tant je me fie
3. *Escorte.*   Que ne craindrais, sans aucune maignie[3],
De me trouver seule en sa compagnie :

École de Fontainebleau,
Le Bain de Diane.
Rouen, Musée des Beaux-Arts.

4. *Mais.*   Que dis-je : seule ? ains[4] bien accompagnée
    10 D'honnêteté, que Vertu a gagnée
A Apollo, Muses, et Nymphes maintes,
Ne s'adonnant qu'à toutes œuvres saintes.
    Là, quand j'aurais bien au long vu son cours,
5. *Laisserais.*   Je le lairrais[5] faire à part ses discours :
    15 Puis peu à peu de lui m'écarterais,
Et toute nue en l'eau me jetterais :
6. *Aussi, également.*   Mais je voudrais, lors, quant et quant[6] avoir
7. *Comme il faut.*   Mon petit Luth accordé au devoir[7],
Duquel ayant connu, et pris le son,
    20 J'entonnerais sur lui une chanson
Pour un peu voir quels gestes il tiendrait :
Mais si vers moi il s'en venait tout droit,
Je le lairrais hardiment approcher :
Et s'il voulait, tant soit peu, me toucher,
    25 Lui jetterais (pour le moins) ma main pleine
De la pure eau de la claire fontaine,
Lui jetant droit aux yeux, ou à la face.

8. *Pouvoir.*

9. *Alors qu'il chassait, Actéon surprit Diane au bain ; elle le métamorphosa en cerf (en l'aspergeant d'eau), et ses propres chiens le dévorèrent.*

10. *De telle façon.*

11. *Qu'il jugeât être ainsi (être mon serviteur).*

12. *Au point que.*

13. *Privées (trois syllabes) d'un (poète) qui...*

14. *Deux syllabes.*
15. *Ce point si haut.*
16. *Élisions.*

      Ô qu'alors eût l'onde telle efficace[8]
      De le pouvoir en Actéon[9] muer,
30 Non toutefois pour le faire tuer,
      Et dévorer à ses chiens, comme Cerf :
      Mais que de moi se sentît être serf,
      Et serviteur transformé tellement[10]
      Qu'ainsi cuidât[11] en son entendement,
35 Tant que[12] Diane en eût sur moi envie,
      De lui avoir sa puissance ravie.
        Combien heureuse, et grande me dirais !
      Certes Déesse être me cuiderais.
      Mais, pour me voir contente à mon désir,
40 Voudrais-je bien faire un tel déplaisir
      A Apollo, et aussi à ses Muses,
      De les laisser privées[13], et confuses
      D'un, qui les peut toutes servir à gré,
      Et faire honneur à leur haut chœur sacré ?
45   Ôtez, ôtez, mes souhaits[14], si haut point[15]
      D'avecques vous : il ne m'appartient point.
      Laissez-le[16] aller les neuf Muses servir,
      Sans se vouloir dessous moi asservir,
      Sous moi, qui suis sans grâce, et sans mérite.
50   Laissez le[16] aller, qu'Apollo je ne[16] irrite,
      Le remplissant de Déité profonde,
      Pour contre moi susciter tout le Monde,
      Lequel un jour par ses écrits s'attend
      D'être avec moi et heureux, et content.

Pernette DU GUILLET, *Rymes*, Élégie II (1545)
Orthographe modernisée

LECTURE MÉTHODIQUE

1. Désir et intellect. Montrez, dans les premiers vers, la relation ainsi établie, et le rôle joué, à cet égard, par la référence à Apollon et aux Muses. Comment l'ami apparaît-il ?

2. La vision paradoxale (la dame se voyant être vue). Quel sens ont ici les motifs de la nudité, de l'eau, de la musique ? Tout ce scénario est monté pour aboutir à un point précis. Lequel ?

3. La réécriture du mythe d'Actéon. Pour apprécier la transformation opérée par Pernette du Guillet, documentez-vous sur ce mythe et son utilisation poétique et picturale. Esquissez une étude comparée avec le texte de Pétrarque page suivante.

4. Le retour à l'ordre. A quoi sert la nouvelle référence à Apollon et aux Muses ? Montrez le déchirement entre commerce amoureux et commerce poétique. Y a-t-il, pour finir, une issue au **désir vertueux** de l'auteur ?

LE RENOUVEAU DE L'ÉLÉGIE

Dans la mouvance de l'épître, le genre de l'élégie se laisse malaisément définir. L'élégie passe pour être, à l'origine, un **chant de deuil** : cette connotation de tristesse restera plus ou moins associée au genre ; mais, dans l'Antiquité, la véritable définition de l'élégie est purement métrique : il s'agit de tout poème écrit en distiques élégiaques (un hexamètre + un pentamètre). A l'époque alexandrine, et, pour la littérature latine, à l'époque augustéenne, l'élégie **traite souvent d'amour**.

L'élégie de la Renaissance cherche ainsi ses modèles du côté de Callimaque, d'Ovide ou de Properce. L'amant y exprime sa **tristesse** ou sa **rancune**, en tous les cas sa **solitude**. Mais l'élégie peut traduire d'autres sentiments que l'amour, et le deuil ou le désespoir sont loin d'y être obligatoires : discours en rimes plates, et de longueur variable, le genre vaut par sa grande souplesse, et par la richesse des possibilités qu'il offre à l'expression subjective.

Pétrarque *Canzoniere*

« Un jour chassant... »

1. *Philieul ici s'éloigne du texte de Pétrarque, qui dit à peu près : « ...je vis cette bête charmante et cruelle, nue dans une fontaine... » (trad. Gramont).*
2. *La plus forte (au moment le plus chaud du jour).*
3. *Qui n'ai souci de voir quoi que ce soit d'autre.*
4. *Que c'est un mensonge.*
5. *Errant en mainte forêt.*
6. *Je fuis.*
7. *L'aboi.*

Le mien desir je poursuivis de sorte
Qu'un jour chassant, comme avois de coustume,
Je veis baigner celle, qui mon cœur porte
Dedans sa main[1], soubz la chaleur plus forte[2]
5 Dans la clere onde : lors moy, qui n'ay cure
D'autre cas voir[3], m'arreste à sa semblance.
Dont elle ayant honte de l'adventure,
Pour se cacher, ou en faire vengeance,
Contre mes yeux jetter de l'eau s'avance.
10 Je diray vray, et semblera qu'est fainte[4],
Que lors sentis ma forme se distraire
De moy en Cerf leger et solitaire.
Ainsi changé, et vague en silve mainte[5],
Fuis[6] de mes chiens le jap[7], et en ay crainte.

PÉTRARQUE, *Canzoniere*, XXIII (ou chant XVII), vers 147-160,
traduction de Vasquin Philieul (1555)

École de Fontainebleau,
Diane chasseresse.
Paris, Musée du Louvre.

Louise Labé (vers 1524-1566)

Louise Labé,
gravure du XVIᵉ siècle.
Paris, B.N.

Née à Lyon, **Louise Labé** est la fille d'un riche artisan cordier : ce sera également la profession de son mari, Ennemond Perrin, épousé vers 1540. D'où son surnom : « la Belle Cordière ». Elle reçoit une éducation moderne, conforme à l'esprit de ce milieu bourgeois lyonnais où l'influence italienne est prépondérante : latin, italien, musique, équitation en sont les principales rubriques.

Elle participe très activement à la vie mondaine et culturelle de sa ville, qui connaît alors son apogée. On ne sait rien de ses amours, hormis sa passion pour le poète Olivier de Magny (le compagnon de Du Bellay à Rome). Très tôt la légende, sur la foi de sa poésie, en fera une courtisane. Les injures commencent de son vivant, de la part d'esprits rigoristes comme Calvin. Quoi qu'il en soit, la publication de ses *Œuvres* par Jean de Tournes, en 1555 (Ronsard et ses amis règnent depuis cinq ans déjà), est un événement littéraire, célébré par nombre d'éloges poétiques, qui accompagnent ses propres textes. Louise Labé est considérée comme une nouvelle Sapho (c'est à peu près au même moment que l'on redécouvre la poétesse de Lesbos).

La gloire de Lyon décline peu à peu. Après la mort de son mari, et celle de Magny, Louise Labé connaît quelques années plus retirées. C'est dans sa maison de la Dombes qu'elle meurt, en 1566.

Mantegna, *Le Parnasse*. Paris, Musée du Louvre.

La poésie de **LOUISE LABÉ** a suscité une forme extrême du préjugé qui voit dans la poésie le reflet de la réalité vécue. On a donc prêté à l'écrivain des amours coupables et désespérées, et fait de la sincérité la vertu principale de ses vers. La réaction contre cette tendance a pu produire l'excès inverse, invitant à lire élégies et sonnets comme un pur exercice de style, dans le goût pétrarquiste.

C'est là un faux débat. Cette œuvre si brève (3 élégies, 25 sonnets, outre le *Débat de Folie et d'Amour*, qui est d'un autre ordre) est originale par la violence qu'elle imprime à la rhétorique amoureuse traditionnelle en lui faisant subir **un retournement délibéré** : c'est l'homme qui devient l'objet érotique dont on détaille les charmes, c'est la femme qui assume le rôle favori du sujet de l'énonciation dans le pétrarquisme, à savoir la souffrance du désir. Nul ne mesure mieux que Louise Labé l'audace d'un tel échange, illustrant le programme qu'elle assigne aux femmes dans sa préface : « s'appliquer aux sciences et disciplines » jusqu'ici réservées aux hommes, et mettre comme eux « ses conceptions

par écrit ». C'est donc faire injustice à cet art achevé et conscient de ses effets que d'y lire un cri irrépressible.

La solution choisie s'oppose à celle adoptée, un peu plus tôt, par Pernette du Guillet. Chez cette dernière, la dame accepte partiellement le rôle que lui donne le poète qu'elle aime : emblème de pureté que vise un désir impur et douloureux, elle joue de cette image pour déjouer ce désir, le transformer, le sublimer.

Chez Louise Labé, la femme n'est à aucun degré la maîtresse insensible : **amante plutôt qu'aimée**, c'est elle qui souffre, c'est-à-dire que c'est elle qui désire et qui organise le rituel érotique. Le retournement n'est cependant pas complet : la cruauté de l'aimé n'est pas faite de froideur, mais de légèreté, ce qui nous replonge, par-delà le pétrarquisme, dans l'univers des élégiaques latins (Properce).

Appropriation du désir, appropriation de la fureur poétique : les vers de Louise Labé portent la trace de cette double ambition.

Débat de Folie et d'Amour (1555)

Unique œuvre en prose de **Louise Labé**, *le* Débat *est un ensemble de « discours » dialogués. A la suite d'une altercation, la déesse Folie (le personnage vient d'Érasme) aveugle le jeune dieu Amour et lui bande les yeux. L'affaire vient devant Jupiter. C'est Apollon qui défend Amour, présenté comme l'âme et la sagesse de l'Univers ; et c'est Mercure qui plaide pour Folie. Jupiter repoussera la sentence aux calendes grecques, décidant seulement que « guidera Folie l'aveugle Amour, et le conduira par tout où bon lui semblera »...*
Voici un extrait du discours de Mercure.

Et pour commencer à la belle première naissance d'Amour, qu'y a il plus dépourvu de sens, que[1] la personne à la moindre occasion du monde vienne en Amour, en recevant une pomme comme Cydippe[2] ? en lisant un livre, comme la Dame Francisque de Rimini[3] ? en voyant, en passant, se rende si tôt serve et
5 esclave, et conçoive espérance de quelque grand bien sans savoir s'il en y a ? Dire que c'est la force de l'œil de la chose aimée, et que de là sort une subtile évaporation, ou sang, que nos yeux reçoivent, et entre jusques au cœur[4] : où, comme pour loger un nouvel hôte, faut pour lui trouver sa place, mettre tout en désordre. Je sais que chacun le dit : mais s'il est vrai, j'en doute. Car plusieurs
10 ont aimé sans avoir eu cette occasion, comme le jeune Cnidien, qui aima l'œuvre fait par Praxitèle[5]. Quelle influxion pouvait-il recevoir d'un œil marbrin[6] ? Quelle sympathie[7] y avait-il de son naturel chaud et ardent par trop, avec une froide et morte pierre ? Qu'est-ce donc qui l'enflammait ? Folie, qui était logée en son esprit. Tel feu était celui de Narcisse. Son œil ne recevait pas le pur sang et subtil
15 de son cœur même : mais la folle imagination[8] du beau portrait, qu'il voyait en la fontaine, le tourmentait. Exprimez tant que voudrez la force d'un œil ; faites-le tirer mille traits par jour ; n'oubliez qu'une ligne qui passe par le milieu, jointe avec le sourcil, est un vrai arc[9] ; que ce petit humide, que l'on voit luire au milieu, est le trait prêt à partir : si est-ce que toutes ces flèches n'iront en autres cœurs,
20 que ceux que Folie aura préparés. Que tant de grands personnages, qui ont été et sont de présent, ne s'estiment être injuriés, si pour avoir aimé je les nomme fols. Qu'ils se prennent à leurs Philosophes[10], qui ont estimé Folie être privation de sagesse, et sagesse être sans passions : desquelles Amour ne sera non plus tôt destitué, que la Mer d'ondes et vagues. Vrai est, qu'aucuns dissimulent mieux
25 leur passion : et s'ils s'en trouvent mal, c'est une autre espèce de Folie. Mais ceux qui montrent leurs affections étant plus grandes que les secrets[11] de leurs poitrines, vous rendront et exprimeront une si vive image de Folie, qu'Apelle[12] ne la saurait mieux tirer au vif.

Louise LABÉ, *Débat de Folie et d'Amour*, Discours V (1555)
Orthographe modernisée

---

1. *Que (le fait que).* — 2. *Jeune fille de Délos : dans le temple de Diane, elle trouva une pomme qui portait l'inscription : « Aconce, je t'aime et jure par Diane de n'être qu'à toi. » Ayant lu ces mots, elle se trouva engagée par ce serment irrévocable. C'était, bien entendu, un stratagème d'Aconce.* — 3. *Francesca, épouse de Gianciotto Malatesta, aima le frère de celui-ci, Paolo. Les amants furent tués par Malatesta (fin du XIIIᵉ siècle). Dans l'Enfer, de Dante (chant V), elle raconte comment leur passion naquit un jour qu'ils lisaient ensemble, dans le roman de Lancelot, l'épisode du premier baiser de Guenièvre.* — 4. *Théorie héritée des Grecs et des Arabes, dévelop-*

pée notamment par Marsile Ficin et constamment utilisée par les poètes d'amour. — 5. *Il s'agissait d'une statue de Vénus.* — 6. *De marbre.* — 7. *Affinité physique des éléments selon leurs qualités (froid, chaud, sec, humide, etc.).* — 8. *Image, représentation fictive.* — 9. *Allusion au cliché (pétrarquiste, notamment) de l'archerie amoureuse : Amour est archer, la dame aussi (cf. Diane), ses yeux sont des arcs et ses regards, des flèches.* — 10. *Les Stoïciens. Louise Labé paraphrase ici un passage de l'Éloge de la Folie.* — 11. *Les cachettes.* — 12. *Peintre grec du IVᵉ siècle av. J.-C., archétype du peintre.*

AU-DELÀ DU TEXTE

1. Débat

Que pensez-vous de la théorie de Mercure ? Les exemples qu'il choisit vous paraissent-ils convaincants ? Si oui, quelles conséquences peut-on en tirer ?

Voyez-vous une manière moderne de défendre cette idée ? Quelles notions pourrait-on faire correspondre

à ce que Mercure appelle « Folie » ?

2. Recherche

Après lecture de l'*Éloge de la Folie* (voir p. 228), retrouvez les procédés érasmiens dans le discours de Mercure.

Sonnets (1555)

O beaus yeus bruns, ô regars destournez,
O chaus soupirs, ô larmes espandues,
O noires nuits vainement atendues,
O jours luisans vainement retournez :

5 O tristes pleins[1], ô desirs obstinez,
O tems perdu, ô peines despendues[2],
O mile morts en mile rets tendues,
O pires maus contre moy destinez.

O ris, ô front, cheveux, bras, mains et doits :
10 O lut pleintif, viole, archet et vois :
Tant de flambeaus pour ardre une femmelle[3] !

De toy me plein[4], que tant de feus portant,
En tant d'endrois d'iceus[5] mon cœur tatant[6],
N'en est sur toy volé quelque estincelle.

1. Plaintes.
2. Perdues.
3. Ici, petite femme, du latin femella (diminutif) ; mais le sens courant, et l'acception péjorative, peuvent intervenir à titre de connotation.
4. Plains.
5. Ceux-ci (les feux).
6. Touchant.

Louise LABÉ, *Sonnet 2* (1555)

LECTURE MÉTHODIQUE

1. La série des invocations. Est-elle purement aléatoire ? Comment tire-t-elle parti de la structure du sonnet (strophes, rimes) ? Quels sont les éléments retenus ? Quel est l'effet produit ?

2. Analyse du vers 11. Étudiez le choix des mots *flambeaus*, *ardre*, *femmelle*, au plan sonore et au plan sémantique. Quel rôle joue ce vers ?

3. Qu'apparaît-il de nouveau dans **le dernier tercet** ?

Claire Venus[1], qui erres par les Cieux,
Entends ma voix qui en plaints[2] chantera,
Tant que ta face au haut du Ciel luira,
Son long travail et souci ennuyeux[3].

5 Mon œil veillant s'attendrira bien mieux,
Et plus de pleurs te voyant jettera.
Mieux mon lit mol de larmes baignera[4],
De ses travaux voyant témoins tes yeux.

Donc des humains sont les lassés esprits
10 De doux repos et de sommeil épris.
J'endure mal[5] tant que le Soleil luit :

Et quand je suis quasi toute cassée,
Et que me suis mise en mon lit lassée,
Crier me faut mon mal toute la nuit.

1. La planète Vénus, choisie ici de préférence à la Lune (Diane) comme astre nocturne.
2. Plaintes.
3. Travail, souci, ennuyeux, *sont à prendre en un sens très fort.*
4. Le sujet de *baignera* est toujours « l'œil veillant ».
5. Substantif.

Louise LABÉ, *Sonnet 5*
Orthographe modernisée

GROUPEMENT THÉMATIQUE

La poésie et l'amour

En enquêtant sur la poésie amoureuse à travers les poètes latins (CATULLE, OVIDE, PROPERCE...), les troubadours (voir pp. 42-45), DANTE, *(Vita Nuova)*, ou PÉTRARQUE *(Canzoniere)*, en vous promenant à votre gré dans la poésie amoureuse française de GUILLAUME DE MACHAUT à BAUDELAIRE, de Maurice SCÈVE à Paul ELUARD, vous vous interrogerez sur **les relations privilégiées de l'amour et de la poésie**. Comment expliquez-vous cette solidarité de l'écriture en vers et du sentiment amoureux ?

L'art du sonnet

1. Origines italiennes

Né sans doute en Sicile au XIIIᵉ siècle, le sonnet triomphe en Toscane, au siècle suivant, avec notamment le *Canzoniere*, de **PÉTRARQUE** (1304-1374). C'est un poème de quatorze vers de même mètre, formé de deux **quatrains** à rimes identiques embrassées *(abba - abba)* suivis d'un **sizain** (ou, si l'on veut, deux **tercets**, liés par la rime : un tercet seul n'est pas une **strophe**, le système des rimes n'y étant pas complet). La structure des rimes varie beaucoup dans le sizain de Pétrarque : on trouve *cdc - dcd* (sonnet sur quatre rimes, *abcd*), *cde - cde* ou *cde - dce* (sonnet sur cinq rimes, *abcde*)...

C'est par **imitation** que le sonnet fut introduit en France, dans les années 1530-1540. On trouve les premiers sous la plume de **MAROT**, puis de **MELLIN DE SAINT-GELAIS** (1491-1558), maître de la poésie de cour sous François Iᵉʳ et Henri II. Le premier recueil de sonnets français fut... la première traduction du *Canzoniere* (1548), par **VASQUIN PHILIEUL** (voir pp. 318 et 323). Enfin vint *L'Olive*, de **DU BELLAY** (1549-1550), qui use encore d'une grande liberté de rimes dans le sizain. Peu à peu tendent à s'imposer deux modèles : *ccd - eed* et *ccd - ede*.

2. Alternance des rimes

A ses débuts, le sonnet est jugé voisin de l'épigramme (voir p. 299), en plus contraignant, et plus « hautain », plus « grave ». En fait, le sonnet arrive en France avec la thématique amoureuse du pétrarquisme, qui n'a rien de facétieux. Pour **RONSARD** et **DU BELLAY**, le sonnet fait partie des genres nobles, et Ronsard, dans les *Amours* de 1552 (« Amours de Cassandre »), le soumet à la même règle que la grande poésie lyrique des odes : **l'alternance des rimes féminines et masculines**. Dans *abba - abba - ccd - eed*, par exemple, si *a* est masculine, *b* sera féminine, *c* féminine également (puisque suivant *a*), *d* masculine, et *e* féminine.

3. Décasyllabe et alexandrin

Le sonnet restera ainsi « mesuré à la lyre » ; mais Ronsard et Du Bellay vont renouveler l'inspiration du genre, le premier dans la *Continuation des Amours* de 1555 (« Amours de Marie »), le second dans ses recueils romains (surtout *Les Regrets*). Tour à tour mignard, humoristique, satirique, mélancolique, le sonnet s'écrit sur tous les tons et devient le genre bref par excellence. Ronsard, dans sa *Continuation*, l'a fait passer du **décasyllabe** à l'**alexandrin**. A cette date (1555), le vers de 12 syllabes est encore jugé très long, très lourd. **THOMAS SEBILLET**, dans son *Art poétique* de 1548, le réservait aux sujets très graves. De fait, Ronsard l'appelle « vers héroïque » (par opposition au décasyllabe, rebaptisé « vers commun »), et s'en sert pour ses *Hymnes* ; mais d'une manière très souple et variée. Et dans les « Amours de Marie », l'alexandrin sert à construire des sonnets très libres de ton et de rythme, où la phrase déborde sans cesse le vers (rejets, enjambements), alors que les sonnets décasyllabiques des « Amours de Cassandre » étaient bâtis sur des parallélismes beaucoup plus stricts.

Ainsi commence le long règne du sonnet, interrompu au cours du XVIIIᵉ siècle avant de renaître, sous des formes diverses, à l'époque romantique.

Voici un sonnet de Mellin de Saint-Gelais, offert à un chroniqueur de voyages en Amérique (« les Indes »). Saint-Gelais soigne le dernier vers, à la manière de la « pointe » de l'épigramme.

Pour mettre au devant de l'histoire des Indes

Si la merveille unie à vérité
Est des esprits délectable pâture,
Bien devra plaire au monde la lecture
De cette histoire et sa variété.

Autre Océan d'autres bords limité,
Et autre ciel s'y voit d'autre nature,
Autre bétail[1], autres fruits et verdure,
Et d'autres gens le terrain habité.

Heureux Colomb qui premier en fit quête,
Et plus heureux qui[2] en fera conquête,
L'un hémisphère avec l'autre unissant !

C'est au Dauphin[3] à voir ces mers étranges[4],
C'est à lui seul à remplir de louanges
La grand'rondeur du paternel croissant[5].

> Mellin de Saint-Gelais, sonnet, *Œuvres complètes*
> Orthographe modernisée

1. *Les animaux en général.* — 2. *Et plus heureux encore (que Colomb) celui qui en fera conquête.* — 3. *Le fils de Henri II, le futur François II.* — 4. *Étrangères.* — 5. *Allusion à l'emblème de Henri II : un croissant, et la devise :* Donec totum impleat orbem (« *Jusqu'à ce qu'il remplisse le cercle entier* »).

La muse Thalie jouant de la viole, XVIᵉ siècle.
Paris, B.N.

Jacqueline Risset
L'Anagramme du désir

« L'ombilic du rêve »

Tout texte littéraire est riche d'une pluralité de significations ; tout texte littéraire est — c'est sa définition même — polysémique. Mais *Délie* est *plus* que polysémique : chaque mot y est mot-carrefour, centre actif de condensations multiples insistantes, répétitives, contradictoires. L'ensemble du texte — de ces 449 dizains parfaitement carrés (dix vers de dix pieds), séparés à intervalles réguliers par des emblèmes commentés de sentences elliptiques — dessine un tissu serré de rapports intenses, à tous les niveaux (sémantique, syntaxique, phonétique) ; la superposition, l'enchevêtrement des significations est tel, qu'on pourrait appliquer presque exactement à *Délie* la définition que donne Freud de l'« ombilic du rêve » : « Dans les rêves les mieux interprétés, on est souvent obligé de laisser dans l'ombre un point parce que l'on remarque lors de l'interprétation qu'il apparaît là un nœud serré de pensées du rêve qui ne se laisse pas démêler mais qui n'apporte aucune contribution nouvelle au contenu du rêve. C'est là l'ombilic du rêve, le point où il repose sur l'inconnu. Les pensées du rêve auxquelles on parvient durant l'interprétation restent nécessairement sans aboutissement et se ramifient de tous les côtés dans le réseau compliqué de notre univers mental. En un point plus compact de cet entrelacement, on voit s'élever le désir du rêve comme le champignon de son mycélium. »

Il ne s'agit pas d'assimiler *Délie* à un rêve. Mais ce « point plus compact de l'entrelacement » qu'elle est parmi les autres textes, s'il ne peut être complètement déchiffré, — il « repose sur l'inconnu » — pourra sans doute être approché, entrevu, si on l'approche *comme un texte*, si on étudie, comme Freud étudiait « le travail du rêve », le *travail du texte* (c'est-à-dire les transformations qu'il introduit dans la langue à partir des autres textes qu'il réécrit)...

Jacqueline RISSET, *L'Anagramme du désir*, © éd. Bulzoni, 1971

Pour vos essais et vos exposés

Œuvres complètes, de Jean LEMAIRE, publiées par K. STECHER, éd. Slatkine.

Adolescence clémentine, de Clément MAROT, publiée par F. LESTRINGANT, éd. Gallimard.

L'Enfer, de Clément MAROT, publié par C. A. MAYER, éd. Champion.

Épîtres, de Clément MAROT, publiées par C. A. MAYER, éd. Nizet.

Psaumes, de Clément MAROT, publiés par C. A. MAYER, éd. Slatkine.

Délie..., de Maurice SCÈVE, publié par F. CHARPENTIER, éd. Gallimard, 1984.

Œuvres complètes, de Maurice SCÈVE, publiées par P. QUIGNARD, éd. Mercure de France.

Œuvres complètes, de Louise LABÉ, publiées par E. GIUDICI, éd. Droz.

Pierre JOURDA : *Marot*, éd. Hatier, 1950.

Poètes du XVIᵉ siècle, publié par A. M. SCHMIDT, « La Pléiade », éd. Gallimard, 1953.

Joseph VIANEY : *Les Épîtres de Marot*, éd. Nizet, 1962.

Hans STAUB : *Le Curieux Désir, Scève et Peletier du Mans, poètes de la connaissance*, éd. Droz, 1967.

Jacqueline RISSET : *L'Anagramme du désir : Essai sur la « Délie » de Maurice Scève*, éd. Bulzoni, 1971.

Claude-Albert MAYER : *Clément Marot*, éd. Nizet, 1972.

Paul-Henri SPAAK : *Jean Lemaire de Belges : Sa vie, son œuvre et ses meilleures pages*, éd. Slatkine, 1975.

Paul ZUMTHOR : *Le Masque et la Lumière*, éd. du Seuil, 1978.

Paul ARDOUIN : *Maurice Scève, Pernette du Guillet, Louise Labé : l'amour à Lyon au temps de la Renaissance*, éd. Nizet, 1980.

LE SACRE DES POÈTES : LA PLÉIADE

DU BELLAY, PELETIER DU MANS, BAÏF, PONTUS DE TYARD, BELLEAU, JODELLE

« *Rien ne peut, fors la chose parfaite,
Ni me ravir, ni rendre au joug sujette
Ma raison et ma vie.* »
Jodelle,
Chanson pour le Seigneur de Brunel

Bruegel de Velours, *Le Festin des dieux*. Coll. particulière.

Une nouvelle ambition poétique

1. De la « Brigade » à la « Pléiade »

Selon la mythologie, les Pléiades sont les **sept filles d'Atlas**, qui devinrent constellation ; de là le nom de Pléiade donné à un groupe de sept poètes d'Alexandrie, sous Ptolémée Philadelphe (IIIe siècle av. J.-C.). Ronsard et ses amis reprirent à leur compte cette appellation ; l'histoire littéraire la consacra, de sorte que l'on aurait tendance à voir dans la Pléiade française un groupe fixe, sinon immuable, de **sept poètes**, travaillant en étroite connivence, animés de la même inspiration, visant le même but : quelque chose comme une école, ou un mouvement.

La réalité est différente. L'appellation commune, pour désigner la génération poétique qui se reconnaît dans la *Défense et Illustration de la langue française*, et dans les premières œuvres de **Du Bellay** et de **Ronsard**, est celle de « **Brigade** » : troupe de jeunes auteurs enthousiastes, bientôt grossie d'une foule d'adeptes et d'imitateurs. Dans la « Brigade », Ronsard se plut à distinguer une « Pléiade ». Mais il s'agit d'une simple liste, d'ailleurs variable.

2. Imitation(s)

L'essentiel est le **culte commun des Lettres antiques** ; la volonté de lutter contre « le monstre Ignorance », de **rénover les formes** et de **réactiver les mythes**, notamment ceux qui concernent la poésie elle-même, placée à part et au-dessus de tous les genres d'écrire ; le **goût d'une écriture savante**, sinon érudite ou obscure, nourrie du libre imitation des Anciens et des modernes (néo-latins et italiens). On s'entre-imite d'ailleurs beaucoup, dans la Brigade ; la plupart en viendront à imiter surtout Ronsard. Mais il s'agit toujours, conformément à l'esprit de la *Défense et Illustration...* (sinon au détail de ses outrances), de **faire de la poésie la clé de voûte de la culture**.

3. « Varietas »

Dans l'**imitation**, des poètes se prennent d'amour pour d'autres poètes, dans une autre langue ; ils les « dévorent », traduisant leurs mots, démarquant leurs expressions, s'efforçant même de reproduire leurs cadences. Il ne s'agit pas d'organiser par-delà les siècles un harmonieux concert d'esprits raisonnables, de « classiques ». Ce qui frappe au contraire, dans l'entreprise de la Pléiade, c'est le **souci de variété**, qui commande d'explorer tous les genres, tous les styles (haut, moyen et bas), et surtout **de ne jamais s'en tenir à l'imitation d'un seul auteur**, fût-il aussi prestigieux que Virgile. On mélange, on avoue certains emprunts, on en dissimule d'autres, on exploite en même temps les ressources du grec et du latin, du latin antique et du néo-latin, de l'italien, etc. Il y a du jeu dans une telle démarche, et toujours une jubilation, un appétit qui, chez certains, ne va pas sans angoisse : le poète de la Pléiade est toujours en train de **s'approprier le texte d'autrui**, de s'en emparer **pour le re-créer**. Le même et l'autre se confondent-ils, ou demeurent-ils distincts ? Le poème nouveau sera-t-il uni, unique, ou bien divers, dispersé ? Qui suis-je, moi qui parle ainsi, voix grossie de toutes les autres voix ? Seule réponse : « Je suis Ronsard, et cela te suffise »... Tous n'auront pas cet orgueil fou.

L'**inspiration**, la « fureur » divine, chez ces poètes qui sont tous des bourreaux de travail et ne se fient nullement à la seule nature, est en quelque sorte la métaphore de leur amour de la langue et du monde fantastique que la langue, arrachée à son usage ordinaire, permet de créer : bien plus que leurs prédécesseurs, les poètes de la Pléiade s'abandonnent à l'**imaginaire**.

4. Le mythe de la « Pléiade »

La Pléiade, selon l'expression de Guy Demerson, est un mythe ; mythe créé par ces poètes — par le premier d'entre eux — pour entretenir une ambition commune. A l'origine, deux groupes, celui du **Collège de Coqueret** (**Ronsard, Baïf, Du Bellay**, sous la férule de Dorat), celui du **Collège de Boncourt** (**Jodelle, Belleau, La Péruse**, suivent les cours de Muret). La fusion eut lieu en 1553, lors de la représentation de *Cléopâtre captive*, de Jodelle. La Pléiade comprit Ronsard, Baïf, Du Bellay, Jodelle, La Péruse, remplacé par Belleau après sa mort précoce. Elle annexa **Pontus de Tyard**, héritier platonicien de l'école lyonnaise, et **Peletier du Mans**, l'initiateur de Ronsard. Tardivement, Ronsard inséra dans la liste son vieux maître, Jean Dorat, poète néo-latin pourtant. Mais peu importe. Ce qui compte, c'est la richesse du vivier poétique. Dans la « Brigade », on trouve Grévin, Magny, Denisot, La Taille, Des Autels... et beaucoup d'autres.

Chaque poète donne une inflexion particulière à l'ambition initiale. **Ronsard acquiert très vite une stature écrasante**, qui porte ombrage à ses rivaux. La doctrine varie suivant les genres abordés. Enfin, l'Histoire s'en mêle : les guerres de Religion vont diviser les poètes et transformer l'idée qu'ils se font du « métier poétique ».

En rendant à chacun sa trajectoire personnelle, on ne perdra pas de vue ce qu'ils ont en commun : la plus haute idée de la poésie, « œuvre à part ». Qu'ils s'en déclarent capables ou, au contraire, indignes, cette ambition les obsède. Ce qui est en jeu, c'est la **gloire**, but suprême de leur désir, la gloire qui confère l'**immortalité**.

1548	Thomas SEBILLET : *Art poétique*	**1558**	Joachim du BELLAY : *Les Regrets ; Divers Jeux rustiques ; Les Antiquités de Rome ; Poemata* Étienne JODELLE : *Recueil des Inscriptions, figures, devises et mascarades*
1549	Joachim du BELLAY : *Défense et Illustration de la langue française ; Vers lyriques*		
1549-1550	Joachim du BELLAY : *L'Olive*	**1559**	Joachim du BELLAY : *Le Poète courtisan*
1549-1555	Pontus de TYARD : *Erreurs amoureuses*	**1560**	Pierre de RONSARD : Première édition des *Œuvres* Jacques GRÉVIN : *L'Olympe*
1550	Joachim du BELLAY : *L'Olive*, second recueil Pierre de RONSARD : *Odes*, Livres I à IV	**1561**	Étienne JODELLE : *Discours de Jules César avant le passage du Rubicon*
1551	Pontus de TYARD : *Dialogues de l'amour*, traduction de Léon Hébreu	**1562**	Pierre de RONSARD : *Discours sur les misères de ce temps*
1552	Jean Antoine de BAÏF : *Amours de Méline* Pierre de RONSARD : *Amours*	**1563**	Pierre de RONSARD : *Réponse aux injures...*
1552-1555	Pontus de TYARD : *Solitaire premier ; ... second*	**1565**	Rémy BELLEAU : *Bergerie* Pierre de RONSARD : *Élégies, mascarades et bergeries*
1553	Joachim du BELLAY : *Recueil de poésies* Pierre de RONSARD : *Le Livret de folastries* Guillaume des AUTELS : *Amoureux repos* Olivier de MAGNY : *Amours*	**1572**	Pierre de RONSARD : *La Franciade*, Livres I à IV Pontus de TYARD : *Nouvelles œuvres poétiques*
		1573	Jean Antoine de BAÏF : *Passetemps ; Les Météores*
1555	Jacques PELETIER du MANS : *Art poétique* Jean Antoine de BAÏF : *Amours de Francine* Pontus de TYARD : *Livre de vers lyriques*	**1574**	Étienne JODELLE : *Œuvres*, édition posthume
1555-1556	Pierre de RONSARD : *Hymnes ; Continuation des Amours*	**1576**	Rémy BELLEAU : *Les Amours et Nouveaux échanges de pierres précieuses ; Petites inventions* Jean Antoine de BAÏF : *Mimes*
1556	Louis LE CARON : *Dialogues*	**1578**	Pierre de RONSARD : *Sonnets pour Hélène*
1557	Olivier de MAGNY : *Soupirs*	**1586**	Pierre de RONSARD : *Derniers vers*

Pierre de Ronsard. — Remy Belleau. — Iean Antho. de Baïf. — Ioachim du Bellay. — Estienne Iodelle.

1. La question de la poésie

Du Bellay *Défense et Illustration de la langue française* (1549)

Le manifeste d'une nouvelle génération poétique

La tactique de la Défense et Illustration de la langue française *est de présenter la poésie comme le meilleur moyen d'« illustrer » la langue française, de la hisser au niveau du grec et du latin.*

D'où une pétition de principe selon laquelle la poésie française n'en est encore qu'à ses balbutiements. **Du Bellay** *ménage Lemaire, Scève, et même Marot ; mais le postulat général est que tout reste à faire. La* Défense, *comme son titre l'indique, se veut une sorte de* **manifeste en faveur de la langue nationale**, *fondé sur quelques grands principes : il n'y a pas de langue originelle ; toutes les langues sont le fruit du travail des hommes et ont un destin historique : naissance, apogée, mort ; certaines se développent plus que d'autres, parce qu'elles sont mieux cultivées. C'est ici que, sous le manifeste linguistique, apparaît un* **manifeste poétique** *: en effet, la* Défense *entend porter l'expression « en rime » à une hauteur inédite, grâce à* **l'imitation systématique des grands textes de l'Antiquité.**

Thomas Sebillet

*Le petit groupe des élèves de Dorat au collège de Coqueret conçoit sa démarche comme une véritable prise de pouvoir littéraire : souci qui n'a jamais effleuré un Marot, par exemple. C'est la parution, en 1548, de l'*Art poétique, *de Thomas Sebillet qui met le feu aux poudres. Sebillet défend une idée noble de la poésie, discours divinement inspiré qui offre aux hommes, sous le voile de la fable et du mythe, l'accès à des vérités profondes. Cette conception, d'origine platonicienne, était précisément l'un des axes de l'enseignement de Dorat. Mais Sebillet conserve la perspective des arts de « rhétorique seconde » en superposant à cette doctrine orphique les grandes catégories de la rhétorique — invention, disposition, élocution —, et le catalogue des formes et des genres, mêlant l'antique, le médiéval et le moderne. Circonstance aggravante, Sebillet choisit ses exemples chez Marot, poète qui n'a jamais joué les prophètes... Insupportable incohérence aux yeux de Du Bellay et de ses amis. D'où la* Défense, *qui paraît en 1549.*

Les grands genres antiques

*Toutes les anciennes formes sont condamnées. Il s'agit de leur substituer les grands genres de l'Antiquité : genre lyrique, avec l'ode de Pindare ou d'Horace ; genre pastoral, avec l'églogue de Théocrite ou de Virgile ; genre satirique ; genre épique : l'*épopée *devient la plus haute ambition de la poésie nouvelle, accordant l'expression poétique et l'identité nationale ; genre dramatique enfin : balayant les mystères, les moralités et autres formes hybrides, comédies et tragédies devront désormais se partager la scène.*

Dans le domaine du lyrisme personnel et amoureux, les formes héritées de l'Antiquité (l'élégie essentiellement) voisinent avec la forme-reine de la modernité, **le sonnet,** *importé de l'italien. Le* **pétrarquisme** *est conçu comme un discours amoureux de style élevé, qui s'inscrit dans le projet général d'une poésie élitiste, « éloignée du vulgaire ».*

Le poète et l'orateur

Il s'agit donc d'échapper à la norme de la communication sociale quotidienne, de porter l'ornement poétique à un degré de saturation tel que la parole en devient étrange. Tel est le but paradoxal de cette « défense » de la langue, concentrée dans l'éloge d'une écriture savante, mystérieuse, intraduisible. Mais cette conception ne rompt pas avec le modèle oratoire. Du Bellay se réfère constamment à l'orateur, véritable alter ego *du poète. Parole à part, la poésie se veut toujours parole active, efficace, opérant une persuasion qui reste à définir : Orphée, le poète inspiré par excellence, n'est-il pas le fondateur de la société humaine ?*

Inspiration et travail

A cet égard, un autre paradoxe de la Défense *est qu'elle se réfère relativement peu à l'idéologie platonicienne de l'inspiration, pourtant un excellent moyen de promouvoir une haute idée de la poésie. Les poètes de la Pléiade mimeront l'inspiration dans leurs poèmes ; mais leur programme préfère insister sur le* **travail.** *Il serait trop facile de se fier uniquement à l'inspiration, au souffle divin de la vérité. Il y a mieux à faire. L'imitation est un travail, l'élévation du discours* **une conquête de l'art**, *non un donné de la Nature ou de Dieu.*

La Nature ne suffit pas

Du Bellay *vient d'encourager son lecteur à l'imitation des Grecs et des Romains.*

Mais pource qu'en toutes Langues y en a de bons et de mauvais, je ne veux pas (Lecteur) que sans élection et jugement tu te prennes au premier venu. Il vaudrait beaucoup mieux écrire sans imitation que ressembler un mauvais auteur : vu même que c'est chose accordée entre les plus savants, le naturel faire plus sans la doctrine que la doctrine sans le naturel[1]. Toutefois, d'autant que l'amplification de notre Langue (qui est ce que je traite) ne se peut faire sans doctrine et sans érudition, je veux bien avertir ceux qui aspirent à cette gloire, d'imiter les bons auteurs Grecs et Romains, voire bien Italiens, Espagnols et autres, ou du tout n'écrire point, sinon à soi (comme on dit) et à ses Muses.

Qu'on ne m'allègue point ici quelques uns des nôtres[2], qui sans doctrine, à tout le moins non autre que médiocre, ont acquis grand bruit en notre vulgaire. Ceux qui admirent volontiers les petites choses, et déprisent ce qui excède leur jugement, en feront tel cas qu'ils voudront : mais je sais bien que les savants ne les mettront en autre rang, que de ceux qui parlent bien Français, et qui ont (comme disait Cicéron des anciens auteurs Romains) bon esprit, mais bien peu d'artifice[3].

25 Qu'on ne m'allègue point aussi que les poètes naissent[4], car cela s'entend de cette ardeur et allégresse d'esprit qui naturellement excite les poètes, et sans laquelle toute doctrine leur serait manque[5] et inutile. Certainement ce serait chose trop facile, 30 et pourtant[6] contemptible[7], se faire éternel par renommée, si la félicité de nature donnée même aux plus indoctes était suffisante pour faire chose digne de l'immortalité. Qui veut voler par les mains et bouches des hommes, doit longuement demeurer 35 en sa chambre : et qui désire vivre en la mémoire de la postérité, doit comme mort en soi-même suer et trembler maintes fois, et autant que nos poètes courtisans boivent, mangent et dorment à leur aise, endurer de faim, de soif et de longues vigiles[8]. Ce 40 sont les ailes dont les écrits des hommes volent au ciel.

Mais afin que je retourne au commencement de ce propos, regarde notre imitateur premièrement ceux qu'il voudra imiter, et ce qu'en eux il pourra, 45 et qui se doit imiter, pour ne faire comme ceux qui, voulant apparaître semblables à quelque grand seigneur, imiteront plutôt un petit geste et façon de faire vicieuse de lui, que ses vertus et bonnes grâces. Avant toutes choses, faut qu'il ait ce jugement de 50 connaître ses forces et tenter combien ses épaules peuvent porter : qu'il sonde diligemment son naturel, et se compose à l'imitation de celui dont il se sentira approcher de plus près. Autrement son imitation ressemblerait celle du singe.

Du Bellay, *Défense et Illustration de la langue française*, Livre II, chap. III
Orthographe modernisée

---

1. Lieu commun de la rhétorique, que l'on trouve, notamment, chez Cicéron et Quintilien. — 2. Marot et ses émules. — 3. Bien peu d'art. — 4. Adage utilisé, notamment, par Sebillet : « Le Poète naît, l'Orateur se fait ». — 5. Incomplète. — 6. Donc. — 7. Méprisable. — 8. Passage emprunté à Speroni (théoricien italien que Du Bellay plagie sans le citer) : « Chi morto in se stesso... ».

Orphée charmant les animaux, fragment de la mosaïque de Blangy, IVe siècle apr. J.-C. Laon, Musée municipal.

POUR LE COMMENTAIRE

1. L'art et la nature. Qui est visé par ce développement ? Quelle conséquence cela entraîne-t-il pour la **conception de l'art poétique** ?

2. La notion d'inspiration. Qu'en advient-il ? Quelle est la valeur qui en récupère tout le prestige ?

3. La notion d'immortalité. Précisez son sens et sa valeur.

4. La notion de nature. Le texte ne fait-il pas de nouveau appel, *in fine*, à cette notion ? Quel problème cela révèle-t-il, du côté de l'imitation ?

Jacques Peletier du Mans *Art poétique* (1555)

Jacques Peletier (1517-1582) naît au Mans dans une famille bourgeoise. Il reçoit une formation essentiellement philosophique et mathématique. Secrétaire de l'évêque du Mans, il publie une traduction (en vers) de l'*Art poétique*, d'Horace (1541). Quelques mois plus tard, il se lie avec le jeune Ronsard, puis avec Du Bellay. En 1544, il est principal du Collège de Bayeux, à Paris. Il publie en 1547 des *Œuvres poétiques*, s'intéresse à l'orthographe, objet d'âpres débats. Peletier élabore un système original, fondé sur la notation rigoureuse des phonèmes : il aura du mal à faire imprimer ses œuvres dans cette orthographe hérissée de signes diacritiques.

Peletier mène une vie de voyages continuels. C'est à Lyon que paraissent, en 1555, son *Art poétique*, et un recueil d'inspiration néo-platonicienne, *L'Amour des amours*.

Mathématicien, Peletier publie successivement une *Arithmétique*, une *Algèbre*, une *Géométrie*, en français et en latin. Il ne renoue avec la poésie qu'en 1572, avec un poème didactique, *La Savoie*. Il publie encore un recueil de *Louanges* avant de mourir en 1582.

Esprit original, savant de valeur, épris d'idées nouvelles (il est copernicien), Peletier pratique une **poésie « scientifique »** qui est une célébration raisonnée de l'univers. Héritier de Lucrèce, poète délibérément **marginal**, Peletier n'a été pour la Pléiade qu'un compagnon de route.

Des vices de poésie

L'Art poétique, *de* **Peletier du Mans** *est d'une importance capitale pour qui veut apprécier l'évolution de la doctrine des nouveaux poètes. En 1555, l'outrance initiale a fait place à des options plus modérées. L'auteur s'attache à définir un modèle poétique largement dominé par* **l'épopée.** *Les catégories rhétoriques, invention, disposition, élocution, sont redéfinies en fonction de cette grande poésie narrative,* **poésie totale, poésie-monde.**

Peletier a le souci de donner une cohérence interne à l'énoncé poétique : c'est pourquoi la notion de **disposition** *a une grande importance. Il en trouve le modèle parfait dans l'*Énéide, *de Virgile. Il oppose ce modèle à celui de la rhétorique ordinaire, obligée de tout dire selon un ordre sans mystère. La poésie épique a la liberté de modifier l'ordre attendu et de conférer une nouvelle nécessité à l'agencement original des épisodes.*

Les Vices aisément se connaissent par l'opposite[1] des Vertus : lesquelles on ne peut mentionner bonnement, sans donner par même moyen une atteinte et souvenance de leur contraire. Comme donc nous avons dit la clerté[2] être[3] le plus insigne ornement du Poème : ainsi l'obscurité se comptera pour le premier vice. Car il n'y a point de différence entre ne parler point, et n'être point entendu. Encore penserais-je être plus mal fait[4] de parler obscurément, que de ne parler point du tout : car on tient le temps d'un homme qui s'amuserait ailleurs.

Mais il y a manière de juger les obscurités. Car si le Poète n'use point de mots trop loin cherchés, ni trop affectés, ni impropres ; s'il n'est point trop bref ; s'il a suivi bon ordre (qui sont les points qui garantissent d'obscurité) : alors s'il n'est entendu, ce sera la faute du Lecteur, et non pas de l'Auteur. Comme si pour quelque Fable alléguée par atteinte[5] ; si pour quelque nœud[6] de philosophie mis par enrichisse-ment ; si pour quelque Histoire[7] touchée par bref incident[8] : en somme, si pour quelque bonne allusion[9], le Lecteur est tard à comprendre, qu'il s'en accuse, et non pas l'Auteur, lequel plutôt serait accusable, s'il avait écrit trop au long, et s'il enseignait comme en une École.

Mais nous parlons ici de l'obscurité naturelle et pour ainsi dire, radicale : laquelle se connaît à cela que l'Écriteur tout par tout se semblant à soi et qu'il persiste en son style non entendible[10] ; quand on voit des points en lui qui se pourraient traiter plus illustrement[11], quand on voit que cela lui provient d'une appréhension[12] trop éloignée ; quand après avoir longuement songé en ses desseins, on est contraint d'en deviner la moitié. [...]

Il faut sur toutes choses qu'un Écrit soit louable envers[13] les doctes ; et cependant qu'aux moins savants il donne de prime face quelque appréhension de beauté, et quelque espérance de le pouvoir entendre. Et cela gît en ne dire ni plus ni moins qu'il faut, chose de grande difficulté, principalement en notre poésie française, où la Rime nous tient en grande sujétion. Mais d'autant plus se faut-il efforcer à la vertu, et montrer que la difficulté de la Rime sert expressément, pour longuement penser à bien faire[14]. A faute de quoi, adviennent toutes les sortes de Vices : comme entre autres la Répugnance[15] ou Contrariété, laquelle, pour rien ne dissimuler, nous est fort fréquente en notre Poésie française. Et y en a peu qui ne se contredisent, non point d'un Œuvre à autre seulement, mais en un même Œuvre ; non point en un même Œuvre, mais en un même endroit. Qui est un vice fort reprochable, et qui d'autant plus soigneusement se doit éviter, que plus facilement il arrive. Car l'homme étant composé de contraires, et ayant l'esprit exposé à tant d'objets divers, douteux, obscurs, vrais et faux, malaisément se peut maintenir en un train invariable, sans trouver rencontres, offenses[16], et détourbiers[17] qui lui fassent oublier sa droite voie. Et de même cause procèdent les Redites, mais un peu plus excusables, toutefois qui arguent[18] une nonchalance de style et de revue.

Je trouve encore une faute assez coutumière, qui est le long parler, ou mieux, le trop parler, que les Grecs appellent Macrologie ; comme en Tite-Live : « Les ambassadeurs n'ayant pu impétrer[19] la paix, s'en retournèrent arrière, en la maison d'où ils étaient partis[20]. » Elle advient aux Français, qui pour venir à la Rime allongent leurs vers de beaucoup de mots oiseux : qui sont ceux sans lesquels la sentence[21] demeure entière. Il y en a qui, voulant éviter le commun usage d'écrire, sous espèce d'élégance usent d'une circuition[22], rechargent mots sur mots : et en fin se trouvent n'avoir rien dit que des Mots.

75 La superfluité provient à aucuns, de la peur qu'ils ont que leur artifice[23], leur invention et leur labeur n'apparaissent. Mais sans point de doute, celui ne sait pas la manière de se faire estimer, qui désire être trop tôt connu. Il faut toujours cacher quelque chose 80 d'exquis dedans ses Écrits, et le consacrer en temps : lequel est maître de tout, et découvre tout, l'un après l'autre. Qui cherchera bien dedans Virgile, il y trouvera toujours quelque secret, je dis expressément couvert de l'Auteur, et auquel les Lecteurs 85 n'avaient point encore pensé. Car les choses qui sont évidentes en lui, apparaissent si riches, qu'elles donnent une certaine assurance que ce qui est latent, doit être précieux.

Jacques PELETIER DU MANS, *Art poétique*, Livre I, chap. X (1555). Orthographe modernisée

1. Le contraire. — 2. Clarté. — 3. Proposition infinitive. — 4. Qu'il est plus mal fait de... — 5. De manière allusive, en passant. — 6. Problème. — 7. Récit non fabuleux, véridique. — 8. Incidemment. — 9. L'allusion est ainsi une figure, source de beauté pour le poème. Elle s'oppose au traitement tout au long, comme à l'École. — 10. Non compréhensible. — 11. Plus clairement. — 12. Action de saisir par l'esprit. — 13. Du point de vue de. — 14. Parce qu'elle oblige à penser longuement à bien faire. — 15. Contradiction (latinisme). — 16. Obstacles. — 17. Troubles. — 18. Dénotent. — 19. Obtenir. — 20. Exemple cité par Quintilien, Institution oratoire, 8, 3, 53. — 21. Le sens. — 22. Périphrase. — 23. Art.

POUR LE COMMENTAIRE

1. Faites l'analyse, dans ce texte, des notions d'obscurité, de clarté, de secret ; de brièveté et de longueur ; d'allusion ; de mot et de sentence ; de rime.

2. Réfléchissez sur les **rôles respectifs**, selon Peletier, de l'Auteur et du Lecteur.

3. A la lumière de la notion d'**allusion**, d'une part, de **secret**, d'autre part, définissez ce qui distingue, pour Peletier, la poésie des autres types de discours.

La mort de Didon, gravure de *L'Énéide*, de Virgile, 1648.
Paris, Bibl. Sainte-Geneviève.

2. Joachim du Bellay (1522-1560)

Joachim du Bellay,
dessin anonyme du XVI⁰ siècle.
Paris, B.N.

La formation

Joachim du Bellay naît à Liré, en Anjou, en 1522. Il appartient à une illustre famille. Trois de ses oncles sont célèbres : Guillaume, sire de Langey, qui fut gouverneur du Piémont et vénéré de Rabelais ; Martin, lieutenant général de Normandie ; et Jean, évêque, puis cardinal, diplomate, l'un des prélats les plus lettrés de son temps — il eut Rabelais pour médecin et, plus tard, Joachim pour secrétaire.

En 1545, le futur poète étudie le droit à Poitiers. Deux ans plus tard, il rencontre Ronsard et le suit à Paris, au collège de Coqueret (sur la Montagne-Sainte-Geneviève). Là, sous la férule de Jean Dorat, latiniste, helléniste et maître exigeant, les deux amis et quelques autres (Baïf...) acquièrent la culture linguistique et littéraire dont ils feront leur cheval de bataille poétique.

En 1549, Du Bellay publie coup sur coup la *Défense et Illustration de la langue française*, un recueil de *Vers lyriques* et un « canzoniere », *L'Olive*, réédité et augmenté dès l'année suivante.

Le séjour romain

Malade, atteint, comme Ronsard, de surdité, Du Bellay publie encore, en 1552, un recueil d'*Inventions* et une traduction du chant IV de l'*Énéide*. Suivront d'autres fragments du grand poème virgilien. En 1553, Du Bellay part pour Rome comme secrétaire de son oncle le cardinal.

Ce sont alors quatre années d'ennui, de dégoût, voire de désespoir. Sa tâche ne l'intéresse pas, la vie romaine l'écœure. Il échange ses impressions avec le poète Olivier de Magny, secrétaire de Jean d'Avanson, ambassadeur auprès du Saint-Siège (et dédicataire des *Regrets*). Surtout, il écrit. Cette production abondante ne sera publiée qu'à son retour (1558) : *Les Antiquités de Rome, Les Regrets*, les *Divers Jeux rustiques*, les *Poemata* (car l'auteur de la *Défense* compose aussi en latin).

La mort

Les derniers mois du poète sont assombris par des difficultés familiales et par la maladie. Il publie encore diverses pièces lyriques, et une satire, *Le Poète courtisan*, éloge ironique du poète qui ne travaille pas, flatte inlassablement, juge de tout et publie le moins possible.

Du Bellay meurt le 1ᵉʳ janvier 1560, à trente-sept ans. On continue d'éditer ses œuvres, et l'année 1568 verra la publication d'un recueil de ses poésies complètes.

1549-1550	*Défense et Illustration de la langue française* *L'Olive* *Vers lyriques*	**1553**	*Recueil de poésie*
1550	*L'Olive*, édition augmentée	**1558**	*Les Regrets* *Divers Jeux rustiques* Premier livre des *Antiquités de Rome* *Poemata*
1551	*Le Tombeau de Marguerite de Valois*	**1559**	*Le Poète courtisan*
1552	Quatrième Livre de l'*Énéide*, traduction *Inventions*	**1568-1569**	*Œuvres françaises de Joachim du Bellay*

L'Olive (1549-1550)

Publié en 1549, augmenté en 1550 jusqu'à atteindre le total de 115 sonnets, ce « canzoniere » marque l'influence prépondérante de Pétrarque et de ses successeurs italiens dans le domaine de la poésie amoureuse. Bien des poètes avaient déjà pétrarquisé, mais **Du Bellay** *produit* **le premier recueil de sonnets amoureux en décasyllabes***. Sa tentative mêle Pétrarque et de nombreux pétrarquistes italiens modernes : l'imitation produit une marqueterie de citations, et l'on a longtemps fait grief à L'Olive de son aspect artificiel. C'est qu'il ne s'agit pas de rendre compte d'une expérience amoureuse particulière, mais d'élaborer une œuvre d'art au moyen d'un langage, d'***un code***, complètement maîtrisé : un Pétrarque au second degré, en quelque sorte.*

L'amour a **une signification spirituelle et littéraire** *à la fois. Du Bellay utilise des éléments de platonisme pour redire le privilège de la poésie, vol de l'esprit humain jusqu'au ciel de l'immortalité. Il s'agit moins de dire l'amour que de dire, par l'amour, la poésie, construction d'un langage autre, autonome.*

De même que la Laure de Pétrarque promettait au poète le laurier de l'immortalité, l'Olive de Du Bellay se trouve au centre d'une série de jeux de mots et d'anagrammes (vol, voile, voix) *qui font d'elle un objet d'art : Olive n'est qu'un voile, une toile blanche brodée de mille couleurs, à l'instar du poème lui-même, texte, c'est-à-dire tissé. Le poète-amant n'a pas davantage d'identité psychologique : lui-même est « tissé » par son amour et se « tisse » encore dans sa poésie : un pur être de langage.*

« *Je serais fleuve et rive...* »

O fleuve heureux[1], qui as sur ton rivage
De mon amer[2] la tant douce racine,
De ma douleur la seule médecine,
Et de ma soif le désiré breuvage !

5 O roc feutré d'un vert tapis sauvage !
O de mes vers la source caballine[3] !
O belles fleurs ! ô liqueur cristalline !
Plaisirs de l'œil qui me tient en servage.

Je ne suis pas sur votre aise envieux[4],
10 Mais si j'avais pitoyables les Dieux,
Puisque le ciel de mon bien vous honore[5],

Vous sentiriez aussi ma flamme vive,
Ou comme vous, je serais fleuve et rive,
Roc, source, fleur et ruisselet encore.

Du Bellay, *L'Olive*, sonnet 77 (1550)
Orthographe modernisée

---

1. *Le poète s'adresse aux éléments d'un paysage fréquenté par la dame ; l'idée vient de Pétrarque (Canzoniere, 162) ; de façon caractéristique, le poète y ajoute une allusion à ses propres vers, et le rêve de sa propre métamorphose. — 2. Amertume (jeu de mots traditionnel aimer/amer) ; la « douce racine » est à la fois le principe* et le remède de « l'amer ». — 3. *Allusion à la source des Muses, la fontaine Hippocrène, sur l'Hélicon, jaillie d'un coup de sabot du cheval Pégase. — 4. Envieux de votre plaisir. — 5. Vous honore de la présence de ma Dame (« mon bien » désigne « ma dame » par métonymie).*

ANALYSE STYLISTIQUE

1. Quel est l'effet produit par le **procédé anaphorique** de la série d'apostrophes ? Analysez les objets ainsi invoqués.

2. Par rapport à ces objets et au « débat » que le poète a avec eux, quel est le **rôle de la dame** ? Comment est-elle évoquée ? Quel est l'effet produit par les **périphrases métaphoriques** des vers 2-4 ?

3. Quelle est la valeur de l'**énumération finale** ? Quel sens a pour vous ce rêve de métamorphose du « je » ?

Sonnets de l'honnête amour (1552)

Les tendances idéalisantes de la poésie amoureuse chez **Du Bellay** sont confirmées dans les Sonnets de l'honnête amour, dans le goût néo-platonicien, où s'exerce l'influence de Pontus de Tyard (voir p. 348). L'amour fait passer de l'admiration d'un objet particulier à **la contemplation d'une Idée universelle et éternelle** dont cet objet n'était que le reflet ; ce **platonisme** permet au poète de marquer la différence entre le réel et ce dont il parle, et de montrer la métamorphose de l'un à l'autre :

« Car j'aime tant cela que j'imagine,
Que je ne puis aimer ce que je vois. »

Le poète sur l'Oeta

J'ai entassé moi-même tout le bois,
Pour allumer cette flamme immortelle,
Par qui mon âme avecques plus haute aile
Se guinde[1] au ciel, d'un égal contrepoids.

5   Jà mon esprit, jà mon cœur, jà ma voix,
Jà mon amour conçoit forme nouvelle
D'une beauté plus parfaitement belle
Que le fin or épuré par sept fois[2].

Rien de mortel ma langue plus ne sonne[3] :
10   Jà peu à peu moi-même j'abandonne,
Par cette ardeur[4], qui me fait sembler tel

Que se montrait l'indompté fils d'Alcmène[5],
Qui dédaignant notre figure humaine,
Brûla son corps, pour se rendre immortel.

Du Bellay, *Sonnets de l'honnête amour*, 10 (1552),
publiés dans le recueil des *Inventions*. Orthographe modernisée

1. S'élève.

2. Allusion à la technique des alchimistes.

3. Ne célèbre par son chant.

4. Ce feu.

5. Hercule qui, rendu fou de douleur par la tunique de Nessus, éleva un bûcher sur le mont Oeta et s'y jeta ; ce mythe a donné lieu à des interprétations idéalisantes. Ainsi se trouve précisée l'image du premier vers.

Les travaux d'Hercule, coffret de Couly Nouailher, XVIᵉ siècle. Paris, Musée du Petit Palais.

LECTURE MÉTHODIQUE

1. L'image concrète du premier vers. Comment est-elle utilisée ? Quelles relations entretient-elle avec le reste du sonnet ?

2. Un état indicible. Montrez que le discours poétique cherche à en rendre compte de manière immédiate, et qu'il ne peut, en même temps, que se situer à distance ; commentez, de ce point de vue, les vers 9-10.

3. Le tercet final. A quoi sert l'allusion au **mythe** ? En quoi est-elle essentielle au discours du « je » sur lui-même ?

Les Regrets (1558)

Lyrisme ou satire ?

*Le plus célèbre des recueils romains de **Du Bellay** a un titre qui pourrait être celui d'un « canzoniere », d'inspiration amoureuse. Il y a un décalage entre le titre, la forme même du recueil de 191 sonnets, et le contenu, qui n'a rien à voir avec l'amour et mêle **une plainte personnelle** déchirante aux accents d'**une âpre satire**. Le thème du poète exilé remonte à Ovide (exilé de Rome !) qui, dans les Tristes, sous une forme élégiaque, supplie qu'on le rappelle... mais en se gardant bien de polémiquer.*

*La subjectivité s'exprime toujours, à cette époque, à travers le filtre des genres littéraires, elle passe par les **rôles** que ces genres imposent. L'émotion est davantage **l'effet** du texte que sa **source**. Et le poète du XVIᵉ siècle trouve une délectation certaine à jouer ainsi avec les effets, les rôles, les identités : chaque poème confère au « je » une attitude. Ainsi, le désespoir qu'expriment les Regrets n'empêche nullement Du Bellay de folâtrer dans les Jeux rustiques.*

Un style « humilié »

*Dans Les Regrets, Du Bellay opte aussi pour le **genre satirique**, imitant Horace, mais avec plus de violence et de densité. La loi du genre est de refuser les ornements de la grande poésie (épique ou lyrique), bref d'écrire une « rime en prose » ou « prose en rime » qui attaque efficacement les vices de la Rome moderne et de la cour pontificale, cardinaux, courtisans, courtisanes.*

*La Muse satirique est ainsi plus « basse » que la Muse lyrique ou épique, mais tout aussi savante et riche de références antiques. Du Bellay abandonne à Ronsard les grands genres, de l'ode à l'épopée. Il opte pour une **simplicité** qui est l'effet d'un art conscient et maîtrisé. Simplicité dans la satire et dans la plainte : on va du rire aux larmes. Dans sa brièveté, le sonnet combine, ou plutôt comprime, **élégie** et **satire**.*

*Fuite des Muses, lancinante impuissance, désert de l'inspiration : c'est ainsi que se décrit cette poésie nouvelle. Le poète dit qu'il n'est pas un poète : en faisant de cette précaution oratoire le thème central de son recueil, Du Bellay élabore un **lyrisme** « **négatif** » qui frappe tout particulièrement le lecteur moderne.*

« J'écris à l'aventure »

1. Cachés.
2. Dessiner.
3. C'était là l'entreprise des Hymnes, de Ronsard (1555), notamment de l'Hymne du Ciel.
4. Événements contingents, variés, sans ordre.

5. Peigner.
6. Éclatants.
7. Les deux expressions sont de sens voisin : ce sont des notes prises pour soi, au jour le jour, non destinées nécessairement à la publication.

Je ne veux point fouiller au sein de la nature,
Je ne veux point chercher l'esprit de l'univers,
Je ne veux point sonder les abîmes couverts[1],
Ni desseigner[2] du ciel la belle architecture[3].

5 Je ne peins mes tableaux de si riche peinture,
Et si hauts arguments ne recherche à mes vers :
Mais suivant de ce lieu les accidents divers[4],
Soit de bien, soit de mal, j'écris à l'aventure.

Je me plains à mes vers, si j'ai quelque regret :
10 Je me ris avec eux, je leur dis mon secret,
Comme étant de mon cœur les plus sûrs secrétaires.

Aussi ne veux-je tant les pigner[5] et friser,
Et de plus braves[6] noms ne les veux déguiser
Que de papiers journaux ou bien de commentaires[7].

Du Bellay, *Les Regrets*, sonnet 1 (1558)
Orthographe modernisée

POUR LE COMMENTAIRE

1. La syntaxe de ce sonnet. Étudiez la structure et l'ordre des propositions, le rôle de la répétition, la place et le rôle de la première personne.

Y a-t-il évolution, au plan syntaxique, du début à la fin du poème ?

2. Référez-vous, notamment, aux **Hymnes de Ronsard** et montrez en quoi s'opposent ces deux types de poésie.

3. Quels peuvent être **les buts** de cette poésie nouvelle ? Quelles seraient **les valeurs** qui la fondent ?

Le poète sans les Muses

1. *La Fortune, divinité (romaine) du hasard ; plus généralement, le hasard qui préside au destin des hommes ; Du Bellay était naguère certain de surmonter les aléas de la Fortune.*
2. *Conforme à l'honneur.*

3. *Avait coutume de.*
4. *Me tourmentent (sens fort).*

5. *Étrangères.*

Las, où est maintenant ce mépris de Fortune[1] ?
Où est ce cœur vainqueur de toute adversité,
Cet honnête[2] désir de l'immortalité,
Et cette honnête flamme au peuple non commune ?

5   Où sont ces doux plaisirs, qu'au soir sous la nuit brune
Les Muses me donnaient, alors qu'en liberté
Dessus le vert tapis d'un rivage écarté
Je les menais danser aux rayons de la Lune ?

Maintenant la Fortune est maîtresse de moi,
10 Et mon cœur, qui soulait[3] être maître de soi,
Est serf de mille maux et regrets qui m'ennuient[4].

De la postérité je n'ai plus de souci,
Cette divine ardeur, je ne l'ai plus aussi,
Et les Muses de moi, comme étranges[5], s'enfuient.

Du Bellay, *Les Regrets*, sonnet 6
Orthographe modernisée

LECTURE MÉTHODIQUE

1. Structure du sonnet. Montrez comment est utilisée l'articulation quatrains-tercets.

2. Les cinq éléments retenus par le poète. Étudiez leur répartition. Quel est l'effet le plus remarquable ?

3. Pourquoi **les Muses**, et non pas, tout bonnement, les vers ou la poésie ?

4. En quoi ce sonnet **complète-t-il** et **nuance-t-il** le précédent (sonnet 1) ?

GROUPEMENT THÉMATIQUE

La défaite du poète

On pourra comparer, ici-même, le discours de Du Bellay avec celui de Jodelle sur le « traître vers » (voir p. 356) ; et esquisser un rapprochement avec la thématique moderne du drame esthétique chez Baudelaire (*Les Fleurs du mal* : « La cloche fêlée », « Le goût du néant », « La lune offensée » ; *Le Spleen de Paris* : « Enivrez-vous ») ou Mallarmé (*Du Parnasse contemporain* : « Les Fenêtres », « L'Azur », « Brise marine »...).

« Je me blessai le pied... »

Du Bellay consacre une série de sonnets au **thème de l'exil**, l'une des composantes de son malheur. C'est à cette série qu'appartient le très célèbre « Heureux qui comme Ulysse... » (sonnet 31). En voici un autre, d'une veine légèrement différente.

1. *Pétrarque avait dit au contraire : « Béni soit le jour, et le mois, et l'année... » (où les beaux yeux de L'aure le capturèrent). Du Bellay inverse et transpose dans un autre contexte.*
2. *Les Anciens lisaient les présages dans le vol des oiseaux.*
3. *Formule astrologique. Mars présage la guerre, et Saturne la mélancolie.*
4. *Mauvais présage, selon la tradition antique ; cette formule est souvent utilisée dans la poésie amoureuse latine (Properce, Tibulle).*

Malheureux l'an, le mois, le jour, l'heure et le point[1],
Et malheureuse soit la flatteuse espérance,
Quand pour venir ici j'abandonnai la France :
La France, et mon Anjou, dont le désir me point.

5   Vraiment d'un bon oiseau guidé je ne fus point[2],
Et mon cœur me donnait assez de signifiance
Que le ciel était plein de mauvaise influence,
Et que Mars était lors à Saturne conjoint[3].

Cent fois le bon avis lors m'en voulut distraire,
10 Mais toujours le destin me tirait au contraire :
Et si mon désir n'eût aveuglé ma raison,

N'était-ce pas assez pour rompre mon voyage,
Quand sur le seuil de l'huis, d'un sinistre présage,
Je me blessai le pied sortant de ma maison[4] ?

Du Bellay, *Les Regrets*, sonnet 25
Orthographe modernisée

« *Je n'escris point d'amour...* »

Je n'escris point d'amour, n'estant point amoureux,
Je n'escris de beauté, n'ayant belle maistresse,
Je n'escris de douceur, n'esprouvant que rudesse,
Je n'escris de plaisir, me trouvant douloureux :

5 Je n'escris de bon heur, me trouvant malheureux,
Je n'escris de faveur, ne voyant ma Princesse[1],
Je n'escris de tresors, n'ayant point de richesse,
Je n'escris de santé, me sentant langoureux[2] :

Je n'escris de la Court, estant loing de mon Prince,
10 Je n'escris de la France, en estrange[3] province,
Je n'escris de l'honneur, n'en voyant point icy :

Je n'escris d'amitié, ne trouvant que feintise[4],
Je n'escris de vertu, n'en trouvant point aussi,
Je n'escris de sçavoir, entre les gens d'Église.

Du Bellay, *Les Regrets*, sonnet 79

1. *Sans doute Marguerite de France, sœur d'Henri II, célébrée par Du Bellay dans plusieurs sonnets à la fin des Regrets.*
2. *En état de langueur.*
3. *Étrangère.*
4. *Dissimulation, hypocrisie.*

POUR LE COMMENTAIRE

1. L'ordre des éléments. Dégagez-le en montrant comment s'insèrent, notamment, les motifs de la souffrance, de l'exil, enfin les éléments de satire.

2. Le premier vers (en quoi constitue-t-il une bonne amorce ?) **et le dernier** (qu'est-ce qui distingue cette **pointe**, non seulement des vers satiriques 11-12-13, mais de tous les vers précédents ?).

3. Pourquoi, à votre avis, ce parti pris de **répétition**, de monotonie ?

« *Je fus jadis Hercule...* »

Je fus jadis Hercule, or Pasquin[1] je me nomme,
Pasquin fable du peuple, et qui fais toutefois
Le même office encor que j'ai fait autrefois,
Vu qu'ores par mes vers tant de monstres j'assomme.

5 Aussi mon vrai métier, c'est de n'épargner homme,
Mais les vices chanter d'une publique voix :
Et si[2] ne puis encor, quelque fort que je sois,
Surmonter la fureur[3] de cet Hydre[4] de Rome.

J'ai porté sur mon col le grand Palais des Dieux,
10 Pour soulager Atlas, qui sous le faix des cieux
Courbait las et recru sa grande échine large[5].

Ores au lieu du ciel, je porte sur mon dos
Un gros moine espagnol[6], qui me froisse[7] les os,
Et me poise[8] trop plus[9] que ma première charge.

Du Bellay, *Les Regrets*, sonnet 108
Orthographe modernisée

Hercule combattant l'Hydre,
dessin de Delacroix.
Musée d'Orléans.

1. *Les Romains avaient surnommé Pasquino une statue antique très mutilée, considérée comme une statue d'Hercule (en fait, il s'agissait d'un fragment du groupe « Ménélas soulevant le corps de Patrocle »). On avait coutume de coller sur Pasquin des épigrammes satiriques. Ces « pasquinades » s'en prenaient à la cour papale, souvent avec virulence. C'est ce type d'épigramme que Du Bellay imite ici.* — 2. *Pourtant.* — 3. *Égarement furieux.* — 4. *Allusion à l'un des* travaux d'Hercule, le combat contre l'Hydre de Lerne ; dans le sonnet suivant, Du Bellay fait allusion aux écuries d'Augias, à propos des turpitudes du pape Jules III. — 5. *Atlas devait, en échange, aller chercher les pommes d'or du jardin des Hespérides.* — 6. *Allusion probable à quelque cardinal espagnol.* — 7. *Brise.* — 8. *Pèse.* — 9. *Bien plus.*

Les Antiquités de Rome (1558)

Autre recueil de 1558, mais beaucoup plus mince que Les Regrets *(32 sonnets, plus les 15 sonnets du* Songe*), le premier livre des* Antiquités de Rome *se signale par **un style élevé** qui contraste fortement avec l'inspiration du recueil satirique. Dans ce « premier livre » (il n'y en eut jamais de second)* **Du Bellay** *chante, « le premier des Français, / L'antique honneur du peuple à longue robe ». Alternant sonnets en décasyllabes et en alexandrins, le recueil se présente comme **une méditation sur la grandeur de Rome et sur sa chute**, conséquence inéluctable d'un orgueil qui « menaçait les cieux ».*

*Le poète se sert du **mythe de la Gigantomachie** (le combat des Dieux et des Géants), l'un des mythes fondamentaux de la Renaissance, et de la poésie de la Pléiade. De même que les Géants furent écrasés pour avoir voulu se hisser jusqu'au ciel et en chasser les Dieux, de même Rome s'effondra, moins sous les coups des barbares que sous ceux de ses propres enfants.*

Exaltant la puissance romaine, expliquant et déplorant sa ruine, Du Bellay interroge pathétiquement les « pâles Esprits » et les « ombres poudreuses » qui hantent encore les « reliques cendreuses ». Si le marbre et le porphyre ont disparu, qu'attendre du papier sur lequel s'écrit la poésie ? Et pourtant les vers sont là, trouvant à dire le désastre une gloire qu'ils espèrent durable.

« Pâles Esprits... »

Pâles Esprits[1], et vous, Ombres poudreuses,
Qui, jouissant de la clarté du jour,
Fîtes sortir cet orgueilleux séjour,
Dont nous voyons les reliques[2] cendreuses ;

5 Dites, Esprits (ainsi les ténébreuses
Rives du Styx non passable[3] au retour,
Vous enlaçant d'un trois fois triple tour,
N'enferment point vos images ombreuses[4]),

Dites-moi donc (car quelqu'une de vous,
10 Possible[5] encor se cache ici dessous),
Ne sentez-vous augmenter votre peine,

Quand quelquefois de ces coteaux romains
Vous contemplez l'ouvrage de vos mains
N'être plus rien qu'une poudreuse plaine ?

    Du Bellay, *Les Antiquités de Rome*, sonnet 15
    (1558). Orthographe modernisée

1. Il s'agit des anciens Romains. — 2. Les ruines. — 3. Le fleuve des Enfers ne peut être retraversé. — 4. Fantômes. — 5. Peut-être.

« Ce vieil honneur poudreux... »

Qui a vu quelquefois un grand chêne asséché,
Qui pour son ornement quelque trophée porte,
Lever encor' au ciel sa vieille tête morte,
Dont le pied fermement n'est en terre fiché,

5 Mais qui dessus le champ plus qu'à demi penché
Montre ses bras tous nus et sa racine torte[1],
Et sans feuille ombrageux, de son poids se supporte
Sur son tronc nouailleux[2] en cent lieux ébranché :

Et bien qu'au premier vent il doive sa ruine,
10 Et[3] maint jeune à l'entour ait ferme la racine,
Du dévot populaire[4] être[5] seul révéré :

Qui tel chêne a pu voir, qu'il imagine encores
Comme entre les cités, qui plus florissent ores[6],
Ce vieil honneur poudreux[7] est le plus honoré.

    Du Bellay, *Les Antiquités de Rome*, sonnet 28
    Orthographe modernisée

1. Tordue. — 2. Noueux. — 3. Et que. — 4. Du peuple dévot. — 5. Infinitif construit comme lever *au vers 3 ; le texte combine librement relatives et propositions infinitives. — 6. Qui sont aujourd'hui plus florissantes. — 7. L'antique honneur de Rome.*

ANALYSE STYLISTIQUE

En analysant d'une part **la syntaxe** de ces sonnets, d'autre part **le choix des termes** (sens et sonorités), montrez comment le texte s'attache à donner le maximum de puissance à l'image qu'il développe. S'agit-il d'une simple comparaison ?

COMPOSITION FRANÇAISE

« ... Du Bellay a conscience comme d'un affaissement de la poésie humiliée avec lui et par lui, se sauvant, et la sauvant, de ne pas renoncer à dire le désespoir. »

Vous commenterez et discuterez ce jugement de Michel Deguy (*Tombeau de Du Bellay*, Gallimard, 1973).

Divers Jeux rustiques (1558)

Troisième recueil de 1558, les Divers Jeux rustiques *livrent une troisième facette du talent de* **Du Bellay**. *On n'y retrouve ni l'amertume des* Regrets, *ni la solennité des* Antiquités. *Le poète s'abandonne à* **la gaîté familière des petits genres hérités de l'Antiquité ou de la poésie néo-latine** : *vœux rustiques, baisers, épitaphes d'un petit chien ou d'un petit chat... L'imitation est ici bien proche de la traduction. Ainsi, le célèbre vœu du vanneur est adapté du Vénitien Naugerius (Navagero), poète néo-latin très apprécié. Le jeu est double, avec le discours du vanneur supposé, avec le texte du poète imité... La poésie est ainsi une sorte de* **jeu de rôles**.
Mêlant les genres, les formes (strophiques ou non, de longueur très inégale : le contraste est vif avec l'unité formelle des recueils de sonnets), les Jeux *comportent aussi des élégies amoureuses et des pièces satiriques.*

D'un vanneur de blé, aux vents

A vous troppe[1] legere,
Qui d'æle passagere
Par le monde volez,
Et d'un sifflant murmure
5 L'ombrageuse verdure
Doulcement esbranlez,

J'offre ces violettes,
Ces lis, et ces fleurettes,
Et ces roses icy,
10 Ces vermeillettes roses,
Tout freschement écloses,
Et ces œilletz aussi.

De vostre doulce halaine
Eventez ceste plaine,
15 Eventez ce sejour :
Ce pendant que j'ahanne[2]
A mon blé, que je vanne
A la chaleur du jour.

Du Bellay, *Divers Jeux rustiques*,
« Vœux rustiques », 3 (1558)

---

1. *Troupe ; il s'agit de la troupe des vents.* — 2. *Je travaille (en peinant).*

Niccolo dell'Abate, *Le Vannage du grain* (détail).
Coll. particulière.

ANALYSE STYLISTIQUE

Relevez et commentez les **procédés** qui donnent, à ce poème aussi, une « aile passagère ». Ne vous contentez pas d'une liste : essayez de montrer comment des faits d'ordre **rythmique**, **phonique**, **syntaxique**, **sémantique**, se combinent, s'associent à chaque instant.

Contre les Pétrarquistes

Dans la vaste satire Contre les Pétrarquistes, *brûlant allègrement ce qu'il avait adoré,* **Du Bellay** *fustige le désespoir feint, le langage artificiel des poètes pétrarquisants, et propose de leur substituer un **discours amoureux tout simple, voué au seul plaisir**. La poésie dite « simple » est tout aussi codée que la poésie pétrarquiste, mais les sources ont changé : au* Canzoniere *on oppose maintenant la poésie alexandrine et la poésie élégiaque latine. Après la grande dame inaccessible, la bergère complaisante… Dans tout ceci, il y a une **part de jeu**, le titre du recueil nous le rappelle.*

J'ai oublié l'art de Pétrarquiser,
Je veux d'Amour franchement deviser,
Sans vous¹ flatter, et sans me déguiser :
    Ceux qui font tant de plaintes,
5 N'ont pas le quart d'une vraie amitié,
Et n'ont pas tant de peine la moitié,
Comme leurs yeux, pour vous faire pitié,
    Jettent de larmes feintes.

Ce n'est que feu de leurs froides chaleurs,
10 Ce n'est qu'horreur de leurs feintes douleurs,
Ce n'est encor' de leurs soupirs et pleurs
    Que vents, pluie et orages :
Et bref, ce n'est à ouïr leurs chansons,
De leurs amours que flammes et glaçons,
15 Flèches, liens, et mille autres façons
    De semblables outrages².

De vos beautés, ce n'est tout que fin or,
Perles, cristal, marbre, et ivoire encor,
Et tout l'honneur de l'Indique³ trésor,
20   Fleurs, lys, œillets et roses :
De vos douceurs ce n'est que sucre et miel,
De vos rigueurs n'est qu'aloès et fiel,
De vos esprits, c'est tout ce que le ciel
    Tient de grâces encloses.

25 Puis tout soudain ils vous font mille torts,
Disant, que voir vos blonds cheveux retors,
Vos yeux archers, auteurs de mille morts,
    Et la forme excellente
De ce que peut l'accoutrement couver⁴,
30 Diane en l'onde il vaudrait mieux trouver⁵,
Ou voir Méduse⁶, ou au cours s'éprouver
    Avecques Atalante⁷.

S'il faut parler de votre jour natal,
Votre ascendant heureusement fatal
35 De votre chef écarta tout le mal
    Qui aux humains peut nuire.
Quant au trépas, sa'vous⁸ quand ce sera
Que votre esprit le monde laissera ?
Ce sera lors que là-haut on voira
40   Un nouvel Astre luire. [...]

Mais cet Enfer de vaines passions,
Ce Paradis de belles fictions,
Déguisements de nos affections,
    Ce sont peintures vaines :

45 Qui donnent plus de plaisir aux lisants
Que vos beautés à tous vos courtisans,
Et qu'au plus fol de tous ces bien-disants
    Vous ne donnez de peines. [...]

De vos beautés je dirai seulement,
50 Que si mon œil ne juge follement,
Votre beauté est jointe également
    A votre bonne grâce :
De mon amour, que mon affection
Est arrivée à la perfection
55 De ce qu'on peut avoir de passion
    Pour une belle face.

Si toutefois Pétrarque vous plaît mieux,
Je reprendrai mon chant mélodieux,
Et volerai jusqu'au séjour des Dieux
60   D'une aile mieux guidée :
Là dans le sein de leurs divinités
Je choisirai cent mille nouveautés,
Dont je peindrai vos plus grandes beautés
    Sur la plus belle Idée⁹.

Du Bellay, *Divers Jeux rustiques*,
« Contre les Pétrarquistes » Orthographe modernisée

---

1. Ce qui fait la subtilité de cette satire, c'est qu'elle est aussi un poème d'amour adressé « A une Dame » (tel était d'ailleurs le titre de sa première version). — 2. Reprise des figures favorites du pétrarquisme, métaphores, antithèses, oxymores. — 3. Des Indes. — 4. Couvrir. — 5. Allusion à l'histoire d'Actéon (voir p. 322). — 6. L'une des trois Gorgones, au regard pétrifiant, décapitée par Persée. — 7. Atalante avait juré de n'épouser que celui qui la vaincrait à la course ; les autres étaient mis à mort ; Hippoménès gagna la main d'Atalante en jetant à terre des pommes d'or : Atalante s'arrêta pour les ramasser. — 8. Savez-vous (apocope). — 9. Archétype, modèle éternel (notion platonicienne) ; voir ces vers du sonnet 113 de L'Olive, où le poète invite son âme à voler en un plus clair séjour :

    « Là, ô mon âme au plus haut ciel guidée !
    Tu y pourras reconnaître l'Idée
    De la beauté, qu'en ce monde j'adore ».

POUR LE COMMENTAIRE

La critique des pétrarquisants. Quels sont les griefs fondamentaux ? Montrez en particulier comment s'articulent le motif de la **souffrance** et celui du mensonge, d'un **mensonge littéraire**.

Hymne de la Surdité

Le recueil des Jeux rustiques *se clôt avec l'*Hymne de la Surdité, *adressé à Ronsard.* **Du Bellay** *s'y livre à une sorte de démarquage humoristique des* Hymnes *de son ami, l'une des entreprises les plus ambitieuses de la grande poésie ronsardienne. Les deux poètes étaient atteints de surdité partielle : cette coïncidence permet à Du Bellay de* **faire de la surdité un signe et un atout de la vocation poétique** *et de conférer un accent nouveau à une image fondamentale : celle de* **la bienheureuse solitude du lecteur, et de l'écrivain.** *Du Bellay défend ici la surdité contre les apôtres de la conversation.*

Le parler toutefois entretient les amis,
Et nous est de nature à cet effet permis :
Et[1] ne peut-on pas bien à ses amis écrire,
Voire mieux à propos, ce qu'on ne leur peut dire ?
  Si[2] est-ce un grand plaisir, dira quelque causeur,
D'entendre les discours de quelque beau diseur.
Mais il est trop plus[3] grand de voir quelque beau
                                                    [livre,
Ou lorsque notre esprit du corps franc et délivre[4]
Voyage hors de nous, et nous fait voir sans yeux
Les causes de nature et les secrets des cieux :
Pour auxquels pénétrer, un philosophe sage
Voulut perdre des yeux le nécessaire usage,
Pour ne voir rien qui pût son cerveau départir[5] :
Et qui plus que le bruit peut l'esprit divertir ?
  La Surdité, Ronsard, seule t'a fait retraire
Des plaisirs de la cour[6] et du bas populaire,
Pour suivre par un trac[7] encore non battu
Ce pénible sentier qui mène à la vertu[8].
Elle seule a tissu l'immortelle couronne
Du Myrte Paphien[9], qui ton chef environne :
Tu lui dois ton laurier, et la France lui doit
Qu'elle peut désormais se vanter à bon droit
D'un Horace, et Pindare, et d'un Homère encore,
S'[10]elle voit ton Francus[11], ton Francus qu'elle adore
Pour ton nom seulement, et le bruit qui en court[12] :
Dois-tu donques, Ronsard, te plaindre d'être sourd ?
  O que tu es heureux, quand le long d'une rive,
Ou bien loin dans un bois à la perruque[13] vive,
Tu vas, un livre au poing, méditant les doux sons
Dont tu sais animer tes divines chansons,
Sans que l'aboi d'un chien ou le cri d'une bête
Ou le bruit d'un torrent t'élourdisse[14] la tête.
Quand ce doux aiguillon si doucement te point,
Je crois qu'alors, Ronsard, tu ne souhaites point
Ni le chant d'un oiseau ni l'eau d'une montagne,
Ayant avecques toi la Surdité compagne,
Qui fait faire silence, et garde que le bruit
Ne te vienne empêcher de ton aise le fruit[15].
  Mais est-il harmonie en ce monde pareille
A celle qui se fait du tintin de l'oreille ?
Lorsqu'il nous semble ouïr, non l'horreur d'un
                                                    [torrent,
Ains[16] le son argentin d'un ruisseau murmurant,

Ou celui d'un bassin, quand celui qui l'écoute
S'endort au bruit de l'eau, qui tombe goutte à
                                                    [goutte[17].
45 On dit qu'il n'est accord, tant soit mélodieux,
Lequel puisse égaler la musique des Cieux[18],
Qui ne se laisse ouïr en cette terre basse,
D'autant que le fardeau de cette lourde masse
Hébète nos esprits, qui par la Surdité
50 Sont faits participants de la divinité.
  Regarde donc, Ronsard, s'il y a mélodie
Si douce[19] que le bruit d'une oreille essourdie,
Et si la Surdité par un double bienfait
Ne récompense pas le mal qu'elle nous fait,
55 En quoi même les Dieux, Déesse, elle ressemble[20],
Qui nous versent l'amer et le doux tout ensemble.

Du BELLAY, *Divers Jeux rustiques,*
« Hymne de la Surdité », vers 129-184
Orthographe modernisée

1. *« Et » a ici la valeur de « mais ».* — 2. *Pourtant.* — 3. *Beaucoup plus.* — 4. *Affranchi et libéré.* — 5. *Diviser, troubler ; le philosophe en question est Démocrite, dont une légende veut qu'il se soit crevé les yeux.* — 6. *D'après Claude Binet, son ami et premier biographe, la surdité empêcha Ronsard de faire carrière à la cour.* — 7. *Piste.* — 8. *Vers tiré de l'*Hymne de la Philosophie, *de Ronsard.* — 9. *Myrte de Paphos, à Chypre, terre d'élection d'Aphrodite : symbole de l'amour et, par là, de la poésie.* — 10. *Si.* — 11. *Le héros de la future* Franciade *(voir p. 383).* — 12. *On attendait effectivement le chef-d'œuvre, qui ne devait venir (pour décevoir) qu'en 1572.* — 13. *Chevelure, d'où, par métaphore, feuillage.* — 14. *Alourdisse, encombre.* — 15. *Le fruit de ton plaisir.* — 16. *Mais.* — 17. *Du v. 39 au v. 44, c'est une objection, que la suite réfute.* — 18. *La musique des Sphères, produite par le mouvement des différents cercles célestes, selon l'astronomie antique.* — 19. *Aussi douce.* — 20. *Déesse, elle ressemble aux Dieux eux-mêmes.*

POUR LE COMMENTAIRE

1. Les arguments successifs. Distinguez-les. Montrez que le texte ne dissimule pas le caractère excessif et paradoxal de ses arguments.

2. L'ironie. S'agit-il d'une ironie pure ? Qu'est-ce qui fait le charme de ce discours ? Quelle conception de la poésie l'auteur défend-il ainsi ?

3. Les relations de la parole, de l'écriture et de la musique. Comment sont-elles posées dans le texte ?

3. Visages de la Pléiade

Jean Antoine de Baïf (1532-1586)

Sa formation

Né à Venise, **Jean Antoine de Baïf** est le fils du grand humaniste Lazare de Baïf, qui le « nourrit aux Lettres » dès le plus jeune âge. Il a comme précepteur Jean Dorat, grand helléniste, féru de poésie lui-même (en latin). Autour de 1547, il travaille avec le jeune Ronsard. Tous deux vont suivre l'enseignement du maître au collège de Coqueret, et mûrissent ensemble, avec Du Bellay, le programme qu'exprime la *Défense et Illustration de la langue française*.

Ses œuvres

En 1552, Baïf publie les *Amours de Méline*, de style mignard. D'autres recueils amoureux verront le jour par la suite (dont *Les Amours de Francine*, en 1555). Baïf pratique tous les genres. On lui doit neuf livres de *Poèmes*, pièces diverses : éloges officiels, amples narrations mythologiques, variations rustiques, poésie scientifique enfin (*Les Météores*, 1573). La même année, les *Passetemps* rassemblent de petites pièces dans le goût des *Jeux rustiques*, de Du Bellay. En 1576, paraît le recueil des *Mimes*, poésie gnomique à base de proverbes.

Poésie et musique

Inlassable expérimentateur, il cherche à faire passer en français la technique gréco-latine du vers, fondée sur la durée, le jeu alterné des syllabes longues et brèves. Baïf produit ainsi des **vers mesurés**, construits à l'aide des mètres antiques (dactyles, spondées, trochées...) et dépourvus de rime. Son but est de fournir aux musiciens **une poésie plus adaptée au langage musical**, de manière à rendre plus étroites encore les relations de la poésie et de la musique. Il fonde, en 1570, une **académie de poésie et de musique**. Les vers mesurés de Baïf remportent un vif succès auprès de compositeurs comme Lassus, Le Jeune, Mauduit. Difficilement appréciables à la simple lecture (le critère de **durée** n'étant guère pertinent en français), ces vers appartiennent, en tout cas, à l'histoire de la musique. Baïf meurt en 1586, un an après Ronsard.

Concert sur l'eau,
dessin d'Annibal Carrache.
Musée d'Orléans.

Jean Antoine de Baïf *Les Météores* (1573)

*Très inégale, la production poétique de **Baïf** est cependant riche de tentatives intéressantes. C'est le cas de sa **poésie scientifique**. Dans Les Météores, s'inspirant d'Aristote, il s'efforce de décrire et d'expliquer les phénomènes célestes en s'interdisant toute exaltation lyrique ou mythologique à la Ronsard. Décrivant le cours des planètes, le jeu des influences zodiacales, les météores ignés (étoiles filantes, feux follets, comètes, aurores boréales), Baïf fait subir au langage poétique une cure d'exactitude qui a pour lui valeur « philosophique ».*

Les Ardents

1. En s'attachant.
2. Embuscade.
3. Le sommet de la tête.
4. Se mettre.

> On a vu maintefois des flammèches léchantes,
> Qu'on nomme des Ardents, flamboyer s'attachantes[1]
> Aux piques des soudards, ou quand ils sont du guet,
> Ou quand le Capitaine en embûche[2] les met.
> 5 Souvent on les a vus sur le sommet[3] s'éprendre[4]
> De ceux qui vont la nuit : même on les a vus prendre
> Alentour de leur barbe, et par flambeaux épars,
> Comme larmes de feu, briller de toutes parts,
> Sans brûler toutefois, non plus que l'eau de vie
> 10 Éprise en un mouchoir, dont la flamme suivie

5. *Bleu-vert (masc.*
pers).

6. *Ne se déplace.*

7. *S'élançant.*

8. *Bas.*
9. *On considérait que la*
décomposition rendait
la terre des cimetières
spécialement grasse et
humide.
10. *Croupies.*
11. *Terrain.*
12. *Près du sol.*
13. *Leur grasse*
pesanteur ne pouvant...
14. *Ne t'étonne pas.*

15. *Pulmo marinus,*
exemple emprunté à
Pline ; il doit s'agir d'une
méduse.

16. *L'escarboucle,*
censée être
luminescente.

17. *Effet de*
phosphorescence dû à
certains champignons.
18. *Écailles.*

19. *Les feux de*
Saint-Elme ; d'Érasme à
Montaigne, en passant
par Rabelais et Ronsard,
tout le monde en parle
au XVIe siècle.
20. *Tantôt.*
21. *Elle s'abat.*

22. *Antithèse de saveur*
pétrarquiste, exploitée
ici dans un contexte des
plus concrets.

En rampant l'enveloppe, et perse[5] et blanche luit
D'un feu toujours montant qui au linge ne nuit.
Ces Ardents si l'on va, changent aussi de place,
Se poussent en avant : et si l'on ne déplace[6]
15   Souvent ne bougeront : parfois en un moment
Les voilà sauteler volages follement :
De cheval en cheval, de l'homme dessus l'homme,
Saillant[7] de place en place, ils volent ainsi comme
Les petits oisillons encor nouveaux à l'air,
20   Qu'on voit de branche en branche à leur mère voler.
  Volontiers ces follets ont coutume de naître
Où dans l'air élevés on les voit apparaître,
Par les prés avalés[8], aux cimetières gras[9],
Sur les croupisses[10] eaux, en tous lieux qui sont bas :
25   Où le pays[11] est propre à jeter les fumées
De ces grosses vapeurs, qui luisent allumées
Près d'ici[12], ne pouvant leur grasse pesanteur[13]
Lente atteindre de l'air à la moyenne hauteur,
Tant leur chaleur est faible. Or grandement n'admire[14]
30   Si tu vois ces Ardents sans qu'ils brûlent reluire,
Mais repense à part toi quelles choses tu vois
Éclairer à nos yeux, ne brûler toutefois.
Vois du poumon marin[15] la baguette frottée,
D'où part une lueur en pleine nuit jetée,
35   Si grande qu'elle sert à conduire celui
Qui en lieu de flambeau la porte devant lui :
Voy l'écarboucle[16] fine, et regarde l'eau claire
Que l'on distille afin que de nuit elle éclaire :
Vois le bois vermoulu[17], les mailles[18] des poissons,
40   Le petit ver qui luit blotti sous les buissons.
De pareille vapeur une flamme apparente
Éclaire aux mariniers quand ils sont en tourmente[19] :
Ore[20] allumée au Ciel contre bas elle fond[21],
Ore du choc des flots elle s'élève à mont.
45   Tantôt elle s'assied comme une double étoile
Sur le mât du navire, ou saute sur la voile :
Quelquefois elle est seule, ah ! ce n'est sans danger
De faire le tillac sous les vagues plonger :
Et si elle descend au ventre du navire,
50   C'est alors que brûlante elle se montre pire,
Et sans un prompt secours les gens et le vaisseau
Sont en péril de feu dans le milieu de l'eau[22].

Jean Antoine DE BAÏF, « Le premier des Météores », vers 521-572 (1573),
dans *Premier Livre des Poèmes*. Orthographe modernisée

ANALYSE STYLISTIQUE ET RHÉTORIQUE

En vous aidant, le cas échéant, d'une comparaison avec d'autres textes, caractérisez le type de poésie développé ici par Baïf :

1. La rhétorique du texte. Comment le poète s'adresse-t-il à son lecteur ? Dans quelle intention ?

2. La phrase et le vers. Comment ce discours scientifique s'insère-t-il dans la structure du vers ? Étudiez l'effet des enjambements, mais aussi des parallélismes syntaxiques (« Ores... Ores », « Vois... Vois »...).

3. Comparaisons et métaphores. Étudiez leur registre et leur utilisation.

4. Montrez comment Baïf fait constamment appel à l'**imagination visuelle** du lecteur, sans sortir, cependant, du **champ de l'expérience** (même si certains phénomènes sont de source purement livresque !).

D'UN TEXTE À L'AUTRE

On pourrait trouver profit à pratiquer ici une intertextualité « sauvage », en comparant les moyens mis en œuvre dans ce texte et dans un poème comme le « Bateau ivre », de RIMBAUD.

Pontus de Tyard *Livre de vers lyriques* (1555)

Pontus de Tyard (1521-1605)

Pontus de Tyard,
gravure du XVIᵉ siècle.
Paris, B.N.

Pontus de Tyard est originaire de Bissy, près de Mâcon. Après d'excellentes études, il devient chanoine et participe à la vie intellectuelle lyonnaise, sur laquelle règne Maurice Scève. Tyard est fortement influencé par ce dernier, et par le **néo-platonisme**, dont il est le meilleur représentant français. Il traduit Pétrarque et surtout les *Dialogues de l'Amour*, de Léon Hébreu. En 1549, il publie des *Erreurs amoureuses*, puis ce sont le *Solitaire premier* (1552) et le *Solitaire second* (1555), discours-dialogues qui exposent sa philosophie poétique et musicale.

Après 1555, Pontus de Tyard, qui multiplie les travaux scientifiques (cosmologie, astrologie...), s'introduit à la Cour ; les poètes de la Pléiade lui font bon accueil : ainsi se fait la jonction entre « l'école lyonnaise » et la nouvelle génération. Il fréquente l'Académie de Baïf, où sa science musicale fait merveille, et le salon de la maréchale de Retz. En 1578, il est nommé évêque de Chalon-sur-Saône. Aussi tolérant que fidèle au roi, il s'oppose à la Ligue dans des écrits politiques, tout en continuant son œuvre de savant et de vulgarisateur. Sa longue vie prend fin en 1605.

Énigme

*La poésie de **Pontus de Tyard** est pétrie d'influences diverses, qui vont de Scève à Ronsard, tout en puisant directement aux sources italiennes. Mais ses vers conservent une marque propre, qu'ils doivent à leur souplesse, à leur aisance, et à l'insistance des échos néo-platoniciens, qui n'excluent nullement la sensualité : on ne trouve pas chez lui de tension vers l'abstraction, mais plutôt **un jeu subtil qui apprivoise l'abstraction** et la rend comme familière.*

Subtile suis, et de telle beauté,
Qu'autre beauté ne peut être connue,
Que je n'y sois en une qualité[1].

En liberté, je veux être tenue,
5 Évidemment[2] : car qui me veut contraindre,
Il perd et moi et l'objet de sa vue[3].

S'il pense encor à ma substance atteindre,
Et me toucher, j'en prends telle vengeance,
Que je lui donne assez de quoi se plaindre.

10 Et l'œil du ciel en vain son influence
Coule çà bas[4], s'il ne se fait sensible
Des qualités prises de mon essence[5].

Il est à l'homme à grand peine possible
Vivre sans moi : et si[6] le fais dissoudre,
15 S'il est de moi entièrement passible[7].

Mon corps couvert d'une légère poudre
Ne me saurait avec soi arrêter[8] :
Car je le fuis plus vite que la foudre.

Qui, tant soit peu, me veut solliciter,
20 Il me peut voir en colère incroyable
Les plus hauts lieux en bas précipiter.

Mobile suis, sans arrêt, variable,
Sans couleur, forme, ou certaine figure,
Et si suis vue en ma force admirable.

25 Je vis de faire à mon contraire injure[9],
Qui par sa mort m'apporte tel encombre[10],
Qu'en fin la mort moi-même j'en endure.
Or devinez si je suis corps ou ombre.

PONTUS DE TYARD, *Livre de vers lyriques* (1555)
Orthographe modernisée

---

1. *Terme philosophique : les qualités sont les propriétés inhérentes à l'essence d'un objet (voir v. 12). — 2. De manière manifeste. — 3. Ce qu'il voit. — 4. Fait descendre ici-bas. — 5. L'œil du ciel (le soleil) ne peut exercer d'influence à moins d'être rendu sensible,* perceptible, par les qualités qu'il doit à sa nature. — 6. Pourtant. — 7. S'il m'est complètement soumis. — 8. Confiner en lui-même. — 9. De l'agresser, de le détruire. — 10. Embarras.

POUR LE COMMENTAIRE

1. Tentez de percer l'**énigme**.

2. Qu'est-ce qui **intéresse** le poète dans un tel objet ?

3. Analysez le rôle, dans ce langage poétique, du **vocabulaire philosophique** ou simplement savant.

Rémy Belleau *Les Amours et Nouveaux Échanges de pierres précieuses* (1576)

Rémy Belleau (vers 1528-1577)

Rémy Belleau,
gravure du XVIᵉ siècle.
Paris, B.N.

Un lyrisme léger

Né à Nogent-le-Rotrou, **Rémy Belleau** complète à Paris, vers 1553, une formation dominée par l'amour de la poésie grecque. Il rentre bientôt dans le groupe de Coqueret (Ronsard, Baïf, Du Bellay). En 1556, il publie une traduction des *Odes*, d'Anacréon : le succès de ce lyrisme léger, blasonneur de « petits » sujets, est considérable : la palette de la Brigade s'en trouve enrichie d'un nouveau style. Dans une veine proche, Belleau blasonne encore dans les *Petites inventions* (« l'Escargot », « la Cerise », « l'Huître »)...

La *Bergerie* (1565)

Après avoir penché pour la Réforme, l'auteur se rallie au parti de ses protecteurs, les Guise. En 1560, des *Amours*, de Ronsard paraissent accompagnés d'un commentaire de Belleau, témoignage d'une intime complicité poétique. Précepteur chez l'un des Guise, le marquis d'Elbeuf, Belleau vit au château de Joinville, où il situe sa *Bergerie* (1565), chef-d'œuvre de la poésie pastorale.

Le parti pris des choses

En 1576, paraissent *Les Amours et Nouveaux Échanges de pierres précieuses*. Cette œuvre, qui utilise la tradition des lapidaires, relève en partie de la poésie « scientifique ». Il s'agit de décrire les propriétés des pierres, c'est-à-dire de raconter leur histoire, le mythe de leur origine. Description de l'objet, la poésie est à la fois éloge et récit, minutieux discours des mystérieux échanges à l'œuvre entre les substances, et des substances aux passions des hommes.

« Tombeau » solennel

Belleau est aussi l'auteur d'une comédie, *La Reconnue*, qui sera publiée après sa mort. Celle-ci, survenue en 1577, fut l'occasion d'un hommage poétique exceptionnel, rendu par ses nombreux amis sous la forme d'un *Tombeau*.

L'esprit d'un caillou

*S'il est une pierre qui émerveille **Rémy Belleau**, c'est la calamite, **la pierre d'aimant** (ou magnétite ; le nom de calamite vient de calame, roseau : dans les premières boussoles l'aiguille aimantée reposait sur un brin de roseau). Voilà une pierre qui « aime » d'amour le fer, métal guerrier, métal indomptable. Elle fait le vide autour de lui ; les deux corps « se collent serrément l'un à l'autre » et l'air qu'ils renferment, « par menus trous », « frappe et pousse » la semence du fer dont l'aimant se nourrit et prend vie.*

1. *Belleau vient de parler de l'Airain qui, mis entre le Fer et l'Aimant, rompt leur amitié.*
2. *Égarement, transport ; notion platonicienne.*
3. *Grande Ourse et Petite Ourse.*
4. *La Terre, immobile au centre du cosmos, dans le système de Ptolémée.*

N'est-ce merveille encor, outre ces cas étranges
Et les accrochements de ces nouveaux mélanges[1],
Voir ce corps aimantin animé de fureur[2],
Ainsi que de l'amour, ou de quelque autre ardeur,
5 Suivre les feux dorés des étoiles ursines[3],
Qui craignent se baigner dedans les eaux marines,
Éternelles roulant à l'entour de l'essieu[4] ?
Mais sent-il point encor la pointe de l'épieu
D'Arcas le fils bâtard et gardien de l'Ourse,
10 Quand chassant par les bois, échauffé, prit la course

5. *Aimée de Jupiter,*
Callisto fut changée en
ourse par Junon et faillit
être tuée par son fils, le
chasseur Arcas ; Jupiter
intervint et plaça au ciel
la mère et le fils, la
Grande et la Petite
Ourse ; Junon, furieuse,
obtint de l'Océan qu'il
n'accueille jamais la
constellation : Callisto
est condamnée à
tourner autour de l'étoile
Polaire, sans jamais
s'arrêter.
6. *Délectable.*
7. *Divisés.*
8. *C'est la rose*
des Vents.
9. *Séparant.*

10. *Éphémères.*
11. *Un ordre.*

12. *Notions issues du*
néo-platonisme,
conjuguant l'Éros
platonicien et le Dieu
chrétien.
13. *Privé.*
14. *Nous sommes*
en pleine guerre
de Religion ;
la Saint-Barthélemy
date de 1572.

15. *Âpreté, dureté.*

16. *Qu'il domine.*

17. *Rapides.*

18. *Saisir,*
s'emparer de.

19. *Conscients.*

Pour enferrer sa mère au poil âpre et rebours,
De ce grand Jupiter trop cruelles amours ?
Qui changea les beautés et les grâces modestes
De Callisto[5] la vierge en ces flammes célestes,
15   Après l'avoir armée et de dents et de peau,
Pour accroître des ours le sauvage troupeau ?

   Ou c'est l'influx secret des rais et de la flamme
De l'Ourse qui l'inspire et qui lui donne l'âme
Ou quelque cousinage, ou bien je ne sais quoi
20   De friand[6] qui l'amorce et qui l'attire à soi.
Car le fer aiguisé, sans force et sans contrainte,
Frotté contre l'Aimant, tourne toujours la pointe
Vers le septentrion, qui rend les jours partis[7]
En minutes, en quarts, et les vents assortis
25   Chacun en son quartier[8], retranchant[9] mesurée
La flamme du soleil et l'humide contrée.

   Invention des Dieux ! avoir tiré l'esprit
D'un caillou rendurci, qui sans savoir apprit
Aux hommes journaliers[10] de tirer un ménage[11]
30   Des jours, des mois, des ans, ruine de notre âge !
De là nous connaissons qu'en ce grand Univers
Tout se fait d'amitié, rien n'y va de travers,
Tout marche, roule et suit sous la sainte ordonnance
De ce grand Dieu, qui tient tout le monde en balance[12].

35   Ha siècle malheureux et veuf[13] de jugement,
Où les hommes grossiers ont moins de sentiment,
Moins de grâce et d'amour que le fer ni la pierre,
Armés de cruauté et tous nés pour la guerre,
Ennemis de la Paix, prompts à souiller leurs mains
40   Au sang de leur voisin, tant ils sont inhumains[14] !
Siècle trop ignorant des douceurs de la vie,
Fertile de malheur et pâlissant d'envie,
Nous faisant savourer en ce val terrien
Plus aigrement le mal que doucement le bien !

45   Or la pierre d'Aimant non seulement attire
La froide horreur[15] du fer, mais le fer, qu'elle inspire
De sa vive chaleur, attire l'autre fer ;
Communiquant sa force et les rayons de l'air,
Qui coulent de l'Aimant, au fer qu'il outrepasse[16] ;
50   S'entre-poussant ainsi que sur l'humide espace
Les haleines des vents, prompts et vites[17] courriers,
Vont poussant par derrière au gré des mariniers
Et voiles et vaisseaux, volant d'ailes légères
Pour empiéter[18] l'Or fin des rives étrangères.

55   Cause que nous voyons et quatre et cinq anneaux
Suspendus dedans l'air d'accrochements nouveaux,
L'un à l'autre collés de liens invisibles,
Comme si de l'amour entre eux étaient sensibles[19],
L'un l'autre se couplant de secrète amitié,
60   Qui ces deux corps inspire à trouver leur moitié.

Rémy BELLEAU, *Les Amours et Nouveaux Échanges...*, « La pierre d'Aimant »,
ou « Calamite », vers 149-208 (1576). Orthographe modernisée

ANALYSE STYLISTIQUE

1. L'art du « mélange » et de la transition. Comment Belleau passe-t-il du propos scientifique au propos mythologique, moral, etc. ? Quels sont les facteurs d'unité ?

2. Le projet poétique. En quoi consiste-t-il ici ? Demandez-vous, en particulier, si la notion de « poésie didactique » suffit à en rendre compte.

4. Étienne Jodelle (≃1532-1573)

Étienne Jodelle,
gravure du XVIᵉ siècle.
Paris, B.N.

Le premier auteur tragique

Né à Paris, dans une famille bourgeoise, **Étienne Jodelle** commença sans doute très jeune à faire des vers, dans le goût de Marot. On ne sait pas grand-chose de son éducation. En 1552, on le retrouve à Paris, lié au collège de Boncourt, qui abrite Belleau, Grévin et La Péruse. Il fait jouer (sans doute dans un collège) sa comédie *L'Eugène...* . Et la représentation, en février 1553, devant le roi, de *Cléopâtre captive*, première tragédie « à l'antique » en langue française, provoque un enthousiasme délirant, célébré par la Brigade au cours d'un simulacre de cérémonie bachique, la « Pompe du Bouc ».

Le « désastre »

On le couvre d'éloges, mais il ne publie rien. Sans doute écrit-il encore de nombreuses pièces : toutes sont perdues, à l'exception d'une autre tragédie, *Didon se sacrifiant* (vers 1565). En 1558, les échevins de Paris le chargent d'organiser une grande fête à l'Hôtel de Ville, en l'honneur du roi et du duc de Guise, vainqueur de l'Angleterre à Calais. Jodelle compose, à toute vitesse, un spectacle grandiose, avec décor à l'antique peuplé d'inscriptions, proverbes et devises, musique et « mascarade » inspirée de l'histoire des Argonautes (Jodelle joue le rôle de Jason). Mais le lieu se prête mal à l'entreprise, il y a beaucoup trop de monde, personne n'entend Orphée chanter, tout sombre dans le ridicule. Jodelle voit dans cet échec une tragédie et l'effet de son « désastre accoutumé ». Il en tire sa seule publication, le *Recueil des inscriptions...* (1558), où le texte des devises et de la mascarade s'accompagne d'un récit-plaidoyer aussi furieux que douloureux.

Une vie agitée

En 1564, alors qu'il n'est pas à Paris, Jodelle est condamné à mort ; nous ne savons pas pourquoi. Quelques mois plus tard, on le retrouve, bien vivant, dans la capitale. Au cours des années 1567-1568, il fait circuler des poèmes satiriques contre les protestants et Michel de l'Hospital. Vers 1569, on le trouve, avec Pontus de Tyard, dans le salon de la maréchale de Retz, pour laquelle il écrit quelques-uns des plus beaux vers d'amour du XVIᵉ siècle. Il reçoit de Charles IX 500 livres, pour un éloge de la Saint-Barthélemy.

L'année suivante (1573), sa terre est saisie, et Jodelle meurt à Paris dans la misère, maudissant Dieu, après avoir dédié au roi un ultime sonnet qui finit sur ce vers : « Qui se sert de la lampe au moins de l'huile y met. »

L'œuvre posthume

Presque seul, d'Aubigné, en droit pourtant d'abominer Jodelle, lui élève un magnifique « Tombeau » et tonne contre les pillards qui se partagent ses papiers. En 1574, Charles de La Mothe publie ce qu'il a pu rassembler de l'œuvre.

1546	*Épitaphe de Marot*	**vers 1565**	Composition de *Didon se sacrifiant*, tragédie
1552	*L'Eugène* ou *La Rencontre*, comédie		
1553	*Cléopâtre captive*, tragédie	**1567**	*Sonnets* contre les protestants
1558	*Recueil des inscriptions...*	**1574**	Publication des *Vers funèbres sur la mort d'Étienne Jodelle*, d'Agrippa d'Aubigné
vers 1561	Composition des *Discours de Jules César avant le passage du Rubicon*		Publication par Charles de La Mothe des *Œuvres et Mélanges poétiques d'Étienne Jodelle*

Recueil des inscriptions... (1558)

Le Recueil des inscriptions *est donc un essai désespéré d'autojustification, et de **récupération d'un matériel poétique** trahi par le guignon, la Fortune, la vicissitude. **Étienne Jodelle** décrit le décor, reproduit les vers, raconte le désastre. En même temps, le récit impose le personnage d'un **poète démiurge**, capable de concevoir et de construire en trois jours un monde de couleurs et de sons, de formes et de sensations ; mais le magicien est frappé dans son rêve, et le récit nous le montre malade au milieu de ses pièces « pendues au croc ».*

Tantale écrivain

Telle inscription latine, bien frappée sur un arc de triomphe, mettait en garde le duc de Guise contre la Vicissitude, VICISSITUDO. Et voilà que la vicissitude atteint l'inscription elle-même, et celui qui l'a « engravée », vivant désormais « en ce monde, tout tel qu'un Tantale aux enfers ».

1. Il est question des œuvres de l'écrivain, toutes « pendues au croc » (en souffrance).

2. S'étonner.

3. Malheurs de qui est né sous une mauvaise étoile (désastre).

4. Racontée, exposée.

5. A point.

6. La lettre (ou l'acte juridique), le projet me soit resté entre les mains.

7. Défection.

Si j'avais le loisir de discourir ici tout ce qui m'en est advenu[1], je ferais émerveiller[2] ceux qui sans me connaître bien, jugent de moi à l'aventure. Mais ce n'est pas ici où il me faut user de ces plaintes, autant contre la fortune et les désastres[3], que contre l'ingratitude des nôtres. Une occasion se présentera un
5 jour, où telle misère déduite[4] apprendra bon gré mal gré à beaucoup de sévères censeurs, qui tancent, reprennent, et conseillent, pour paraître et non pour aider, que la conduite de nos fortunes n'est point en notre conduite. Ce qui ne fût point entré en mon cerveau non plus qu'au leur, si je n'eusse expérimenté que contre toutes les prévoyances et pourvoyances que j'aie su jamais faire, j'ai toujours
10 senti les malheurs d'une destinée, tellement enchaînés queue à queue, et se rencontrant tellement au point[5], qu'il a fallu qu'en toutes entreprises en dépit de moi, la charte me soit demeurée au poing[6].

Car quant aux lettres (s'il faut encore un peu reprendre ma digression), qu'est-ce que j'ai jamais voulu faire voir de moi, qu'une affaire, une maladie, une
15 débauche[7] d'amis, un défaut ou une perte d'occasion, une entreprise nouvelle, ou, ce qui est le pire de tout, une envie, n'ait empêché d'être vu ? Je ne parle point des labeurs de ma petite jeunesse, mais de ceux où j'ai travaillé depuis quatre ou cinq ans, lesquels ai-je jamais su faire sortir en lumière, encore que j'y tâchasse et que je pensasse bien leur avoir donné des yeux d'aigle pour la
20 soutenir ?

Quant aux armes, où j'ai toujours senti ma nature assez encline, en quel camp, en quel voyage n'ai-je voulu aller, et quels apprêts et quelles poursuites n'ai-je tâché de faire ? Mais toujours ou quelque autre maladie, ou le défaut présent du moyen qui se peut accorder avec la grandeur d'un bon cœur, ou le délai de jour
25 en jour, ou quelques autres incommodités m'ont tellement retenu, qu'il semble

Le supplice de Tantale (détail), gravure de la fin du XVIᵉ siècle. Paris, Bibl. des Arts décoratifs.

8. *Au possible.*
9. *Affaires publiques,*
charges (masc.).
10. *N'étais-je au*
moins né pour elles ?

que ces malheurs me servant de fers, ma ville, qui m'est malheureuse le possible[8], me doive servir d'éternelle prison.

Quant aux affaires[9], encore que je n'y sois ni fait ni nourri, auxquelles pour le moins n'étais-je point né[10] ? Mais tant s'en faut comme me reprochent plusieurs
30 que je les fuie, qu'ils m'ont de tout temps fui, sans qu'il y ait eu rien qui m'en ait rendu incapable que le trop de malheur, ou le trop de capacité, desquels l'un m'a pu apporter les haines et les envies, et l'autre la présomption et fiance[11] de moi-même, qui déplaisent merveilleusement aux grands.

J'entends bien déjà ce qu'on me dit sur ceci, que je suis encore fort jeune, et
35 que je ne saurais faire telles complaintes, sans que j'aie dedans moi une démesurée outrecuidance. Je ne réponds autre chose, sinon que par le passé et par le présent je juge bien de futur. Toutefois j'espère encore, et peut-être qu'au milieu de mon âge, la fortune se fera meilleure pour moi. Je reviens à ma Pyramide[12]...

Étienne JODELLE, Recueil des inscriptions, figures, devises, et mascarades
(1558). Orthographe modernisée

11. *L'assurance et la*
confiance.
12. *Il s'agit de vers*
latins écrits pour le
cardinal de Lorraine,
composés à la
manière d'une
inscription sur un
monument (ici une
pyramide : d'où le
nom du poème) ; ce
poème n'a même pas
pu être présenté : il a
dû garder le coffre...

POUR LE COMMENTAIRE

1. Une digression. En quoi peut-on caractériser ainsi ce discours ?

Que révèle-t-il de la conscience de l'auteur, de son jugement sur ce qu'il est en train de faire ?

2. Trois activités : lettres, armes, affaires. Reprenez-en le détail, et relevez dans chaque cas les mots-clés.

3. Qu'indiquent-elles de la **vision politique et sociale** de Jodelle ?

4. Le thème de la Fortune. Pourquoi est-il si important ? Que s'agit-il de prouver ?

5. Le texte et son lecteur. Quelle peut être la réaction de ce dernier ? Que s'agit-il d'obtenir de lui ?

Discours de Jules César avant le passage du Rubicon (1561 ?)

*De ce poème inachevé (ou mutilé) nous n'avons « que » 2 200 et quelques vers... Écrit sans doute vers 1561, ce texte singulier de **Jodelle** peut être rapproché des Discours, de Ronsard (voir p. 379), et des Tragiques, de d'Aubigné (voir p. 478). Le poète s'adresse au roi, non pas à la manière d'un courtisan, mais « tout tel » qu'il est, pour lui tenir un discours d'une hauteur inusitée, un **discours de vérité**. Il s'interroge sur les rapports de la monarchie et de la vicissitude, examine si celle-ci détruira fatalement celle-là, non seulement en fait, mais dans la mémoire des hommes, qui ne retient que les noirceurs, les crimes, les désastres.*

*Ainsi Jodelle, poète tragique qui, lui aussi, a exploité le « fécond argument » de ces histoires affreuses et connu le désir « de sans cesse en leurs maux rensanglanter sa plume », réfléchit, en même temps que sur l'**histoire** et la **condition royale**, sur sa propre **écriture** et la **condition poétique**.*

Le poète sur le Rubicon

Le poète n'est pas sûr du succès. Échappe-t-on à la tragédie ? C'est pourquoi, à l'orée de son poème, il se voit tel César devant le Rubicon, s'interrogeant sur le sens et la valeur de son acte. On sait ce qu'il advint : le roi permit la Saint-Barthélemy, et le poète l'approuva.

1. *Désormais.*
2. *Pour Jodelle, son*
Démon ou sa Muse,
c'est tout un (Démon
est à prendre au sens
antique d'esprit divin,
attaché à un homme
et inspirant ses actes.
3. *Sortir.*
4. *Privé.*

5. *Je sais bien quel*
bonheur m'a procuré
le fait d'être inconnu.

      Moi donc à qui désor[1] sans aucun vain espoir,
Le temps et mon Démon[2], ton règne et mon devoir,
Commandent de sortir hors de ma solitude
Pour faire issir[3] dehors les fruits d'un franc étude,
5 Et pour dorénavant après un domestic[4]
Service recelé, t'en montrer un public,
Je ressens bien, mais c'est pour dissemblable chose,
Qu'un étroit Rubicon à passer se propose,
A moi comme à César. Car pour être inconnu
10 Jusqu'ici, je sais bien quel grand heur m'est venu[5],

Je sais bien, vu le temps, qui contre notre tête
Nous reforge sans fin divers traits de tempête,
6. *Le temps*
(l'époque).
Que s'il[6] peut bien savoir ce que sur lui je puis,
Ce m'est d'être connu pour tout tel que je suis
15 Un grand malheur, peut-être, et continuel trouble :
7. *Bou-clier (2 syll.).*
Si tu n'as, SIRE, en main le bouclier[7] sept fois double
Dont un Ajax de gloire et de fureur ardent
8. *Épisode de*
l'Iliade, XI, 472 sq.
9. *Au point.*
En combattant couvrait Ulysse le prudent[8].
Tant[9] qu'il ne tourne en moi guère moins de pensées,
20 Que César en sentit dedans soi ramassées,
La nuit dont il voulait passer le lendemain
Le Rubicon, pour faire à son pays Romain
La guerre, et de fureur juste ensemble et inique,
Le ventre maternel de sa grand République
25 Parricide fouler. Quant à moi çà et là,
Tantôt devers ceci, tantôt devers cela,
10. *Se roulant.*
Mes pensers se rouant[10] m'agitent et me mènent,
11. *Surtout.*
Et mêmement[11] pour toi d'autres pensées me peinent :
12. *Brouille, querelle.*
Sachant que le soupçon, le garbouil[12], le besoin,
30 Avant les faits doit faire aux faits avoir le soin.
Car je sens que déjà la rage turbulente
De ce siècle, bientôt à passer te présente
13. *Que tu passes ou*
que tu recules.
Maint nouveau Rubicon, où même tout ainsi
Qu'à César, pour passer ou reculer aussi[13],
14. *A la fin.*
35 Pourrait, peut-être, enfin[14] se trouver une perte,
Perte ou honte, ou bien même et la honte et la perte.
15. *Saisir, frapper.*
Cela donc me fait poindre[15] en ces pensers divers
D'un prompt et chaud humeur, pour vouloir dans ces vers
De ce César pensif les mêmes discours faire
16. *Et pour,*
et contre.
40 Qu'il fit sur tel passage, et pour, et au contraire[16],
Auxquels je brûle après d'accommoder les tiens :
17. *D'abord.*
Mais premier permets, SIRE, ici chanter les siens[17].

Étienne JODELLE, *Discours de Jules César...,*
prologue, vers 189-230 (1561 ?). Orthographe modernisée

Antoine Caron, *Les Massacres du triumvirat.* Paris, Musée du Louvre.

POUR LE COMMENTAIRE

1. La technique des enjambements et des rejets.
A quelle intention expressive cela obéit-il ?

2. Le poète, le roi, le bien, le mal.
Analysez les relations que tisse le texte entre ces quatre

éléments, grâce à l'exemple de César.

3. L'image du poète et du métier poétique.
Comment Jodelle justifie-t-il sa prise de parole ? E
comment la représente-t-il ? Pourquoi ?

Amours, contr'amours (édition posthume, 1574)

*Parvenue jusqu'à nous dans le même état fragmentaire et désordonné que le reste de sa production, **la poésie amoureuse de Jodelle** va de délicates chansons marotiques (œuvres de jeunesse, sans doute) aux vers étranges et superbes qu'il écrivit pour Claude-Catherine de Clermont, maréchale de Retz. Cette grande dame tenait un salon poétique et littéraire qui préfigurait ceux du siècle suivant. Adorée sous le nom de Dictynne, avatar d'une Diane plus cruelle que jamais, la Dame prête son vrai nom (Retz) à de multiples jeux de mots (rais, rets...). C'est l'artifice le plus délibéré qui doit dire la souffrance extrême, dans ce qui est à la fois jeu mondain, exploration des limites du langage poétique, abandon au mystère d'un amour élevé d'emblée au rang du mythe.*

« Comme un qui s'est perdu... »

1. Guide.
2. Alors que.
3. Longtemps.
4. Voi-e (2 syll.).
5. Début de la structure « rapportée » : forêt-voie, mer-route (maritime), champs-lumière.
6. Mon bonheur.

Comme un qui s'est perdu dans la forêt profonde
Loin de chemin, d'orée, et d'adresse[1], et de gens ;
Comme un qui en la mer grosse d'horribles vents,
Se voit presque engloutir des grands vagues de l'onde ;

5 Comme un qui erre aux champs, lors que[2] la nuit au monde
Ravit toute clarté, j'avais perdu long temps[3]
Voie[4], route, et lumière[5], et presque avec le sens,
Perdu long temps l'objet, où plus mon heur[6] se fonde.

Mais quand on voit (ayant ces maux fini leur tour)
10 Aux bois, en mer, aux champs, le bout, le port, le jour,
Ce bien présent plus grand que son mal on vient croire.

Moi donc qui ai tout tel en votre absence été,
J'oublie en revoyant votre heureuse clarté,
Forêt, tourmente, et nuit, longue, orageuse, et noire.

« Des astres, des forêts, et d'Achéron l'honneur »

Le sonnet qui suit est un sonnet en « vers rapportés » : triplement des éléments de la phrase (sujet, complément, épithète, verbe...), avec correspondance terme à terme.

Des astres, des forêts, et d'Achéron[1] l'honneur,
Diane[2], au Monde haut, moyen et bas préside,
Et ses chevaux, ses chiens, ses Euménides guide,
Pour éclairer, chasser, donner mort et horreur.

5 Tel est le lustre[3] grand, la chasse, et la frayeur
Qu'on sent sous ta beauté claire, prompte, homicide,
Que le haut Jupiter, Phébus[4], et Pluton cuide[5]
Son foudre moins pouvoir[6], son arc, et sa terreur.

Ta beauté par ses rais[7], par son rets[8], par la crainte,
10 Rend l'âme éprise, prise, et au martyre étreinte :
Luis-moi[9], prends-moi, tiens-moi, mais hélas ne me perds

Des flambants, forts, et griefs[10], feux, filets, et encombres[11],
Lune, Diane, Hécate, aux cieux, terre, et enfers
Ornant, quêtant, gênant[12], nos Dieux, nous, et nos ombres.

Étienne JODELLE, *Amours* (éd. posth., 1574)
Orthographe modernisée

1. Fleuve infernal. — 2. Triple figure de Diane, déesse au Ciel (la Lune), sur terre (chasseresse), aux enfers (Hécate, accompagnée des Euménides). — 3. La lumière. — 4. Ici, un déplacement : c'est Jupiter qui est au ciel le correspondant de la Lune, et non Phébus, le Soleil, considéré ici seulement comme le dieu archer, rival de Diane dans le monde « moyen ». — 5. Estime. — 6. Que son foudre peut moins *(proposition infinitive, « son foudre », « son arc » et « sa terreur » étant également sujets de « pouvoir »). — 7. Rayons. — 8. Filet (jeux avec le nom de Retz). — 9. Éclaire-moi. — 10. Douloureux. — 11. Tourments. On trouve ici la série des compléments de moyen des verbes du vers 11, précédés de leurs épithètes. — 12. Torturant.*

« *O traîtres vers...* »

*Amours, contr'amours : l'expérience est logiquement conduite à détruire les apparences qu'elle a elle-même élaborées. Elle s'efforce de passer derrière les images, les mythes, les mots : c'est pourquoi **Jodelle** écrit des contr'amours qui, tentant de lever le masque, maudissent la femme aimée, puis la poésie même, mensonge inévitable : derrière le masque, il y a encore un masque.*

> O traîtres vers, trop traîtres contre moi
> Qui souffle en vous une immortelle vie,
> Vous m'appâtez et croissez mon envie,
> Me déguisant tout ce que j'aperçois[1].
>
> 5 Je ne vois rien dedans elle pourquoi[2]
> A l'aimer tant ma rage me convie :
> Mais nonobstant[3] ma pauvre âme asservie
> Ne me la feint[4] telle que je la vois.
>
> C'est donc par vous, c'est par vous traîtres carmes[5],
> 10 Qui me liez moi-même dans mes charmes,
> Vous son seul fard, vous son seul ornement,
>
> Jà si long temps faisant d'un Diable un Ange,
> Vous m'ouvrez l'œil en l'injuste louange,
> Et m'aveuglez en l'injuste tourment[6].

Étienne JODELLE, *Contr'amours*, VI
Orthographe modernisée

---

1. Je conçois (au-delà de la simple vision). — 2. Je ne vois rien qui explique... — 3. Néanmoins. — 4. Ne me la représente ; autrement dit : je la vois (pure vision concrète) comme un Diable, mais mon âme (siège de l'activité « fantastique », et de l'amour) me la représente comme un Ange. Il faut distinguer vision extérieure et vision intérieure : c'est celle-ci qui compte ; en l'occurrence, c'est la poésie qui préside à cette erreur de l'âme. — 5. Vers (latin carmen). — 6. Les deux derniers vers ne sont pas antithétiques, mais complémentaires ; « injuste » touche d'abord la dame (elle n'a pas mérité la louange), puis le poète (il n'a pas mérité le tourment).

Têtes de la Méduse,
d'après une médaille antique.
Paris, Bibl. des Arts décoratifs.

COMPOSITION FRANÇAISE

Poésie et vérité

La poésie vous semble-t-elle un mode d'expression particulièrement apte à exprimer une vérité, la vérité, ou bien, au contraire, la soupçonneriez-vous de mensonge, d'artifice ? Ou encore, pensez-vous que la poésie n'est pas concernée par le problème du vrai et du faux ? Justifiez votre réponse en l'appuyant sur de nombreux exemples.

RECHERCHE

JODELLE, « poète maudit » ? Dans quelle mesure peut-on lui appliquer cette notion mise à l'honneur après le romantisme ? Documentez-vous sur le type du « poète maudit » au XIXᵉ siècle (voir VERLAINE, *Les Poètes maudits*, 1884-1888). Peut-on, selon vous, transposer au XVIᵉ siècle cette conception romantique ? Dites en quoi consiste, exactement, la « malédiction » de JODELLE.

Prosodie et métrique au XVIe siècle

1. La prosodie du vers français

Selon la définition de J. Mazaleyrat (*Éléments de métrique française*, que nous suivons ici), la **prosodie** du vers français, est fondée sur le compte syllabique. Le vers français est un **vers syllabique**, c'est-à-dire que la **syllabe** est l'unité de mesure permettant la perception du **rythme** (le rythme est fondé sur le retour des **accents**, et perçu grâce au nombre de syllabes séparant ces accents). C'est le nombre variable des syllabes qui définit le **mètre** du vers (octosyllabe, décasyllabe, alexandrin, etc.).

Ce caractère syllabique du vers français pose un problème aux théoriciens du XVIe siècle, qui disposent, pour seul outil d'analyse, des règles de la poétique gréco-latine, fondée sur la **quantité** des syllabes (longues ou brèves), le rythme étant défini par la distribution des longues et des brèves. Certains poètes, comme Baïf, s'efforceront d'écrire des **vers mesurés** en tenant compte de la durée des syllabes. La tentative restera sans lendemain.

2. Diérèse, synérèse

La **diérèse** (séparation syllabique de deux voyelles en contact dans un même mot) et la **synérèse** (rapprochement de ces deux voyelles en une seule syllabe) fonctionnent grosso modo au XVIe siècle selon la règle de prononciation étymologique (diérèse pour les voyelles étymologiquement distinctes, synérèse pour les voyelles étymologiquement non distinctes) :
Mais vous avez le cœur d'une fiere lionne (Ronsard, alexandrin) : *lionne*, du latin *leo*, diérèse ; *fière*, du latin *ferum*, sauvage (diphtongaison) : synérèse.

• La règle étymologique

La règle s'applique avec une particulière insistance dans le cas de ces mots de formation savante que la Pléiade affectionne :
Et qui nous monstres seul, d'un art horacien,
Comme il faut chastier le vice et l'ignorance (Du Bellay, alexandrins). *Horatien*, adjectif formé d'après le nom propre *Horace* ; *chastier*, du latin *castigare* : diérèses.
Synérèse étymologique dans ce vers de Lemaire :
Adieu, ma dame et ma maistresse chiere (décasyllabe).
Chiere (latin *carum*) : pour cette diphtongue *-ie*, la prononciation va très vite plus loin, et le *i* disparaît de la graphie dans l'édition de 1549 : *maistresse chère*.
Au sujet de cette diphtongue, notons que le français moderne en a fait deux syllabes après un groupe / consonne + *l* ou *r* / : *ouvri-er, sangli-er, meurtri-er, quatri-ème*. Le XVIe siècle ne prononçait normalement qu'une seule syllabe :
C'est la France et non luy, que la Parque meurtriere (Desportes, alexandrin).
Le mot *poète* lui-même est l'objet d'un traitement irrégulier, tantôt compté selon l'étymologie *(poeta)* :
Et voi nos Poëtes ensemble (Ronsard, octosyllabe) tantôt selon la prononciation (assimilée à celle des mots comme *roi* ou *boîte*, prononcés *wè*) :
Et voi tous nos poetes ensemble (le même octosyllabe, corrigé).

3. L'*e* caduc

• Élision

L'**élision** de l'*e* caduc en fin de mot devant initiale vocalique est normalement pratiquée. On la trouve même dans le pronom *le* après impératif :
Et, maugré la tempête et le cruel effort
De la mer et des vents, conduisez-l(e) à bon port.
(Ronsard, cité par Mazaleyrat)

• Apocope

Les poètes de la Pléiade pratiquent largement l'**apocope** (disparition en fin de mot d'un *e* caduc non élidable) et la **syncope** (disparition d'un *e* caduc à l'intérieur d'un mot — voir le futur *donras-tu ?*). Exemples d'apocope :
Par quel art, quell' magie, à tous coups je ferais (Jodelle)
Elle ne paît d'un bien fantastiq' mes esprits (Jodelle)
Et comme un Aristarq' lui-même s'autorise (Du Bellay)

4. Césure : la « coupe féminine »

On appelle **césure** le point de partage du vers en deux groupes syllabiques (appelés **hémistiches**). Dans le **décasyllabe**, la césure tend à se fixer après la quatrième syllabe (4/6) ; dans l'**alexandrin**, après la sixième syllabe (6/6).

Les poètes du XVe siècle pratiquaient ce qu'on appelle aujourd'hui la **césure lyrique** (après un *e* caduc non élidé) :
Soyez chastes // comme la tourterelle (Molinet)

Ils pratiquaient aussi la **césure épique** (sur *e* caduc apocopé). On la trouve encore chez Marguerite de Navarre :
Ta complaisanc(e) // complaît à l'Adversaire

A partir de Lemaire de Belges tend à s'imposer la règle de la « **coupe féminine** » : désormais, un *e* caduc à la césure devra être **suivi d'une voyelle**, et donc s'élider normalement :
Tu es cruell(e), // ou au moins trop sévère (Lemaire)

Césure lyrique et césure épique vont donc disparaître. Toutefois, l'**apocope** telle qu'elle se pratiquait dans la césure épique est encore fréquente chez les poètes de la Pléiade, à titre de licence poétique. C'est le cas du vers de Du Bellay cité plus haut :
Et comme un Aristarq' // lui-même s'autorise
Malherbe et la prosodie classique interdiront ce procédé.

D'une façon générale, la poétique de la Pléiade tend à accorder structure syntaxique et structure rythmique. En principe, chaque hémistiche devra constituer un **groupe syntaxique cohérent**. Mais cette règle, inflexible au XVIIe siècle, est loin d'être rigoureuse à la Renaissance. Ronsard la recommande, mais lui-même ne la respecte pas toujours.

Guy Demerson
La Mythologie classique dans l'œuvre lyrique de la Pléiade

Mythes et langage

Les mythes sont les formes du langage où se définit une pensée qui ne tient pas à se formuler logiquement, ou ne le peut pas ; pour les humanistes, ils sont essentiellement la transposition lyrique de réalités mystérieuses et importantes, comme l'ont souligné les théoriciens contemporains de la Pléiade : leurs métaphores permettent à l'expression de prendre par rapport à l'expérience le recul nécessaire à cette « translation » artistique ; mais la métaphore, la métonymie, la périphrase mythologiques sont plus que de simples figures rhétoriques renvoyant à quelque excellence, comme un superlatif ou un « comble » ; elles sont plus que l'équivalence purifiée, généralisée et ennoblie de notions que l'usage prosaïque a usées et abâtardies : la référence à une origine sacrée, à un modèle non seulement métempirique[1], mais chargé de mystérieuses bénédictions, fait de ces symboles sacrés un système de correspondances entre le visible et l'invisible, entre l'être imparfait et la finalité absolue de son devenir.

Ces formes symboliques sont donc appelées à jouer un rôle essentiel dans la structure du poème lyrique, s'il est vrai que le lyrisme est un ébranlement de la sensibilité tout entière grâce aux pouvoirs non pas logiques mais proprement musicaux de la parole. Une mythologie dépayse le lecteur, l'oblige à se transporter en esprit dans un univers étranger, à prendre en considération des valeurs qui ne sont pas celles de ses préoccupations quotidiennes. D'emblée les *Odes* pindariques de Ronsard, les *epyllia*[2] érotiques de Baïf, les *Vers lyriques* de Joachim du Bellay, et même les recueils de vers amoureux de ces trois poètes, orientent la pensée à leur gré, et grâce au choix de leurs mythes, vers l'admiration, la mélancolie, la volupté inquiète ou sereine ; les appels initiaux aux divinités de l'inspiration lyrique, le scintillement d'allusions fugitives ou la coulée continue d'un récit fabuleux, les pauses dues à l'étalement d'une image prenante, suivies d'une réapparition de la Muse à qui est confié le développement de l'intuition principale, tout le jeu des évocations concrètes et des invocations ferventes, est destiné à mettre les esprits en mouvement. Mais cette rhétorique désordonnée, cette pensée au bouillonnement sauvage, déconcerte ceux qui aiment que le discours progresse méthodiquement.

Guy DEMERSON, *La Mythologie classique dans l'œuvre lyrique de la Pléiade*, © éd. Droz, 1972

1. Au-delà de la connaissance empirique.

2. Petites épopées, poèmes narratifs à sujet mythologique.

Pour vos essais et vos exposés

Œuvres complètes, de Joachim du BELLAY, publiées par H. CHAMARD, éd. Nizet.
Premier Livre des poèmes, de Antoine de BAÏF, publié par G. DEMERSON, Presses Universitaires de Grenoble, 1975.
Œuvres poétiques, de Pontus de TYARD, publiées par J. C. LAPP, éd. Didier, 1966.
Œuvres poétiques, de Rémy BELLEAU, publiées par M.F. VERDIER, éd. Droz, 1977.
Henri WEBER : *La Création poétique au XVIe siècle en France*, éd. Nizet, 1955.

Yvonne BELLENGER : *La Pléiade*, P.U.F., coll. « Que Sais-je ? ».
Henri CHAMARD : *Histoire de la Pléiade : De 1563 à la mort de Ronsard*, éd. Didier, 1961.
Verdun-Lucien SAULNIER : *Du Bellay*, éd. Hatier, 1968.
Guy DEMERSON : *La Mythologie classique dans l'œuvre lyrique de la Pléiade*, éd. Droz, 1972.
Michel DEGUY : *Tombeau de Du Bellay*, éd. Gallimard, 1973.
Énéa BALMAS : *La Renaissance II, 1548-1570*, éd. Arthaud, 1974.
Gilbert GADOFFRE : *Du Bellay et le Sacré*, éd. Gallimard, 1978.

RONSARD
(1524-1585)

« Mais avant que
partir je me veux
transformer,
Et mon corps
fantastiq' de plumes
enfermer,
Un œil sous chaque
plume, et veux avoir
en bouche
Cent langues en
parlant... »
Ronsard,
Au seigneur de Villeroy

École de Fontainebleau, *Allégorie de l'Amour*, vers 1590.
Paris, Musée du Louvre.

Pierre de Ronsard (1524-1585)

A l'école de l'Antiquité

Pierre de Ronsard naît au manoir de La Possonnière, près de Couture-sur-Loir, dans une famille de petite noblesse. On le destine à la carrière des armes et de la Cour. Page des fils de François Ier, il voyage (et séjourne notamment en Écosse). Bientôt il est frappé de surdité partielle : plus question, désormais, de porter les armes. Aussi Ronsard reçoit-il les ordres mineurs, ce qui lui permettra de vivre de bénéfices ecclésiastiques.

En 1543, il rencontre Peletier du Mans, probable lecteur de ses premiers poèmes. Il se lie ensuite au jeune Jean Antoine de Baïf. Ensemble (Du Bellay les rejoindra vite), ils suivent, à Paris, au collège de Coqueret l'enseignement de Jean Dorat. Ronsard s'imprègne de poésie grecque, d'Homère à Pindare, d'Hésiode aux Alexandrins. Les Latins, bien sûr, ne sont pas en reste (Virgile et Horace surtout). Toute sa vie le poète poursuivra ses lectures et relectures, l'une des sources constantes de sa propre création.

Le « Prince des Poètes »

La *Défense et Illustration...*, de Du Bellay (voir p. 332) paraît en 1549. L'année suivante, Ronsard publie les quatre premiers livres des *Odes*, qui font de lui le plus en vue des nouveaux poètes. Ce sera ensuite, jusqu'à sa mort, un flot ininterrompu de publications. Aucun poète du temps n'approche la puissance et la variété de Ronsard, qui essaie tous les genres, tous les styles, comme en se jouant. Il incarne la Pléiade à lui seul : ses amis, ses rivaux, auront quelque mal, dans ce concert où il joue toutes les parties, à faire entendre leur voix propre. *Amours* (de Cassandre, dans le goût pétrarquiste, en 1552), *Folastries* en 1553, *Mélanges*, *Hymnes*, *Continuation* et *Nouvelle Continuation des Amours* (1555-1556) : le rythme est donné. En 1560, Ronsard procure la première édition collective de ses *Œuvres* ; d'autres suivront (1567, 1571, 1572, 1578, 1584). L'auteur ne cesse de corriger ses vers et de revoir la composition de ses recueils, ajoutant, retranchant, substituant.

Poésie politique, épopée

1562 voit débuter la guerre civile. Ronsard s'engage pour condamner la prise d'arme des protestants : c'est la poésie politique des *Discours*, qui circulent dans tout le royaume sous forme de petits livrets. Mais le poète abandonne vite ce type de production. En 1565, il obtient le prieuré de Saint-Cosme, près de Tours. Il publie des *Élégies*, des *Poèmes* (sixième et septième livres, 1569) ; enfin, en 1572, les quatre premiers livres de *La Franciade*, si longtemps attendue.

Semi-retraite

En 1574, meurt le roi Charles IX, dont Ronsard se sentait l'ami et en qui il voyait son premier lecteur. Le poète ne s'entend pas avec son successeur, Henri III, qui lui préfère Desportes. Ronsard séjourne à Saint-Cosme et dans son Vendômois natal. En 1578, la cinquième édition des *Œuvres* comprend les *Sonnets pour Hélène*. L'auteur écrit toujours, corrige toujours. Après les *Œuvres* de 1584, malade, il compose encore les *Derniers Vers*, qui seront publiés après sa mort. Celle-ci le surprend en décembre 1585, à Saint-Cosme. Sa mémoire recevra un hommage officiel, deux mois plus tard, au collège de Boncourt.

1550	*Odes*, Livres I à IV
1552	*Amours* (« de Cassandre ») ; *Odes*, Livre V
1553	*Folastries*
1554	*Bocage*
1555	*Mélanges*
1555-1564	*Hymnes*
1556	*Continuation* et *Nouvelle Continuation des Amours* (« de Marie »)
1560	Première édition des *Œuvres*
1561	*Institution pour l'adolescence du roi Charles IX*
1562	*Discours sur les misères de ce temps*
1563	*Réponse aux injures...*
1565	*Élégies, mascarades et bergeries*
1567	Deuxième édition des *Œuvres*
1569	*Poèmes* (Livres VI et VII)
1572	*La Franciade* (Livres I à IV)
1578	Nouvelle édition des *Œuvres*, contenant les *Sonnets pour Hélène*
1584	Sixième édition des *Œuvres*
1586	*Derniers Vers*

1. Les *Odes* (1550-1552)

Toute la lyre

C'est par les *Odes* que **RONSARD** commence (quatre livres en 1550, un cinquième en 1552), c'est-à-dire par une poésie strophique à vocation lyrique : les vers, « mesurés à la lyre » (stricte alternance des rimes féminines et masculines, facilitant la mise en musique : la Pléiade généralise ce principe), ont pour mission de célébrer leur destinataire, de le « louer jusqu'à l'extrémité ». Ronsard s'adresse au roi, à la reine, aux princes : dans ce cas, il imite **Pindare**, dont il cherche à reproduire les **structures triadiques** (strophe, antistrophe, épode).

Poésie savante s'il en est, marquée par un constant recours au **mythe**, sous forme d'allusion fulgurante ou d'ample récit. Les noms de la fable, accumulés sans crainte d'excès, produisent une musique étrange ; chacun d'eux renferme toute une histoire. Le mythe est facteur de mystère, d'obscurité ; selon Dorat, il propose une vérité voilée, qu'il nous revient de déchiffrer : c'est la « théologie allégorique ». Mais peut-être Ronsard s'intéresse-t-il moins à cette **vérité** ultime du mythe qu'à son **pouvoir évocateur** : le mythe se déploie dans la « fantaisie », dans **l'imaginaire**. L'ode propose ainsi aux grands personnages le spectacle fabuleux de leur élévation au rang des dieux.

Mais le poète s'adresse aussi aux divinités plus familières de son décor personnel : la poésie est libre de parler aux fontaines, aux forêts. L'ode, paroles et musique, se forge à sa guise des interlocuteurs, elle les choisit dans **la Nature**, source d'inspiration et complaisante chambre d'écho de l'activité poétique. Le modèle, alors, n'est plus Pindare, mais **Horace**. La « fons Bandusiae » du poète latin devient chez Ronsard la « fontaine Bellerie » de son pays natal : inspiration personnelle et imitation de l'antique sont strictement indissociables.

Odes pindariques, odes horatiennes, style noble et style moyen, lyrisme grave et obscur, lyrisme doux et familier : nulle contradiction mais, dès l'origine, le culte ronsardien de la *varietas*, de la variété qui caractérise, pour le poète vendômois, la beauté poétique.

Véronèse,
La Chute des Titans.
Coll. Ulysse Moussalli.

Ode à Michel de L'Hospital

*C'est le chef-d'œuvre de l'ode « pindarique » de **Ronsard**. Le poète veut remercier le chancelier de Madame Marguerite, sœur du roi. Celui-ci l'a soutenu dans la faveur royale.*

*Au banquet des Dieux, les Muses, filles de Jupiter, chantent le grand combat des Dieux et des Géants ; pour les remercier, Jupiter leur confie la charge d'**inspirer les hommes et de vaincre l'Ignorance**. Jupiter donne aux Muses un allié, pétri de ses mains et animé de son souffle, Michel de L'Hospital en personne.*

Jupiter s'adresse à ses filles, les Muses.

STROPHE 13

Comme l'Aimant[1] sa force inspire
  Au fer qui le touche de près,
  Puis soudain ce fer tiré, tire
  Un autre qui en tire après :
5 Ainsi du bon fils de Latone[2]
  Je ravirai l'esprit à moi,
  Lui, du pouvoir que je lui donne
  Ravira les vôtres à soi[3] :
  Vous, par la force Apollinée
10 Ravirez les Poètes saints,
  Eux, de votre puissance atteints
  Raviront la tourbe étonnée[4].

ANTISTROPHE

Afin (ô Destins) qu'il n'advienne
  Que le monde appris faussement[5],
15 Pense que votre métier vienne
  D'art, et non de ravissement :
  Cet art pénible, et misérable
  S'éloignera de toutes parts
  De votre métier honorable,
20 Demembré[6] en divers parts,
  En Prophétie, en Poésies,
  En Mystères, et en Amour,
  Quatre fureurs[7], qui tour à tour
  Chatouilleront vos fantaisies[8].

ÉPODE

25 Le trait qui fuit de ma main
  Si tôt[9] par l'air ne chemine,
  Comme la fureur divine
  Vole dans un cœur humain :
  Pourvu qu'il soit préparé,
30 Pur de vice, et réparé[10]
  De la vertu précieuse.
  »Jamais les Dieux saints et bons
  »Ne répandent leurs saints dons
  »Dans une âme vicieuse.

STROPHE 14

35 Lors que la mienne ravissante[11]
  Vous viendra troubler vivement,
  D'une poitrine obéissante
  Tremblez dessous son mouvement,
  Et endurez qu'ell' vous secoue
40 Le corps et l'esprit agité,
  Afin que Dame[12] elle se joue[13]
  Au temple de sa Déité :
  Elle de toutes vertus pleine,

45 De mes secrets vous remplira,
  Et en vous les accomplira
  Sans art, sans sueur, ne sans peine.

ANTISTROPHE

Mais par sus tout[14], prenez bien garde,
  Gardez vous bien de n'employer
  Mes présents dans un cœur qui garde
50 Son péché sans le nettoyer :
  Ains devant que de lui répandre[15],
  Purgez-le de votre douce eau,
  Afin que net il puisse prendre
  Un beau don dans un beau vaisseau[16].
55 Et lui purgé, à l'heure à l'heure[17]
  Divinement il chantera,
  Un beau vers qui contentera
  Sa parenté postérieure[18].

ÉPODE

Celui qui sans mon ardeur
60 Voudra chanter quelque chose,
  Il voira[19] ce qu'il compose
  Veuf de grâce, et de grandeur :
  Ses vers naîtront inutils,
  Ainsi qu'enfants abortifs[20]
65 Qui ont forcé leur naissance,
  Pour montrer en chacun lieu
  »Que les vers viennent de Dieu,
  »Non de l'humaine puissance[21].

RONSARD, *Odes*, Ode à Michel de L'Hospital,
vers 409-476 (1552)

---

1. *L'Aimant.* — 2. *Apollon.* — 3. *A lui.* — 4. *La foule frappée de stupeur.* — 5. *Mal informé.* — 6. *Divisé.* — 7. *La théorie des quatre fureurs (voir p. 313) vient du* Phèdre, *de Platon ; elle a été reprise par Marsile Ficin ; quant au contenu de la strophe précédente, il vient d'*Ion, *du même Platon ; cette image de la « chaîne » de l'inspiration est d'une grande importance.* — 8. *Exciteront vos imaginations.* — 9. *« Si tôt... comme » : aussi vite que.* — 10. *Orné.* — 11. *A la fois « qui ravit » et « en ravissant ».* — 12. *Maîtresse (latin domina).* — 13. *Elle se déploie sans contrainte (dans le corps et l'esprit devenus son « temple »).* — 14. *Par-dessus tout.* — 15. *Mais avant de répandre en lui mes présents.* — 16. *Vase, récipient.* — 17. *Aussitôt.* — 18. *Sa descendance.* — 19. *Verra.* — 20. *Rime masculine entre « tils » et « tifs » (prononcer · ti).* — 21. *Les guillemets (voir v. 32-34) signalent l'énoncé d'une vérité générale (vers « gnomiques », à valeur de sentence).*

DÉBAT

Quelle est la valeur de cette « **théologie** » **poétique**, alors même que, dans cent autres textes (voir *Défense*, p. 332), Ronsard et ses amis soulignent la nécessité du **travail**, de « l'art », de la peine ? Y a-t-il contradiction ou assimilation profonde entre ces deux théories ?

Épipalinodie

Le livre II des Odes *contient une invective humoristique, imitée d'Horace, « Contre Denise sorcière » (Ode 22), suivie d'une non moins plaisante « Palinodie » (Ode 26) : victime de la « monstrueuse science » de la sorcière qui se venge,* **Ronsard** *la supplie de l'épargner. Au livre III, on trouve enfin une « Épipalinodie », seconde rétractation solennelle, toute nourrie de souvenirs horatiens.*

O terre, ô mer, ô ciel épars,
Je suis en feu de toutes parts :
Dedans, et dehors mes entrailles
Une chaleur le cœur me point,
Plus fort qu'un maréchal ne joint
Le fer tout rouge en ses tenailles.

La chemise qui écorcha
Hercule quand il la toucha[1],
N'égale point la flamme mienne,
Ne[2] tout le feu que rote[3] en haut
Bouillonnante en soi d'un grand chaud[4]
La fournaise Sicilienne[5].

Le jour, les soucis présidant[6]
Condamnent ma coulpe[7] au dedans
Et la genne[8] après on me donne :
La peur sans intermission
Sergent' de leur commission[9]
Me point, me pique et m'aiguillonne.

La nuit, les fantômes volants,
Claquetant leurs becs violents,
En sifflant mon âme épouvantent,
Et les furies[10] qui ont soin
Venger[11] le mal, tiennent au poing
Les verges dont ell' me tourmentent.

Il me semble que je te vois[12]
Murmurer des charmes sur moi
Tant que d'effroi le poil me dresse,
Puis mon chef tu vas relevant
D'une eau puisée bien avant
Dedans la mare de tristesse.

Que veux-tu plus[13], dis que veux-tu,
Ne m'as-tu pas assez battu,
Veux-tu qu'en cet âge je meure,

35 Me veux-tu brûler, foudroyer,
Et tellement me poudroyer[14],
Qu'un seul osset[15] ne me demeure ?

Je suis apprêté[16] si tu veux
De te sacrifier cent bœufs
Afin de ravaler ton ire,
40 Ou si tu veux avec les dieux
Je t'envoirai[17] là-haut aux cieux
Par le son menteur de ma Lyre.

Les frères d'Hélène[18] fâchés
Pour les iambes[19] délâchés[20]
45 Contre leur sœur par Stésichore[21],
A la fin lui ont pardonné,
Et pleins de pitié redonné
L'usage de sa vue encore[22].

Tu peux hélas (Denise) aussi
50 Rompre la tête à mon souci[23]
Te fléchissant par ma prière,
Rechante tes vers[24], et mes traits
Que tu as en cire portraits[25]
Jette au vent trois fois par derrière.

55 L'ardeur du courroux que l'on sent
Au premier âge adolescent
Me fit trop nicement[26] t'écrire,
Maintenant humble, et repentant,
D'œil non feint je vas lamentant
60 La juste fureur de ton ire.

RONSARD, *Odes*, Livre III, 8, Épipalinodie (1550)
Orthographe modernisée

Aristote et Phyllis,
bois gravé de Lucas
de Leyde, vers 1525.
Paris, B.N.

1. *Allusion à la tunique de Nessus, don de Déjanire à Hercule (voir p. 338).* — 2. *Ni.* — 3. *Crache.* — 4. *D'une grande chaleur.* — 5. *L'Etna.* — 6. *Qui président (un tribunal intérieur).* — 7. *Faute.* — 8. *La torture.* — 9. *Sergent(e) commis(e) par les « soucis » : suite de la métaphore judiciaire.* — 10. *Les Furies, ou Érinnyes, pourchassaient les criminels.* — 11. *De venger.* — 12. *Le poète s'adresse à la sorcière Denise.* — 13. *De plus.* — 14. *Réduire en poussière.* — 15. *Petit os.* — 16. *Prêt à.* — 17. *Je t'enverrai.* — 18. *Castor et Pollux.* — 19. *Vers satiriques (le rythme iambique — brève + longue — était très utilisé dans la satire).* — 20. *Lancés.* — 21. *Poète grec du VIIe siècle av. J.-C., créateur, entre autres, de l'ode triadique.* — 22. *De nouveau.* — 23. *Tourment (sens fort).* — 24. *Vers magiques, porteurs de sorts.* — 25. *Il s'agit des figures de cire utilisées par les sorciers.* — 26. *Bêtement.*

POUR LE COMMENTAIRE

1. Comparez le style de cette ode à celui de la précédente : relevez les traits de familiarité, et ceux qui au contraire relèvent d'un style plus « haut ». Quel est l'effet produit par ce mélange ?

2. L'humour. Il n'épargne pas l'activité poétique elle-même. En quoi consiste-t-il exactement ? Qu'en concluez-vous ?

A la fontaine Bellerie

Imité d'une ode d'Horace à la fontaine de Bandusie (Odes, III, 13), ce poème est l'un des plus célèbres de **Ronsard**. *Nous donnons le texte de 1550, suivi des variantes.*

O Déesse Bellerie[1],
Belle Déesse chérie
De nos Nymphes, dont la voix
Sonne[2] ta gloire hautaine[3]
5 Accordante au son des bois,
Voire au bruit de ta fontaine,
Et de mes vers que tu ois[4].

Tu es la Nymphe éternelle
De ma terre paternelle,
10 Pource[5] en ce pré verdelet
Vois ton Poète qui t'orne
D'un petit chevreau de lait,
A qui l'une et l'autre corne
Sortent du front nouvelet.

15 Sus ton bord je me repose,
Et là oisif je compose
Caché sous tes saules verts
Je ne sais quoi, qui ta gloire

Envoira par l'univers,
20 Commandant à la mémoire
Que tu vives par mes vers.

L'ardeur de la Canicule
Toi, ne[6] tes rives ne brûle,
Tellement qu'en[7] toutes parts
25 Ton ombre est épaisse et drue
Aux pasteurs venant des parcs,
Aux bœufs las de la charrue,
Et au bestial[8] épars.

Tu seras faite sans cesse
30 Des fontaines la princesse,
Moi célébrant[9] le conduit
Du rocher percé, qui darde
Avec un enroué bruit,
L'eau de ta source jasarde[10]
35 Qui trépillante[11] se suit[12].

RONSARD, *Odes*, Livre II, 9. Orthographe modernisée

1. Source située sur le domaine natal de Ronsard, la Possonnière. — 2. Chante. — 3. Haute. — 4. Ouïs. — 5. Pour cela (élision). — 6. Ni. — 7. Tellement en toutes parts... — 8. Bétail ; trois syllabes. — 9. Lorsque je célébrerai. — 10. Babillarde. —

11. Bondissante. — 12. Se poursuit. — 13. Fuyant (flexion en genre et nombre du participe présent). — 14. Jeune Satyre, traditionnel amateur de Nymphes. — 15. Cri d'allégresse bachique.

Variantes

1555 : O fontaine Bellerie,
Belle Déesse chérie
De nos Nymphes, quand ton eau
Les cache au fond de ta source
Fuyantes[13] le Satyreau[14],
Qui les pourchasse à la course
Jusqu'au bord de ton ruisseau.

(vers 8-14 sans changement)

Toujours l'Été je repose
Près de ton onde, où je compose
[...]

L'ardeur de la Canicule
Jamais tes rives ne brûle,
[...]

Iô[15], tu seras sans cesse
[...]

1578 : Belle fontaine chérie

1578 : Les cache au creux de ta source

1578 : L'Été je dors ou repose
Sus ton herbe, où je compose

1578 : Le vert de tes bords ne brûle,
1584 : Ton vert rivage ne brûle,

ANALYSE STYLISTIQUE

1. Le jeu des différentes variantes. Commencez par les étudier du point de vue **rythmique** : le rythme du poème est-il modifié ? Dans quel sens ?

2. Le jeu des sonorités. Complétez l'analyse du rythme par celle des sonorités.

3. La succession des différents motifs (la nature, le « je » et la mythologie, le repos et la gloire, le « bruit » que fait la fontaine et le « bruit » qu'elle va faire grâce au poète...).

4. Que nous apprennent ce poème et ses variantes quant à la poésie, quant à l'**écriture poétique** ?

2. Les *Folastries* (1553)

Bacchus, dieu des ivrognes,
gravure anonyme du
XVIe siècle.
Paris, B.N.

Bagatelles poétiques

En 1553, **RONSARD**, poète des *Odes* et des *Amours*, s'est réconcilié avec les Marotiques (Charles Fontaine, Mellin de Saint-Gelais). Il est au faîte de sa jeune gloire ; on le réédite, on le commente (l'édition des *Amours* de 1553 s'accompagne d'un abondant commentaire de Muret). Le poète, qui s'est déjà illustré dans le « haut style » pindarique, et dans le style « moyen » d'Horace, va maintenant donner dans le style « bas ». Il publie, sans nom d'auteur, un *Livret de Folastries* auquel s'ajoutent quelques épigrammes et les *Dithyrambes* qui célèbrent la « Pompe du Bouc », fête bachique en l'honneur de Jodelle.

Toutes ces pièces sont **d'inspiration parodique, païenne, et gaillarde**. Ronsard a trouvé chez Catulle, dans l'*Anthologie grecque* et chez certains néo-latins, le modèle de ces vers « mignards » et « raillards » qui feront scandale. Les Protestants, notamment, taxent le Vendômois de paganisme. Il fut même question de brûler les *Folastries* (petits jeux, bagatelles), et Ronsard, prudent, ne les fit jamais rééditer. Certaines reparurent dans telle ou telle section des *Œuvres*, d'autres furent « oubliées ».

Pour nous, comparées aux *Odes*, les *Folastries* donnent la mesure de la « variété » ronsardienne. Elles montrent la liberté et la lucidité d'un poète bien décidé à écrire sur tous les tons.

Livret de Folastries (1553)

Le nuage, ou l'ivrogne

L'ivrogne Thenot, réveillé en sursaut, voit dans les nuages mille figures fantastiques.

Ha là là là là là là,
Je vois deçà, je vois delà,
Je vois mille bêtes cornues,
Mille marmots[1] dedans les nues :
5   De l'une sort un grand Taureau,
Sur l'autre sautelle[2] un chevreau ;
L'une a les cornes d'un Satyre,
Et du ventre de l'autre, tire
Un Cocodrile[3] mille tours.
10   Je vois des villes, et des tours,
J'en vois de rouges, et de vertes,
Vois-les là, je les vois couvertes
De sucres, et de pois confits.
J'en vois de morts, j'en vois de vifs,
15   J'en vois, voyez-les donc ! qui semblent
Aux blés qui sous la bise tremblent.
    J'avise un camp de Nains armés.
J'en vois qui ne sont point formés,
Troncés[4] de cuisses, et de jambes,
20   Et si[5] ont les yeux comme flambes[6]

L'ivrognerie, détail d'une gravure de Bruegel le Vieux.
Paris, B.N.

Aux creux de l'estomac assis.
J'en vois cinquante, j'en vois six
Qui sont sans ventre, et si ont tête
Effroyable d'une grand'crête.
25   Voici deux nuages tout pleins
De Mores, qui n'ont point de mains,
Ni de corps, et ont les visages
Semblables à des chats sauvages :
Les uns portent des pieds de chèvre,
30 Et les autres n'ont qu'une lèvre
Qui seule barbote[7], et dedans
Ils n'ont ni mâchoires, ni dents.
    J'en vois de barbus comme ermites,
Je vois les combats des Lapithes[8].
35 J'en vois tout hérissés de peaux,
J'entr'avise mille troupeaux
De Singes, qui d'un tour de joue
D'en haut aux hommes font la moue.
Je vois, je vois parmi les flots
40 D'une Baleine le grand dos,
Et ses épines[9] qui paroissent
Comme en l'eau deux roches qui croissent,
Un y galope[10] un grand destrier[11]
Sans bride, selle, ni estrier[11].
45 L'un talonne à peine[12] une vache,
L'autre dessus un âne tâche
De vouloir jaillir d'un plein saut
Sus un qui manie[13] un crapaud.
L'un va tardif, l'autre galope,
50 L'un s'élance dessus la crope[14]
D'un Centaure tout débridé.
Et l'autre d'un Géant guidé
Portant au front une sonnette,
Par l'air chevauche à la genette[15].
55 L'un sur le dos se charge un veau,
L'autre en sa main tient un marteau.
L'un d'une mine renfrognée
Arme son poing d'une cognée ;
L'un porte un dard, l'autre un trident,
60 Et l'autre un tison tout ardent.
    Les uns sont montés sus des grues,
Et les autres sus des tortues
Vont à la chasse avec les Dieux.
Je vois le bon Père joyeux[16]
65 Qui se transforme en cent nouvelles[17]
[...] Las ! ces nues de grêle pleines
Me prédisent que Jupiter
Se veut contre moi dépiter[18].
Bré bré bré bré, voici le foudre,
70 Crac crac crac, n'oyez-vous découdre
Le ventre d'un nuau[19] ? J'ai vu,
J'ai vu, crac crac, j'ai vu le feu,
J'ai vu l'orage, et le Tonnerre
Tout mort me brise contre terre.

1. Singes, ou encore : épouvantails. — 2. Saute en tous sens. — 3. Crocodile. — 4. Tronqués. — 5. « Si » à valeur d'opposition. — 6. Flambeaux. — 7. Marmotte. — 8. Peuple grec mythique, qu'un célèbre combat opposa aux Centaures lors des noces de Pirithoüs, ami de Thésée. — 9. Vertèbres. — 10. Galope sur... — 11. « Destrier », « estrier » : deux syllabes. — 12. A grand-peine. — 13. Conduit. — 14. Croupe. — 15. Avec les étriers très courts (façon des « genétaires », cavaliers arabes et espagnols). — 16. Bacchus. — 17. Nuées (fausse étymologie). — 18. Courroucer. — 19. Nuage.

ÉTUDE COMPARÉE

Comparez ce texte avec l'*Ode à Michel de L'Hospital* (voir p. 362) et montrez comment sa **fantaisie** utilise de façon **parodique** des motifs caractéristiques du grand lyrisme ou de l'épopée (voir Ovide, *Métamorphoses*, XII, 210 et sq., le combat des Centaures et des Lapithes).

RONSARD, *Livret de Folastries*, Folastrie VIII,
vers 29-93 et 114-122 (1553)
Orthographe modernisée

3. *Les Amours* (1552-1555, 1578)

La célébration des Amours

1. Une infinie diversité

A l'image de ses autres œuvres, la poésie amoureuse de **Ronsard** se signale par son ampleur et sa
variété. Infiniment diverse, elle déborde le cadre des
formes et des recueils. Odelettes, sonnets épars,
élégies, « amours diverses » dédiées à l'une ou l'autre dame, anonyme ou déguisée, aimée du poète ou
de tel grand seigneur auquel Ronsard prête sa voix.
Trois noms dominent : **Cassandre, Marie, Hélène**, noms auxquels on dresse le monument d'un
recueil, d'un « canzoniere ». Mais il y a encore Astrée, Sinope... Dans les pièces les plus familières, il
suffit de dire « Maîtresse ».

2. Cassandre

Les Amours de 1552 célèbrent Cassandre,
c'est-à-dire Cassandre Salviati, noble jeune fille
d'ascendance italienne, rencontrée à Blois.
C'est-à-dire encore Cassandre, la malheureuse pro-
phétesse de la guerre de Troie. C'est-à-dire, surtout,
une nouvelle Laure. Ronsard développe toute la **rhétorique et la thématique du pétrarquisme** en
182 sonnets décasyllabiques d'une syntaxe rigoureuse. Mais la cruauté de la dame alimente surtout
une rêverie sensuelle, que relaie tout naturellement
le songe d'immortalité. Ronsard est, d'emblée, un
Pétrarque heureux.

3. Marie

La *Continuation des Amours* (1555) et la *Nouvelle
Continuation* (1556) forment un allègre « **adieu au
pétrarquisme** » : le poète adopte l'alexandrin et un
« beau style bas » pour chanter Marie, jeune paysanne de Bourgueil (le livre s'enrichira plus tard de
pièces « Sur la mort de Marie » consacrées en partie
à... Marie de Clèves, aimée d'Henri III). La syntaxe

des sonnets se fait plus souple (enjambements
multipliés), la mythologie s'efface... La poésie
amoureuse de Ronsard commente ses propres
contradictions, son inconstance, insolemment opposée à la longue fidélité de Pétrarque. Ronsard
ajuste son style aux aléas d'une existence largement
imaginaire : en fait, **c'est la vie qui s'ajuste à
l'œuvre**, et « Marie » est la parfaite incarnation d'un
choix esthétique. **L'humour** narcissique atteint une
sorte d'apogée dans le « Discours amoureux » qu'il
adresse en 1564 à une mystérieuse « Genèvre » :

*« A la fin privément tu t'enquis de mon nom,
Et si j'avais aimé autres femmes ou non.
« Je suis, dis-je, Ronsard, et cela te suffise :
Ce Ronsard que la France honore, chante et prise,
Des Muses le mignon, et de qui les écrits
N'ont crainte de se voir par les âges surpris. »*
(vers 133-138)

Et le poète raconte ses amours, c'est-à-dire sa
poésie.

4. Hélène

Les *Sonnets pour Hélène* (1578) accentuent cette
**mise en abîme réciproque de l'amant et du
poète** : l'amour est l'argument d'un discours qui se
sait et se dit poétique ; mais la poésie est aussi argument du discours amoureux : le vieil amant compte
sur ses vers pour séduire, plus que sur son « poil
grison » et son souffle court. Hélène, c'est Hélène
de Surgères, une dame de l'entourage de Claude-
Catherine de Retz (voir p. 355) ; c'est encore Hélène
de Troie. Le poète, qui veut faire pièce à l'influence
grandissante de Desportes, entrelace allusions mythiques, discours familier, variations sur la vieillesse
et l'écriture, images éclatantes d'un pétrarquisme
renouvelé, non sans distance ni humour.

Titien,
Le Concert champêtre.
Paris, Musée
du Louvre.

« Dessus le Loir enfanter une fleur... »

Je veux darder[1] par l'univers ma peine,
Plus tôt qu'un trait ne vole au décocher[2] ;
Je veux de miel mes oreilles boucher
Pour n'ouïr plus la voix de ma Sereine[3] ;

5 Je veux muer mes deux yeux en fontaine,
Mon cœur en feu, ma tête en un rocher,
Mes pieds en tronc, pour jamais n'approcher
De sa beauté si fièrement humaine[4].

Je veux changer mes pensers en oiseaux,
10 Mes doux soupirs en zéphyres nouveaux,
Qui par le monde éventeront[5] ma plainte.

Et veux encor[6] de ma pâle couleur,
Dessus le Loir[7] enfanter une fleur,
Qui de mon nom et de mon mal soit peinte[8].

RONSARD, *Les Amours*, « Amours de Cassandre », 16 (1552)
Orthographe modernisée

1. Lancer. Texte de 1567 : « Je veux pousser par la France ma peine ». — 2. A l'instant où on le décoche. — 3. Sirène ; allusion à un célèbre épisode de l'Odyssée (XII). — 4. Cruellement humaine ; oxymore (alliance de mots contradictoires) typique du style pétrarquiste. — 5. Publieront (le terme s'impose, s'agissant de vents). — 6. Texte de 1578 : « Je veux du teint... ». — 7. Texte de 1553 : « Aux bords du Loir... ». — 8. Allusion à une double légende, celle d'Hyacinthe, celle d'Ajax : à leur mort (violente) leur sang produisit une fleur portant les lettres AI (« hélas » en grec ; ce sont aussi les premières lettres d'AJAX).

POUR LE COMMENTAIRE

Analysez les relations instituées par le poème entre **la souffrance amoureuse, la volonté de métamorphose, la volonté de publier la plainte**. Montrez le rôle joué, à cet égard, par **les mythes** évoqués au dernier tercet.

Qu'en concluez-vous sur la conception ronsardienne de « l'amour la poésie », selon l'expression d'ELUARD ?

« Plutôt le bal de tant d'astres divers... »

1. Seront lassées.

2. L'âme du monde animera le vide qui entoure le monde (notions tirées de la philosophie antique).

3. Le premier.

4. « Image des choses, qui s'imprime en notre âme » (commentaire de Muret) ; Ronsard joue avec le sens platonicien du mot, en en réduisant la portée.

Plutôt le bal de tant d'astres divers
    Sera lassé, plutôt la terre et l'onde[1],
    Et du grand Tout l'âme en tout vagabonde
    Animera les abîmes ouverts[2] :

5 Plutôt les cieux des mers seront couverts,
    Plutôt sans forme ira confus le monde :
    Que je sois serf d'une maîtresse blonde,
    Ou que j'adore une femme aux yeux verts.

Car cet œil brun qui vint premier[3] éteindre
10   Le jour des miens, les sut si bien atteindre,
    Qu'autre œil jamais n'en sera le vainqueur.

Et quand la mort m'aura la vie ôtée,
    Encor là-bas je veux aimer l'Idée[4]
    De ces beaux yeux que j'ai fichés au cœur.

RONSARD, *Les Amours*, « Amours de Cassandre », 26
Orthographe modernisée

1. La rhétorique du serment solennel. Elle utilise ici la figure dite **adynaton** (hyperbole impossible). Analysez la structure des quatrains en étudiant l'effet d'une telle figure : notamment le rapport des vers 1-6 aux vers 7-8.

2. Blonde aux yeux bruns. Telle était dite Laure, telle Cassandre encore dans plusieurs sonnets des *Amours* de 1552. Mais **l'image de la dame** n'a rien de stable... A quoi est-elle réduite ici ? Pourquoi ?

« *Ciel, air, et vents...* »

1. *Masculin de* plaines.
2. *Après 1578 :*
« Tertres vineux ».
3. *Sinueux.*

4. *A mi-pente.*
5. *Couvertes de rosée.*
6. *Chargés de vignes ;*
après 1584 : « Vallons
bossus ».
7. *Sables blonds.*
8. *Après 1578 : « Et*
vous rochers écoliers
(1584 : "les hôtes") de
mes vers ».
9. *Au moment de*
partir.
10. *Souci.*
11. *Sources.*

Ciel, air, et vents, plains[1] et monts découverts,
Tertres fourchus[2], et forêts verdoyantes,
Rivages tors[3], et sources ondoyantes,
Taillis rasés, et vous bocages verts,

5 Antres moussus à demi-front[4] ouverts,
Prés, boutons, fleurs, et herbes rousoyantes[5],
Coteaux vineux[6], et plages blondoyantes[7],
Gâtine, Loir, et vous mes tristes vers[8] :

Puisqu'au partir[9], rongé de soin[10] et d'ire,
10 A ce bel œil, l'Adieu je n'ai su dire,
Qui près et loin me détient en émoi :

Je vous supply, Ciel, air, vents, monts et plaines,
Taillis, forêts, rivages et fontaines[11],
Antres, prés, fleurs, dites-le lui pour moi.

RONSARD, *Les Amours*, « Amours de Cassandre », 57
Orthographe modernisée

POUR LE COMMENTAIRE

1. Analysez **les effets dynamiques** que Ronsard tire de cette invocation en forme d'**énumération**. Voyez par exemple le rythme des vers 6-7 (rôle des suffixes à valeur continuative), et la structure du second tercet.

2. La mise en scène de la nature par le désir. S'agit-il d'un paysage ? Que nous apprend ce sonnet des relations de la **nature** et de l'**amour** dans la poétique ronsardienne ?

Continuation des Amours (1555)

« *Aimez-moi donc, Marie...* »

1. *Envers.*

2. *Pratiquer.*

3. *Pourtant, toujours*
est-il que.
4. *Les Scythes*
étaient le type du
peuple barbare dans
l'Antiquité.
5. *Hé !*

Marie, qui voudroit vostre beau nom tourner,
Il trouveroit Aimer : aimez-moi donc, Marie,
Faites cela vers[1] moi dont vostre nom vous prie,
Vostre amour ne se peut en meilleur lieu donner :

5 S'il vous plaist pour jamais un plaisir demener[2],
Aimez-moi, nous prendrons les plaisirs de la vie,
Penduz l'un l'autre au col, et jamais nulle envie
D'aimer en autre lieu ne nous pourra mener.

Si[3] faut il bien aimer au monde quelque chose :
10 Cellui qui n'aime point, cellui-là se propose
Une vie d'un Scyte[4], et ses jours veut passer

Sans gouster la douceur des douceurs la meilleure.
É[5], qu'est-il rien de doux sans Venus ? las ! à l'heure
Que je n'aimeray point puissai-je trepasser !

RONSARD, *Continuation des Amours*, « Amours de Marie », 7 (1555)

Note de Belleau à propos de ce sonnet : « Cette façon de tourner les noms et d'y rencontrer quelques devises ou présages de fortune, n'est point moderne, ains fort ancienne ; les Grecs l'appellent anagrammatismon ».

« *Mignonne, levez-vous...* »

1. *Variante de 1578 :
« Marie, levez-vous,
ma jeune
paresseuse ».*

2. *Gracieusement.*

3. *Chanté
(l'expression
s'applique au chant
des oiseaux).*

4. *Posé.*

5. *Couverte de perles
de rosée.*

6. *Les yeux fermés.*

7. *Note de Belleau :
« Particule prise du
vulgaire, signifie
accorder et affirmer
quelque chose ».*

Mignonne, levez-vous, vous êtes paresseuse[1],
Jà la gaie alouette au ciel a fredonné,
Et jà le rossignol frisquement[2] jargonné[3],
Dessus l'épine assis[4], sa complainte amoureuse.

5 Debout donc, allons voir l'herbelette perleuse[5],
Et votre beau rosier de boutons couronné,
Et vos œillets aimés, auxquels avez donné
Hier au soir de l'eau, d'une main si soigneuse.

Hier en vous couchant, vous me fîtes promesse
10 D'être plus tôt que moi ce matin éveillée,
Mais le sommeil vous tient encor toute sillée[6] :

Ian[7], je vous punirai du péché de paresse,
Je vais baiser cent fois votre œil, votre tétin,
Afin de vous apprendre à vous lever matin.

RONSARD, *Continuation des Amours*, « Amours de Marie », 23
Orthographe modernisée

ÉTUDE COMPARÉE

1. **« Le beau style bas »**. C'est celui qu'adopte Ronsard dans les « Amours de Marie ». Relevez **les faits métriques, syntaxiques, lexicaux, rhétoriques** (choix d'un type de discours et d'une « situation » d'énonciation) qui caractérisent cette « simplicité » très étudiée.

2. **Deux univers amoureux**. Donnez une brève description de l'**amour pétrarquiste**, et de l'**amour « simple » et rustique**. En quoi s'opposent-ils ? Trouvez-vous, chez Ronsard, des correspondances de l'un à l'autre ?

« *Comme on voit sur la branche...* »

1. *Dans ses pétales.*

2. *Le verbe a pour
sujet « la grace » et
« l'amour ».*

3. *Embaumant.*

4. *Ouverte.*

5. *Il s'agit de
« Marie », mais les
poèmes* Sur la mort
de Marie *contaminent
le souvenir de « Marie
l'Angevine » et celui
de Marie de Clèves,
pleurée par Henri III.*

Comme on voit sur la branche au mois de may la rose,
En sa belle jeunesse, en sa premiere fleur,
Rendre le ciel jaloux de sa vive couleur,
Quand l'Aube de ses pleurs au poinct du jour l'arrose ;

5 La grace dans sa fueille[1], et l'amour se repose[2],
Embasmant[3] les jardins et les arbres d'odeur ;
Mais batue ou de pluye, ou d'excessive ardeur,
Languissante elle meurt, fueille à fueille declose[4].

Ainsi en ta premiere et jeune nouveauté,
10 Quand la Terre et le Ciel honoraient ta beauté,
La Parque t'a tuée, et cendre tu reposes[5].

Pour obseques reçoy mes larmes et mes pleurs,
Ce vase plein de laict, ce panier plein de fleurs,
Afin que vif et mort ton corps ne soit que roses.

RONSARD, *Second Livre des Amours*, « Sur la mort de Marie », 4 (1578)

ANALYSE STYLISTIQUE

1. **La structure du sonnet et la comparaison**. Analysez la répartition comparant / comparé entre quatrains et tercets. Y a-t-il équilibre ? Quel est l'effet produit ?

2. Dans quelle mesure la **vision développée** dans le comparant prépare-t-elle la seconde partie du poème ?

3. **Les rimes**. Qu'ont-elles de particulier ? Quel est l'effet produit ? Examinez notamment le premier quatrain et le deuxième tercet.

4. Analysez, du point de vue du **rythme** et des **sonorités**, le premier et le dernier vers.

Nouvelles Poésies (1564)

Raphaël, *Portrait de jeune fille.*
Paris, Musée du Louvre.

Discours amoureux de Genèvre

1. On hésite à reconnaître, dans la mystérieuse « Genèvre », la femme de Blaise de Vigenère, humaniste éminent et traducteur des Psaumes. « Gen(i)èvre » serait alors l'anagramme de « Vigenère ».
2. Souhait.
3. Mais.

    Genèvre[1], je te prie, écoute par pitié
Comment je fus surpris de ta douce amitié :
Ainsi le cours des ans ta beauté ne fanisse[2],
Ains[3] maîtresse du temps contre l'âge fleurisse.
5   Sur la fin de juillet que le chaud violent
Rendait de toutes parts le ciel étincelant,
Un soir, à mon malheur, je me baignai dans Seine,
Où je te vis danser sur la rive prochaine,
Foulant du pied le sable, et remplissant d'amour
10 Et de ta douce voix tous les bords d'alentour.
    Tout nu je me vins mettre avec ta compagnie,
Où dansant je brûlai d'une ardeur infinie,
Voyant sous la clarté brunette du croissant

4. Rivalisant avec la Lune, œil de la nuit.

Ton œil brun, à l'envi de l'autre apparaissant[4].
15   Là je baisai ta main pour première accointance,
Car autrement de toi je n'avais connaissance ;
Puis d'un agile bond je ressautai dans l'eau,
Pensant qu'elle éteindrait mon premier feu nouveau.
Il advint autrement, car au milieu des ondes
20 Je me sentis lié de tes deux tresses blondes,
Et le feu de tes yeux qui les eaux pénétra

5. Corps humide, liquide.

Malgré la froide humeur[5] dedans mon cœur entra.

Pour ce premier assaut mon mal je dissimule,
Je m'en allai coucher sans espérance nulle
25 De jamais te revoir pour te donner ma foi,
Car je ne connaissais ni ta maison ni toi :
Je ne te connaissais pour la belle Genèvre,
Qui depuis dans le cœur m'a donné telle fièvre ;
Aussi de ton côté tu ne me connaissais
30 Pour Ronsard, l'ornement du langage français.
   Si tôt que j'eus pressé les plumes ocieuses[6]
De mon lit paresseux, les peines curieuses[7],
Qu'Amour dessus sa lime aiguise doucement,
Vinrent dedans mon cœur loger soudainement,
35 Avecques le désir de te pouvoir connaître,
Et de faire à tes yeux ma douleur apparaître.
   Aussi tôt que l'Aurore eut appelé des eaux
Le beau Soleil tiré de ses quatre chevaux[8],
Je saute hors du lit, et seul je me promène
40 Loin de gens sur le bord, devisant de ma peine.
Quelle fureur me tient ? et quel nouveau penser
Me fait douteusement ma raison balancer[9] ?
Où est la fermeté de mon premier courage ?
Et quoi, veux-je rentrer en un nouveau servage ?
45 Veux-je que tout mon temps aille au plaisir d'amour ?
Que me sert d'être franc[10] des liens qu'alentour
De mon col[11] je portais, quand Marie et Cassandre
Dedans leurs beaux filets me surent si bien prendre,
Si maintenant plus vieil, plus froid et plus grison,
50 Je ne me puis aider de ma belle raison ?
Et s'il faut qu'à tous coups, comme insensé, je soie
De ce petit Amour et la butte[12] et la proie ?
Non : il faut résister ce pendant que l'erreur
Ne fait que commencer, de peur que la fureur
55 Par le temps ne me gagne, et dedans ma poitrine
Pour éternel séjour le mal ne s'enracine.
   Ainsi tout philosophe et de raison tout plein,
Comme si Amour fût quelque chose de sain,
Gaillard je m'assurais que jamais autre femme
60 N'allumerait mon cœur d'une nouvelle flamme.
   Avecques tels discours au logis je revins,
Où plus fort que jamais amoureux je devins :
Car si tôt que Vesper[13], la brunette courrière
De la Lune, eut poussé dans les eaux la lumière[14],
65 Prenant avecques moi pour compagnon Belleau[15],
Comme le soir passé je retournai sur l'eau.

RONSARD, *Nouvelles Poésies*, III,
« Discours amoureux de Genèvre » (1564), vers 1-66
Orthographe modernisée

6. Adjectif formé (au XVᵉ siècle) sur le latin otium, repos.
7. Qui tourmentent.

8. Le char du Soleil était tiré par quatre chevaux (voir Ovide ; Métamorphoses, II, 112 sq.).

9. Osciller, hésiter.

10. Libre.
11. Cou.

12. La cible.

13. Étoile du soir, avant-courrière de la Lune.
14. En s'y reflétant.
15. Le poète, grand ami de Ronsard (voir p. 349) ; son nom paraît ici très indiqué.

ÉTUDE COMPARÉE

Comparez cette « vision » à celle de Pernette du Guillet, p. 321.

Sonnets pour Hélène (1578)

« Ces longues nuits d'hiver... »

1. Paresseuse.

Ces longues nuicts d'hyver, où la Lune ocieuse[1]
Tourne si lentement son char tout à l'entour,
Où le coq si tardif nous annonce le jour,
Où la nuict semble un an à l'âme soucieuse,

2. Indécise,
à mi-chemin du rêve
et du réel.

5 Je fusse mort d'ennuy sans ta forme douteuse[2],
Qui vient par une feinte alleger mon amour,
Et faisant toute nue entre mes bras séjour,

3. Me trompe.

Me pipe[3] doucement d'une joye menteuse.

4. Féroce.

Vraye tu es farouche, et fiere[4] en cruauté.

10 De toy fausse on jouyst en toute privauté.

5. Près de ton double,
ton fantôme.

Près ton mort[5] je m'endors, près de luy je repose :

Rien ne m'est refusé. Le bon sommeil ainsi
Abuse par le faux mon amoureux souci.
S'abuser en amour n'est pas mauvaise chose.

RONSARD, *Sonnets pour Hélène*, II, 23 (1578)

« Quand vous serez bien vieille... »

Quand vous serez bien vieille, au soir à la chandelle,
Assise auprès du feu, dévidant et filant,
Direz chantant mes vers, en vous émerveillant :
« Ronsard me célébrait du temps que j'étais belle. »

1. Variante de 1584 :
« de mon nom ».
2. Se rapporte à
« Ronsard ».
3. Dont la louange est
immortelle.

5 Lors vous n'aurez servante oyant telle nouvelle,
Déjà sous le labeur à demi sommeillant,
Qui au bruit de Ronsard[1] ne s'aille réveillant,
Bénissant[2] votre nom de louange immortelle[3].

4. Un bois de myrtes
accueillait, aux Enfers,
les amoureux célèbres ;
« ombres » : ombrages.

Je serai sous la terre, et fantôme sans os
10 Par les ombres myrteux[4] je prendrai mon repos ;
Vous serez au foyer une vieille accroupie,

5. Lieu commun de la
morale épicurienne, cf.
le Carpe diem *(« profite*
du jour présent ») des
Odes *d'Horace.*

Regrettant mon amour et votre fier dédain.
Vivez, si m'en croyez, n'attendez à demain[5] :
Cueillez dès aujourd'hui les roses de la vie.

RONSARD, *Sonnets pour Hélène*, II, 24
Orthographe modernisée

POUR LE COMMENTAIRE

1. La « leçon » de ce sonnet célèbre est-elle évidente dès le premier vers ? Quelle est **la tonalité des quatrains** ?

2. A quel moment **le sens général du propos** évolue-t-il ? Quel est le vers le plus significatif à cet égard ?

3. Commentez, de ce point de vue, la **syntaxe** et la **structure du vers dans les tercets**. Montrez ce qui donne aux deux derniers vers un maximum d'efficacité.

4. Associée au temps futur de la vieillesse, la notion d'**immortalité poétique** sert finalement d'argument en faveur du temps présent de l'amour. Que pensez-vous de cette utilisation ?

5. Imaginez la réponse d'Hélène. Quelles failles de l'argumentation pourrait-elle exploiter ?

4. Les *Hymnes* (1555-1564)

L'inspiration mythique et cosmique

1. Célébration

Après les odes pindariques de ses premières années, les **hymnes** représentent la seconde contribution de **RONSARD** à un grand lyrisme « philosophique », d'**inspiration mythique et cosmique**. Il ne s'agit pas de poésie « scientifique » comme on en trouve chez Scève *(Microcosme)*, Baïf ou Belleau. Ce qui prime chez Ronsard n'est pas la volonté de **décrire** des phénomènes ; mais plutôt de **célébrer**, « jusqu'à l'extrémité » mais en toute liberté, tel ou tel aspect du monde. L'éventail des sujets possibles va du Roi à la Mort, en passant par la Philosophie, le Ciel, l'Or... Les valeurs ainsi exaltées d'hymne en hymne ne vont pas sans variété ni contradiction : le poète chante un monde à la fois un et multiple, céleste et sublunaire, ouvert et circulaire, éternel et périssable. Son discours ne vise pas à réduire les oppositions, mais à en montrer la richesse, la fécondité. L'hymne s'écrit sous le signe de l'**abondance** : il faut dire toujours plus sur le sujet choisi. L'hymne est virtuellement infini.

2. Une forme souple

Ronsard, en fait, innove en publiant les *Hymnes* de 1555. Le mot, à la fois prestigieux et flou, ne désignait pas un genre à proprement parler. On s'en servait (au féminin) pour désigner l'ancienne poésie religieuse et chantée. L'hymne est une prière, et le demeure dans l'usage chrétien. Ronsard, lui, appelle « hymne » un **long poème** (en décasyllabes ou en alexandrins) de **forme discursive**, à **rimes plates**, consacré à l'**éloge** d'une personne, d'une notion, d'un objet de **portée universelle** : l'hymne choisit ses sujets à l'échelle cosmique, à la différence du blason, qui privilégie les sujets humbles, familiers, ou les objets de taille réduite ; on parle d'ailleurs de « petit hymne » ou d'« hymne-blason ». Du point de vue formel, l'hymne est beaucoup plus **libre et souple** que la grande ode pindarique ; privé de structure strophique, et souvent très long, il ne se prête pas à la mise en musique.

3. De l'éloge au récit

Genre hybride et ouvert, l'hymne mêle **invocation, description, récit**. Il enchaîne références mythologiques, allusions personnelles, morceaux de bravoure de toutes sortes. Dans les *Hymnes des Quatre saisons de l'an* (publiés au livre I des *Nouvelles Poésies*, en 1564), l'invention mythologique du poète est à son comble : il s'agit moins de faire l'éloge de telle saison considérée en elle-même que de fondre ensemble récit mythique et récit personnel. L'hymne devient alors une sorte d'**allégorie de la création poétique** ; le poète, Ronsard, s'y mesure aux personnages issus de sa « fantaisie ». Lui-même accède ainsi au plan du mythe.

L'observation des cieux,
gravure du XVIᵉ siècle.
Paris,
Bibl. de l'Observatoire.

Hymne de la Justice (1555)

Dans l'Hymne de la Justice, *suivant Hésiode et Ovide*, **Ronsard** *montre la décadence de l'humanité depuis l'Age d'or, « quand ces mots,* tien *et* mien, *en usage n'étaient ». « Toute chose passe » et Justice, fille de Jupiter, se voit contrainte, telles les Muses de l'* Ode à Michel de L'Hospital, *de revenir auprès de son Père (que Ronsard nomme tantôt Jupiter, tantôt Dieu). L'hymne* **consiste en discours :** *supplique de Justice, furieuse déclaration de Jupiter, qui veut noyer le monde sous les flammes. C'est alors qu'intervient son autre fille, Clémence.*

« La destruction n'est pas séante à Dieu »

Père, puisqu'il t'a plu entre tes Noms de mettre
Le nom de très bénin, il faut aussi permettre
A ta rigueur d'user des effets de ce Nom,
Autrement tu serais en vain appelé bon.
5 Je sais bien, si tu veux tout ce Monde défaire
En moins d'un seul clin d'œil, que tu le pourras faire,
Ce qu'il ne faut, Seigneur, car la destruction
N'est pas séante à DIEU, mais génération :
Pource[1], il te plut jadis bâtir tout ce grand Monde,
10 Et peupler d'animaux toute la terre ronde,
A fin que de ton trône en voyant les humains
Prisses[2] quelque plaisir aux œuvres de tes mains ;
Mais ores un chacun blâmera ta Puissance,
Et seras en mépris, comme un Dieu d'inconstance,
15 Qui naguère voulut tout le Monde noyer,
Et maintenant le veux encore foudroyer.
Si tu détruis le Monde, il faudra qu'il retienne[3]
De son premier Chaos[4] la figure ancienne,
Et si tout est confus, qui adoncques dira
20 Les Hymnes de ta gloire, et ton nom bénira ?
Qui lors racontera tes merveilles si grandes ?
Qui la flamme immortelle aux temples gardera ?
Qui d'encens arabiqu'[5] ton trône enfumera ?
Il vaut, certes, trop mieux que tu les épouvantes
25 Par songes, par Démons[6], par Comètes sanglantes,
Que les tuer du tout[7] : car tels qu'ils sont, Seigneur,
Bons ou mauvais, ils sont créés à ton honneur.
Si tu frappes leur cœur, ils te voudront entendre,
Car il n'est pas de roche, il est humain et tendre,
30 Lequel sera tantôt, bien qu'il soit endurci,
Châtié[8] de son vice, et te criera merci[9].

RONSARD, *Les Hymnes*, « Hymne de la Justice », vers 311-342 (1555)
Orthographe modernisée

1. *C'est pourquoi (élision).*

2. *Tu prisses.*

3. *Retrouve.*

4. *Le Chaos, qui précéda le monde, selon la Théogonie hésiodique.*

5. *Apocope, licence poétique à la césure.*

6. *Voir ci-après, p. 376.*

7. *Carrément.*

8. *Trois syllabes.*
9. *Implorera ta grâce.*

POUR LE COMMENTAIRE

1. L'argumentation de Clémence. A quelle valeur-clé fait-elle appel ? Quel est, en définitive, le « système » du Monde dépeint par Clémence ?

Examinez comment s'articulent ordre, désordre, hymnes de gloire et présages sinistres.

2. La rhétorique de ce morceau d'éloquence. Montrez le rôle qu'y joue l'élément strictement poétique (rapport de la structure syntaxique de la phrase et de la structure rythmique du vers, relations phoniques et sémantiques ainsi créées ou soulignées, rôle de la rime...).

Les Démons (1555)

*Il y a une sorte de paradoxe à consacrer un hymne aux Démons (de fait, le long poème que **Ronsard** leur consacre dans le livre des* Hymnes *de 1555 s'intitule seulement* Les Démons*). Il s'agit moins de les louer que d'en décrire les cent espèces, les cent figures, et de les maudire pour finir...*

Les Démons, selon la physique et la métaphysique antiques, largement acceptées à la Renaissance, sont des créatures de l'espace aérien, **intermédiaire entre l'espace céleste** *(demeure de Dieu)* **et la terre** *(demeure des hommes). Bénéfiques ou maléfiques, ils vivent dans la région sublunaire, au milieu des nuages ; comme eux ils errent sans cesse et prennent toutes les formes, donnant ainsi aux cœurs humains « de merveilleuses craintes ». Esprits formés d'air et nourris de vapeur, ils frappent surtout notre « fantaisie », notre imagination :*

> « Si nous sommes au lit, n'osons lever les bras,
> Ni tant soit peu tourner le corps entre les draps ;
> A donc nous est avis que nous voyons nos pères
> Morts dedans un linceul, et nos défuntes mères
> Parler à nous la nuit... »

« Un soir, vers la minuit... »

Un soir, vers la minuit, guidé de la jeunesse
Qui commande aux amants, j'allais voir ma
  [maîtresse
Tout seul, outre le Loir, et passant un détour
Joignant une grande croix, dedans un carrefour,
5 J'ouïs, ce me semblait, une aboyante chasse
De chiens qui me suivait pas-à-pas à la trace :
Je vis auprès de moi sur un grand cheval noir
Un homme qui n'avait que les os, à le voir,
Me tendant une main pour me monter en crope¹ :
10 J'avisai tout autour une effroyable trope²
De piqueurs, qui couraient un Ombre³, qui bien fort
Semblait un usurier qui naguère était mort,
Que le peuple pensait, pour sa vie méchante,
Être puni là-bas des mains de Rhadamante⁴.
15 Une tremblante peur me courut par les os,
Bien que j'eusse vêtu la maille⁵ sur le dos,
Et pris tout ce que prend un amant, que la Lune
Conduit tout seul de nuit, pour chercher sa fortune,
Dague, épée, et bouclier⁶, et par sur tout un cœur
20 Qui naturellement n'est sujet à la peur :
Si fussé-je étouffé⁷ d'une crainte pressée⁸
Sans Dieu, qui promptement, me mit en la pensée
De tirer mon épée, et de couper menu
L'air tout autour de moi, avecques le fer nu :
25   Ce que je fis soudain, et sitôt ils n'ouïrent
Siffler l'épée en l'air, que tous s'évanouirent,
Et plus ne les ouïs ni bruire⁹, ni marcher,
Craignant peureusement de se sentir hacher,
Et tronçonner¹⁰ le corps, car bien qu'ils n'aient
  [veines
30 Ni artères, ni nerfs, comme nos chairs humaines,
Toutefois comme nous ils ont un sentiment,
Car le nerf ne sent rien, c'est l'esprit seulement.
  D'un point nous différons, quand le fer nous
  [incise,
Notre chair est longtemps avant qu'être reprise,

35 Les Démons, à l'instant, tout ainsi qui fendrait¹¹
L'air ou le vent, ou l'eau, qui tôt se reprendrait.
  Que dirai plus ? ils sont pleins d'arts et de science,
Quant au reste, impudents, et pleins
  [d'outrecuidance,
Sans aucun jugement, ils sont follets, menteurs
40 Volages, inconstants, traîtres, et décepteurs¹²,
Mutins, impatients, qui jamais n'apparaissent
A ceux qui leur nature, et leurs abus connaissent :
Mais s'ils voient¹³ quelqu'un abandonné d'espoir,
Errer seul dans un bois, le viendront décevoir¹⁴,
45 Ou tromperont les cœurs des simplettes bergères
Qui gardent les brebis, et les feront sorcières.

Ronsard, *Les Hymnes*, « Les Démons »,
vers 347-392 (1555). Orthographe modernisée

---

1. Croupe. — 2. Troupe. — 3. Fantôme. — 4. Juge infernal (voir p. 302). — 5. Cotte de maille. — 6. Bou-clier, deux syllabes. — 7. Pourtant j'eusse étouffé. — 8. Intense. — 9. Faire du bruit (4 syll.). — 10. Tronçonner. — 11. Chez les Démons, la chair est reprise à l'instant, comme si l'on fendait... — 12. Trompeurs. — 13. Voi-ent, deux syllabes. — 14. Tromper.

POUR LE COMMENTAIRE

1. La technique de l'alexandrin dans le « récit fantastique ». Analysez les effets de rythme et d'enchaînement syntaxique (relatives en cascade, appositions...) : à quoi tendent de tels effets ?

2. Les ingrédients du récit. Rôle de la première personne, situation typique, effets « romanesques » (l'amant, de nuit, armé), effets de réel ; la scène fantastique elle-même.

3. La rhétorique de l'hymne. Il faut tout dire, dire toujours plus. Montrez, sur la foi de ce passage (éventuellement de l'hymne entier, si vous y avez accès), que les Démons se prêtent à ce dessein d'abondance.

Hymne de l'Automne (1564)

Publié en 1564, avec les trois autres hymnes des Quatre saisons de l'an, *dans le recueil des* Nouvelles Poésies, *l'*Hymne de l'Automne *offre un célèbre prélude où* **Ronsard** *revient sur sa vocation. Avant d'évoquer l'Automne, fille mal aimée de Nature et du Soleil, sauvée de la disgrâce par l'amour de Bacchus qui la rend « maîtresse du vaisseau d'Abondance », le poète redit le privilège de sa voix et le sens profond de son « métier ».*

Le poète à la source

Le jour que je fus né, le Démon[1] qui préside
Aux Muses[2] me servit en ce Monde de guide,
M'anima d'un esprit gaillard et vigoureux,
Et me fit de science et d'honneur amoureux.
5 En lieu des grands trésors et de richesses vaines,
Qui aveuglent les yeux des personnes humaines,
Me donna pour partage une fureur d'esprit[3],
Et l'art de bien coucher ma verve par écrit.
Il me haussa le cœur, haussa la fantaisie[4],
10 M'inspirant dedans l'âme un don de Poésie,
Que Dieu n'a concédé qu'à l'esprit agité
Des poignants[5] aiguillons de sa divinité.
    Quand l'homme en est touché, il devient un prophète,
Il prédit toute chose avant qu'elle soit faite,
15 Il connaît la nature, et les secrets des cieux,
Et d'un esprit bouillant s'élève entre les Dieux.
Il connaît la vertu des herbes et des pierres,
Il enferme les vents, il charme les tonnerres,
Sciences que le peuple admire, et ne sait pas
20 Que Dieu les va donnant aux hommes d'ici-bas,
Quand ils ont de l'humain les âmes séparées[6],
Et qu'à telle[7] fureur elles sont préparées,
Par oraison, par jeûne, et pénitence aussi,
Dont aujourd'hui le monde a bien peu de souci.
25   Car Dieu ne communique aux hommes ses mystères
S'ils ne sont vertueux, dévots et solitaires,
Éloignés des tyrans, et des peuples qui ont
La malice[8] en la main, et l'impudence au front,
Brûlés d'ambition, et tourmentés d'envie,
30 Qui leur sert de bourreau tout le temps de leur vie.
    Je n'avais pas quinze ans que les monts et les bois,
Et les eaux me plaisaient plus que la cour des Rois,
Et les noires forêts épaisses de ramées,
Et du bec des oiseaux les roches entamées :
35 Une vallée, un antre en horreur obscurci[9],
Un désert effroyable[10], était tout mon souci,
Afin de voir au soir les Nymphes et les Fées
Danser dessous la Lune en cotte[11] par les prés[12],
Fantastique d'esprit : et de voir les Sylvains
40 Être boucs par les pieds, et hommes par les mains,
Et porter sur le front des cornes en la sorte
Qu'un petit agnelet de quatre mois les porte.
    J'allais après[13] la danse et craintif je pressais
Mes pas dedans le trac[14] des Nymphes, et pensais,
45 Que pour mettre[15] mon pied en leur trace poudreuse
J'aurais incontinent l'âme plus généreuse,
Ainsi que l'Ascréan[16] qui gravement sonna,
Quand l'une des neuf Sœurs du laurier lui donna.

Notes :

1. Intermédiaires entre les hommes et Dieu, les Démons, lorsqu'ils sont bons, sont les médiateurs de l'inspiration.
2. À la poésie inspirée.
3. La fureur de l'inspiration poétique, ou enthousiasme, notion d'origine platonicienne, voir p. 313.
4. L'imagination.
5. Qui piquent, qui blessent.
6. L'âme séparée de la condition humaine.
7. Une telle.
8. La méchanceté.
9. Caverne sombre (il y en a beaucoup dans la vallée du Loir), inspirant une crainte sacrée.
10. Lieu solitaire, inspirant la crainte (le mot « effroyable » n'a pas le sens hyperbolique qu'il a aujourd'hui).
11. Tunique légère.
12. Les prairies.
13. Je suivais.
14. Sur la piste.
15. En mettant.
16. Hésiode, originaire d'Ascra en Béotie ; dans la Théogonie, Hésiode raconte que les Muses, filles de Zeus, un jour qu'il paissait ses agneaux au pied de l'Hélicon, lui donnèrent un rameau de laurier, en signe de sa vocation poétique.

17. *Muse de la Musique.*

18. *La fontaine Hippocrène, sur l'Hélicon.*

19. *Au sens fort ; il s'agit d'une opération magique.*

20. *Les cheveux (c'est « l'horreur », au sens étymologique).*

21. *Écart de la raison, plus « ingénieux » que la raison même (oxymore).*

22. *Louange.*

23. *Oubli.*

24. *Écrabouiller.*

Or je ne fus trompé de ma douce entreprise,
50 Car la gentille Euterpe[17] ayant ma dextre prise,
Pour m'ôter le mortel par neuf fois me lava,
De l'eau d'une fontaine où peu de monde va[18],
Me charma[19] par neuf fois, puis d'une bouche enflée
(Ayant dessus mon chef son haleine soufflée)
55 Me hérissa le poil[20] de crainte et de fureur,
Et me remplit le cœur d'ingénieuse erreur[21],
En me disant ainsi : Puisque tu veux nous suivre,
Heureux après la mort nous te ferons revivre,
Par longue renommée, et ton los[22] ennobli
60 Accablé du tombeau n'ira point en obli[23].
  Tu seras du vulgaire appelé frénétique,
Insensé, furieux, farouche, fantastique,
Maussade, mal plaisant, car le peuple médit
De celui qui de mœurs aux siennes contredit.
65 Mais courage, Ronsard, les plus doctes poètes,
Les Sibylles, Devins, Augures et Prophètes,
Hués, sifflés, moqués des peuples ont été :
Et toutefois, Ronsard, ils disaient vérité.
  N'espère d'amasser de grands biens en ce Monde.
70 Une forêt, un pré, une montagne, une onde
Sera ton héritage, et seras plus heureux
Que ceux qui vont cachant tant de trésors chez eux :
Tu n'auras point de peur qu'un Roi de sa tempête
Te vienne en moins d'un jour écarbouiller[24] la tête,
75 Ou confisquer tes biens : mais tout paisible et coi,
Tu vivras dans les bois pour la Muse et pour toi.

RONSARD, *Nouvelles Poésies*, « Hymne de l'Automne », vers 1-76 (1564)
Orthographe modernisée

POUR LE COMMENTAIRE

1. La composition de ce prélude. Comment Ronsard combine-t-il le discours général, le récit particulier de son propre destin, et le « discours dans le récit » assuré par la Muse ?

2. Dégagez les oppositions qui valorisent la poésie, distinguez les valeurs qui la fondent. Ne pourrait-on y entrevoir une contradiction ?

3. Un art du mélange et du passage. S'agit-il d'un exposé dogmatique sur la « fureur » ? D'une pure confidence biographique ? Suivez, de vers en vers, de détail en détail, l'évolution de l'idée, la métamorphose de la vision.

4. La fonction du mythe. S'agit-il d'une simple décoration ?

TRAVAUX D'ENSEMBLE SUR *LES HYMNES*

Composition française

A propos des *Hymnes*, mais aussi des autres genres ronsardiens, vous commenterez et discuterez ce jugement de Jean CÉARD (*La Nature et les prodiges*, Droz, 1977) :
« Le poète est celui qui, plongé, comme tout homme, dans l'obscurité d'un monde insaisissable, entrevoit un peu mieux sa raison, perçoit les premières lueurs du jour. En d'autres termes, le don de poésie ne le soustrait pas à la foule des hommes « pauvres et chétifs » ; c'est dans sa condition d'homme qu'il accueille le don divin ; et par là il vit plus intensément qu'autrui le malheur de l'existence humaine et ressent davantage l'absence de cette lumière dont quelques rayons lui parviennent. »

Bruegel le Vieux, *L'Automne*. Musée de Rouen.

5. Les *Discours* (1562-1563)

Engagement, dégagement

1. Poésie « engagée »

La même année, 1562, voit paraître l'*Institution pour l'adolescence du roi Charles IX*, le *Discours des Misères de ce temps* à la reine, et sa *Continuation*. L'année suivante paraissent la *Remontrance au peuple de France* et la *Réponse aux injures et calomnies de je ne sais quels Prédicants et Ministres de Genève*. En quelques mois, RONSARD publie l'essentiel de sa poésie « engagée » au sens étroit du terme : **les vers naissent de l'événement et prétendent agir directement sur lui**. Ils circulent sous forme de plaquettes peu coûteuses et faciles à transporter. Le succès des *Discours* est considérable. Extrême est la colère des protestants, de voir le plus grand poète du temps mettre sa Muse au service du Roi et de l'Église.

2. Retour aux Muses

Ronsard ne persiste pas dans sa tentative. Selon une trajectoire inverse de celle de Jodelle et d'Aubigné, il a tôt fait de ramener sa Muse au bois sacré dont, c'est son sentiment profond, elle ne devrait jamais sortir. Le dernier grand discours, la *Réponse*, est une défense passionnée du métier poétique face aux « calomnies » des pamphlétaires protestants qui, répondant au *Discours des Misères*, stigmatisaient le poète païen et paillard, grand amateur de bénéfices ecclésiastiques.

3. Théologie et politique

Le *Discours des Misères* et les discours suivants traduisent l'indignation du poète, jusque-là favorable à une réforme des abus de l'Église, devant la prise d'armes des protestants. La *Remontrance* est composée alors que l'armée de Condé investit Paris. Contre les huguenots, Ronsard manie la **satire** et l'**invective**, réaffirmant sa propre foi et invitant prélats et dignitaires à plus de simplicité, plus de pauvreté, plus de charité. Ronsard oppose à la théologie protestante le mystère de la foi (dont il est inutile, et même nuisible, de parler), et à la politique protestante la conception d'**un royaume organiquement solidaire de son roi** (idées favorisées par Catherine de Médicis, dédicataire du *Discours des Misères*). Le poète s'adresse à tous, nobles, soldats, marchands, laboureurs etc., pour les appeler à combattre (chacun selon son talent).

4. Écriture poétique ou combat idéologique

Le poète, dans la *Réponse*, trouvera d'autres accents (de jubilation ironique) pour défendre, non plus la politique royale, mais la poésie, source d'une gloire qui résiste aux aléas d'une actualité aberrante. La synthèse ne s'est pas faite chez Ronsard, comme elle se fera chez le d'Aubigné des *Tragiques*, entre l'écriture poétique et le combat d'idées.

Continuation du discours des Misères de ce temps (1562)

Dans la Continuation du discours des Misères de ce temps, ***Ronsard*** *s'attaque, entre autres, à Théodore de Bèze (1519-1605), ex-poète néo-latin, disciple de Calvin et propagateur du calvinisme en France, auxiliaire de Condé et de Coligny durant la première guerre de Religion (1562-1563), successeur futur de Calvin à la tête de la Réforme française. En l'occurrence, défense du sentiment religieux, du sentiment national, du sentiment poétique, c'est tout un.*

« *En papier non sanglant...* »

De Bèze, je te prie, écoute ma parole
Que tu estimeras d'une personne folle :
S'il te plaît toutefois de juger sainement,
Après m'avoir ouï tu diras autrement.
La terre qu'aujourd'hui tu remplis toute d'armes[1],
Y faisant fourmiller grand nombre de gendarmes,
Et d'avares soldards[2], qui du pillage ardents,
Naissent dessous ta voix, tout ainsi que des dents
Du grand serpent Thébain les hommes, qui muèrent
Le limon en couteaux, dont il s'entretuèrent,
Et nés et demi-nés se firent tous périr,
Si qu'[3] un même soleil les vit naître et mourir[4].

15 De Bèze, ce n'est pas une terre gothique,
Ni une région[5] tartare, ni scythique,
C'est celle où tu naquis, qui douce te reçut,
Alors qu'à Vézelay ta mère te conçut,
Celle qui t'a nourri, et qui t'a fait apprendre
La science et les arts dès ta jeunesse tendre,
20 Pour lui faire service, et pour en bien user,
Et non, comme tu fais, à fin d'en abuser.
Si tu es envers elle enfant de bon courage[6],
Ores que[7] tu le peux, rends-lui son nourrissage[8],
Retire tes soldards, et au lac genevois[9]
(Comme chose exécrable) enfonce leurs harnois[10],

25 Ne prêche plus en France une Évangile armée,
   Un Christ empistolé[11] tout noirci de fumée,
   Portant un morion[12] en tête, et dans la main
   Un large coutelas rouge du sang humain :
   Cela déplaît à Dieu, cela déplaît au Prince,
30 Cela n'est qu'un appât qui tire la province
   A la sédition, laquelle dessous toi
   Pour avoir liberté, ne voudra plus de Roi.
      Certes il vaudrait mieux à Lausanne[13] relire
   Du grand fils de Thétis[14] les prouesses et l'ire,
35 Faire combattre Ajax, faire parler Nestor,
   Ou reblesser Vénus, ou retuer Hector
   En papier non sanglant, que rempli d'arrogance
   Te mêler des combats dont tu n'as connaissance,
   Et traîner après toi le vulgaire ignorant,
40 Lequel ainsi qu'un Dieu te va presque adorant.
      Certes il vaudrait mieux célébrer ta Candide[15],
   Et comme tu faisais, tenir encor la bride
   Des cygnes paphians[16], ou près d'un antre au soir
   Tout seul dans le giron des neuf Muses t'asseoir,
45 Que reprendre[17] l'Église, ou pour être vu sage
   Amender en saint Paul je ne sais quel passage[18] :
   De Bèze mon ami, tout cela ne vaut pas
   Que la France pour toi prenne tant de combats !
   Ni que pour ton erreur un tel Prince s'empêche[19] !
50   Un jour en te voyant aller faire ton prêche[20]
   Ayant dessous un reître[21] une épée au côté :
   Mon Dieu, ce dis-je lors, quelle sainte bonté !
   Quelle Évangile hélas ? quel charitable zèle !
   Qu'un Prêcheur porte au flanc une épée[22] cruelle !
55 Bien tôt avec le fer nous serons consumés,
   Puisque l'on voit de fer les Ministres[23] armés.

RONSARD, *Continuation du discours...*,
vers 95-150 (1562)
Orthographe modernisée

Théodore de Bèze, peinture anonyme du XVIᵉ siècle.
Paris, Bibl. Protestante.

1. *Le* Discours *fut composé durant l'été 1562, la* Continuation *au début de l'automne ; depuis le massacre des leurs à Wassy (mars), les protestants se soulèvent, une armée se forme sous Condé et Coligny, la ville d'Orléans devient un centre de recrutement.* — 2. *Avides soldats.* — 3. *De sorte que.* — 4. *Allusion à la légende de Cadmus : ce héros dut combattre un dragon dont les dents, semées en terre, donnèrent aussitôt naissance à des géants qui, à peine formés, s'entretuèrent.* — 5. *Diérèse (trois syllabes).* — 6. *Cœur.* — 7. *Quand.* — 8. *Le fait qu'elle t'a nourri, la nourriture que tu as reçue d'elle.* — 9. *Le lac Léman.* — 10. *Armures.* — 11. *Maniant le pistolet.* — 12. *Casque.* — 13. *De Bèze avait une chaire de grec à Lausanne.* — 14. *Achille, dont la prouesse et la colère sont le sujet de l'Iliade.* — 15. *Dame célébrée dans les* Poemata *de Bèze.* — 16. *Oiseaux de Vénus, à Paphos, dans l'île de Chypre.* — 17. *Critiquer.* — 18. *L'attaque vise le considérable travail de commentaire des Écritures accompli par Bèze et Calvin.* — 19. *Se soucie (le Prince en question est Louis de Condé, chef du parti protestant).* — 20. *Après l'édit de tolérance de janvier 1562, Bèze prêcha publiquement à Paris, près de Saint-Médard ; il dut, à plusieurs reprises, s'entourer d'une escorte armée.* — 21. *Grand manteau, du genre de ceux que portaient les reîtres (cavaliers allemands).* — 22. *Trois syllabes.* — 23. *Les Ministres du culte.*

POUR LE COMMENTAIRE

1. L'enchaînement et la hiérarchie des arguments. Peut-on dégager des traits sémantiques qui soient communs aux valeurs défendues par Ronsard, au plan religieux, au plan politique, au plan littéraire ? Y a-t-il un lien entre le service du Roi et le service des Muses selon Ronsard ?

2. Quelle conception de la littérature est défendue ici ? Comparez avec Jodelle (p. 353), d'Aubigné (p. 479) : dégagez les grandes lignes du problème qui occupe, éventuellement qui oppose, ces trois poètes.

3. Imaginez que vous soyez un **pamphlétaire protestant** hostile à Ronsard : trouvez-vous dans ce texte des arguments contre lui et contre ses idées ?

Réponse aux injures (1563)

Les Discours, de **Ronsard** suscitèrent une vague de Réponses *protestantes, pamphlets qui attaquaient* l'épicurisme, le paganisme, l'athéisme du Vendômois. Certains de ces pamphlets, les Palinodies, retournaient habilement le texte même du poète (celui du Discours des Misères notamment) en supposant Ronsard désormais converti à la Réforme... La Réponse aux injures de 1563 vise particulièrement trois pamphlets dus à deux ministres de la Réforme, Antoine de la Roche Chandieu et Bernard de Montméja, qui signaient « Zamariel » (« Chant de Dieu » en hébreu) et « Mont-Dieu ».

La Réponse fut écrite après la paix d'Amboise (mars 1563) ; ce n'est plus un discours dicté par l'actualité politique, c'est une **apologie personnelle de l'auteur, une défense de la poésie par la poésie** ; celle-ci se donne pour un discours du plaisir, un discours « fou » qui échappe à l'histoire et aux commandements de la rhétorique, qui échappe à l'interprétation, à l'exigence de procurer un sens. Ronsard refuse de se situer sur le terrain calviniste, qui met les mots au service du seul message qui vaille, le message évangélique. Le poète assume l'inconstance, la « vanité » de son discours. Par là, Ronsard **consacre sa rupture avec une conception « engagée »** — dirions-nous aujourd'hui — de la poésie.

« Je suis fol, Prédicant... »

1. *Du fait que. Variante de 1584 : « Tu te moques, cafard...*
2. *Mais.*
3. *En suivant les caprices de l'imagination.*
4. *Inspiration poétique ; mais, comme on va le voir, Ronsard infléchit le sens de cette notion platonicienne.*
5. *Le blé, battu sur l'aire.*
6. *Secoué (participe du verbe secourre).*
7. *Sur.*
8. *Sépare la balle du froment : le blé est toujours assimilé à la déesse Cérès (personnification commandant une série de métaphores).*
9. *A grand effort (pléonasme).*
10. *En 1584, Ronsard supprime les v. 5-16.*
11. *Est une grande artiste (« artifice » est pris en bonne part au XVIe s., c'est « art » qui est souvent péjoratif).*
12. *Ma vertu libre, capricieuse.*

13. *Être de l'art.*

14. *Parce que.*

15. *Les feux follets, cf. Baïf, p. 346.*
16. *Tantôt.*
17. *Ces quatre vers sont supprimés en 1584.*

Tu te moques aussi dequoi[1] ma poésie
Ne suit l'art misérable, ains[2] va par fantaisie[3],
Et dequoi ma fureur[4] sans ordre se suivant,
Éparpille ses vers comme feuilles au vent :
5 Ou comme au mois d'Été, quand l'aire bien féconde
Sent battre de Cérès la chevelure blonde[5],
Et le vanneur mi-nu, ayant beaucoup secoux[6]
Le blé deçà delà desur[7] les deux genoux,
Le tourne et le revire, et d'une plume épaisse
10 Sépare les bourriers du sein de la Déesse[8] :
Puis du dos et des bras efforcés par ahan[9],
Fait sauter le froment bien haut desur le van :
Lors les bourriers volants, comme poudre menue
Sans ordre çà et là se perdent en la nue,
15 Et font sur le vanneur maint tour et maint retour :
L'aire est blanche de poudre, et les granges d'autour[10] :
Voilà comme tu dis que ma Muse sans bride,
S'égare éparpillée où la fureur la guide.
    Hà si tu eusses eu les yeux aussi ouverts
20 A dérober mon art, qu'à dérober mes vers,
Tu dirais que ma Muse est pleine d'artifice[11],
Et ma brusque vertu[12] ne te serait un vice.
    En l'art de Poésie, un art il ne faut pas
Tel qu'ont les Prédicants, qui suivent pas à pas
25 Leur sermon su par cœur, ou tel qu'il faut en prose,
Où toujours l'Orateur suit le fil d'une chose.
    Les Poètes gaillards ont artifice à part,
Ils ont un art caché qui ne semble pas art[13]
Aux versificateurs, d'autant qu'il[14] se promène
30 D'une libre contrainte, où la Muse le mène.
Ainsi que les Ardents[15] apparaissant de nuit
Sautent à divers bonds, ici leur flamme luit,
Et tantôt reluit là, ores[16] sur un rivage,
Ores desur un mont, ou sur un bois sauvage[17].

18. L'abeille.
19. Le verbe
s'interpose entre ses
deux compléments.
20. Un chemin tracé.

21. Pique.
22. Par sa fureur.

23. De cette façon.
24. Poète élégiaque
latin du siècle
d'Auguste.
25. Horace, adaptateur
du lyrisme grec à Rome.
26. L'âme saisie...

27. Fasse tirer à
conséquence.
28. Ensorcelé.
29. A mon caprice.

30. Celui qui s'en prend
aux folies des Muses,
est fou aussi, mais d'un
autre tour de folie...
31. L'habile homme.
32. Sans se regarder
lui-même.
33. Prétend raisonner
sur...
34. On y conduisait
les fous (près de
Fontainebleau).
35. Adjectif dérivé de
saint Avertin, qui passait
pour guérir les fous.
36. Tu ressembles.
37. Adjectif
substantivé.
38. Je les en approuve.
39. Seulement.
40. Pour m'ébattre, me
divertir.

35   As-tu point vu voler en la prime saison
      L'Avette[18] qui de fleurs enrichit sa maison !
      Tantôt le beau Narcisse et tantôt elle embrasse[19]
      Le vermeil Hyacinthe, et sans suivre une trace[20]
      Erre de pré en pré, de jardin en jardin,
40   Portant un doux fardeau de Mélisse ou de Thym.
      Ainsi le bon esprit que la Muse époinçonne[21],
      Porté de sa fureur[22] sur Parnasse moissonne
      Les fleurs de toutes parts, errant de tous côtés :
      En ce point[23] par les champs de Rome étaient portés
45   Le damoiseau Tibulle[24], et celui qui fit dire
      Les chansons des Grégeois à sa Romaine lyre[25].
          Tels ne furent jamais les versificateurs,
      Qui ne sont seulement que de mots inventeurs,
      Froids, grossiers, et lourdauds, comme n'ayant saisie[26]
50   L'âme d'une gentille et docte frénésie :
      Tel bien ne se promet aux hommes vicieux,
      Mais aux hommes bien nés, qui sont aimés des cieux.
          Écoute Prédicant, tout enflé d'arrogance,
      Faut-il que ta malice attire en conséquence[27]
55   Le vers que brusquement un poète a chanté ?
      Ou tu es enragé, ou tu es enchanté[28],
      De te prendre à ma quinte[29], et ton esprit s'oublie
      De penser arracher un sens d'une folie.
      Je suis fol, Prédicant, quand j'ai la plume en main,
60   Mais quand je n'écris plus, j'ai le cerveau bien sain.
          Au retour du printemps les Muses ne sont sages,
      Furieux est celui qui se prend à leurs rages[30],
      Qui fait de l'habilhomme[31], et sans penser à lui[32]
      Se montre ingénieux[33] aux ouvrages d'autrui.
65   Certes non plus qu'à moi ta tête n'est pas saine,
      Et pour ce, Prédicant, faisons une neuvaine,
      Où ? à Saint-Mathurin[34], car à nous voir tous deux
      Nos cerveaux éventés sont bien avertineux[35].
          Tu sembles[36] aux enfants qui contemplent ès nues
70   Des rochers, des Géants, des Chimères cornues,
      Et ont de tel objet le cerveau tant ému,
      Qu'ils pensent être vrai l'ondoyant[37] qu'ils ont vu,
      Ainsi tu penses vrais les vers dont je me joue,
      Qui te font enrager, et je les en avoue[38].
75   Ni tes vers ni les miens oracles ne sont pas,
      Je prends tant seulement[39] les Muses pour ébats[40],
      En riant je compose, en riant je veux lire,
      Et voilà tout le fruit que je reçois d'écrire,
      Ceux qui font autrement, ils ne savent choisir
80   Les vers qui ne sont nés sinon pour le plaisir.
      Et pour ce les grands Rois joignent à la Musique,
      (Non au Conseil privé) le bel art Poétique.

                    RONSARD, *Réponse aux injures...*, vers 847-928 (1563)
                                        Orthographe modernisée

POUR LE COMMENTAIRE

1. L'opposition fondamentale de la poésie et des autres types de discours. A quoi tient-elle ? Qu'est-ce qui la rend, en l'occurrence, particulièrement efficace ?

2. Les notions de fureur, de frénésie, d'inspiration, etc. Comparez avec l'*Hymne de l'Automne* (ci-dessus p. 377). Qu'en concluez-vous ? Que retient Ronsard des théories platoniciennes ? Qu'en élimine-t-il ?

3. L'image de l'abeille. C'est une image classique ; on la trouve chez Pindare, chez Horace... A quoi sert-elle, ici ? Pourquoi Narcisse et Hyacinthe (voir p. 368) ?

4. L'humour de ce texte. Est-il écrit « en riant » ? Est-il écrit « par fantaisie » ? Que pensez-vous, sur ce dernier point, des suppressions de la version de 1584 ? De quel souci témoignent-elles ?

6. *La Franciade* (1572)

Fragment d'une épopée

Jason combattant le monstre, gravure sur bois de 1530. Paris, Bibl. des Arts décoratifs.

1. Aux sources du mythe

Maître incontesté de la nouvelle poésie, **RONSARD** devait couronner l'entreprise de la Pléiade en écrivant une épopée. **Poème total, à la fois chant et récit**, consacrant un mythe national au moyen d'une langue poétique parvenue à son plus haut degré de richesse et de variété, capable d'évoquer la grandeur divine comme de décrire l'objet le plus matériel, l'épopée achèverait de hisser la culture française au niveau de ses rivales antiques.

Le Vendômois choisit la légende des origines troyennes de la monarchie française, comme l'avait fait, mais en prose et en voulant faire œuvre d'historien, Jean Lemaire dans les *Illustrations de Gaule et Singularités de Troie* (voir p. 297). Selon Ronsard, Francus (autrement dit Astyanax, le fils d'Hector, surnommé plus tard *Phere-Encos*, Porte-Lance, d'où *Francus* !), sauvé de la mort par un stratagème de Jupiter, devait naviguer jusqu'en Gaule et fonder une ville appelée Paris, en mémoire de son oncle, le fatal ravisseur d'Hélène.

2. L'échec

Longtemps Ronsard attendit le copieux bénéfice qui lui permettrait d'accomplir pareille tâche. Ce fut Charles IX qui lui donna son appui officiel, avec le prieuré de Saint-Cosme. Assisté de son secrétaire Amadis Jamyn (poète lui-même et traducteur de l'*Iliade*, il relevait les expressions homériques, épithètes, périphrases, comparaisons, tout un matériel poétique à imiter), Ronsard composa quatre livres, qui furent présentés au roi, puis publiés (en 1572, juste après la Saint-Barthélemy). Vingt autres devaient suivre... Ils ne virent jamais le jour, et la mort de Charles IX acheva d'en détourner Ronsard.

A cet échec, plusieurs raisons. Les exigences royales, d'abord. Le roi imposa au poète le **décasyllabe**, par analogie avec l'ancienne chanson de geste ; Ronsard aurait préféré l'alexandrin, vers encore jugé trop long mais auquel le poète avait donné la souplesse et la densité nécessaires. Cependant, les décasyllabes de *La Franciade* sont très réussis. L'autre consigne de Charles IX pesa beaucoup plus lourd : le roi voulait que figurassent dans l'épopée ses soixante-trois ancêtres et prédécesseurs... La prophétie du livre IV (technique reprise de l'*Énéide*) s'en trouve allongée au-delà du supportable.

3. Une fable fragile

Cette précision d'historiographe allait contre la liberté du poète épique, qui doit pouvoir choisir ses personnages, et disposer ses épisodes en manipulant à son gré la chronologie : principes hérités de la *Poétique*, d'Aristote (récemment éditée en France), et allégués par Ronsard dans deux importantes *Préfaces*. Par ailleurs, **la légende de Francus avait depuis longtemps perdu tout crédit** : pas question d'en faire de l'histoire.

Même comme mythe, elle n'avait plus guère d'impact. Pouvait-on fonder sur cette fable fragile une œuvre à prétentions idéologiques, un poème national célébrant le mystère d'une origine et la cohérence d'un destin ?

Ces intentions se heurtent d'ailleurs à une réalité tout autre : Charles IX n'est pas Auguste, et la France déchirée des guerres de Religion n'est pas Rome souveraine. Il faut à ce temps une épopée d'un autre style, moins respectueux de la matière et de la manière de l'épopée antique : c'est ce que comprendra Agrippa d'Aubigné.

4. Une réussite du lyrisme ronsardien

Mais, dans *La Franciade*, l'imitation ronsardienne (ici de Virgile, des *Argonautiques*, d'Apollonios, et surtout d'Homère), est régie par les mêmes principes et produit les mêmes réussites que partout ailleurs : les emprunts sont contaminés, fondus, dépassés par un libre « artifice » qui se préoccupe moins d'achever le récit que d'en faire miroiter à l'infini les épisodes. Francus n'est peut-être pas un héros épique, mais il appartient de plein droit au lyrisme ronsardien, inlassable parcours de la variété du monde, au moyen d'un texte lui-même riche d'échos divers.

*** *La Franciade*

Parti d'Épire (où il a été élevé en secret par sa mère Andromaque et son oncle, le devin Hélénin), Francus est jeté par la tempête sur la côte crétoise. La Crète est « l'ancienne mère » des Troyens, la terre d'origine de Teucer, premier roi de Troade. Francus y est accueilli par le roi Dicée, dont il délivre le fils en combattant l'affreux Phovère. Clymène et Hyante, les deux filles de Dicée, sont frappées par le dieu Amour. Hyante a le don de prophétie, et Francus, qui a refusé sa main en « s'excusant sur le destin », la courtisera pour apprendre son avenir et celui de sa race (c'est la prédiction du quatrième... et dernier livre). Entre-temps Clymène, livrée par Cybèle à la jalousie, s'est jetée à la mer ; les dieux en ont fait une déesse marine.

« *Seulement les vagues...* »

Voici la prière que Francus, sur le rivage crétois, adresse à Apollon. Nous sommes au début du livre III. Francus a vaincu Phovère ; Clymène et Hyante s'inquiètent de leur passion croissante.

Tandis[1] Francus que le soucy resveille
S'estoit levé devant[2] l'Aube vermeille :
De la grand'peau d'un Ours il s'habilla
Un javelot en sa dextre esbranla[3]
5 Au large fer (Vandois[4], d'où vint la race
Des Vandosmois, le suivoit à la trace).
Luy se laissant en larmes consommer
S'alla planter sur le bord de la mer :
Jettant ses yeux sur les eaux Tethiennes[5]
10 Seul regardoit si les barques Troyennes[6]
Venoient à bord : et voyant le Vaisseau
Qui le portoit, à demy dessous l'eau
Presque couvert de falaize[7] et de bourbe :
Les yeux au ciel sur le rivage courbe
15 Poussant du cœur meints sanglots en avant
Parloit ainsi aux ondes et au vent.
  « Heureux trois fois ceux que la bonne Terre
Loing de la vie en long repos enserre :
Si comme nous ne voyent le soleil,
20 Ne hument l'air, ils n'ont aussi pareil
A nous le soing[8], qui pressant nous martyre[9],
D'autant facheux que toujours il desire[10].
Ce mechant soing qui compagnon me suit,
Me fait chercher la Gaule qui me fuit,
25 Terre estrangere, et qui ne veut m'attendre,
Que du seul nom[11] j'ay prise, sans la prendre.
  Je suis (je croy) la maudisson[12] des Cieux
Qui sans demeure[13] erre de lieux en lieux,
De flot en flot, de naufrage en naufrage
30 Ayant le vent et la mer en partage
Comme un plongeon[14], qui en toute saison
A seulement les vagues pour maison :
Des flots salez il prend sa nourriture,
Puis un sablon luy sert de sepulture.
35 Ainsi la mer me porte sans effait[15]
Et mon voyage est tousjours imparfait.
  Bonté des Dieux, et toy, Destin qui meines
A ton plaisir toutes choses humaines,
Auray-je poinct en repos, le moyen
40 De rebastir un mur Dardanien[16] ?
  Voirray-je point une Troyenne plaine,
Voirray-je point ceste gauloise Seine
Qui m'est promise en lieu des larges tours
De Simoïs et Xanthe[17], dont les cours
45 Arouzoient Troye, et d'une onde poussée
Rompoient le sein de la mer renversée ?

Allégorie de la tempête, par Bruegel le Vieux, 1565. Paris, B.N.

  Donne, Apollon, maistresse Deité[18]
De ceux qui vont bastir une cité,
Un bon augure, afin que tu m'ottroyes
50 Des murs certains apres si longues voyes.
Si je ne puis les Gaules conquerir,
Sans plus errer puisse-je icy mourir
D'un trait de feu vestu d'une tempeste :
Aux Dieux marins victime soit ma teste
55 Pour sacrifice agreable à la mort,
D'un peu de sable entombé[19] sur ce bord. »

    RONSARD, *La Franciade*, III, vers 185-240 (1572)

1. *Pendant ce temps.* — 2. *Avant.* — 3. *Agita, brandit.* — 4. *Compagnon de Francus ; Ronsard lui donne un nom qui permet d'en faire l'ancêtre des Vendômois...* — 5. *De Thétis, l'une des Néréides (divinités marines), mère d'Achille.* — 6. *Les autres navires de la flotte troyenne, perdus dans la tempête.* — 7. *Sable.* — 8. *La douleur.* — 9. *Nous torture (du verbe « martyrer »).* — 10. *D'autant plus cruel... Le « soin » consiste en un désir perpétuel ; il est arrivé à Ronsard d'écrire : « Le désir n'est rien que martyre »...* — 11. *Seulement en paroles.* — 12. *La malédiction.* — 13. *Sans arrêt.* — 14. *Oiseau de mer.* — 15. *Sans effet, sans but.* — 16. *De Dardanus, l'un des ancêtres fondateurs.* — 17. *Fleuves qui se jetaient à la mer tout près de Troie.* — 18. *Dieu patron.* — 19. *Enterré ; c'est le destin que Didon souhaite à Énée...*

POUR LE COMMENTAIRE

1. Le thème de l'errance. Dégagez-en les composantes, les images essentielles, et montrez en quoi un tel destin est cruel au héros épique.

2. Les rêves et les souhaits de Francus. Quelle conception Francus a-t-il de sa mission ?

3. D'un texte à l'autre. Homère, Virgile, Apollonios : l'univers épique est-il uniforme ?

7. Derniers vers (éd. posth. 1586)

« ... Il fit écrire (au sieur Galland) un Épigramme en forme d'inscription, parlant à son âme en cette sorte :

> Amelette Ronsardelette
> Mignonnelette, doucelette,
> Très chère hôtesse de mon corps,
> Tu descends là-bas faiblelette,
> Pâle, maigrelette, seulette,
> Dans le froid royaume des morts :
> Toutefois simple, sans remords
> De meurtre, poison, et rancune,
> Méprisant faveurs et trésors
> Tant enviés par la commune.
> Passant, j'ai dit, suis ta fortune,
> Ne trouble mon repos, je dors.

Lui disant : « Je me suis souvenu d'un ancien Épigramme latin, lequel pour passer temps je désirais rendre plus chrétiennement qu'il n'est. » Mais depuis il quitta tout passe-temps et ne médita plus que choses dignes d'une fin chrétienne : car ne pouvant dormir, il se plaignait incessamment, et pour tromper son mal, prévoyant néanmoins sa mort prochaine, médita l'Épitaphe en six vers pour graver sur son tombeau, qui est tel :

> Ronsard repose ici, qui hardi dès enfance
> Détourna d'Hélicon les Muses en la France,
> Suivant le son du luth, et les traits d'Apollon.
> Mais peu valut sa Muse encontre l'aiguillon
> De la mort, qui cruelle en ce tombeau l'enserre :
> Son âme soit à Dieu, son corps soit à la terre.

[...] Les nuits ensuivantes èsquelles il ne pouvait dormir, quelques remèdes qu'il eût éprouvé, ayant usé de pavot en diverses façons, tantôt de la feuille crue, puis cuite, tantôt de la graine, et de l'huile que l'on en tire, il continua à faire quelques Stances, et jusques à quatre Sonnets, lesquels au matin il récitait au sieur Galland, pour les écrire, ayant la mémoire et la vivacité de l'esprit si entières qu'elles ne semblaient se sentir de la faiblesse du corps. »

Ronsard meurt trois semaines plus tard, le 27 décembre 1585 ; il a encore composé, la veille, deux sonnets. Ces lignes sont extraites du Discours de la vie de Pierre de Ronsard, de Claude Binet, jeune avocat et poète, disciple tardif de Ronsard ; il fut son exécuteur testamentaire avec Jean Galland (futur principal du collège de Boncourt).

Les Derniers vers furent publiés en février 1586, au moment des obsèques officielles.

« Je n'ay plus que les os... »

Je n'ay plus que les os, un Schelette je semble,
Decharné, denervé, demusclé, depoulpé[1],
Que le trait de la mort sans pardon a frappé,
Je n'ose voir mes bras que de peur je ne tremble.

5 Apollon et son filz[2], deux grans maistres ensemble,
Ne me sçauroient guérir, leur mestier m'a trompé,
Adieu plaisant soleil, mon œil est estoupé[3],
Mon corps s'en va descendre où tout se desassemble.

Quel amy me voyant en ce point despouillé
10 Ne remporte au logis un œil triste et mouillé,
Me consolant au lict et me baisant la face,

En essuiant mes yeux par la mort endormis ?
Adieu chers compaignons, adieu mes chers amis,
Je m'en vay le premier vous preparer la place[4].

RONSARD, Derniers vers, Sonnet I (édition posthume 1586)

1. Dépouillé de « pulpe », de chair ; la série d'adjectifs est un souvenir de Pétrarque.

2. Esculape (Asclepios), dieu de la médecine.

3. Clos.

4. Souvenir de l'Évangile de saint Jean (paroles du Christ, XIV, 2).

GROUPEMENT THÉMATIQUE

Le poète et la mort

Jean-Baptiste CHASSIGNET : Le Mépris de la vie et consolation contre la mort, 1594. — Jean de SPONDE : Sonnets sur la mort, 1598. — Pierre MOTIN : Méditation sur le « Memento homo », 1600. — Pierre MATTHIEU : Tablettes de la vie et de la mort, 1613. — Nicolas GILBERT : Adieu à la vie, 1780. — Charles MILLEVOYE : Élégies, 1811. — Petrus BOREL : Champavert, 1833. — Victor HUGO : Les Contemplations, 1856. — Charles BAUDELAIRE : Les Fleurs du mal, 1857. — Tristan CORBIÈRE : Les Amours jaunes, 1873.

Daniel Ménager
Ronsard, le Roi, le Poète et les Hommes

Crépuscule des dieux et des rois

Avant même que Ronsard ne crée le *Bocage Royal* de 1584, c'est au roi que se destine l'œuvre, comme à celui qui pourra lui conférer l'ordre et la lumière, offrir au poète la fécondité d'un sujet inépuisable, l'introduire aux mystères de l'art et de la parole. Ronsard cependant ne parvient pas à réaliser sous l'égide du roi l'unité de son œuvre. C'est pourquoi celui-ci règne sur un « Bocage », non sur un texte unique, et la dispersion reste le lot d'une œuvre qui n'offre plus au monarque la gerbe du monde mais ses épis dispersés. Le monarque de Dante a disparu, en même temps que l'époque qui l'avait fait naître, et il entraîne dans sa disparition l'idée même de l'unité de l'œuvre. A sa place se tiennent les princes, élus fragiles des instants historiques, et les poèmes qui célèbrent la foule des instants royaux : naissances, victoires et morts. Le roi, qui devait donner à l'œuvre la garantie de la durée, ne lui offre finalement qu'une possibilité lyrique.

Il lui abandonne aussi le monde même dans le jeu de sa diversité et de ses métamorphoses. Avec Ronsard, la poésie commence à s'établir dans le relatif et ne considère plus celui-ci comme le signe d'une chute. Elle tente d'écrire le désordre même des choses et de l'histoire, sans en rendre responsables les géants du mythe ou les fées de la légende. Le responsable, ce sera l'homme lui-même, aussi changeant qu'imprévisible, auteur de sa propre « férie ». Il fournit au poète la matière d'une écriture en principe infinie, car la « férie » ne cessera qu'avec le monde, et la mort du poète qui la contemple sans jamais se lasser. Elle ne compose aucune histoire, mais un spectacle multiforme et changeant, celui-là même que Montaigne commence à transcrire. Comme l'écrit M. Foucault, « la connaissance divine, ou celle qu'on pourrait acquérir « de quelque observatoire élevé » n'est pas donnée à l'homme ». Il est possible d'ajouter que les dieux eux-mêmes ne savent plus rien, et qu'ils empruntent à l'homme les formes de son désir. Ronsard les a rendus débiteurs de la terre, le jour où il a décrit, dans l'« Hymne de l'or », la fascination qu'exerçait sur eux l'éclat du métal jaune. Il n'y a donc plus, pour échapper au désir, de recours divin. Il n'y a pas non plus de recours royal, puisque la « férie » sans arrêt recommence. Mais grâce au double crépuscule des dieux et des rois, une voie nouvelle est offerte à la littérature.

Daniel MÉNAGER, *Ronsard, le Roi, le Poète et les Hommes*, © éd. Droz, 1979

Pour vos essais et vos exposés

Œuvres complètes, de RONSARD, publiées par P. LAUMONIER, éd. Didier-Nizet.

Raymond LEBÈGUE : *Ronsard*, éd. Hatier, 1950.
Henri WEBER : *La Création poétique au XVIᵉ siècle en France*, éd. Nizet, 1955.
Marcel RAYMOND : *L'Influence de Ronsard sur la poésie française*, éd. Droz, 1965.

Michel DASSONVILLE : *Ronsard : étude historique et littéraire*, éd. Droz, 1968.
François JOUKOVSKY : *La Gloire dans la poésie française et néo-latine du XVIᵉ siècle*, éd. Droz, 1969.
André GENDRE : *Ronsard, poète de la conquête amoureuse*, éd. La Baconnière, 1970.
Gilbert GADOFFRE : *Ronsard par lui-même*, éd. du Seuil, 1972.
Daniel MÉNAGER : *Ronsard, le Roi, le poète et les hommes*, éd. Droz, 1979.
Albert PY : *Imitation et Renaissance dans la poésie de Ronsard*, éd. Droz, 1984.

XVIᵉ siècle 17

L'AVENTURE DU THÉÂTRE

MARGUERITE DE NAVARRE, LARIVEY, ODET DE TURNÈBE, JODELLE, JEAN DE LA TAILLE, ANTOINE DE MONTCHRESTIEN, ROBERT GARNIER

« Pourquoi pleurez-vous tant ? Que soupirez-vous tant ? Pensez-vous le malheur rompre en vous tourmentant ? »
Garnier, *Bradamante*, III, 3

Scène de comédie, dessin à l'aquarelle, 1599. Paris, B.N.

Le théâtre à la Renaissance

1. Survivance des formes « médiévales »

Le Mystère règne sur la première moitié du siècle. Mais ces immenses représentations, qui mobilisent des foules énormes et agitent la question religieuse, inquiètent les autorités. En 1548, un édit du parlement de Paris interdit les Mystères.

Le succès de **la farce ne se dément pas**. Jusque vers 1560, on écrit des farces en vers, on édite des recueils. Les farceurs sont partout, dans la rue, à l'Hôtel de Bourgogne. Leur jeu et leurs textes subiront peu à peu l'influence de la Commedia dell'arte (personnages types, masques, improvisation).

La **sotie** et les formes voisines de jeu satirique et politique fleurissent, surtout au début du siècle. Pour MARGUERITE DE NAVARRE et pour nombre de protestants, le **drame allégorique** demeure un moyen privilégié d'expression et de transmission de la doctrine et de la foi.

Les « épiceries », comme dit Du Bellay, dans la *Défense et Illustration...*, résistent donc, pour des raisons profondes, à la volonté de rénovation.

2. Les formes savantes

La première **tragédie** française, *Cléopâtre captive*, d'ÉTIENNE JODELLE, est représentée devant le roi, puis au collège de Boncourt, en 1553. Le public visé est l'élite de la cour et des collèges, éloignée du vulgaire. Tragédies et comédies « à l'antique » appartiennent de plein droit à la poésie, dont la Pléiade se fait une idée si haute.

Il faudra du temps pour que ces formes savantes conquièrent une audience plus large. A la cour, c'est la **tragi-comédie** qui triomphe, puis la **pastorale** : genres hybrides, imprévus, pétris de romanesque moderne, et se faisant une règle d'échapper aux règles. La **tragédie** connaît une évolution contradictoire. Les poètes proposent d'émouvants discours et de vastes méditations stoïciennes, le public veut de l'action et se moque des règles... Quant à la **comédie**, elle mêle à l'influence antique celle de la *commedia erudita* italienne, comédie d'intrigue, d'imbroglio autant que de mœurs. Et, point capital, elle tend à s'écrire en **prose**.

3. La dramaturgie

Dans les années 1580-1590, ROBERT GARNIER est joué en province, au cours de véritables tournées. La scène tend à s'organiser selon les principes de l'architecte romain Vitruve, adaptés par l'italien Serlio (*Second livre de Perspective*, 1545) : **décor fixe**, peint selon les lois de la perspective. A la cour, les machines permettent bientôt les métamorphoses du théâtre baroque.

A l'origine (et comme toujours avec la Pléiade), le **nouveau théâtre se réfère plus à des modèles** (Plaute et Térence pour la comédie, Euripide et surtout Sénèque pour la tragédie) **qu'à des règles**. Celles-ci sont floues. On les trouve dans l'*Art poéti-que*, d'Horace, et chez des rhéteurs tardifs comme Donat. La *Poétique*, d'Aristote, commence à peser davantage dans les années 1570 (là encore, le mouvement vient d'Italie). Tragédies et comédies doivent comporter **cinq actes** (précédés ou non d'un prologue et, pour la tragédie, séparés par des interventions du chœur, éventuellement chantées). On observe l'**unité de temps** (environ une journée) et l'**unité de lieu** (au sens large ; il peut s'agir de différents lieux proches les uns des autres).

4. La comédie

La comédie **représente des personnes de condition moyenne ou basse**, qu'il faut faire agir et discourir selon leur état. Le **style est familier**, à l'imitation du langage ordinaire (d'où le passage du vers, chez Jodelle et Grévin, à la prose, chez ODET DE TURNÈBE et PIERRE DE LARIVEY). Le dénouement est heureux. La comédie impose un univers toujours actuel, proche de celui du spectateur. Elle se propose de **plaire tout en instruisant**. Elle met en scène une morale tout à fait pragmatique, voire cynique, de récupération du plaisant désordre des sens. D'où une **audace** que la comédie bienséante du siècle suivant s'empressera d'oublier.

5. La tragédie : du lyrisme à l'action

La tragédie représente des **personnes de condition élevée, et de caractère historique** s'exprimant en style « haut ». Le dénouement est le plus souvent malheureux ; s'il est heureux, on obtient une tragi-comédie.

Sous l'influence dominante de Sénèque, la **tragédie humaniste**, de Jodelle à ANTOINE DE MONT-CHRESTIEN, a un caractère à la fois lyrique et rhétorique. Il s'agit, pour le héros, de dire sa douleur ; il s'agit, pour le chœur, de la chanter. **Il n'y a d'issue que morale** : s'il n'est pas pure lamentation, le discours énonce des maximes stoïciennes, qui ne changent rien à la sinistre réalité, mais préservent la dignité du héros et suscitent une admiration intemporelle. Le ressort essentiel de cette tragédie est donc **le pathétique**, que provoque la rencontre d'un héros lucide et d'un destin horrible. D'où la technique sénéquienne du « personnage protatique », intervenant dans la **protase** (exposition) : ce long discours initial se charge d'enlever toute illusion au spectateur, et lui fait respirer d'emblée le violent parfum de la fatalité.

Avec JEAN DE LA TAILLE, on s'efforce au contraire, d'une manière plus conforme aux principes d'Aristote, de faire consister la **tragédie dans l'action**, enchaînement vraisemblable et nécessaire de faits qui permettent concurremment au *fatum*, au destin, de faire son chemin, et aux différents **caractères** des personnages de réagir et de s'exprimer. Mais cette conception aristotélicienne ne l'emportera vraiment qu'au milieu du siècle suivant.

1548 Marguerite de NAVARRE : *La Comédie de Mont-de-Marsan*

1550 Théodore de BÈZE : *Abraham sacrifiant*, tragédie proche du Mystère

1553 Étienne JODELLE : *Cléopâtre captive*, tragédie

1556 Jean de LA PÉRUSE : *Médée*, tragédie

1564 ? Étienne JODELLE : *Didon se sacrifiant*, tragédie

1569 Robert GARNIER : *Porcie*, tragédie

1572 Jean de LA TAILLE : *Saül le Furieux*, tragédie

1573 Robert GARNIER : *Hippolyte*, tragédie

1574 Robert GARNIER : *Cornélie*, tragédie
Jean de LA TAILLE : *La Famine ou les Gabéonites*, tragédie

1578 Robert GARNIER : *Marc-Antoine*, tragédie

1579 Pierre de LARIVEY : Publication des six premières comédies *(Le Laquais ; La Veuve ; Les Esprits ; Les Jaloux ; Le Morfondu ; Les Écoliers)*
Robert GARNIER : *La Troade*, tragédie

1580 Robert GARNIER : *Antigone*, tragédie

1582 Robert GARNIER : *Bradamante*, tragi-comédie

1583 Robert GARNIER : *Les Juives*, tragédie

1584 ODET DE TURNÈBE : *Les Contents*, comédie

1596 Antoine de MONTCHRESTIEN : *Sophonisbe*, tragédie

1601 Antoine de MONTCHRESTIEN : Publication de quatre tragédies : *David, Aman, Les Lacènes* et *L'Écossaise*

1604 Antoine de MONTCHRESTIEN : *Hector*, tragédie

1611 Pierre de LARIVEY : Publication des trois dernières comédies : *La Constance ; Le Fidèle ; Les Tromperies*

Farce nouvelle à six personnages, bois gravé de J. de Gourmont, XVIe siècle.
Paris, B.N.

1. Un théâtre du « pur amour »

Marguerite de Navarre
La Comédie de Mont-de-Marsan (1548)

*Le « théâtre » de **Marguerite de Navarre** est résolument étranger aux débats qui vont bientôt chercher à renouveler les genres dramatiques. S'il figure en tête de ce chapitre, c'est au prix d'une légère entorse chronologique, et parce qu'il représente, entre les formes du théâtre « médiéval » et celles du théâtre « humaniste », une tentative singulière, qui vaut d'être appréciée pour elle-même.*

*Marguerite de Navarre commence par écrire des « **comédies** » ou « **moralités** » **sacrées**, paraphrases du Nouveau Testament, dans la tradition des mystères. Ces œuvres sont destinées à la représentation, à la cour ou dans un cadre plus restreint encore. Suivent, de 1535 à 1549, sept comédies « profanes », qui toutes traitent d'amour et de religion : ce théâtre prolonge, sous une forme dialoguée, dialectique, la poésie de Marguerite (voir p. 314). Usant de **personnages proches de l'allégorie**, la plupart de ses pièces explorent le monde du « pur amour », expérience quasi mystique d'abandon à l'amour du Christ, en marge de toute sagesse pragmatique ou de spéculation théologique.*

*** *La Comédie de Mont-de-Marsan*

La *Comédie* qui fut jouée à Mont-de-Marsan en 1548 met d'abord aux prises la Mondaine, qui n'aime que son corps, et la Superstitieuse, qui n'aime que son âme et mortifie son corps de toutes les manières. L'une et l'autre se rendent à l'enseignement de la Sage, qui représente un évangélisme raisonnable, et stigmatise la folle sensualité de la première, l'orgueil pharisaïque de la seconde. Mais toutes trois font alors la rencontre, traumatisante, de la Bergère, « Ravie de Dieu » chantant l'amour d'un Ami qu'elle ne nomme pas. La Ravie représente la forme extrême du fidéisme de Marguerite de Navarre, attitude religieuse purement affective qui a reçu l'empreinte de Briçonnet et des « libertins spirituels ».

« *Pour toi veux être folle et ivre...* »

LA MONDAINE

J'ai autrefois porté amour
A mon corps, à moi-même seule,
Dont maintenant faut que me deule[1].

LA BERGÈRE

Mon corps ne sens ni n'aime point,
5   Car le sien[2] où mon cœur est joint
Fait mettre le mien en oubli.
Le sien de vertu anobli,
Je le dis mien et le sens tel.

LA SUPERSTITIEUSE

Pas n'ai aimé mon corps mortel,
10   Mais l'ai haï et tourmenté,
Pour voir par tourment augmenter
De mon âme le grand loyer[3].

LA BERGÈRE

Mon âme périr et noyer
O ! puisse en cette douce mer
15   D'amour, où n'y a point d'amer[4].
Je ne sens corps, âme ne vie,
Sinon amour, ni n'ai envie
De Paradis, ni d'enfer crainte ;
Mais que sans fin je sois étreinte
20   A mon ami, unie et jointe.

LA SAGE

Je n'y connais tête ni pointe[5],
Bref à elle pour rien parlons
Et nous faisons ce que voulons,
Car elle ne nous veut entendre.

LA BERGÈRE

25   Je suis trop sotte pour apprendre ;
Par quoi ne veux faire ne dire
Rien que ce qui me fait tant rire,
Ni les fâcheux ne veux hanter.

elle chante

Dames, qui m'écoutez chanter,
30   Qui me voyez joyeuse et rire,
Je vous veux mes plaisirs conter :
Contrainte suis de le vous dire.
Ne me dois-je pas contenter,
Quand j'ai le bien que je désire ?

LA SAGE

35   Puisqu'à son chanter se remet,
Sa contenance[6] nous promet
Qu'elle ne se veut amender.

LA MONDAINE

Il ne faut raison demander
Où est un si faible cerveau.

---

5. Je n'y comprends rien.

1. Je m'afflige.

2. Celui de mon ami.

3. La récompense.

4. D'amertume.

6. Son attitude.

LA SUPERSTITIEUSE

40 Mais n'est-ce pas un cas nouveau,
Que corps, âme, honneur et richesse,
N'estime[7] auprès de la liesse
D'amour, dont parle si souvent ?

LA BERGÈRE *chante*

Autant en emporte le vent.

LA SAGE

45 Je m'ébahis comme[8] amour forte
Si fort en joie la conforte,
Que de rien ne se plaint ni deut[9].

LA BERGÈRE *chante*

Il ne fait pas le tour qui veut.

LA MONDAINE

Si son amour était divine,
50 Bien l'eussions connu à sa mine :
Elle en eût dit quelque passage[10].

LA SAGE

L'amour de Dieu fait l'homme sage,
Prudent, de bonne conscience,
Étudiant en sapience[11],
55 Jour et nuit et matin et soir.

LA SUPERSTITIEUSE

Elle sait un bien, c'est se seoir[12],
Car pour nous ne s'est pas levée.

LA MONDAINE

La sotie[13] en est éprouvée ;
Jamais plus sotte ne vit-on.

LA BERGÈRE *chante*

60 Ho ho i i on on on on.

LA MONDAINE

Elle rit et de nous se moque.

LA SUPERSTITIEUSE

Sa tête est telle que sa toque :
C'est d'une bergère ignorante.

LA SAGE

Mais (qui pis est) brebis errante,
65 Qui au pasteur point ne retorne[14].

LA BERGÈRE *chante*

Et je serai si mignonne,
Il sera mon grand mignon.

LA SAGE

Ces mots ne valent un oignon.
Laissons-la et nous retirons.

LA MONDAINE

70 Et en vous suivant nous lirons[15] ;
Il me tarde que tant séjorne[16].

LA SUPERSTITIEUSE

Mieux vaut que lire je retorne,
Le temps perdons de plus parler[17].

LA BERGÈRE *chante*

Laissez-moi aller, aller,
75 Laissez-moi aller jouer.

LA SUPERSTITIEUSE

Votre chant ne pouvons louer,
Dont par charité j'ai regret.

LA MONDAINE

Et moi je m'en vois mal contente.

LA BERGÈRE *chante*

Votre amour froide et lente...
80 N'entend point son secret.

LA SAGE

D'une chanson elle ne chante
Qu'un mot, et puis ne la poursuit,
Sans nul arrêt : par quoi s'ensuit
Qu'il n'y a grand sens en sa tête.

LA SUPERSTITIEUSE

85 Elle est du tout ou folle ou bête,
Ou opiniâtre ou glorieuse[18].

LA BERGÈRE *chante*

J'estime malheureuse
Celle qui n'aime point ;
Et celle trop fâcheuse
90 Qui craint venir au point,
Onquel la sûreté,
Est la bienheureté[19].

LA SAGE

Oyez, malheureuse elle juge
Celle qui n'est au grand déluge
95 D'amour, ainsi qu'elle, périe.

LA MONDAINE

Elle est digne de moquerie.

LA SUPERSTITIEUSE

Mais de pitié voyant ses termes[20]
Nous devons jeter grosses lermes[21],
Priant Dieu qu'il lui pardonne.

LA SAGE

100 Peut-être qu'un jour sera bonne ;
Pensez que telle avez été :
L'hiver ne ressemble à l'été.
Retirons-nous, car il est tard.

Marguerite de NAVARRE,
La Comédie de Mont-de-Marsan,
vers 856-958 (1548)
Orthographe modernisée

---

7. Elle n'estime.
17. En parlant davantage.

8. Je m'étonne que.

9. Ni s'afflige.

10. Elle aurait fait un discours au sujet de cette « amour divine ».

11. Attention aux diérèses.
18. Vaniteuse.

12. S'asseoir.

13. La sottise.
19. Où l'assurance consiste en la félicité.

20. Son état.
21. Larmes.
14. Retourne.
15. La Sage a conseillé à ses deux compagnes la lecture de la Bible.
16. Que je m'attarde tant.

LECTURE MÉTHODIQUE

1. **Dans la première partie du dialogue**, montrez ce qu'ont de provocateur les réponses de la « Ravie ».

2. Analysez ensuite **le procédé de la « chanson »** décrit par la Sage au vers 81.

3. Caractérisez **« l'amour divine » selon la Bergère**.

2. La comédie, « miroir de la vie »

Pierre de Larivey *Les Esprits* (1579)

Né en Champagne, **Pierre de Larivey** (1540-1619) est probablement d'origine italienne. Selon certains, son nom signifie « l'Arrivé », traduction de l'italien *Giunto*, par jeu avec le nom d'une famille florentine, les Giunti. En tout cas, Larivey connaît l'italien aussi bien que le français. Vers 1560, il est secrétaire d'un conseiller au parlement de Paris. Il se lie avec divers écrivains, dont Pasquier, Desportes et François d'Amboise, futur conseiller d'État.

Traducteur des *Facétieuses nuits*, de Straparole (1575), il publie en 1579 ses six premières comédies, en cinq actes et en prose (le recueil comprend *Le Laquais*, *La Veuve*, *Les Esprits*, *Les Jaloux*, etc.). Devenu chanoine à Troyes en 1587, il ne publie à nouveau qu'en 1595 et traduit désormais des œuvres pieuses, des traités de morale. Il publiera encore trois nouvelles comédies en 1611 et mourra en 1619.

*Prétendument imitées de Plaute et Térence, les comédies de **Pierre de Larivey** sont en fait « traduites » d'originaux italiens. Son but est de créer une comédie « française ». D'où une **transposition systématique de l'univers de référence** (la scène est à Paris, divers lieux sont précisés, divers usages aussi, les noms sont français, etc.), et surtout un travail très minutieux et très inventif d'adaptation linguistique : en multipliant les idiotismes (expressions spécifiques à une langue), les images proverbiales empruntées au parler populaire ou bourgeois, Larivey enrichit le texte et rend sa « traduction » insoupçonnable (de fait, ses comédies passèrent longtemps pour originales).*

Les Esprits sont une transposition de l'Aridosio, comédie de Lorenzino de Médicis datant de 1536 (l'année suivante, Lorenzino devait assassiner son cousin, le duc Alexandre, épisode qui inspira une nouvelle de L'Heptaméron *et le* Lorenzaccio, *de Musset). L'*Aridosio *est une contamination de deux comédies de Plaute (l'*Aulularia *et la* Mostellaria*) et d'une comédie de Térence (les* Adelphes*).*

*** *Les Esprits*

Hilaire et Séverin sont frères et voisins (la scène représente une rue bordée de leurs deux maisons). Hilaire est un père libéral, qui tolère les frasques de son fils adoptif Fortuné (second fils de Séverin). Séverin est un père autoritaire et d'une avarice extrême. Il cloître sa fille Laurence à la campagne, et tente de réprimer les débordements de son fils Urbain. Fortuné a engrossé une « nonnain », Apolline, qui doit accoucher d'un moment à l'autre ; Urbain se fait amener par le maquereau Ruffin une jeune fille de bonne famille, Féliciane ; les jeunes gens s'enferment chez Séverin, lequel revient plutôt que prévu. Le valet Frontin lui fait croire que la maison est remplie de « diables » (d'esprits), et va chercher un sorcier. Séverin, qui transporte toujours avec lui une bourse de deux mille écus, imagine de la mettre en lieu sûr en attendant de pouvoir rentrer chez lui, et la cache dans un trou. Son manège est suivi par le jeune Désiré, amoureux de Laurence, qui s'empare des écus. Urbain et Féliciane pourront sortir de la maison à la faveur d'un exorcisme burlesque, et la bourse permettra de faire pression sur l'avare : Urbain épousera Féliciane, Désiré Laurence, et Fortuné Apolline, qui vient de mettre au monde un fils. C'est le père libéral, Hilaire, qui règle les détails de cette heureuse fin : « jeunesse », finalement, ne s'est pas trop mal « passée »...

Panique d'avare

Après la conjuration, Séverin plusieurs fois dérangé n'a pu encore récupérer sa bourse. Voici enfin le moment.

SÉVERIN. — J'ai faim, mais je veux encore épargner ce morceau de pain que j'avais apporté : il me servira bien pour mon souper, ou pour demain mon dîner avec un ou deux navets cuits entre les cendres. Mais
5 à quoi dépends-je[1] le temps, que je ne prends ma bourse, puisque je ne vois personne qui me regarde ? O ! m'amour, t'es-tu bien portée ? Jésus ! qu'elle est légère ! Vierge Marie ! qu'est-ce ci qu'on a mis dedans[2] ? Hélas ! je suis détruit, je suis perdu,
10 je suis ruiné ! Au voleur ! Au larron, au larron ! Prenez-le ! Arrêtez tous ceux qui passent ! Fermez les portes, les huis, les fenêtres ! Misérable que je

suis ! Où cours-je ? A qui le dis-je ? Je ne sais où je suis, que[3] je fais, ni où je vais. Hélas ! mes amis[4], je
15 me recommande à vous tous ! Secourez-moi, je vous prie ! Je suis mort, je suis perdu ! Enseignez-moi qui m'a dérobé mon âme, ma vie, mon cœur et toute mon espérance ! Que n'ai-je un licol pour me pendre ? Car j'aime mieux mourir que vivre ainsi.
20 Hélas ! elle est toute vide ! Vrai Dieu ! qui est ce cruel qui tout à coup[5] m'a ravi mes biens, mon honneur et ma vie ? Ah ! chétif que je suis, que ce jour m'a été malencontreux[6] ! A quoi veux-je plus vivre[7], puisque j'ai perdu mes écus que j'avais si soigneu-

sement amassés, et que j'aimais et tenais[8] plus chers que mes propres yeux ? Mes écus que j'avais épargnés retirant le pain de ma bouche, n'osant manger mon saoûl, et qu'un autre jouit maintenant de mon mal et de mon dommage !

FRONTIN[9]. — Quelles lamentations entends-je là ?

SÉVERIN. — Que ne suis-je auprès de la rivière afin de me noyer ?

FRONTIN. — Je me doute que c'est[10].

SÉVERIN. — Si j'avais un couteau, je me le planterais en l'estomac[11] !

FRONTIN. — Je veux voir s'il dit à bon escient[12]. Que voulez-vous faire d'un couteau, seigneur Séverin ? Tenez, en voilà un.

SÉVERIN. — Qui es-tu ?

FRONTIN. — Je suis Frontin. Me voyez-vous pas ?

SÉVERIN. — Tu m'as dérobé mes écus, larron que tu es ! Çà, rends-les moi, rends-les moi, ou je t'étranglerai !

FRONTIN. — Je ne sais que[13] vous voulez dire.

SÉVERIN. — Tu ne les as pas donc ?

FRONTIN. — Je vous dis que je ne sais que c'est.

SÉVERIN. — Je sais bien qu'on me les a dérobés.

FRONTIN. — Et qui les a pris ?

SÉVERIN. — Si je ne les trouve, je délibère[14] me tuer moi-même.

FRONTIN. — Hé ! seigneur Séverin, ne soyez pas si colère[15] !

SÉVERIN. — Comment, colère ? J'ai perdu deux mille écus !

FRONTIN. — Peut-être que les retrouverez ; mais vous disiez toujours que n'aviez pas un liard, et maintenant vous dites qu'avez perdu deux mille écus.

SÉVERIN. — Tu te gabes[16] encore de moi, méchant que tu es !

FRONTIN. — Pardonnez-moi.

SÉVERIN. — Pourquoi donc ne pleures-tu ?

FRONTIN. — Pour ce que[17] j'espère que les retrouverez.

SÉVERIN. — Dieu le veuille, à la charge de te donner cinq bons sols[18].

FRONTIN. — Venez dîner. Dimanche, vous les ferez publier au prône[19] ; quelqu'un vous les rapportera.

SÉVERIN. — Je ne veux plus boire ni manger ; je veux mourir ou les trouver.

Pierre de LARIVEY, *Les Esprits*, Acte III, scène 6 (1579). Orthographe modernisée

---

1. Dépensé-je. — 2. Désiré a remplacé les écus par des cailloux. — 3. Ce que. — 4. S'adresse au public. — 5. D'un seul coup. — 6. Funeste. — 7. Pourquoi voudrais-je vivre davantage ? — 8. Considérais. — 9. Valet de Fortuné ; Désiré l'a sans doute déjà informé du vol ; ses trois premières phrases sont en aparté. — 10. De ce que c'est. — 11. Dans la poitrine. — 12. S'il parle sérieusement. — 13. Ce que. — 14. Je suis résolu à. — 15. En colère. — 16. Tu te moques. — 17. Parce que. — 18. Somme dérisoire. — 19. Au sermon.

ÉTUDE COMPARÉE

Comparez le monologue de Séverin (à peu près fidèlement traduit de celui d'Aridosio dans la pièce de Lorenzino) avec celui d'Euclion dans l'*Aulularia* (la Marmite), de PLAUTE, et avec celui d'Harpagon dans *L'Avare*, de MOLIÈRE (Acte IV, scène 7).

Texte de Plaute :

« Je suis perdu, je suis assassiné, je suis mort ! Où dois-je courir ? Où dois-je ne point courir ? Tenez, tenez celui qui m'a volé. Mais qui est-il ? Je ne sais, je ne vois rien, je marche comme un aveugle, et certes je ne saurais dire où je vais, ni où je suis, ni qui je suis. Je vous prie tous tant que vous êtes de me secourir, et de me montrer celui qui me l'a dérobée. Je vous en supplie, je vous en conjure. Ils se cachent sous des habits modestes, sous la blancheur de la craie, et se tiennent assis comme des personnes sérieuses. Pour toi, que dis-tu ? Se peut-on fier à toi ? Car il me semble à voir ton visage que tu es homme de bien. Qu'y a-t-il ? Pourquoi riez-vous ? Je connais tout le monde. Je sais qu'il y a ici beaucoup de voleurs. Quoi, n'y a-t-il personne de tous ceux-là qui l'ait prise ? Tu me fais mourir ! Dis donc qui l'a prise ! Ne le sais-tu point ? Ha, je suis ruiné : je suis le plus malheureux de tous les hommes, je suis au désespoir, et je ne sais où je vais, ni comme je suis fait, tant cette journée m'apporte de tristesse, de deuil et de maux. »

PLAUTE, *L'Aululaire*, IV, 9, traduction de Marolles (1658), citée par G. Couton, in *Œuvres complètes*, de Molière, coll. « La Pléiade », © éd. Gallimard

L'Avarice, détail d'une gravure de Bruegel le Vieux. Paris, B.N.

Odet de Turnèbe
Les Contents (édition posthume, 1584)

Fils d'Adrien Turnèbe, grand helléniste et professeur au Collège Royal, **Odet de Turnèbe** (1552-1581) est élève au collège parisien de Lisieux, puis étudiant en droit à Toulouse. Avocat au parlement de Paris, il devient l'ami d'Étienne Pasquier, de Claude Binet. Nommé, en 1581, président de la Cour des Monnaies, il meurt presque aussitôt. *Les Contents* seront publiés en 1584. Sans doute a-t-il écrit cette comédie en prose, jugée la meilleure de la Renaissance française, autour de 1580.

*** *Les Contents*

Basile, homme jeune, libre et fortuné, aime Geneviève, la chaste fille de Dame Louise. Louise veut marier sa fille au jeune Eustache, le fils de son voisin Girard. La veille, au bal masqué, elle a vu Geneviève en grande conversation avec un jeune homme vêtu d'incarnat, habit qu'elle sait appartenir à Eustache, mais qu'Eustache, en fait, a prêté à Basile.

Geneviève est encore poursuivie par Rodomont, capitaine fanfaron et sans le sou, dans la tradition du *miles gloriosus* de Plaute. Sur la suggestion de son valet Antoine, Basile décide de « prendre un pain sur la fournée », c'est-à-dire de séduire Geneviève pendant une absence de sa mère. Une dévote entremetteuse, Françoise, se charge d'engager Geneviève à recevoir Basile, qui portera le costume rouge d'Eustache. Tous ces conciliabules sont suivis par Nivelet, valet de Rodomont. Le capitaine veut profiter du stratagème, et obtient d'Eustache un second habit rouge. Mais il est arrêté pour dettes.

Françoise, entre-temps, a dégoûté Eustache de Geneviève, en lui faisant croire qu'elle l'aime, qu'elle est prête à l'épouser, mais qu'elle a « un chancre à un tétin ». Eustache va se consoler chez lui, en l'absence de son père, avec Alix, bourgeoise débauchée (mariée au créancier de Rodomont) que lui amène Saucisson, écornifleur et maquereau.

Rentrée plus tôt que prévu, Louise surprend sa fille avec un homme qu'elle prend pour Eustache. Elle enferme les coupables et cherche Girard pour lui demander des comptes. Antoine fait sortir son maître par la fenêtre, et lui substitue la complaisante Alix, affublée à son tour de l'habit rouge. Dame Louise est soulagée mais elle se demande tout de même si elle n'a pas affaire à un... hermaphrodite. Jugeant plus prudent de marier très vite sa fille, elle l'offre à Rodomont, qu'un ami vient de faire libérer. Mais Rodomont refuse, vu que Geneviève « a laissé aller le chat au fourmage ». Girard donne enfin à Louise la version authentique des faits, et Basile, résolu à épouser Geneviève (la « faveur » qu'il a « reçue » fait de lui un parfait amant chevaleresque) obtient sans trop de mal son pardon et la main de sa bien-aimée.

Tous ces éléments — déguisement et méprise, vision ironique et « réaliste » de l'amour (avec demi-viol, faux lyrisme, économie bourgeoise du mariage) —, tous ces personnages — l'ingénue, l'entremetteuse, l'amant audacieux, le matamore, l'écornifleur, les parents, etc. — proviennent du double héritage latin et italien. **Odet de Turnèbe** *observe rigoureusement les unités de temps (une journée, de l'aube au soir, en janvier) et de lieu (une rue bordée par les maisons de Louise et de Girard). Autour d'un seul sujet, l'amour (la jouissance), plusieurs langages forment* **la trame d'une comédie de mœurs** *et d'une comédie érotique : crudité des valets, serments solennels de Basile, style « moyen » de la parole bourgeoise, rhétorique dévote de l'entremetteuse.*

Bonnes raisons et vilain vice

***

L'entremetteuse Françoise persuade Geneviève de recevoir Basile. Nivelet écoute et s'exprime en aparté.

NIVELET

1. *Vieille, si vieille qu'elle ne paraît pas devoir mourir.*
2. *Frère frappart, expression traditionnelle pour : moine prêcheur et débauché.*
3. *Fortes.*
4. *Reconnais.*

Je crois que cette vieille sempiternelle[1] a été à l'école de quelque frère frappart[2], tant elle sait doctement prêcher et amener de vives[3] raisons. Ô quelle fine femelle !

GENEVIÈVE

Madame Françoise, je connais[4] à peu près que ce que vous dites a grande
5 apparence de vérité, mais encore ne puis-je croire que, faisant entrer Basile en notre maison, je ne fasse une grande brèche à mon honneur. Et tous ceux qui en ouïront parler ne le pourront interpréter qu'à mal.

FRANÇOISE

5. *Cliché anti-populaire.*

Que vous souciez-vous que dise le peuple ? Ne savez-vous pas bien que c'est une bête à plusieurs têtes[5] ? Mais, je vous prie, qui est-ce qui le saura si vous-même
10 ne le dites, ou votre servante ?

GENEVIÈVE

Je n'ai pas peur, Dieu merci, que ma servante en parle ; je me fie bien en elle. Mais je crains.

FRANÇOISE

Que craignez-vous ?

GENEVIÈVE

Que sais-je ?

FRANÇOISE

15 Vous êtes une amoureuse peu hardie. Vous n'avez pas encore monté sur l'ours[6].

GENEVIÈVE

Je crains que Basile, se voyant seul avec moi, ne veuille entreprendre quelque chose sur mon honneur. Que m'en conseillez-vous ? N'ai-je pas occasion de craindre ?

FRANÇOISE

Geneviève, m'amie, je vous aime comme ma propre fille, et serais bien marrie
20 que Basile, que j'aime aussi comme mon fils, eût fait en votre endroit[7] chose qui ne fût à faire. Mais assurez-vous[8] aussi que je le connais tel, et si bien complexionné[9], qu'il ne voudrait pour mourir faire rien qui soit contre votre volonté. Et serait marri de vous avoir tiré un cheveu de la tête que vous ne lui eussiez mis premièrement le bout en la main. Je vous sais bon gré, toutefois, de ce que vous
25 m'en demandiez mon avis. Car on dit communément : conseille-toi et tu seras conseillé. Et on ne saurait trop apprendre, principalement des vieilles gens, qui, pour avoir longtemps vécu, sont plus fines et ont plus d'expérience que les jeunes barbes. Même j'ai ouï prêcher cet avent[10] dernier que le diable est fin pource[11] qu'il est vieil.

NIVELET

30 Voilà comment il faut faire son profit des sermons. O quelle belle instruction !

FRANÇOISE

M'amie, en ma conscience je ne vous conseille rien qui ne soit bon. Et pouvez bien penser qu'étant sur le bord de ma fosse[12], prête de rendre compte à Dieu de ce que j'ai fait en ce monde, ne vous voudrais[13] induire à faire chose qui pût tant soit peu souiller mon âme ou la vôtre. Car autant vaut celui qui tient que celui
35 qui écorche[14]. La demande de Basile, qui vous aime de si bon amour, est sainte, juste et raisonnable. Vous avez ouï dire souvent à votre confesseur, comme je crois, qu'il faut aimer son prochain comme soi-même, et qu'il se faut bien garder de tomber en ce vilain vice d'ingratitude, qui est l'une des branches d'orgueil, lequel a fait trébucher au plus creux[15] abîme d'enfer les anges, qui étaient les plus
40 belles et les plus heureuses créatures que Dieu eût faites. Ne seriez-vous pas une ingrate, une glorieuse[16], une outrecuidée, si vous ne faisiez compte des justes prières de celui qui ne voit par autres yeux que par les vôtres ?

GENEVIÈVE

Vos raisons me semblent si bonnes, que je penserais faire un grand péché si j'ouvrais seulement la bouche pour y contredire.

NIVELET

C'est à ce coup que la vache est vendue. Mon maître[17] n'a que faire de délier sa bourse.

Odet de TURNÈBE, *Les Contents*, Acte I, scène 7 (éd. posthume, 1584)
Orthographe modernisée

Notes (marge) :

6. *Vous avez peur (l'expression viendrait d'un ancien usage de faire monter les enfants sur un ours, pour les aguerrir).*

7. *À votre égard.*
8. *Persuadez-vous.*
9. *Il s'agit (officiellement) de la complexion morale.*

10. *Avent, période qui précède Noël (nous sommes en janvier).*
11. *Parce que.*

12. *Tombe.*
13. *Je ne voudrais pas.*

14. *Autre proverbe (celui qui tient la bête qu'on écorche).*

15. *Au plus profond.*
16. *Une vaniteuse.*
17. *Rodomont, soldat fanfaron, autre amoureux de Geneviève.*

POUR LE COMMENTAIRE

1. L'efficacité de la scène. Dégagez le **comique** du discours de Françoise. Montrez le rôle joué par les questions de Geneviève.

2. L'argumentation du discours (à partir de « Geneviève, m'amie... ») : détaillez les arguments.

3. Quel est **le but véritable** de tout ce dispositif rhétorique ? Relevez les passages ambigus, qui tentent en même temps qu'ils rassurent. Que pensez-vous de la réponse finale de Geneviève ?

3. La naissance de la tragédie

Étienne Jodelle *Cléopâtre captive* (1553)

*On a dit ailleurs (voir p. 351) l'importance, dans la carrière d'**Étienne Jodelle**, de la représentation de* Cléopâtre captive *(février 1553),* **première tragédie française à sujet profane**. *On sait que le poète a également innové dans le domaine de la comédie, avec* L'Eugène, *peut-être jouée en 1552. Ce rôle d'initiateur frappe d'autant plus que toute la production dramatique ultérieure de Jodelle, à l'exception de la tragédie* Didon se sacrifiant, *est perdue. Dans* Cléopâtre captive, *le poète pousse à l'extrême le principe de la variété métrique : après un prologue en décasyllabes, le premier acte (discours de l'ombre d'Antoine, premier dialogue de Cléopâtre et de ses suivantes) est en alexandrins ; l'acte II, dialogue d'Octave et de ses lieutenants, est en décasyllabes, ainsi que l'acte III, acte du choc des deux protagonistes ; à l'acte IV, la plainte de la reine reprend en alexandrins ; et l'acte V, bref récit de la mort de la reine et des suivantes, utilise de nouveau le décasyllabe.*

*** **Cléopâtre captive**

Chef-d'œuvre « musical », *Cléopâtre captive* n'est pas une « ébauche » de notre théâtre classique. La maîtrise du vers y va de pair avec une vision cohérente du sujet, choisi dans la *Vie d'Antoine*, de Plutarque.

Antoine est déjà mort ; son ombre annonce pour le jour même la mort de la reine ; Cléopâtre, qui se considère comme sa meurtrière, est décidée à mourir, d'autant qu'elle peut ainsi « par sa mort sa liberté choisir », en échappant au triomphe dont Octave a besoin pour liquider la guerre civile, ramener à Rome le centre du monde, et s'égaler aux dieux. La politique d'Octave exige à la fois qu'on noie dans le sang toute résistance, et qu'on empêche provisoirement Cléopâtre de mourir. La reine, de son côté, feint de reprendre goût à la vie pour sauver ses enfants (acte III) ; elle offre même ses trésors à Octave, tout en en cachant la plus grande partie, mais elle est trahie par son « serf » Séleuque : déchaînée, la reine manque de tuer le traître. Octave accepte la version de Cléopâtre. Ayant dupé l'empereur, la reine peut mourir, composer le tableau exemplaire du cinquième acte : morte « sans blessure », elle échappe au tyran.

« *La Parque, et non César...* »

*Délibérément **exempte de toute action réelle**, la tragédie montre et chante une mort nécessaire, qui n'a de sens qu'en elle-même, prive d'alibi les assassins, et ne procure de gloire qu'à celle qui a décidé de « s'occire ici » pour « raccoupler » les « deux pauvres amants ».*

***

Nous sommes au début de l'acte IV. Cléopâtre est avec ses deux suivantes, Eras et Charmium.

CLÉOPÂTRE

Penserait donc César[1] être du tout[2] vainqueur ?
Penserait donc César abâtardir ce cœur,
Vu que des tiges vieux[3] cette vigueur j'hérite,
De ne pouvoir céder qu'à la Parque dépite[4] ?
5 La Parque, et non César, aura sus moi le prix[5] ;
La Parque, et non César, soulage mes esprits ;
La Parque, et non César, triomphera de moi ;
La Parque, et non César, finira mon émoi ;
Et, si j'ai ce jourd'hui usé de quelque feinte,
10 Afin que ma portée[6] en son sang ne fût teinte,
Quoi ! César pensait-il que ce que dit j'avois[7]
Pût bien aller ensemble et de cœur et de voix ?
César, César, César, il te serait facile
De subjuguer ce cœur aux liens indocile ;
15 Mais la pitié que j'ai du sang de mes enfants,
Rendaient sus mon vouloir[8] mes propos
                                    [triomphants,
Non la pitié que j'ai si par moi, misérable,
Est rompu le filet à moi jà trop durable[9].

Courage donc, courage (ô compagnes fatales),
20 Jadis serves à moi[10], mais en la mort égales,
Vous avez reconnu Cléopâtre princesse,
Or ne reconnaissez que la Parque maîtresse.

CHARMIUM

Encore que les maux par ma Reine endurés,
Encore que les cieux contre nous conjurés,
25 Encore que la terre envers nous courroucée,
Encore que fortune envers nous insensée,
Encore que d'Antoine une mort misérable,
Encore que la pompe à César désirable[11],
Encore que l'arrêt que nous fîmes ensemble,
30 Qu'il faut qu'un même jour aux enfers nous
                                    [assemble,
Aiguillonnât assez mon esprit courageux
D'être contre soi-même un vainqueur outrageux[12],
Ce remède de mort, contrepoison de deuil,
S'est tantôt[13] présenté d'avantage à mon œil[14] :
35 Car ce bon Dolabelle[15], ami de notre affaire,
Combien que pour César il soit notre adversaire,

T'a fait savoir (ô Reine), après que l'Empereur
Est parti d'avec toi, et après ta fureur
Tant équitablement à Séleuque montrée[16],
Que, dans trois jours préfix[17], cette douce contrée
Il nous faudra laisser, pour, à Rome menées,
Donner un beau spectacle à leurs efféminées.

ERAS

Ha mort, ô douce mort, mort, seule guérison
Des esprits oppressés d'une étrange prison,
Pourquoi souffres-tu tant à tes droits faire tort[18] ?
T'avons-nous fait offense, ô douce et douce mort ?
Pourquoi n'approches-tu, ô Parque trop tardive ?
Pourquoi veux-tu souffrir cette bande captive,
Qui n'aura pas plutôt le don de liberté,
Que cet esprit ne soit par ton dard écarté[19] ?
Hâte donc, hâte-toi : vanter tu te pourras
Que même sus César une dépouille[20] auras.
Ne permets point alors que Phébus qui nous luit[21]
En dévalant sera chez son oncle[22] conduit,
Que ta sœur pitoyable[23], hélas ! à nous cruelle,
Tire encore le fil dont elle nous bourrelle[24] ;
Ne permets[25] que des peurs la pâlissante bande
Empêche ce jourd'hui de te faire une offrande ;
L'occasion est sûre, et nul à ce courage
Ce jour[26] nuire ne peut, qu'on ne te fasse
                                          [hommage.

César cuide pour vrai[27] que jà nous soyons prêtes
D'aller et de donner témoignage des quêtes[28].

CLÉOPÂTRE

Mourons donc, chères sœurs ; ayons plutôt ce
                                          [cœur
De servir à Pluton qu'à César, mon vainqueur.

Étienne JODELLE, *Cléopâtre captive*,
Acte IV, vers 1-64 (1553)
Orthographe modernisée

1. Octave, héritier de César, et porteur désormais de ce nom devenu un titre. — 2. Complètement. — 3. Antiques origines. — 4. La Parque cruelle, c'est Atropos, celle qui coupe le fil. — 5. L'emportera. — 6. Mes enfants. — 7. On a gardé ici, pour la rime, la graphie ancienne (prononcer wè). — 8. Sur ma volonté. — 9. Cléopâtre a rusé par pitié pour ses enfants, non pour elle-même et pour sa décision de rompre le fil d'une vie déjà trop longue. — 10. Mes servantes. — 11. Le Triomphe, à Rome. — 12. Violent. — 13. Il y a peu. — 14. J'en ai eu tantôt un désir encore plus fort. — 15. Cornélius Dolabella (le nom vient de Plutarque). — 16. Allusion à la péripétie de l'acte III (voir ci-dessus). — 17. Fixés. — 18. Ce sont les intentions d'Octave qui font tort aux droits de la mort. — 19. ... Qui ne sera pas libérée de sa captivité autrement que par la mort. — 20. Un trophée. — 21. Éclaire. — 22. Neptune, dieu de la mer, où plonge le soleil. — 23. Lachésis, celle des trois Parques qui dévide et mesure le fil filé par sa sœur Clotho. — 24. Torture. — 25. Ne permets pas. — 26. Complément de temps. — 27. Estime vrai. — 28. Du butin.

Guido Reni, *Cléopâtre se donnant la mort.* Musée de Nancy.

LECTURE MÉTHODIQUE

1. La ruse de Cléopâtre

Montrez comment la reine s'explique sur la « feinte » à laquelle elle vient de recourir. Comment le poète donne-t-il à cette nécessaire explication **un maximum de sens et d'intensité** ?

2. Même analyse pour l'information apportée par Charmium. Quelle est, selon vous, **la fonction dominante du discours dans cette scène** ?

3. Quel sens, à cet égard, attribuer aux multiples **anaphores** (répétitions en début de phrase, ou de vers) ? S'agit-il d'un procédé gratuit ?

Jean de La Taille
Saül le Furieux (1572)

Originaire du Maine, le protestant **Jean de La Taille** (1535-1611) étudie au collège de Boncourt, où il a pour condisciple Jean de La Péruse, l'un des initiateurs de la tragédie française, et où l'on représente, en 1553, la *Cléopâtre captive*, de Jodelle. Après de brèves études de droit, Jean de La Taille se consacre à la littérature, de même que son frère Jacques, élève surdoué de Dorat. Jacques, auteur de deux tragédies, meurt en 1562, à vingt ans. Jean a composé une comédie, *Les Corrivaux* (les Rivaux), et une tragédie, *Saül le Furieux*. Mais la guerre civile l'empêche de publier ses œuvres. Il sert d'abord dans l'armée royale, puis rejoint le camp huguenot. Blessé en 1570, il retourne à la vie civile et fait paraître son *Saül* précédé d'un bref traité, *De l'art de la tragédie* (1572). Il publie les œuvres de son frère et compose une seconde tragédie, *La Famine*, dont le sujet fait suite à celui de *Saül*. Retiré sur ses terres, très hostile à la cour, Jean de La Taille mourra vers 1611.

*** *Saül le Furieux*

La pièce tire son sujet de la Bible (I *Samuel* XXVII-XXXI notamment) : Saül, roi d'Israël, est frappé de folie par Dieu, qui lui reproche sa désobéissance (Saül a refusé de tuer le roi des Amalécites, Agag, et de massacrer son peuple). A l'acte I, Saül se jette sur son fils Jonathan et ses frères, qu'il prend pour des ennemis. Ceux-ci décident de combattre les Philistins à la place de leur père. A l'acte II, Saül revient à lui. Exhorté au repentir, il déclare que Dieu l'a abandonné : cette seconde faute, le désespoir, l'incite à consulter une sorcière sur son avenir, ce que le chœur des Lévites réprouve.

La sorcière (acte III) fait apparaître le défunt Samuel, qui informe Saül que Dieu a choisi un « meilleur Élu », David. A l'acte IV, Saül apprend la victoire des Philistins et la mort de ses fils. Au comble du désespoir, il se jette à son tour dans la bataille. Après un grand carnage d'ennemis, il se poignarde en étreignant ses fils. Ces faits sont rapportés à David à l'acte V. Le nouveau Roi pleure sur l'ancien et, tout en déplorant ses fautes, rend hommage à sa mémoire.

Ce sujet, et notamment le thème de la folie, autorisent de nombreux emprunts à Sénèque, à Hercule furieux surtout. Mais la pièce de **Jean de La Taille** *se distingue de la plupart des tragédies contemporaines par un refus de la technique dramatique de Sénèque et une* **volonté tout à fait nouvelle de respecter les principes d'Aristote**, *exposés en partie dans le petit traité* De l'art de la tragédie. *Pas de prologue oratoire : le spectateur doit être jeté* in medias res, *la situation doit s'exposer dans l'action même. D'une manière générale,* **l'action doit l'emporter sur les discours** *: les déplorations sont limitées, le chœur seul commente l'action et en tire des leçons générales.*

Surtout, le héros, Saül, a **une dimension psychologique** *: son caractère est impliqué dans l'action, et dans l'effet que son destin produit sur le spectateur. Saül, conformément à l'idée d'Aristote, n'est ni tout à fait bon, ni tout à fait mauvais : oint du Seigneur, prestigieux combattant, il a désobéi à un commandement qu'il jugeait inhumain ; il pourrait encore implorer le pardon de Dieu, mais il désespère (détail que Jean de La Taille ajoute au récit de la Bible) ; sa mort même est héroïque autant que pitoyable.*

Fin de folie

LE PREMIER ESCUYER DE SAUL[1]

Mon Dieu ! quelle fureur et quelle frenaisie[2]
A n'agueres du Roy la pensée saisie !
O spectacle piteux de voir leans[3] un Roy
Sanglant et furieux forcener[4] hors de soy,
5 De le voir massacrer en son chemin tout homme !
Il detranche[5] les uns, les autres il assomme,
D'autres fuyent l'horreur de son bras assommant :
Mais or je l'ay laissé de sang tout escumant,
Cheut[6] dans son pavillon, où sa fureur lassée
10 Luy a quelque relasche à la parfin[7] causée,
Et dort aucunement[8], d'icy je l'oy[9] ronfler[10],
Je l'oy bien en resvant[11] sa furie souffler.
Il repaist maintenant son ame d'un vain songe,
Ores[12] ses bras en l'air et ses pieds il allonge,
15 Ores en souspirant resve je ne sçay quoy :

Par ainsi son esprit de sa fureur n'est coy[13].
Ores sur un costé, or sur l'autre il se vire,
Pendant que le sommeil luy digere son ire :
Mais comme l'Ocean du vent d'Ouest[14] soufflé[15]
20 Se tempeste long temps et devient tout enflé,
Et jaçoit que[16] du vent cesse la rage horrible,
Son flot n'est pas pourtant si tost calme et
[paisible,
Ainsi de son esprit la tourmente, et les flots
Qu'esmouvoit sa fureur, ne sont or en repos :
25 Car tantost estendu, gisant comme une beste,
Il regimboit[17] du pied et demenoit[18] la teste.
Mais le voicy levé, voyez comme ces yeux
Estincellent encor' d'un regard furieux !

SAUL

Voyla le jour venu, ja[19] l'aurore vermeille

A bigarré les cieux : ça, ça, qu'on m'appareille[20]
Mon arc, que je decoche à ces monstres cornus
Qui dans ces nues-là se combattent tous nus.

L'ESCUYER

Hé ! quelle resverie a troublé sa cervelle !

SAÜL

Je veux monter au ciel, que mon char on attelle,
Et comme les Geants entassants monts sur
                                         [monts[21],
Je feray trebuscher les Anges et Dæmons,
Et seray Roy des Cieux, puis que j'ay mis en fuite
Mes ennemis, dont j'ay la semence destruite.

L'ESCUYER

Mais que regarde-t-il ? helas, qu'est-ce qu'il fait ?
Je le voy tout tremblant, tout pensif, et deffaict.
O quelle face ardente ! ô Dieu, je te supplie
Qu'avecques son sommeil s'en aille sa follie.

SAÜL, *revenant à soy.*

Mais quel mont est-ce icy ? suis-je soubs le réveil
Ou bien soubs le coucher du journalier Soleil ?
Est-ce mon Escuyer, et la trouppe Levite[22]
Que je voy ? qu'ay-je fait, qu'on prend[23] pour moy
                                         [la fuite ?
Mais qui m'a tout le corps saigneusement noircy ?
D'où sont ces pavillons ? quel pais[24] est-ce icy ?
Mais dy-moy où je suis, mon Escuyer fidele !

L'ESCUYER

Ne vous souvient-il plus, ô Sire, qu'on appelle
Ce mont-cy Gelboé, où vous avez assis
Vostre Camp d'Israël pour marcher contre Achis[25],
Qui a campé cy-pres[26] sa force Philistine,
Pour du tout[27] renverser vostre Armée voisine,
Contre qui ja vos Fils avec une grand'part
Du peuple sont allez hors de nostre rampart,
Pour donner la battaille ? or qu'on se delibere[28],
Ou d'y pourvoir bien tost, ou d'avoir mort amere.
Reprenez vostre force et vostre sens rassis,
A fin que ne soyons proye aux Incirconcis.
Mais vous estes muet et devenez tout blesme !

SAÜL

Ha, ha, je sens, je sens au plus creux de moy
                                         [mesme
Ramper le souvenir de mes cuisans ennuis[29],
Qui rafreschit les maux où abismé je suis,
Je sens dedans le cueur des pensers qui me
                                         [rongent,
Et qui dans une mer de tristesses me plongent :
Au moins en sommeillant poussé de ma fureur[30]
Je trompois mes ennuis par une douce erreur[31].
Mais or'[32] que feray-je ? une fois DIEU me chasse,
Me bannit et forclôt[33] de sa premiere[34] grace.
Helas, tousjours le vent la grande mer n'esmeut,
Tousjours l'hyver ne dure, et l'air tousjours ne
                                         [pleut.
Tout prend fin. Faut-il donc que ta longue cholere,

O grand DIEU, dessus moy sans cesse persevere ?
75 Je suis hay[35] de toy, et des hommes aussi :
J'ay cent mille soucis, nul n'a de moy soucy :
Mais dy l'occasion d'une si grande haine,
Dy la raison pourquoy j'endure telle peine !
Mais, helas, qu'ay-je fait, qu'ay-je las[36] merité,
80 Que tu doives ainsi tousjours estre irrité ?

> Jean de LA TAILLE, *Saül le Furieux*,
> Acte II, vers 220-300 (1572)

1. *La scène se situe dans le camp israélite, près de la tente où repose Saül après sa crise de folie de l'acte I.* — 2. *Frénésie.* — 3. *Ici.* — 4. *Devenir fou furieux.* — 5. *Taille, tranche.* — 6. *Tombé.* — 7. *Pour finir.* — 8. *Un peu.* — 9. *Je l'ouïs.* — 10. *Le mot n'a rien de péjoratif au XVIe s.* — 11. *Rêvant.* — 12. *Tantôt...* — 13. *Laissé tranquille.* — 14. *Diérèse.* — 15. *Sur lequel souffle le vent d'Ouest.* — 16. *Bien que.* — 17. *Ruait.* — 18. *Agitait.* — 19. *Déjà.* — 20. *Qu'on me prépare.* — 21. *Allusion au mythe de la révolte des Géants ; tout ce passage (vers 1-49) s'inspire de la tragédie de Sénèque* Hercule furieux. — 22. *Les Lévites (ministres du Temple) constituent le chœur.* — 23. *Pour qu'on prenne...* — 24. *Pays.* — 25. *Prince philistin.* — 26. *Près d'ici.* — 27. *Complètement.* — 28. *Qu'on décide.* — 29. *Tourments.* — 30. *Poussé par ma folie.* — 31. *Un doux égarement.* — 32. *Maintenant.* — 33. *Me prive.* — 34. *Précédente.* — 35. *Haï.* — 36. *Hélas.*

Saül menaçant David de sa lance,
miniature du XVe siècle.
Chantilly, Musée Condé.

LECTURE MÉTHODIQUE

1. La construction de la scène. Montrez le parti qu'elle tire du **spectacle** de la folie de Saül.

2. Analysez ensuite l'**échange de paroles** entre Saül et l'écuyer : s'agit-il vraiment d'un échange ?

3. Montrez enfin l'**importance du discours** des vers 62-80 : que s'y passe-t-il ?

4. Quelle est, dès lors, la **signification globale** de la scène ?

D'UN TEXTE À L'AUTRE

En vous reportant éventuellement au texte de la Bible (voir références ci-dessus), et à celui de SÉNÈQUE (éd. Les Belles Lettres), analysez **la pratique de l'imitation** dans cette scène : comment LA TAILLE s'y prend-il pour contaminer texte antique et texte biblique ?

Antoine de Montchrestien *Hector* (1604)

Originaire de Falaise, en Normandie, **Antoine de Montchrestien** (1575-1621) reçut, sans doute à Caen, la formation d'humaniste qui nourrit ses tragédies. C'est encore à Caen que paraît, en 1596, sa première œuvre, *Sophonisbe*. Autour de 1600, Montchrestien semble s'être lié avec Malherbe, autre normand : peut-être est-ce sous l'influence du maître qu'il révise le texte de ses pièces, à chaque nouvelle édition. En 1601 paraissent, à Rouen, *Les Lacènes, David, Aman*, et *L'Écossaise*, tragédie consacrée à la mort de Marie Stuart. En 1604 est publiée l'édition définitive des tragédies : *L'Écossaise* est devenue *La Reine d'Écosse*, et une nouvelle œuvre, *Hector*, s'ajoute aux précédentes.

C'en est fini de l'œuvre du successeur de Garnier. Après un exil en Angleterre dû à des affaires de duel, Montchrestien crée une coutellerie. En 1615, il publie un *Traité de l'économie politique*, où il s'intéresse à la législation industrielle et commerciale. En 1620, il se lance dans la révolte armée aux côtés des protestants : ses raisons sont mal établies. Rien dans son œuvre ne témoigne d'un quelconque militantisme réformé. Montchrestien se bat sur la Loire. Une échauffourée lui coûte la vie en 1621.

*** Hector

Dernière tragédie de Montchrestien, *Hector* présente un héros « positif » que sa valeur même va soumettre aux coups de la fortune. Le destin de Troie est scellé : au premier acte, un furieux discours de Cassandre le redit. Le chœur lui oppose la valeur d'Hector, pilier de la défense troyenne : mais le héros est « sujet à la Parque autant que nous le sommes ». Ce que confirme un songe d'Andromaque : sûre que son époux ne doit pas combattre aujourd'hui, elle tente en vain de le fléchir, puis rallie Hécube et Priam à son point de vue. Sur l'ordre du roi, Hector laisse les Troyens aller sans lui à la bataille. Mais d'alarmantes nouvelles le décident à rejoindre ses compagnons : il renverse la situation, et Priam peut croire, au début de l'acte V, qu'« Hector par sa valeur échappe au destin ». Alors a lieu le *renversement* aristotélicien : un messager vient raconter la mort lamentable du héros, frappé dans le dos par Achille : « O trépas machiné des hommes et des dieux ! » Andromaque dit sa « tristesse extrême », et le Chœur précise que Troie est perdue.

Antoine de Montchrestien *s'inspire d'Homère, corrigé d'après l'*Histoire de la chute de Troie, *de Darès de Phrygie, chronique très tardive (mais se donnant pour contemporaine de la guerre !). Le choix de cette source favorable aux Troyens souligne l'***injustice du destin qui frappe Hector**. *S'il meurt, et si Troie est vouée à la ruine, c'est moins par suite de la faute commise (le rapt d'Hélène, dont tous les Troyens sont en quelque sorte responsables), ou par souci excessif de gloire, qu'en vertu de la loi qui régit la destinée des hommes : tout « sans aucun respect en la tombe dévale ». Héros humain, héros stoïque et sans illusions, Hector est un personnage dont les raisons d'agir sont complexes, mais toutes le mènent à son destin.*

Le fruit du courage

***

Nous sommes à l'acte I ; Andromaque tente de détourner Hector du combat ; elle lui a présenté son fils (épisode inspiré d'Homère, *Iliade*, VI) ; Hector vient de prier pour l'avenir d'Astyanax : « Qu'il aspire toujours à la gloire éternelle »...

HECTOR

1. Sur le champ de bataille.	Soit que je sois à Troie ou bien à la campagne[1],
	De mon fils et de toi le penser m'accompagne,
	S'efforce m'éloigner de l'orage des coups,
	Et m'attendrit aux doux noms de père et d'époux.
2. La honte à jamais blâmable.	5 Mais je crains la vergogne à jamais reprochable[2],
	Je crains les traits piquants d'un peuple variable,
	Léger, présomptueux, sans respect et sans loi,
3. A me brocarder.	Qui déployant sa langue à blasonner[3] de moi,
4. La prudence dont je ferais preuve en m'abstenant de combattre.	Tournerait ma prudence[4] en lâche couardise.
	10 Bien tôt se perd la gloire à grand labeur acquise.
	Puis mon cœur qui toujours s'est fait voir indompté
	Ne veut déchoir du rang où mon bras l'a porté,
	Par sueurs et travaux, lui dressant un trophée,
	Dont nul temps ne verra la mémoire étouffée.

5. *Rassemblé, lié par serment.*
6. *Argiennes, grecques.*
7. *Bouleversé.*
8. *De leurs tourments.*
9. *Lire : « Andromache ».*

15   Je sais pour ma douleur qu'en fin le jour viendra
Que le Grec conjuré[5] notre ville prendra ;
Que le bon vieil Priam, mes cousins et mes frères
Sentiront la fureur des argives[6] colères,
Et me sens tout ému[7] de leur affliction[8] :
20   Mais, j'en jure le Ciel, j'ai plus de passion
Pour toi que pour tous eux, ô ma chère Andromaque[9] :
Il me semble jà voir quelque jeune bravache
Pour sa part du butin plein d'orgueil t'emmener
Au logis de son Père, et là te condamner
25   A tramer de la toile, à filer de la laine,
A puiser l'onde vive au clair de sa fontaine,
A balayer la place, à souffrir des mépris,
Exercices mesquins pour femme de tel prix[10] ;
Et possible[11] un passant touché jusques à l'âme,
30   Dira : du preux Hector, celle-ci fut la femme.
Lors quel dépit[12] naîtra dans ton cœur soucieux[13]
Oyant ramentevoir[14] mon nom si glorieux,
Et te voyant de biens et d'honneurs toute nue[15]
En ce triste servage à jamais retenue ?
35   Si les destins sont tels, certes j'aime bien mieux
Que pour ne te point voir la mort couvre mes yeux
D'un éternel bandeau, que la tombe me prive
D'entendre les soupirs de ton âme captive.

10. *Détails imités d'Homère,* Iliade, *VI, comme d'ailleurs l'ensemble de la tirade. Andromaque sera en effet emmenée captive par Néoptolème, fils d'Achille.*
11. *Peut-être.*
12. *Deuil.*
13. *Douloureux.*
14. *Entendant rappeler.*
15. *Dépouillée.*

ANDROMAQUE

     Eh bien mon cher Hector donne-moi donc la main.
40   A nous deux seulement ton cœur[16] est inhumain :
Las, ta valeur nous perd ! Le fruit de ton courage
C'est une dure mort en la fleur de ton âge.
Dis-moi que veux-tu faire ? Un marbre sans pitié
S'amollirait-il point[17] de ma tendre amitié ?
45   Pense au moins, je te prie, à la mort douloureuse,
Dont toi-même occiras ta femme malheureuse
Si le fer ennemi la fait veuve de toi,
Et ton ardeur possible[18] écoutera ma foi.
     Las, c'est contre ton chef que les armes conspirent,
50   C'est ton sang généreux que leurs pointes désirent,
Les plus vulgaires dards[19] s'en montrent altérés,
Et tu vas courre[20] aveugle aux dangers conjurés.
Non, avant que le ciel de ton col me sépare,
M'engloutisse la terre[21], à tout je me prépare :
55   Aussi bien à regret verrais-je le Soleil,
S'il me voyait sans voir la clarté de ton œil[22].

16. *Courage.*

17. *Ne s'amollirait-il point.*

18. *Peut-être.*

19. *Les traits des moindres guerriers.*
20. *Courir.*
21. *Vœu.*
22. *Rime eil-œil : le XVIe siècle hésite entre ces deux prononciations.*

          Antoine de MONTCHRESTIEN, *Hector* (1604), Acte I, vers 303-358
Orthographe modernisée

ÉTUDE SUIVIE

1. Dégagez les raisons successivement données par Hector dans ce passage. Sont-elles cohérentes ? Analysez **la conception de la gloire** défendue aux vers 5-14.

2. En quoi consiste le pathétique des vers 15-38 ? A quelle raison de se battre et de mourir parvient-on finalement ? N'y a-t-il pas là une sorte de paradoxe ?

3. Analysez la représentation des armes et de l'activité guerrière dans le discours d'Andromaque. Commentez particulièrement les vers 49-51 : à quelle figure ont-ils recours ? Pourquoi ? De tels vers sont-ils admissibles pour l'esprit classique ?

D'UN TEXTE À L'AUTRE

Reportez-vous au chant VI de l'*Iliade* et à la scène célèbre des adieux d'Hector et d'Andromaque.

Montrez la fidélité de MONTCHRESTIEN au détail du texte d'HOMÈRE.

Relevez-vous cependant des différences dans le développement de chaque argument, dans la construction d'ensemble ?

D'autre part, la scène a-t-elle le même sens, la même fonction dans chacun des deux textes, la tragédie et l'épopée ?

4. Robert Garnier (1545-1590)

Le plus grand poète dramatique de la Renaissance française, **Robert Garnier**, est né à La Ferté-Bernard. Il étudie le droit à Toulouse et, dans cette ville de tradition poétique, se met assez vite à composer des vers. En 1567, il est avocat au parlement de Paris. Il célèbre alors la politique de Charles IX, et développe dans une tragédie romaine, *Porcie* (1569), une méditation sur l'horreur des troubles civils et les avantages de la monarchie. Conseiller au Présidial du Mans (1569), Garnier produit successivement *Hippolyte* (1573), deux nouvelles tragédies romaines (*Cornélie*, 1574, et *Marc-Antoine*, 1578), *La Troade* (1579), *Antigone* (1580), la tragi-comédie de *Bradamante* (1582), enfin son chef-d'œuvre, *Les Juives* (1583). Il poursuit dans le même temps une prestigieuse carrière de magistrat, qui le mène au Grand Conseil du roi en 1586. Très catholique et proche de la Ligue, Garnier est cependant hostile à la remise en cause de l'autorité royale, réprouvant les horreurs de la guerre et l'assassinat d'Henri III (1589). Il meurt en 1590.

Robert Garnier reste fidèle à **une esthétique oratoire de l'art dramatique**. A la différence de La Taille dans Saül le Furieux, *il conserve le monologue initial du « personnage protatique ». Ce discours crée l'atmosphère tragique et en dégage la signification morale. Dans la suite, l'action est rare et lente : même si, dans* Les Juives, *les discours, les récits sont moins longs que dans* Hippolyte, **la tragédie demeure affaire de rhétorique** : *les personnages parlent plus qu'ils n'agissent, soit qu'ils décrivent ou commentent le destin qui les accable, soit qu'ils s'efforcent de persuader un interlocuteur, le plus souvent sans succès. Cette rhétorique est paradoxalement fondée sur l'impossibilité de la persuasion.*

Les mots sont ainsi le moyen de montrer l'œuvre du destin. Le discours reflète l'humeur des « orateurs », l'état de leur âme innocente ou coupable, mais surtout la fatalité qui les oppose, l'horreur qui les assiège, la mort qui s'apprête à les saisir.

Cette **éloquence visionnaire**, *baroque,* **fait voir** *ce qui n'est pas représenté sur scène, ce qui n'est pas représentable : l'enfer, la mort, moins la mort individuelle que la mort universelle, dont le triomphe sanglant se rencontre partout. Il faut trouver à cette perpétuelle « vision d'horreur » une limite et un sens ; lui opposer une sagesse, un espoir. C'est à quoi s'emploie le stoïcisme chrétien de Garnier, c'est à quoi il parvient dans la tragédie religieuse des* Juives.

Le Tintoret, *Massacre des Innocents*. Musée de Rennes.

1567	*Hymne de la monarchie*	**1579**	*La Troade*, tragédie
1569	*Porcie*, tragédie	**1580**	*Antigone*, tragédie
1573	*Hippolyte*, tragédie		
1574	*Cornélie*, tragédie	**1582**	*Bradamante*, tragi-comédie
1578	*Marc-Antoine*, tragédie	**1583**	*Les Juives*, tragédie

Hippolyte (1573)

Imitée de la Phèdre, *de Sénèque,* Hippolyte *est l'un des **premiers exemples français de tragédie à sujet « mythologique »**. Le lecteur y retrouve l'essentiel des données retenues plus tard par Racine, mais traitées dans un esprit très différent, plus proche du modèle sénéquien. **Robert Garnier** fait commencer la pièce par un monologue de « l'ombre d'Égée » : sorti des Enfers, le père de Thésée rappelle tous les maux qui ont frappé sa famille ; il blâme la criminelle légèreté de son fils. Jadis responsable de la mort de son père, Thésée vient d'être délivré par Hercule de la prison infernale où l'avait conduit le projet insensé d'enlever Proserpine. Mais ce retour ne sera que l'occasion de la catastrophe : Égée prophétise la mort d'Hippolyte.*

*Le discours d'Égée place toute la pièce sous le signe inévitable de la mort et des tourments éternels. Le gouffre est déjà ouvert, il y a d'autant moins d'action qu'il n'y a qu'**une illusion d'action**. Tout le monde est coupable, Thésée autant que Phèdre, épouse outragée réclamant le droit à cet amour qui fait d'elle, tout à la fois, une victime et un bourreau. Il s'agit moins d'une culpabilité personnelle que d'une monstruosité cosmique, dont les personnages reconnaissent et décrivent l'horreur dans leur propre histoire et celle de leur famille.*

La déclaration de Phèdre

***

Avant Racine, Garnier a pris cette scène à Sénèque (elle ne figure pas chez Euripide, où la nourrice se charge de tout). Nous sommes à l'acte III. Phèdre, qui voulait mourir, tente de parler à son beau-fils. Précédemment approché par la nourrice, Hippolyte a proclamé sa haine des femmes, et son amour des monts, des forêts et des « rochers des montagnes stériles ».

PHÈDRE

Il faut me découvrir, mais le cœur me pantèle[1],
Un frisson me saisit d'une crainte nouvelle.
Plût à Dieu, mon ami, que vous sussiez[2] ouvrir
Les secrets de mon cœur, sans vous les découvrir[3] :
Je m'efforce à les dire, et je ne puis de honte.

HIPPOLYTE

Laissez la honte là.

PHÈDRE

          Mais elle me surmonte.

HIPPOLYTE

Quel mal est-ce si grand que n'osiez déceler ?

PHÈDRE

C'est un mal, que jamais on ne vit dévaler[4]
Au cœur d'une marâtre[5].

HIPPOLYTE

          Encor ne puis-je entendre
Vos propos ambigus : faites-les moi apprendre[6]
En termes plus ouverts.

PHÈDRE

          L'amour consomme enclos[7]
L'humeur de ma poitrine et dessèche mes os.
Il rage en ma moelle, et le cruel m'enflamme

Le cœur et les poumons d'une cuisante flamme.
15 Le brasier étincelle, et flamboie âprement,
Comme il fait quand il rampe en un vieil bâtiment
Couvert de chaume sec, s'étant en choses sèches[8]
Élevé si puissant de petites flammèches.

HIPPOLYTE

C'est l'amour de Thésée qui vous tourmente ainsi.

PHÈDRE

20 Hélas ! voire[9], Hippolyte, hélas ! c'est mon souci[10].
J'ai misérable[11], j'ai la poitrine embrasée
De l'amour que je porte aux beautés de Thésée,
Telles qu'il les avait lors que bien jeune encor
Son menton cotonnait d'une frisure d'or,
25 Quand il vit, étranger, la maison Dédalique[12]
De l'homme Mi-taureau, notre monstre Crétique[13].
Hélas ! que semblait-il[14] ? ses cheveux crêpelés[15],
Comme soie retorse en petits annelets[16],
Lui blondissaient la tête, et sa face étoilée[17]
30 Était, entre[18] le blanc, de vermillon mêlée.
Sa taille belle et droite avec ce teint divin
Ressemblait, égalée, à celle d'Apollin[19],
A celle de Diane, et surtout à la vôtre
Qui en rare beauté surpassez l'un et l'autre.
35 Si nous vous eussions vu, quand votre géniteur
Vint en l'île de Crète, Ariane ma sœur
Vous eût plutôt que lui, par son fil salutaire,
Retiré des prisons du roi Minos, mon père.

Or quelque part du ciel[20] que ton astre plaisant
40 Soit, ô ma chère sœur, à cette heure luisant,
Regarde par pitié moi, ta pauvre germaine[21],
Endurer comme toi cette amoureuse peine.
Tu as aimé le père, et pour lui tu défis
Le grand monstre de Gnide[22], et moi j'aime le fils.
45 O tourment de mon cœur, Amour, qui me
                                [consommes !
O mon bel Hippolyte, honneur des jeunes hommes,
Je viens la larme à l'œil me jeter devant vous,
Et d'amour enivrée, embrasser vos genoux,
Princesse misérable, avec constante envie
50 De borner[23] à vos pieds mon amour, ou ma vie ;
Ayez pitié de moi.

PHÈDRE

               O grand Dieu Jupiter,
Peux-tu voir une horreur si grande, et l'écouter ?
Où est ton foudre ardent, qu'ireux[24] tu ne le dardes
Tout rougissant d'éclairs sur les temples[25] paillardes
55 De cette malheureuse ! Es-tu si paresseux,
O Père, es-tu si lent à nous lancer tes feux ?
Que le ciel, éclatant au bruit de ton tonnerre,
Jusques aux fondements ne renverse la Terre ?
Et n'abîme[26] le jour, tout sanglant, au plus creux
60 Et au gouffre plus noir[27] des enfers ténébreux ?
Mais toi, Soleil, qui luis par tout ce grand espace,
Peux-tu voir sans pâlir les crimes de ta race[28] ?
Cache-toi vergogneux[29], quitte[30] à la nuit ton cours,
Détourne tes chevaux galopant à rebours.
65 Plonge-toi, lance-toi le chef bas sous les ondes,
Et ta torche noircis en ténèbres profondes.
   Que tardes-tu aussi, père Saturnien[31],
Que tu ne vas ruant[32] ton foudre Olympien
Sur ma coupable tête, et que tu ne la broies
70 Plus menu que sablon, que tu ne la foudroies ?
N'ai-je assez mérité, n'ai-je forfait[33] assez
Pour sentir la fureur de tes dards élancés[34],
De plaire à ma marâtre, et de lui sembler propre
Entre tous les mortels, seul, à si lâche opprobre ?
75 O femme détestable ! ô femme dont le cœur
Est en méchanceté de son sexe vainqueur[35] !
O pire mille fois et d'ardeur plus énorme,
Que ta mère qui eut un monstre si difforme[36] !
Ce ventre t'a porté qui s'enfla grossissant
80 Du germe convoité d'un Taureau mugissant.

PHÈDRE

Hélas ! c'est le destin de notre pauvre race !
Vénus nous est cruelle, et sans cesse nous brasse[37]
Une amour déréglée. Et que peut notre effort
Encontre une Déesse et encontre le sort ?
85 Derechef, ô cruel, à vos pieds je me jette,
Prenez compassion de moi, votre sujette.

HIPPOLYTE

Retirez-vous de moi, ne me venez toucher,
Ne me touchez le corps, de peur de me tacher.
Comment ? elle m'embrasse[38] ? Il faut que mon
                                [épée
90 Vengeant si grand forfait, soit de son sang trempée.

Jamais, chaste Diane[39], à ton nom immortel
Un sang mieux consacré n'humecta ton autel.

PHÈDRE

C'est ce que je demande. A cette heure, Hippolyte,
Piteux[40], mettrez-vous fin à ma douleur dépite[41].
95 Hippolyte, il ne peut m'arriver plus grand heur[42],
Que mourant par vos mains conserver mon
                                [honneur.

HIPPOLYTE

Allez, vivez infâme, et que jamais cette arme[43],
Pollue[44] en vous touchant, le chaste corps ne
                                [m'arme.
En quel Tigre[45], en quel Gange, en quel gouffre
                                [aboyant,
100 En quelle ondeuse mer m'irai-je nettoyant ?
Non, le grand Océan, avecques toute l'onde
Dont il lave en flottant cette grand'masse ronde[46],
Ne me saurait laver. O rochers égarés[47] !
O coûteaux[48] ! ô vallons ! ô bêtes ! ô forêts !

               Robert GARNIER, *Hippolyte*, Acte III,
                    vers 1389-1492 (texte de 1585)
                         Orthographe modernisée

1. Bat convulsivement. — 2. Subjonctif imparfait de savoir. — 3. Sans que je vous les découvre. — 4. Descendre. — 5. Belle-mère. — 6. Apprenez-les moi. — 7. L'amour, enclos, consume... — 8. Ce sont ces « choses sèches » qui transforment les « petites flammèches » en feu puissant. — 9. Vrai. — 10. Tourment. — 11. Qualifie « je ». — 12. Le Labyrinthe. — 13. Le Minotaure. — 14. A quoi ressemblait-il ? — 15. Frisés ; tout ce qui suit reprend un type de beauté physique de la poésie amoureuse. — 16. Soie tressée en petits anneaux. — 17. Brillante comme une étoile. — 18. Avec. — 19. Apollon. — 20. En quelque endroit du ciel... — 21. Ta pauvre sœur. — 22. Le Minotaure encore, œuvre de Vénus (adorée à Cnide, en Chersonèse). — 23. Terminer. — 24. Plein de colère. — 25. Tempes. — 26. Ne précipite. — 27. Le plus noir. — 28. Pasiphaé, femme de Minos et mère d'Ariane et de Phèdre, était fille d'Hélios, le Soleil. — 29. Honteux. — 30. Cède, abandonne. — 31. Jupiter, fils de Saturne. — 32. Lançant. — 33. Du verbe forfaire. — 34. Lancés. — 35. Est plus méchant que celui de toutes les autres femmes. — 36. Le Minotaure toujours, fils de Pasiphaé et du Taureau pour lequel elle s'était prise d'un amour insensé. — 37. Nous trame. — 38. Phèdre serre les genoux ou les pieds d'Hippolyte. — 39. Déesse de la chasse, à laquelle Hippolyte s'est voué. — 40. Pitoyable. — 41. Furieuse, odieuse. — 42. Bonheur. — 43. Son épée. — 44. Souillée. — 45. Fleuve du Moyen-Orient. — 46. Le monde. — 47. Solitaires. — 48. Coteaux.

ÉTUDE COMPARÉE

Comparez ce passage avec la scène équivalente chez RACINE (*Phèdre*, Acte II, scène 5).

1. Le dit et le non-dit. Analysez successivement chez les deux dramaturges l'apparition dans le dialogue de **l'élément amour** ; le jeu de Phèdre avec Thésée et Hippolyte ; **l'aveu** proprement dit ; **les réactions**, ensuite, des deux protagonistes.

2. L'art de Garnier et de Racine. Quel parti poétique et dramatique tirent-ils de cette scène centrale et scandaleuse ? Ont-ils la même idée du scandale ?

3. Le rôle des deux personnages. Initiative de la parole et du geste, puissance et durée du discours, etc. Du point de vue du traitement des personnages, et de l'orientation générale de la tragédie, **l'objectif des deux dramaturges** est-il le même ?

Les Juives (1583)

*** Les Juives

Le sujet des *Juives* est emprunté à l'*Ancien Testament* (deuxième livre des *Rois*, ch. XXIV-XXV, et *Jérémie*, ch. XXXIX et LII). Le roi de Babylone, Nabuchodonosor, a placé sur le trône de Juda le faible Sédécie, de la lignée de David. Non content, comme dit la Bible, de « faire ce qui est mal aux yeux de Yahvé », Sédécie, au mépris de la parole donnée, s'est révolté contre son suzerain, faisant alliance avec Nechaô, pharaon d'Égypte. Nabuchodonosor, après un très long siège de Jérusalem, réduite enfin par une terrible famine, s'est emparé du traître et de sa famille (sa mère Amital, ses femmes, ses enfants). La scène est à « Antioche » (anachronisme), où les captifs sont présentés au roi.

A l'acte I, le Prophète, personnage protatique, pleure sur le destin de la « chétive Sion », coupable d'avoir adoré les Idoles. Le Prophète souligne la faute et dégage la signification du châtiment. Le monologue protatique continue donc de jouer un grand rôle : en même temps qu'il excite la pitié, il interprète l'action qui va suivre.

L'acte II montre Nabuchodonosor, personnage démesuré (« Je suis l'unique Dieu de la terre où nous sommes »), récusant les conseils de clémence. Le tyran est à la fois l'ennemi de Dieu et, pour l'instant, l'instrument inconscient de la vengeance divine, le « fléau de Dieu ». Suit, après un chant de deuil des Juives, un ensemble pathétique : la vieille Amital déplore les « cuisants malheurs » et confesse le crime de « rébellion » à la Reine, épouse du tyran ; celle-ci engage son mari à se comporter en vrai monarque : « Un Prince qui peut tout ne doit pas tout vouloir » (Acte III). Nabuchodonosor lui accorde la vie de Sédécie, puis confirme son intention d'affranchir ses enfants « du joug de servitude ». Les Reines, femmes de Sédécie, disent leur joie, mais le Chœur des Juives continue de craindre.

En fait, Nabuchodonosor médite une horrible vengeance. A l'acte IV, Sédécie défie le tyran en lui montrant, à son tour, la nécessité de la clémence. Un prévôt vient ensuite chercher les enfants de Sédécie, qui seraient emmenés en otages en échange de leur père, mais royalement traités. Mais, à l'acte V, le Prophète vient raconter le dénouement : Nabuchodonosor a fait égorger le pontife Sarrée, les princes et les enfants royaux devant leur père, auquel on a ensuite crevé les yeux. Sédécie aveuglé apparaît et reconnaît qu'il est « cause de tout ». Le Prophète explique la vengeance divine, et annonce qu'après une captivité de soixante-dix ans, Babylone sera détruite et les Hébreux délivrés.

La vengeance et le martyre

***

A l'acte V, le Prophète raconte aux Reines le supplice ordonné par le roi de Babylone. Il vient de décrire l'arrivée de Sédécie, « pâle, maigre, hideux », et des « princes du peuple », « le poil long et mêlé », le dos courbé sous les chaînes. Les enfants royaux se pendent au cou de leur père, tâchent de « lui sacquer les menottes des mains » et prient les bourreaux de le « déferrer », à la grande pitié des assistants. Mais Nabuchodonosor proclame encore une fois les raisons de sa colère.

LE PROPHÈTE

Quand il lui eut tout dit ce qu'il avait vouloir[1],
Il commande aux bourreaux de faire leur devoir.
Lors le cœur nous transit, le sang de notre face
S'écoula dans le sein, notre front devint glace,
Tout le corps nous trembla, comme feuilles aux
[bois,
Au gosier s'attacha notre muette voix.
Un silence, un effroi par les troupes se glisse,
Nous pâlissons d'horreur, tout le poil nous hérisse.
Que je taise le reste, hélas ! je n'en puis plus :
Quelque autre surviendra qui dira le surplus.

AMITAL

Achevez je vous pri'[2]...

LES REINES

Ne nous laissez en doute.

AMITAL

Je désire savoir ce que plus je redoute[3].

LE PROPHÈTE

Le pontife Sarrée, à ce commandement,
Se présente au bourreau sans épouvantement,

15 Met les genoux à terre, élève au ciel la vue,
Prie à Dieu[4] que son âme aux saints lieux soit
[reçue,
Qu'il veuille par pitié ses fautes oublier,
Et du joug des Gentils[5] son peuple délier.
Cette parole à peine il avait achevée,
20 Que la tête lui est de son col enlevée.
Le sang tiède jaillit, qui la place tacha,
Et le tronc immobile à terre trébucha.

AMITAL, LES REINES

Miséricorde !

LE PROPHÈTE

Alors une grande allégresse
Saisit les condamnés, chacun d'eux s'entrepresse
25 Pour courir à la mort, tous s'y viennent offrir :
L'un veut prévenir l'autre, et le premier souffrir.
Qui a vu quelquefois, quand une ville prise
Par l'ennemi vainqueur est au pillage mise,
Le peuple épouvanté, pour la mort éviter,
30 A la foule à la foule[6] aux portes se jeter,
S'étouffer, se gâchir[7], à cause du grand nombre
Des fuyards accourus, qui s'entrefont encombre[8],
Cestui-là[9] se pourrait représenter l'effort,

Que ces Seigneurs faisaient de se hâter la mort[10].
35 Le tyran eut dépit en son âme bourrelle[11]
De leur voir au martyre une assurance[12] telle,
Et tôt[13] se repentit de les avoir contraints
D'échapper par la mort ses violentes mains[14].

LES REINES

Hélas ! mais nos enfants ?

AMITAL

40   Hélas ! mais Sédécie ?

LE PROPHÈTE

Cela n'a du Tyran la rancœur adoucie[15],
Ains[16] forcenant plus fort[17], et se voulant gorger
Du sang de vos enfants, les fait tous égorger.

LES REINES

O monstre abominable !

LE PROPHÈTE

        Et cependant le père
45 Voyant choir à ses pieds sa géniture[18] chère,
Qui l'appelle en mourant, et qui lui tend les bras,
Transpercé de douleur, donne du chef à bas[19],
S'outrage[20] de ses fers, se voître[21] contre terre,
Et tâche à se briser le têt[22] contre une pierre :
50 Rugit comme un lion, ronge ses vêtements,
Adjure terre et ciel, et tous les éléments.
Puis voyant les bourreaux à la hideuse face,
Teints de sang s'approcher, humblement leur rend
        [grâce
De venir terminer par une prompte mort
55 L'indomptable douleur qui ses entrailles mord.
Mais eux branlant le chef, et montrant à leur
        [trogne[23]
Qu'ils s'allaient empêcher[24] à une autre besogne,
L'étendent sur le dos, la face vers les cieux,
Et lui cernent[25] d'un fer la prunelle des yeux.

AMITAL

60 O cruauté barbare ! ô prodige du monde[26] !

LES REINES

O fière Babylon[27], en outrages féconde !

AMITAL

O trop sévère ciel !

LES REINES

        O vengeance de Dieu !
O Dieu trop irrité contre le peuple Hébrieu[28] !

Robert GARNIER, *Les Juives*,
Acte V, vers 1945-2006 (1583)
Orthographe modernisée

---

1. Ce qu'il voulait. — 2. Je vous prie (apocope). — 3. Ce que je redoute le plus. — 4. Prie Dieu. — 5. Païens. — 6. En foule, pêle-mêle. — 7. S'écraser. — 8. Qui se font mutuellement obstacle. — 9. Celui-là. — 10. De hâter leur mort. — 11. De bourreau. — 12. Assurance. — 13. Vite. — 14. A ses violentes mains. — 15. Accord du participe avec le complément qui le précède. — 16. Mais. — 17. Devenant plus furieux encore (d'une furie délirante). — 18. Progéniture. — 19. Tombe tête la première. — 20. Se meurtrit. — 21. Se vautre. — 22. Le crâne. — 23. Visage laid (le mot, péjoratif, n'a pas la valeur comique d'aujourd'hui). — 24. Occuper. — 25. Arrachent, détachent (comme les cerneaux d'une noix). — 26. Fait sans exemple, unique au monde. — 27. Féroce Babylone. — 28. He-brieu, deux syllabes.

POUR LE COMMENTAIRE

1. Récit et dialogue. Analysez la composition du récit et montrez la valeur dramatique des interruptions dialoguées. Relevez les procédés rhétoriques qui accroissent la tension.

2. La scène d'horreur et son interprétation. Relevez tout ce qui, dans le texte, contribue à éclairer le sens de cette sanglante « catastrophe » (dénouement).

RECHERCHE

En opérant des sondages personnels dans les œuvres dramatiques, du XVIe et du XVIIe siècle, examinez si vous souscrivez à ce jugement de Jacques MOREL (*La Renaissance*, t. III, éd. Arthaud) : « Garnier a fondé le vers dramatique, tel, ou à peu près tel, qu'on le redécouvrira au siècle suivant. Ronsard avait donné à ce vers moderne qu'est l'alexandrin sa structure musicale. Il avait surtout trouvé un équilibre entre les exigences de la phrase et les exigences du mètre, évitant aussi bien la raideur que l'excessive dislocation. Ces leçons n'ont pas été perdues pour Garnier. Son vers a déjà une allure "classique". »

Pour vos essais et vos exposés

Théâtre profane, de MARGUERITE DE NAVARRE, publié par V. L. SAULNIER, éd. Droz, 1946.
Œuvres complètes, d'Étienne JODELLE, publiées par E. BALMAS, éd. Gallimard, 1965-1968.
Les Contents, d'ODET DE TURNÈBE, publiée par N. B. SPECTOR, éd. Nizet, 1982.
Les Juives, de Robert GARNIER, publiée par R. LEBÈGUE, Les Belles-Lettres, 1949.

Raymond LEBÈGUE : *La Tragédie française de la Renaissance*, éd. Nizet, 1954.

Jacques MOREL : *La Tragédie*, « coll. U », éd. A. Colin, 1964.
Michel GRAS : *Robert Garnier, son art et sa méthode*, éd. Droz, 1965.
Raymond LEBÈGUE : *Le Théâtre comique en France de* Pathelin à Mélite, éd. Hatier, 1972.
Jacques MOREL : *La Renaissance III, 1570-1620*, éd. Arthaud, 1973.
Madeleine LAZARD : *La Comédie humaniste au XVIe siècle et ses personnages*, P.U.F., 1978.
Madeleine LAZARD : *Le Théâtre en France au XVIe siècle*, P.U.F., 1980.

XVIᵉ siècle

18

RECHERCHES DE LA PROSE

AMYOT, MONLUC, ANDRÉ THEVET, LA BOÉTIE, ÉTIENNE PASQUIER, JEAN BODIN, HENRI ESTIENNE, BEROALDE DE VERVILLE, LA SATIRE MÉNIPPÉE

« Hé bien, en cet excellent période, il advint que vous savez. Et je vous jure, sans jurer, que tout est vrai. »

Béroalde de Verville,
Le Moyen de Parvenir

Procession de la Ligue, à Paris, en place de Grève.
Paris, Musée Carnavalet.

Un tumulte de textes

1. Diversité

On ne saurait, en rassemblant quelques exemples de la production en prose dans la seconde moitié du XVIe siècle, prétendre à beaucoup de cohérence. Mais la diversité est un premier élément à retenir : d'un texte à l'autre, et intérieure à chaque texte. Avant le grand assagissement du siècle suivant, la prose vit une période un peu folle. Pour une part elle tend à s'écrire hors des normes, à **refuser la rhétorique**, plus précisément les canons de la *disposition*, qui prescrivent l'ordre dans lequel on doit parler des choses : voir les *Essais*, de Montaigne. Mais toute la prose de cette époque s'écrit au risque du désordre : tout dire, dans un dialogue permanent avec la masse des textes antiques, des savoirs nouveaux, ou simplement des faits, un tel programme fait osciller n'importe quel texte entre le **classement** et l'**explosion**.

2. Ordre et désordre

La matière historique prolifère sous le regard curieux d'**Étienne Pasquier**, qui s'efforce pourtant de la trier dans ses *Recherches de la France*. Un **Jean Bodin**, dans sa *République*, va beaucoup plus loin dans l'exigence du classement et la mise au point d'une méthode. A l'opposé, l'*Apologie pour Hérodote*, d'**Henri Estienne**, choisit le désordre pour mieux armer la satire ; au-delà, le *Moyen de parvenir*, de **Béroalde de Verville** met en scène la plus folle confusion des discours et des valeurs. **Triomphe de la rhétorique, crise de la rhétorique** : jamais on n'a autant voulu ordonner pour mieux persuader, jamais on n'a autant soupçonné l'ordre d'être arbitraire, et la persuasion d'être abusive. Tout est rhétorique, dans une société en lambeaux où l'on ne dépose les armes que pour s'exhorter, se défier ou se séduire en discutant de la mort et du pouvoir. Mais ce tumulte même jette les plus graves doutes sur les vertus de la parole.

3. L'enjeu moral

L'enjeu est d'ordre **éthique** ; tous ces discours sont **en quête de valeurs** (à moins qu'ils ne les dénoncent toutes). Des compilateurs professionnels, comme Boaistuau ou Belleforest, fabriquent des dissertations morales à partir de textes multiples, véritables pillages dont raffole un public avide de messages. Un **Blaise de Monluc**, dans ses *Commentaires*, un **André Thevet**, dans ses *Singularités de la France antarctique*, sont confrontés à des collections de faits qu'il est urgent de classer, d'**interpréter**. Mais comment ? Toujours, on hésite entre le fourre-tout et l'architecture. Finalement, les classements les mieux goûtés sont ceux qui conservent une part d'aléatoire, de gratuité, permettant d'exprimer les multiples nuances de l'individu : d'où la fortune extraordinaire des *Vies*, de Plutarque, traduites par **Jacques Amyot**.

4. Le revers de l'éloquence

Une telle souplesse ne peut être le fait du discours strictement oratoire ; mais c'est une rhétorique d'apparat que choisit le jeune **La Boétie** pour raisonner sur la servitude volontaire, au point qu'on se demande s'il ne s'agit pas d'un simple exercice d'école : ambiguïté caractéristique. Et l'éloquence officielle peut toujours retourner contre elle-même sa sublime apparence, et **prêter à rire** autant qu'à pleurer. La preuve en est fournie par la *Satire Ménippée*, où une harangue sérieuse succède à des discours burlesques, au moyen desquels les orateurs se sont détruits eux-mêmes...

1554	André Thevet : *Cosmographie de Levant*	**1574**	La Boétie : *Discours de la servitude volontaire*
1557	André Thevet : *Singularités de la France antarctique*	**1576**	Jean Bodin : *La République*
1559	Jacques Amyot : *Vies des hommes illustres*, de Plutarque, traduction	**1592**	Blaise de Monluc : *Commentaires*, posthume
1560-1621	Étienne Pasquier : *Recherches de la France*	**1594**	*La Satire Ménippée*, ouvrage collectif
		1596	Béroalde de Verville : *Le Cabinet de Minerve*
1566	Jean Bodin : *Méthode de l'histoire* Henri Estienne : *Apologie pour Hérodote*	**1610-1620**	Béroalde de Verville : *Le Moyen de parvenir*
1572	Jacques Amyot : *Morales*, de Plutarque, traduction	**1612**	Béroalde de Verville : *Le Palais des curieux*

1. La mort dans l'homme

Jacques Amyot *Vies des hommes illustres,* de Plutarque (1559)

Jacques Amyot,
gravure du XVIe siècle.
Paris, B.N.

Né à Melun, dans une famille de petits marchands, **Jacques Amyot** (1513-1593) fit ses études à Paris, au collège Cardinal-Lemoine, puis son droit à Bourges. Il devient précepteur chez l'évêque Jacques Colin, puis chez les Bochetel, grands bourgeois humanistes. C'est François Ier qui lui confie la tâche, à laquelle se sont déjà essayés plusieurs traducteurs (dont Lazare de Baïf, le père du poète), de mettre en français les *Vies parallèles*, de Plutarque (devenues, chez Amyot, les *Vies des hommes illustres*).

Fait abbé de Bellozane, Amyot publie en 1547 une traduction de l'*Histoire éthiopique*, d'Héliodore (roman grec du IIIe siècle après J.-C.). Il s'attaque ensuite à Diodore de Sicile. A Venise, il collationne divers manuscrits de Plutarque. En 1557, Henri II le nomme précepteur des enfants royaux. Les *Vies* paraissent enfin, en 1559 : le succès est prodigieux. « C'est notre bréviaire », dira Montaigne. Amyot publie aussi la traduction de *Daphnis et Chloé*, de Longus, bref roman pastoral grec de la fin du IIe siècle après J.-C. Il poursuit cependant une brillante carrière ecclésiastique (grand aumônier de France en 1560, évêque d'Auxerre en 1570). Sa traduction des *Morales*, de Plutarque paraît en 1572. A la fin de sa vie, il connaît de nombreux déboires (ruineux procès avec son chapitre d'Auxerre, dangereuse hostilité de la Ligue). Il meurt en 1593.

Plutarque (46-125), dans un préambule aux « vies parallèles » d'Alexandre le Grand et de Jules César, a défini lui-même son art de biographe :

« ... Pour le nombre infini des choses qui se présentent devant moi, je n'userai d'autre prologue que de prier les lecteurs qu'ils ne me reprennent point, si je n'expose pas le tout amplement et par le menu, mais sommairement en abrégeant beaucoup de choses, mêmement en leurs principaux actes et faits plus mémorables ; car il faut qu'ils se souviennent que je n'ai pas appris à écrire des histoires, mais des vies seulement ; et les plus hauts et les plus glorieux exploits ne sont pas toujours ceux qui montrent mieux le vice ou la vertu de l'homme ; mais bien souvent une légère chose, une parole ou un jeu, mettent plus clairement en évidence le naturel de personnes, que ne font pas des défaites où il sera demeuré dix mille hommes morts, ni les grosses batailles, ni les prises des villes par siège ni par assaut. Tout ainsi donc comme les peintres qui portraient au vif recherchent les ressemblances seulement ou principalement en la face et aux traits du visage, sur lesquels se voit comme une image empreinte des mœurs et du naturel des hommes, sans guère se soucier des autres parties du corps, aussi nous doit-on concéder que nous allions principalement recherchant les signes de l'âme, et par iceux formant un portrait au naturel de la vie et des mœurs d'un chacun, en laissant aux historiens à écrire les guerres, les batailles et autres telles grandeurs. »

(Traduction de Jacques AMYOT.)

Plutarque, gravure du XIXe siècle.
Paris, Bibl. des Arts décoratifs.

La technique du « parallélisme » favorise cette démarche du **moraliste***. Plutarque procède par paires : Alexandre et César, Démosthène et Cicéron, Aristide et Caton le Censeur... Chaque personnage est parfaitement individualisé, mais le parallélisme aide à passer du particulier au général, ou plutôt à* **faire dialoguer les particularités***. A ce jeu, la sagesse (d'inspiration stoïcienne) devient singulièrement vivante et nuancée, capable d'épouser « l'humaine condition » dans sa diversité.*

« Vie de Cicéron »

Mort d'un orateur

***

Cicéron, qui a violemment attaqué Antoine dans les *Philippiques* (en croyant pouvoir s'appuyer sur Octave et le Sénat), se retrouve proscrit après la formation du second triumvirat. Il est tué par les sbires d'Antoine en décembre 43.

Peu de jours après, Quintus[1] ayant été trahi et décelé par ses propres serviteurs à ceux qui le cherchaient, fut occis lui et son fils ; mais Cicéron s'étant fait porter jusques à Astyra[2], et y ayant trouvé
5 un vaisseau, s'embarqua incontinent dedans, et alla cinglant au long de la côte jusques aux monts de Circé[3] avec bon vent ; et de là voulant les mariniers incontinent faire voile, il descendit en terre, soit ou parce qu'il[4] craignît la mer ou qu'il ne fût pas encore
10 du tout[5] hors d'espérance que César[6] ne l'aurait point abandonné, et s'en retourna par terre devers[7] Rome bien environ six lieues, mais ne sachant à quoi se résoudre et changeant d'avis, il se fit derechef reporter vers la mer, là où[8] il demeura toute la nuit
15 en grande détresse et grande agonie de divers pensements[9] : car il eut quelquefois fantaisie[10] de s'en aller secrètement en la maison de César, et se tuer lui-même à son foyer, pour lui attacher les furies vengeresses de son sang[11] ; mais la crainte d'être
20 surpris par le chemin et tourmenté cruellement le détourna de ce propos ; parquoi reprenant derechef autres avis mal digérés pour la perturbation d'esprit en laquelle il était, il se rebailla[12] à ses serviteurs à conduire par mer en un autre lieu nommé Capites,
25 là où il avait maison et une fort douce et plaisante retraite pour la saison des grandes chaleurs, quand les vents du nord, que l'on appelle étésiens, soufflent au cœur de l'été, et y a un petit temple d'Apollon tout sur le bord de la mer, duquel il se leva une
30 grosse compagnie de corbeaux, qui avec grands cris prirent leur vol vers le bateau dans lequel était Cicéron, qui voguait le long de la terre ; si[13] s'en allèrent ces corbeaux poser sur l'un et l'autre bout des vergues de la voile, les uns criant, les autres
35 becquetant les bouts des cordages, de manière qu'il n'y avait celui[14] qui ne jugeât que c'était signe de quelque malheur à venir.

Cicéron néanmoins descendit en terre, et entra dans le logis, où il se coucha pour voir s'il pourrait
40 reposer ; mais la plupart de ces corbeaux s'en vint encore jucher sur la fenêtre de la chambre où il était, faisant si grand bruit que merveille[15], et y en eut un entre autres qui entra jusque sur le lit où était couché Cicéron ayant la tête couverte, et fit tant qu'il lui tira
45 petit à petit avec le bec le drap qu'il avait sur le visage ; ce que voyant ses serviteurs, et s'entre-disant qu'ils seraient bien lâches s'ils attendaient jusques à ce qu'ils vissent tuer leur maître devant leurs yeux, là où[16] les bêtes lui voulaient aider, et
50 avaient soin de son salut, le voyant ainsi indignement traité, et eux ne faisant pas tout ce qu'ils

pouvaient pour tâcher de le sauver ; si firent tant, moitié par prières, moitié par force, qu'ils le remirent en sa litière pour le reporter vers la mer ; mais sur
55 ces entrefaites les meurtriers qui avaient charge de le tuer, Hérennius, un centenier[17], et Popilius Léna, capitaine de mille hommes, que Cicéron avait autrefois défendu en jugement, étant accusé[18] d'avoir occis son propre père, ayant avec eux suite de
60 soudards[19], arrivèrent, et étant les portes du logis fermées, les mirent à force dedans[20], là où ne trouvant point Cicéron ils demandèrent à ceux du logis où il était. Ils répondirent qu'ils n'en savaient rien. Mais il y eut un jeune garçon nommé Philologus, serf
65 affranchi par Quintus, à qui Cicéron enseignait les lettres et les arts libéraux, qui découvrit à cettui[21] Hérennius que ses serviteurs le portaient dans une litière vers la mer, par des allées qui étaient couvertes et ombragées d'arbres de côté et d'autre. Le
70 capitaine Popilius, incontinent prenant avec lui quelque nombre de ses soudards, s'encourut à l'entour par dehors pour l'attraper au bout de l'allée, et Hérennius s'encourut tout droit par les allées. Cicéron, qui le sentit aussitôt venir, commanda à ses
75 serviteurs qu'ils posassent sa litière, et prenant sa barbe avec la main gauche, comme il avait accoutumé, regarda franchement les meurtriers au visage, ayant les cheveux et la barbe tout hérissés et poudreux, et le visage défait et cousu[22] pour les ennuis
80 qu'il avait supportés, de manière que plusieurs des assistants se bouchèrent les yeux pendant qu'Hérennius le sacrifiait ; si tendit le cou hors de sa litière, étant âgé de soixante-quatre ans, et lui fut la tête coupée par le commandement d'Antoine, avec les
85 deux mains, desquelles il avait écrit les oraisons Philippiques contre lui ; car ainsi avait Cicéron intitulé les harangues qu'il avait écrites en haine de lui, et sont encore ainsi nommées jusques aujourd'hui.

PLUTARQUE, « Vie de Cicéron »,
Vies des hommes illustres (1559)
Orthographe modernisée
Bibl. de la Pléïade,
© éd. Gallimard

---

1. *Frère de Cicéron.* — 2. *Petit port du Latium.* — 3. *C'est toujours la côte du Latium ; nous ne sommes pas très loin de Rome.* — 4. *Soit qu'il.* — 5. *Complètement.* — 6. *Octave, « le jeune César » ; « ... fut Cicéron bien abusé et affiné, tout vieux qu'il était, par ce jeune homme... ».* — 7. *Vers.* — 8. *Où.* — 9. *Pensées.* — 10. *Idée produite par l'imagination.* — 11. *Les Furies, les Érinnyes des Grecs, déesses de la vengeance.* — 12. *Redonna.* — 13. *Explétif, renforce l'affirmation.* — 14. *Personne.* — 15. *Énormément de bruit.* — 16. *Tandis que.* — 17. *Centurion.* — 18. *Se rapporte à Popilius Léna.* — 19. *Soldats.* — 20. *Les enfoncèrent.* — 21. *Cet Hérennius.* — 22. *Aux traits tirés.*

Blaise de Monluc *Commentaires* (éd. posthume 1592)

Blaise de Monluc,
gravure du XVIᵉ siècle.
Paris, B.N.

Né au château de Saint-Puy, près de Condom, dans une famille de petite noblesse pauvre, **Blaise de Monluc** (1502-1577) est voué à la carrière des armes. Il débute dans les guerres d'Italie. Prisonnier après Pavie (1525), libéré, il est de tous les combats. Lieutenant du roi, il défend Sienne contre les Florentins (1554-1555) : l'héroïque résistance dure huit mois, et la ville ne se rend que décimée par la famine. Mais bientôt, la guerre civile va faire de lui l'un des capitaines catholiques les plus redoutés de l'armée. Lieutenant de Charles IX en Guyenne, Monluc alterne les actions guerrières et les exécutions pour l'exemple.

La seconde guerre de religion (1567-1570) lui vaut des déboires, les protestants remportant divers succès en Guyenne et en Béarn. En 1570, alors que se prépare la paix de Saint-Germain, Monluc, destitué de sa lieutenance, est blessé au visage lors de la prise de Rabastens. Atrocement défiguré, rempli d'amertume, il dicte un premier jet de ses *Commentaires* : l'entreprise de justification est bien accueillie (1571). Henri III le fait rentrer en grâce, et le nomme Maréchal de France (1574). Il meurt en 1577. Les *Commentaires* seront publiés en 1592 par un conseiller au parlement de Bordeaux, Florimond de Raemond.

*Curieuses relations que celles de **Blaise de Monluc** et du livre dont, à presque soixante-dix ans, il est devenu l'auteur. Le livre change sans cesse, il s'enrichit de « commentaires » au sens moderne du terme (le titre de l'ouvrage de Monluc fait référence à celui de César, et donc au sens ancien : notes, archives). L'auteur ajoute force conseils aux capitaines, discussions morales, attaques violentes de la Cour et des Grands, qui s'interposent entre le roi et lui. Ainsi, le livre forge la figure « illustre » de son auteur, quelqu'un que ses « écritures » « éternisent » plus sûrement que ses actions, et qu'il faut connaître pour se connaître soi-même...*

Il n'en reste pas moins que les Commentaires *demeurent, avant tout,* **la chronique strictement linéaire et farouchement concrète de cinquante ans de combats.** *Monluc n'oublie pas une escarmouche, pas un canon, pas un pendu. Les actions et les faits sont renommés parler d'eux-mêmes, et justifier celui qui s'est toujours conformé à leur logique, s'en remettant, pour le reste, à Dieu. C'est après coup, en quelque sorte, que cette terrifiante revue de détail devient la matière, qui l'eût cru ? d'une vie exemplaire.*

Une « dépêche de très mauvais garçons »

***

Nous sommes en septembre 1562 (première guerre de religion), au siège de Lectoure, sur le Gers. Le plus gros des troupes protestantes de l'endroit vient de capituler à Terraube, localité voisine, contre promesse de la vie sauve (c'est un fils de Monluc qui mène cette opération). Monluc fait canonner Lectoure.

1. Batterie de tambours ou sonnerie de trompettes, pour avertir l'ennemi qu'on veut parlementer.

2. Roger et Antoine de Bégole ou Bégolle, chefs protestants.

3. Convinrent qu'ils me donneraient.

4. Enverrais.

5. Tout à coup.

6. Créneaux.

7. Certains.

8. Piège.

Et lendemain, sur les huit heures du matin, ils firent une chamade[1], disant qu'ils voulaient parlementer. Le capitaine Brimond commandait, pour ce que Bégolle et son frère[2] étaient enfermés dans Terraube. Et arrêtèrent qu'ils me bailleraient[3] pour otages trois de ceux de là-dedans, et que je leur en enverrais[4]
5 autres trois ; et me demandèrent messieurs de Berduzan, de La Chapelle et un autre. Et comme ils furent auprès de la porte et que nous pensions que les autres sortissent, il leur fut tiré trente ou quarante arquebusades tout à coup[5], de sorte qu'ils faillirent de les tuer et blessèrent l'un de mes trompettes. Alors je fis crier à Brimond que ce n'était là foi d'un homme de bien, mais d'un huguenot. Il
10 s'excusait et disait que c'était un méchant qui avait commencé, et que bientôt j'en verrais faire la punition. Mais ces méchants pendirent aux carneaux[6] un pauvre catholique qui n'en pouvait mais.

Or ils demandaient toujours de me voir, et disaient qu'ils ne pouvaient croire que je fusse là. Aucuns[7] me disaient que je me devais montrer ; mais je ne le
15 voulus jamais faire, dont bien m'en prit. Un vieux routier est difficile d'être pris au trébuchet[8]. Défiez-vous toujours de tout, sans le montrer pourtant ouvertement.

9. Couvent à la sortie de Lectoure.

10. Mis sur affût, pointé.

11. Sur.

12. Et blessèrent trois ou quatre autres.

13. De derrière.

14. M'étonne.

15. Reprise de la conjonction (tournure fréquente à l'époque).

16. Expédier.

17. Un bon débarras.

18. Pierre d'Ossun, capitaine, compagnon de Monluc en Italie.

19. Comme j'avais...

Après que le pendu fut mort, ils coupèrent la corde et le firent tomber dans le fossé ; et fut arrêté que les mêmes députés entreraient et les leurs sortiraient, car nous pensions que celui qui avait été pendu fût celui qui avait fait le coup. Or tout le monde se mettait sur la rue près de Sainte-Claire[9] et en troupe, pour voir ce que faisaient les députés et quand les autres sortiraient. Ils avaient affûté[10] trois ou quatre pièces qu'ils avaient et quelques mousquets tout droit à[11] la troupe, pensant que j'y fusse. Et comme nos députés furent auprès de la muraille, ils commencèrent à tirer les pièces droit à la troupe, et y tuèrent un gentilhomme d'auprès d'Agen, nommé monsieur de Castets, et trois ou quatre autres blessés[12]. Je voyais tout ceci de dernier[13] une petite muraille, et m'émerveille[14] que nos députés ne furent tués, car ils leur lâchèrent plus de soixante arquebusades ; ils se sauvèrent courant.

Et comme je vis ceci pour la seconde fois, j'envoyai derrière la muraille leur dire que, puisqu'ils faisaient si bon marché de leur foi et promesse, que[15] j'en ferais autant de la mienne ; et envoyai monsieur de Berduzan, mon enseigne, qui était un des députés, et ma compagnie avec une compagnie de gens de pied à Terraube, pour faire tuer et dépêcher[16] tous ceux qui étaient là, et lui baillai le bourreau pour faire pendre le chef, ce qu'il fit et de bon cœur, attendu la méchanceté que ceux de Lectoure avaient faite en son endroit. Et après qu'ils furent morts, les jetèrent tous dans le puits de la ville, qui était fort profond, et s'en remplit tout, de sorte que l'on les pouvait toucher avec la main. Ce fut une très belle dépêche[17] de très mauvais garçons.

Ils m'amenèrent les deux Bégolles et deux autres de Lectoure de bonne maison, lesquels je fis pendre en un noyer près de la ville, à la vue des ennemis ; et sans l'honneur que je portais à la mémoire de feu monsieur d'Aussun[18], les Bégolles, ses neveux, n'en eussent pas eu meilleur marché que les autres. Ils en furent à deux doigts près, ayant[19] une fois commandé de les dépêcher, et puis, je ne sais comment, je changeai d'avis ; leur heure n'était pas venue. S'il n'eût été pour les faire pendre à la vue de ceux de Lectoure, ils n'eussent eu la peine de venir, et eussent été logés dans le puits comme les autres.

Blaise de MONLUC, *Commentaires*, Livre V (édition posthume 1592)
Orthographe modernisée

Prise de Nîmes par les Protestants, 1569, gravure d'Hagenberg. Paris, B.N.

LECTURE MÉTHODIQUE

1. Le récit de la traîtrise des protestants. Monluc cherche à établir en même temps sa bonne foi et son absence de naïveté. Pourquoi ?

2. La décision du massacre. Monluc se justifie-t-il ? Montrez la sobriété du texte, sous l'angle rhétorique, et comment le point de vue de l'auteur est en quelque sorte défendu par le récit seul.

3. La pendaison des frères Bégolle

La discussion de Monluc sur ce problème (pourquoi ne pas les avoir « dépêchés ») ne fait-elle pas paraître le massacre encore plus « normal » ? Pourquoi ? Les raisons données sont-elles cohérentes ? Laquelle paraît l'emporter dans l'esprit de Monluc ?

André Thevet
Singularités de la France antarctique (1557)

Originaire d'Angoulême, **André Thevet** (1516-1592) commence par être moine, au couvent des Cordeliers de sa ville natale. Protégé du cardinal de Lorraine, il accomplit un premier voyage, de 1549 à 1552, dans l'Empire ottoman (Turquie, Égypte, Palestine). Ce périple forme la matière de sa *Cosmographie de Levant*, publiée en 1554. L'année suivante, Thevet part pour le Brésil, comme aumônier d'une expédition patronnée par Coligny et dirigée par le chevalier de Villegagnon. Il s'agit de créer, dans la baie de Guanabara (actuelle baie de Rio), une colonie française, une « France antarctique » au cœur de la puissance hispano-portugaise.

L'entreprise échouera, à la suite de dissensions religieuses, et sous les assauts des Portugais, qui s'emparent de la colonie en 1560. Thevet, rentré en France, tire de son expérience et de sa documentation un nouvel ouvrage, les *Singularités de la France antarctique*, qui remporte un vif succès. Devenu cosmographe du roi, il rassemble la matière de sa *Cosmographie universelle*, qui paraît en 1575. Il meurt à Paris en 1592.

Les Singularités... *sont, pour l'essentiel, une description de la vie et des mœurs des indigènes (Tupinambas) de la baie de Guanabara.* **André Thevet** *oppose les « sauvages » qu'il étudie aux « Cannibales », qui vivent plus au nord, le peuple « le plus cruel et inhumain qui soit de toute l'Amérique. Cette canaille mange ordinairement de la chair humaine comme nous ferions du mouton... » Opposition factice, mais qui permet à Thevet d'évoquer sans préventions trop lourdes le cannibalisme tupi, montré, lui, pour ce qu'il est : un rituel, non un mode ordinaire de nourriture. Il fallait qu'il y eût de méchants cannibales quelque part, pour qu'une approche objective du cannibalisme devienne possible.*

Thevet procède par descriptions très précises et concrètes : cérémonies, maladies, techniques, matériaux. Il donne chaque fois le nom indigène des arbres, des racines, des animaux utilisés, et en profite pour détailler la faune et la flore américaines. Il prend un certain plaisir à **détruire les images toutes faites**. *Enfin, les références à l'actualité européenne aident à poser* **un regard positif sur le futur** *« bon sauvage » : « Ce pauvre peuple, quelque erreur ou ignorance qu'il ait, toutefois est-il beaucoup plus tolérable et sans comparaison que les damnables athéistes de notre temps... » Car « ces pauvres gens estiment que l'âme est immortelle, qu'ils nomment en leur langue* cherepicouare *».*

Cérémonie anthropophage

Ce prisonnier[1] ayant été bien nourri et engraissé, ils le feront mourir, estimant cela pour un grand honneur. Et pour la solennité de tel massacre[2], ils appelleront leurs amis plus[3] lointains pour y assister et en manger leur part.

Le jour du massacre, il sera couché au lit, bien enferré de fers (dont les chrétiens leur ont donné l'usage)[4], chantant tout le jour et la nuit telles chansons : « Les *Margageas* nos amis sont gens de bien, forts et puissants en guerre, ils ont pris et mangé grand nombre de nos ennemis, aussi me mangeront-ils quelque jour, quand il leur plaira ; mais de moi, j'ai tué et mangé des parents et amis de celui qui me tient prisonnier », avec plusieurs semblables paroles. Par cela vous pouvez connaître qu'ils ne font aucun compte de la mort, encore moins qu'il n'est possible de penser. J'ai autrefois (pour plaisir) devisé avec de tels prisonniers, hommes beaux et puissants, leur remontrant s'ils ne se

souciaient autrement d'être ainsi massacrés comme du jour au lendemain ; à quoi me répondant en risée et moquerie : « Nos amis, disaient-ils, nous vengeront », et plusieurs autres propos, montrant une hardiesse et assurance grande. Et si on leur parlait de les vouloir racheter d'entre les mains de leurs ennemis, ils prenaient tout en moquerie.

Quant aux femmes et filles que l'on prend en guerre, elles demeurent prisonnières quelques temps ainsi que les hommes, puis sont traitées de même, hormis qu'on ne leur donne point de mari[5]. Elles ne sont aussi tenues si captives, mais elles ont liberté d'aller çà et là ; on les fait travailler aux jardins et à pêcher quelques huîtres.

Or retournons à ce massacre. Le maître du prisonnier, comme nous avons dit, invitera tous ses amis à ce jour pour manger leur part de ce butin, avec force *cahouïn*, qui est un breuvage fait de gros mil avec certaines racines. A ce jour solennel, tous

ceux qui y assistent se pareront de belles plumes de
40 diverses couleurs ou se teindront tout le corps. Celui
spécialement qui doit faire l'occision[6], se mettra au
meilleur équipage qu'il lui sera possible, ayant son
épée de bois aussi richement étoffée de divers
plumages. Et tant plus le prisonnier verra faire les
45 préparatifs pour mourir, et plus il montrera de signes
de joie. Il sera donc mené, bien lié et garrotté de
cordes de coton, en la place publique, accompagné
de dix ou douze mille sauvages du pays, ses ennemis, et là il sera assommé comme un pourceau
50 après plusieurs cérémonies.

Le prisonnier mort, sa femme qui lui avait été
donnée fera quelque petit deuil. Aussitôt le corps
étant mis en pièces, ils en prennent le sang et en
lavent leurs petits enfants mâles pour les rendre plus
55 hardis, comme ils disent, leur remontrant que quand
ils seront venus à leur âge ils fassent ainsi à leurs
ennemis. D'où il faut penser qu'on leur en fait autant
de l'autre part, quand ils sont pris en guerre. Ce
corps, ainsi mis en pièces et cuit à leur mode, sera
60 distribué à tous, quelque nombre qu'il y ait, à chacun son morceau. Quant aux entrailles, les femmes
communément les mangent, et la tête, ils la réser-
vent à pendre au bout d'une perche sur leurs loget-
tes[7] en signe de triomphe et de victoire ; et spécia-
65 lement ils prennent plaisir à y mettre celles des
Portugais.

Les Cannibales[8] et ceux du côté de la rivière de
Marignan[9] sont encore plus cruels envers les Espagnols, les faisant mourir plus cruellement sans com-
70 paraison, et puis les mangent. Il ne se trouve dans
les histoires aucune nation, tant soit-elle barbare, qui

ait usé de si excessive cruauté, sinon que Josèphe[10]
écrit que, quand les Romains allèrent en Jérusalem,
la famine, après avoir tout mangé, contraignit les
75 mères de tuer leurs enfants et d'en manger. Et les
anthropophages, qui sont des peuples de Scythie,
vivent de chair humaine comme ceux-ci[11].

Or celui qui fait ledit massacre, aussitôt après se
retire en sa maison et demeurera tout le jour sans
80 manger ni boire en son lit ; et s'en abstiendra encore
par certains jours, et il ne mettra pied à terre aussi
de trois jours. S'il veut aller quelque part, il se fait
porter, ayant cette folle opinion que s'il ne faisait
ainsi, il lui arriverait quelque désastre ou même la
85 mort.

> André THEVET, *Singularités de la France
> antarctique*, chap. XVII (1557)
> © éd. La Découverte. Orthographe modernisée

---

1. Thevet vient d'expliquer le traitement réservé aux prisonniers de
guerre, bien traités et bien nourris pendant un nombre variable de
jours. — 2. Au sens initial, terme de vénerie ou de boucherie :
action d'abattre, mise à mort codifiée. — 3. Les plus. — 4. Thevet
indique ailleurs que ce sont les Européens qui ont donné aux indigènes l'usage du fer. — 5. Alors qu'aux prisonniers mâles, on donne
une femme, par exemple la fille de leur « maître ». S'ils ont des
enfants, on les mange. — 6. La mise à mort. — 7. Huttes. —
8. Sauvages du Nord-Est brésilien (voir plus haut). — 9. Le Mara-
non. — 10. L'historien juif Flavius Josèphe, dans La Guerre des
Juifs (il s'agit du siège de Jérusalem par Titus en 70 ap. J.-C.) ; il
s'agit d'un fait particulier, et non pas général. — 11. Apparemment
les Cannibales, qui vivent de chair humaine, et non les « Amériques »
(Tupinambas), qui en font un usage exceptionnel (voir introduction).

Illustration des
*Singularités de la France
antarctique*, d'André
Thévet, 1557.
Paris, Bibl. Mazarine.

POUR LE COMMENTAIRE

1. Analysez cette **technique de description « ethno-
graphique »** en en montrant **la précision** (relevé d'objets
et de matériaux, distinction des phases de la cérémonie et
des différents gestes). Relevez les explications fournies par
Thevet sur les rites et les signes.

2. La « hardiesse » du prisonnier. Quelle valeur re-
vêt-elle pour Thevet, et quel sens donne-t-elle à l'ensemble
de la cérémonie ? Pourquoi Thevet se met-il en scène ici,
rapportant ses propres conversations ?

3. La digression historique sur la « cruauté ».
Quelle est la fonction de ce commentaire ? A qui
s'applique-t-il ? Est-ce tout à fait clair ? Qu'indique un tel
commentaire sur l'attitude de Thevet ?

ÉTUDE COMPARÉE

Comparez avec MONTAIGNE, introduction et texte des
« Cannibales », voir p. 438.

2. Morales du pouvoir

Étienne de La Boétie
Discours de la servitude volontaire (éd. posth. 1574)

Étienne de La Boétie (1530-1563) naît à Sarlat, dans une famille de petite noblesse. Il fait ses études au collège de Guyenne (dont Montaigne sera bientôt l'élève), puis son droit à Orléans. Brillant licencié, il est nommé conseiller au parlement de Bordeaux (1553), deux ans avant l'âge légal. En 1557, Montaigne devient conseiller à son tour : les deux hommes se lient d'une intense amitié. Alors que les troubles s'étendent en Guyenne, où la Réforme fait de rapides progrès, et que le parlement incline plutôt à la répression, La Boétie, lié au chancelier Michel de L'Hospital, s'efforce de mettre en œuvre une politique de tolérance. En 1562, son *Mémoire sur l'Édit de Janvier* développe des vues originales sur le bon exercice de l'autorité royale (dont La Boétie est un ardent partisan), et sur la nécessité d'un « catholicisme réformé », contre les fanatismes des deux bords. Après avoir accompli diverses missions pour le roi, La Boétie tombe malade et meurt à trente-trois ans, en 1563.

1. Montaigne éditeur

Montaigne, « son intime frère et inviolable ami » (selon la formule du testament), est l'héritier des livres et des manuscrits de **LA BOÉTIE**, dont il entreprend la publication : diverses traductions de Xénophon et de Plutarque ; des vers latins et des *Vers français* adaptés de l'Arioste ; *Vingt-neuf sonnets amoureux*, écrits vers 16 ou 17 ans, insérés par l'ami inconsolable au centre exact du Livre I des *Essais* (chapitre XXIX, voir p. 436), à la place initialement prévue pour le *Discours de la servitude volontaire*. Mais Montaigne renonce à publier cet écrit politique, composé par La Boétie vers 18 ans : le texte en était déjà partiellement paru (1574 et 1576) : sous le titre de *Contre'un*, des polémistes protestants l'utilisent comme un pamphlet contre la monarchie. Montaigne estime qu'une nouvelle publication ne peut qu'aggraver le malentendu.

2. La postérité

Malentendu ? Le *Discours*, en tous cas, inspire les révolutionnaires. Édité en 1789, peut-être figure-t-il parmi les lectures de Marat. En 1835, Lamennais le publie à l'appui de ses propres appels en faveur de la liberté. Sous Louis-Philippe, sous le second Empire, le *Discours* fait à l'opposition républicaine l'effet d'un manifeste démocrate. S'il est clair que La Boétie n'est nullement un démocrate, **sa critique de la tyrannie et sa défense de la liberté** ont un accent si radical et si général que la lecture « révolutionnaire », pour être sans doute abusive, n'en est pas moins possible, et tentante.

3. L'homme dénaturé

En soi, la critique de la tyrannie n'est pas une nouveauté : c'est un lieu commun de la pensée politique à la Renaissance. Jean Bodin, dans sa *République*, dénoncera le tyran avec énergie, en l'opposant au « bon monarque ». Mais l'idée centrale du *Discours* est que la tyrannie, domination absolue d'un seul, est inexplicable à moins de supposer que

Michel-Ange, *L'Esclave rebelle*.
Paris, Musée du Louvre.

le peuple consent volontairement à la servitude. Il lui suffirait de le vouloir pour renverser le tyran : « Soyez résolus de ne servir plus, et vous voilà libres ».

Et pourtant les hommes ne sont pas « résolus »... Le paradoxe est que **l'amour de la liberté est naturel** à l'homme ; les lâches souhaitent être libres, même s'ils n'ont pas le courage de conquérir leur liberté ; mais les « serfs » du tyran n'ont même plus ce désir... L'homme est né libre, en possession de sa « franchise », et « avec affectation de la défendre ». « Quel malencontre a été cela qui a pu tant dénaturer l'homme, seul né, de vrai, pour vivre franchement, et lui faire perdre la souvenance de son premier être et le désir de le reprendre ? »

Il y a plusieurs réponses. On sert d'abord par force ; puis par coutume ; la coutume est plus forte en nous que la nature ; et en l'homme accoutumé à la servitude, toutes les vertus s'altèrent. Enfin, la tyrannie s'exerce selon une loi mathématique : le tyran a six âmes damnées, qui ont six cents complices, etc.

Mais **l'homme a en lui-même, dans sa ... raisonnable, le sens de la liberté** propre ... inspirer le désir de s'en ressaisir. C'est là l'idé... qui explique le destin du *Discours*.

« De bête revenir homme »

1. Maltraite.

2. Si cela ne se faisait qu'en pays étrangers et lointaines terres, et qu'on le dise...

3. Que véritable.

4. Pourvu que.

5. Dominer.

6. Combinaison d'une concessive et d'une interrogative : bien que + qu'est-ce que.

7. Regrette.

8. N'ayant plus rien à consumer.

9. Plus on leur donne.

10. D'eau.

C'est chose étrange d'ouïr parler de la vaillance que la liberté met dans le cœur de ceux qui la défendent ; mais ce qui se fait en tous pays, par tous les hommes, tous les jours, qu'un homme mâtine[1] cent mille et les prive de leur liberté, qui le croirait, s'il ne faisait que l'ouïr dire et non le voir ? Et, s'il ne se faisait qu'en pays étranges et lointaines terres, et qu'on le dit[2], qui ne penserait que cela fût plutôt feint et trouvé que non pas véritable[3] ?

Encore ce seul tyran, il n'est pas besoin de le combattre, il n'est pas besoin de le défaire, il est de soi-même défait, mais que[4] le pays ne consente à sa servitude ; il ne faut pas lui ôter rien, mais ne lui donner rien ; il n'est pas besoin que le pays se mette en peine de faire rien pour soi, pourvu qu'il ne fasse rien contre soi. Ce sont donc les peuples mêmes qui se laissent ou plutôt se font gourmander[5], puisqu'en cessant de servir ils en seraient quittes ; c'est le peuple qui s'asservit, qui se coupe la gorge, qui, ayant le choix ou d'être serf ou d'être libre, quitte la franchise et prend le joug, qui consent à son mal, ou plutôt le pourchasse.

S'il lui coûtait quelque chose à recouvrer sa liberté, je ne l'en presserais point, combien qu'est-ce que[6] l'homme doit avoir plus cher que de se remettre en son droit naturel, et, par manière de dire, de bête revenir homme ; mais encore il ne désire pas en lui si grande hardiesse ; je lui permets qu'il aime mieux je ne sais quelle sûreté de vivre misérablement qu'une douteuse espérance de vivre à son aise. Quoi ? si pour avoir liberté il ne faut que la désirer, s'il n'est besoin que d'un simple vouloir, se trouvera-t-il nation au monde qui l'estime encore trop chère, la pouvant gagner d'un seul souhait, et qui plaigne[7] la volonté à recouvrer le bien lequel il devrait racheter au prix de son sang, et lequel perdu, tous les gens d'honneur doivent estimer la vie déplaisante et la mort salutaire ?

Certes, comme le feu d'une petite étincelle devient grand et toujours se renforce, et plus il trouve de bois, plus il est prêt d'en brûler, et, sans qu'on y mette de l'eau pour l'éteindre, seulement en n'y mettant plus de bois, n'ayant plus que consommer[8], il se consomme soi-même et vient sans force aucune et non plus feu : pareillement les tyrans, plus il pillent, plus il exigent, plus ils ruinent et détruisent, plus on leur baille[9], plus on les sert, de tant plus ils se fortifient et deviennent toujours plus forts et plus frais pour anéantir et détruire tout ; et si on ne leur baille rien, si on ne leur obéit point, sans combattre, sans frapper, ils demeurent nus et défaits et ne sont plus rien, sinon que comme la racine n'ayant plus d'humeur[10] ou aliment, la branche devient sèche et morte.

Étienne de LA BOÉTIE, *Discours de la servitude volontaire* (éd. posthume 1574)
Orthographe modernisée
© éd. Flammarion

ANALYSE STYLISTIQUE

Analysez **l'aspect oratoire** de ce passage : interrogations, asyndètes (suppressions de conjonctions de coordinations), anaphores (répétitions de mots en débuts de phrases ou de propositions successives), antithèses (mise en opposition de deux idées ou de deux termes), corrections (on corrige un terme par un autre terme), comparaisons (analysez de façon détaillée la grande comparaison ~~ale), interventions du *je*.

techniques oratoires évoquées dans la question précédente (revenez notamment sur la comparaison).

2. Un paradoxe. Quel est-il ? La Boétie s'en satisfait-il ? Comment s'en sert-il pour inciter les peuples à recouvrer leur liberté ?

GROUPEMENT THÉMATIQUE

Société, pouvoir, libération

MACHIAVEL : *Le Prince*, 1513. — MORE : *L'Utopie*, 1516. — HOBBES : *Léviathan*, 1651. — ROUSSEAU : *Discours sur l'origine de l'inégalité*, 1755. — LAMENNAIS : *De l'esclavage moderne*. — MARX : *Manifeste du Parti communiste*, 184~ — Frantz FANON : *Les Damnés de la terre*, 1961

~~R LE COMMENTAIRE

~~e raisonnement de La Boétie

~~nt progresse-t-il ?
~~ez les relations de ce raisonnement avec les

Une révolution architecturale en Italie

C'est au XVᵉ siècle, en Italie (et d'abord à Florence) que s'opère la rupture avec l'architecture gothique. Brunelleschi (1377-1446) élève sur la cathédrale de Florence, Santa Maria del Fiore, une coupole octogonale, encore gothique de dessin, mais construite par couronnes successives, sans cintres, et coiffée d'une lanterne. Le même architecte, toujours à Florence, lance la construction de San Lorenzo, de plan basilical, et y ajoute la chapelle Médicis (« sacristie vieille »), petite chapelle de plan centré, carré surmontée d'une coupole. De Brunelleschi à Palladio, en passant par Bramante (1444-1514), Raphaël et Michel-Ange, se développe le grand style « classique » de la Renaissance, fondé sur l'imitation raisonnée des chefs-d'œuvres antiques (notamment le Panthéon — coupole en demi-sphère — et les Thermes de Rome) : symétrie, harmonie basée sur la proportion (rapport de toutes les mesures entre elles), régularité que donne aux façades le respect des ordres de colonnes et de pilastres (dorique, ionique, corinthien).

Le dôme de Saint-Pierre de Rome, par MICHEL-ANGE.

Michel-Ange (1475-1564)

Sculpteur, architecte, ingénieur, peintre et poète, Michel-Ange domine de sa longue vie et de son activité prodigieuse tout l'art italien du XVIᵉ siècle. Sculpteur de formation, son art évolue du régulier (pathétique contenu de la Pietà, perfection du David) vers le colossal (Moïse), où s'exprime une angoisse profonde. Le peintre s'illustre dans la chapelle Sixtine du Vatican (scènes de la Genèse, Sibylles, Prophètes, et, sur le mur du fond, le Jugement dernier), qui résume en figures monumentales tout le destin de l'homme, de la création à la damnation.

Michel-Ange architecte réalise la seconde chapelle Médicis de San Lorenzo à Florence (« sacristie neuve ») et l'ensemble de la place du Capitole à Rome. Lorsqu'on lui confie, après d'autres, et avant d'autres, les travaux gigantesques de Saint-Pierre de Rome, il conçoit ce qui aurait dû être « le chef-d'œuvre absolu de l'architecture chrétienne » : croix grecque (plan centré), immense coupole en demi-sphère, lanterne... Au XVIIᵉ siècle, l'église fut complétée d'une nef (plan longitudinal) qui détruisit la symétrie parfaite du « cercle dans le carré » voulue par Michel-Ange.

Façade renaissance de la cour intérieure du *Palais des doges*, à Venise.

Château de Chambord.

Chambord *(achevé en 1537) est le plus grand projet architectural de François 1ᵉʳ, et il est probable que Léonard de Vinci, avant sa mort en 1519 au Clos-Lucé, intervint dans sa conception.*
Le bâtiment central (« donjon ») doit beaucoup à l'architecture italienne : un carré (avec tours rondes aux angles), intérieurement distribué en quatre vestibules en croix grecque et, à la croisée, un grand escalier à double vis surmonté d'une lanterne. Il est placé dans une enceinte rectangulaire, avec tours d'angle reliées au donjon, sur la façade nord-ouest, par des galeries. Sur la terrasse prolifèrent les lucarnes, pignons, clochetons, cheminées, qui mélangent le style flamboyant et la décoration italienne.
Chef-d'œuvre composite, associant à l'esprit « classique » italien les somptueux désordres du gothique finissant, Chambord indique à merveille la situation de la culture française dans la première moitié du XVIᵉ siècle.

Château d'Azay-le-Rideau.

Château de Chenonceaux.

Chenonceaux *est une œuvre double (et même triple : il reste, en marge du site, une tour du manoir médiéval). Il y eut d'abord, construit sur l'eau du Cher (de 1515 à 1522, pour Thomas Bohier, receveur général des Finances), un édifice carré (avec tourelles aux angles), aux façades symétriques, traversé par un long vestibule ouvrant sur la rivière.*
Henri II donna le château à Diane de Poitiers, qui résolut de faire construire une galerie sur le Cher. Catherine de Médicis relança le projet, achevé vers 1580. La galerie à deux étages, construite dans le prolongement du château initial, aveugla le fameux vestibule et masqua la façade sur la rivière. Mais son élégance propre, et son originalité, dédommagent l'ensemble de cette incohérence.

Une nouvelle architecture civile

Paris, *Cour carrée du Louvre*, 1546-1556,
par PIERRE LESCOT et JEAN GOUJON.

Paris, *Cour intérieure de l'Hôtel Carnavalet*, vers 1545,
par PIERRE LESCOT et JEAN GOUJON.

Pierre Lescot (1515-1578)

*Architecte humaniste, conseiller au Parlement et surinten-
dant des Bâtiments (1546), Pierre Lescot travaille en
collaboration avec Jean Goujon (jubé de Saint-Germain-
l'Auxerrois). L'hôtel appelé plus tard Carnavalet fut
construit vers 1545 pour Jacques de Ligneris, président au
Parlement (mais remanié par Mansart au XVIIe siècle). La
façade est ornée de sculptures de Goujon, comme celle du
Louvre sur la Cour carrée (aile réalisée de 1546 à 1556).
Suivant les leçons de l'Italie, Lescot organise ses façades selon
un axe de symétrie. Au Louvre, il distribue régulièrement
colonnes et pilastres. Au dernier étage (attique), les sinueux
reliefs allégoriques de Goujon ne dérangent pas l'ordonnance
et se répartissent de façon symétrique. L'ensemble forme un
chef-d'œuvre du premier classicisme français.*

Jean Goujon (vers 1510-1566)

*Ce sculpteur et architecte, fit pour le jubé de Saint-Germain-
l'Auxerrois les bas-reliefs des Évangélistes et de la Déposi-
tion de Croix. En 1549, pour l'entrée solennelle de Henri II
à Paris, il réalise la Fontaine des Innocents, qu'il orne de
cinq grandes figures de Nymphes étirant, dans leur étroite
logette, les plis nombreux de leurs voiles. La grâce de Goujon
s'associe à l'élégance géométrique de Lescot sur la façade
intérieure du Louvre.*

Ussel, *Hôtel de Ventadour*, vers 1540.

Espace intérieur et décoration

PALLADIO, *Mur de scène du théâtre de Vicence.*

Palladio (1508-1580)

Andrea di Pietro dalla Gondola, dit Palladio étudia comme tous les architectes de la Renaissance, l'œuvre du latin Vitruve (il publia plus tard son propre traité, les Quatre livres d'architecture qui eut une influence énorme sur les classicismes européens).

Palladio réalise à Vicence et à Trévise, plusieurs bâtiments publics et des villas privées, qui se distinguent par l'harmonie et la virtuosité dans l'emploi des formes simples héritées de l'art gréco-romain. Constructeur d'églises à Venise, il leur applique les proportions des temples antiques.

Le Théâtre Olympique de Vicence (terminé après sa mort) s'inspire du théâtre antique mais invente, en fait, un nouvel espace dont dériveront les salles « à l'italienne ». Le mur de scène, décoré de frises et de statues, s'ouvre sur de fascinantes perspectives urbaines en trompe-l'œil.

Véronèse (1528-1588)

Véronèse demeura longtemps à Vérone, centre où convergeaient de nombreux courants artistiques. Parmi les influences les plus importantes il subit celles de Raphaël, du Titien et de Michel-Ange. Installé en 1555 à Venise, il entreprend ses premières grandes compositions, remarquables par le goût pour les architectures stables qui organisent l'espace.

Les Noces de Cana (1562), toile conçue pour décorer le réfectoire de San Giorgio Maggiore à Venise est caractéristique des grandes « mises en scène » de l'artiste. L'abondance y est le signe du luxe, elle s'obtient dans la mise en œuvre d'un art total, qui unit l'architecture et la décoration aux plaisirs de la table. La foule des personnages est une société riche, élégante jusqu'à l'ostentation, en train de vivre la fête qui comble son humeur aristocratique.

VÉRONÈSE, *Les Noces de Cana* (détail), 1562. Paris, Musée du Louvre.

Le costume au XVIᵉ siècle

LUCAS CRANACH LE JEUNE, *Portrait de femme.*
Munich, Pinacothèque.

NICHOLAS HILLIARD, *Le Jeune homme.*
Londres, Victoria and Albert Museum.

Depuis le XIVᵉ siècle les habits masculins et féminins sont clairement distincts ; ajustés, ils suivent le corps au lieu de l'envelopper. « Le costume masculin adopta le pourpoint qui dessine la poitrine et la taille, les chausses collantes qui remontèrent jusqu'à la ceinture et furent dotées d'une braguette, les braies devenant alors (au XVIᵉ siècle) un sous-vêtement de toile. A partir de 1440 apparut le paletot de la longueur du pourpoint. Le caban (...) se répandit aussi en Europe. Croisé et à manches longues, il fut le premier vêtement endossé de la civilisation occidentale et il est à l'origine du manteau. Le costume féminin se diversifia en corsets, corsages, guimpes, gorgerettes. La cotte devint une robe de dessous souvent plus longue que celle de dessus et de couleur différente. Hommes et femmes au XVIᵉ siècle portèrent des dentelles et bientôt des bas de soie. Tant d'éléments nouveaux incitaient à la fantaisie. » Jean Delumeau, La Civilisation de la Renaissance.

Les cours de la Renaissance, époque d'ostentation, multiplient les modes. L'habillement des riches, des nobles, évolue à un rythme accéléré. Les pourpoints masculins arborent des « taillades » qui mettent en valeur doublure ou chemise. Au milieu du siècle apparaît la « fraise », de plus en plus haute et rigide, à l'instar des « vertugadins », d'origine espagnole, qui font bientôt disparaître la silhouette féminine sous les amples lignes droites de tissus de plus en plus lourds.

Portrait d'un couple, peinture anonyme française du XVIᵉ siècle.
Paris, Musée du Louvre.

Les divertissements et les rites

PIERRE BRUEGEL le Vieux, *Le Pays de Cocagne*, 1567.
Munich, Pinacothèque.

« *L'Orme du mail* ». *Fête populaire*, peinture anonyme française
de la fin du XVIe siècle. Paris, Musée Carnavalet.

┌─ ÉTUDE DE TABLEAU ─

Le Pays de Cocagne

1. Quel est le problème de vie quotidienne soulevé par cette toile ?
2. Analysez la façon dont l'artiste met en évidence cet univers de la satisfaction perpétuelle et de l'abondance inépuisable.
3. Comment Bruegel représente-t-il cet envers du monde réel ?

Pierre Bruegel le Vieux (vers 1525-1569)

Le plus grand peintre flamand de son temps, fit bien sûr des voyages en Italie, avant de se fixer à Bruxelles. Mais, fait exceptionnel, sa peinture demeure entièrement exempt d'influence italienne. Elle se situe plutôt dans la pure tradition du Nord (Bosch), échappant par là aux modèles dominants de la Renaissance. Étranger aux tendances élitistes, aristocratiques de l'art, Bruegel reste fidèle au folklore flamand, au carnaval, à la vie rustique, aux proverbes et aux saisons. Ignorant l'anthropocentrisme de la Renaissance, sa mystique de l'homme, le Flamand montre, dans des paysages immenses, une humanité nombreuse et minuscule, occupée à travailler (durement) ou à se divertir (abondamment).

Une guinguette sous François 1er, peinture anonyme française du XVIe siècle.
Paris, Musée Carnavalet.

Entrée solennelle de Louis XII à Gênes, en 1509,
miniature attribuée à JEAN BOURDICHON. Paris, B.N.

Don de livre, miniature du *Panégyrique de François 1ᵉʳ*.
Chantilly, Musée Condé.

La Paix de l'Ile aux Bœufs, le 13 mars 1563,
estampe d'HAGENBERG. Paris, B.N.

L'univers du quotidien

BENVENUTO CELLINI, *Salière de François 1ᵉʳ*.
Vienne, Kunsthistorisches Museum.

*Rien, en fait, de « quotidien » dans l'extraordinaire « salière »
d'or émaillé que fabriqua pour François 1ᵉʳ le sculpteur et
orfèvre Benvenuto Cellini (1500-1571), qui séjourna à la cour
de France de 1540 à 1545, avant de rentrer à Florence.
Un tel objet montre le désir, poussé à l'extrême, de transformer
l'utilitaire en œuvre, non seulement d'art, mais d'or, d'un luxe
proliférant qui n'écoute que sa propre loi. Richesse et variété
de la décoration, artifice délibéré (maniériste) des figures et des
postures, tout ici nous fait comprendre que la vie « quotidienne » du riche amateur (et le roi est d'abord cela) doit
consister en une perpétuelle surenchère d'événements.*

*Le bureau de Jacob II Fugger à Augsbourg,
miniature allemande du XVIᵉ siècle. Paris, B.N.*

*L'idée fastueuse de l'existence rencontrée chez les rois n'est pas non plus étrangère à leurs bailleurs de fonds. Ainsi chez Jacob II
Fugger (1459-1525), le plus brillant (et le plus riche) représentant d'une dynastie de banquiers d'Augsbourg. Ce banquier
catholique échange des prêts considérables aux Habsbourg (Maximilien, puis Charles-Quint, qui doit son élection aux florins
de Fugger) contre des monopoles dans l'exploitation minière (argent et cuivre en Hongrie, en Espagne) et dans le commerce
des épices et des pierres précieuses. Pour le compte du pape, il lève des taxes ou récolte des fonds pour les travaux de Saint-Pierre.
Mécène, il remplit sa maison d'Augsbourg d'œuvres d'art : la « Fuggerhaus » abrite notamment des fresques d'Altdorfer.*

CARPACCIO, *Naissance de la Vierge* (détail). Venise, Musée de l'Académie.

Étienne Pasquier
Recherches de la France (1560-1621)

Fils d'une famille bourgeoise parisienne, **Étienne Pasquier** (1529-1615) fait des études de droit, successivement à Paris, à Toulouse et en Italie (où il a pour maître le grand juriste italien Alciat, l'auteur des *Emblemata*). Avocat au barreau de Paris en 1549, il s'intéresse à la poésie, sous l'influence de Du Bellay et de Ronsard. Mais c'est dans l'enquête historique que Pasquier voit le moyen le plus sûr d'affirmer l'identité et l'authenticité de la culture nationale. Le premier livre des *Recherches de la France* paraît en 1560. Huit autres suivront.

Avocat général à la Chambre des Comptes (1585), député aux états généraux de 1588, il joue un rôle important dans le camp des « politiques ». Tout en augmentant les *Recherches*, il rassemble ses *Lettres* (cinq éditions de 1586 à 1619), et ferraille contre la Compagnie de Jésus dans *Le Catéchisme des Jésuites* (1602). Il meurt à Paris en 1615.

*** *Recherches de la France*

Pasquier remonte aux Gaulois (Livre I) ; mais, conformément au nouveau souci de rigueur des historiens, il refuse de « disputer de la vieille origine des nations ». Les « belles fables » ont leur utilité, mais il n'est plus question d'y croire.

Le Livre II s'intéresse à l'origine d'institutions comme les parlements, la Chambre des Comptes, la pairie... Les Livres III et IX enquêtent sur l'Université (de Paris), qui, pas plus que le Parlement ou les Pairs, n'a été instituée par Charlemagne : pure légende, « et néanmoins erreur grandement louable, d'avoir rapporté l'origine de ces trois grands Ordres à un si grand patron »... Le Livre IV examine les procédures judiciaires. Le Livre V s'intéresse à l'histoire mérovingienne (très à la mode), le Livre VI se promène de Hugues Capet à Bayard.

Le Livre VII, le plus célèbre, donne un aperçu historique et critique de la poésie française, et contient des jugements fameux sur Ronsard et les poètes de la Pléiade, non sans réhabiliter les générations précédentes, des Rhétoriqueurs à Marot. Le Livre VIII a pour objet « notre vulgaire », la langue française.

« Du jeu des échecs »

*Au Livre IV, **Étienne Pasquier** ne considère pas que les actes judiciaires ; il s'intéresse aussi aux coutumes, et aux jeux. Le chapitre consacré aux échecs commence par une citation du* Roman de la Rose, *de Jean de Meun, où **la métaphore des échecs** s'applique à une guerre de succession. Pasquier file la métaphore.*

1. Garantirai, certifierai.

2. Divertissement.

3. Portrait, peinture.

4. Mais.

5. Bien que.

6. Les Nobles (dans la réalité).

7. Pourtant.

8. Le Roi (aux échecs).

9. Lorsqu'il est mis en échec par n'importe quelle autre pièce.

10. Attention à la construction « Tout ainsi que... aussi... », au sens de « De même que... de même... ».

11. Le Philosophe.

12. N'avance.

Et certes quiconque fut inventeur de ce jeu, je le vous pleuvirai[1] pour très grand Philosophe, je veux dire pour un personnage, lequel sous cet ébat[2] d'esprit a représenté la vraie image, et pourtraiture[3] de la conduite des Rois. Il y a un Roi et une Dame, assistés de deux Fols, qui font leur route de travers, et après eux

5 deux Chevaliers, et au bout de leurs rangs deux Rocs, que l'on appelle autrement Tours. Car aussi entre Tour, Roque, et Roquette, il n'y a pas grande différence. Devant eux il y a huit Pions qui sont pour aplanir la voie, comme enfants perdus.

Que voulut nous représenter ce Philosophe ? Premièrement quant aux Fols, que ceux qui approchent le plus près des Rois, ne sont pas ordinairement les plus

10 sages, ains[4] ceux qui savent mieux plaisanter. Et néanmoins combien que[5] les Chevaliers[6] ne soient pas quelquefois les plus proches des Rois, si est-ce que[7] tout ainsi que, les Chevaliers au jeu des Échecs donnent par leur saut Échec au Roi, il[8] est contraint de changer de place, ce dont il se peut exempter en tous les autres Échecs[9] en se couvrant de quelques pièces, aussi[10] n'y a-t-il rien qu'un

15 Roi doive tant craindre en son État que la révolte de sa Noblesse. D'autant que celle du menu peuple se peut aisément étouffer, mais en l'autre il y a ordinairement du changement de l'État. Quant aux Tours, ce sont les villes fortes qui servent à un besoin de dernière retraite pour la conservation du Royaume.

Il[11] vous représente un Roi qui ne démarche[12] que d'un pas, pendant que toutes

20 les autres pièces se mettent tant sur l'offensive que défensive pour lui, afin de nous enseigner que ce n'est point à un Roi, de la vie duquel dépend le repos de

13. A tous moments.

14. C'est le roque.

15. Surtout il faut...

16. De se proclamer publiquement...

17. Et pour cela.

18. Remporter.

19. Avec un nombre inférieur.

20. De toute assistance.

tous ses sujets, de s'exposer à toutes heures[13] aux hasards des coups, comme un Capitaine ou simple soldat, voire que sa conservation lui permet de faire un saut extraordinaire de sa cellule en celle de la Tour[14], comme en une place forte
25 et tenable contre les assauts de son ennemi.

Mais sur tout faut[15] ici peser le privilège qu'il donna à la Dame de pouvoir prendre tantôt la voie des Fols, tantôt celle des Tours. Car pour bien dire il n'y a rien qui ait tant d'autorité sur les Rois que les Dames, dont ils ne sont honteux de se publier[16] serviteurs. Je n'entends pas de celles qui leur sont conjointes par
30 mariage, mais des autres dont ils s'énamourent. Et pour cette cause je suis d'avis que celui qui appelle cette pièce Dame, et non Reine, dit le mieux.

Finalement tout ce jeu se termine au Mat du Roi. Si toutes les autres pièces ne se tiennent sur leurs gardes, elles peuvent être prises, et par même moyen on les ôte de dessus le tablier, comme mortes ; ni pour cela[17] le Roy n'a pas perdu
35 la victoire : il peut quelquefois la rapporter[18] avec le moindre nombre[19] des pièces, selon que son armée est bien conduite. Au demeurant on ne fait au Roi ce déshonneur de penser seulement qu'il soit pris, ains le réduit-on en tel désarroi, qu'étant dénué de tout support[20], il ne peut se démarcher ni çà ni là. Quoi faisant on dit qu'il est Mat : pour nous montrer que quelque désastre qui
40 advienne à un Roi, nous ne devons attenter contre sa personne.

Étienne Pᴀsǫᴜɪᴇʀ, *Recherches de la France*, Livre IV, chap. 31,
éd. d'Amsterdam, 1723. Orthographe modernisée

Partie d'échecs avec la Mort,
bois gravé allemand de la fin
du xvᵉ siècle.
Paris, Bibl. des Arts décoratifs.

POUR LE COMMENTAIRE

1. Une interprétation allégorique du jeu d'échecs.
a. Vous paraît-elle absolument rigoureuse ? Montrez que Pasquier sélectionne, pour chaque pièce, le trait qui lui paraît pertinent, en omettant les autres.
b. Y a-t-il une part de jeu dans son propos ?

2. Quelle **conception de la royauté** se trouve ainsi illustrée ? Par opposition à quelle autre ? Faites le rapprochement avec les idées de Jean Bodin sur la souveraineté (voir l'introduction à Bodin, p. 419).

Jean Bodin *La République* (1576)

Né à Angers, **Jean Bodin** (1529-1596) fait son droit à Toulouse. Il se lie avec le grand jurisconsulte Cujas, exégète du droit romain. Ses sympathies pour la Réforme lui valent de sérieux démêlés avec les autorités. Avocat à Paris (1561), puis secrétaire du dernier frère du roi, François d'Alençon, il publie en latin un *Methodus*, une *Méthode de l'histoire* (1566), où il montre que l'approche historique seule permet de comprendre le droit des Anciens. En 1576, Bodin, qui siège aux états généraux de Blois, publie son œuvre majeure, les Six Livres de *La République*, dont l'écho est considérable. Adversaire de la sédition protestante comme des catholiques intransigeants, Bodin se situe dans les rangs des « politiques ». Lieutenant général, puis procureur au présidial de Laon, il publie en 1580 *De la démonomanie des sorciers*, où il affirme, contre Jean Wier, le caractère diabolique de la sorcellerie et la nécessité de la répression : les sorciers et sorcières, dont l'influence se développe en ces temps troublés, lui paraissent miner les bases de la société et de l'État.

Par prudence personnelle, le juge de Laon se rallie publiquement à la Ligue (1589). Mais dans le privé, il reste favorable à la tolérance religieuse, qui prend chez lui une dimension universelle : c'est le sens de son dernier ouvrage, demeuré manuscrit, le *Colloquium Heptaplomeres*, colloque de sept sages de confessions différentes qui échangent opinions et croyances sans chercher à se convertir. Bodin meurt de la peste à Laon, en 1596.

Jean Bodin,
gravure du XVIe siècle.
Paris, B.N.

Dans les Six Livres de *La République*, traité qui fonde la science politique en langue française, **JEAN BODIN** se refuse à décrire une « République en Idée sans effet », comme avant lui l'ont fait Platon ou Thomas More. Ce qui l'intéresse, c'est d'établir une **typologie des régimes politiques** et de définir le meilleur d'entre eux.

1. La souveraineté

La République est « un droit gouvernement de plusieurs ménages (= familles), et de ce qui leur est commun, avec puissance souveraine ». Bodin innove en définissant la *souveraineté*, qui est « la puissance absolue et perpétuelle d'une République » : absolue, c'est-à-dire soumise aux seules lois de Dieu et de la nature (toutes les autres lois dépendent de la « pure et franche volonté » du souverain) ; perpétuelle, en ceci que la souveraineté ne peut être limitée dans le temps (sinon par la mort du souverain) ; ainsi un dictateur romain, qui a tous les pouvoirs pour un temps donné, n'est nullement souverain. La souveraineté demeure quelle que soit l'importance des délégations de pouvoir qu'elle admet. D'où une distinction de l'**État** (défini par le siège de la souveraineté) et du **gouvernement** (moyens par lesquels s'exerce le pouvoir).

2. États et gouvernements

Bodin distingue trois États : l'État **populaire** (où la majorité du peuple dispose de la souveraineté) ; l'État **aristocratique** (où elle appartient à une minorité, distinguée selon la richesse, ou la vertu, etc.) ; et l'État **monarchique**, « où la souveraineté absolue gît en un seul Prince ». Selon le gouvernement, on peut distinguer, par exemple, la monarchie **royale**, « où les sujets obéissent aux lois du Monarque, et le Monarque aux lois de nature » ; la monarchie **seigneuriale** (historiquement la première) ; la monarchie **tyrannique**, où « le Monarque méprisant les lois de nature abuse des personnes libres comme d'esclaves, et des biens des sujets comme des siens. »

3. L'État et la vertu

Comparant les trois États, **Bodin tranche en faveur de la monarchie**, seule souveraineté vraiment stable. L'argumentation repose sur la notion de **vertu** : « Les sages et vertueux sont toujours en moindre nombre ». L'État populaire, qui instaure l'égalité, soumet la minorité vertueuse à la loi « sans frein ni mors » du plus grand nombre. Même problème dans la minorité aristocratique : tous n'y sont pas également sages, et le jeu des rivalités fait que les moins sages l'emportent. Seul le monarque peut constamment favoriser ce que la société offre de meilleur. D'où l'idéal d'un État royal tempéré par un gouvernement aristocratique **et** populaire : la justice royale est « harmonique », elle sait « entrelacer » les contraires, et partager les charges, les récompenses et les peines selon le mérite (justice « géométrique ») **et** selon le nombre (justice « arithmétique »), de manière à ne frustrer personne.

Géographie des humeurs

*Le célèbre chapitre 1 du Livre V est consacré à une description de la « diversité des hommes » selon leur milieu naturel : théorie **déterministe** dont Montesquieu se souviendra pour **la théorie des climats** de l'Esprit des lois.*
*Le « naturel » des hommes du Nord est chaud et humide ; celui des Méridionaux, froid et sec. **On passe par le détail des quatre humeurs** : à l'extrême nord sont les pituiteux, pesants ; puis viennent les sanguins, joyeux, robustes, ne se fiant qu'à la force et prompts aux disputes de l'État populaire ; puis les « colères », dominés par la bile jaune, « dispos et actifs », habitant les régions moyennes, experts en droit et en rhétorique ; enfin les mélancoliques, dominés par la bile noire, « constants et posés », hardis chercheurs de vérité, qu'on peut soumettre « par religion ».*

Et pour le faire court, tous les grands Orateurs, Legislateurs, Jurisconsultes, Historiens, Poëtes, Farceurs, Sarlatans[1], et autres qui allechent les cœurs des hommes par discours et belles parolles,
5 sont presque tous des regions moyennes. Aussi voyons nous ès histoires grecques et latines[2], devant que[3] d'entreprendre la moindre guerre, le droit debattu[4], et plusieurs harangues, denonciations et protestations solennelles : ce que ne font point les
10 peuples de Septentrion, qui s'attachent bien tost[5] aux armes : et tout ainsi que les uns employent la force pour toute production, comme les lyons[6] ; les peuples moyens force loix et raisons ; aussi les peuples de Midy ont recours aux ruses et finesses,
15 comme les renards, ou bien à la religion : estant le discours de raison trop gentil[7] pour l'esprit grossier du peuple septentrional, et trop bas pour le peuple meridional, qui ne veut point s'arrester aux opinions legales[8] et conjectures rhetoriques[9], qui balancent
20 en contrepoids du vray et du faux ; ains[10] il veut estre payé de certaines demonstrations[11], ou d'Oracles divins, qui surpassent le discours humain.

Aussi voyons nous que les peuples de Midy, Égyptiens, Chaldeans, Arabes, ont mis en evidence
25 les sciences occultes, naturelles[12], et celles qu'on appelle Mathematiques, qui donnent la gehenne[13] aux plus grands esprits, et les contraignent de confesser la vérité.

Et toutes les religions ont presque pris leur cours
30 des peuples de Midy, et de là se sont espandues par toute la terre : non pas que Dieu ayt acception[14] des lieux ou des personnes, ou qu'il ne face luire sa lumiere divine sur tous : mais tout ainsi que le Soleil se void beaucoup mieux en l'eau claire et nette,
35 qu'en eau trouble, ou en bourbier fangeux : aussi la clairté divine, ce me semble, luit beaucoup plus ès esprits nets et purifiés, que non pas en ceux là qui sont souillés et troublés d'affections terrestres. Et s'il est ainsi que la vraye purgation de l'ame se fait par
40 le rayon divin[15], et par la force de la contemplation au subject le plus beau, il est croyable que ceux là y parviendront plustost[16] qui auront les ailes qui ravissent l'ame au ciel : ce que nous voyons advenir aux personnes d'humeur melancholique[17], qui ont
45 l'esprit posé, et addonné à contemplation, qui est appelée des Hebrieux et Academiques[18] Mort precieuse[19], par ce qu'elle tire l'ame hors du corps terrestre aux choses spirituelles.

Il ne faut donc pas s'esmerveiller[20] si les peuples
50 de Midy sont mieux policés par religion, que par force, ou par raison : qui[21] est un poinct bien considerable, pour attirer ces peuples là, quand la force et la raison n'y peuvent rien : comme nous lisons, ès histoires des Indes, que le capitaine Co-
55 lombe[22], ne pouvant gaigner certains peuples des Indes Occidentales qu'il avoit descouvert, il leur monstra la Lune qu'ils adoroyent, et leur fit entendre que bien tost elle perdroit sa clairté : trois jours apres voyant la Lune eclipser[23], firent tout ce qu'il voulut,
60 de crainte qu'ils eurent. Aussi plus on tire vers le Midy, plus on y trouve des hommes devots, plus fermes et constans en leur religion, comme en Espagne, et plus encores en Afrique...

Jean BODIN, Les Six Livres de *La République*,
Livre V, chapitre 1 (édition de 1579)

1. *Comédiens et charlatans (bonimenteurs de foire). — 2. Dans l'histoire de la Grèce et de Rome. — 3. Avant que. — 4. Des débats juridiques. — 5. Très vite. — 6. Lions. — 7. Noble. — 8. Juridiques. — 9. La rhétorique est l'art de persuader en vertu du probable ; elle n'offre pas d'accès à la vérité pure. — 10. Mais. — 11. Démonstrations certaines. — 12. Astrologie, alchimie, magie, toutes disciplines dont le but est de décrire les relations occultes entre les différents éléments de la nature. — 13. La torture. — 14. Prenne en considération les... — 15. La lumière divine. — 16. Plus tôt. — 17. Personnes en qui l'humeur dominante est la bile noire (atrabile, mélancolie), douées d'une imagination très vive et d'une remarquable capacité d'abstraction et de contemplation. Leur astre dominant est souvent Saturne. — 18. Philosophes platoniciens. — 19. L'expérience mystique équivaut à mourir à soi-même et au monde ; elle sépare l'âme du corps ; pour les néo-platoniciens, c'est aussi ce qui se passe dans l'amour, l'âme de l'amant quittant son corps pour rejoindre celui de l'aimé. — 20. S'étonner. — 21. Ce qui. — 22. Christophe Colomb. — 23. Épisode survenu à la Jamaïque en 1503 (dernier voyage de Colomb) ; Hergé, dans Le Temple du Soleil, s'est souvenu de l'anecdote...*

LECTURE MÉTHODIQUE

1. L'énumération initiale. Quel est le critère qui permet de rassembler ainsi toutes ces formes de discours ?

2. Montrez comment progresse **l'analyse de Bodin**, entrelaçant assertions à trois termes et exemples à l'appui. Le raisonnement vous semble-t-il rigoureux ?

3. Le développement sur la religion des « peuples du Midi ». Analysez le rôle qu'y joue la comparaison ; examinez les précautions et précisions que multiplie Bodin. Pourquoi tous ces frais ?

4. Le dernier point et l'anecdote de Colomb : l'image des peuples du Midi n'est-elle pas changée ?

3. Masques de la satire

Henri Estienne *Apologie pour Hérodote* (1566)

Henri Estienne,
gravure du XVI e siècle.
Paris, B.N.

Henri « II » Estienne, dit « le Grand » (1531-1598), est le plus illustre représentant d'une véritable dynastie de libraires-imprimeurs. Le fondateur en est son grand-père Henri « I er » (1470-1520). Son père, Robert Estienne (1499-1559), éditeur de la Bible et de textes hébreux, grecs, latins, est l'auteur d'un *Dictionarium* de la langue latine qui, traduit et enrichi, devient le premier dictionnaire de la langue française (le *Dictionnaire français-latin*, 1540). Son oncle, Charles Estienne (1504-1564), catholique alors que Robert s'est converti au calvinisme, publie divers traités d'anatomie ou d'agriculture, et surtout *La Guide des chemins de France* (1552), à la fois guide descriptif et recueil d'informations anecdotiques, étymologiques, etc.

Henri « le Grand », né à Paris en 1531, fixé à Genève auprès de son père, mais grand voyageur, commence par éditer les *Odes* du pseudo-Anacréon, qui influenceront Belleau et Ronsard. Militant acharné de la cause calviniste et de la langue française, il publie en 1565 le *Traité de la conformité du français au grec*, qui compare ces deux langues sans se soucier du latin ; en 1566, l'*Apologie pour Hérodote* ; en 1578 les *Dialogues du nouveau langage français italianisé*, attaque de l'italien et du « jargon » italianisant de la cour ; en 1579 le *Projet du livre de la précellence du langage français*.

Son œuvre philologique est dominée par le *Thesaurus linguae graecae* (« Trésor de la langue grecque », 1573) ; ce copieux dictionnaire couronne un travail d'helléniste illustré par des dizaines d'éditions savantes (Denys d'Halicarnasse, Platon, Plutarque...). Ruiné, mal vu à Genève aussi bien qu'à Paris, Henri Estienne mourut à l'hôpital de Lyon en 1598.

*Parabole des bons
et mauvais pasteurs,*
gravure du XVI e siècle.
Paris, B.N.

L'Apologie pour Hérodote *est un livre étrange.* **Une démarche intellectuelle typiquement humaniste** *s'y confond avec la plus énorme satire. Le titre complet de l'ouvrage est* Introduction au Traité de la Conformité des merveilles anciennes avec les modernes, ou Traité préparatif à l'Apologie pour Hérodote. *Livre provisoire, qui annonce la véritable* Apologie ? *Ces ruses de présentation d'*Henri Estienne *soulignent l'ambiguïté d'un texte dont l'intention est au moins double.*

Il s'agit au départ de **défendre l'historien grec Hérodote contre les modernes qui l'accusent de mentir** *dans ses récits fabuleux, ses descriptions de coutumes aberrantes et de cruautés bizarres. Estienne montre que les temps modernes et nos contrées tempérées sont aussi riches en extravagances que les pays dont parle Hérodote : considérées d'un œil extérieur, nombre de nos coutumes paraîtraient invraisemblables.* **Leçon de relativisme**, *invitant à relire Hérodote et à mieux considérer l'Antiquité en général.*

En fait, dans ces aberrations du passé proche et du présent, dans ces cruautés qui dépassent tout ce qu'Hérodote a pu dire de Babylone ou d'ailleurs, Estienne vise la religion catholique. Il attaque la barbarie des « philomesses », écorcheurs de latin, adorateurs de reliques et surtout « théophages ». Au dernier chapitre, il est établi que les mœurs du clergé sembleront aussi étranges à la postérité que les actions « fabuleuses » rapportées par Hérodote...

Le secret des croisades

1. Expositions du sens caché relatif au mystère de la foi.

2. Ustensiles.

3. Contorsions.

4. Disant la messe.

5. Allusion à la liturgie de la Passion.

6. Signes de croix.

Calice en argent du XVIᵉ siècle.

7. De même.

8. Artifices.

9. Volte-face.

10. Exégètes du Coran.

11. Théologien belge, et théologien allemand.

12. Signifie.

13. Vie, règles de vie.

Et s'il faut venir jusques aux expositions mystiques[1] de tous les ferrements[2] et de tous les tourdions[3] de la messe, ne faudra-t-il pas confesser que là-dessous y a de la subtilité si grande que les meilleurs esprits et meilleurs jugements du monde sont ceux qui y entendent le moins ? Car n'est-ce pas bien subtilisé que de faire jouer à un même homme en messatisant[4], vingt ou vingt-cinq personnages[5] ? à-savoir de Christ, et de la vierge Marie sa mère, de tous les apôtres, et nommément du traître Judas ; du larron pendu, du centurion, du publicain, et autres ? Et comment peut-il représenter tant de personnes ? Une partie avec des seules croisades[6]. Car notamment par une des croisades qui se font sur l'hostie et une de celles qui se font sur le calice séparément, il joue deux personnages de Christ et de Judas. Par trois autres qui se font auparavant il représente le Père le saint Esprit, et ledit Christ, étant par soi et par eux livré à la mort.

Mais ce serait peu de chose si c'était ici tout le secret des croisades : écoutons donc. Après ces deux croisades faites ainsi séparément, et après que le croiseur a étendu ses bras (en quoi il figure Christ étendu en croix) et qu'il a levé son hostie en haut pour la faire adorer (ce qu'ils appellent lever Dieu) par les trois croisades qu'il fait, l'une sur l'hostie, l'autre sur le calice, la tierce sur soi-même il joue le personnage des trois états, à savoir de ceux qui sont au ciel, en purgatoire, et en terre. Et quant aux cinq croisades qui viennent après les trois premières, outre ce que de ces cinq les deux, étant séparément faites l'une sur l'hostie, l'autre sur le calice, ont telle signification que nous avons dit : toutes ensemble signifient encore beaucoup d'autres choses : et premièrement les cinq jours d'intervalle depuis le jour des rameaux jusques au jour de la passion : après les cinq plaies de Christ, deux aux pieds, deux aux mains, et une au côté dextre. Encore n'est-ce pas tout, car de ces cinq les trois premières qui se font sur le calice et sur l'hostie ensemblément, figurent la livraison de Christ aux prêtres aux scribes, et aux Pharisiens : item[7] le prix de la vendition de Christ, à savoir trois fois dix, qui valent trente deniers.

Or maintenant considérez, lecteur, si déjà sous les croisades il y a tant de subtilités et si profondes, quels subtilisements doivent être sous tous leurs engins[8], sous tout leur équipage, sous tous leurs virevoûtes[9], sous le frappement d'estomac, et sous tout le reste d'une si belle et si plaisante farcerie, singerie ou momerie. Or (qui plus est) chacun a eu des révélations particulières quant à ces subtilisations : je dis chacun des alcoranistes[10] de la messe, comme Titelman et Gabriel Biel[11], Brunus, item un certain Philo, et autres. Car l'aube du prêtre messatisant déclare[12] la conversation[13] de Jésus Christ en sa chair, selon aucuns ; et selon les autres, la pureté de son corps incarné au ventre de la vierge et selon les autres, la robe blanche présentée par Hérode à Christ, quand il fut renvoyé comme un fol à Pilate ; selon les autres, la fermeté de la très reluisante lumière.

Henri ESTIENNE, *Apologie pour Hérodote*, Seconde partie chap. XXXVII (1566). Orthographe modernisée

Cuivre ciselé et doré.
École de Limoges, XVIᵉ siècle.
Paris, Musée de Cluny.

POUR LE COMMENTAIRE

1. Quel est **le principal procédé comique** utilisé Analysez de près les phrases où Estienne joue avec les nombres, notamment du point de vue rythmique.

2. Quelle **image** est ainsi donnée **de la liturgie catholique** ? Que dénonce Estienne, exactement S'attaque-t-il seulement à un rite particulier, ou bien à l messe elle-même, en tant que telle ?

La Satire Ménippée (1594)

1. Sept auteurs

Publiée en 1594, *La Satire Ménippée* rassemble et mélange les contributions de divers auteurs : deux chanoines, Pierre Le Roy et Jacques Gillot ; le jurisconsulte Pierre Pithou et le poète Florent Chrestien, ancien précepteur d'Henri IV (tous deux convertis au catholicisme) ; les avocats (et poètes) Nicolas Rapin et Gilles Durant ; le grand humaniste et poète Jean Passerat, professeur au Collège Royal.

2. A Ménippe, Ménippe et demi

Le titre de *Satire Ménippée* renvoie à une œuvre de Varron, les *Saturae Menippeae*, recueil de satires mélangeant les vers et la prose (à l'origine, le mot latin *satura* désigne un mélange de légumes, une sorte de macédoine), dans le goût des œuvres de Ménippe, philosophe cynique grec. Mais Ménippe est aussi le héros moqueur des *Dialogues des Morts*, de Lucien de Samosate. C'est donc à une riche tradition antique que fait référence *La Satire Ménippée*, mélange de vers et de prose, de grotesque et de sérieux, de farce et de haute éloquence politique.

3. La Ligue et les États

Œuvre de circonstance, *La Ménippée* « raconte » la réunion des états généraux de 1593, sous les auspices de la Ligue, qui fait la loi à Paris. Il est question d'élire un roi, pendant que l'héritier légitime du trône, Henri de Navarre, mène une guerre de reconquête. L'Assemblée vit s'affronter les « zélés », ligueurs partisans du roi d'Espagne Philippe II, et les « politiques », catholiques modérés, bourgeois pour la plupart, favorables à Henri IV et à une négociation avec les protestants. *La Satire Ménippée* est l'œuvre des « politiques », qui ridiculisent l'adversaire en usant de procédés hérités, via Rabelais, du carnaval et de la farce.

*** *La Satire Ménippée*

C'est un argument de farce qui ouvre la *Satire* : un charlatan espagnol vante les vertus du « Catholicon d'Espagne », plante miraculeuse capable de transformer le vice en vertu. A ses côtés, un charlatan lorrain vend le même genre de drogue. Vient ensuite la procession des députés, capitaines ligueurs, hauts magistrats, moines mendiants, tous casqués, cuirassés et portant l'épée, « le tout rouillé par humilité catholique ».

La salle des états est ornée de tapisseries représentant allégoriquement les crimes de la Ligue, ou ses défaites (Arques et Ivry). Sur l'une, on adore le duc de Guise en veau d'or ; sur une autre, se voit le meurtre de Henri III par « Frère Jacques Clément », qui porte l'anagramme « C'EST L'ENFER QUI M'A CRÉÉ » ; sur une autre encore, on voit « Monsieur le Lieutenant » (le duc de Mayenne) qui déclare vouloir « faire le veau ».

Sont alors prononcés sept discours. Les six premiers sont ridicules, selon le même procédé : les orateurs se vantent naïvement des pires forfaits. Loin de dissimuler, ils se répandent en propos qui les accablent. Le duc de Mayenne triomphe en rapportant, pour tout fait d'armes, massacres et trahisons ; le Légat du pape, en un mélange d'italien et de latin, engage les Français à la guerre ; le cardinal de Pellevé souligne qu'il a toujours travaillé pour les Espagnols et, médecin expert (mais sa langue fourche entre Hippocrate et hypocrite), conseille au malade le meurtre et l'incendie : « Monsieur le Légat pardonnera tout ». L'Archevêque de Lyon s'émerveille du « monde à l'envers » de la Ligue ; le Recteur Roze, de l'Université de Paris, propose pour roi un vigneron ; enfin le député de la noblesse, De Rieux, fait l'éloge de la guerre, qui permet de s'enrichir.

Le dernier orateur est celui du tiers état, d'Aubray. Sa longue harangue (œuvre de Pierre Pithou), va remettre le monde à l'endroit. Pathétique et raisonnable, elle dresse le sinistre tableau de Paris sous le joug de la Ligue : « O Paris qui n'es plus Paris... » La ville est responsable de ses malheurs, elle n'a pu supporter son roi : « Que dis-je, pu supporter ? c'est bien pis : tu l'as chassé de sa Ville, de sa maison, de son lit ! Quoi chassé ? Tu l'as poursuivi ! Quoi poursuivi ? Tu l'as assassiné, canonisé l'assassinateur, et fait des feux de joie de sa mort ! » L'orateur plaide alors pour la paix et la reconnaissance du seul souverain légitime, Henri, roi non pas « électif et artificiel », mais « déjà fait par la nature ».

Harangue de l'archevêque de Lyon

Ce discours est attribué à Nicolas Rapin.

Messieurs, je commencerai mon propos par l'exclamation pathétique de ce Prophète royal David, *Quam terribilia judicia tua*, etc. O Dieu, que vos jugements sont terribles, et admirables ! Ceux qui prendront garde de bien près aux commencements et progrès de notre sainte Union, auront bien occasion de crier
5 les mains jointes au Ciel : O Dieu, si vos jugements sont incompréhensibles, combien vos grâces sont-elles plus admirables ! et de dire avec l'Apôtre : *Ubi abundavit delictum, ibi superabundavit et gratia* [1].

1. « *Là où le péché a abondé, la grâce a surabondé* » (saint Paul, Épître aux Romains, 5, 20).

2. *Les partisans de la Ligue et de l'Espagne formaient le parti des « zélés » ; l'orateur joue sur les mots de la famille : zélateur signifie propagandiste (d'une cause sainte, de préférence).*
3. *Avant.*
4. *Allusion à la journée des Barricades (mai 1588), qui chassa le roi et livra Paris à la Ligue.*
5. *Malsonnante.*
6. *Le duc de Mayenne.*
7. *Je dis, des coups si beaux...*
8. *La Magistrature.*

9. *Extraordinaire.*

10. *Bouclier rond.*
11. *Sorte de casque.*
12. *Une chose très remarquable.*
13. *Pour le compte du duc d'Anjou, frère du roi, qui animait le parti des « politiques » ; cette guerre des Flandres eut lieu en 1581.*
14. *Filous.*
15. *Banqueroutiers, dissipateurs.*
16. *Brigands (tendeurs de « gords », de pièges) et faussaires.*
17. *A double repli, doublement.*
18. *Modèles.*
19. *Messe de Noël.*
20. *La drogue merveilleuse dont il a été question au commencement de la Satire.*
21. *Offices du soir.*
22. *Monnaie d'or espagnole.*
23. *Vertu agissante ; se dit notamment de la grâce divine...*

N'est-ce point chose bien étrange, Messieurs les zélateurs[2], de voir notre Union maintenant si sainte, si zélée, et si dévote, avoir été presque en toutes ses parties
10 composée de gens qui auparavant[3] les saintes barricades[4], étaient tous tarés, et entachés de quelque note mal solfiée[5], et mal accordante avec la justice ? Et par une miraculeuse métamorphose voir tout à un coup l'athéisme converti en ardeur de dévotion ; l'ignorance, en science de toutes nouveautés, et curiosité de nouvelles ; la concussion, en piété et en jeûnes ; la volerie en générosité et en
15 vaillance : bref le vice et le crime transmués en gloire et en honneur ? Cela sont des coups du Ciel, comme dit Monsieur le Lieutenant[6], de par Dieu. Je dis si beaux[7] que les Français doivent ouvrir les yeux de leur entendement pour profondément considérer ces miracles, et doivent là-dessus les gens de bien et de biens de ce Royaume, rougir de honte avec toute la Noblesse, la plus saine
20 partie des Prélats et du Magistrat[8], voire les plus clairvoyants qui font semblant d'avoir en horreur ce saint et miraculeux changement.

Car qu'y a-t-il au monde de plus admirable, et que peut Dieu même faire de plus étrange[9], que de voir tout en un moment, les valets devenus maîtres, les petits être faits grands, les pauvres riches, les humbles insolents et orgueilleux ?
25 Voir ceux qui obéissaient, commander ; ceux qui empruntaient, prêter à usure ; ceux qui jugeaient, être jugés ; ceux qui emprisonnaient, être emprisonnés ; ceux qui étaient debout, être assis ? O cas merveilleux ! ô secrets du profond cabinet de Dieu, inconnus aux chétifs mortels ! Les aunes des boutiques sont tournés en pertuisanes ; les écritoires, en mousquets ; les bréviaires en ronda-
30 ches[10], les scapulaires en corselets, et les capuchons en casques et salades[11].

N'est-ce pas une autre grande et admirable conversion de la plupart de vous autres, Messieurs les zélés, [...] n'est-ce pas, dis-je, grand cas[12] que vous étiez tous naguère en Flandres portant les armes politiquement[13], et employant vos personnes et biens contre les archicatholiques Espagnols, en faveur des héréti-
35 ques des Pays-Bas, et que vous vous soyez si catholiquement rangés tout à coup au giron de la Sainte Ligue romaine ? Et que tant de bons matois[14], banque-routiers, safraniers[15] désespérés, hauts-gordiers et forgeurs[16], tous gens de sac et de corde, se soient jetés si courageusement et des premiers en ce saint parti, pour faire leurs affaires, et soient devenus Catholiques, à double rebras[17], bien
40 loin devant les autres ? O vrais patrons[18] de l'Enfant prodigue dont parle l'Évangile ! ô dévots enfants de la Messe de minuit[19] ! ô saint Catholicon d'Espagne[20], qui es cause que le prix des messes est redoublé, les chandelles bénites renchéries, les offrandes augmentées, et les saluts[21] multipliés ; qui es cause qu'il n'y a plus de perfides, de voleurs, d'incendiaires, de faussaires, de
45 coupe-gorges et brigands : puisque par cette sainte conversion, ils ont changé de nom, ont pris cet honorable titre de Catholiques zélés, et de gendarmes de l'Église militante. O déifiques doublons[22] d'Espagne, qui avez eu cette efficace[23] de nous faire tous rajeunir, et renouveler en une meilleure vie !

La Satire Ménippée, « Harangue de Mgr l'Archevêque de Lyon » (1594)
Orthographe modernisée

POUR LE COMMENTAIRE

1. Ironie simple et ironie différée

L'ironie simple consiste à dire le contraire de ce qu'on pense, ou de ce qu'on veut faire penser. Par exemple la phrase « N'est-ce pas une autre grande et admirable conversion... » pourrait fort bien être une phrase ironique, celui qui la prononce voulant au contraire faire comprendre que se rallier est blâmable. Mais ici, celui qui prononce la phrase est pleinement d'accord avec elle, il dit ce qu'il pense ; c'est l'auteur du discours (Rapin) qui pratique l'ironie, faisant tenir à son personnage des propos qui le ridiculisent. D'où le comique : l'ironie différée est plus drôle que l'ironie simple. On peut ainsi évoquer toutes les turpitudes de la Ligue : là où l'archevêque « voit » la conversion, le lecteur sait qu'elle n'a pas lieu, et que les ligueurs sont toujours des filous.

Étudiez ce procédé dans le texte : vous paraît-il efficace ? Relevez et analysez des exemples précis. Pensez-vous que le comique accentué du procédé porte à la Ligue un coup plus dur que ne le ferait le discours ironique d'un adversaire ?

2. Suivez dans le discours de l'archevêque **le thème évangélique** (les premiers seront les derniers) et **le thème carnavalesque** (le monde à l'envers). Quel est l'effet de leur utilisation ici ? Tous les renversements décrits par l'orateur obéissent-ils à la même loi ? **L'absurdité** de son propos est-elle plus sensible à certains moments qu'à d'autres ?

Béroalde de Verville
Le Moyen de parvenir (vers 1610-1620)

François Brouard (1556-1629), né à Paris, est le fils du théologien protestant Matthieu Brouard, dit Béroalde. Le jeune homme abjure dès 1583 la foi réformée, et multiplie les publications, sous le pseudonyme de **Béroalde de Verville** : poésie amoureuse *(Les Soupirs amoureux)*, poésie scientifique *(Les Connaissances nécessaires)*, traités alchimiques *(La Pierre philosophale)* ou politiques *(L'Idée de la République)*...

Auteur de romans (comme le cycle des *Aventures de Floride*, 1593-1596), il publie encore des volumes de « mélanges », *Le Cabinet de Minerve* (1596) ou *Le Palais des Curieux* (1612). Mélange encore, mais d'une espèce très particulière, que *Le Moyen de parvenir*, qui paraît sans marque d'imprimeur, ni nom d'auteur, vers 1610-1620.

*** *Le Moyen de parvenir*

Un banquet, auquel invite un conteur... mais il y a près de quatre cents convives. Tout le monde, les vivants et les morts, les anciens et les modernes. Diogène, Ramus, Cardan, Sapho, Sénèque, Érasme, Caton, Béroalde, Socrate, Ronsard, Albert le Grand, Artémidore, Rabelais, Lucrèce, Léon l'Hébreu, Nicolas de Cuse, Orphée, Darius, Luther, Cicéron, etc. Tout le monde. Et encore le Bonhomme, Le Premier venu, Quelqu'un, Cettui-ci, et **l'Autre**, personnage qui joue parfois le rôle du conteur ; mais le conteur revient aussi, sans se nommer du tout... On l'interpelle : il note trop de choses, il se répète... l'Autre insiste : il faut tout transcrire. Mais le scribe a tout mélangé...

Le boniment du narrateur, au début, est clair : *ce livre est le centre de tous les livres*. Il les contient tous, il les remplace tous, il les liquide tous. Il est le seul, l'unique, le vrai « moyen de parvenir ». Mais où ? Peu importe. A la fin, Quelqu'un répète : « Bien donc, dites-moi : avez-vous envie de parvenir ? Lisez ce volume de son vrai biais : il est fait comme ces peintures qui montrent d'un, et puis d'autre » (les anamorphoses)... Pour parvenir, il faut lire, mais lire c'est partir dans mille directions.

Délicatesse

Le Moyen de parvenir de **Béroalde de Verville** *est un texte incroyable qui affole le mécanisme de la culture humaniste : autorité, citation, distance, propriété, dialogue des textes, dialogue des consciences, tout est balayé. Les noms ne nomment plus rien, l'Autre est un nom comme un autre, personne n'est propriétaire du discours, mais tout le monde parle, tout le monde se parle.* **Le livre est la compilation de ce discours fou.** *Compilation inutilisable. Le Moyen de parvenir impose, au-delà du savoir et de l'utilité,* **l'ivresse du banquet de paroles**.

L'Autre dit encore : « Je veux donc que vous sachiez que je suis moi ; vous, vous êtes vous ; toi, vous êtes toi... » *Ces pronoms suffisent à désigner les partenaires de la parole, partenaires sans limites, sans identité fiable, aussitôt métamorphosés.* « Je suis moi » *ne veut pas dire que* « moi » *ait un contenu (surtout quand on s'appelle l'Autre), mais indique seulement qui parle à qui (pour le moment). Et ainsi de suite jusqu'au dessert...*

1. Jérôme Cardan, médecin, mathématicien et philosophe italien (1501-1576).

CARDAN[1]. — Il vaut bien mieux se torcher le cul avec du papier, et principalement en ce temps qu'il est à si bon marché ; en quoi nous avons barre sur les anciens, qui avaient bien de la peine à se le torcher. Je m'en rapporte au seigneur de Caramousse, grand faiseur de confitures, avec lequel je demeurais à Gênes

5 lorsque les belles confitures y furent inventées, et que nous trouvâmes le moyen qui s'y pratique maintenant et qui est le secret de ces messieurs qui font les confitures — mais ne l'allez pas découvrir. Je vous dirai ce que faisait ce grand personnage, ainsi qu'encore font les plus avisés. Il amassait le plus qu'il pouvait de torche-culs ; et quand il en avait recouvré grande quantité de bien secs et

10 dorés, il les faisait bouillir et tirait la crème qui nageait dessus, laquelle il réservait pour donner couleur aux confitures. Et notez que cela est bon à toutes sortes de confitures et de couleurs : parce qu'étant faite de tout, elle servait et sert à tout.

2. Pierre Galland, philosophe aristotélicien, adversaire de Ramus.
3. Noël Conti, mythographe italien.

GALANDIUS[2]. — Quelle délicatesse !

COMES NATALIS[3]. — Que pensez-vous qu'il y ait au monde de plus délicat ?

15 GALANDIUS. — Je ne sais.

4. *Nettoyée, purifiée
comme du grain sur un
van (ironique).*
5. *Autre convive, juriste
français.*
6. *La fortune sourit aux
audacieux, proverbe
adapté d'un vers de
Virgile.*
7. *Gloutons.*

8. *Marc Antoine Natta,
jurisconsulte du XIVe s.*
9. *Saint Côme ?*
10. *Altération de la
locution « Ce m'aide
Dieu » (que Dieu m'aide,
ou si Dieu m'aide).*
11. *Renversement du
processus alchimique
de sublimation.*
12. *Nicolas de Nancel,
helléniste.*

13. *Pierre de
La Ramée, dit Ramus,
professeur au Collège
des lecteurs royaux,
philosophe
anti-aristotélicien,
massacré lors de la
Saint-Barthélemy.*
14. *Sous une
contrainte absolue.*
15. *Le viscère de
l'entendement.*
16. *La question vient
d'être posée : « Pourquoi
est-ce que, quand on
nomme un homme sot,
il s'estime cocu ? »*
17. *Commentateur
antique d'Aristote.*
18. *Orateur athénien.*

COMES NATALIS. — C'est l'âme d'un solliciteur, d'autant qu'elle est souvent vannée[4] deçà et delà avec force affronts.

GALANDIUS. — J'ai appris de notre ami Louvet[5] que c'est l'épaule d'un procureur, parce que sitôt qu'on lui touche, il se revire incontinent pour happer de
20 l'argent : il est toujours aux écoutes. Vraiment ils y sont fort hardis ; aussi, *audaces fortuna juvat*[6].

COMES NATALIS. — Vous ne le prenez pas bien : il faut dire *edaces*[7], d'autant qu'ils mangent bien.

M. ANT. NATTA[8]. — Ce serait donc le mouvement perpétuel ?

25 ST. CONB[9]. — A dire vrai, ce Mesdieux[10], mon ami, si c'était de vous comme de moi, j'estimerais que ce fût comme le jeu de pet-en-gueule — qui est notable, d'autant qu'il est le symbole de ce qu'il y a de plus exquis : voyez-vous pas que c'est le sublime rabaissé, et la vraie circulation chimique[11], lorsque le cul sent la violette ?

30 NIC. NAN.[12]. — Vous n'y êtes pas : c'est le symbole de ceux qui, sous ombre de religion, font la guerre pour maintenir leur ambition.

RAMUS[13]. — Que ne dites-vous cela en latin ? Raphelangius se moquera encore de vous, tant vous êtes sot.

NIC. NAN.. — C'est assez, mon bon maître : j'ai, comme disait Ambroise Paré,
35 assez de latin tout fait, mais je n'en saurais faire qu'à fine force[14]. Au diable le latin ! il m'a tout emmusiqué la fressure de l'entendoire[15], et parfois je suis vraiment un grand sot...

SON FILS. — Vous avez menti, mon père : ma mère était femme de bien[16].

TÉMISTIUS[17]. — ... Et autant opiniâtre que la femme du pauvre Eschine[18], qui
40 par dépit de son mari ne voulait manger les pois qu'un à un. Son mari voulait qu'elle les mangeât en quantité ; elle ne le voulait pas ; parquoi son mari la battit, dont depuis elle fit la malade, et enfin la morte. Ah dame ! on la porta en terre ; et comme on lui jeta la terre sur les genoux, elle eut frayeur, et comme demandant pardon se mit à crier : « Je les mangerai trois à trois ! » Les prêtres
45 qui l'ouïrent, et les autres, pensant qu'elle les voulût manger ainsi, s'enfuirent.

Béroalde de VERVILLE, *Le Moyen de parvenir*, 92 (vers 1610-1620),
publié par Charles Royer, Slatkine Reprints, 1970
Orthographe modernisée

LECTURE MÉTHODIQUE

1. Étudiez **la « composition »** de ce passage. Qu'est-ce qui alimente la conversation ? Comment change-t-elle de sujet ?

2. Le discours scatologique de Cardan. En quoi le comique scatologique consiste-t-il ici ? Le propos est-il logique ? Que vient faire la référence aux Anciens ? Et l'autorité du seigneur de Caramousse ? Pourquoi des confitures ? Commentez la phrase finale de Cardan. Reportez-

vous à l'ouvrage de Bakhtine, *L'Œuvre de François Rabelais*, sur le « bas » matériel et corporel.

3. Élargissez à l'ensemble du texte l'**analyse du registre matériel et corporel.**

4. L'histoire de Témistius. A quel(s) type(s) de comique fait-elle appel ? A-t-elle un rapport avec ce qui précède ? Étudiez particulièrement le passage de la parole de Nancel à « son fils », et de ce dernier au nouveau conteur.

Pour vos essais et vos exposés

Vies des hommes illustres, publié par G. WALTER, éd. Gallimard.
Commentaires, de BLAISE DE MONLUC, publié par P. COURTEAULT, éd. Gallimard.
Singularités de la France antarctique, d'André THÉVET, publié par F. LESTRINGANT, éd. La Découverte.
Discours de la servitude volontaire, de LA BOÉTIE, publié par S. GOYARD-FABRE, éd. Garnier-Flammarion.

M. J. MOORE : *Étienne Pasquier*, éd. Poitiers, 1934.
Pierre MESNARD : *L'Essor de la philosophie politique au XVIe siècle*, éd. Vrin, 1951.
Robert AULOTTE : *Amyot et Plutarque*, éd. Droz, 1965.
Pierre MICHEL : *Blaise de Monluc*, éd. S.E.D.E.S., 1971.
René STUREL : *Jacques Amyot, traducteur des* Vies parallèles, *de Plutarque*, éd. Slatkine, 1974.

MONTAIGNE (1533-1592)

« Qui ne voit que j'ai pris
une route par laquelle, sans
cesse et sans travail, j'irai
autant qu'il y aura d'encre
et de papier au monde ? »

Montaigne,
Essais III, 9, « De la vanité »

Statue de Montaigne, rue des Écoles, à Paris, par Paul Landowsky.

Michel de Montaigne (1533-1592)

1569	La *Théologie naturelle*, de Raymond Sebond est publiée à Paris dans une traduction de Montaigne Édition de poésies et de traductions de La Boétie
1572	Début de la rédaction des *Essais*
1580	Première édition des *Essais*, à Bordeaux Livres I et II (texte A) *Journal de voyage* dicté par Montaigne (non publié avant 1774)
1582	Deuxième édition des *Essais* (quelques additions)
1587	Troisième édition, identique à la précédente
1588	Quatrième édition, comprenant de nombreuses additions, plus le Livre III (texte B)
1592	Mort de Montaigne. Il laisse un exemplaire des *Essais* couvert d'ajouts : c'est « l'exemplaire de Bordeaux » (texte C)
1595	Édition posthume des *Essais* par Marie de Gournay et Pierre de Brach

Enfance et jeunesse

Né au château de Montaigne, dans le Périgord, **Michel Eyquem** appartient à une famille de noblesse assez récente (1477). C'est lui qui abandonnera le nom d'Eyquem pour celui de la terre familiale. Libéralement élevé par son père, Pierre Eyquem, le jeune Michel a le latin pour langue maternelle. Vers 1540, il étudie au collège de Guyenne, à Bordeaux, sous la férule de maîtres comme le grand humaniste écossais Buchanan.

Après de solides études de droit il devient en 1554, conseiller à la cour des Aides de Périgueux, puis, en 1557, au parlement de Bordeaux. Il se lie à cette époque d'une indéfectible amitié avec un autre conseiller, Étienne de La Boétie (voir p. 415), dont la mort précoce, en 1563, lui cause une douleur extrême.

Des premières publications aux *Essais*

En 1565, Montaigne se marie avec Françoise de La Chassaigne, fille d'un parlementaire. La mort de Pierre Eyquem, en 1568, fait de lui l'héritier de la terre de Montaigne. L'année suivante, il publie, en témoignage de piété filiale, une traduction de la *Théologie naturelle*, de Raymond Sebond (voir p. 443). En 1570, Montaigne cède sa charge de conseiller au parlement et se voue à la publication des œuvres de La Boétie. En 1571, il est fait chevalier de l'ordre de Saint-Michel.

Le début de la rédaction des *Essais* se situe vers 1572. Montaigne lit beaucoup, notamment Sénèque, et adopte une devise d'inspiration sceptique : « Que sais-je ? » En 1577, il est attaché à la chambre du roi de Navarre. L'année suivante, il est atteint de la gravelle (voir p. 449). Il lit César, Plutarque intensément, Platon, Sénèque toujours, et les poètes latins (surtout Lucrèce, Horace, Virgile). En 1580 paraissent à Bordeaux les deux premiers livres des *Essais*.

Le voyage

Puis Montaigne voyage (Suisse, Allemagne, Italie), et séjourne à Rome. Cette expérience est retracée dans un *Journal de voyage* (inédit jusqu'au XVIIIe siècle) qui n'est qu'en partie de sa main (le reste est d'un secrétaire). Il est encore en Italie lorsqu'il est élu maire de Bordeaux (1581). Sur l'insistance d'Henri III il accepte et sera réélu en 1583, pour une nouvelle période de deux ans. Il participe aux négociations qui s'ouvrent, contre la Ligue, entre Henri III et Henri de Navarre. Sa région subit la guerre civile, puis une épidémie de peste (1585).

Dernières années

Rentré sur ses terres de Montaigne, il compose en 1586 les chapitres du troisième livre. La nouvelle édition des *Essais*, augmentée de ce livre III et de multiples additions, paraît à Paris en 1588. Lors de son séjour dans la capitale, Montaigne est enfermé une journée à la Bastille, par les Ligueurs. A Paris toujours, il fait la connaissance de Marie Le Jars de Gournay, qui deviendra sa « fille d'alliance ». En octobre 1588, il est aux états généraux de Blois, puis il rentre en Guyenne.

Il passe ses dernières années à enrichir les *Essais*. Il affiche un soutien sans faille à la personne du roi (désormais Henri IV). A sa mort, en 1592, il laisse un exemplaire des *Essais* couvert d'additions manuscrites. Marie de Gournay et le poète Pierre de Brach, autre ami de Montaigne, publieront en 1595 une édition posthume qui tient compte d'une partie de ces ajouts.

Les *Essais* (1580-1582 ; 1588 ; 1592)

Étude suivie

1. Notre méthode de présentation

Désordre et diversité

La présentation en « morceaux choisis » dénature profondément les *Essais*. En effet, choisir un morceau en privilégiant, nécessairement, tel « thème », tel « sujet », c'est casser **le mouvement** du chapitre dans lequel ce texte s'insère, mouvement erratique, fuyant, impossible à réduire aux plans et aux enchaînements d'une rhétorique bien ordonnée. Le choix du texte et son « cadrage » font perdre de vue les « sauts et gambades », les déplacements, les contradictions qui précèdent et qui suivent, indispensables pourtant à l'interprétation.

Les trois « strates » du texte

On s'est donc abstenu de recourir ici au procédé traditionnel du classement thématique, qui rassemble les morceaux en fonction de leur sujet : la mort, l'écriture, les voyages, etc. Un tel procédé donne l'impression que les *Essais* sont une série de dissertations consacrées à quelques grandes questions, ou de confidences tournant autour de quelques points privilégiés de la pensée ou des habitudes de l'auteur. On a préféré donner les extraits **dans l'ordre des chapitres du livre original**, pour donner une idée, même faible, de cet « ordre » si peu scolaire (des renvois, en fin de texte, permettent toutefois de comparer les morceaux entre eux). Dans le même esprit on a systématiquement indiqué **les trois « couches » du texte**, selon le procédé suivi par l'édition de P. Villey et V.-L. Saulnier (P.U.F.) à laquelle sont également empruntées les traductions des citations latines. **On distingue donc les « strates » A (éditions de 1580-1582), B (édition de 1588) et C (additions manuscrites de Montaigne, demeurées inédites de son vivant, sur l'exemplaire dit « de Bordeaux »).**

2. Qu'est-ce qu'un « essai » ?

Le mot « essai » signifie **expérience**, expérimentation ; mais aussi **tentative**, voire ébauche. Les « essais » de Montaigne, ce sont ses expériences de tous ordres, consignées dans un livre qui se veut sans lacune et sincère. L'« essai » concerne tout l'homme, l'âme et le corps, la raison et les sens ; il implique un libre jugement de l'individu sur son cas personnel. « L'essai », c'est ainsi **l'essai du jugement**, d'un jugement qui, à propos de tout, soit propre à celui qui l'exerce, et capable, en rompant avec tous les dogmatismes, d'envisager le particulier.

L'écriture fait partie de l'expérience, et Montaigne parlant de lui-même parle aussi de lui-même écrivant. Le titre des *Essais* désigne **un livre expérimental**, inachevable, non conforme aux préceptes de la rhétorique, qui imposent à chaque discours de suivre un ordre donné, en fonction d'un objet et d'un but précis. Le texte de Montaigne, au contraire, demeure instable, **ouvert** : c'est ce que marque l'enrichissement constant auquel il est soumis. L'auteur ajoute beaucoup plus qu'il ne corrige, au risque de se contredire. Risque accepté : le mouvement, le « change », le « branle », c'est la condition de l'homme, c'est-à-dire : de chacun. Son livre est pour Montaigne un « essai » du temps, du « passage » qui fait de l'homme mûr un vieillard, de l'homme sain un malade ; un essai des **variations** de son jugement.

Montaigne, médaille
de Georges Lay.
Monnaie de Paris.

3. Un projet qui évolue

Le projet a varié avec les années, et cette métamorphose n'est pas dissimulée : elle fait partie du livre, qui se renierait en cherchant à se recomposer pour se conformer tout entier à son dernier état. A l'origine, Montaigne notait des exemples (historiques) touchant à des questions de philosophie morale (le courage, la mort, l'imagination, etc.).

Mais bientôt, aux grands personnages cités en exemple s'ajoute un nouveau venu : Montaigne lui-même.

Le projet de se peindre, qui indignera si fort Pascal, est un projet complexe, dont la justification change suivant que Montaigne se présente en témoin de « l'humaine condition » ou de lui-même, sujet tantôt banal, tantôt extravagant, mais dont lui seul peut parler à bon droit. Ces opinions variées, qui excusent l'entreprise ou la dénigrent, lui accordant ou lui refusant l'honnêteté ou l'utilité, soulignent bien qu'il ne s'agit pas, pour Montaigne, de dogmatiser à son propre sujet ou au sujet de son livre. Il ne s'agit pas de se livrer tout connu, mais de se connaître. Ce savoir-là ne peut pas tourner en « doctrine ». Il est ouvert, perpétuellement, à « l'essai » d'un jugement qui n'a jamais fini de se libérer.

Au lecteur

Cet avertissement figure en tête de la première édition des Essais *(1580).* **L'humilité feinte,** *l'auto-déni-grement apparent sont une forme traditionnelle de* captatio benevolentiae *(procédé rhétorique visant à « capter la bienveillance » de l'auditeur ou du lecteur). Mais* **Montaigne** *renouvelle entièrement le procédé. Ce n'est pas le livre qui est mauvais (il ne saurait être autre qu'il n'est), c'est le lecteur qui n'est pas à sa place : « ce n'est pas raison » qu'il lise. S'il choisit de lire, il est donc tenu d'accepter ce contrat d'un genre nouveau.*

1. *Afin que.*

2. *Certains.*

3. *Vive, vivante.*

4. *D'une allure, dans une posture étudiée.*

5. *Effort.*

6. *Au naturel.*

7. *Naturelle.*

8. *Le respect du public, des règles du comportement public.*

[A] C'est icy un livre de bonne foy, lecteur. Il t'advertit dès l'entrée, que je m'y suis proposé aucune fin, que domestique et privée. Je n'y ay eu nulle consideration de ton service, ny de ma gloire. Mes forces ne sont pas capables d'un tel dessein. Je l'ay voué à la commodité particuliere de mes parens et amis :
5 à ce que[1] m'ayant perdu (ce qu'ils ont à faire bien tost) ils y puissent retrouver aucuns[2] traits de mes conditions et humeurs, et que par ce moyen ils nourrissent plus entiere et plus vifve[3], la connoissance qu'ils ont eu de moy. Si c'eust esté pour rechercher la faveur du monde, je me fusse mieux paré et me presanterois en une marche estudiée[4]. Je veus qu'on m'y voie en ma façon simple, naturelle
10 et ordinaire, sans contention[5] et artifice : car c'est moy que je peins. Mes defauts s'y liront au vif[6], et ma forme naïfve[7], autant que la reverence publique[8] me l'a permis. Que si j'eusse esté entre ces nations qu'on dict vivre encore sous la douce liberté des premieres loix de nature, je t'asseure que je m'y fusse tres-volontiers peint tout entier, et tout nud. Ainsi, lecteur, je suis moy-mesmes la
15 matiere de mon livre : ce n'est pas raison que tu employes ton loisir en un subject si frivole et si vain. A Dieu donq, de Montaigne, ce premier de Mars mille cinq cens quatre vingts.

MONTAIGNE, *Essais*, « Au lecteur » (1580)

Château de Montaigne,
en Dordogne.

POUR LE COMMENTAIRE

1. Le paradoxe central de cet avis au lecteur. Dans quelle phrase est-il exprimé le plus crûment ? Quelle situation le lecteur est-il obligé d'accepter ?

2. Comment Montaigne **justifie-t-il son projet** ? A quelle(s) conception(s) de l'écriture s'oppose-t-il ?

3. Que pensez-vous de la référence à « ces nations qu'on dit vivre encore... » ? Voyez « Des Cannibales », p. 438, et « De l'exercitation », p. 440.

4. « Or je me pare sans cesse, car je me décris sans cesse. » Quelle est **la difficulté** rencontrée par le projet de **se peindre « au naturel »** ?

1. *Essais*, Livre I

I, 8. « De l'oisiveté »

*Voici le texte intégral de ce bref chapitre, demeuré exempt de toute addition sur l'exemplaire de Bordeaux. L'édition de 1588 l'avait, auparavant, enrichi de deux citations. Mais l'essentiel du texte est resté le même : envisageant à ses débuts l'entreprise de l'écrivain, **il offre un point de vue singulier**, daté, difficile à compléter ou à modifier par des ajouts ultérieurs. En revanche, d'autres chapitres, de 1580 à 1588, reviendront abondamment sur le sujet (le livre, son auteur, leur justification), en transformant la perspective.*

« Le cheval échappé »

[A] Comme nous voyons des terres oisives[1], si elles sont grasses et fertiles, foisonner en cent mille sortes d'herbes sauvages et inutiles, et que, pour les tenir en office[2], il les faut assujettir et employer à certaines semences, pour notre service ; et comme nous voyons que les femmes produisent bien toutes seules,
5   des amas et pièces de chair informes, mais que pour faire une génération bonne et naturelle, il les faut embesogner[3] d'une autre semence : ainsi est-il des esprits. Si on ne les occupe à certain sujet[4], qui les bride et contraigne, ils se jettent déréglés, par ci et par là, dans le vague champ des imaginations,

[B]   *Sicut aquae tremulum labris ubi lumen ahenis*
10   *Sole repercussum, aut radiantis imagine Lunae*
            Omnia pervolitat late loca, jamque sub auras
            Erigitur, summioque ferit laquaria tecti [5].

[A] Et n'est folie ni rêverie[6], qu'ils ne produisent en cette agitation,
                velut aegri somnia, vanae
15   *Finguntur species* [7].
L'âme qui n'a point de but établi, elle se perd : car, comme on dit, c'est n'être en aucun lieu, que d'être par tout.

[B] *Quisquis ubique habitat, Maxime, nusquam habitat* [8].

[A] Dernièrement que je me retirai chez moi, délibéré[9] autant que je pourrais,
20   ne me mêler d'autre chose que de passer en repos, et à part[10], ce peu qui me reste de vie : il me semblait ne pouvoir faire plus grande faveur à mon esprit, que de le laisser en pleine oisiveté, s'entretenir soi-même, et s'arrêter et rasseoir en soi : ce que j'espérais qu'il pût meshuy[11] faire plus aisément, devenu avec le temps plus poisant[12], et plus mûr. Mais je trouve,
25   *variam semper dant otia mentem* [13],
qu'au rebours, faisant le cheval échappé, il se donne cent fois plus d'affaire[14] à soi-même, qu'il n'en prenait pour autrui ; et m'enfante tant de chimères et monstres fantasques les uns sur les autres, sans ordre, et sans propos, que pour en contempler à mon aise l'ineptie et l'étrangeté, j'ai commencé de les mettre
30   en rôle[15], espérant avec le temps lui en faire honte à lui-même.

MONTAIGNE, *Essais*, I, 8, « De l'oisiveté ». Orthographe modernisée

---

1. *En friche.* — 2. *Maintenir dans le devoir.* — 3. *« Embesogner »* *signifie à la fois occuper, employer, et faire l'amour avec.* — 4. *A un sujet déterminé.* — 5. *« Ainsi lorsque dans un vase d'airain une onde agitée réfléchit le soleil ou l'image rayonnante de la lune, les reflets de lumière voltigent de tous côtés, s'élèvent dans les airs, et vont frapper les plus hauts lambris ». (Virgile, Énéide, VIII, 22).* — 6. *Délire informe.* — 7. *« Ils se forgent des chimères, vrais songes de malades » (Horace, Art poétique, 7 : il s'agit des mauvais poètes).* — 8. *« Qui habite partout, Maxime, n'habite nulle part » (Martial, VII, LXXIII).* — 9. *Décidé à.* — 10. *A l'écart.* — 11. *Désormais.* — 12. *Pesant.* — 13. *« L'oisiveté dissipe toujours l'esprit en tous sens » (Lucain, Pharsale, IV, 704).* — 14. *Embarras.* — 15. *Les enregistrer par écrit.*

ÉTUDE COMPARÉE

1. Comparez cette version des **motifs de l'écriture** avec celle défendue dans l'avis « Au lecteur ».

2. Quel est celui des deux projets qui vous paraît le plus élaboré ? Quel lien voyez-vous, de l'un à l'autre ? Comparez encore avec « Du repentir », p. 451.

RECHERCHE

Vous comparerez les thèmes de l'oisiveté , de la solitude, de la rêverie, de l'écriture et de l'informe, dans les *Essais* et dans les *Rêveries du promeneur solitaire*, de ROUSSEAU. Un travail du même ordre pourra être mené à partir de *La Nausée*, de SARTRE.

I, 20. « Que philosopher c'est apprendre à mourir »

*Ce chapitre donne à lire, mais de manière diffuse, l'attitude de **Montaigne** face à la mort, associant les rigoureux exercices de l'impassibilité stoïcienne à des conseils d'apparence moins austère, plus détendue.*

*On part d'une idée de Cicéron, « que philosopher ce n'est autre chose que s'apprêter à la mort », c'est-à-dire, selon Montaigne : effacer en nous la crainte de la mort. Une longue addition de C développe alors l'idée qu'en la vertu même, nous visons le plaisir, une volupté qui, pour être supérieure, n'en est que plus voluptueuse. Or, **il n'y a pas de volupté possible pour qui a peur de la mort.** L'accent, ici, est nettement anti-stoïcien. Mais on observe que dès 1580, l'attitude stoïcienne consistant à « se raidir », à « s'efforcer », n'est qu'un moyen, un moyen pratique, parmi d'autres, de **surmonter la peur.** Tel est l'objectif du chapitre, et tous les arguments sont bons pour rassurer le lecteur, et l'auteur lui-même.*

*Montaigne donnera ensuite la parole à la Nature **(prosopopée)**, qui démontre à tous (et à chacun selon sa nature) que la mort est naturelle, et qu'elle n'est rien.*

L'art de « se dénouer »

1. Ne contribue.
2. Adresse, ingéniosité.
3. Apte à m'enfoncer dans mes pensées (le terme n'est pas nécessairement péjoratif).
4. Images mentales.
5. « Quand mon âge dans sa fleur jouissait de son printemps ». (Catulle, LXVIII, 16).
6. Embarrassé.
7. En sortant.
8. Nous dirions : au nez.
9. « Bientôt le présent sera passé, et jamais plus nous ne pourrons le rappeler ». (Lucrèce, III, 915).
10. Pas plus.
11. Pensée.
12. Au départ.
13. Avec le temps.
14. A coup sûr.
15. De ma nature.
16. Jouir + c.o.d. : tournure gasconne que Pasquier reproche à Montaigne.
17. Je me rechante.
18. Ce hasard.
19. « Aucun homme n'est plus fragile que son voisin, aucun n'est plus assuré du lendemain ». (Sénèque, Lettres, XCI).
20. Ce dont j'ai à m'occuper.
21. Parce que je n'étais pas sûr.
22. En homme qui.
23. A l'égard de.
24. Autant que nous le pouvons.
25. Prendre soin de n'avoir.
26. « Pourquoi, dans une vie si courte, cette ardeur à former tant de projets ? » (Horace, Odes, II, XVI, 17).

[A] A la vérité, en toutes choses, si nature ne prête[1] un peu, il est malaisé que l'art et l'industrie[2] aillent guère avant. Je suis de moi-même non mélancolique, mais songe-creux[3]. Il n'est rien de quoi je me sois dès toujours entretenu que des imaginations[4] de la mort : voire en la saison la plus licencieuse de mon âge,

5   [B] *Jucundum cum aetas florida ver ageret*[5],

[A] Parmi les dames et les jeux, tel me pensait empêché[6] à digérer à part moi quelque jalousie, ou l'incertitude de quelque espérance, cependant que je m'entretenais de je ne sais qui, surpris les jours précédents d'une fièvre chaude et de sa fin, au partir[7] d'une fête pareille, et la tête pleine d'oisiveté, d'amour et

10 de bon temps, comme moi, et qu'autant m'en pendait à l'oreille[8] :

[B] *Jam fuerit, nec post unquam revocare licebit*[9].

[A] Je ne ridais non plus[10] le front de ce pensement[11]-là, que d'un autre. Il est impossible que d'arrivée[12] nous ne sentions des piqûres de telles imaginations. Mais en les maniant et repassant, au long aller[13], on les apprivoise sans doute[14].

15 Autrement de ma part[15] je fusse en continuelle frayeur et frénésie : car jamais homme ne se défia tant de sa vie, jamais homme ne fit moins d'état de sa durée. Ni la santé, que j'ai joui[16] jusques à présent très vigoureuse et peu souvent interrompue, ne m'en allonge l'espérance, ni les maladies ne me l'accourcissent. A chaque minute il me semble que je m'échappe. [C] Et me rechante[17] sans

20 cesse : « Tout ce qui peut être fait un autre jour, le peut être aujourd'hui ». [A] De vrai les hasards et dangers nous approchent peu ou rien de notre fin ; et si nous pensons combien il en reste, sans cet accident[18] qui semble nous menacer le plus, de millions d'autres sur nos têtes, nous trouverons que, gaillards et fiévreux, en la mer et en nos maisons, en la bataille et en repos, elle nous est également

25 près. [C] *Nemo altero fragilior est : nemo in crastinum sui certior*[19]. [A] Ce que j'ai affaire[20] avant mourir, pour l'achever tout loisir me semble court, fût-ce d'une heure. Quelqu'un, feuilletant l'autre jour mes tablettes, trouva un mémoire de quelque chose, que je voulais être faite après ma mort. Je lui dis, comme il était vrai, que, n'étant qu'à une lieue de ma maison, et sain et gaillard, je m'étais hâté

30 de l'écrire là, pour ne m'assurer point[21] d'arriver jusque chez moi. [C] Comme celui qui[22] continuellement me couve de mes pensées, et les couche en moi, je suis à toute heure préparé environ[23] ce que je puis être. Et ne m'avertira de rien de nouveau la survenance de la mort.

[A] Il faut être toujours botté et prêt à partir, en tant qu'en nous est[24], et sur

35 tout se garder qu'on n'ait[25] lors affaire qu'à soi :

[B] *Quid brevi fortes jaculamur aevo multa*[26] ?

[A] Car nous y aurons assez de besogne, sans autre surcroît. L'un se plaint plus que de la mort, dequoi elle lui rompt le train d'une belle victoire ; l'autre, qu'il

27. *Contrôlé.*
28. *L'éducation.*
29. *Regrette.*
30. *Peser.*
31. *Partout, de tous côtés.*
32. *Je me propose.*
33. *« Malheureux, ô malheureux que je suis ! disent-ils, un seul jour néfaste m'enlève tous les biens de la vie ».* (Lucrèce, III, 898).
34. *« Mon œuvre demeure inachevée, énormes pans de murs qui menacent ruine ».* (Virgile, Énéide, IV, 88).
35. *Projeter.*
36. *De se désespérer de n'en pas voir la fin.*
37. *« Je veux que la mort me surprenne au milieu de mon travail ».* (Ovide, Amours, II, X, 36).
38. *Non terminé, inachevé.*

40 — lui faut déloger avant qu'avoir marié sa fille, ou contrerôlé[27] l'institution[28] de ses enfants : l'un plaint[29] la compagnie de sa femme, l'autre de son fils, comme commodités principales de son être.

[C] Je suis pour cette heure en tel état, Dieu merci, que je puis déloger quand il lui plaira, sans regret de chose quelconque, si ce n'est de la vie, si sa perte vient à me poiser[30]. Je me dénoue par tout[31] ; mes adieux sont à demi pris de chacun, 45 — sauf de moi. Jamais homme ne se prépara à quitter le monde plus purement et pleinement, et ne s'en déprit plus universellement que je m'attends[32] de faire.

[B] *Miser ô miser, aiunt, omnia ademit*
Una dies infesta mihi tot praemia vitae [33].

[A] Et le bâtisseur :
50 — *Manent* (dit-il) *opera interrupta, minaeque*
Murorum ingentes [34].

Il ne faut rien desseigner[35] de si longue haleine, ou au moins avec telle intention de se passionner pour n'en voir la fin[36]. Nous sommes nés pour agir :
Cum moriar, medium solvar et inter opus [37].
55 — Je veux qu'on agisse, [C] et qu'on allonge les offices de la vie tant qu'on peut, [A] et que la mort me trouve plantant mes choux, mais nonchalant d'elle, et encore plus de mon jardin imparfait[38].

Montaigne, Essais, I, 20, « Que philosopher c'est apprendre à mourir »
Orthographe modernisée

Le Bain des hommes,
gravure de Dürer, 1496.
Philadelphie, Museum of Art.

POUR LE COMMENTAIRE

1. Le problème de la mort. Montrez que, loin d'être posé de façon abstraite, il entretient un rapport étroit avec la personnalité et l'expérience de l'auteur. Étudiez :
— les données de la « nature » de Montaigne ;
— la relation de Montaigne avec lui-même : montrez l'importance de l'ajout, l. 30 : « Comme celui qui continuellement, etc. » Peut-on aller plus loin, et mettre en rapport ceci avec la conception des *Essais* ?

2. L'individualisme de Montaigne et sa **conception de l'action**. Comparez notamment avec « De mesnager sa volonté », p. 454.

3. Trouvez-vous dans ce passage des **différences** notables **de point de vue entre les strates A, B et C** ? Examinez de près, notamment, les ajouts de C : montrez comment le nouveau texte s'insère dans l'ancien ; mettez en évidence quelques techniques de la « farcissure ».

GROUPEMENT THÉMATIQUE

L'homme et la mort

Continuez la discussion de Montaigne, avec les données d'aujourd'hui : l'attitude contemporaine face à la mort est-elle comparable à la sienne ?

Examinez le discours sur la mort dans la presse, la publicité, etc. Le cas échéant, versez au dossier des textes de fiction comme : *La Mort d'Ivan Illitch*, de Tolstoï, 1887. — *Tandis que j'agonise*, de William Faulkner, 1934. — *La Mort de Virgile*, d'Hermann Broch, 1945. — *Tous les hommes sont mortels*, 1946 et *Une mort très douce*, 1964, de Simone de Beauvoir. — *Malone meurt*, de Samuel Beckett, 1951.

On pourra consulter, de Vladimir Jankélévitch, *La Mort*, éd. Flammarion, coll. « Champs », 1977.

I, 26. « De l'institution des enfants »

Le jugement et l'expérience

*Adressé à Diane de Foix, comtesse de Gurson, qui attend un enfant, ce chapitre contient l'**essentiel des idées pédagogiques de Montaigne**. Idées **libérales**, d'ascendance érasmienne, consacrées à l'« institution » d'un garçon noble.*

*Il n'y a d'éducation qu'individuelle : le premier devoir du maître est de prendre en compte **la nature** de son élève. Le second, de chercher à former d'abord le jugement : la science, les « disciplines » ne viendront qu'ensuite. « Savoir par cœur n'est pas savoir », il faut d'abord juger, choisir. On mettra donc l'élève au contact de la philosophie morale : qu'il s'occupe, non des mots, ni de l'autorité, mais « du sens et de la substance » ; « il choisira s'il peut, sinon il en demeurera en doute »... On le mettra encore au contact du monde et des hommes : il devra voyager « dès sa tendre enfance » pour « frotter et limer (sa) cervelle contre celle d'autrui » et apprendre sans peine les langues. On lui fera **sentir la solidarité de son âme et de son corps, de ses facultés morales et physiques**. On le formera à être « très loyal serviteur de son Prince », mais sans aliéner sa liberté intérieure à la manière des courtisans.*

Une énonciation de la liberté

« Entre les arts libéraux, commençons par l'art qui nous fait libres », et non par ceux qui s'adressent d'abord à la mémoire et font violence à l'apprenti. « Pour tout ceci, je ne veux pas qu'on emprisonne ce garçon »... Montaigne conclut par une réflexion sur le langage : « Le parler que j'aime, c'est un parler simple et naïf (= naturel), tel sur le papier qu'à la bouche... » Les choses doivent faire oublier les mots.

« J'y ferais pourtraire la joie... »

*Dans ce passage, **Montaigne** insiste sur le **rôle central**, dans son « institution », de la « **philosophie** », et condamne le régime, tout opposé, qui sévit dans les collèges.*

[A] Au nôtre[1], un cabinet, un jardin, la table et le lit, la solitude, la compagnie, le matin et le vêpre[2], toutes heures lui seront une[3], toutes places lui seront étude[4] : car la philosophie, qui, comme formatrice
5 des jugements et des mœurs, sera sa principale leçon, a ce privilège de se mêler par tout. Isocrate[5] l'orateur, étant prié en un festin de parler de son art, chacun trouve qu'il eut raison de répondre : « Il n'est pas maintenant temps de ce que je sais faire ; et ce
10 dequoi il est maintenant temps, je ne le sais pas faire. » Car de présenter des harangues ou des disputes[6] de rhétorique à une compagnie assemblée pour rire et faire bonne chère, ce serait un mélange de trop mauvais accord. Et autant en pourrait-on
15 dire de toutes les autres sciences. Mais, quant à la philosophie, en la partie où elle traite de l'homme et de ses devoirs et offices, ç'a été le jugement commun de tous les sages, que, pour la douceur de sa conversation[7], elle ne devait être refusée ni aux
20 festins ni aux jeux. Et Platon l'ayant invitée à son convive[8], nous voyons comme elle entretient l'assistance d'une façon molle et accommodée au temps et au lieu, quoi que[9] ce soit de ses plus hauts discours[10] et plus salutaires :
25 *Æque pauperibus prodest, locupletibus æque ;*
Et, neglecta, æque pueris senibusque nocebit[11].

Ainsi, sans doute, il chômera moins que les autres. Mais, comme les pas que nous employons à nous promener dans une galerie, quoi qu'il y en ait trois
30 fois autant, ne nous lassent pas comme ceux que nous mettons à quelque chemin desseigné[12], aussi notre leçon, se passant comme par rencontre[13], sans obligation de temps et de lieu, et se mêlant à toutes nos actions, se coulera sans se faire sentir. Les jeux
35 mêmes et les exercices seront une bonne partie de l'étude : la course, la lutte, [C] la musique, [A] la danse, la chasse, le maniement des chevaux et des armes. Je veux que la bienséance extérieure[14], et l'entre-gent[15], [C] et la disposition de la personne[16],
40 [A] se façonne quant et quant[17] l'âme. Ce n'est pas une âme, ce n'est pas un corps qu'on dresse : c'est un homme ; il n'en faut pas faire à deux[18]. Et, comme dit Platon, il ne faut pas les dresser l'un sans l'autre, mais les conduire également, comme un
45 couple de chevaux attelés à même timon[19]. [C] Et, à l'ouïr[20], semble-t-il pas prêter plus de temps et de sollicitude aux exercices du corps, et estimer que l'esprit s'en exerce quant et quant[21], et non au rebours.
50 [A] Au demeurant, cette institution se doit conduire par une sévère douceur, non comme il se fait. Au lieu de convier les enfants aux lettres, on ne

leur présente, à la vérité, que horreur et cruauté. Ôtez-moi la violence et la force : il n'est rien à mon avis qui abâtardisse et étourdisse si fort une nature bien née. Si vous avez envie qu'il craigne la honte et le châtiment, ne l'y endurcissez pas. Endurcissez-le à la sueur et au froid, au vent, au soleil et aux hasards qu'il lui faut mépriser ; ôtez-lui toute mollesse et délicatesse au vêtir et coucher, au manger et au boire ; accoutumez-le à tout. Que ce ne soit pas un beau garçon et dameret[22], [C] mais un garçon vert et vigoureux. Enfant, homme, vieil[23], j'ai toujours cru et jugé de même. Mais, entre autres choses, cette police[24] de la plupart de nos collèges m'a toujours déplu. On eût failli à l'aventure[25] moins dommageablement, s'inclinant vers l'indulgence. C'est une vraie geôle de jeunesse captive. On la rend débauchée, l'en punissant avant qu'elle le soit. Arrivez-y sur le point de leur office[26], vous n'oyez que

cris et d'enfants suppliciés, et de maîtres enivrés en leur colère. Quelle manière pour éveiller l'appétit envers leur leçon, à ces tendres âmes et craintives, de les y guider d'une trogne effroyable[27], les mains armées de fouets ? Inique et pernicieuse forme[28]. Joint ce que Quintilien[29] a en très bien remarqué, que cette impérieuse autorité tire des suites[30] périlleuses, et nommément à notre façon de châtiment[31] ! Combien leurs classes seraient plus décemment[32] jonchées de fleurs et de feuilles que de tronçons d'osier sanglants. J'y ferais pourtraire[33] la joie, l'allégresse et Flora et les Grâces, comme fit en son école le philosophe Speusippus[34]. Où est leur profit, que ce fût aussi leur ébat[35]. On doit ensucrer les viandes[36] salubres à l'enfant, et enfieller celles qui lui sont nuisibles.

MONTAIGNE, *Essais*, I, 26, « De l'institution des enfants ». Orthographe modernisée

1. *Au garçon dont Montaigne imagine l'« institution ».* — 2. *Le soir.* — 3. *Indifférentes.* — 4. *Salle d'étude.* — 5. *Orateur athénien des Ve-IVe s. av. J.-C.* — 6. *Discussions menées selon les lois de la rhétorique.* — 7. *A cause de la douceur de son commerce.* — 8. *Banquet.* — 9. *Quoique.* — 10. *Sujets (de réflexion).* — 11. *« Elle est utile également aux pauvres et aux riches ; et, s'ils la négligent, jeunes et vieux également auront à s'en repentir » (Horace, Épîtres, I, I, 25).* — 12. *Déterminé.* — 13. *Par hasard.* — 14. *Apparence convenable, harmonieuse.* — 15. *L'art des relations sociales.* — 16. *Souplesse, aisance.* — 17. *En même temps.* —

18. *N'en pas faire à deux : ne pas séparer ce qui est un.* — 19. *Allusion à une célèbre représentation du Timée.* — 20. *A entendre Platon.* — 21. *En même temps.* — 22. *Efféminé.* — 23. *Vieux.* — 24. *Méthode d'éducation.* — 25. *Peut-être.* — 26. *Travail.* — 27. *D'un visage terrifiant.* — 28. *Manière.* — 29. *Rhéteur romain du Ier s. ap. J.-C., auteur de l'Institution oratoire.* — 30. *Entraîne des conséquences.* — 31. *Et notamment notre manière de châtier.* — 32. *Convenablement.* — 33. *Représenter (peindre).* — 34. *Neveu de Platon, et son successeur à la tête de l'Académie.* — 35. *Leur plaisir.* — 36. *Nourritures.*

L'École, détail d'une gravure de Bruegel le Vieux. Paris, B.N.

ÉTUDE SUIVIE

1. Montrez ce qui distingue **la philosophie** des autres sciences, et notamment de la rhétorique. Pourquoi est-elle l'article fondamental de l'éducation selon Montaigne ?

2. Comment passe-t-on, dans le texte, **de la philosophie aux exercices du corps** ? Montrez la cohérence de l'ensemble, et relevez quelques formules brèves et décisives. Comparez avec la fin du chapitre III, 13, « De l'expérience », p. 457.

3. Montaigne et la cruauté. Relevez tout ce qui, dans la seconde partie du texte, indique l'émotion de l'auteur, et son intention de persuader, de faire toucher du doigt l'erreur qu'il dénonce.

ÉTUDE COMPARÉE

Comparez avec les textes de **Rabelais**, pp. 244-245. Qu'est-ce qui demeure commun à ces deux humanistes érasmiens ? Qu'est-ce qui a changé ?

GROUPEMENT THÉMATIQUE

Programmes et récits d'éducation

FÉNELON : *Traité de l'éducation des filles*, 1687 ; *Télémaque*, 1699. — ROUSSEAU : *L'Émile*, 1762. — LACLOS : *De l'éducation des femmes*, 1783. — KIPLING : *Stalky et Cie*. — Jules VERNE : *Deux Ans de vacances*, 1888. — André GIDE : *Les Nourritures terrestres*, 1895. — Robert MUSIL : *Les Désarrois de l'élève Törless*, 1906.

I, 28. « De l'amitié »

L'œuvre de l'autre

*Au centre exact du premier livre, les chapitres 28 et 29 sont voués au **souvenir de La Boétie**. Le chapitre 29 est une brève introduction à « Vingt et neuf sonnets d'Estienne de La Boétie », qui figurèrent dans les Essais jusqu'en 1588 (**Montaigne** les supprima alors, ces vers étant parus ailleurs). L'auteur voulait, à l'origine, publier le Discours de la servitude volontaire (voir p. 415). Mais, parce que « cet ouvrage a été depuis mis en lumière, et à mauvaise fin » (par des polémistes protestants), l'ami fidèle renonce à ce projet.*

Le cadre et le tableau

Tout ceci est exposé dans le chapitre 28, « De l'amitié ». Montaigne, au début, se compare à un peintre qui place au milieu d'un mur un tableau parfait, puis l'entoure de « crotesques (= grotesques), qui sont peintures fantasques, n'ayant grâce qu'en la variété et étrangeté ». « Que sont-ce ici aussi, à la vérité, que crotesques et corps monstrueux, rapiécés de divers membres, sans certaine figure, n'ayant ordre, suite ni proportion que fortuité ? » Le tableau aurait donc dû être le Discours de La Boétie ; et les Essais sont ainsi comparés à ces cadres compliqués, chers à l'esthétique maniériste, où le regard se perd...

En hommage à l'ami perdu Montaigne n'entame pas, sur le mode solennel, une dissertation sur l'amitié. Il a plutôt l'idée de publier l'œuvre de son alter ego, et de situer son propre discours dans les marges : loin de la rhétorique, plus près de la vérité. Le Discours, finalement, ne paraîtra pas : le cadre n'a pas vraiment de centre.

Le Parmesan, *Portrait de jeune homme.* Paris, Musée du Louvre.

« *Au-delà de tout mon discours* »

1. Se lient.
2. Son amitié avec La Boétie.
3. P. Villey indique que, sur l'exemplaire de Bordeaux, il y eut deux ajouts successifs ; d'abord « par ce que c'estoit luy », ensuite « par ce que c'estoit moy ».
4. Jugement.

[A] Au demeurant, ce que nous appelons ordinairement amis et amitiés, ce ne sont qu'accointances et familiarités nouées par quelque occasion ou commodité, par le moyen de laquelle nos âmes s'entretiennent[1]. En l'amitié dequoi je parle[2], elles se mêlent et se confondent l'une en l'autre, d'un mélange si universel, qu'elles effacent et ne retrouvent plus la couture qui les a jointes. Si on me presse
5 de dire pourquoi je l'aimais, je sens que cela ne se peut exprimer, [C] qu'en répondant : « Parce que c'était lui ; parce que c'était moi[3] ».
[B] Il y a, au-delà de tout mon discours[4], et de ce que j'en puis dire particulièrement, ne sais quelle force inexplicable et fatale, médiatrice de cette union. [C]

5. *Effet.*

6. *Que des rapports (propos tenus sur quelqu'un) ne devraient raisonnablement en faire.*

7. *Liés.*

8. *La rapidité de notre accord.*

9. *Commerce des esprits.*

10. *Modèle.*

11. *En alchimie, le plus subtil extrait d'un corps.*

12. *Émulation.*

10 Nous nous cherchions avant que de nous être vus, et par des rapports que nous oyions l'un de l'autre, qui faisaient en notre affection plus d'effort[5] que ne porte la raison des rapports[6], je crois par quelque ordonnance du ciel : nous nous embrassions par nos noms. Et à notre première rencontre, qui fut par hasard en une grand fête et compagnie de ville, nous nous trouvâmes si pris, si connus, si
15 obligés[7] entre nous, que rien dès lors ne nous fut si proche que l'un à l'autre. Il écrivit une Satire latine excellente, qui est publiée, par laquelle il excuse et explique la précipitation de notre intelligence[8], si promptement parvenue à sa perfection. Ayant si peu à durer, et ayant si tard commencé, car nous étions tous deux hommes faits, et lui plus de quelque année, elle n'avait point à perdre
20 temps, et à se régler au patron des amitiés molles et régulières, auxquelles il faut tant de précautions de longue et préalable conversation[9]. Cette-ci n'a point d'autre idée[10] que d'elle-même, et ne se peut rapporter qu'à soi. [A] Ce n'est pas une spéciale considération, ni deux, ni trois, ni quatre, ni mille : c'est je ne sais quelle quinte essence[11] de tout ce mélange, qui, ayant saisi toute sa volonté,
25 l'amena se plonger et se perdre en la mienne, d'une faim, d'une concurrence[12] pareille. [A] Je dis perdre, à la vérité, ne nous réservant rien qui nous fût propre, ni qui fût ou sien ou mien.

MONTAIGNE, *Essais*, I, 28, « De l'amitié »
Orthographe modernisée

POUR LE COMMENTAIRE

1. Quel est l'effet produit par le fait qu'un tel texte est écrit **au passé** ?

2. Qu'est-ce qui **caractérise**, selon Montaigne, cette **amitié** « de quoi (il) parle » ?

3. Pourquoi cette expérience est-elle **capitale** ? A quoi échappe-t-elle radicalement ? De quelles autres expériences pourrait-on, de ce point de vue, la rapprocher ?

ÉTUDE COMPARÉE

Comparez ce propos avec cet autre texte de MONTAIGNE :

« [C] J'ai pris plaisir à publier en plusieurs lieux l'espérance que j'ai de Marie de Gournay le Jars[1], ma fille d'alliance : et certes aimée de moi beaucoup plus que paternellement, et enveloppée en ma retraite et solitude, comme l'une des meilleures parties de mon propre être. Je ne regarde plus qu'elle au monde. Si l'adolescence peut donner présage, cette âme sera quelque jour capable des plus belles choses, et entre autres de la perfection de cette très sainte amitié où nous ne lisons point que son sexe ait pu monter encore : la sincérité et la solidité de ses mœurs y sont déjà bastantes[2], son affection vers moi plus que surabondante, et telle en somme qu'il n'y a rien à souhaiter, sinon que l'appréhension qu'elle a de ma fin, par les cinquante et cinq ans auxquels elle m'a rencontré, la travaillât moins cruellement. Le jugement qu'elle fit des premiers Essais, et femme, et en ce siècle, et si jeune, et seule en son quartier[3], et la véhémence fameuse dont elle m'aima et me désira[4] long temps sur la seule estime qu'elle en prit de moi, avant m'avoir vu, c'est un accident[5] de très digne considération. »

MONTAIGNE, *Essais*, II, 17, « De la présomption »

1. *Voir p. 428.* — 2. *Suffisantes.* — 3. *Sa région (la Picardie).* — 4. *Désira me rencontrer.* — 5. *Événement.*

Marie le Jars de Gournay, par Jean Mathews.
Paris, B.N.

I, 31. « Des cannibales »

Tiré d'un mot espagnol (lui-même d'origine caraïbe), le nom de Cannibale s'applique, au XVIᵉ siècle, aux populations anthropophages de l'Amérique récemment découverte. Chez **Montaigne**, *« Cannibales » s'entend généralement des « nations » de la côte brésilienne (pour une autre acception, voir Thevet, p. 413).*

Montaigne dit se fonder surtout sur le témoignage oral d'un membre de l'expédition Villegagnon. Il s'agit d'un « homme simple et grossier », apte par conséquent à rapporter « les choses pures », sans les déformer par l'interprétation. Donc, entre le Cannibale, lui-même témoin de la « pureté » des lois naturelles, et le jugement de Montaigne, « l'homme grossier » est un relais idéal.

Ce chapitre est **un jalon important sur la voie conduisant au mythe du « bon sauvage »** *cher aux philosophes des Lumières. Pour Montaigne il s'agit surtout de montrer à l'homme la* **relativité de ses coutumes** *et aux Français de 1580 leur inhumanité : « Je pense qu'il y a plus de barbarie à manger un homme vivant qu'à le manger mort, à déchirer, par tourments et par géhennes, un corps encore plein de sentiment [...], que de le rôtir et manger après qu'il est trépassé. »*

Vie et mœurs des cannibales

1. *Parce qu'elles ont été très peu façonnées...*

2. *Naturel.*

3. *Législateur légendaire de Sparte.*

4. *L'Age d'or.*

5. *Imaginer, représenter.*

6. *Commerce.*

7. *Servage, ou toute forme de dépendance sociale.*

8. *Élargi à l'ensemble de la communauté.*

9. *Mots.*

10. *Médisance.*

11. *Platon.*

12. *« Hommes qui sortent tout fraîchement de la main des dieux »* *(Sénèque, Lettres, XC).*

13. *« Voilà les premières lois que donna la nature »* *(Virgile, Géorgiques, II, 20).*

14. *Situés, installés.*

15. *Entre les deux (la mer et la montagne).*

16. *Quoique.*

17. *Dans cette posture.*

18. *De flèches.*

19. *Capables de contenir.*

20. *Qu'ils s'en servent pour couper.*

21. *Aussitôt.*

22. *Auteur prétendu d'une compilation byzantine du Xᵉ s.*

[A] Ces nations me semblent donc ainsi barbares, pour avoir reçu fort peu de façon[1] de l'esprit humain, et être encore fort voisines de leur naïveté[2] originelle. Les lois naturelles leur commandent encore, fort peu abâtardies par les nôtres ; mais c'est en telle pureté, qu'il me prend quelquefois déplaisir dequoi la connais-
5 sance n'en soit venue plus tôt, du temps qu'il y avait des hommes qui en eussent su mieux juger que nous... Il me déplaît que Lycurgus[3] et Platon ne l'aient eue ; car il me semble que ce que nous voyons par expérience en ces nations-là, surpasse, non seulement toutes les peintures de quoi la poésie a embelli l'âge doré[4], et toutes ses inventions à feindre[5] une heureuse condition d'hommes, mais
10 encore la conception et le désir même de la philosophie. Ils n'ont pu imaginer une naïveté si pure et simple, comme nous la voyons par expérience ; ni n'ont pu croire que notre société se peut maintenir avec si peu d'artifice et de soudure humaine. C'est une nation, dirais-je à Platon, en laquelle il n'y a aucune espèce de trafique[6] ; de supériorité politique ; nul usage de service[7], de richesse ou de
15 pauvreté ; nuls contrats ; nulles successions ; nuls partages ; nulles occupations qu'oisives ; nul respect de parenté que commun[8] ; nuls vêtements ; nulle agricul-ture ; nul métal ; nul usage de vin ou de blé. Les paroles[9] mêmes qui signifient le mensonge, la trahison, la dissimulation, l'avarice, l'envie, la détraction[10], le pardon, inouïes. Combien trouverait-il[11] la république qu'il a imaginée, éloignée
20 de cette perfection : [C] *viri a diis recentes*[12].
[B] *Hos natura modos primum dedit*[13].
[A] Au demeurant, ils vivent en une contrée de pays très plaisante et bien tempérée ; de façon qu'à ce que m'ont dit mes témoins, il est rare d'y voir un homme malade ; et m'ont assuré n'en y avoir vu aucun tremblant, chassieux,
25 édenté, ou courbé de vieillesse. Ils sont assis[14] le long de la mer, et fermés du côté de la terre de grandes et hautes montagnes, ayant, entre-deux[15], cent lieues ou environ d'étendue en large. Ils ont une grande abondance de poisson et de chairs qui n'ont aucune ressemblance aux nôtres, et les mangent sans autre artifice que de les cuire. Le premier qui y mena un cheval, quoi qu'il[16] les eût
30 pratiqués à plusieurs autres voyages, leur fit tant d'horreur en cette assiette[17], qu'ils le tuèrent à coups de traits[18], avant que le pouvoir reconnaître. Leurs bâtiments sont fort longs, et capables de[19] deux ou trois cents âmes, étoffés d'écorce de grands arbres, tenant à terre par un bout et se soutenant et appuyant l'un contre l'autre par le faîte, à la mode d'aucunes de nos granges, desquelles
35 la couverture pend jusques à terre, et sert de flanc. Ils ont du bois si dur qu'ils en coupent[20], et en font leurs épées et des grils à cuire leur viande. Leurs lits sont d'un tissu de coton, suspendus contre le toit, comme ceux de nos navires, à chacun le sien : car les femmes couchent à part des maris. Ils se lèvent avec le soleil, et mangent soudain[21] après s'être levés, pour toute la journée ; car ils ne
40 font autre repas que celui-là. Ils ne boivent pas lors, comme Suidas[22] dit de

Combat de Magellan et des sauvages, illustration pour la *Cosmographie universelle*, de Thévet, 1575. Paris, B.N.

23. *Par jour.*
24. *A qui mieux mieux.*

25. *Enivrant.*
26. *Habitué.*

27. *Avec.*
28. *S'occupent.*

29. *Phrase.*

30. *Signaler.*

quelques autres peuples d'Orient, qui buvaient hors du manger ; ils boivent à plusieurs fois sur jour[23], et d'autant[24]. Leur breuvage est fait de quelque racine, et est de la couleur de nos vins clairets. Ils ne le boivent que tiède : ce breuvage ne se conserve que deux ou trois jours ; il a le goût un peu piquant, nullement

45 fumeux[25], salutaire à l'estomac, et laxatif à ceux qui ne l'ont accoutumé : c'est une boisson très agréable à qui y est duit[26]. Au lieu du pain, ils usent d'une certaine matière blanche, comme du coriandre confit. J'en ai tâté : le goût en est doux et un peu fade.

Toute la journée se passe à danser. Les plus jeunes vont à la chasse des bêtes

50 à tout[27] des arcs. Une partie des femmes s'amusent[28] cependant à chauffer leur breuvage, qui est leur principal office. Il y a quelqu'un des vieillards qui, le matin, avant qu'ils se mettent à manger, prêche en commun toute la grangée, en se promenant d'un bout à l'autre, et redisant une même clause[29] à plusieurs fois, jusques à qu'il ait achevé le tour (car ce sont bâtiments qui ont bien cent pas de

55 longueur). Il ne leur recommande que deux choses : la vaillance contre les ennemis et l'amitié à leurs femmes. Et ne faillent jamais de remerquer[30] cette obligation, pour leur refrain, que ce sont elles qui leur maintiennent leur boisson tiède et assaisonnée. Il se voit en plusieurs lieux, et entre autres chez moi, la forme de leurs lits, de leurs cordons, de leurs épées et bracelets de bois dequoi

60 ils couvrent leurs poignets aux combats, et des grandes cannes, ouvertes par un bout, par le son desquelles ils soutiennent la cadence en leur danser. Ils sont ras par tout, et se font le poil beaucoup plus nettement que nous, sans autre rasoir que de bois ou de pierre. Ils croient les âmes éternelles, et celles qui ont bien mérité des dieux, être logées à l'endroit du ciel où le soleil se lève ; les maudites

65 du côté de l'Occident.

MONTAIGNE, *Essais*, I, 31, « Des cannibales ». Orthographe modernisée

POUR LE COMMENTAIRE

1. L'élaboration du texte. Montrez comment on passe de la discussion « philosophique » à la description des mœurs.

2. La société cannibale. A quel type de faits Montaigne se montre-t-il particulièrement attentif ? Pourquoi ?

3. Montaigne cherche-t-il à démontrer que les Cannibales vivent à **l'état de nature**, conformément aux lois d'une **bonne nature** ? Relevez tous les éléments qui vont dans ce sens. Cette peinture, toutefois, est-elle seulement une démonstration ?

D'UN TEXTE A L'AUTRE

Voyez André THEVET, *Singularités de la France antarctique*, p. 413 ; et, d'autre part, des œuvres comme *L'Ingénu*, de VOLTAIRE, et le *Supplément au voyage de Bougainville*, de DIDEROT. Qu'est-ce qui distingue le « bon sauvage » des Lumières et le « Cannibale » tel que le voient THEVET et MONTAIGNE ?

GROUPEMENT THÉMATIQUE

Le « sauvage » et la « nature »

On pourra encore élargir l'enquête en y incluant les œuvres suivantes : DEFOE : *Robinson Crusoé*, 1719. — ROUSSEAU : *Discours des origines de l'inégalité*, 1755. — CHATEAUBRIAND : *Atala*, 1801 ; *René*, 1802. — COOPER : *Le Dernier des Mohicans*, 1826. — Comtesse de SÉGUR : *Les Vacances*, 1859. — Jules VERNE : *Les Enfants du capitaine Grant*, 1868. — LEVI-STRAUSS : *Tristes Tropiques*, 1955. — TOURNIER : *Vendredi ou les Limbes du Pacifique*, 1967.

2. *Essais*, Livre II

II, 6. « De l'exercitation »

*Ce chapitre est célèbre par le récit que **Montaigne** y donne d'un accident survenu autour de 1570 (il fut renversé par un cheval). Parti de l'idée que le « discours » (raisonnement) et l'instruction ne sauraient former l'âme sans le secours de « l'exercitation » (l'exercice), Montaigne **souligne qu'on peut s'exercer à tout (la pauvreté, la souffrance, la honte...), sauf à la mort** : « ... Quant à la mort, nous ne la pouvons essayer qu'une fois ». On peut cependant « s'apprivoiser à elle » et « l'essayer aucunement », au cours d'expériences proches, comme le sommeil, ou l'évanouissement, tel celui que Montaigne a connu lors de ce choc très violent.*

Retrouvant un peu de conscience, « il me semblait que ma vie ne me tenait plus qu'au bout des lèvres : je fermais les yeux pour aider, ce me semblait, à la pousser hors, et prenais plaisir à m'alanguir et à me laisser aller. »

L'essai de la mort et le parler de soi

[A] J'ai toujours pensé [*que les agonisants*] avaient et l'âme et le corps enseveli et endormi [...] Et les voix et réponses courtes et décousues qu'on leur arrache à force de crier autour de leurs oreilles et de
5 les tempêter, ou des mouvements qui semblent avoir quelque consentement à ce qu'on leur demande, ce n'est pas témoignage qu'ils vivent pourtant, au moins une vie entière. Il nous advient ainsi sur le bégaiement[1] du sommeil, avant qu'il nous ait
10 du tout[2] saisis, de sentir comme en songe ce qui se fait autour de nous, et de suivre les voix d'une ouïe trouble et incertaine qui semble ne donner qu'aux bords de l'âme ; et faisons des réponses, à la suite des dernières paroles qu'on nous a dites, qui ont
15 plus de fortune[3] que de sens.

Albrecht Dürer, *Autoportrait.*
Madrid, Musée du Prado.

Or, à présent que je l'ai par effet[4], je ne fais nul doute que je n'en aie bien jugé jusques à cette heure. Car, premièrement, étant tout évanoui, je me travaillais[5] d'entr'ouvrir mon pourpoint à belles on-
20 gles (car j'étais désarmé[6]), et si[7] sais que je ne sentais en l'imagination rien qui me blessât : car il y a plusieurs mouvements en nous qui ne partent pas de notre ordonnance[8],

[B] *Semianimesque micant digiti ferrumque*
25 *retractant*[9].
[A] Ceux qui tombent, élancent ainsi les bras au devant de leur chute, par une naturelle impulsion qui fait que nos membres se prêtent des offices[10] [B] et ont des agitations à part de notre discours[11] :
30 *Falciferos memorant curris abscindere membra,*
Ut tremere in terra videatur ab artubus id quod
Decidit abscissum, cum mens tamen atque hominis
[vis,
Mobilitate mali non quit sentire dolorem[12].
[A] J'avais mon estomac[13] pressé de ce sang
35 caillé, mes mains y couraient d'elles-mêmes, comme elles font souvent où il nous démange, contre l'avis de notre volonté. Il y a plusieurs ani-maux, et des hommes mêmes, après qu'ils sont trépassés, auxquels on voit resserrer et remuer les
40 muscles. Chacun sait par expérience qu'il y a des parties qui se branlent[14], dressent et couchent sou-vent sans son congé. Or ces passions qui ne nous touchent que par l'écorce, ne se peuvent dire nôtres. Pour les faire nôtres, il faut que l'homme y soit
45 engagé tout entier ; et les douleurs que le pied ou la main sentent pendant que nous dormons, ne sont pas à nous.

Comme j'approchai de chez moi, où l'alarme de ma chute avait déjà couru, et que ceux de ma famille
50 m'eurent rencontré avec les cris accoutumés en telles choses, non seulement je répondais quelque mot à ce qu'on me demandait ; mais encore ils disent que je m'avisai de commander qu'on donnât un cheval à ma femme, que je voyais s'empêtrer et

se tracasser[15] dans le chemin, qui est montueux et malaisé. Il semble que cette considération dût partir d'une âme éveillée ; si est-ce que[16] je n'y étais aucunement : c'étaient des pensements[17] vains, en nue, qui étaient émus par les sens des yeux et des oreilles ; ils ne venaient pas de chez moi. Je ne savais pourtant[18] ni d'où je venais, ni où j'allais ; ni ne pouvais poiser[19] et considérer ce qu'on me demandait : ce sont des légers effets que les sens produisaient d'eux-mêmes, comme d'un usage[20] ; ce que l'âme y prêtait, c'était en songe, touchée bien légèrement, et comme léchée seulement et arrosée par la molle impression des sens. Cependant mon assiette[21] était à la vérité très douce et paisible ; je n'avais affliction ni pour autrui ni pour moi : c'était une langueur et une extrême faiblesse, sans aucune douleur. Je vis ma maison sans la reconnaître. Quand on m'eut couché, je sentis une infinie douceur à ce repos, car j'avais été vilainement tirassé[22] par ces pauvres gens, qui avaient pris la peine de me porter sur leurs bras par un long et très mauvais chemin, et s'y étaient lassés deux ou trois fois les uns après les autres. On me présenta force remèdes, dequoi je n'en reçus aucun, tenant pour certain que j'étais blessé à mort par la tête. C'eût été sans mentir une mort bien heureuse : car la faiblesse de mon discours me gardait d'en rien juger, et celle du corps d'en rien sentir. Je me laissais couler si doucement et d'une façon si douce et si aisée que je ne sens guère autre action moins poisante que celle-là était. Quand je vins à revivre et à reprendre mes forces,

[B] *Ut tandem sensus convaluere mei*[23],

[A] qui[24] fut deux ou trois heures après, je me sentis tout d'un train rengager aux douleurs, ayant les membres tout moulus et froissés de ma chute ; et en fus si mal deux ou trois nuits après, que j'en cuidai[25] remourir encore un coup, mais d'une mort plus vive ; et me sens encore de la secousse de cette froissure[26].

Je ne veux pas oublier ceci, que la dernière chose en quoi je me pus remettre, ce fut la souvenance de cet accident ; et me fis redire plusieurs fois où j'allais, d'où je venais, à quelle heure cela m'était advenu, avant que de le pouvoir concevoir. Quant à la façon[27] de ma chute, on me la cachait en faveur de celui qui en avait été cause, et m'en forgeait-on[28] d'autres. Mais long temps après, et le lendemain, quand ma mémoire vint à s'entr'ouvrir et me représenter l'état où je m'étais trouvé en l'instant que j'avais aperçu ce cheval fondant sur moi (car je l'avais vu à mes talons et me tins pour mort, mais ce pensement avait été si soudain que la peur n'eut pas loisir de s'y engendrer), il me sembla que c'était un éclair qui me frappait l'âme de secousse et que je revenais de l'autre monde.

Ce conte d'un événement si léger est assez vain, n'était l'instruction que j'en ai tirée pour moi : car, à la vérité, pour s'apprivoiser à la mort, je trouve qu'il n'y a que de s'en avoisiner. Or, comme dit Pline[29], chacun est à soi-même une très bonne discipline,

pourvu qu'il ait la suffisance[30] de s'épier de près. Ce n'est pas ici ma doctrine, c'est mon étude[31] ; et n'est pas la leçon d'autrui, c'est la mienne.

[C] Et ne me doit-on savoir mauvais gré pour tant[32], si je la communique. Ce qui me sert, peut aussi par accident[33] servir à un autre. Au demeurant, je ne gâte rien, je n'use que du mien. Et, si je fais le fol, c'est à mes dépens et sans l'intérêt[34] de personne. Car c'est une folie qui meurt en moi, qui n'a point de suite. Nous n'avons nouvelles que de deux ou trois anciens qui aient battu ce chemin ; et si[35] ne pouvons dire si c'est du tout en pareille manière à cette-ci, n'en connaissant que les noms. Nul depuis ne s'est jeté sur leur trace. C'est une épineuse entreprise, et plus qu'il ne semble, de suivre une allure si vagabonde que celle de notre esprit ; de pénétrer les profondeurs opaques de ses replis internes ; de choisir et arrêter tant de menus airs de ses agitations. Et est un amusement[36] nouveau et extraordinaire, qui nous retire des occupations communes du monde, oui, et des plus recommandées. Il y a plusieurs années que je n'ai que moi pour visée à mes pensées, que je ne contrerôle[37] et étudie que moi ; et, si j'étudie autre chose, c'est pour soudain le coucher sur moi, ou en moi, pour mieux dire. Et ne me semble point faillir, si, comme il se fait des autres sciences, sans comparaison moins utiles, je fais part de ce que j'ai appris en cette-ci : quoique je ne me contente guère du progrès que j'y ai fait. Il n'est description pareille en difficulté à la description de soi-même, ni certes en utilité. Encore se faut-il testonner[38], encore se faut-il ordonner et ranger pour sortir en place[39]. Or je me pare sans cesse, car je me décris sans cesse. La coutume a fait le parler de soi vicieux, et le prohibe obstinément en haine de la ventance[40] qui semble toujours être attachée aux propres témoignages[41].

Au lieu qu'on doit moucher l'enfant, cela s'appelle l'énaser[42].

MONTAIGNE, *Essais*, II, 6, « De l'exercitation »
Orthographe modernisée

---

1. Début incertain. — 2. Complètement. — 3. Chance. — 4. Expérimenté. — 5. Je m'efforçais. — 6. Sans cuirasse. — 7. Pourtant. — 8. Décision volontaire. — 9. « A demi morts les doigts s'agitent et ressaisissent le fer » (Virgile, Énéide, X, 396). — 10. Se rendent des services. — 11. Pensée. — 12. « On dit que les chars armés de faux coupent les membres si rapidement qu'on en voit les tronçons s'agiter à terre avant que la douleur — tant le coup est rapide — ait pu aller jusqu'à l'âme » (Lucrèce, III, 642). — 13. Poitrine. — 14. S'agitent. — 15. Marcher à grand-peine. — 16. Pourtant. — 17. Pensées. — 18. Par conséquent. — 19. Peser. — 20. Par habitude. — 21. Mon état. — 22. Tiraillé. — 23. « Lorsqu'enfin mes sens reprirent quelque vigueur » (Ovide, Tristes, I, III, 14). — 24. Ce qui. — 25. Crus. — 26. Choc. — 27. Quant aux circonstances. — 28. On m'en forgeait. — 29. Pline l'Ancien, Histoire naturelle, XXII, 24. — 30. Capacité. — 31. Montaigne oppose la « doctrine » (science, système de connaissances établies) à l'« estude » (travail individuel de connaissance, indissociable de l'expérience, de l'« exercitation »). — 32. Par conséquent. — 33. Par hasard, le cas échéant. — 34. Préjudice. — 35. Encore. — 36. Occupation. — 37. Examine. — 38. Peigner, coiffer. — 39. En public. — 40. Vanité. — 41. Témoignages de soi. — 42. Lui arracher le nez.

ÉLÉMENTS DE COMMENTAIRE COMPOSÉ

Introduction

« L'exercitation » : notion stoïcienne ; effort d'endurcissement à ce qui éloigne l'âme de la raison, la soumet aux passions ; malheur, douleur, pauvreté, mort, doivent devenir indifférents au sage.

Montaigne modifie le sens de cette notion : c'est la mort qui l'intéresse, événement auquel il est impossible de s'exercer ; on ne « l'essaie » qu'une fois. Il y a cependant des expériences comparables, ou voisines (comme le sommeil ou l'agonie). Décrivant l'état consécutif à son accident, Montaigne donne à voir un « essai » de la mort très éloigné d'un exercice de la volonté. La morale change d'enjeu : il faut décrire en conscience ce qui a été vécu hors de la conscience. L'expérience était heureuse en ce qu'elle échappait au « discours » ; elle ne devient profitable que si le sujet est capable de la restituer, pour s'en « entretenir » et réduire sa peur.

1. Témoignages trompeurs

D'abord établir que l'âme et le corps du blessé étaient « ensevelis et endormis ». L'expérience corrobore un jugement de Montaigne : les gestes et paroles des agonisants ne prouvent pas qu'ils soient conscients et vivants « d'une vie entière ».

Aller contre la vraisemblance, contre ceux qui ont vu bouger, entendu parler le blessé qui n'en a nul souvenir. « Il n'y était aucunement ».

Pour démontrer cela, Montaigne progresse des mouvements réflexes aux paroles élaborées ; exemples tirés de l'expérience (sommeil, réflexes des vivants et des morts), et (texte B) autorité de citations poétiques (Virgile, Lucrèce). Mais, à propos de l'ordre concernant sa femme, Montaigne ne peut qu'*affirmer* qu'il n'y était pour rien ; c'est une *analyse* (distinction des « sens » et de « l'âme », avec métaphores pour les nuances : « léchée », « arrosée »), qui doit faire admettre le fait.

Les signes sont donc trompeurs, suggérant que le blessé est conscient (il ne l'est pas), et qu'il souffre, ou qu'il est « tracassé » (au contraire).

Le blessé est absent du monde : les signes s'effacent devant le constat d'une sérénité due au « sommeil » de l'âme et du corps.

2. Une mort bien heureuse

Paradoxe dans ce que Montaigne dit de ce bonheur : si les gestes et les paroles ne sont aucunement « siens », cette douceur de la mort, résultant pourtant de la privation de tout jugement ou sentiment, est « sienne » d'une certaine manière. Voir les mots cités en introduction : « je fermais les yeux pour aider... », et dans le texte : « je me laissais couler... » Étrange « action », sorte d'acquiescement à la mort qui n'est pas de l'ordre de la volonté, mais n'est pas non plus purement passif, au contraire des réflexes. Une phrase, à la limite contradictoire, très significative : « On me présenta force remèdes... », on retrouve l'opposition de Montaigne à la médecine, qui corrompt la relation du sujet à lui-même malade. Montaigne « tient pour certain » qu'il va mourir, sans être capable d'en rien juger...

On est au-delà des catégories psychologiques utilisées par Montaigne. Cette mort est « sienne », heureuse car inconsciente, et pourtant défendant ce bonheur contre les soins de la médecine.

Le fait est d'autant plus significatif que Montaigne, en réalité, n'est pas mourant. Mais l'erreur est ici l'occasion d'une expérience authentique, essai d'un accord avec la mort que révèle l'effacement de la volonté normale.

Sortie de cet état en deux temps : d'abord retour des sens à la vie (nouvelle citation latine), et expérience d'une nouvelle quasi-mort, de souffrance.

Ensuite retour de la mémoire, qui replace l'âme dans le temps normal : alors seulement elle revient de « l'autre monde ». Le sujet a dû revivre le moment précis *où il s'est tenu pour mort* : de ce jugement instantané a découlé tout le reste de l'expérience, entre deux éclairs.

L'expérience donnera ensuite matière à réflexion (à écriture). Le jugement, qui en était absent, s'en empare pour en tirer une sagesse. Mais il constate d'abord la suspension de la peur devant l'évidence de la mort, l'acquiescement du sujet à sa mort.

3. C'est mon étude

De cet « essai » l'écriture de l'essai rend témoignage. C'est ce que rappelle un premier commentaire, développé dans l'addition C. Montaigne affronte une autre logique, celle des récits exemplaires de la mort de Caton. Ici, Montaigne parle de lui, et ce qu'il décrit n'a rien d'héroïque. Le texte A fournit une réponse : opposant « moi » et « autrui », « doctrine » et « étude », Montaigne dérobe son texte à toute prétention didactique. De même que l'événement, le « conte » n'apporterait qu'un profit personnel. Objection que soulève le texte C : pourquoi, dès lors, le « communiquer » ? L'addition multiplie les réponses.

a. Le texte peut être aussi utile à autrui, mais « par accident », par hasard. Pas de modèle à imiter ; mais rencontre, par la lecture, d'individualités disposées à une expérience comparable.

b. Montaigne revendique maintenant l'originalité de sa démarche ; dédoublement entre le vagabondage de l'esprit, et le travail (de l'esprit également) qui suit ce vagabondage. Le « moi » de Montaigne est fait de cette tension entre le « cheval échappé » (le chapitre « De l'oisiveté ») et « l'étude » qui le traque.

c. Montaigne s'étudie, il a le droit de mettre par écrit ce qu'il a appris. Argument faible, mais qui se renforce aussitôt : l'écriture (à l'usage d'autrui), plus que le compte rendu de la « science », est l'instrument grâce auquel l'esprit se contrôle, s'ordonne, « se pare ». « Se parer » ne veut pas dire se déguiser, mentir. L'écriture : une auto-éducation qui anticipe le regard des autres et en déjoue la violence éventuelle.

Conclusion

La perspective du texte demeure de type moral : mais, partant de la question de morale par excellence (la conduite devant la mort), le texte en modifie le traitement. « L'essai » de la mort change les idées reçues sur l'âme et le corps, le « discours » et la volonté. Et l'écriture amplifie la leçon en dérobant le moi (à la fois objet et sujet) à toute aliénation ou mutilation sociale.

II, 12. Apologie de Raimond Sebond

1. Deux objections

A la demande de son père, MONTAIGNE avait traduit en 1569 la *Théologie naturelle*, de Raimond Sebond, théologien catalan du XVe siècle, qui plaçait **l'homme au sommet de la Création et cherchait à fonder la foi en raison**. L'Apologie se présente comme une défense de cet auteur peu connu contre deux objections :

— On ne peut appuyer la foi sur des raisons humaines. Montaigne est du même avis : la foi ne saurait entrer en nous que par la grâce de Dieu ; or c'est souvent de la coutume que nous recevons notre religion (« Nous sommes Chrétiens à même titre que nous sommes Périgourdins ou Allemands »). Reste que les arguments de Sebond ont une valeur **pratique** : ils peuvent guider un apprenti, ramener un hérétique...

— Les raisons de Sebond sont insuffisantes : à cela Montaigne répond que toutes les raisons sont insuffisantes. Il faut abattre l'orgueil des objecteurs, « leur faire sentir l'inanité, la vanité et dénéantise de l'homme ».

2. La ruine de la raison

C'est ainsi que, sous couleur de défendre Sebond, Montaigne, entreprenant de ruiner la raison humaine, en vient à le contredire.

Cet énorme chapitre (plus d'un septième du volume total des *Essais*) propose un « remède extrême », un « coup désespéré, auquel il faut abandonner vos armes pour faire perdre à votre adversaire les siennes »... Ce « coup désespéré » fascinera Pascal. Considérant l'homme seul dans sa prétention à la maîtrise de l'univers, il lui oppose d'abord tous les traits du comportement animal : **l'homme n'a rien qui l'élève au-dessus de ses « confrères »** (voir p. 444).

3. Critique de la science

On passe ensuite à la critique de la « science » : « la peste de l'homme, c'est l'opinion de savoir ». La connaissance est incapable de préserver de la souffrance. L'ignorance protège mieux : ainsi le pourceau qui ne s'effraie pas de la tempête, ainsi les Cannibales heureux de vivre « sans lettres, sans loi, sans roi »...

L'élévation de l'esprit s'approche de la folie : « De quoi se fait la plus subtile folie, que de la plus subtile sagesse ? » Au reste, pour un chrétien, « le soin de s'augmenter en sagesse et en science » n'est que vil orgueil, faux « cuider ».

Enfin, la science ne propose aucune vérité solide. Montaigne oppose aux « dogmatiques » (Épicuriens, Stoïciens, Péripatéticiens, qui prétendent avoir trouvé la vérité, ou Académiciens, qui affirment qu'elle est introuvable) **les sceptiques de l'école pyrrhonienne** (de Pyrrhon, philosophe grec du IVe s. av. J.-C.), qui refusent d'affirmer quoi que ce soit et se veulent toujours en quête. Mais dans les écrits mêmes des dogmatiques, Montaigne trouve les signes du doute (voir p. 445). Il isole la figure de Socrate, qui savait qu'il ne savait rien. « L'homme ne peut être que ce qu'il est, ni imaginer que selon sa portée. » Et pourtant il ne cesse d'imaginer Dieu, et d'en parler. L'homme est prisonnier de son langage. Comment, d'ailleurs, affirmer : « Je doute » ? Montaigne préfère une devise interrogative : « Que sais-je ? »

4. Quelle vérité ?

Les philosophes se contredisent pour définir la raison elle-même, ou pour situer la place et le rôle de l'âme dans l'homme. Montaigne critique au passage les discours païens (notamment platoniciens) sur l'immortalité : celle-ci ne saurait être que le fruit de la grâce divine.

Encore un effort pour être pyrrhonien ; toujours dans sa logique « désespérée », Montaigne pose l'alternative : « Ou nous pouvons juger tout à fait, ou tout à fait nous ne le pouvons pas ». Balayées les demi-mesures, l'auteur « essaie » en lui-même, dans son corps, dans ses écrits, les effets de l'incertitude. « Nous ne sommes jamais sans maladie »...

Et Montaigne de revenir sur **la diversité des coutumes et des lois** : « Quelle vérité que ces montagnes bornent, qui est mensonge au monde qui se tient au-delà ? »

Pascal aura soin de le répéter (voir LITTÉRATURE, XVIIe siècle, pp. 149-150).

5. L'homme en mouvement

L'Apologie s'achève avec **la critique des sens** : « Toute connaissance s'achemine en nous par nos sens ; ce sont nos maîtres ». Connaissance altérée et falsifiée, mais inévitable : c'est la clé de notre « condition fautière ». En guise de péroraison, un copieux emprunt à Plutarque nous montre « coulant et roulant sans cesse », et « toute humaine nature toujours au milieu entre le naître et le mourir », **sans existence**, car en constante **mutation**, « fluxion, muance ». Dieu seul est, et Dieu seul peut tirer l'homme de ce « passage ».

Parité de l'homme et de l'animal

1. *En même temps.*
2. *La boue et la fiente.*
3. *Des trois sortes d'animaux : aériens, aquatiques, terrestres.*
4. *Foule.*
5. *Effet.*
6. *Mouvements.*
7. *A la bêtise.*
8. *Avec.*
9. *L'Age d'or, décrit par Platon dans le* Politique.
10. *Dans le* Timée, 72 : « ... Voilà pour quelle raison le foie a la nature et la place que nous disons : c'est pour la divination ». (trad. E. Chambry). Montaigne condamne cette conception, et l'a déjà critiquée dans son chapitre I, 11, « Des prognostications ». Pour Montaigne, Dieu ne s'est pas amusé à disposer dans le monde et dans les corps des « signes » que nous n'aurions qu'à interpréter : c'est ramener l'intention divine à nos petits soucis, à notre « vanité ».*
11. *Eu égard.*
12. *Augures, prédictions.*
13. *Nous n'entendons pas non plus.*
14. *Peuple légendaire d'Égypte, dont parlent Strabon et Pline ; ils vivent dans des grottes et s'expriment par cris gutturaux.*
15. *Les bêtes.*
16. *Apollonios de Tyane, philosophe pythagoricien ; Melampous, auteur d'un traité de divination ; Tirésias, devin légendaire ; Thalès, philosophe et mathématicien du VIᵉ siècle av. J.-C.*
17. *Assurée.*

[A] La présomption est notre maladie naturelle et originelle. La plus calamiteuse et frêle de toutes les créatures, c'est l'homme, et quant et quant[1] la plus orgueilleuse. Elle se sent et se voit logée ici, parmi la bourbe et le fient[2] du monde, attachée et clouée à la pire, plus morte et croupie partie de l'univers, au 5 dernier étage du logis et le plus éloigné de la voûte céleste, avec les animaux de la pire condition des trois[3] ; et se va plantant par imagination au-dessus du cercle de la Lune et ramenant le ciel sous ses pieds. C'est par la vanité de cette même imagination qu'il s'égale à Dieu, qu'il s'attribue les conditions divines, qu'il se trie soi-même et sépare de la presse[4] des autres créatures, taille les parts aux 10 animaux ses confrères et compagnons, et leur distribue telle portion de facultés et de forces que bon lui semble. Comment connaît-il, par l'effort[5] de son intelligence, les branles[6] internes et secrets des animaux ? par quelle comparaison d'eux à nous conclut-il la bêtise[7] qu'il leur attribue ?

[C] Quand je me joue à[8] ma chatte, qui sait si elle passe son temps de moi plus 15 que je ne fais d'elle. Platon, en sa peinture de l'âge doré[9] sous Saturne, compte entre les principaux avantages de l'homme de lors la communication qu'il avait avec les bêtes, desquelles s'enquérant et s'instruisant il savait les vraies qualités et différences de chacune d'icelles, par où il acquérait une très parfaite intelligence et prudence, et en conduisait de bien loin plus heureusement sa vie que 20 nous ne saurions faire. Nous faut-il meilleure preuve à juger l'impudence humaine sur le fait des bêtes ? Ce grand auteur a opiné[10] qu'en la plus part de la forme corporelle que nature leur a donnée , elle a regardé[11] seulement l'usage des pronostications[12] qu'on en tirait en son temps.

[A] Ce défaut qui empêche la communication d'entre elles et nous, pourquoi 25 n'est-il aussi bien à nous qu'à elles ? C'est à deviner, à qui est la faute de ne nous entendre point : car nous ne les entendons non plus qu'elles nous. Par cette même raison, elles nous peuvent estimer bêtes, comme nous les en estimons. Ce n'est pas grand'merveille si nous ne les entendons pas ; aussi ne faisons-nous[13] les Basques et les Troglodytes[14]. Toutefois aucuns se sont vantés de les[15] 30 entendre, comme Apollonius Thyaneus, [B] Mélampus, Tirésias, Thalès[16] [A] et autres. [B] Et puis qu'il est ainsi, comme disent les cosmographes, qu'il y a des nations qui reçoivent un chien pour leur Roi, il faut bien qu'ils donnent certaine[17] interprétation à sa voix et mouvements. [A] Il nous faut remarquer la parité qui est entre nous. Nous avons quelque moyenne intelligence de leur sens ; aussi ont 35 les bêtes du nôtre, environ à même mesure. Elles nous flattent, nous menacent et nous requièrent ; et nous, elles.

Au demeurant, nous découvrons bien évidemment qu'entre elles il y a une pleine et entière communication et qu'elles s'entr'entendent, non seulement celles de même espèce, mais aussi d'espèces diverses.

MONTAIGNE, *Essais*, II, 12, « Apologie de Raimond Sebond »
Orthographe modernisée

POUR LE COMMENTAIRE _____

1. L'argumentation de Montaigne. D'une part, dégagez le but général de la démonstration, et ses grandes articulations. D'autre part, dans le détail du texte, examinez l'utilisation des exemples, des références personnelles, et le rôle des additions B et C.

2. « Quand je me joue à ma chatte... » : qu'est-ce qui, à votre avis, fait le **succès** de cette phrase célèbre ?

3. Montrez l'importance de **l'appel à l'expérience** dans cette croisade contre la présomption humaine.

4. Pour une autre clé de **la relation de Montaigne avec le monde animal**, voir « De la cruauté », II, 11 où l'auteur évoque son dégoût personnel de la chasse.

GROUPEMENT THÉMATIQUE _____

L'homme et l'animal

LA FONTAINE : *Fables*, 1678. — BUFFON : *Histoire naturelle*, 1749-1789, « Discours sur la nature des animaux ». — Rudyard KIPLING : *Le Livre de la jungle*, 1894. — MAUPASSANT : *Amour ; Coco*. — COLETTE : *Dialogues de bêtes*, 1904. — Mikhaïl BOULGAKOV : *Cœur de chien*, 1925. — George ORWELL : *La Ferme des animaux*, 1945. — VERCORS : *Les Animaux dénaturés*, 1952. — Joseph KESSEL : *Le Lion*, 1958. — Robert MERLE : *Un animal doué de raison*, 1967.

Socrate...

Buste de Socrate.
Paris, Musée du Louvre.

[A] Au demeurant, les uns ont estimé Platon dogmatiste ; les autres, dubitateur[1] ; les autres, en certaines choses l'un, et en certaines choses l'autre.

[C] Le conducteur de ses dialogismes[2], Socrate, va toujours demandant en émouvant[3] la dispute[4], jamais l'arrêtant[5], jamais satisfaisant[6], et dit n'avoir autre
5   science que la science de s'opposer. Homère, leur auteur, a planté également les fondements à toutes les sectes de philosophie, pour montrer combien il était indifférent par où nous allassions[7]. De Platon naquirent dix sectes diverses, dit-on. Aussi, à mon gré, jamais instruction ne fut titubante et rien asseverénte[8], si la sienne ne l'est. Socrate disait[9] que les sages femmes, en prenant ce métier
10 de faire engendrer les autres, quittent le métier d'engendrer, elles ; que lui, par le titre de sage homme que les Dieux lui ont déféré[10], s'est aussi défait, en son amour virile et mentale, de la faculté d'enfanter ; et se contente d'aider et favorir[11] de son secours les engendrants, ouvrir leur nature[12], graisser leurs conduits, faciliter l'issue de leur enfantement, juger d'iceluy, le baptiser, le nourrir, le
15 fortifier, le mailloter et circonscrire[13] : exerçant et maniant son engin[14] aux périls et fortunes d'autrui.

MONTAIGNE, *Essais*, II, 12 « Apologie de Raimond Sebond »
Orthographe modernisée

1. *Sceptique.* — 2. *Dialogues (Socrate est le « conducteur » de la plupart des dialogues platoniciens).* — 3. *Excitant.* — 4. *La discussion.* — 5. *Concluant.* — 6. *Donnant la réponse attendue.* — 7. *Combien était indifférent le chemin que nous prenions.* —

8. *N'affirmant rien.* — 9. *Dans le* Théétète. — 10. *L'oracle d'Apollon avait désigné Socrate comme le sage des sages.* — 11. *Favoriser.* — 12. *Organes sexuels (féminins).* — 13. *Circoncire.* — 14. *Esprit.*

... Les philosophes, et moi

[C] Qui fagoterait suffisamment[1] un amas des âneries de l'humaine prudence[2], il dirait merveilles.

J'en assemble volontiers comme une montre[3], par quelque biais non moins utile à considérer que les opinions saines et modérées. [A] Jugeons par là ce que
5   nous avons à estimer de l'homme, de son sens et de sa raison, puisqu'en ces grands personnages[4], et qui ont porté si haut l'humaine suffisance[5], il s'y trouve des défauts si apparents et si grossiers. Moi, j'aime mieux croire qu'ils ont traité la science casuellement, ainsi qu'un jouet à toutes mains[6], et se sont ébattus de[7] la raison comme d'un instrument vain et frivole, mettant en avant toutes sortes
10 d'inventions et de fantaisies[8], tantôt plus tendues, tantôt plus lâches. Ce même Platon qui définit l'homme comme une poule[9], il dit ailleurs, après Socrate, qu'il ne sait à la vérité que[10] c'est que l'homme, et que c'est l'une des pièces du monde d'autant[11] difficile connaissance. Par cette variété et instabilité d'opinions, ils nous mènent comme par la main, tacitement, à cette résolution de leur irréso
15 lution. Ils font profession de ne présenter pas toujours leur avis en visage découvert et apparent ; ils l'ont caché tantôt sous des ombrages fabuleux de la Poésie, tantôt sous quelque autre masque : car notre imperfection porte encore cela, que la viande[12] crue n'est pas toujours propre à notre estomac : il la faut assécher, altérer et corrompre : ils font de même : ils obscurcissent parfois leurs
20 naïves[13] opinions et jugements [C] et les falsifient, [A] pour s'accommoder à l'usage publique. Ils ne veulent pas faire profession expresse d'ignorance et de l'imbécillité de la raison humaine, [C] pour ne faire peur aux enfants ; [A] mais ils nous la découvrent assez sous l'apparence d'une science trouble et inconstante.

25 [B] Je conseillais, en Italie, à quelqu'un qui était en peine de parler Italien, que, pourvu qu'il ne cherchât qu'à se faire entendre, sans y vouloir autrement exceller, qu'il employât seulement les premiers mots qui lui viendraient à la bouche, Latins, Français, Espagnols ou Gascons, et qu'en y ajoutant la terminaison

Raphaël, *L'École d'Athènes* (détail). Rome, Musée du Vatican.

30 Italienne, il ne faudrait jamais à[14] rencontrer quelque idiome du pays, ou Toscan, ou Romain, ou Vénitien, ou Piémontais, ou Napolitain, et de se joindre à quelqu'une de tant de formes. Je dis de même de la Philosophie ; elle a tant de visages et de variété, et a tant dit, que tous nos songes et rêveries s'y trouvent. L'humaine phantasie[15] ne peut rien concevoir en bien et en mal qui n'y soit. [C] *Nihil tam absurde dici potest quod non dicatur ab aliquo philosophorum*[16]. [B]

35 Et j'en laisse plus librement aller mes caprices[17] en public : d'autant que, bien qu'ils soient nés chez moi et sans patron[18], je sais qu'ils trouveront leur relation à quelque humeur ancienne ; et ne faudra quelqu'un de dire : « Voilà d'où il le prit ! »

[C] Mes mœurs sont naturelles ; je n'ai point appelé à les bâtir le secours
40 d'aucune discipline[19]. Mais, toutes imbéciles[20] qu'elles sont, quand l'envie m'a pris de les réciter[21], et que, pour les faire sortir en public un peu plus décemment, je me suis mis en devoir de les assister et de discours[22] et d'exemples, ce a été merveille à moi-même de les rencontrer, par cas d'aventure[23], conformes à tant d'exemples et discours philosophiques. De quel régiment[24] était ma vie, je ne l'ai
45 appris qu'après qu'elle est exploitée[25] et employée.

Nouvelle figure : un philosophe imprémédité et fortuite[26] !

MONTAIGNE, *Essais*, II, 12, « Apologie de Raimond Sebond »
Orthographe modernisée

---

1. Habilement. — 2. Sagesse, connaissance. — 3. Exposition, étalage (Montaigne vient d'énumérer les théories concernant la place de l'âme dans l'homme). — 4. Les philosophes (Platon, Aristote, les Stoïciens, les Épicuriens...). — 5. Capacité. — 6. A tout usage. — 7. Amusés avec. — 8. Idées, imaginations. — 9. Montaigne a déjà fait allusion à une anecdote rapportée par Diogène Laërce dans sa Vie de Diogène : Platon ayant appelé l'homme un animal à deux pieds sans plumes, des humoristes plumèrent un poulet et le nommèrent « homme de Platon ». —

10. Ce que. — 11. De plus. — 12. Nourriture. — 13. Naturelles. — 14. Il ne manquerait jamais de. — 15. Orthographe grecque (imagination). — 16. « On ne peut rien dire de si absurde qu'on ne lise chez quelque philosophe » (Cicéron, De la divination, II, LVIII). — 17. Idées changeantes et soudaines. — 18. Modèle. — 19. Doctrine. — 20. Faibles. — 21. Retracer. — 22. Pensées. — 23. Par hasard. — 24. Catégorie. — 25. Accomplie. — 26. Fortuit.

POUR LE COMMENTAIRE

1. Le sens et la fonction du scepticisme de Montaigne. Quelle est la distinction fondamentale qui permet à Montaigne, par l'intermédiaire de Socrate, de trouver une positivité du scepticisme ?

2. Socrate et la maïeutique (art d'accoucher les esprits). Comment fonctionne (d'après Montaigne) le dialogue selon Socrate ? Opposez-le au « dialogue de sourds » sceptique tel qu'il est caricaturé par Rabelais dans le *Tiers-Livre* (rencontre de Panurge et de Trouillogan, voir p. 262).

3. La « philosophie » de Montaigne. Montrez comment se règle, surtout dans l'addition C, sa relation avec les discours des Anciens.

Comparez avec « De l'institution des enfants », p. 434.

A quoi Montaigne tient-il tout particulièrement ? Pourquoi ? Peut-on le considérer comme un Socrate paradoxal, Socrate de lui-même, à la fois accoucheur et « engendrant » ?

II,15. « Que notre désir s'accroît par la malaisance »

*C'est-à-dire : par la difficulté. De ce lieu commun de la philosophie morale, **Montaigne** tire ici une application particulière et capitale.*

Contre la défense

1. *Une nation.*

2. *« Les larrons sont attirés par les serrures. Celui qui vole avec effraction n'entre pas dans les maisons ouvertes. » (Sénèque, Lettres, LXVIII).*
3. *Peut-être.*
4. *La facilité d'accès.*
5. *Protéger.*
6. *La chance.*
7. *Prétexte.*
8. *Ce serait un acte de lâcheté et de trahison.*
9. *Protection.*
10. *Convenablement.*
11. *Places fortes à la frontière.*
12. *Artillerie.*
13. *Du côté de l'attaque.*
14. *Tout le monde est porté à envahir.*
15. *Qui en ont les moyens.*
16. *A cela s'ajoute.*
17. *De ne pouvoir reconquérir une maison fortifiée.*
18. *De rendre les maisons sûres.*
19. *Quand.*
20. *A qui on ne peut se fier.*
21. *Apparence.*
22. *Injustement.*
23. *Je n'ai pas grand-chose à perdre.*
24. *Imprévoyance.*
25. *Le fait que.*
26. *Alors que.*
27. *Quelqu'un.*
28. *Toujours est-il.*
29. *Pour.*
30. *La Ligue contre le roi, par exemple.*
31. *Titre de propriété.*
32. *Craindre pour moi.*

[B] Il y a nation[1] où la clôture des jardins et des champs qu'on veut conserver, se fait d'un filet de coton, et se trouve bien plus sûre et plus ferme que nos fossés et nos haies.

[C] « *Furem signata sollicitant. Aperta effractarius præterit*[2]. » A l'aventure[3] sert entre autres moyens l'aisance[4], à couvrir[5] ma maison de la violence de nos guerres civiles. La défense attire l'entreprise, et la défiance l'offense. J'ai affaibli le dessein des soldats, ôtant à leur exploit le hasard[6] et toute manière de gloire militaire qui a accoutumé de leur servir de titre[7] et d'excuse. Ce qui est fait courageusement, est toujours fait honorablement, en temps où la justice est morte. Je leur rends la conquête de ma maison lâche et traîtresse[8]. Elle n'est close à personne qui y heurte. Il n'y a pour toute provision[9] qu'un portier d'ancien usage et cérémonie, qui ne sert pas tant à défendre ma porte qu'à l'offrir plus décemment[10] et gracieusement. Je n'ai ni garde ni sentinelle que celle que les astres font pour moi. Un gentilhomme a tort de faire montre d'être en défense, s'il ne l'est parfaitement. Qui est ouvert d'un côté, l'est partout. Nos pères ne pensèrent pas à bâtir des places frontières[11]. Les moyens d'assaillir, je dis sans batterie[12] et sans armée, et de surprendre nos maisons, croissent tous les jours au-dessus des moyens de se garder. Les esprits s'aiguisent généralement de ce côté-là[13]. L'invasion touche tous[14]. La défense non, que les riches[15]. La mienne était forte selon le temps qu'elle fut faite. Je n'y ai rien ajouté de côté-là, et craindrais que sa force se tournât contre moi-même ; joint[16] qu'un temps paisible requerra qu'on les défortifie. Il est dangereux de ne les pouvoir regagner[17]. Et est difficile de s'en assurer[18]. Car en matière de guerres intestines, votre valet peut être du parti que vous craignez. Et où[19] la religion sert de prétexte, les parentés mêmes deviennent infiables[20], avec couverture[21] de justice. Les finances publiques n'entretiendront pas nos garnisons domestiques : elles s'y épuiseraient. Nous n'avons pas dequoi le faire sans notre ruine, ou, plus incommodément et injurieusement[22], sans celle du peuple. L'état de ma perte ne serait de guère pire[23]. Au demeurant, vous y perdez-vous ? vos amis même s'amusent, plus qu'à vous plaindre, à accuser vostre invigilance et improvidence[24], et l'ignorance ou nonchalance aux offices de votre profession. Ce que[25] tant de maisons gardées se sont perdues, où[26] cette-ci dure, me fait soupçonner qu'elles se sont perdues de ce qu'elles étaient gardées. Cela donne et l'envie et la raison à l'assaillant. Toute garde porte visage de guerre. Qui[27] se jettera, si Dieu veut, chez moi ; mais tant y a[28] que je ne l'y appellerai pas. C'est la retraite à[29] me reposer des guerres. J'essaye de soustraire ce coin à la tempête publique, comme je fais un autre coin en mon âme. Notre guerre a beau changer de formes, se multiplier et diversifier en nouveaux partis[30] ; pour moi, je ne bouge. Entre tant de maisons armées, moi seul, que je sache en France, de ma condition, ai fié purement au ciel la protection de la mienne. Et n'en ai jamais ôté ni cuiller d'argent, ni titre[31]. Je ne veux ni me craindre[32], ni me sauver à demi. Si une pleine reconnaissance acquiert la faveur divine, elle me durera jusqu'au bout ; si non, j'ai toujours assez duré pour rendre ma durée remarquable et enregistrable. Comment ? Il y a bien trente ans.

MONTAIGNE, *Essais*, II, 15, « Que nostre désir s'accroît par la malaisance »
Orthographe modernisée

DÉBAT

L'autodéfense

Les arguments de MONTAIGNE vous paraissent-ils utilisables dans ce débat contemporain ?

II, 17. « De la présomption »

L'image de soi-même

Le chapitre « De la présomption » fait suite au chapitre « De la gloire ». La présomption est « une autre sorte de gloire », « une affection [...] qui nous représente à nous-mêmes autres que nous ne sommes ». **Montaigne** *s'examine à ce sujet : « Je me tiens de la commune sorte, sauf en ce que je m'en tiens » (c'est-à-dire : sauf en ceci que je m'estime de la commune sorte). Après avoir souligné la « faute de beauté » de son style, l'auteur en vient à sa propre personne.*

La beauté de la taille

Or je suis d'une taille un peu au-dessous de la moyenne. Ce défaut n'est pas seulement de la laideur, mais encore de l'incommodité, à ceux mêmement[1] qui ont des commandements et des charges : car l'autorité que donne une belle présence et majesté corporelle en est à dire[2].

5 [C] C. Marius[3] ne recevait pas volontiers des soldats qui n'eussent six pieds de hauteur. Le courtisan a bien raison de vouloir pour ce gentilhomme qu'il dresse, une taille commune plutôt que toute autre, et de refuser pour lui toute étrangeté qui le fasse montrer au doigt. Mais de choisir, s'il faut à cette médiocrité, qu'il soit plutôt au-deçà qu'au-delà d'icelle, je ne le ferais pas à un homme militaire.

10 [...] Notre grand Roi divin et céleste, duquel toutes les circonstances doivent être remarquées avec soin, religion et révérence, n'a pas refusé la recommandation corporelle, *speciosus forma prae filiis hominum*[4].

[C] Et Platon, avec la tempérance et la fortitude[5], désire la beauté aux conservateurs de sa république.

15 [A] C'est un grand dépit qu'on s'adresse à vous parmi vos gens pour vous demander : « Où est monsieur ? » et que vous n'ayez que le reste de la bonnetade qu'on fait à votre barbier ou à votre secrétaire. Comme il advint au pauvre Philopoemen[6]. Étant arrivé le premier de sa troupe en un logis où on l'attendait, son hôtesse, qui ne le connaissait pas, et le voyait d'assez mauvaise mine,

20 l'employa d'aller un peu aider à ses femmes à puiser de l'eau ou attiser du feu, pour le service de Philopoemen. Les gentilshommes de sa suite étant arrivés et l'ayant surpris embesogné à cette belle vacation (car il n'avait pas failli d'obéir au commandement qu'on lui avait fait), lui demandèrent ce qu'il faisait là : « Je paie, leur répondit-il, la peine de ma laideur ». Les autres beautés sont pour les

25 femmes ; la beauté de la taille est la seule beauté des hommes. Où est la petitesse, ni la largeur et rondeur du front, ni la blancheur et douceur des yeux, ni la médiocre forme du nez, ni la petitesse de l'oreille et de la bouche, ni l'ordre et blancheur des dents, ni l'épaisseur bien unie d'une barbe brune à écorce de châtaigne, ni le poil relevé[7], ni la juste rondeur de tête, ni la fraîcheur du teint,

30 ni l'air du visage agréable, ni un corps sans senteur, ni la proportion légitime des membres, peuvent faire un bel homme.

J'ai au demeurant la taille forte et ramassée ; le visage, non pas gras, mais plein ; la complexion, [B] entre le jovial et le mélancolique, moyennement [A] sanguine et chaude,

35 *Unde rigent setis mihi crura, et pectora villis*[8] ;

la santé forte et allègre, jusques bien avant en mon âge [B] rarement troublée par les maladies. [A] J'étais tel, car je ne me considère pas à cette heure que je suis engagé dans les avenues de la vieillesse, ayant piéça[9] franchi les quarante ans :

[B] *minutatim vires et robur adultum*
40 *Frangit, et in partem pejorem liquitur aetas*[10].

[A] Ce que je serai dorénavant, ce ne sera plus qu'un demi être, ce ne sera plus moi. Je m'échappe tous les jours et me dérobe à moi.

MONTAIGNE, *Essais*, II, 17, « De la présomption »
Orthographe modernisée

1. Surtout.

2. Y fait défaut.

3. Général et homme politique romain du IIe s. av. J.-C.

4. « Il était le plus beau d'entre les fils des hommes » (*Psaumes, XLV, 3*).

5. Courage.

6. Capitaine grec de la fin du IIIe s. av. J.-C., le dernier des héros grecs selon Plutarque.

7. La chevelure vigoureuse.

8. « Aussi ai-je les jambes et la poitrine hérissés de poils » (Martial, *Épigrammes, II, XXXVI, 5*).

9. Depuis longtemps.

10. « Peu à peu les forces et la vigueur de la maturité sont brisées par l'âge et le déclin commence » (Lucrèce, II, 1131).

II, 37. « De la ressemblance des enfants aux pères »

L'accommodation à la douleur

*« Il est à croire que je dois à mon père cette qualité pierreuse, car il mourut merveilleusement (= terriblement) affligé d'une grosse pierre qu'il avait en la vessie » : telle est la « ressemblance » à laquelle **Montaigne** s'arrête un instant, en évoquant **la maladie qui le frappe**, la gravelle (formation de calculs rénaux — les « pierres » — qui provoquent de très vives douleurs (coliques) en se bloquant dans les voies urinaires). Mais, héréditaire ou non, la maladie est pour Montaigne, par excellence, un terrain « d'essai » : **essai de sa fermeté dans la souffrance**, et de sa liberté de jugement, essai tout simplement de son être, ou plutôt de son « passage ». La maladie a changé brutalement sa condition ; il s'accommode à ce « vivre » désormais « coliqueux ». Cette accommodation n'est pas une accoutumance, mais un travail conscient, un **essai** qu'on ne doit pas confondre avec l'effort d'impassibilité des Stoïciens, la crispation héroïque, la négation de la douleur. Montaigne ne nie pas la douleur, il compose avec elle.*

Le rôle de l'écriture

Il y a plus. L'écriture, loin de toute représentation passive, est engagée dans l'accommodation, dans la « composition » qu'elle accomplit en même temps qu'elle en rend témoignage. Le livre et la maladie sont désormais « acoquinés ». Adversaires et complices, il se surveillent l'un l'autre.

Au plus épais du mal

[A] Je suis aux prises avec la pire de toutes les maladies, la plus soudaine, la plus douloureuse, la plus mortelle et la plus irrémédiable. J'en ai déjà essayé[1] cinq ou six bien longs accès et pénibles : toutefois, ou je me flatte, ou encore y a-t-il en cet état dequoi se soutenir, à qui a l'âme déchargée de la crainte de la mort, et déchargée des menaces, conclusions et conséquences dequoi la médecine nous entête. Mais l'effet même de la douleur n'a pas cette aigreur si âpre et si poignante qu'un homme rassis en doive entrer en rage et en désespoir. J'ai au moins ce profit de la colique[2], que ce que je n'avais encore pu sur moi pour me concilier du tout[3] et m'accointer[4] à la mort, elle le parfera : car d'autant plus elle me pressera et importunera, d'autant moins me sera la mort à craindre. J'avais déjà gagné cela de ne tenir à la vie que par la vie seulement ; elle dénouera encore cette intelligence[5] ; et Dieu veuille qu'en fin, si son âpreté vient à surmonter mes forces, elle ne me rejette à l'autre extrémité, non moins vicieuse, d'aimer et désirer à mourir !
Summum nec metuas diem, nec optes[6].
Ce sont deux passions à craindre, mais l'une a son remède bien plus prêt que l'autre.

Au demeurant, j'ai toujours trouvé ce précepte cérémonieux[7], qui ordonne si rigoureusement et exactement de tenir bonne contenance et un maintien dédaigneux et posé à la tolérance des maux. Pourquoi la philosophie, qui ne regarde que le vif et les effets[8], se va-elle amusant à ces apparences externes ? [C] Qu'elle laisse ce soin aux farceurs[9] et

maîtres de Rhétorique qui font tant d'état de nos gestes. Qu'elle condonne[10] hardiment au mal cette lâcheté voyelle[11], si elle n'est ni cordiale, ni stomacale[12] ; et prête[13] ces plaintes volontaires au genre des soupirs, sanglots, palpitations, pâlissements que Nature a mis hors de notre puissance. Pourvu que le courage[14] soit sans effroi, les paroles sans désespoir, qu'elle se contente ! Qu'importe si nous tordons nos bras pourvu que nous ne tordons pas nos pensées ! Elle nous dresse pour nous, non pour autrui ; pour être, non pour sembler. [A] Qu'elle s'arrête[15] à gouverner notre entendement qu'elle a pris à instruire ; qu'aux efforts de la colique, elle maintienne l'âme capable de se reconnaître, de suivre son train accoutumé ; combattant la douleur et la soutenant, non se prosternant honteusement à ses pieds ; émue et échauffée du combat, non abattue et renversée ; [C] capable de commerce, capable d'entretien jusques à une certaine mesure. [A] En accidents si extrêmes c'est cruauté de requérir de nous une démarche si composée[16]. Si nous avons beau jeu[17], c'est peu que nous ayons mauvaise mine. Si le corps se soulage en se plaignant, qu'il le fasse ; si l'agitation lui plaît, qu'il se tourneboule et tracasse[18] à sa fantaisie ; s'il lui semble que le mal s'évapore aucunement[19] (comme aucuns médecins disent que cela aide à la délivrance des femmes enceintes) pour pousser[20] hors la voix avec plus grande violence, ou s'il en amuse son tourment, qu'il crie tout à fait. [C] Ne commandons point à cette voix qu'elle aille, mais permettons-le lui. Epicurus ne

Tintoret, *Saint Augustin et les lépreux* (détail). Vicence, Musée municipal.

permet pas seulement à son sage de crier aux tourments, mais il le lui conseille. *Pugiles etiam, quum*
65 *feriunt in jactandis cestibus, ingemiscunt, quia pro-
fundenda voce omne corpus intenditur, venitque
plaga vehementior* [21]. » [A] Nous avons assez de
travail[22] du mal sans nous travailler à ces règles
superflues. Ce que je dis pour excuser ceux qu'on
70 voit ordinairement se tempêter[23] aux secousses et
assauts de cette maladie : car, pour moi, je l'ai
passée jusques à cette heure avec un peu meilleure
contenance : non pourtant que je me mette en peine
pour maintenir cette décence extérieure, car je fais
75 peu compte d'un tel avantage, je prête en cela au
mal autant qu'il veut ; mais, ou mes douleurs ne sont
pas si excessives, ou j'y apporte plus de fermeté que
le commun. Je me plains, je me dépite quand les
aigres pointures[24] me pressent, mais je n'en viens
80 point [C] à me perdre, comme celui-là,

*Ejulatu, questu, gemitu, fremitibus,
Resonando multum flebiles voces refert* [25].

Je me tâte au plus épais du mal et ai toujours
trouvé que j'étais capable de dire, de penser, de
85 répondre aussi sainement qu'en une autre heure ;
mais non si constamment[26], la douleur me troublant
et détournant. Quand on me tient[27] le plus atterré[28]
et que les assistants m'épargnent, j'essaie souvent
mes forces et entame moi-même des propos les plus
90 éloignés de mon état. Je puis tout par un soudain
effort ; mais ôtez-en la durée[29].

MONTAIGNE, *Essais*, II, 37, « De la ressemblance
des enfants aux pères ». Orthographe modernisée

1. Éprouvé. — 2. La gravelle. — 3. Complètement. — 4. M'apprivoiser. — 5. Amitié de moi et de la vie. — 6. « Ne craignez ni
ne désirez votre dernier jour » (Martial, Épigrammes, X, XLVII, 13).
— 7. Formel. — 8. Le vivant et le réel. — 9. Acteurs. —
10. Permette. — 11. Verbale. — 12. Ni du cœur, ni de la poitrine.
— 13. Attribue. — 14. Cœur. — 15. Se borne. — 16. Si artificielle. — 17. Beau comportement moral. — 18. S'agite. —
19. Un peu. — 20. En poussant. — 21. « Les lutteurs aussi, en
frappant leurs adversaires et en agitant le ceste, gémissent, parce
que sous l'effort de la voix tout le corps se raidit, et le coup est asséné
avec plus de vigueur » (Cicéron, Tusculanes, II, XXIII). — 22. Peine.
— 23. S'agiter en tous sens. — 24. Je m'énerve quand les cruelles
douleurs... — 25. « Ce sont des soupirs, des cris, des gémisse-
ments, des lamentations qui retentissent avec un son plaintif » (At-
tius, Philoctète). — 26. De manière si suivie. — 27. Quand on me
juge... — 28. Le plus accablé de douleur. — 29. Que cela ne dure
pas !

POUR LE COMMENTAIRE ————————

1. Quel est **le rôle capital joué par la maladie** ?

2. Le détail de l'argumentation. La position de
Montaigne n'est-elle pas toute en nuances et partiellement
contradictoire ?

**3. Montaigne revendique-t-il un quelconque hé-
roïsme** ? Qu'est-ce qui lui semble le plus important ?
Pourquoi ? Montrez la complexité de l'expérience décrite à
l'avant-dernier paragraphe.

COMPOSITION FRANÇAISE ————————

Hugo FRIEDRICH (*Montaigne*, Gallimard, 1976) estime que
la sagesse de Montaigne est « d'accepter la souffrance, de
savoir que la consolation est illusoire, et pourtant, plus loin
que souffrance, illusion et consolation, de se sentir heureux
d'être vivant. »

A partir de l'essai « De la ressemblance des enfants aux
pères », et des *Essais* en général, vous analyserez ce « bonheur d'être vivant » chez MONTAIGNE.

III, 2. « Du repentir »

« Quant à moi, je puis désirer en général être autre ; je puis condamner et me déplaire de ma forme universelle, et supplier Dieu pour mon entière réformation et pour l'excuse de ma faiblesse naturelle. Mais cela, je ne le dois nommer repentir, ce me semble, non plus que le déplaisir de n'être ni Ange ni Caton. Mes actions sont réglées et conformes à ce que je suis et à ma condition. Je ne puis faire mieux. Et le repentir ne touche pas proprement les choses qui ne sont pas en notre force, oui bien (= mais bien) le regretter (= le regret). »

*Cette morale, **qui exclut pratiquement le repentir**, on pourra en trouver la confirmation dans l'extrait ci-dessous, déclaration d'un écrivain... impénitent.*

« Comme Michel de Montaigne »

[B] Les autres forment l'homme ; je le récite[1] et en représente un particulier bien mal formé, et lequel, si j'avais à façonner de nouveau, je ferais vraiment bien autre qu'il n'est. Meshuy[2] c'est fait. Or les traits de ma peinture ne fourvoient point[3], quoiqu'ils se changent et diversifient. Le monde n'est qu'une branloire pérenne[4]. Toutes choses y branlent[5] sans cesse : la terre, les rochers du Caucase, les pyramides d'Égypte, et du branle public et du leur[6]. La constance même n'est autre chose qu'un branle plus languissant[7]. Je ne puis assurer mon objet. Il va trouble et chancelant, d'une ivresse naturelle. Je le prends en ce point, comme il est, en l'instant que je m'amuse à lui. Je ne peins pas l'être. Je peins le passage : non un passage d'âge en autre, ou, comme dit le peuple, de sept en sept ans, mais de jour en jour, de minute en minute. Il faut accommoder mon histoire à l'heure. Je pourrai tantôt changer, non de fortune seulement, mais aussi d'intention. C'est un contrerôle[8] de divers et muables accidents[9] et d'imagination irrésolues et, quand il y échet[10], contraires : soit que je sois autre moi-même, soit que je saisisse les sujets par autres circonstances et considérations. Tant y a que je me contredis bien à l'aventure, mais la vérité, comme disait Démade[11], je ne la contredis point. Si mon âme pouvait prendre pied[12], je ne m'essaierais pas[13], je me résoudrais : elle est toujours en apprentissage et en épreuve.

Je propose[14] une vie basse et sans lustre, c'est tout un[15]. On attache aussi bien toute la philosophie morale à une vie populaire et privée qu'à une vie de plus riche étoffe : chaque homme porte la forme entière de l'humaine condition.

[C] Les auteurs se communiquent au peuple par quelque marque particulière et étrangère ; moi le premier par mon être universel, comme Michel de Montaigne, non comme grammairien ou poète ou jurisconsulte. Si le monde se plaint de quoi je parle trop de moi, je me plains de quoi il ne pense seulement pas à soi.

[B] Mais est-ce raison que, si particulier en usage[16], je prétende me rendre public en connaissance ? Est-il aussi raison que je produise au monde, où la façon et l'art ont tant de crédit et de commandement, des effets[17] de nature crus et simples, et d'une nature encore bien faiblette ? Est-ce pas faire une muraille sans pierre, ou chose semblable, que de bâtir des livres sans science et sans art ? Les fantaisies de la musique se sont conduites par art, les miennes par sort[18]. Au moins j'ai ceci selon la discipline[19], que jamais homme ne traita sujet qu'il entendît ne[20] connût mieux que je fais celui que j'ai entrepris, et qu'en celui-là je suis le plus savant homme qui vive ; secondement, que jamais aucun [C] ne pénétra en sa matière plus avant, ni en éplucha plus particulièrement les membres et suites[21] ; et [B] n'arriva plus exactement et pleinement à la fin qu'il s'était proposé à sa besogne. Pour la parfaire, je n'ai besoin d'y apporter que la fidélité : celle-là y est, la plus sincère et pure qui se trouve. Je dis vrai, non pas tout mon saoûl, mais autant que je l'ose dire ; et l'ose un peu plus en vieillissant, car il me semble que la coutume concède à cet âge plus de liberté de bavasser[22] et d'indiscrétion à parler de soi. Il ne peut advenir ici ce que je vois advenir souvent, que l'artisan et sa besogne se contrarient[23] : un homme de si honnête conversation[24] a-t-il fait un si sot écrit ? ou, des écrits si savants sont-ils partis d'un homme de si faible conversation ?

MONTAIGNE, *Essais*, III, 2, « Du repentir »
Orthographe modernisée

---

1. *Décris.* — 2. *Désormais.* — 3. *Ne se trompent pas.* — 4. *Balançoire éternelle.* — 5. *Bougent.* — 6. *Et du mouvement général et de celui qui leur est propre (de leur propre dégradation).* — 7. *Lent.* — 8. *Examen.* — 9. *Événements.* — 10. *Le cas échéant.* — 11. *Propos de Démade, orateur athénien pro-macédonien, rapporté dans la Vie de Démosthène, de Plutarque.* — 12. *Se fixer.* — 13. *Le verbe* essayer, *qui renvoie à l'œuvre même de Montaigne et à son livre, signifie à la fois tenter, éprouver, expérimenter.* — 14. *Je présente.* — 15. *C'est égal.* — 16. *D'habitudes si privées.* — 17. *Des faits.* — 18. *Par hasard.* — 19. *De conforme à la norme.* — 20. *Ni.* — 21. *Les parties et conséquences.* — 22. *Bavarder.* — 23. *Se contredisent.* — 24. *Commerce.*

ÉTUDE COMPARÉE

1. Qu'ajoute un tel texte aux justifications déjà proposées, notamment par « De l'oisiveté », p. 431 ? Relevez **les formules** qui vous semblent **décisives**.

2. Dégagez **la conception de la vérité** qui sous-tend l'ensemble de ce texte. A quelle autre conception s'oppose-t-elle ?

III, 5. « Sur des vers de Virgile »

Des femmes

Dans ce chapitre plus qu'ailleurs, il s'agit de parler « matériellement », de « laisser à part » les livres dont l'influence risque toujours d'être trop lourde (« J'ai une condition singeresse et imitatrice »), afin de parler plus exactement de soi : « ... Je me suis ordonné d'oser dire tout ce que j'ose faire [...] je suis affamé de me faire connaître. » Si **Montaigne** *écarte les théoriciens, il accueille les poètes, Virgile, Lucrèce, en fonction non seulement du sujet qu'ils traitent, mais de l'effet qu'ils font ; ou encore Martial, dont les épigrammes lui permettront de dire, en latin, ses déficiences sexuelles.*

L'essai lui-même est engagé dans la relation amoureuse, s'adressant à l'autre sexe : « Je m'ennuie que mes essais servent les dames de meuble commun seulement, et de meuble de salle. Ce chapitre me fera du cabinet (= cabinet privé). J'aime leur commerce un peu privé. [...] Voici nos dernières accolades. » Montaigne **réfléchit sur l'inégalité des sexes, montrant que les principes de l'éducation féminine sont excessifs et contradictoires,** *exaltant et réprimant à la fois la « violence naturelle » du désir, considérée comme plus forte chez les femmes, selon la tradition platonicienne. Mais si le chapitre utilise, chemin faisant, cette dernière idée, il conclut à l'identité des « mâles et femelles » : « sauf l'institution et l'usage, la différence n'y est pas grande ».*

Les entremises de l'amour

(B) Tout asséché que je suis et appesanti, je sens encore quelques tièdes restes de cette ardeur passée :

> *Qual l'alto Aegeo, per che Aquilone o Noto*
> 5 *Cessi, che tutto prima il vuolse e scosse,*
> *Non s'accheta ei pero : ma'l sono e'l moto,*
> *Ritien de l'onde anco agitate è grosse[1].*

Mais de ce que je m'y entends[2], les forces et valeur de ce Dieu[3] se trouvent plus vives et plus animées
10 en la peinture de la poésie qu'en leur propre essence,

> *Et versus digitos habet[4].*

Elle représente je ne sais quel air plus amoureux que l'amour même. Vénus n'est pas si belle toute nue,
15 et vive, et haletante, comme[5] elle est ici chez Virgile :

> *Dixerat, et niveis hinc atque hinc diva lacertis*
> *Cunctantem amplexu molli fovet. Ille repente*
> *Accepit solitam flammam, notusque medullas*
> *Intravit calor, et labefacta per ossa cucurrit.*
> 20 *Non secus atque olim tonitru cum rupta*
>   *[corusco*
> *Ignea rima micans percurrit lumine nimbos.*
> *... ... ... Ea verba loquutus,*
> *Optatos dedit amplexus, placidumque petivit*
> *Conjugis infusus gremio per membra*
>   *[soporem[6].*

25   Ce que j'y trouve à considérer, c'est qu'il la peint un peu bien émue pour une Vénus maritale[7]. En ce sage marché[8], les appétits ne se trouvent pas si folâtres ; ils sont sombres et plus mousses[9]. L'amour hait qu'on se tienne par ailleurs que par lui, et se
30 mêle lâchement[10] aux accointances[11] qui sont dressées et entretenues sous un autre titre, comme est le mariage : l'alliance, les moyens[12], y poisent[13] par raison[14], autant ou plus que les grâces et la beauté. [...]

(B) Ce que Virgile dit de Vénus et de Vulcain,
35 Lucrèce l'avait dit plus sortablement[15] d'une jouissance dérobée[16] d'elle et de Mars :

Mars et Vénus, dessin anonyme italien du XVIᵉ siècle. Paris, Musée du Louvre.

belli fera moenera Mavors 95
Armipotens regit, in gremium qui saepe tuum se
Rejicit, aeterno devinctus vulnere amoris :
Pascit amore avidos inhians in te Dea, visus,
Eque tuo pendet resupini spiritus ore :
Hunc tu, diva, tuo recubantem corpore sancto 100
Circunfusa super, suaveis ex ore loquelas
Funde [17].

Quand je rumine ce *rejicit, pascit, inhians, molli, fovet, medullas, labefacta, pendet, percurrit,* et cette noble *circunfusa,* mère du gentil *infusus* [18], j'ai dédain de ces menues pointes et allusions [19] verbales qui naquirent depuis. A ces bonnes gens [20], il ne fallait pas d'aiguë et subtile rencontre [21] : leur langage est tout plein et gros d'une vigueur naturelle et constante ; ils sont tout épigramme, non la queue [22] seulement, mais la tête, l'estomac et les pieds. Il n'y a rien d'efforcé, rien de traînant, tout y marche d'une pareille teneur. (C) *Contextus totus virilis est ; non sunt circa flosculos occupati* [23]. (B) Ce n'est pas une éloquence molle et seulement sans offense [24] : elle est nerveuse et solide, qui ne plaît pas tant comme elle remplit et ravit, et ravit le plus les plus forts esprits. Quand je vois ces braves formes [25] de s'expliquer, si vives, si profondes, je ne dis pas que c'est bien dire, je dis que c'est bien penser. C'est la gaillardise [26] de l'imagination qui élève et enfle les paroles. (C) *Pectus est quod disertum facit* [27].
[...]

(B) Je n'ai point autre passion qui me tienne en haleine. Ce que l'avarice, l'ambition, les querelles, les procès, font à l'endroit des autres qui, comme moi, n'ont point de vacation [28] assignée, l'amour le ferait plus commodément : il me rendrait la vigilance, la sobriété, la grâce, le soin de ma personne ; rassurerait [29] ma contenance à ce que [30] les grimaces de la vieillesse, ces grimaces difformes et pitoyables, ne vinssent à la corrompre ; (C) me remettrait aux études [31] sains et sages, par où je me pusse rendre plus estimé et plus aimé, ôtant à mon esprit le désespoir de soi et de son usage, et le raccointant [32] à soi ; (B) me divertirait de mille pensées ennuyeuses (C) de mille chagrins mélancoliques, (B) que l'oisiveté nous charge [33] en tel âge (C) et le mauvais état de notre santé [34] ; (B) réchaufferait, au moins en songe, ce sang que nature abandonne ; soutiendrait le menton et allongerait un peu les nerfs (C) et la vigueur et allégresse de l'âme (B) à ce pauvre homme qui s'en va le grand train [35] vers sa ruine.
[...]

(B) Or c'est un commerce qui a besoin de relation et de correspondance : les autres plaisirs que nous recevons se peuvent reconnaître par récompenses de nature diverse ; mais cestui-ci ne se paye que de même espèce de monnaie. (C) En vérité, en ce déduit [36], le plaisir que je fais chatouille plus doucement mon imagination que celui que je sens. (B) Or cil [37] n'a rien de généreux qui peut recevoir plaisir où il n'en donne point : c'est une vile âme, qui veut tout

devoir, et qui se plaît de nourrir de la conférence [38] avec les personnes auxquelles il est en charge [39]. Il n'y a beauté, ni grâce, ni privauté si exquise, qu'un galant homme dût désirer à ce prix. Si elles ne nous peuvent faire du bien que par pitié, j'aime bien plus cher ne vivre point, que de vivre d'aumône. Je voudrais avoir droit de le leur demander, au style auquel j'ai vu quêter en Italie : *Fate ben per voi* [40] ; (C) ou à la guise [41] que Cyrus enhortait [42] ses soldats : « Qui s'aimera, si [43] me suive ».

MONTAIGNE, *Essais*, III, 5, « Sur des vers de Virgile »
Orthographe modernisée

---

1. « *Ainsi la mer Égée, lorsque l'Aquilon ou le Notus se calment après l'avoir secouée et bouleversée, ne s'apaise pourtant pas tout de suite : mais elle demeure longtemps en mouvement et ses vagues restent encore agitées et grosses* » *(Le Tasse,* Jérusalem délivrée, *XII, 63).* — 2. *À mon avis.* — 3. *Amour.* — 4. « *Et le vers a des doigts* » *d'après Juvénal, VI, 196.* — 5. *Qu'elle l'est.* — 6. « *Elle s'était tue et, comme il hésite, la déesse passe autour de lui ses bras de neige et le réchauffe d'un doux embrassement. Lui, tout à coup, se sent envahi de la flamme accoutumée : une ardeur qu'il connaît bien le pénètre jusqu'à la moelle et court dans ses os frissonnants. C'est ainsi qu'au bruit du tonnerre un sillon de feu ouvert dans le ciel parcourt les nuages illuminés... Ayant dit ces paroles, il donne à Vénus les embrassements qu'elle attendait et, couché au sein de son épouse, il s'abandonne aux charmes d'un doux sommeil* » *(Virgile,* Énéide, *VIII, 387).* — 7. *Mariée (elle séduit ici son mari Vulcain).* — 8. *Le mariage.* — 9. *Ternes et plus émoussés.* — 10. *Mollement.* — 11. *Relations.* — 12. *Les revenus.* — 13. *Pèsent.* — 14. *Avec raison.* — 15. *D'une manière plus appropriée.* — 16. *Adultère.* — 17. « *Souvent le redoutable dieu des combats, Mars, atteint d'une éternelle blessure d'amour, vient se réfugier dans ton sein : les yeux fixés sur toi, déesse, il repaît d'amour ses avides regards et son haleine est suspendue à tes lèvres. Tandis qu'il repose ainsi sur ton corps sacré, enlace-le de tes bras, déesse, et répands sur lui tes douces plaintes.* » *(Lucrèce, I, 33).* — 18. *Montaigne mêle les mots de Lucrèce et ceux de Virgile.* — 19. *Jeux de mots.* — 20. *Les Anciens.* — 21. *Rencontre de mots.* — 22. *La pointe, le dernier vers de l'épigramme.* — 23. « *Leur discours est un tissu de beautés mâles, ils ne se sont pas amusés à des fleurettes* » *(Sénèque,* Lettres, *XXXIII).* — 24. *Sans défaut choquant.* — 25. *Manières.* — 26. *Vigueur.* — 27. « *C'est le cœur qui fait l'éloquence* » *(Quintilien, X, VII, 15).* — 28. *Occupation.* — 29. *Raffermirait.* — 30. *De sorte que.* — 31. *Activités.* — 32. *Rendant.* — 33. *Dont l'oisiveté nous charge.* — 34. *Autre sujet de « charge » (l'ajout forme hyperbate).* — 35. *A grande allure.* — 36. *Plaisir.* — 37. *Celui-là.* — 38. *D'entretenir un commerce.* — 39. *Dont il est débiteur.* — 40. « *Faites du bien pour vous-même* ». — 41. *Façon.* — 42. *Exhortait.* — 43. *Explétif, renforce l'injonction.*

POUR LE COMMENTAIRE

1. Une conception de l'amour et des relations entre les sexes. Tout le texte, de la citation à l'aveu en passant par le récit, est traversé par l'exigence de se peindre. Quel sens, à cet égard, et quelle valeur attribuer au désordre du texte ?

2. L'usage de la citation. Virgile introduit une discussion sur le mariage et sur l'éducation des femmes, Lucrèce un commentaire littéraire. Comment, toutefois, la citation de Virgile est-elle amenée ? Comment, d'autre part, l'écrivain fait-il dialoguer Virgile et Lucrèce à plusieurs pages d'intervalle ? Que pouvez-vous conclure sur l'art de la citation chez Montaigne ?

COMPOSITION FRANÇAISE

À la lumière des remarques et citations de MONTAIGNE dans l'essai « Sur des vers de Virgile », et de vos lectures personnelles en matière de poésie amoureuse, vous expliquerez, commenterez et discuterez cette définition du poète René CHAR : « La poésie c'est l'amour réalisé du désir demeuré désir. »

III, 10. « De ménager sa volonté »

La modération

Montaigne *critique non seulement les « règles et préceptes du monde » qui veulent « nous pousser hors de nous », « à l'usage de la société publique », mais, plus profondément, le « désir » qui nous pousse à cette aliénation. L'idéal individualiste de Montaigne, son refus de tout ce qui pourrait le « distraire » de soi, cherche d'abord **la modération de ses propres « affections »**. La mairie de Montaigne est le meilleur exemple d'une telle attitude : « Le Maire et Montaigne ont toujours été deux, d'une séparation bien claire ».*

Garder sa liberté

« Se conserver », c'est garder l'initiative et la distance, la liberté de juger, de faire « l'essai » du jugement. Le monde au contraire fixe les comportements, et cherche à faire de Montaigne et du Maire une seule et même personne, alors que « la plupart de nos vacations (= activités) sont farcesques (= relèvent du théâtre) » : « Il faut jouer dûment notre rôle, mais comme rôle d'un personnage emprunté... »

« Les hommes se donnent à louage »

[B] Les hommes se donnent à louage. Leurs facultés ne sont pas pour eux, elles sont pour ceux à qui ils s'asservissent ; leurs locataires sont chez eux, ce ne sont pas eux. Cette humeur commune ne me plaît pas : il faut ménager la liberté de notre âme et ne l'hypothéquer qu'aux occasions justes ; lesquelles sont en bien
5   petit nombre, si nous jugeons sainement. Voyez les gens appris à se laisser emporter et saisir, ils le font partout, aux petites choses comme aux grandes, à ce qui ne les touche point comme à ce qui les touche ; ils s'ingèrent indifféremment où il y a de la besogne [C] et de l'obligation, [B] et sont sans vie quand ils sont sans agitation tumultuaire[1]. [C] *In negotiis sunt negotii causa*[2]. Ils ne
10   cherchent la besogne que pour embesognement[3]. Ce n'est pas qu'ils veuillent aller, tant comme c'est qu'ils ne se peuvent tenir[4] : ne plus ne moins qu'une pierre ébranlée en sa chute, qui ne s'arrête jusqu'à tant qu'elle se couche. L'occupation est à certaine manière de gens marque[5] de suffisance[6] et de dignité. [B] Leur esprit cherche son repos au branle[7], comme les enfants au berceau. Ils se
15   peuvent dire autant serviables à leurs amis comme importuns à eux-mêmes. Personne ne distribue son argent à autrui, chacun y distribue son temps et sa vie ; il n'est rien dequoi nous soyons si prodigues que de ces choses-là, desquelles seules l'avarice nous serait utile et louable.

Je prends une complexion toute diverse[8]. Je me tiens sur moi[9], et communé-
20   ment désire mollement ce que je désire, et désire peu ; m'occupe et embesogne de même : rarement et tranquillement. Tout ce qu'ils veulent et conduisent, ils le font de toute leur volonté et véhémence. Il y a tant de mauvais pas que, pour le plus sûr[10], il faut un peu légèrement et superficiellement couler[11] ce monde. [C] Il le faut glisser, non pas s'y enfoncer. [B] La volupté même est douloureuse
25   en sa profondeur :

incedis per ignes
Suppositos cineri doloso[12].

Messieurs de Bordeaux[13] m'élurent maire de leur ville[14], étant éloigné de France, et encore plus éloigné d'un tel pensement[15]. Je m'en excusai[16], mais on
30   m'apprit[17] que j'avais tort, le commandement du Roy aussi s'y interposant[18]. C'est une charge qui en doit sembler d'autant plus belle, qu'elle n'a ni loyer[19] ni gain autre que l'honneur de son exécution. Elle dure deux ans ; mais elle peut être continuée par seconde élection, ce qui advient très rarement. Elle le fut à moi ; et ne l'avait été que deux fois auparavant : quelques années y avait, à
35   Monsieur de Lanssac ; et fraîchement[20] à Monsieur de Biron, Maréchal de France, en la place duquel je succédai ; et laissai la mienne à Monsieur de Matignon, aussi Maréchal de France. Brave[21] de si noble assistance,

[C] *uterque bonus pacis bellique minister*[22].

1. *Désordonnée.*
2. *Sénèque,* Lettres, *XXII ; Montaigne traduit ensuite.*
3. *Occupation.*
4. *C'est moins le fait qu'ils veuillent bouger que le fait qu'ils ne puissent demeurer immobiles.*
5. *Une marque.*
6. *Capacité.*
7. *Mouvement.*
8. *Différente.*
9. *En moi-même.*
10. *Pour plus de sûreté.*
11. *Laisser faire.*
12. *« Tu marches sur un feu couvert de cendre perfide » (Horace, Odes, II, I).*
13. *Les Jurats de Bordeaux (magistrats municipaux).*
14. *En août 1581 ; Montaigne était en Italie.*
15. *Pensée.*
16. *Je refusai.*
17. *Me révéla.*
18. *S'en mêlant.*
19. *Rémunération.*
20. *Récemment.*
21. *Fier (se rapporte à Montaigne).*
22. *« L'un et l'autre également bons administrateurs et braves guerriers ». (Virgile, Énéide, XI, 658).*

[B] La fortune voulut part à ma promotion, par cette particulière circonstance
40 qu'elle y mit du sien. Non vaine du tout ; car Alexandre dédaigna les Ambassadeurs Corinthiens qui lui offraient la bourgeoisie[23] de leur ville ; mais quand ils
vinrent à lui déduire[24] comment Bacchus et Hercule étaient aussi en ce registre,
il les en remercia gracieusement.

A mon arrivée, je me déchiffrai[25] fidèlement et consciencieusement, tout tel
45 que je me sens être : sans mémoire, sans vigilance, sans expérience, et sans
vigueur ; sans haine aussi, sans ambition, sans avarice, et sans violence ; à ce
qu'ils[26] fussent informés et instruits de ce qu'ils avaient à attendre de mon
service. Et par ce que la connaissance de feu mon père les avait seule incités à
cela, et l'honneur de sa mémoire, je leur ajoutai bien clairement que je serais très
50 marri que chose quelconque fît autant d'impression en ma volonté comme
avaient fait autrefois en la sienne leurs affaires et leur ville, pendant qu'il l'avait
en gouvernement, en ce même lieu auquel ils m'avaient appelé. Il me souvenait
de l'avoir vu vieil en mon enfance, l'âme cruellement agitée de cette tracasserie
publique, oubliant le doux air de sa maison, où la faiblesse des ans l'avait attaché
55 long temps avant, et son ménage et sa santé, et, en méprisant certes sa vie qu'il
y cuida[27] perdre, engagé pour eux à des longs et pénibles voyages. Il était tel ;
et lui partait cette humeur d'une grande bonté de nature : il ne fut jamais âme
plus charitable et populaire[28]. Ce train, que je loue en autrui, je n'aime point à
le suivre, et ne suis pas sans excuse. Il avait ouï dire qu'il se fallait oublier pour
60 le prochain, que le particulier ne venait en aucune considération au prix[29] du
général.

MONTAIGNE, *Essais*, III, 10, « De ménager sa volonté »
Orthographe modernisée

Marginal notes:

23. Le titre de citoyen de leur ville.
24. Raconter.

25. Décrivis.

26. Afin qu'ils.

27. Pensa.

28. Affable, sociable.

29. En comparaison.

Bordeaux au XVIᵉ siècle,
illustration du *Théâtre des Cités marchandes,*
de Bruyn et Mogenberg.
Paris, Bibl. des Arts décoratifs.

POUR LE COMMENTAIRE

1. Composition du passage. De quelle manière Montaigne passe-t-il d'une dissertation morale sur « les hommes » en général, à une peinture de sa propre « complexion » ? Puis, de l'exposé de ses principes au récit de l'épisode bordelais ? Quel est l'effet produit ?

2. Définissez, d'après ce texte, **les principaux aspects** et **les motivations** de l'« **individualisme** » de Montaigne.

3. L'autoportrait devant les Jurats de Bordeaux.

Quelle conception de l'homme, de ses facultés et des relations sociales dénote ce tableau d'un homme se « déchiffrant » en conscience, publiquement ?

Quelle est la valeur d'un tel acte aux yeux de Montaigne ?

III, 11. « Des boiteux »

Critique du surnaturel

*Ce chapitre est consacré pour l'essentiel à **la critique des « miracles »** et de tout ce qui porte trop facilement l'empreinte du surnaturel. D'où une critique des procès de sorcellerie, qui se multiplient à l'époque où **Montaigne** écrit : en l'occurrence, les présumées « sorcières » payent de leur vie les certitudes trop aisément acquises.*

Montaigne a lu la Démonomanie des sorciers, où Jean Bodin s'attachait à prouver la réalité de l'intervention diabolique auprès des sorcières et sorciers, dont « l'anti-société » rurale et magique menace l'ordre du royaume. Bodin appelait les juges à davantage de sévérité, en combattant l'opinion du médecin Jean Wier, dont les ouvrages invitaient à l'indulgence pour des femmes victimes de « la force de l'imagination ». On jugera ci-dessous de la netteté avec laquelle Montaigne choisit son camp.

« A tuer les gens... »

[B] Les sorcières de mon voisinage courent hasard de leur vie, sur l'avis de chaque nouvel auteur qui vient donner corps à leurs songes. Pour accommoder les exemples que la divine parole nous offre de
5 telles choses, très certains et irréfragables[1] exemples, et les attacher à nos événements modernes, puisque nous n'en voyons ni les causes ni les moyens, il y faut autre engin[2] que le nôtre. Il appartient à l'aventure[3] à ce seul très puissant témoi-
10 gnage[4] de nous dire : cettui-ci en est[5], et celle-là, et non cet autre. Dieu en doit être cru, c'est vraiment bien raison ; mais non pourtant[6] un d'entre nous, qui s'étonne[7] de sa propre narration (et nécessairement il s'en étonne s'il n'est hors de sens), soit qu'il
15 l'emploie au fait d'autrui, soit qu'il l'emploie contre soi-même.

Je suis lourd, et me tiens un peu au massif et au vraisemblable, évitant les reproches anciens : *Majorem fidem homines adhibent iis quae non intelli-*
20 *gunt. Cupidine humani ingenii libentius obscura creduntur*[8] ». Je vois bien qu'on se courrouce, et me défend-on d'en douter, sur peines d'injures exécrables. Nouvelle façon de persuader. Pour Dieu merci, ma créance[9] ne se manie pas à coups de poing.
25 Qu'ils gourmandent ceux qui accusent de fausseté leur opinion ; je ne l'accuse que de difficulté et de hardiesse, et condamne l'affirmation opposite, également avec eux sinon si impérieusement. [C] *Videantur sane, ne affirmentur modo*[10]. [B] Qui établit
30 son discours par braverie[11] et commandement montre que la raison y est faible. Pour une altercation verbale et scolastique, qu'ils aient autant d'apparence que leurs contradicteurs ; mais en la conséquence effectuelle[12] qu'ils en tirent, ceux-ci ont bien
35 de l'avantage. A[13] tuer les gens, il faut une clarté lumineuse et nette ; et est notre vie trop réelle et essentielle pour garantir ces accidents supernaturels[14] et fantastiques. Quant aux drogues et poisons, je les mets hors de mon compte : ce sont homicides,
40 et de la pire espèce. Toutefois, en cela même on dit qu'il ne faut pas toujours s'arrêter à la propre confession de ces gens ici, car on leur a vu parfois s'accuser d'avoir tué des personnes qu'on trouvait saines et vivantes.

45 En ces autres accusations extravagantes, je dirais volontiers que c'est bien assez qu'un homme, quelque recommandation qu'il ait, soit cru de ce qui est humain ; de ce qui est hors de sa conception et d'un effet supernaturel, il en doit être cru lors seulement
50 qu'une approbation supernaturelle l'a autorisé. Ce privilège qu'il a plu à Dieu donner à aucuns[15] de nos témoignages ne doit pas être avili et communiqué légèrement. J'ai les oreilles battues de mille tels contes : trois le virent un tel jour en levant[16] ; trois
55 le virent lendemain en occident, à telle heure, tel lieu, ainsi vêtu. Certes je ne m'en croirais pas moi-même. Combien trouvé-je plus naturel et plus vraisemblable que deux hommes mentent, que je ne fais qu'un homme en douze heures passe, quand
60 et[17] les vents, d'orient en occident ? Combien plus naturel que notre entendement soit emporté de sa place par la volubilité[18] de notre esprit détraqué, que cela, qu'un de nous soit envolé sur un balai, au long du tuyau de sa cheminée, en chair et en os, par un
65 esprit étranger ? Ne cherchons pas des illusions du dehors et inconnues, nous qui sommes perpétuellement agités d'illusions domestiques et nôtres. Il me semble qu'on est pardonnable de mécroire[19] une merveille, autant au moins qu'on peut en détourner
70 et élider la vérification par voie non merveilleuse[20]. Et suis[21] l'avis de saint Augustin, qu'il vaut mieux pencher vers le doute que vers l'assurance ès[22] choses de difficile preuve et dangereuse créance[23].

MONTAIGNE, *Essais*, III, 11, « Des boiteux »
Orthographe modernisée

---

1. Irrécusables. — 2. Esprit, intellect. — 3. Peut-être. — 4. Le témoignage de Dieu. — 5. De la sorcellerie (donc du Diable). — 6. Par conséquent. — 7. S'effraie. — 8. « Les hommes ajoutent plus de foi à ce qu'ils n'entendent point. Une tendance naturelle porte l'esprit humain à ajouter foi de préférence aux choses obscures ». La première phrase est d'auteur inconnu, la seconde est de Tacite, Histoires, I, XXII. — 9. Mon opinion. — 10. « Qu'on pose ces choses comme vraisemblables, mais qu'on ne les affirme pas. » (Cicéron, Académiques, II, XXVII). — 11. Qui établit son opinion par défi. — 12. Réelle. — 13. Pour. — 14. Événements surnaturels. — 15. Quelques-uns. — 16. A l'est. — 17. Avec. — 18. Folle imagination. — 19. Ne pas croire. — 20. Qu'on peut éviter l'explication (surnaturelle) par un moyen non surnaturel. — 21. Je suis. — 22. Dans les. — 23. Dangereuses à croire.

III, 13. « De l'expérience »

Se connaître

    Le dernier chapitre du Livre III, dont nous donnons ici la dernière page, s'interroge sur l'expérience, second moyen, après la raison, que nous employons pour satisfaire notre insatiable (et naturel) « désir de connaissance ». Nous établissons des similitudes entre les événements, mais Nature ne cesse de créer des dissemblances : « La ressemblance ne fait pas tant un comme la différence fait autre. »

    L'expérience **de Montaigne** *(et non l'expérience* **selon** *Montaigne), loin de combattre* a priori *la différence, en constitue « l'essai ». L'homme ne se pose pas en exemple ; pas plus, d'ailleurs, qu'il ne bat sa coulpe, se renie ou se repent (voir p. 451). « Se connaître » est une entreprise inévitable et inachevable, qui équivaut, pour Montaigne, à vivre, et à écrire les* Essais *: la mort seule en viendra à bout.*

    Parvenu à ce point, le texte peut bien affirmer qu'il faut « jouir loyalement de son être ». Chaque **lecteur est ainsi renvoyé à lui-même, à son corps, à ses coutumes, à son « particulier ».** *« Jouir de son être » ne suppose ni qu'on est parvenu à le connaître, ni qu'on y a renoncé. Réponse au « désir de connaissance », ce plaisir ne l'éteint pas : il l'entretient tout en le modérant.*

Ptolémée et Boèce,
dessin anonyme
du XVIᵉ siècle.
Paris, B.N.

« Ces humeurs transcendantes m'effraient »

    [B] Ésope, [C] ce grand homme, [B] vit son maître qui pissait en se promenant : « Quoi donc, fit-il, nous faudra-t-il chier en courant ? » Ménageons le temps ; encore en nous reste-il beaucoup d'oisif et mal employé. Notre esprit n'a volontiers pas assez d'autres heures à faire ses besognes, sans se désassocier du
5 corps en ce peu d'espace qu'il lui faut pour sa nécessité. Ils veulent se mettre hors d'eux et échapper à l'homme. C'est folie : au lieu de se transformer en anges, ils se transforment en bêtes[1] ; au lieu de se hausser, ils s'abattent. [C] Ces humeurs transcendantes m'effraient, comme les lieux hautains et inaccessibles ; et rien ne m'est à digérer fâcheux en la vie de Socrate que ses extases et ses
10 démoneries[2], rien si humain en Platon que ce pourquoi ils disent qu'on l'appelle divin. [B] Et de nos sciences, celles-là me semblent plus terrestres et basses qui sont le plus haut montées. Et je ne trouve rien si humble et si mortel en la vie d'Alexandre que ses fantaisies autour de son immortalisation. Philotas le mordit plaisamment par sa réponse ; il s'était conjoui[3] avec lui par lettre de l'oracle de
15 Jupiter Hammon qui l'avait logé entre les Dieux : « Pour ta considération[4] j'en suis bien aise, mais il y a de quoi plaindre les hommes qui auront à vivre avec un homme et lui obéir, lequel outrepasse [C] et ne se contente de [B] la mesure d'un homme[5] ».
    [C] *Diis te minorem quod geris, imperas*[6].

20   [B] La gentille inscription de quoi les Athéniens honorèrent la venue de Pompeius en leur ville, se conforme à mon sens :

> D'autant es-tu Dieu comme
> Tu te reconnais homme [7].

C'est une absolue perfection, et comme divine, de savoir jouir loyalement de son
25 être. Nous cherchons d'autres conditions, pour n'entendre l'usage des nôtres[8], et sortons hors de nous, pour ne savoir quel il y fait[9]. [C] Si avons-nous beau monter[10] sur des échasses, car sur des échasses encore faut-il marcher de nos jambes. Et au plus élevé trône du monde si[11] ne sommes assis que sur notre cul.

   [B] Les plus belles vies sont, à mon gré, celles qui se rangent au modèle
30 commun [C] et humain, avec ordre, mais [B] sans miracle et sans extravagance. Or la vieillesse a un peu besoin d'être traitée plus tendrement. Recommandons-la à ce Dieu[12], protecteur de santé et de sagesse, mais gaie et sociale :

> Frui paratis et valido mihi,
> Latoe, dones, et, precor, integra
35 Cum mente, nec turpem senectam
> Degere, nec cythara carentem [13].

MONTAIGNE, *Essais*, III, 13, « De l'expérience »
Orthographe modernisée

---

1. *Pascal se souviendra de cette phrase dans les* Pensées. — 2. *Allusion au « démon » qui inspirait Socrate.* — 3. *Réjoui.* — 4. *En ce qui te concerne.* — 5. *A vivre avec un homme qui outrepasse... Ce débat d'Alexandre et de Philotas est rapporté par Quinte-Curce,* Histoire d'Alexandre. — 6. *« C'est en te soumettant aux dieux que tu règnes sur le monde. » (Horace,* Odes, *III, VI, 5).* — 7. *Pris à la traduction, par Amyot, de la* Vie de Pompée, *de Plutar-* que. — 8. *Parce que nous ne comprenons pas...* — 9. *Ce qui s'y passe.* — 10. *Aussi est-il inutile que nous montions...* — 11. *Encore.* — 12. *Apollon.* — 13. *« Accorde-moi, fils de Latone, de jouir des biens que j'ai acquis, avec une santé robuste, et, je t'en prie, avec toutes mes facultés intellectuelles ; fais que ma vieillesse ne soit pas honteuse et puisse encore toucher la lire. » (Horace,* Odes, *I, XXXI, 17).*

POUR LE COMMENTAIRE

1. Montaigne ne rassemble-t-il pas, sous le feu de sa critique, des **comportements différents** ? Que signifie cet amalgame ?

2. Comment se répartit la **fonction d'autorité** entre tel exemple de l'Antiquité (Ésope, Athènes...) et Montaigne lui-même ?

3. Commentez, à la lumière du texte entier, la phrase : « C'est une absolue perfection, et comme divine », etc.

4. Quelle valeur ont la **référence finale** à la vieillesse et la citation d'Horace ?

D'UN TEXTE A L'AUTRE

Ne peut-on dire que ce texte dialogue, par anticipation, avec PASCAL ? Jugez du rapport entre les deux conceptions à l'aide de ces deux célèbres fragments des *Pensées* :

« L'homme n'est ni ange ni bête, et le malheur veut que qui veut faire l'ange fait la bête. »

« Il est dangereux de trop faire voir à l'homme combien il est égal aux bêtes, sans lui montrer sa grandeur. Il est encore dangereux de lui trop faire voir sa grandeur sans sa bassesse. Il est encore plus dangereux de lui laisser ignorer l'un et l'autre. Mais il est très avantageux de lui représenter l'un et l'autre.
Il ne faut pas que l'homme croie qu'il est égal aux bêtes, ni aux anges, ni qu'il ignore l'un et l'autre, mais qu'il sache l'un et l'autre. »

TRAVAUX D'ENSEMBLE SUR LES *ESSAIS*

Compositions françaises

1. Montaigne « portraitiste »

A partir de votre lecture des *Essais*, commentez et discutez ce jugement d'Hugo FRIEDRICH :

« Il ne fait pas qu'accepter bon gré mal gré, comme Sénèque dans son analyse de soi, les particularités triviales de son individu. Il s'en saisit parce qu'il y voit la réalité même avec son poids de vie. Il découvre pour son propre compte que l'insignifiant, le détail imperceptible et fugace en dit plus sur l'homme que ses côtés mémorables, publics, dogmatiques. Il est le Plutarque de lui-même. Sous le regard magique de son sens de l'individualité, ses moues, ses rides, ses laideurs, ses vices, toutes les intimités de son corps et de son esprit deviennent les contours nets de son portrait. »

Hugo FRIEDRICH, *Montaigne*,
© éd. Gallimard, 1968

2. La notion d'*essai*

Vous rédigerez une brève synthèse sur cette notion en dégageant le lien qui unit l'*essai* comme expérience personnelle, épreuve du jugement, et l'écriture même des *Essais*. Vous pouvez également procéder par approche successive de problèmes comme : *essai et connaissance, essai et action, l'essai et le corps, essai et langage*, etc.

3. Montaigne et Pascal

En utilisant les textes présentés dans cette collection, mais surtout, si possible, le texte intégral des *Essais* et des *Pensées*, vous esquisserez une comparaison de MONTAIGNE et de PASCAL, centrée, par exemple :
— d'une part sur le problème *philosophique* de l'humiliation de l'homme ;
— d'autre part sur le problème *rhétorique* de l'écriture et de la persuasion.

Sagesses du XVIe siècle

1. Autorités

Le personnage du sage hante tous les écrivains du XVIe siècle, non seulement les « philosophes », mais les conteurs, les poètes... La culture humaniste se pose constamment la question de la sagesse *(sapientia)*, point de rencontre de la morale et de la connaissance, du savoir et du devoir. La curiosité encyclopédique ne pouvait pas ne pas rencontrer le problème de ses motivations, et de sa règle. Et si le monde antique fascine, c'est d'abord en raison de ses vertus, examinées, soupesées avec d'autant plus de soin qu'elles ignorent le christianisme. Comment intégrer ce message moral dans un monde chrétien ? Le XVIe siècle ne croit plus que les **Virgile**, les **Sénèque**, annonçaient sans le savoir la morale et la religion chrétiennes. Il faut trouver autre chose que de tels mythes pour concilier ces horizons divers ; il faut comparer, **faire dialoguer les autorités**, au lieu de les amalgamer par le biais de l'interprétation allégorique.

Du coup, il n'y a plus d'autorités, il n'y a, partout, que des hommes qui parlent, fût-ce à des siècles de distance : c'est ce concert de voix discordantes, et pourtant audibles les unes aux autres, que parfois un **Montaigne** cherche à réaliser. Mais l'écriture des *Essais* est un cas-limite, comme la sagesse des *Essais*, qui refuse la forme du traité pour ne proposer qu'un « essai » de sagesse (des sagesses). Au contraire, tel « disciple » de Montaigne (**Pierre Charron**, auteur de *La Sagesse*) s'inspire des *Essais* pour recomposer un traité, renouant le fil d'une écriture dogmatique.

2. Doutes

A la source de cette « méthode » de Montaigne, qui lui permet de confronter librement les positions éthiques des Anciens, des Modernes et des autres (les Cannibales, par exemple), on trouve... une philosophie antique, une variété de scepticisme, **le pyrrhonisme**. Pyrrhon conteste radicalement la notion d'être ; tout est apparence, il est donc impossible de juger quoi que ce soit selon l'être. La seule solution est la suspension du jugement. Il demeure possible d'émettre des opinions, mais ce discours n'affirme rien de vrai ni de certain, n'engageant que celui qui le prononce, au moment où il le prononce. Libre à lui de s'échapper aussitôt, pour poursuivre l'enquête.

Montaigne préfère, à la suspension inébranlable du jugement, à l'*aphasie* pyrrhonienne, **le mouvement** qu'imprime, à celui qui parle et pense, le refus de conclure. Impitoyable pyrrhonien quand il s'attaque aux dogmatismes (spécialement lorsqu'ils sont dangereux et promettent mort d'homme), Montaigne se dit aussi influençable et changeant. A cet égard, le doute n'est pas une règle de vie, c'est la vie même, la seule règle étant de ne pas méconnaître ni censurer le changement, le « passage » qui se charge de détruire les certitudes.

La sagesse, chez Montaigne, est à double ou triple détente : elle suppose un refus de se corriger, de se repentir, de nier quoi que ce soit de soi-même, qui n'exclut ni le changement, ni même l'amélioration. Il n'y a pas d'être, et pourtant tout l'être est engagé à chaque instant, et pourtant il n'est jamais le même... Cette somme de changements, cette masse en mouvement, il n'y a qu'un pronom, qu'une personne qui puisse l'assumer : « **je** ». Sur le doute et sur ce « je », Descartes construira de nouvelles certitudes. Montaigne s'y refuse, préférant la substance instable de son livre...

3. Socrate

Sagesse particulière... Montaigne, plus que tout autre, a digéré les sagesses de l'Antiquité, à commencer par les « bréviaires » que sont **Sénèque** et **Plutarque**. C'est Plutarque qu'il préfère, auteur ondoyant qui fait passer le catéchisme stoïcien au prisme des *vies* individuelles. Plutarque raconte et compare : les « hommes illustres » sont des modèles, mais impossibles à imiter, tant le jugement de valeur est contraint d'admettre des nuances... Tout destin se discute, il y a à prendre et à laisser, mais on ne peut choisir sans avoir saisi la cohérence interne de tel exemple (Caton ou Thémistocle) de « l'humaine condition ».

Ainsi le sage devient-il tout le contraire du « démiurge » dont se moquait la Folie érasmienne : d'abord **un individu, sachant qu'il ne sait rien, et soucieux avant tout de se connaître soi-même**. On aura reconnu **Socrate**, que la Folie d'Érasme et le doute de Montaigne épargnent également. Socrate, échappé du texte de **Platon**, et loué de n'avoir jamais écrit une ligne, règne ironiquement sur la sagesse des écrivains : on le charge d'enseigner qu'il n'y a **pas de sagesse sans folie**, ou plutôt sans conscience de sa propre folie... Le sage est fou, mais il est sage de se savoir fou.

4. Plaisirs

Il y a un bonheur à cette forme de conscience, qui se distingue assez de l'*ataraxie* recherchée par les philosophes antiques (épicurisme, stoïcisme, pyrrhonisme...), la totale sérénité de l'âme. Ici l'âme se regarde bouger, elle se voit dans son corps, au contact d'autres âmes, d'autres corps... Elle s'analyse en mélangeant les systèmes les mieux établis. Dès l'Antiquité, on s'amuse à confondre hédonisme (doctrine qui fait de la recherche exclusive du plaisir le seul principe moral) et épicurisme, alors que **l'ataraxie épicurienne suppose un usage mesuré des plaisirs**. Quels que soient les plaisirs recherchés, le XVIe siècle, à la différence d'Épicure, pratique **l'ostentation** : l'âme se montre et se démontre, se contemple et s'analyse, devant elle-même, devant autrui. Elle est affamée de se faire connaître et de se faire aimer, et son vrai plaisir est de décrire son plaisir.

5. Vertu

La doctrine morale qui, au XVIe siècle, sert de pierre de touche à toutes les conceptions, c'est le stoïcisme. Les stoïciens posent que le souverain bien consiste dans la vertu, qui est effort de l'âme pour vivre en harmonie avec le monde, selon la raison. Le stoïcisme oppose de manière radicale la raison et les passions. Les passions ne doivent pas atteindre le sage. **L'ataraxie stoïcienne consiste en une impassibilité absolue**. La vertu n'admet pas de degrés. Il n'y a pas de petites fautes, toutes sont égales.

D'Érasme à Montaigne, on se scandalise d'une telle ambition et d'une telle rigueur. On proteste au nom de la grâce divine (inutile dans la perspective stoïcienne, qui d'ailleurs ignore un Dieu personnel), et/ou au nom de « l'humaine condition », âme tributaire d'un corps, jugement tributaire des sens, raison mêlée de passions... Mais les troubles du siècle favorisent l'attitude stoïque : après avoir voulu construire l'homme total, on songe à résister à ce qui l'accable. D'où un **néo-stoïcisme** qui voudrait mettre fin au jeu des apparences, au ballet sceptique des sagesses...

Hugo Friedrich *Montaigne*

Pour vos essais et vos exposés

Essais, de MONTAIGNE, publiés par P. VILLEY et V. L. SAULNIER, P.U.F.

Francis JEANSON : *Montaigne par lui-même*, éd. du Seuil, 1951.
Pierre MOREAU : *Montaigne*, éd. Hatier, 1966.
Hugo FRIEDRICH : *Montaigne*, éd. Gallimard, 1968.
Jean POUILLOUX : *Lire les* Essais *de Montaigne*, éd. Maspéro, 1969.
Antoine COMPAGNON : *Nous, Michel de Montaigne*, éd. du Seuil, 1980.
Jean STAROBINSKI : *Montaigne en mouvement*, éd. Gallimard, 1982.
André TOURNON : *Montaigne, la glose et l'essai*, Presses Universitaires de Lyon, 1983.
Marie-Luce DEMONET : *Michel de Montaigne, les Essais*, P.U.F., 1985.

A l'écoute de l'homme

Les faits que Montaigne observe sont en grande majorité des faits humains : genres de vie, mœurs, caractères, toutes les absurdités des actions et opinions, et surtout ce grand fait primordial que l'homme est si faible et si écrasé, mais néanmoins si viable et si bien dans la vie. C'est bien là que se manifeste pleinement la fertilité du scepticisme clairvoyant. Montaigne sait écouter, sentir jusqu'au cœur, apprécier toute réalité qui se dégage concrètement des possibilités infinies de la nature humaine pour être tantôt ceci, tantôt cela, tantôt encore autre chose. Tout ce que disent les hommes, leurs paroles les plus sensées comme les plus absurdes méritent attention, car elles les caractérisent. « L'homme est capable de tout cela ». Pas de remontrances : c'est une curiosité anthropologique qui aborde l'être humain. D'où des phrases comme celle-ci, que l'on peut d'ailleurs rapporter aussi bien à l'impossibilité de connaître et donc à l'arbitraire d'interpréter les choses qu'à leur valeur pour la connaissance de l'homme : « Nous autres, qui privons nostre jugement de droict de faire des arrests, regardons mollement les opinions diverses, et, si nous n'y prestons le jugement, nous y prestons aiséement l'oreille » (III, 8). Et un peu plus haut : « Il n'est si frivole et si extravagante fantasie qui ne me semble bien sortable à la production de l'esprit humain... Où l'un plat est vuide du tout en la balance, je laisse vaciller l'autre, sous les songes d'une vieille... Toutes telles ravasseries, qui sont en credit autour de nous, meritent au moins qu'on les escoute... ». On notera l'insistance des expressions *prester l'oreille, escouter*. Montaigne, à l'écoute, s'attend à tout de la part de l'homme.

Hugo FRIEDRICH, *Montaigne*, © éd. Gallimard, 1968

André Tournon
Montaigne. La glose et l'essai

Le miroir et le regard

Montaigne a pris pour thème un ensemble de données empiriques — ses traits, tels qu'il se les représente ; mais il ne se borne pas à les enregistrer pour que se fixe en eux la ressemblance d'une image. Tantôt il déchiffre dans le « progrès » de l'esquisse l'opération du « sens » qui s'y exerce ; tantôt il y décèle et confirme ses inclinations pour les transposer en une morale personnelle. Dans les deux cas, l'essentiel réside dans le travail de commentaire qu'il accomplit en rédigeant le texte, puis en le relisant et annotant. Les constatations directes — j'écris mal, je n'ai pas de mémoire ni d'aptitudes particulières, je hais le mensonge... — ne fournissent qu'une matière à des investigations réflexives toujours recommencées ; les vraies questions — que signifie ma façon de me représenter ? quel sens dois-je donner maintenant à mes descriptions ? — se posent sans cesse au présent ; et les réponses ne sont pas des informations sur le caractère de l'auteur, mais les indices de la conscience qu'il en prend. Le miroir ne fait pas surgir un simulacre, il reflète un regard.

André TOURNON, *Montaigne. La glose et l'essai*, © éd. P.U.L., 1983

POÈTES DU MONDE BAROQUE

DESPORTES, SIMÉON-GUILLAUME DE LA ROQUE, ISAAC HABERT, MARC DE PAPILLON DE LASPHRISE, SPONDE, JEAN-BAPTISTE CHASSIGNET, LA CEPPÈDE, DU BARTAS, D'AUBIGNÉ

« *Échos, faites doubler ma voix...* »
D'Aubigné,
Les Tragiques,
« L'Auteur à son Livre »

Les Trois Parques, sculpture attribuée à Jean Goujon.
Paris, Musée de Cluny.

La fortune du baroque

1. L'art baroque

A l'origine, le mot « baroque » (du portugais *barrocco*) désigne des perles irrégulières, pas vraiment rondes. Par extension, le mot qualifie aux XVIIe et XVIIIe siècles tout ce qui est bizarre, hors des normes, hors des règles. Il est nettement péjoratif. C'est au XXe siècle qu'il devient une catégorie de l'histoire de l'art, par **opposition au classicisme**. Opposition éternelle, repérable à différentes époques, selon certains critiques ; mais d'autres sont plus soucieux de précision historique, et appliquent la notion de « baroque » à l'art issu du Concile de Trente et de la Contre-Réforme : art « jésuite » des églises aux lignes courbes, à la décoration exubérante, aux plafonds peints en trompe-l'œil, où une architecture imaginaire ouvre sur l'infini et la lumière de Dieu.

Appliquée à la littérature, la notion a connu une fortune considérable qui l'a rendue imprécise, surtout en France où elle a permis (c'est là son principal mérite) de redécouvrir une foule d'écrivains méconnus ou considérés comme « attardés » ou « isolés ». Entre la Renaissance et le classicisme, une perspective plus juste a rendu leur spécificité aux auteurs de la fin du XVIe siècle et du début du XVIIe (pour ces derniers, voir LITTÉRATURE, XVIIe siècle).

2. Un monde instable et changeant...

Ces écrivains sont très divers. Tous accueillent l'idée d'un monde instable et changeant, caractérisé non par la stabilité d'un état mais par l'aventure d'un mouvement perpétuel, véritable défi à la représentation. Celle-ci commande une exploration des richesses infinies du langage, dont la variété rythmique et syntaxique, la polyvalence sémantique permettent sinon de dire, du moins d'approcher **l'indicible, le « passage »** (comme dit Montaigne), **la métamorphose**. Il ne s'agit pas, comme dans l'esprit classique, de classer, de faire le tri, de stabiliser la relation des choses entre elles, des mots entre eux, des mots et des choses ; mais au contraire d'**utiliser l'illusion** même, le charme protéiforme d'une apparence mouvementée.

3. L'héritage de la Pléiade

Dans le domaine poétique, une telle expérience procède en partie de l'immense travail effectué par les écrivains de la Pléiade : travail d'enrichissement du langage et de contamination des modèles, **libération générale des échos, des reflets**, qui, chez un Ronsard par exemple, introduisait beaucoup de ruse, d'humour et d'illusion dans la définition de la beauté. Les baroques (D'AUBIGNÉ, DU BARTAS) portent les recettes de la Pléiade à un degré imprévu d'intensité, en renversant la perspective : lorsque d'Aubigné, dans *Les Tragiques*, se déclare en quête d'un « autre style », il multiplie les figures (répétitions, antithèses, métaphores, oxymores), dont Ronsard faisait un usage modéré, tout en prétendant produire, dans ce langage déchaîné, la vérité même, là où Ronsard ne recherchait qu'un plaisant « vraisemblable »...

4. Baroque et maniérisme

Car on peut cultiver l'illusion pour elle-même, ou bien la saisir dans un effort paradoxal et outrancier de dépassement. On peut montrer l'inconstance du monde pour s'en délecter (comme DESPORTES), s'en effrayer (comme SPONDE), s'en dégoûter (comme CHASSIGNET). On peut lui prêter un charme érotique ou une valeur métaphysique.

Plutôt que de « baroque », pour certains écrivains, tels Desportes, on parle de « maniérisme », pour qualifier un art « sans naïveté » (Marcel Raymond), jouant à varier ses figures, ses arabesques, pour le plaisir d'un lecteur qui se prête au **culte du détail, du désordre concerté, de la déformation subtile**. Là encore, la notion est importée de l'histoire de l'art (voir *Lectures modernes*, p. 490).

1573	Philippe DESPORTES : *Premières Œuvres* (« Amours de Diane », « Amours d'Hippolyte »)	**1594**	Jean-Baptise CHASSIGNET : *Le Mépris de la vie et consolation contre la mort*
1578	Guillaume du BARTAS : *La Semaine ou Création du Monde*	**1597-1599**	Marc de PAPILLON DE LASPHRISE : *Premières Œuvres* (« Les Amours de Théophile » ; « L'Amour passionnée de Noémie »)
1583	Philippe DESPORTES : *Cléonice ; Diverses amours*	**1609**	Siméon-Guillaume de LA ROQUE : *Amours de Narcize*
1584	Guillaume du BARTAS : *La Seconde Semaine*		
1585	Isaac HABERT : *Les Trois Livres des Météores*	**1610**	Agrippa d'AUBIGNÉ : *La Confession catholique du sieur de Sancy*, non publiée
1588	Jean de SPONDE : *Essai de quelques poèmes chrétiens ; Méditations sur les Psaumes*	**1613-1621**	Jean de LA CEPPÈDE : *Théorèmes sur le sacré mystère de notre rédemption*
1590	Siméon-Guillaume de LA ROQUE : *Amours de Phyllis*	**1616**	Agrippa d'AUBIGNÉ : *Les Tragiques*
		1630	Agrippa d'AUBIGNÉ : *Petites œuvres mêlées*

1. L'amour, la mort

Particulièrement riche et proliférante, la poésie amoureuse de la fin du siècle (grosso modo, après 1570) semble toujours même et autre à la fois, en état de constante métamorphose. **PHILIPPE DESPOR-TES** impose un nouveau style italianisant, imité des pétrarquistes italiens de la fin du XVe siècle : ce néo-pétrarquisme utilise les procédés syntaxiques et sémantiques (parallélismes, antithèses, oxymores, métaphores) comme une sorte d'arsenal, **un code** dont on se sert, en quelque sorte, au second degré, pour faire jaillir de la répétition, de la monotonie, **la surprise**, la « pointe ». **Une évolution s'amorce qui conduira, au siècle suivant, à l'esthétique précieuse.**

Mais, de ce néo-pétrarquisme ludique au pétrarquisme « noir », forcené, des poètes proprement baroques, il n'y a pas de réelle rupture. **La topique traditionnelle de la souffrance amoureuse** peut déboucher, au détour d'un vers, sur un éloge paradoxal de l'inconstance, de la légèreté, ou sur un « forcènement » porteur d'images sinistres et sanglantes. Rien de commun entre Desportes le languide et d'Aubigné le frénétique ; mais la recherche de la pointe peut mener le premier jusqu'à l'inquiétante étrangeté d'une image aberrante, et les cauchemars du second surgissent d'un jeu plaisant avec les ressources du pétrarquisme ronsardien, dont ils prolongent la volupté.

Philippe Desportes *Amours d'Hippolyte* (1573)

Originaire de Chartres, **Philippe Desportes** (1546-1606) sait le grec, le latin, mais surtout, ses lectures et ses voyages font très vite de lui un italianisant remarquable. Il se fait la main en traduisant l'Arioste. Attaché au duc d'Anjou, il le suit en Pologne. Le duc, devenu le roi Henri III, fera la fortune de son poète, qui prête la plume à ses passions et l'accompagne dans ses retraites.

Après l'assassinat d'Henri III (1589), Desportes prend le parti de la Ligue. Il participe à la défense de Rouen contre Henri IV (1592), mais négocie quelques mois plus tard la reddition des places de la Ligue en Normandie. Henri IV lui donne l'abbaye de Bonport. Il y goûte une aimable retraite, en traduisant les *Psaumes*. C'est là qu'il meurt en 1606.

*Poésie de cour, l'œuvre de **Philippe Desportes** (Amours de Diane, Amours d'Hippolyte, publiées dans les Premières Œuvres en 1573, Cléonice, Diverses amours (1583), Élégies, Mascarades, etc.) a été longtemps décriée pour son impersonnalité. Sa situation est ambiguë : cultivant l'artifice néo-pétrarquiste, elle rétrécit le registre de la Pléiade et simplifie la langue en se souciant d'abord de **musicalité**. Un réseau d'images et de motifs, toujours les mêmes, s'y développe pour le plaisir, à l'abri du réel, en une série de savants déséquilibres rattrapés par la « pointe ». **Desportes est le plus constant des poètes de l'inconstance...***

« *Que la nuit m'importune...* »

Je crois que tout mon lit de chardons est semé !
Qu'il est rude et malfait ! Hé ! Dieu suis-je si tendre
Que je n'y puis durer ? Je ne fais que m'étendre,
Et ne sens point venir le Somme accoutumé.

5 Il est après mi-nuit, je n'ai pas l'œil fermé,
Et mes membres lassés repos ne peuvent prendre.
Sus Phébus, lève-toi ! ne te fais plus attendre,
Et de tes clairs regards rends le ciel allumé.

Que la nuit m'importune, et m'est dure et contraire !
10 Mais pourtant c'est en vain, ô Phébus, que j'espère
D'avoir plus de clarté pour ton nouveau retour :

Car je serai couvert d'une effroyable nue,
Tant qu'un plus beau soleil, qui me cache sa vue[1],
Vienne luire à Paris et m'apporte le jour.

1. Jusqu'à ce qu'un plus beau soleil (= sa dame), qui ne veut pas que je le voie...

Philippe DESPORTES, *Premières Œuvres*, « Amours d'Hippolyte »,
sonnet 47. Orthographe modernisée

« *Mirez-vous dessus moi...* »

1. Le miroir.

Pourquoi si follement croyez-vous à un verre[1],
Voulant voir les beautés que vous avez des cieux ?
Mirez-vous dessus moi pour les connaître mieux
Et voyez de quels traits votre bel œil m'enferre.

5 Un vieux Chêne ou un Pin, renversés contre terre,
Montrent combien le vent est grand et furieux :
Aussi vous connaîtrez le pouvoir de vos yeux,
Voyant par quels efforts vous me faites la guerre.

2. Outre que (argument de plus pour ne pas utiliser le miroir).

Ma mort de vos beautés vous doit bien assurer,
10 Joint que[2] vous ne pouvez sans péril vous mirer :
Narcisse devint fleur d'avoir vu sa figure.

3. L'une des trois Gorgones, dont le regard pétrifiait ; elle fut tuée par Persée.

Craignez doncques, Madame, un semblable danger,
Non de devenir fleur, mais de vous voir changer
Par votre œil de Méduse[3], en quelque roche dure.

Philippe DESPORTES, *Premières Œuvres*, « Amours d'Hippolyte »,
sonnet 18 (1573). Orthographe modernisée

LECTURE MÉTHODIQUE

1. L'imagerie traditionnelle. Dégagez, d'une part, les effets de simplicité (vers 11, par ex.), et d'autre part les effets d'inconstance.

2. Montrez **les moments où la perspective change**, où surgit du nouveau.

3. Ainsi de **Méduse** ; rien de plus commun que cette figure mythique dans ce type de poésie amoureuse ; comment est-elle introduite dans ce sonnet ?

4. Quel type **d'unité** un texte de ce genre recherche-t-il ?

Butucci, *Narcisse à la fontaine*.
Paris, Musée Jacquemart-André.

Siméon-Guillaume de La Roque
Amours de Phyllis (1590)

Né près de Clermont-en-Beauvaisis, **Siméon-Guillaume de La Roque** (1551-1611) fréquenta, comme Desportes, le salon de la Maréchale de Retz. Il est au service d'Henri d'Angoulême, fils bâtard d'Henri II, puis de la famille de Guise. Ligueur avec ses protecteurs, La Roque retrouve la cour après l'abjuration d'Henri IV (1594). Il mourra en 1611.

La poésie de **Siméon-Guillaume de La Roque** *(Amours de Phyllis, 1590 ; Amours de Caristée, 1594 ; Amours de Narcize, 1609, etc.) combine l'influence de Ronsard et de Desportes, non sans puiser directement à diverses sources italiennes. Elle influença Malherbe, dont l'auteur fut l'ami. Par le choix de ses thèmes et de ses rythmes, cette œuvre se trouve ainsi au **carrefour de tous les destins poétiques**.*

« Je suis le triste oiseau... »

Je suis le triste Oyseau de la nuit solitaire[1],
Qui fuit sa mesme espece[2] et la clairté du jour,
De nouveau transformé par la rigueur d'Amour,
Pour annoncer l'augure au malheureux vulgaire[3].

5 J'appren à ces rochers mon tourment ordinaire[4],
Ces rochers plus secrets où je fay mon sejour :
Quand j'acheve ma plainte, Echo parle à son tour,
Tant que[5] le jour survient qui soudain me fait taire.

Depuis que[6] j'eu perdu mon soleil radieux,
10 Un voile obscur et noir me vint bander les yeux
Me derobant l'espoir qui maintenoit ma vie.

J'estois jadis un Aigle aupres de sa clairté,
Telle forme[7] à l'instant[8] du sort me fut ravie,
Je vivois de lumiere, ore[9] d'obscurité.

Siméon-Guillaume de La Roque, *Amours de Phyllis*, sonnet 41 (1590)

---

1. *Périphrase pour le hibou.* — 2. *Son espèce même.* — 3. *Le vulgaire : les hommes, le commun des mortels ; le hibou était un oiseau de mauvais augure.* — 4. *Constant. Le motif du discours aux* rochers, *à la nature sauvage, appartient depuis l'origine à la topique pétrarquiste.* — 5. *Jusqu'au moment où.* — 6. *Après que.* — 7. *Cet état.* — 8. *En un instant.* — 9. *Maintenant.*

ANALYSE STYLISTIQUE

1. Analysez **le jeu de la métamorphose**. Quel est l'effet produit, à cet égard, par l'usage de la première personne (notamment dans le premier vers, et dans le vers 12) ? Avons-nous accès à la « réalité » de la situation amoureuse ? Le texte nous donne-t-il le moyen d'aller au-delà des images qu'il propose ? Qu'en concluez-vous quant à ce type de poésie ?

2. Faites l'**analyse** systématique des **sonorités**, notamment dans le premier quatrain.

3. Examinez les effets de **rythme** et de **prosodie**, la distribution de la **syntaxe** dans le vers. Dans quelle mesure peut-on dire qu'un tel sonnet est déjà « classique » ?

Isaac Habert *Les Trois Livres des Météores* (1585)

*On connaît mal la vie d'**Isaac Habert**, neveu du poète marotique et traducteur François Habert. Ses Œuvres poétiques paraissent en 1582 et, en 1585,* Les Trois Livres des Météores, *avec des* Amours *en seconde partie. On pourra juger de leur qualité d'après le sonnet suivant, qu'il est utile de comparer à celui de La Roque, au point de vue prosodique et au point de vue thématique (ainsi, d'ailleurs, qu'au sonnet 47 de Desportes, p. 463).*

« *Nuit fille de la terre...* »

1. Il s'agit de la déesse, fille (ou sœur) de la Terre.
2. Les astres nocturnes.

3. Le dieu du sommeil, Hypnos.
4. Les eaux du Styx, fleuve infernal (Hypnos habitait les Enfers).

5. Pla-yes, deux syllabes ; observer aussi la diérèse de li-ens.

6. Oisive.
7. Ta liqueur.
8. Subjonctif (souhait).
9. Rime sommeil / œil *: sonorités proches au XVIᵉ siècle.*

Nuit fille de la terre[1], amène tes flambeaux[2]
Et ton silence coi, et des hauts monts descendre
Fais tes brouillards nuiteux pour ici les étendre
Et couvrir l'horizon de tes sombres rideaux,

5 Afin que le Sommeil[3] des stygieuses[4] eaux
Vienne arrouser mon chef, et sur mon corps répandre
Le jus du noir pavot pour m'aider et défendre
Contre amour inventeur de martyres nouveaux.

Les plaies[5], les liens et les prisons obscures,
10 Les peines, les soucis, les flammes, les froidures,
Ne nuisent aux humains pendant que le Sommeil

Tient leurs corps engourdis dessus la plume oiseuse[6].
Répands donques sur nous ton humeur[7] paresseuse,
Ainsi jamais Phœbus ne nous montre[8] son œil[9].

Isaac Habert, *Les Trois Livres des Météores*, « Amours » (1585)
Orthographe modernisée

Le Génie du sommeil, dessin du Primatice.
Musée d'Orléans.

Marc de Papillon de Lasphrise
Premières Œuvres (1597-1599)

Marc de Papillon de Lasphrise (1555-1599) naît près d'Amboise. Cadet d'une famille de petite noblesse gasconne, il est dès 1568 sous les armes, dans les rangs catholiques. Il se bat contre les Turcs en Méditerranée (1571), contre les protestants surtout. Maintes fois blessé, il profite de ses repos pour vaquer à ses amours, et pour faire des vers. D'abord en l'honneur d'une novice, chantée sous le nom de Théophile. Mais la novice prononce ses vœux. Le second amour est encore moins honnête que le premier : il vise la propre cousine du capitaine, Polyxène de Papillon, qu'il appelle « Noémie ». Les *Premières Œuvres* (1597-1599) rassemblent « Les Amours de Théophile » et « L'Amour passionnée de Noémie ». Peu avant de mourir (1599), Lasphrise s'efforce de rentrer en odeur de sainteté poétique, avec divers morceaux d'inspiration chrétienne.

La poésie de **Marc de Papillon de Lasphrise** *cultive l'obscénité avec un* **lyrisme** *riche d'accents inédits (interjections, « langage enfançon » : « Hé mé mé bine moi, bine moi ma pouponne... »). Il s'agit de dire, non seulement le désir, mais le plaisir, denrée périssable, expérience inouïe, scandaleuse, qu'égale la mort seule. Le style « bas » du poète est un langage qui s'efforce d'aller au-delà de lui-même.*

« *Mon Corps sur votre Autel...* »

1. *Sacrifierai.*

Quand viendra l'heureux jour que je sacrifiré[1]
Mon Corps sur votre Autel que saint DÉSIR dédie,
Que j'épandrai mon sang en mémoire infinie
D'avoir par une erreur si long temps soupiré ?

2. *Martyrisé.*

3. *Paré d'ornements religieux (pour le sacrifice ?).*

5   Quand viendra l'heureux jour que je vous offriré
Un bénit Cierge ardent avec cérémonie
Étant à deux genoux près de vous accomplie,
Afin d'avoir pitié de mon cœur martiré[2] ?

4. *Don à Dieu (don de soi en l'occurrence).*

5. *Mais quand, lorsque vous recevrez mes divines offrandes... (bien distinguer les différentes étapes).*

Hé ! quand serai-je orné[3] dans votre sacré temple
10   Servant vos déités que dévot je contemple,
Quand accepterez-vous ma chère Oblation[4],

Pour fidèle témoin de mes peines souffertes ?
Mais quand en recevant mes divines offertes[5]
Aurai-je de vos mains la bénédiction ?

Marc de PAPILLON DE LASPHRISE, *Premières Œuvres*,
« Les Amours de Théophile », sonnet 24 (1597)
Orthographe modernisée

POUR LE COMMENTAIRE _____

1. La perfection métaphorique de ce « blasphème » (n'oubliez pas la qualité de Théophile ; par ailleurs, « Théophile » veut dire « aimée de Dieu »). Montrez-en la complexité. A quel(s) rôle(s), à qui l'amant s'assimile-t-il ? Et du côté de l'aimée : montrez comment se combinent, pour la désigner, métaphore et métonymie (du lieu).

2. L'efficacité de l'anaphore (répétition de *quand*). Pourquoi ne pas avoir prévu, comme dans tant de sonnets, un second mouvement, un temps de « réponse » ?

COMPOSITION FRANÇAISE _____

Vous commenterez et discuterez ce jugement de Gisèle MATHIEU-CASTELLANI (*Mythes de l'Éros baroque*, P.U.F., 1981) : « Poésie sans sujet, poésie sans objet, la poésie de l'âge baroque ne s'ouvre pas au monde extérieur ni à la vie ; greffée sur le langage mythique, elle s'enferme dans les figures et motifs qu'elle recrée, soucieuse seulement d'établir, entre réalité légendaire et réalité mentale, un réseau d'équivalences, un rapport symbolique de correspondances. »

2. La mort, le Christ

La notion de « baroque » a été appliquée par des historiens de l'art à l'esthétique picturale et architecturale née de **la Contre-Réforme**, esthétique qui prétend conduire à la vérité par le chemin de **l'illusion**. Le regard est emporté au-delà de lui-même et mené aux abords de la contemplation. La sensibilité baroque noue des rapports évidents avec **un sentiment religieux exacerbé**, dans les deux camps, par le scandale même de la division, et des massacres perpétrés au nom du Christ. L'époque est hantée par une spiritualité intense, qui s'efforce d'en appeler à Dieu seul contre le monstrueux tumulte du monde : seul moyen de dénier à la mort sa trop visible victoire.

De grands poètes religieux (**Sponde**, **La Ceppède**, **Chassignet**, et bien sûr **d'Aubigné**), catholiques ou protestants, font de leur poésie l'intolérable inventaire du « change », de la sinistre condition humaine, et le moyen d'y échapper. Implacable et inquiète à la fois, la rhétorique du poème s'efforce **de montrer le Chaos, le néant, et d'en faire jaillir le désir de Dieu**. Discours de la mort inévitable, universelle, le poème rencontre le Christ au sein de la mort même, capable pourtant d'en triompher. Le Christ baroque est cette figure paradoxale d'un Dieu qui s'est soumis au change et à la mort, d'un Dieu blessé dans son corps, et ramené par cet affreux chemin à sa gloire éternelle.

Jean de Sponde
Essai de quelques poèmes chrétiens (1588)

Né à Mauléon, **Jean de Sponde** (1557-1595) est le fils du secrétaire (calviniste) de la reine de Navarre, Jeanne d'Albret. C'est à Bâle qu'il complète ses études (1580), foyer intense de l'activité intellectuelle et spirituelle des Réformés. Sponde compose des *Amours* qui ne seront publiés qu'après sa mort. Il publie en 1588 les *Méditations sur les Psaumes*, auxquelles est joint l'*Essai de quelques poèmes chrétiens*. Cet *Essai* comprend les « Stances de la Cène », les « Stances de la Mort », et douze « Sonnets sur le même sujet ».
Après l'abjuration du roi Henri IV, Sponde est à son tour converti au catholicisme par le cardinal Du Perron, théologien et poète. Tombé en disgrâce le poète se retire à Bordeaux, où il meurt en 1595.

Les œuvres de **Jean de Sponde** traduisent une expérience qu'il faut serrer de près : **expérience cruelle de la vanité, de l'inconsistance de la vie**, désir de la vraie vie qui ne se trouve qu'en Dieu, et à laquelle il n'est d'accès que par la mort. Au moyen d'une **rhétorique contenue, violente, mais tout intérieure**, le poème dit l'insignifiance du monde et du moi, la nécessité de suivre un haut désir, qui « guide au mourir ».

« Mais si faut-il mourir... »

1. Ce si (équivalant approximativement à un « pourtant ») sert à renforcer l'assertion.

2. Qui fait le brave devant la mort.

3. D'un jour.

4. Fiole vide.

5. La cire verte (dans laquelle la flamme se noie).

6. C'est le « j'ai vu » de l'Apocalypse, dont se sert également d'Aubigné.

Mais si[1] faut-il mourir, et la vie orgueilleuse,
Qui brave de la mort[2], sentira ses fureurs,
Les Soleils hâleront ces journalières[3] fleurs,
Et le temps crèvera cette ampoule venteuse[4].

5 Ce beau flambeau qui lance une flamme fumeuse,
Sur le vert de la cire[5] éteindra ses ardeurs,
L'huile de ce Tableau ternira ses couleurs,
Et ces flots se rompront à la rive écumeuse.

J'ai vu[6] ces clairs éclairs passer devant mes yeux,
10 Et le tonnerre encor qui gronde dans les Cieux,
Où d'une ou d'autre part éclatera l'orage.

J'ai vu fondre la neige et ses torrents tarir,
Ces lions rugissants je les ai vus sans rage,
Vivez, hommes, vivez, mais si faut-il mourir.

Jean de Sponde, *Essai de quelques poèmes chrétiens*, sonnet 2 (1588)
Orthographe modernisée

« *Tout s'enfle contre moi...* »

1. *M'assaille.*

2. *L'artifice enchanteur.*

3. *Navire.*

4. *Une oreille qui n'entend pas la voix enchanteresse de l'Ange révolté (Satan).*

5. *Me donneras-tu (syncope).*

Tout s'enfle contre moi, tout m'assaut[1], tout me tente,
Et le Monde et la Chair, et l'Ange révolté,
Dont l'onde, dont l'effort, dont le charme inventé[2]
Et m'abîme, Seigneur, et m'ébranle, et m'enchante.

5 Quelle nef[3], quel appui, quelle oreille dormante[4],
Sans péril, sans tomber, et sans être enchanté,
Me donras-tu[5] ? Ton Temple où vit ta Sainteté,
Ton invincible main et ta voix si constante.

Et quoi ? mon Dieu, je sens combattre maintes fois
10 Encore avec ton Temple, et ta main, et ta voix,
Cet Ange révolté, cette Chair, et ce Monde.

Mais ton Temple pourtant, ta main, ta voix sera
La nef, l'appui, l'oreille, où ce charme perdra,
Où mourra cet effort, où se rompra cette Onde.

Jean de SPONDE, *Essai de quelques poèmes chrétiens*,
sonnet 12. Orthographe modernisée

Les Quatre Cavaliers de l'Apocalypse, gravure de Dürer. Paris, Bibl. des Arts décoratifs.

LECTURE MÉTHODIQUE

1. Dans ce sonnet en vers rapportés (voir p. 357), suivez d'abord **le détail de chacune des trois séries**. Comment le Monde, la Chair, le Diable sont-il vus et désignés ? Comment **les trois tentations** sont-elles développées et spécifiées ?

2. Comment les trois séries sont-elles articulées ? Le poème observe-t-il une géométrie rigoureuse ? Montrez **les choix syntaxiques** (asyndète, polysyndète), les **déséquilibres, les renversements**. Quel est l'effet produit ?

3. Imaginez que le poème s'achève au vers 8. Appréciez, par contraste, **le double renversement opéré dans**

les tercets. Comparez la « fin » des vers 7-8 et celle des vers 13-14 : pourquoi l'expressivité y gagne-t-elle ?

Et le sens, qu'y gagne-t-il ? Appréciez la valeur des futurs du second tercet.

RECHERCHE

Vous rechercherez, dans la peinture européenne de l'âge baroque, des représentations de ce monde qui « s'enfle », de la Chair et de l'Ange, et du Temple qui les immobilise.

Jean-Baptiste Chassignet
Le Mépris de la vie... (1594)

Né à Besançon (alors terre d'Empire) **Jean-Baptiste Chassignet** (1571-1635) est le fils d'un médecin. Il reçoit une formation humaniste, étudie le droit à l'université de Dole, où il obtient son doctorat. Conseiller au baillage de Gray, il compose des *Paraphrases* des Prophètes et des Psaumes. Il mourra vers 1635.

C'est à l'âge de 23 ans environ que **Jean-Baptiste Chassignet** *compose (en quelques mois) et publie les 434 sonnets de son œuvre majeure :* Le Mépris de la vie et consolation contre la mort. *Énorme* Memento mori, *acharné à convaincre l'homme du caractère évident, universel et finalement bénéfique de la mort. Tout est vanité, l'autre vie seule rendra l'homme à sa vraie « patrie ». Discours militant, discours frénétique dans sa* **volonté d'édification**. *Il faut instaurer cette vision de la mort, abattre l'illusion qui empêche de la voir.*
Faisant de l'analogie un usage destructeur, le sonnet montre que **la vie n'est que le masque de la mort**. *Chassignet passe en revue tout ce que l'homme associe à la vie (la naissance, la nourriture, l'eau, la jeunesse, la victoire, etc.) et en montre l'aveuglante ressemblance avec la mort, la pourriture, etc. Persuasive, cette évidence de l'horreur est à son tour trompeuse : le poète lève un second masque. La mort est bienfaisante, elle ouvre à l'éternité, elle donne à Dieu. Il doit être clair, en dépit des apparences, que* **la vie, c'est la mort** *(atroce), et que* **la mort, c'est la vie** *(éternelle).*

« *Le ventre déchiré...* »

1. *Voir Ronsard, p. 385.*

Mortel pense quel est dessous la couverture
D'un charnier mortuaire un corps mangé de vers,
Décharné, dénervé, où les os découverts,
Dépoulpés[1], dénoués, délaissent leur jointure :

5 Ici l'une des mains tombe de pourriture,
Les yeux d'autre côté détournés à l'envers
Se distillent en glaire, et les muscles divers
Servent aux vers goulus d'ordinaire pâture :

2. *Puant.*

Le ventre déchiré cornant[2] de puanteur
10 Infecte l'air voisin de mauvaise senteur,

3. *Déforme.*

Et le nez mi-rongé difforme[3] le visage ;

Puis connaissant l'état de ta fragilité,

4. *Fonde-toi.*

Fonde[4] en Dieu seulement, estimant vanité
Tout ce qui ne te rend plus savant et plus sage.

Jean-Baptiste Chassignet, *Le Mépris de la vie...*, sonnet 125 (1594)
Orthographe modernisée

ANALYSE STYLISTIQUE

1. Analysez **la composition** de cette « hypotypose » (« peinture » verbale ayant pour ambition de « mettre sous les yeux » ce qui est dit), en examinant le rôle que jouent les procédés spécifiques de l'écriture poétique (rime, structure du vers, inversions, etc.).

2. Analysez **l'insertion du morceau descriptif dans la structure rhétorique** d'ensemble.

3. Quel est le **rôle du second tercet** ? Comment comprenez-vous le dernier vers ?

Jean de La Ceppède *Théorèmes...* (1613-1621)

Originaire de Marseille, **Jean de La Ceppède** (1550-1623) fut conseiller au parlement d'Aix, puis président de la Chambre des comptes de Provence (1608). Il mourut en Avignon, en 1623. Ce catholique produisit des *Méditations* sur les Psaumes, et surtout les *Théorèmes sur le sacré mystère de notre rédemption* (première partie en 1613, seconde partie en 1621 ; au total, plus de 500 sonnets).

« Théorèmes » veut dire « Méditations » (sens étymologique). Les sonnets « méditent » le texte évangélique de la Passion du Christ, depuis la nuit dans le jardin des Oliviers. Étape par étape, station après station, **Jean de La Ceppède** *commente et surtout « voit »* **l'effroyable spectacle, dont le sens se livre par le jeu des antithèses, des contrastes éblouissants** *que condense le texte poétique. Le choix du sonnet pour transcrire une telle épopée (épopée du Christ, épopée du fidèle), qui se découpe en stations, manifeste le souci baroque de signifier la vérité, de la « cristalliser » en une figure, une vision inoubliable : poésie et mystique, rigueur formelle et effusion vont ainsi de pair.*

Le Greco, *Le Partage de la tunique du Christ.*
Cathédrale de Tolède.

« O pourpre... »

Aux monarques vainqueurs la rouge cotte d'armes
Appartient justement ! Ce Roi victorieux[1]
Est justement vêtu par ces moqueurs gens d'armes
D'un manteau, qui le marque et Prince, et glorieux.

5 O pourpre, emplis mon têt[2] de ton jus précieux
Et lui fais distiller mille pourprines larmes,
A tant que[3] méditant ton sens mystérieux,
Du sang trait[4] de mes yeux j'ensanglante ces carmes.

Ta sanglante couleur figure nos péchés
10 Au dos de cet Agneau par le Père attachés ;
Et ce Christ t'endossant se charge de nos crimes.

O Christ, ô saint Agneau, daigne-toi de cacher[5]
Tous mes rouges péchés (brindelles[6] des abîmes)
Dans les sanglants replis du manteau de ta chair[7].

Jean de LA CEPPÈDE, *Théorèmes...* (1613-1621)

---

1. *Le Christ, vêtu de la pourpre et portant la couronne (d'épines), signes de royauté dont les soldats l'ont affublé par dérision (cf. Matthieu, 27, Marc, 15 et Jean, 19).* — 2. *Ma tête.* — 3. *Tant et si bien que.* — 4. *Tiré.* — 5. *Daigne cacher.* — 6. *Fétus.* — 7. *Rime normande.*

POUR LE COMMENTAIRE

1. Suivez **l'entrelacement** de la pourpre et du sang, du sang et du sens, du Christ et du poète, de la substance et du symbole, du manteau et de la chair.

2. Montrez comment s'articulent la **vision**, la **prière**, le **commentaire**.

RECHERCHE

Écriture et peinture

Le GRÉCO : *El Espolio* (cathédrale de Tolède). Vous tenterez de comparer le pathétique et la portée spirituelle du tableau et du sonnet.

3. La création du monde : Guillaume du Bartas (1544-1590)

Guillaume Saluste du Bartas naît à Montfort (en Armagnac) dans une famille protestante. Son père deviendra « sieur du Bartas » vingt ans plus tard, en achetant la terre de ce nom. Le futur du Bartas étudie le droit à Toulouse, et participe avec succès aux Jeux Floraux. Docteur en droit, il devient juge à Montfort. Pour la reine Jeanne d'Albret, il compose un poème épique, la *Judith*, d'après le livre biblique de ce nom.

Demeuré à l'écart des guerres de religion, du Bartas entre en 1576 à la cour d'Henri de Navarre, à Nérac. Il publie en 1578 à Paris *La Semaine ou Création du Monde*, qui connaît un succès éclatant. La faveur du roi de Navarre lui vaut d'accomplir plusieurs missions diplomatiques. En 1584 commence à paraître *La Seconde Semaine*, qui restera inachevée. En 1587, du Bartas est en mission auprès du roi Jacques VI d'Écosse, grand amateur de son œuvre poétique. Sa renommée, européenne, éclipse celle de Ronsard. Malade depuis longtemps, il meurt à Condom en 1590. Le classicisme oublia du Bartas, poète si étranger à son goût. On commence à peine, aujourd'hui, à reprendre la mesure de son génie.

La Semaine ou Création du Monde (1578)

*** *La Semaine...*

Ce vaste poème, qui connut plus de cinquante éditions de 1578 à 1632, se présente comme un « heptaméron », un récit des six jours de la Création et du septième, jour de repos pour le Créateur, qui « s'admire en son ouvrage ». Immense amplification du texte de la Genèse, *La Semaine* accomplit en sept chants le parcours des connaissances humaines, « le rond de l'Encyclopédie ». L'inspiration religieuse (calviniste) est ici inséparable de l'inspiration « scientifique » qui s'inscrit dans la tradition de Scève *(Microcosme)*, de Peletier, de Belleau, de Baïf et des *Hymnes*, de Ronsard. La poésie est ici « didascalique », c'est-à-dire qu'elle instruit son lecteur, en cosmologie, géologie, zoologie, anatomie, sans cesser de rappeler que toutes ces choses à voir et à décrire, tous ces savoirs à rassembler sont d'abord l'œuvre de Dieu.

Le Deuxième jour : Dieu crée le ciel, illustration du XVIIe siècle pour l'*Histoire des Juifs*, de Flavius Joseph. Coll. particulière.

Le discours du poète « scientifique » est une perpétuelle action de grâces et la répétition de l'œuvre d'art divine : le monde est **une vivante peinture**, et « l'artifice » du poète doit s'efforcer de rendre compte, par les mots, du **chef-d'œuvre de Dieu**. L'entreprise de **Guillaume du Bartas** consiste à suivre **le réseau d'analogies** qui constitue le monde, ressemblances toujours décelables entre **macrocosme** (le grand monde) et **microcosme** (le petit monde, l'homme), et plus généralement entre toutes les parties de ce grand Tout, qui ne cessent de se répondre et de s'imiter.

Ce principe d'universelle analogie fait du moindre détail, du plus humble objet minéral, végétal ou animal le reflet potentiel de la Création entière : il y a toujours à s'émerveiller de l'infinie variété des choses, et des fascinantes ressemblances qui permettent à l'homme, au poète, d'appréhender cette variété, de la faire voir sans la réduire. Du Bartas élabore donc un langage dont **la précision « scientifique »** — chaque chose sera désignée par son nom : c'était là le travail d'Adam — n'a d'égale que la **puissance métaphorique** — chaque chose est un appel à en voir d'autres, qui sont les mêmes ou qui témoignent de la même intention divine.

Malmenant la hiérarchie des styles, la poésie selon du Bartas est prise d'une « rage de l'expression » (selon le mot que Francis Ponge applique à sa propre entreprise) qui autorise toutes les audaces, notamment lexicales : adjectifs composés (« la Terre porte-grains », « la doux-flairante pomme »), redoublements de syllabe (« flo-flottant », « sou-soufflant »)... Du Bartas, disciple et rival du Dieu de la Genèse, ne se refuse rien. On le lui a fait payer, pendant des siècles, en jugeant pure folie sa poésie.

De Phénix en pinson

Au Cinquième Jour, **Guillaume du Bartas** *évoque d'abord les poissons, terminant avec le Dauphin et l'histoire d'Arion. Il se reproche d'avoir consacré trop de vers aux habitants de la mer :*

Mais courage, Oiselets : vos ombres vagabondes,
Qui semblent voleter sur la face des ondes,
Par leurs tours et retours me contraignent de voir
Et quelle est votre adresse, et quel est mon devoir.

    Le céleste Phénix[1] commença son ouvrage
Par le Phénix terrestre, ornant d'un tel plumage
Ses membres revivants que l'annuel flambeau[2]
De Cairan jusqu'en Fez[3] ne voit rien de plus beau.
5 Il fit briller ses yeux, il lui planta pour crête
Un astre flamboyant au sommet de sa tête ;
Il couvrit son col d'or, d'écarlate son dos,
Et sa queue d'azur, puis voulut qu'Atropos[4]
Lui servît de Vénus, et qu'une mort féconde
10 Rendît son âge égal au long âge du monde.
Car ayant vu glisser dessous un ciel divers
Et cent fois dix étés et cent fois dix hivers,
Des siècles abattu, il lui prend une envie
De laisser en dépôt à la flamme sa vie,
15 De mourir pour renaître, et d'entrer au tombeau
Pour après en sortir cent mille fois plus beau.
Lors perché sur les bras d'une palme il entasse
Le baume sur le nard, le nard dessus la casse[5] :
Et sur le point du jour de leurs branches bâtit
20 Son urne, son berceau, son sépulcre, son nid.
Cependant qu'il attend qu'une flammèche éprise[6]
A l'odorant bûcher ses os sacrés réduise
En génitale poudre[7], et que ces bois ardents
Finissent non sa vie, ains[8] ses caduques ans[9],
25 L'échanson phrygien[10] d'une prodigue aiguière
Ne verse sur les champs rivière après rivière ;
Les froidureux Trions[11] ne couvrent de verglas
Les bois phéniciens, l'Autan[12] ne daigne pas

Passer le bord libyque, et l'antre hyperborée
30 Retient dans ses prisons captif le froid Borée[13].
Car adonc la Nature encontre[14] tout effort,
Soigneuse, tient la main à sa vivante mort,
Et douce, favorise, en fermant tant de bouches,
Ses funèbres apprêts, sa naissance, ses couches.
35 Même le clair Soleil sur son lit doux-flairant[15]
Jette un de ses cheveux, qui tout soudain s'éprend
Aux rameaux de Sabée[16], et peu à peu consume
De l'immortel Phénix et la chair et la plume.
Presque en même moment de ce cendreux monceau
40 Naît un ver, puis un œuf, et puis un autre oiseau,
Ainçois[17] le même oiseau, qui né de sa semence,
Deux cents lustres nouveaux trépassant[18] recommence,
Au milieu du brasier sa belle âme reprend,
Infini par sa fin dans la tombe se rend,
45 De soi même se fait, par une mort prospère,
Nourrice, nourrisson, hoir[19], fils, et père et mère :
Nous montrant qu'il nous faut et de corps et d'esprit
Mourir tous en Adam, pour puis[20] renaître en Christ.
L'unique oiseau ramant par des sentes nouvelles[21],
50 Se voit bientôt suivi d'une infinité d'ailes
Diverses en grandeur, couleur et mouvement,
Ailes que l'Éternel engendre en un moment.
La flairante[22] Arondelle à toutes mains bricole[23],
Tournoie, virevolte, et plus roide s'en vole
55 Que la flèche d'un Turc, qui voulant décocher
Fait la corde au tétin et l'arc au fer toucher[24].
Jà volant elle chante, et chantant, elle pense
D'employer en lieu sûr plus d'art que de dépense :
A bâtir un palais qui rond par le devant
60 Servira de modèle au maçon plus savant[25].
Elle charge déjà son bec de pailles frêles,
Et ses ongles de terre, et d'eau ses noires ailes,
Elle en fait du mortier : et jette proprement
D'un logis demi-rond l'assuré fondement.
65 La gentille Alouette avec son tire-lire
Tire l'ire à l'iré[26], et tirelirant tire
Vers la voûte du Ciel : puis son vol vers ce lieu
Vire, et désire dire adieu Dieu, adieu Dieu.
Le peint[27] Chardonneret, le Pinson, la Linotte
70 Jà donnent aux frais vents leur plus mignarde note.

Guillaume du BARTAS, *La Semaine...*,
« Le Cinquième Jour », vers 551-620 (1578)
Orthographe modernisée

1. Dieu, qui en la personne de son Fils est lui aussi mort pour renaître. Le Phénix, oiseau mythique, joue un grand rôle dans l'imaginaire du XVIᵉ s., qui cependant doute de plus en plus de son existence. — 2. Le soleil. — 3. Du Caire jusqu'à Fez, « la plus grande, riche et magnifique ville de toute l'Afrique » selon Goulart, commentateur contemporain du poète. — 4. Celle des trois Parques qui coupait le fil de la vie. — 5. La cannelle. — 6. Qui prend. — 7. Poudre qui engendrera une nouvelle vie. — 8. Mais. — 9. Le cycle des années jusqu'à cette échéance. — 10. Le Verseau se garde de faire tomber la pluie, ce qui éteindrait le bûcher. — 11. Étoiles de la Grande et de la Petite Ourse. — 12. Vent humide du sud. — 13. « Par l'antre hyperborée, il entend le quartier septentrional, duquel comme d'une caverne sort le vent de Bise, nommé Boréas, froid et tranchant » (Goulart). — 14. Contre. — 15. Parfumé (il s'agit du lit funèbre du Phénix). — 16. L'Arabie heureuse. — 17. Mais. — 18. En mourant. — 19. Héritier. — 20. Ensuite. — 21. Volant par des routes nouvelles. — 22. Qui chasse à l'odorat. — 23. Va çà et là, de tous côtés. — 24. Image d'un arc tendu à l'extrême : la corde touche la poitrine, le bois le fer de la flèche. — 25. Le plus savant. — 26. Enlève sa colère à celui qui est irrité. — 27. Coloré.

POUR LE COMMENTAIRE

1. Le paradoxe du mythe du phénix. Relevez toutes les formules qui signifient ce paradoxe et identifiez les figures de style utilisées à chaque fois. Que penser de leur accumulation ?

2. La force visuelle et l'ampleur cosmique. A quoi tient la séduction imaginaire du phénix ? Le contenu symbolique chrétien « colle-t-il » parfaitement à l'image ?

3. Les oiseaux plus familiers. De quel symbole tous ces détails concrets sont-ils porteurs ? Commentez, à cet égard, le cri de l'alouette.

4. Agrippa d'Aubigné (1552-1630)

Agrippa d'Aubigné en 1622.

1570-1573	Composition du *Printemps*, non publié
1577	Début de la rédaction des *Tragiques*
1610	*La Confession catholique du sieur de Sancy*, non publié
1616	Publication des *Tragiques*
1617	*Aventures du baron de Faeneste*, Livres I et II
1618	*Histoire universelle*, tome I
1619	*Histoire universelle*, tome II ... *Faeneste*, Livre III
1621	*Traité sur les guerres civiles*
1623	Seconde édition des *Tragiques*
1626	Publication à Genève de l'*Histoire universelle* en 3 tomes
1627	D'Aubigné compose la suite de l'*Histoire universelle*
1630	*Petites Œuvres mêlées* ... *Faeneste*, Livre IV (scandale à Genève)

Un calviniste ardent

Théodore Agrippa d'Aubigné naît en 1552, près de Pons, en Saintonge, où son père est juge. Sa naissance difficile coûte la vie à sa mère, d'où, dira-t-il, son prénom d'Agrippa (*aegre partus*, né péniblement). A six ans, il pratique le grec, le latin, l'hébreu. Son père, calviniste ardent, lui fait jurer fidélité à la cause protestante devant les corps des suppliciés d'Amboise (1560). Il suit ce père dans les débuts de la guerre civile (1563), jusqu'à sa mort au combat. Le jeune Agrippa, chassé de la maison paternelle, voyage, erre plutôt, entre Paris, Lyon et Genève. En 1568, il prend les armes à son tour, et devient rapidement le compagnon d'Henri de Navarre.

Le Printemps

En 1572, d'Aubigné, absent de Paris lors de la Saint-Barthélemy, est attaqué sur une route de Beauce et grièvement blessé. Croyant mourir, il se réfugie au château de Talcy, où vit Diane Salviati dont il s'est épris. Diane est la nièce de Cassandre Salviati, chantée par Ronsard dans ses premiers *Amours*. Pour elle, d'Aubigné a composé *Le Printemps*, qui ne sera publié qu'au XIXᵉ siècle. La famille de Diane, catholique et le jugeant de trop petite origine, récuse le prétendant. Désespéré, mais remis de ses blessures, il se rend à Paris, où le roi de Navarre est retenu prisonnier (1573). Jusqu'au début de 1576, où il réussit l'évasion de son prince, d'Aubigné partage la vie de la Cour, qu'il fustigera plus tard dans le Livre II des *Tragiques*, « Princes ».

L'agonie

En 1577, gravement blessé au combat de Casteljaloux, il voit la mort de près, une seconde fois. De cette « agonie » naîtront les premiers fragments des *Tragiques*. Dans le Livre IV, « Les Fers », d'Aubigné se met en scène sur le lit de souffrance où, quasiment mort, il a la révélation des tableaux célestes qui représentent aux bienheureux les massacres de 1572 ; le poète confond ainsi deux épisodes de sa vie, de sorte que, dans l'écriture, le projet des *Tragiques* naît de la Saint-Barthélemy.

D'Aubigné se bat jusqu'en 1593, date de l'abjuration d'Henri IV, qu'il réprouve. Il se retire alors en Vendée, dans sa forteresse de Maillezais, et s'y consacre à l'écriture.

Les grandes œuvres

Les controverses théologiques auxquelles préside le cardinal Du Perron inspirent à d'Aubigné la *Confession catholique du sieur de Sancy*, pamphlet satirique demeuré inédit. *Les Tragiques* paraissent en 1616, sans autre nom d'auteur que les initiales L.B.D.D., « le bouc du désert ». L'année suivante, ce sont les deux premiers livres des *Aventures du baron de Faeneste* (aventures burlesques d'un courtisan catholique et gascon), et en 1618, le premier tome de l'*Histoire universelle*, chronique européenne de la lutte entre Rome et les protestants. Deux autres tomes suivront (en 1620, le tribunal du Châtelet condamne l'*Histoire* au feu).

La fin

En 1620, compromis dans une conspiration contre le duc de Luynes, favori de Louis XIII, d'Aubigné est proscrit. Il s'enfuit à Genève, y achève l'*Histoire universelle, Faeneste* et cent autres écrits. Lorsqu'il meurt en 1630, Louis XIII et Richelieu ont réduit toutes les places protestantes.

Le Printemps (vers 1570)

Composé au début des années 1570, Le Printemps, *qui comprend les cent sonnets de* L'Hécatombe à Diane *et un recueil de* Stances *et d'*Odes, *fut conservé par le poète à l'état de manuscrit.* **Agrippa d'Aubigné** *a lu passionnément les* Amours, *de Ronsard, ceux de 1552 surtout.*

Chez le poète, le **néo-pétrarquisme demeure fidèle à l'exemple ronsardien et à son climat de faste sensuel.** *Mais ces vers sont traversés d'images originales, violentes, sanglantes ou sinistres.* **L'amour et l'écriture se disent sur le mode du sacrifice** *(« l'Hécatombe ») et de la guerre. Plusieurs paysages du* Printemps *n'ont rien de printanier. Dans l'écriture ultra-codée, conventionnelle, de la poésie amoureuse, apparaît chez d'Aubigné un réseau obsessionnel qui nourrira, plus tard, son grand poème.*

« Je cherche les déserts... »

    Tout cela qui sent l'homme à mourir me convie,
    En ce qui est hideux je cherche mon confort :
    Fuyez de moi, plaisirs, heurs[1], espérance et vie,
    Venez, maux et malheurs et désespoir et mort !

5   Je cherche les déserts, les roches égarées,
    Les forêts sans chemin, les chênes périssants,
    Mais je hais les forêts de leurs feuilles parées,
    Les séjours fréquentés, les chemins blanchissants.

    Quel plaisir c'est de voir les vieilles haridelles[2]
10   De qui les os mourants percent les vieilles peaux :
    Je meurs des oiseaux gais[3] volant à tire d'ailes,
    Des courses des poulains et des sauts de chevreaux !

    Heureux quand je rencontre une tête séchée,
    Un massacre de cerf, quand j'oi[4] les cris des faons ;
15   Mais mon âme se meurt de dépit asséchée
    Voyant la biche folle aux sauts de ses enfants.

    J'aime à voir de beautés la branche déchargée,
    A fouler le feuillage étendu par l'effort
    D'automne, sans espoir leur couleur orangée
20   Me donne pour plaisir l'image de la mort.

    Un éternel horreur[5], une nuit éternelle
    M'empêche[6] de fuir et de sortir dehors :
    Que de l'air courroucé une guerre cruelle,
    Ainsi comme l'esprit, m'emprisonne le corps !

25   Jamais le clair soleil ne rayonne ma tête,
    Que le ciel impiteux[7] me refuse son œil,
    S'il pleut, qu'avec la pluie il crève de tempête,
    Avare du beau temps et jaloux du soleil.

    Mon être soit hiver et les saisons troublées,
30   De mes afflictions se sente[8] l'univers,
    Et l'oubli ôte encore à mes peines doublées[9]
    L'usage de mon luth et celui de mes vers.

    Ainsi comme le temps frissonnera sans cesse
    Un printemps de glaçons et tout l'an orageux,
35   Ainsi hors de saison une froide vieillesse
    Dès l'été de mes ans neige[10] sur mes cheveux.

1. Bonheurs.

2. Mauvais cheval maigre et efflanqué.

3. En voyant les oiseaux gais...

4. J'entends.

5. Masculin (latinisme).
6. Subjonctif de souhait, comme les verbes qui suivent.

7. Sans pitié.

8. Se ressente.
9. Redoublées (du fait de l'oubli des vers).

10. Nouveau subjonctif (sujet : « froide vieillesse »).

Paysage, dessin d'Annibale Carrache. Coll. particulière.

11. *Une fois.*

12. *Graphie du XVIᵉ s. :
« je vois ».*

13. *Licence poétique.*

14. *En ordre.*

15. *Le deuil du ciel doit
répondre à celui de
l'amant.*

Si quelquefois[11] poussé d'une âme impatiente
Je vais[12] précipitant mes fureurs dans les bois,
M'échauffant sur la mort d'une bête innocente,
40 Ou effrayant les eaux et les monts de ma voix,

Milles[13] oiseaux de nuit, mille chansons mortelles
M'environnent, volant par ordre[14] sur mon front :
Que l'air par contrepoids[15] fâché de mes querelles
Soit noirci de hiboux et de corbeaux en rond.

45 Les herbes sècheront sous mes pas, à la vue
Des misérables yeux dont les tristes regards
Feront tomber les fleurs et cacher dans la nue
La lune et le soleil et les astres épars.

Ma présence fera dessécher les fontaines
50 Et les oiseaux passant tomber morts à mes pieds,
Étouffés de l'odeur et du vent de mes peines :
Ma peine étouffe-moi, comme ils sont étouffés !

Agrippa d'AUBIGNÉ, *Le Printemps*, « Stances »,
I, vers 89-140 (1570). Orthographe modernisée

ANALYSE STYLISTIQUE

1. Relevez l'ensemble des éléments **euphoriques** (positifs) et **dysphoriques** (négatifs) répartis en couples antithétiques, soit immédiatement, soit de manière diffuse dans le texte. Quels sont, à votre avis, les thèmes les plus significatifs, les **axes fondamentaux** qui structurent ces oppositions ?

2. Étudiez maintenant **la manière dont ces oppositions sont utilisées dans le discours** : quelle est, notamment, la fonction des paradoxes des vers 4-20 ? Pourquoi cette symétrie insistante *je cherche/je hais* ?

3. Quel est le rôle joué par le **changement de modalités** du vers 21 (passage de la modalité affirmative à la modalité du souhait) ? Y a-t-il d'autres changements de cet ordre (en amont ou en aval) ?

4. Montrez la **progression dramatique** à l'œuvre dans l'ensemble du texte.

RECHERCHE

Peut-on, selon vous, rapprocher un tel texte des poèmes du *spleen* baudelairien ? Cherchez dans *Les Fleurs du mal* des poèmes qui vous semblent faire écho à celui-ci.

Les Tragiques (1616)
Étude suivie

1. Écriture poétique et exigence de vérité

Œuvre sans précédent ni postérité, publiée en 1616 dans l'anonymat pour sombrer dans l'oubli presque aussitôt, *Les Tragiques* fascinent par **l'ampleur et la cohérence du projet** à la fois éthique et esthétique qui les soutient.

L'échec de *La Franciade*, de Ronsard, celui de Jodelle dans les *Discours de Jules César* montrent la difficulté d'associer l'histoire et le poème, l'écriture poétique et l'exigence de la vérité.

Le problème touche divers genres en voie de (re)constitution, l'**épopée** bien sûr, mais aussi la **tragédie** et la **satire**. Comment utiliser la vertu de représentation de la poésie ? S'agit-il de montrer le vrai, le faux ? Comment définir le vraisemblable ? Les concepts de la *Poétique*, d'Aristote sont utilisables de cent façons. La poétique classique les stabilisera, définissant les règles de bonne conduite du discours vis-à-vis du monde.

2. Une perspective eschatologique

Les Tragiques ne se veulent ni un livre d'histoire (ce rôle sera tenu, en prose, par l'*Histoire universelle*), ni ce genre de fable poétique dont Ronsard faisait ses délices. Il s'agit de **dire le destin de l'Église, la vraie (c'est-à-dire la minorité protestante)** dans l'histoire et hors de l'histoire. *Les Tragiques* sont le moyen de montrer, de faire voir d'un seul tenant le Ciel et la Terre, misère présente et liesse future, arrogance présente et châtiment futur. Les notions mêmes de présent et de futur sont inadéquates. Dans la perspective **eschatologique** (de la fin des temps), la chronologie des événements s'estompe. Les martyres des « Feux » (Livre IV), les massacres des « Fers » (Livre V) ne sont pas « récités » selon l'ordre des faits. Le poète pratique l'« apophétie », la fausse prophétie (il « prédit » ainsi le meurtre d'Henri IV). Surtout, l'éternité promise est déjà, en quelque sorte, actuelle. Les martyrs des bûchers, les égorgés de 1572 accèdent aussitôt à la lumière divine. Dans « Les Fers », les scènes de massacre sont des « tableaux » que contemplent au ciel anges et bienheureux (c'est ainsi que Coligny « se » voit poignardé et dépecé), et l'ensemble est saisi par une vision extatique du poète lors de sa fameuse « agonie » (voir p. 475).

Ainsi, lorsqu'il montre les horreurs de la guerre civile (Livre I, « Misères »), la corruption de la cour (« Princes »), l'iniquité des juges (« La Chambre dorée »), lorsqu'il énumère les bûchers (« Les Feux ») ou les assassinats (« Les Fers »), le poème est immergé dans la conscience — calviniste — de la **prédestination** (voir p. 238), qui laisse prévoir la foudre et la peste des « Vengeances » divines (Livre VI) et la lumière du « Jugement » (Livre VII).

3. Le poète prédicateur

Médiateur et metteur en scène, le poète ne cesse de circuler entre terre et ciel.

Il pratique abondamment le « j'ai vu... » de l'*Apocalypse* : ses yeux sont « témoins du sujet de (ses) vers ». **La vérité est ainsi attestée par le poète**, vérité de la chose ou du message révélé. D'où l'unité des *Tragiques*, épopée de l'âme de l'écrivain, qui finit par « se pâmer au giron de son Dieu » (« Jugement », dernier vers).

Cette forte empreinte du « je » sur son poème fonde ce que d'Aubigné nomme le « style tragique » : un tel style s'adresse aux **passions** du lecteur, qui ne doit pas échapper à la **vision**. Ainsi, les figures les plus « voyantes » du langage poétique deviennent des instruments de vérité.

Hans Baldung, *Danse macabre*.
Musée de Rennes.

Livre I, « Misères »

*Le premier livre est, selon **Agrippa d'Aubigné** (dans l'avis « Aux lecteurs »), « d'un style bas et tragique, n'excédant que fort peu les lois de la narration ». Il s'agit de décrire les horreurs de la guerre, au moyen d'images traumatisantes. **La faim et le sang sont ici des choses vues par le poète soldat** ; mais cette atroce réalité a une forte portée symbolique. Chaque corps éventré (corps maternel surtout) renvoie au corps d'une autre mère, la France dévorée par ses propres enfants, ou bien les dévorant.*

Albrecht Altdorfer,
Bataille d'Alexandre (détail),
1529. Munich, Pinacothèque.

Vaincu de la mémoire

Ici je veux sortir du général discours
De mon tableau public ; je fléchirai le cours
De mon fil entrepris, vaincu de la mémoire
Qui effraye mes sens d'une tragique histoire[1] :
5 Car mes yeux sont témoins du sujet de mes vers.
 J'ai vu le reître noir[2] foudroyer au travers
Les masures de France, et comme une tempête,
Emporter ce qu'il put[3], ravager tout le reste ;
Cet amas affamé nous fit à Montmoreau[4]
10 Voir la nouvelle horreur d'un spectacle nouveau.
Nous vînmes sur leurs pas[5], une troupe lassée
Que la terre portait, de nos pas harassée.
Là de mille maisons on ne trouva que feux,
Que charognes, que morts ou visages affreux.
15 La faim va devant moi, force est que je la suive.
J'ouïs d'un gosier mourant une voix demi-vive :
Le cri me sert de guide, et fait voir à l'instant
D'un homme demi-mort le chef se débattant[6],
Qui sur le seuil d'un huis[7] dissipait[8] sa cervelle.
20 Ce demi-vif la mort à son secours appelle
De sa mourante voix, cet esprit demi-mort
Disait en son patois (langue de Périgord) :

1. *Épisode véridique en même temps que cas exemplaire, atroce et pitoyable.*
2. *Cavalier allemand, enveloppé d'un manteau noir.*
3. *Piller.*
4. *En Charente ; on situe l'épisode en 1569 (3ᵉ guerre).*
5. *Nous arrivâmes à la suite des reîtres.*

6. *La tête s'agitant.*
7. *Sur le seuil d'une porte.*
8. *Répandait.*

479

9. *Secourez-moi en me tuant.*

10. *Nourriture.*

11. *Poursuivit.*
12. *Soupir, râle.*
13. *Motif de pitié.*

14. *Les enfants en bas âge étaient attachés à leur berceau.*

15. *Pitoyable.*

16. *Laissant, quittant : le souffle de l'esprit abandonne l'enfant mourant de faim.*
17. *L'enfant a crié, mais il n'en a plus la force.*
18. *« Anatomie (sèche) » signifie squelette ; il s'agit ici d'une hyperbole.*
19. *Brisés.*
20. *Alors.*

21. *Sèches.*
22. *Racorni, desséché.*

« Si vous êtes Français, Français, je vous adjure,
Donnez secours de mort[9], c'est l'aide la plus sûre
25 Que j'espère de vous, le moyen de guérir ;
Faites-moi d'un bon coup et promptement mourir.
Les reîtres m'ont tué par faute de viande[10],
Ne pouvant ni fournir ni ouïr leur demande ;
D'un coup de coutelas l'un d'eux m'a emporté
30 Ce bras que vous voyez près du lit à côté ;
J'ai au travers du corps deux balles de pistole. »
Il suivit[11], en coupant d'un grand vent[12] sa parole :
« C'est peu de cas encore et de pitié[13] de nous ;
Ma femme en quelque lieu, grosse, est morte de coups.
35 Il y a quatre jours qu'ayant été en fuite
Chassés à la minuit, sans qu'il nous fût licite
De sauver nos enfants liés en leurs berceaux[14],
Leurs cris nous appelaient, et entre ces bourreaux
Pensant les secourir nous perdîmes la vie.
40 Hélas ! si vous avez encore quelque envie
De voir plus de malheur, vous verrez là dedans
Le massacre piteux[15] de nos petits enfants. »
J'entre, et n'en trouve qu'un, qui lié dans sa couche
Avait les yeux flétris, qui de sa pâle bouche
45 Poussait et retirait cet esprit languissant
Qui, à regret son corps par la faim délaissant[16],
Avait lassé sa voix bramant après sa vie[17].
Voici après entrer l'horrible anatomie[18]
De la mère asséchée : elle avait de dehors
50 Sur ses reins dissipés[19] traîné, roulé son corps,
Jambes et bras rompus, une amour maternelle
L'émouvant pour autrui beaucoup plus que pour elle.
A tant[20] elle approcha sa tête du berceau,
La releva dessus ; il ne sortait plus d'eau
55 De ses yeux consumés ; de ses plaies mortelles
Le sang mouillait l'enfant ; point de lait aux mamelles,
Mais des peaux sans humeur[21] : ce corps séché, retrait[22],
De la France qui meurt fut un autre portrait.

Agrippa d'Aubigné, *Les Tragiques*, Livre I, « Misères », vers 367-424
Orthographe modernisée

POUR LE COMMENTAIRE

1. Comment le poète compte-t-il exciter la **pitié** et **l'horreur** pour un spectacle trop **réel** ?

2. La scène est-elle pour autant exempte de toute amplification, de toute **transfiguration symbolique** ? Montrez que c'est le regard même porté sur « l'histoire », la chose vue, par le narrateur, qui la rend **exemplaire**.

RECHERCHE

Écriture et peinture

Comparez ce tableau d'horreur et ceux de la série des *Désastres de la guerre* gravée par Goya.

La Pendaison, dessin de Goya.
Paris, B.N.

Livre II, « Princes »

*Avec le second livre, on commence à remonter des effets aux causes. « Princes » est écrit, selon **d'Aubigné**, en style « moyen et satirique ». Le poème doit **vitupérer les grands**, le roi lui-même, ou plutôt les rois : Charles IX et Henri III, sans compter leur mère, Catherine de Médicis, sorcière, maquerelle, empoisonneuse. La Cour est assimilée à Sodome et Gomorrhe, monde de réprouvés que le feu céleste atteindra bientôt.*

Portrait d'Henri III

Le poète vient d'en finir avec Charles IX, assoiffé du sang des chrétiens.

L'autre fut mieux instruit à juger des atours
Des putains de sa cour[1], et, plus propre aux amours,
Avoir ras le menton[2], garder la face pâle,
Le geste efféminé, l'œil d'un Sardanapale[3] :
5   Si bien qu'un jour des Rois[4] ce douteux animal,
Sans cervelle, sans front, parut tel[5] en son bal.
De cordons emperlés sa chevelure pleine,
Sous un bonnet sans bord fait à l'italienne,
Faisait deux arcs voûtés ; son menton pinceté[6],
10 Son visage de blanc et de rouge empâté,
Son chef tout empoudré nous montrèrent ridée,
En la place d'un Roi, une putain fardée.
Pensez quel beau spectacle, et comme il fit bon voir
Ce prince avec un busc, un corps[7] de satin noir
15 Coupé à l'espagnole, où, des déchiquetures[8],
Sortaient des passements et des blanches tirures[9] ;
Et, afin que l'habit s'entresuivît de rang[10],
Il montrait des manchons[11] gaufrés de satin blanc,
D'autres manches encor qui s'étendaient fendues,
20 Et puis jusques aux pieds d'autres manches perdues.
Pour nouveau parement il porta tout ce jour
Cet habit monstrueux, pareil à son amour :
Si qu'[12] au premier abord chacun était en peine[13]
S'il voyait un Roi femme ou bien un homme Reine.
25   Si fut-il toutefois allaité de poisons,
De ruses, de conseils secrets et trahisons,
Rompu ou corrompu au trictrac[14] des affaires,
Et eut, encore enfant, quelque part aux misères[15].
Mais, de ce même soin qu'autrefois il prêta
30 Aux plus étroits[16] conseils où jeune il assista,
Maintenant son esprit, son âme et son courage
Cherchant un laid repos, le secret d'un village[17],
Où le vice triplé de sa lubricité
Misérablement cache une orde[18] volupté,
35 De honte de l'infâme et brute vilenie
Dont il a pollué son renom et sa vie :
Si bien qu'à la royale il vole des enfants[19]
Pour s'échauffer sur eux en la fleur de leurs ans,
Incitant son amour autre que naturelle
40 Aux uns par la beauté et par la grâce belle,
Autres[20] par l'entregent, autres par la valeur,
Et la vertu au vice hâte ce lâche cœur.

Agrippa d'Aubigné, *Les Tragiques*,
« Princes », vers 773-814. Orthographe modernisée

1. Rime batelée (voir p. 209).
2. (Instruit) à avoir le menton rasé.
3. Souverain légendaire d'Assyrie, type du tyran débauché.
4. Épiphanie.
5. Annonce la description qui suit.
6. Épilé.
7. Un corset.
8. Fentes dans le tissu.
9. Fils d'argent.
10. Se continuât de manière assortie.
11. Demi-manches.
12. De sorte que.
13. Se demandait.
14. Jeu ; d'où : au train des affaires.
15. Misères de la guerre en l'occurrence ; le futur Henri III commandait l'armée royale à Jarnac et à Moncontour.
16. Restreints.
17. Allusion à une résidence au sud de Paris, où Henri III allait avec ses « mignons ».
18. Sale.
19. Imputation calomnieuse, très répandue à l'époque.
20. Aux autres, chez les autres.

481

Livre IV, « Les Feux »

*Après un troisième livre, « La Chambre dorée », également « moyen et satirique », consacré à la critique des juges « mangeurs d'hommes », « Les Feux » sont racontés en style « tragique moyen ». Le ressort que le texte entend faire agir est donc à nouveau **la pitié** en même temps que **l'admiration**, et sans doute celle-ci davantage encore que celle-là : **les victimes des bûchers sont des martyrs qui ont choisi leur mort** et l'ont illustrée d'une ultime proclamation de leur foi. **D'Aubigné** réserve l'épithète « élevé » au style du Livre V, « Les Fers », et du Livre VII, « Jugement » : deux livres qui, par « hardiesse poétique », mettent en scène le domaine céleste, séjour des Élus et lieu d'où sera prononcé le jugement.*

*La « fiction » (peinture, représentation) du Livre IV est moins audacieuse : nous ne quittons pas la terre, plus précisément l'Europe où, depuis quatre cents ans (d'Aubigné évoque le destin des Vaudois, au XIIᵉ siècle), flambent les bûchers des témoins de Dieu. Le livre est **une immense énumération** : mais le poète précise qu'il ne saurait, en poésie, être exhaustif (ce sera la tâche de l'Histoire). Il lui faut choisir, selon un critère purement poétique, les noms les moins « rudes », les mieux accordés au style du vers… Cette injustice inévitable devra être réparée en prose.*

Le Roi et le potier

*Le mémorial touche à sa fin, mais **d'Aubigné** trouve un surcroît d'inspiration pour dire les épreuves les plus récentes, les plus proches de lui dans le temps, alors que l'Église réformée est entrée dans son « automne » et que la foi et l'ardeur au martyre s'y sont refroidies.*

Plat en émail, de Bernard Palissy.
Paris, Musée du Petit Palais.

> Le printemps de l'Église et l'été sont passés,
> Si[1] serez-vous par moi, verts boutons, amassés[2],
> Encore éclorez-vous, fleurs si franches, si vives,
> Bien que vous paraissiez dernières et tardives ;
> 5   On ne vous lairra[3] pas, simples[4], de si grand prix,
> Sans vous voir et flairer[5] au céleste pourpris[6].
> Une rose d'automne est plus qu'une autre exquise :
> Vous avez éjoui[7] l'automne de l'Église.
> Les grands feux de la chienne[8] oubliaient à brûler,
> 10   Le froid du scorpion[9] rendait plus calme l'air[10] ;
> Cet air doux qui tout autre en malices[11] excède
> Ne fit tièdes vos cœurs en une saison tiède.
> Ce fut lors que l'on vit les lions s'embraser
> Et chasser, barriqués[12], leur Nebucadnezer[13],
> 15   Qui à son vieil Bernard[14] remontra sa contrainte[15]
> De l'exposer au feu si mieux n'aimait par feinte
> S'accommoder au temps. Le vieillard chevelu
> Répond : « Sire, j'étais en tout temps résolu
> D'exposer sans regret la fin de mes années,
> 20   Et ores[16] les voyant en un temps terminées
> Où mon grand Roi a dit *Je suis contraint*, ces voix[17]
> M'ôteraient de mourir le deuil si j'en avois.
> Or vous, et tous ceux-là qui vous ont pu contraindre,
> Ne me contraindrez pas, car je ne sais pas craindre
> 25   Puisque je sais mourir. » La France avait métier[18]
> Que ce potier fût Roi, que ce Roi fût potier.
> De cet esprit royal la bravade gentille[19]
> Mit en fièvre Henri. De ce temps la Bastille
> N'emprisonnait que grands, mais à Bernard il faut
> 30   Une grande prison et un grand échafaud.

Vous eûtes ce vieillard conseiller de vos peines,
Compagnon de liens, âmes parisiennes[20].
On vous offrit la vie aux dépens de l'honneur ;
Mais votre honneur marcha sous celui du Seigneur
35 Au triomphe immortel, quand du tyran la peine,
Plutôt que son amour, vous fit choisir la haine.
Nature s'employant sur cette extrémité[21]
En ce jour vous para d'angélique beauté[22] ;
Et pource qu'elle avait en son sein préparées
40 Des grâces pour vous rendre en vos jours honorées,
Prodigue elle versa en un[23] pour ses enfants
Ce qu'elle réservait pour le cours de vos ans.
Ainsi le beau soleil montre un plus beau visage
Faisant un soutre[24] clair sous l'épais[25] du nuage,
45 Et se fait par regrets, et par désirs, aimer
Quand les rayons du soir se plongent en la mer[26].
On dit du pèlerin, quand de son lit il bouge,
Qu'il veut le matin blanc, et avoir le soir rouge :
Votre naissance, enfance, ont eu le matin blanc,
50 Votre coucher heureux rougit en votre sang[27].
Beautés, vous avanciez d'où retournait Moïse
Quand sa face parut si claire et si exquise[28].
D'entre les couronnés le premier couronné[29]
De tels rayons se vit le front environné :
55 Tel, en voyant le ciel, fut vu ce grand Etienne
Quand la face de Dieu brilla dedans la sienne.
O astres bienheureux, qui rendez à notre œil
Ses miroirs et rayons, lunes du grand soleil !

Agrippa d'Aubigné, *Les Tragiques*, Livre IV,
« Les Feux », vers 1227-1284. Orthographe modernisée

1. Pourtant. — 2. Ramassés. — 3. Laissera, futur archaïque. — 4. Fleurs des champs. — 5. Sentir. — 6. Dans la demeure du Ciel. — 7. Réjoui. — 8. La « chienne » est la canicule du mois d'août. — 9. Signe automnal. — 10. Rime normande. — 11. Le poète associe les maladies que véhiculerait l'air en automne, aux maux spirituels dont souffre l'Église refroidie. — 12. Barricadés : allusion aux journées des Barricades qui, à l'instigation des Guise, chassèrent Henri III de Paris (mai 1588). — 13. Nabuchodonosor, roi de Babylone, bourreau d'Israël ; ici, Henri III. — 14. Bernard Palissy, le célèbre céramiste, emprisonné à la Bastille pour sa foi réformée ; il y mourut, à 80 ans. — 15. Expliqua qu'il était contraint... — 16. Maintenant. — 17. Paroles. — 18. Besoin. — 19. Noble. —

20. Il s'agit des deux filles d'un procureur au Parlement de Paris, Jacques Foucaud, pendues et brûlées en place de Grève en juin 1588 ; Henri III se serait ému de leur sort ; d'où « du tyran la peine ». — 21. En cette extrémité. — 22. Ce thème de la Nature qui prodigue les grâces vient de la poésie amoureuse, notamment pétrarquiste. — 23. En une fois. — 24. Partie inférieure (latin subter) : ici, la partie du ciel qui est sous le nuage. — 25. L'épaisseur. — 26. Rime normande. — 27. Symbolique chrétienne des couleurs : le blanc est la couleur de l'élection, de la grâce ; le rouge est la couleur du sacrifice, du martyre. — 28. Quand il redescendit du Sinaï (Exode, XXXIV). — 29. Saint Étienne, le premier martyr (Actes des Apôtres, VII, 55-56).

Bernard Palissy brûlant ses meubles, gravure de A. Denis,
vers 1900.
Paris, Bibl. des Arts décoratifs.

LECTURE MÉTHODIQUE

1. Le vers 7 est célèbre : pourquoi ? Qu'en advient-il si on l'isole de son contexte ? D'où vient cette inspiration florale ? Quel usage d'Aubigné en fait-il ici ?

2. Analysez **la succession des motifs et des scènes** dans la première partie du texte, notamment l'arrivée de l'épisode Palissy ; comparez avec l'entrée en scène des « âmes parisiennes » au vers 31 : quel est l'intérêt de cette variété technique ?

3. Avatars de la nomination. Les lions et Nabuchodonosor, Bernard, âmes parisiennes : pourquoi ces métaphores, ces périphrases ? Pourquoi nommer Bernard, et non les jeunes femmes ?

4. Comparez plus largement **le style de l'épisode Palissy** et celui de **l'épisode des « Foucaudes »** : relevez des éléments spécifiques (de tous ordres) qui vous paraissent rendre compte de la différence de sens des deux événements, et de fonction des deux récits.

Livre V, « Les Fers »

*De style « tragique élevé », « plus poétique et plus hardi que les autres », le livre des « Fers » **a pour mission de montrer, après les martyrs, les victimes des massacres de réformés** commis depuis le début des troubles par les soldats ou par le peuple « débauché ». On parle aussi des batailles, mais ce sont proprement les massacres, par noyade, incendie, égorgement, qui font la matière principale du livre. L'épisode culminant est bien sûr **la Saint-Barthélemy** (24 août 1572) à Paris, suivie d'horreurs comparables dans la plupart des grandes villes.*

Le livre montre Dieu retirant « les yeux de la terre ennemie ». L'assemblée céleste reçoit la visite de Satan, « l'esprit immonde », à qui Dieu permet de faire succéder, à l'âge éblouissant des feux, l'âge obscur des fers : le combat de la foi devient ambigu, l'histoire, la politique et la finance s'en mêlent... Ceux qui meurent sous le fer, en foule, la nuit, en plein sommeil, n'ont aucune maîtrise de l'événement. Une telle mort leur est une tentation de se renier bien plus forte que celle, enthousiasmante, sur le bûcher. Mais, dans cette obscurité, Dieu reconnaît les siens, qui, de toute éternité, ont échappé à l'emprise du mal.

*L'élévation poétique du livre consiste à mettre ainsi en relation, de façon brutale, les ténèbres sanglantes de la terre, et la lumière du Ciel. Les massacres sont représentés sur des **tableaux** que contemplent les Élus, et dont le poète à son tour obtient la **vision**.*

Guerre sans ennemi

Voici une évocation de la Saint-Barthélemy, « Jour qui avec horreur parmi les jours se compte, / Qui se marque de rouge et rougit de sa honte »...

D'un visage riant notre Caton[1] tendoit
Nos yeux avec les siens, et le bout de son doigt,
A se voir transpercé ; puis il nous montra comme
On le coupe à morceaux : sa tête court à Rome[2],
5   Son corps sert de jouet aux badauds ameutés,
Donnant le branle au cours des autres nouveautés[3].
La cloche qui marquait les heures de justice[4],
Trompette des voleurs, ouvre aux forfaits la lice ;
Ce grand palais du droit fut contre droit choisi
10   Pour arborer au vent l'étendard cramoisi.
Guerre sans ennemi, où l'on ne trouve à fendre
Cuirasse que la peau ou la chemise tendre.
L'un se défend de voix, l'autre assaut[5] de la main,
L'un y porte le fer, l'autre y prête le sein :
15   Difficile à juger qui est le plus astorge[6],
L'un à bien égorger, l'autre à tendre la gorge.
Tout pendart parle haut, tout équitable[7] craint,
Exalte ce qu'il hait ; qui n'a crime le feint[8].
Il n'est garçon, enfant, qui quelque sang n'épanche
20   Pour n'estre vu honteux s'en aller la main blanche.
Les prisons, les palais, les châteaux, les logis,
Les cabinets sacrés[9], les chambres et les lits
Des princes, leur pouvoir, leur secret[10], leur sein même
Furent marqués des coups de la tuerie extrême.
25   Rien ne fut plus sacré quand on vit par le Roi
Les autels violés, les pleiges[11] de la foi.
Les princesses s'en vont de leurs lits, de leurs chambres,
D'horreur, non de pitié, pour ne toucher aux membres
Sanglants et détranchés[12] que le tragique jour
30   Mena chercher la vie au nid du faux amour[13].
Libitine[14] marqua de ses couleurs son siège,
Comme le sang des faons rouille[15] les dents du piège,
Ces lits, pièges fumants, non pas lits, mais tombeaux

Massacre de la Saint-Barthélemy, le 24 août 1572. Paris, B.N.

Où l'Amour et la Mort troquèrent de flambeaux[16].
35 Ce jour voulut montrer au jour par telles choses
Quels sont les instruments, artifices[17] et causes
Des grands arrêts du ciel. Or déjà vous voyez
L'eau couverte d'humains, de blessés mi-noyés,
Bruyant[18] contre ses bords la détestable Seine,
40 Qui, des poisons du siècle[19] à ses deux chantiers[20] pleine,
Tient plus de sang que d'eau ; son flot se rend caillé,
A tous les coups rompu, de nouveau re-souillé
Par les précipités[21] : le premier monceau noie[22],
L'autre est tué par ceux que derniers on envoie ;
45 Aux accidents mêlés de l'étrange forfait
Le tranchant et les eaux débattent qui l'a fait[23].
Le pont, jadis construit pour le pain de sa ville[24],
Devint triste échafaud de la fureur civile :
On voit à l'un des bouts l'huis funeste, choisi
50 Pour passage de mort, marqué de cramoisi[25] ;
La funeste vallée, à tant d'agneaux meurtrière,
Pour jamais gardera le titre de Misère[26],
Et tes quatre bourreaux[27] porteront sur leur front
Leur part de l'infamie et de l'horreur du pont,
55 Pont, qui eus pour ta part quatre cents précipices[28] !
Seine veut engloutir, louve[29], tes édifices :
Une fatale nuit en demande huit cents,
Et veut aux criminels mêler les innocents[30].

Agrippa d'Aubigné, Livre V, « Les Fers »,
vers 831-888. Orthographe modernisée

1. *L'amiral Gaspard de Coligny, la plus célèbre victime de la Saint-Barthélemy, comparé ici à Caton d'Utique, modèle romain des vertus stoïciennes ; au Ciel, le chef protestant montre aux Bienheureux le tableau de sa propre mort ; le poète en extase bénéficie de la même vision. — 2. La tête de Coligny aurait été envoyée à Rome. — 3. L'assassinat de l'amiral (déjà blessé dans un attentat) fut le premier acte du massacre. — 4. La cloche du Palais de Justice : c'est la « Chambre dorée » qui sonne le tocsin... — 5. Attaque. — 6. Insensible. — 7. Juste. — 8. Feint d'en avoir commis. — 9. Cabinets où sont traitées les affaires de l'État. — 10. Leur intimité. — 11. Les garants ; autels est pris au sens figuré de « lieux d'asiles », qu'aurait dû garantir la parole du Roi (on massacra jusque dans ses appartements). — 12. Tranchés, taillés ; membres désigne, par synecdoque, la personne même des blessés. — 13. Allusion à l'aventure du vicomte de Léran, qui, blessé, se réfugia sous le lit de la reine de Navarre (« le nid du faux amour ») ; la reine, qui ne le connaissait pas (contrairement à ce que laisse entendre d'Aubigné) lui sauva la vie. — 14. Déesse des funérailles, identifiée souvent à Vénus. — 15. Noircit. — 16. Échangèrent leurs flambeaux. — 17. Moyens, procédés. — 18. Participe du verbe* bruire *(faire du bruit), avec pour sujet* Seine. *— 19. Les marchandises entreposées sur les bords. — 20. Les* chantiers *sont les bords d'une*
rivière navigable. — 21. Ceux qu'on précipite. — 22. Se noie. — 23. Plusieurs crimes en un font entrer en concurrence le fer des poignards et l'eau du fleuve. — 24. Le Pont-aux-Meuniers conduisait aux moulins. — 25. La porte d'accès au pont fut peinte en rouge. — 26. Le surnom de « vallée de Misère » fut donné à une rue qui longeait le Châtelet. — 27. Quatre massacreurs, postés sur le pont. — 28. Quatre cents victimes précipitées. — 29. Apostrophe à la ville de Paris, « louve » qui dévore les « agneaux ». — 30. Allusion à l'effondrement du Pont-aux-Meuniers, qui entraîna celui de plusieurs maisons voisines (décembre 1596) : on y vit une vengeance divine.*

GROUPEMENT THÉMATIQUE

Massacres et histoire

Homère : *Iliade*, X ; *Odyssée*, XXII. — Virgile : *Énéide*, II et IX. — Tacite : *Annales*, XV. — Flavius Josèphe : *La Guerre des Juifs*. — Dans l'Ancien Testament, voir par exemple : I *Samuel* 31, II *Rois* 10, I *Maccabées* 1...

Livre VI, « Vengeances »

*Avec le livre des « Vengeances », **la perspective se renverse** : les bourreaux, les assassins, les juges, qui régnaient sur les livres précédents, ont porté le mal jusqu'à ce comble qui déchaînera, immanquablement, la vengeance divine. Ce livre VI est dit « théologien et historial » : c'est qu'il est tout nourri d'exemples tirés de la Bible (Ancien Testament surtout) et de l'histoire romaine. De Caïn à Julien l'Apostat, en passant par Sodome et Gomorrhe, Nabuchodonosor, les trois Hérode, Néron et Dioclétien, **ce ne sont que méchants châtiés et tyrans abattus par la colère de Dieu**.*

*Si les puissants sont frappés de folie, si les persécuteurs pourrissent dans la vermine (cette **image des vers** domine tout le livre), ce n'est pas le Destin qui sévit, ou la roue de Fortune, mais Dieu lui-même. Beaucoup de bourreaux ont été frappés (Charles IX, Henri III, les auteurs de la Saint-Barthélemy, Tavannes, mort « comme enragé », ou le Maréchal de Retz, « charogne avant la mort ») ; beaucoup le seront encore (Henri IV, apostat, dont le poète annonce la mort par une prophétie fictive, une « apophétie »).*

« *Je me suis plu au fer...* »

D'Aubigné, qui règle ses comptes au nom de Dieu, ne peut le faire avant de s'être lui-même purgé de son « printemps de péchés » ; d'où l'émouvant début de ce livre si violent.

> Encor faut-il Seigneur, ô Seigneur qui donnas
> Un courage sans peur à la peur de Jonas[1],
> Que le doigt qui émut cet endormi prophète
> Réveille en moi le bien qu'à demi je souhaite,
> 5 Le zèle qui me fait du fer de vérité
> Fâcher avec Satan le fils de vanité[2].
> J'ai fui tant de fois, j'ai dérobé ma vie
> Tant de fois, j'ai suivi la mort que j'ai fuie[3],
> J'ai fait un trou en terre et caché le talent[4],
> 10 J'ai senti l'aiguillon, le remords violent
> De mon âme blessée, et ouï la sentence
> Que dans moi contre moi chantait ma conscience.
> Mon cœur voulait veiller, je l'avais endormi ;
> Mon esprit était bien de ce siècle ennemi,
> 15 Mais, au lieu d'aller faire au combat son office,
> Satan le détournait au grand chemin du vice.
> Je m'enfuyais de Dieu, mais il enfla la mer,
> M'abîma[5] plusieurs fois sans du tout[6] m'abîmer.
> J'ai vu des creux enfers la caverne profonde ;
> 20 J'ai été balancé des orages du monde ;
> Aux tourbillons venteux des guerres et des cours,
> Insolent, j'ai usé ma jeunesse et mes jours[7] ;
> Je me suis plu au fer, David m'est un exemple[8]
> Que qui verse le sang ne bâtit pas le temple ;
> 25 J'ai adoré les Rois, servi la vanité,
> Étouffé dans mon sein le feu de vérité ;
> J'ai été par les miens précipité dans l'onde[9],
> Le danger m'a sauvé en sa panse profonde[10],
> Un monstre de labeurs[11] à ce coup[12] m'a craché
> 30 Aux rives de la mer tout souillé de péché ;
> J'ai fait des cabinets sous espérances vertes[13],
> Qui ont été bientôt mortes et découvertes

Jean Mandyn,
Le Jugement dernier.
Coll. particulière.

Quand le ver de l'envie a percé de douleurs
Le quicajon[14] séché pour m'envoyer ailleurs :
35 Toujours tels Séméis[15] font aux Davids la guerre
Et sortent des vils creux d'une trop grasse terre
Pour, d'un air tout pourri, d'un gosier enragé,
Infecter le plus pur, sauter sur l'affligé.
Le doigt de Dieu me lève et l'âme encore vive
40 M'anime à guerroyer la puante Ninive[16],
Ninive qui n'aura sac ni gémissement[17]
Pour changer[18] le grand Dieu qui n'a de changement.

Agrippa d'Aubigné, *Les Tragiques*, Livre VI,
« Vengeances », vers 99-140. Orthographe modernisée

1. Jonas devait aller prophétiser à Ninive, capitale d'Assyrie, ville-symbole de tous les vices ; il désobéit et fut alors jeté à la mer et englouti par un poisson, où il passa trois jours avant d'être recraché sur le rivage, désormais décidé à remplir sa mission. — 2. Périphrase désignant le poète lui-même, ou plutôt cette part de lui qui suivait la vanité. — 3. Fuir la mort corporelle, c'est s'exposer à la mort spirituelle. — 4. Allusion à la parabole des talents (Matthieu, XXV, 14-30) : le mauvais serviteur a enfoui le talent au lieu de le faire fructifier. — 5. M'engloutit. — 6. Complètement. — 7. Allusion à la vie de l'auteur pendant la 3ᵉ guerre (où il « se plaît au fer », immodérément), puis à la cour des Valois, auprès d'Henri de Navarre prisonnier. — 8. Voir Chroniques, I, XXII, 8. — 9. Le poète continue de s'inspirer de l'histoire de Jonas (cf. Jonas, I, 11-15) ; de même que le prophète fut jeté à la mer par les matelots du navire qui le transportait, d'Aubigné fut victime des malversations de sa

famille. — 10. Le danger est ici assimilé au poisson qui avala Jonas. — 11. De souffrances (allusion à divers épisodes, une grave maladie qui lui fit retrouver Dieu, en 1570, et la blessure de 1572 ; les deux épisodes sont liés à Talcy). — 12. Cette fois. — 13. J'ai fréquenté des cabinets, animé d'espérances bientôt brisées (allusion à ses amours avec Diane Salviati). — 14. Dieu fit pousser un « quicajon » (ricin) pour abriter Jonas qui venait d'annoncer à Ninive son châtiment ; comme le châtiment tardait, Jonas s'irrita, et Dieu fit sécher l'arbre, rongé par un ver (cf. Jonas, IV, 7-11). — 15. Séméis insulta David qui fuyait, lors de la révolte de son fils Absalon. — 16. Ninive est ici, à la fois, Paris et Rome. — 17. A l'appel de leur roi, les Ninivites se repentirent et se vêtirent de sacs : l'Éternel fut touché, et épargna la ville ; d'où l'aigreur de Jonas... — 18. Le faire changer d'avis ; Dieu est désormais inaccessible à la pitié.

POUR LE COMMENTAIRE

1. En vous reportant au livre biblique de *Jonas* et aux autres textes cités en note, étudiez **les références bibliques** du texte de d'Aubigné : à quoi servent-elles ?

Analysez dans le détail l'utilisation de l'histoire de Jonas : montrez qu'elle commande l'effort de compréhension, par le poète, de son propre destin.

2. Plus généralement, cette prière en forme de confession livre-t-elle des **détails biographiques** ? Que s'agit-il, avant tout, de dire ? Évaluez la place de l'aveu personnel dans le texte.

Livre VII, « Jugement »

*Le dernier livre est de style « élevé, tragique ». Comme le précédent, avoue **d'Aubigné**, il pourra être « blâmé pour la passion partisane »... Il s'agit de créer la terreur chez les loups, la crainte chez les agneaux : « Donne force à ma voix, efficace à mes vers »... supplie le poète. Le regard s'exalte pour discerner, à sa droite, la génération élue, à sa gauche, la foule sanglante des arrogants, des « maquignons de Satan ». Le poète tonne encore contre les fils apostats des martyrs (Bourbon, Coligny) : bientôt, leurs pères seront leurs juges. Puis, dans la plus hardie des prosopopées, il donne la parole à l'Éternel lui-même (en s'inspirant du Deutéronome) : « Voici les propres mots des organes de Dieu ». Et Dieu lance contre les Princes une terrible malédiction. Paris, cité ivre de sang, est promise au feu : nouvelle Babel, il n'en restera rien.*

*Cherchant des exemples jusque dans les théories imparfaites et « voilées » des philosophies païennes, le poète montre **la résurrection de la chair**, puis le **Jugement** proprement dit : destruction de l'ancien monde (d'après l'Apocalypse), extase des élus dans la pleine jouissance de toutes leurs facultés, désespoir des damnés pour qui la mort même est morte : les ultimes flamboiements de l'écriture baroque — antithèses, oxymores, répétitions — s'efforcent d'approcher l'inexprimable. Pour finir,*

> Mes sens n'ont plus de sens, l'esprit de moi s'envole,
> Le cœur ravit se tait, ma bouche est sans parole :
> Tout meurt, l'âme s'enfuit, et reprenant son lieu
> Extatique se pâme au giron de son Dieu.
>
> (vers 1215-1218, et derniers)

« C'est fait, Dieu vient régner »

Mais quoi ! c'est trop chanté, il faut tourner les yeux
Éblouis de rayons dans le chemin des cieux.
C'est fait, Dieu vient régner ; de toute prophétie
Se voit la période à ce point[1] accomplie.

5   La terre ouvre son sein, du ventre des tombeaux
Naissent des enterrés les visages nouveaux :
Du pré, du bois, du champ, presque de toutes places
Sortent les corps nouveaux et les nouvelles faces.
Ici les fondements des châteaux rehaussés[2]

10   Par les ressuscitants promptement sont percés ;
Ici un arbre sent des bras de sa racine
Grouiller un chef[3] vivant, sortir une poitrine ;
Là l'eau trouble bouillonne, et puis s'éparpillant
Sent en soi des cheveux et un chef s'éveillant.

15   Comme un nageur venant du profond de son plonge,
Tous sortent de la mort comme l'on sort d'un songe.
Les corps par les tyrans autrefois déchirés
Se sont en un moment en leurs corps asserrés[4],
Bien qu'un bras ait vogué par la mer écumeuse

20   De l'Afrique brûlée en Tyle[5] froiduleuse.
Les cendres des brûlés volent de toutes parts ;
Les brins plutôt[6] unis qu'ils ne furent épars
Viennent à leur poteau[7], en cette heureuse place,
Riant au ciel riant d'une agréable audace.

25   Le curieux s'enquiert si le vieux et l'enfant
Tels qu'ils sont jouiront de l'état triomphant,
Leurs corps n'étant parfaits, ou défaits en vieillesse[8].
Sur quoi la plus hardie ou plus haute sagesse

1. *Maintenant.*

2. *Altiers.*

3. *Une tête.*

4. *Rassemblés.*

5. *Thulé, île légendaire de l'Océan du Nord.*

6. *Plus vite.*

7. *Le poteau du bûcher.*

8. *Alors que les corps des enfants n'étaient pas parfaits, et ceux des vieillards, défaits.*

Ose présupposer que la perfection
30 Veut en l'âge parfait son élévation[9],
Et la marquent[10] au point des trente-trois années
Qui étaient en Jésus closes et terminées
Quand il quitta la terre et changea, glorieux,
La croix et le sépulcre au[11] tribunal des cieux.
35   Venons de cette douce et pieuse pensée
A celle qui nous est aux saints écrits laissée.
    Voici le Fils de l'homme et du grand Dieu le Fils,
Le voici arrivé à son terme préfix[12].
Déjà l'air retentit et la trompette sonne,
40 Le bon prend assurance et le méchant s'étonne[13].
Les vivants sont saisis d'un feu de mouvement,
Ils sentent mort et vie en un prompt changement,
En une période[14] ils sentent leurs extrêmes ;
Ils ne se trouvent plus eux-mêmes comme eux-mêmes,
45 Une autre volonté et un autre savoir
Leur arrache des yeux le plaisir de se voir,
Le ciel ravit leurs yeux : des yeux premiers[15] l'usage
N'eût pu du nouveau ciel porter[16] le beau visage.
L'autre ciel, l'autre terre ont cependant fui,
50 Tout ce qui fut mortel se perd évanoui.
Les fleuves sont séchés, la grand mer se dérobe[17],
Il fallait que la terre allât changer de robe.
Montagnes, vous sentez douleurs d'enfantements ;
Vous fuyez comme agneaux, ô simples éléments !
55 Cachez-vous, changez-vous ; rien mortel[18] ne supporte
Le front de l'Éternel ni sa voix rude et forte.
Dieu paraît : le nuage entre lui et nos yeux
S'est tiré à l'écart, il s'est armé de feux ;
Le ciel neuf retentit du son de ses louanges ;
60 L'air n'est plus que rayons tant il est semé d'Anges,
Tout l'air n'est qu'un soleil ; le soleil radieux[19]
N'est qu'une noire nuit au regard de ses yeux,
Car il brûle le feu, au soleil il éclaire,
Le centre n'a plus d'ombre et ne fuit sa lumière.

Agrippa d'AUBIGNÉ, *Les Tragiques*, Livre VII,
« Jugement », vers 661-724. Orthographe modernisée

Notes marginales :
9. *A la condition de corps glorieux.*
10. *Anomalie grammaticale, commandée par le vers.*
11. *Pour le.*
12. *Fixé à l'avance.*
13. *S'effraie.*
14. *En un moment.*
15. *Primitifs.*
16. *Supporter.*
17. *Souvenir de l'Apocalypse, XXI, 1.*
18. *Rien de mortel.*
19. *Le vrai soleil, celui de l'ancien monde.*

LECTURE MÉTHODIQUE

1. La résurrection des corps. Par quels procédés le poème s'efforce-t-il d'en donner le sentiment concret ?

2. La révélation du Fils, puis du Père. Montrez la progression de l'une à l'autre, et montrez comment le discours poétique assume ici sa vocation à faire entendre l'inouï, à faire voir ce qui, par définition, n'a jamais été vu.

3. En quoi un tel passage peut-il offrir à l'ensemble de l'œuvre sa **conclusion** la plus significative ?

RECHERCHE

La résurrection des corps et le Jugement

Recherchez des œuvres picturales du Moyen Age et de la Renaissance qui représentent ces thèmes, et cherchez-y des correspondances plastiques, symboliques, idéologiques avec le texte de d'Aubigné. Puis revenez au texte seul et montrez ce qu'il contient d'irreprésentable.

TRAVAUX D'ENSEMBLE SUR *LES TRAGIQUES*

Composition française

« La poésie peut-elle en tant qu'art tirer toute sa matière de l'actualité ? Ne lui faut-il pas un recul dans le passé ou une projection dans l'avenir ? Cette nécessité, d'Aubigné l'a fort bien sentie. L'histoire du peuple hébreu d'une part, celle des premiers chrétiens d'autre part et la corruption de la Rome impériale lui fournissent des points de référence continuels pour montrer dans l'histoire de son temps une répétition du passé, élever la circonstance présente à un plan plus général et lui conférer ainsi une valeur d'exemple éternel. »

En commentant ce jugement d'Henri WEBER (*La Création poétique au XVIe siècle en France*, Nizet, 1975), et en élargissant votre réflexion à des œuvres comme les « Discours », de RONSARD ou de JODELLE, voire les *Satires*, de JUVÉNAL ou *Les Châtiments*, de Victor HUGO, ou toute œuvre de votre choix, vous exposerez votre conception des rapports entre poésie et actualité.

Gisèle Mathieu-Castellani
Narcisse et Pygmalion

Baroque et maniérisme

Le discours baroque — et c'est là son caractère dominant — s'attache à convaincre ou à persuader, en tout cas à influencer son destinataire, à agir sur lui, à provoquer une adhésion intellectuelle et / ou affective, bref à emporter, par tous les moyens que met à sa disposition la rhétorique délibérative ou judiciaire, l'assentiment du lecteur-auditeur-spectateur. D'Aubigné déclare cette intentionnalité lorsqu'il inscrit, en la portant au compte du lecteur éventuel de ses *Tragiques*, cette demande : « Nous sommes ennuyés de livres qui enseignent, donnez-nous en pour émouvoir, en un siècle où tout zèle chrétien est péri, où la différence du vrai et du mensonge est comme abolie... » *(Aux lecteurs). Pour émouvoir :* pour toucher le cœur, au sens biblique du terme, lieu des adhésions ensemble affectives et intellectuelles, mais aussi pour faire bouger, pour inciter à l'action, au mouvement. On ne saurait mieux caractériser la visée du discours baroque, sa quête de crédibilité, qui va de pair avec la défiance à l'égard de la raison. Mais ce discours persuasif se donne aussi comme un discours de la Vérité ; là où la différence du vrai et du mensonge est comme abolie, il entend afficher sa relation à une parole authentique, qui légitime sa discursivité :

> Tu es né légitimement,
> Dieu même a donné l'argument,
> Je ne te donne qu'à l'Église ;
> Tu as pour support l'équité,
> La vérité pour entreprise... *(L'Auteur à son Livre)*

C'est ainsi que Sponde, Chassignet, Aubigné, font entendre un discours concerné/concernant, prenant à partie le destinataire, l'apostrophant, le séduisant, pour l'amener à un état réceptif où il sera en mesure d'accueillir un message fondé en vérité. [...]

Chez Sponde ou Aubigné, Chassignet ou Jodelle, les « traîtres vers » se conjurent pour disloquer le tissu du poème et défaire sa structure raisonnable. Le discours baroque est ainsi chargé d'une affectivité quasiment technique : le pathos y règne, puisqu'il s'agit d'émouvoir à tout prix, de susciter une réponse active, un « touché », qui assure de la prise.

L'ensemble de ces traits s'oppose aux modalités du discours maniériste. Celui-ci est d'abord un discours sceptique, alimenté par une tradition philosophique et un corps de postulats épistémologiques. Chez Desportes, comme chez Montaigne, le doute, l'incertitude, la suspension du jugement, l'interrogation, sont *systématiques* : « Je ne sais qui je suis », telle serait la devise de l'un et de l'autre. Au-delà des thèmes sceptiques, la discontinuité de l'être, les modifications qui à tout moment affectent son existence, l'impossibilité à assurer sa « prise », l'interrogation sans réponse qui questionne les codes du savoir et du savoir, au-delà de la philosophie sceptique, et de sa problématique du jugement suspensif (« Que sais-je ? »), le discours maniériste est sceptique dans la mesure où *il doute de lui-même*, et de sa capacité à (se) persuader, où il n'entend ni prouver ni être crédible — « Je n'enseigne point, je raconte » —, mais récuse toute parole d'autorité : « Ce n'est pas ici ma leçon, c'est mon étude. » (Montaigne).

Gisèle Mathieu-Castellani, « Discours maniériste, discours baroque. Narcisse et Pygmalion », dans *Du Baroque aux Lumières*, © éd. Rougerie, 1985

Pour vos essais et vos exposés

Premières Œuvres, de Desportes, publié par V. E. Graham, éd. Droz, 1960.

La Semaine ou Création du monde, de Du Bartas, publié par Y. Bellenger, éd. Nizet.

Les Tragiques, d'Agrippa d'Aubigné, publié par A. Garnier et J. Plattard, éd. Didier, 1962.

Jean Rousset : *La Littérature de l'âge baroque en France*, éd. J. Corti, 1954.

Marcel Raymond : *Baroque et Renaissance poétique*, éd. J. Corti, 1955.

Henri Weber : *La Création poétique au XVIe siècle en France*, éd. Nizet, 1955.

Jacques Bailbé : *Agrippa d'Aubigné, poète des Tragiques*, Université de Caen, 1968.

Claude-Gilbert Dubois : *Le Baroque, profondeurs de l'apparence*, éd. Larousse, 1973.

Gisèle Mathieu-Castellani : *Les Thèmes amoureux dans la poésie française, 1570-1600*, éd. Klincksieck, 1975.

Claude-Gilbert Dubois : *Le Maniérisme*, P.U.F., 1979.

Gisèle Mathieu-Castellani : *Mythes de l'Eros baroque*, P.U.F., 1981.

Franck Lestringant : *Agrippa d'Aubigné*, Les Tragiques, P.U.F., 1986.

ANNEXES

INDEX THÉMATIQUE
LISTE DES GROUPEMENTS THÉMATIQUES
INDEX DES FORMES ET DES TECHNIQUES
LEXIQUE DES TERMES LITTÉRAIRES
ÉLÉMENTS DE LANGUE FRANÇAISE DU
MOYEN AGE ET DU XVIe SIÈCLE
INDEX DES PRINCIPAUX AUTEURS CITÉS
INDEX DES PRINCIPALES ŒUVRES CITÉES
GLOSSAIRE DES TRAVAUX PROPOSÉS

INDEX THÉMATIQUE

LISTE DES GROUPEMENTS THÉMATIQUES

INDEX DES FORMES ET DES TECHNIQUES

LEXIQUE DES TERMES LITTÉRAIRES

ALEXANDRIN : vers de douze syllabes ; doit son nom au *Roman d'Alexandre* qui fut écrit dans ce type de vers. Pour Thomas Sébillet (1548), ce vers « ne se peut proprement appliquer qu'à choses fort graves ». C'est la Pléiade (Ronsard, Du Bellay) qui diversifie l'emploi de l'**alexandrin**, l'appliquant au style « moyen », voire au style « bas ». Ce qui ne l'empêche pas de recevoir le nom de « **vers héroïque** », qui désignait, avant 1550, le décasyllabe.

ALLÉGORIE : mode de pensée et d'expression consistant à employer des personnifications à la place de notions abstraites, dans une structure narrative qui les fait agir et surtout parler. Fort utilisée en poésie jusqu'à Marot, l'**allégorie** voit son rôle considérablement réduit chez ce dernier, et chez les poètes de la Pléiade.

ANACOLUTHE : rupture de construction syntaxique.

ANAGRAMME : mot constitué de tout ou partie des lettres d'un autre mot.

ANALOGIE : rapport de ressemblance fondé sur une proportion à quatre termes : a est à b ce que c est à d.

ANAPHORE : répétition d'un même mot en début de séquence syntaxique, phrase ou vers.

ANTIPHRASE : énoncé signifiant en fait l'opposé de son sens apparent.

ANTITHÈSE : symétrie syntaxique entre deux termes de sens opposé.

ANTONOMASE : sorte de synecdoque consistant à utiliser un nom commun à la place d'un nom propre (*le Roi* pour *François Iᵉʳ*), ou un nom propre à la place d'un nom commun (*un Achille* pour *un guerrier très vaillant*).

APOSTROPHE : énoncé à caractère émotionnel s'adressant directement à quelqu'un, quelque chose ou soi-même.

ARTS LIBÉRAUX : ensemble des sept disciplines qui composent le cursus des études médiévales.

ASSONANCE : terminaison de vers fondée sur la ressemblance des voyelles seules. Procédé employé couramment dans les chansons de geste.

ASYNDÈTE : suppression des liens de coordination entre plusieurs termes.

BALLADE : pièce poétique très pratiquée dans la seconde moitié du Moyen Âge, consistant en un nombre variable de strophes à même schéma de rimes et refrain au dernier vers, et s'achevant par un **envoi** égal à une moitié de strophe, contenant le nom ou le titre du destinataire du poème, et se terminant lui-même par le refrain.

BATELÉE (Rime) : rime qui revient à l'hémistiche du vers suivant : *Monstres marins / vit-on lors assommer / Et consommer tempête dévalées...*

BLASON : genre poétique bref mis à l'honneur par Marot et consistant dans la célébration, plutôt que la description, d'un objet familier. Marot lança la mode des « Blasons du corps féminin », élisant pour objet une partie du corps désiré.

CANSO : forme poétique la plus employée par les troubadours, et correspondant à la chan-

son des trouvères ; elle se compose d'un nombre indéterminé de **coblas** (strophes), contenant un nombre indéterminé de vers de longueur indéterminée, s'achevant par une **tornada** égale à la moitié d'une **cobla**, et ne comportant pas de refrain.

CÉSURE : point de séparation du vers en deux groupements syllabiques.

CHANSON DE GESTE : poème lyrique en langue vulgaire (XIᵉ-XIIIᵉ siècle), en décasyllabes ou alexandrins réunis en **laisses** assonancées, chantant les exploits guerriers de Charlemagne et/ou de ses preux, notamment contre les Infidèles. Les chansons de geste s'organisent en **cycles** autour d'un lignage.

CHANSON DE TOILE : aussi appelée **chanson d'histoire** ; poème médiéval à forme variable, dont chaque strophe se termine par un refrain, et qui raconte les amours, heureuses ou malheureuses, d'un personnage féminin.

CHANT ROYAL : poème de forme fixe, pratiqué jusqu'à Marot, de même structure que la **ballade**, mais plus vaste (cinq couplets, souvent de onze décasyllabes chacun, avec un envoi de cinq à sept vers). Le sujet du **chant royal** est une « allégorie obscure enveloppant sous son voile louange de Dieu ou Déesse, Roi ou Reine, Seigneur ou Dame » (Sébillet).

CONGÉ : poésie strophique dans laquelle le poète « prend congé » du groupe social dont il fait partie.

CONJOINTURE : notion employée par Chrétien de Troyes et semblant correspondre à l'idée d'une adéquation parfaite entre la forme d'un ouvrage, son contenu narratif, et sa signification symbolique.

CONNOTATION/DÉNOTATION : les **connotations** sont les significations secondaires associées de façon permanente ou dans un contexte donné à la signification principale (ou **dénotation**) d'un mot.

COUPE : point de séparation (mobile) des groupes rythmiques à l'intérieur de chaque **hémistiche**.

COUPE FÉMININE : expression qui désigne, au XVIᵉ siècle, l'élision (**synalèphe**) à la **césure**, devant voyelle. La règle s'impose dans la première moitié du XVIᵉ siècle : un *e* muet à la césure doit être suivi d'une voyelle, de manière à s'élider naturellement : *De notre siècl(e) // et des peuples content*. Auparavant était permise l'**apocope** du *e* muet à la césure devant consonne (**césure épique**) : *Ta complaisanc(e) // complait à l'adversaire*. Elle subsiste comme **licence poétique** chez les poètes de la Pléiade.

COURONNÉE (Rime) : rime répétée dans le même vers : *La blanche colombelle belle...* Lorsque la « couronne » est triple, la rime est dite **empérière** : *En grand remords, mort mord...*

COURTOISIE : système idéologique qui se développe dans les cours des grands seigneurs médiévaux (essentiellement d'abord les cours de Blois et de Champagne) et qui intègre les données de la *fin'amor* occitane à un univers féodal « chevaleresque ». Le roman courtois offre une vision idéalisée de la société du XIIIᵉ siècle.

DÉCASYLLABE : vers de dix syllabes, généralement coupé selon un rythme 4/6. Au Moyen Âge, fréquemment employé dans les **chansons de geste**. Vers dominant dans la première moitié du XVIᵉ siècle, il est ensuite

supplanté par l'**alexandrin**, qui lui vole l'appellation de « **vers héroïque** ». Il devient alors le « **vers commun** ».

DIALECTIQUE : l'un des sept arts libéraux, appartenant au **trivium** avec la **grammaire** et la **rhétorique**. C'est l'art de raisonner, développé et affiné au XIIIᵉ siècle dans les Universités, et considéré comme subversif dans la mesure où il n'admet pas sans les discuter les vérités de la foi.

DIÉRÈSE : séparation en deux syllabes de deux voyelles en contact. Dans le vers de la Renaissance, la **diérèse** est largement étymologique (remontant à l'existence de deux voyelles dans le mot latin : le-o = li-on).

DISPOSITION : seconde partie de la **rhétorique** après l'**invention** et avant l'**élocution**, la **disposition** est l'art d'ordonner les idées, les arguments, élaborés par l'**invention**. Elle donne le « plan » du discours.

DIT/DITIÉ : poème narratif consacré à un sujet familier. Proche parfois du fabliau, le **dit** se développer jusqu'à devenir une œuvre considérable : ainsi le *Voir Dit*, de Guillaume de Machaut.

ÉGLOGUE : poème pastoral dialogué, mettant en scène des « bergers et gardeurs de bestes ». Le grand modèle en est les *Bucoliques*, de Virgile.

EUPHRASIS : description poétique d'une œuvre d'art ; dans ce morceau de bravoure, le poème rivalise de beauté avec l'objet représenté. Exemple canonique : le bouclier d'Achille, dans l'*Iliade*.

ÉLOCUTION : troisième partie de la rhétorique, après l'**invention** et la **disposition** ; l'élocution est la mise en mots du discours ; elle consiste surtout dans la mise en œuvre d'ornements déterminés (**figures**).

ÉNONCIATION : acte de production d'un **énoncé** linguistique par un locuteur ; l'énoncé présente des traces de son **énonciation**, et peut mettre en scène, de façon plus ou moins précise, le locuteur, ou **sujet de l'énonciation**.

ENVOI : demi-strophe à la fin d'une chanson ou d'une ballade, reprenant le même schéma de rimes que les strophes, et contenant la dédicace, soit à la dame, soit à un grand personnage (« Prince », etc.).

ÉPÎTRE : « lettre missive en vers » (Sébillet), l'**épître**, poème discursif à rimes plates, est le plus souvent « familière » ; de sujet varié, elle évoque son auteur et son destinataire. Marot porta le genre à un degré de perfection inégalé.

ÉPOPÉE : long poème narratif célébrant un héros ou une action héroïque ; les **chansons de geste** représentent une **épopée** nationale originale.

ÉQUIVOQUÉE (Rime) : rime fondée sur une équivoque : *Bref c'est pitié d'entre vous rimailleurs / Car vous avez assez de rime ailleurs* (Marot).

EUPHÉMISME : expression atténuée d'une idée désagréable.

ÉVANGÉLISME : mouvement spirituel (fin XVᵉ-début XVIᵉ siècle) prônant l'accès direct du fidèle à l'Écriture, le retour aux valeurs de l'Église primitive, la suprématie de la Foi sur les œuvres, la relation personnelle avec Dieu dans la prière.

EXORDE : en rhétorique, première partie du discours, qui cherche à capter l'attention et la bienveillance des auditeurs.

FABLIAU : au Moyen Âge, texte narratif bref, en octosyllabes à rimes plates, qui raconte une histoire comique blasée sur l'obscénité et la scatologie, et met en scène des types humains qui prennent le contrepied des modèles courtois.

FATRAS/FATRASIE : exercice de virtuosité littéraire consistant à dépouiller le langage du sens qu'il a habituellement, et à s'abandonner au pur plaisir des mots, dans le cadre d'un schéma métrique emprunté aux genres sérieux, et particulièrement à la poésie courtoise.

FIN' AMOR : idéologie sur laquelle se fondent la lyrique des troubadours et des trouvères, et aussi les premiers romans « courtois ». Elle a pour base la soumission totale de l'« ami » à sa « dame », le respect du secret dans le cadre d'un amour nécessairement adultère, et l'importance accordée au « joï », plutôt qu'à la satisfaction toute matérielle de l'amour.

GENRE : plusieurs conceptions des genres du discours se superposent au Moyen Âge et à la Renaissance, coïncidant mal avec ce que nous appelons « genres littéraires ». La tradition rhétorique propose une triple catégorisation des discours, selon le style (**haut, moyen, bas**), selon le but (**instruire, charmer, toucher**), selon le « genre » : **judiciaire, délibératif** (enjeu politique ou moral), **démonstratif** ou « épidictique » (éloge ou blâme). Longtemps la poésie lyrique s'est conçue comme une variante du genre **démonstratif**, éloge orienté surtout vers le « delectare » (**charmer, plaire**). Au XVIᵉ siècle s'élaborent d'autres classifications, en provenance de la *Poétique* d'Aristote, qui partage les œuvres « **mimétiques** » (vouées à la représentation du réel) selon la position du **sujet d'énonciation** : assumant lui-même le récit (comme dans l'**épopée**), ou l'abandonnant aux personnages (comme dans la **tragédie** ou la **comédie**).

GESTE : du latin *gesta*, les hauts faits, les nobles actions. La geste d'un personnage est le récit de ses prouesses : d'où l'expression **chanson de geste**.

GRAAL : objet de nature indéterminée, qui apparaît pour la première fois, accompagné d'un article indéfini, dans le *Conte du Graal*, de Chrétien de Troyes. L'inachèvement de l'œuvre ne permettant pas de se faire une idée très précise du Graal, il est devenu le thème central d'une bonne part de la littérature du XIIIᵉ siècle, sous la forme christianisée du **Saint Graal** : d'après Robert de Boron, la coupe dans laquelle Joseph d'Arimathie aurait recueilli le sang du Christ sur la croix.

HÉMISTICHE : « demi-vers » ; groupe syllabique distingué par la césure ; l'alexandrin tend à se partager en deux **hémistiches** égaux (6/6) ; le décasyllabe a deux **hémistiches** inégaux (4/6 généralement).

HUMANISME : terme par lequel on désigne le mouvement intellectuel de restauration des lettres latines et grecques, né en Italie au XIVᵉ siècle (Pétrarque), devenu au début du XVIᵉ siècle un phénomène européen.

INVENTION : la première partie de la rhétorique, avant la **disposition** et l'**élocution**. L'**invention** est la recherche des arguments persuasifs, selon les critères et catégories prédéterminés (*topoi*, « lieux »). Dans l'**imitation** poé-

tique, l'**invention** devient la recherche de fragments textuels déjà utilisés : figures, images, adages...

IRONIE : trope consistant à dire le contraire de ce qu'on entend signifier, à des fins de raillerie.

LAI : au Moyen Âge, terme polysémique dont il est difficile de déterminer l'extension ; à l'origine, il a peut-être désigné une composition musicale, sans accompagnement de texte ; par la suite, il est employé pour désigner des œuvres narratives en octosyllabes à rimes plates, assez brèves, et empruntant leur sujet à la **matière de Bretagne**.

LAISSE : unité formelle de la chanson de geste, de longueur variable, assonancée et non rimée.

MATIÈRE (ANTIQUE, DE FRANCE, DE BRETAGNE) : système de classification dans lequel les écrivains médiévaux répartissent les différents sujets dont ils disposent. La matière antique correspond aux textes inspirés de Virgile, d'Ovide, et des adaptations latines d'Homère. La matière de France regroupe les chansons de geste, et la matière de Bretagne les textes arthuriens.

MÉTAPHORE : figure (trope) qui établit entre deux termes une relation d'analogie ou d'équivalence, tout en échappant à l'épreuve de vérité : *cet homme est un lion*. Le mot *lion* est ici métaphorique, son sens a « glissé ». Dans *ce lion a pris la ville* (métaphore à un seul terme, *in absentia*), le mot *lion* est à prendre en un autre sens, figuré (homme très vaillant) en sus de son sens propre (grand félin) : sinon l'énoncé devient absurde (sauf dans une histoire d'animaux !).

MÉTONYMIE : autre trope, qui consiste à désigner un objet par le nom d'un autre objet, lié au premier par la logique ou la pratique : une *bonne plume* pour *un bon écrivain*.

MORALITÉ : genre dramatique bref, allégorisant, de la fin du Moyen Âge, qui met en scène des personnifications morales. La **moralité** est souvent associée à la **sotie** et à la **farce** dans une « représentation » théâtrale complète. Au XVIᵉ siècle est encore en faveur, notamment chez les Protestants. Le théâtre de Marguerite de Navarre est très proche de la moralité médiévale.

MYSTÈRE : pièce religieuse d'abord brève (s'insérant à l'origine dans le cadre liturgique), puis de plus en plus longue (jusqu'à durer plusieurs jours dans la première moitié du XVIᵉ siècle), représentant un passage de l'Ancien ou du Nouveau Testament.

MYTHE : récit, d'origine et de portée collective, mettant en scène les actions imaginaires d'êtres surnaturels (dieux, demi-dieux, héros).

NOMINALISME : l'une des philosophies fondamentales du Moyen Âge, qui se développe à partir de la seconde moitié du XIIᵉ siècle avec Abélard, et qui, au contraire du **réalisme**, repose sur l'inexistence, en tant qu'objets, des idées, considérées simplement comme des noms. Ainsi, il n'existe pas d'« équinité » séparée de chaque individu chevalin.

NOUVELLE : genre narratif bref, en prose, très en faveur aux XVᵉ-XVIᵉ siècles, à caractère plus ou moins « réaliste » (en réaction contre l'idéalisme courtois des romans). Les nouvelles s'organisent en séries qui permettent des effets de contraste et de variation, à l'imitation

du *Décaméron*, de Boccace, qui met en scène, au moyen d'un récit-cadre, la narration même des nouvelles. La **nouvelle** est ainsi souvent liée aux « **devis** » des narrateurs.

OCTOSYLLABE : vers de huit syllabes employé au Moyen Âge comme le degré zéro de l'écriture romanesque.

ODE : genre recréé par Ronsard à l'imitation de l'antique ; poème lyrique de structure strophique, de mètres variés, égaux ou inégaux, sans refrain, avec alternance de rimes féminines et masculines.

OXYMORE : alliance de mots de sens opposé : *heureux mal, obscure clarté*.

PARODIE : imitation moqueuse ou simplement comique ; se dit d'un texte visant un autre texte par ce type d'imitation.

PATHÉTIQUE : qui éveille la pitié plutôt que la terreur (terreur et pitié sont les deux passions qu'une tragédie, selon Aristote, éveille chez le spectateur).

PÉRORAISON : dernière partie du discours oratoire, contenant souvent un appel à la clémence ou à la pitié (des juges).

PÉTRARQUISME : style de poésie amoureuse pratiqué à l'imitation du *Cansoniere* de Pétrarque. En Italie, puis en France, il y eut diverses sortes de **pétrarquisme**. D'une façon générale, l'amant pétrarquiste, cruellement blessé par une dame insensible, souffre de tourments contradictoires (feu/glace, lumière/obscurité) ; il pleure, et il écrit pour distraire sa peine ; il célèbre en sa dame mille substances précieuses (or, corail, ivoire, etc.). L'**antithèse** et l'**oxymore** sont les figures favorites du style pétrarquiste.

PLATONISME : doctrine philosophique de Platon, rayonnant sur toute l'Europe de la Renaissance à partir de Florence et des écrits de Marsile Ficin (XVᵉ siècle), qui l'imprègnent de christianisme. Le platonisme propose à l'homme (à l'âme humaine) d'échapper à l'univers décevant des apparences pour accéder aux idées, seules réalités, modèles de toutes les choses sensibles. Cet élan vertical vers le Beau et le Bien caractérise la pensée et l'art de très nombreux créateurs aux XVᵉ-XVIᵉ siècles.

POINTE : trait brillant et surprenant amené à la fin de certaines formes poétiques, en particulier l'épigramme. Il y a un débat entre les partisans de la pointe et ceux d'une égale répartition du sens et des effets dans tout le corps du poème.

REJET : débordement de la syntaxe sur la structure du vers : soit qu'un groupe syntaxique franchisse la césure (**rejet interne**), soit qu'il franchisse la fin du vers et s'achève au vers suivant (**rejet externe**). Toutefois, on ne parle de **rejet** que lorsque ce dépassement ne se poursuit pas jusqu'à la frontière suivante (césure ou fin de vers). Dans ce cas où l'impression de transgression est beaucoup moins forte, on parle d'**enjambement**.

RHÉTORIQUE : art du discours, relevant du trivium avec la grammaire et la dialectique ; à l'origine art (oratoire) de **persuader**, la rhétorique a pu aussi être définie comme un art plus ornemental, art de **bien dire** ; l'histoire de la rhétorique est une histoire des variations du rapport entre ses parties fondamentales (invention, disposition, élocution), suivant que l'on mette l'accent, par exemple, sur l'argumentation ou sur le style.

ROMAN : à l'origine, nom donné à la langue vulgaire issue du latin ; par suite, nom du genre littéraire considéré comme le plus représentatif de cette langue. Au XII⁰ siècle, apparaît le **roman en octosyllabes à rimes plates**, long texte narratif dont les sujets sont empruntés à l'Antiquité ou à la matière de Bretagne. Au XIII⁰ siècle, le genre du **roman** est à son apogée, avec les grands cycles en prose qui se rattachent au Graal et à la Table Ronde.

RONDEAU : genre lyrique à forme fixe, à refrain, très en faveur du XIV⁰ siècle à la première moitié du XVI⁰ (Marot). Il y a plusieurs sortes de rondeaux. Le **rondeau simple** médiéval (**triolet** au XVI⁰ siècle) comporte 7 ou 8 vers sur deux rimes ; les vers 4 et 7 répètent le vers 1 ; éventuellement le vers 8 reprend le vers 2. Il existe aussi des formes doubles, triples, etc. A partir du XV⁰ siècle s'impose un nouveau type de **rondeau**, toujours sur deux rimes, où le refrain (appelé alors **rentrement**) se limite au début (premier hémistiche) du premier vers. Sur 10 vers (rentrement non compris) : 4 + 2 vers + r. + 4 vers + r. Sur 13 vers : 5 + 3 + r. + 5 + r.

SATIRE : genre poétique de forme libre, à rimes plates, d'une composition très variée (du latin *satura*, mélange) critiquant plus ou moins durement, mais de façon comique, un usage, une institution, une catégorie sociale... voire les vices de « l'homme » en général. Le terme s'applique aussi à des écrits en prose, ou mélangeant les vers et la prose.

SOMME : ouvrage encyclopédique médiéval qui s'efforce de rassembler toutes les connaissances humaines.

SONNET : forme poétique d'origine italienne, introduite en France dans la première moitié du XVI⁰ siècle (par Marot et Saint-Gelais). Le **sonnet** s'écrit d'abord en décasyllabes, puis en alexandrins (Ronsard, Du Bellay). Il traite d'abord d'amour, dans des recueils pétrarquistes, puis sa matière se diversifie. Il comprend 14 vers sur 5 rimes : deux quatrains (rimes *abba abba*) et un sizain (deux « tercets », rimes *ccd eed* ou *ccd ede*). Rimes féminines et masculines alternées.

SOTIE : genre dramatique bref mettant en scène des « sots », c'est-à-dire des fous, et exposant sous le couvert de la folie les vérités les plus dures à entendre.

STOÏCISME : philosophique antique en faveur, notamment, dans la seconde moitié du XVI⁰ siècle (au temps des guerres de Religion). Le stoïcien s'efforce de s'abstenir de toute passion (**impassibilité**) de manière à vivre en perpétuelle **harmonie** avec lui-même et avec un monde soumis à la **fatalité** : telle est la **vertu** à laquelle il faut parvenir par un constant **effort** sur soi-même, indifférent au plaisir et à la douleur, à la richesse comme à la pauvreté.

SUZERAIN : seigneur principal auquel les vassaux font hommage. La dame est considérée comme le **suzerain** de son ami dans le cadre de la **fin'amor**.

SYLLOGISME : raisonnement construit en trois propositions : **majeure** (tous les hommes sont mortels), **mineure** (or Socrate est un homme), **conclusion** (donc Socrate est mortel).

SYMBOLE : signe concret, figuratif, représentant un concept, une notion, un être irreprésentable en lui-même (par ex. Dieu), un sentiment, etc. Le **symbole** demande une **interprétation**, la recherche d'une signification au-delà de l'apparence : cette balance n'est pas une simple balance, elle signifie la Justice.

TABLE RONDE : motif présent dans tous les romans arthuriens ; il s'agit d'une table magique, plus ou moins fondée par Merlin, autour de laquelle ne peuvent s'asseoir que les bons chevaliers, dont le nom apparaît sur le dossier des sièges.

TROUBADOUR : poète de langue d'oc qui compose (« trobar » en occitan) des poèmes, le plus souvent lyriques, inspirés par le concept de **fin'amor**.

TROUVÈRE : l'équivalent du **troubadour** dans le domaine de langue d'oïl, où composer se dit « trouver ».

UTOPIE : Thomas More a créé le mot (*Utopia*, non-lieu, endroit qui n'existe pas) et la chose, dans l'œuvre qui porte ce titre : société imaginaire et idéale, dont la description permet une critique, explicite ou implicite, de la société existante.

ÉLÉMENTS DE LANGUE FRANÇAISE DU MOYEN AGE ET DU XVI⁰ SIÈCLE

I. GRAMMAIRE DE L'ANCIEN FRANÇAIS

1. LES NOMS

L'ancien français (XII⁰ et XIII⁰ siècle) est une langue à flexion qui conserve des vestiges de la déclinaison latine : les substantifs ont **deux cas**, le **cas sujet** (CS), qui correspond aux fonctions du sujet et de l'attribut du sujet, le **cas régime** (CR), qui regroupe toutes les autres fonctions.

Les noms propres ont également cette flexion. On peut noter qu'en apostrophe, le nom commun se met en règle générale au cas sujet, alors que le nom propre apparaît au cas régime.

a. Le modèle courant des substantifs masculins

	Sing.	Plur.
CS	*li chevaliers*	*li chevalier*
CR	*le chevalier*	*les chevaliers*

b. Le modèle des substantifs masculins provenant des imparisyllabiques latins

CS	*li emperere(s)*	*li empereor*
CR	*l'empereor*	*les empereors*

c. Les substantifs féminins

La plupart des substantifs féminins n'ont que deux formes, une au singulier, une au pluriel, conformes à celles que nous connaissons maintenant. Mais il existe un petit nombre de féminins à alternance de radical :

CS *la none*	CS *Morgue*
les nonains	
CR *la nonain*	CR *Morgain*

2. LES ARTICLES

Les articles définis et indéfinis se déclinent :

	Sing.		Plur.	
CS	*li, uns*		*li, un*	
		la, une		*les, unes*
CR	*lo, le, un*		*les, uns*	

Tous les définis au singulier s'élident.
Les définis pratiquent l'enclise avec les prépositions *à, de, en*.

3. LES ADJECTIFS

Même système de déclinaison.

1ʳᵉ décl. : masc. en *-s*, fém. en *-e*.
2⁰ décl. : masc. et fém. semblables.
3⁰ décl. : CS et CR différents, masc. et fém. semblables.

4. LES PRONOMS

Il existe deux démonstratifs : *cest, cestui, ceste*, et *cil, celui, cele*.

Ils sont souvent renforcés par un *i* initial. Dans

ÉLÉMENTS DE SYNTAXE DU NOM ET DES PRONOMS

La flexion du nom autorise, comme en latin, une **liberté dans l'ordre des mots** bien supérieure à celle du français moderne. La plupart des pronoms peuvent ainsi se trouver très éloignés du verbe auquel ils se rattachent, et régir des groupes adjectivaux ou des relatives.

● L'une des survivances les plus nettes de la structure latine est celle qui autorise à construire directement, sans préposition, le complément déterminatif d'un substantif, lorsque le déterminant est une au singulier et désigne une personne.

Ex. : *la mort le roi Artu, la Dieu merci.*

Dans ce dernier cas, le déterminant est encore placé avant le déterminé, comme en latin ; la formule actuelle « Dieu merci » ne permet plus d'identifier l'ancienne construction.

Lorsque le déterminant n'appartient pas aux catégories mentionnées plus haut, il est en général introduit par une préposition : *a* pour indiquer l'appartenance ; *de* pour indiquer la provenance ou lorsque le déterminant est inanimé.

● Peu à peu, les derniers vestiges de la flexion bicasuelle s'effacent. C'est presque toujours le cas régime qui l'emporte. Dans le courant du XIIIᵉ siècle, les « fautes de déclinaison » se multiplient dans les manuscrits, car les scribes ne sont plus capables d'identifier les formes correctes. A partir du XIVᵉ siècle, l'emploi systématique d'un système de déclinaison correspond à une volonté esthétique délibérée, et est de plus en plus rare, ce qui a bien sûr une incidence non négligeable sur l'ordre des mots.

un souci d'expressivité, ces démonstratifs remplacent fréquemment l'article que l'on attendrait : *cil oisillon*, au lieu de *li oisillon*.

Les **pronoms personnels** ont **quatre** cas :
— le CS ;
— le CR dit « **atone** », qui comprend lui-même deux formes, atone 1 (= COD) et atone 2 (= COS) ;
— le CR dit **tonique**, employé lorsqu'un pronom personnel régime se trouve mis en relief par la syntaxe ou est précédé d'une préposition.

L'ancien français n'a pas à proprement parler de pluriel de politesse : dans les textes, le *tu* et le *vous* alternent selon les besoins de la rime ou la volonté d'expressivité de l'auteur. L'abondance de formes dialectales produit parfois des confusions entre les genres, particulièrement en ce qui concerne les formes atones et toniques des pronoms personnels de troisième personne.

Pour étudier la langue du Moyen Age, il faut tenir compte de sa **transmission par l'intermédiaire de manuscrits**, parfois fautifs, (presque) toujours différents les uns des autres par d'innombrables **variantes**. **L'orthographe est une notion pratiquement inconnue durant les** XIIᵉ **et**

XIIIᵉ **siècles** : les **graphies** changent d'un dialecte à l'autre, d'un manuscrit à l'autre, et, à l'intérieur d'un même manuscrit, d'une page à l'autre, voire d'une ligne à l'autre. Ce problème est particulièrement aigu en ce qui concerne les pronoms relatifs : *qui* (ou *ki*, ou *cui*...) peut signifier *qui, pour qui, dont*, ou remplacer tout simplement *que* (ou *ke*).

5. LES VERBES

a. Le présent

Il existe trois types de présent, correspondant à des infinitifs :
1. en *-er*
2. en *-ir (-issant)*
3. en une autre désinence.

Le radical de certains verbes subit une alternance vocalique due à l'évolution phonétique des voyelles accentuées ou non. Neuf formes peuvent être **fortes** : les 3 personnes du singulier, la 3ᵉ personne du pluriel de l'indicatif et du subjonctif présent, et la 2ᵉ personne du singulier de l'impératif.

Ex : *aim, aimes, aime, amons, amez, aiment.*

Il n'y a qu'un seul type d'imparfait, à désinences en *-oie, -oies, -oit, -iens, -ïes, -oient*.

b. Les temps du passé

Le passé simple, l'imparfait du subjonctif et le participe passé se forment sur les mêmes radicaux. Il faut distinguer les **passés faibles**, où l'accent porte toujours sur la désinence (en *-a*, en *-i*, et en *-u*), et les **passés forts**, où l'accent frappe le radical à la 1ʳᵉ personne du singulier et aux deux 3ᵉˢ personnes.

c. Le futur

Le futur et la « forme en *-roie* » (= conditionnel) viennent de périphrases latines à partir du verbe *habeo* et de l'infinitif. Les désinences du futur sont celles du présent, celles de la forme en *-roie*, correspondant à l'imparfait.

d. Syntaxe du verbe

● Les verbes « **impersonnels** » sont nombreux en ancien français ; aux XIIᵉ et XIIIᵉ siècles, ils s'emploient souvent dans le *il* de la « personne d'univers ». En général ils sont accompagnés d'un pronom personnel tonique.

● **L'emploi des auxiliaires *être* et *avoir*** est beaucoup moins tranché que dans le français moderne ; un assez grand nombre de verbes peuvent s'employer avec les deux, en prenant des nuances de sens légèrement différentes. Les accords de participes ne sont pas fixés et varient considérablement d'un manuscrit à l'autre, ou d'une région linguistique à une autre. Il arrive souvent que l'accord s'effectue en fonction de la proximité, plus que des lois de la syntaxe.

● En raison de l'existence d'un certain nombre de substantifs à valeur collective (*li peuples* = le peuple, *la gent* = les gens, la foule), il arrive que des formes verbales au pluriel apparaissent soudain dans le cours d'une phrase qui a commencé normalement par un accord au singulier.

● **L'emploi des temps** est beaucoup plus souple qu'en français moderne, au point de poser des problèmes considérables lorsqu'il s'agit de traduire un texte : l'ancien français passe sans cesse du passé au présent, et à nouveau au passé ; parfois, c'est dans une intention expressive repérable, mais souvent il n'y a pas de motif repérable à une telle variabilité.

Le présent peut avoir une valeur de durée, ou être « présent de narration ». La durée s'exprime aussi couramment par *aller* + gérondif.

Le passé simple est très employé, y compris là où le français moderne utiliserait l'imparfait.

● **Le subjonctif** conserve un certain nombre d'emplois qu'il avait en latin ; il correspond au mode de l'**éventuel**, du **subjectif**, ou simplement se comporte comme un « optatif oblique » dans les subordonnées. Le « **conditionnel** », c'est-à-dire la « forme en *-roie* », qui fait son apparition au Moyen Age, n'a d'abord que des emplois restreints. **L'infinitif** est fréquemment employé seul pour exprimer l'ordre ou la défense.

6. LA PHRASE

● **L'ordre des mots Sujet-Verbe-Régime** est de plus en plus fréquent au fur et à mesure que l'on avance dans le temps. Cependant, dans les subordonnées, la structure Sujet-Régime-Verbe reste dominante longtemps, comme un souvenir de la phrase latine.

Pendant les XIIᵉ et XIIIᵉ siècles, la phrase française privilégie la **juxtaposition** au lieu de la subordination. Sa structure est en général assez simple, voire apparemment sommaire ; le schéma le plus fréquent est celui-ci : temporelle (introduite par « *quant* ») + principale. La proposition indépendante est presque toujours rattachée à son contexte par des adverbes de liaison *(or, si)* qu'il est à peu près impossible de traduire systématiquement.

L'ossature de l'octosyllabe fournit un cadre à la phrase, que l'on retrouve même dans les premières œuvres en prose du XIIIᵉ siècle : c'est le problème du « dérimage », qui devient « adaptation », avant de s'éloigner définitivement de son modèle.

Il est difficile de considérer le « **moyen français** » comme un état de la langue indépendant. Pourtant, sa morphologie tend de plus en plus à se rapprocher de celle du français moderne : un texte du XVᵉ siècle est sur ce plan beaucoup plus accessible qu'un texte de la fin même du XIIIᵉ siècle, bien que l'on assiste à un retour aux sources latines.

La syntaxe devient d'autre part de plus en plus complexe. A la phrase simple succède une phrase très longue, riche en subordonnées de toutes natures qui s'enchevêtrent et dépendent les unes des autres, au point d'en devenir difficiles à comprendre, surtout dans les textes en prose. L'absence presque systématique de ponctuation dans les manuscrits n'arrange rien. En fait, les XIVᵉ et XVᵉ siècles empruntent au discours juridique et aux grands classiques de l'éloquence latine leur conception de la phrase. Le double modèle de la théologie et du droit produit tout naturellement une syntaxe discursive, surchargée de tropes et de figures de rhétorique, qui culminera avec l'art poétique des Grands Rhétoriqueurs.

Sur le plan syntaxique, un texte du XVᵉ siècle en prose est donc plus difficile à comprendre qu'un texte du XIIIᵉ, dont la langue est en fait assez accessible si l'on réussit à surmonter l'effet d'étrangeté initial, tout à fait disproportionné à la difficulté réelle.

REMARQUES SUR QUELQUES DIALECTES

— Le francien est celui dont découle le français moderne.

— Le picard remplace souvent le *ch* (de *chien*) par un *c (quien)*, confond les sons et les graphies *ise* et *ice*, utilise *le* comme pronom personnel féminin atone, et *li* comme pronom personnel tonique indifféremment masculin et féminin.

— Le champenois conserve des mots en *o* fermés, au lieu de *eur* : *amor, dolor*.

— L'anglo-normand transforme les *u* en *ou*, se rapproche du wallon en gardant le *w* germanique, ressemble aussi au picard.

II. LA LANGUE FRANÇAISE DU XVIᵉ SIÈCLE

1. NOMS, ARTICLES, ADJECTIFS, PRONOMS

a. Le substantif

● Au XVIᵉ siècle la flexion casuelle a complètement disparu ; le cas régime est devenu la forme unique du nom.

● Beaucoup de noms s'emploient aux deux genres, masculin et féminin ; on trouve ainsi :

Au féminin : *amour, art, espace, évangile, exemple, exercice, hymne, mensonge, mode* (au sens de « manière »), *navire, ouvrage, pleurs, poison, reste...*

Au masculin : *affaire, aise, alarme, ardeur, colère, comète, énigme, erreur, étude, horreur, humeur, idole, image, infortune, odeur, œuvre, ombre, personne, rencontre, teneur...*

b. Les articles

● L'article défini *(le, la, les)* connaît les formes contractées *au, aux, du, des*, plus *ou* (= en le) et *es* (= en les).

● L'article défini n'est pas répété devant plusieurs noms coordonnés : *l'art et maniere*, etc.

● Il n'est pas employé devant les noms abstraits : *Nature, Beauté, Fortune...* ni, souvent, devant les noms de fleuve ou de montagne.

c. L'adjectif

● Héritage médiéval, certains adjectifs ont

encore la même forme au masculin et au féminin : *grand* surtout. Mais le féminin *(grande)* est de plus en plus fréquent.

● Le superlatif relatif ne comporte pas l'article défini obligatoire aujourd'hui : *mon cheval plus rapide*, et non *le plus rapide*. Ce superlatif touche des adjectifs comme *excellent*, qui l'ignorent aujourd'hui. Pour le superlatif absolu, les formes en *-issime*, latinisantes, sont très fréquentes : *grandissime, bellissime, perfectissime...*

d. Les pronoms personnels

● Souvent absent devant le verbe, le pronom personnel sujet tend à devenir plus fréquent, sauf devant les verbes impersonnels : *faut que..., semble que...*

● Le français moderne impose l'ordre : *il nous le donne* ; au XVIe siècle on préfère souvent l'ordre inverse : *il le nous donne*. Dans le cas de deux pronoms (c.o.d. et c.o.s.) de la 3e personne *(le lui)*, le premier disparaît : *il luy donne* pour *il le lui donne...*

● Complément d'un infinitif dépendant d'un verbe à un mode personnel, le pronom complément se place avant ce verbe : *il le voulait donner...*

e. Les démonstratifs

● On trouve *celui, celle, celles* employés comme déterminants, et *cettuy (cestuy), cette (ceste), cettes (cestes)* comme pronoms.

● On trouve, au sens de *celui*, la forme *cil*, disparue depuis.

● L'obligation actuelle des formes *celui-ci, celui-là*, n'est pas aussi forte au XVIe siècle. On trouve *celuy, cestuy*, etc, employés seuls.

f. Les possessifs

● L'adjectif possessif *(mien, tien, sien)* se rencontre comme épithète, associé au démonstratif : *ce mien amy* ou au défini : *le mien amy*. Il peut être intensifié : *le plus mien...*

g. Les indéfinis

● *Rien* peut être accompagné d'une épithète (sans *de*) : *rien utile...*

● *Nul, aucun* (et *aucuns*) peuvent avoir un sens positif.

● *Un, une* s'emploient comme pronoms au sens de « un homme », « une femme » : *comme un qui s'est perdu...* (Jodelle).

● *Chacun* se trouve encore employé comme déterminant : *chacun homme.*

● *Autre*, pronom, se trouve souvent sans article.

h. Les relatifs

● On trouve *que* sujet (représentant un inanimé).

● Complément d'un participe en tête de phrase, on trouve *quoy* ou *ce que : quoy voyant / ce que voyant...*

● *Lequel* se combine avec la préposition *en* (comme l'article) : *ouquel, esquels...*

● On trouve *dont* comme pronom adverbe de lieu au sens de *d'où*.

● On trouve *que* en fonction de complément de manière, de lieu, de temps : *le jour que, au lieu que*, etc.

● Le pronom relatif peut être complément d'un verbe ou d'un nom situés, non dans la relative, mais dans une autre subordonnée dépendant de la relative.

i. Les interrogatifs

● Dans l'interrogation directe on trouve *qui* au lieu de *qu'est-ce qui*.

● *Dont* s'emploie avec le sens de *d'où* ; ou encore de *de quoi.*

2. ADVERBES ET CONJONCTIONS

a. Les adverbes

● Beaucoup d'adverbes terminés par *e* muet comportent l's « adverbial ». On trouve plusieurs formes : *onc, oncque, oncques ; or, ore, ores*, etc.

● Beaucoup d'adverbes s'emploient comme prépositions *(dedans*, etc.).

b. Les conjonctions

● *Se*, forme médiévale de la conjonction de subordination *si*, est encore très répandu dans la première moitié du XVIe siècle. Puis on ne le trouve plus que devant *il(s)* et *elle(s)* (élidé) : *s'il, s'elle...*

● *Si*, conjonction de coordination, a le sens de « pourtant », ou encore appuie une affirmation répondant à une question négative.

● *Si est-ce que* signifie « toujours est-il que ».

3. LE VERBE

a. Conjugaison

● **Présent** de l'indicatif : hésitation entre *je supply* et *je supplie* ; entre *je dy, je voy, je fay* et *je dis, je vois, je fais.*

● **Imparfait** de l'indicatif : généralisation de la désinence *-ois.*

● **Passé simple** : on trouve les formes *il fausit* (il fallut) ; *je vesquis* (je vécus) ; à la troisième personne du pluriel, *tenir* et *venir* donnent *tindrent, vindrent ; prendre, prindrent ; mettre, mistrent.*

● **Futur** (et conditionnel) : après voyelle, l'*e* n'est souvent pas noté *(je prirai)* ; on trouve *je donrai ; je lairrai* (de l'ancien verbe *layer*, confondu avec laisser) ; *je voirai* (à côté de *je verrai*) ; *j'orrai* et *j'ouirai...*

● **Présent du subjonctif** : pour *aller*, concurrence de *voise* et de *aille* ; pour *dire*, la forme usuelle est *die ; prendre, tenir, venir* donnent *preigne, tieigne, vieigne ; donner* conserve la forme archaïque *doint.*

● **Imparfait du subjonctif** : *prendre* donne *prinse ; vouloir, voulsisse* et *voulusse.*

● **Participe présent** : souvent variable en genre et en nombre.

● **Auxiliaires** *être* et *avoir* : pour les verbes de mouvement, on peut choisir *être* (mouvement considéré dans son achèvement), ou *avoir* (mouvement considéré en lui-même) : *il avoit couru / il estoit couru...*

b. Emplois

● *Faire*, **verbe suppléant** : *faire* remplace les verbes, y compris les transitifs en adoptant leur complément d'objet — voir Montaigne : « Nous pleurons souvent la perte des bestes que nous aimons, aussi font-elles la nostre. »

● **Emploi du subjonctif** : fréquent en proposition principale : pour le souhait (avec ou sans *que*, et sujet antéposé : *je puisse*...), l'ordre, la supposition, la concession (français moderne *admettons que* + subj.). En subordonnée complétive : le subjonctif concurrence l'indicatif après *croire* affirmatif, *juger* (au sens d'*arrêter par sentence*...), *confesser, accorder*... On trouve l'indicatif *(futur)* après *craindre*, et après beaucoup de verbes de sentiment. Temporelle : fréquence du subjonctif après *comme*.

4. SYNTAXE DE LA PHRASE

a. L'accord

● L'adjectif qualifiant plusieurs noms s'accorde en général avec le nom le plus rapproché.
● Accord du participe passé avec *avoir*.
La règle moderne existe déjà ; mais on trouve le participe non accordé avec le complément d'objet qui le précède ; ou, au contraire, accordé avec le complément d'objet qui le suit : *Ils ont aidés leurs ennemis.*

b. L'ordre des mots

● Le complément d'objet direct peut se trouver en tête de phrase et précéder le verbe. C'est également le cas de l'attribut du sujet ; notamment avec l'attribut de l'infinitif : *Facile me sera prévoir* (Rabelais).
● L'inversion est également fréquente après une subordonnée en tête de phrase, ou après un simple complément en tête de phrase.
● Beaucoup d'épithètes aujourd'hui placées, de préférence, avant le nom *(grand* [hormis le cas de *grand homme*], *petit, vieux, beau)*, se trouvent volontiers après le nom dans la langue du XVIᵉ siècle ; et inversement.

c. L'interrogation

● La subordonnée interrogative indirecte se construit librement après toutes sortes de verbes, et non pas seulement après des verbes comme *demander* ou *ignorer*.

d. La négation

● On trouve *non* à la place de *ne*, avec ou sans *pas*, devant *être* et *faire* sans sujet : *non fera* pour « il ne fera pas » ; également devant les infinitifs et participes présents.
● On trouve facilement *ne* employé seul, mais *pas* tend à se répandre au cours du siècle (concurrencé par *point*) ; on trouve aussi *mie*.
● *Pas* ou *point* peuvent s'ajouter aux négations *ne... aucun, ne... rien*, ou encore *ni*.
● Dans l'interrogation (directe ou indirecte), *ne* est facilement supprimé.
● Dans les subordonnées comparatives, là où la langue moderne dit : plus petit que je ne suis, la langue du XVIᵉ siècle disait souvent : *plus petit que je ne suis pas.*
● La restriction exclusive *ne... que* est concurrencée par *ne...*
● On trouve souvent *ni (ne)* dans des phrases positives où la conjonction qu'attendrait la langue moderne serait *et*, ou *ou*.

e. Les compléments d'objet

● L'infinitif complément d'objet est souvent construit sans préposition : *Il commença parler...* ; même chose pour l'infinitif complément d'un adjectif attribut : *Content suis ne tomber en leurs mains* (Marot, cité par Gougenheim).
● La subordonnée complétive par *que* se trouve après des verbes comme *trouver* (au sens de « constater »), *conseiller, menacer...*
● La proposition infinitive est employée, par imitation de la tournure latine, après des verbes de déclaration (*dire*...), d'opinion (*penser, croire*...), de connaissance (*savoir*...). Exemple : *« J'estimeroy l'Art pouvoir exprimer la vive energie de la Nature »* (Du Bellay).

f. Quelques subordonnées circonstancielles et leurs conjonctions

1. Temps
● Les subordonnées d'antériorité sont introduites par *avant que, devant que, ains* ou *ainçois que, paravant que* ; de postériorité par *après* ou *emprès que, puis... que* au sens de « depuis que », *depuis que* au sens de « après que » (mais aussi de « quand ») ; *dès que* a son sens moderne, mais aussi celui de « depuis que » ; au sens de « dès que » on trouve aussi *incontinent que, ainsi que...*
● Au sens de « jusqu'à ce que » on trouve : *jusques que, jusques à tant que, tant que.*
● Au sens de « quand », on trouve *quand, lorsque, alors que, comme.*
● Au sens de « pendant que », on trouve *cependant que ; pendant que, tandis que, ainsi que, ainsi comme. Pendant que* peut avoir le sens d'« aussi longtemps que ».

2. Cause
● Au sens de « parce que », on trouve *d'autant que, par autant que, pour autant que, de ce que, pour ce que, par ce que* (qui peut aussi signifier « parce fait que »).
● A côté de *comme*, on trouve *comme ainsi que*, les deux avec le subjonctif.

3. Conséquence
● On trouve les conjonctions *si que, en façon que* (+ subj.), *en manière que, de mode que* (+ indicatif).

4. Concession
● Au sens de « bien que », on trouve *combien que, jà soit* ou *jaçoit que, comme ainsi soit que. Bien que* progresse dans la seconde moitié du siècle.

5. Condition
● Les temps
On trouve l'imparfait du subjonctif dans la proposition principale (à la place du conditionnel présent) et dans la subordonnée de condition (à la place de l'imparfait de l'indicatif), ou encore dans l'une seulement de ces deux propositions : le système est très souple.
● Les conjonctions
Si ou *se* peut avoir, en outre, le sens de « même si » ; *partant que* (+ imparfait du subjonctif) et *quand* (+ conditionnel présent) ont le sens de « au cas où » ; *quand ainsi seroit que* signifie « quand bien même ».

Source : Pour plus de détails sur les problèmes de la langue, on consultera : G. Gougenheim, *Grammaire de la langue française du XVIᵉ siècle*, Paris, éd. Picard, 1974.

INDEX DES PRINCIPAUX AUTEURS CITÉS

Sont notées en caractères gras les pages pour lesquelles cet ouvrage présente un ou plusieurs textes de l'auteur cité.

INDEX DES PRINCIPALES ŒUVRES CITÉES

Sont notées en caractères gras les pages où nous présentons un ou plusieurs extraits de l'œuvre citée.

GLOSSAIRE DES TRAVAUX PROPOSÉS

Les travaux proposés sur les textes, dans ce volume, sont de diverses sortes que nous avons distinguées comme suit :

1. Lecture méthodique

Il s'agit ici d'une série de questions et de pistes pour l'analyse du texte, se succédant **dans l'ordre du texte**. C'est donc un canevas possible pour l'explication détaillée du texte en classe, qui implique précisément une démarche méthodique :
a. *Situation et sujet ou thème du texte* ; b. *Plan ou composition du texte* ; c. *Étude des parties ou mouvements successifs du texte (sens et langage)* ; d. *Conclusion sur les aspects principaux et l'intérêt du texte.*
A l'oral du baccalauréat, le candidat peut reprendre ce plan, dans les dix minutes qui lui sont imparties pour la lecture méthodique du texte proposé. — Il peut aussi choisir le plan propre au commentaire de texte : voir ce qui suit, § 3.

2. Étude suivie

Pour un texte assez long, l'analyse se fera également dans l'ordre du texte, selon le même plan que précédemment, mais en choisissant des unités successives plus longues et sans entrer dans le détail de chaque phrase.

3. Pour le commentaire, ou Commentaire composé

Les questions et les pistes de réflexions se présentent ici, non pas dans l'ordre du texte, mais dans l'ordre des principaux centres d'intérêt de ce texte. Elles permettent d'ordonner un commentaire de synthèse, selon le plan suivant :
a. *Introduction : situation, sujet ou thème et composition du texte* ; b. *Développement (le plus souvent en trois parties), dégageant les principaux aspects littéraires du texte.* Par exemple, au théâtre : 1. Enjeu de la situation. — 2. Les personnages, leur rôle, leur caractère, leurs rapports mutuels. — 3. Les techniques dramatiques : conduite du dialogue, langage, etc. ; c. *Conclusion : l'intérêt littéraire du texte* (valeur morale, philosophique, esthétique, intérêt actuel, etc.). A l'écrit, le commentaire composé doit être soigneusement construit et rédigé.

4. Analyse lexicale, stylistique, versification

Ce sont là des recherches plus spécialement limitées aux caractéristiques de la langue (vocabulaire) et du style (images, formes du vers).

5. Étude comparée

Le lecteur est incité ici à comparer deux œuvres apparentées par leur thème, ou dont l'une a influencé l'autre. C'est le moyen de mieux comprendre leurs traits communs, leurs relations au sein d'un même univers culturel, ou d'un même genre, d'un même courant, et les traits originaux de chacune d'elles.

6. Au-delà du texte

Partant d'un texte, on se livrera à un travail de documentation ou à une réflexion plus générale, pouvant donner lieu à un exposé oral, à un essai rédigé ou à l'établissement d'un dossier (sur l'ensemble d'une œuvre, ou sur un groupe d'œuvres).

7. Groupement thématique

A l'oral du baccalauréat, les élèves peuvent présenter un dossier groupant des œuvres différentes ou des extraits d'une même œuvre ou d'œuvres différentes, unis par un apparentement thématique ou technique. On trouvera dans ce volume de nombreuses suggestions pour la constitution de ce dossier.
Nos **Synthèses littéraires** et nos rubriques **Pour vos essais et vos exposés** fournissent également une aide précieuse en la matière.

TABLE DES HORS-TEXTE

TABLE DES MATIÈRES

SOURCES PHOTOGRAPHIQUES

A.M.P. : 137. ARCHIVES LAROUSSE : 349, 392, 400, 402, 409, 411, 417, 419, 421, 463, 472. ARCHIVES NATHAN : 16, 44, 52, 68, 69, 80, 101, 106, 121, 155, 185, 195, 206, 207, 235, 242, 243, 255, 257, 272, 286, 287, 293, 305, 316, 317, 331, 336, 348, 421, 428, 437, 471, 475. Nathan / Atelier photo : 298. Nathan / BN : 134, 145, 177, 250, 291, 363. Nathan / Bulloz : 141. Nathan / Giraudon : 94, 148, 170, 172. Nathan / Roger-Viollet : 192, 360, 471. BERNARD : 39, 89. B.N. : 25, 35, 48, 93, 116, 131, 135, 142, 167, 178, 186, 206, 242, 277, 365, 387. BRITISH LIBRARY : 176. BULLOZ : 9, 119, 186, 211, 219, 285, 289, 303, 311, 316, 323, 324, 329, 338, 341, 343, 346, 354, 359, 361, 366, 367, 371, 378, 384, 393, 397, 402, 435, 440, 445, 452, 464, 466, 478, 479, 480, 482, 487. CAHIERS DU CINÉMA : 39, 89. J.L. CHARMET : 127, 161, 221, 223, 226, 229, 231, 233, 236, 237, 245, 247, 248, 261, 266, 267, 335, 352, 356, 383, 409, 414, 418, 433, 439, 453, 457, 469, 472, 474, 477, 483. DAGLI-ORTI : 446. ÉDIMÉDIA : 32, 85, 87, 181, 197. D. GENET : 29. GIRAUDON : 18, 20, 22, 46, 49, 53, 54, 55, 62, 74, 77, 80 b, 83, 109, 117, 126, 128, 138, 140, 144, 147, 149, 154, 158, 173, 174, 182, 190, 198, 199, 203, 225, 226, 232, 254, 258, 265, 308, 321, 327, 374, 415, 430, 436. Giraudon / Anderson : 220, 279. Giraudon / Arthaud : 295. Giraudon / Bridgeman : 168. Giraudon / Lauros : 56, 151, 185, 204, 270, 302, 310, 315, 333, 399, 407. Giraudon / Nathan : 63. KIPA : 95. ORION PICTURES : 13, 98, 103. R.M.N. : 57, 79, 110, 113. MUSÉE ROLIN : 14. P. PITROU : 222. ROGER-VIOLLET : 41, 51, 59, 67, 123, 164, 193, 196, 208, 422, 427, 461. SCALA : 450. SCOPE : 36. TALLANDIER : 81, 215, 242, 313, 324, 389, 429, 485. Tallandier/B.N. : 269, 274, 282. Tallandier / Boissonat : 475. Tallandier / Boudot-Lamotte : 71. Tallandier / M. Deneux : 307. Tallandier / J. Dubout : 339, 351, 412, 481. Tallandier / M. Holzapfel : 380. TOP : 36. WARNER-BROS : 104.

HORS-TEXTE COULEURS :
ARCHIVES NATHAN / B.N. : II b, c, III a, b, IV a, XI a, b, XIII a, b, XIV a, c, XVIII a, b, c, XIX b, XXX b, XXXI a, XXXII b. — B.N. : IX a — BULLOZ : XXI b, XXIII c, XXIX a, XXX a, XXXI c — C.N.M.H.S. / J. Feuillie : VIII b — J.L. CHARMET : XVII b, XX b, c — DAGLI-ORTI : I c, X c, XXV b, XXX c — ÉDIMÉDIA : XXXII a / Édimédia / Snark : XV a — EXPLORER / M. Cambazard : VII a / R. Claquin : V a / J. Dupont : XXVI a / J. Prévost : IV b / P. Tetrel : VII b, VIII a. / A. Wolf : XXVII a. — D. GENET : VIII c — GIRAUDON : II a, IV b, c, IX b, XI c, XII a, XIV b, XVI a, b, c, XIX a, XXII b, XXIII b, XXIV a, XXVI b, XXIX c / Giraudon / Bridgeman : XV b, XXII a, XXIX b / Giraudon / Lauros : X b, XVII a, XXII c, XXIV b, XXI b, XXVI b — H. JOSSE : XVII c, XIX c, XX a — MAGNUM / E. Lessing : XII b, XXIII a, XXVIII a, b. XXXII c — SCOPE / J. Guillard : I a, b, / J.L. Barde : VI a, b, c, X a / J.D. Sudres : XXVI c, XXVII c — K. STRAITON : XXV a.
Couverture : *Histoire du Grand Alexandre* (détail), miniature du XVe siècle. Paris, Petit-Palais. Ph. : BULLOZ.

Achevé d'imprimer en janvier 1989
sur les presses de Maury-Imprimeur S.A.
N° d'édition : K 50239 V (R600 VII) PFC / N° d'impression : A89/25813 L
Dépôt légal : Janvier 1989 / Imprimé en France